민사법 핵심이론과
기록형 시험연습
[민사법 학습론 / 소송문서 작성요령]

양 경 승 저

法 文 社

발간에 부쳐

1. 이 책은 기본적으로 로스쿨생들이 민사 변호사시험을 잘 치르도록 도움을 주기 위한 것이다. 이를 위해 <민사법 학습론>에서 학습요령을 설명한다. 이를 통해 민사법의 학습 기법과 공부자료를 터득할 수 있을 것이다. 공부도 일이므로 적은 노력으로 큰 성과를 볼 수 있어야 경제적이다. 하루 10시간씩 공부한 사람이 5시간씩 공부한 사람을 항상 이길 수는 없다. 얼마나 효율적인 공부를 하였느냐가 관건이기 때문이다. 만약 그렇지 않다면 도서실에 가장 늦게까지 남아 있는 사람이 항상 1등을 할 것이다. 그러나 세상 이치는 그렇지 않다. 그러므로 공부를 하는 데에도 효율성이 중요하다.

2. 효율성 있는 공부를 위해서는 어떻게 하여야 하는가? 공부의 성과를 좌우하는 3요소는 학습자 자신의 두뇌와 선생, 책이다. 그런데 앞의 두 가지는 학습자가 임의로 선택하거나 변경하는 것이 거의 불가능하다. 그러므로 정작 효율성 있는 공부를 위해서는 좋은 책을 골라서 읽고, 요령 있게 공부하여야 한다. 그 중에서도 좋은 책은 정말 중요하다. 저자는 다년간 사법연수원과 로스쿨에서 학생들을 지도하면서 이들이 공부하는 데에 무엇에 애를 먹고 목말라 하는지 알고 있다. 이 책은 그런 학생들에게 도움을 주기 위해서 마련된 것이다. 책이 다소 두껍다고 생각될지 모르나 두꺼운 책이 좋은 책이다.

3. 이 책에서는 <민사법 학습론>에 이어서 로스쿨생들을 비롯해 민사법 공부를 시작하는 사람들에게 요긴한 <민사법이론>을 소개한다. 이들 이론은 민사 변호사시험에 자주 출제되는 것들이고, 그 시험에 합격한 후 변호사 활동을 하는 데에도 꼭 필요한 내용이다. 다음으로 이 책에서 다루는 <변호사가 작성하는 소송문서>는 변호사가 민사에 관한 소송 문서를 작성하는 데 필요한 법지식과 요령을 익히고, 특히 변호사시험의 민사 기록형 시험에 대비하여 그 요체를 파악하는 한편 소장이나 답변서, 판결서 작성을 연습하는 데에 중점을 두었다.

이를 위해 먼저 소장, 답변서, 준비서면, 청구변경서, 반소장, 상소장 등 소송문서의 형식과 거기에 담을 내용을 예시·설명하였다. 아울러 변호사가 소송문서를 토대로 소송기록을 유지·관리하고 변론을 하는 등 사건을 연구·관리하는 요령을 설명하였는바, 이러한 내용은 아마 다른 곳에서 쉽게 보기 어려울 것이다. 그런 만큼 이미 변호사로 활동하고 있는 사람이나 변호사시험 합격 후 변호사로 새 출발을 하는 사람이 변호사 업무를 효율적으로 수행하는 데에 이를 요긴하게 활용할 수 있을 것이라 생각한다.

4. 이 책의 나머지 절반은 변호사시험에 대비하여 <민사 기록형 시험의 준비 요령>과 <시험장에서의 요령>을 해설하였다. 이어서 시험에 실제 출제되는 소장, 답변서, 판결서의 작성요령을 실제 시험기록 등을 토대로 오답노트를 제시하고 첨삭지도하는 방법으로 설명하였다.

그러므로 변호사시험(민사 기록형 시험)을 준비하는 로스쿨생은 앞부분에서 기본적인 민사법이론과 각종 소송문서 작성에 필요한 법지식과 요령을 터득하고, 뒷부분에서는 자신의 실력을 점검함과 아울러 답안 작성 기법을 연습·훈련할 수 있다. 그리고 그 연습·훈련 과정에서 필요한 법지식을 앞부분에서 찾아볼 수 있으며, 시험이 끝난 뒤에는 이 책을 곁에 두고 변호사 활동의 지침서로 활용할 수 있다. 아울러 <판결서 작성 연습>은 로클럭 시험을 대비하는 로스쿨생들에게 특히 유용할 것이다.

5. 세상 사람들은 변호사라고 하면 말 잘하는 사람으로 통한다. 그러니 변호사는 기본적으로 말을 잘 하여야 한다. 여기서 변호사가 말을 잘 한다는 것은 논리적으로 조리 있게 말을 한다는 것임은 누구라도 알 수 있다. 그러나 주지하다시피 실상 변호사가 법정이나 다른 데 가서 입으로 말을 할 기회는 그리 많지 않다. 특히 소송사건의 변론을 위하여 법정에 출석한 경우에는 말할 나위도 없다. 변호사는 사실 입으로 말한다기보다는 문서로써 말을 하게 된다. 그러니 변호사가 말을 잘 하기 위해서는 소장이나 답변서, 준비서면 등의 소송문서를 잘 작성해야 한다는 말이 된다.

변호사가 소송문서를 작성하는 경우 그 대부분은 민사에 관한 것이 될 것이다. 2019년을 기준으로 전국 법원에 접수된 전체 사건의 약 72%가 민사사건이고, 형사사건은 23%, 가사사건은 2.6%, 행정사건은 0.3%에 불과할 만큼 민사사건의 비중이 크다. 그런데 가사사건과 행정사건도 그 기본적 법리는 민사사건과 동일하므로 이들 역시 넓게는 민사사건으로 볼 수 있다. 따라서 민사업무가 변호사의 주된 업무임을 말해준다.

6. 저자의 의도가 이 책을 통해 과연 얼마나 달성될지 걱정되나, 그만한 가치가 있다고 생각해서 발간하기로 마음을 냈다. 부족한 부분은 앞으로 고쳐나갈 것을 약속한다. 부디 이 책이 변호사와 로스쿨생들에게 좋은 친구와 선물이 되기를 소원하며, 이 책을 만난 로스쿨생들에게 행운 가득하고 모두 그 뜻을 이루기를 빈다.

2021년 6월
저자 초우(草宇) 양경승

차 례

제1편 민사법 학습론과 민사법이론

제1장 민사법 학습론

제 2 장 민사법이론

제2편 민사 기록형 시험의 핵심과 연습

제1장 사건의 관리와 변호사의 소송문서

01 변호사의 사건 관리

제2장 변호사시험(민사 기록형) 대비 소송문서 작성 연습

01 민사 기록형 시험의 요체

02 소장 작성 연습

03 판결서 작성 연습

제1편

민사법 학습론과 민사법이론

제 1 장

민사법 학습론

Ⅰ. 법조인과 공부

1. 법조인은 왜 공부를 하여야 하는가

가. 변호사와 공부

(1) 변호사에게 최우선적으로 필요한 것은 실력

1) 우리 민사소송법제는 실체적 진실을 규명하는 도구로서 기본적으로 변론주의를 채택하고 있다. 따라서 주장책임과 입증책임이 적용된다. 이에 따라 소송당사자와 그 소송대리인인 변호사는 자신에게 유리한 법률요건과 그 법률사실을 주장하고 이를 입증하는 등 그 근거를 제시하여 법원을 설복(說服)하여야 한다. 설복에 실패하면 결국 소송에서 패소하여 자신의 권리를 행사·실현할 수 없게 되거나 부당하게 의무를 부담하게 된다.

2) 또 민사소송에서는 당사자처분권주의가 적용되므로, 소송을 통해 권리를 행사·실현할 것인지 여부를 당사자 스스로 결정해야 할 뿐만 아니라, 소송을 하는 경우에도 어떠한 내용의 재판을 청구할 것인지 그 소의 내용 역시 스스로 결정하여야 한다. 고로, 누구를 원고로 하고 누구를 피고로 할 것인지(경우에 따라서는 당사자능력과 당사자적격 등이 문제되므로 이것도 쉽지 않은 수가 있다.), 어떠한 청구를 할 것인지, 복수의 청구를 한다면 각각의 청구를 단순병합, 선택적 병합, 주위적·예비적 병합 중 어떤 관계로 결합할 것인지, 당사자를 복수로 한다면 이들의 관계를 단순 공동소송인, 필수적 공동소송인, 주위적·예비적 당사자 중 어떤 관계로 결합할 것인지, 어느 법원에 소를 제기할 것인지, 소의 형태는 이행의 소, 확인의 소, 형성의 소 중 어떤 것으로 할 것인지, 소의 제기 전후에 어떤 준비나 전치절차를 거칠 것인지 등등 자신의 권한과 책임하에 크고 작은 수많은 선택과 결정을 하여야 한다.

3) 변호사가 소송을 통하지 않고 의뢰인의 권리를 실현하거나, 장래의 소송을 염두에 두고 법률적 자문을 하거나 계약 등 법률적 행위를 대리하는 경우에도 같다. 즉, 이상과 같은 문제에 대하여 ① 어떤 방법이 가장 실현 가능한지, ② 그 여러 방법 중 어느 것이 가장 이익이 크고 비용이 저렴한지, ③ 장차 분쟁이 발생할 여지가 가장 적은 것은 무엇인지, ④ 분쟁이 발생하였을 때 자신의 정당성을 인정받을 수 있는지, ⑤ 또 침해된 권리나 이익을 회복할 수 있는지, ⑥ 그에 필요한 것은 무엇인지 등등 많은 것을 미리 생각하여 선택, 결정하여야 한다.

이런 것들은 매우 전문적인 영역에 속하는 것이므로 변호사 자신의 지식과 능력에 의해 해결하여야 하고 다른 사람의 협조와 지원을 받기가 쉽지 않다. 게다가 제척기간이나 소멸시효기간 등으로 시간적 제약도 뒤따르게 되므로, 적시·적기에 의사결정을 하고 그것을 실행하여야 한다는 점에서 변호사의 부담은 더욱 커진다. 이러한 제약과 부담을 덜 받고, 어려운 문제의 해결을 통하여 자신의 능력과 존재가치를 인정받을 수 있게 해주는 거의 유일한 길은 실력이다. 민사소송의 승패에 영향을 미치는 요소 중 가장 중요한 것은 분쟁사건 자체의 내용이지만, 변호사가 거기에 미치는 영향 역시 결코 적지 않다. 아래 사례는 이를 잘 말해준다.

▣ **변호사가 소송을 좌우하는 사례**

[형제 싸움 이야기]

사이좋은 형제가 있었다. 가산도 유복하게 물려받아 각자 결혼하고 분가하여 여유 있는 생활을 하였다. 부친이 작고하여 묘를 쓰게 되었다. 장남인 형이 마땅히 묘지를 마련해야 하였는데, 아우가 가진 산이 묘지로 쓰기에 맞춤하여 형은 아우에게 대신 자신의 밭을 주기로 하고 아우의 산에 부친을 장사지냈다.

그 뒤 형과 아우 모두 사망하였다. 그리고 나서 아우의 자식들은 형의 자식들을 상대로 형이 아우에게 주기로 하였던 밭의 등기를 이전해 줄 것을 구하는 소를 제기하였다. 형과 아우가 묘지와 밭을 교환하였다는 것이 청구이유였다. 형제가 살아 있을 때는, 이 밭은 궁벽한 곳에 있었던 데에다 토질도 나쁘고 근처에 쓰레기 매립장까지 들어서서 별 쓸모가 없었기 때문에 누구도 관심이 없었다. 그러나 시간이 지나 쓰레기 매립장이 이전되고 그곳이 전원주택지구로 뒤바뀌면서 시가 10억 원을 호가하는 금싸라기 땅이 되었다.

원고인 아우의 자식들은 결정적인 증거를 제시하지 못했다. 형제간에 계약서나 합의서를 만들어 둔 일이 없었기 때문이다. 그래서 양측은 서로 자기 말이 옳다며 사돈의 팔촌까지 샅샅이 뒤져, 교통비와 일당에다 수고비까지 얹어 줘가면서 수많은 증인들을 법정에 세웠으나, 증인들의 진술은 하나 같이 요령부득으로 사건의 핵심과는 거리가 멀었다.

그런데 피고인 형네 소송대리인인 <띠~옹> 변호사는 원고인 아우네의 교환계약 주장에 대하여, 처음에는 그런 사실이 아예 없다고 다투다가, 소송이 종반전에 돌입한 뒤 갑자기 "교환계약을 하기는 하였지만, 그 뒤 형이 가산을 탕진하고 형편이 어려워져서 없었던 일로 하기로 형제가 합의하였다."는 주장을 하였다. 아우네는 형이 가산을 탕진한 일 자체가 없다고 다투었다. 이에 따라 이후 양측의 공방은 형이 과연 가산을 탕진하였는지 여부에 집중되었다. 아우네 소송대리인인 <모른척> 변호사는 합의해제 여부는 일절 거론하지 않은 채, 오히려 아우가 더 술과 노름에 빠져 가산을 탕진하였노라고 치열하게 역공을 펼쳤다.

사촌형제들의 치열한 공방전을 말없이 지켜보던 재판장은 무거운 숙제를 덜었다는 듯 입가에 잔잔한 웃음을 띤 채 변론을 종결한 뒤 형네의 패소를 선고하였다. 판결문은 매우 간단하였다. " … 교환계약을 체결한 사실은 원·피고들 사이에 다툼이 없다. 피고들은 그 뒤 이를 합의에 의해 해제하였다고 항변하나, 피고들의 주장에 부합하는 증인들의 증언은 믿을 수 없거나 해제 사실을 인정할 자료로 삼기에 부족하다. 따라서 피고들은 원고들에게 교환계약에 따른 소유권이전등기의무가 있다…"는 요지였다. 결국 <띠~옹> 변호사는 합의해

제 사실은 물론 형이 가산을 탕진하고 형편이 어려워진 사실조차 입증할 수 없었던 것이다.

애초부터 교환계약서나 합의해제약정서가 존재하지 않았으므로 이들 사실을 입증하기는 매우 어려웠다. 따라서 누가 어떤 사실에 대한 입증책임을 지느냐가 소송의 승패를 결정할 수밖에 없었다. 그러므로 교환계약 사실을 입증하여야 할 아우네가 절대적으로 불리한 입장이었다. 그런데 <띠~웅> 변호사가 해제 항변을 하는 바람에 순식간에 입증책임이 전환되고 그에 따라 처지가 역전되었다. 아우네는 교환계약 사실에 대한 입증책임을 면하고 형네가 합의해제 사실에 대한 입증책임을 지게 된 것이다. 형네의 입장에선 아무런 이익이 없이 손해만 자초한 셈이다.

만약 <띠~웅> 변호사가 해제 항변을 아예 하지 않았다면, 아니 그 항변에 앞서 "형은 아우와 교환계약을 체결한 사실이 없습니다. 설사 교환계약이 체결되었다고 가정하더라도 그 교환계약은 해제되었습니다."라고 가정적 항변(假定的 抗辯)을 하였더라면 10억 원짜리 밭을 통째 잃어버리는 손해는 입지 않았을 터인데……. <띠~웅> 변호사는 해제 주장이 항변에 해당하고, 그로 인해 입증책임이 전환되는 것을 몰랐던 것일까?

4) 사회적 사실은 하나이지만, 이를 법률적으로 표현하는 방법은 여러 가지다. 즉, 남의 재물을 함부로 사용하여 부당한 이득을 취할 경우 부당이득이 성립하지만 불법행위가 성립하기도 하며, 경우에 따라서는 사무관리나 긴급피난이 될 수도 있다. 어떻게 법이론을 구성하는가에 따라서 소멸시효기간, 제척기간에 걸리는지 여부, 이행지체에 빠지는 시기, 손실 보전의 범위 등이 다르게 된다. 그러므로 변호사는 단순히 분쟁의 경위에 관한 사실을 주장하는 것만으로는 충분하지 않으며, 이를 법적으로 이론구성하여 특정한 청구권을 내세워야 한다.

5) 분쟁의 경위 사실을 주장하는 것이라면 굳이 법률전문가인 변호사가 아닌 누구라도 할 수 있을 것이다. 따라서 변호사는 하나의 사회적 사실로부터 여러 가지 가능한 법이론을 추출하고 이를 비교·평가하여, 그 장단점과 유불리를 면밀히 파악한 다음 가장 유리한 대안을 선택하여 주장하고 입증하여야 한다. 이 같은 탐구과정에 법원은 전혀 조력하지 않으며, 이에 개입할 경우 오히려 변론주의 원칙에 위배되고 석명권의 한계를 벗어나 위법하게 된다.

그러므로 법관은 소송대리인인 변호사가 선택하여 주장한 특정한 사실과 법적 청구권이 과연 존재하고 그것이 법이론상 허용될 수 있는지 여부만을 판단하면 족하나, 변호사는 그 선택한 사실과 청구권 외에 여러 대안을 모두 추출해 비교·평가하고 선택을 해야 하는 만큼 훨씬 넓고 깊은 법지식과 혜안(慧眼)을 갖추고 있어야만 한다. 이런 점에서 변호사의 역할이 판사의 그것보다 훨씬 어렵고 힘들다. 그 때문에 변호사가 높은 보수를 받는 것이 정당화된다고 할 수 있다.

(2) 변호사와 민사법 공부

1) 실력 없는 변호사가 한번 소송수행을 그르치면, 나중에 아무리 유능한 변호사가 이를 떠맡더라도 속수무책이 될 가능성이 매우 높다. 그렇게 되면 의뢰인은 수임료를 버리는 금전적인 손해는 물론 사건 해결마저 실패하여 크나큰 손실을 입을 수 있다. 변호사가 이런 결과를 초래하였다면 사기한이나 무뢰배와 무엇이 다르겠는가? 그러므로 변호사가 되기 위하여 무엇보다 먼저 갖춰야 할 것은 실력이다. 그 실력은 사회적 사실을 분석하여 법적으로 의미 있는 진실을 추출해내고 이를 법이론으로 구성하는 것이다. 아무리 복잡한 사건이라도 성실하고 실력 있는 변호사는 이를 인수분해하여 매우 간명하고 설득력 있게 분석해 낸다. 소송당사자가 변호사에게 가져오는 자료와 정보는 매우 불완전하거나 조악(粗惡)하여 그대로 쓸 수 없는 경우가 많다. 따라서 이는 변호사에 의하여 손질이 되어야 하고, 이것이 사회가 변호사 제도를 존치(存置)하는 이유이며, 소송에 따라서는 변호사강제주의를 채택하는 까닭이다.

2) 이에 필요한 실력을 갖추기 위해서는 풍부한 법지식과 법적 사고력(legal mind), 사회현상에 대한 폭 넓은 견문과 이해가 필수적이며, 이는 부단한 연마와 열심히 공부하는 것 말고는 달리 얻을 방법이 없다. 물론 변호사도 사회인이므로 전문지식 못지않게 훌륭한 인격과 교양을 아울러 갖춰야 한다. 그러나 훌륭한 의사가 되기 위해서는 인격에 앞서 훌륭한 의료지식과 전문기능을 먼저 갖추어야 하듯이, 전문직 종사자인 변호사는 우선 전문 법지식부터 갖춰야 할 것이 요구된다. 전문 법지식은 변호사에게 충분조건은 아니지만 필요조건이다.

3) 그렇다고 하여 법지식의 습득 이외 일체의 활동을 하여서는 안 된다는 것은 아니다. 인간은 지(智), 덕(德), 체(體)가 조화를 이룰 때 가장 아름답고 행복한 상태가 되므로, 전문 법지식의 연마는 물론 운동과 휴식, 여행, 친교와 인간관계의 형성 등에도 많은 노력과 시간을 할애하여야 한다. 다만, 변호사를 표방한 법조인은 이 가운데서도 전문 법지식 연마에 가장 큰 비중을 두어야 한다. 특히 사법연수생이나 로스쿨생은 더욱 그러하다. 이 시기를 놓치면 사실 공부다운 공부를 할 기회를 갖기가 너무나 어렵다. 실무에 나가면 신문이나 판례공보 읽을 시간조차 없이 바쁘게 생활해야 할 가능성이 매우 높다. 또 연수원이나 학교를 마친 뒤에는 어엿한 법조인으로 대우받으므로 모르는 것을 누구에게 묻기도 스스로 자존심 상하는 일이 되며, 같은 직역 종사자라도 모두가 잠재적 경쟁자이므로 쉽게 가르쳐 주지도 않는다.

4) 이제는 시대와 사회가 변해서 의뢰인도 변호사를 찾아오기 전에 나름대로 이런저런 사람들에게서 문제의 소재와 해결책을 듣고(그런 사람들 속에는 법조인도 들어 있을 수 있음에 유념하라!), 또 관련 자료를 읽어보거나 판례를 찾아보는 등으로 상당한 무장을 한다.

그러므로 준비가 안 된 상태로 변호사가 의뢰인을 만났다가는 그 무지와 무능이 금세 드러나게 마련이다. 의뢰인과 상담 시에 시원스런 답과 해결책을 제시하지 못하고 소송이나 일의 결과도 만족스럽지 못하면, 입에서 입으로 그 변호사는 실력이 없다거나 불성실하다는 말이 금방 돌게 되어 설 땅을 잃어버리게 된다(여기서도 관성의 법칙이 적용되어 한 번 안 되는 사람은 계속 안 되기만 한다!). 그렇게 되면 사건을 수임하고 돈을 벌기란 애당초 그른 일이다.

더구나 재판과정에 임하였을 때 소송문서가 제대로 되어 있지 않거나, 이치에 안 맞거나 법조문, 판례에 어긋나는 주장을 하거나, 무리한 욕심과 급한 마음에 지혜롭지 못한 행동이나 당장의 곤란만을 피하려는 식의 행동을 하게 되면, 법원에게도 '한심한 변호사'로 낙인 찍혀 무시와 불신을 당하고 경원당하게 될 것은 불을 보듯 빤한 일이다. 때로는 이에 그치지 않고, 재판부로부터 질책이나 경고를 받기도 하고 무안을 당할 수도 있으며, 신뢰를 얻지 못해 증거신청이나 변론기일 변경신청 등에 있어서도 신청이 기각되거나 그 증거조사의 결과를 배척당할 수도 있다. 그런 모습을 뒤에서 지켜본 의뢰인이 과연 자기의 변호사에 대해서 어떤 소문을 내겠는가!

5) 소송업무에 종사하지 않고 공공기관이나 민간기업 등에 고용되어 법률사무를 하는 사람도 마찬가지다. 상사와 동료, 부하직원과의 관계에서 신뢰와 존경, 신임, 그에 합당한 대우를 받기 위해서는 전문가다운 실력과 성실성이 필수적이다. 변호사가 실력이 없으면 돈을 벌지 못하거나 제대로 대접을 받지 못하는 데에 그치지 않고, 자신까지 정신적·인격적·물질적으로 다치게 된다. 즉, 의뢰인 등으로부터 손해배상청구 등을 당하거나 인격적 모욕을 받을 수 있다.[1]

그러므로 변호사 배지를 단 이상 열심히 공부하고 성실하게 맡은 일을 처리하여야 한다. 그러는 가운데 특히 흥미가 있거나 자신에게 잘 어울리는 분야가 있거든 더 깊이 공부하고 연구하여 그 분야의 전문가가 되자. 전문가란, 관련 분야에 관하여 누구보다도 깊고 넓게 알며, 문제점을 찾아내고 해결책을 제시하는 사람이다. 문제가 있거나 비합리적이라고 판단되거든 기존 관행이건 대법원 판례이건 과감히 비판하고 대안을 제시하라. 그런 과정을 거쳐서 학문과 사회가 발전하고 잘못된 관행이 변하며 판례가 바뀌게 된다. 그러다 보면 어느새 그 사람을 주위에서 전문가로 대접하게 될 것이다.

---

1) 서울중앙지방법원은 2013. 9. 10. 선고 2013가합39983 손해배상청구 사건에서, 변호사인 피고가 소송위임계약상의 주의의무를 위반했음을 이유로 2억 5,000만 원의 손해배상을 명하였다. 변호사인 피고가 소송 진행 중 상대방의 주장에 대응하여 추완항소 등의 조치가 필요한 경우, 의뢰인에게 관련 법리를 설명하고 법정 기간 내에 추완항소를 제기하도록 조언을 하여야 할 주의의무가 있음에도 이를 위반한 잘못이 있다고 인정한 것이다.

▣ 리걸 마인드란?

[법조인과 리걸 마인드]

리걸 마인드(legal mind)란 법적 사고라고 번역될 수 있겠다. 더 구체적으로 말하면, 맞닥뜨린 문제를 법적 견지에서 생각하고 그 해결책을 찾는 마음가짐이다. 법적 견지에서 생각하고 그 해결책을 찾는다는 것은, 문제를 논리적으로 분석하고 기존의 해결책이나 관행을 의심하여 더 나은 해결책을 찾는 태도라고 할 수 있다. 따라서 그 용어와 달리 반드시 법조인만 리걸 마인드를 가질 수 있는 것은 아니다. 반면에 법조인에게는 필수적인 것이라고 할 수 있다.

기존의 관행에 대하여 합리적인 의심을 가지고 바라보아, 이로부터 문제점과 비합리적인 점을 찾아내고 해결책을 제시하는 것은 대법원 판례에 대하여도 당연히 요구된다. 우리가 판례를 공부하고 비판적으로 이를 분석하는 것도 그러한 노력의 일환이다. 다음 사례를 보자. 합리적인 의심과 문제제기가 판례를 변경하는 것을 여실하게 볼 수 있다.

채권자가 채권자대위권에 기하여 채무자의 권리를 행사하고 있는 경우에, 그 사실을 채무자에게 통지하였거나 채무자가 그 사실을 알고 있었던 때에는, 채무자가 그 권리를 처분하여도 이로써 채권자에게 대항하지 못하는 것인바(민법 제405조 제2항, 대법원 2003. 1. 10. 선고 2000다27343 판결 등), 甲이 乙에게서 매수한 부동산을 다시 甲에게서 매수한 丙이 채무자인 甲, 乙에 대하여 순차 소유권이전등기절차의 이행을 구하는 소를 제기하여 그 중 乙에 대한 채권자대위소송이 상고심에 계속 중 甲이 乙의 매매잔대금 지급 최고에 응하지 아니하여 乙로 하여금 매매계약을 해제할 수 있도록 한 경우, 甲의 행위는 그 권리의 처분행위로서 대위채권자 丙에게 대항하지 못할까?

이에 관하여 종래 대법원은 甲의 위 행위(乙의 매매잔대금 지급 최고에 불응한 것)는 채무자가 채권자에 대한 소유권이전등기청구권을 처분하는 것에 해당하여 甲과 乙은 丙에게 그 계약해제로써 대항할 수 없다고 판시해왔다(대법원 2003. 1. 10. 선고 2000다27343 판결).

그러나 이러한 경우에 甲은 단순히 乙의 매매잔대금 지급 최고에 불응함으로써 그 채무를 불이행한 것일 뿐 적극적으로 자신이 乙에게 갖고 있는 소유권이전등기청구권을 처분한 것으로 보기 어렵고, 매도인인 乙 역시 매수인 甲의 매매잔대금 부지급에 대하여 그의 당연한 권리인 법정 해제권(민법 제544조)을 행사하였을 뿐이므로, 丙에 대한 관계에서 그 권리행사를 부인당하여야 할 특별한 이유가 없다.

대법원은 이미, ① 채권자가 채무자와 제3채무자 사이의 무효인 매매계약에 의하여 마쳐진 소유권이전등기의 말소등기청구권을 대위행사하여 소를 제기한 후에 채무자가 무효인 매매계약을 추인하거나 말소등기청구권을 포기할 수 없다(대법원 1975. 12. 23. 선고 73다1086 판결, 1989. 3. 14. 선고 88다카112 판결 등), ② 채권자가 채무자와 제3채무자 사이에 체결된 부동산 매매계약에 기한 소유권이전등기청구권을 보전하기 위해 채무자를 대위하여 제3채무자의 부동산에 대한 처분금지가처분을 신청하여 가처분결정을 받은 경우에는 피보전권리인 소유권이전등기청구권을 행사한 것과 같이 볼 수 있으므로, 채무자가 그러한 채권자대위권 행사 사실을 알게 된 후에 그 매매계약을 합의해제함으로써 채권자대위권의 객체인 부동산 소유권이전등기청구권을 소멸시킨 경우 이로써 채권자에게 대항할 수 없고, 그 결과 제3채무자 또한 그 계약해제로써 채권자에게 대항할 수 없다(대법원 1996. 4. 12. 선고 95다54167 판결, 2007. 6. 28. 선고 2006다85921 판결), ③ 매도인인 제3채무자가 매매계약을 해제하려고 원상회복의 방법으로 지급받은 매매대금을 공탁한 데 대하여, 매수인인 채무자가 아무런 이의 없이 공탁의 취지에 따라 공탁금을 수령함으로써 계약당사자 사이의 합의에 의하여 매매계약이 해제되는 효과를 발생하게 하는 것은, 채권자가 채무자를 대위하여 행사하고 있는 채무자의 제3채무자에 대한 매매계약에 따른 소유권이전등기청구권을 처분하는 것에 해당하므로, 채권자대위소송의 소장 부본이 채무자에게 송달된 이후 채무자가 제3채무자가 공탁한 매매대금을 이의 없이 수령함으로써 매매계약이 해제되는 효과를 발생하도록 승인하였다고 하더라도 이로써 채권자에게는 대항할 수 없다(대법원 1993. 4. 27. 선고 92다44350 판결)고 하여 채무자와 제3채무자가 합의에 의하여 기본계약을 해제하는 것은 금지된다고 하였다.

반면에, ④ 채권자가 채무자와 제3채무자 사이의 근저당권설정계약이 통정허위표시임을 이유로 채무자를 대위하여 그 말소를 구하는 소를 제기하였는데, 그 후 채무자가 제3채무자가 신청한 지급명령에 이의를 제기하지 않아 강제경매절차에서 부동산이 매각됨으로써 위 근저당권설정등기가 말소된 경우, 채무자가 지급명령에 이의를 제기하지 않은 것이 대위채권자가 행사하고 있는 권리의 처분이라고 할 수 없으므로 제3채무자는 위 근저당권설정등기의 말소로써 채권자에게 대항할 수 있다(대법원 2007. 9. 6. 선고 2007다34135 판결)고 하여, 채무자와 제3채무자의 합의에 의한 기본계약의 해제가 아닌 채무자의 단순한 소극적인 채무불이행은 허용되는 것으로 판시하였다.

이런 점에서도 위 2000다27343 판결은 수긍하기 어렵다. 위와 같은 대법원의 판례에 대하여 그 뒤 유사한 사건에서 고등법원이 의문을 제기하고 위 판례와 다른 판결을 함에 따라 상대방이 상고를 한 결과, 대법원은 2012. 5. 17. 전원합의체 판결로써 다음과 같이 위 2000다27343 판결의 견해를 변경하였다.

"민법 제405조 제2항은 '채무자가 채권자대위권행사의 통지를 받은 후에는 그 권리를 처분하여도 이로써 채권자에게 대항하지 못한다'고 규정하고 있다. 위 조항의 취지는 채권자가 채무자에게 대위권 행사사실을 통지하거나 채무자가 채권자의 대위권 행사사실을 안 후에 채무자에게 대위의 목적인 권리의 양도나 포기 등 처분행위를 허용할 경우 채권자에 의한 대위권행사를 방해하는 것이 되므로 이를 금지하는 데에 있다고 할 것이다. 그런데 채무자의 채무불이행 사실 자체만으로는 권리변동의 효력이 발생하지 않아 이를 채무자가 제3채무자에 대하여 가지는 채권을 소멸시키는 적극적인 행위로 파악할 수 없는 점, 더구나 법정해제는 채무자의 객관적 채무불이행에 대한 제3채무자의 정당한 법적 대응인 점, 채권이 압류·가압류된 경우에도 압류 또는 가압류된 채권의 발생원인이 된 기본계약의 해제가 인정되는 것과 균형을 이룰 필요가 있는 점 등을 고려할 때 채무자가 자신의 채무불이행을 이유로 매매계약이 해제되도록 한 것을 두고 민법 제405조 제2항에서 말하는 '처분'에 해당한다고 할 수 없다. 따라서 채무자가 채권자대위권행사의 통지를 받은 후에 채무를 불이행함으로써 통지 전에 체결된 약정에 따라 매매계약이 자동적으로 해제되거나, 채권자대위권행사의 통지를 받은 후에 채무자의 채무불이행을 이유로 제3채무자가 매매계약을 해제한 경우 제3채무자는 그 계약해제로써 대위권을 행사하는 채권자에게 대항할 수 있다고 할 것이다. 다만, 형식적으로는 채무자의 채무불이행을 이유로 한 계약해제인 것처럼 보이지만 실질적으로는 채무자와 제3채무자 사이의 합의에 따라 계약을 해제한 것으로 볼 수 있거나, 채무자와 제3채무자가 단지 대위채권자에게 대항할 수 있도록 채무자의 채무불이행을 이유로 하는 계약해제인 것처럼 외관을 갖춘 것이라는 등의 특별한 사정이 있는 경우에는 채무자가 그 피대위채권을 처분한 것으로 보아 제3채무자는 그 계약해제로써 대위권을 행사하는 채권자에게 대항할 수 없다고 할 것이다. 이와 달리 채무자가 채권자대위권 행사사실을 통지받은 후에 채무자의 채무불이행을 이유로 매매계약이 해제되도록 한 것이 언제나 채무자가 그 피대위채권을 처분하는 것에 해당하므로 이를 가지고 대위권을 행사하는 채권자에게 대항할 수 없고, 그 결과 제3채무자 또한 그 계약해제로써 채권자에게 대항할 수 없다는 취지의 대법원 2003. 1. 10. 선고 2000다27343 판결은 이 판결의 견해와 저촉되는 한도에서 변경하기로 한다."(대법원 2012. 5. 17. 선고 2011다87235 전원합의체 판결).

위 사례는 고등법원이 대법원 판례를 무비판적으로 따르지 않고, 리걸 마인드를 가지고 합리적인 의심을 하여 대법원 판례 변경을 유도한 좋은 사례이다.

6) 많은 로스쿨생들이, 민사법은 공부를 해도 공부를 안 해도 그 결과가 똑같다고들 말한다. 그러나 세상에 노력을 했는데도 성과가 없는 일이 어디 있겠는가? 민사법도 시간과 노력을 기울여 공부하면 분명한 성과가 있다. 위와 같은 말을 하는 이들은 공부 요령을 모르거나 아예 겁을 먹고 시도조차 하지 않은 사람들이라고 할 수 있다.

이런 말을 하는 사람들은 또 이구동성으로 민사법 공부가 너무 어렵다고들 한다. 사실, 민사법은 그 영역이 넓고 관련 법령과 법조문, 법리도 방대하여, 공부하기 어렵고 하루 이틀 짧은 시간을 투입해서는 성과를 볼 수 없는 학문이다. 게다가 민사법은 정리되지 않은 관련 자료를 토대로 가능한 모든 법률적 대안을 추출·비교평가하고 선택해야 하는 특성상 명철한 분석력과 그 저변의 깊은 법지식 없이는 쉽게 접근하기 어렵다.

그러나 어렵다고 하는 민사법 공부도 시간과 노력이 쌓여갈수록 어느 순간 마음의 눈이 트이게 된다는 것을 크든 작든 이미 모두 경험하였을 것이다. 그러므로 실망하거나 지레 겁을 먹을 것이 아니라 '시작이 반'이라는 마음으로 당장 공부를 시작할 것을 권한다. 법조인인 이상 민사법 공부를 피할 수도 없다.

7) 민법은 헌법과 함께 모든 법의 원초(原初)요 기초이다. 행정법, 형사법 등의 다른 분야의 법률도 모두 민법의 기본원리를 바탕으로 그 분야에 특수한 사항을 규율하는 형태로 짜여져 있다. 그러므로 민사법 원리에 대한 해박한 지식이 결여되어서는 다른 분야의 법지식 역시 뿌리를 잃고 단편적인 것이 될 수밖에 없다. 단언컨대, 민사법 실력이 없

으면서 다른 법의 실력이 월등한 사람은 결코 없다. 그만큼 민사법이 중요하기 때문에 사법시험이나 변호사시험에서도 민사법의 비중을 크게 배려하는 것이라고 하겠다. 따라서 법조인은 당연히 민사법 공부에 더 많은 시간과 노력을 기울여야 한다.

나. 판사와 공부

1) 판사는 민사사건에 관하여 소송절차에만 관여하므로 변호사에 비해 우선 부담이 가볍다. 게다가 위와 같이 민사소송에서는 당사자처분권주의와 변론주의의 적용으로, 판사가 심리·판단할 대상을 당사자가 특정·제시하고 그 판단자료 역시 그의 책임하에 수집·제출하여야 하므로, 판사는 변호사에 비해 그 부담이 훨씬 가볍다고 할 수 있다.[2]

2) 그러나 변호사는 자신에게 유리한 주장과 증거만을 수집·제출하면 되고, 또 그 주장이나 입증이 법지식이나 소송자료의 부족 또는 판단 잘못으로 성공하지 못하더라도 '소송대리인은 비록 성공 가능성이 낮더라도 의뢰인의 이익을 위해 최대한 노력하고 시도해 본다.'는 그 역할상의 변명에 의해 용서되고 체면을 살릴 수 있다.

반면에 판사는 양쪽 당사자의 주장과 증거 모두를 판단하여야 하고, 그 판단 잘못에 대하여 변명할 여지가 없는 숙명을 안고 있다. 판사는 운동경기의 심판과 같은 지위에 있는데, 그 심판이 룰(rule)을 모르거나 한눈을 판 관계로 판단할 상황을 모르거나 논리추론의 잘못 등으로 오판을 하게 되면, 그 경기는 엉망이 되고 제재까지 받게 된다. 물론 판사가 오판을 하더라도 경기의 심판과 달리 직접적인 제재는 받지 않으나, 평판의 저하, 명예의 실추 등 간접적인 제재와 불이익까지 피할 수는 없다.

3) 주지하는 바와 같이 판사의 기본적 사명은 무엇이 법인지를 확인·선언하는 것이다. 즉, 판사는 당사자 사이에 구체적·역사적으로 발생한 사건(행위와 현상)에 따른 법률관계에 관하여, 그러한 행위와 현상(요건사실)이 존재하는지 여부와 그로부터 어떠한 법률효과가 어느 범위에서 성립하는지를 판단할 책무가 있다. 이를 통해 판사는 법을 발견·확인하게 된다.

그런데 위와 같은 법의 발견·확인은 이미 존재하는 법에 대한 것이 대부분이고, 판사는 개별적 분쟁사건에 관하여 그 법에 의하여 권리·법률관계를 판가름하면 된다.

4) 그러나 실정법은 완벽하게 법률관계를 규정하고 있지 못하고, 어떤 생활관계에 대하여는 아예 실정법이나 관습법이 존재하지 않는 경우도 많다. 이러한 경우 판사는 법규의 부존재를 이유로 재판을 거부할 수 없고, 제3의 법원(法源)인 조리에 의하여 그 생활관계를 법률관계에 편입하고 거기에 합당한 권리와 질서를 형성·선언하여야 할 직무상 의무가 있다.

---

2) 특히나 판사는 사건의 승패에 아무런 부담을 갖지 않으므로 그 정신적 부담에서도 변호사에 비할 바가 아니다.

이때의 조리란 단순한 윤리적 이성은 아니다. 이는 그것이 적용되어야 할 인간의 생활 관계는 물론 사회 전체적인 체계와 법질서, 관습, 윤리, 가치규범, 자연과학적 질서와 그 운행원리 등에 모두 부합되는 것이어야 한다. 그렇다면, 결국 판사는 그 범위에서 법의 창조자인 입법자의 지위에 서게 되고, 위와 같은 모든 사정을 관통하는 높은 통찰력과 넓은 지식을 갖추고 있어야 한다. 그리고 이를 위해 평소 공부가 필요하다는 결론에 이르게 된다.

5) 또, 판사는 소송절차에서 단순히 수동적·소극적 지위에만 머문 채 당사자의 소송행위만을 수령하는 것이 아니라, 실체적 진실발견을 위해 적극적으로 소송지휘와 석명요구 등도 하게 된다. 이를 원활히 하기 위해서는 실체법과 소송법에 대한 폭넓은 지식을 가지고 있어야만 한다. 그렇지 않으면 소송의 귀결이 엉뚱한 방향으로 흐르거나 실체적 진실발견과 정의확보도 불가능하게 될 것이다. 따라서 판사는 민사법을 비롯하여 다양한 법과 사회현상에 대하여 항상 공부하여야 한다.

다. 검사와 공부

1) 검사는 형사사건에 관하여 수사의 주재자이고, 형사소송절차에서는 당사자의 입장에서 공소를 유지하는 것이 주된 임무이다. 그러므로 변호사나 판사에 비해 민사사건에 관여할 일이 많지 않을지도 모른다.

2) 그러나 검사는 국가를 당사자 또는 참가인으로 하는 국가소송에서 법무부 장관의 지정을 받아 소송수행자로서 그 소송을 수행하여야 하고, 국가의 이익 또는 공공복리와 중대한 관계가 있는 국가소송 및 행정소송에서 법무부 장관의 지시를 받아 법원에 법률적 의견을 제출할 수 있으며, 행정소송에 관하여 법무부 장관을 보조하여 그 소송수행을 지휘하고 때로는 직접 그 행정소송을 수행할 수도 있고, 조정·중재·비송사건 절차에도 이와 같이 관여하게 된다(국가를 당사자로 하는 소송에 관한 법률 참조).

국가소송이나 행정소송에 행정법 등 공법은 물론 민법 등 민사법에 대한 폭넓은 지식과 식견이 필요함은 말할 것도 없다. 또, 검사는 민사소송, 특히 가사소송에서 공익을 위하여 소송당사자가 되는 경우가 매우 많다.

3) 검사는 수사와 형사소송 업무를 수행하는 과정에서도 많은 민사법 지식이 필요하다. 형법과 형사특별법에 재산죄나 경제적 이익 등에 관한 죄가 매우 많고, 이에 관한 법리를 제대로 이해하기 위해서는 채권법과 물권법 등 다양한 민사법 지식이 필요하며, 절도죄, 횡령죄, 배임죄, 손괴죄, 사기죄, 권리행사방해죄 등에서는 더욱 그러하다.[3]

---

3) 명의신탁자와 명의수탁자가 이른바 계약명의신탁약정을 맺고 명의수탁자가 당사자가 되어 그러한 명의신탁약정이 있다는 사실을 알고 있는 소유자로부터 부동산을 매수하는 계약을 체결한 후 그 매매계약에 따라 명의수탁자 앞으로 당해 부동산의 소유권이전등기가 행하여졌다면, 이때 명의수탁자는 명의

또 존속상해나 친족상도를 비롯해 친족관계에서, 범죄의 성립 여부, 형의 가중이나 감면, 고소의 필요성 여부, 증언이나 선서의 거부 여부 등 많은 법률적 효과가 달라진다. 친족관계가 아니라도 법인 등의 이사나 지배인 등 특수한 지위에 있는 자와 관련해서도 이러한 문제가 많이 발생한다. 따라서 검사가 본연의 형사 업무를 수행하는 것도 다양한 민사법 지식이 없이는 불가능하다.

4) 국가 법무행정의 중심기관은 법무부이다. 법원에는 법안 제출권이 없는 데 반해 정부는 법안 제출권이 있고, 민사법을 비롯한 각종 법안의 제정, 개정안 마련은 사실상 법무부가 담당한다. 검사가 법무부에 배치되어 이러한 업무를 수행할 기회가 많음은 물론이다. 따라서 검사도 민사법에 관하여 평소 많은 공부가 필요하다.

5) 검사도 퇴직하면 변호사를 하는 경우가 대부분이다. 근래 사선 변호인이 관여할 형사소송 사건은 감소하고 있고, 반대로 민사소송이나 가사소송, 지적 재산권 소송, 행정소송, 헌법소송 등은 증가하는 추세에 있다.

이처럼 사회 현상의 변화는 검사가 퇴직 전 평소 이러한 법률 분야의 지식을 습득해 놓지 않으면 매우 곤란한 처지에 빠질 수 있음을 암시하고 있다. 그러니 검사는 앞날을 위해서도 평소 형사법 공부는 물론 민사법 등 다른 법역에 대해서도 많은 공부를 하여야 한다.

2. 무엇을 공부할 것인가

1) 법조인의 공부 대상은 궁극적으로는 자연과 사회 전부이다. 그러나 이는 범위가 너무 넓고 추상적이어서 막연하다. 자연과 사회를 세분해보면 그 대상이 좀 더 구체적이고 확연해진다. 자연이라면 물리학, 생물학, 화학, 지구과학, 전기·전자학, 유전학 정도를 생각할 수 있고, 사회라면 정치, 행정, 경제, 노동, 문화·예술, 보건, 복지, 형사, 군사 등을 생각할 수 있다. 이들은 민사법의 대상 영역에 머무르지 않고 법학 전반에 관련된다. 따라서 법조인이라면 이들 영역 모두를 공부하여야 한다.

2) 그런데 범위를 좁혀 민사법을 공부한다고 할 때 우리는 어디서부터 공부를 시작하여야 할까. 그것은 민사적 생활관계의 기본법리로부터 비롯되어야 할 것이다. 민사적 생

신탁자에 대한 관계에서 횡령죄에서의 '타인의 재물을 보관하는 자'의 지위에 있다고 볼 수 있는가? 대법원은 이에 관하여, 이러한 계약명의신탁의 경우 부동산 실권리자명의 등기에 관한 법률 제4조 제2항 본문에 의하여 명의수탁자 명의의 소유권이전등기는 무효이고 당해 부동산의 소유권은 매도인이 그대로 보유하게 되며, 나아가 그 경우 명의신탁자는 부동산 매매계약의 당사자가 되지 아니하고 또 명의신탁약정은 위 법률 제4조 제1항에 의하여 무효이므로, 명의신탁자는 다른 특별한 사정이 없는 한 부동산 자체를 매도인으로부터 이전받아 취득할 수 있는 권리 기타 법적 가능성을 가지지 못하고, 따라서 명의수탁자가 명의신탁자에 대한 관계에서 횡령죄에서의 '타인의 재물을 보관하는 자'의 지위에 있다고 볼 수 없다고 판시하여(대법원 2012. 12. 13. 선고 2010도10515 판결 참조), 이와 달리 판단한 원심판결을 파기환송하였다. 이는 검사에게 민사법 지식이 필요함을 단적으로 보여주는 사례이다.

활관계의 주체인 사람, 그 대상이자 객체인 물건, 그리고 사람과 사람, 사람과 물건의 관계에서 파생되는 채권관계와 물권관계, 사람들 간의 관계 가운데 출생과 결혼으로 연결되는 사람들 간의, 좁은 범위에서의 인간관계인 가족관계가 민사적 생활관계의 기본에 속한다. 그러므로 이들 관계가 어떻게 형성되어 있고, 그에 관하여 인류가 역사적으로 어떻게 질서를 부여해 왔는지, 현재 우리가 운용하고 있는 법규범 체제는 어떻게 조직되어 있는지를 탐구하는 것이 공부의 시작이라고 할 수 있다. 이들은 현상으로서 실체를 가지고 존재하므로 실체법 영역에 속한다.

3) 따라서 민사법 공부는 실체법 공부에서 시작되어야 한다. 이들 실체법에 관한 기본 법리를 담고 있는 것이 민법이고 그 보충규범이 상법이다. 따라서 민사 실체법 공부의 중심은 민법과 상법에 두고, 이로부터 그 부속규범인 가족관계등록법, 부동산등기법, 가등기담보법, 집합건물법, 주택 및 상가건물 임대차보호법, 노동법, 어음법, 수표법, 상업등기법, 선박법, 약관규제법, 소비자보호법, 전자상거래법, 전자어음법 등으로 확대해 나가야 한다. 이들 법규가 담고 있는 법리를 공부하고 나면 인간사회의 민사적 생활관계가 어떻게 형성되고 규율되는지 이해, 설명할 수 있게 되는데, 이는 민사관계 이외의 다른 영역에 대한 공부의 기초가 된다. 왜냐 하면, 다른 영역은 민사적 생활관계로부터 파생되었거나 이를 기본적 요소로 내포하기 때문이다. 우리의 법질서는 앞서 본 바와 같이 그 핵을 중심으로 유기적·복합적으로 잘 짜여진 중층구조를 이루고 있다. 유추와 추론, 준용이 법의 세계에서 광범위하게 이루어지는 것도 그에 기인한 것이다.

4) 실체법 공부를 한 다음에는 절차법 공부를 하여야 한다. 이들을 동시에 하는 것도 좋다. 양자가 배타적 모순·대립관계에 있지 않기 때문이다. 절차법은 실체법이 지향하는 규범적 질서를 실현하는 것을 목적으로 하고 있어서 실체법을 확장·보충하는 역할을 한다. 민사절차법은 실체법적 정의와 질서를 개인의 힘으로 실현하는 사적·비강제적 절차법과 국가공권력으로 실현하는 공적·강제적 절차법으로 구성되어 있다. 전자가 화해계약, 제소전 화해나 소송상의 화해, 알선, 조정, 중재를 규정하고 있는 민법과 민사소송법, 민사조정법, 노동조합 및 노동관계조정법, 환경분쟁조정법, 의료분쟁조정법, 중재법 등이고, 후자는 재판을 통한 권리·의무의 확인과 그 집행을 규정하고 있는 민사소송법, 가사소송법, 비송사건절차법, 민사집행법 등이다.

3. 法을 공부한다는 것의 의미

1) 법을 공부한다는 것은 위와 같이 인간이 자연, 사회와 맺고 있는 관계를 이해하고 그 관계가 지향·추구하고 있는 이상적인 정의와 질서를 탐구하는 과정이다.

인간과 자연, 사회의 관계에서 이상적인 정의와 질서는 만고불변의 정형적인 것이 아니다. 시간적·공간적 환경과 사람들의 의식에 영향을 받기 때문이다. 여기에 철학의 한 분야로서 법철학이 존재의의를 갖는다. 따라서 법을 공부한다는 것은 단순히 이미 형성된 질서인 실정법규의 조문 내용을 암기하는 것이 될 수는 없다. 사법시험이나 변호사시험 공부가 '육법전서'(六法典書)의 조문 암기가 아니라는 것쯤은 모든 법학도가 익히 알고 있다. 법의 사명은, 인간이 타자 또는 외물과 맺고 있는 다양한 관계에서 인간과 타자 각각의 존재를 용인하고 그 행복을 추구하며 조화로운 존재를 모색하는 것이라고 할 수 있다. "법을 안다는 것은 단순히 법의 문언을 인식하는 것이 아니라 법의 효력과 권위를 인식하는 것이다."라는 법언은 이를 잘 말해 준다.

2) 법 공부는 두 가지 점에 귀결된다. 하나는 인간의 모든 사회적 생활관계를 이해하는 것이고, 다른 하나는 실정법규가 규정하고 있는 법률요건과 법률사실, 이로부터 발생하는 법률효과의 의미를 이해하는 것이다. 후자와 관련해서도, 조문 내용을 기계적으로 암기하는 것이 아님은 물론이고 실제로 그것이 가능하지도 않다. 실정법규는 그 시대 사람들의 언어로 소통되고 해석되어야만 하므로, 문언이 동일할지라도 시대와 사회의 변화에 따라 재해석될 수밖에 없다. 그러한 역할은 학자들과 법관들이 수행하고, 그 과정에서 예기치 않은 법관에 의한 법 창조가 일어나며, 궁극적으로는 그것이 입법에 영향을 미쳐 실정법규의 재정립을 초래한다. 이는 실정법규범이나 그것의 정립과 법규범의 해석, 적용이 실제로는 하나로 연결되는 것임을 증명한다. 입법자는 일반적 규범으로부터 출발하여 개별적 사례에 연역적으로 도달하고, 법관은 개별적 사례로부터 출발하여 귀납적으로 일반적 규범에 도달한다는 법언은 이를 적절히 설명해준다.[4]

3) 법규범을 정립하고 이를 해석, 적용하는 데에는 무엇이 정의인가를 탐색하는 인간의 이성과 사회구성원들이 의식적·무의식적으로 오랜 세월에 걸쳐 행동해 온 관습, 문화가 작용한다. 전자는 법철학과 연결되고 후자는 법사회학, 법제사(法制史)와 연결된다. 따라서 법을 공부한다고 하기 위해서는 이 양자에 대한 공부까지 하여야 한다. 예컨대, 민법 제305조 제1항, 제366조, 가등기담보법 제10조에 의한 법정지상권이나 판례에 의해 인정되는 관습상의 법정지상권, 집합건물법 제20조 제1항에 의한 구분건물의 전유부분과 대지사용권의 일체성은, 토지와 그 정착물인 건물을 각각 별개의 독립한 부동산으로 취급하는 일본과 우리의 특수한 법제의 소산으로서 연혁적으로 일본에서 비롯된 것이다.[5] 따라서 같은 대륙법 국가라고 하더라도, 토지와 건물을 하나의 부동산으로 취급하는 독일, 프랑스, 스위스, 오스트리아 등에서는 이러한 제도를 찾아볼 수 없다.

---

4) 민법 제562조는 "증여자의 사망으로 인하여 효력이 생길 증여에는 유증에 관한 규정을 준용한다." 고 규정하고 있는데, 대법원은 유증에 관한 민법 규정(제1065조 내지 제1072조)은 사인증여에 적용될 수 없다고 하여 민법 제562조를 사문화하고 있는바(대법원 2001. 9. 14. 선고 2000다66430, 66447 판결), 이는 법관에 의한 법 창조의 전형적인 모습이라고 할 수 있다.

5) 그러면서도 일본은 우리와 달리 구분건물의 전유부분과 대지사용권의 일체성을 인정하지는 않는다.

사실 법철학, 법사회학, 법제사 공부는 법학이 단순한 기술적 학문에 불과하고 법조인이 한낱 법기술자에 지나지 않는다는 것이 잘못된 생각임을, 그리하여 법의 정당성을 실정법규범으로부터 구하는 법실증주의(法實證主義)가 타당치 않음을 깨닫게 해준다. 나아가, 우리에게 법이란 무엇이고 어떠해야 하는가를 끊임없이 자문, 반성하게 하여 법과 철학, 궁극적으로는 인간사회를 풍요롭고 자유롭게 하는 데에 기여한다.

Ⅱ. 민사법의 학습기법

1. 시간 싸움을 할 것인가, 요령 싸움을 할 것인가

1) 어떤 공부이고 마찬가지지만 민사법 공부도 ① 두뇌, ② 시간, ③ 요령이 필수 영향요소라고 할 수 있다. ①은 학습자 임의로 변경할 수 없는 것이지만 ②와 ③은 얼마든지 투입량을 조절하는 등의 변형이 가능한 가변요소이다.

2) 이 가운데 학습 효과에 가장 큰 영향을 미치는 것은 어느 것일까? 필자는 ①, ③, ② 순이라고 생각한다. 그런데 놀랍게도 ①과 ③은 그 차이가 극히 미미하여 서로 순서를 바꿀 수도 있고, 양자가 같은 방향으로 작용하기도 한다. 즉, 영리한 사람은 공부요령도 좋다는 얘기다. 명민한 사람은 같은 책을 읽어도 요령 있게 읽어 그 안에 담긴 내용을 짧은 시간에 쉽게 이해하고 오래 기억한다. '독서백편의자현(讀書百遍義自見)'이라고 해서 같은 책을 백 번 읽으면 그 뜻이 저절로 통한다고 하는 말이 있으나, 사실 한 번 읽어서 뜻이 통하지 않은 책은 그러한 상태로 열 번, 백 번 읽어도 투자한 시간을 벌충할 만큼 가치 있는 결과를 쉽게 주지 않는다. 따라서 다른 조건의 변형 없이 단순히 시간의 투입량만 늘리는 것은 매우 비효율적이고, 시간이 갈수록 한계생산성(한계효율＝단위 산출 증가량／단위 시간투입 증가량)이 점점 떨어져 종국에는 0이 되었다가 오히려 마이너스가 될 것이다. 그래서 나는 새벽에 도서관에 갔다가 한밤중에 나오는 사람을 매우 가엾게 생각한다. 그 우매함이 안타깝고, 공부에 인생의 모든 것을 쏟아부어버리고 나면―그것이 비록 단기간으로 예정된 것이라도―인생의 행복을 무엇으로 맛볼 수 있을지 답답하기 때문이다.

3) 시간 투입만 늘려서 좋은 결과가 나온다면 누구든지 성공하지 못할 사람은 없을 것이다. 그러나 모든 세상사는 그리 되지는 않는다. 그러므로 인생의 다른 행복을 과다하게 희생하지 않는 한도에서만 시간을 공부에 투자할 것을 권한다. 성실이나 노력은 이 한도 안에 있다.

요령이란 이를테면 일의 기법이다. 공부도 일에 속한다. 따라서 공부를 어떻게 하는지 그 기법에 따라 능률과 실적이 달라지게 됨은 자명하다. 요령, 즉 기법은 그 구성 인자가 다양하다. 공부에 관하여 본다면, 공부의 때와 장소, 책의 선택, 책을 읽는 순서 등등을 생각할 수 있다. 이하 몇 가지 중요한 것을 지적해 둔다.

가. 공부하는 때

1) 공부하는 때는 자신이 처한 환경에 지배되므로 이에 적응하고 화합하여야 한다. 낮, 한밤, 새벽 어느 시간이고 상관없다. 공부하는 때를 임의로 선택할 수 있다면 자신이 가장 편하고 주의력이 집중되는 때를 선택하면 충분하다. 하루 종일 도서관에 앉아 있지만 않는다면.

2) 때를 임의로 선택할 수 없는 사람은 주어진 조건에 맞출 수밖에 없다. 처음에는 적응이 어렵지만 습관을 붙이면 전자와 아무런 차이나 불편함을 느끼지 않게 된다.

3) 자투리 시간을 잘 활용하는 것도 중요하다. 버스나 전철 안에 있을 때, 차를 기다릴 때, 친구나 연인을 기다릴 때, 예정한 시각보다 어딘가에 일찍 도착하였을 때 그 자투리 시간을 공부에 활용하는 것이다. 그런 시간에 대비해서 미리 두께가 얇은 책이나 파일, 논문을 출력해서 가방에 넣어둘 필요가 있음은 두말할 나위가 없다.

나. 공부 장소

1) 공부 장소도 위와 기본적으로 같다. 어떤 사람이건 한곳에 오래 있으면 진력이 나기 마련이다. 까닭 없이 읽은 곳을 계속해서 되풀이해 읽고 있다면 휴식을 하거나 장소를 옮길 때가 된 것이다. 집을 옮길 수가 없다면 도서관이나 독서실에 가거나, 하다못해 방을 바꾸는 것도 좋다. 경치가 너무 좋은 곳은 처음 얼마 동안은 공부하기에 힘들다. 경치에 눈과 마음을 빼앗기기 때문이다. 따라서 시간이 많지 않다면 경치 좋은 곳은 썩 권할 만한 공부 장소가 못된다.

2) 시끄러운 곳이 좋은 사람은 일부러 그런 곳을 찾거나 아니면 라디오나 TV 등을 틀어서 그런 환경을 만들면 된다. 그런 소리가 공부에 방해가 된다고만 생각하는 사람은 아직 공부 요령을 모르는 사람이다. 그러나 화장실에서 공부하는 것은 절대 금물이다. 얻는 것은 치질뿐이니까.

다. 책 고르기

1) 책은 두뇌, 스승과 함께 공부의 삼요소이다. 그대는 어떤 기준으로 책을 고르는가? 필자는 얇은 책보다는 두꺼운 책을 고른다. 다른 조건이 같다면, 얇은 책은 아무리 깔끔하게 내용을 요약·정리한다고 하여도 지식과 정보를 전달하는 데에 양적 한계를 가질 수밖에 없다. 두꺼운 책은 설명이 더 친절하거나 다른 책에는 없는 정보가 들어 있거나 해서 얇은 책보다 오히려 쉽고 빠르게 읽히고, 읽고 난 뒤 남는 것도 더 많은 경우가 보통

이다.

2) 그러나 무엇보다 책을 고르는 데 있어 고려해야 할 사항은 그 내용이다. 꼭 필요한 내용을 담고 있는가, 그것을 쉽고 친절하게 설명하고 있는가가 중요하다. 어떤 책은 저자 자신도 제대로 이해하지 못하고 있거나 단순히 법조문을 옮겨 적은 것이거나 남의 글을 여기저기서 끌어 모아 둔 것에 불과하기도 한다. 그러니 책을 고를 때는 우선 아무 데고 한두 군데를 골라서 세심하게 읽어 볼 일이다.

3) 그래서 막힘없이 쉽게 읽히고 줄거리가 찡하게 가슴과 뇌리에 남는다면 합격이고 그 반대면 불합격이다. 그 다음에는 책의 인쇄 상태, 글자 크기와 모양, 디자인과 편집 솜씨, 제본의 정갈함 등등 이런 것을 살펴본다. 대체로 이런 것들의 좋고 나쁨은, 눈이 피곤하지 않을지, 읽다가 싫증이 나지 않을지, 글씨가 산만하지는 않은지, 인쇄 상태가 흐릿하지는 않은지, 도표나 그림은 정갈하고 일목요연한지 여부로 결정된다.

라. 책 읽는 방법

1) 책을 책상에서 읽거나 누워서 읽거나 배를 바닥에 대고 엎드려서 읽거나 그건 각자의 자유다. 편하고 효율적이면 좋은 것이다.

2) 책을 읽을 때는 머리말부터 맨 끝의 '찾아보기'까지 순서대로 통독하고 정독하여야 하는가? 능률이나 효율면에서 본다면 정해진 원칙은 없다. 각자 자신의 형편에 따라 맞추면 된다. 책을 손에 잡고 읽을 준비가 되었다면, 우선 목차를 일별하여 어떤 내용이 어떤 순서로 배열되어 있는지를 확인한 다음, 읽어야 할 부분이나 읽고 싶은 부분을 골라 읽는다. 어떤 부분을 읽고 나서 다른 분야의 공부가 필요하거나 궁금하면 다른 부분으로 점차 확대해 나가면 된다. 책을 통독할 경우에는 각각의 편, 장, 절이 끝날 때마다 다시 목차로 돌아와 그 부분이 책의 전체 내용 가운데 어디에 위치하는지, 남은 부분이 무엇인지를 확인하는 것이 좋다. 그러면 자신이 읽어 들인 내용이 더욱 뚜렷해지고 공부한 내용이 체계를 이루게 되어 기억 창고 속에 체계적으로 기억, 보관된다.

3) 틈나는 대로 책의 목차만 읽어보는 것도 좋은 방법이다. 목차만 읽어도 책의 전체 내용을 체계화하는 데에 큰 도움이 되며, 책을 다 읽고 났을 때는 거기서 얻은 정보를 질서 정연하게 체계화하여 차원(次元)을 만들어 주는 데에 탁월한 효과를 발휘한다. 목차를 여러 번 읽어서 눈을 감고서도 그것이 떠올라 그림이 그려진다면 대성공이다. 정보를 모래알로 우리의 기억 창고 속에 집어넣어서는 나중에 아무것도 꺼내 쓸 수가 없다. 설혹 꺼낸다고 해도 그 꺼낸 정보 역시 모래알 파편일 뿐이어서 거의 쓸모가 없다. 그래서 우리 속담에 "구슬이 서 말이라도 꿰어야 보배"라는 속담이 나온 것이다. 구슬 낱알을 실이나 끈에 꿰어서 목걸이고 팔찌고 귀걸이고 만들어 내야 구슬은 제값을 하게 되는 이치다.

4) 책을 읽을 때 중점을 두어야 할 것은 거기 쓰인 내용을 이해하는 것이다. 이해 없

는 기억이나 암기는 있을 수 없다. 그런 일이 가능하더라도, 그 기억이나 암기의 시간은 매우 짧고, 그것을 되새겨냈을 때는 거의 아무런 가치도 없는 것이다. 내용을 이해할 수 없다면 즉시 아는 사람에게 묻거나 다른 책에서 해답을 구하는 것이 첩경이다. 그것이 모두 불가능한 때에는 나중을 위해 이를 반드시 책에 표시해 두어야 한다. 책을 읽다보면 뒤에서 그 해답을 구하게 되는 일이 종종 있는데, 그때 그 해답이 있는 페이지를 몰랐던 부분에 표시해주면 더 할 일은 없다.[6]

5) 책에 쓰인 글이라고 해서 모두 동일한 중요성과 가치를 갖는 것은 아니다. 요컨대 어떤 부분이고 키 포인트가 있게 마련인데, 그것을 공부 과정에서 발견하지 못한다면 헛공부를 하고 있는 것이다. 책을 읽고 공부를 하다보면 "아하 요 녀석이 이곳의 키 포인트구나!"하고 느낌이 팍 오게 된다. 그럴 때 그곳에 자기만의 표시를 해두는 것이 좋다.[7] 나중에 다시 읽거나 시간이 없어 빠른 속도로 복습을 할 때 매우 요긴하다. 그곳만을 골라 음미하면 족하니까.

6) 문제집 같이 여러 주제들을 죽 나열하여 편집된 책의 경우에는 읽고 나서 그 중요도에 따라 목차에 적당한 표시를 해둔다. 복습할 때 우선순위를 결정할 정보를 담아서. 그렇게 하면 나중에 복습할 때 매우 편리한데, ① 정말 중요하여 반드시 재확인이 필요한 것, ② 책을 볼 때는 알겠으나 덮고 나면 쉬 잊어버리는 것, ③ 암기하여야 할 내용이 있는 것 등이 그런 표시를 받을 자격이 있다.[8] 복습할 때 ①, ②, ③의 순으로 읽어 제약된 시간을 효율적으로 사용하는 것이다. 특히 시험을 보는 날 시험장에 책을 가지고 가서 시험이 시작되기 직전에 ③을 음미하는 것은 효과 만점이다.[9] 문제집 아닌 책도 마찬가지의 요령을 사용할 수 있다.

마. 시간표가 필요한가?

1) 공부를 하거나 책을 읽는 데에도 시간의 제약을 받는 경우가 많다. 시험을 앞둔 사람은 특히 그러하다. 이때 시간표를 어떻게 짜야 할까. 만약 석 달 안에 다섯 권의 책을 읽어야 한다면 그대는 어떻게 시간표를 짜는가? 매일 시간을 나누어 다섯 권을 석 달 내내 되풀이하는가, 아니면 매일 그 중 일부분만을 읽는가, 그것도 아니라면 매일 한 권씩 읽어서 한

---

6) 필자는 참고할 페이지를 'cf. → p.126' 식으로 책의 빈 곳에 기재해둔다. 이는 126페이지를 보라는 뜻이다.

7) 필자는 연필로 키포인트 부분을 < >로 묶어준다. 글의 내용이 다소 길거나 양이 많은 때에는 「 」로 묶어주고 있다.

8) 필자는 V표를 이용하는데, ①은 3개, ②는 2개, ③은 1개를 표시한다. 복습할 때는 V표가 많은 것부터 하고, V표가 없는 것은 시간이 많이 남을 때에 한다.

9) 그렇게 해서도 암기하기 어려운 것은 답안지든 시험지든 종이를 받으면 그 즉시 암기한 내용을 여백에 기록해 놓는다. 그것이 시험에 나왔다면 따봉이다. 이런 것을 오래 기억하지 못했다고 괴로워할 필요는 조금도 없다. 어차피 그것은 암기의 대상일 뿐이니까 말이다.

권이 끝난 뒤에 다른 권을 읽는가? 정답은 없다. 자기 편한 대로 하면 된다.

2) 시간을 세분하여 9시부터 10시까지는 민법, 10시부터 12시까지는 형법, 2시부터 4시까지는 민사소송법 하는 식으로 너무 많은 과목을 동시에 공부하는 것은 문제가 있다. 이렇게 시간을 세분하면 우선 시간을 정확하게 지키기도 어렵지만, 한두 시간 읽어봐야 그 양이 얼마 되지 않아 내용이 중간에 끊기게 된다. 이렇게 되면 읽은 내용이 체계를 이루지 못하고 파편이 될 가능성이 농후하다. 따라서 하루에 공부할 과목이나 책은 한 개 또는 두 개 등 소수로 제한하는 것이 좋다. 종일 공부할 수 있는 등으로 시간이 많은 경우에는 오전, 오후, 저녁으로 나눠 두세 개 정도로 제한하는 것도 효율적인 방법이다.

그리고 위와 같이 하루에 한 개 또는 두세 개를 읽는 경우에는 시간 단위로 공부하는 대신 분량 단위로 읽고 공부하는 것이 좋다. 즉, 시간 제약상 한 달에 한 권(과목)의 책을 읽어야 한다는 계산이 나오면 그 읽어야 할 전체 페이지 수를 30일로 나누어 매일 읽어야 할 분량을 정하되, 기계적으로 이를 나눌 것이 아니라 주제가 끊어지지 않도록 양적 경계의 앞뒤를 약간씩 가감하는 것이 좋다.[10) 그래서 그 정해진 양을 다 마친 다음 하루 일과를 마감하거나 다음 과목으로 넘어가야 한다.

3) 그런데 이렇게 계획을 세워 공부를 하고 책을 읽는다 해도 일주일을 놓고 보면, 이삼 일 정도는 공부가 아주 잘 되고 또 이삼 일 정도는 그저 그렇고 나머지 하루 이틀은 영 공부가 안 되어 읽은 곳을 반복해 읽는 것이 보통이다. 따라서 공부가 아주 잘 되는 날에는 목표량을 초과 달성하고(이런 날은 휴대전화기를 꺼두었다가 공부가 끝난 뒤 다시 켜는 것도 좋으리라!), 공부가 아주 안 되는 날에는 책을 덮고 산책을 하거나 운동을 하거나 데이트를 하거나 영화나 공연을 보는 등으로 기분전환을 하여야 한다.

공부가 영 안 되는 데에도 시간이 아까워 조바심에 계속 책을 마주하고 앉아 있으면 아무런 성과는 없이 심신을 상하게 되고 다음날의 공부까지 망치게 된다. 이럴 경우에 대비해서 애초에 계획을 세울 때 토요일이나 일요일 정도는 비워두었다가, 평일에 목표량을 채우지 못한 경우 토요일이나 일요일에 이를 보충하는 것도 좋은 방법이다.

4) 한편, 정해진 시일 안에 여러 권의 책이나 여러 과목을 2회 이상 반복하여 학습이 가능한 경우, 먼저 A, B, C, D 과목 순으로 읽었다면 다시 A, B, C, D 순이 아니라 D, C, B, A의 역순으로 공부하는 것이 기억의 평준화에 유리하다. 똑같은 순서를 되풀이하면 언제나 A가 맨 처음 시작되어 수험일을 기준할 때 A에 대한 기억이 가장 멀어지는 문제가 발생한다. 책이 아닌 논문 등 단편적인 자료를 공부하는 경우에도 이와 같은 방법으로 공부하면 된다.

---

10) 예컨대 <채권자대위권>이 520페이지까지인데, 계산상 특정일의 분량이 510이나 515페이지에서 끝난다고 해서 공부를 거기서 마치면 안 된다. 이런 사람은 융통성이 전혀 없는 사람으로서 사회생활을 제대로 할 수 없다.

■ 민사변호사실무 공부와 민사재판실무 공부는 다른가?

1. 소장이나 판결서 등 소송문서를 작성해보면, 요구되는 법률적인 지식 면에서는 민사재판실무의 그것과 다를 것이 없는데도 민사변호사실무에서는 무언가 창조적인 감각이 중요하다는 것을 느끼게 될 것이다. 그 때문에 민사변호사실무 과목에 적응하지 못해 흥미를 잃고 허둥대다가 연수원을 수료하고 마는 연수생들이 있다.

이는 기본적으로 민사변호사실무 과목의 주된 관심 방향과 민사재판실무 과목의 주된 관심 방향이 서로 다르기 때문이다. 민사재판실무에서는 기본적으로 당사자의 주장이 '맞는가? 맞지 않는가?'에 관심이 있다. 반면에 민사변호사실무에서는 '의뢰인의 권리를 어떻게 보호·실현할 것인가?'가 관심의 주된 방향이다. 경제학 용어를 들어 비유하면, 민사변호사실무는 거시경제학(巨視經濟學)이고 민사재판실무는 미시경제학(微視經濟學)이라고 할 수 있다.

2. 그러나 민사변호사실무가 이와 같이 거시적이라고 하여 미시적 방향을 외면하고 소홀히 하여서는 큰 낭패를 본다. 결론적으로 민사변호사실무 과목은 항상 '어떻게 하여야 할 것인가?'를 고민한 끝에 답이 얻어진다고 말할 수 있다. 이는 민사재판실무에서의 '어떤 주장이 옳은가?'와는 다른 차원의 고민이다. 그러나 '어떻게 하여야 할 것인가?' 하는 고민은 미리 '어떤 주장이 옳은가?'에 대한 답을 알고 있어야 제대로 해답을 얻을 수 있다. 연수생들이 민사변호사실무 과목 공부에 쉽게 적응하지 못하는 이유는 '어떤 주장이 옳은가?'에 대한 지식은 판례나 각종 사례연구, 판결문 작성연습 등을 통하여 어느 정도 습득하고 있는 반면, 시각을 더 넓고 깊은 곳으로 돌려 살펴볼 생각을 하지 않기 때문이다.

3. 민사변호사실무에서 요구하는 것은 민사재판실무의 그것보다 넓다. 즉, 여러 가지 대안(代案)을 찾아내서 이들을 비교·평가하여야 하고, 복수의 대안 상호간에 관계를 맺어주는 것이 필요하다, 반면에 민사재판실무에서는 당사자가 주장한 사실적·법률적 주장에 대하여만 판단하면 된다.

훌륭한 심판은 모든 면에서 선수보다 위에 있어야 한다. 동시에, 심판이 하는 일과 일처리 방식을 이해하지 못하고는 훌륭한 선수가 될 수 없다. 고로 완전한 법조인이 되려면 타 직역에 대한 이해와 공부가 필수적이다. 그러나 너무 걱정할 것은 없다. 민사변호사실무와 민사재판실무가 타 직역도 아닐 뿐 아니라 하나를 잘하면 다른 것도 잘할 수 있으니까 ···. 이는 변호사시험에도 그대로 적용된다. 사례형 시험이나 기록형 시험은 분명히 선택형 시험보다 어렵지만 이 삼자에 적용되는 법지식이 따로 있는 것은 아니다. 따라서 어느 하나는 잘하는데 다른 것을 못한다는 것은 있을 수 없다. 만약 실제로 그런 사람이 있다면 그는 법지식을 기계적으로 암기한 사람이라고 할 수밖에 없다.

2. 주제별 공부의 효과

1) 공부는 주제별로 하자. 예를 들자면 대리·표현대리, 조건, 기한, 소멸시효, 채권양도, 보증, 매매, 임대차, 계약의 해제·해지, 부당이득 등과 같이 하나의 카테고리에 넣어 체계지울 수 있는 주제가 있다면, 이들 각각의 주제에 관하여 깊고 넓게 공부하여 그 내

용을 완벽하게 이해한 후 다음 주제로 넘어가야 한다. 그렇지 않으면 여러 가지 이질적인 내용이 뒤범벅되어 이해와 기억의 효율이 현저히 떨어지게 된다.

주제별 학습을 위해서는 공부할 자료부터 먼저 주제별로 정리해야 한다. 법대를 졸업한 로스쿨생의 경우 이미 전반적으로 대강의 법적 지식체계를 세운 상태이므로, 자신이 부족하다고 생각되는 주제나 더 깊이 알고 싶은 주제 중심으로 이를 추출하는 것이 좋을 것이다.

2) 이때 주제의 추출은 개별 아이템 단위로 할 것을 권한다. 아이템(주제) 추출에는 민법이나 상법, 민사소송법의 사법시험 2차 수험용 문제집이나 교과서가 요긴하다. 예컨대, 신의성실의 원칙, 권리남용, 반사회질서 행위, 정지조건, 해제조건, 채권자대위권, 채권자취소권, 중복제소, 기판력 등과 같이 독립성을 갖는 주제를 아이템으로 추출하는 것이다. 아이템의 크기를 어떻게 정할 것인지는 고민거리인데, 이를 너무 세분하면 중복을 피할 수 없고, 너무 크게 하면 분량이 많아지고 독립성과 독자성이 옅어지는 문제가 따른다. 즉 대리와 법정대리, 표현대리를 하나로 묶는 것은 너무 크고, 표현대리를 세 개로 나누면 너무 작다. 따라서 대리에는 복대리를 포함시키고 법정대리는 분리하며, 표현대리는 세 가지 경우를 포괄하여 하나의 아이템으로 묶는 것이 좋다.

3) 변호사시험을 앞둔 로스쿨생의 경우 위와 같은 요령으로 자신이 갖고 있는 책이나 학습자료의 내용을 분석하여 <아이템표>를 작성하는 것이 좋겠다. 민사 실체법과 민사 절차법으로 나누어 두 개의 표를 만든다면 아이템을 모두 합해도 50개를 크게 넘지는 않으리라 생각한다. 참고로 사법연수원 과정 2년 동안 민사법 과목에서 다루는 아이템을 추론하면 다음과 같다.

▣ 민사법 주제별 아이템표(예)

	아이템(주제)	아이템(주제)	비고(관련 법률)
민사 실체법	·비법인 사단 ·법인의 불법행위 ·대리 ·무권대리 ·표현대리 ·물권적 청구권 ·등기의 추정력 ·중복등기 ·말소등기 ·취득시효 ·법정지상권 ·전세권 ·공유 ·근저당권	·어음·수표의 백지 보충권 ·단순보증 ·연대보증 ·부진정연대 ·계속적 보증(근보증) ·채권자대위권 ·채권자취소권 ·채권양도 ·변제 ·변제충당 ·대물변제 ·공탁 ·상계 ·동시이행의 항변권	·민법 ·상법 ·부동산등기법 ·주택임대차보호법 ·상가건물임대차보호법 ·가등기담보법 ·실화책임법 ·동산·채권담보법 ·어음법 ·수표법

	·가등기담보 ·부동산의 양도담보 ·동산의 양도담보 ·민법상 임대차 ·주택 임대차 ·상가건물 임대차 ·어음·수표	·합의해제 ·법정해제 ·채무불이행 ·부당이득 ·불법행위 일반 ·사용자책임 ·공작물 소유자책임	
민사 절차법	·문서의 증명력 ·기판력 ·단순공동소송 ·필수적 공동소송 ·소의 이익 ·당사자적격 ·추심명령 ·전부명령 ·청구이의	·제3자이의 ·집행권원 ·공증 ·채권가압류 ·동산가압류 ·부동산가압류 ·가처분 ·배당이의 ·배당과 부당이득	·민사소송법 ·민사집행법

4) 위와 같이 아이템을 추출하여 공부할 주제를 선정한 후에는 자신이 갖고 있는 학습자료 중 해당 주제에 관한 내용을 한데 모아 동시에 읽고 공부하도록 한다. 즉 취득시효를 공부한다면, 학습자료 A, B, C에 있는 취득시효 관련 사항을 동시에 공부하는 것이다. 그렇게 하면 취득시효에 관한 내용을 쉽게 이해하고 풍부한 자료를 확보하여 그 공부한 내용이 체계화되어 머릿속의 기억장치에 들어가게 된다.

주제별로 공부를 할 때는 ① 법전의 해당 부분, ② 민법이나 민사소송법, 민사집행법 등 기본 교과서(사법시험 2차시험용 교과서나 변호사시험의 사례형시험 교과서가 좋다.)의 해당 부분, ③ 관련 판례, ④ 사법연수원이나 로스쿨 연습기록이나 강평자료 등의 해당 부분, ⑤ 논문자료, 주석서의 해당부분 순으로 읽는다. 시간이 여의치 않으면 이 중 일부나 뒤 순서의 것은 생략할 수밖에 없음은 물론이다.

법학 교과서나 논문자료, 주석서 등은 주제별로 분류되어 있어 문제가 없으나, 연습용 소송기록과 강평자료, 판례 등은 그렇지 못하므로 스스로 이를 주제별로 정리하여야 한다. 기본 교과서나 논문자료, 판례 등에는 여러 가지 주제가 섞여 있고, 같은 주제가 또 여러 학습자료에 분산·중복되어 있기도 하므로, 자기만의 방법을 개발하여 이들 자료를 주제에 따라 일목요연하게 정리할 필요가 있다. 이를 정리하지 않으면 산만해져서 체계적인 공부를 하기가 쉽지 않고 자료도 잃어버리기 쉽다.

5) 만약 학습자료에 목차가 없거나 기록형 자료여서 다수의 주제가 뒤섞인 것인 때에는 아래 표와 같이 먼저 그 자료를 분해하여 아이템을 추출하고, 그 아이템이 어느 학습자료의 어디에 있는지 페이지를 기재한 다음 그 페이지를 찾아 동시에 읽으면 된다. 이 방법은 특히 뒤에서 보는 <정리표>를 만들 시간이 없을 만큼 급할 때 요긴하다.

▣ 학습자료의 아이템 분해표(예)

아이템(주제)	학습자료와 소재
·정지조건	·민사변호사 기록(Ⅱ) p.56 ·법학전문대학원 2021 모의기록 p.30 ·민사재판 기록(70-2) p.15
·채권자대위권	·이형수, 채권자대위권 논문 ·민사변호사 기록(Ⅲ) p.43 ·법학전문대학원 2021 모의기록 p.26 ·민사재판 기록(20) p.47 ....

3. 모르는 것과 자존심

1) 대체로 법조인이나 사법연수생, 로스쿨생 등 예비 법조인은 두뇌가 좋은 편이다. 이런 사람들은 남에게 지고는 못 사는 성격이며, 그로 인해 시험 실패나 성적 저조에 엄청난 자학감과 열등감을 느끼게 된다. 심한 경우 우울증과 신경쇠약으로 연결되기도 한다.

2) 이런 사람들에게는 자존심을 조금만 버리라고 권하고 싶다. 우선 모르는 것을 자존심 때문에 남에게 묻지 않고 그냥 넘어가서는 안 된다. 한번 모른 것은 영원히 모르게 될 가능성이 높다. 그러니 모르는 것이 있으면 반드시 체크해서 동료든 교수든 누구에게든 묻자. 사법연수생이나 로스쿨생은 아직 공부를 하는 사람들이므로 모르는 것이 있거나 이를 물어도 하나도 흉이 될 수 없다. 그러나 사법연수원이나 로스쿨을 떠나 법조인이 되어 버리면 자존심 때문에 묻고 싶어도 묻기 어렵다. 또, 모두가 잠재적 경쟁자이므로 누구든 쉽게 가르쳐 주려고도 하지 않을 것이다.

공부를 잘하려면 질문을 많이 하여야 한다. 자신에 대한 질문을 포함하여. 책을 읽을 때 아무 것도 의문 나는 것이 없다면 그 사람은 천재이거나 제대로 공부를 하지 않은 사람 둘 중의 하나이다. 공부를 잘하고 싶다면, 이해가 잘 안 되거나 의문 나는 사항을 철저히 체크해서 묻고 이해하도록 하자. 자료를 읽고 이해가 안 되거나 자신으로서는 해결하기 어려운 문제들과 맞닥뜨리거나 궁금한 것이 있을 때는 반드시 이를 메모하여야 한다. 그 순간이 지나가 버리면 이를 기억하기도 어렵기 때문이다.

3) 사법연수생이나 로스쿨생은 연습용 소송기록이나 기출문제를 반드시 자신의 힘으로 해결하도록 도전하고 손수 써보아야 한다. 이것도 민사법 공부의 요체다. 말로 하는 것과 글로 쓰는 것은 전혀 다르다. 판사나 변호사는 판결문이나 소장 등 소송문서를 쓰는 도중에 수많은 논리와 추론상의 잘못을 발견하고 결론을 바꾼다. 연습기록 등을 직접 써보아야만, 얼마나 작고 성가신 문제들이 인간사에 숨어 있는지, 또한 그것들을 결코 외면할 수도 없다는 사실을 알게 될 것이다. 그리고 이를 통하여 자신의 민사법 실력이 어느 정

도인지, 무엇이 부족한지도 깨닫게 될 것이다. 남의 해답지나 이전 기록의 모범답안을 기계적으로 베끼는 사람은 아무 것도 성취하지 못한다. 그리고 지도교수로부터 인간적 신뢰도 얻지 못할 것이다.

물론 때로는 연습기록에서 아직 배우지 못한 문제와 맞서게 될 경우도 있을 것이다. 그러나 연습기록은 법지식의 테스트가 아니라, 법을 공부하는 사람이 법적 문제에 부딪쳐서 이를 어떻게 해결해 가는지, 그 자세와 마음가짐, 논리적 사고의 틀(legal mind)이 제대로 세워졌는지를 살펴보고, 또한 학습자가 아직 경험하지 못한 정보와 지식을 알려주기 위해 마련된 것이다. 그러므로 연습기록이 쉽고 어렵고는 신경 쓸 일이 아니다. 연습기록을 써보면서 어느 쪽 결론으로 가야할지 쉬 결단을 못 내리고 갈등하며 고민하였던 문제에 대하여 모범답안은 왜 그 길로 갔는지 궁금하고 설레지 아니한가?! 이런 설렘이 없다면 그대는 공부와는 인연이 없는 사람이다.

4) 연습기록의 과제를 모두 해결할 필요는 물론 없다. 그것이 사실 가능하지도 않다. 자신이 할 수 있는 데까지, 우선 사실관계를 파악하고 법리적으로 이를 재구성하는 단계에라도 나가면 성공이다. 그리고 이런 연습을 해가다 보면, 점차 시야가 넓어지고 자신의 실력과 문제해결능력이 자신도 모르는 사이에 크게 성장해 있음을 발견하게 될 것이다.

4. 이해와 공부한 결과의 보존

1) 공부하는 사람에게 가장 중요한 것은 이해요 다음은 암기다. 그런데 아무리 기억력이 좋은 사람이라도 세세하게 모든 것을 다 암기할 수는 없다. 주제별 공부를 할 때는 이해가 가장 중요하며 이해와 기억의 보존, 즉 암기는 그 다음이다.

사법시험이나 변호사시험의 채점을 하다보면 기계적으로 외운 공식을 아무 데나 적용하려는 엉뚱한 답을 자주 본다. 이해가 결여된 탓이다. 법이론은 지극히 상식적인 것으로부터 출발한다. 인간 이성과 사회관습에 법의 기본을 둔 때문이다. 그러므로 이해는 모든 공부의 시작이요 끝이다. 이해 없는 암기란 있을 수 없다. 있다고 해도 그것은 매우 짧은 시간에만 가능하다. 또 암기로는 문제를 해결할 수도 없다. 암기한 형태대로 문제가 발생하지는 않기 때문이다.

따라서 암기가 필요한 것은 그 세부적인 내용이 아니라 대강의 얼개, 더 축약하면 법률요건과 법률효과이다. 그 정도만 암기하면 구체적이고 세부적인 내용은 원전(참고서나 판례 등)에서 쉽게 찾을 수 있다. 희미하게라도 인식·암기하지 못하면 대개의 경우 자신이 현재 알고 있는 것이 전부인 줄 알고 다른 자료가 있는지 찾아볼 생각조차 못하게 된다. 따라서 법리의 아웃라인 정도만 기억 장치에 그려서 저장하면 충분하다.

그런데 앞서 말한 바와 같이 암기는 이해의 유무와 그 정도에 비례한다. 이는 이해한 것은 억지로 암기하려고 노력할 필요가 없다는 뜻이다. 즉, 이해한 것은 곧 기억창고 속에 자동으로 암기가 된다.

2) 어떤 주제에 대한 공부가 끝난 뒤에는 공부한 결과를 정리하는 작업이 필요하다. 우리의 뇌는 정보가 체계적으로 들어올 때만 이를 기억하고 다시 되살려낼 수 있다. 모래알처럼 흩어진 정보는 기억하기도 힘들고, 나중에 다시 되살려낼 수 없거나, 요행이 이를 되살려낸다고 해도 아무 쓸모가 없는 모래알 형태로 되살려낼 뿐이다. 그런데 공부가 끝난 후 목차 쓰기 작업을 하면 자신이 얼마나 주제를 이해했는지 확인할 수 있고, 정보가 체계화되어 그 기억의 보존·암기와 되살림도 매우 잘 된다.

예컨대 <채권자대위권>에 관한 공부가 끝났다면 책을 덮고 백지에 이에 관한 논문이나 사법시험 답안을 쓴다고 가정하고서 <채권자대위권>에 관한 목차를 작성하는 것이 좋다. 이때 목차가 너무 자세하면 사실상 원전 자료를 복사하는 것이나 다름없게 되므로 지나치지 않도록 자제할 필요가 있다. 목차를 작성할 때 세부 목차에 들어갈 내용의 대강을 괄호 속에 기재하는 것도 좋다. 목차를 작성할 때는 원전 자료를 보아서는 안 된다. 어디까지나 자신이 공부한 결과를 토대로 혼자 힘으로 하여야 한다. 그 결과가 부실하거나 만족스럽지 못한 경우 작성을 마친 다음 원전을 다시 보면서 수정·가필하면 된다.

3) 어떤 법률문제에 대하여 전문가라고 내세우려면 그 분야에 관한 논문을 스무 개를 쓸 수 있어야 한다고 어느 원로 법조인이 말했지만 이는 좀 과하다고 하겠다. 두세 개 정도만 쓸 수 있어도 전문가라고 할 수 있으리라 생각한다.

▣ 학습 후에 작성하는 목차(예 1)

[채권자대위권]

1. 채권자대위권의 의의
　가. 정의 / 채권자취소권과의 구별 / 제도의 연혁
　나. 인정 근거 / 존재의의
　다. 법적 성질

2. 채권자대위소송의 요건
　가. 일반적 요건
　　(1) 피보전권리의 존재
　　　→ 피보전권리 적격
　　　→ 피보전권리의 흠결(피보전권리가 없는 경우 당사자적격 없어 소 각하!)
　　(2) 피보전권리의 이행기 도래(보전행위나 법원허가 시는 도래 전에도 可)

(3) 보전의 필요성

→ 채권자가 채무자를 상대로 이미 피보전권리에 기한 이행청구의 소를 제기하여 패소판결이 확정된 경우 → 보전의 필요성이 없어 당사자적격의 흠결

↳ 이 경우 기판력 저촉 ✕

→ 권리보전의 필요성을 인정하기 위한 판단기준

→ 채무자의 무자력

→ 피보전권리가 특정채권인 경우

(4) 채무자의 권리 불행사

(5) 대위할 권리(피대위권리)의 존재는 不要

→ 이는 채권자대위소송의 소송요건이 아님 → 심리 결과 피대위권리가 인정되지 않는 경우에는 청구기각!

나. 채권자대위소송과 중복제소

(1) 당사자의 동일성과 대위소송의 중복제소 해당 여부

→ 채권자대위소송이 제기된 후 채무자가 동일 내용의 소송을 제기한 경우

→ 채무자가 먼저 제기한 후 채권자대위소송이 제기된 경우

→ A 채권자가 대위 소를 제기 후 B 채권자가 동일한 대위 소를 제기한 경우

→ 채권자대위소송과 그 채권자의 채권자가 제기한 소송이 경합한 경우

(2) 후소의 당사자가 전소의 계속사실을 알았는지 여부

→ 중복제소 여부는 후소 제기자가 전소의 계속사실을 알았는지 여부 불문

→ 대위소송에서도 채무자 등이 제기한 후소는 그가 전소 계속사실을 알았건 몰랐건 중복제소에 해당

3. 채권자대위소송의 방법

가. 원고적격(채권자 자신이 직접 원고가 됨)

나. 대위권 행사의 범위(피대위권리에 대한 처분적 행위 不可)

4. 채권자대위소송의 효과

가. 시효중단

나. 채무자의 처분행위 금지

(1) 대위권 행사의 통지와 효력(통지 안 했어도 채무자가 안 뒤에는 금지됨)

(2) 제한되는 처분행위

(3) 급부수령행위(다수설과 판례는 이를 단순한 관리·보존행위로 보아 허용)

다. 제3채무자의 지위

(1) 원칙

→ 제3채무자는 채무자가 제3채무자를 상대로 직접 제기한 소송에서의 그것보다 유리하거나 불리한 지위에 놓이지 않음

  (2) 제3채무자가 대위채권자에게 주장 가능한 것

  (3) 제3채무자가 대위채권자에게 주장 불가능한 것

 라. 채권자대위소송에 있어서 이행의 상대방

  (1) 원칙(제3채무자인 피고로 하여금 채무자에게 이행할 것을 명함)

  (2) 동산인도청구, 금전지급청구, 말소등기청구의 경우(대위채권자인 원고에게 직접 이행할 것을 청구 가능)

 마. 채권자대위소송에 의한 확정판결의 기판력

  (1) 대위채권자에 대한 관계

  (2) 채무자에 대한 관계

  (3) 다른 대위소송 채권자에 대한 관계

 바. 대위채권자가 지출한 소송비용의 상환

◪ 학습 후에 작성하는 목차(예 2)

[채권자취소권]

1. 채권자취소권의 의의

 → 정의 / 파기소권 → 무능력자, 하자 있는 의사표시의 취소와의 구별

 → 채권자대위권과의 구별

 → 채권자취소권의 인정 근거

  ↳ 학설(부당이득설 / 불법행위설 / 채무불이행설 / 법정책임설 / 책임질서유지설 / 준불법행위설 / 부당이득과 불법행위의 절충설)

  ↳ 판례

2. 채권자취소권의 본질(법적 성질)

 → 형성권 + 원상회복청구권의 결합(통설)

 → 상대적 무효설(통설, 판례)

3. 채권자취소권의 요건

 가. 객관적 요건

  (1) 피보전채권의 존재

   → 발생시기의 문제(미발생이라도 고도의 개연성, 가까운 장래에 현실화한 경우는 ○)

   → 특정채권의 경우(허용 ×) ⌈ cf. 채권자대위소송의 경우는 소 각하

   → 피보전채권 부존재 시는 청구기각 !

  (2) 채무자의 처분행위

   → 재산권에 관한 행위(허위로 어음, 수표를 발행하고 이에 대한 공증 후 전부명령

받은 경우도 ○)

　　　＋ 변제, 대물변제, 담보제공행위에 대한 판례 다수

　　→ 채무자의 행위(∵ 제3자의 강제집행, 수익자와 전득자 사이의 행위 등은 ×)

　　→ 법률적 유무효는 불문(통정허위표시도 ○)

　　→ 상속포기 등 일신전속적 행위는 ×

　　　＋ 이혼 시의 재산분할 ○(단, 입증책임 매우 복잡!)

　　　＋ 상속재산의 협의분할 ○

　(3) 처분행위가 채권자를 해할 것

　　→ 채권자가 우선변제권 있는 경우 사해행위 ×

　　→ 보증인의 행위는 주채무자 아닌 보증인 자신의 자력을 기준

　　→ 사해성 판단은 개개의 처분행위별로, 채권행위 시 기준 !

　　　＋ 뒤의 취소채권의 범위 계산방식과 혼동하지 말 것 !!

　　　＋ 가등기 후 본등기한 경우는 가등기의 원인행위 시 기준

　　　＋ 변론종결 시까지 채권자를 해하는 결과가 유지돼야

나. 주관적 요건

　(1) 채무자의 악의

　　→ 공동담보의 부족을 초래한다는 인식(의욕 ×)

　　　＋ 특정 채권의 존재를 일일이 인식할 필요 ×

　　→ 악의의 입증책임은 원고

　　　＋ 유일한 재산인 부동산을 현금화하거나 무상 이전 시 악의로 추정(판례)

　　　＋ 내심의 인식이므로 여러 간접사실을 객관적으로 평가하여 판단

　(2) 수익자 또는 전득자의 악의

　　→ 기준시는 수익 시 또는 전득 시

　　→ 입증책임은 수익자 등이 선의를 입증해야(악의로 추정)

4. 채권자취소권의 행사

가. 당사자

　　→ 원고: 채권자의 이름으로 직접 행사　　┌ 소 각하 사유임 !

　　→ 피고: 수익자 또는 전득자(채무자는 당사자적격 ×)

나. 청구취지

　　＋ 재판상 청구만 허용되고, 소송상 공격방어방법으로는 행사 불가

　　→ 채권행위의 취소(물권행위가 아님): "피고(수익자 또는 전득자)와 소외인(채무자)
　　　사이의 目에 관한 2010. 5. 1.자 매매를 취소한다"

　　→ 원상회복청구

　　　└ 원물반환(원칙): 수령자는 채무자 !

> ∟ 가액배상(예외): 수령자는 채권자(원고)！
> ✛ 취소와 원상회복청구는 각각 별소로써 제기 가능
> ✛ 당사자가 원물반환청구를 했어도 법원은 가액배상 판결 가능
> → 원상회복의 범위
> ① 취소채권의 범위: 사실심 변론종결 시 원고 본인의 채권액(사해행위 후 변론
>   종결 시까지의 이자, 지연손해금 포함)
>   ∟ 단, 목적물이 불가분 or 다른 채권자들이 배당요구할 것이 분명한 경우
>   다른 채권자들의 채권도 포함
> ② 취소의 범위: (변론종결 시의 목적물 가액 − 일반채권자들의 공동담보 대상이
>   아닌 부분의 가액)과 위 ①의 취소채권액 중 적은 쪽

다. 제척기간

> → <u>안 날</u> fr. 1년
> ∟ ① 처분행위의 존재, ② 그것이 채권자를 해하는 결과, ③ 채무자가 악의인 것
>   을 아는 것을 의미
>   ✛ 사해행위 후 채권자가 가압류나 가처분을 한 경우 알았다고 볼 수 있는가?
>   (다수 판례 有)
> → <u>법률행위가 있은 날</u> fr. 5년
> ∟ 채권행위일이며 등기·등록일이 아님！
> → 취소청구가 제척기간 내에 이루어졌으면 원상회복청구는 제척기간 경과 후에 제
>   기하여도 무방

라. 행사의 효과

> → 채권자에 대한 관계에서만 상대적으로 취소되며 채무자와 수익자, 수익자와 전득
>   자 사이의 법률행위에는 영향 ×
> → 원고 외의 <u>다른 채권자</u>도 취소의 효과 향유 가능(민법 제407조)
> ∟ 가액배상의 경우 채권자는 직접 자기에게 금전지급을 청구하여 자신의 피보전
>   채권과 상계하여 배타적으로 채권의 만족 가능
> ∟ 가액배상 시 수익자는 안분배당액 만큼의 공제 주장 불가 !!
> → <u>수익자</u>도 강제집행과 배당절차에 참가 가능(단, 집행권원 要)

3) 목차와 함께 작성할 것이 또 있다. 혼동하기 쉽거나 구별하기 어려운 지식·정보는 표 또는 밴다이어그램 등으로 요약 정리하는 것이다. 일목요연해서 대비하기에 좋고 시각적 효과도 있어 매우 유용하다. 이는 목차 뒤에 붙여 두면 좋다. 그렇게 하면 나중에 또다시 많은 시간을 들여 알아낼 필요가 없어 유용하다.

4) 위 2)항과 같이 목차와 표를 작성하는 것은 시간을 최대한 절약하거나 너무 부지런하지 않은 사람을 위한 것이다. 시간이 있거나 부지런한 사람은 목차 대신에 아래와 같은

요령으로 <주제별 자료파일>을 작성하는 것이 좋다. 이것도 간단한 형태와 자세한 형태의 두 가지가 있다. 각자의 희망과 사정에 따라 선택할 일이지만, 앞으로 평생 전문 법조인으로 살아갈 것이라면 자세한 형태의 자료가 더 유용함은 당연하다.

▣ **주제별 자료파일(예)**

[유체동산의 양도담보]

1. 동산 양도담보권의 의의와 규율 법률

▶ 의의

→ 동산 양도담보는, 채권 담보의 목적으로 동산의 소유권을 채권자에게 양도하여 그 목적 범위에서 채권자에게 소유권을 보유케 하고, 변제기 도래 후 채무 변제가 없을 경우 이를 처분하거나 채권자에게 귀속시켜 우선변제를 받는 것이다.

→ 과거 통정허위표시무효설, 탈법행위(민법 제33조 위반)무효설, 물권법정주의위반무효설이 있었으나, 현재는 통설과 판례 모두 유효성을 인정한다.

▶ 질권과의 구별

→ 동산 질권은 동산을 변제 시까지 채권자에게 유치시켜 변제를 간접적으로 압박하고, 변제기 도래 후 변제가 없을 경우 채권자가 경매 또는 귀속의 방법으로 우선변제 받는 법정담보물권이다.

→ 부종성, 수반성, 불가분성, 물상대위성을 갖는다.

→ 동산 질권의 경우 점유개정이 금지되어 채무자의 점유가 허용되지 않는 반면(민법 제330조) 동산 양도담보는 점유개정 허용

→ 동산 질권의 경우 변제기 도래 전의 유질계약이 금지되나(민법 제339조, 단 상법 제59조는 허용) 동산 양도담보는 민법 607조 위반이 아닌 한 허용

→ 동산 질권의 경우 질물로부터 변제받지 못한 채권에 한하여 다른 재산으로부터 변제받을 수 있으나(민법 제340조) 동산 양도담보는 이러한 제한 없이 담보물 아닌 재산에 대하여도 집행 가능

▶ 규율 법률

→ 가등기담보법이 적용되는 경우

✛ 등기 또는 등록할 수 있는 동산은 가등기담보법이 적용된다(단, 「동산·채권 등의 담보에 관한 법률」에 따라 담보등기를 마친 경우는 제외).

✛ 양도담보에 대하여 가등기담보법이 적용되는 경우에는 외형상으로는 담보채권자에게 소유권이 이전되어 있더라도 동법상의 청산절차(청산금의 지급)가 종료되기 전까지는 대내적으로는 물론 대외적인 관계에서도 담보물의 소유권은 채무자에게 있다(동법 제4조 제2항).

→ 가등기담보법이 적용되지 않는 경우

(1) 「동산·채권 등의 담보에 관한 법률」에 따라 담보등기를 마친 경우

　　이 경우에는 동법이 적용되며 「가등기담보 등에 관한 법률」이 적용되지 않음(가등기담보법 제18조 단서). 민법이 적용될 여지도 거의 없다.

(2) 통상의 유체동산에 대한 양도담보의 경우

　　이 경우에도 가등기담보법의 적용 대상이 아니며 민법이 적용된다. 이하는 이 경우만을 설명함.

2. 양도담보권의 설정

▶ 동산에 대한 양도담보는 소유권 양도의 형식에 의하여야 하므로 채권자가 양도담보권을 취득하려면 그 동산을 인도받아야 한다(민법 제188조 제1항). 따라서 인도는 요건사실이다.

▶ 인도는 현실의 인도 외에 간이인도, 점유개정에 의한 인도, 목적물 반환청구권의 양도에 의한 인도 모두 가능하다(민법 제188조 제2항, 제189조, 제190조).

3. 담보권자와 설정자의 관계

가. 대내적 관계

▶ 소유권

→ 신탁적 양도설: 대내적 소유권은 채무자에게, 대외적 소유권은 채권자에게 귀속한다(대법원 1982. 7. 13. 선고 81다254 판결, 1984. 9. 11. 선고 83다카1623 판결, 1999. 9. 7. 선고 98다47283 판결, 2004. 10. 28. 선고 2003다30463 판결, 2008. 11. 27. 선고 2006도4263 판결 등).

▶ 사용수익권

→ 일반적으로 물건을 담보의 목적으로 양도한 경우 특별한 사정이 없는 한 목적물에 대한 사용수익권은 양도담보 설정자에게 있다(대법원 1988. 11. 22. 선고 87다카2555 판결). 특약 없으면 타인에게 임대할 권한도 설정자에 있다(대법원 2001. 12. 11. 선고 2001다40123 판결).

✛ 양도담보권자는, 사용수익할 수 있는 정당한 권한이 있는 채무자나 채무자로부터 그 사용수익할 수 있는 권한을 승계한 자에 대하여는, 사용수익을 하지 못한 것을 이유로 임료 상당의 손해배상이나 부당이득반환청구를 할 수 없다(대법원 1988. 11. 22. 선고 87다카2555 판결).

✛ 양도담보권자는 변제기 도래 시 그 담보권의 실행을 위하여 담보채무자가 아닌 제3자에 대하여도 담보물의 인도를 구할 수 있고, 인도를 거부하는 경우에는 담보권 실행이 방해된 것을 이유로 하는 손해배상을 구할 수는 있으나, 그러한 경우에도 양도담보권자에게는 목적 부동산에 대한 사용수익권이 없으므로 임료 상당의 손해배상을 구할 수는 없다(대법원 1991. 10. 8. 선고 90다9780 판결).

→ 설정자는 양도담보계약에 기하여 목적물을 선량한 관리자의 주의로써 관리할 의무를 부담한다.

→ 목적물의 멸실·훼손 시 설정자는 손해배상의무, 기한이익의 상실, 담보물보충의무를 진다(통설).

▶ **과실수취권**

→ 양도담보 목적물로서 원물인 돼지가 출산한 새끼 돼지는 천연과실에 해당하고, 그 천연과실의 수취권은 원물인 돼지의 사용수익권을 가지는 양도담보 설정자에게 귀속되는 것이므로, 당사자 사이에 특별한 약정이 없는 한 천연과실인 위 새끼 돼지에 대하여는 양도담보의 효력이 미치지 않는다(대법원 1996. 9. 10. 선고 96다25463 판결).

→ 법정과실 역시 위와 같다.

▶ **양도담보권의 행사**

(1) 처분정산

→ 양도담보설정자의 정산금청구는 처분정산의 경우에는 담보물이 환가되어야 비로소 그 권리행사가 가능한 것이므로 정산금청구권은 담보물의 환가 시를 시점으로 하여 소멸시효가 진행된다(대법원 1994. 5. 24. 선고 93다44975 판결 참조).

(2) 귀속청산

→ 민법 제607조, 608조가 적용되거나 특약이 없는 한 정산절차를 요한다. 목적물 가액이 채권 원리금에 미달한 때에도 같다(대법원 1996. 7. 30. 선고 95다11900 판결, 1998. 4. 10. 선고 97다4005 판결, 2005. 2. 18. 선고 2004다37430 판결, 2006. 8. 24. 선고 2005다61140 판결 등 참조).

→ 목적물의 가액을 공정한 가액으로 평가하지 않아 평가금액과 객관적 가격 사이에 현저한 차이가 있는 경우에는 정산절차가 종료되었다고 할 수 없어 정산의 효과 불발생(대법원 1976. 2. 24. 선고 75다1608 판결 등 참조)

→ 민법 제607조, 608조의 적용이 없고 정산절차를 생략, 배제하기로 한 특약(변제기 도래 시 채권채무가 소멸하고 확정적으로 목적물이 채권자에게 귀속하기로 하는 약정)이 있는 경우 정산절차 없이 소유권을 취득할 수 있다(대법원 1981. 4. 14. 선고 80다714 판결, 1984. 12. 11. 선고 84다카933 판결, 1993. 6. 22. 선고 93다7334 판결, 1996. 7. 30. 선고 95다11900 판결,1996. 11. 15. 선고 96다31116 판결, 1999. 12. 10. 선고 99다14433 판결 2006. 8. 24. 선고 2005다61140 판결 등 참조).

(3) 강제경매

→ 채권자가 집행권원을 가진 경우 위 두 가지 방법에 의하지 아니하고 민사집행법에 위해 경매를 신청할 수 있고, 이중압류의 방법으로 배당절차에 참가할 수도 있다(대법원 2004. 12. 24. 선고 2004다45943 판결, 2005. 2. 18. 선고 2004다37430 판결 등).

→ 이 경우 강제경매의 실질은 담보권행사이므로 환가대금에 대하여 우선변제권을 가진다(대법원 1994. 5. 13. 선고 93다21910 판결, 1999. 9. 7. 선고 98다47283 판결,

2000. 6. 23. 선고 99다65066 판결).

나. 대외적 관계

▶ 양도담보권자의 지위

→ 불법침해자에 대하여 물권적 청구권을 행사할 수 있다(대법원 1999. 9. 7. 선고 98다 47283 판결).

→ 제3자의 강제집행(가압류, 가처분, 압류)에 대하여 3자이의의 소를 제기할 수 있다(대 법원 1999. 9. 7. 선고 98다47283 판결).

→ 강제집행절차에서 선의의 제3자가 매각을 받아 소유권을 취득한 경우 집행채권자에게 그 매각대금의 배당액에 대하여 부당이득반환을 청구할 수 있다(대법원 1997. 6. 27. 선고 96다51332 판결).

→ 채권자는 변제기가 도과한 후에는 정산금을 지급하기 전이라도 환가를 위하여 채무자 나 3자에게 인도를 청구할 수 있다(대법원 1991. 11. 8. 선고 91다21770 판결, 2001. 1. 5 선고 2000다47682 판결, 2001. 3. 23. 선고 2000다 29356, 29363 판결, 2007. 5. 11. 선고 2006다6836 판결 등 참조).

→ 물상대위권을 행사할 수 있다(대법원 2009. 11. 26. 선고 2006다37106 판결).

→ 양도담보권자가 <u>소유권을 취득하기 전에 3자에게 처분한 경우 3자는 선·악의를 불문 하고 소유권을 취득한다</u>(대법원원 1959. 11. 5. 선고 4292민상63 판결, 1962. 12. 27. 선고 62다724 판결, 1969. 10. 23. 선고 69다1338 판결 등).

→ <u>양도담보권자인 채권자가 제3자에게 담보목적물을 매각한 경우</u> 제3자는 채권자와 채 무자 사이의 정산절차 종결 여부와 관계없이 양도담보 목적물을 인도받음으로써 소유 권을 취득하게 되는 것이고, 양도담보의 설정자가 담보목적물을 점유하고 있는 경우 그 목적물의 인도는 채권자로부터 목적물반환청구권을 양도받는 방법으로도 가능한 것인바, 채권자가 양도담보 목적물을 위와 같은 방법으로 제3자에게 처분하여 그에게 목적물의 소유권을 취득하게 한 다음 그 제3자로 하여금 그 목적물을 취거하게 한 경 우 그 제3자로서는 자기의 소유물을 취거한 것에 불과하므로, 사안에 따라 권리행사방 해죄를 구성할 여지가 있음은 별론으로 하고 절도죄를 구성할 여지는 없다(대법원 2008. 11. 27. 선고 2006도4263 판결).

▶ 설정자의 지위

→ 동산에 대하여 이미 양도담보권이 설정된 후에는 그 대외적 소유권은 양도담보권자에 게 귀속하고 그 이후 설정자는 대외적 관계에서 소유권을 상실하므로, 그 뒤에 설정자 와 2중으로 양도담보계약을 체결한 자는 선의취득이 성립하지 않는 이상 양도담보권 을 취득할 수 없다(대법원 2004. 6. 25. 선고 2004도1751 판결, 2004. 10. 28. 선고 2003다30463 판결, 2004. 12. 24. 선고 2004다45943 판결, 2005. 2. 18. 선고 2004다 37430 판결).

✢ 이와 같은 법리는 선행 양도담보권자가 점유개정의 방법으로 양도담보권을 취득한

경우에도 적용됨
- ✛ 동일한 동산을 각 점유개정의 방법으로 양수한 양수인들 사이에서는 먼저 현실의 인도를 받은 사람이 적법한 소유권을 취득한다는 법리(대법원 1975. 1. 28. 선고 74다1564 판결, 1989. 10. 24. 선고 88다카26802 판결 참조)와는 다름!
- ✛ 점유개정에 의하여 동산을 인도받은 때는 선의취득이 성립되지 아니한다(대법원 1978. 1. 17. 선고 77다1872 판결, 1997. 6. 27. 선고 96다51332 판결, 2004. 6. 25. 선고 2004도1751 판결, 2004. 10. 28. 선고 2003다30463 판결 참조).

다. 유동집합물의 양도담보

▶ 집합물(集合物)
- → 집합물이란 '개개의 물건이 그 독자의 존재성을 잃지 않으면서 그 물건의 총체가 독립한 권리의 객체가 되는 경우에 있어 그 물건의 총체' 또는 '계속성을 가진 공동목적물로서 객관적으로 결합되어 일반 거래관념상 단일한 것으로 취급되는 다수 물건의 집합'으로 정의된다.
- → 예컨대, 한 무리의 가축, 서고 내의 서적, 점포 내의 상품, 창고 내의 제품이나 원자재 등이 그것이다.
- → 통상 물건은 **단일물, 합성물**(선박이나 건물과 같이 복수의 단일물이 결합하여 하나의 새로운 물건을 구성하는 것), **집합물**로 구분되는바, 우리 민법은 이에 관하여 아무런 규정을 두고 있지 않으나 일물일권주의(一物一權主義)의 법리를 채택하고 있는 것으로 이해된다.

▶ 집합물의 성립
- → 집합물을 이러한 일물일권주의에 포섭하기 위해서는 그 구성물들을 복수의 단일물로 관념하지 않고 그 전체를 하나의 물건으로 관념지울 필요가 있다.
- → 대법원도 종류, 수량, 소재장소 등을 지정하는 방법으로 이를 특정할 수만 있다면 그 전체를 하나의 물건으로 보아 권리의 객체로 삼을 수 있다고 하여 창고 내의 원자재, 양어장 내의 뱀장어, 양돈장 내의 돼지 등에 대하여 이를 긍정한다(대법원 1988. 10. 25. 선고 85누941 판결, 1988. 12. 27. 선고 87누1043 판결, 1990. 12. 26. 선고 88다카20224 판결, 2003. 3.14. 선고 2002다72385 판결 등).

▶ 유동집합물
- → 한편 집합물을 이루는 개개 물건이 처분, 사멸(死滅), 번식, 신규반입 등을 통해 증감 변동함으로써 유동성(流動性)을 갖는 집합물을 유동집합물이라고 한다.
- → 번식이나 신규반입 등으로 새로이 집합물의 구성을 이루는 물건에 대하여도 양도담보권 등 종전의 권리가 미치는지 여부는 계약 당사자의 의사에 달려 있는바, 그에 대하여 권리를 배제하기로 하는 특약이 없는 이상 그에 대하여 권리가 미친다는 명시적 약정이 없더라도 당해 집합물의 성질, 채무자에 의한 소비나 처분을 허용하고 있는지 여부 등을 종합하여 이를 인정할 경우가 많으며, 이러한 경우 양도담보권자가 그때마

> 다 설정자와 별도의 양도담보권 설정계약을 맺거나 점유개정의 의사표시를 하지 아니
> 하더라도 집합물은 한 개의 물건으로서의 동일성을 잃지 않고, 양도담보권의 효력은
> 항상 현재의 집합물 전체에 미친다(위 대법원 85누941 판결, 87누1043 판결, 88다카
> 20224 판결, 1999. 9. 7. 선고 98다47283 판결, 2004. 11. 12. 선고 2004다22858 판결
> 참조).
> ✛ 단일물에 관한 경우(위 96다25463 판결)와 다름에 주의!

5) 이런 <주제별 자료파일>을 작성해 두면 30분 내에 부팅이 가능하다. 무슨 말이냐 하면, 변호사가 의뢰인으로부터 어떤 주제에 관한 상담을 하거나, 배석판사가 부장과 합의를 하거나, 로펌 변호사가 시니어 변호사나 동료들과 회의나 토론을 하기에 앞서 30분 전에 이 파일을 읽어 그 정보자료를 뇌리에 띄어 놓으면 그 뇌 컴퓨터는 즉시 부팅이 된다. 이렇게 부팅이 된 사람이 의뢰인이나 주위 사람들의 칭찬과 신뢰, 존경을 받게 될 것은 불문가지이다. 준비한 사람을 누가 이길 수 있겠는가!

위와 같은 자료를 아날로그 형태(손으로 작성한 것)가 아닌 디지털 형태(컴퓨터로 작성한 것)로 작성하면, USB 하나만 가지고 다니면서 언제 어디서나 부팅을 할 수 있고, 관련 판례나 논문자료 등을 복사하여 추가할 수도 있으며, 판례나 학설의 변경, 추가 등에 따라 내용을 자유롭게 더하거나 수정할 수 있어 더 없이 편리하다. 또, 자료의 양이 많을 때는 임의어를 입력하여 찾고자 하는 부분을 쉽게 찾을 수도 있다.

6) 교과서나 참고서 이외에 위 2)항에서 작성한 목차와 도표, 3)항에서 작성한 <주제별 자료파일>, 관련 논문 등 보관이 불편한 아날로그형 학습자료는 서류파일(문방구점에서 다양한 형태의 것이 판매되고 있다.)을 마련하여 여기에 넣어 보관하고, 그 파일에 붙어 있는 목록란에 자료의 이름과 생산연월일, 분량(쪽수), 자료철 내의 위치 등을 기재해 두면 자료를 찾아보기에 편리하다.

▣ 문서 보존파일의 목록(예)

제목/내용	생산연월일	페이지	비고
1. 채권자대위권 자료파일(본인 작성)	2021. 5.	1-12	채권자대위권의 전체적인 내용
2. 채권자대위권행사 통지 후의 해제와 민법 제405조 제2항의 처분(김상훈, 사법/2012년)	2012	13-35	대법원 2012. 5. 17. 선고 2011다87235 판결
3. 특정채권을 위한 채권자대위권의 인정기준과 한계(오경미, 부산판례연구회 23집)	2012. 2.	36-59	

Ⅲ. 민사법 공부자료

1. 법 전

1) 법전은 가장 기초적이고 궁극적이며 훌륭한 스승이다. 최종적으로 법적 정당성을 담보하기 때문이다. 아무리 학설이 풍성하더라도 실정법의 한 조문을 이길 수는 없다. 판례가 아무리 쌓여도 실정법은 그것을 단 한 줄로 뒤집을 수 있을 만큼 힘이 강하다. 어떤 법률 시험에서도 법전은 필수무기로 지급되므로 막막할 때는 이로부터 체계를 세우고 힌트를 찾을 수도 있다. 또, 우리 법전은 판덱텐 체제에 따라 논리정연한 구조를 갖고 있으므로 평소 법조문의 순서에 익숙하면 민사법의 체계를 이해하는 데에도 유용할 뿐만 아니라, 소송문서를 작성하거나 논문을 쓸 때도 논리정연한 글쓰기에 도움이 된다.

2) 그러므로 공부할 때는 항상 법전을 펴고 그 공부 주제와 관련하여 실정법이 이를 어떻게 규율하고 있는지 확인하여야 한다. 이는 사건기록을 보거나 소장 등 소송문서를 작성하는 때에도 마찬가지다. 계속 이런 습관을 들이게 되면 조문의 배열순서나 조문의 대체적인 내용이 자연스럽게 뇌리에 기억된다. 오랫동안 법전을 멀리하였다가 법전을 꺼내 읽어보면 "아, 이런 규정도 있었구나!"하고 놀라게 되는 경우가 많다. 실정법에 어긋나는 주장을 한다면 그 결과는 말이 필요 없을 것이다. 그러니 법적 문제를 맞닥뜨렸을 때는 항상 법전부터 찾아보자.

▣ **절반의 답은 법전에 있다**

[동시이행과 선이행의 답은 법전에 있을까?]

‡ 저당권이나 근저당권설정등기의 말소청구는 그 피담보채무의 변제가 선이행으로 요구된다. 또, 임차보증금의 반환청구는 임대차 목적물의 반환이 동시이행으로 요구되며, 전세금 반환청구도 전세권설정등기의 말소 및 전세 목적물의 반환이 동시이행으로 요구된다.
  이상의 결론은 대법원 판례에 의해서 거듭 확인·선언되고 있다. 위 사안 말고도 선이행이냐 동시이행이냐가 문제되는 경우는 매우 많다. 그런데 이들을 다 외우기는 어렵고, 막상 문제를 해결하고자 할 때는 뒤엉켜 생각이 잘 안 나기도 한다.

‡ 그럴 때 법전을 한번 펼쳐보자.
  민법 제317조(전세권의 소멸과 동시이행): 전세권이 소멸한 때에는 전세권 설정자는 전세권자로부터 그 목적물의 인도 및 전세권설정등기의 말소등기에 필요한 서류의 교부를 받는 동시에 전세금을 반환하여야 한다.

‡ 위와 같이 전세권에 관하여는 명문의 규정이 있으므로 이를 이용하여 해결할 수 있다. 이와 법적 성질이 유사한 임대차에 관하여도 이를 유추적용할 수 있음은 물론이다.

2. 기본 교과서

1) 민사법의 체계적 이해를 위해서는 기본 교과서의 통독이 필요함은 말할 나위도 없다. 몇 회나 읽어야 하는지는 정답이 없다. 다만, 사법시험의 논문형(2차) 시험문제나 변호사시험의 사례형·기록형 시험문제를 어렵지 않게 풀 수 있을 정도가 되었다면 그 공부가 완성되었다고 할 수 있다. 그러므로 그 정도에 이르기까지 여러 번 읽고 공부하여야 한다. 민사법 기본 교과서는 실체법과 절차법, 기본법과 부속법을 망라하여 가장 좋은 책을 고르되, 기본 교과서는 한 개 또는 두 개 정도를 갖추는 것이 좋겠다. 그것으로 부족한 나머지는 어차피 논문자료나 주석서 등 다른 학습자료에 기대야 하므로 그 이상으로 기본 교과서를 많이 갖출 필요는 없다. 필요하면 도서관을 이용할 수도 있다.

2) 기본 교과서는 가능하면 풍부한 지식·정보를 담고 있어야 하므로 앞서 <책 고르기>에서의 요령을 참조하여 고르도록 한다. 기본 교과서라고 해도 법령이 변하고 새로운 판례가 나오는 등으로 시일이 지나면 효용이 떨어지므로 적어도 3~5년마다 교체하는 것도 필요하다. 기본 교과서는 민사법에 관하여 튼튼한 뼈대 역할을 해주어야 하므로 그 것을 공부할 때는 목차를 여러 번 음미하는 등으로 그 책이 담고 있는 내용을 미시적·거시적으로 이해하고 체계적으로 기억창고에 보존하여야 한다. 기본 교과서 공부가 제대로 되면 어떤 주제(아이템)가 어느 책 어느 위치에 있는지 저절로 머리에 그림으로 떠오르게 된다.

3. 논문자료

1) 기본 교과서가 법리를 설명한다고 해도 거기에는 한계가 있을 수밖에 없다. 따라서 특정 주제에 관하여 보다 깊고 넓은 공부를 위해서는 그 분야에 관한 논문자료를 이용할 것을 권한다. 이들 논문자료는 판사, 변호사, 대학교수 등이 쓴 것으로, 특정 주제에 집중되어 있고 분량도 적어 자투리 시간을 이용해 공부하기에 좋다. 가장 최근의 것으로 주제별로 2, 3개 또는 4, 5개 정도를 준비하여 휴대하고 다니며 버스나 전차를 기다릴 때, 친구를 기다릴 때, 화장실에 오래 앉아 있어야 할 때, 약속시간까지 시간이 남았을 때, 딱히 할 일이 없어 무료할 때 등 자투리 시간에 공부할 것을 권한다. 이렇게 하면 1주일에 최소한 한두 개의 논문은 읽을 수 있다.

2) 이들 논문자료는 법원도서관의 전산망인 <종합법률정보>나 로앤비(LAWnB: http://www.lawnb.com)의 <문헌자료> 등에서 쉽게 구할 수 있다. 너무 오래된 자료는 최근의 법령이나 판례를 반영하기 어려우므로 부득이한 경우가 아니면 피하는 것이 좋다. 한 주에 읽을 논문자료를 미리 계획해서 가방에 넣어 가지고 다니면 무난하게 읽을 수 있을

것이다. 그 정도의 자투리 시간은 나니까. 물론 읽고 나서 정리작업이 필수적임은 이미 말한 바와 같다.

4. 판례집

1) 법조인에게 판례의 중요성은 아무리 강조해도 지나치다고 할 수 없다. 판례는 법해석을 통하여 실정법규의 의미를 명확히 하고, 법규의 한계와 공백을 보충하여 완전하게 함으로써 법 창조 역할까지 한다. 이와 같이 판례는 실정법규와 함께 법원(法源)이 되어 규범으로 작용하므로, 판사는 물론 변호사도 이를 잘 알고 있어야 한다. 물론 판례는 법규의 일종으로서 당사자가 주장하지 않아도 법원이 직권으로 찾아내고 이를 당연히 적용하여야 하는 것이나, 당사자나 변호사가 이를 몰라 적극적으로 주장하지 않으면 다음 사례처럼 손해를 볼 수 있다. 고로 당사자나 변호사는 자신에게 유리한 판례를 적극 주장하여 법원에게도 알려줘야 불이익을 면할 수 있다.

▣ 여우 변호사와 곰탱이 변호사

[여우 변호사의 포커페이스 이야기]

○ 甲은 乙의 부동산을 가압류하고 부당이득반환청구의 소를 제기하였다. 乙은 위 부동산을 타에 처분하기 위해 甲의 가압류 청구금액 1억 원을 해방공탁하고 가압류법원으로부터 가압류 집행취소결정을 받아 가압류등기를 말소한 다음 이를 3억 원에 타에 처분하고 매수인 앞으로 소유권이전등기를 넘겨주었다.

○ 그런데 乙은 위 가압류 후에 전후 사정을 친구인 丙에게 얘기하고 그에게 1억 원을 빌려 해방공탁을 하였고, 丙은 장차 乙에게서 1억 원을 안전하게 돌려받고자 乙과 같이 공증인을 찾아가 강제집행을 인낙하는 내용의 금전소비대차 공정증서(원금 9억 원, 이율 연 10%)를 작성 받은 다음, 乙이 위와 같이 해방공탁을 마치자 위 공정증서(집행증서)에 기하여, 乙이 제3채무자인 법원(공탁관)에 대하여 가지는 공탁금출급청구권을 피압류채권으로 삼아 채권 압류 및 전부명령을 받아 집행하였다.

○ 甲은 이 같은 내용을 전혀 모른 채 열심히 본안소송을 진행하고 있었는데, 위와 같이 공탁금출급청구권에 대하여 甲의 가압류(乙의 해방공탁으로 甲의 가압류는 부동산에서 공탁금출급청구권으로 효력이 전이된다.)와 丙의 압류·전부명령이 경합하자 공탁관은 민사집행법 제248조에 따라 집행법원에 그 사유신고를 하였다. 집행법원은, 丙이 전부명령을 받았으나 이는 甲의 가압류가 경합한 상태에서 받은 것이어서 압류의 효력만이 있다고 판단하고, 배당시점을 기준으로 甲과 丙의 각 채권액에 비례하여 甲에게는 10%를, 丙에게는 90%를 배당하기로 결정하고 배당표를 작성하였다.

○ 이에 甲은 아무래도 납득할 수가 없어 <곰탱이 변호사>를 선임하여 丙을 상대로 배당 이의의 소를 제기하였으나, <곰탱이 변호사>는 처음부터 승산이 없다고 하였는데 그의 예상대로 1심에서 패소판결을 받았다. 丙의 소송대리인인 <여우 변호사>는 소송 중 집행법원의 조치가 정당하다는 말 외에는 별 말이 없었고 크게 다투지도 않았다. 결국 甲은 항소해도 이기기 어렵다는 <곰탱이 변호사>의 말을 듣고 항소를 포기하였고, 1심판결은 그대로 확정되었다.

○ 그런데 뒤에 <곰탱이 변호사>가 우연히 대법원 판례를 검색하던 중, 위와 같은 사안의 경우 丙의 행위는 무효이고 甲에게 대항할 수 없다는 요지의 판례(대법원 1998. 6. 26. 선고 97다30820 판결)를 발견하였다. 그러나 이미 사건이 확정되어 버려 손을 쓸 길이 없게 되었다. 그러나 그의 속을 더욱 뒤집는 일은, 그 얘기를 동료인 <여우 변호사>에게 털어놓았더니 <여우 변호사>는 자신은 이미 그 판례를 알고 있었다고 하는 것이었다. <곰탱이 변호사>는 "아니 그럼 왜 소송 중에 그 말을 안 했어? 이런 포커페이스 같으니라구!" 하고 한탄하는 외에는 달리 길이 없었다.

○ <여우 변호사>로서는 자신의 의뢰인인 丙에게 위 판례가 절대 불리하므로 침묵으로 일관한 것은 당연한 일이었다. 문제는 이를 적극 주장하여 이익을 얻을 자인 <곰탱이 변호사>가 위 판례를 몰랐고, 더욱이 판사마저 이를 미처 깨닫지 못하고 있었다는 것이다. <곰탱이 변호사>의 판례 무지로 인해 甲은 큰 손해를 입었다. <곰탱이 변호사>는 행여나 甲이 그 사실을 알까봐 얼마 동안 잠을 제대로 못 잤다고 한다.

2) 요즘에는 데이터베이스가 놀랍도록 잘 구축되어 있어 많은 양의 판례를 외우거나 그것을 아주 세세히 외울 필요가 없어졌다고 할 수 있다. 그러니 문제가 있으면 그때 컴퓨터를 찾아보면 되지 뭐 하러 외우느냐고 반문할 사람도 있을 것이다. 하지만 마음이 없으면 보이지도 않는다. 평소 판례 공부를 해 놓지 않은 사람 눈에는 어디에 문제가 있는지 주목을 할 수 없고, 그에 따라 의문을 가지고 판례를 찾아볼 생각도 하지 않는다는 뜻이다. 문제가 있음을 인식하지 못하는데 어찌 찾아볼 생각을 하겠는가. "아, 여기에 관한 판례를 언젠가 본 듯한데…" 이런 기억 정도는 떠올릴 수 있어야 비로소 판례를 찾아보게 된다. 그러려면 평소 판례 공부를 하면서 판례의 요지를 마음에 그려 둘 필요가 있다.

▣ 판례의 회상

[사해행위 취소의 소와 제척기간의 기산점]

▶ 민법 제406조 제2항: 전항의 소는 채권자가 취소원인을 안 날로부터 1년, 법률행위 있은 날로부터 5년 내에 제기하여야 한다.

○ 위에서 법률행위가 있은 날은 언제인가? 우리 민법은 물권변동에 관하여 형식주의(성립요건주의)를 취하고 있으므로, 물권변동이 유효하게 성립하려면 물권행위와 등기(부동산) 또는 인도(동산)를 요한다.

○ 이런 원칙에 따라, 사해행위로서 부동산의 매매가 있고 매수인 앞으로 소유권이전등기가 이루어진 경우, 위 5년의 제척기간은 등기가 있은 날로부터 기산된다고 잘못 생각하는 연수생이나 로스쿨생이 많다.

○ 이는 우리 대법원이 물권행위의 독자성(獨自性)을 부인하고, 사해행위에 있어 취소되는 법률행위는 물권행위가 아니라 채권행위라는 태도를 취하고 있음을 모른 때문이다. 자신이 공부한 이론을 너무나 확신하고 있기 때문에 전혀 의심을 갖거나 문제의식을 느낄 수도 없어 그런 판례가 있는지 찾아볼 생각조차 못하게 되는 것이다.

3) 판례 공부는 어떻게 하는 것이 가장 좋은가? 앞서 민사법의 기본 교과서나 논문자료를 공부할 때 자연스레 그에 관한 판례를 공부하게 되므로 별도로 판례 공부를 할 일은 별로 없다. 그것만으로 부족을 느끼거나 판례 공부를 더 하고 싶은 사람은 조문별 판례집을 구해서 공부할 것을 권한다.

기본 교과서와 논문자료에서 판례 공부를 충분히 한 뒤로는 법원도서관에서 월 2회 간행하는 <판례공보>를 이용해 공부하는 것이 가장 좋다. <판례공보>는 법리 해설이 잘 되어 있고 새로운 판례의 흐름을 추적할 수 있는 매우 유익한 학습자료이다. 그런 면에서 <판례공보>는 민사법 공부 등 법학 공부에 교과서 역할을 할 수도 있다. <판례공보>는 법관이나 법원 직원이 아니라도 법원도서관에 신청하여 정기적으로 받아볼 수 있다(유료). 1회의 간행물이 대개 30~40 페이지 가량 되고, 민사 판례는 그 중 3분의 1 정도 되므로 1, 2시간이나 3, 4시간이면 너끈히 읽을 수 있다.

4) 판례를 읽을 때는 그 판례의 배경인 구체적 사실관계까지 포함하여 전문을 읽는 것이 가장 좋겠지만, 시간이 없는 경우 이는 비효율적이다. 따라서 우선 판결요지를 읽어 그 판례가 제시하는 법리를 익히되, 요지의 기재만으로 법리나 결론 도출의 배경이 파악되지 않을 경우에만 다른 부분을 읽으면 된다. 다만, 너무 판결요지 부분에만 집착하여 각각의 사건에 따른 구체적 타당성이라는 판례의 제약조건을 무시하고 당해 사건에서 표시된 법리가 자칫 모든 사건에 일률적으로 적용되는 것으로 단정하는 것은 경계해야 한다.

5) 또한, 판결요지만 보고 특정 사실관계에 대하여 적용한 법리가 맞는가 틀리는가 하는 점에만 관심을 두면 미시적 시각에 갇힐 수 있으므로 주의하여야 한다. 법률 전문가의 시각으로 판례를 보려면, 판례에서 제시한 법리 외에 그 판례가 도출된 전제로서의 사실관계를 정확히 파악하여야 한다. 이를 위해서 필요하다면 원심판결(2심판결)이나 1심판결

까지도 찾아보아야 한다. 그 다음으로는, 해당 사건을 수행한 변호사가 왜 그와 같은 청구취지로써 소를 제기하였는지, 그 반대쪽인 피고는 왜 그와 같은 항변 등으로 대응하였는지 살펴보아야 한다. 이때 원·피고 측 변호사들이 구성한 청구취지나 청구원인, 항변 이외의 다른 법리가 가능한지 여부를 아울러 생각해보면 좋은 공부가 될 것이다.

이런 훈련을 계속하면, 어떤 문제에 부딪혔을 때 청구취지와 청구원인을 어떻게 구성하여 소를 제기하고 소송을 수행할 것인지, 또 상대방으로서는 어떻게 대응하여야 할 것인지를 자연스레 체득(體得)할 수 있게 된다.

5. 주석서 기타

기본교과서와 논문 자료 외에 법리에 관한 학습보조자료를 이용할 수 있는 것이 몇 가지 있다.

1) 첫째는 주석서이다. 이는 민법, 상법, 회사법, 친족·상속법, 민사소송법, 민사집행법 등에 관하여 조문 순서로 그 기본법리와 연혁, 실정법규의 해석론을 모은 것으로서 통상 여러 사람이 집필한 것이다.

현재 국내에 나와 있는 주석서로는 <민법주해>와 <주석민법>과 같이 '주해서'와 '주석서'가 쌍벽을 이루는데, 판례나 학설 변천에 뒤따른 신속한 개정판이 나오지 못하고 있는 것은 아쉽다. 따라서 자칫 이들 자료만에 의지하여서는 실수를 할 위험이 있으니 조심하여야 한다. 기본 법리 공부의 자료로만 이용하고 판례는 반드시 최신의 것을 확인할 필요가 있다.

2) 둘째는 법원도서관에서 간행한 <법원실무제요> 시리즈다. 이 책은 조문 순서가 아니라 교과서와 같은 분류 기준을 채용하여 소송절차의 흐름에 따라 해당 법리와 법규, 대법원규칙 및 예규 등이 풍부한 서식례와 함께 자세하게 설명되어 있어 법관과 법원 직원들이 애용하는 업무 지침서다.

그 수준도 높아 이를 기본 교과서로 이용하여도 손색이 없을 정도이나, 실무적 지식까지 포괄하고 있어서 초기에 법학을 공부하려는 사람에게는 우선 기본법리에 대한 체계적 지식이 형성이 된 후에 이용할 것을 권하고 싶다.[11] 물론 그 이전에라도 학습보조자료로 이용할 수는 있다. 특히 부동산등기나 민사집행에 관하여는 이보다 더 좋은 자료가 없다. <법원실무제요> 시리즈는 현재까지 민사소송, 가사소송, 부동산등기, 상업등기, 민사집행 등이 나와 있다. 이들 책도 매년 개정판이 간행되지는 않아 학설과 판례 변천을 즉각 반영하지는 못한다는 한계가 있음을 염두에 두어야 한다.

---

11) 학설 소개보다는 대법원 판례와 대법원규칙, 예규 위주로 되어 있어 기본법리를 공부하려는 사람에게 는 부족한 면이 있다.

3) 셋째는 법원도서관에서 간행한 <민사재판의 제문제> 시리즈다. 이 책은 분야별로 주제에 따라 법관들이 쓴 논문을 모은 것으로 논문자료 모음집이라고 보면 무방하다. 현재까지 <등기에 관한 제문제>, <민사집행에 관한 제문제> 등 많은 책이 간행되었다.

이들 책자에는 다양한 주제별로 좋은 논문들이 모여 있어 법리 공부에 매우 유용하다. 다만, 간행된 지 오래된 것은 학설·판례의 변천을 반영하지 못하는 한계가 있다는 점은 아쉽다. 그렇더라도 기본법리 공부에 매우 좋은 학습자료이다. 여기에 게재된 논문들은 법원 전산망인 <종합법률정보>나 법원도서관에서 CD 형태로 보급하는 <법고을 LX> 에도 대부분 들어 있으므로, 여기에서 출력하여 이용할 수도 있다.

4) 넷째는 사법발전재단에서 간행하는 <사법논집> 시리즈다. 이 책은 매년 한 차례 씩 간행되는데, 법관과 법원 직원들이 자유로이 주제를 정해 작성한 논문을 모은 것이다. 이 역시 간행된 지 오래된 것은 학설·판례의 변천을 반영하지 못하므로 최근에 간행된 책 중에서 관심이 가는 부분과 주제를 골라 이용하면 매우 유용하다. <사법논집>에 게 재된 논문자료 역시 <종합법률정보>와 <법고을 LX>에서 지원된다.

5) 다섯째는 사법연수원에서 간행하는 각종 자료이다. 연수생용 교재인데 매우 다양한 분야에 걸쳐 있다. 다만, 이미 사법시험에 합격한 사법연수생을 대상으로 한 것이고, 법 률 실무교육을 일차적 목표로 하여 만들어진 것이므로 교재에 따라서는 기본법리의 학습 용으로는 부적당할 수 있다. 따라서 이들 자료는 기본법리 공부의 참고용 또는 심화학습 용으로 이용하는 것이 좋다. 필요한 자료는 사법연수원에서 구매할 수 있다.

사법연수원에서 사용하는 각종 사건유형별 연습기록과 강평자료는 대외적으로 비공개 라서 외부에는 판매하지 않는데, 이들 자료는 사법시험이나 변호사시험에 합격한 후 실무 학습을 위한 자료로 이용하는 것이 좋다. 그러나 변호사시험의 기록형 시험을 위한 종합 연습자료로는 매우 유용하다.

제 **2** 장

민사법이론

Ⅰ. 가등기담보와 비전형담보[1]

◆ 제1 비전형담보(변칙담보)의 의의와 유형
◆ 제2 가등기담보법에 의한 변칙담보의 규제
◆ 제3 가등기담보법이 적용되지 않는 변칙담보

제1 비전형담보(변칙담보)의 의의와 유형

1. 비전형담보의 의의

▶ 민법이나 특별법에 의하여 인정되는 전형적인 담보물권 이외의 것으로서 채권 담보의 역할을 하는 것
→ 민법상의 담보물권: ① 유치권, ② 질권, ③ (근)저당권
→ 특별법상의 담보물권: ① 입목에 관한 법률, ② 공장저당법, ③ 광업재단저당법, ④ 자동차저당법, ⑤ 항공기저당법, ⑥ 중기저당법, ⑦ 상법(선박저당), ⑧ 광업법(광업권저당), ⑨ 수산업법(어업권저당), ⑩ 담보부사채신탁법, ⑪ 댐건설 및 주변지역 지원 등에 관한 법률(댐사용권저당), ⑫ 농지법(농지저당권)

▶ 비전형담보의 발생원인
→ 물권법정주의의 원리에 따라 전형적인 담보물권은 그 설정, 환가 등이 정형화·획일화되어 있어 그 대상물에 제한이 있고, 채권의 회수 시 장시일과 고비용이 소요되는 등의 불편이 따름
→ 전형적인 담보물권은 채무자나 후순위권리자, 제3취득자 등 이해관계인 보호를 위하여 피담보채무의 제한(민법 제334, 357조), 유질계약의 금지(민법 제339조) 등으로 여러 가지 제한이 가해짐으로써, 보다 강력한 담보력과 정상적인 원리금을 초과하는 높은 수익을 원하는 채권자의 수요 충족에 불충분

▶ 비전형담보의 규제
→ 기존의 법제도에 반하지 않는 범위 내에서 이를 인정하되, 사회·경제적 약자 인 채무자가 부당한 피해를 입거나 이해관계인의 정당한 권리가 침해되지 않도록 입법적 규제 및 사법심사를 통한 법규의 조화적인 해석·적용이 필요함

---

1) 이 자료는 가등기담보법이 적용되거나 적용되지 않는 비전형담보에 관한 법리 전반을 요약 정리한 것이다.

→ 민법 제607, 608조, 가등기담보 등에 관한 법률, 판례상의 양도담보에 관한 이론 등은 이러한 견지에서 마련된 것이라 할 수 있음

2. 비전형담보의 유형

가. 물건(부동산이나 동산의 소유권)을 목적으로 하는 것

(1) 소유권이전의 예약형

① 대물변제예약(채권 변제에 갈음하여 소유권을 이전키로 예약)
  - 예약완결형(유담보권 유보형)
  - 정지조건부 대물변제계약형(자동적 유담보형): 일정 기간 내에 채무를 변제하지 않을 경우(정지조건의 성취) 소유권을 이전키로 약정
② 매매예약(채권과 매매대금을 상계 또는 공제)
  - 예약완결형(변제기 후에 예약완결권의 행사 또는 행사 간주)
  - 정지조건부 매매계약형{변제기 내에 매도인(채무자)이 매도대금 및 이자 등 일정한 금액을 반환하지 않을 경우(정지조건의 성취) 매매계약이 성립}

(2) 소유권이전형(광의의 양도담보: 변제기 전 미리 채권자에게 소유권을 이전)

① 매도담보(매매하고 소유권을 채권자에게 이전하되, 일정기간 내에 매매대금과 이자를 반환하면 소유권을 환매 또는 재매매의 형식으로 채무자에게 반환하기로 하는 경우: 채권액과 매매대금을 상계 또는 공제하므로 외형상 피담보채무가 존속하지 않음)＝환매(민법 제590조), 재매매예약(민법 제564조의 유추적용)
② 협의의 양도담보(담보의 목적으로 담보물의 소유권을 채권자에게 이전하며, 등기원인은 통상 매매를 이용: 피담보채무가 존속함)
  - 유담보형(강한 양도담보) / 정산형(약한 양도담보)
  - 양도 질(담보물을 채권자가 점유) / 양도 저당(담보물을 채무자가 점유)

(3) 소유권유보형(물건을 매매하고 그 대금채권을 담보하기 위해 대금의 완납 시까지 소유권을 매도인에게 유보)

나. 권리를 목적으로 하는 것

→ 가등기담보법 제18조 본문
  └ 소유권 이외의 권리로서 등기·등록할 수 있는 권리(단, 전세권, 질권, 저당권은 제외)에 대한 담보계약에도 가등기담보법을 준용(단, 「동산·채권 등의 담보에 관한 법률」에 따라 담보등기를 마친 경우 제외. 가등기담보법 제18조 단서)

→ 기타 특수한 담보

① 추심을 위한 채권양도 또는 추심권의 위임(채무추심의 위임＝대리수령)

② 담보를 위해 채권자를 임차인으로 한 임대차계약의 체결

③ 담보적 상계(채무자가 자신이 부담하는 수동채권의 담보로 자동채권을 제공하여 수동채권의 채권자에게 상계하도록 하는 것: 예컨대, 은행이 대출금채권의 담보를 위하여 차용자로 하여금 적금을 불입토록 하고, 변제기에 대출금채권과 적금채권을 상계하는 경우)

④ 납입지정(제3채무자로 하여금 채무자에 대한 변제를 위하여 채권자의 예금계좌에 채무금을 입금토록 하는 것)

정지조건부 대물변제계약의 법적 성질

→ 대물변제계약에 관하여 요물계약설을 취하는 다수설에 의하면, 부동산의 경우 등기를 물권변동의 성립요건으로 요구하는 우리 민법상 정지조건의 성취만으로 소유권이전, 즉 대물변제의 효력이 발생할 수 없어 이를 실질적인 대물변제예약으로 이해함

→ 대물변제란 본래의 채무에 갈음하여 다른 급부를 현실적으로 하는 때에 성립하는 요물계약이므로, 그 급부가 소유권이전인 때는 이전등기가 마쳐져야 본래의 채무가 소멸하고, 그 이전등기가 되지 아니한 한 대물변제의 예약에 불과하여 본래의 채무가 소멸하지 아니한다(대법원 1979. 9. 11. 선고 79다381 판결).

→ 대물변제가 채무소멸의 효력을 발생하려면 채무자가 본래의 채무이행에 갈음하여 하는 다른 급여가 현실적이어야 하나, 대물변제계약의 성립과 동시에 현실 급여가 반드시 수반되어야 하는 것은 아니므로, 채권자는 대물변제계약의 채권적 효력으로 이를 원인으로 한 소유권이전등기절차 이행을 청구할 수 있다(대법원 1972. 5. 23. 선고 72다414 판결, 1974. 6. 25. 선고 73다1819 판결).

  ↳ 결국 대법원 판례에 의하면 대물변제(계약)의 요물성이 완화되어, 정지조건이 성취되었으나 현실의 급부가 이루어지지 않은 경우에도 대물변제계약이 성립할 수 있게 됨.

제2 가등기담보법에 의한 변칙담보의 규제

1. 가등기담보법의 적용범위와 적용요건

❖ 가등기담보 등에 관한 법률(이하 법이라 함)

→ 1983. 12. 30. 법률 제3681호로 공포

→ 1984. 1. 1. 시행

ㄴ 일본의 「가등기담보 계약에 관한 법률」(1978. 6. 20. 공포 → 1979. 4. 1. 시행)을 모델로 함

→ 시행일 전에 성립한 담보계약에 대해서는 적용되지 않음(부칙 제2항)

가. 적용 대상

(1) 목적물

▶ 등기·등록할 수 있는 재산($^{법 제1, 2}_{18조}$)

→ 등기·등록이 재산권 변동의 성립요건 또는 대항요건이어야 한다.

ㄴ 따라서 동산은 원칙적으로 제외되나, 등기·등록이 가능한 선박, 자동차, 중기, 항공기, 입목, 공장재단, 광업재단 등은 가능

ㄴ 환지처분 전의 체비지에 대한 권리는 가등기담보법 제18조 소정의 등기 또는 등록을 할 수 있는 권리라고 볼 수 없으므로 체비지에 대한 양도담보에 관하여는 위 법률이 적용되지 않는다($^{대법원 1995. 3. 10.}_{선고 93다57964 판결}$).

▶ 소유권 및 소유권 이외의 등기·등록할 수 있는 재산권($^{법 제}_{18조}$)

→ 질권, 저당권, 전세권은 제외($^{법 제}_{18조}$)

ㄴ 유치권은 그 성질상 등기·등록이 요건이 아니므로 당연히 제외됨

→ 소유권 이외의 권리로서 중요한 것은 지상권, 지역권, 임차권, 광업권, 어업권, 특허권, 실용신안권, 의장권, 상표권, 댐 사용권 등

→ 「동산·채권 등의 담보에 관한 법률」에 따른 담보등기를 한 경우에는 가등기담보법이 아닌 위 법률이 적용됨(가등기담보법 제18조 단서)

(2) 피담보채권

▶ 소비대차, 준소비대차에 따른 차용물 반환채권($^{법 제}_{1조}$)

→ 따라서 매매대금, 공사대금, 임대차보증금 등의 비소비대차 채권의 담보에는 적용되지 않음($^{대법원 1990. 6. 26. 선고 88다카20392 판결, 1991. 9. 24. 선고 90다13765 판결,}_{2001. 1. 5. 선고 2000다47682 판결, 2004. 4. 27. 선고 2003다29968 판결 등}$).

→ (준)소비대차 채권과 다른 채권이 병존하는 경우

ㄴ 그 전부(소비대차 채권 포함)에 대하여 가등기담보법이 적용되지 않으며, 담보계약 체결 후에 소비대차 채권이 추가된 경우에도 같다($^{대법원 2001. 3. 23. 선고}_{2000다29356, 29363 판결}$).

ㄴ 그러나 다른 채권이 소멸하고 소비대차 채권만이 남은 경우에는 위 법률이 적용된다($^{대법원 2004. 4. 27.}_{선고 2003다29968 판결}$). ✦ 이때 가등기담보법 적용 여부 판단을 위한 목적물 가액 및 차용 원리금의 산정 기준시는 소비대차 채권에 대하여 담보계약

이 성립한 때가 된다고 할 것이다.

▶ (준)소비대차의 목적물이 금전이 아닌 경우

→ 민법상 (준)소비대차의 목적물은 금전 이외의 대체물도 포함되고(민법 제598조), 가등기담보법은 단순히 "차용물의 반환에 관하여 차용물에 갈음하여 다른 재산권을 이전…"이라고 하고 있으므로(별 제1조), 금전 이외의 대체물도 가능하다.

→ 그러나 대체물의 경우 그 가액을 환산하여야 담보목적물 가액이 '차용액 및 그 이자의 합산액'을 초과하는지 여부를 판단할 수 있는 문제가 있다.

ㄴ 저당권의 경우에는 그 등기 시에 피담보채권의 가액을 환산하여 등기신청서에 이를 기재하도록 하고 있으나(부동산등기법 제143조), 가등기담보법이나 가등기에 관한 업무처리지침(2002. 8. 14. 대법원 등기예규 제1057호)에는 이에 관한 규정이 없음

ㄴ 채무불이행으로 인하여 금전채권으로 변한 때에 그 채무를 담보하는 것으로 보아야 한다는 견해가 있으나(강병섭, 변칙담보에 있어서 피담보채권의 범위 및 채권의 만족방법, 재판자료 제13집), 가등기담보법 적용 여부 결정을 위하여 채무불이행 이전에 차용원리금을 산정해야 할 필요를 충족할 수 없어 이 역시 해결책이 될 수 없음 ✈ 따라서 담보계약 시에 차용물의 객관적 가액을 환산할 수밖에 없을 것임.

▶ 계속적 거래로 인한 채권의 경우(근담보)

→ 저당권에서 근저당권이 허용되는 것과 마찬가지로 가등기담보에서도 근담보는 원칙적으로 허용되며(대법원 1993. 4. 13. 선고 92다12070 판결 참조), 포괄 근담보도 계속적 거래의 종류가 특정되는 등의 경우에는 허용됨

ㄴ 채권자가 채무자가 제공하는 부동산을 담보로 매매예약에 기한 가등기를 기입하고 금전을 대여한 후에 다시 같은 채무자에게 추가하여 금전을 대여하는 경우, 그 추가대여금에 관하여 별도의 담보제공이 되어 있다거나 반대의 특약이 있다는 등 특별한 사정이 없다면 조리상 당사자의 의사는 추가되는 대여금 역시 기왕의 가등기 부동산의 피담보채무 범위에 포함시키려는 의사로 수수한 것이라고 해석함이 상당하다(대법원 1985. 2. 24. 선고 85다카1362 판결).

ㄴ 일본의 가등기담보법은 이를 허용하면서, 다만 근담보계약의 경우에는 후순위권리자는 청산금에 대하여 권리(물상대위권)를 행사할 수 없고(제4조 2항), 강제경매나 파산절차 및 재생절차·갱생절차 등에서는 담보로서의 효력이 없다(제14조, 제19조 5항)는 규정을 두고 있다.

→ 이 경우 채권최고액 약정이 있는 때에는 그 약정에 따르게 되나 이를 등기하는 등 공시할 방법은 없음(가등기담보법이나 부동산등기법은 물론 위 가등기에 관한 업

무처리지침에도 언급이 없음). 약정이 없는 경우에는 담보물 가액이 채권최고액으
로 된다고 할 것임

    ㄴ 계속적 금전대차관계에서 발생하는 채권을 담보하기 위하여 매매예약에 기한
    가등기를 한 경우 그 피담보채권은 그로부터 발생하는 금전채권 전부이고,
    설사 매매예약 시에 매매금액을 기재하였더라도 이는 가등기절차상의 편의에
    불과하다(^{대법원 1981. 6. 9. 선고}_{80다2320 판결}).

    ㄴ 이때 가등기담보계약과 함께 근저당권이 설정되었더라도 가등기담보계약 상
    의 피담보채권액 역시 근저당 채권최고액으로 축소되는 것은 아니며 담보물
    가액 전부가 최고액이 된다(^{일본. 최재. 1977.}_{3. 25. 판결}).

→ 채권자와 채무자가 가등기담보권설정계약을 체결하면서 가등기 이후에 발생할
    채권도 후순위권리자에 대하여 우선변제권을 가지는 가등기담보권의 피담보채권
    에 포함시키기로 약정할 수 있다(^{대법원 1993. 4. 13. 선고 92다12070 판결,}_{2011.7.14. 선고 2011다28090 판결}).

→ 가등기담보권을 설정한 후에 채권자와 채무자의 약정으로 새로 발생한 채권을
    기존 가등기담보권의 피담보채권에 추가할 수도 있으나, 가등기담보권 설정 후
    에 후순위권리자나 제3취득자 등 이해관계 있는 제3자가 생긴 상태에서 새로운
    약정으로 기존 가등기담보권에 피담보채권을 추가하거나 피담보채권의 내용을
    변경, 확장하는 경우에는 이해관계 있는 제3자의 이익을 침해하게 되므로, 이러
    한 경우에는 피담보채권으로 추가, 확장한 부분은 이해관계 있는 제3자에 대한
    관계에서는 우선변제권 있는 피담보채권에 포함되지 않는다고 보아야 한다(^{대법원}_{1985. 12.}

^{24. 선고 85다카1362 판결, 대법원 1989. 4. 11. 선고)}_{87다카992 판결, 2011.7.14. 선고 2011다28090 판결}).

나. 적용요건

(1) 담보계약의 체결

▶ 담보계약

    → 민법 제607조의 대물반환(대물변제)의 예약에 포함되거나 이와 병존하는 채권 담
    보의 계약(^{법 제2조}_{1호})

    → 위 담보계약은 협의의 대물변제예약은 물론 정지조건부 대물변제계약, 매매예약,
    정지조건부 매매계약, 환매, 재매매예약, 협의의 양도담보 등 그 명목 여하를 불
    문하고 그 실질이 (준)소비대차와 관련한 것으로서 대물변제의 목적이 있는 것
    이면 모두 이에 해당한다(^{법 제2조}_{1호}).

        ㄴ 가등기담보법은 환매와 양도담보는 명시적으로 열거하고 있음(일본의 가등기
        담보법 제1조는 정지조건부 대물변제계약을 담보계약에 포함시키고 있음)

▶ 가등기담보법 시행일(1984. 1. 1.) 이전에 성립한 담보계약에 대해서는 적용되지 않음$\left(\substack{법 부칙\\제2항}\right)$

(2) 가등기 또는 소유권이전등기 등의 기입

▶ 담보를 위한 등기·등록

→ 담보가등기: 담보의 목적으로 기입된 가등기$\left(\substack{법 제2조\\3호}\right)$

⌐ 채권자와 채무자가 대물변제예약을 하는 경우 그에 따라 장래에 발생할 목적물의 이전청구권이 (준)소비대차계약상의 채권을 담보하게 되는바, 그 담보력을 사실상 물권화하여 다른 사람에게 대항하기 위하여 기입되는 가등기가 '담보가등기'임

→ 담보 목적의 소유권이전등기: 매도담보나 협의의 양도담보에서 채권자 앞으로 마친 소유권이전등기$\left(\substack{법 제1\\조}\right)$

⌐ 일본의 가등기담보법은 매도담보나 양도담보는 그 대상에서 제외함

⌐ 채권자인 갑과 채무자인 을 사이에 성립된 아파트 4동을 목적으로 한 양도담보권설정계약을 소유권보존등기명의자인 병이 인정하여, 병이 위 아파트들에 대해 갑 명의로 소유권이전등기를 기입하여 주기로 한 약정에 따라, 갑이 병에게 위 아파트들에 대하여 갑 명의의 양도담보권설정등기로서의 소유권이전등기절차이행에 협력해 달라는 청구를 하고 있다면, 특별한 사정이 없는 한 아직 피담보채권의 일부가 남아 있는 이상 법원은 당초 약정에 따라 목적 부동산의 전부에 대한 소유권이전등기청구를 인용해야 하는 것이고, 정산절차도 마쳐지지 않은 단계에서 약정된 목적물 중 피담보채권액에 상응한 부분만을 인용해야 하는 것은 아니다$\left(\substack{대법원 1987. 12. 8.\\선고 87다카1320 판결}\right)$.

▶ 담보등기의 신청

→ 담보가등기: 등기신청서에 등기원인을 '소유권이전 담보가등기' 또는 '지상권이전 담보가등기' 등으로 기재하여야 함(위 등기예규 제1408호 2.다.)

⌐ 그러나 이에 위반하였다고 하여 담보가등기로서의 효력이 부정되는 것은 아님

⌐ 소유권이전의 담보가등기권자는 당해 담보물에 대한 경매절차에서 법원으로부터 채권신고를 최고 받게 되는바$\left(\substack{법 제16\\1항}\right)$, 그 신고를 하지 않더라도 담보가등기권이 상실되는 것은 아니나 경매절차에서 배당을 받을 수 없다$\left(\substack{법 제16\\조 2항}\right)$. 위 신고가 없는 경우 담보가등기가 최선순위인 때에는 매수인에게 담보가등기의 부담이 인수되나 선순위 담보권이 있는 때는 무조건 말소되므로, 신고하지 않은 담보가등기권자는 배당을 받지 못한 채 그 등기가 말소되게 된다$\left(\substack{대법원 1992. 4. 14.\\선고 91다41996 판결}\right)$.

→ 양도담보등기:「부동산 실권리자명의 등기에 관한 법률」제3조 제2항에 특별규
정이 있음

    ⌐ 양도담보를 원인으로 하는 부동산에 관한 소유권 기타 물권의 이전등기신청
시에는 위 법률 제3조 제2항에 규정된 채무자, 채권금액 및 채무 변제를 위
한 담보라는 뜻이 기재된 서면을 제출하여야 하고, 위 사항이 전부 기재된
원인증서 부본으로 위 서면에 갈음할 수 있다(^{1995. 11. 21. 대법원 등기예규 제824호 부동산 실권제1}_{리자명의 등기에 관한 법률 시행에 따른 업무지침함}).

    ⌐ 그러나 위 내용이 등기부에 기재되지는 않으며, 등기공무원은 양도담보증서
편철장을 조제하여 위 서면과 위 법률 제14조 제1항에 의하여 제출되는 서면
을 편철하되, 그 편철장은 5년마다 별책으로 하고 5년간 보존한다(^{위 등기예규}_{제824호 제2항}).

▶ 담보등기가 기입되지 않은 경우

→ 담보등기가 담보계약과 동시에 기입되지 않더라도 무방하며, 변제기 도래 전에
기입되기만 하면 족함(담보등기가 된 때에 담보권이 발생함)

→ 담보계약 외에 채권자 앞으로 그에 따른 가등기나 소유권이전등기까지 반드시
마쳐야만 가등기담보법이 적용될 수 있다(통설).

    ⌐ 차용금채무의 담보를 위한 양도담보계약이 체결되었으나 그에 따른 소유권이
전등기가 기입되지 않은 경우, 양도담보는 그 담보계약에 따라 소유권이전등
기를 기입함으로써 비로소 담보권이 발생하는 것이므로, 채권자는 가등기담
보 등에 관한 법률상의 청산절차를 밟기 전에 우선 담보계약에 따른 소유권
이전등기절차의 이행을 구하여 소유권이전등기를 받은 다음 같은 법에 따른
청산절차를 밟으면 되고, 따라서 채무자는 같은 법 소정의 청산절차가 없었
음을 이유로 그 소유권이전등기절차이행을 거절할 수는 없다(^{대법원 1996. 11. 15.}_{선고 96다31116 판결}).

    ⌐ 대물변제의 예약에 기한 소유권이전등기를 미처 기입하지 아니한 경우에는
아직 양도담보가 설정되기 이전의 단계이므로 가등기담보 등에 관한 법률 제
3조 소정의 담보권 실행에 관한 규정이 적용될 여지가 없는 한편, 채권자는
양도담보의 약정을 원인으로 하여 담보 목적물에 관하여 소유권 이전등기절
차의 이행을 청구할 수 있다(^{대법원 1999. 2. 9. 선고}_{98다51220 판결}).

    ⌐ 채권담보의 목적으로 채무자가 미등기 건물에 대한 소유권이전등기 서류를
채권자에게 교부하였다가 변제기 전에 채무를 변제하였다면 채권자는 담보권
자로서의 소유권이전등기청구권을 상실하며, 설사 채권자가 이를 제3자에게
처분하였더라도 제3자 앞으로 소유권이전등기가 아직 기입되지 않은 상태라
면 마찬가지다(^{대법원 1989. 2. 28. 선고 88다카7801 판결 −}_{가등기담보법 시행 전의 담보계약에 관한 사안}).

    ⌐ 채권담보의 목적으로 부동산의 소유권을 이전하기로 합의하고 그 등기에 필

요한 관계서류를 교부받은 채권자가 아직 자기 명의로 등기를 하지 아니한 동안에 채무자가 피담보채권을 변제하면, 채권 담보의 목적으로 소유권을 이전하기로 한 물권적 계약은 그 목적 소멸로 인하여 소멸되었다 할 것이므로, 그 이후에 채권자가 관계서류를 소지하고 있음을 기화로 그 명의로 이전등기를 하였다면 이러한 등기는 당연무효의 등기다(대법원1964. 11. 24. 선고 64다851, 852 판결).

(3) 담보물 가액이 차용액 및 그 이자의 합산액을 초과할 것

▶ 대물반환예약이 민법 제607, 608조에 위반하여 무효일 것

→ 예약(담보계약) 당시의 담보물 가액이 차용액 및 그 이자의 합산액을 초과할 것 (민법 제607조, 법 제1조, 제2조 제1호)

└ 기준시는 청산 시나 변제기가 아니라 담보계약 시이므로 담보계약 시 이후에 목적물 가액이 변동하더라도 영향이 없다.

→ 담보물 가액이 원리금 합산액을 초과하여 민법 제608조에 따라 그 예약이 무효인 경우, 대법원은, 대물변제예약은 무효이나 담보계약은 정산절차를 예정하고 있는 약한 의미의 양도담보로서의 효력이 있다고 판시하였는바(대법원 1964. 6. 23. 선고 63다1146 판결, 1980. 7. 22. 선고 80다998 판결, 1983. 10. 11. 선고 82누66 판결 등), 가등기담보법은 이를 당연한 전제로 하여 청산절차를 거치도록 하고 있다.

▶ 담보목적물 가액의 산정

→ 목적물에 채권자에 우선하는 권리가 있는 경우 그 권리 부분에 해당하는 목적물 가치는 채권자의 담보권이 미치지 않으므로 이를 목적물 가액에서 공제하여야 함은 당연

└ 목적물에 이미 선순위 근저당권이 설정되어 있는 경우에는 그 근저당채무를 차용인이 인수한 여부에 관계없이 그 현존 피담보채무액을 공제한 나머지 가액을 기준으로 산정하여야 한다(대법원 1991. 2. 26. 선고 90다카24526 판결, 2005. 6. 10. 선고 2005다53 판결, 2006. 8. 24. 선고 2005다61140 판결).

└ 채권자에 우선하는 것이면 담보물권은 물론 용익물권, 임차권 등 실질적으로 채권자가 장차 담보권을 실행하여 담보물을 취득하였을 때 인수하게 되는 것은 모두 포함된다고 할 것이다. 가압류는 전면적 우선권은 없지만 채권자의 우선권 취득을 방해하므로 문제이나, 이 단계에서는(청산단계에서 고려하면 된다.) 일단 우선권 없는 것으로 보아 공제해서는 안 될 것이다(사견).

▶ 이자의 산정

→ 변제기까지의 이자만을 합산하여야 하고 변제기 이후의 지연손해금까지 합산할 것이 아니다(대법원 1966. 5. 31. 선고 66다638 판결).

→ 이자약정에 대하여 이자제한법이 적용되는 경우에는 이자제한법상의 제한한도 내 이자만을 합산하여야 한다(대법원 1962. 10. 18. 선고 62다291 판결, 1970. 12. 22. 선고 70다2295 판결, 1991. 7. 26. 선고 90다15488 판결 등).

→ 변제기의 약정이 없는 경우에는 어떻게 계산하여야 하는가?

  ↳ 이 경우에는 원본만으로 계산할 수밖에 없을 것임(사견)

2. 담보권의 실행

가. 사적 청산(私的 淸算)

(1) 실행의 방법

▶ 처분정산의 허용 여부

→ 종래 가등기담보법 시행 전에는 채권자의 선택에 따라 귀속정산 외에 처분정산을 선택할 수도 있고, 처분정산의 경우 청산금 지급 전이라도 처분을 위하여 채권자 앞으로의 소유권이전등기 및 인도청구가 가능하였으나, 위 법률 시행 후에는 처분정산은 허용되지 아니함

→ 가등기담보법 시행 후 그 적용대상인 담보계약에 관하여는 법 제4조, 11조 내지 13조상 청산기간이나 청산금의 동시이행관계를 인정하지 아니하는 처분정산형의 담보권 실행은 허용되지 아니한다(대법원 2002. 4. 23. 선고 2001다81856 판결, 2002. 10. 10. 선고 2002다42001 판결).

→ 따라서 가등기담보법이 적용되는 변칙담보의 경우 사적 청산의 방법으로는 귀속정산만이 가능하고, 이와 별도로 경매에 의한 공적 청산이 가능하다.

▶ 공동 가등기와 매매예약의 완결

→ 수인의 채권자가 각기 채권을 담보하기 위하여 채무자와 채무자 소유의 부동산에 관하여 수인의 채권자를 공동매수인으로 하는 1개의 매매예약을 체결하고 그에 따라 수인의 채권자 공동명의로 그 부동산에 가등기를 마친 경우, 수인의 채권자가 공동으로 매매예약완결권을 가지는 관계인지(이때는 매매예약완결권을 준공유하는 관계가 성립한다.) 아니면 채권자 각자의 지분별로 별개의 독립적인 매매예약완결권을 가지는 관계인지는 매매예약의 내용에 따라야 하고, 매매예약에서 그러한 내용을 명시적으로 정하지 않은 경우에는 수인의 채권자가 공동으로 매매예약을 체결하게 된 동기와 경위, 매매예약에 의하여 달성하려는 담보의 목적, 담보 관련 권리를 공동 행사하려는 의사의 유무, 채권자별 구체적인 지분권의 표시 여부 및 지분권 비율과 피담보채권 비율의 일치 여부, 가등기담보권 설정의 관행 등을 종합적으로 고려하여 판단하여야 한다.

  ↳ 갑이 을에게 돈을 대여하면서 담보 목적으로 을 소유의 부동산 지분에 관하여 을의 다른 채권자들과 공동명의로 매매예약을 체결하고 각자의 채권액 비

율에 따라 지분을 특정하여 가등기를 마친 사안에서, 채권자가 각자의 지분별로 별개의 독립적인 매매예약완결권을 갖는 것으로 판단되면, 갑은 단독으로 담보목적물 중 자신의 지분에 관하여 매매예약완결권을 행사할 수 있고, 이에 따라 단독으로 자신의 지분에 관하여 가등기에 기한 본등기절차의 이행을 구할 수 있다(^{대법원 2012. 2. 16. 선고 2010}_{다82530 전원합의체 판결}).

    ↳ 공동명의로 담보가등기를 마친 수인의 채권자가 각자의 지분별로 별개의 독립적인 매매예약완결권을 가지는 경우, 채권자 중 1인은 단독으로 자신의 지분에 관하여 가등기담보 등에 관한 법률이 정한 청산절차를 이행한 후 소유권이전의 본등기절차 이행청구를 할 수 있다(^{대법원 2012. 2. 16. 선고 2010}_{다82530 전원합의체 판결}).

(2) 실행통지

▶ 변제기가 도과할 것(^{법 제3}_{조 1항})

┌ 관념통지

▶ 실행통지(청산통지): 담보권의 실행의사 표시 + 청산금 평가액의 적시 요(要)

    → 청산금 = ① 담보물의 가액 − ② 채권액(아래의 공제할 채권액)

▶ 담보물 가액의 평가

    → 청산통지 당시를 기준으로 함(^{법 제3조 2항,}_{제4조 1항})

    → 평가방법에는 제한이 없고, 반드시 전문자격 있는 감정인의 감정에 의하지 않아도 되므로 채권자가 나름대로 임의 평가하여도 실행통지는 유효하다(^{대법원 1994. 6. 28.}_{선고 94다3087, 3094} ^{판결, 1996. 7. 30. 선고}_{96다6974, 6981 판결 등}).

▶ 공제할 채권액(^{법 제3조 2항, 제4조}_{1항, 민법 제360조})

  ① 원본

  ② 이자(단, 이자제한법 이내의 것에 한정되며, 매도담보의 경우 차임 명목의 이자 포함)

  ③ 위약금

  ④ 지연손해금(단, 민법 제360조 후문에 따라 변제기 후 1년분에 한하되, 근담보의 경우에는 제한이 없다)

    ↳ 다만, 학설상 민법 제360조 후문은 예시에 불과하고 그 적용이 없는 것으로 보아야 한다는 견해도 있다(박경량, 가등기담보, 한국 민법이론의 변천, 박영사, 1999년).

  ⑤ 담보권실행비용

    ↳ 감정료, 부동산중개업법 소정의 중개인 소개료(^{대법원 1976. 12. 14. 선고 76다957 판결,}_{1977. 11. 12. 선고 76다984 판결}), 인지대, 우편료, 변호사·법무사 보수 등

⑥ 담보권설정비용(등록세, 취득세, 등기비용 등)

ㄴ, 특약이 없는 한 채권자 부담(대법원 1977. 10. 11. 선고 75다2329 판결,)(1981. 7. 28. 선고81다257 판결 등)

ㄴ, 가등기 후의 본등기비용은 본등기가 유효하여 채권자가 귀속정산에 따른 소유권 취득을 위한 것이면 실행비용에 속하고, 소유권 취득의 효력이 없고 청산을 요하는 약한 의미의 양도담보로서의 효력을 갖는 것에 그친 경우(물론 가등기담보법상으로는 양도담보로서의 효력도 없고 무조건 말소의 대상이 되지만)에는 설정비용에 속한다고 할 것이다(대법원 1972. 1. 31. 선고 71다2539 판결, 1982. 4. 13. 선고)(81다531 판결, 1987. 6. 9. 선고 86다가2435 판결 참조).

⑦ 선순위채권

ㄴ, 선순위 저당권 등 담보권에 한하지 않고, 그 담보물에 의해서 담보된 모든 채권으로서 채권자가 대항할 수 없는 유치권, 저당권, 가등기담보권, 전세금반환청구권, 우선변제권 있는 주택·상가 임대차보증금반환청구권도 포함한다.

ㄴ, 채권자가 대위변제하지 않았어도 무방하다. 물론 이미 대위변제하였으면 그에 따른 구상금채권도 포함한다(대법원 1976. 10. 26.)(선고 76다2169 판결).

ㄴ, 용익물권이나, 우선변제권은 없고 대항력만 있는 임대차보증금반환청구권 등은 이에 속하지 않고, 목적물의 가액 평가 시 참작할 사항이다.

ㄴ, 근저당권이나 근담보가등기의 경우 그 피담보채권이 확정된 경우에는 그 확정된 채권, 확정되기 전에는 채권최고액을 기준으로 할 것이다(일본의 통설).

ㄴ, 선순위 가압류에 대하여는 채권자가 그 부담을 인수하게 되므로 이 역시 공제할 채권액에 포함된다고 할 것이다.

▶ 담보물이 2개 이상인 경우

→ 채권자는 임의로 일괄실행 또는 순차실행을 선택할 수 있으며, 일괄실행의 경우에도 민법 제368조 1항의 안분비례 규정은 적용이 없으므로 어느 담보물의 환가액에서 채권 전액을 회수하여도 무방함

→ 단, 이때 실행통지 시 각 부동산의 소유권이전(취득)에 의하여 소멸시키고자 하는 피담보채권과 그 비용을 명시하여야 함(법 제3조)(2항 후문)

→ 가등기담보법 제3조는 후순위권리자의 이익을 보호하기 위하여 담보물이 2개 이상인 경우에 채권자는 자기의 채권액을 각 담보물별로 나누어 어느 목적물에 대하여 얼마의 채권액과 비용으로 소유권을 취득하겠다는 채권액의 배분액을 구분표시하도록 한 것일 뿐 그 담보목적물의 평가액은 청산금 평가액 산정의 기초가되는 데 지나지 않는 것이고, 실행통지를 할 때 각 목적물별로 나누어 그 평가액을 명시할 것까지는 요구하고 있지도 않으며, 목적물 전체의 평가액이 채권액에도 미치지 아니하는 경우에는 가등기담보권자가 목적물 전체에 대한 실행통지

를 하면서 각 목적물별로 평가액을 구분하여 명시하지 아니 하였다고 하여 그런 사유만으로는 위 통지를 무효라고까지 할 수는 없다(대법원 1993. 4. 13.
선고 92다12070 판결).

▶ 청산금이 없는 경우

→ 이 경우에도 반드시 청산금이 없다는 뜻을 통지하여야 하고(법 제3조
1항 후문), 이를 누락한 경우 적법한 담보권실행이 될 수 없다.

→ 청산금을 통지한 이상 목적물가액이나 채권액을 명시하지 않거나 잘못 명시하여도 무방하다(위 92다12070
판결의 유추).

▶ 통지의 방법

→ 법에 아무런 규정이 없으므로 문서나 구두 기타 어떠한 방법이든 상관없다.

└ 소유권이전등기청구나 인도청구 등의 소송 중에도 가능하며, 그 소송 중, 준비서면의 부본 송달로써도 가능하다(대법원 1992. 4. 10. 선고 91다44674 판결,
1996. 7. 30. 선고 96다6974, 6981 판결).

→ 청산통지가 도달한 때부터 청산기간이 진행되므로 도달시기를 분명히 할 수 있는 내용증명우편 등의 방법이 적절

→ 통지를 받을 자의 주소 등을 알지 못하는 경우 재판 외에서도 공시송달이 가능함

└ 민법 제113조, 민사소송법 제194조 내지 196조. 이때 관할은, 상대방을 알지 못하는 경우에는 채권자의 주소지, 상대방의 소재를 알 수 없는 경우에는 상대방의 최후의 주소지를 관할하는 지방법원(단독판사)의 관할에 속하고, 그 비용은 법원이 채권자로 하여금 예납케 하여야 하는 것으로 본다(구민법 제97조의2
규정을 유추 적용).

▶ 통지의 상대방

→ ① 채무자, ② 물상보증인, ③ 제3취득자(법 제3조,
제2조 2호)[2]

→ 위 해당자가 복수인 경우에는 이들 모두에게 통지하여야 하고, 그 전부 또는 일부에게라도 통지를 하지 않으면 청산기간이 진행될 수 없어 채권자 앞으로 소유권이전등기를 마치더라도 무효이다(대법원 2002. 4. 23. 선고
2001다81856 판결).

→ 후순위권리자와 담보가등기 후에 등기한 제3자, 대항력 있는 임차권자에게는 위 실행통지가 도달한 이후에 그 실행통지사실 등을 통지하여야 하고, 이를 해태하면 불이익을 입을 수 있다(법 제6조 1항,
제7조 2항).

▶ 실행통지의 효력

→ 실행통지는 의사표시(관념통지)의 일반원칙에 따라 도달 시에 그 효력이 발생한다.

└ 통지의 상대방이 수인인 경우 최종 도달 시에 효력이 발생한다.

---

2) 이하 이 3인을 '채무자 등'이라 한다.

→ 실행통지는 채권자 임의로 철회, 취소, 변경할 수 없으나, 상대방에 대한 도달전이거나 채무자 등과의 합의가 있거나 채무자나 이해관계인 등에게 손해가 없는 경우에는 허용된다(통설).

→ 채권자는 그가 통지한 청산금 수액에 관하여 구속되어 나중에 이를 다툴 수 없다(법 제9조).

ㄴ 그 통지에 착오가 있더라도 명백한 위산이나 오기 등 그 착오가 통지내용 자체로서 객관적으로 명백한 경우가 아닌 한 이를 취소하거나 그보다 적은 금액을 주장할 수 없다. 그러나 증액을 주장하거나 청산금의 수액에는 변동이 없이 목적물의 평가액이나 공제할 채권액의 내용을 변경하는 것은 무방하다.

ㄴ 그러나 사적 실행절차 이외의 절차, 즉 법 제12조 2항에 따른 경매절차 등에서는 구속력이 미치지 않는다.

→ 실행통지의 효력이 발생한 때에 채무자 등의 채권자에 대한 청산금지급청구 권이 발생하며, 청산을 할지 여부는 담보채권자의 권리이므로 채무자 등은 채권자에게 청산을 청구하거나 강요할 수 없다(대법원 1991. 7. 26. 선고 90다15488 판결, 1994. 5. 24. 선고 93다44975 판결).

ㄴ 청산기간 경과 전에는 채권자가 청산금을 지급할 수 없으므로 청산금지급청구권의 소멸시효는 청산기간의 경과 다음날부터 기산한다.

ㄴ 위 채권은 이행기의 정함이 없는 채권으로서 채무자 등의 청구 시에 이행기가 도래한다고 볼 것이다(사견).

▶ 청산금의 과소 통지와 실행통지의 효력

→ 청산금이 있는데도 없다고 통지하거나 정당한 청산금보다 적은 금액의 청산금을 통지하더라도 실행통지는 유효하며, 채권자는 다시 정당한 금액의 청산금을 산정하여 통지할 필요는 없다(대법원 1992. 9. 1. 선고 92다10043, 10050 판결, 1994. 6. 28. 선고 94다3087, 3094 판결, 1996. 7. 30. 선고 96다6974, 6981 판결 등).

ㄴ 채무자 등은 정당한 청산금을 지급받을 때까지 채권자의 소유권 취득을 부인하고, 채무를 변제하여 채권자 명의의 가등기 또는 본등기의 말소를 구할 수 있으며(법 제4조 2항, 제11조 본문), 정당한 청산금의 지급과 상환으로 본등기 및 인도청구에 응할 것을 항변할 수도 있다(법 제4조 3항, 대법원 위 96다6974, 6981 판결 등).

ㄴ 채권자가 통지한 목적물 가액이 객관적 가액에 미달한다는 점은 채무자 등이 사실상 주장·입증해야 할 것이다.

→ 채무자 등 청산금 수령권자가 이의 없이 청산금을 수령한 때는 이의권을 상실하고 청산금은 그로써 확정된다(통설).

ㄴ 채무자 등이 아닌 후순위권리자는 독립하여 청산금의 수액에 관하여 다툴 수 없다고 해석됨(다수설)

(3) 청산기간의 경과

▶ 청산기간은 담보권 실행통지가 채무자 등에게 도달한 날부터 2월이다(법 제3조 1항 본문).
  → 채무자 등 통지를 받을 자가 수인이면 그 최종 도달시점부터 기산함
▶ 청산기간 경과 전의 청산금 지급 등의 효력
  → 청산기간이 경과하여야 청산금을 지급하고 소유권 취득 및 가등기에 기한 본등기청구 등에 나아갈 수 있으므로, 그 기간 경과 전에 청산금을 지급하거나 가등기에 기한 본등기를 하더라도 그 등기는 그 자체로서 무효이고(이 경우 정산을 요하는 양도담보로서의 효력도 없다), 채무자 등은 무조건으로 그 등기의 말소를 구할 수 있다(대법원 1994. 1. 25. 선고 92다20132 판결).
  → 채무자 등과 이에 반하는 특약을 하였더라도 무효이다(법 제4조 4항 본문).
    ↳ 청산기간 경과 후에 이를 추인하는 내용의 합의는 이해관계인을 해치지 않는 한 유효(법 제4조 4항 단서)
    ↳ 그 뒤 청산기간이 경과하면 실체관계에 부합하는 등기가 될 수는 있음
  → 청산기간 경과 전에 채무자 등에게 청산금을 지급한 경우 후순위권리자에게 대항할 수 없다(법 제7조 2항).

(4) 가등기에 기한 본등기의 청구

▶ 청산기간의 경과로써 채권자는 본등기청구권을 취득함(법 제4조 2항)
  → 청산금의 지급이 없더라도 본등기청구권은 발생하나, 청산금의 지급과 본등기청구권은 동시이행관계에 있음(법 제4조 3항)
  → 채무자 등이 동시이행항변권을 행사하지 않은 경우 본등기 시에 채권자는 담보물의 소유권을 취득하나, 채무자 등은 청산금을 지급받기 전까지 원리금 등을 변제하고 환수할 수 있음(법 제11조 본문 의 유추적용)
  → 이에 반하는 내용으로서 청산기간 경과 전에 채무자 등과 한 특약은 무효(법 제4조 4항 본문)
    ↳ 가등기담보법에 따른 청산절차를 거치지 아니하고 가등기에 기하여 본등기가 이루어진 경우 약한 의미의 양도담보로서도 효력이 없고, 채무자 등은 무조건의 말소를 청구할 수 있다(대법원 2002. 12. 10. 선고 2002다 42001 판결 등).
    ↳ 전소에서 가등기에 기한 본등기를 명하는 판결이 확정되었다고 하더라도, 그 확정판결의 기판력은 소송물인 본등기청구권의 존부에만 미치는 것이고 그 전제가 되는 소유권 자체의 존부에는 미치지 아니하므로, 피고가 원고의 가등기가 담보가등기임을 주장하여 원고의 소유권 취득을 부인하는 것이 전소

의 확정판결의 기판력에 저촉된다고 할 수 없다(대법원 1997. 10. 10.
선고 96다36210 판결).

ㄴ 다만, 가등기권리자가 가등기담보법 제3조, 제4조에 정한 절차에 따라 청산금의 평가액을 채무자 등에게 통지한 후 채무자에게 정당한 청산금을 지급하거나, 지급할 청산금이 없는 경우에는 채무자가 그 통지를 받은 날로부터 2월의 청산기간이 경과하면 위 무효인 본등기는 실체적 법률관계에 부합하는 유효한 등기가 될 수 있다(대법원 2002. 12. 10. 선고
2002다42001 판결).

▶ 제소전화해에 의하여 청산절차 없이 본등기가 이루어진 경우

→ 제소전화해의 기판력은 등기청구권의 존부에 대하여 미치므로 청산이 없었다는 이유만으로 그 본등기가 무효가 되거나 채무자 등이 무조건의 말소를 구할 수는 없음

→ 그러나 그 등기의 효력으로서 소유권이 이전되는 것에 대하여는 기판력이 미치지 않으므로(대법원 1971. 9. 28. 선고 71다1727 판결, 1972. 10. 10. 선고 72다1430 판결, 1979. 9. 25. 선고 79다1218 판결,
1993. 6. 22. 선고 93다7334 판결, 1995. 2. 17. 선고 94다38113 판결, 2005. 7. 15. 선고 2003다46963 판결 등 참조), 채무자 등은 적법한 청산절차가 종료되거나 선의의 3자가 담보물을 취득하기 전이라면 가등기담보법 제11조에 의해 채무를 변제하고 그 본등기의 말소를 청구할 수 있다(민법주해 Ⅶ권, 386면).

ㄴ 이때 그 본등기가 여전히 가등기와 같이 채권 담보를 위한 범위 내에서만 효력이 있다고 해석하는 것(따라서 채권자는 본등기에 불구하고 소유권을 취득하지 못하며 양도담보권자와 유사한 지위에 있다.)은, 가등기담보법이 적용되지 않는 경우에 변제기까지 채무 변제가 없어 채권자 앞으로 가등기에 기한 본등기를 한 경우에도 약한 의미의 양도담보를 한 것으로 추정된다는 대법원 판례(대법원 1976. 2. 14. 선고 75다1608 판결, 1983. 10. 11. 선고 82누66 판결, 1985. 10. 22. 선고 84다카
2472, 2473 판결, 1987. 11. 10. 선고 87다카62 판결, 1994. 5. 24. 선고 93다44975 판결 등)의 이론이 그대로 적용되어야 할 것이다.

ㄴ 악의의 제3자가 채권자로부터 담보물을 취득한 때에는 채무자 등은 채무를 변제하지 않은 상태에서도 채권자의 소유권을 부인하고 제3자 명의의 등기를 원인무효로 말소청구할 수 있다(민법주해 Ⅶ권, 386면).

▶ 본등기의무자는 담보가등기 설정자

→ 제3취득자가 있는 경우 등기의무자(설정자)는 위 동시이행의 항변권을 제3취득자를 위하여서도 행사할 수 있다고 해석됨(임차보증금반환채권이 타인에게 전부된 경우에도 임차인은 임대인이 전부
채권자에게 보증금을 지급하기 전이면 동시이행항변권을 행사할 수 있다는
대법원 1989. 10. 27. 선고 89다카4298 판결,
2002. 7. 26. 선고 2001다68839 판결 등 참조).

▶ 신청서 기재사항 및 첨부서류

→ 본등기신청서에는 담보가등기의 표시, 가등기담보법 제3조 소정의 청산금평가통지서가 도달한 날을 기재하여야 함(위 등기예규 제1057호 제2.사)

→ 판결에 의한 등기신청이 아닌 한 위 청산금평가통지서가 도달한 사실을 증명하는 서면 및 청산기간 경과 후 그 청산금을 지급(공탁)하였음을 증명하는 서면(단, 청산금이 없는 경우에는 제외)을 첨부하여야 한다(위 등기예규 제1057호 제2.사).

(5) 양도담보 등 이미 채권자 앞으로 소유권이전등기가 된 경우의 소유권 취득

▶ 이미 채권자 앞으로 소유권이전등기가 된 경우

→ 양도담보나 매도담보와 같이 이미 채권자 앞으로 소유권이전등기가 된 경우에는 청산금을 지급한 때에 비로소 채권자가 소유권을 취득하며 그 이전에는 담보권만을 갖는다(법 제4조 2항, 대법원 1995. 4. 28. 선고 94다36162 판결 등).

→ 그러나 객관적으로 정당한 청산금을 지급하지 않은 때에는 그 지급 시까지 소유권이 이전하지 않으며, 채무자 등은 피담보채무 등을 변제하고 소유권이전등기의 말소를 청구할 수 있다(법 제11조 본문).

 ㄴ 따라서 그 이전 단계로 채권자 명의의 소유권이전등기가 기입되어 있더라도 채권자는 소유권이 아닌 담보물권만을 취득한 것이 된다.

(6) 인도청구

▶ 채권자가 가등기를 한 가등기담보권자인 때

→ 채권자가 가등기를 한 가등기담보권자인 때에는 청산기간의 경과로써 소유권이전등기청구권 및 인도청구권을 취득하며, 그 청산금을 지급하기 전이라도 인도청구를 할 수 있다.

→ 다만, 채무자 등은 이 경우 정당한 청산금의 지급이 있을 때까지 인도청구를 거절할 동시이행항변권만 행사할 수 있다(법 제4조 3항).

▶ 담보채권자가 이미 그 명의의 소유권이전등기를 마친 때

→ 담보채권자가 양도담보 등으로 실행통지 전에 이미 그 명의의 소유권이전등기를 마친 때에는 청산기간 경과 후 청산금을 지급하여야만 소유권을 취득하고, 소유권에 기한 인도청구권을 행사할 수 있다.

→ 따라서 이 경우에는 채권자가 적극적으로 소유권의 발생 사실인 청산금의 지급 사실을 주장·입증하여야 하고, 채무자 등은 이를 부인·반증함으로써 채권자의 인도청구권 행사를 저지할 수 있다.

→ 변제기가 도과하기 전 청산절차 종료 이전 단계에서의 사용·수익권은 채권자와 설정자의 약정에 따를 것이고, 특약이 없는 때에는 설정자가 갖는다고 할 것이다.

 ㄴ 담보계약 당시 목적물을 설정자가 점유하여 사용·수익하기로 하되 채무자 가 변제를 해태한 경우 가등기담보법상의 청산절차를 거치지 않고 채권자에게

점유를 이전하기로 하는 약정은 법 제4조 4항에 의하여 무효이나, 당사자의 약정에 의하여 담보계약 당초부터 채권자가 담보물을 점유하기로 하는 양도질은 무방하다고 할 것이다.

ㄴ 설정자가 담보물을 점유하는 양도 저당의 경우 채권자는 저당권자에 준하여, 설정자의 귀책사유로 담보물 가액이 현저히 감소된 경우 채권자는 설정자에게 민법 제362조와 같은 원상회복 또는 상당한 담보제공을 요구할 수 있으며, 민법 제388조에 따라 기한의 이익을 상실한다고 할 것이다.

ㄴ 양도 저당의 경우 형식상 임대차, 사용대차계약이 체결되더라도 민법상 이에 관한 규정은 적용이 없다(이설 없음).

→ 채권자가 청산절차를 마치고 청산금을 지급하여 소유권을 취득하기 전에는 대외적으로도 채권자는 등기 명의에 불구하고 소유권자가 아니므로 소유권을 행사할 수 없고, 설정자가 소유권을 행사할 수 있음은 물론이다.

ㄴ 다만 저당권자에 준하여 양도담보권을 침해하는 제3자에 대하여 담보권자는 물권적 청구권으로써 방해배제 등을 요구할 수 있다고 할 것이다.

ㄴ 처분정산이 허용되지 않으므로 처분정산을 위한 인도청구권은 행사할 수 없다.

나. 경매절차에 의한 실행 등

▶ 가등기담보권자의 경우

→ 가등기담보권자는 그 선택에 따라 사적 실행 외에 경매를 신청하여 경매절차를 통해 담보권을 실행할 수 있으며, 이때 가등기담보권은 저당권으로 본다(법 제12조 1항).

→ 가등기담보권자가 경매를 신청할 때는 자신의 가등기가 담보가등기임을 입증하여야 하며 등기부상의 기재만으로 추정되지 아니한다(통설).

→ 피담보채권의 변제기가 도래하였어야 한다.

→ 사적 실행절차에 착수하지 않았어야 한다.

ㄴ 채무자 등에 대한 실행통지의 효력이 발생하기 전에는 실행통지를 철회하고 경매를 신청할 수 있으나 그 이후에는 임의로 철회할 수 없다.

ㄴ 그러나 사적 실행에 착수한 후라도 청산금이 지급되기 전에 후순위권리자 등의 경매신청이 있은 때에는 사적 실행이 금지되므로, 이때는 담보권자 자신도 경매를 신청할 수 있다고 할 것이다.

▶ 양도담보권자나 매도담보권자의 경우

→ 양도담보권자나 매도담보권자는 경매를 신청할 수 없다.

→ 가등기담보법 제12조, 제14조가 경매신청권자를 '담보가등기권리자'라고 규정하고 있고, 법 제2조 3호는 담보가등기를 담보 목적으로 기입된 가등기라고 정의

하고 있으며, 일반적인 경매절차에서 양도담보권자는 제3취득자로 취급되므로 별도로 양도담보권자에게 경매를 통한 우선변제청구권을 행사하게 할 필요가 없다(통설).

▶ 물상대위

→ 담보권자는 담보 목적물의 멸실, 훼손, 공용징수로 인해 채무자 등이 받은 금전 기타 물건에 대하여 물상대위할 수 있다(통설).

→ 채무담보의 목적으로 채권자 명의로 소유권이전등기가 기입된 토지가 징발되어 그 소유명의자로 등기된 채권자에게 징발보상증권이 발급된 경우, 특별한 사정이 없는 한 그 증권에 대하여도 계속 담보적 효력이 미치며 변제공탁 등의 사유에 의하여 피담보채권이 소멸한다면 담보목적물의 변형인 징발보상증권에 대하여 담보제공자는 그 반환을 요구할 수 있다(대법원 1975. 12. 30. 선고 74다2215 판결, 1976. 12. 28. 선고 76다1878 판결).

▶ 담보권자의 권리신고와 배당

→ 가등기담보 등에 관한 법률 제16조는 소유권의 이전에 관한 가등기가 되어 있는 부동산에 대한 경매 등의 개시결정이 있는 경우(타인이 경매를 신청한 경우) 법원은 가등기권리자에 대하여 그 가등기가 담보가등기인 때에는 그 내용 및 채권의 존부·원인 및 수액을, 담보가등기가 아닌 경우에는 그 내용을 법원에 신고할 것을 상당한 기간을 정하여 최고하여야 하고(제1항), 압류등기 전에 기입된 담보가등기 권리가 매각에 의하여 소멸하는 때에는 제1항의 채권신고를 한 경우에 한하여 그 채권자는 매각대금의 배당 또는 변제금의 교부를 받을 수 있다고 규정하고 있으므로(제2항), 위 제2항에 해당하는 담보가등기권리자가 집행법원이 정한 기간 안에 채권신고를 하지 아니하면 매각대금의 배당을 받을 권리를 상실한다(대법원 2008. 9. 11. 선고 2007다25278 판결).

→ 위 제2항에 해당하는 가등기권리자임을 주장하는 자가 집행법원이 정한 채권신고기간 안에 신고를 하지 아니함으로써 집행절차에서 배당을 받을 자격을 상실한 경우 그 자는 배당이의의 소를 제기할 적격이 없다(대법원 2008. 9. 11. 선고 2007다25278 판결).

ㄴ 배당이의 소의 원고적격이 있는 사람은 배당기일에 출석하여 배당표에 대한 실체상의 이의를 신청한 채권자 또는 채무자에 한하는 것인바, 채권자로서 배당기일에 출석하여 배당표에 대한 실체상의 이의를 신청하려면 그가 실체법상 집행채무자에 대한 채권자라는 것만으로는 부족하고 배당요구의 종기까지 적법하게 배당요구를 하였어야 하며, 적법하게 배당요구를 하지 못한 채권자는 배당기일에 출석하여 배당표에 대한 이의를 신청하였다고 하더라도 이는 부적법한 이의신청에 불과하고, 그 채권자에게는 배당이의의 소를 제기할 원고적격이 없다(위 원심서울고등법원 2006나56710 배당이의).

3. 채무자 등의 환수권

가. 환수권의 행사

(1) 환수의 대상: 담보 목적으로 기입된 소유권이전등기(법 제11조 본문)

▶ 매도담보 및 양도담보의 소유권이전등기가 이루어진 경우

  → 이 경우 환수권의 대상에 해당함은 의문의 여지가 없으며, 실행절차의 일환으로 가등기에 기하여 본등기가 이루어졌으나 청산금지급이 없었고 채무자 등이 이에 대해 동시이행의 항변을 하지 않은 경우에도 환수권을 행사할 수 있다(이설 없음).

  → 일본의 가등기담보법 제11조는 본래 이 같은 경우를 예정한 것임(일본은 가등기담보의 청산기간이 경과하면 곧 소유권이

   이전되고 채무자 등은 청산금 지급과 등기 및 인도의 동시이행
   항변권만을 행사할 수 있음ー동법 제2조 제1항, 제3조 제2항)

▶ 제소전화해에 의하여 가등기에 기하여 본등기가 이루어진 경우

  → 제소전화해에 의하여 청산절차 없이 가등기에 기하여 본등기가 이루어진 경우 그 본등기는 가등기담보법 제4조 4항에 반하나, 기판력에 의하여 등기청구권 자체의 부존재를 주장할 수 없으므로 채무자 등은 이를 이유로 무조건의 말소를 구할 수는 없음

  → 그러나 그 본등기의 효력에 대하여는 기판력이 미치지 아니하므로, 본등기에 불구하고 채권자는 소유권을 취득하지 못하고 피담보채권도 소멸하지 않음

    ↳ 이 같이 해석하는 것은, 가등기담보법이 적용되지 아니하는 경우에, 제소전화해 등에 의해 가등기에 기한 본등기가 이루어졌더라도 그 화해조서 등에 정산절차를 배제하고 확정적으로 담보물을 채권자 소유로 하기로 한다는 내용이 없으면, 당사자의 의사는 그 본등기 역시 정산을 요하는 약한 의미의 담보계약을 한 것으로 추정·해석하는 것과 같다.

▶ 가등기에 기한 본등기가 이루어지지 않은 채 가등기가 그대로 존속하는 경우

  → 이는 법 제11조가 적용될 여지가 없고, 부종성의 원리에 의해 피담보채권이 존재하는 한 채무자 등은 언제라도 채무를 변제하고 가등기의 말소를 구할 수 있다(다수설).

    ↳ 법 제11조 단서의 규정도 적용이 없기 때문에 변제기로부터 10년이 경과하여도 말소를 구할 수 있음

  → 담보가등기를 기입한 토지를 채권자가 인도받아 점유하였더라도 담보가등기상 피담보채권의 소멸시효가 중단되는 것은 아니고, 담보가등기에 기한 소유권이전 본등기청구권의 소멸시효가 완성되기 전에 그 대상 토지를 인도받아 점유함으로써 소유권이전등기청구권의 소멸시효가 중단된다 하더라도 위 담보가등기의 피

담보채권이 시효로 소멸한 이상 위 담보가등기 및 그에 기한 소유권이전등기는 결국 말소되어야 할 운명의 것이다(대법원 2007. 3. 15. 선고 2006다12701 판결).

(2) 당사자

▶ 환수청구권자

→ 채무자, 물상보증인, 제3취득자 모두 행사할 수 있고, 물상보증인이나 제3취득자가 있는 경우 채무자도 이를 청구할 수 있는 등 누구라도 행사할 수 있다.

▶ 상대방: 환수권 행사 당시의 소유권이전등기명의자

→ 채권자

ㄴ 갑이 을로부터 갑 소유의 부동산을 가등기담보로 제공하고 돈을 차용하면서 변제기까지 차용원리금을 변제하지 못하는 경우에는 담보권 실행을 위하여 위 부동산에 관하여 을 또는 을이 지정하는 제3자 앞으로 소유권이전등기를 기입하기로 하고, 이에 따라 을이 그 담보권 실행을 위한 방편으로 위 부동산에 대하여 병 명의로 소유권이전등기를 기입하였다면, 이는 일종의 신탁행위로서 가등기담보권에 추가하여 양도담보의 형태로 위 토지의 소유권을 병 명의로 이전한 것이라 할 것이나, 이러한 명의이전 관계는 갑과 을 및 병 사이의 합의에 의하여 을이 양도담보권자 명의를 병에게 신탁하기로 한 경우라고 볼 것이므로, 갑과 병 사이에는 양도담보계약관계가 성립한다고 할 것이니 갑은 병에 대하여 직접 채무원리금 변제를 원인으로 소유권이전등기의 말소를 구할 수 있다(대법원 1990. 5. 25. 선고 89다카13384 판결).

→ 악의의 제3취득자(채권자가 이미 제3자에게 처분한 경우)

ㄴ 법 제11조 단서에 충실하게 선의의 제3취득자를 '제3취득자가 소유권을 취득한 때'로 제한해석하여, 제3취득자가 양도담보를 위하여 담보물을 취득한 때에는 그 선악을 불문하고 환수권의 상대방이 된다는 견해도 있음(민법주해 Ⅶ권, 438면).

→ 악의의 제3취득자로부터 제한물권을 취득한 자(뒤에서 보는 바와 같이 반대설 있음).

(3) 행사의 방법

▶ 변제할 돈

→ 채권자에게 변제할 돈은 원금, 이자, 지연손해금 외에 위약금, 실행비용 등도 포함한다.

→ 이 경우 가등기담보법 제9조는 적용이 없으므로 채권자가 청산통지 시 그 통지한 청산금에 구속되지 아니한다(민법주해 Ⅶ권, 435면).

→ 지연손해금은 청산금 산정 시와 달리 변제기 후 1년을 초과하더라도 환수권 행사 당시까지의 것을 모두 포함한다(법 제11조 본문).

    ㄴ, 일본의 가등기담보법은, 피담보채권이 소멸하지 않았다면 채무자가 지불하여야 하는 금액이라고 규정(동법 제11조)

→ 환수권에 기한 채무자의 가처분

    ㄴ, 채무자의 차용금채무를 담보하기 위하여 부동산에 관하여 채권자 명의의 가등기 및 본등기가 기입되었는데, 채무자가 아직 위 차용금채무를 변제하지 아니한 상태에서 채무 변제를 조건으로 한 말소등기청구권을 보전하기 위하여 처분금지가처분결정을 얻어 그 기입등기를 마친 것이라면, 위 처분금지가처분의 피보전권리가 될 말소등기청구권은 위 가처분 당시까지도 발생하지 아니하였음이 분명하여, 위 가처분결정은 담보 목적 부동산에 대한 담보권 행사로서의 채권자의 처분행위를 방지할 효력이 없는 것이고(대법원 1979. 2. 27. 선고 78다2295 판결 등 참조), 그 후 채권자가 담보권을 행사하여 위 부동산을 처분하고 그 등기까지 마쳤다면 채무자가 위 차용금채무의 변제를 조건으로 위 각 등기의 말소를 구하는 것은 이행불능상태에 빠졌다 할 것이므로 위 처분금지가처분의 피보전권리는 소멸되었다(대법원 1991. 5. 14. 선고 91다8678 판결, 1993. 7. 13. 선고 93다20870 판결, 2002. 8. 23. 선고 2002다1567 판결).

    ㄴ, 위 가처분은 채권자가 담보 목적 부동산에 대한 담보권 행사가 아닌 다른 처분행위를 하거나, 피담보채무를 변제받고서도 담보 목적 부동산을 처분하는 것을 방지하는 목적 범위 내에서는 보전의 필요성이 있다(대법원 2002. 8. 23. 선고 2002다1567 판결).

▶ 지급방법

→ 채무자 등은 환수권 행사 당시 위 채무금 등을 현실로 지급해야 하며 등기 말소를 채무금 등의 지급과 동시이행으로 구할 수 없다.

→ 가등기담보나 양도담보의 경우 그 피담보채무의 변제가 등기 말소에 선이행되어야 한다는 대법원 판례(대법원 1981. 6. 23. 선고 80다3108 판결)의 취지상 당연

나. 환수권의 소멸

(1) 행사의 시기 제한

▶ 채권자가 정당한 청산금을 지급한 경우(법 제11조 본문)

→ 객관적으로 정당한 청산금이 지급되어야 하므로 현저히 미달하는 금액을 청산금으로 지급한 때는 환수가 가능

▶ 변제기가 경과한 때로부터 10년이 경과한 경우(법 제11조 단서)

→ 변제기의 정함이 없는 채무의 경우 채무가 성립한 때부터 위 기간이 기산된다

$\left(\begin{smallmatrix} 대법원\ 2004.\ 4.\ 27.\ 선고 \\ 2003다29968\ 판결 \end{smallmatrix}\right)$.

(2) 선의의 제3자가 소유권을 취득한 때$\left(\begin{smallmatrix} 법\ 제11 \\ 조\ 단서 \end{smallmatrix}\right)$

▶ 제3자
  → 제소전화해 등 집행권원에 기하지 않고 청산절차도 없이 가등기에 기하여 본등기가 이루어진 경우 그 본등기는 무효로서 채무자 등은 채무금의 지급 없이도 무조건 말소를 구할 수 있는바, 이러한 무효의 등기에 기하여 선의로 제3자가 소유권이전등기를 마친 경우에도 법 제11조 단서가 적용됨(이설 없음)
  → 제한물권의 취득자는 법문상의 '제3자가 소유권을 취득한 때'에 해당하지 않는다는 이유로 부정하는 견해(민법주해 Ⅶ권 436, 438면)와 긍정하는 견해{윤천희, 가등기담보법, 한국사법행정학회(1986), 213면}가 대립하는바, 후설에 찬동함
    ㄴ 악의의 제3취득자로부터 선의로 제한물권을 취득한 자도 위와 마찬가지라 할 것임
▶ 선의
  → 선의의 대상은 채권자의 등기가 담보등기라는 사실 외에 적법한 청산절차를 마친 것이라는 점을 포함한다. 따라서 담보등기라는 사실을 알았다 하더라도 적법한 청산절차를 마치지 않은 사실을 모른 경우 그 3취득자는 보호된다.
  → 입증책임은 악의를 주장하는 자, 즉 채무자 등이 악의를 입증할 책임을 진다(통설).

(3) 환수권 소멸의 효과

▶ 담보권이 소멸하고 담보물은 채권자 또는 제3취득자의 소유로 확정된다(통설).
  → 이에 대하여 선의의 제3자가 취득하는 경우 외에는 채무자 등의 말소등기청구권만이 소멸하고 후순위권리자 등에 관하여는 담보권은 소멸하지 않으며, 이에 따라 후순위권리자는 경매를 청구할 수 있다는 반대설 있음(윤천희, 위 가등기담보법, 215면)
▶ 환수권이 소멸하더라도 그로써 피담보채권 전액이 소멸하는 것은 아니며, 정산을 요한다.
  → 정산의 기준시는 담보권 실행통지가 있었던 때는 통지 발송 시, 통지가 없었던 때는 환수권 소멸 시가 된다(민법주해 Ⅶ권, 440면).
  → 당사자 간에 특약이 있는 때에는 그에 따름

4. 후순위권리자 및 임차인 등의 지위

가. 후순위권리자

▶ 후순위권리자의 범위

→ 담보가등기 후에 등기한 저당권자, 전세권자, 담보가등기권리자(법 제2조 5호)

└ 선순위권리자는 담보가등기나 양도담보등기에 관계없이 독자적인 권리 행사가 가능하므로 가등기담보법은 특별한 규정을 두고 있지 않음

→ 담보가등기 후의 양도담보권자는 제3취득자에 준하여 처리하면 되고 굳이 후순위권리자로 취급할 필요가 없음(민법주해 VII권, 389면).

→ 임차인은 등기를 한 자이건 주택임대차보호법상의 대항력이나 우선변제권 있는 임차인(동법 제3조의2)이건 소액임차인(동법 제8조)이건 어느 경우에도 위 후순위권리자에 속하지 아니하고 경매청구권이 없음

→ 가압류권자도 위 후순위권리자에 속하지 않음

→ 매도담보나 양도담보 설정 후의 후순위권리자는 성질상 예상하기 어려움

▶ 통지

→ 후순위권리자에게는 채무자 등에 대한 실행통지가 도달한 이후에 그 실행통지사실, 통지내용, 통지의 도달일을 채권자(담보권자)가 통지하여야 한다(법 제6조 1항).

→ 위 통지는 후순위권리자의 통지를 받을 자의 등기부상 주소지로 발송함으로써 효력이 있다(법 제6조 3항).

→ 위 통지를 하지 않고 채무자 등에게 청산금을 지급한 경우 채권자는 후순위 권리자에게 대항할 수 없다(법 제7조 2항).

▶ 사적 실행의 저지: 후순위권리자는 가등기담보권자의 사적 실행으로써 손해를 입을 우려가 있을 때는(물론 이것이 요건은 아님) 이를 회피하기 위해 경매를 신청할 수 있다(법 제12조 2항).

→ 후순위권리자는 그 자신의 피담보채권의 변제기가 도래한 후에는 가등기담보 권자가 사적 실행에 착수한 여부 및 경매를 신청한 여부에 관계없이 그 자신의 담보권의 효력에 의하여 경매를 신청할 수 있음은 물론이다.

└ 다만, 정당한 청산금의 지급 후(청산금이 없는 때에는 청산기간 경과 후)에 후순위권리자의 경매신청이 있었던 때에는, 이에 따른 경매개시결정이 이루어지고 그 등기가 기입되었더라도 선순위 가등기담보권자는 그 명의의 소유권이전등기를 할 수 있고(법 제14조), 이로써 후순위권리자의 경매개시결정 기입등기는 직권 말소되어 효력을 상실하게 된다.

→ 후순위권리자는 그 자신의 피담보채권의 변제기가 도래되기 전이라도 선순위 가등기담보권자가 실행에 착수하였을 때(실행통지의 발효 시)에는 경매를 신청할 수 있다($^{법\ 제12}_{조\ 2항}$).

┗ 단, 청산기간이 경과하기 전이어야 하며, 청산금에 대한 권리행사(직접 청구권 행사)를 하지 않았어야만 한다.

→ 이와 같이 후순위권리자 등의 경매신청에 의하여 경매절차가 개시된 경우 가등기담보권자의 사적 실행절차는 무효·실효되는 것이 아니라, 그 경매절차가 실질적으로 종료하여 매수인(구 경락인)이 소유권을 취득할 때까지 정지된다고 할 것이다.

┗ 후순위권리자 이외의 자도 집행권원을 얻어 담보물에 대하여 경매를 신청할 수 있고, 이 같은 후순위권리자 등의 경매신청(개시결정이 아님)이 청산금지급 전에 이루어진 경우 가등기담보권자는 본등기를 할 수 없다($^{법\ 제}_{조}$14).

▶ 우선변제권(청산금의 직접 청구권)의 행사: 후순위권리자는 경매신청을 선택하지 아니하고 가등기담보권자에게 직접 청산금의 지급을 청구할 수 있다($^{법\ 제5}_{조\ 1항}$).

→ 직접 청구권의 대상은 담보권자가 채무자 등에게 통지한 청산금이다($^{법\ 제5}_{조\ 1항}$).

┗ 객관적 청산금이 통지한 청산금보다 많은 경우 그 차액에 대하여 후순위 권리자는 물상대위를 할 수 없고(이설 없음), 다만 청산금을 지급받을 자가 채무자인 때에는 위 차액에 대하여 가압류를 한 후 따로 집행권원을 얻어서 강제집행하는 수밖에 없다.

→ 직접 청구권 행사의 시기는 담보권자가 채무자 등에게 담보권 실행통지를 하여 그 효력이 발생한 때부터 채무자 등에게 청산금이 지급되기 전까지이다($^{법\ 제5}_{조\ 1항}$).

┗ 그러나 담보권자가 채무자 등에게 청산금을 지급하였더라도 청산기간 경과 전에 지급하였거나 후순위권리자에게 법 제6조 1항 소정의 통지를 하지 않은 경우에는 이로써 후순위권리자에게 대항할 수 없으므로($^{법\ 제7}_{조\ 2항}$), 이때는 청산금이 지급된 후라도 직접 청구권을 행사할 수 있다.

→ 후순위권리자는 직접청구권 행사 시 그 피담보채권의 범위 안에서 채권자에게 채권의 명세와 채권증서를 제시·교부하여야 한다($^{법\ 제5}_{조\ 2항}$).

┗ 명문의 규정이 없으나 명세서 및 채권증서의 제시·교부와 청산금의 지급은 동시이행관계에 있는 것으로 해석할 것임

┗ 채권증서를 분실한 경우에는 법에 명문의 규정이 없다. 민사집행법상의 경매절차에서는 배당에 참가하는 권리자가 과다 계산서를 제출하거나 과다 배당요구를 하는 등으로 과다 배당을 받는 경우 다른 이해관계인들이 배당기일에

이의를 하고 배당이의의 소나 부당이득반환청구를 통해 해결하도록 되어 있고 채권증서의 제시가 의무적인 것은 아닌바, 가등기담보권자의 후순위권리자 등에 대한 청산금의 지급 역시 그 성질이 배당절차와 같으므로, 가등기담보권자가 선의이고 과실 없이 후순위권리자의 요구에 따라 청산금을 지급한 이상 채무자 등이나 다른 후순위권리자는 이의를 할 수 없고, 이를 저지하기 위해서는 법 제5조 4항에 따라 청산금을 압류·가압류할 수밖에 없다고 할 것이다. ✈ 압류·가압류 후 법원의 채권집행절차를 통해 해결한다는 취지로 이해되나(사견), 채무자 등은 이 조항에 의해서 후순위권리자의 직접 청구권 행사를 저지할 수 없는 한계가 있다(민법주해 Ⅶ권, 398면).

→ 가등기담보권자는 후순위권리자의 지급요구가 있으면 그의 책임하에 청산금을 지급하여야 한다(법 제5조 1항).

　ㄴ 후순위권리자 상호간 및 후순위권리자와 임차인 상호간의 우열관계는 저당권이나 전세권 등 일반의 경우와 같은 기준(등기 등 대항요건의 취득순)에 의한다. 후순위권리자에게 청산금을 지급하면 그 범위에서 채권자의 채무자 등에 대한 청산금 지급채무는 소멸한다(법 제5조 3항).

　ㄴ 후순위권리자에 대한 지급도 청산기간이 경과한 후에 하여야 한다. 만약 그 기간 경과 전에 일부 후순위권리자나 채무자 등에게 지급한 경우 이로써 다른 후순위권리자에게 대항할 수 없다.

　ㄴ 청산금채권(채무자 등의 청산금채권이든 후순위권리자의 청산금채권이든 불문)이 압류·가압류된 경우에는 가등기담보권자는 이에 해당하는 금액을 청산기간 경과 후 채무이행지 관할 법원에 공탁할 수 있고, 그 공탁으로써 그 범위에서 채무를 면한다(법 제8조 1항. 압류·가압류 금액이 청산금의 일부인 경우 채무 일부의 공탁이지만 공탁 일반의 경우와 달리 유효함). 공탁 후에는 공탁사실을 압류·가압류 채권자에게 통지하여야 하고, 공탁금출급청구권에 압류·가압류의 효력이 미친다(법 제8조 2, 4항).

　ㄴ 후순위권리자의 채권이 정지조건부이거나 불확정기한부인 때는 민사집행법 제160조 1항 1호를 유추하여 가등기담보권자는 그 청산금을 공탁할 수 있다고 할 것이다(사견).

　ㄴ 후순위권리가 근저당권인 경우 청산기간 경과 시에 그 피담보채권이 확정된다고 해석할 것이다(사견).

　ㄴ 후순위권리자의 청산금 직접 지급청구에 대하여도 가등기담보권자는 채무자 등의 담보물에 대한 본등기 및 인도의무 이행과 동시이행의 항변권을 행사할 수 있으며, 후순위권리자는 가등기담보권자를 대위하여 채무자 등을 상대로

등기청구 등을 할 수 있다{이때는 임차보증금반환청구권을 양수한 자가 임대인을 대위하는 경우와 같이 가등기담보권자의 무자력을 요건으로 하지 않는다고 볼 것이다$\binom{\text{대법원 1989. 4. 25. 선고 88}}{\text{다카4253, 4260 판결 참조}}$}.

▶ 청산금지급채권에 대한 채무자 등의 처분 제한

→ 채무자는 청산기간 경과 전에는 채권자에 대한 청산금지급채권을 타에 양도하거나 입질, 면제, 포기, 상계 등 처분행위를 할 수 없다$\binom{\text{법 제7}}{\text{조 1항}}$.

 ↳ 채무자의 제3채권자도 압류, 전부를 할 수 없다는 견해가 있으나(민법주해 Ⅶ권, 413면), 그 압류·전부명령의 효력은 청산기간 경과 후 채무자가 받게 될 청산금지급채권의 한도 내(청산기간 내에 후순위권리자가 직접 청구권을 행사한 경우 그 우열관계에 따라 최종적으로 채무자에게 돌아갈 청산금의 한도 내)에서만 발생한다고 할 것이므로 구태여 이를 일률적으로 무효라고 할 것은 아니라 할 것이다(사견).

→ 가등기담보법은 채무자에 대해서만 처분금지의무를 부과하고 있으나, 채무자 이외의 설정자, 제3취득자 등 청산금지급채권을 가진 자 모두에게 적용된다고 할 것이다.

→ 처분 제한의 대상인 청산금은 법 제7조 1항의 해석상 가등기담보권자가 통지 시에 통지한 청산금에 한하므로, 이를 초과한 부분에 대해서는 제한이 없다고 할 것이다.

→ 위 제한에 위반하여 처분한 경우 채무자 등은 후순위권리자에게 대항할 수 없다$\binom{\text{법 제7}}{\text{조 1항}}$.

 ↳ 명문의 규정이 없으나 채권자도 이에 구속되어 양수인 등의 지급요구를 거절하여야 하고, 채권자가 이에 위반하여 양수인에게 지급한 경우 후순위권리자에게 대항할 수 없다고 할 것이다.

나. 임차인 아닌 권리자

▶ 권리자의 범위

→ 가등기담보법 제2조 5호 소정의 후순위권리자 외의 권리자로서 담보가등기 후에 등기한 제3자(담보가등기 후에 등기한 지상권자, 지역권자, 가압류권자 등)

→ 다만 임차인은 따로 규정이 있으므로 제외

▶ 통지

→ 위 권리자에게는 채무자 등에 대한 실행통지가 도달한 이후에 그 실행통지 사실, 채권자의 채권액을 통지하여야 한다$\binom{\text{법 제6}}{\text{조 2항}}$.

→ 위의 권리자 확정의 기준시에 대하여 법에 규정이 없으나, 채무자 등에 대한 실행 통지가 도달한 때까지 등기부에 기입된 사람으로 해석된다(민법주해 Ⅶ권, 407면).

→ 위 통지는 통지를 받을 자의 등기부상 주소지로 발송함으로써 효력이 있다(법 제6조 제3항).

→ 채권자가 이들에게 위와 같은 통지를 하지 아니 하였더라도 법 제7조 2항과 같은 규정이 없으므로 채권자가 그 통지 없이 채무자 등에게 청산금을 지급하여도 무방하나, 경우에 따라서는 손해배상책임을 질 수도 있다.

▶ 위 권리자는 후순위권리자와 달리 담보권자에게 청산금의 직접 지급을 청구하거나 경매를 신청할 권리가 없다.

→ 이들은 후순위권리자와 같이 담보물에 대한 교환가치(담보가치)를 취득한 자가 아니므로 그 같은 권리를 인정할 필요가 없다는 데에서 이를 인정하지 않은 것이다. 그러므로 이들은 담보권자의 채권을 대위변제하여 담보권을 소멸시켜 자신의 권리를 보전할 수밖에 없다.

→ 가등기담보법은 후순위가압류권자에 대하여 후순위권리자와 같은 지위를 인정하지 않고 있으므로, 후순위권리자에게 지급하고 남은 청산금이 있어도 담보권자는 이를 채무자 등에게 지급하여야 할 뿐 가압류권자에게 지급할 의무는 없다. 따라서 가압류권자는 채무자 등의 청산금지급채권을 다시 가압류하는 수밖에 없다(사견).

다. 임차인

▶ 가등기담보법상 임차인의 의미

→ 법 제5조 5항과 6조 2항은 '담보가등기 후에 대항력 있는 임차권을 취득한 자'라고 규정하고 있는바, 이때 담보가등기의 의미에 관하여 ① 최선순위 담보가등기를 의미한다는 견해와 ② 당해 사적 실행에 착수한 담보권자의 담보가등기를 의미한다는 견해가 대립함

    └ ②설에 의할 경우에는 그 담보가등기 전에 성립한 임대차는 그대로 존속하여 담보권자가 인수하게 된다.

    └ 대항력의 취득은 등기에 의하거나 주택임대차보호법 등 소정의 대항요건(인도+주민등록 또는 사업자등록)을 갖추는 방법 어느 것이라도 무방하다.

→ 매도담보, 양도담보와 임차인

    └ 양도담보등기 이전에 성립한 임차인의 경우에는 그 임차인이 선순위이므로 양도담보권자가 임대인의 채무를 승계한다고 할 것이다(청산금평가 시 선순위 채권에 포함시켜 공제).

    └ 양도담보등기 이후에 성립한 임차인은 양도담보권자에 대하여 후순위이므로

양도담보권자에게 대항할 수 없고, 그 실질상 담보가등기 후에 대항력 있는 임차권을 취득한 경우와 동일하므로 그 경우의 임차인과 동일하게 취급하여야 할 것이다(민법 주해 Ⅶ권, 400면).

▶ 임차인에 대한 통지
→ 담보권자는 채무자 등에 대한 실행통지가 도달한 후 그 통지사실 및 자신의 채권액을 임차인에게 통지하여야 한다(법 제6조 2항).
→ 위 통지를 받을 임차인은 실행통지의 도달 시까지 대항력을 갖춘 임차인으로 해석되나, 그 이후에 대항력을 취득한 임차인이라도 통지 수령권 이외의 권리 행사에서 배제되는 것은 아니다.
→ 위 통지는 목적 부동산의 소재지로 발송함으로써 효력이 있다(법 제6조 3항).
→ 통지해태의 효과는 위 나항의 임차인 아닌 권리자의 그것과 동일하다.

▶ 임차인의 동시이행항변권
→ 임차인은 청산금의 범위 안에서 그 보증금을 반환받을 때까지 담보권자에게 담보물의 인도를 거절할 수 있다(법 제5조 5항).
  ↳ 위 청산금은 담보권자가 채무자 등에게 통지한 청산금이다.
  ↳ 임차인은 채무자 등에게는 우선하나, 후순위권리자와의 우열관계는 후순위권리자의 등기순위와 임차인의 대항력구비일자의 선후에 의한다(통설). 그리고 이때 임차인은 대항력 외에 주택임대차보호법 제3조의2 제2항 등 소정의 확정일자까지 갖추어야 한다.
→ 주택임대차보호법 제8조나 상가건물 임대차보호법 제14조의 소액 임차인은 사적 실행절차에서도 최우선변제권을 행사할 수 있으며, 청산금의 범위 내로 제한되지도 않는다. 즉, 청산금이 없어도 채권자는 그 지급을 면하지 못한다고 할 것이다.
  ↳ 다만, 가등기담보법은 위 소액 임차인이 언제까지 대항요건(주택임대차보호법 제8조 1항 후문, 상가건물 임대차보호법 제14조 제1항 후문은 경매개시결정등기 전까지 대항요건을 갖추도록 하고 있다.)을 갖추어야 하는지 아무런 규정이 없는바, 그 취급은 다음과 같음(민법주해 Ⅶ권, 405면)
  ① 청산기간 경과 전까지 대항요건을 갖춘 자: 채무자 등에 대한 실행통지의 도달 시까지 대항요건을 갖춘 자와 동일하게 취급
  ② 청산기간 경과 후 청산금 지급 전까지 대항요건을 갖춘 자: 잔존하는 청산금의 범위 내에서만 동시이행항변권 행사 가능
  ③ 청산금 지급 후에 대항요건을 갖춘 자: 전혀 보호받지 못함
    ↳ 청산금을 초과하여 소액 임차인에게 보증금을 지급한 경우 담보권자는

채무자 등에게 부당이득반환청구권을 행사할 수 있다.

→ 임차인은 청산금의 직접 지급청구권, 경매신청권이 없다.

제3 │ 가등기담보법이 적용되지 않는 변칙담보

1. 적용 대상

가. 목적물

▶ 가등기담보법은 등기나 등록을 물권변동의 성립요건이나 대항요건으로 하는 재산권에 대하여만 적용되므로, 등록할 수 없는 동산이나 등기·등록할 수 없는 권리 등에 대해서는 동법이 적용되지 아니한다.

▶ 등기나 등록을 위 요건으로 하는 재산권이라도 담보계약에 수반하여 가등기나 양도담보 등의 등기가 되지 않은 때에는 가등기담보법이 적용되지 아니한다(통설).

나. 피담보채권

▶ 소비대차, 준소비대차계약상의 채권

→ 대물변제예약 당시 목적물의 가액이 원리금의 합산액을 초과하는 경우는 가등기담보법이 적용되나 이에 미달한 때는 동법이 적용되지 아니한다.

→ 소비대차, 준소비대차계약상의 채권 외에 다른 채권이 피담보채권에 포함된 경우에도 가등기담보법이 적용되지 아니한다.

▶ 기타의 채권

→ 가등기담보법이 적용되지 아니한다.

▶ 계속적 거래로 인한 채권의 경우(근담보)

→ 저당권에서 근저당권이 허용되는 것과 마찬가지로 근담보는 원칙적으로 허용되며, 포괄근담보도 계속적 거래의 종류가 특정되는 등의 경우에는 허용됨

  ↳ 채권자가 채무자가 제공하는 부동산을 담보로 매매예약에 기한 가등기를 기입하고 금원을 대여한 후에 다시 같은 채무자에게 추가하여 금원을 대여하는 경우, 그 추가대여금에 관하여 별도의 담보제공이 되어 있다거나 반대의 특약이 있다는 등 특별한 사정이 없다면, 조리상 당사자의 의사는 추가되는 대여금 역시 기왕의 가등기 부동산의 피담보채무 범위에 포함시키려는 의사로 수수한 것이라고 해석함이 상당하다(대법원 1985. 2. 24. 선고 85다카1362 판결).

다. 담보계약

▶ 대물반환예약

→ 민법 제607조, 608조가 적용되는 경우와 적용되지 않는 경우가 있다.

→ 환매에 대하여도 이를 적용한다는 민법 제607조, 608조의 명시규정이 있으므로 환매와 재매매예약에도 위 규정이 적용됨

ㄴ 피고가 소외인으로부터 돈을 차용함에 있어 그 채무를 담보하기 위하여 이 사건 부동산을 소외인에게 이자, 비용 등을 합하여 매도한 것으로 하고, 피고가 일정시까지 같은 돈을 제공하면 환매할 수 있기로 하여 부동산을 소외인 명의로 이전등기하였다가 원고 명의로 다시 이전등기를 하였다면, 이는 채무자가 그 소유의 부동산에 대하여 무조건 완전히 채권자에게 소유권을 이전하는 취지로서가 아니고 채권자에 대한 채무를 담보할 목적으로 채권자에게 부동산 소유권이전등기를 하고 채무자가 그 채무금을 갚지 못하면 부동산의 소유권이 채권자에게 완전히 이전된다는 이른바 환매의 특약을 한 것이라 할 것이고, 이 경우 민법 제607조가 말하는 대물반환을 예약한 경우에 해당되어 부동산의 가격이 채무금액과 이에 붙인 이자의 합산액을 넘으면 이 환매특약은 민법 제608조에 의하여 무효라고 할 것이지만, 한편 채무자의 재산을 채권자에게 명의신탁한 효과가 있는 것이므로 신탁에 의하여 소유권을 취득한 채권자로부터 그 재산권을 매수한 제3자인 원고는 완전한 소유권을 취득한다(대법원 1967. 7. 11. 선고 67다909 판결).

ㄴ 채무자가 채권자로부터 금전을 차용하고 담보의 의미로 그 소유 부동산을 채권자에게 매도하는 형식을 취하면서 일정한 기간에 환매한다는 소위 환매특약부 매매계약을 체결하였으나 그 당시 위 목적물의 시가가 그 채무의 원리금을 초과한 때는 민법 제607조, 608조에 의하여, 그 환매기간에 환매를 하지 않은 경우에는 환매권 상실로 완전히 그 목적물을 회복할 수 없고 채권자가 소유권을 완전히 취득하게 된다는 특약 부분은 무효가 되나, 그 채무를 담보하는 의미에서 소유권을 신탁적으로 채권자에게 이전하는 부분까지 무효는 아니다. 채무자가 차용금을 1963. 5. 10.까지 지급하기로 약정하고 이를 담보하는 의미에서 목적물을 채무자가 1963. 5. 10.까지 환매할 수 있다는 내용의 1962. 11. 10.자 매도증서를 채권자에게 교부하였던바, 채권자가 목적물을 자신 명의로 소유권이전등기를 하였다면 위와 같은 환매특약부 매매계약에 의한 채권자 명의의 소유권이전등기는 담보의 범위 내에서만 그 효력이 있다. 그리고 위 소유권이전등기가 담보의 범위 내에서만 유효한 이상 그 환

매기간은 소위 환매의 기간이 아니고 그 채무의 변제기간에 해당됨에 불과하다고 해석하여야 한다(대법원 1968. 11. 19.
선고 68다1570 판결).

┗ 기존의 채무를 정리하는 방법으로 다른 재산권을 이전하기로 하면서 일정 기간 내에 채무 원리금을 변제할 때에는 그 재산을 반환받기로 하는 약정이 이루어졌다면, 다른 특별한 사정이 없는 한 당사자 간에는 그 재산을 담보의 목적으로 이전하고 변제기 내에 변제가 이루어지지 않으면 담보권 행사에 의한 정산절차를 거쳐 원리금을 변제받기로 하는 약정이 이루어진 것으로 해석하여야 한다(대법원 1998. 4. 10.
선고 97다4005 판결).

▶ 양도담보의 경우

→ 이에 대하여도 민법 제607조, 제608조가 적용되는 경우와 적용되지 않는 경우가 있다.

→ 대법원은 초기에는, 대물반환예약을 하지 않은 경우 민법 제607조, 제608조가 적용되지 않으며, 담보계약 당시 이미 채권자 앞으로 소유권이 이전되어 있는 양도담보는 예약이 아니라는 이유로 위 규정이 적용될 수 없다고 하였으나(대법원 1962. 2.
22. 선고 4292
민상943 판결, 1966. 9. 6.
선고 66다981 판결 등)

→ 그러나 그 뒤 대법원은 금전소비대차에 있어서 변제 시까지 채무원리금을 변제하지 못할 때에는 채무자 소유의 부동산을 채권자에게 매매형식으로 소유권이전등기를 할 것을 특약함은 특단의 사정이 없는 한 대물반환예약의 채권담보 취지가 포함된 것이라며, 양도담보에도 이를 긍정하였음(대법원 1967. 10. 4. 선고 67다1596 판결, 1968. 10. 22.
선고 68다1654 판결, 1982. 7. 13. 선고 81다254 판결 등)

┗ 채무와 관련하여 채무자 소유의 부동산에 관하여 채권자 앞으로 소유권이전등기가 마쳐진 경우 그것이 대물변제조로 이전된 것인가, 아니면 종전 채무의 담보를 위하여 이전된 것인가의 여부는 그 소유권이전 당시의 당사자의 의사해석에 관한 문제이고, 이 점에 관하여 명확한 증명이 없는 경우에는 소유권이전 당시의 채무액과 부동산의 가액, 당해 채무를 지게 된 경위와 그 후의 과정, 소유권이전 당시의 상황, 그 이후에 있어서의 당해 부동산의 지배 및 처분관계 등 제반 사정을 종합하여 그것이 담보목적인지의 여부를 가려야 할 것이다(대법원 1993. 6. 8. 선고 92다19880 판결,
2002. 1. 25. 선고 2000다12952 판결 등).

▶ 대물반환예약이 아닌 대물변제계약에는 민법 제607조, 608조가 적용되지 아니한다.

→ 차용물에 갈음하여 다른 재산권을 상대방에게 이전하였다 하여도, 그 채무의 이행을 담보하기 위한 것이 아니고 그 채무에 갈음하여 완전히 그 권리를 상대방에게 이전하는 경우에는 민법 제607조, 제608조는 적용되지 않는다(대법원 1968. 1. 31. 선고
67다2227 판결, 1992. 2.
28. 선고 91다
25574 판결).

→ 채무와 관련하여 채무자 소유의 부동산이 채권자 앞으로 소유권이전등기가 기입된 경우, 그것이 대물변제조로 이전된 것인가 아니면 종전채무의 담보를 위하여 이전된 것인가의 문제는 소유권이전 당시의 당사자 의사해석에 관한 문제인 것이고, 이 점에 관하여 명확한 증명이 없는 경우에는(담보목적임을 주장하는 측에 그 입증책임이 있다.) 소유권이전 당시의 채무액과 부동산의 가액, 채무를 지게 된 경위와 그 후의 과정(가등기의 기입관계), 소유권이전 당시의 상황, 그 이후에 있어서의 부동산의 지배 및 처분관계 등 제반 사정을 종합하여 담보목적인지 여부를 가려야 할 것이다(대법원 1993. 6. 8. 선고 92다19880 판결).

→ 재산권을 이전하기로 한 당사자 간의 약정이 담보목적이 아니라 대물변제의 의사로 한 것이라 하더라도, 위 약정을 함에 있어 약정 후 3년 이내에 채무자가 그간의 원리금을 지급하면 채권자는 목적물을 채무자에게 되돌려 주기로 하는 약정도 함께 하였다면, 이는 결국 대물변제의 예약이라고 봄이 상당하며, 그 약정 당시의 가액이 원리금을 초과하는 이상 대물변제의 예약 자체는 무효이고 다만 양도담보로서의 효력만 인정하여야 한다(대법원 1991. 12. 24. 선고 91다11223 판결).

▶ 등기의 요부
→ 대물반환예약의 경우에는 가등기를 하는 경우가 많을 것이나 가등기가 없는 경우에도 담보계약이 있는 이상 그 법리가 적용됨
→ 실질적으로 환매에 해당함에도 환매등기를 하지 않은 경우에도 그것이 담보의 목적으로 이루어진 이상 민법 제590조 이하의 환매에 관한 규정이 아닌 담보의 법리가 적용됨
　└ 대여금 채권의 담보로 양도담보의 방법으로 채권자 명의의 소유권이전등기를 마친 후 채무자에게 변제기를 5년간 연장하여 주되 그 변제기까지 피해자가 일정 금액에 환매할 수 있도록 하는 내용으로 채무자와 제소전화해를 하였다면, 채권자는 변제가 있은 후에 소유권이전등기를 채무자에게 반환할 의무를 진다(대법원 1995. 5. 12. 선고 95도283 판결).
→ 아직 양도담보약정에 기한 등기가 기입되지 않은 경우
　└ 당사자 간에 채무금을 1개월 내에 변제하지 못할 경우에는 채무액을 아파트의 매매대금으로 하여 소유권이전등기를 한다고 약정한 경우, 당사자가 그 약정을 하게 된 동기나 경위 및 그 내용 등에 비추어 그 약정은 채무자가 채권자에 대한 채무를 1개월 내에 변제하지 못할 경우에는 채무의 변제에 갈음하여 채권자에게 아파트를 양도한다는 취지로서, 이는 곧 대물반환의 예약 내지 양도담보의 약정에 해당하는 것으로 보아야 한다(대법원 1996. 5. 10. 선고 94다35565, 35572 판결).

ㄴ 차용금채무의 담보를 위한 양도담보계약이 체결되었으나 그에 따른 소유권이전등기가 기입되지 않은 경우, 양도담보는 그 담보계약에 따라 소유권이전등기를 기입함으로써 비로소 담보권이 발생하는 것이므로, 채권자는 가등기담보 등에 관한 법률상의 청산절차를 밟기 전에 우선 담보계약에 따른 소유권이전등기절차의 이행을 구하여 소유권이전등기를 받은 다음 같은 법에 따른 청산절차를 밟으면 되고, 따라서 채무자는 같은 법 소정의 청산절차가 없었음을 이유로 그 소유권이전등기절차이행을 거절할 수는 없다(대법원 1996. 11. 15.
선고 96다31116 판결).

ㄴ 대물변제의 예약에 기한 소유권이전등기를 미처 기입하지 아니한 경우에는 아직 양도담보가 설정되기 이전의 단계이므로 가등기담보 등에 관한 법률 제3조 소정의 담보권 실행에 관한 규정이 적용될 여지가 없는 한편, 채권자는 양도담보의 약정을 원인으로 하여 담보 목적물에 관하여 소유권이전등기절차의 이행을 청구할 수 있다(대법원 1999. 2. 9.
선고 98다51220 판결).

ㄴ 채권담보의 목적으로 채무자가 미등기 건물에 대한 소유권이전등기 서류를 채권자에게 교부하였다가 변제기 전에 채무를 변제하였다면 채권자는 담보권자로서의 소유권이전등기청구권을 상실하며, 설사 채권자가 이를 제3자에게 처분하였더라도 제3자 앞으로 소유권이전등기가 아직 기입되지 않은 상태라면 마찬가지다(대법원 1989. 2. 28. 선고 88다카7801 판결 –
가등기담보법 시행 전의 담보계약에 관한 사안).

2. 담보계약에 대한 규제

가. 민법 제607조에 위반한 경우

▶ 민법 제608조에 의하여 그 대물변제예약은 무효이다.

→ 대법원은 초기에는 그 담보계약 전체가 무효라고 하였음

ㄴ 이에 따라 이미 채권자 앞으로 소유권이전등기를 마친 경우에도 소유권 취득을 부정하고 인도청구도 불허함(대법원 1962. 10. 11.
선고 62다290 판결)

ㄴ 이미 채권자 앞으로 소유권이전등기를 마친 경우에도 그 말소청구를 허용하였음(대법원 1962. 10. 18.
선고 62다291 판결)

→ 뒤에는, 대물변제예약은 무효이나 양도담보의 목적범위 내에서는 유효하고 정산을 요하는 약한 의미의 양도담보로서의 효력이 있다고 판시함(대법원 1964. 6. 23. 선고 63다1146
판결, 1970. 12. 22. 선고 70다2295
판결, 1980. 7. 22. 선고
80다998 판결 등)

ㄴ 민법 제607조, 608조는 차용물의 반환에 관하여 차용자가 그 차용물에 갈음하여 다른 재산권을 이전할 것을 예약한 경우에 그 재산의 예약 당시의 가격이 차용액과 그에 관한 이자를 합산한 액을 초과할 때는 위와 같은 계약이

환매 기타 어떠한 명목으로 하였던 간에 차용자에게 불리한 것은 효력이 없다라고 규정하고 있고, 위와 같은 규정은 당사자 간에 대차관계가 있고, 그 채무이행의 담보의 의미로 차용물에 갈음한 다른 재산권의 이전을 예약한다거나(후일 변제하지 못함으로써 그 예약에 따라 대물변제가 되었다 하여도 이는 역시 위의 규정에 따라 그 초과액에 대하여는 무효이다.) 그 차용물의 반환에 관한 의무이행을 담보하는 의미로 상대방에게 형식상 다른 재산권을 이전하고 후일 위 채무를 이행한 때에는 그 사실상 담보로 제공된 권리를 다시 찾아온다는 의미의 환매특약을 한다거나, 그 외에 형식상 어떠한 명목으로든지 상대방에게 권리를 이전하였다 하여도 그것이 사실상 당사자 간의 채무이행을 담보하는 의미에서 이루어진 것이라면, 그것이 환매 기타 여하한 명목으로 되어 있다 하여도 그 이전된 권리의 예약 당시의 시가가 그 차용금의 원리금을 초과하는 한도에서는 무효라는 취지로 해석하여야 하고, 가사 차용물에 갈음하여 다른 재산권을 상대방에게 이전하였다 하여도 위에서 말한 바와 같이 그 채무의 이행을 담보하기 위한 것이 아니고 그 채무에 갈음하여 완전히 그 권리를 상대방에게 이전하는 경우에는, 가사 갈음된 권리의 시가가 그 채무의 원리금을 초과한다 하여도 이는 민법 제104조에 의하여 무효가 됨은 별문제로 하더라도 이를 민법 제607조, 608조에 의하여 무효라고는 할 수 없다고 해석하여야 할 것이다(대법원 1968. 1. 31. 선고 67다2227 판결).

▶ 가등기만 한 경우

→ 돈을 대여하면서 담보조로 부동산에 대하여 소유권이전청구권보전의 가등기를 기입하고 변제기까지 원리금을 갚지 않으면 매매계약 완결의 의사표시를 요하지 아니하고 가등기에 인한 본등기 절차를 이행하기로 약정한 경우, 특별한 사정이 없으면 이는 차용물의 반환에 관하여 차용물에 갈음하여 다른 재산권을 이전할 것을 예약한 경우에 해당한다고 볼 것이므로 민법 제607조와 제608조의 효과를 받아야 한다(대법원 1974. 12. 10. 선고 74다1658 판결).

→ 담보권 실행을 위한 본등기청구는 허용되나, 대물변제예약이 유효함을 전제로 소유권을 취득한 것을 이유로 한 본등기청구는 허용되지 아니한다.

  ↳ 담보권 실행을 위한 본등기가 이루어진 경우 이는 담보의 한도 내에서만 유효하므로 피담보채무는 소멸하지 않고 담보 상태는 의연 존속하며, 마치 새로운 양도담보가 설정된 것과 같이 보는 것이다. 따라서 채무의 변제기가 이미 도과되었다고 하더라도, 채권자가 채권의 만족을 위하여 목적물을 제3자에게 처분하거나 자기에게 확정적으로 귀속시키는 절차를 취하지 않는 한 채

권은 소멸하지 않고, 채권자가 예약의 목적물을 받아도 바로 그 즉시 정산의 문제가 일어나는 것은 아니다.

ㄴ. 이 경우 본등기 및 담보물의 인도와 정산금의 지급이 동시이행관계에 있는지에 관하여는, 다수설인 긍정설(김정현, 민법 제607조, 제608조의 출발점에 대한 근본적인 반성과 재구성, 민사재판의 제문제 제3권, 한국사법행정학회, 1985; 김숙자, 양도담보의 법적 구성, 명지대논문집 제16집, 명지대학교, 1985 등)과 반대설 (이용훈, 변칙담보에서의 채권의 만족방법, 사법논집 제12집 등)이 대립한다.

▶ 환매의 경우

→ 환매특약 있는 매매계약인 동시에 한편으로는 채무를 담보하기 위한 양도담보계약의 성질을 함께 지니고 있다면, 그 전단부의 계약은 민법 제608조의 규정에 의하여 무효로 될지언정 그 후단부의 계약까지 무효로 볼 수는 없다(대법원 1964. 6. 23.선고 63다1146 판결).

→ 기존 채무를 정리하는 방법으로 다른 재산권을 이전하기로 하면서 일정 기간 내에 채무 원리금을 변제할 때에는 그 재산을 반환받기로 하는 약정이 이루어졌다면, 다른 특별한 사정이 없는 한 당사자 간에는 그 재산을 담보의 목적으로 이전하고 변제기 내에 변제가 이루어지지 않으면 담보권 행사에 의한 정산절차를 거쳐 원리금을 변제받기로 하는 약정이 이루어진 것으로 해석하여야 한다(대법원 1998. 4. 10. 선고 97다4005 판결).

→ 차용금채무의 담보 목적으로 부동산의 소유권이전등기를 채권자 앞으로 이행하였다가 채무 변제가 지체되자 그 뒤 일정기한까지 채무를 변제하고 부동산을 환매할 수 있다는 약정을 하였다면, 이는 정산을 요하는 약한 의미의 양도담보라고 보아야 한다(대법원 1977. 5. 24.선고 77다430 판결).

▶ 양도담보의 경우

→ 민법 제607조 및 제608조에 위반되는 대물변제예약에 따라 채권자 앞으로 소유권이전등기가 된 경우 채권자는 담보의 의미에서만 소유권이전등기를 갖고 있음에 지나지 아니하므로, 채무자는 변제기 도과 이후라 할지라도 채권자가 그 채권 회수를 위하여 담보목적물을 제3자에게 처분하기 전까지는 원리금을 상환하고 담보물을 도로 찾아올 수 있는 지위에 있는, 이른바 약한 의미의 양도담보를 한 것으로 볼 것이다(대법원 1973. 11. 13.선고 73누157 판결).

▶ 가등기를 하였다가 본등기가 된 경우

→ 가등기를 하였다가 변제기까지 채무 변제가 없어 채권자 앞으로 본등기를 한 경우 그 가등기와 본등기는 약한 의미의 양도담보로서의 효력이 있다(대법원 1977. 2. 8. 선고 76다1173 판결, 2006. 8. 24. 선고 2005다61140 판결).

ㄴ 차용금채무의 담보로 부동산에 채권자 명의로 매매계약에 인한 소유권이전등기청구권 보전의 가등기를 기입하고, 변제기까지 원리금을 변제받지 못할 때에는 가등기에 기한 본등기를 기입하고 부동산을 차용금의 변제에 갈음하여 양도하기로 하는 대물반환의 예약을 하여 본등기에 필요한 서류를 작성·교부한 후 채무를 변제하지 못해 채권자 앞으로 본등기를 기입하였으나 대물반환예약 당시의 시가가 원리금 합산액을 초과한 경우, 대물반환예약은 민법 제607조, 제608조에 위반하여 무효이나 가등기 및 소유권이전등기는 원리금채무를 담보하는 범위 내에서는 효력이 있으므로, 채무자는 피담보채무 전액이 변제되기 전에는 가등기 및 소유권이전등기의 말소를 청구할 수 없다(대법원 1977. 2. 8. 선고 76 다1173 판결).

ㄴ 채무자가 그 소유 토지를 차용 원리금에 대한 대물변제조로 채권자에게 양도하기로 약정하고 그 담보로 소유권이전등기청구권 가등기를 하였다가, 그 차용 원리금에 갈음한 현실적인 대물변제조로 채권자 앞으로 소유권이전등기를 한 경우, 채무자와 채권자 간의 그 약정은 민법 제607조 소정의 대물반환예약이라 할 것이어서 민법 제607조, 제608조가 적용되어 그 재산의 가액이 차용 원리금의 합산액을 넘는 경우에는 그 효력이 없고, 여기서 그 재산의 가액이 차용액과 이에 붙인 이자의 합산액을 넘는지의 여부는 예약 당시를 기준으로 할 것이지 소유권이전 당시를 기준으로 할 것은 아니다(대법원 1996. 4. 26. 선고 95다34781 판결).

나. 민법 제607조에 위반하지 않은 경우

▶ 대물변제예약과 가등기만 한 경우

→ 대물변제예약이 민법 제607조, 제608조에 반하지 않은 경우에 채권자와 채무자 사이에 정산을 배제하는 특약이 있을 때는 채무자가 변제기에 채무를 변제하지 않아 채권자가 예약의 내용대로 그 앞으로 채무자 소유의 재산권을 이전하면 이로써 피담보채무는 소멸한다(대법원 1985. 10. 22. 선고 84다카2472, 2473 판결, 1998. 6. 23. 선고 97다1495 판결 등 참조). 채무자가 임의로 이행하지 않으면 대물변제예약 완결을 원인으로 한 본등기를 청구할 수 있다. 소유권이전등기와 더불어 채권자는 목적물의 소유권을 확정적으로 취득하고 정산의 문제는 일어나지 않는다.

ㄴ 가등기에 기한 본등기절차의 이행을 구하는 소에 있어서 당초에 경유된 가등기가 다 같이 채권담보를 목적으로 한 것이라 할지라도, 대물변제완결의 의사표시를 함으로써 그 담보목적물에 대한 소유권취득을 원인으로 하여 본등기를 구하는 경우와 담보권을 실행하기 위하여 본등기절차의 이행을 구하는

경우는 실체법상 그 청구권원이 별개의 것이다(대법원 1973. 6. 12. 선고 72다2032, 2030 판결).

▶ 환매의 경우

→ 재산권을 채권담보의 목적으로 양도하는 경우에 있어서의 법률적 형태는 혹은 채권을 존속시키면서 당해 재산권을 신탁적으로 양도하는 경우도 있고, 혹은 당해 재산권을 진실한 매매로 인하여 이전하고 대금과 채무를 상쇄하여 이후 하등의 채무관계를 잔존시키지 아니하는 경우도 있다. 전자에 있어서는 채권자가 이전을 받은 소유권을 담보 이외의 목적에 사용할 수 없음은 당연하고, 따라서 채무자가 채무를 변제한 때에는 채권자는 그 소유권을 반환하여야 하며, 만약 채무변제의 지체로 채권자가 그 목적물을 매각 처분한 때에는 그 대금을 원리금에 충당하고 잔여가 있으면 이를 채무자에게 반환하여야 하고, 변제기한을 경과하였을지라도 아직 채권자가 그 목적물을 처분하지 않은 동안에는 채무자가 원리금을 제공하여 이의 반환을 청구할 수 있는 것이다. 그리고 후자, 즉 매려약관부 매매에 있어서는 매려권자가 소정기간 내에 매려권(買戾權)을 행사하지 않으면 매려권을 행사하여 그 소유권을 회복할 기회를 상실하고 매주(매수인)는 이후 하등의 부담이 없어지고 일체의 관계가 종국적으로 결제되는 것이다. 이상과 같이 양자는 그 법률적 효과를 달리하는 것이므로 채권의 담보로 재산권 이전의 계약을 한 경우에는 당사자의 의사를 탐구하여 그것이 어느 종류에 속하는 것인가를 판정하여야 할 것이고, 당해 재산권의 이전이 매매 명의로 행하여진 사실만으로써 후자에 속하는 것이라 속단할 수 없는 것이다(대법원 1955. 7. 21. 선고 4288민상55 판결).

→ 차용금채무의 담보로 부동산을 제공하면서 매매계약서를 작성하였으나, 채무자가 일정 기한까지 매려하지 못할 시는 채권자가 소유권이전등기를 하여도 이의 없다는 조항이 있다면 매려약관(환매약관)부 매매가 아니고 매도담보계약을 한 것임이 의심할 여지가 없다. 그리고 이행기에 채무를 이행하지 않은 때에 대물변제로서 본건 목적물을 완전히 소유권 취득하고 채무자는 반환청구권을 상실한다는 특약이 있었다는 주장·입증이 없는 이상 채무자는 원리금을 제공하여 목적물의 반환을 청구할 수 있다(대법원 1955. 7. 21. 선고 4288민상55 판결).

▶ 양도담보의 경우

→ 피담보채권이 소비대차나 준소비대차계약에 기해 발생한 것이나 민법 제607조, 제608조에 반하지 않는 경우

① 채권의 담보 목적으로 재산권을 채권자에게 이전한 경우에 그것이 어떤 형태의 담보계약인지는 개개의 사건마다 구체적으로 당사자의 의사에 의하여 확정하여야 할 문제이나, 정산절차를 배제하고 채무 변제기에 변제가 없으면

채권자가 목적물의 소유권을 확정적으로 취득하기로 하는 등의 다른 특약이 인정되지 아니하는 경우에는 당사자 사이에 정산절차를 요하는 약한 의미의 양도담보로 추정된다(^{대법원 1996. 11. 15. 선고 96다31116 판}_{결, 1999. 12. 10. 선고 99다14433 판결 등}).

② 부동산에 관하여 정산절차를 예정한 약한 의미의 양도담보약정이 이루어졌다 면(사안은, 기존 채무를 정리하는 방법으로 다른 재산권을 이전하되 일정 기간 내에 채무 원리금을 변제할 때에는 그 재산을 반환 받기로 약정함) 채권자는 채무의 변제기 후 반드시 담보권 실행을 위한 정산절차를 거쳐야만 하는 것이고, 이는 양도담보약정 당시 당해 부동산의 시가가 채권 원리금에 미달한다 하더라도 마찬가지이다(^{대법원 1998. 4. 10.}_{선고 97다4005 판결}).

→ 피담보채권이 소비대차, 준소비대차계약에 기하지 않은 경우

    ㄴ 민법 제607조, 제608조는 적용될 여지가 없음

    ㄴ 채권자는 변제기가 도과한 후에는 정산금을 지급하기 전이라도 환가를 위하여 채무자에게 인도를 청구할 수 있다(^{대법원 1991. 11. 8. 선고 91다21770 판결, 2001. 1. 5 선고 2000}_{다47682 판결, 2001. 3. 23. 선고 2000다29356, 29363 판결}).

▶ 가등기를 하였다가 본등기를 한 경우

→ 당사자 사이에 변제기까지 채무 변제가 없으면 채권채무관계는 소멸하고 목적물의 소유권이 확정적으로 채권자에게 귀속된다는 명시의 특약이 있는 경우에는 정산을 요하지 아니하나, 그 같은 특약이 없는 한 정산절차를 요하며, 가등기를 하였다가 변제기까지 채무 변제가 없어 채권자 앞으로 본등기를 한 경우에도 위와 같다(^{대법원 1981. 4. 14. 선고 80다714 판결, 1984. 12. 11. 선고 84다카933 판결, 1993. 6. 22.}_{선고 93다7334 판결, 1996. 7. 30. 선고 95다11900 판결, 2006. 8. 24. 선고 2005다61140 판결}).

    ㄴ 매매대금반환채무의 담보조로 부동산에 관하여 가등기를 기입하고 위 채무를 변제하지 아니한 경우에는 그 가등기에 기한 본등기를 넘겨주기로 약정한 것이라면, 당사자 간에 특히 변제기에 위 채무변제를 하지 아니하면 채권채무관계는 소멸되고 부동산의 소유권이 확정적으로 채권자에게 귀속된다는 명시의 특약이 없는 이상 대물변제의 약정이 있었다고는 인정할 수 없고, 오히려 위 채권에 대한 담보권 실행을 위한 방편으로 소유권이전등기가 기입되는 이른바 정산절차를 예정하고 있는 약한 의미의 양도 담보계약이라고 추정함이 상당하다(^{대법원 1984. 12. 11.}_{선고 84다카933 판결}).

    ㄴ 이 사건 부동산에 관한 원고와 소외인 간의 계약내용을 살펴보면, 소외인은 소비대차계약 시 원고에 대한 차용금채무를 담보하기 위하여 그 소유의 이 사건 부동산에 원고 명의의 가등기를 기입하여 주었을 뿐이므로, 이 사건 부동산은 가등기설정 당시에 실질적으로 채권담보의 목적이 되었다 할 것이어서 이른바 가등기를 이용한 변칙담보에 제공된 것이라고 할 수 있으나 소유

권이전의 형식을 취한 담보제공의 형태로서의 양도담보라고 볼 수는 없고, 원고가 제소전화해 내용에 따라 가등기에 기한 본등기를 기입한 것은 피담보채무가 이행지체에 빠진 것을 원인으로 하여 그 담보권을 실행하여 피담보채권을 만족시키기 위한 한 단계에 불과하다고 볼 것이므로, 이로써 이 사건 부동산이 양도담보에 제공된 것이라고 볼 근거도 될 수 없다(대법원 1983. 9. 13. 선고 83누88 판결).

↳ 제소전화해에 의하여 본등기를 한 경우라도 제소전화해에 별단의 특약이 없는 이상 마찬가지다(대법원 1976. 2. 24. 선고 75다1608 판결, 1983. 10. 11. 선고 82누66 판결, 1985. 10. 22. 선고 84다카2472, 2473 판결, 1987. 6. 9. 선고 86다카2435 판결, 1987. 11. 10. 선고 87다카62 판결, 1994. 5. 24. 선고 93다44975 판결 등).

↳ 판결에 의하여 본등기를 마친 경우에도 위와 같다(대법원 1993. 6. 22. 선고 93다7334 판결, 1995. 2. 17. 선고 94다38113 판결, 2005. 7. 15. 선고 2003다46963 판결).

→ 담보계약의 내용은 개개의 사건마다 구체적으로 당사자의 의사를 탐구하여 추정하여야 할 것이나, 별단의 특약이 인정되지 아니하는 경우 귀속정산 또는 처분정산 후 잔여가 있으면 이를 채무자에게 반환하고 부족이 있으면 이를 채무자에게 청구할 수 있는 이른바 정산절차를 요하는 약한 의미의 양도담보로 추정되며, 목적물의 예약 당시 시가가 채권원리금에 미달한 경우에도 마찬가지다(대법원 1985. 10. 22. 선고 84다카2472, 2473 판결 등).

↳ 매매예약 시에 채무원리금이 매매대금으로 되어 있고 변제기까지 지급하지 않을 때는 그 다음날 매매완결의 의사표시를 한 것으로 보아 채권자가 소유권을 취득한다는 취지의 기재가 있더라도, 이는 가등기를 함에 있어 형식상 체결한 것에 불과하고 이로써 청산절차를 배제하는 특약이 있었다고 볼 수 없다(대법원 1985. 10. 22. 선고 84다카2472, 2473 판결).

↳ 채권자가 채권담보의 목적으로 부동산에 소유권이전의 가등기를 기입하였다가 그 후 채권을 변제받지 못하여 가등기에 기한 본등기를 기입하였으나, 채권자와 채무자 사이에 채무자가 채무를 변제하지 못하여 채권자가 가등기에 기한 본등기를 마칠 경우 채권자가 채무자의 근저당권자에 대한 채무를 인수하기로 약정한 경우, 채권자는 위 채무를 인수하는 조건으로 부동산의 소유권을 확정적으로 취득하기로 하는 특약에 따라 부동산에 관한 소유권이전의 본등기를 기입한 것으로 보아야 한다(대법원 1998. 6. 23. 선고 97다1495 판결).

↳ 가등기 후 대여금을 변제하지 않자 가등기에 기한 본등기청구의 소를 제기하여 그 소송 중, 일정 기한까지 채무를 분할상환토록 하고 이율도 인하해주되 그 불이행 시 "대물변제를 원인으로 소유권이전등기한다."는 내용의 조정이 성립한 경우, 그 조정 경위 및 조정내용에 청산절차를 거쳐야 한다거나 담보

의 목적으로 소유권이전등기를 한다거나 기존 채무의 변제에 갈음하여 대물변제한다는 언급이 없는 등의 사정에 비추어 이는 정산절차를 예정하지 아니한 것으로 볼 것이다(대법원 2006. 6. 29. 선고 2005다32814, 32821 판결).

3. 담보권의 실행

▶ 채무자가 피담보채무를 변제하지 않고 있는 동안에는 채권자는 담보권을 실행하여 채권을 추심할 수 있고, 그 담보권을 실행하는 방법으로는 특단의 약정이 없는 한 처분정산이나 귀속정산 중 채권자가 선택하는 방법에 의할 수 있다(대법원 1988. 12. 20. 선고 87다카2685 판결, 1998. 3. 27. 선고 97다45808 판결).

가. 귀속정산형

▶ 정산방법

→ 변제기가 도과한 후 담보물의 시가를 적정한 가격으로 평가한 후 채무 원리금과 제비용 등을 공제하고 나머지가 있으면 이를 채무자 등에게 반환하고, 평가금액이 이에 미달하는 경우에는 채무자 등에게 그와 같은 내용의 통지를 하는 방식으로 정산절차를 마쳐야 한다(대법원 1977. 11. 22. 선고 77다1513 판결, 1980. 1. 15. 선고 79다2033 판결, 1996. 7. 30. 선고 95다11900 판결, 2001. 8. 24. 선고 2000다15661 판결 등).

→ 담보물의 시가가 채권원리금 등에 미달한 때에도 채무자 등에 대한 청산통지가 필요하며, 그 같은 절차를 거치지 않은 이상 피담보채권이 소멸하거나 담보물의 소유권을 취득할 수 없다(대법원 1996. 7. 30. 선고 95다11900 판결, 2006. 8. 24. 선고 2005다61140 판결).

→ 담보물의 가액 평가, 피담보채무의 이자 및 지연손해금의 계산 기준시는 담보권 실행 시인 정산통지 시라고 할 것이다(대법원 1981. 6. 9. 선고 80다2320 판결, 1984. 6. 12. 선고 82도2112 판결, 1992. 4. 10. 선고 91다44674 판결).

  ↳ 양도담보권자가 담보부동산의 환가대금으로써 청산할 이자채권을 계산함에 있어서 그 담보실행 시기까지의 기간을 기준으로 산정한 조치는 적법하다(대법원 1984. 6. 12. 선고 82도2112 판결).

  ↳ 채권자가 실행통지를 한 때에는 채무자는 채무의 변제 대신 청산금(정산금)의 지급을 청구할 수 있고(채무자는 청산금지급청구권과 채무변제에 따른 담보등기의 말소등기청구권을 겸유한다.), 이 청구권은 가등기담보법이 적용되는 경우와 달리 실행통지를 받은 때부터 소멸시효가 진행된다고 할 것이며, 채권자가 실행통지를 하기 전에는 청산금지급청구권이 발생하지 않는다(대법원 1991. 7. 26. 선고 90마15488 판결, 1994. 5. 24. 선고 93다44975 판결 참조).

→ 귀속정산의 통지방법에는 아무런 제한이 없어 구두로든 서면으로든 가능하고, 담보부동산의 평가액이 피담보채권액에 미달하는 경우에는 청산금이 없으므로

귀속정산의 통지방법으로 부동산의 평가액 및 채권액을 구체적으로 언급할 필요 없이 그 미달을 이유로 채무자에 대하여 담보권의 실행으로 그 부동산을 확정적으로 채권자의 소유로 귀속시킨다는 뜻을 알리는 것으로 족하다(대법원 2001. 8. 24. 선고 2000다15661 판결).

→ 목적물의 가액을 공정한 가액으로 평가하지 않아 평가금액과 객관적 가격 사이에 현저한 차이가 있는 경우에는 정산절차가 종료되었다고 할 수 없어 정산의 효과가 발생하지 않는다(대법원 1976. 2. 24. 선고 75다1608 판결 등).

→ 귀속정산의 방법에 의한 담보권실행을 하고 그 정산방법으로 담보부동산의 평가액에서 피담보채권액을 초과하는 금액은 이를 채무자에게 반환하여야 할 것이나, 채권자가 피담보채권 외에도 다른 채권을 가지고 있고 이 채권 또한 변제기가 도과하였다면 그 채권과 상계할 수 있다(대법원 1988. 12. 20. 선고 87다카2685 판결).

▶ 채무자 등의 담보등기 말소청구

→ 위와 같은 정산절차를 마치기 전에는 피담보채무가 소멸하거나 담보물의 소유권을 채권자가 취득할 수 없으므로, 위 정산절차를 마치기 전(청산금이 있는 경우 그 지급까지 마쳐야 함)에는 변제기 도과 후라도 채무자 등은 언제든지 피담보채무를 변제하고 담보가등기 및 본등기의 말소를 구할 수 있다(대법원 1977. 11. 22. 선고 77다1513 판결, 1982. 10. 26. 선고 81다375 판결, 1991. 7. 26. 선고 90다15488 판결, 1992. 1. 21. 선고 91다35175 판결, 1996. 7. 30. 선고 95다11900 판결, 2005. 7. 15. 선고 2003다46963 판결 등).

  ∟ 정산절차를 예정하고 있는 약한 의미의 양도담보의 경우, 채무자는 채권자가 담보목적물을 제3자에게 처분하거나 자신에게 귀속시키고 시가와 채권의 차액 상당을 정산하여 반환할 때까지는 채권자에게 채무를 변제하고 그 반환을 청구할 수 있으나, 그 이전이라도 당사자들이 귀속정산의 방법을 선택하여 변제기가 도과하면 그 소유권은 확정적으로 채권자에게 귀속하고 채무자로서는 단지 채권액과 목적물의 시가의 차액만을 반환 받기로 하는 약정 또한 유효하며, 이러한 경우 변제기 도과 후에는 채무자는 정산만을 청구할 수 있을 뿐 부동산의 반환 그 자체를 청구할 수는 없다(대법원 1998. 3. 27. 선고 97다45808 판결).

→ 채무자 등의 위 가등기 및 소유권이전등기 등 담보등기 말소청구권은 소멸시효에 걸리지 않는다(대법원 1987. 11. 10. 선고 87다카62 판결, 1994. 5. 24. 선고 93다44975 판결 참조).

  ∟ 피담보채권이 시효소멸하지 않는 한 부종성의 원리에 의하여 담보권만 독립하여 소멸시효에 걸리지는 않는다고 할 것이므로, 피담보채권이 존속하는 한 채권자 명의의 가등기 및 양도담보 등기도 존속하여야 하고, 따라서 채무자 등이 피담보채권을 변제하고 이 같은 담보등기의 말소를 구할 권리가 독립하여 소멸시효의 대상이 될 수는 없다고 할 것이다. 또한, 채무자는 내부적 관계에서 소유권자이고(그 소유권은 정산절차 종료 시까지 채무자에게 유보된다.),

그 소유권에 기한 방해배제청구권의 행사로서 담보 가등기 및 양도담보등기의 말소를 청구할 수도 있는바, 소유권에 기한 방해배제청구권은 소멸시효에 걸리지 않는다.

→ 채권자가 그 담보물을 인도받은 여부는 채무자 등의 위 담보등기 말소청구에 영향이 없다(대법원 1977. 11. 22.
선고 77다1513 판결).

  └ 본등기 후 10여년 동안 채권자가 제세공과금을 납부하는 등 대외적으로 소유권을 행사해오는 동안 채무자가 정산절차의 이행을 촉구하거나 채무변제를 조건으로 가등기 및 본등기의 말소를 요구하지 않은 것만으로 묵시적 대물변제 또는 귀속정산이 이루어졌다고 볼 수 없다(대법원 2005. 7. 15.
선고 2003다46963 판결).

▶ 정산 후 부족금의 청구

→ 정산금평가액이 채무원리금 등에 부족한 경우 특약이 없는 이상 채권자는 그 부족액을 채무자에게 청구할 수 있다고 할 것이다(사견).

→ 정산절차의 개념에 관한 대법원 84다카2472, 2473 판결 등의 판지 및 정산절차를 거치게 하는 이유가 채권자로 하여금 정당한 원리금을 초과하여 부당한 이득의 취득을 금하는 것에 있으므로, 채권자의 정당한 이익을 위하여 평가액이 채무원리금에 미달한 경우에는 특약이 없는 이상 채무자에게 부족금을 청구하는 것을 부정할 이유가 없다는 점 등에 비추어, 이와 같이 해석하는 데에 무리가 없다고 생각된다.

나. 처분정산형

▶ 정산방법

→ 변제기가 도과한 후 담보물을 정당한 가격으로 타에 처분하여 그 대금으로 피담보채권의 원리금을 충당하고 잔액이 있으면 이를 채무자에게 반환하고, 대금이 이에 미달하는 경우에는 채무자에게 그 취지를 통지하는 방법으로 정산절차를 거쳐야 한다.

→ 양도담보에 있어서 채권자의 담보권 실행은 당사자의 약정에 따라 환가처분을 하거나 평가하여 채권자의 소유에 귀속시키고 정산을 하는 것이므로, 채권자가 그 담보목적물을 제3채권자에게 다시 양도담보로 제공하는 것은 담보권의 이용 내지 활용일 뿐 담보권의 실행은 아니다(대법원 1981. 1. 27.
선고 80다1138 판결).

→ 양도담보권자가 담보물에 제3자를 위한 가등기(자기의 채무담보를 위하여 채권자에게 가등기)를 마친 것만으로는 담보권의 실행으로 담보물을 처분한 것과 같이 볼 수는 없다(대법원 1981. 7. 28.
선고 81다257 판결).

→ 위와 같은 정산절차를 거쳐야만 피담보채무가 소멸하고, 그 이전에는 언제든지 채무자는 채무를 변제하고 가등기나 본등기의 말소를 구할 수 있다.

       └ 양도담보권자가 그 변제기 후에 담보권 실행을 위하여 그 담보물을 인도받아 사용하고 있다 하더라도, 양도담보권자가 그 담보물을 정당한 가격으로 타에 처분하거나 자기가 그 소유권을 인수하여 그 대금으로써 피담보채권의 원리금을 충당하고 잔액이 있으면 이를 채무자에게 반환하는 등의 정산을 필하지 않은 상태에서는 아직 그 피담보채권이 소멸되었다고 볼 수 없다(대법원 1977. 11. 22. 선고 77다1513 판결).

       └ 채권자가 담보물을 3자에게 처분한 경우 그 청산금 지급 전이라도 채무자는 청산금 지급청구권(채권자가 처분에 따른 환가금을 받은 때에 이 청구권이 발생한다고 할 것이다.)만을 행사할 수 있을 뿐 채무를 변제하고 담보등기의 말소를 청구할 수는 없다고 할 것이다(사견). 이때 3자에 대한 처분은 매매 등 채권행위를 의미하는지 아니면 등기이전 등 물권행위를 의미하는지 이론이 있을 수 있으나, 채무자 보호를 위해 물권행위설이 타당하며, 다만 이로 인해 채권자가 손해를 입은 경우 이는 채무자가 부담하여야 할 것이다.

→ 채무자 등의 정산금지급청구는 담보물이 환가되어야 비로소 그 권리행사가 가능하므로, 차용일이나 소유권이전 본등기 시부터 환가 시까지 오랜 기간이 경과되었다고 하더라도 그 권리행사(정산금지급청구)를 허용하지 않을 수 없고, 장기간에 걸친 권리 불행사로 정산금지급청구권이 실효되었거나 채무자 등이 이를 포기하였는지 여부는 그 환가 시를 시점으로 하여 판단하여야 한다(대법원 1991. 7. 26. 선고 90다15488 판결).

       └ 그 소멸시효는 귀속정산형과 달리 환가 시부터 진행한다(대법원 1994. 5. 24. 선고 93다44975 판결).

▶ 채권자의 주의의무

→ 채권자는 환가처분 시 객관적으로 공정한 가격으로 환가하여야 할 주의의무를 부담하고, 시가와 처분가액에 현저한 차이가 있으면 채무불이행책임에 따라 손해배상의무가 있다(대법원 1981. 5. 26. 선고 80다2688 판결, 1983. 2. 8. 선고 81다547 판결 등).

       └ 양도담보권자가 담보권실행을 위하여 담보부동산을 처분함에 있어 시가와 처분가액 사이의 차이가 너무도 현저하여 담보권자의 과실을 추정함이 상당하다고 보여지는 등의 특별한 사정이 없는 한, 시가와 실지 처분가액 사이에 차이가 있다는 사실만으로 담보권자의 위법행위에 대한 고의 또는 과실이 추정된다고 볼 수 없으므로, 담보제공자가 불법행위의 구성요건인 담보권자의 고의 또는 과실을 입증하여야 한다(대법원 1981. 12. 22. 선고 81다462 판결).

       └ 양도담보권자가 변제기 경과 후에 담보권을 실행하기 위하여 담보목적물을 처분하는 행위는 담보계약에 따라 양도담보권자에게 주어진 권능이어서 자기

의 사무처리에 속하는 것이지 타인인 채무자, 설정자의 사무처리에 속하는 것이라고 볼 수 없으므로, 양도담보권자가 담보권을 실행하기 위하여 담보목적물을 처분함에 있어 시가에 따른 적절한 처분을 하여야 할 의무는 담보계약상의 민사책임의무이고 그와 같은 형법상의 의무가 있는 것이 아니므로 그에 위반한 경우 배임죄가 성립된다고 볼 수 없다(대법원 1989. 10. 24. 선고 87도126 판결).

→ 양도담보권자가 담보목적물을 처분정산의 방법에 의하여 환가처분한 후에 그 채권의 원리금과 비용 등을 충당하고 잔액이 있으면 이를 채무자에게 반환할 임무가 있음에도 불구하고, 그 임무에 위배하여 자의로 소비하고 채무자에게 정산을 해주지 않을 경우에는 배임죄가 성립한다(대법원 1984. 6. 12. 선고 82도2112 판결).

▶ 처분 후 부족금이 있는 경우에도 귀속정산과 마찬가지로 특약이 없는 이상 채권자는 채권 원리금 등의 충당 후의 그 부족액을 채무자에게 청구할 수 있다고 할 것이다.

4. 채권자와 설정자의 내부관계 및 외부관계

가. 내부관계

▶ 변제기 도과 전의 사용·수익권

→ 변제기 도과 전에는 특약이 없는 한 사용·수익권은 설정자에게 귀속한다(대법원 87다카2777 판결 등).
  ㄴ 약한 의미의 양도담보에 있어서 목적물의 소유권은 내부적으로 채무자에게 유보되어 있고 채권자에게는 그 채무불이행 시의 목적물에 대한 담보권 및 환가권만이 귀속되어 채무자는 자기의 물건을 보관하고 있는 셈이 되므로, 채무자가 양도담보의 목적물을 제3자에게 처분하였다 하더라도 횡령죄를 구성하지 아니한다(대법원 1980. 11. 11. 선고 80도2097 판결).

→ 채권자는 자신의 사용·수익권이 침해된 것을 이유로 제3자에게 손해배상청구권을 행사할 수 없다(대법원 1979. 10. 30. 선고 79다1545 판결).

→ 양도담보권자가 담보물의 소유권이전등기를 받았다고 하더라도 담보물에 기히 설정되어 있는 타인의 담보채권을 변제할 의무가 당연히 발생한다고 볼 수 없다(대법원 1989. 1. 29. 선고 79다1689 판결).

→ 부동산의 등기이전이 약한 의미의 양도담보라면 채권자에게는 담보권이 있을 뿐 그 사용수익권이 없으므로, 채권자가 받았다고 자인하는 금액은 원금 중의 일부 변제와 이자조로 지급된 것으로 보아야 한다(대법원 1977. 5. 24. 선고 77다430 판결).

→ 원고가 피고 갑, 을로부터 금원을 차용함에 있어 그 담보조로 원고 소유 부동산에 관하여 지상권설정등기를 기입한 후 다시 위 피고들을 포함한 6인으로부터 금원을 차용하면서 양도담보를 내용으로 하는 제소전화해조서의 집행에 의하여

같은 부동산에 관하여 피고 갑, 을을 포함한 6인 공동 명의의 소유권이전등기가 기입되었다고 하더라도, 원고와 위 피고들 사이에 있어서는 그 소유권은 의연히 원고에게 남아있는 것이므로, 동 피고들 명의의 지상권지분이 혼동으로 소멸되는 것은 아니다(대법원 1980. 12. 23. 선고 80다2176 판결).

▶ 변제기 도과 후의 사용·수익권

→ 채권자는 변제기가 도과한 후에는 정산금을 지급하기 전이라도 환가를 위하여 채무자 및 제3자에게 본등기 및 담보물의 인도를 청구할 수 있다(대법원 65다857 판결, 66다 1330 판결, 72다2032, 2030 판결, 79다1689 판결, 1991. 11. 8. 선고 91다 21770 판결, 2001. 3. 23. 선고 2000다29356, 29363 판결).

→ 제3자가 설정자로부터 적법하게 점유를 이전 받아 점유하고 있는 때에도 같다(위 91다21770 판결).

  ㄴ 그러나 그 인도청구의 권원은 담보계약에 의한 것이므로 이에 의하지 않고 소유권에 의하여 청구한 경우에는 허용되지 않음(대법원 1988. 11. 22. 선고 87다카2555 판결, 1990. 4. 24. 선고 89다카18884 판결, 1991. 11. 8. 선고 91다 21770 판결, 1991. 8. 13. 선고 91다13830 판결).

  ㄴ 양도담보는 채권담보의 목적으로 담보목적물의 소유권을 채권자에게 신탁적으로 이전하여 그로 하여금 그 담보목적 범위 내에서 소유권을 행사케 하는 것이므로, 그 피담보채무가 전부 변제되었다면 채권자는 그 담보권을 상실한 것이니, 다른 특별한 사정이 없는 한 채권자는 채무자에게 그 담보물의 소유권을 회복하여 줄 의무가 있다고 할 것이며, 따라서 그 채무자로부터 적법하게 어떤 권리를 받은 제3자에 대하여 채권자 명의의 소유권이전등기가 있다는 그 사실만 가지고 소유권을 주장할 수 없다(대법원 1974. 12. 10. 선고 74다183 판결).3)

나. 외부관계

▶ 양도담보권자는 대외적 관계에서 소유권을 주장할 수 있으므로 제3자가 권원 없이 이를 점유하고 있는 경우 그 인도를 청구할 수 있다(대법원 1986. 8. 19. 선고 86다카315 판결 등).

→ 양도담보설정자는 등기명의가 양도담보권자 앞으로 되어 있다 하더라도 불법점유자에 대하여 자신이 실질적 소유자임을 주장하여 그 배제를 구할 수 있다(대법원 1963. 3. 28. 선고 63다76 판결, 1976. 2. 24. 선고 75다1608 판결, 1988. 4. 25. 선고 87다카2696, 2697 판결).

  ㄴ 그러나 설정자가 양도담보권자의 권리를 대위행사하도록 하는 것이 법리상 바람직하다(사견).

---

3) 피담보채무의 변제를 소유권이전의 원인이 된 매매계약 등의 취소, 해제와 같이 취급하여 채무자 앞으로의 소유권이전이나 소유권이전등기의 말소 없이도 곧바로 소유권이 복귀된다고 보기는 어렵고, 제3자는 채무자의 채권자에 대한 권리(소유권이전등기청구권이나 소유권이전등기말소청구권)를 대위행사할 수 있을 뿐이라고 보는 것이 타당하다고 생각된다.

▶ 양도담보권자는 제3자에 대하여 제3자이의의 소를 제기할 수 있다(대법원 1957. 4. 6. 선고 4290민상86 판결, 대법원 1971. 3. 23. 선고 71다225 판결).

▶ 정산절차 없이 채권자가 타에 처분한 경우

→ 대외적 관계에서 양도담보권자가 소유권자이므로, 양도담보권자가 정산절차를 거치지 않고 담보계약에 반하여 이를 제3자에게 처분하더라도 이는 유효하고, 제3자는 선악을 불문하고 유효하게 소유권을 취득한다(대법원 1959. 11. 5. 선고 4292민상63 판결, 1962. 12. 27. 선고 62다724 판결, 1969. 10. 23. 선고 69다1338 판결 등).

  ↳ 3취득자의 등기가 통정허위표시에 의해 이루어진 경우 설정자는 담보권자를 대위하여 그 등기의 말소를 구할 수 있다(대법원 1968. 9. 24. 선고 68다988 판결).

  ↳ 담보부동산에 대해 실질적인 양도담보권을 갖는 채권자의 대리인이 담보부동산을 적정한 시가로 처분하여 채권의 만족을 얻지 아니하고, 담보부동산의 취득자와 통모하여 시가의 절반에도 못 미치는 가격에 취득자가 가공인물의 명의로 이를 매수하였다가 자신의 매부에게 전매하였다면 이는 배임행위에 해당하고, 양도담보권자의 이러한 배임행위가 취득자의 적극가담으로 이루어진 이상 위 양자 간의 매매계약은 반사회적인 법률행위로서 무효이다(대법원 1984. 6. 12. 선고 82다카672 판결).

→ 양도담보권자의 처분행위가 변제기 도래 전에 이루어진 경우에는 설정자는 담보권자에게 담보계약{설정자는 담보물의 소유권을 신탁적으로 채권자에게 이전하고, 채권자는 담보 목적 범위 내에서만 소유권을 보유하고 선량한 관리자의 주의로써 담보물을 관리하며 변제기 도래 후에 적법한 절차(당사자 간 약정이 있는 때는 그 약정 포함)에 따라 담보물을 처분할 의무를 부담하는 내용}상의 채무불이행을 원인으로 한 손해배상청구권을 취득하게 되나, 양도담보권자가 적정한 가격으로 처분한 때에는 정신적 손해가 있는 예외적 경우를 제외하고는 손해배상청구권을 취득하지 못하고 단지 처분액과 채무원리금의 차액의 지급을 구할 권리만이 있다.

  ↳ 채무자 등 설정자가 담보권자에 대하여 손해배상청구권 또는 차액 지급청구권을 취득하는지 여부와 그 손해액 및 공제(상계)할 채무액의 산정 기준시는 처분시이다(대법원 1969. 3. 25. 선고 69다112 판결, 1981. 5. 26. 선고 80다2688 판결, 1983. 2. 8. 선고 81다547 판결, 2002. 1. 25. 선고 2000다12952 판결 등)

  ↳ 채권 담보를 목적으로 부동산의 소유권이전등기를 마친 채권자는 채무자가 변제기일까지 그 채무를 변제하면 채무자에게 그 소유명의를 환원하여 주기 위하여 그 소유권이전등기를 이행할 의무가 있으므로, 그 변제기일 이전에 그 임무에 위배하여 제3자에게 근저당권을 기입하여 주었다면 변제기일까지 채무자의 채무변제가 없었다고 하더라도 배임죄는 성립되고, 그와 같은 법리는 채무자에게 환매권을 주는 형식을 취하였다고 하여 다를 바가 없다(대법원 1995. 5. 12. 선고 95도283 판결).

Ⅱ. 계속적 보증채무의 확정과 보증인의 책임

제1 문제의 소재

이른바 계속적 보증은 보증기간의 장기성, 보증 대상 채무의 증감·변동에 따른 불특정과 장래의 확정이라는 특질상 보증계약 성립 당시 보증책임의 내용이 불명확하다. 따라서 계속적 보증에서는 보증채무가 확정되기 전까지 보증인이 매우 불안정한 지위에 놓이므로, 보증인 보호를 위해서 다양한 법적 장치를 강구할 필요가 있는데 무엇보다도 보증채무의 확정을 분명히 하는 것이 특히 중요하다. 보증채무가 확정되어야 보증인의 책임이 분명해지기 때문이다.

계속적 보증채무의 확정과 관련해서는 ① 언제, 어떠한 사유로 보증채무가 확정되는지, ② 주채무의 확정과 보증채무의 확정은 어떠한 관계가 있는지, ③ 이들 채무의 확정은 어떠한 의미를 가지며 그 확정된 채무에 대하여 보증인은 구체적으로 어떠한 범위에서 책임을 지는지가 주로 문제된다.

그러나 우리 민법과「보증인 보호를 위한 특별법」(이하 편의상 '보증인보호법'으로 줄여 쓴다)은 이에 관하여 아무런 규정을 두고 있지 않고, 학설과 판례 역시 주로 ① 해석에 의한 보증범위, 즉 보증계약상 보증 대상의 제한을 통한 보증책임 범위의 제한, ② 보증계약의 해지 가부 및 그 사유, ③ 보증계약 후 채권자의 보증인에 대한 통지의무 등 주의의무 유무 및 그에 따른 보증책임 제한의 가부, ④ 보증채무와 보증인 지위의 상속 여부 등에 논의를 집중함으로써, 이 문제의 해결방안에 관한 논의는 매우 미흡한 실정이다. 현실의 거래계에서 계속적 보증은 다종·다양한 모습으로 나타나고 있는바, 우선 다음 세 가지 대법원 판례의 사례를 비교해 보면 이 문제에 대한 깊은 논의가 필요함을 절감할 수 있을 것이다.

ⓐ 甲은 乙을 丙 병원에 입원시키고 丙에 대한 치료비 채무를 보증하였다(입원기간이나 치료비 한도액에 관한 정함이 없었다). 이에 따라 乙은 丙 병원에서 치료를 받고 그 치료비 채무를 부담하게 되었는데, 甲은 여러 가지 사정을 들어 위 보증을 해지하였다. 乙은 그 해지 이후에도 계속해서 치료를 받았으나 그 치료비 채무를 변제하지 못하자 丙은 甲에

게 그 치료비 채권 전액에 대한 보증책임을 요구하였다. 이에 대하여 대법원은 甲의 보증계약 해지를 인정하고, 그 해지의 효력 발생일까지 발생한 치료비 채무에 대하여만 보증책임을 진다는 원심판결을 인용하였다(대법원 1986. 9. 9.
선고 86다가792 판결).

ⓑ 甲은 乙 회사의 이사 지위에서, 乙이 丙(신용보증기금)의 보증을 얻어 丁 은행과 일정 기간에 걸쳐 당좌대출 거래를 하는 과정에서 丙이 丁에 대한 乙의 채무를 대위변제할 경우 발생할 乙의 丙에 대한 구상채무를 보증하였다. 이에 따라 乙은 丙의 신용보증을 얻어 丁과 당좌대출 거래를 하였는데, 甲은 당좌대출 거래 약정기간(丙의 신용보증기간과 같다.)의 종료 전에 이사직을 사임하고 丙에게 보증계약 해지를 통지하였다. 그 뒤 丙은 丁에게 乙의 채무를 대위변제하고 甲에게 보증계약 해지 당시의 당좌대출 거래로 인한 잔존 채무에 대한 보증책임을 요구하였다. 이 사안에 대하여 대법원은, 당좌대출 거래상의 채무에 대한 丙의 보증은 당좌대출 거래기간 동안에는 약정된 한도액 범위 안에서 증감·변동하는 대출원리금에 대하여 보증책임을 지지 아니하고 그 거래 종료 시에 신용보증채무가 확정되는 이른바 근보증에 해당하므로, 그 당좌대출 거래 종료에 따른 丙의 신용보증채무가 확정되기 전에 甲이 丙과의 보증계약을 해지한 이상 丙은 甲에게 보증책임을 전혀 물을 수 없다고 판시하였다(대법원 1998. 6. 26.
선고 98다11826 판결).

ⓒ 甲은 乙이 丙 은행의 지급보증을 받아 丁과 계속적 외상거래를 하는 과정에서 丙 은행이 乙의 丁에 대한 채무를 대위변제할 경우 乙이 丙 은행에 대하여 부담하는 구상채무를 보증하였다. 이에 따라 乙은 丙 은행의 지급보증하에 丁과 거래를 하여 채무를 부담하였는데, 甲은 사정변경을 이유로 丙 은행에 대한 보증계약을 해지하였다. 丙 은행은 甲의 해지 이전에 乙이 丁에 대하여 부담하고 있던 채무를 甲의 보증계약 해지 이후에 대위변제하고 甲에게 그 보증책임을 요구하였다. 대법원은 이에 대하여, 丙 은행의 乙에 대한 구상금채권은 특별한 사정이 없는 한 乙의 채무불이행으로 인하여 丙 은행이 丁에 대하여 대위변제를 한 때에 발생하는데, 甲이 보증계약을 해지하기 전에 丙 은행이 丁에게 대위변제를 하지 않은 이상 甲의 보증계약 해지 시 丙의 구상금채권이 발생하지 않았으므로 丙은 甲에게 보증책임을 물을 수 없다고 판시하였다(대법원 1994. 3. 22.
선고 92다42934 판결).

위 사례들에서 대법원은 보증인의 책임 유무와 범위를 다르게 판단하고 있음을 알 수 있는바, 이러한 사안별 차이는 어디에서 오는 것인가? 그리고 대법원의 위 판단기준에는 아무런 문제가 없는 것인가?

제2 계속적 보증의 의의

1. 계속적 보증의 개념과 유형

가. 계속적 보증의 개념

1) 이른바 계속적 보증이란 용어는 법률상의 용어가 아니다. 우리 민법은 보증에 관하여 단순보증과 연대보증, 보증연대에 관한 규정을 두고 있을 뿐이고, 계속적 보증에 관하여는 "보증은 장래의 채무에 대하여도 할 수 있다"는 규정(제428조제2항) 외에 직접적인 규정을 두고 있지 않다.[4] 또 뒤에서 보는 바와 같이 보증인보호법에서도 계속적 보증이란 용어를 사용하지는 않고 있다. 따라서 계속적 보증이란 용어는 학계와 판례에서만 사용되고 있는 것으로서,[5] 그 개념을 일의적으로 정의하기 어렵다.

2) 계속적 보증의 개념에 관한 학설의 대강을 모아보면, 보증의 대상인 주채무 발생의 원인관계가 시간적 지속성(계속성)을 가지고 있어 그로부터 계속하여 발생하는 주채무에 대한 보증이라고 정의할 수 있을 것이다.[6] 따라서 계속적 보증채무는 그 보증의 대상인 채무가 발생하는 기본 거래관계와 마찬가지로 계속적 채권채무관계의 일부에 속한다.

그러나 이것만으로는 계속적 보증의 고유한 특성 내지 의미, 즉 그 반대 개념과 구별되는 독자적 의미를 제대로 나타낸다고 할 수 없다. 앞서 본 바와 같이 계속적 보증이 문제되는 것은, 주채무의 증감·변동에 따른 불특정과 불확정성으로 인해 그것이 확정되기 전까지는 보증채무의 내용이 불확정한 데에서 다른 보증과는 다른 취급이 요구되기 때문이다.

3) 이러한 견지에서 계속적 보증을 파악한다면, 보증의 대상인 주채무가 시간적 계속성을 가진 원인관계로부터 계속적·수회 반복적으로 발생·소멸함으로써 증감·변동하는 특성을 띠고, 이러한 주채무가 일정한 사유로 증감·변동을 멈추어 확정되고 변제기가 도래한 때에 주채무자가 이를 변제하지 않을 경우, 보증인이 그와 같이 확정(특정)된 잔존채무에 대하여 보증책임으로서 변제할 책임을 지는 보증이라는 것이 본래 의미에서의 계속

---

4) 이것이 과연 이른바 계속적 보증에 관한 규정인지도 사실은 분명치 않다고 할 수 있다.
5) 계속적 보증이란 용어는 이에 관한 실정법 규정이 마련되기 전인 1952년 일본의 민법학자 西村新雄이 그의 저서 <繼續的保證の研究>에서 처음 사용하였고, 일본 법원은 1960년 이후부터 하급심과 최고재판소(1964. 12. 18. 선고 소화 38년才1173 판결)가 사용하기 시작했다고 한다(배성호, "계속적 보증에 있어서 보증인의 책임 범위 및 그 제한", 영남대학교 사회과학연구 제21집 1권, 54쪽 참조. 이하 편의상 참고문헌의 인용은 저자와 쪽수만 밝히고 그 이외의 것은 뒤에 첨부하는 <참고문헌>에 미루기로 한다).
6) 박병대 2, 375면은 이를 가리켜 보증 대상 채무 발생의 개연성이 시간적 지속성을 지니고 있는 것이라고 잘 표현하고 있다.

적 보증의 정확한 정의라고 할 수 있다.[7] 전자의 시각에서 계속적 보증을 파악하면 뒤에서 보는 바와 같이 그 범위가 매우 넓어지는바, 이를 광의의 계속적 보증이라고 할 수 있겠다. 반면, 후자의 그것은 광의의 계속적 보증 가운데 그 범위를 좁힌 것이므로 협의의 계속적 보증이라고 할 수 있겠다.

4) 광의의 계속적 보증에 대응하는 개념으로는 일시적 보증 또는 일회적 보증을 생각할 수 있다.[8] 여기서 말하는 일시적 보증이나 일회적 보증은, 단순히 보증채무의 이행기 또는 보증계약 이후 보증채무 확정시까지의 기간이 단기라거나 주채무를 구성하는 개별 채무가 하나라는 것이 아니다. 즉 계속적 보증이, 보증의 대상인 주채무가 그 원인관계로부터 시간적 지속성을 갖고 계속적·수회 반복적으로 발생하는 것임에 반해 일시적·일회적 보증은 주채무가 일시적·일회적으로 발생한다는 데에 그 중점이 있다.[9] 계속적 보증에 있어 위와 같이 주채무가 계속적·수회 반복적으로 발생한다는 것은 반드시 동종의 채무가 반복적으로 발생하는 것에 국한하지 않고, 복수의 채무가 시간적 간격을 갖고 발생하면 족하다고 할 것이다.

5) 한편 계속적 보증은 민법이 예정하고 있는 보증채무 발생의 원인인데, 우리 민법은 보증채무에 관하여 보증의 결과 수인의 채권자 및 채무자가 발생하는 것에 주목하여 이를 제3편(채권)의 이른바 '다수 당사자의 채권관계'에 규정하면서 '보증행위'는 법률행위나 계약의 일반 법리에 맡기고 따로 규정을 두고 있지 않다. 따라서 계속적 보증 역시 채권 채무관계인 (인)보증의 일부로서 채권적 법리가 적용된다. 계속적 보증인이 그 보증과 함께 물상보증을 하거나 그 계속적 보증채무를 담보하기 위하여 저당권 또는 근저당권을 설정한 경우에는 원칙적으로는 각각 그 성질에 따라 채권법 또는 물권법이 따로 적용되어야 할 것이다.

나. 계속적 보증의 유형

광의의 계속적 보증은 다음과 같이 여러 기준에 따라 이를 분류할 수 있다.

(1) 주채무 발생의 시기

보증의 대상인 주채무가 보증 이후 장래에 발생하는 것에 국한되는 보증과 현재 이미 발생되어 있는 것도 포함하는지에 따라 나눌 수 있다. 장래의 채무에는 정지조건부 채무

---

7) 이는 시간적 계속성 외에 주채무의 증감·변동에 따른 불특정·불확정이라는 기준을 더한 것으로서, 이 것이 뒤에서 보는 협의의 계속적 보증, 즉 근보증이다. 확정의 구체적 의미와 확정 전후에 있어 보증인의 지위에 관하여는 다양한 견해가 있을 수 있는바, 이에 관해서는 뒤에서 살펴본다.

8) 김영기 102면; 이재홍, 134면; 박병대 2, 12면 참조.

9) 일시적·일회적 보증은, 1회의 매매계약에서 발생하는 매도인의 재산권이전의무나 매수인의 대금지급 채무에 대한 보증, 1회의 소비대차계약에서 발생하는 차용인의 원리금지급채무에 대한 보증이 그 전형적인 것이다.

를 포함한다.

(2) 주채무 발생의 원인

채권채무관계의 종류, 즉 주채무 발생의 개별적 원인을 매매, 소비대차 등 법률행위를 요소로 하는 거래행위에 관련한 채무의 보증과, 법률행위 외의 채권채무 발생원인인 채무불이행이나 불법행위, 사무관리, 부당이득 등에 관련한 채무의 보증으로 나눌 수 있다.

전자는 기본적으로 주채무자의 경제적 신용을 토대로 하므로 신용보증이라고도 하는바, 그 실례를 거래 현실에서 예시하자면, ① 대리점계약이나 우유, 신문 등의 계속적 구입과 같은 계속적 물품공급거래, ② 계속적 소비대차의 일종인 한도대출거래, 마이너스대출거래, 계속적 어음할인거래, 신용카드거래, 당좌대월거래, ③ 병원치료와 같은 계속적 용역(서비스)공급거래 등을 들 수 있다. 후자는 신원보증, 임대차보증 등이 주요한 실례이다.

(3) 주채무 발생원인의 단복 여부

복수의 주채무가 시간적 간격을 갖고 발생하는 경우에도 그 발생의 원인관계가 하나인 경우와 복수인 경우가 있다. 하나의 임대차계약에 기한 주기적인 복수의 차임채무, 하나의 리스계약이나 할부거래계약에 기한 복수의 리스료채무 또는 분할대금채무는 전자의 예이고,[10] 기본약정으로 대리점계약이나 한도대출약정을 체결하고 이에 기해 개별적으로 물품 또는 용역을 공급(매매)하거나 자금을 대출하는 것은 후자의 예이다.

(4) 주채무의 특정 여부

보증 당시 주채무의 내용, 즉 구체적인 발생원인과 그 발생 시기, 금액이나 급부의 내용, 이행기, 이자나 지연손해금률 등이 이미 구체화되어 있음으로써 그 동일성을 인식할 수 있어 주채무가 특정되어 있는 보증과 그렇지 아니한 불특정의 채무에 대한 보증으로 나눌 수 있다.[11] 대법원은 특정채무 보증을 금융계의 용례에 따라 개별보증 또는 건별보증이라고 지칭하기도 하는바(1993. 12. 21. 선고 93다29341 판결, 1995. 10. 13. 선고 94다4882 판결, 2003. 11. 14. 선고 2003다21872 판결 등),[12] 이는 보증인이 채권자와 주

---

10) 1회의 매매라도 할부매매에 따른 수회의 대금지급채무, 1회의 소비대차에 따른 수회의 이자지급채무나 분할 원금납입채무, 1회의 리스에 따른 수회의 리스료 지급채무, 1회의 임대차에 따른 수회의 차임지급채무 등과 같이, 보증기간 중 채권자와 주채무자가 계속적 물품공급거래 등에서처럼 복수의 법률관계(예컨대, 기본적 대리점계약과 그에 따른 개별적 매매계약)를 형성하지 않고서도 시간적 지속성을 갖고 복수의 채무가 발생하는 것이면 위에서 말하는 계속적 보증에 해당하게 된다.

11) 주채무가 불특정한 것에는 채무가 증감·변동하는 것과 증감·변동하지 않는 것이 있는바, 이는 근보증과 관련하여 의미가 있으므로 뒤에서 보기로 한다.

12) 2010. 3. 현재 사용 중인 신용보증기금의 신용보증약정서에는 "신용보증기금은 주채무의 내용에 따라 개별보증 또는 근보증 방법으로 신용보증을 할 수 있다"고 하고, 신용보증약관에서는 "개별보증은 특정된 1건의 채무에 대하여 건별로 보증하는 방법을 말하고, 근보증은 채권자와 채무자의 계속적인 거래에서 발생하는 불특정 다수의 채무에 대하여 보증의 한도와 기간을 정하여 보증하는 방법을 말하

채무자 사이의 개별적인 거래에 대하여 그로부터 발생하는, 구체적으로 채무 내용이 확정된 개개의 채무를 보증하는 방식으로서,[13) 확정채무의 보증이라는 용어도 사용된다.

전자는, 임대차계약에 있어 주기적인 납기가 정해진 등으로 장래 발생이 예정된 복수의 차임채무, 리스나 할부거래에 있어 장래의 리스료채무나 분할대금채무에 대한 보증을 들 수 있다. 후자는, 대리점계약을 통한 계속적인 물품이나 용역의 거래, 이른바 한도대출이나 당좌대월의 기본약정에 기한 수차의 대출이나 대월에 따른 채무 보증을 들 수 있다.

(5) 부종성의 여부

보증인은 원래 주채무자가 채무를 이행하지 않는 경우에 주채무자를 대신하여 그 채무를 이행하는 것이므로($_{조~제1항}^{민법~제428}$) 보증은 결국 주채무자의 경제적 신용을 보증(신용보증)하는 것이 되고, 보증채무는 주채무의 발생, 증감·변경, 소멸에 종속되어 부종성을 갖는다.[14) 이같이 부종성을 갖는 일반적(부종적) 보증과 달리, 피보증인의 채권자에 대한 법적 책임의 성립 여부와 관계없이 보증인이 채권자가 입은 손해를 전보하기로 하는 신원보증[15)이나 손해담보계약 등의 경우에는 부종성이 없는바, 통설은 후자를 독립적 보증이라고 한다.[16)

(6) 보증책임의 현실화 시기

계속적 보증에 있어 보증인은 원인관계로부터 계속하여 발생하는 개별 채무 전부에 대하여 보증책임을 지는가, 아니면 보증의 종료 시 잔존하는 채무에 대하여만 보증책임을

다"고 하고 있다.

13) 그러나 개별적인 거래에 대한 보증이라고 하더라도, 당좌대월거래와 같이 그 거래의 성격상 그 거래로부터 발생하는 개별적인 채권채무의 내용이 개별보증 당시 특정(확정)되어 있지 않은 것도 있으므로, 개별적 거래에 대한 보증, 즉 개별보증이라 하여 반드시 확정채무에 대한 보증이 되는 것은 아니다. 이는, 신용보증기금 등이 주채무자와 협의의 계속적 보증(근보증)인 이른바 한도거래 신용보증약정을 체결하고, 그에 기하여 개별보증의 일환으로 주채무자의 당좌대월거래상 채무를 보증하는 경우가 전형적인 것이다(이 경우 당좌대월거래의 특질상 신용보증기금은 개별적인 당좌대월마다 확정채무의 보증으로서 신용보증을 하기는 매우 어렵다).

14) 다만, 일반적(부종적) 보증이라 하여도 뒤에서 보는 협의의 계속적 보증(근보증)과 관련하여서는 근저당권에서와 같이 상당 부분 부종성이 완화되고, 또 부종성의 하나인 수반성이 제한된다.

15) 신원보증에는 대체로 ① 피용자의 법적 책임을 전제로 한 것, ② 법적 책임의 성부와 관계없이 피용자의 행위로 인한 사용자의 모든 손해를 보증하는 것, ③ 보다 폭넓게 피용자의 충실의무까지 포함하는 것의 세 가지 형태가 있는 것으로 논의되는바, ①만이 부종성을 갖는 순수한 보증에 해당한다. 대법원은 신원보증의 의미를 "명칭 여하를 불문하고 고용관계가 있는 피용자의 행위로 인하여 사용자가 받은 손해를 배상하기로 하는 계약"이라고 정의한다(1959. 9. 24. 선고 4290민상786 판결, 1987. 4. 28. 선고 86다카2023 판결). 1957. 10. 5. 제정 당시의 신원보증법은 그 적용 대상인 신원보증계약에 관하여 인수, 보증 기타 명칭의 여하를 불문하고 피용자의 행위로 인하여 사용자가 받은 손해를 배상하는 것을 약정하는 계약을 말한다고 하였으나, 2002. 1. 14.자 개정 법률은 피용자가 업무를 수행하는 과정에서 그의 책임 있는 사유로 사용자에게 손해를 입힌 경우에 그 손해를 배상할 채무를 부담할 것을 약정하는 계약을 말하며, 신원보증인은 피용자의 고의 또는 중과실로 인한 행위로 인하여 발생한 손해에 대하여만 배상할 책임이 있다고 하고 있어 위 ①만을 대상으로 하고 있다.

16) 강용현, 408면; 박병대 2, 162, 375면 참조.

지는가?

전자를 긍정하면 보증인은 개개의 주채무에 대하여 채권자의 요구에 따라 보증책임을 져야 하며, 개개의 주채무는 보증기간의 만료나 보증계약의 해지 등 보증의 종료를 기다리지 아니하고 그 발생과 동시에 현실적인 보증책임의 대상이 된다. 반면 후자의 경우 보증인은 개개의 채무에 대하여 보증책임을 지지 아니하므로 개별적인 채무는 보증인에 대한 관계에서 아무런 의미를 갖지 아니하며,[17] 보증의 종료 시 잔존하는 것에 한하여 현실적인 보증책임의 대상이 되고 보증인에 대한 관계에서 그제서야 의미를 갖게 된다. 계속적 보증에 있어서 보증계약의 내용에 따라 위 두 유형이 모두 있을 수 있으나, 보증계약상 어느 쪽인지 불분명한 경우 계속적 보증의 기본 법리상 후자 쪽으로 해석함이 타당하다고 생각된다.[18]

다. 협의의 계속적 보증과 근보증

(1) 학설과 판례

1) 학설과 판례상 계속적 보증이라는 용어와 함께 근보증이라는 용어가 사용되고 있다. 이 둘은 같은 의미의 것인가? 양자를 같은 의미로 이해하는 견해는 근보증을 "채권자와 주채무자 사이의 계속적 거래관계에서 생기는 현재 및 장래의 불확정채무의 보증",[19] "계속적 거래에 기하여 발생하고 증감·변동하는 채무로서 일정 시기의 결산에 의하여 확정하는 불특정채무의 보증"[20]이라고 한다.

2) 일부에서는, 계속적 보증은 계속적 채권관계에서 발생하는 채무에 대한 보증을 의미하고 근보증은 특정채무의 보증에 대비하여 불특정채무의 보증의 의미가 강하므로, 양자가 일치하는 영역도 있지만 신원보증과 같이 계속적 보증에는 해당하나 근보증에는 해당하지 않는 경우도 있다는 견해,[21] 계속적 보증을 광의로 사용하고 그 중 계속적 거래관계로부터 발생하고 증감·변동하는 불특정의 채무에 대한 보증인 신용보증만을 근보증으로 보는 견해,[22] 특정의 기본거래계약에서 장래 발생할 예정인 주채무를 보증하는 것을 근보증, 근보증 중에서 기본거래계약이 신용계약인 경우를 특히 계속적 보증으로 보는 견해[23]와 같이 양자를 다르게 보기도 한다. 그러나 계속적 보증과 근보증의 구별에 관한

---

17) 즉, 주채무가 확정되기 전 개별적인 채무의 발생, 변경(채권 양도나 채무 인수 등), 증감, 소멸은 보증인에게 아무런 영향을 미치지 않는다.

18) 이에 관하여는 뒤에 나오는 확정의 효과 참조.

19) 김준호, 152면; 김학동, 172면; 김현태 외, 208면; 박병대 1, 13~16면; 양창수, 420면; 이재후, 28면.

20) 김영기, 102면; 배성호, 54면; 최동홍, 90면; 곽윤직, 182면.

21) 이건호, 455면.

22) 김상용, 346면; 我妻榮, 461면; 水邊芳郎, 256면.

23) 이은영, 단행본 576면.

위 두 견해 모두 양자의 본질적 차이를 분명하게 드러내지 못하고 있다고 하겠다.

3) 대법원은 계속적 보증에 대하여 단순히 "불확정한 기간 동안 계속적으로 발생하는 채무의 보증"(1978. 3. 28. 선고 77다2298 판결), "채무자와 채권자 사이의 계속적 거래로 인한 채무의 보증"(1990. 2. 27. 선고 89다카1381 판결, 1995. 4. 25. 선고 94다37073 판결, 1998. 6. 26. 선고 98다11826 판결 등)이라고 판시한 바도 있고, 이를 보다 구체화하여 "계속적 거래관계로 인하여 발생하는 불확정한 채무의 보증"이라고 판시하기도 한다(대법원 1959. 9. 24. 선고 4290민상786 판결, 1994. 12. 13. 선고 94다31839 판결, 2000. 3. 10. 선고 99다61750 판결 등). 한편 "채권자와 주채무자 사이의 계속적 거래관계로 현재 및 장래에 발생하는 불확정적 채무에 관한 보증"이라는 판시(대법원 1984. 10. 10. 선고 84다카453 판결, 1988. 4. 27. 선고 87다카2143 판결, 1992. 7. 28. 선고 91다35816 판결, 1992. 11. 24. 선고 92다10890 판결 등) 역시 이와 동일한 취지라고 할 것이다. 대법원은 또 이 같은 계속적 보증을 신용보증(1972. 5. 23. 선고 72다353 판결) 또는 지급보증(1994. 3. 22. 선고 92다42934 판결)이라고도 표현하고 있다.

4) 한편, 근보증에 관하여 대법원은 "타인의 계속적 신용거래관계로부터 장래 발생할 불특정채무의 보증"이라 하여(1972. 5. 23. 선고 72다353 판결, 1988. 4. 27. 선고 87다카2134 판결 등) 이를 앞서의 계속적 보증과 같은 의미로 이해하고 있으며, 계속적 보증과 근보증의 용어를 엄격히 구분하지 않은 채 혼용하고 있다.[24]

(2) 법령 규정

1) 일본 민법은 "일정한 범위에 속하는 불특정의 채무를 주된 채무로 하는 보증계약"을 근보증이라고 정의하고, 이에 속하는 금전의 대부 또는 어음할인에 의해 부담하는 채무와 관련하여 그 보증인은 원본, 이자, 위약금, 손해배상, 기타 그 채무에 종속하는 채무와 보증채무에 대한 약정 위약금, 손해배상채무를 한도액 범위 내에서 이행할 의무가 있다고 규정하고 있다(동법 제465조의2 제1항).[25] 그리고 위 근보증에 관하여는 한도액을 정하지 않으면 효력이 없다고 하고 있다(같은 조 제2항).

이를 모델로 한 우리 보증인보호법 역시 제6조에서 '근보증'이라는 제명으로, "보증은 채권자와 주채무자 사이의 특정한 계속적 거래계약이나 그 밖의 일정한 종류의 거래로부터 발생하는 채무 또는 특정한 원인에 기하여 계속적으로 발생하는 채무에 대하여도 할 수 있다(제1항 전문)",[26] "이 경우 그 보증하는 채무의 최고액을 서면으로 특정하여야 한다(제1항 후문)"고 하여 근보증을 입법적으로 정의하고 있다.

---

24) 대법원은 1998. 2. 27. 선고 96다8277 판결에서는 확정채무에 대한 보증을 개별보증이라 하면서 이와 대립되는 개념으로서의 계속적 보증을 근보증과 같은 것으로 이해하고 있다.
25) 일본 민법은 근저당권에 관하여 그 피담보채권을 '일정 범위에 속하는 불특정의 채권'으로 전제한 다음 그 불특정 채권의 범위를 채무자와의 특정의 계속적 거래계약에 의해 생기는 채권, 기타 채무자와의 일정한 종류의 거래에 의해 생기는 채권, 특정한 원인에 기하여 채무자와의 사이에 계속하여 생기는 채권 또는 어음, 수표상의 채권으로 한정하고 있는바(동법 제398조의2), 위 근저당권에 관한 규정이 근보증에도 준용되는지에 관하여 직접적인 규정을 두고 있지 않다.
26) 우리 보증인보호법은 일본 민법의 근보증과 달리 그 피담보채권을 일본 민법의 근저당권과 동일하게 규정하고 있다.

일본 민법에 의하면 특정채무나 확정채무는 동법상의 근보증에서 제외됨이 분명하나, 우리 보증인보호법에서는 그것이 분명치 않다. 그러나 계속적 거래계약 등으로부터 계속적으로 발생하는 채무를 보증의 대상으로 한다고 하고, 보증한도액을 정하도록 하고 있으며 그 제명을 근보증으로 하고 있음을 고려하면, 우리 보증인보호법에서도 특정채무나 확정채무는 동법 소정의 근보증 대상에서 제외된다고 할 것이다. 따라서 이들 법률이 규율하는 근보증은 앞서 본 협의의 계속적 보증과 같다고 할 수 있다.

2) 근보증이란 용어는 본래 담보권 일반으로부터 유래한 것이라 할 수 있다. 즉 물적 담보인 근저당, 근질, 근양도담보, 근가등기담보 등에 대응하여 인적 담보인 근보증이란 개념이 도출된 것이다.[27] 여기서 종래 실정법상 규정이 없었던 근보증에 관하여[28] 근저당권에 관한 법리를 통일적으로 준용 또는 유추적용할 수 있는지를 둘러싸고 많은 논의가 전개되어 왔고, 학설의 대세는 이를 긍정하는 방향으로 기울었다고 할 수 있다.[29]

그런데 근저당권은 보통의 저당권과 달리, 근저당권과 피담보채권의 결합관계인 부종성을 완화하여 근저당권 설정 당시 담보의 대상인 채권(피담보채권)을 구체적으로 특정 내지 확정하지 아니한 채 그 담보의 최고한도만을 정해 장래에 이를 확정할 것을 유보하고, 그 확정시까지 채무의 발생, 소멸, 증감 또는 이전은 저당권에 영향을 주지 않는 것을 주안으로 하므로(민법 제357조 제1항),[30] 장래 발생할 불특정의 채권채무를 담보하는 데 유용한 수단이라고 할 수 있다.

따라서 근저당권의 개념을 유추하여 근보증을 이해한다면 ① 계속적으로 발생, 변경, 소멸하여 증감·변동하는 불특정채무의 보증, ② 결산기 등 일정 시점에서의 보증채무 확정, ③ 일정한 한도액(보증한도액) 범위 내에서의 담보라는 세 요소를 근보증의 핵심적인

---

27) 박병대 1, 12면; 최혁지, 980면. 최동홍, 78면은 근보증을 계속적 거래관계로부터 생기는 불특정 다수의 증감·변동하는 장래의 채권에 관하여 일정한 한도액 범위 내에서 담보하는 보증이라고 이해하고, 근보증과 근저당권을 합하여 근담보라고 하고 있는데, 이 역시 이러한 견해에 따른 것이다.

28) 민법은 근담보에 관하여 근저당권 외에는 아무런 규정을 두고 있지 않다.

29) 田原睦夫, 94면; 荒川重勝, 199면 참조.

30) 통설이다. 이에 따라 학설은 근저당권을, 계속적인 거래관계로부터 발생하는 다수의 불특정채권을 장래의 결산기에서 일정한 한도까지 담보하려는 저당권을 말한다고 설명한다(민법주해 Ⅶ, 11면). 반대설로는 김재형, 91~92면(민법이 근저당권의 피담보채권을 불확정채권에 한정하고 있으므로 장래의 증감·변동하는 불특정의 채권 외에 임대차보증금반환채권 등과 같이 확정되지 않은 특정채권을 위해서도 근저당이 가능하다고 한다.). 한편, 일본의 경우 우리보다 늦게 1971년 민법 개정을 통해 근저당권에 관한 규정을 신설하였는데, 설정행위로 정한 바에 따라 일정 범위에 속하는 불특정의 채권을 한도액 범위 내에서 담보하는 것이라고 정의하고(동법 제398조의2 제1항), 그 불특정 채권의 범위를 채무자와의 특정의 계속적 거래계약에 의해 생기는 채권, 기타 채무자와의 일정한 종류의 거래에 의해 생기는 채권, 특정한 원인에 기하여 채무자와의 사이에 계속하여 생기는 채권 또는 어음, 수표상의 채권으로 한정하고(동법 제398조의2 제2, 3항), 또한 채무자와의 거래에 의하지 않고 취득한 어음, 수표상의 채권은 채무자의 지불정지, 채무자의 파산, 근저당목적물에 대한 경매 등이 있는 때에 이러한 사실을 알고서 취득한 경우에는 그 전에 취득한 것에 한해 근저당권 행사를 허용하고 있다(제398조의3 제2항).

구성요소로 생각할 수 있다.[31] 이른바 계속적 보증이 문제되는 것은 보증 일반의 정의성 (情義性)과 무상성(無償性)에 더하여 주채무의 계속적 발생과 불특정 및 불확정에 따른 보증인 지위의 불안정에 기인한다고 할 수 있고, 이로부터 보증책임의 감경, 보증계약의 해지 등 다양한 법이론이 모색되고 입법을 통한 규제가 이루어져 왔다고 할 수 있다. 이런 점에서 일본 민법이나 우리 보증인보호법이 앞서 본 계속적 보증 일반, 즉 광의의 계속적 보증이 아닌 장래의 증감·변동하는 불특정·불확정 채무에 대한 보증을 근보증이라 하여 그 규율의 중심으로 삼은 취지를 이해할 수 있다.

3) 결국 보증에 있어 그 대상인 주채무가 채권자와 주채무자 사이에서 계속성, 변동성을 갖는 법률관계로부터 발생함으로써 그에 따른 예측 불가능성으로 인해 보증인이 예상하지 못한 손해를 입을 수 있고, 이로부터 일반의 보증에 관한 법리와는 다른 법리를 적용하려는 것이 이른바 계속적 보증의 문제라는 점에서, 계속적 원인관계로부터 발생하는 불특정·불확정 채무에 대한 보증으로서, 부종성이 없는 독립적 보증을 제외한 것을 협의의 계속적 보증 또는 근보증으로 다루는 것이 적절하다고 생각된다.[32] 여기서 '계속성을 갖는 법률관계' 또는 '계속적 원인관계'란 단순히 채무의 발생과 그 이행에 시간적 계속성 (지속성)이 있는 것만으로는 부족하고, 그로부터 수회 반복적으로 채권채무가 발생하는 것이어야 한다. 따라서 임대차계약에 있어 임차인의 목적물반환채무 불이행에 따른 손해배상책임을 보증한 경우나 신원보증의 경우와 같이, 채무가 시간적 계속성이 있고 그 채무 내용이 불확정적이라고 하더라도 수회 반복적 발생·소멸을 통한 증감·변동이 전제되지 않은 것은 이에 해당하지 아니한다.[33] 이는 시간적 계속성을 갖는 조건부 채무관계에

---

31) 그러나 근저당과 달리 근보증에서는 ③은 필수적인 요소가 아니다.

32) 계속적 보증과 근보증의 이러한 관계에 주목하여 통상 계속적 보증은 신원보증과 같은 독립적 보증이나 특정채무의 보증을 제외하고 "계속적 채권관계에서 발생하는 불확정채무의 보증", "계속적 채권관계에서 발생하는 현재와 장래의 증감·변동하는 불특정한 채무의 보증"으로 한정하여 이해하는 것이 일반이다(권오승, 274면; 박병대 1, 375면; 배성호, 53면; 양창수, 420면; 오창수, 53면; 황영수, 153면). 즉 계속적 보증은 원칙적으로 협의의 계속적 보증(근보증)을 의미한다고 보는 것이다.

33) 임대차에 있어 목적물반환채무의 불이행이나 신원보증에 기한 손해배상채무의 경우 그 손해 발생 여부가 우연에 달려 있고 그 배상채무 금액도 불확정적이며 시간적 계속성도 개재되어 있으나, 개별적 채권채무의 발생·소멸을 통한 증감·변동이 당연히 예정되어 있지는 않다. 이러한 특성으로부터, 이들 손해배상채무는 설사 그것이 발생하더라도 그 원인이 계약상의 채무불이행이라는 단일한 1개의 채권채무일 뿐이라는 점에서 불특정성이 약하며, 보증인 보호의 필요성도 상대적으로 약하다. 그러므로 이들에 대해서는 구체적인 사정에 따라 협의의 계속적 보증의 법리를 유추 적용하는 것으로 충분하다고 생각되며, 신원보증은 거의 신원보증법에 따르게 될 것이다.
일본 판례에 의하면 임대차계약에 있어서 ① 임대차계약이 갱신되더라도 보증인의 승낙이 없는 한 갱신 후의 채무는 보증인에게 미치지 않고(대심원 1916. 7. 15. 선고 대정 5년才437 판결, 1931. 3. 11. 선고 소화 5년才2249 판결), ② 임대차기간의 정함이 없는 경우 계약 후 상당한 기간이 경과하여도 보증인에게 해약권이 없으나, 다만 엄격한 요건 하에 사정변경(계속적으로 임료가 지체되는데도 임대인이 해지를 하지 않는 경우, 임차인의 현저한 자산상태 악화, 다액의 임료가 지체되었는데 임대인이 이를 미리 알리지 않고 보증인에게 갑자기 청구한 경우 등)에 의한 해약은 인정된다(대심원 1923. 4. 6. 선고 소화 8년才1867 판결, 1939. 4. 12. 선고 소화 13년才1638 판결)고 하고 있다. 반면에 보증인

도 동일하다.

대법원도, 보증 당시 채무액과 변제기가 특정되어 있고 다만 채무의 이행기만이 수년에 걸쳐 있는 것에 불과한 경우 '계속적 보증'이나 '포괄근보증'과는 달리 보증인이 주채무자인 회사의 이사직 사임이라는 사정변경을 이유로 일방적으로 보증계약을 해지할 수 없다고 하여(1991. 7. 9. 선고 90다15501 판결), 채무의 이행기가 수년에 걸쳐 있거나 분할채무인 등으로 계속성을 띠고 있더라도 주채무가 보증 당시 이미 특정(확정)되어 있는 경우,[34] 이에 대한 보증은 위 '계속적 보증'이나 '포괄근보증'과 달리 취급함으로써 이러한 확정채무의 보증은 본래 의미의 계속적 보증이나 근보증에서 제외하고 있다.

(3) 근보증의 한계

1) 종래 금융권 등 실무계에서 근보증은 통상 ① 특정근보증, ② 한정근보증, ③ 포괄근보증으로 나누어 운용되어 왔으나 그 구체적인 의미는 통일되어 있지 못한 것 같다. ①의 특정근보증은 피담보채무가 발생하는 원인인 거래계약 등 채권채무관계가 구체적으로 특정되어 있는 것을 의미하는 것에 이론이 없는 것 같으나, ②의 한정근보증은 채무 발생원인이 되는 거래계약 등이 구체적으로 특정되어 있지는 않으나 일정(특정)한 종류로 한정되어 있는 것이라고도 하고, 거래의 종류, 보증한도액 또는 보증기간 중에서 어느 하나가 특정되어 있는 것이라고 하기도 하며, ③의 포괄근보증은 채무 발생원인에 전혀 제한이 없이 현재 및 장래의 모든 채권채무관계에서 발생하는 채무의 보증이라고도 하고, 거래의 종류, 보증한도액 또는 보증기간의 제한이 없는 것을 의미하기도 한다.

2) 용어야 어떻든 중요한 것은 주채무 발생원인, 보증금액, 보증기간에 아무런 제한이 없는 근보증도 허용되느냐 여부이다. 대법원은 보증한도액과 보증기간의 정함이 없는 경우에도 보증계약은 유효하다고 보고 있고(1976. 8. 24. 선고 76다1178 판결, 1984. 10. 10. 선고 84다카453 판결, 1987. 4. 28. 선고 86다카2023 판결, 1988. 4. 27. 선고 87다카2143 판결, 1988. 11. 8. 선고 88다3253 판결 등),[35] 채무 발생원인의 종류를 제한하지 않은 것에 대해서도 그 유효성을 인정하는 듯하다(2009. 2. 12. 선고 2006다88234 판결 참조).[36] 이는 종래 민법이 제428조 제2항 외에는 근보증에 관하여 아무런 규정

이나 주채무자(임차인)가 사망한 경우 각 보증관계의 상속을 긍정한다(대심원 1934. 1. 30. 선고 소화 7년オ1492 판결, 1937. 6. 15. 선고 소화 10년オ2737 판결).

34) 위 대법원 90다15501 판결의 사안은, 회사가 서울올림픽조직위원회와 서울올림픽경기대회 휘장마스코트를 일정 기간에 걸쳐 사용하고 그 사용료를 7회에 걸쳐 분할 지급하기로 하였는데, 보증보험회사가 그 분할사용료 지급채무를 보증하고 회사의 이사들은 보험회사에 대한 구상채무를 다시 연대보증한 내용이다.

35) 대법원 1957. 10. 21. 선고 4290민상349 판결은, 보증의 범위나 기간에 관한 약정이 없는 경우라도 당사자의 의사, 거래의 경험칙에 비추어 이를 확정할 수 있는 때는 보증계약이 유효하므로 법원은 이를 확정한 연후에야 채권자의 보증책임 이행청구를 인용할 수 있다고 하여 이에 반하는 것은 효력이 없는 듯 판시하고 있는바, 그 이후의 판례로 볼 때 이를 확대 해석할 필요는 없는 것으로 보인다. 일본 대심원도, 신원보증과 같은 계속적 보증계약에 있어 기간의 정함이 없더라도 금액의 한도가 있는 이상 공서양속에 반하지 않는다고 판시한 바 있다(1932. 6. 1. 선고 소화 6년オ3179 판결).

을 두고 있지 않은 데에 따른 것이다. 학설 가운데는 주채무 발생원인에 관하여 아무런 제한이 없는 포괄근보증에 대하여 무효라는 견해를 취하기도 한다.[37)

3) 그러나 이와 같은 이른바 포괄근보증은 보증인보호법에 의해 중대한 제한이 가해지게 되었다.[38) 동법은 제6조에서 근보증이라는 제명으로, "보증은 채권자와 주채무자 사이의 특정한 계속적 거래계약이나 그 밖의 일정한 종류의 거래로부터 발생하는 채무 또는 특정한 원인에 기하여 계속적으로 발생하는 채무에 대하여도 할 수 있다(제1항 전문)", "이 경우 그 보증하는 채무의 최고액을 서면으로 특정하여야 한다(제1항 후문)", "제1항의 경우 채무의 최고액을 서면으로 특정하지 아니한 보증계약은 효력이 없다(제2항)"고 하여 피보증채무의 발생원인과 그 한도액을 제한하고 있다. 또 그 제7조에서는, 보증기간의 약정이 없는 경우 그 기간은 3년으로 하고, 이후 갱신하는 경우에 있어서도 갱신기간의 약정이 없는 경우 3년으로 하여, 보증기간에 관하여 무제한의 근보증을 배제하고 있다.[39) 위의 '특정한 원인에 기하여 계속적으로 발생하는 채무'에서의 특정한 원인은 거래 이외의 원인으로서 계속적으로 채권을 발생시키는 원인을 말한다고 할 것이다.[40)

---

36) 대법원은 근저당권에 있어서도 이와 같은 포괄근저당의 유효성을 인정하고 있다(1982. 12. 14. 선고 82다카413 판결, 1991. 4. 23. 선고 90다19657 판결, 1996. 9. 20. 선고 96다27612 판결. 더 나아가 대법원 1999. 7. 23. 선고 97다45952 판결은 계속적 거래에 의하지 아니한, 우연한 원인에 기한 채권에 대하여도 피담보성을 긍정하고 있다. 대법원은 위 사안에서, 은행여신거래기본약관의 조항에 의하면, 채무자는 채권보전상 필요가 있을 때에는 은행의 요구에 의하여 담보를 제공할 의무가 있고, 이와 같은 담보제공 의무는 채무자가 은행과의 여신거래에 의하여 채무를 부담하게 되는 경우뿐만 아니라, 은행이 채무자가 발행한 어음을 제3자와의 여신거래로 취득하여 채무자가 은행에 대하여 어음채무를 부담하게 되는 이른바 우회어음의 경우에도 적용되는 것인바, 이러한 점에 비추어 볼 때, 은행의 담보제공 요구에 따라 근저당권설정자가 은행여신거래기본약관을 승인하고서 채무자를 위하여 근저당권을 설정하였고, 그 근저당권설정계약서에 근저당권의 피담보채무로서 채무자의 은행에 대한 어음채무가 명시되어 있는 이상, 이들 근저당권의 피담보채무에는 은행이 채무자가 발행한 어음을 제3자와의 여신거래로 취득한 우회어음채무까지도 포함되는 것으로 해석함이 상당하다고 판시하였다.). 한편, 일본 민법은 근저당권의 피담보채권인 불특정 채권의 범위를 채무자와의 특정의 계속적 거래계약에 의해 생기는 채권, 기타 채무자와의 일정한 종류의 거래에 의해 생기는 채권, 특정한 원인에 기하여 채무자와의 사이에 계속하여 생기는 채권 또는 어음, 수표상의 채권으로 한정하고 있으나(동법 제398조의2 제2, 3항), 근보증의 피담보채무에 관하여는 앞서 본 바와 같이 단순히 "일정한 범위에 속하는 불특정의 채무"라고만 하고, 다시 금전의 대부 또는 어음할인에 의해 부담하는 채무만을 동법의 적용 대상으로 제한하고 있다.

37) 김상용, 348면; 박병대 2, 202면; 이은영, 단행본 579면.

38) 단, 동법은 보증인이 신용보증기금법 제2조 제1항에 따른 기업의 채무를 보증하거나, 기업의 대표자, 이사, 무한책임사원, 국세기본법 제39조 제2항에 따른 과점주주 또는 기업의 경영을 사실상 지배하는 자로서 그 기업의 채무에 대하여 보증채무를 부담하는 경우 등에는 그 적용이 없고(동법 제2조 제1호), 금전채무에 관하여만 적용되며(동법 제2조 제2호), 2008. 9. 22. 이후 최초로 체결하거나 기간을 갱신하는 보증계약부터 적용된다(동법 부칙 제2항).

39) 이는 근보증에 관한 규정을 도입하기 위해 2004. 12. 1.에 개정된 일본 민법(2005. 4. 1. 시행)에 영향을 받은 것이다(다만, 피보증채무의 발생원인에 관하여는 1971년에 개정된 일본 민법의 근저당권에 관한 것을 모범으로 삼았다). 일본 민법은 동법상의 근보증에 관하여 여러 가지 제한을 가하고 있는바, 주채무가 금전소비대차 또는 어음할인으로 인한 것으로서 보증인이 개인인 근보증에 한해서 적용된다(동법 제465조의2 제1항 참조).

라. 협의의 계속적 보증(근보증)에 대한 규율

1) 민법은 제4관에서 보증에 관하여 규정을 두고 있는데, 제428조 제2항에 비추어 보증 당시 주채무가 이미 발생하여 특정 및 확정되어 있는 통상의 보증을 원칙적인 규율 대상으로 하고 있다. 민법 제428조 제2항은 '장래의 채무'에 대하여도 보증을 할 수 있다고 하고 있는바, 이는 ① 보증계약이 주채무 발생의 원인관계보다 시간적으로 먼저 성립할 수 있다는 것과 ② 채권자와 주채무자 사이에 주채무 발생의 원인관계는 이미 성립하였지만 그에 따른 구체적인 주채무는 아직 발생하지 않은 경우에도 이를 보증의 대상으로 할 수 있다는 의미라고 할 것이다. ②는 주채무가 정지조건부인 것과 협의의 계속적 보증(근보증)의 대상인 것이 중심을 이룬다고 하겠다.[41]

2) 그러나 민법은 위와 같이 장래 채무의 보증에 대하여 그 유효성을 인정하면서도 그 특수성, 특히 협의의 계속적 보증(근보증)과 관련하여 보증채무의 확정이나 보증인 보호를 위한 특별한 규정을 두고 있지 않아 종래 근저당권에 관한 법리의 유추적용이 논의되어 왔었다. 하지만 계속적 보증은 인보증으로서 그 본질이 채권적 법률관계인 데에 반해 근저당권은 물권이므로, 양자 모두 불특정·불확정채무를 전제로 확정이 필요한 점에서는 유사성이 있으나, 채권과 물권의 차이에서 오는 이질성 때문에 양자를 동일시하거나 완전 유추를 긍정할 수는 없는 한계가 있다. 이에 따라 법무부는 1999. 2. 민법개정특별분과위원회를 구성해, 기존의 보증제도에 관하여 보증의 서면주의화 및 주채무자의 이행지체시 채권자의 통지의무를 부가하고 근보증에 관한 규정을 신설하는 등 보증제도를 포함한 민법 중 재산편에 관한 개정안을 마련하여 2004. 10. 21. 제17대 국회에 제출하였으나, 국회 법제사법위원회는 정부 측의 제안설명과 전문위원의 검토보고만 들은 상태에서 본격적인 심의를 하지 못하였고, 위 법률안은 2008. 5. 29. 국회의원 임기만료로 자동 폐기되고 말았다.

한편, 위 민법 개정법률안과 별도로 법무부는 2006. 3.부터 이른바 '서민을 위한 법제정비'의 일환으로 보증인의 책임 경감과 불법적인 채권추심 금지를 주안으로 하는 보증인 보호를 위한 특별법안을 만들어 2007. 6. 28. 국회에 제출하였다. 이에 국회 법제사법위원회는 이를 그보다 전에 심상정 의원 등이 발의한 법률안과 병합 심의한 결과 대안을

---

40) 류창호, 311면 참조(그는 우회어음채권이나 불법행위채권에 관하여는 예측성이 없다는 이유로 근저당권의 피담보채권적격을 부정하는바, 이러한 채권은 특별한 사정이 없는 한 '특정한 원인'에 기한 것으로 보기 어렵다고 생각된다).

41) 리스나 할부매매, 임대차 등에 기한 리스료, 할부매매대금, 차임 채무는 원인관계(리스계약 등) 성립시 이미 발생하여 특정되어 있고, 다만 그 이행기가 장래에 도래하는 것이어서 협의의 계속적 보증(근보증)에 속하지 않을 뿐 아니라(대법원 1991. 7. 9. 선고 90다15501 판결 참조), 장래 발생하는 채무라고 하기도 어렵다.

마련하였고, 이것이 2008. 2. 19. 본회의를 통과하여 2008. 3. 21. 법률 제8918호 「보증인보호를 위한 특별법」으로 공포되고 2008. 9. 22.부터 시행되기에 이르렀다. 위 보증인보호법은 2004년 민법 개정법률안 중 보증과 근보증에 관한 규정의 대부분을 흡수하고,[42] 여기에 금융기관이 채권자로서 보증계약을 체결할 때의 주의의무, 불법적 채권추심 행위의 금지를 추가하였다.[43]

3) 따라서 보증의 경우 민법과 보증인보호법에 의해 규율되는데, 보증인보호법은 민법의 특별법으로서(동법 제1조는 이를 명시하고 있다.) 동법이 우선적으로 적용된다. 그러나 보증인보호법은 앞서 지적한 바와 같이, 금전채무에 관하여만 적용되고(동법 제2조 제2호), 특히 보증인이 ① 신용보증기금법 제2조 제1항에 따른 기업(여기서 "기업"이라 함은 사업을 영위하는 개인 및 법인과 이들의 단체를 말한다)의 채무를 보증하는 경우,[44] ② 기업의 대표자, 이사, 무한책임사원, 국세기본법 제39조 제2항에 따른 과점주주 또는 기업의 경영을 사실상 지배하는 자가 그 기업의 채무에 대하여 보증채무를 부담하는 경우, ③ 기업의 대표자, 이사, 무한책임사원, 과점주주 또는 기업의 경영을 사실상 지배하는 자의 배우자, 직계 존속·비속 등 특수한 관계에 있는 자가 기업과 경제적 이익을 공유하거나 기업의 경영에 직접·간접적으로 영향을 미치면서 그 기업의 채무에 대하여 보증채무를 부담하는 경우, ④ 채무자와 동업관계에 있는 자가 동업과 관련한 동업자의 채무를 보증하는 경우, ⑤ 위의 어느 하나에 해당하는 경우로서 기업의 채무에 대하여 그 기업의 채무를 인수한 다른 기업을 위하여 보증채무를 부담하는 경우, ⑥ 기업 또는 개인의 신용을 보증하기 위하여 법률에 따라 설치된 기금 또는 그 관리기관이 보증채무를 부담하는 경우에는 그 적용이 배제된다(동법 제2조 제1호). 위 ①항에 의하면 주채무가 채권자와 주채무자 사이의 사업[45]과 관련하여 발생한 것이면 모두 제외되므로 주채무가 사실상 계속성이 없는 비업무적·1회적 법률관계[46]로부터 발생한 경우에 한하여 적용이 있게 되고, 기업의 대표자, 이사는 어떠한 사유로 그 지위를 취득하였는지는 물론 무한책임사원이나 과점주주 또는 기업의 경영을 사실상 지배하는 자와 같은 지위에 있는지 여부를 불문하고 그 보호 대상에서 배제됨으로써, 종래 기업 운영과 관련하여 계속적으로 발생하는 채무에 대한 보증, 기업의 대표자,

---

42) 그 주요한 것으로는 ① 보증의 성립 및 보증인에게 약정을 불리하게 변경하는 경우 보증인의 기명날인 또는 서명이 있는 서면에 의할 것, ② 채권자가 주채무자의 3월 이상 채무불이행 또는 이행기에 주채무자가 채무를 이행할 수 없음을 안 경우 보증인에게 이를 통지할 것, ③ 보증인의 청구가 있는 경우 채권자는 주채무의 내용 및 그 이행 여부를 알릴 것, ④ 근보증 시 서면에 의해 최고액을 특정할 것, ⑤ 근보증 및 그 갱신 시 기간을 3년 내로 할 것, ⑥ 법률에 위반한 것으로서 보증인에 불리한 약정의 무효이다.

43) 2009. 2. 6. 법률 제9418호로 「채권의 공정한 추심에 관한 법률」이 공포되어 2009. 8. 7.부터 시행됨에 따라 관련 규정인 보증인보호법 제9조와 10조가 삭제되었다.

44) 보증인이 신용보증기금인 경우에 한하는 것이 아님은 조문상 분명해 보인다.

45) 신용보증기금법 제2조 제1항에 의하면 그 사업은 영리 여부를 불문하는 것으로 해석된다.

46) 예컨대 사인 간의 우연한 금전 소비대차 등에 국한된다.

이사라는 지위에서의 부득이한 기업채무의 보증을 중심으로 한 협의의 계속적 보증(근보증)으로부터 발생하는 문제를 그대로 방치하고 있다는 비판을 면하기 어렵다고 하겠다.

4) 보증인보호법은 또, 협의의 계속적 보증(근보증)에 관하여 단지 한두 개의 조문(제6조 및 7조)만을 두고 있을 뿐이어서 종래 이를 둘러싸고 제기된 보증채무의 확정, 보증계약의 중도해지 등 여러 문제들에 대한 입법적 해결을 충분히 도모하고 있다고 할 수 없다.[47] 따라서 여전히 학설과 판례에 의한 보충이 불가결하다. 또한, 신원보증에 관하여는 그 실질적인 내용이 신원보증법상의 그것에 해당하는 경우 동법이 최우선적으로 적용된다고 할 것이다.[48]

2. 협의의 계속적 보증(근보증)의 구별 기준

가. 보증계약 당시 주채무의 특정 여부

1) 채권자와 주채무자 사이의 법률관계가 계속성을 갖는 경우라 하더라도 실제 구체적인 현실에 있어서는 그 모습이 각기 다르므로 이를 일률적으로 취급할 수는 없으며, 이러한 현상이 뒤에서 보는 바와 같이 판례에 다양하게 나타나고 있다. 그리고 구체적인 경우에 그 차이점의 골간은 보증계약 당시를 기준으로 하여 주채무가 특정(확정)되어 있는지 여부라 할 수 있다. 주채무가 계속적 법률관계에서 발생한 것이라도 보증계약 당시 특정(확정)되어 있는 경우 보증인이 피해를 입을 우려가 크지 않으므로 이들에 대해서까지 계속적 보증에 대한 특수한 법리, 즉 협의의 계속적 보증(근보증)의 법리를 적용할 여지는 별로 없다고 하겠다.

2) 대법원도, 보증인이 회사의 이사라는 지위에서 부득이 회사 채무를 보증하였다는 이유로 보증계약을 해지하거나 그 보증인의 책임을 제한하기 위해서는 포괄근보증이나

---

47) 더구나 동법 제2조 제1호의 규정이 제6, 7조에도 적용이 있으므로 제6, 7조는 사실상 존재의의가 거의 없다고 할 것이다.

48) 이와 관련하여 보증인보호법은 모든 보증에 관하여 보증인의 기명날인 또는 서명에 의한 서면계약을 요구하고(제3조), 또 보증채무의 최고액을 서면으로 특정할 것을 요구하고 있으나(제4조) 신원보증법은 이에 관한 규정이 없는바, 보증인보호법의 위 규정들이 신원보증에 대하여도 적용되는지 여부에 대하여 논란이 예상된다. 신원보증법은 보증인보호법이나 다른 보증과의 관계에 대하여 아무런 규정을 두고 있지 않기 때문이다. 사견(私見)으로는 신원보증의 특수성상 보증인보호법의 적용을 부정하여야 한다고 생각되나(보증인보호법 제1조는 민법에 대한 특례를 규정한다고 하고 있고, 제2조 제1호는 동법상의 '보증인'에 대하여 "민법 제429조 제1항에 따른 보증채무를 부담하는 자로서 다음 각 목에서 정하는 경우를 제외한 자를 말한다."라고 하고 있으며, 민법 제429조 제1항은 보증채무의 범위에 관하여 주채무와 그 이자, 위약금, 손해배상 기타 주채무에 종속한 채무를 포함한다고 하고 있어 주채무에 대한 부종성을 당연히 예정하고 있다. 또 보증인보호법 제2조 제2호는 동법상의 '보증계약'에 대하여 "그 형식이나 명칭에 관계없이 채무자가 채권자에 대한 금전채무를 이행하지 아니하는 경우에 보증인이 그 채무를 이행하기로 하는 채권자와 보증인 사이의 계약을 말한다."라고 하고 있는바, 이들 규정과 신원보증법의 특별법성을 종합하면 신원보증에 관하여는 동법의 적용이 없는 것으로 해석될 여지가 크다.), 입법론으로는 신원보증법의 내용을 보증인보호법에 흡수하는 것이 바람직하다고 하겠다.

한정근보증과 같이 채무액이 불확정적이고 계속적인 거래로 인하여 발생한 경우에 한하고, 보증 당시 그 채무가 특정되어 있는 확정채무에 대하여는 보증계약을 해지하거나 보증 후에 이사직을 사임하였다고 하더라도 해지나 책임 제한을 인정할 수 없다고 판시하여 같은 입장을 취한다(1991. 7. 9. 선고 90다15501 판결, 1994. 12. 27. 선고 94다46008 판결, 1997. 2. 14. 선고 95다31645 판결 참조).

나. 보증계약의 내용

1) 구체적인 보증이 협의의 계속적 보증(근보증)에 해당하는지 여부를 판별하는 기준은 원칙적으로 보증계약의 내용이라고 할 것이다. 즉, 보증인의 입장에서 보증채무의 내용을 보증 당시 확정할 수 없는 것이면 이에 해당한다고 할 것이다. 대법원 1998. 2. 27. 선고 96다8277 판결은 이 점을 명시하고 있다. 이때 보증계약은 그 계약의 형식에 의할 것이 아니라 실질적인 내용을 기준으로 판단하여야 할 것임은 물론이다.

따라서 보증계약서에 형식상 채권자와 주채무자 사이에서 일정 기간에 걸쳐 계속적으로 발생하는 채무를 일정 한도액 범위 내에서 보증하는 것으로 되어 있더라도, 실제 그 보증 대상인 주채무가 채권자와 주채무자 사이의 특정한 거래에서 발생하는 확정채무인 경우 그 보증은 협의의 계속적 보증(근보증)이 아니다. 대법원도 동일한 입장을 취한다(1998. 2. 27. 선고 96다8277 판결,)(2006. 7. 4. 선고 2004다30675 판결 등). **49)**

---

49) 그러나 대법원 1997. 2. 14. 선고 95다31645 판결은 수긍하기 어렵다고 하겠다. 이 사안에서, 甲은 회사의 이사로서, 회사가 주거래은행과의 어음대출, 지급보증 등 여신거래에 따라 주거래은행에 대하여 현재 및 장래에 부담하는 모든 채무를 일정 한도 내에서 기간의 정함 없이 연대보증을 하였는데, 그 뒤 주거래은행은 회사가 타 회사 및 보험회사로부터 각각 그 채무금액과 변제기를 특정하여 외화차관을 도입하고 금전을 대출받을 때 회사를 위해 지급보증을 하였고, 그 지급보증 후 甲은 이사직을 사임하였다. 그러자 주거래은행은 이사직 사임 후 타 회사 및 보험회사에 대지급을 한 후 甲에게 회사에 대한 구상채권의 보증책임을 요구하였다.
대법원은 이 사안에 대하여, 보증인이 회사의 이사라는 지위에서 부득이 회사 채무를 보증하였다는 이유로 그 보증인의 책임을 보증인이 이사로 재직 중에 있을 때 생긴 채무만으로 제한하기 위해서는 포괄근보증이나 한정근보증과 같이 채무액이 불확정적이고 계속적인 거래로 인하여 발생한 경우에 한하며, 회사의 이사로 재직하면서 보증 당시 그 채무가 특정되어 있는 확정채무에 대하여는 보증을 한 후 이사직을 사임하였다 하더라도 그 책임이 제한되는 것은 아니라 할 것이라고 전제한 후, 주거래은행의 위 각 대지급채무는 채무액과 변제기가 특정되어 있었다고 할 것이어서 甲이 주거래은행의 회사에 대한 구상청구권을 보증한 것 역시 그 보증 당시 그 채무가 특정되어 있는 확정채무에 대하여 보증을 한 것이므로, 甲이 채무가 특정되어 있는 확정채무에 대하여 연대보증을 한 이상 그 구상채권의 발생시기와 상관없이 그 연대보증채무를 부담한다고 판시하였다.
그러나 위 사안에서 甲은 그 보증 당시 장차 그 보증 대상 주채무(구상채무)가 언제 얼마나 발생할지 예상할 수 없었다고 할 것이므로 이는 확정채무에 대한 보증이 아니라 협의의 계속적 보증(근보증)에 해당한다고 할 것이다. 여기서 주거래은행의 외화채권자 및 보험회사에 대한 지급보증이 확정채무의 보증인 사실은 甲의 보증이 갖는 법적 성질에 영향을 미칠 수 없다고 할 것이다(앞서의 대법원 2003. 11. 14. 선고 2003다21872 판결 참조). 대법원은 위 95다31645 판결에서 대법원 1991. 7. 9. 선고 90다15501 판결과 1995. 10. 13. 선고 94다4882 판결을 참조 판례로 들고 있으나, 이들 참조 판례의 사안은 2차 보증인이 1차 보증인의 구상채권을 보증할 당시 1차 보증인의 구상채권 발생의 원인이 확정적 채권관계임이 명백하여 참조가 되기에 부적절하다.
1차 보증인, 2차 보증인이란 용어는 필자가 편의상 붙인 것으로서, 2차 보증은 1차 보증인에 대한 주

2) 이런 견지에서, 금융기관이 타인의 연대보증 아래 제3자에게 일정 금액을 대출하기로 융자약정을 체결하고 그에 따라 여러 차례에 나누어 대출을 실행하였더라도, 대출하기로 한 금액과 변제기 등이 특정(확정)되어 있는 이상 위 보증인은 계속적 거래관계에서 발생한 채무를 보증하였다고 볼 수 없으므로, 이에 대하여 협의의 계속적 보증(근보증)의 법리를 적용할 수는 없다고 할 것이다(대법원 1995. 4. 25. 선고 94다35237 판결 참조).

또, 회사의 이사가 그 이사라는 지위에 있었기 때문에 은행과의 계속적 대출거래로 인하여 생기는 회사의 은행에 대한 채무에 대하여 연대보증을 하게 된 것이라도, 은행이 각 개별 거래 시마다 그 거래 당시에 재직했던 회사의 이사 등의 연대보증을 새로이 받아온 경우와 같이, 은행과 이사 사이의 연대보증계약을 그 보증인이 회사의 이사로 재직 중에 생긴 채무만에 대하여 보증책임을 지우기 위한 것으로 볼 수 있는 때에는 실질상 이는 특정(확정) 채무의 보증이므로 계속적 보증의 법리가 적용되지 않는다고 할 것이다 (대법원 1987. 4. 28. 선고 82다카789 판결, (1987. 7. 21. 선고 87다카677 판결 참조).

3) 그러나 보증계약의 형식상으로는 협의의 계속적 보증(근보증)을 하기로 하였으면서도 실제는 특정(확정)채무에 대한 보증이 이루어진 경우에도 그 보증계약을 전면적으로 무효라고 할 것은 아니라 할 것이다. 즉, 이 경우 보증의 해지나 보증채무의 확정 등 협의의 계속적 보증(근보증)에 고유한 법리는 적용이 없으나 보증한도액, 보증기간 등의 약정은 그대로 유효한 것으로 처리하여야 한다.[50]

다. 계속적 보증인의 구상권에 대한 보증

1) 한편, 계속적 채무를 보증한 자(1차 보증인)가 보증책임을 이행하고 주채무자에 대하여 취득하게 될 구상채권을 타인(2차 보증인)이 보증한 경우, 그 구상채권 보증인(2차 보증인)의 보증 대상인 주채무(구상채무)는 수회 반복적으로 발생하지는 않지만, 그 보증 당시 주채무 및 보증채무(2차 보증채무)가 불확정·불특정이며 그 주채무는 1차 보증인의 협의의 계속적 보증(근보증)의 결과로써 발생하는 것이므로 그 성질상 2차 보증인의 보증 역시 협의의 계속적 보증(근보증)에 해당한다고 보아야 할 것이다. 대법원도 같은 견지에 서 있다(1992. 11. 24. 선고 92다10890 판결, 1996. 12. 10. 선고 96다27858 판결, 1998.) (6. 26. 선고 98다11826 판결, 1999. 6. 22. 선고 99다19322, 19339 판결 등).

2) 이러한 법리는 1차 보증인이 협의의 계속적 보증(근보증)을 한 경우는 물론이고, 주

채무자의 구상채무를 보증한 것을 말한다.

50) 실제로는 특정채무의 담보이면서 근저당의 형식을 이용한 경우에도 대법원은 이를 통정허위표시라는 이유로 전면적 무효라고는 하지 않고 있다. 즉, 그 근저당권설정계약 체결의 경위와 목적, 피담보채무액, 근저당권설정자와 채무자 및 채권자와의 상호관계 등 제반 사정에 비추어 당사자의 의사가 계약서 문언과는 달리 일정한 범위 내의 채무만을 피담보채무로 약정한 취지라고 해석하는 것이 합리적이라고 인정되는 경우에는 당사자의 의사에 따라 그 담보책임의 범위를 제한할 수 있다고 판시하고 있다 (1997. 6. 24. 선고 95다43327 판결, 2000. 3. 28. 선고 99다32332 판결, 2007. 3. 29. 선고 2005다 18399 판결 등).

채무자와 이른바 한도거래 신용보증약정[51]을 체결하고 그에 기하여 채무가 특정(확정)된 여러 건의 개별보증을 한 경우에도 동일하다고 할 것이다. 1차 보증인과 주채무자 사이의 한도거래 신용보증약정에 즈음하여 그 구상채무를 보증한 2차 보증인의 입장에서는 자신의 구상채무가 불특정이기 때문이다. 대법원 1993. 12. 21. 선고 93다29341 판결, 2003. 11. 14. 선고 2003다21872 판결도 같은 견지에 서 있다고 볼 수 있다.[52]

제3 계속적 보증채무의 확정과 그 효과

1. 확정의 의의

1) 통설, 판례에 의하면 협의의 계속적 보증(근보증)에 있어서 보증의 대상인 주채무는 보증 당시 미확정인바, 이는 그 주채무가 계속적으로 증감·변동하고 그 각각의 개별채권은 보증인에 대한 관계에서 독자성이 없어 피보증채무, 즉 주채무가 확정되기 전에는 그와 부종관계에 있는 보증채무 역시 미확정, 미특정이며, 그러한 상태에서 채권자는 보증인에게 담보책임(보증책임)을 물을 수 없다고 이해한다.

여기서 보증의 대상인 주채무가 확정된다는 것은, 보증인에 대한 관계에서 일정한 사유로 주채무(엄밀히는 원본채무)의 증감·변동(엄밀히는 발생)이 정지(종료)되고 그 채무의 내용인 금액, 변제기, 이율, 지연손해금률 등이 확고부동한 상태로 전환하는 것을 의미한다.[53] 이는 근저당권에 있어 피담보채무(근저당채무)의 확정과 동일한 개념이다.

2) 확정이라는 개념과 아울러 특정이라는 용어가 사용되기도 하는바,[54] 이는 보증계약의 계속 중에는 주채무가 증감·변동하여 현실적인 보증책임의 대상인 채무가 구체화, 즉 특정되지 않은 상태였다가 일정한 시기에 이르러 그것이 특정한 채권으로 고정된다는 시각에서 포착한 것이라 할 수 있다.[55] 특정이 피보증채권의 동일성에 관한 것이라면, 확정

---

51) 신용보증기금 등과 같은 1차 보증인과 자금을 융통하려는 기업 사이에 일정한 기간과 한도금액 범위 내에서 기업의 개별적인 신용보증신청이 있으면 1차 보증인이 기업을 위하여 하나 또는 여러 건의 신용보증서를 발급하여 주고, 기업은 그 개별 신용보증서를 이용하여 하나 또는 여러 금융기관 등으로부터 채무액이 특정된 대출을 받거나 채무액이 증감·변동하는 당좌대출이나 어음할인대출을 받을 수 있도록 하는 신용보증약정의 한 종류이다(대법원 1993. 12. 21. 선고 93다29341 판결 참조).

52) 대법원은 2003다21872 판결의 사안에서 2차 보증인의 보증이 협의의 계속적 보증(근보증)임을 전제로 (판결문에 그 취지가 분명하게 직접적으로 표시되어 있지는 않으나 재판연구관의 보고서에 나타나 있다. 오금석, 430면 참조.), 2차 보증인의 동의 없이 1차 보증인의 보증기간을 자동 연장하기로 한 약관은 무효로서 당초의 보증기간 도래 시에 2차 보증인의 보증채무가 확정된다고 보았다.

53) 동지: 최동홍, 78면; 민법주해(Ⅶ), 21면.

54) 민법주해(Ⅶ), 21면; 이동준 710면.

55) 특정은 두 가지 의미를 내포한다고 할 수 있다. 즉, 주채무 발생의 원인관계(기본계약)로부터 구체적인 개별 채권이 발생하여 보증의 대상인 채권이 잠정적으로 구체화되는 것과 계속적 채권관계의 유동성이 제거되어 위 개별 채권으로부터 구체적인 보증책임의 대상인 채권이 현실적으로 구체화되는 것

은 이를 포함하여 채무 금액(원본), 변제기, 이율 등 부수적인 내용까지 고정되는 것이라고 이해할 수 있는데,[56] 계속적 보증이나 근저당에 있어 보증이나 근저당의 대상인 채무의 특정은 확정에 뒤따르는 것으로서, 특정은 확정의 결과라고 할 수 있다.

3) 근저당권의 경우 근저당채무가 확정되면 그 이후에 채권자와 채무자 사이의 법률관계로부터 발생한 원본채무는 더 이상 근저당권에 의하여 담보되지 아니하며, 부종성도 완전히 회복되어 수반성도 발생하게 된다.[57] 계속적 보증도 이와 마찬가지며, 주채무가 확정되면 보증채무의 부종성에 따라 보증의 대상인 채무가 특정되어 보증채무 역시 확정된다.

2. 확정의 사유와 시기

우리 민법은 근보증이나 근질은 물론이고 근저당에 관하여도 그 확정 사유와 시기 등에 관하여 아무런 규정을 두고 있지 않으며, 보증인보호법 역시 마찬가지다. 따라서 이 문제는 전적으로 학설, 판례에 맡겨져 있는바,[58] [59] 근저당권의 확정에 관하여는 상당한 학설, 판례가 누적되어 있어 근보증의 확정에 많은 참고가 될 수 있으므로 이를 먼저 살펴보기로 한다.

을 포함한다. 중요한 것은 후자이며, 이러한 의미에서 계속적 보증에서는 주채무의 특정보다는 보증채무의 특정이 중요한 의미를 갖는다. 근저당과 달리 계속적 보증에 있어서는 채권자와 주채무자 사이에서 주채무의 특정은 별다른 의미가 없기 때문이다.

56) 류창호, 300-307면은 근저당채권의 특정과 확정을 설명하면서 피담보채권 자체가 지정되지 않은 경우를 불특정이라 하고, 피담보채권 자체는 특정되었지만 그(원본) 금액이 확정되지 않은 경우를 불확정으로 구별한다. 즉, 특정한 기본계약에서 발생하는 다수의 피담보채권이 최종적으로 근저당권에 의한 우선변제의 대상으로 한정되는 것은 특정이고, 확정은 두 가지 의미를 갖는데, 하나는 특정의 개념에 대비한 확정의 개념이고, 다른 하나는 민법 제357조 문언상의 '확정'의 개념으로서, 전자는 특정의 개념에 대비되는 것으로 특정이 피담보채권의 대상의 한정인 반면에, 확정은 피담보채권의 특정으로 인하여 피담보채권액이 고정되는 것을 말한다고 한다. 그는 또, 특정과 확정은 고정이라는 점에서는 유사하지만 그 대상을 달리하는 것으로서, 특정은 피담보채권의 교체성의 정지, 전자의 확정은 피담보채권액의 유동성의 정지라고 할 수 있는 반면, 후자(제357조 문언상)의 확정은 피담보채권의 대상의 특정과 피담보채권액의 확정이라는 두 가지의 의미를 내포하고 있는 것으로 해석할 수 있어 동조에서 말하는 확정은 근저당권을 실행하기 위하여 근저당권이 유동·교체를 정지하고 고정된 상태를 말하는 것으로, 피담보채권의 특정을 전제로 하는 개념, 즉 다수의 불특정한 피담보채권이 특정되고(협의의 확정) 그 결과 피담보채권액이 확정되는 것(광의의 확정)을 포괄하는 의미로 볼 수 있다고 한다.

57) 통설과 대법원 판례(1997. 12. 9. 선고 97다25521 판결, 2002. 11. 26. 선고 2001다73022 판결 등)는 이를 보통의 저당권으로 전환된다고 설명하나, 정확한 표현은 아니다.

58) 물론 근보증계약 당사자 간에 확정의 사유와 시기에 관한 약정이 있는 때에는 이에 의하여 해결하면 될 것인바, 이에 대하여는 특별히 논하지 않는다.

59) 일본의 경우 근담보 일반에 관하여 중심적 위치를 차지하고 있는 근저당권의 법리를 유추하여 다른 담보와 근저당권을 통일적으로 이해, 취급할 것인지 여부를 둘러싸고 논의가 있어 왔는데, 일본 학계는 통일적인 접근론이 우세하나, 담보 목적물의 성질, 담보권의 실행방법, 공시기능의 유무 등이 상이함을 이유로 각각의 근담보가 갖는 특질을 고려하여야 한다는 신중론도 제기된다. 그러나 일본은 그 결실로 근저당권, 근보증에 관하여 두 차례의 민법 개정을 통한 입법적 규율이 이루어졌다. 우리의 경우 2004년 민법 개정안에서 일본 민법을 본받아 근저당권의 확정 사유와 근보증의 해지 사유를 마련하였지만 입법화되지 못하였다.

가. 근저당권의 확정 사유 및 시기

1) 계속적 보증에 있어 보증채무의 확정은 근저당권에 있어 근저당채권의 확정과 유사한 면이 많다. 그러나 근저당권은 기본적으로 물권이고, 피담보채권에 관하여 계속적 보증이나 근질권 등과 달리 그 최고액이 필수적으로 설정되고 등기를 통해 3자에게 공시된다는 점에서 차이가 있으므로, 근저당권의 법리를 그대로 협의의 계속적 보증(근보증)에 유추 적용할 수는 없는 한계가 있다.[60]

2) 근저당권의 확정 사유와 시기에 관하여 우리 민법과 달리 일본 민법은 자세한 규정을 두고 있는바, ① 당사자가 약정한 확정기일의 도래(동법 제398조의6), ② 확정기일의 정함이 없는 경우에 근저당권자는 언제든지, 근저당권설정자는 설정 시로부터 3년 경과 시 확정을 청구할 수 있고, 근저당권자의 경우에는 그 청구 즉시, 설정자의 청구가 있는 때는 그로부터 2주간의 경과 시(동법 제398조의19), ③ 근저당권자 또는 채무자에 관하여 상속이 개시되고 당사자(근저당권자가 사망한 경우에는 그 상속인과 근저당권설정자, 채무자가 사망한 경우에는 근저당권자와 근저당권설정자) 간의 합의로 승계인을 정하여 이를 6월내에 등기한 때를 제외한 경우 그 상속의 개시 시(동법 제398조의8),[61] ④ 근저당권자 또는 채무자에 대하여 합병 또는 분할이 있는 경우에 채무자 아닌 근저당권설정자가 확정을 청구한 때(동법 제398조의9, 10),[62] ⑤ 근저당권자가 근저당 부동산에 대하여 경매나 담보부동산 수익집행[63] 또는 물상대위에 기한 압류를 신청한 때(동법 제398조의20 제1항 제1호), ⑥ 근저당권자가 근저당 부동산에 대하여 체납처분에 의한 압

---

60) 대법원 2009. 10. 15. 선고 2009다43621 판결은 채권에 대한 근질권에 있어서의 확정시기에 관하여 "근질권의 목적이 된 금전채권에 대하여 근질권자가 아닌 제3자의 압류로 강제집행절차가 개시된 경우, 제3채무자가 그 절차의 전부명령이나 추심명령에 따라 전부금 또는 추심금을 제3자에게 지급하거나 채권자의 경합 등을 사유로 위 금전채권의 채권액을 법원에 공탁하게 되면 그 변제의 효과로서 위 금전채권은 소멸하고 그 결과 바로 또는 그 후의 절차진행에 따라 종국적으로 근질권도 소멸하게 되므로, 근질권자는 위 강제집행절차에 참가하거나 아니면 근질권을 실행하는 방법으로 그 권리를 행사할 것이 요구된다. 이런 까닭에 위 강제집행절차가 개시된 때로부터 위와 같이 근질권이 소멸하게 되기까지의 어느 시점에서인가는 근질권의 피담보채권도 확정된다고 하지 않을 수 없다. 근질권자가 제3자의 압류 사실을 알고서도 채무자와 거래를 계속하여 추가로 발생시킨 채권까지 근질권의 피담보채권에 포함시킨다고 하면 그로 인하여 근질권자가 얻을 수 있는 실익은 별 다른 것이 없는 반면 제3자가 입게 되는 손해는 위 추가된 채권액만큼 확대되고 이는 사실상 채무자의 이익으로 귀속될 개연성이 높아 부당할 뿐 아니라, 경우에 따라서는 근질권자와 채무자가 그러한 점을 남용하여 제3자 등 다른 채권자의 채권 회수를 의도적으로 침해할 수 있는 여지도 제공하게 된다. 따라서 이러한 여러 사정을 적정·공평이란 관점에 비추어 보면, 근질권이 설정된 금전채권에 대하여 제3자의 압류로 강제집행절차가 개시된 경우 근질권의 피담보채권은 근질권자가 위와 같은 강제집행이 개시된 사실을 알게 된 때에 확정된다고 봄이 타당하다."고 하여 뒤에 보는 근저당권의 확정과는 다른 법리를 적용하고 있다.

61) 상속의 개시 시에 확정된다.

62) 합병 또는 분할 시에 확정되며, 합병 또는 분할이 있은 날로부터 1월, 이를 안 날로부터 2주 경과 시에는 확정청구를 할 수 없다.

63) 이는 부동산에 대한 강제집행의 한 수단인 강제관리와 같이, 부동산으로부터 생기는 수익을 피담보채권의 변제에 충당하는 방법에 의한 부동산 담보권의 실행을 말한다(일본 민사집행법 제180조 제2호 참조).

류를 한 때($\substack{위 \ 같음 \\ 항 \ 제2호}$),[64] ⑦ 근저당권자가 근저당 부동산에 대하여 경매절차의 개시 또는 체납처분에 의한 압류가 있음을 안 때로부터 2주가 경과한 때($\substack{위 \ 같은 \\ 항 \ 제3호}$), ⑧ 채무자 또는 근저당권설정자가 파산절차개시결정을 받은 때($\substack{위 \ 같은 \\ 항 \ 제4호}$)에 근저당권이 확정된다고 규정하고 있다.[65]

3) 근저당권의 확정 사유와 시기에 관한 우리나라의 학설, 판례를 보면 크게 ① 기본 거래관계의 종료, ② 근저당권의 존속기간이나 담보기간의 만료 또는 종료, ③ 근저당 목적물에 대한 강제 환가절차의 개시, ④ 채무자 또는 근저당권설정자에 대한 파산선고[66]로 요약할 수 있다.

①에 관하여는 근저당채무의 부종성상 채무 발생의 원인이 되는 기본적 거래관계 등 법률관계가 종료한 경우 근저당권이 확정되는 것은 당연하다. 기본적 거래관계의 종료 사유로는 약정한 결산기의 도래가 가장 전형적일 것이다. 결산기의 약정 형태는 사전지정형, 자동확정형, 장래지정형 등이 실무상 많이 쓰인다.

대법원은, 결산기의 정함이 없는 경우 근저당권의 피담보채무의 확정방법에 관한 다른 약정이 있으면 그에 따르되 이러한 약정이 없는 경우라면 근저당권설정자는 근저당권자를 상대로 언제든지 해지의 의사표시를 함으로써 피담보채무를 확정시킬 수 있고, 약정한 결산기가 있더라도 그 기간 도래 전에 피담보채무가 모두 소멸하고 채무자가 더 이상 채권자와 거래를 계속할 의사가 없는 경우 근저당권설정자는 근저당권설정계약을 해지하여 피담보채무를 확정시킬 수 있다고 한다($\substack{1962. \ 3. \ 22. \ 선고 \ 4294민상1149 \ 판결, \ 1966. \ 3. \ 22. \ 선고 \ 66다68 \ 판결, \ 1994. \ 4. \ 26. \ 선고 \ 93다19047 \\ 판결, \ 1996. \ 10. \ 29. \ 선고 \ 95다2494 \ 판결, \ 2001. \ 11. \ 9. \ 선고 \ 2001다47528 \ 판결, \ 2002. \ 5. \ 24. \\ 선고 \ 2002다 \\ 7176 \ 판결 \ 등}$).[67] 일본 최고재판소는, 계속적 채무 담보를 위하여 제3자 소유의 부동산에 결산기의 정함이 없는 근저당권을 설정한 경우 그 물상보증인은 기본이 되는 계속적 거래계약이 존속하고 피담보채권이 존속하더라도 현저한 사정 변경이 있는 등 정당한 사유가 있는 경우 장래를 향하여 근저당권설정계약을 폐기할 수 있다는 입장을 취하였는데($\substack{1967. \ 1. \ 31. \\ 선고 \ 소화40 \\ 민초61 \\ 판결}$), 우리 대법원은 이보다 더 진전된 태도를 취하는 것으로 이해된다.

②에 관하여는 근저당권 자체에 존속기간이나 담보기간이 있는 이상 기본 거래관계의

---

64) 이는 조세채권자가 근저당권자인 경우이다.

65) 다만, 제3호의 경매절차의 개시, 압류 또는 제4호의 파산절차개시결정의 효력이 소멸한 때는, 원본이 확정되는 것을 전제로 그 근저당권 또는 이를 목적으로 하는 권리를 취득한 자가 있는 경우를 제외하고는 확정의 효력이 없다(동법 제398조의20 제2항).

66) 채무자회생절차개시결정에 관하여는 찬반 양론이 대립하는바{민법주해(Ⅶ), 25면 참조}, 대법원은 이를 긍정한다(대법원 2001. 6. 1. 선고 99다66649 판결, 2021. 1. 28. 선고 2018다286994 판결). 일본 민법은 이를 확정 사유에서 제외하고 있다.

67) 이에 따라 2004년 민법 개정안에서는 "담보할 원본이 더 이상 발생하지 아니하게 된 때"를 근저당권 확정 사유로 규정하였는데(동 개정안 제357조의11 제1항 제1호), 이는 너무 불확정적인 개념이므로 대법원 판례와 같이 해지 사유로 하는 것만 못하다고 생각된다. 일본 민법은 이를 확정 사유에서 제외하고 있다.

종료 여부를 불문하고 당연히 근저당권설정자와 채권자 사이에서는 피담보채무가 확정된다고 할 것이다. 대법원은, 근저당권의 존속기간이나 담보기간의 약정이 없는 경우나 있는 경우 근저당권설정자의 근저당권설정계약 해지에 관하여 앞서 결산기에 관한 그것과 동일한 입장을 취하고 있다(위 대법원 2002다7176 판결 등 참조).

③에 관하여는 강제경매와 담보권실행에 의한 임의경매 모두가 포함된다. 당해 근저당권에 의한 담보권실행의 경우 결산기 도래 전이라면 그 피담보채무가 확정되고 변제기가 도래하여야 하므로,[68] 특약이 없는 한 기본거래계약상의 채무불이행을 이유로 기본거래계약을 해지하여야 한다.[69] 이에 관하여 대법원은, 근저당권자가 채무불이행을 이유로 임의경매신청을 한 때에는 그 경매신청 시 근저당권이 확정된다고 하여 묵시적인 해지의 의사표시가 있는 것으로 보는 입장을 취하고 있다(1989. 1. 28. 선고 89다카15601 판결, 1997. 12. 9. 선고 97다25521 판결, 2002. 11. 26. 선고 2001다73022 판결 등).[70] 아울러 대법원은, 경매신청이 각하되거나 경매개시결정 전에 그 신청의 취하가 있을 때는 확정의 효력이 없으나 이미 경매개시결정이 이루어진 뒤에는 경매신청을 취하하더라도 확정의 효력에 영향이 없다고 한다(위 89다카15601 판결, 2001다73022 판결 등).

위 근저당 목적물에 대한 강제 환가절차의 개시에는, 근저당권자가 당해 목적물에 대하여 가지고 있는 다른 담보권에 기한 임의경매, 확정판결 등 집행권원에 기한 강제경매, 당해 근저당권에 기한 물상대위권의 행사에 의한 압류, 제3자의 강제경매 또는 임의경매 등도 포함된다는 것이 통설이다. 후순위 근저당권자 등 제3자의 경매신청에 따른 근저당권의 확정 시기에 관하여 대법원은 당해 근저당권이 소멸하는 시기인 매각대금 완납 시라고 한다(1999. 9. 21. 선고 99다26085 판결).

나. 협의의 계속적 보증(근보증)채무의 확정 사유 및 시기

위와 같이 협의의 계속적 보증(근보증)채무의 확정 사유 및 시기에 관하여 우리 민법 등에 아무런 규정이 없으므로, 다음과 같이 근저당권에 관한 법리 및 일본 민법의 관련 규정을 유추 적용하되 그것으로도 모자라는 부분은 조리에 의할 수밖에 없을 것이다.

(1) 확정기일(결산기)의 도래

1) 채권자와 보증인 사이에 확정기일, 즉 결산기를 약정한 경우 그 결산기가 도래함으

---

68) 이는 임의경매의 개시요건이다{법원실무제요 민사집행(Ⅱ), 648면 참조}.
69) 통설이다{법원실무제요 민사집행(Ⅱ), 649면 참조}.
70) 판결문에서 이를 명시하고 있지는 않으나 이와 같이 생기는 것이 옳을 것이며(동지: 민형기, 337면; 이동준, 715면), 법원의 경매실무에서도 따로 해지에 대한 소명자료를 요구하고 있지 않다. 다만, 묵시적 해지의 의사표시가 있는 것으로 보는 때에는 경매신청 시가 아니라 경매개시결정 정본이 채무자와 설정자에게 도달된 때에 해지의 효력이 발생한다고 이해하는 것이 더 논리에 맞다고 할 것이다. 일본 민법은 앞서 본 바와 같이 경매신청 시 확정의 효력이 있는 것으로 명정하였다.

로써 그때에 보증채무가 확정될 것임은 의문의 여지가 없다. 여기서 말하는 확정기일은 주채무 확정기일은 물론 보증채무 확정기일을 포함한다.[71] 채권자와 보증인 간에 보증채무 확정기일을 주채무 확정기일보다 뒤로 약정한 경우에도 부종성의 원리상 주채무 확정기일의 도래 시에 보증채무도 확정된다. 그러나 약정한 보증채무 확정기일이 먼저 도래하는 경우 채권자와 보증인 관계에서는 그때에 주채무와 보증채무가 동시에 확정된다. 일본 민법은 앞서 본 바와 같이 근저당권에 관하여 확정기일의 도래로 근저당권이 확정됨을 명시하고 있을 뿐만 아니라, 근보증에 관하여도 원본(주채무) 확정기일의 약정에 관한 규정을 둠으로써 그 기일의 도래에 의한 보증채무의 확정을 당연히 예정하고 있다.

　2) 일본 민법은 근보증의 원본 확정기일에 관하여, 그 기일은 근보증계약 체결일로부터 5년을 초과할 수 없도록 하여 그 초과 시에는 이를 무효로 하고(동법 제465조의3 제1항), 확정기일의 약정이 없거나 위와 같이 그 약정이 무효가 되는 때에는 그 기일은 근보증계약 체결일로부터 3년이 경과하는 날로 한다(위 같은 조 제2항)고 규정한다. 그리고 원본 확정기일의 변경은 변경을 한 날로부터 5년 이내의 날로 하여야 하고 이를 초과하는 때에는 그 변경약정은 무효로 하며, 다만 본래의 원본 확정기일 전 2개월 이내에 그 기일을 변경하는 경우에 당초의 원본 확정기일로부터 5년 이내의 날로 변경된 확정기일을 정하는 때에는 유효로 한다(위 같은 조 제3항).[72]

(2) 보증기간의 만료

　1) 위와 같이 보증채무의 확정기일(결산기)이 도래하는 것은 보증기간이 만료하는 것을 의미한다. 보증기간이란 계속적 보증계약의 체결에 따른 보증책임의 개시일로부터 보증채무의 확정기일, 즉 원본의 확정기일(결산기)까지의 기간을 의미함이 명백하기 때문이다.[73]

　2) 우리의 보증인보호법은 이러한 견지에서 이를 보증기간이라 하고, 당사자 간에 보증기간의 약정이 없는 때에는 그 기간을 3년으로 간주하고 있다(동법 제7조 제1항).[74] 보증기간을 약

---

71) 주채무 확정기일은 채권자와 주채무자의 약정으로 정해질 것이나 채권자와 보증인 사이에서도 정해질 수 있다. 전자의 경우 이에 대하여 보증인이 동의하는 등으로 그 약정은 보증인에 대한 관계에서도 구속력을 갖게 될 것이나, 설사 보증인의 동의가 없더라도 그것이 채권자와 보증인이 약정한 보증채무 확정기일보다 빠른 경우 그 주채무 확정에 따라 보증채무도 확정되게 된다.

72) 이는 본래의 확정기일 도래 전에 이를 변경함에 있어서도 5년의 제한을 가하되, 본래의 기일 도래 전 2개월 이내와 같이 본래의 기일 도래가 임박한 때에 변경을 하는 경우에는 5년의 기간 기산일을 본래의 기일로 함으로써, 변경된 확정기일이 너무 짧아지는 불편을 배제하기 위한 것으로 생각된다. 또한 동법은 원본 확정기일의 약정 및 그 변경은 서면에 의하지 아니하면 무효로 함을 원칙으로 하고 있다 (위 같은 조 제4항 본문).

73) 동지: 박영복, 122면. 보증책임 개시일은 보증계약 체결일보다 소급할 수 있다.

74) 보증인보호법은 보증기간의 제한을 근보증에 한정하고 있지 않은바, 이 규정이 근보증에도 적용되어야 함은 당연하다고 생각된다. 참고로, 2004년 법무부의 민법 개정안에서는 근보증기간을 3년으로 제한하여 이를 초과한 경우 3년으로 단축하고, 그 기간 약정이 없는 때는 3년으로 보며, 갱신 시의 보증기간 역시 3년을 넘지 못하도록 하였다(동 법률안 제448조의3). 한편, 2002. 1. 14. 법률 제6592호로 개정되기

정으로써 갱신하면서 그 갱신되는 기간을 정하지 않을 경우에도 동일하다(위 같은 조 제2항). 보증기간의 약정이 있는 때는 그 기간이 3년을 초과하더라도, 위 일본 민법과 같은 규정이 없는 이상 유효하다.

(3) 기본거래기간의 만료

1) 채권자와 주채무자 사이에 기본거래기간을 약정한 때에는 그 기간 만료일이 곧 주채무의 확정기일이다. 기본거래기간이 만료하면 기본거래관계가 종료되어 계속적 보증채무가 확정되게 됨은 의문의 여지가 없다. 기본거래기간과 보증기간이 각각 정해진 경우에는 앞서 본 바와 같이 그 중 짧은 기간이 만료한 때에 보증채무가 확정된다고 할 것이다. 보증기간의 약정이 없는 경우 기본거래기간의 만료 시에 보증채무가 확정됨은 물론이다.[75]

2) 기본거래기간이 정해져 있고 이를 기초로 보증기간을 동일하게 정하였거나, 그 보증기간의 약정이 따로 없어 위 기본거래기간과 보증기간이 동일한 것으로 보아야 할 경우에 있어, 채권자와 주채무자 사이의 합의만으로 기본거래기간을 연장하거나 갱신하더라도 특별한 사정이 없는 한 보증인에 대한 관계에서 보증기간 연장, 갱신의 효력이 없고 본래의 기본거래기간 만료 시에 보증채무가 확정된다(일본 대심원 1934. 6. 9. 선고 소화8년才3239 판결, 대법원 1999. 8. 24. 선고 99다26481).[76] 그리고 이때에 기본거래기간이 연장되면 보증기간도 자동적으로 연장되는 것으로 규정한 약관 조항은 「약관의 규제에 관한 법률」 제9조 제5호에 위반하여 효력이 없다(대법원 1998. 1. 23. 선고 96다 19413 판결, 위 99다26481 판결). 따라서 이 경우 채권자와 주채무자 간에는 기본거래기간 연장, 갱신의 효력에 따라 그 거래가 계속되고 주채무가 확정되지 않더라도, 보증인에 대한 관계에서는 주채무 및 보증채무가 확정된다.[77]

3) 반면에 주채무의 변제기나 이행기의 연장은 이와 다르다. 우선, 채무가 특정되어 있는 확정채무를 보증한 경우 보증인의 동의 없이 채권자와 주채무자의 합의로 주채무의 변제기나 이행기를 연장하였더라도, 채권자와 보증인 사이에 특별한 약정이 없다면 보증인은 그 변제기가 연장된 채무에 대하여 그대로 보증책임을 지게 된다(대법원 2002. 6. 14. 선고 2002다 14853 판결, 2003. 11. 14. 선고 2003다21872 판결, 2007. 6. 14. 선고 2005다9326 판결 등). 이로써 보증인에게 직접적으로 큰 손해를 가하는 것이 아니기 때문이

전의 신원보증법은 기간의 약정이 없는 신원보증계약의 존속기간을 원칙적으로 3년으로 하고 약정에 의한 경우도 최장 5년으로 제한하였으나, 위 개정 법률은 어느 경우에나 2년으로 하였다(동법 제3조).

75) 동지: 황영수, 167면; 윤남근, 190면; 최동홍, 94면. 대법원 1999. 8. 24. 선고 99다26481 판결 역시 계속적 채권관계에서 발생하는 주계약상의 불확정채무에 대하여 보증한 경우의 보증채무는 통상적으로는 주계약상의 채무가 확정된 때에 이와 함께 확정된다고 판시하고 있다.

76) 일본 대심원은 임대차계약과 관련하여서도 임대인과 임차인 사이에 명시적·묵시적 갱신이 있더라도 보증인의 승낙이 없는 한 갱신 후의 채무는 보증인에게 미치지 않는다고 판시하였다(1916. 7. 15. 선고 대정 5년才437 판결, 1931. 3. 11. 선고 소화 5년才2249 판결).

77) 이는 보증채무가 확정되기 위해서는 채권자와 주채무자 사이에서 주채무가 절대적으로 확정되어야 할 필요까지는 없다는 의미이다. 이에 관한 자세한 논의는 뒤의 3. 나. (3) 참조.

다.[78] 그런데 보증인보호법은 이에 대해 특별규정을 두었다. 즉, 보증계약 체결 후 채권자가 보증인의 승낙 없이 채무자에게 변제기를 연장하여 준 경우 채권자나 채무자는 이 사실을 보증인에게 알려야 하고, 보증인은 즉시 보증채무를 이행할 수 있도록 하고 있다(동법 제7조 제3항). 특정 채무의 보증에 있어서 주채무 변제기의 연장은 보증기간 연장을 초래하여 이자 부담을 증가시킬 우려가 있으므로 보증인에게 이를 봉쇄할 권리를 부여한 것으로 이해된다.

4) 위 규정은 협의의 계속적 보증(근보증)에 대하여도 적용될 수 있을까? 이를 긍정하면, 확정되기 전의 개별 채권의 변제기 연장이 있는 경우 보증인은 즉시 보증채무를 변제할 수 있게 되는바, 그때 계속적 보증채무가 확정되는 셈이 될 것이다. 그러나 원칙적으로, 협의의 계속적 보증(근보증)에 있어서 보증기간 중에 발생한 불특정의 개개 채무는 보증인에 대하여 독자성이 없고 증감·변동하는 것이므로, 설사 각각의 개별 채무에 변제기나 이행기가 정해져 있고 그 변제기가 보증인의 의사와 무관하게 연장, 변경되더라도 기본거래기간이나 보증기간에는 영향이 없을 뿐 아니라, 보증인은 당초부터 개별 채권의 변제기에 대한 신뢰 자체가 없는 이상 그것이 연장됨으로써 궁극적으로 확정 후 잔존채무에 대한 보증기간이 연장되는 결과가 초래되는 일이 있다고 하더라도, 그것만으로 보증인에게 보증채무 확정과 함께 보증관계의 종료를 허용할 것은 아니라 할 것이니 굳이 이를 협의의 계속적 보증(근보증)에까지 적용할 필요는 없다고 생각된다. 그리고 위 보증인보호법 규정도 이를 '변제기'라 하고 있을 뿐 거래기간 또는 보증기간이라고 하고 있지는 않다.[79] 다만, 협의의 계속적 보증(근보증)채무가 확정된 경우 그 확정된 주채무의 변제기를 연장한 때에는 당연히 위 법리와 법규정이 적용되어야 함은 물론이다.

(4) 보증계약의 해지

1) 보증계약이 적법하게 해지된다면 이로써 보증기간이 종료되어 보증채무가 확정될 것임은 물론이다.[80] 그러나 어떠한 경우에 보증계약을 해지할 수 있는지 우리 민법은 아무런 규정을 두고 있지 아니하고 보증인보호법 역시 동일하다.[81] 따라서 이는 계약 해지

---

78) 변제기가 연장됨으로써 이자부 채권인 경우 이자 부담이 늘어날 수는 있으나, 변제기가 일찍 도래하더라도 주채무자가 그 채무를 이행하지 못할 경우 그에 따라 보증인도 이행지체에 기한 지연손해금배상 책임이 커지게 되므로 변제기 연장이 보증인에게 반드시 손해가 된다고 할 수는 없겠다.

79) 동 법률안에 대한 정부의 제안이유서나 국회 심의기록에서도 이 규정이 근보증에까지 적용된다고 볼 단서는 보이지 않는다.

80) 다만, 보증채무 확정의 전제로서 반드시 채권자와 보증인 사이의 보증계약관계가 종료하여야 하는지가 문제되는바, 이에 관하여는 뒤의 3. 나. (3)을 참조. 한편 앞서 본 확정기일의 도래나 보증기간의 만료가 있는 경우 보증계약관계도 종료하는 경우가 대부분일 것이나, 보증계약관계를 존속시키고 그 확정 이후 새로 발생한 주채무에 대하여 다시 보증책임을 지는 것도 이론상으로는 가능하다.

81) 일본 민법 역시 다음에 보는 바와 같이 일정한 사유가 있는 경우 보증계약의 해지를 기다리지 아니하고 보증채무가 확정되는 것으로 하고 있을 뿐 일반적인 해지 규정을 두고 있지 않다.

의 일반 법리와 계속적 보증의 특수성에 의할 수밖에 없다.

2) 보증계약에 해지의 사유를 약정한 때에는 계약자유의 원칙상 유효하고, 이에 따른 해지권 행사에 의하여 보증계약은 해지되게 될 것이다(대법원 2001. 5. 15. 선고 2000다30035 판결 참조). 문제는 해지권 유보 약정이 없는 경우 보증인이 일방적으로 해지권을 행사할 수 있느냐이다. 계약 해지권의 일반 원칙인 채무불이행에 따른 해지권 행사가 가능할 것임은 의문의 여지가 없으나, 보증계약의 특성상 보증계약의 당사자로서 상대방인 채권자의 채무불이행을 상정하기는 사실상 어렵다.

3) 이로부터 종래 학설상, 계속적 보증의 특성에 따른 보증인 보호를 위하여 보증인의 해지권이 일본을 중심으로 전개되어 왔는바, ① 보증기간이나 보증한도액의 정함이 없는 경우 상당한 기간이 경과한 때에는 보증인이 이를 해지할 수 있고, 그 해지의 효과는 해지의 의사표시가 도달한 때로부터 상당한 예고기간이 경과한 때에 발생한다는 이른바 임의해지권(통상해지권), ② 보증기간의 유무에 관계없이 보증계약 체결 후 특별한 사정변경이 있는 경우 상당한 기간의 경과 여부를 불문하고 보증인은 즉시 보증계약을 해지할 수 있고, 그 해지의 효력 역시 즉시 발생한다는 이른바 특별해지권이 그것이다.[82] 이 같은 학설의 근거는 신의칙이나 사정변경의 원칙에서 구하는 것이 일반적이다.

4) 그러나 판례는 협의의 계속적 보증계약의 해지를 인정하면서도, 학설과 같이 이를 위와 같은 두 유형으로 나누지 아니하고 있고, 그 근거도 신의칙과 사회통념에서 구하고 있는 것으로 보인다. 즉 우리 대법원은, ① 장래의 입원치료비 보증과 같은 계속적 보증의 경우 사회통념상 그 보증계약을 유지시킬 이유가 없다면, 해지로 인하여 상대방에게 신의칙상 묵과할 수 없는 손해를 입게 하는 등 특단의 사정이 없는 한 일방적으로 해지할 수 있다(1978. 3. 28. 선고 77다2298 판결), ② 기간의 정함이 없는 계속적 보증계약에서 주채무자에 대한 신뢰가 깨지는 등 보증인으로서 보증계약을 해지할 만한 상당한 이유가 있는 경우 이를 그대로 유지, 존속케 하는 것은 사회통념상 바람직한 것이 못된다(1986. 9. 9. 선고 86다카792 판결, 2002. 2. 26. 선고 2000다48265 판결 등), ③ 회사의 임원이나 직원의 지위에 있기 때문에 회사의 요구로 부득이 계속적 거래로 인한 회사의 채무에 대하여 보증인이 된 자가 그 후 퇴사하여 임직원의 지위를 떠난 때는 보증계약 성립 당시의 사정에 현저한 변경이 생긴 경우에 해당하므로 사정변경을 이유로 해지할 수 있으며, 보증한도액과 보증기간의 정함이 있더라도 동일하다(1990. 2. 27. 선고 89다카1381 판결, 1998. 6. 26. 선고 98다11826 판결, 2002. 5. 31. 선고 2002다1673 판결), ④ 계속적 보증에 있어서 보증계약 체결 후 당초 예기치 못한 사정변경이 생겨 계속하여 보증책임을 지우는 것이 당사자의 의사해석 내지 신의칙에 비추어 상당하지 못하다고 인정되는 경우 상대방인 채권자에게 신의칙상 묵과할 수 없는 손해를 입게 하는 등의 특별한 사정이 없는 한 보증인이 이를 해지할 수 있다(1996. 12. 10. 선고 96다27858 판결)고 판시한다.

---

82) 荒川重勝, 200면; 박병대 1, 43~48면; 김영기, 120~122면; 최동홍, 96면.

보증계약 성립 당시 이미 존재하였으나 당사자가 몰랐던 사정도 반영할 수 있고, 보증인 보호의 필요성은 보증한도액이나 보증기간의 유무와 관계가 없으며, 해지에 있어서는 채권자의 사정도 충분히 고려하여야 하므로 대법원의 일원적 접근 방법이 타당하다고 하겠다.[83]

5) 일본의 판례도 이와 같다고 할 수 있다. 즉 초기에는, 장래 발생할 채무의 시기와 금액이 확정되지 않은 주채무를 보증한 경우 반대 사정이 없는 한 보증인은 상당한 시일이 경과한 후에는 이를 해약할 수 있고, 또한 주채무 성립 이전에 주채무자의 재산상태에 현저한 결함이 생긴 때는 즉시 이를 해약할 수 있음이 당사자의 의사해석 및 신의의 관념에 비추어 당연하다(대심원 1925. 10. 28. 선고 대정 14년才709 판결, 1932. 12. 17. 선고 소화 7년才225 판결), 보증금액의 한도와 보증기간의 제한이 없이 장래 채무를 보증한 경우에는 상당한 기간이 경과하고 상당한 예고기간을 거쳐 임의로 해지할 수 있고, 보증 후 주채무자의 자산상태가 현저히 약화되어 보증을 계속할 경우 구상권의 실현이 우려되는 경우에는 상당한 기간의 경과나 예고기간을 거침이 없이 장래를 향하여 즉시 해지할 수 있으며, 다만 그 보증이 장래 주채무자의 자력을 담보하는 청합(請合)인 경우[84]에는 해지할 수 없다는 것이 당사자의 의사와 신의칙에 부합한다(대심원 1934. 2. 27. 선고 소화 9년才1725 판결, 1934. 5. 15. 선고 소화 9년才206 판결)고 하여 '통상해지'와 '특별해지' 양분설의 입장을 취하였다. 그러나 그 뒤에는 기간의 정함이 없는 계속적 보증계약에서 보증인의 주채무자에 대한 신뢰가 무너진 경우 등 보증인이 이를 해지할 만한 상당한 이유가 있는 경우에는, 그 해지로써 채권자가 신의칙상 간과할 수 없는 손해를 입을 특단의 사정이 없는 한 일방적으로 해지할 수 있다고 판시하였다(최고재판소 1964. 12. 18. 선고 소화 38년才1173 판결).

6) 일본의 개정 민법은 뒤에서 보는 바와 같이 일정한 사유가 있는 경우 보증채무가 확정됨을 규정하고 있으나, 그 규정이 위와 같이 종래 학설과 판례상 인정되어 온 해지권을 부정하는 것은 아니라는 것이 통설이다.[85] 우리 신원보증법은, 신원보증인이 사용자로부터 동법 제4조 제1항의 통지(피용자가 업무상 부적격자이거나 불성실한 행적이 있어 이로 인하여 신원보증인의 책임을 야기할 우려가 있음을 안 경우 또는 피용자의 업무 또는 업무수행의 장소를 변경함으로써 신원보증인의 책임이 가중되거나 업무 감독이 곤란하게 될 경우)를 받거나 신원보증인이 스스로 위 통지 사유가 있음을 안 경우, 피용자의 고의 또는 과실로 인한 행위로 발생한 손해를 신원보증인이 배상한 경우, 신원보증계약의 기초가 되는 사정에 중대

---

83) 2004년 법무부의 민법 개정안은, 근보증계약 당시의 사정이 현저하게 변경되거나 그 밖에 부득이한 사유가 있는 경우 보증인의 해지권을 인정하였는바(동 법률안 제448조의4), 이는 대법원 판례를 반영한 것으로 보인다.

84) 대심원은, 장래 성립할 타인 채무를 보증한 경우에 보증채무의 액수 또는 성립시기에 제한이 없고 보증인에 대한 청구시기도 별단의 정함이 없는 때는 명칭은 보증이라도 실질상 청합(請合)으로서 보증인은 이를 임의로 해지할 수 없다고 하고 있다.

85) 박영복, 149~150면 참조.

한 변경이 있는 경우 신원보증계약을 해지할 수 있다고 하고 있다($\frac{제5}{조}$).

보증계약을 해지할 정당한 사유로는 통상, ① 보증 당시 보증인이 보증계약에 관하여 중요부분의 착오가 있는 경우, ② 주채무자가 상당한 기간 내에 물적 담보를 제공키로 하였으나 이를 이행하지 않거나 주채무자의 현저한 자산상태 악화로 구상권 확보가 곤란해지는 등 주채무자에 대한 보증인의 신뢰상실 사유가 발생한 경우, ③ 일정한 지위나 직무수행을 전제로 보증을 하였는데 보증인이 그 지위나 직무를 떠난 경우, ④ 보증인이 주채무자의 신용악화를 채권자에게 알리고 거래에 신중을 기하라고 했는데도 다른 담보의 확보 없이 거래를 확대, 계속하는 등 채권자가 보증인 보호에 전혀 주의하지 않은 경우, ⑤ 주채무자나 보증인의 사망, 합병, 주채무자와 보증인이 부부였다가 이혼하는 등 보증 계속 중에 보증 당시 예상하지 못했던 사정의 변화 등을 들 수 있다.

그러나 대법원이 지적하고 있는 바와 같이 보증계약의 해지 가부는 채권자의 입장을 충분히 고려하여야 하므로, 일률적으로 그 해지 사유를 정할 수는 없고 개개의 구체적 사정을 종합적으로 고려하여야 할 것이다. 이런 점에서, 단순히 보증기간이나 보증한도액의 정함이 없는 경우 상당한 기간이 경과한 것만으로 보증계약의 해지를 인정하기는 어렵다고 할 것이다.[86]

그리고 우리 대법원은 일반적으로 사정변경을 원인으로 한 계약관계의 조정을 인정하지 않고 있으므로($^{1963.\ 9.\ 12.\ 선고\ 63다452\ 판결,\ 1991.}_{2.\ 26.\ 선고\ 90다19664\ 판결\ 등\ 참조}$), 예외적으로 협의의 계속적 보증(근보증)과 관련하여 보증의 계속을 강요하는 것이 보증인에게 신의칙과 사회통념상 도저히 허용될 수 없는 정도에 이르러야만 할 것이다. 따라서 보증 당시 이미 주채무가 확정(특정)되어 있는 경우에는 사정변경 등이 있더라도 해지할 수 없음이 당연하다($^{대법원\ 1986.\ 9.\ 23.\ 선고\ 85다카1957\ 판결,\ 1991.\ 7.}_{9.\ 선고\ 90다15501\ 판결,\ 1994.\ 12.\ 27.\ 선고\ 94다}$ $^{46008\ 판결,\ 2006.\ 7.\ 4.\ 선고}_{2004다30675\ 판결\ 등\ 참조}$). 한편, 대법원은 계속적 보증계약 이후 그 해지 이전에 주채무가 이미 확정된 경우에도 보증계약을 해지할 수 없다고 하는바($^{2002.\ 5.\ 31.\ 선고}_{2002다1673\ 판결}$), 이 역시 계속적 보증의 법리상 당연하다.

7) 이와 같이 해지를 정당화할 사정이 있더라도 해지의 의사표시와 그 도달이 있어야 함은 물론이다($^{대법원\ 2007.\ 5.\ 10.\ 선고}_{2007다4691,\ 4707\ 판결\ 참조}$).[87] 이때 해지의 효력 발생과 관련하여, 상당한 기한을 유예하여야 하는지, 만약 그러한 유예가 없는 경우 상당한 기간이 경과하여야만 해지의 효

---

86) 박병대 1, 48~49면은 "채권자와 주채무자 사이의 거래를 보증인이 추천·소개한 경우 거래 초기에 있어 주채무자에 대한 채권자의 신용불안에 대한 담보로서 보증을 하였으나 그 거래가 상당기간 지속되어 이제는 채권자 스스로 주채무자의 신용상태를 충분히 파악, 대처할 수 있을 정도로 긴밀해진 경우에는 상당기간의 경과만을 이유로 한 해지도 가능할 것이다."라고 하는바, 이 역시 사정변경의 한 경우가 아닌가 싶다.

87) 해지할 만한 사정이 있음에도 해지를 하지 않은 경우에는 사정에 따라 신의칙이나 권리남용의 이론에 의해 채권자의 보증책임 추궁이 전부 또는 일부 제한될 수 있다(일본 최고재판소 1973. 3. 1. 선고 소화 47년才554 판결, 대법원 1984. 10. 10. 선고 84다카453 판결, 1986. 2. 25. 선고 85다카892 판결, 1987. 4. 28. 선고 86다카2023 판결 등 참조).

력이 발생하는지가 문제된다.

이에 관하여는 종래 학설상 '통상해지'와 '특별해지'의 경우로 나누어 전자는 그 필요성을 인정하였으나 후자에 대해서는 부인해 왔다. 이 같은 구별은 일본의 최고법원 판례를 토대로 한 것이나, 우리나라나 일본의 판례상 이에 관한 어떤 원칙이 표명된 바는 없다.[88)]

이 문제는 판례가 해지의 정당화 사유의 하나로서 제시하고 있는 '채권자에게 신의칙상 묵과할 수 없는 손해를 입게 하는지' 여부와 밀접한 관련이 있다고 생각된다. 즉, 상당한 유예기간을 두지 않고 해지의 의사표시 도달 즉시 해지의 효력이 발생하는 것으로 할경우 채권자가 신의칙상 부당한 손해를 입게 되는 때에는 채권자와 보증인의 이해관계조절을 위해서 이를 긍정할 것이다. 이런 점에서, 일본 판례가 이른바 '특별해지권'의 경우에는 그 유예기간이 필요 없다고 한 것은 찬동하기 어렵다. 다만, 어떤 경우에 유예기간이 필요한지, 또 어느 정도의 기간이 적당한지 보증인으로선 쉽게 판단하기 어렵고, 그설정한 유예기간이 적당치 못하다고 하여 사후에 그 해지의 효력을 부인할 경우 보증인에게 극히 불리하므로 민법 제544조 소정의 '상당한 기간'에 관한 법리^(대법원 1979. 7. 24. 선고 78다2496 판결, 1979. 9. 25. 선고 79다1135, 1136 판결 등 참조)를 유추 적용하는 것이 타당하다고 생각된다. 그리하여, 유예기간이 필요한 경우에 보증인이 이를 설정하지 않았거나 너무 짧은 기간을 설정한 경우에는 법원이 이를 보충하여 상당한 기간이 경과한 때에 해지의 효력이 발생한 것으로 인정할 수 있다고 새겨야할 것이다.[89)]

---

88) 일본 판례는, 주채무자의 자산상태 악화 등 사정변경이 있는 때에는 유예기간이 필요 없다고 하여 나름의 구별기준을 제시하고 있다. 반면에 우리 대법원은, 부득이한 사정으로 기간의 약정이 없이 입원치료비 채무를 보증한 사안에서 보증인의 해지를 인정하되 그 효력 발생일을 해지의 의사표시가 도달한 날로부터 15일 후로 판단한 원심판결(부산지법 1986. 2. 2. 선고 85나715 판결)을 인용한 바 있을 뿐(대법원 1986. 9. 9. 선고 86다카792 판결. 이 사안에서 보증인은 1차 해지통지를 한 15일 후 다시 해지통지를 하였는바, 원심법원은 채권자가 15일이면 그의 이익을 보호함에 필요한 다른 조치를 취할수 있었다고 볼 수 있다며 2차 해지통지 도달 시를 해지의 효력 발생시기로 보았다.), 이에 관한 원칙이나 기준을 제시하지 않고 있다. 실제로 우리 대법원은 특별한 사정에 기하지 않은 이른바 '통상해지'를 인정한 사례가 보이지 않는다.

89) 그러나 그 유예기간 동안에 채권자가 자신을 보호하기 위해 어떠한 조치를 취할 수 있는지에 대해서는 상당히 회의적이다. 장래를 향해서는 채무자에게 보증인의 해지통지 사실을 고지하고 새로운 보증인의 입보나 다른 담보의 제공 등을 요구하고 불응시 계속적 거래를 종료하는 것이 가장 적절할 것이다. 이 경우 이를 기본거래계약상 거래 종료 사유로 약정하지 않은 때(2010. 3. 현재 신용보증기금이 사용하고 있는 신용보증약정서나 신용보증약관에 이와 관련한 내용은 없다.)도 채무자의 대체담보 설정의 거부나 불응을 이유로 기본거래계약의 해지 등을 할 수 있을까? 신의칙이나 민법 제431조 제2항을 유추하여 이를 긍정하여야 한다고 생각된다. 그러나 굳이 유예기간이 없더라도 채권자는 이 같은조치를 취할 수 있음은 물론이다. 반면, 이미 발생한 과거의 채권에 대하여는 뒤에서 보는 바와 같이 보증인이 보증책임을 지게 되므로 특별한 문제가 없으며 유예기간을 인정할 필요도 거의 없다고 할것이다.

(5) 보증인의 확정청구

1) 앞서 본 바와 같이 일본 민법은 근저당채권에 관하여 확정기일의 정함이 없는 경우 근저당권자와 설정자에게 확정청구권을 부여하고 있다. 그러나 근보증에 관하여는 이와 같은 규정을 두고 있지 않은바, 이를 근보증에 관하여도 유추 적용할 수 있을까? 이를 인정하게 되면 채권자와 주채무자는 사실상 계속적 거래를 계속할 수 없는 결과가 발생할 것이다. 근저당권에 있어서도 이러한 결과는 동일함에도 이를 인정하는 것은, 후순위 권리자 등의 이해관계를 고려하고, 담보물권에 관하여 그 불확정 상태가 오래 지속됨은 사회경제적으로도 좋지 않다는 점을 고려한 것이 아닌가 한다.

2) 협의의 계속적 보증(근보증)의 경우 근저당권과는 사정이 다르므로, 명문 규정이 없는 상태에서 해석론에 의해 일반적인 권리로서 보증인에게 보증채무 확정청구권을 인정하기는 어렵다고 생각된다.[90] 우리 민법에는 근저당권의 확정청구에 관한 규정도 없는 이상 더욱 그러하다. 일정한 사유가 있는 경우 보증인은 해지권을 행사함으로써 구제받을 수 있을 것이다.

(6) 기본거래관계의 종료

어떤 이유로든 채권자와 주채무자 간의 기본거래관계가 종료한 경우 더 이상 개별 채권 채무가 발생할 여지가 없으므로 그때에 보증채무가 확정된다. 그러나 개별 거래가 장기간 중단되었다고 하여 곧바로 그것을 기본거래관계의 종료로 볼 수는 없다. 즉, 기본거래관계의 종료는 법률적 의미에서의 종료를 의미한다. 채권자와 주채무자의 종료 합의가 있거나 일방의 해지권 행사가 주된 종료 사유일 것이다.

(7) 채권자, 주채무자 또는 보증인의 사망, 합병

1) 보증의 무상성(無償性)이나 정의성(情義性) 등에 비추어 주채무자나 보증인이 사망한 경우 보증계약의 지속이나 보증인의 상속인에 의한 보증인 지위의 승계를 인정하기 어렵다고 할 것이다. 보증인이나 상속인에게 가혹하기 때문이다.

이에 관하여 판례는 경우를 나누어 달리 취급해 왔다. 즉, 보증한도액이 있는 이상 보증기간의 정함이 없더라도 계속적 보증인의 상속인은 보증인 지위를 승계하여 주채무가 존재하는 한 보증책임이 계속되는 반면(일본 대심원 1932. 6. 1. 선고 소화 6년オ3179 판결, 대법원 1998. 2. 10. 선고 97누5367 판결, 1999. 6. 22. 선고 99다19322, 19339 판결, 2001. 6. 12. 선고 2000다47187 판결), 보

---

90) 근보증에 관한 일본 민법 개정 시에도, 해지권이 인정되는 이상 일반적인 확정청구권을 부여하지 않더라도 보증인 구제에 크게 문제될 것이 없다는 점과 일반규정화할 경우 다양한 고려가 반영되기 어렵다는 점을 참작하여 이를 도입하지 않았다고 한다(박영복, 148면 참조). 일본에서도 근보증에 관한 일본 민법의 개정 이전에 근저당권에 관한 확정청구권의 유추 적용 가부를 둘러싸고 많은 논의가 있었는바, 이에 관하여는 荒川重勝, 200~204면 참조.

증한도액은 물론 보증기간의 정함도 없는 경우에는 특단의 사유가 없는 한 보증인의 지위는 그 보증인의 사망과 운명을 같이 하여 보증인 사망 후에 발생한 채무에 대하여 그 상속인은 보증책임을 지지 않는다(일본 대심원 1925. 5. 30. 선고 대정 13년才856 판결, 최고재판소 1962. 11.
9. 선고 소화 36년才868 판결, 대법원 2001. 6. 12. 선고 2000다47187 판결)고 판시하고 있다.[91] 이와 같은 판시에 의하면 결국 후자의 경우 보증인의 사망 시 보증채무가 확정되는 셈이 된다.

2) 한편 대법원은, 근저당권에 있어 물상보증인이 설정한 근저당권의 채무자가 합병으로 소멸하는 경우 합병 후의 존속회사 또는 신설회사는 합병의 효과로서 채무자의 기본계약상 지위를 승계하지만, 물상보증인이 존속회사 또는 신설회사를 위하여 근저당권설정계약을 존속시키는 데 동의한 경우에 한하여 합병 후에도 기본계약에 기한 근저당거래를 계속할 수 있고, 합병 후 상당한 기간이 지나도록 그러한 동의가 없는 때에는 합병 당시를 기준으로 근저당권의 피담보채무가 확정되며, 이에 따라 그 근저당권은 그 확정된 피담보채무로서 존속회사 또는 신설회사에 승계된 채무만을 담보하고 합병 후 기본계약에 의하여 발생한 존속회사 또는 신설회사의 채무는 그 근저당권에 의하여 더 이상 담보되지 아니하고, 이러한 법리는 채무자의 합병 전에 물상보증인으로부터 저당 목적물의 소유권을 취득한 제3자가 있는 경우에도 마찬가지로 적용된다고 한다(2010. 1. 28. 선고
2008다12057 판결).

3) 일본 민법은 근저당권의 경우 앞서 본 바와 같이 채무자나 근저당권자에 대하여 상속이 있는 경우 당사자의 합의로 그 승계인을 정하게 하고 승계가 없는 경우에는 상속의 개시 시에, 합병의 경우에는 존속법인의 승계를 원치 않는 근저당권설정자의 확정청구에 의해 합병 시 각 근저당채무가 확정되는 것으로 하고 있다. 이는 채무자나 근저당권자의 사망, 합병이 있는 경우 근저당법률관계의 당사자가 달라짐으로써 피담보채권의 범위가 영향을 받으므로 근저당권설정자를 보호하기 위한 것이다. 그러나 물상보증인의 사망, 합병이 있는 경우에는 그런 위험이 없으므로 확정사유는 물론 당사자의 관여도 부인한 것으로 이해된다. 이와 달리 일본 민법은 근보증의 경우, 주채무자나 보증인이 사망한 때에는 그 사망 시에 주채무의 원본이 확정되는 것으로 하고 있다(동법 제465조
의4 제3호).

4) 이와 같은 실정 법규가 없는 우리의 경우 결국 근보증에 관한 판례가 없는 사안에 대하여는 근저당권에 관한 판례 및 일본 민법 규정의 법리를 최대한 유추 적용할 수밖에 없다고 하겠다.

그런데 위 판례나 일본 민법에도 채권자의 사망, 합병의 경우에 대하여는 언급이 없는 바,[92] 이 경우는 어떻게 되는 것일까? 채권자가 사망이나 합병으로 바뀐 경우에도 채무자가 바뀐 경우보다는 덜하지만 역시 기본적 채권채무관계에 영향을 미친다는 점을 고려하

---

91) 주채무자가 사망한 경우에 관하여는 판례가 없는 듯하다.
92) 일본 민법은 주채무자나 보증인에게 합병이 있는 경우에 대하여도 침묵하고 있다.

면, 이에 대하여도 원칙적으로 위 판례의 법리를 동일하게 적용하는 것이 타당하다고 생각된다. 다만, 보증인의 사망을 보증계약의 종료 사유로 하고 있는 신원보증법(제7조)과 같은 실정법상의 규정이 없는 우리의 경우 채권자, 채무자, 보증인의 사망, 합병은 사정변경에 해당하여 계속적 보증계약의 해지 사유가 될 가능성이 크다고 하겠다. 한편, 사망에 실종선고가 포함됨은 물론이다.

(8) 주채무자 또는 보증인의 재산에 대한 강제집행

1) 앞서 본 바와 같이 대법원 판례와 일본 민법에 의하면, 근저당권의 경우 근저당 목적물에 대한 강제집행이 있는 경우 근저당채권이 확정된다. 일본 민법은 근보증의 경우에도 이와 유사한 규정을 두고 있다. 즉, 채권자가 주채무자 또는 보증인의 재산에 대하여 금전 지불을 목적으로 하는 채권에 관한 강제집행 또는 담보권실행을 신청한 경우 그때에 주채무의 원본이 확정되는 것으로 규정하고 있다(동법 제465조의4 제1호).[93] 근저당권의 경우와 달리 보증계약의 당사자인 채권자에 의한 강제집행신청만을 확정사유로 하고 있으므로 다른 채권자에 의한 강제집행은 제외되며,[94] 재산의 종류는 불문한다. 그 확정 시점은 집행신청서가 집행법원 등 집행기관에 접수된 때라고 할 것이다.

2) 학설에 따라서는 채권자의 이행청구가 있는 때에도 채권자의 확정의사가 있는 것으로 보아 보증채무의 확정을 인정하여야 한다고 주장하는바,[95] 기본거래계약이나 보증계약에 이에 반하는 약정이 없고 보증인에 대한 이행청구가 있는 때에만 타당하다고 하겠다. 채권자는 주채무자에 대하여는 보증채무의 확정과 관계없이 언제든지 개별 채권의 이행을 청구할 수 있기 때문이다.

3) 우리 민법이나 보증인보호법은 주채무자 등의 재산에 대한 강제집행에 따른 계속적 보증채무의 확정에 관하여 침묵하고 있고 판례 역시 없다. 이러한 사유가 있으면 이미 채권자가 주채무자나 보증인에 대하여 그 자산상태를 신뢰하지 못할 사유가 발생한 것이어서 더 이상의 거래 등 법률관계를 유지할 필요가 없다고 할 것이므로, 근저당권 확정의 경우를 유추하여 확정을 인정하는 것이 옳다고 하겠다.

---

93) 다만, 강제집행이나 담보권실행절차가 개시된 경우에 한한다(동호 단서). 그리고 강제집행이나 담보권실행 신청에는 주채무 혹은 보증채무의 이행을 구하는 것 외에 당해 채권자가 주채무자나 보증인에 대하여 갖고 있는 다른 채권에 기한 것도 무방하다는 것이 다수 학설이다(박영복, 130면 참조).

94) 동지: 荒木新五, 93면. 이는 저당권이나 근저당권의 목적물에 대한 강제집행의 경우 그 절차 개시자가 누구냐에 관계없이 이른바 소제주의(消除主義)를 채택하고 있는 것과 달리 근보증의 경우에는 이러한 법규나 필요성이 없기 때문이다. 다만, 계속적 보증채무의 담보를 위하여 근저당권과 함께 근보증을 하였고 그 근저당 목적물에 대한 강제집행이 있는 경우에는 특별한 사정이 없는 한 그 강제집행과 동시에 근보증채무 역시 확정된다고 할 것이다.

95) 荒川重勝, 205면.

(9) 주채무자 또는 보증인의 파산

1) 우리 학설과 일본 민법은 채무자 또는 근저당권설정자에 대한 파산절차의 개시결정[96] 또는 파산선고를 근저당채권의 확정 사유로 본다. 같은 견지에서 일본 민법은 근보증의 경우에도 주채무자나 보증인이 파산절차개시결정을 받은 때에 주채무의 원본이 확정되는 것으로 규정하고 있다(동법 제465조의4 제2호).[97]

주채무자나 보증인이 파산선고를 받은 경우 그들은 더 이상 자력이 없으므로, 주채무자 파산의 경우에는 채권자와 주채무자 사이에 더 이상의 거래 등 법률관계를 계속할 여지가 없다고 할 것이고, 보증인 파산의 경우에는 보증인의 책임을 파산 이후의 장래 시점에서 묻는다는 것도 부적절하여 역시 보증관계를 계속할 이유가 없다고 할 것이다. 따라서 주채무자나 보증인이 파산선고를 받은 경우 그 시점에서 보증채무가 확정되는 것으로 함이 주채무자나 보증인은 물론 채권자의 이익에도 부합한다고 할 것이다.[98]

2) 반면에 주채무자나 보증인이 회생절차개시결정을 받은 경우 회생계획에 따라 종전의 경제활동이 유지·계속되므로, 그것만으로 채권자와 주채무자 간의 기본거래관계를 종료하고 보증채무를 확정할 사유로 삼기에는 불충분하다. 그러므로 보증계약 등에 별도의 정함이 없는 한 이를 채무 확정 사유로 볼 필요는 없다고 할 것이다. 그러나 우리 대법원은 앞서 본 바와 같이 이를 채무 확정 사유로 보고 있다.

3) 채권자가 파산한 경우에 관하여는 근저당권의 경우를 포함하여 일본 민법에서도 이를 채무 확정 사유로 규정하고 있지 않다. 계속적 법률관계에서 채권자 역시 채무자에게 반대급부 제공의무에 따른 채무를 부담하는 경우가 많을 것이나 항상 이를 긍정할 것은 아니고, 파산관재인에게 계약의 해지 또는 이행에 대한 선택권을 부여하고 있는「채무자회생 및 파산에 관한 법률」제335조의 취지 등을 고려하면, 채권자의 지급불능 사태를 채무자나 보증인에 대한 관계에서 계속적 법률관계의 일률적인 종료 사유로 다룰 필요는 없다는 점에서, 근보증에 있어서도 이를 채무 확정 사유로 보기는 어렵다고 생각된다.

---

96) 일본의 파산법은 우리의「채무자회생 및 파산에 관한 법률」소정의 파산선고 대신 파산수속개시결정을 하도록 하고 있으며, 채무자회생에 관하여는 민사재생법이 규율하고 있다.

97) 근저당권의 경우와 달리 파산절차개시결정의 효력이 사후적으로 소멸하는 때에도 보증채무 확정의 효력이 소멸되지 아니한다. 그리고 파산절차개시결정의 송달 시나 이를 당사자가 안 때가 아니라 그 결정이 있을 때에 보증채무가 확정된다고 해석할 것이다.

98) 주채무자가 파산선고를 받은 경우에는 채권자와의 기본거래상의 약정이나 개별 채무의 채무불이행에 의해 채권자가 강제집행을 하거나 기본계약을 해지하는 등으로 기본거래관계를 종결하는 경우가 많을 것이다.

3. 확정의 효과와 보증인의 책임

가. 확정의 효과

1) 앞서 본 바와 같이 협의의 계속적 보증(근보증)에 있어 채무가 확정되면 보증책임의 대상인 주채무가 특정되며, 이로써 보증채무도 특정되고 이에 따라 보증채무가 확정된 이후 발생한 주채무는 보증책임의 대상에서 제외된다.[99] 그러나 확정에 의하여 발생이 정지되는 것은 채권자와 주채무자의 기본적 법률관계에 기한 원본채무에 한한다. 따라서 이미 발생한 개별적 원본채무에 붙는 이자나 지연손해금, 위약금 등 부수적 채무는 확정과 관계없이 계속 발생하고, 소멸시효의 완성 등에 의하여 소멸한다.

2) 이러한 확정의 효과에 대하여는 두 가지 이론적 접근방법이 있다. 제1설에 의하면, 보증인은 보증계약이 존속하는 동안 그 전 기간을 통하여 계속적으로 추상적·기본적 보증채무를 부담하는 것을 물론이고 그 보증기간에 발생하는 개개의 개별 채권에 대하여도 구체적인 보증책임을 진다고 한다.[100] 이 견해는 계속적 보증계약 자체도 주채무를 발생시키는 기본적 법률관계와 동일하게 하나의 계속적 계약관계로 이해하는 것으로서, 이에 따르면 채권자는 보증기간 중 확정이 되기 전이라도 원칙적으로 보증계약의 종료 여부에 관계없이 각 개별 채권에 대하여 보증책임을 물을 수 있게 되며, 개별 채권을 양도하거나 타인이 이를 대위변제한 경우 보증인은 양수인이나 대위변제자에게도 보증책임을 지게 되어 채권자에게 유리하다.[101]

제2설은 확정 당시의 잔존 채무에 대하여만 보증책임을 진다는 견해이다.[102] 이에 의하면, 보증인은 보증기간 동안 개개의 채권에 대하여는 보증책임을 지지 아니하고, 기본 거래관계의 종료나 보증기간의 만료 등으로 보증채무가 확정된 때에야 비로소 그 확정된 채무에 대하여만 보증책임을 지며, 보증기간 계속 중 채권자의 보증책임 요구 및 양수인이나 대위변제자의 보증책임 요구에는 응할 의무가 없다.

3) 따라서 확정이 중요한 의미를 갖게 되는 것은 제2설의 경우이며, 이 입장에서는 보

---

99) 주채무가 증감·변동을 멈추어 확정된 이상 원칙적으로 그 이후에 주채무가 발생할 수는 없는 것이지만, 보증인의 동의 없는 기본거래기간의 연장 등 여러 가지 사유로 보증채무가 확정된 이후에도 주채무가 발생하는 경우가 생기게 된다. 결국 이는 주채무의 확정이 절대적·고정적 개념이 아니라 보증인에 대한 관계에서 상대적인 것임을 의미한다.

100) 我妻榮, 475면; 윤남근, 179면.

101) 그러나 이 경우에도 보증인이 보증한도액을 정한 때에는 각 개별 채권액의 누계액이 보증한도액에 이르기까지만 보증책임을 지게 되고 이를 초과하는 부분에 대하여는 보증책임을 지지 않음은 당연하다. 그러나 이 입장을 취하면서도, 채권자와 주채무자 사이의 기본거래관계가 정상적으로 계속하는 동안에는 특별한 약정이 없는 한 채권자는 개별 채권에 대하여 보증책임을 물을 수 없다고 보는 것이 제도의 취지나 당사자의 합리적인 의사에 부합한다는 견해도 있다(我妻榮, 475면).

102) 荒川重勝, 181면; 平野裕之, 449면; 박병대 2, 377면; 이은영, 58면.

증의 종료와 보증책임이 연결되어 있어 보증책임을 이행하고도 보증이 계속되는 일은 없게 된다.[103] 제2설은, 제1설에 의하면 주채무자와 채권자 사이의 거래의 안정 및 지속성의 원조라는 계속적 보증제도의 목적이나 당사자의 의사에 어긋나고 개별 채권의 양도나 대위변제에 관하여 수반성을 인정할 경우 복잡한 법률관계가 야기되어서 부당하다고 한다.[104] 이에 반하여 제1설은, 근저당권에 있어서 근저당권자가 담보권을 실행하면 그 담보권이 확정적으로 소멸하고 그 담보권 실행 전 단계에서는 개별 채권에 대하여 담보권을 행사할 수 없음은 근저당권설정계약의 해석상 도출되는 것이 아니라 물권법정주의가 지배하는 근저당의 특성에 따른 귀결로서, 이 같은 법리를 사적 자치가 지배하는 보증계약에 그대로 적용할 수는 없고, 개별적인 주채무가 이행기에 도달하였음에도 채권자가 보증인에게 그 보증책임을 물을 수 없다고 하는 것은 일반인의 법감정에도 반한다고 한다.[105] 일본 민법은 근저당권에 관하여는 원본의 확정 전에 근저당권자로부터 채권을 취득하거나 채무자를 위해 또는 채무자에 대신하여 변제를 한 자는 근저당권을 행사할 수 없고(동법 제398조의7 제1항), 원본의 확정 전에 채무 인수가 있는 경우 근저당권자는 그 인수 채무에 관하여는 근저당권을 행사할 수 없으며(동법 제398조의7 제2항), 원본의 확정 전에 채권자 또는 채무자의 교체로 인한 경개가 있는 때도 동법 제518조(경개 후의 채무에 관한 담보의 이전)에 불구하고 신채무에 근저당권을 이전할 수 없다(동법 제398조의7 제3항)고 규정하여 수반성을 부인하고 있다.[106]

4) 어느 견해나 모두 타당성이 있으나 실정법에서 아무런 규정을 두고 있지 않으므로,[107] 보증계약에 특별한 약정이 없는 경우에는 결국 법원이 판단할 수밖에 없을 것이다. 이 문제는 계속적 보증의 특질을 어디서 구하는가에 달려 있다고 할 수 있다.[108]

---

103) 또한 제2설의 입장에 의하면, 보증채무는 주채무가 확정되기 전까지는 잠재적·관념적으로만 존재하므로 보증채무에 있어서는 확정보다 특정이 중요한 의미를 가지게 된다고 할 수 있다. 즉 주채무가 확정되기 전까지는 잠재적·관념적인 보증채무는 주채무와 같이 현실적으로 증감·변동을 하는 일이 없는 것이다.

104) 박병대 1, 16~18면(그러면서 일본 민법이 근저당권의 확정 전에 수반성을 부정하는 것도 그러한 이유에서라고 한다).

105) 윤남근, 177~179면(신용카드거래의 경우 카드 회사는 매월 결제일에 전월의 신용카드 이용대금 채권이 변제기에 이르면 보증기간 중 언제라도 보증인에게 보증채무의 이행을 요구할 수 있고, 이에 따른 보증책임의 이행이 있다 하여 보증관계가 당연히 종료하는 것은 아니라고 주장한다).

106) 2004년 법무부의 민법 개정안도 이를 받아들였으나(동 법률안 제357조의7) 입법이 이루어지지 못하였다. 그러나 일본 민법도 근보증에 관하여는 동법 제398조의7과 같은 규정을 두고 있지 않다.

107) 이는 우리 보증인보호법이나 일본 민법이 모두 동일하다. 근저당권에 관하여 우리 민법 제357조 제1항은 "…채무의 확정을 장래에 보류하여… 확정될 때까지의 채무의 소멸 또는 이전은 저당권에 영향을 미치지 아니한다."라고 하고 있는바, 이로부터 근저당권설정자는 확정 전에는 담보책임을 지지 않음을 추론할 수 있다(그러나 위 규정이 이러한 취지를 명시하고 있다고까지는 할 수 없다. 단순히 부종성의 완화를 밝힌 것으로 해석될 수도 있기 때문이다). 일본 민법은 근보증채무의 확정 제도를 도입하고 있는바, 이는 제2설의 입장에 따른 것으로 이해되고 있다(平野裕之, 449면).

108) 그러나 어느 견해가 보증인에게 특히 유리하거나 불리하다고 하기는 어렵다. 제1설에 의하면 보증인의 책임이 빨리 현실화 될 수 있으나 그것이 반드시 불리하다고 할 수 없다. 다만, 보증한도액의 정함이 없는 경우에는 제1설에 의하면 보증인의 책임이 더 가중될 우려가 크다는 점은 부인하기 어렵

협의의 계속적 보증의 특징을 장래에 발생하고 증감·변동하는 불특정의 채무 보증에 두면, 이는 근저당권과 본질을 같이 하는 것으로서, 특별한 약정이 없는 한 그 법리[109]에 따라 보증책임이 확정되는 것을 기다려 보증인에게 책임을 물을 수 있고 그 전에는 주채무자에게만 이행을 청구할 수 있을 뿐 보증인에게는 보증책임을 요구할 수 없는 것으로 이해하여야 할 것이다. 이러한 해석이 협의의 계속적 보증, 즉 기본적 거래관계 종료 후 주채무자가 거래 중에 청산하지 못한 잔존 채무가 있을 때 이에 대하여만 보증책임을 진다는 근보증에 관한 당사자의 의사에 보다 부합한다고 생각된다. 대법원도 이러한 견지에서 "당좌대출에 대한 신용보증은, 보증인이 당좌거래기간 동안에는 약정된 한도액 범위 안에서 증감·변동하는 대출원리금에 대하여 보증책임을 지지 아니하고, 정해진 사유로 인한 거래 종료 시 보증채무가 확정되는 이른바 근보증에 해당한다."고 판시하고 있다(1998. 6. 26. 선고 98다11826 판결).

나. 보증인의 책임

(1) 원 칙

1) 보증관계가 종료되어 보증채무가 확정되면 보증인은 그에 따른 책임을 지는바, 구체적으로는 보증기간, 보증한도액, 피보증채무의 발생, 보증계약에서 정한 보증의 대상, 주채무의 변제기 도래 여부 등에 따라 그 범위가 정해지게 된다. 이에 관하여 일본 민법은 원본, 이자, 위약금, 손해배상, 기타 그 채무에 종속하는 채무와 보증채무에 대한 약정 위약금, 손해배상채무를 한도액 범위 내에서 이행할 의무가 있다고 규정하고 있다(동법 제465조의2 제1항).

2) 한편 우리 대법원은, 계속적 보증에 있어 보증책임의 한도액이나 보증기간의 정함이 없는 경우 원칙적으로 보증인은 변제기에 있는 주채무로서 주채무자가 이행하지 아니한 채무 전액에 대하여 책임을 지는 것이 원칙이고, 다만 보증 당시 주채무의 액수를 보증인이 예상하였거나 예상할 수 있었을 경우로서 채권자에게 신의칙에 반하는 사정이 있는 때에 한하여 보증인의 예상 범위로 그 보증책임을 제한할 수 있다고 판시하고 있다 (1989. 10. 24. 선고 88다2083 판결, 1994. 6. 24. 선고 94다10337 판결, 1995. 4. 7. 선고 94다21931 판결, 1998. 6. 12. 선고 98다8776 판결 등).

(2) 보증기간과의 관계

1) 보증기간의 정함이 있는 경우 보증책임은 보증기간 내에 발생한 주채무에 대하여만 미친다. 보증채무가 확정된 이후에 발생한 채무가 보증책임의 대상에서 제외됨은 말할 것도 없다. 보증기간의 정함이 없는 경우라도 보증책임은 무한히 확대될 수는 없다. 즉 보

다. 한편 보증계약의 해지 또는 보증채무의 확정과 관련하여, 제1설에서는 보증인의 해지권을 인정함에 반해 제2설에서는 확정청구권을 인정하나 논의의 실익은 별로 없다.

109) 앞서 본 바와 같이 근저당권의 경우 기본계약을 해지함이 없이 개별 채무에 대한 이행지체를 이유로 곧바로 근저당권을 실행할 수는 없다는 것이 통설이다{법원실무제요 민사집행(Ⅱ), 649면 참조}.

증계약 등의 의사 해석에 따라, 장래의 채무 외에 보증행위 이전 과거의 채무를 포함하여 보증 당시 현재의 채무도 포함하는지를 결정하여야 한다.

2) 이 문제에 대해서는 주채무의 발생, 확정, 변제기 도래와 관련하여 그 구체적인 보증책임의 성립 범위가 문제되는바, 상정할 수 있는 경우를 나눠보면 ① 채무 발생 시기와 관계없이 보증기간 만료 또는 보증 종료 시까지 확정된 채무로 보는 견해, ② 보증기간 만료 또는 보증 종료 시까지 발생한 채무로 보는 견해, ③ 보증기간 만료 또는 보증 종료 시까지 변제기가 도래한 채무로 보는 견해가 있을 수 있다. ①설이 다수설의 입장으로 보이는바,[110] 이에 관하여는 아래에서 따로 살펴보기로 한다.

(3) 주채무의 확정 요부

1) 보증인이 보증책임을 지기 위해서는 주채무의 확정이 필수적인가? 보다 구체적으로 말하면 보증채무가 확정되기 위해서는 채권자와 주채무자의 거래관계가 종료하여 주채무의 증감·변동이 정지되어야 하는가?

2) 주채무와 보증채무는 부종관계에 있으므로 주채무가 어떠한 사유로든 증감·변동을 멈추고 확정되면 이로써 보증채무 역시 확정될 수밖에 없다. 반면에 보증채무는 주채무를 전제로 하므로 주채무의 확정 없이 보증채무만의 확정이란 논리적으로 있을 수 없다. 앞서 본 바와 같이, 협의의 계속적 보증에 있어 보증채무는 원칙적으로 주채무의 확정 전까지는 잠재적·관념적으로만 존재할 뿐이므로, 보증채무가 증감·변동하다가 주채무와 독립하여 단독으로 증감·변동을 정지하고 확정된다고 이론구성할 여지도 없으려니와, 보증채무만의 확정이란 보증채무의 부종성에도 반한다. 또 앞서 본 바와 같이, 협의의 계속적 보증은 주채무가 확정되고 변제기가 도래하였으나 주채무자가 이를 변제하지 않은 경우에 보증인이 이를 변제할 책임을 부담하는 것을 말하므로 주채무의 확정 없이 보증인이 보증책임을 질 수는 없는 이치이기 때문이다.

3) 문제는 채권자와 주채무자 간의 기본적 거래관계가 현실적으로 종료하지 아니하여 주채무의 증감·변동이 정지되지 않은 경우에 이를 이유로 일률적으로 보증채무의 확정을 부인하거나 보증인의 책임을 부정할 것인지를 둘러싸고 발생한다.

그런데 주채무의 증감·변동이 정지되어 그것이 확정된다는 것은 인간 의식작용의 소산으로서 절대적·물리적 개념이 아니므로, 반드시 현실적으로 증감·변동이 정지되는 결과가 발생하여야만 확정을 인정할 수 있는 것은 아니다. 현실적으로는 그와 같은 결과가 발생하지 않았더라도 사회통념에 따라 관념적으로 이를 인정할 수 있다. 비근한 예로, 채권자와 주채무자 사이의 기본거래에 관하여 결산기 또는 종기의 약정이 있는 때에 보증인

---

110) 박병대 1, 30~31면; 김영기, 112면.

의 동의 없이 그 기간을 연장한 경우 현실적으로 주채무는 증감·변동이 정지되지 않아 확정되지 않지만, 그 기간연장이 보증인에 대하여는 아무런 효력이 없으므로 보증인에 대한 관계에서는 당초의 보증약정에 따라 원래의 결산기 또는 종기 도래 시 주채무가 확정되고, 이에 따라 보증채무 역시 확정된다고 새겨야 함은 당연하다. 이런 경우에 주채무가 확정되지 않았다는 이유로 보증인의 책임을 면제한다는 것은 사회통념, 보증계약 당사자의 의사, 계속적 보증의 법리상 도저히 받아들일 수 없다 할 것이다.[111]

4) 이와 같이 주채무의 확정은 기본거래의 현실적인 종료를 필수적 전제로 하지 않는다. 기본거래관계가 종료되기 전에 보증계약관계가 먼저 종료하는 경우는 위 경우 외에 ① 보증기간을 기본거래기간보다 짧게 정한 경우, ② 보증계약의 해지, ③ 보증인 등의 사망, 합병, 파산 또는 그 재산에 대한 강제집행 등을 생각할 수 있다. 이런 경우에도 채권자와 보증인의 관계에서는 주채무의 현실적인 종료(확정)가 없더라도 주채무의 확정을 긍정하고 이에 따라 보증채무의 확정을 인정하여야 하며, 주채무의 확정에 관계없이 보증채무만이 단독으로 확정되는 것으로 이론구성할 이유나 필요는 없다고 하겠다. 만약 보증계약에서 이와 같은 사유를 보증채무의 확정사유로 정한 경우에는 채권자와 보증인은 그 사유 발생 시 양자 간에 있어 이를 주채무 확정사유로도 약정하였다고 해석할 수 있다. 그런 약정이 없는 경우에도, 계약 당사자의 진정한 의사, 채권자 보호와 보증인의 부당한 면책 방지라는 신의칙 및 공평의 원칙상 그러한 사유 발생 시 보증인에 대한 관계에서 주채무가 확정된다고 해석할 수 있다.[112] 앞서 본 바와 같이 일본 민법 제465조의4 제1, 2, 3호는 명시적으로 위와 같은 사유를 주채무의 확정사유로 규정하고 있고, 대법원도 같은 견지에서, 계속적 채권관계에서 보증채무는 통상적으로 주계약상의 채무가 확정된 때에 이와 함께 확정되는 것이지만 보증계약관계가 먼저 종료된 때에는 그때에 보증채무가 확정되어 보증인은 그 당시의 주채무에 대하여 보증책임을 진다고 판시하고 있는바 (1999. 8. 24. 선고 99다26481 판결), 이와 같은 보증채무의 확정에는 주채무의 확정, 즉 채권자와 보증인 사이에서 주채무의 상대적 확정을 당연히 전제하고 있다고 보아야 할 것이다.[113]

---

111) 이러한 경우 대법원은 앞서 본 바와 같이 보증채무가 확정되는 것으로 보아 보증인의 보증책임을 긍정하며(1999. 8. 24. 선고 99다26481 판결 참조), 이에 대한 반론을 찾아볼 수 없다.

112) 보증계약의 해지나 보증인의 사망 등 당초 채권자가 예상할 수 없었던 사유로 보증관계가 기본거래관계보다 먼저 종료하는 때에 주채무의 확정이 없다는 이유로 보증인의 책임을 부정하게 되면, 채권자의 귀책사유 없이 부당하게 보증인을 보호하고 채권자를 불리하게 하여 정의와 형평에 반하는 결과를 초래하게 될 것이다.

113) 양호승, 123면은, 계속적 보증에 있어서의 부종성은 크게 완화된 모습을 보여, 주채무의 발생원인인 기본계약이 무효이거나 취소되면 보증계약도 효력을 잃는다는 점 정도를 제외하면 주채무의 확정 시점 이후의 부종성, 즉 주채무의 확정 시점에 있어서 보증채무가 주채무보다 무거울 수 없다는 점 정도에 불과하며, 따라서 채권자와 주채무자 사이의 기본거래계약상 거래기간이 보증인의 동의 없이 연장되어 보증계약관계가 종료된 경우 주채무가 확정되지 않았다고 하더라도 보증채무가 확정되는 데에는 지장이 없다고 주장한다. 그러나 보증채무만의 독립적 확정을 인정하면, 보증채무의 부종성은

5) 이와 같이 기본거래관계 종료 전에 보증관계가 먼저 종료하는 경우에 채권자와 보증인의 관계에서 주채무 및 보증채무가 확정되는 법리는 보증이 2단 구조를 갖는 경우에도 그대로 타당하다고 하겠다. 즉 이러한 경우에, 1차 보증인이 채권자와 주채무자 간의 기본거래관계 종료 이전에 채권자와의 보증계약을 해지하거나 사망하는 등의 사유가 발생한 때에는 계속적 보증 일반의 경우와 다를 바가 없으며, 채권자와 주채무자 간의 기본거래관계 종료는 물론 채권자와 1차 보증인 사이의 보증관계가 종료하기 이전에 2차 보증인이 1차 보증인과의 보증계약을 해지하거나 사망하는 등의 사유가 발생한 때에는 2차 보증의 종료로 인하여 2차 보증인과 그에 대하여 채권자 지위에 서는 1차 보증인의 기본거래관계(구상채무의 보증관계) 역시 상대적으로 종료하여, 2차 보증인에 대한 관계에서 주채무자의 1차 보증인에 대한 주채무(구상채무) 및 이를 보증의 대상으로 하는 2차 보증인의 1차 보증인에 대한 보증채무 역시 확정되게 되는 것이다.[114]

이와 같이 기본거래관계의 종료 전에 보증관계가 먼저 종료되어 협의의 계속적 보증(근보증)채무가 확정될 경우 주채무 역시 확정되어 보증인은 보증채무 확정 시까지 발생·존속하는 주채무에 대하여 보증책임을 부담하며, 주채무가 현실적·절대적으로 확정되지 않았다는 이유로 그 책임을 면할 수는 없다. 이 경우에도 보증채무 확정 이후에 발생한 주채무에 대하여는 책임이 없음은 물론이다.

대법원은 이 점을 명시하지는 않았지만, ① 타인의 입원 치료비를 보증한 보증인이 피보증인인 주채무자의 입원 계속 중에 보증을 해지한 경우(1986. 9. 9. 선고 86다카792 판결), ② 기본거래(카드론 거래)기간의 연장이 보증인에 대한 관계에서 무효여서 당초의 기본거래기간 종료 시 보증채무가 확정된 경우(1999. 8. 24. 선고 99다26481 판결) 등의 사안에 관하여, 기본거래관계의 계속에 불구하고 보증채무 확정 시까지 발생한 주채무에 대하여는 보증인의 책임을 긍정하고 있는바,[115] 이 같은 법리를 당연히 전제하고 있다고 생각된다.

(4) 주채무의 발생, 존속과의 관계

1) 계속적 보증에 있어서도 보증채무는 주채무에 부종하므로, 보증채무의 확정 당시 주채무가 발생하지 않았거나 발생하였더라도 그때까지 존속하지 않은 경우에는 보증의

물론, 주채무가 수회·반복적으로 증감·변동하여 보증 당시 보증인의 채무도 불확정·불특정이며 주채무의 확정에 따라 보증채무 역시 확정되는 협의의 계속적 보증의 기본 법리에 반한다고 하겠다.

114) 그러나 이때 채권자, 주채무자, 1차 보증인 사이에서는 주채무나 1차 보증채무가 확정되지 않음은 물론이다. 이 같은 사정은 결국 2차 보증인의 1차 보증인에 대한 현실적인 보증책임에 영향을 미치게 되는바, 이에 관하여는 아래에서 논한다.

115) 일본 대심원은, 기본거래계약인 당좌대월계약기간이 보증인의 동의 없이 연장된 경우 보증인은 당초의 당좌대월계약기간 종료 당시의 대월 잔액을 한도로 그 계약기간 연장 이후에 발생한 채무에 대하여도 책임이 있다는 판시를 한 바 있으나(1920. 1. 28. 선고 대정 8년オ885 판결), 이례적인 것으로 보인다.

대상인 주채무가 없게 되어 보증채무 역시 부존재하는 이상 보증인은 그에 대하여 보증책임을 질 이유가 전혀 없다.

2) 그러나 실제 거래 현실에서는 주채무의 발생 여부 및 그 발생 시기를 판별하기가 어려운 일이 생기는바, 이는 그 주채무가 계속적 보증에 따른 구상채무인 경우에 특히 그러하다. 즉, 1차 보증인의 그 주채무자에 대한 구상채권을 보증한 2차 보증의 경우 2차 보증의 대상인 1차 보증인의 구상채권 발생 시기를 1차 보증인의 보증 시로 볼 것인지, 아니면 그에 따른 대위변제(대지급)가 이루어진 때로 볼 것인지가 불명확하고,[116] 어느 견해를 취하느냐에 따라 관련 당사자들의 이해관계가 크게 갈리기 때문이다.

이 문제와 관련한 대법원의 태도는 크게 둘로 나눌 수 있다. ① 甲은행이 乙회사의 의뢰로, 乙회사가 일정 기간 동안 丙회사로부터 계속적으로 원자재를 구매함에 따른 대금채무를 채권자(원자재 공급자인 丙회사) 앞으로 개별 거래에 따른 각각의 내국신용장을 개설하는 방법(신용장 수취인의 추심요구에 따라 甲은행이 그 대금 상당액을 乙회사에게 대출하는 방법)으로 지급보증하고, 丁(신용보증기금과 개인)이 위 기간(보증기간도 이와 같다) 동안 乙회사의 甲은행에 대한 위 신용장대금 상당의 차용금채무를 연대보증하였는데, 甲은행이 丁의 위 보증기간 내에 신용장을 발급하였으나 그 신용장대금은 보증기간 경과 후에 丙회사에게 지급(대출)한 사안에서, 대법원은, 계속적 보증에서 보증기간을 정한 경우 특단의 사정이 없는 한 그 보증기간 내에 발생한 주채무에 한하여 보증책임을 부담하기로 한 취지라고 볼 것인바, 甲은행이 신용장을 개설한 것만으로는 丁의 위 보증기간 종료 당시 甲은행의 乙회사에 대한 구체적인 채권[117]이 아직 발생하였다고 볼 수 없다고 보아 丁의 보증책임을 부정하였다($\binom{\text{1990. 2. 13. 선고}}{\text{88다카7023 판결}}$).[118]

---

116) 물론 발생 시기를 보증 시로 보는 경우에도, 구상채권자인 1차 보증인이 협의의 계속적 보증(근보증)을 한 경우 그것만으로는 아직 구상채권이 발생하였다고 보는 것은 아무래도 무리이고, 적어도 그에 따라 채권자와 주채무자 사이에 개별적인 거래 등이 이루어져 개별적인 채권이 발생하였어야 할 것이다.

117) 원심법원과 대법원은 이를 대출금채권이라 하고 있으나 그 실질은 구상채권으로 이해된다. 대법원도 甲은행의 신용장 개설과 대금지급을 '지급보증'이라고 하고 있다.

118) 결국 이 사안에서 대법원은 甲은행을 1차 보증인이 아닌 채권자로 보고 채권자인 甲은행과 주채무자인 乙회사 간의 기본거래인 금전대출 자체가 丁의 보증기간 종료 후에 이루어졌다는 이유로 丁의 보증책임을 부정한 것이라고 할 수 있다. 이 사안에서의 내국신용장은 이른바 상업신용장인지 보증신용장인지 불분명하나, 甲은행이 乙회사를 위하여 지급하는 신용장대금을 대출금으로 처리하기로 하였다는 것에 비추어 甲은행의 乙회사에 대한 채권을 구상채권이 아닌 대출금채권으로 볼 수도 있는데, 이를 순수한 대출금채권으로 본다면 甲은행이 신용장대금을 현실적으로 지급하지 않은 이상 아직 대출금채권을 취득하지 못하였다고 볼 수도 있으나, 신용장대금의 지급 전에 신용장을 개설(발행)하여 이에 따른 대금지급채무를 부담한 이상(물론 신용장 개설이 있었다 하여 乙회사와 丙회사 사이에 그에 따른 개별적 거래가 반드시 이루어지는 것은 아니라 할 것이지만, 거래 현실상 개별적 거래에 즈음하여 신용장 개설이 이루어지므로 반대의 경우는 거의 상정하기 어렵다.) 이는 지급보증과 다름없다고 할 것이다. 반면에 대법원은 뒤에서 보는 바와 같이 이 같은 법리가 협의의 계속적 보증이 아닌, 보증 대상 채무가 보증 당시 특정되어 있는 확정채무인 경우에는 적용되지 않는다고 하고 있다 (1997. 2. 14. 선고 95다31645 판결, 2003. 11. 14. 선고 2003다21872 판결).

② 회사가 은행과의 일정 기간에 걸친 당좌거래에 따라 은행에 대하여 부담하게 될 당좌대월금채무를 신용보증기금이 일정 한도액 범위 내에서 신용보증하고, 甲은 회사의 신용보증기금에 대한 위 대월금채무의 구상채무를 연대보증하였는데, 甲이 위 당좌거래 및 신용보증 기간 만료 전에 회사의 이사직을 사임하고 신용보증기금에 대하여 연대보증 계약 해지의 의사표시를 하여 도달하였고, 그 이후 회사가 부도를 내자 신용보증기금이 은행에게 대월금채무를 대위변제한 사안에서 대법원은, 신용보증기금의 위 보증은 당좌거래 기간 동안에는 약정된 한도액의 범위 안에서 증감·변동하는 대출원리금에 대하여 보증책임을 지지 아니하고 정해진 사유로 인한 거래 종료 시 보증채무가 확정되는 이른바 근보증으로서, 위 당좌거래가 종료됨으로써 신용보증기금의 은행에 대한 신용보증채무가 확정되기 전에 甲이 신용보증기금과의 보증계약을 해지한 이상 甲은 신용보증기금에 대한 구상채무의 보증책임을 면한다고 판시하였다(1998. 6. 26. 선고, 98다11826 판결).[119]

3) 대법원은 위 ①, ②와 같은 법리를, ③ 신용보증기금이 기간을 정한 어음할인거래계약상의 채무를 연대보증하고 대위변제에 의해 구상채권을 취득하였는데, 위 구상채권의 보증인이 채권자와 주채무자의 어음할인거래 개시 이전에 보증계약을 해지한 사안(1996. 12. 10. 선고, 96다27858 판결), ④ 은행이 타인 간의 계속적 외상거래채무를 연대보증하고 대위변제에 의해 주채무자인 피보증인에 대하여 구상채권을 취득하였는데, 위 구상채권의 보증인이 은행의 대위변제 이전에 보증계약을 해지한 사안(1994. 3. 22. 선고, 92다42934 판결)에서도 동일하게 적용하였다.

위 ① 내지 ④의 사안은 모두 구상채권자인 1차 보증인이 협의의 계속적 보증(근보증)을 한 경우이다.[120] 대법원은 이들 사안에서, 구상채권의 보증인(2차 보증인)이 자신의 보증계약을 해지하거나 그 2차 보증기간이 경과하는 등으로 2차 보증인의 보증채무가 확정되기 전까지 1차 보증인이 대위변제를 하지 않은 이상 단순히 1차 보증인이 신용보증을 한 것만으로는 아직 구상채권을 취득하지 못하였다고 보아, 2차 보증인의 보증 대상 주채무인 구상채무가 발생하지 않음으로써 2차 보증인은 구상채무의 보증책임을 지지 않는다는 입장을 취하였다. 다만, 대법원은 위 경우에 1차 보증인이 대위변제를 하지 않았더라도 그 주채무자와의 약정으로 사전 구상채권을 취득한 경우에는 이미 1차 보증인이 구상채권을 취득한 것으로 보아 2차 보증인의 책임을 긍정하고 있다(2002. 5. 31. 선고, 2002다1673 판결).[121]

---

119) 대법원이 신용보증기금의 보증채무가 확정되지 않았다고 판시한 것은 실질적으로는 甲의 보증책임의 대상인 주채무, 즉 회사의 신용보증기금에 대한 구상채무가 발생하지 않았다는 뜻이라고 할 것이다.

120) 다만 위 ①사안의 경우, 1차 보증인인 甲은행이 실제 보증을 할 때는 개별보증(확정채무의 보증)을 하였으므로 이를 협의의 계속적 보증(근보증)을 한 것으로 보기 어려운 면이 있으나, 대법원이 甲은행의 구상요구를 부정하였으므로 논의의 편의상 다른 사안과 같이 다루기로 한다.

121) 이 사안은 다음과 같다. 신용보증기금은 甲회사의 乙은행에 대한 일정 기간에 걸친 당좌대출거래계약상의 채무를 일정 한도액 내에서 보증하였는데, 甲회사는 신용보증기금이 乙은행에 대위변제를 한 경우는 물론 어음교환소로부터 거래정지 처분을 받거나 乙은행으로부터 신용보증기금에 대한 신용보증사고 통지 또는 보증채무 이행청구가 있을 때 또는 그 외에 甲회사의 신용상태가 크게 악화되어

4) 반면에 대법원은 구상채권자인 1차 보증인이 주채무자와 한도거래 신용보증약정을 체결하는 등으로 협의의 계속적 보증(근보증)약정을 하였더라도, 1차 보증인이 이를 기초로 주채무자의 채권자에게 협의의 계속적 보증(근보증)을 하지 않고 그 보증 대상 채무가 특정(확정)된 개별적 보증을 한 ⑤의 경우에는 이와 다른 견해를 취하였다(2003. 11. 14. 선고 2003다21872 판결).

⑤의 사안은 다음과 같다.[122] 신용보증기금이 주채무자 회사와 3회에 걸쳐 각 신용보증기간과 신용보증 원본한도액을 정하여 한도거래 신용보증약정을 체결하였고, 甲은 위 각 신용보증약정 당시 위 각 신용보증약정에 의하여 주채무자 회사가 신용보증기금에 대하여 부담하는 모든 채무에 대하여 연대보증을 하였다. 신용보증기금은 위 각 신용보증약정에 기하여 총 9회에 걸쳐, 주채무자 회사와 채권자들 사이의 채무금액 등이 특정(확정)된 개별적인 대출거래 시마다 주채무자 회사의 요청에 따라 개별 채권자들 앞으로 보증금액과 보증기한을 정하여 각각 신용보증서를 발행하는 방법으로 주채무자 회사의 채무를 신용보증한 다음, 위 9회의 개별 신용보증 가운데 7회의 보증과 관련해서는 여러 차례에 걸쳐 그 각 보증기한을 연장하는 내용의 신용보증서를 다시 발행하는 방법으로 개별 대출거래에 따른 보증기한을 연장해주었다. 그 뒤 주채무자 회사가 당좌거래 정지처분을 받아 기한의 이익을 상실함에 따라, 신용보증기금은 위 개별 채권자들에게 보증 원리금을 대위변제하고 2차 보증인인 甲에 대하여 구상채무의 이행을 소구하였다. 이에 甲은, 9회의 신용보증약정 가운데 3회의 신용보증과 관련해서는 그 각 신용보증약정 당시 미리 마련된 신용보증약정서 양식에 따라 신용보증기금과 연대보증계약을 체결하였는데, 그 각 신용보증약정서에, 신용보증기금이 신용보증한 주채무의 이행기가 당초의 신용보증기간 이후까지 연장되어 신용보증의 기간이 연장되더라도 甲이 모든 책임을 지겠다고 되어 있는 부분의 약정은 「약관의 규제에 관한 법률」에 위반하여 무효이고, 신용보증기금의 위 각 대위변제는 당초의 신용보증기간 이후에 이루어진 것이어서 甲에 대한 관계에서 유효한 당초의 신용보증기간 종료 시 신용보증기금이 구상채권을 취득하지 못한 만큼 甲 자신은 위 부분에 대해서는 보증책임이 없다고 항변하였다.

이에 대하여 원심은, 위 3회의 각 신용보증약정은 주채무자 회사가 그 약정된 한도액의 범위 및 보증기간 안에서 신용보증기금으로부터 건별(개별) 신용보증을 받고, 신용보

객관적으로 채권 보전이 필요하다고 인정되는 때 등에는 별도의 통지나 최고 없이 신용보증기금이 보증하고 있는 금액을 신용보증기금의 보증채무 이행(대위변제) 전이라도 신용보증기금에 상환하기로 약정하였다. 대법원은 이 사안에서, 甲회사가 당좌대출거래계약 기간 만료 전에 1차 부도가 발생하였다면 甲회사는 늦어도 그 부도 이전에 이미 경제적 신용을 잃게 되어 위 신용보증계약상의 '객관적 채권 보전의 필요성'이 인정되는 상태에 이르렀고, 따라서 甲회사의 신용보증기금에 대한 사전구상채무가 확정된 이상 이 구상채무를 연대보증한 丙의 보증채무 역시 확정된 것이므로 丙은 위 당좌대출계약 기간 만료 전이라도 신용보증기금에 대한 보증계약을 해지할 수 없다고 판시하였다.

122) 사안이 매우 복잡하고 많은 법적 문제점을 안고 있음을 감안하여, 다소 길지만 자세하게 요약, 인용하기로 한다.

증기금은 그 각 개별 신용보증서상의 보증기간 동안에 증감·변동하는 개개의 대출 원리금에 대하여 보증책임을 지는 것이 아니라 신용보증서의 약관에 정해진 사유로 인한 거래종료 시 확정되는 채무에 대하여 보증책임을 지는 것이므로 계속적 보증에 해당하고, 甲이 신용보증기금과 체결한 각 신용보증약정에 의한 연대보증계약 역시 신용보증기금이 이와 같은 건별 신용보증에 의한 보증계약을 이행함에 따른 주채무자 회사의 불확정한 구상의무를 보증하는 것이어서 계속적 보증으로 봄이 상당하다 할 것인데, 그 연대보증기간 연장 조항은 계속적인 채권관계의 발생을 목적으로 하는 계약에서 묵시의 기간연장이 가능하도록 하여 고객에게 부당한 불이익을 줄 우려가 있는 조항으로서 무효라고 할 것이므로, 甲은 당초의 신용보증기간 경과 후에 보증기간이 연장된 각 대출금채무에 관한 신용보증기금의 구상채권에 대하여는 보증책임을 지지 아니한다고 판시하였다.[123]

그러나 대법원은, 신용보증기금이 개별적인 대출거래 시마다 행한 개별적 신용보증이 원래의 한도거래 신용보증약정에서 정한 기간과 한도금액 범위 내에서 이루어졌고 그 보증기한 종료 시에 부담하는 채무가 확정된 경우에는, 그 개별적 신용보증이 계속적 보증의 일부분인지 여부에 관계없이 신용보증기금의 구상금채권을 보증한 보증인으로서는 위 확정된 주채무[124]에 대하여 신용보증약정에 따른 의무를 이행한 신용보증기금의 구상금채권에 대하여 보증책임을 부담한다고 할 것이고, 이러한 법리는 계속적 채권관계에서 채권자와 주채무자 사이에서는 주계약상의 거래기간이 연장되었으나 보증인과 사이에서는 보증기간이 연장되지 아니하여 보증계약관계가 종료됨으로써 그 보증계약 종료 시에 확정되는 보증채무가 있는 경우와 마찬가지라고 할 것이다, 따라서 위 각 개별 신용보증서에 기하여 주채무자 회사가 개별 채권자 은행들로부터 대출받은 채무는 대출금이 특정되어 있는 확정채무로서 신용보증기금은 위 확정채무에 대하여 개별보증을 하였고, 이에 기해 주채무자 회사가 대출받은 채무는 모두 위 3회의 각 신용보증약정서의 거래기한과 甲의 보증기한 내에서 이루어진 채무이며, 그 이후 위 대출금 채무들은 대환이 되거나 신규대출이 이루어지지 않고 변제기만이 연장된 이상, 당초의 신용보증약정에 기한 연대보증기간 연장조항이 「약관의 규제에 관한 법률」에 위반하여 무효가 됨으로써 甲과 신용보증기금 사이의 보증계약이 종료되었다고 하더라도 甲의 보증기간이 종료할 당시에 이미 발생하여 확정된 채무가 있는 경우에는 보증인인 甲으로서는 그 보증책임을 부담한다고 할 것이다, 그럼에도 불구하고 원심이 甲의 보증기간 종료 시 부담하게 되는 확정채무가 있는지를 살피지 아니한 채 甲에 대한 보증기한 연장이 무효라는 점만을 근거로 위 각 대

---

123) 신용보증기금은 위 9건의 개별 신용보증에 따른 대위변제를 당초의 신용보증기간 경과 후에 하였는데, 甲은 보증기간이 연장되지 않은 2건의 개별보증과 관련해서는 보증책임의 부존재를 주장하지 않았다.

124) 개별적 대출금채무를 가리키는 것으로 해석된다.

출금채무에 관한 신용보증기금의 구상금채권에 대하여 甲이 보증책임을 부담하지 않는다고 판단하였음은 한도거래 신용보증에 있어서 보증인의 책임에 관한 법리를 오해하여 판결 결과에 영향을 미친 위법이 있다고 판단하였다.

5) 대법원의 이러한 견해는 사실 이미 ⑥의 사안(1997. 2. 14. 선고 95다31645 판결)에서도 불분명하게나마 표시된 바 있다. 위 ⑥의 사안에서, 甲은 회사의 대표이사로서, 회사가 주거래은행과의 어음대출, 지급보증 등 여신거래에 따라 주거래은행에 대하여 현재 및 장래에 부담하는 모든 채무를 일정 한도 내에서 기간의 정함 없이 연대보증을 하였는데, 그 뒤 회사가 타 회사 및 보험회사로부터 각각 그 채무금액과 변제기를 특정하여 외화차관을 도입하고 금전을 대출받을 때 주거래은행은 회사를 위해 개별적인 지급보증을 하였고, 그 지급보증 후 甲은 이사직을 사임하였다. 그러자 주거래은행은 이사직 사임 후 타 회사 및 보험회사에 대지급을 한 후 甲에게 회사에 대한 구상채권의 보증책임을 요구하였다.

대법원은 이 사안에 대하여, 보증인이 회사의 이사라는 지위에서 부득이 회사 채무를 보증하였다는 이유로 그 보증인의 책임을 보증인이 이사로 재직 중에 있을 때 생긴 채무만으로 제한하기 위해서는 포괄근보증이나 한정근보증과 같이 채무액이 불확정적이고 계속적인 거래로 인하여 발생한 경우에 한하며, 회사의 이사로 재직하면서 보증 당시 그 채무가 특정되어 있는 확정채무에 대하여는 보증을 한 후 이사직을 사임하였다 하더라도 그 책임이 제한되는 것은 아니라 할 것이라고 전제한 후, 주거래은행의 위 각 지급보증에 따른 대지급채무는 채무액과 변제기가 특정되어 있었다고 할 것이어서 甲이 주거래은행의 회사에 대한 구상청구권을 보증한 것 역시 그 보증 당시 그 채무가 특정되어 있는 확정채무에 대하여 보증을 한 것이므로, 甲이 채무가 특정되어 있는 확정채무에 대하여 연대보증을 한 이상 그 구상채권의 발생시기와 상관없이 연대보증채무를 부담한다고 판시하였다.[125] 위 ⑥의 사안에서 대법원이, 주거래은행의 각 대지급채무가 채무액과 변제기가 특정되어 있었으므로 甲이 주거래은행의 회사에 대한 구상청구권을 보증한 것 역시 그 보증 당시 그 채무가 특정되어 있는 확정채무에 대하여 보증을 한 것이고, 따라서 그 구상채권의 발생 시기와 상관없이 甲이 연대보증책임을 부담한다고 판시한 것은 결론적으로 위 ⑤의 사안에서 취한 견해와 동일하다고 할 것이다.[126]

---

125) 이 사안에서 환송 전 원심법원은, 甲이 보증을 하게 된 동기와 목적, 그 피보증채무의 내용, 거래의 관행 등에 비추어 보면 위 보증계약은 甲이 소외 회사의 대표이사로 재직하고 있는 중에 생긴 채무만을 책임지우기 위한 것이라고 보아야 할 것인데, 주거래은행이 甲에게 이행을 구하는 위 차관원리금 대지급채무와 대출원리금 대지급채무는 주거래은행이 지급보증계약에 따라 피보증인인 타 회사 및 보험회사에게 위 각 청구 금액 상당을 대지급함으로써 회사가 주거래은행에 대하여 부담하게 된 구상금채무이고, 위 각 채무는 甲이 회사의 대표이사직을 사임한 이후에 이루어진 주거래은행의 대지급으로 인하여 그때에야 비로소 구체적으로 발생한 것임이 명백하여 위 각 채무는 甲의 보증계약상 피보증채무에 포함되지 않는다고 판단하였다.

126) ⑤, ⑥ 사안에 대한 대법원의 견해가 타당한지에 대해서는 뒤에서 살펴볼 것이나, 대법원이 위 ⑥ 사

6) 위 ⑤, ⑥ 사안에 대한 대법원의 판지(判旨)를 정확히 헤아리기는 어려우나 이를 구체적으로 분해해보면 아래와 같이 세 부분으로 나눌 수 있다. ⓐ 개별적 신용보증이 원래의 한도거래 신용보증약정에서 정한 기간과 한도금액 범위 내에서 이루어졌고 그 보증기한 종료 시에 부담하는 채무가 확정된 경우에는, 그 개별적 신용보증이 계속적 보증의 일부분인지 여부에 관계없이 구상금채권을 보증한 2차 보증인으로서는 위 확정된 주채무에 대하여 신용보증약정에 따른 의무를 이행한 1차 보증인(신용보증기금)의 구상금채권에 대하여 보증책임을 부담한다, ⓑ 이러한 법리는 계속적 채권관계에서 채권자와 주채무자 사이에서는 주계약상의 거래기간이 연장되었으나 보증인과 사이에서는 보증기간이 연장되지 아니하여 보증계약관계가 종료됨으로써 그 보증계약 종료 시에 확정되는 보증채무가 있는 경우와 마찬가지다, ⓒ ⑤의 사안에서 신용보증기금은 3회의 각 신용보증약정상의 거래기한과 甲의 보증기한 내에서 대출금 채무 등 확정채무에 대하여 개별보증을 하였고, 그 이후 위 대출금 채무 등은 대환(貸換)이 되거나 신규대출이 이루어지지 않고 변제기만이 연장된 이상, 당초의 신용보증약정에 기한 연대보증기간 연장조항이 「약관의 규제에 관한 법률」에 위반하여 무효가 됨으로써 甲과 신용보증기금 사이의 보증계약이 종료되었다고 하더라도 甲의 보증기간이 종료할 당시에 이미 발생하여 확정된 채무가 있는 경우 보증인인 甲은 그 보증책임을 부담한다.

그런데 위 ⓐ와 ⓒ는 결국 동일한 내용으로서 ⓐ는 일반원칙을, ⓒ는 이를 ⑤의 사안에 적용한 결과를 나타내고 있는 것이라고 할 수 있다. 그리고 ⓑ는 이미 그 이전의 대법원 판례(1999. 8. 24. 선고 99다26481 판결)에서도 판시된 것으로, 당초의 보증기간 연장이 무효이면 당초의 보증기간 종료 시 그 보증채무가 확정된다는 것과, ⓐ, ⓒ의 법리는 이와 같이 채권자와 주채무자 사이의 거래기간 종료 이전에 채권자와 보증인 간의 보증기간이 먼저 종료함으로써 보증채무가 확정되는 경우에도 적용된다는 법리를 밝힌 것으로서 특별히 새로울 것은 없다. 따라서 위 ⑤, ⑥ 사안의 핵심 법리는 ⓐ, ⓒ에 표현된 것이다. 그 요지는, 1차 보

안에서 주거래은행의 각 대지급채무가 채무액과 변제기가 특정되어 있었으므로 甲이 주거래은행의 회사에 대한 구상청구권을 보증한 것 역시 그 보증 당시 채무가 특정되어 있는 확정채무에 대하여 보증을 한 것이라고 본 것은 쉽게 수긍하기 어렵다. 왜냐하면 甲은 그 보증 당시 장차 그 보증 대상 주채무(구상채무)가 언제 얼마나 발생할지 구체적·확정적으로 예상할 수 없었고, 그 예측의 가부는 일반의 확정채무에 대한 보증과 불확정채무의 보증인 협의의 계속적 보증(근보증)을 구분 짓는 중요한 기준에 해당하기 때문이다. 여기서 주거래은행의 외화채권자 및 보험회사에 대한 지급보증이 확정채무의 보증인 사실은 사후적 사정으로서 주거래은행에 대한 甲의 보증이 갖는 법적 성질에 직접 영향을 미칠 수 없다고 할 것이다. 그리고 이 점은 甲과 주거래은행 사이의 구상채권 보증계약 당시 1차 보증인인 주거래은행이 주채무자를 위하여 개별적 보증을 할 수 있다고 명시한 여부와도 관련이 없다고 할 것이다. 그 같은 명시가 있더라도 甲이 채권자와 주채무자 간의 거래에 따른 채무액 및 자신의 구상채무액을 구체적으로 예상할 수는 없기 때문이다. 따라서 보증이 확정채무에 대한 보증인지 협의의 계속적 보증(근보증)인지는 그 보증 당시를 기준으로 피보증채무가 특정(확정)되어 있는지 여부에 따라야 하고 사후적인 사정에 의하여 정할 것은 아니다.

증인의 보증이 특정채무의 보증으로서 예정된 것인지 아니면 계속적 보증의 일부분으로서 이루어진 것인지를 불문하고 1차 보증인이 특정 채권자에게 부담하는 보증채무는 확정되어 있는 만큼 그 보증 이후에 2차 보증인의 보증이 종료한 경우 1차 보증인과 2차 보증인의 관계에서 2차 보증인이 부담할 보증채무 역시 확정되었다고 보아야 하고, 그같이 확정된 채무가 있는 이상 1차 보증인이 비록 2차 보증의 종료 시, 즉 2차 보증인의 보증채무 확정 시점까지 대위변제를 하지 않았더라도 2차 보증인은 1차 보증인에 대한 구상채무의 보증책임을 면할 수 없다는 것으로 해석된다.

7) 이상 ① 내지 ⑥ 사안에서 표시된 대법원의 견해는 정당한가? 위 사안들을 분석함에 있어서는 ① 내지 ④의 그룹과 ⑤, ⑥의 그룹, 즉 두 그룹으로 분류해 다루는 것이 좋다. 전자는 1차 보증인과 2차 보증인 사이의 보증계약은 물론 채권자와 1차 보증인 사이의 보증계약 역시 모두 협의의 계속적 보증(근보증)이고, 후자는 1차 보증인과 2차 보증인 사이의 보증계약이 협의의 계속적 보증(근보증)인 데에 반해 채권자와 1차 보증인 사이의 보증계약은 확정채무에 대한 개별적 보증인 점에서 차이가 난다. 이들 사례에서 문제는 2차 보증인의 보증기간 종기가 1차 보증인의 그것보다 먼저 도래하거나 2차 보증이 해지되는 등의 경우에 발생한다.

위 ① 내지 ④ 사안의 경우 2차 보증인의 보증 종료 시에 2차 보증인에 대한 관계에서 1차 보증인과 주채무자의 기본거래관계(계속적 신용보증관계)가 종료되어 주채무자의 1차 보증인에 대한 구상채무가 확정되고 그에 대한 보증채무, 즉 2차 보증인의 1차 보증인에 대한 보증채무 역시 확정되는데, 이때에는 1차 보증인이 주채무자를 위해 채권자에 대한 1차 보증을 하여 장차 주채무자에 대하여 구상채권을 취득할 원인행위를 하였고, 이에 따라 장차 채권자에 대한 그 보증채무 확정 후에 1차 보증인이 채권자에게 대위변제를 하게 되면 경제적 손실을 입게 될 우려가 있는 상태이다. 이 경우에 아직 1차 보증인의 대위변제와 그에 따른 손실이 구체화되지는 않았다는 이유로 2차 보증인의 책임을 부인하게 되면 1차 보증인은 자신의 구상채권에 대한 담보를 상실함으로써 손해를 입게 된다.

8) 이와 관련하여 위 ① 내지 ④ 사안에서의 대법원 판시와 같은 결론을 지지하는 입장에서는, 주채무자와 채권자 간에서는 이미 개별적 채권채무가 발생하여 증감·변동하고 있으므로 이에 따라 잠재적으로 2차 보증인의 1차 보증인에 대한 구상금 보증책임이 언제라도 발생할 가능성이 있기는 하지만, 2차 보증인의 보증채무 확정 시점까지 신용보증기금 등 1차 보증인의 보증책임이 이행되지 않아 구상권의 발생요건을 충족하지 못한 이상 2차 보증인의 보증책임은 발생하지 않았다고 보아야 한다고 주장한다.[127] 이와 반대로, 이 경우 1차 보증인은 2차 보증인의 보증기간 종료 전까지 그 보증책임을 이행하지

---

127) 이재홍, 152~154면. 이 문제에 대하여는 더 이상의 논의를 찾아보기 어렵다.

않았더라도 자신은 보증책임을 면할 수 없고,[128] 보증채무의 내용과 주채무의 내용은 동질의 것이어야 하는데 주채무자가 1차 보증인의 구상권 행사에 응할 의무가 있다면 그 구상채무의 보증인인 2차 보증인도 원칙적으로 1차 보증인의 구상권 행사에 응할 의무가 있다고 할 것이며, 그것이 이와 같은 거래에 대한 당사자들의 의사 및 보증계약의 법리에도 부합한다고 주장한다.[129]

9) 생각하건대, 보증 역시 계약으로서 채권의 발생 원인이므로 그 계약은 지켜져야 하며, 이에 따라 보증인은 법률과 보증계약에서 정하는 보증책임을 져야 하고 정당한 이유 없이 그 책임을 면할 수 없음이 보증의 기본 원리라 할 것이다. 위 ① 내지 ④의 경우에 2차 보증의 종료에 따른 2차 보증인의 보증채무 확정 시까지 그 보증 대상인 1차 보증인의 주채무자에 대한 구상채권이 발생, 존속하지 않으면 2차 보증인 역시 마찬가지로 책임을 지지 아니하고, 그 반대이면 책임을 져야 함은 보증의 법리상 당연하다. 그런데 1차 보증인의 주채무자에 대한 구상채권은 법률과 당사자의 약정으로 따로 정하지 않는 한 단순히 보증을 한 것만으로 곧바로 발생하는 것이 아니라 채권자에게 그 보증책임의 이행으로서 대위변제를 하여야만 비로소 발생하며, 위 경우와 같이 1차 보증인의 보증이 협의의 계속적 보증(근보증)인 이상 그가 주채무자를 위하여 대위변제를 하기 위해서는 먼저 채권자에 대한 관계에서 1차 보증인의 보증채무가 확정되고 그에 따라 1차 보증인이 채권자에게 보증채무를 부담하여야 한다. 그러나 위 ① 내지 ④의 경우에는 2차 보증 종료 시까지 1차 보증인이 대위변제를 하지 않은 이상 주채무자에 대하여 구상채권을 취득하지 못하였을 뿐 아니라,[130] ① 사안을 제외하고는 채권자에 대한 관계에서 그 보증채무가 확정되지도 아니하여[131] 채권자와 주채무자 간의 개별적 채권채무가 증감·변동을 계속함으로써 장차 1차 보증인이 채권자에 대하여 보증채무를 부담할지 여부도 불분명한 상태이다. 따라서 이러한 상태에서는 1차 보증인은 채권자에게 보증책임을 질 이유가 없

---

128) 이 경우에 1차 보증인은 채권자와의 약정으로써, 2차 보증인과 1차 보증인 사이의 보증계약 해지(해제) 등 2차 보증관계 종료를 1차 보증인의 책임 면제 사유나 1차 보증인과 채권자 사이의 보증계약 해지 사유로 정한 경우에만 구제될 수 있을 것이다(후자와 같은 해지사유 약정이 있는 경우 그 사유 발생 시 채권자와 1차 보증인 사이에서 기본거래관계상의 주채무가 확정되고, 이에 따라 1차 보증인의 보증채무도 확정되며, 2차 보증인은 위와 같이 확정된 1차 보증인의 보증채무가 존속하는 경우 결국 1차 보증인에 대하여 보증책임을 지게 된다고 할 것이다. 이에 대한 부가적인 논의는 위 ⑤, ⑥ 사안에 대한 아래의 논의를 참조). 그러나 2010. 3. 현재 신용보증기금이 사용하고 있는 신용보증약정서나 신용보증약관에 그러한 내용은 없다.

129) 김교창, 15~16면.

130) 위 ①, ④ 사안의 경우 채권자와 주채무자 사이에 개별적인 채권, 채무도 발생하지 않았다.

131) 2차 보증인의 보증계약 해지 등으로 2차 보증관계가 1차 보증관계보다 먼저 종료하는 경우 2차 보증인에 대한 관계에서 채권자(구상채권자)의 지위에 있는 1차 보증인의 채권이 확정된다고 볼 수 있으나(이에 관한 자세한 논의는 앞서 본 주채무의 확정에 관한 부분 참조), 그로써 채권자에 대한 관계에서 1차 보증인의 보증채무 역시 확정되는 것은 아니다. 따라서 위 ① 사안을 제외하고는 2차 보증 종료 당시 1차 보증인과 채권자 사이에서 1차 보증인의 보증채무는 확정조차 되지 않았다고 할 수 있다.

으므로 채권자의 보증책임 이행요구에 응할 의무가 없고, 또한 주채무자에 대하여 구상채권을 행사할 수도 없게 되며, 그 연장으로서 2차 보증인에 대하여 주채무자의 구상채무에 대한 보증책임의 이행을 요구할 수도 없음은 자명하다.[132] 그러므로 그 상태에서 보아 1차 보증인이 장차 채권자에 대하여 보증책임을 부담할 가능성이 전혀 없지는 않고, 2차 보증인이 보증관계에서 이탈함으로써 1차 보증인이 손해를 입을 우려가 있지만, 그것만으로는 주채무자와 2차 보증인에게 구상채권을 행사할 수 없다.

이 점에서, 보증채무와 주채무는 동질이어야 하므로 주채무자가 1차 보증인의 구상권 행사에 응할 의무가 있다면 그 보증인인 2차 보증인도 1차 보증인의 구상권 행사에 응할 의무가 있음을 전제로 한 견해는 타당치 않다고 하겠다.[133] 이러한 결과에 따른 1차 보증인의 위험이나 손해를 방지하기 위한 방안은, 그의 정당한 권리나 이해관계에 반하여 2차 보증이 1차 보증보다 먼저 종료하지 않게 하는 것이다.[134] 이상과 같은 이유로 위 ① 내지 ④ 사안에 관하여는 2차 보증인이 보증책임을 지지 않는 것이 정당하다고 생각된다.

10) 다음으로 위 ⑤, ⑥의 사안에 관하여 보면, 1차 보증인은 2차 보증 종료 당시 이미 채권자 및 주채무자와의 사이에서도 그 보증채무가 확정되어 있고, 이에 따라 그 변제기 도래 시 보증책임의 이행으로서 채권자에게 대위변제할 의무를 부담하고 있어 그 보증책임이 분명하므로 그 보증책임 여부가 불분명한 위 ① 내지 ④의 경우와 다르다. 따라서 2차 보증의 종료 전에 1차 보증인의 보증채무 변제기가 도래하고 이에 따라 1차 보증인이 대위변제를 한 때에는 1차 보증인은 그때에 주채무자에 대하여 구상채권을 취득

---

132) 위와 같이 2차 보증의 종료로써 1차 보증인과 2차 보증인 사이에서 1차 보증관계도 확정되나 그것은 채권자 및 주채무자에 대한 관계에서는 효력(구속력)이 없으므로, 2차 보증인에 대한 관계에서의 1차 보증인과 주채무자의 기본거래관계(계속적 신용보증관계) 종료 및 그에 따른 주채무자의 1차 보증인에 대한 구상채무 확정의 효과는 결과적으로 1차 보증인에게는 공허한 것이 된다. 이와 달리, 2단 보증이 아닌 단층적인 보증에 있어서는 보증관계가 기본거래관계보다 먼저 종료하는 경우 보증인에 대한 관계에서 주채무자의 채권자에 대한 주채무 역시 확정되는바, 이때에 채권자는 주채무자에 대한 관계에서도 개별 채권에 대하여 변제를 요구할 수 있으므로(그것이 계속적 거래관계라고 하여도 마찬가지다.) 보증인에 대하여도 그와 같이 상대적으로 확정된 주채무의 변제(보증책임)를 요구할 수 있는 것이다.

133) 주채무자가 1차 보증인의 구상채권 행사에 응할 의무가 발생하는 시점은 원칙적으로 1차 보증인이 대위변제를 한 때이다(민법 제441조 참조).

134) 그런 결과를 초래하는 원인 중 2차 보증의 종기가 먼저 도래하는 경우는, 대체로 처음부터 2차 보증의 종기가 1차 보증의 그것보다 빠르게 되어 있거나 2차 보증인의 동의 없이 1차 보증 기간을 연장하고 그것이 무효가 되는 경우인데, 이는 1차 보증인에게 귀책사유가 있으므로 문제가 되지 않는다. 반면 2차 보증인의 사정변경으로 2차 보증이 해지되는 경우에는 1차 보증인에게 귀책사유가 없으므로 이런 사정을 감안하여 2차 보증인의 해지권 행사를 제약할 필요가 생긴다. 1차 보증인과 2차 보증인 간의 약정으로 2차 보증인의 사정변경에 따른 해지권 행사를 제한하는 경우 그 효력 유무는 강행법규의 존부(보증인보호법에는 이 같은 규정이 없으나, 앞서 본 바와 같이 해지의 근거를 신의칙에서 구하고 있는 대법원의 태도에 비추어 이것도 강행법규가 될 수 있을 것이다.), 약관규제법이나 공정거래법의 적용 여부, 1차 보증인과 2차 보증인의 구체적인 사정과 이해득실 등을 종합적으로 고려하여 결정하여야 할 것이다.

하므로 2차 보증의 확정 시에 2차 보증인의 보증채무가 존재하여 2차 보증인은 1차 보증인에 대하여 보증책임을 지게 되어 아무런 문제가 없다. 문제는 2차 보증의 종료 시까지 1차 보증인이 대위변제를 하지 않은 때이다. 이 경우 비록 1차 보증인과 채권자 사이의 보증 채권채무관계가 확정되었더라도 사전구상권이 발생하지 않는 한 앞서 본 바와 같이 대위변제를 하지 아니한 1차 보증인은 주채무자에 대하여 구상채권을 취득하지 못하므로 2차 보증인에 대하여 원칙적으로 보증책임을 물을 수 없게 된다.

그런데 이미 1차 보증인의 보증책임이 확정되어 있어 1차 보증인은 장차 그에 따른 보증채무의 이행을 면할 수 없게 되는바, 단순히 대위변제를 하지 않아 구체적인 구상채권이 발생하지 않았다는 이유로 2차 보증인을 면책케 할 경우 1차 보증인은 큰 손해를 입는 반면 2차 보증인은 부당하게 의무를 면하는 것은 아닌지 문제된다. 이러한 이유로 이를 위 ① 내지 ④의 경우와는 다르게 취급할 것인지 여부가 쟁점으로 되는데, 대법원은 위 ⑤, ⑥ 사안에서 2차 보증인의 책임을 긍정하고 있다. 위 ⑤의 사안에서 대법원은 " … 2차 보증인의 보증기간이 종료할 당시에 이미 발생하여 확정된 채무가 있는 경우에는 보증인인 그는 그 보증책임을 부담한다."는 취지로 판시하였으나, 이로부터는 그 논거를 추출하기가 쉽지 않다. 위에서 말하는 '확정된 채무'가 1차 보증인의 채권자에 대한 보증채무를 가리키는 것으로 보면, 이는 1차 보증인이 채권자에 대하여 보증책임을 지기 위한 요건에 불과하고 2차 보증인이 1차 보증인에 대하여 그 보증책임을 지기 위한 요건에 해당하지는 않으므로 타당치 못하다. 2차 보증인이 보증책임을 지기 위해서는 1차 보증인의 보증채무가 확정되고 그 확정 당시 주채무자가 1차 보증인에 대하여 구상채무를 부담함으로써 2차 보증인의 보증 대상인 주채무, 즉 주채무자의 1차 보증인에 대한 구상채무가 존재하고 있어야 하는데 앞서 본 바와 같이 1차 보증인이 채권자에게 대위변제를 하기 전까지는 그것이 부정되기 때문이다. 또, 위 '확정된 채무'가 2차 보증인의 1차 보증인에 대한 보증채무를 가리키는 것으로 본다고 하더라도, 아직 주채무자의 1차 보증인에 대한 구상채무가 발생하지 않은 이상 " … 이미 발생하여 … "라는 대법원의 판시는 아무래도 이상하다.[135] 따라서 위 ⑤의 판결에 나타난 것만으로는 대법원의 논거를 정확히 이해하기 어렵다. 이는 오히려 위 ⑥ 사안의 판결에 보다 분명히 나타나 있다. 즉, 위 ⑥의 사안에서 대법원은, 1차 보증인의 보증채무가 채무액과 변제기가 특정되어 있는 확정채무인 경우 2차 보증인의 보증 역시 그 보증 당시 그 채무가 특정되어 있는 확정채무에 대한 보증을 한 것으로 보아야 하고, 따라서 그(1차 보증인의) 구상채권의 발생시기와 상관없이 2차 보증인은 보증책임을 부담한다고 판시하였다.

이는 2차 보증인이 비록 1차 보증인과의 보증계약 당시 협의의 계속적 보증(근보증)을

---

135) 판결문의 전체적인 문맥을 보면 위 '확정된 채무'는 전자를 가리키는 것으로 보인다.

하였더라도, 그 뒤에 이루어진 1차 보증인의 보증이 확정채무의 보증인 경우 2차 보증인의 보증 역시 확정채무의 보증으로서 그에 따른 법리[136]가 적용되어야 한다는 것으로[137] 해석된다. 그러나 위 ⑤, ⑥ 사안의 경우 2차 보증인인 甲은 분명히 1차 보증인과 주채무자 간의 계속적 거래(유상의 신용보증거래)에 대한 보증을 하였고, 그 보증 당시 2차 보증인이 1차 보증인에 대하여 구체적으로 보증책임을 질지 여부나 얼마나 보증책임을 질 것인지가 확정되어 있지 않았으므로 이는 본래 의미의 협의의 계속적 보증(근보증)에 해당함이 분명하다.[138]

따라서 이를 대법원 판시와 같이 확정채무의 보증으로 의제할 경우 후발적 사유[139]를 이유로 2차 보증인의 해지권 등 법익을 침해하고,[140] 그 보증의 본질이 동일한 위 ① 내지 ④의 경우와 비교할 때 형평이 맞지 않게 된다. 또한 위 ⑤의 사안에서 대법원은 대법원 1999. 8. 24. 선고 99다26481 판결을 참조판례로 들고 있는바,[141] 위 99다26481 판결의 사안은 은행이 고객과 일정 기간 동안 신용카드론 거래약정을 하고 이에 따른 은행의 구상채권을 甲이 연대보증하였는데, 위 신용카드론은 고객이 신용카드를 이용하여 자신의 예금계좌에서 현금을 인출하거나 전기료 등을 자동이체시킨 경우 예금잔고가 부족한 때는 그 차액 상당을 은행이 고객에게 대출한 것으로 하여 이에 대해서 일정한 방식으로 원리금 계산을 하기로 하는 것으로서, 은행과 고객은 그 거래기간 자동연장 약관조항에 따라 거래를 연장하였으나 보증인 甲에 대한 관계에서 위 약관조항이 무효가 된 내용이다.

---

136) 협의의 계속적 보증(근보증)과 달리 확정채무의 보증의 경우 보증채무의 확정이라는 것이 필요 없고, 보증인은 피보증채무가 이행기에 있기만 하면 언제라도 이에 대한 보증책임의 이행으로서 이를 대위변제할 의무를 부담한다.

137) 위 ⑥ 사안에서 1차 보증인인 신용보증기금은 이러한 이유로 2차 보증인인 甲의 보증은 협의의 계속적 보증(근보증)에 해당하지 않는다고 주장하였고, 결과적으로 대법원은 이를 채용한 셈이다.

138) 이 점은 위 ⑤ 판례의 재판연구관 보고서에서도 시인하고 있다(오금석, 430면 참조).

139) 2차 보증인의 보증계약 성립 후에 1차 보증인이 주채무자를 위하여 협의의 계속적 보증(근보증)을 할 것인지 아니면 확정채무의 보증으로서 개별적 보증을 할 것인지 여부는 1차 보증인의 자유에 달려 있다고 할 것이어서 2차 보증인은 그 보증 당시 이를 예상할 수 없었다고 할 것이다. 2차 보증계약 당시 1차 보증인이 개별적 보증을 할 수 있기로 명시적인 약정을 한 경우에도, 주채무자와 채권자의 거래 및 이에 따른 1차 보증인의 보증내역이 2차 보증 당시 불특정(불확정)인 이상 마찬가지라 할 것이다.

140) 1차 보증인의 보증이 처음부터 단일한 개별적 보증(확정채무의 보증)이어서 그에 따라 1차 보증인과 2차 보증인의 보증계약 역시 확정채무의 보증에 해당하는 경우에는 2차 보증인은 그 보증 당시 자신의 보증채무 내역이 이미 확정되어 있으므로 그에 대해서는 1차 보증인과 주채무자의 관계처럼 확정채무에 대한 보증의 법리가 그대로 적용되어야 함은 물론이다. 이러한 경우는 주채무자가 채권자와 협의의 계속적 거래가 아닌 확정적 거래를 하고 이를 신용보증기금 등 1차 보증인이 보증을 할 때 2차 보증인이 1차 보증인의 구상채권을 보증한 경우가 전형적이라 할 수 있다(대법원 1998. 2. 27. 선고 96다8277 판결의 사안 참조).

141) 위 ⑤ 판결에 대한 판례해설을 보면, 위 99다26481 판결에서 대법원이 판시한 견해가 위 ⑤ 사안의 판단에 큰 영향을 미친 것으로 보인다(오금석, 434면 참조).

이 사안은 채권자와 주채무자 간의 계속적 거래기간 연장에 따른 보증인의 보증기간 연장이 약관규제법에 의해 무효인 경우에 보증기간이 채권자와 주채무자의 거래기간보다 먼저 종료하여 그때 보증채무가 확정된다는 법리를 주안으로 하는 것으로서, 위에서 논하는 쟁점에 대한 판단을 담고 있지는 않다. 더구나 위 99다26481 판결의 사안에서 보증인 甲의 보증 대상인 채권은 은행의 고객에 대한 신용카드론 거래상의 채권으로 그 본질이 대여금(대출금)채권이어서 그 대출과 동시에 은행은 고객에 대하여 이를 취득하므로, 위 ⑤, ⑥ 사안에서와 같이 2차 보증인의 보증 대상 채권이 1차 보증인의 구상채권으로서 1차 보증인의 신용보증과 동시에 그 구상채권이 발생하지는 않는 것과 구조가 다르다.[142]

11) 결국 위 ⑤, ⑥과 같은 사안의 논점을 재정리하면, 이러한 경우 협의의 계속적 보증(근보증)에 있어 보증인이 그 보증책임을 지기 위한 요건으로서 요구되는 보증채무의 확정 외에 주채무의 발생, 존속이라는 것을 양보하여 이를 예외적으로 취급할 수 있는가, 즉 이 경우 2차 보증인의 책임을 인정하는 것이 법리상으로나 사회통념(조리)상으로 허용될 수 있는지 여부라고 할 것이다. 협의의 계속적 보증(근보증)에 있어 보증채무의 확정 내지 주채무의 확정과 보증 대상인 주채무의 발생, 존속은 엄연히 별개의 개념이다. 확정은 앞서 살펴본 바와 같이 계속적 원인관계에서 개별적인 채권채무가 발생, 소멸 등 증감·변동을 멈추어 보증 대상인 구체적인 채권이 특정되는 것으로서, 그 특정이나 확정이 곧 확정채무의 발생, 존속까지 의미하는 것은 아니다.

그러나 보증의 대상인 채권이 구상채권인 경우에는 그것이 다른 일반의 경우와 사정이 다른 점을 부인하기 어렵다. 1차 보증인의 보증이 확정채무의 보증인 위 ⑤, ⑥의 사안을 그 보증책임의 발생 여부가 장래에 달려 있어 2차 보증 종료 당시 채권자인 1차 보증인의 책임 여부조차 불분명한 위 ① 내지 ④의 경우와 꼭같이 취급하는 것은 정의와 법감정에 반한다고 할 것이다. 여기서 보증의 일반 원리로 돌아가 생각하더라도, 보증인은 보증을 한 이상 정당한 이유 없이 그 보증책임을 면할 수는 없다 할 것이고,[143] 협의의 계속적 보증(근보증)에 있어서도 이는 마찬가지라 할 것이다. 위 ① 내지 ④의 사안에서 2차 보증 종료, 즉 그 보증채무의 확정 당시 2차 보증의 대상인 1차 보증인의 구상채권이 부존재한다는 이유로 2차 보증인의 책임을 부정하는 것은, 1차 보증인이 그 주채무자를 위해 대위변제를 하지 않았음은 물론 채권자에 대한 관계에서 그 보증채무가 확정조차 되지 아니하여 협의의 계속적 보증(근보증) 법리가 요구하는 보증책임의 요건을 기본적으로 충족시키지 못한 데서 정당화될 수 있다.[144] 반면에 위 ⑤, ⑥과 같은 사안에서는 2차

---

142) 더구나 99다26481 판결의 사안은 보증이 2단 구조를 취하고 있지 않은 점에서도 ⑤, ⑥ 사안과 다르다.

143) 이 점에서 보증인의 면책은 극히 예외적으로 이를 정당화할 만한 사유가 있는 때에 한하여야 할 것이다.

144) 물론 이 경우 1차 보증인이 불의의 손해를 입게 될 우려도 있으나, 채권자와 주채무자 간의 거래 종

보증의 종료 당시 그 보증 대상인 1차 보증인의 구상채권이 이미 확정되었고, 이에 따라 1차 보증인이 대위변제를 할 경우 주채무자에 대하여 구상채권을 취득하게 되며 이미 2차 보증인에 대하여도 그 보증책임의 내용이 확정되어 있음에도, 단순히 1차 보증인이 2차 보증의 종료 시까지 대위변제를 하지 않았다는 이유만으로 2차 보증인의 보증책임을 부정할 경우, 1차 보증인이 그 보증으로 인하여 입게 되는 손실을 전보하는 것을 목적으로 하는 2차 보증의 존재의의를 무너뜨리는 것이 된다. 이를 고집할 경우 1차 보증인의 보증채무 이행기 선후에 따라 결과가 달라져 외부적 사정에 의해 1차 보증인의 이해가 크게 좌우되는 부당한 결과가 초래될 수도 있다.[145] 다만, 위 두 경우를 달리 취급할 경우 1차 보증인이 위 ① 내지 ④의 경우와 같이 협의의 계속적 보증(근보증)을 하였느냐 위 ⑤, ⑥과 같이 확정적 보증을 하였느냐에 따라 2차 보증인의 이해가 달라지기는 하나, 협의의 계속적 보증(근보증)을 한 경우에도 채권자와 주채무자 간의 기본거래 종료 등으로 2차 보증 종료 전까지 1차 보증인의 보증채무가 확정된 경우 2차 보증인은 그 보증책임을 면할 수 없어 2차 보증인이 보증책임을 지는지 여부는 1차 보증인이 협의의 계속적 보증(근보증)을 하였는지 여부보다는 2차 보증 종료 시까지 1차 보증채무의 확정 여부라는 우연한 사정에 기인하는 면이 있고, 2차 보증인이 보증책임을 지는 것은 그 보증에 따른 당연한 결과로서 위 ① 내지 ④의 경우 그 책임이 면제되는 것은 1차 보증채무의 내용이 불확정하여 2차 보증인에게 보증책임을 지게 하는 것이 보증 본래의 법리에 맞지 않은 때문이므로 크게 형평에 반하는 것이라고 보기는 어렵다고 생각된다.

12) 따라서 위 ⑤, ⑥ 사안의 경우에는 2차 보증인의 책임을 긍정한 대법원 판결이 결론적으로 타당하다고 하겠다. 다만, 2차 보증인의 책임 근거는 대법원 판시와 같이 2차 보증인이 그 보증 당시 확정채무를 보증한 것이어서 그 구상채권의 발생시기와 관계없이 보증책임을 져야 하기 때문이 아니라, 2차 보증의 종료와 그에 따른 2차 보증인의 보증채무 확정 당시 그 보증의 대상인 1차 보증인에 대한 주채무자의 구상채무가 확정되었고,[146] 그 확정에 따른 구상채권이 1차 보증인의 대위변제에 의하여 곧 현실화될 것이라

료에 따른 1차 보증인의 보증채무 확정 시까지 채무자가 채무를 모두 변제할 경우에는 보증책임을 지지 않게 될 수도 있어 일률적으로 그 손해 여부를 말할 수는 없다.

145) 2차 보증의 종료 전에 1차 보증인의 보증채무 이행기가 도래하는 일은 현실적으로 많지 않을 것인 바, 2차 보증인의 책임요건으로서 1차 보증인의 대위변제를 요구하면 자칫 보증채무 이행기 도래 전 1차 보증인의 대위변제를 강요하는 것이 되어 부당하게 1차 보증인과 채권자의 법익(기한의 이익 등)을 침해할 수도 있다.

146) 2차 보증인의 보증이 협의의 계속적 보증(근보증)인 성질을 의연히 잃지 않으므로 2차 보증인에 대한 관계에서 1차 보증인의 구상채권이 확정되는 것은 1차 보증인의 보증 당시가 아니라 2차 보증인에 대하여 보증채무를 확정할 사유(⑤ 사안의 경우 당초의 신용보증기간 도래, ⑥ 사안의 경우 회사와 주거래은행의 거래관계 종료)가 발생한 때이다. 다만 ⑥ 사안과 같이, 1차 보증인이 복수의 확정채무를 보증하고 신용보증기간 종기의 도래나 주채무자와의 전체적인 거래관계 종료 전에 각각의 개별적인 확정채무 보증 건에 대하여 주채무자와 2차 보증인에게 구상을 요구하는 경우 이로써 2차 보

는 점에서 구하여야 할 것이다. 그러나 이와 같은 견지를 취하더라도, 위 ⑤, ⑥사안과 같은 사안에서 1차 보증인이 2차 보증인에게 그 구상채권을 행사하여 보증책임을 현실로 묻기 위해서는 대위변제를 하여야 하고, 2차 보증인은 그때까지는 그 의무이행을 거절할 수 있음은 당연하다고 할 것이다. 즉, 2차 보증인은 그 보증 종료 시까지 1차 보증인의 대위변제가 없었다는 이유만으로 그 이후에 보증채무를 대위변제한 1차 보증인의 구상권 행사를 거부할 수 없으나, 2차 보증인에 대한 재판상·재판외 청구 당시까지도 1차 보증인이 대위변제를 하지 않은 때에는 구상채권 불발생을 이유로 그 의무이행을 거절할 수 있다는 의미이다. 이 점에서 대위변제는 1차 보증의 확정과 동일하게 1차 보증인이 2차 보증인에게 보증책임을 묻기 위한 요건을 이룬다고 할 것이다.[147] 위 ⑤의 판례에서 대법원이 " … 확정된 주채무에 대하여 신용보증약정에 따른 의무를 이행한 신용보증기금의 구상금채권에 대하여 보증책임을 부담한다 … "라고 판시한 부분도 같은 논리에 기초한 것이라고 생각된다.

(5) 변제기의 도래 요부

1) 보증채무가 확정된다고 하여 당연히 그때 보증채무의 변제기가 도래하는 것은 아니다. 또 주채무의 변제기가 당연히 보증채무의 변제기가 되는 것도 아니다. 보증채무가 주채무에 대하여 부종성을 갖기는 하지만 이 역시 독립한 채무이기 때문이다(대법원 1977. 3. 8. 선고 76다2667 판결, 2006. 7. 4. 선고 2004다30675 판결 참조).

2) 보증채무의 변제기(이행기)는 소멸시효기간 등과 마찬가지로 주채무의 그것과 별개로 정함이 원칙이다. 따라서 보증계약에서 보증채무의 변제기를 정한 때에는 그에 의할 것이고,[148] 그 정함이 없는 때에는 민법 제387조 제2항에 따라 채권자의 이행청구가 있는 때에 보증채무의 변제기가 도래하고 그 다음날부터 이행지체에 빠진다고 할 것이며, 주채무의 그것이 당연히 보증채무에도 적용되는 것은 아니라 할 것이다. 이는 연체이자율에 관해서도 마찬가지다. 대법원도 같은 견지에서, 보증채무의 연체이율에 관하여 특별한 약정이 있다면 이에 따라야 할 것이나 특별한 약정이 없는 경우라면 그 거래행위의 성질

　　증인의 보증채무가 확정되고 2차 보증인이 1차 보증인의 구상요구에 응하여야 하는지가 문제되는바, 2차 보증이 협의의 계속적 보증(근보증)인 이상 신용보증기간 종기의 도래나 주채무자와의 전체적인 거래관계 종료, 2차 보증의 해지 등 1차 보증인과 2차 보증인 사이에서 2차 보증채무의 확정 사유가 발생하기 전이라면 결국 2차 보증채무의 확정을 부인하여야 할 것이므로 2차 보증인은 1차 보증인의 구상요구를 거절할 수 있다고 볼 것이다. 그렇지 아니하면 2차 보증인은 그 보증채무가 확정되기도 전에 보증책임을 져야 하고, 수차의 구상요구에 응하여야 하는 불합리한 결과가 생기게 된다.

147) 2차 보증의 종료로써 2차 보증인의 보증채무가 확정될 때 1차 보증인은 대위변제를 정지조건(일종의 법정조건으로 볼 것이다.)으로 하여 2차 보증인에게 구상채권을 취득한다고 새기는 것이 좋다고 생각된다.

148) 다만, 보증채무의 변제기가 먼저 도래하는 것으로 한 때에는 민법 제430조에 따라 주채무의 그것과 같은 것으로 될 것이다.

에 따라 상법 또는 민법에서 정한 법정이율에 따라야 하며, 주채무에 관하여 약정된 연체이율이 당연히 보증채무에도 적용되는 것은 아니라고 하고 있다(2000. 4. 11. 선고 99다12123 판결, 2005. 6. 23. 선고 2005다18955 판결 등).

3) 한편, 채권자가 보증인에 대하여 보증책임의 이행을 청구하려면 주채무의 변제기도 도래하여야 함은 물론이다. 이는 보증이 연대보증이라 하여도 동일하다. 민법 제430조의 취지상 보증인은 주채무 변제기 미도래의 항변권을 원용 행사할 수 있기 때문이다. 대법원도 보증인은 변제기에 있는 주채무 전액에 대하여 책임을 진다고 하여 같은 입장을 취한다(1998. 6. 12. 선고 98다8776 판결 등). 결산기의 정함이 있는 계속적 거래에 있어서도 결산기의 도래를 기다리지 아니하고 각각의 개별 채권채무에 관하여 변제기(이행기)를 따로 정하는 것이 일반인바, 이러한 경우 그 개별 변제기의 도래 시 채권자는 주채무자에게 변제를 요구할 수 있게 된다.[149]

4) 그러나 주채무의 변제기 도래 여부는 주채무 및 보증채무의 확정과 그에 따른 보증책임의 범위에 영향을 미치지 않는다. 즉 주채무의 변제기가 도래하지 않았다고 하더라도 주채무 및 보증채무의 확정에 지장이 없고, 보증채무가 확정된 이상 그 확정 전에 발생한 주채무라면 그 변제기 도래와 관계없이 보증인은 그에 대하여 보증책임을 면하지 못한다. 왜냐하면 계속적 보증계약의 법리상 보증인은 보증채무의 확정 시까지 발생, 확정, 존속하는 주채무에 관하여 주채무자의 신용을 담보할 의사로 이를 보증한 것으로 보아야 하기 때문이다. 그러므로 보증기간의 만료 또는 보증 종료 시까지 발생·존속한 주채무라면 보증인은 당연히 이에 대하여 보증책임을 지되, 다만 주채무의 변제기가 도래하지 않은 때에는 주채무자의 항변권인 기한 미도래의 항변을 원용하여 그 변제기 도래 시까지 이행을 거절할 수 있을 뿐이라고 할 것이다.

(6) 보증한도액과의 관계

1) 보증계약에서 보증한도액을 정한 때에는 보증인의 책임은 금액적으로 이 한도액 범위 내로 제한됨은 물론이다. 민법은 저당권에 관하여 그 피담보채무의 범위를 원본, 이자, 위약금, 채무불이행으로 인한 손해배상(단, 지연배상금은 이행기 경과 후의 1년분) 및 저당권의 실행비용으로 정하고 있고(제360조), 근저당권에 관하여는 그 채권최고액에 이자가 포함되는 것으로 규정하고(제357조 제2항) 있다. 그러나 보증에 관하여는 단순히 보증인은 주채무자가 이행하지 아니하는 채무를 이행할 의무가 있다(제428조 제1항)고만 하고 있을 뿐 협의의 계속적 보증(근보증)에 있어 보증한도액에 포함되는 채무의 범위에 관하여 아무런 규정을 두지 않고 있으며, 보증인보호법 역시 동일하다. 따라서 보증책임의 일반 원칙에 의해, 보증계

---

149) 이는 주채무자에 대한 변제 요구이므로 보증인에 대한 이행청구와는 관계가 없고, 따라서 보증책임의 확정 전에 채권자가 보증인에게 개별적인 주채무에 대한 보증책임의 이행을 청구할 수 있는지의 문제와는 관련이 없다.

약에서 특별한 약정을 하지 않은 경우[150] 보증한도액에는 주채무자가 채권자에 대하여 부담하는 채무 전부, 즉 원본, 이자, 지연손해금, 위약금, 손해배상 기타 주채무에 종속하는 일체의 채무가 모두 포함된다고 할 것이다. 대법원도 같은 입장으로 보이며($\binom{1995.\ 6.\ 30.\ 선고\ 94}{다40444\ 판결\ 참조}$), 학설 역시 통설이며 이설을 찾아볼 수 없다.

기본거래의 한도액이 보증한도액으로 해석되는 경우($\binom{대법원\ 1986.\ 1.\ 28.\ 선고}{85다카1626\ 판결\ 등\ 참조}$) 채권자와 주채무자 사이에 그 거래 한도액을 증액하는 합의를 하더라도 보증인의 명시적·묵시적 동의가 없으면 이는 보증인을 구속하는 효력이 없음은 당연하다고 할 것이다.[151]

2) 보증채무의 확정 전에 보증한도액을 초과하는 기본거래가 있더라도 그것이 보증의 대상인 기본거래에서 발생한 것이면 보증채무 확정 시 그 잔존 채무액이 한도액을 초과하든 아니든 보증인은 보증한도액 범위 내에서 책임을 지게 되는 것 또한 당연하며, 대법원도 이를 명시하고 있다($\binom{1980.\ 3.\ 25.\ 선고\ 79다2251\ 판결,\ 1985.\ 3.\ 12.\ 선고}{84다카1261\ 판결,\ 1995.\ 6.\ 30.\ 선고\ 94다40444\ 판결}$). 한편, 보증한도액은 보증기간 전체를 통틀어 하나로서, 즉 보증 종료 시 확정되는 보증채무를 1단위로 하여 정할 수도 있고 보증기간을 구간별 또는 개별 채권채무별로 나누어 정할 수도 있다 할 것이다. 후자의 경우에는 보증인은 각 구간별 또는 개별 채권채무의 보증한도액 범위 내에서만 책임을 지게 된다.[152]

3) 계속적 보증계약에서도 보증인은 변제기에 있는 주채무 전액에 대하여 책임을 지는 것이 원칙이다. 대법원도 이러한 견지에서, 보증 당시 주채무의 액수를 보증인이 예상하였거나 예상할 수 있었을 경우에는 그 예상 범위로 보증책임을 제한할 수는 있지만, 그 예상 범위를 상회하는 주채무 과다 발생의 원인이 채권자가 주채무자의 자산 상태가 현저히 악화된 사실을 잘 알거나 중대한 과실로 알지 못한 탓으로 이를 알지 못하는 보증인에게 아무런 통보나 의사 타진도 없이 고의로 거래 규모를 확대함에 연유하는 등 신의칙에 반하는 사정이 있는 경우에 한하여 보증인의 책임을 합리적인 범위 내로 제한할 수 있다고 한다($\binom{대법원\ 1984.\ 10.\ 10.\ 선고\ 84다카453\ 판결,\ 1992.\ 4.\ 28.\ 선고\ 91다26348}{판결,\ 1995.\ 12.\ 22.\ 선고\ 94다42129\ 판결,\ 1998.\ 6.\ 12.\ 선고\ 98다8776\ 판결}$).

그러나 보증한도액이 정하여져 있는 경우에는 특별한 사정이 없는 한 보증인은 채권자와 주채무자 사이의 거래액 중 보증한도액의 범위 내에서 보증책임을 질 것을 예상하였

---

150) 약정은 묵시적인 것도 포함한다고 할 것이다. 예컨대 보증한도액을 따로 정하지 않아 기본거래상의 한도액을 보증한도액으로 보아야 할 경우에 그 기본거래 한도액이 원본의 한도액이면 보증한도액 역시 원본만이 포함된다고 보아야 할 것이다(동지: 윤남근, 189면).

151) 동지: 박병대 1, 32면.

152) 대법원 1985. 3. 12. 선고 84다카2093 판결 역시 이러한 견지에서, 신용카드회원계약에서 월별 외상거래 한도액을 40만 원으로 정한 경우 그 보증인은 각 월별 외상거래액 중 각 월별 한도액 범위 내에서만 보증책임을 진다고 판시하고 있다. 한편, 신용카드거래계약에서는 외상구입, 현금서비스, 할부구입 등 각 항목별로 1회 또는 월간 이용 한도액을 정하는 경우가 많은데, 대법원은 여러 항목별로 한도액을 정한 경우라도 보증인은 각 항목별 한도액이 아닌 각 항목별 한도액의 합계액 범위 내에서 그 전체에 대하여 보증책임을 진다고 한다(1989. 5. 9. 선고 88다카8330 판결, 1992. 11. 24. 선고 91다22261 판결 등 참조).

다 할 것이므로, 주채무가 과다하게 발생하였다고 하여 바로 보증책임이 그 예상액을 훨씬 넘어 가중되었다고 보기 어렵고, 따라서 보증인의 책임을 그 한도액 이하로 제한할 수 없다고 할 것이다(대법원 1995. 6. 30. 선고 94다40444 판결).

4) 보증한도액과 관련하여 중요한 문제의 하나가 변제충당이다. 이는 보증채무의 확정 전의 것과 확정 후의 것으로 나누어 살펴볼 수 있다. 먼저 보증채무 확정 전 주채무에 대한 변제가 있는 경우 그 변제충당은 변제충당 일반의 법리에 따라 합의충당, 비용·이자·원본 순 충당, 지정충당, 법정충당의 순서에 따라야 할 것이다. 문제는 법정충당의 경우에 변제이익의 다과이다. 즉, 주채무자 등에 의해 채무의 일부가 변제된 경우 이를 보증의 대상인 채무에 먼저 충당할 것인지 보증의 대상이 아닌 채무에 먼저 충당할 것인가가 문제된다. 이 문제는 주채무자가 채권자에 대하여 보증의 대상인 기본계약상의 채무와 다른 채무를 동시에 부담하고 있는 경우에 주로 발생하나, 보증의 대상인 기본계약상의 채무만을 부담하고 있는 경우에도 발생한다. 예컨대 채권자와 주채무자가 보증한도액을 초과한 거래를 한 경우에 그 한도액 범위 내의 채무와 이를 초과한 부분의 채무 상호간에도 변제충당이 문제된다.

전자의 경우 변제이익의 다과는 주채무자를 기준으로 하여야 하므로 보증인이 있는 채무나 그렇지 않은 채무 상호간에 그 변제이익은 동일하다(대법원 1985. 3. 12. 선고 84다카2093 판결).[153] 후자의 경우 보증 한도 내 부분과 한도 초과 부분으로 나누지 않고 잔존채무 전부에 대하여 개별 채무별로 변제충당을 함이 옳다고 생각된다. 동일한 원인에 의해 생긴 채무를 보증의 한도 내외를 기준으로 하여 복수의 채무로 구분하는 것은 부자연스럽고 현실적으로 매우 곤란하기 때문이다.[154]

5) 다음으로 보증채무 확정 후의 변제충당 역시 기본적으로는 위와 같다고 할 수 있

---

[153] 보증채무의 확정 전에 보증인이 변제를 한 경우 채권자와의 합의로 이를 장차의 보증채무 일부에 충당하기로 하는 등의 특별한 사정이 없는 한 이는 증감·변동하는 주채무에 충당될 것이고, 이로써 장차 확정 후의 보증인의 책임이 감액된다고 할 수도 없을 것이다.

[154] 시간적 간격을 두고 발생하는 개별 채무가 어느 시점에서 보증한도액을 초과한다고 하더라도 그 초과된 시점 이후의 것만이 한도 초과 채무라고 볼 논리적 근거가 없다. 또 보증 한도의 초과 여부는 보증채무의 확정 시인 기본거래관계의 종료 시점에야 정해지며 그 이전 단계에서의 개별 채무는 보증인에 대한 관계에서 아무런 의미가 없는 것이므로, 보증채무가 확정되기도 전에 주채무를 보증 한도 내 부분과 초과 부분으로 나누는 것도 이상하다. 일본의 학설도 필자와 같이 새기는 것이 통설이라고 한다(水邊芳郎, 260면).
그러나 일본 최고재판소 1964. 4. 17. 선고 소화 38년才671 판결은, 보증 한도(기본거래 한도)를 초과한 단일의 대출금에 대하여 한도액 범위 내의 채무와 이를 초과한 부분의 채무 중 어느 쪽에 변제충당을 할 것인지 먼저 심리하여야 한다고 명시하고 있다. 대법원 1985. 3. 12. 선고 84다카2093 판결 역시, 월간 거래 한도액(월간 보증한도액이다.)을 초과하여 신용카드거래를 한 주채무자가 그 거래 합계 잔액의 일부만을 변제한 경우에 그 월간 보증한도액 범위 내의 채무와 이를 초과한 부분의 채무는 모두 그 변제이익이 동일하다며 민법 제477조 제3호에 의해 이행기의 도래 선후에 따라 변제충당을 하여야 한다고 판시하고 있는바, 결과적으로는 정당하나 그 이론구성에 동의하기 어렵다. 윤남근, 189~190면 및 박병대 1, 32~33면 역시 필자와 같은 견지에 서 있는 것으로 보인다.

다.[155] 여기서 또 한 가지 문제는 보증채무 확정 시 특정된 개별 채무가 복수이고 그 개별 채무의 합계액이 보증한도액을 초과하는 경우이다. 이 경우에도 각 개별 채무별로 합의충당, 지정충당, 법정충당을 하여 그 잔존 채무액과 보증한도액을 비교하여 보증인의 책임을 보증한도액 범위 내로 인정하여야 할 것이다. 따라서 민법 제477조 제4호의 법정충당에 의하여 각 채무액에 안분하여 변제충당을 하는 때에는 각 안분 비율에 응하여 각 채무액이 감소하는 결과가 발생할 수도 있다. 이와 달리, 각 개별 채무의 특정성 내지는 독자성을 무시하고 각 개별 채무별로 배분하는 대신 그 개별 채무의 전체 합계액에서 일부 변제액을 일괄 공제하여 그 나머지 합계 금액이 보증한도액 범위 내에 있다면 보증인은 그 한도액 내에서 보증책임을 지되, 다만 이자 등 종속채무만은 각 개별 채권액에 비례하여 발생하는 것으로 이해하는 것은 옳지 않다고 생각된다.[156] 왜냐하면 보증채무의 확정은 보증 대상인 개별 채무의 증감·변동이 정지되어 현실적인 보증책임의 대상 채무가 특정된다는 것일 뿐 각각의 개별 채권채무가 독자성을 잃고 그 전체로서 하나의 채권채무로 되는 것은 아니기 때문이다.

그리고 보증채무 확정 후 보증인이 채권자에게 보증채무 이외의 채무를 부담하고 있는 경우, 그 변제이익은 특별한 사정이 없는 한 보증채무보다 보증인 자신의 고유채무가 더 크다(대법원 1999. 7. 9. 선고 98다55543 판결, 2002. 7. 12. 선고 99다68652 판결).

6) 한편, 보증채무는 기본적으로 주채무와는 별개 독립한 채무이므로 그에 대하여만 주채무와 달리 그 변제기, 이자율, 지연손해금률, 위약금 등을 정할 수 있음은 물론이다. 그리고 보증한도액을 정한 경우라도 특약이 없는 한 보증채무의 확정 후 보증채무 자체에 대하여 발생하는 이자, 지연손해금, 위약금, 보증인에 대한 강제집행 비용 등은 주채무에 대한 부종성을 전제로 하는 위 보증한도액에 포함되지 않는다고 할 것이다. 대법원 역시

---

155) 보증채무가 확정된 후에는 논리적으로 주채무를 그 보증 한도 내 채무와 초과 채무로 나눌 수는 있겠으나 주채무를 단순히 보증한도액을 기준으로 해서 양적으로 나누는 것은 매우 기교적이다. 변제충당에 있어 '수개'의 채무란 발생원인과 발생일시를 기준으로 한 것이므로 금액을 기준으로 위와 같이 두 부분으로 구분하는 것 자체가 모순이기 때문이다. 민법 제477조에서 충당순서의 기준이 되는 '이행기의 도래' 여부는 채무를 양적으로 구분해서는 판별할 수도 없는바, 보증 한도 내 채무는 단순히 그 양만 문제되므로 그 잔액에서 변제액을 단순 공제할 수 있지만 한도 초과 채무부분은 그 잔액에서 변제액을 단순 공제할 수 없고 개별 채무별로 충당 순서를 정해야 한다.

156) 이 방법에 의하나 전자의 방법에 의하나 그 잔존 채무 원본의 합계액은 동일하다. 그러나 각 이자나 지연손해금 등 종속채무를 계산함에 있어, 전자의 경우에는 각 개별 채무별로 감소된 각각의 원본액에 대하여 각각의 개별 채무 본래의 이자 등이 계산되나, 후자에 의하면 전자의 경우와 달리 공제 후의 잔여액을 각 개별 채무액 비율로 나누어 이를 기준으로 각 개별 채무의 이자율 등을 적용하여 이자 등 종속채무를 계산하게 되어 그 종속채무의 합계액이 달라지게 된다.
  그러나 보증채무의 확정 이후에도 개별 채무의 독자성이 유지된다고 하더라도 그 확정 후 일부 개별 채무가 변제되는 경우 그에 따라 보증인의 책임이 당연히 감소하는 것은 아니다. 그 변제 후 잔존 채무액이 보증한도액을 초과하는 경우 보증인의 책임은 영향이 없기 때문이다(대법원 1985. 3. 12. 선고 84다카1261 판결).

보증채무의 이행지체 시 보증인은 이로 인한 지연손해금을 따로 부담하며($^{1995.\ 6.\ 30.\ 선고}_{94다40444\ 판결\ 등}$), 이는 보증한도액에 포함되지 않는다($^{2005.\ 6.\ 23.\ 선고\ 2005}_{다18955\ 판결\ 등}$)고 판시하고 있다.

(7) 보증인의 항변권 행사 가부

1) 협의의 계속적 보증(근보증)에 있어서도 보증인은 자신의 고유한 항변권을 행사할 수 있고, 또 주채무자의 채권자에 대한 항변권 역시 행사할 수 있음은 물론이다($^{민법\ 제433조\ 제}_{1항,\ 제434조,\ 제}_{435조}$참조). 주채무자의 항변 포기는 보증인에게 효력이 없고($^{민법\ 제433}_{조\ 제2항}$) 이는 강행규정이다.

2) 주채무에 관하여 상속인의 한정승인이 있는 때라도 보증인의 책임이 제한되는 것은 아니며, 채무자에 대한 채무자회생절차에서의 회생계획에 의한 채무액의 변동, 파산자에 대한 면책결정이 있더라도 또한 같다($^{『채무자\ 회생\ 및\ 파산에\ 관한\ 법』}_{률,\ 제250조\ 제2항,\ 제567조}$).

참고문헌

강용현, "신원보증법", 민법주해(Ⅹ), 박영사(1999)

권오승, "계속적 보증에 있어서 보증인의 해지권", 고시계 363호(1987. 4.)

김성필, "계속적 보증에 있어서 보증인의 보호", 조성국교수정년기념논문집(2006)

김영기, "근보증", 재판자료 제32집, 법원도서관(1986)

김준호, "근보증에 있어서의 보증책임위 범위", 고시계 309호(1982. 10.)

김판기, "보증인 보호를 위한 특별법의 한계", 법률신문 2008. 10. 9.자

김학동, "보증채무에 관한 판례분석", 사법연구 제4집, 청림출판(1999)

김현태 외, "포괄근보증에 관한 판례의 추세", 연세행정논총 제8집(1981)

남윤봉, "민법 개정안 중 신설조문에 대한 고찰", 법학논총 제22집 1호(2005), 한양대학교

류창호, "근저당권의 피담보채권적격에 관한 연구", 외법논집 11집 (2001. 12), 한국외국어대학교 법학연구소

민형기, "경매의 신청과 근저당권의 확정", 대법원판례해설 제12호(1990)

박병대, "계속적 보증에 관한 고찰", 사법논집 제18집, 법원도서관(1987)

박병대, "계속적 보증", 민법주해(Ⅹ), 박영사(1999)

박영복, "보증제도에 대한 일본 민법의 개정", 외법논집 제25집, 한국외국어대학교 법학연구소 (2007)

배성호, "계속적 보증에 있어서 보증인의 책임범위 및 그 제한", 사회과학연구 제38호, 영남대학교 사회과학연구소(2001)

양창수, "계속적 보증에서 보증인의 해지권과 책임제한", 민법연구 제6권, 박영사(2001)

양호승, "계속적 보증에서 주계약의 거래기간이 연장되었으나 보증기간이 연장되지 아니하여 보증계약관계가 종료된 경우 보증채무의 확정 여부 및 그 범위", 대법원판례해설 제33호

오금석, "신용보증기금의 개별적 신용보증에 있어서 보증기한 종료 시에 부담하는 채무가 확정
    된 경우 신용보증기금의 구상금채권에 대하여 보증한 보증인이 보증책임을 부담하는 여부",
    대법원판례해설 제46호(2003)
오창수, "계속적 보증에 있어서의 책임제한", 사법행정 제377호(1992. 5.)
윤남근, "신용카드 보증인의 법적 책임", 재판자료 제64집, 법원도서관(1994)
이건호, "계속적 보증의 책임한도 및 해지", 법률학의 제문제, 박영사(1988)
이동준, "선순위 근저당권자의 피담보채권액의 확정 시기" 판례연구 제12집, 부산판례연구회
    (2001)
이은영, "신용카드 보증인의 책임범위", 민사판례연구 제9집, 민사판례연구회(1987)
이재홍, "계속적 보증과 보증책임의 제한", 법조 제48권 4호(1999. 4.)
이재후, "근보증에 있어서의 보증인의 책임범위", 법률실무연구 제2집, 서울종합변호사회(1981)
최동홍, "근담보의 확정", 실무연구자료 제5권, 대전지법실무연구회(2003)
최봉경, "「보증인보호를 위한 특별법」에 관한 소고", BFL 제33호, 서울대학교 금융법연구센터
    (2009)
최재무, "근저당권의 피담보채권 적격과 확정", 판례와 실무, 인천지방법원(2004)
최혁지, "근보증", 현대 민법의 과제와 전망, 밀알(1994)
황영수, "계속적 보증에서 보증인의 보호", 재판과 판례 제15집, 대구판례연구회(2007)
石井眞司, "根抵當法·根保證法から根擔保法へ", 金融法務事情 제1088호(1985)
田原睦夫, "根債權質お巡つて", 쥬리스토 제1083호(1996. 2.)
荒川重勝, "根保證の確定", 民事法學의 新展開, 有斐閣(1996)

곽윤직, 채권총론, 박영사(2005)
권오승, 민법의 쟁점, 법원사(1990)
이은영, 채권총론, 박영사(2009)
김형배, 채권총론, 박영사(1992)
김상용, 채권총론, 화산미디어(2009)
김재형, 근저당권연구, 박영사(2000)
我妻榮, 民法講義Ⅳ(債權總論), 岩波書店(1964)
平野裕之, 債權總論, 信山社(2005)
荒木新五, 新しい保證制度と動産·債權讓渡登記制度, 日本法令(2007)
奧田昌道 外, 法學講座 民法4債權總論, 悠悠社(2007)
水邊芳郎, 債權總論, 法律文化社(2006)
민법주해(Ⅶ), 박영사(1999)
민법주해(Ⅹ), 박영사(1999)
법원실무제요 민사집행(Ⅱ), 법원행정처(2003)

Ⅲ. 기판력이론의 논리적 구조

제1 기판력이론의 지위

1. 소송법이론과 기판력이론의 관계

1) 소송은 소송당사자인 원고가 다른 당사자인 피고에 대한 관계에서 권리·의무나 법률관계에 기한 법적 지위를 가지고 있는 경우에, 법원에 대하여 그 존부 확인이나 그에 기한 이행명령 또는 법률관계의 형성을 구하는 것을 본질로 한다. 따라서 원고가 제기한 소(訴) 또는 재판청구에 대한 법원의 답은 판결 또는 재판이며, 법원의 판단 결과인 판결이나 재판은 소송의 궁극적 목적이자 중심적 지위를 차지한다.

2) 이러한 판결이나 재판의 형성과정도 중요하지만, 그것이 형성된 이후 그것이 가지는 효력은 더욱 중요하다. 확정판결이나 확정된 재판에 대하여는 뒤에서 보는 바와 같이 영미법계나 대륙법계 할 것 없이 일반적으로 기판력이 인정되는바, 재판이 갖는 분쟁 해결 기능을 고려할 때 기판력이론은 결국 소송법이론의 핵심적 지위를 차지한다고 할 수 있다. 그런데 기판력이론은 그 고유의 법리는 물론 소송물이론 등 다른 분야의 소송법이론과 실체법이론이 종횡으로 교차·집결하여, 실로 소송법이론의 거의 전부를 포괄하고 있다고 하여도 과언이 아니다. 그러므로 기판력이론을 분해하여 그에 관련되는 여러 법리를 논리적으로 분석하여 체계를 세우는 것은 소송법이론을 올바르게 이해하기 위하여 반드시 필요하고, 또 확정재판이 실제 현실에서 갖는 통용력과 규범력을 규정하는 데 있어서도 필수 불가결하다.

3) 기판력이론은 그 역사가 오래 되었고 연원도 여러 갈래가 있으며 다양한 법리가 연관되므로, 다년간의 법률실무에 종사한 법률전문가로서도 이를 체계적으로 논리구성하고 이해하기가 매우 어렵다. 법리를 익히는 초심자인 법과 대학생이나 로스쿨생, 사법연수생은 더 말할 것도 없을 것이다.

필자가 2010년도에 실시된 제52회 사법시험의 민사소송법 시험위원으로서 기판력에 관련한 문제를 출제하여 채점을 해 본 경험에 의하면, 기판력이론에 대한 수험생들의 이해의 뿌리가 매우 얕고 피상적이었다. 필자의 얕은 생각으로는, 기판력이론 그 자체가 매우 복잡하고 난해한 데에다, 우리가 이제까지 기판력이론을 설명하고 가르치는 데에 있어 너무 어려운 언어로 이를 말해 온 데에도 그 원인이 있지 않은가 싶다.

2. 재판의 기능

1) 재판은 법주체 간에 권리의무관계 내지 법률관계를 둘러싸고 분쟁이 발생한 경우에 그것을 국가의 공권력(사법권)에 의하여 해결하는 작용이다. 따라서 재판의 일차적·본질적 기능은 분쟁의 해결이라 할 수 있다. 이로부터, ① 재판을 통해 분쟁이 확실하게 해결·종료될 것, ② 재판의 내용이 강제집행 등을 통하여 확실하게 실현될 것, ③ 재판과정에서 대립하는 당사자의 정당한 이익이 보호되고 재판 결과에 대하여 당사자의 신뢰와 법적 안정이 확보될 것이 요구된다.

2) 이 모든 것을 다 갖추어야 재판의 정당성과 실효성을 승인할 수 있는바, 결국 재판의 기능과 요체는 종국적 분쟁 해결 기능과 확실성, 법적 안정성, 당사자의 정당한 이익 보호로 요약할 수 있겠다. 따라서 기판력이론의 수립과 해석에는 이들을 고려하여야 한다. 민사소송제도는 재판의 이러한 기능 실현을 위하여 여러 가지 수단과 장치를 마련하고 발전해 왔으며, 기판력이론도 그 가운데 하나이다.

3. 확정된 재판의 효력과 기판력

가. 실체적 확정력

1) 재판이, 상소절차를 통한 더 이상의 불복이 허용되지 않는 단계에 이르러 형식적으로 확정되면 그 재판의 내용에 따른 권리·법률관계가 고정되는 효력, 즉 실체적 효력[157]으로서 이른바 실체적 확정력이 발생한다. 소송은 원고가 주장하는 청구원인과 그에 따른 법률효과의 존부와 범위를 국가 공권력에 의해 심판하는 것이므로, 소송에서 소송물(청구)에 관한 실체판단(본안판단)이 이루어져 그것이 형식적으로 확정되면 그 법률효과인 권리 또는 법률관계의 존부와 범위도 확정된다. 이것이 곧 실체적 확정력이다.

2) 이는 법률효과의 존재는 물론 부존재에 관하여도 발생함은 물론이다. 따라서 청구의 전부나 일부에 대한 기각판결이 확정된 경우 그에 상응하는 법률효과의 부존재가 확정된다.

3) 소송의 형태는 통상 이행의 소, 확인의 소, 형성의 소로 나뉘나, 실체적 확정력은

---

157) 소송판결과 같이 확정된 재판의 내용이 당사자 간의 권리의무관계에 관한 분쟁해결이 아닌 경우에는 실체적 확정력이 발생하지 않음은 물론이다. 그러나 그러한 경우에도 뒤에서 보는 바와 같이 실체적 확정력과 유사한 구속력이 작용한다.

소송의 형태에 관계없이 공통적으로 발생한다. 즉, 소송이 이행의 소이든 확인의 소이든 형성의 소이든 그 소송의 대상인 청구원인과 그로부터 법률효과인 권리나 법률관계가 발생하는 것은 모두 동일하고, 다만 그 권리·법률관계의 실현형태만이 강제집행(이행의 소), 확인(확인의 소), 형성(형성의 소)으로 다를 뿐이다. 따라서 위 3가지 형태의 소송 모두 그에 따른 재판이 확정되면 그 소송물인 권리·법률관계에 관하여 실체적 확정력이 발생한다.

나. 기판력의 의의

1) 재판이 확정되어 실체적 확정력이 발생하면, 그 소송당사자를 중심으로 한 일정 범위의 사람들 사이에서 그 재판 내용에 따른 권리·법률관계가 실현되고 그 상태가 존중되어야 하며, 국가기관 그 중에서도 특히 법 판단 기관인 법원도 이에 구속되어야 한다.

2) 이와 같이, 이미 확정재판을 통하여 판단된 권리·법률관계에 관하여 다시 그것이 소송(後訴)의 대상으로서 법원의 판단 대상이 되는 경우, 후소 법원과 당사자가 확정된 전소(前訴)의 재판 내용에 구속되어 그와 모순·저촉되는 판단이나 주장을 할 수 없는 구속력을 기판력(旣判力)이라고 한다. 즉, 이미 판단된 사항으로서 그 판단에 구속된다는 의미이다.[158]

3) 이는 재판의 종국적 분쟁 해결 기능과 신뢰성, 법적 안정성, 소송경제 등으로부터 요청·시인되는 것이다. 확정된 재판의 실체적 확정력이, 새로운 소의 제기와 관계없이 그 자체로서 일정한 범위에서 존중되고 구속력을 미치는 것임에 비해, 기판력은 확정된 재판과 관련하여 그와 동일하거나 일정한 관계에 있는 새로운 소가 제기된 경우에 후소 법원과 당사자를 구속하는 소송법적 효력이라는 점에서 양자는 구별된다.[159]

---

158) 재판의 효력으로서 패속력(覇束力)이 거론되는바, 이는 어떤 재판이 이뤄지면 재판절차 내에서 그것이 다른 법원을 구속하는 효력을 의미한다. 그 예로서, ① 사실 확정에 관한 사실심법원의 판단이 상고심법원을 구속하는 것, ② 상고심법원이 원심판결을 취소·파기한 경우 그 취소·파기 사유에 관하여 원심법원을 구속하는 것, ③ 이송재판이 이송 받은 법원을 구속하는 것 등을 들 수 있다. 그러나 이러한 패속력은 재판의 형식적 확정 이전 단계의 것이고, 분쟁의 실체적 관계 외에 소송요건 등 형식적 관계에 관하여도 적용되며, 분쟁 당사자를 제외한 당해 재판절차 내에서 일정한 관련성이 있는 법원만을 구속한다는 점에서 실체적 확정력과 다르다. 또, 기속력은 재판의 형식적 확정을 기다리지 않고 재판이 대외적 관계에서 효력을 발생한 후 당해 판결법원도 이를 임의로 철회·변경할 수 없는 효력으로서 재판의 내용과 관계가 없는 형식적 확정력에 유사하고, 확정된 재판에 대하여 민법상 단기 소멸시효가 10년의 소멸시효로 연장되는 등 실체법에 의하여 재판의 확정이 일정한 법률요건을 충족하여 법률관계의 변동을 초래하는 이른바 법률요건적 효력은 재판 내용과는 직접 관계가 없어 실체적 확정력과 구별된다.

159) 일부에서는 기판력을, 소송물에 대하여 이미 확정판단이 있었다는 의미의 효력이라고 이해하면서 이를 실체적 확정력과 동일한 것으로 보기도 하나(김홍엽, 교과서 727면), 기판력은 실체적 확정력보다는 좁은 개념으로서 이와 구별하여야 한다. 이하에서 인용하는 논문이나 교과서 등의 자료는 이 글의 맨 뒤 <참고문헌>에서 언급한 것이다.

다. 기판력과 집행력

1) 기판력은 위와 같이 실체적 확정력의 당연한 귀결로서, 이미 확정된 권리·법률관계에 대해서는 이와 모순된 판단을 금지하는 효력이다. 집행력(執行力)은 이행의 소의 판결처럼, 법원이 특정인(피고)에게 특정인(원고)에 대한 의무의 이행을 명하는 재판을 한 경우 그에 따른 권능(權能), 즉 강제집행을 실현시킬 힘이다.

이행의 소에 있어 그 소송물인 권리에 관하여 그 존재와 범위가 인정되면 법원은 그 청구를 인용하여 의무 이행을 명하게 되는바, 이로부터 그 인정된 권리에 관하여 실체적 확정력과 그 파생으로서 기판력, 집행력이 발생하게 되며, 이 삼자(三者)는 범위가 일치한다. 즉, 이행의 소(재판)에 있어 법원은 청구원인과 그로부터 어떤 법률효과인 권리·의무가 발생하는지 여부를 판단하고 그것이 긍정되면 채무자에게 의무 이행을 명하는 선언을 하게 되므로, 실체적 확정력과 이에 따른 기판력 및 집행력의 범위는 일치하며, 단지 그 작용하는 법적 효과만이 모순금지(기판력)와 채무의 강제실현(집행력)으로 다를 뿐이다.[160]

2) 근대법의 이론상 사인 간의 권리·법률관계라도 국가 공권력(법원)을 통하지 않고 이를 강제실현하는 것은 허용되지 아니한다. 그렇다고 하여 권리·법률관계의 실현에 법원이 아닌 다른 기관의 관여가 전면적으로 금지되는 것은 아니며, 법원이 관여하는 경우라도 모두 다 소송의 판결처럼 이대립당사자구도(二對立當事者構圖) 하에 원·피고 쌍방의 치열한 변론과 공방을 통한 법원의 심리·판단이 이루어지는 것도 아니다. 이는 신속·간편한 분쟁해결과 재판청구권의 보장이라는 두 이상을 조화·타협한 산물이다.[161]

3) 그리하여 법원을 통하지 않거나, 법원을 통하였더라도 당사자의 변론과 충분한 심리·판단을 거치지 않은 경우에는 우선 집행력만 인정하고 실체적 확정력과 기판력은 부여하지 않는 것도 인정하게 되었는바,[162] 지급명령, 이행권고결정, 배상명령, 가압류·가처분명령, 집행증서 등이 그 대표적인 것이다.[163]

---

160) 그러나 이행의 소에 있어 이 삼자가 언제나 일치하는 것은 아니다. 예컨대, 채권자대위에 의한 판결의 경우 그 실체적 확정력과 기판력이 소송당사자가 아닌 채무자에게 미치는 때라도 집행력은 채무자에게 미치지 않는다(대법원 1979. 8. 10.자 79마232 결정).

161) 가사비송사건의 재판인 심판의 경우 법원의 후견적 보호를 위한 공익적 목적에서 실체적 확정력과 기판력을 인정하지 않는바, 재판이나 이에 준하는 것에 실체적 확정력과 기판력을 인정하느냐 여부는 이와 같이 충실한 심리의 여부 외에도, 그것을 인정하는 것이 공익에 부합하는지 여부도 중요한 관건이다. 이 점에서 실체적 확정력과 기판력의 인정 여부는 입법정책에 달려 있고, 모든 재판에 그 것이 필수적인 것은 아님을 알 수 있다. 실체적 확정력과 기판력의 인정을 통한 법적 안정과 실체적 진실발견 및 당사자의 정당한 이익 보호, 다양한 상황에 따른 국가의 후견적 지원 등은 서로 배타적인 것이 아니라 조화·융합되어야 할 목적이기 때문이다.

162) 특히 이에 더하여 그 재판내용에 대한 당사자의 동의·승복이 없다는 점도 중요한바, 법원의 심리·판단이 없더라도 재판상화해, 청구의 인낙·포기, 민사조정 등은 이에 동의하는 당사자의 뜻을 존중하여 실체적 확정력과 기판력을 인정한다.

163) 이러한 것들은 금전 기타 대체물이나 유가증권의 일정한 수량의 지급을 목적으로 하는 청구권에 한

따라서 이러한 재판이나 그에 유사한 집행권원상의 채무자나 그 승계인은 당해 집행권원상의 채무에 관하여 강제집행을 용인(容認)하여야 하나, 그 집행권원에 대해서는 실체적 확정력과 기판력이 인정되지 않으므로 그 집행이 부당한 경우 집행권원의 성립 이후의 사유는 물론 그 이전에 존재하는 채무의 불발생, 행사·존속의 저지(장애)사유로써 청구이의의 소를 제기하여 그 집행력을 소멸시킬 수 있다(민사집행법 제58조 제3항, 제59조 제3항, 소액사건심판법 제5조의 8 제3항, 소송촉진 등에 관한 특례법 제34조 제4항, 가정폭력범죄 의 처벌 등에 관한 특례법 제62조 등).

4. 기판력이론의 파생(연관) 범위

1) 기판력이론은 소송법이론의 중심을 차지하고 있는 만큼 앞서 지적한 바와 같이 다양한 법리가 수직적·수평적으로 교차한다. 그 주요한 것만을 예시하면, ① 소송과 재판의 대상을 규명하는 소송물이론, ② 소송물과 소송자료를 구분 짓는 청구원인 및 공격방어방법이론, ③ 소송물의 동일성과 기판력의 객관적 범위를 결정짓는 요인으로서 소송물의 단위 이론과 일부청구이론, ④ 기판력의 인적 범위를 결정짓는 요인으로서 변론종결 후의 승계인 이론 및 이와 밀접한 관계에 있는 승계집행이론, 청구이의이론, ⑤ 기판력의 확장 범위에 관한 모순관계 및 선결관계의 이론 등을 들 수 있다.

2) 기판력이론은 이와 같이 그 범위가 넓고 깊이가 깊어 이를 간결하게 요약하기가 매우 힘들다. 또 그와 관련된 개별 이론과 관련해서도 쉽게 견해의 일치를 이루기 어렵고, 소송법학의 발전·전개와 더불어 현재진행형에 있으므로 일의적으로 결론을 내리기도 어렵다. 이런 것들이 기판력이론에 대한 학설의 치열한 대립을 가져오고 학습자의 공부에 큰 장애로 작용한다.

3) 따라서 기판력이론을 가르침에 있어서는 이런 점을 고려하여, 학습자들에게 단편적이고 개별적인 시각을 지양하고 유기적이고 종합적인 시각에서 이를 이해하도록 유도하여야만 한다. 그렇지 아니하면, 당장은 이해한 듯하나 그 이해가 오래 가지 못하고 금방 수많은 의문에 휩싸여 모든 것들이 제자리를 잃고 뒤죽박죽이 되고 말 것이다. 사법시험 수험자의 거의 모두가 답안을 작성하면서 자신도 모르게 전후 모순되는 답을 한 이유도 여기에 있을 것이다.

하여 허용되는 것이 일반이다(민사소송법 제462조, 소액사건심판규칙 제1조의2, 민사집행법 제56조 제4호, 제276조 제1항, 공증인법 제56조의2 참조. 다만, 가처분명령은 비금전채권 등에 대하여도 할 수 있지만 임시의 처분에 불과하여 채무자에게 심대한 영향을 주지는 않는다). 이러한 권리는 부당한 집행이 있더라도 그 원상회복을 통한 피해 구제가 용이하기 때문이다.

제2   기판력이론의 기초

1. 기판력 인정의 필요성

1) 어떤 분쟁에 관하여 1회의 확정재판이 있었으면 이를 통하여 그 분쟁이 완전히 해결되고 그에 따른 새로운 법률관계가 형성되는 것이 소송제도의 이상이라 할 수 있다. 그러나 여러 가지 사정으로 동일한 분쟁 또는 그와 유사하거나 그로부터 파생된 분쟁에 관하여 다시 소송이 벌어지는 것을 피할 수 없다. 이는 재판의 효력 문제와 관련하여 소송물의 주관적·객관적 특정과 그 범위를 한정하는 것이 일도양단식으로 해결되기 어렵고, 새로운 소의 제기를 지나치게 제한할 경우 권리 구제의 폭이 좁아져 자칫 정당한 이익이 보호받지 못하고 사회정의와 공평, 실체적 진실이 침해되는 부작용이 초래될 수 있기 때문으로서 소송 현실에 있어서는 불가피하다.

2) 그러나 새로운 소가 제기된 경우에 그 후소(後訴)가 확정된 전소(前訴)의 판결과 일정한 연관관계가 있는 경우에는 전소의 확정판결을 통하여 확인된 권리관계가 그대로 시인되어야만 하는 것 또한 법적 안정성과 신뢰성의 요청상 반드시 필요하다. 이러한 필요에 따라 로마법에서도 이미 판단된 사항(res judicata) 또는 일사부재리(me bis in idem)의 법리가 인정되었고,[164] 영미법계 국가에서도 보통법(common law)상 금반언의 원리(doctrine of estoppel) 또는 배제의 원리(doctrine of preclusion)가 인정되었으며, 프랑스, 독일 등 대륙법계 국가 역시 근대적 성문법에 의해 같은 법리가 인정되었다.

3) 동일 당사자 사이에 특정한 권리·법률관계에 관하여 확정재판이 있은 후에 그들 상호간 또는 그들의 승계인 사이에 위 권리·법률관계와 관련하여 그와 동일하거나 유사·파생적 법률관계에 관한 쟁송이 다시 제기되는 경우 이는 주로 다음 세 가지 형태를 띤다.

첫째는, 전소의 원고가 패소한 후 전소와 동일한 청구를 하고, 전소에서 누락하고 주장하지 않았던 소송자료(공격방법)를 새로 주장하거나 전소에서 주장하였던 그것 대신에 새로운 소송자료를 제출하는 경우이다. 이때 소송자료란 주장과 증거다. 예컨대, 매매를 원인으로 한 소유권이전등기청구를 하였다가 패소한 원고가 다시 후소로써 소유권이전등기청구를 하고, 새로이 표현대리를 주장하거나 전소에서 주장하였던 민법 제125조의 표현대리 대신 민법 제126조의 표현대리나 새로운 증거방법을 제출하는 것이다.

둘째는, 전소의 피고가 패소한 후 전소의 결과를 뒤집기 위해 자신이 원고가 되어 후

---

164) 로마법은 실체법상의 권리가 소송법적으로 일체화된 이른바 소권(訴權, actio) 체제를 취하고 있었으므로 한번 소권을 행사하면 그 소권이 소멸하고, 따라서 당사자는 동일한 소권을 다시 행사할 수 없는 일사부재리, 즉 재소금지(再訴禁止) 효과가 발생한다. 이런 점에서 로마법상 기판력은 재소의 금지라는 소극적 측면에서 작용하였다.

소를 제기하고, 전소에서 주장하지 않았던 소송자료(공격방법)를 추가적 또는 교환적으로 주장·제출하는 경우이다. 예컨대, 매매로 인한 소유권이전등기청구의 전소에서 패소한 피고가 후소로써 그 등기의 말소청구를 하고 매매의 불성립이나 무효, 취소, 소유권이전등기청구권의 소멸 등을 주장하거나, 소비대차에 기한 금전지급청구에서 패소한 후 후소로써 채무부존재확인을 청구하고 소비대차의 불성립이나 무효, 취소, 변제, 소멸시효의 완성 등을 주장하거나, 같은 사유를 들어 청구이의의 소를 제기하는 것이다.

셋째는, 전소의 원고가 승소한 후 전소의 청구와 관련되거나 이로부터 파생한 청구의 소를 제기한 때에[165] 패소한 피고가 전소에서 이미 주장하였던 소송자료(공격방어방법)를 제출하거나 새로운 소송자료를 추가적 또는 교환적으로 주장·제출하는 경우이다. 예컨대, 전소에서 매매로 인한 소유권이전등기청구를 하였다가 승소한 원고가 후소로써 매매에 기한 인도청구를 하거나, 전소에서 소유권확인청구를 하여 승소한 원고가 후소로써 소유권에 기하여 피고 명의 등기의 말소를 청구한 때에, 패소한 피고가 매매의 불성립이나 무효, 취소, 소유권이전등기청구권의 소멸 등을 주장하거나 원고의 소유권을 부인하는 것이다.

4) 위 세 가지 형태 중 첫째의 경우는 전후 양소의 청구원인과 청구취지가 동일하여 기판력이 미치는 데에 큰 문제가 없다. 그러나 둘째와 셋째의 경우는 청구원인이나 청구취지가 달라 소송물이 다른 이상 후소에 직접적으로 기판력이 미칠 수 없으므로 전후 양소가 모순관계나 선결관계에 있는 경우에만 기판력이 미치게 된다.

2. 기판력의 인정 여부

1) 민사소송법은 기판력의 정의 규정이나 이를 인정한다는 직접적 규정을 두는 대신, 이를 인정하는 전제에서 그 객관적 범위($^{제216}_{조}$)와 주관적 범위($^{제218}_{조}$)에 관한 규정만을 두고 있다. 한편, 민사집행법은 기판력과 관련하여 청구이의의 소와 승계집행에 관한 여러 규정을 두고 있다. 우리 민사소송법상의 기판력 제도는 과거 일본법이 의용되었던 경험을 토대로 일본의 그것을 거의 그대로 모방한 것이다. 일본의 그것은 독일[166]과 프랑스[167]의 근대 민사소송법에서 유래한 것이다.

---

165) 채무자가 원고로서 채무부존재확인의 소를 제기하여 패소한 후 전소의 피고인 채권자가 후소로써 그 채무의 이행을 구하는 소를 제기한 경우도 이에 포함된다.

166) 1871년의 독일제국 탄생 이전인 1753년의 바이에른 재판소법(제11장 제11조)은 "재판이 당사자에 의해 승인되거나 상소에 의한 변경의 길이 없게 되면 완전한 확정력(rechtskraft)을 갖는다."고 규정하였다. 1781년의 오스트리아 보통재판소법(제258조), 프로이센 보통재판소법(제65조)은 "불복할 수 없는 판결은 법으로서의 효력(rechtskraft)을 갖는다."고 규정하였다.

167) 나폴레옹 민법으로 알려진 1804년의 프랑스 민법(제1351조)은 기제사건(旣濟事件)의 권위(L'Autorite' de la chose juge'e)라는 명칭으로, 확정재판을 통해 사실관계가 확정되면 그에 대하여 법규범적 효력을 부여하고 일정한 조건하에 후소를 구속하는 효력을 부여하였다. 현재는 "기판력은 판결의 대상이 된 것에 대해서만 미친다. 다만, 소송물이 동일하고, 청구가 동일한 원인에 기초하고 동일한 당사자 사이에서 동일한 자격으로 일방이 다른 일방에 대하여 제기된 것이어야 한다."고 규정하고 있다.

2) 따라서 우리 민사소송법상의 기판력 제도는 대륙법계에 속하고 독일, 일본의 법리에 크게 영향을 받아 발전해 왔다. 반면에 영미법계 국가는 기본적으로 불문법(不文法) 국가로서 민사소송법 역시 법원의 규칙 형태로서 제정·시행되고 있고, 기판력의 법리는 판례법의 형태로 존재하고 적용된다.[168]

3) 이와 같이 세계 각국이 모두 기판력 제도를 채택하고 있지만 그 법원(法源)은 물론 세부적인 내용에 있어서는 많은 차이를 보이고 있다. 대체로 영미법계의 그것이 대륙법계의 그것보다 폭넓게 인정되고 있는바, 우리 민사소송법상의 그것은 영미법계와는 특별한 관련성이 없다.

3. 기판력의 인정 근거와 본질

1) 기판력이 인정되는 실정법적 근거는 앞서 본 바와 같은바, 그것이 정당화되는 이론적 근거가 기판력의 본질 내지 기판력의 법적 성질이다. 우선 기판력의 본질 내지는 그 법적 성질에 관하여는 ① 실체법적 효력설, ② 소송법적 효력설, ③ 법규범적 효력설이 대립하고 있다.

2) ①설은 확정재판을 당사자간의 법률관계 변동의 새로운 요건으로 보아, 확정재판이 있으면 그 내용에 따른 실체법적 상태가 확정되고 그에 의한 권리·의무가 발생하는 것으로 이해한다. 이에 따르면, 추상적 법규와 가상의 권리·의무가 확정재판에 의하여 구체화·실재화되어 새로운 법률상태가 형성되고, 이것이 후소 법원에 대하여는 재판규범이 되며, 당사자에 대하여는 행위규범으로 작용하여 법원과 당사자를 구속하게 된다. 그러나 확정재판이 어떻게 해서 실체법상의 다른 법률요건과 같이 새로운 권리·의무의 발생요건이 되는지 실정법적·논리적 연원을 찾기 어렵고, 실체적 진실에 부합하지 않는 재판(誤判)의 경우에도 그에 따른 실체법관계가 새롭게 형성된다는 불합리를 면할 수 없다는 문제점이 있다.

3) ②설은 ①설과 달리 확정재판에 따른 실체법적 변동을 부정하는 대신 재판의 통일이라는 순소송법적 요청으로부터 후소 법원과 당사자를 구속하는 효력이 나올 뿐이라는 입장이다. 그 구속력의 효과에 따라 후소의 제기 자체를 금지하는 반복금지설과 전소의 판단과 모순되는 판단만을 금지하는 모순금지설로 나뉜다. 일본에서 주장되는 것으로서, 이전의 소송과정에서 당사자에게 주장과 증거 제출의 절차 보장이 이루어졌고, 이에 따라 당사자가 자신의 책임 하에 소송을 수행한 이상 그 재판 결과에 복종하여야 한다는 이른

---

168) 영국의 민사소송은 1998. 12.에 제정된 민사소송규칙(Civil Procedure Rule: CPR)에 의해, 미국(연방)의 민사소송은 1938년에 제정된 연방민사소송규칙(Federal Rules of Civil Procedure: FRCP)에 의해 규율되고 있다. 미국의 경우 일종의 재판지침서라고 할 수 있는 Restatement가 판사, 변호사, 교수 등으로 구성된 미국법률협회(American Law Institute)에 의해 분야별로 작성되는데, 1982년의 Restatement of Judgement에서는 기판력과 쟁점효 등에 관한 법리를 규정하고 있다.

바 절차보장설도 소송법적 효력설의 범주에 속한다고 하겠다. 그러나 절차보장설은 당사자가 아닌 후소 법원에 대한 구속력의 근거를 설명하기 어렵고, 개개의 구체적 소송과정에서 절차보장이 이루어지지 않은 경우에는 기판력을 부정하여야 한다는 것이 되어, 법률관계의 일률적 처리를 통한 법적 안정성과 확정재판의 실효성 확보 요청에 부합하지 않는다.

4) ③설은 법이 일반적으로 갖고 있는 속성인 구속력으로부터 기판력의 정당화 근거를 구한다. 즉, 재판은 국가가 선언하는 구체적인 법으로서 당연히 후소 법원과 당사자에 대하여 구속력을 갖는다고 본다. 이는 법적 안정성을 중시하는 입장이며, 판단효력설도 이에 속한다고 할 수 있다.

5) 재판 제도가 개개 당사자의 실체법적 권리·의무를 소송이라는 국가적 제도를 통하여 확인·선언함으로써 그 결과에 따라 당사자간의 법률관계를 강제적으로 실현하여 분쟁을 해결하는 것을 본질로 한다는 점에서, 이것이 갖는 실체적 성격과 절차적 성격이 융합된 ③설이 가장 설득력이 있다고 생각된다. 그러나 이러한 학설 대립은 실제적인 논의의 실익이 별로 없다.

4. 기판력의 효과

이에 관하여 우리 민사소송법은 아무런 규정을 두고 있지 않으므로 학설과 판례에 의한다.

가. 당사자에 대한 효과

1) 재판의 기판력은 당사자에게 그와 모순·저촉되는 소송 수행을 금지하는 효력이 있음은 당연하다. 다만 여기서 금지되는 소송행위의 범위가 문제되는바, 반복금지설은 모순금지설과 달리 후소의 제기 그 자체를 금지함으로써 구속력의 범위를 넓게 인정한다.

미국의 Restatement of Judgement(1982)는 Claim Preclusion 또는 Res Judicata라고 하여, 원고가 전소에서 승소한 경우 그 청구원인은 이에 모두 흡수되어 원고는 전소와 동일한 청구원인은 물론 전소에서 누락된 청구원인을 기초로도 다시 제소할 수 없고{§45(a): merger의 효과}, 원고가 전소에서 패소한 경우에도 원고는 전소의 청구와 기초를 같이 하는 청구원인에 의한 소송수행권이 저지되어 새로운 소를 제기할 수 없다{§45(b): bar의 효과}고 하여 후소 제기 자체를 금지한다.

2) 그러나 대륙법계에 속하는 우리와 일본의 판례는 모순금지설을 취하고 있다(대법원 1976. 12. 14. 선고 76다1488 판결). 다만, 우리 대법원은 모순금지설을 취하면서도 후소 원고가 전소에서 승소한 경우에는 소송요건의 하나인 소의 이익을 흠결한 것으로 보아 소멸시효 진행의 중단, 주문의 불

분명으로 인한 강제집행의 곤란 구제 등의 특별한 사정이 없는 한 소 각하의 입장을 취하는바(1998. 6. 12. 선고 98다1645 판결 등), 이는 확정된 재판의 실체적 확정력에 따른 것으로서 기판력의 법리와는 직접 관계가 없다.

3) 우리 판례와 같이 모순금지설을 취하면 패소한 당사자는 원·피고를 불문하고 새로운 소를 제기할 수 있되, 전소 확정판결과 모순·저촉되는 주장만을 할 수 없다. 이때 당사자의 모순된 주장은 그것이 본안전 주장이든 본안 주장이든, 청구원인적 주장이든 항변적 주장이든 부인적 주장이든 모두 차단된다(대법원 1995. 3. 24. 선고 94다46114 판결, 2001. 1. 16. 선고 2000다41349 판결 참조).**169)**

모순금지설은 언뜻 소송경제에 반하는 것으로 보인다. 그러나 많은 경우 소송 현장에서 기판력의 저촉 여부는 본안에 관한 심리를 거친 후에야 확연해지므로 모순금지설이 반드시 소송경제에 반한다고는 할 수 없다.

나. 후소 법원에 대한 효과

이 역시 기판력의 인정 필요성에 비추어 당연히 수긍된다. 다만, 후소 법원은 전소 확정판결의 판단 내용에 모순·저촉되어서는 아니 될 의무만을 부담하는 것이므로 그 결론만을 같이 하면 족하고,**170)** 이로부터 소 각하의 문제는 생기지 않는다.

다. 변론주의의 적용 여부

1) 기판력은 소송제도에 관한 것으로서 일률적·강행적으로 적용되어야 하므로 변론주의의 적용 대상이 될 수 없다. 따라서 법원은 이를 직권으로 조사하여야 하고(대법원 1994. 8. 12. 선고 93다52808 판결 등), 당사자는 그 효과를 배제, 확장, 부여하는 등으로 임의 처분할 수 없다. 다만, 당사자의 합의로써 확정판결의 실체적 권리관계에 관한 판단 결과와 달리 정하는 것은 소송물 자체를 처분하는 것으로서, 대세적 효력이 부여되는 법률관계가 아닌 한 본래의 당사자처분권의 연장선상에서 허용된다.

2) 기판력 있는 확정재판의 존재가 소송요건, 즉 소극적 소송요건에 해당하는지 여부에 관하여 반복금지설은 이를 긍정하고 모순금지설은 부인한다. 우리 판례는 모순금지설을 취하므로 이를 소송요건으로 보지 않으나, 원고 승소의 경우 다른 이유로 소송요건 흠결이 될 수 있음은 앞서 본 바와 같다.

3) 후소 법원이 기판력에 반하는 재판을 하였더라도 이를 재심사유로 규정하고 있는

---

169) 즉, 이미 판단되었거나 판단될 수 있었던 소송자료를 원고로서 청구원인의 주장으로 주장하든, 피고로서 항변이나 부인의 주장으로 주장하든 모두 기판력에 저촉된다.

170) 전소 확정판결과 모순·저촉되는 판단이 금지되므로 후소 법원은 실체관계에 대한 심리를 할 필요가 없지만, 심리를 하는 것이 위법은 아니며 경우에 따라서는 심리가 필요한 때도 있다. 그러나 심리를 하지 않은 경우에도 그 재판은 실체적 판단을 한 본안판결에 해당한다(대법원 1981. 6. 27. 선고 87다카2478 판결).

민사소송법($^{제451조 제1항 제}_{10호, 제461조}$)에 비추어, 재심판결에 의하여 취소되지 않는 한 당연 무효가 되는 것은 아니라 하겠다.

라. 강행법규와의 관계

전소 확정판결이 비록 강행법규(효력규정)에 위반된 경우라도 실체적 확정력과 기판력이 그대로 인정된다는 것이 대법원 판례이다($^{1962. 1. 31. 선고 4294민상755 판결, 1969. 3. 25. 선고}_{68다2024 판결, 1981. 9. 8. 선고 80다2442, 2443 판결 등}$).

이는 제소전 화해조서 등에도 적용된다($^{대법원 1992. 10. 27.}_{선고 92다19033 판결}$). 법적 안정성을 우선시키겠다는 것으로 이해되나, 이러한 경우는 재심사유에 해당하지 않으므로 대법원의 견해에 따르면 사회정의와 법질서가 침해되는 문제가 있다.

5. 기판력 있는 재판

1) 기판력은 확정된 재판이 갖는 실체적 확정력의 작용이므로 재판이 기판력을 갖기 위해서는 원칙적으로, ① 실체적 법률관계의 존부에 관한 판단을 담고 있어야 하고, ② 그 판단이 대외적 관계에서 법원 등 판단 주체 이외의 자에 대하여 구속력이 있어야 하며, ③ 정상적인 불복절차가 종결되어 더 이상 법원 등 판단 주체에 의한 변동 가능성이 없는 것이어야 한다.[171]

그리고 앞서 본 바와 같이 권리자와 의무자 내지 원·피고 쌍방의 변론과 공방을 통한 법원의 충분한 심리·판단이 이루어졌거나 당사자의 동의·승복이 있어야 하고, 입법정책상 법적 안정성을 우선하여야 할 공적 목적이 수긍되어야 한다. 이런 점에서 모든 재판이 다 기판력을 갖는 것은 아니다.

2) 확정된 종국판결은 기판력 있는 재판의 중심을 차지한다. 종국판결이면 변론을 거친 여부나 본소인지 반소인지 독립당사자참가인지, 일부판결인지 추가판결인지는 불문하나, 당연 무효인 판결은 대외적 구속력이 없으므로 제외된다. 외국판결도 민사소송법 제217조의 요건을 갖추면 국내 법원의 판결과 동일한 효력이 인정되고, 화해조서, 조정조서 등의 각종 조서, 중재판정도 포함된다. 결정·명령이라도 소송비용결정, 간접강제결정 등과 같이 실체적 법률관계를 종국적으로 해결하는 것이면 기판력이 인정된다.

3) 분쟁의 실체관계를 다루지 않은 소송판결에 대하여도 그 판결에서 확정한 소송요건의 흠결에 관하여 기판력이 발생한다며 기판력을 인정하는 것이 학설, 판례($^{대법원 1996. 11. 15.}_{선고 96다31406 판결}$)

---

171) 청구이의의 소에서 원고(채무자)의 청구를 인용하는 판결이 확정된 경우, 이는 집행권원이 가지는 집행력의 배제에 대해서만 확정력이 미치고 당해 집행권원의 원인이 된 실체법상의 권리·법률관계에는 확정력이 미치지 않으므로, 그 원인된 권리·법률관계에 대하여는 기판력이 미치지 않는다(대법원 2013. 5. 9. 선고 2012다108863 판결). 이는 청구이의의 소가 집행력의 존부만을 판단하는 것으로서 집행권원상의 표준시 이전의 법률관계를 그 소송물로 하지 않기 때문이다.

이나, 흠결된 소송요건을 보충하여 새로운 소를 제기할 수 있으므로 이를 인정할 실익은 별로 없다.

4) 기판력 있는 재판을 분류하면, 우선 실체관계에 관한 것과 소송요건에 관한 것, 법원에서 형성된 것과 법원 외에서 형성된 것, 심리·판단에 따른 것과 심리·판단에 의하지 않은 것으로 크게 나눌 수 있고, 법원의 심리·판단은 판결과 결정, 명령으로 나눌 수 있다.

▣ 기판력 있는 재판과 이에 준하는 것

심리·판단에 의한 것	판결	확정된 종국판결(이행·확인·형성 판결)
	결정, 명령	·실체법적 권리·법률관계를 종국적으로 판단한 것(소송비용에 관한 결정, 소송비용확정결정, 간접강제를 위한 배상금지급결정, 과태료결정 등) ·확정된 채권·손해배상청구권·파산채권 등의 조사확정결정(채무자 회생 및 파산에 관한 법률 제176조 제2항, 제354조, 제468조 제2항, 제607조)
	법원 외에서 형성된 것	·중재판정(중재법 제35조, 의료사고 피해구제 및 의료분쟁 조정 등에 관한 법률 제44조 제1항), 중재결정(언론중재 및 피해구제 등에 관한 법률 제25조 제1항) 등
심리·판단에 의하지 않은 것	법원에서 형성된 것	① 화해조서, ② 청구인낙·포기조서, ③ 조정조서(민사조정법 제29조), ④ 확정된 조정을 갈음하는 결정(민사조정법 제34조 제4항), ⑤ 확정된 회생채권자표, 회생담보권자표, 파산채권자표, 개인회생채권자표,(채무자회생 및 파산에 관한 법률 제168, 460조, 제603조 제3항)
	법원 외에서 형성된 것	·직권조정결정(언론중재 및 피해구제 등에 관한 법률 제23조 제3호, 의료사고 피해구제 및 의료분쟁 조정 등에 관한 법률 제36조 제4항) 등 ·중재절차상 화해(중재법 제31조 제3항), 조정절차상 합의(언론중재 및 피해구제 등에 관한 법률 제23조 제1, 2호), 합의된 조정조서(환경분쟁조정법 제33조 제2항, 의료사고 피해구제 및 의료분쟁 조정 등에 관한 법률 제37조 제4항) 등

▣ 기판력 없는 재판과 이에 준하는 것

① 확정된 지급명령(민사집행법 제58조 제3항), ② 확정된 이행권고결정(소액사건심판법 제5조의8 제3항), ③ 배상명령이 기재된 유죄의 형사판결이나 가정보호처분결정(소송촉진 등에 관한 특례법 제34조 제4항, 가정폭력범죄의 처벌 등에 관한 법률 제62조), ④ 가정법원의 심판, ⑤ 공증인의 집행증서(민사집행법 제59조 제3항), ⑥ 중간판결, ⑦ 가압류·가처분명령 등

제3 기판력의 적용 범위

기판력의 범위는 종래 시적 범위, 객관적 범위, 주관적 범위로 나뉘어 논해져 왔다. 이는 기판력 있는 재판의 판단 대상인 법률관계와 관련하여 ① 어느 때의 법률관계에(시적 범위), ② 어떠한 내용의 법률관계에(객관적 범위), ③ 어떤 사람 간의 법률관계에(주관적 범위) 기판력이 미치는지 그 각도를 달리 해 이해하기 위한 것으로서 적절한 분류 방법이다.[172]

1. 시적 범위

가. 의의와 표준시(기준시)

1) 재판의 대상이 되는 분쟁, 즉 법원이 개입하여 해결하고자 하는 그 법률관계는 과거에 발생한 것이라도 현재 상태의 것이 될 수밖에 없다. 분쟁이 현재하지 않는다면 공권력으로써 해결할 필요가 없기 때문이다.[173] 따라서 특별한 사정이 없는 한 과거의 법률관계나 장래의 법률관계에 대한 재판 청구는 소의 이익이 없어 허용되지 않는다.

그러나 법률관계라는 것은 고정적인 것이 아니고 시간의 흐름에 따라 변화하는 것이므로 언제나 동일한 모습을 가진다고 할 수 없고, 따라서 과거의 법률관계나 장래의 법률관계에 관한 분쟁이라도 현재 재판을 통하여 해결해야 할 특별한 사정이 있는 때에는 예외적으로 재판이 허용됨은 물론이다.[174]

2) 이와 같이 재판은 현재의 법률관계를 대상으로 하는 것이므로 그 재판의 확정으로써 발생하는 실체적 확정력 역시 재판 당시의 법률관계에 대하여 발생함이 당연하다. 그러나 현재의 법률관계에 대한 재판이라고 해도 그 심리에 다소의 시일이 소요되고, 심급을 달리하여 재판이 연속될 경우 더욱 그러하다. 그러므로 기판력이 미치는, 확정된 법률

---

172) 구체적인 사안에서 후소에 전소 확정재판의 기판력이 미치려면 시적, 객관적, 주관적 적용요건 모두에 해당하여야만 하고 그 중 어느 하나라도 해당하지 않는 경우에는 미치지 않는다. 따라서 여기서 기판력의 시적, 객관적, 주관적 범위로 나누어 기판력이 적용된다고 하는 것은 그 범위에서만 그렇다는 것이지 최종적으로 기판력의 적용이 있다는 의미는 아니다.

173) 원칙적으로, 과거의 법률관계에 대한 판단(재판)으로는 현재의 분쟁을 해결할 수 없고, 장래의 법률관계는 아직 현실화하지 않은 미래의 사실을 가정하는 것이어서 국가 공권력을 동원하거나 상대방에게 재판을 받을 부담을 과하는 것을 정당화하기 어려워 즉시 해결해야 할 분쟁이 될 수 없다.

174) 과거의 법률관계에 대한 확인의 소의 경우 대법원 1991. 6. 25. 선고 91다1134 판결, 2003. 9. 26. 선고 2001다64479 판결 등 참조. 장래의 법률관계에 대한 소의 경우 대법원 1987. 9. 22. 선고 86다카2151 판결, 1993. 11. 9. 선고 92다43128 판결, 2000. 8. 22. 선고 2000다25576 판결 등 참조. 다만, 과거의 법률관계에 기한 이행청구나 형성의 소, 장래의 법률관계에 대한 확인청구나 형성의 소는 그 성질상 상정하기 어렵다.

관계의 기준이 되는 시점, 즉 기판력의 표준시는 당해 재판을 통해 법률관계가 현실적인 판단의 대상으로 포섭될 수 있는 최종 시기가 될 수밖에 없는바, 변론을 여는 재판의 경우 변론종결시,[175] 변론을 열지 않는 경우 당해 재판의 선고·고지시[176]가 된다. 통설과 판례의 입장도 이와 같다. 민사소송법은 이에 관하여 명문의 규정을 두고 있지 않으나, 민사집행법은 이와 표리관계에 있는 청구이의의 소에 관하여 그 이의 사유가 변론종결시 또는 판결 선고 후에 생긴 것이어야 한다고 규정하여($^{제44조\ 제2항,\ 제58조}_{제3항,\ 제59조\ 제3항}$) 이를 뒷받침하고 있다.

3) 한편, 재판이 2심을 거쳐 확정이 될 경우 2심에서 항소·항고를 전부 기각하는 등으로 1심이 판단한 실체관계에 변동이 없는 때라도 2심 변론종결시 등이 표준시가 된다. 다만, 항소·항고가 각하된 경우에는 본안의 심리가 없었으므로 1심 변론종결시 등이 표준시가 된다.

4) 재심 사건에서, 재심 대상 판결의 변론종결 후에 생긴 사유를 이유로 재심청구를 기각한 경우에는 재심판결에서의 판단이 재판 결과에 영향을 미쳤으므로 재심판결의 변론종결시가 표준시가 된다($^{대법원\ 1993.\ 2.\ 12.\ 선고\ 92다25151\ 판결,}_{2003.\ 5.\ 13.\ 선고\ 2002다64148\ 판결\ 참조}$).

나. 효 과

(1) 모순·금지효의 작용 범위

1) 재판의 확정을 통하여 기판력이 미치는 특정 시점의 법률관계가 규정되면 기판력의 효과, 즉 모순·저촉되는 판단의 허부는 이러한 법률관계를 기준으로 정해진다. 뒤에서 보는 바와 같이 기판력의 효과는 확정된 전소의 법률관계가 후소의 대상이 된 법률관계와 동일한 때에 전형적으로 발생하는바, 전후 양소의 대상인 법률관계가 기준시점을 달리한다면 기판력의 모순·금지효가 발동될 여지가 없다. 예컨대, 대여금(원금)반환청구의 전소에서 원본채권의 부존재를 이유로 패소한 원고는 후소로써 전소의 변론종결시 이전에 원본채권이 존재하였음을 전제로 그 변론종결시 이전의 이자나 지연손해금을 청구할 수 있다. 원본채권의 부존재라는 실체적 확정력, 즉 기판력은 전소의 사실심 변론종결시의 법률관계인 원본채권이 존재하지 않는다는 것에만 미치고 그 이전의 법률관계에는 미치지 않기 때문이다.

2) 같은 이유로 기판력은 또한 표준시 이후의 법률관계에 대하여도 미치지 아니한다. 예컨대, 전소 사실심 변론종결 후의 변제, 채권포기, 채무면제, 소멸시효완성 등 표준시 이후에 당해 확정된 법률관계의 변동을 초래할 수 있는 사유가 생긴 경우 당사자는 별소

---

175) 우리 민사소송법제에서 법률심인 상고심에서는 사실조사 및 이를 전제로 한 청구의 확장, 변경이 허용되지 아니하므로, 결국 재판의 대상이 되는 법률관계는 사실심의 변론종결시에 확정된다.

176) 선고·고지 전에 재판서를 작성하는 경우에는 그때가 된다. 대법원도 화해조서에 관하여 그 조서 작성시를 표준시로 본다(대법원 1984. 8. 14. 선고 84다카207 판결).

(別訴)를 청구하거나 확정된 법률관계와 모순·배치되는 주장을 할 수 있고, 후소 법원도 독립한 판단을 할 수 있다. 민사집행법은, 확정된 재판이 이행판결이나 그와 같은 효력을 갖고 있는 것인 경우 표준시 이후의 법률관계 변동을 그 집행력의 복멸을 통해 해결하기 위한 수단으로서 청구이의의 소를 채용하고 있다(제44조).[177]

3) 한편, 임료 상당의 부당이득반환청구나 신체 상해에 따른 일실수입 손해배상청구, 부당해고에 따른 임금 지급청구 등에서 변론종결시 이후에 발생하는 이득, 손해, 임금의 지급을 명하는 것과 같이, 재판의 대상에 장래의 법률관계까지 명백히 포함되어 있는 장래이행청구의 소의 경우 장래의 법률관계에 대하여도 실체적 확정력이 발생하는 이상 당연히 기판력이 발생한다(대법원 1999. 3. 9. 선고 97다58194 판결, 2011. 10. 13. 선고 2009다102452 판결 참조).

다만, 이러한 장래이행청구의 소에서 다루는 장래의 법률관계는 어디까지나 변론종결시에 장래의 법률관계를 예상한 것에 기초하고 있어 불완전할 수밖에 없으므로 당사자들의 이해관계를 적절히 조절할 필요가 있다. 그리하여, 확정된 전소 판결에서 미래의 사정을 예상하여 정기적으로 일정한 급부를 명하였으나 표준시 이후 그 사정이 현저히 바뀌어 당사자 간의 형평을 크게 해할 특별한 사정이 생긴 때에는 민사소송법 제252조의 정기금변경청구의 소[178]로써 구제를 받을 수 있고(대법원 1993. 12. 21. 선고 92다46226 전원합의체판결,[179] 1999. 3. 9. 선고 97다58194 판결, 2009. 12. 24. 선고 2009다64215 판결, 2011. 10. 13. 선고 2009다102452 판결), 정기금 지급 방식

---

177) 그러나 확인의 소나 형성의 소는 그러한 예외가 없으므로 별소를 제기하여야 한다.

178) 이 규정은 독일 민사소송법 제323조 제1항과 종래의 대법원 판례를 반영하여 2002년 민사소송법 개정시에 도입된 것이다. 그러나 구체적인 내용이 미흡하여 판결의 방법(전소 판결을 취소·변경하는 형성판결에 의할 것인지 아니면 추가 지급을 명하는 이행판결 또는 감액을 위한 집행력 감축 방식의 청구이의의 판결에 의할 것인지)이나 그 인용의 기준시점(전소의 표준시 이후인지 후소의 제기시 이후인지 등) 등을 둘러싸고 논란의 여지가 많다.

179) 이는 민사소송법 제252조가 도입되기 이전의 것으로서 대법원의 판결 이유는 다음과 같다. "토지의 소유자가 토지를 법률상 원인 없이 점유하고 있는 자를 상대로 점유자가 토지를 인도할 때까지 계속적으로 발생할 일정한 비율에 의한 장래의 부당이득금의 반환을 청구하는 경우에는, 머지않은 장래에 토지가 인도될 것으로 예상하여 그때까지 변론종결 당시의 토지의 임료액을 기준으로 산정한 부당이득금의 지급을 청구하는 취지로 이해하는 것이 당사자의 합리적인 의사에 합치하는 것으로 보이는바, 점유자가 그 후에도 오랜 동안 토지를 인도하지 아니하여 변론종결 후에 위와 같이 변론종결 당시 예상하기 어려웠던 특별한 사정이 생김으로써 전소 판결에서 인용될 임료액이 적정한 임료액과 비교하여 상당하지 아니하게 되었을 경우에 대비하여 그 차액에 상당하는 부당이득금에 관하여까지 소유자가 전소에서 주장·입증하는 것은 불가능할 뿐만 아니라, '임대물에 대한 공과부담의 증감 기타 경제사정의 변동으로 인하여 약정한 차임이 상당하지 아니하게 된 때에는 당사자는 장래에 대한 차임의 증감을 청구할 수 있다'고 규정하고 있는 민법 제628조의 입법취지 등에 비추어보면, 전소 판결에서 인용된 임료액과 적정한 임료액의 차액에 상당하는 부당이득금은 전소에서 청구하지 아니한 취지라고 보는 것이 정의와 형평의 이념에 부합된다."
대법원은 이와 같이 전소에서 차액을 청구하지 않았다고 보아 추가청구의 근거를 일부청구의 법리에서 구하면서도, 전소에서 원고가 전소의 청구금액이 일부청구임을 명시하였는지 여부는 따질 필요가 없다고 하여 이 경우 뒤에서 볼 일부청구의 법리의 적용을 배제하고 있다(이 판결의 소수의견은, 전소에서의 청구를 일부청구로 볼 수 있는지 여부와 관계없이 기판력의 시적 범위의 이론에 의하여 전소 판결의 기판력은 사정변경으로 인하여 증액된 부분의 지급을 구하는 후소 청구에는 미치지 아니하는 것으로 보아야 한다는 의견을 제시하였는바, 어느 쪽이 논리적으로 타당한지는 뒤에서 살펴보기로 한다).

이 아닌 일시금 지급을 명한 경우에도 적정 금액과 전소에서 인용된 금액의 차액을 청구할 수 있어야 할 것이다.[180]

(2) 차단효

1) 확정된 재판으로부터 기판력이 발생하면 당해 확정된 법률관계와 모순된 판단이나 주장이 금지됨은 기판력의 본질이나 존재 의의상 당연한 것인바, 모순된 판단이나 주장은 일차적으로 당사자의 모순·배치되는 소송자료 제출에 기인한다. 그런 때문에 기판력이 발생한 법률관계에 대하여는 그와 모순되는, 즉 그와 모순되는 결과를 가져오는 소송자료의 제출을 차단·금지할 필요가 있는바, 이를 기판력의 차단효 또는 배제효라고 한다.

2) 그런데 확정된 법률관계에 모순·배치되는 결과를 초래하는 소송자료라도 그 모든 것이 차단되는 것은 아니다. 확정된 재판에서 실체적 확정력과 그에 따른 기판력이 발생하는 경우 그 법률관계는 확정된 재판의 소송목적에 관한 것이므로, 후소가 전소의 소송목적과 동일한 때에만 차단효가 작용하여 그 소송목적과 관련한 소송자료의 제출이 차단된다.

소송자료란 통상 변론절차를 중심으로 하는 재판절차에서 판단의 대상으로 제출되는 주장과 이를 뒷받침하는 증거를 말한다. 청구는 재판의 대상을 결정하는 것인바, 확정된 전소의 청구와 다른 청구는 재판의 대상(재판의 주제)이 달라 기판력이 미치지 않으므로 후소의 청구가 전소의 청구와 다른 경우 전소의 청구에 관한 소송자료라도 차단효에 의해 배제되지 않는다. 예컨대, 전소에서 매매를 청구원인으로 삼아 물건의 인도청구를 하였다가 원고 패소 판결이 확정된 후에 원고가 같은 피고를 상대로 전소 변론종결 전의 증여를 청구원인으로 삼아 동일한 물건의 인도청구를 한 경우, 전후 양 재판의 대상인 청구원인을 달리하므로 후소에서 증여에 관련한 주장이나 증거자료의 제출은 그것이 비록 매매에 관련한 것이라도 후소에서의 제출이 차단되지 않는다. 또, 원인무효를 이유로 소유권보존등기의 말소청구를 하였다가 패소한 후 표준시 이전에 취득시효가 완성되었음을

한편, 전소 사실심 변론종결 이후 전소에서 예견할 수 없었던 후유증이 발생하여 그에 따른 추가 손해배상청구가 있는 경우에는 새로운 손해가 발생한 것으로 보아 전후 양소의 소송물이 다른 것으로 취급하는 것이 판례인바(대법원 1980. 11. 25. 선고 80다1671 판결, 1986. 12. 23. 선고 86다카536 판결, 2002. 2. 22. 선고 2001다71446 판결 등), 이에 대해서는 뒤의 차단효, 소송물의 동일성, 일부 청구를 논하면서 살펴보기로 한다.

180) 다만 대법원은, 전소의 사실심 변론종결 이후 전소에서 예견 또는 기대할 수 없을 정도로 사정이 변동되어 기판력을 배제하여서라도 이를 시정하지 않으면 당사자 사이의 형평을 크게 해하게 되는 등 공평의 관념에 반한다는 사회적 평가가 내려질 정도에 이를 만한 특별한 사정이 있는 경우에만 기판력을 배제할 수 있다고 이를 제한하고 있다(1999. 3. 9. 선고 97다58194 판결, 2011. 10. 13. 선고 2009다102452 판결 등).
반면에 대법원은, 피해자가 기대여명에 따른 장래 손해를 일시금으로 지급받았는데, 전소 확정 후 피해자가 기대여명보다 일찍 사망한 경우에 그 차액에 대한 부당이득반환청구를 특별한 이유의 설시 없이 기판력에 저촉되어 허용되지 않는다고 판시하였다(2009. 11. 12. 선고 2009다56665 판결).

이유로 소유권이전등기를 구하는 후소를 제기하더라도 전소의 소송자료 제출이 차단되지 않는다(대법원 1995. 12. 8. 선고 94다39628 판결, 1997. 11. 14. 선고 97다32239 판결). 따라서 후소에서 차단효가 발생하려면 우선 후소의 청구가 확정된 전소 재판의 청구와 동일하여야 한다.[181] 즉, 전후 양소의 청구취지와 청구원인이 동일하여야 한다.

이와 같이 차단효에 의하여 표준시 이전의 소송자료 제출을 금지하는 이유는, 확정된 법률관계에 영향을 미칠 수 있는 것으로서 표준시 이전에 소송에 제출할 수 있었던 것을 후소에서 다시 제출케 하여 심리를 하는 것은 무용한 낭비이기 때문이다.

3) 당사자가 소송자료로 제출하는 주장이 실체법상의 일정한 법률요건을 충족하는 경우 그로부터 일정한 법률효과가 발생하는데 그 효과를 크게 나누면, ① 권리 발생, ② 권리 발생의 저지, ③ 권리 행사의 저지, ④ 권리 소멸로 나눌 수 있다. 위에서 예로 든 매매에 기한 소유권이전등기청구권을 전소 확정 재판의 대상(청구원인)으로 가정하면, ①은 청구원인을 이루는 법률요건의 일부(재산권이전의 의사표시 또는 대가지급의 의사표시), 위 법률요건을 보충하는 간접사실(매매의 장소, 계약서의 유무 등), 청구원인의 효력 발생과 관련한 수단적·보조적 법률요건(제한능력자에 대한 법정대리인의 동의나 추인, 대리권의 수여, 표현대리, 정지조건의 성취 등)이 이에 해당한다.

②는 매매당사자 일방이나 쌍방의 의사무능력, 사회질서위반, 통정허위표시, 사기·강박·착오 등을 이유로 한 취소, 법정해제나 약정해제 등의 주장으로 매매의 효력 발생을 저지하는 것이고, ③은 이행기의 미도래, 선이행이나 동시이행의 항변 등의 주장으로 매매에 기한 소유권이전등기청구권 행사를 저지하는 것이며, ④는 소멸시효의 완성, 해지, 종기의 도래, 권리의 포기, 의무의 면제, 변제, 이행불능 등의 주장으로 매매 효력의 사후적 소멸을 주장하는 것이다.

4) 여기서 ①의 권리 발생 요건은 대체로 앞서 본 청구의 요소를 이루므로, 차단효에 의해 배제되는 권리 발생 주장은 확정된 전소의 청구가 기초로 하고 있는 권리 발생 요건과 겹치거나 그에 포섭되는 주장이라고 할 수 있다.[182] 예컨대, 전소의 청구가 점유취득시효완성에 기한 소유권이전등기청구인 경우에 동일 원고가 동일 피고를 상대로 동일한 부동산에 대하여 후소로 다시 점유취득시효완성에 기한 소유권이전등기청구를 하면서, 전소에서 주장하였던 점유의 기산점과 다른 점유 기산점을 주장하거나,[183] 전소에서 인정

---

181) 전후 양소의 청구가 다르더라도 뒤에서 보는 모순·선결관계가 있는 때에는 기판력이 발생하는바, 이 경우 엄격히 말하면 전후 양소의 청구가 달라 차단효가 작용하지 않으나 기판력의 작용으로 결과적으로는 차단효가 미치는 것이나 다름이 없는 결과가 된다. 즉, 차단효가 미치지 않아 전소의 청구와 관련된 소송자료를 후소에서도 제출할 수 있으나 당사자는 그에 따른 이익을 얻을 수 없게 된다.

182) 겹친다는 것은, 전후 양소의 청구권이 동일하고 후소에서 제출된 소송자료가 청구권의 발생 요건에 관한 것으로서 전소의 청구권 발생 요건사실과 동일하다는 의미이고, 포섭된다는 것은, 전후 양소의 청구권이 동일하고 후소에서 제출된 소송자료가 청구권의 발생 요건을 뒷받침하는 수단적·보조적 지위에 있는 공격방어방법으로서 청구권의 발생 요건에 포섭된다는 의미이다.

되지 않은 '소유의 의사'에 관하여 이를 인정할 수 있는 다른 간접사실을 제출하여 소유의 의사가 있다고 주장하는 것은, 점유취득시효완성에 따른 소유권이전등기청구권 발생이라는 청구의 요건에 있어 전후 양소가 동일하고, 후소에서 제출한 위와 같은 주장은 전소 청구가 기초로 하고 있는 권리 발생 요건과 겹치거나(소유의 의사) 그에 포섭되는(점유 기산점) 관계에 있으므로 차단효에 걸리게 된다. 또, 동일한 교통사고(불법행위)를 원인으로 척추에 손상을 입었음을 원인으로 손해배상청구를 하였다가 척추 손상이 없다는 이유로 패소 확정된 후 후소에서, 표준시 이전 이미 척추 손상이 있었다며 새로운 신체감정 자료를 제출하는 경우에도, 전후 양소의 청구원인이 동일한 교통사고(불법행위)로서 같고, 손해의 발생은 그 청구원인(불법행위에 기한 손해배상청구권)의 한 요건으로서 전소의 그것과 겹치며, 새로 제출한 증거자료는 공격방어방법으로서 전소의 청구원인에 포섭되는 관계에 있으므로 차단효가 미친다.

반면에, 전후 양소의 청구원인이 모두 동일 부동산의 매매에 기한 소유권이전청구라도 전후 양소에서 각각 주장하는 매매의 동일성을 달리 할 정도로 그 시점, 매매대금, 소유권의 이전시기 등이 다른 경우, 또는 취득시효완성에 있어 점유의 주체와 시효완성의 시기, 그 완성의 효과 귀속자를 달리하는 등으로 전소의 그것과 동일성이 없는 경우(대법원 1994. 2. 8. 선고 93다41303 판결 참조)에는 청구원인 자체, 즉 재판의 대상이 달라지므로 차단효가 미치지 않게 된다.[184] 따라서 당사자의 주장 가운데 차단효가 전면적으로 적용되는 것은 위의 ②, ③, ④로서, 이러한 것들은 권리의무의 발생 요건인 청구원인과는 다른 것으로서 통상 공격방어방법이라고 하는 것이다.[185]

결론적으로 차단효를 정리하면, 기판력 있는 재판에서 확정된 법률관계에 대하여 모순·배치되는 결과를 초래하는 공격방어방법으로서 표준시 이전에 존재하였던 것은 후소에서 제출할 수 없다는 법리로 규정할 수 있다. 물론, 여기서 제출할 수 없다는 뜻은 물리적으로 제출이 불가능하다거나 법원이 그러한 제출을 일률적으로 각하한다는 것이 아니라 이를 판단의 자료로 삼을 수 없다는 뜻이다. 대법원 역시 이러한 견지에서 "…기판력은 그 소송의 변론종결 전에 있어서 주장할 수 있었던 모든 공격 및 방어방법에 미치는 것이므

---

183) 주지하는 바와 같이 대법원은 점유취득시효완성에 있어 점유의 기산점을 취득시효의 요건사실이 아닌 간접사실로 보아 변론주의의 적용을 배제하고, 법원이 당사자의 주장에 불구하고 증거조사를 통해 이를 결정하여야 한다고 하고 있으므로(1993. 10. 26. 선고 93다7358, 7365 판결, 2007. 2. 8. 선고 2006다28065 판결), 당사자가 전소에서 주장했던 것과 다른 점유 기산점을 주장하는 것은 법원에 대하여 주의를 환기하는 효력밖에 없음에 주의하여야 한다.

184) 청구이의의 소에 있어 이의의 사유는 동시에 주장하여야 하는바(민사집행법 제44조 제3항), 전소 확정 후 새로운 이의 사유를 주장하면 기판력에 의해 차단된다(법원실무제요 민사집행Ⅰ, 279면 참조). 채무의 면제·포기, 변제, 소멸시효 완성 등 이의 사유가 다르더라도 집행권원에 표시된 집행채권이 소멸하는 효과는 동일하고, 각 이의 사유마다 이의권을 부여하는 실체법규도 없어 청구원인이 달라지지 않기 때문에 각 이의 사유는 공격방어방법에 불과하여 차단효가 미치게 된다.

185) 자세한 내용은 뒤에서 따로 논한다.

로 … "라고 판시하고 있다(1980. 5. 13. 선고 / 80다473 판결).

5) 차단효와 관련하여서는 몇 가지 논점이 있다. 첫째, 차단효에 의해 제출이 금지되는 공격방어방법은 기판력의 표준시 '이전에 존재하여' 제출할 수 있었던 것이어야 한다. 따라서 기판력의 표준시 이후에 발생한 공격방어방법은 후소에서 차단되지 않는다. 예컨대 표준시 이후에 정지조건이 성취되거나(대법원 2003. 5. 10. 선고 / 2000다50909 판결) 이행기가 도래한 경우, 이행불능이었던 채무가 이행 가능한 상태가 된 경우(대법원 1995. 9. 29. / 선고 94다46817 판결), 손해배상청구권의 요건의 하나인 손해가 표준시 이후에 발생한 경우(대법원 1991. 11. 12. / 선고 91다27723 판결), 법률행위의 특별효력요건인 행정관청의 인가가 표준시 이후에 있은 경우(대법원 1963. 9. 12. 선고 63다359 판결, 1967. 2. 21. 선고 65다 / 1603 판결, 2009. 3. 26. 선고 2007다88828, 88835 판결 참조) 이러한 사유로 전소에서 패소한 원고는 다시 동일한 청구를 할 수 있고, 표준시 이후에 소멸시효가 완성되거나 변제, 권리의 포기 등이 있었던 경우 피고는 전소 판결과 모순되는 주장을 할 수 있다. 이는, 표준시 전에는 존재하지 아니하여 제출할 수 없었던 공격방어방법에까지 차단효를 미치게 하면 당사자에게 가혹할 뿐 아니라, 표준시를 기준으로 그때의 법률관계를 확정짓는 것을 본령으로 하는 재판의 원리상 표준시 이후의 법률관계가 그 이전의 법률관계에 의해 구속될 이유가 없기 때문이다. 그러나 표준시 이후에 발생한 공격방어방법으로서의 새로운 사유는 법률효과의 변동을 가져오는 사실에 관련한 것이어야 하고, 단순한 법률이나 판례의 변경, 판결의 기초가 된 행정처분의 변경은 이에 포함되지 아니한다(대법원 1998. 7. 10. 선고 / 98다7001 판결 참조).186)

6) 둘째, 표준시 전에 '제출할 수 있었던 것'과 관련하여 당사자에게 그 부제출에 관하여 고의·과실이 없었던 경우에도 차단효가 미치는지 여부다. 통설과 판례(대법원 1980. 5. 13. 선고 80다 / 473 판결, 1988. 9. 27. 선고 88 / 다3116 판결, 2000. 5. 12. 선고 2000다5978 판결, 일본 최고재판소 1980. 10. / 23. 선고 소화 55년才589 판결, 1982. 3. 30. 선고 소화 54년才110 판결 참조)는 법률관계의 안정에 중점을 두어, 고의·과실의 유무를 따지지 않고 사실심 변론종결일 전에 제출할 수 없었던 특단의 사정이 없는 한 차단효를 인정한다. 이에 대하여 최근, 전소에서 제출에 대한 기대 가능성이 없었던 경우 차단효를 부정해야 한다는 이른바 기대가능성이론이 제기되고 있다. 이를 쉽게 인정하면 소송법에도 실체법상의 의사표시의 하자 문제가 개입되어 법률관계의 불안정을 초래할 수 있고, 또 개개의 사안에 따라 결과가 다르게 되어 소송당사자나 제3자가 일률적인 기

---

186) 다만, 행정처분의 변경과 관련하여 대법원은 약간의 혼선을 보였다. 사안은, 귀속재산 매각처분에 따라 국가가 매수인에게 소유권이전등기를 마쳐준 후 매각처분을 취소하고 매수인 명의의 소유권이전등기 말소청구를 하여 국가 승소판결이 확정된 데에 이어 매수인이 제기한 매각처분취소처분의 취소판결이 확정된 경우이다. 이에 관하여 대법원은 1979. 4. 24. 선고 79다292 판결 및 1979. 5. 15. 선고 79다420 판결은 민사소송법 제451조 제8호에 따라 재심으로써 다투어야 하고 매수인이 당초의 매각처분을 청구원인으로 국가를 상대로 소유권이전등기청구를 하는 것은 기판력에 반한다고 판시하였으나, 1979. 3. 27. 선고 78다2287, 2288 판결에서는 행정처분의 취소가 전소의 표준시 이후에 발생한 것이므로 기판력에 반하지 않는다고 판시하였다. 그러나 위 78다2287 판결의 견해는 그 뒤에 나온 2건의 판결과 1981. 2. 10. 선고 80다738, 739 판결의 견해에 비추어 사실상 폐기된 것으로 해석된다. 그러므로 이런 경우 재심에 의하여야 하고 후소를 제기하면 기판력에 저촉된다(다만, 모순관계에 의해 기판력의 저촉이 일어난다고 할 것이다).

대나 전망을 갖기 어려운 문제가 있다. 따라서 법률상 이를 제출할 수 없었던 사유가 있었던 경우와 같이 예외 사유를 제한적으로 볼 것이고, 당사자의 주관적 사정은 고려할 바 못된다고 할 것이다.

따라서 표준시 이전에 존재하였던 소송자료이면 당사자가 그 존재를 알았든 몰랐든, 또 그와 같이 모르거나 제출하지 않은 데에 과실이 있든 없든 관계없이 차단효가 발생한다.

7) 셋째, 형성권의 행사에 대하여도 차단효가 적용되는지 여부이다. 취소권, 해제권, 해지권, 상계권, 지상물매수청구권 등과 같은 형성권은 권리자의 일방적 의사표시에 의하여 법률관계의 변동을 초래하므로, 표준시 이전에 존재하여 행사할 수 있었던 형성권을 표준시 이후에 행사하지 못하게 할 경우 형성권이 갖고 있는 자족성(自足性)이 침해될 수 있다는 문제가 있다.

그러나 표준시 이후에 이를 무제한적으로 허용할 경우 당사자의 신뢰에 반하고 법률관계의 안정을 해하는 부작용이 있다. 이런 양면성을 고려하여 학설은 구체적인 경우를 나누어, 지상물매수청구권이나 상계권, 명의신탁해지권 등과 같이 당해 형성권이 소송물 자체에 부착된 것이 아니거나 소급효가 없어 그 행사를 허용하더라도 상대방의 신뢰를 해하거나 상대방에게 과도한 손해를 가하지 않는 경우에만 이를 허용하여야 한다는 절충적 견해가 통설이다.

대법원도 이와 같은 입장인바, 지상물매수청구권의 경우(1995. 12. 26. 선고 95다42195 판결), 상계권의 경우(1966. 6. 28. 선고 66다780 판결), 명의신탁해지의 경우(1978. 3. 28. 선고 77다2311 판결)는 차단효를 부정하나, 백지어음의 보충권 행사의 경우(2008. 11. 27. 선고 2008다59230 판결), 취소권이나 해제권의 경우(2002. 5. 10. 선고 2000다50909 판결)는 차단효를 긍정한다.

여기서 해제권의 행사와 관련하여 차단효가 미친다고 할 때 주의할 것은, 전후 양소의 소송물이 동일하고 해제권의 행사가 청구원인으로 작용하는 것이 아니라 공격방어방법으로서 권리 발생의 보조사유 또는 권리 발생 장애사유로 작용할 때에만 그렇다는 것이다. 따라서 기망, 착오, 강박 등을 이유로 계약을 취소하고 그 계약에 기해 등기가 원인무효라며 물권적 방해배제청구권을 행사하여 말소등기청구를 하여 패소판결이 확정된 후 그 패소한 원고가 다시 채무불이행을 이유로 위 계약을 해제하고(해제 사유는 이미 표준시 이전에 존재) 그 원상회복청구권을 행사하여 말소등기청구의 소를 제기한 경우 전후 양소의 청구원인과 청구취지가 다르고, 해제가 방어방법으로 작용한 것이 아니라 청구원인으로 작용하였으므로 차단효가 미치지 않는다(대법원 1993. 9. 14. 선고 92다1353 판결).

그런데 대법원은, 甲이 乙을 상대로 매매를 원인으로 한 소유권이전등기청구를 하여 승소 확정한 후 乙이 甲의 채무불이행을 이유로 매매계약을 해제하고 甲의 소유권이전등기가 원인무효의 등기라며 소유권에 기한 방해배제청구권을 청구원인으로 하여(乙은 해제에 기한 원상회복청구권을 청구원인으로 주장하지 않은 듯하다.) 후소로써 甲의 등기의 말소등기청구를 한 사안에서, 위 해제 사유가 전소의 변론종결 전에 주장할 수 있었던 이상 그 변론종결 후에 해제를 하였더라도 전소의 기판력은 후소와 동일한 내용의 전소의 모든 공격방어방법에 미치므로 후소는 기판력에 저촉된다고 판시하였다(1981. 7. 7. 선고 80다2751 판결).

그러나 전소의 청구원인과 청구취지는 매매에 기한 소유권이전등기청구권과 그 이전등기청구이고 후소의 그것은 소유권에 기한 방해배제청구권과 말소등기청구이므로 청구원인과 청구취지가 모두 달라 양소의 소송물이 다르고, 해제권 행사가 甲의 청구에 대한 단순한 방어방법으로서 작용한 것이 아니므로 해제 주장은 차단효에 걸리지 않는다고 할 것이다. 이는 후소에서 乙이 말소등기의 청구원인을 해제에 따른 원상회복청구권으로 주장하였더라도 마찬가지다.

다만 이 경우, 전소의 확정판결로써 甲의 乙에 대한 매매에 기한 소유권이전등기청구권의 존재에 대해 실체적 확정력이 발생하였는데 후소의 소송물은 乙의 甲에 대한 甲 명의 등기의 말소등기청구권으로서 모순·저촉되고(乙의 후소 청구가 인용되면 전소의 확정판결은 무의미하게 된다.), 乙의 말소등기청구권은 물권적 방해배제청구권 또는 해제에 기한 원상회복청구권으로서, 해제는 위 매매를 소급적으로 무효로 돌리는 것이기 때문에 사실상 매매의 유효한 존재와 그 매매의 해제에 따른 소급적 무효는 논리적으로 동시에 존재할 수 없으므로, 양소는 모순관계에 해당하여 결국 전소의 기판력이 후소에 미친다고 할 것이다.

또, 甲이 乙을 상대로 매매를 원인으로 한 소유권이전등기청구를 하여 승소 확정한 후 다시 乙을 상대로 후소로써 매매에 기한 인도청구를 하였는데 乙이 후소에서 해제를 항변으로 주장한 경우, 전후 양소의 청구원인은 매매로서 동일하나 그 청구취지가 달라 소송물이 다르므로 乙의 해제항변에 대하여 차단효가 미치지 아니하고, 전후 양소의 소송물이 모순관계에 있지도 않으므로 전소의 기판력은 후소에 미치지 않는다(대법원 1978. 10. 10. 선고 78다1534 판결, 1983. 9. 27. 선고 82다170 판결 참조).

반대로, 甲이 乙을 상대로 소유권에 기한 반환청구권을 청구원인으로 하여 토지 인도를 청구하였으나 乙이 증여를 항변으로 주장하여 甲의 패소판결이 확정한 후 甲이 비로소 위 증여가 서면에 의하지 아니한 증여라며 해제권을 행사하고 다시 乙을 상대로 후소로써 토지 인도청구를 한 경우, 후소에서의 甲의 청구원인이 소유권에 기한 반환청구권이라면 전후 양소의 청구원인과 청구취지가 모두 같아 소송물이 동일하고, 후소에서의 해제권 행사는 실질상 乙의 증여항변에 대한 재항변으로서 공격방어방법에 불과하고 그로 인해 새로운 청구원인을 발생시킨 것이 아니므로, 甲의 해제 사유가 표준시 이후에 발생한 것이 아닌 이상(서면에 의하지 아니한 증여는 표준시 이후에 발생할 수가 없으나, 민법 제556조의 망은행위와 민법 제557조의 증여자의 재산상태 변경은 표준시 이후에 발생할 수 있다.) 甲

의 해제권 행사는 차단효에 걸리고 결국 전소의 기판력은 후소에 미친다고 할 것이다.[187] 이에 대하여 대법원은 해제의 사유가 표준시 이전에 존재한 이상 차단효에 걸린다는 이유만 설시하고 기판력이 미친다고 판단하였는바($\substack{1979.~8.~14.~선고\\79다1105~판결}$), 그 결론에 있어서는 정당하다.

甲이 乙을 상대로 매매계약의 무효·취소를 이유로 부당이득반환청구권에 기하여 매매대금의 반환을 청구하였으나 甲의 패소판결이 확정한 후, 甲이 표준시 이전 존재하였던 해제 사유인 乙의 채무 이행불능을 이유로 매매의 해제권을 행사하고 다시 후소로써 乙을 상대로 매매대금의 반환을 청구한 경우에 관하여 대법원은, 해제에 따른 원상회복은 부당이득의 특별규정의 성격을 가지고 있고 부당이득반환청구에 있어 법률상 원인 없는 사유를 계약의 불성립, 무효, 취소, 해제 등으로 주장하는 것은 공격방법에 지나지 않는다며, 甲의 해제권 행사에 대하여 차단효를 긍정하고 전소의 기판력이 후소에 미친다고 판단하였다($\substack{2000.~5.~12.~선고~2000다5978~판결.\\2007.~7.~13.~선고~2006다81141~판결}$).

이는 민법 제548조의 원상회복청구권과 민법 제741조 이하의 부당이득반환청구권의 관계를 어떻게 보느냐에 따라 결론이 달라질 수 있다. 양자를 동일한 성질의 것으로 보아 양자의 관계를 법조경합관계로 이해하면 하나의 청구원인인 광의의 부당이득반환청구권만이 성립하고 해제는 그 공격방어방법에 지나지 않게 된다.

이 문제를 정면으로 논의하는 견해는 없으나, 저자의 <민사소송법> 교과서의 <청구권경합과 법조경합>에서 본 바와 같이 양자는 동일한 성질의 것으로서 양자가 상호 병존하는 경우 하나의 청구원인(광의의 부당이득반환청구권)만이 성립하고 양자가 따로 각기 독립한 청구권을 발생케 하지는 않는다고 이해된다. 따라서 계약의 불성립, 무효, 취소, 해제에 따른 부당이득반환청구권이나 원상회복청구권은 물권적 청구권이나 계약상의 청구권 등 다른 청구권과의 관계에서는 각각 독립한 별개의 청구원인이 되나, 양자 상호간에는 독립·별개의 청구원인을 구성하지 않아 어느 쪽을 전소에서 먼저 주장하였든 관계 없이 후소에서의 취소 또는 해제 주장에 대하여 차단효가 미치고 결국 후소에 기판력이 미친다고 할 것이다.

---

187) 만약 이 경우 乙이 후소의 청구원인으로 해제에 기한 원상회복청구권을 주장하였다면 전후 양소의 청구원인이 다른 것으로 보아야 하는 것일까? 전소의 소유권에 기한 반환청구권과 후소의 해제에 따른 원상회복청구권은 그 청구원인을 달리하여 해제에 대하여 차단효가 미치지 않는다고 할 것이다 (대법원은 해제에 따른 원상회복청구권의 본질을 부당이득반환청구권으로 보고 있으나 그 법리가 이러한 결론은 방해하는 것은 아니다).
그러나 이 경우에도 전소에서 확정된 법률관계는 甲의 乙에 대한 토지 인도청구권의 부존재임에 반해 후소의 청구는 甲의 乙에 대한 토지 인도청구권의 존재로서 전후 양소의 소송물이 모순·저촉되고, 전소에서 판단된 증여계약의 존재와 후소에서의 증여계약의 해제에 따른 소급적 무효는 논리적으로 양립할 수 없으며, 甲이 후소에서 해제 이외에 다른 청구원인을 내세운 바도 없으므로 전후 양소는 모순관계에 해당하여 기판력이 미친다고 할 것이다. 다만, 이 경우에도 그 해제 사유가 표준시 이후에 발생한 것인 때는 증여계약과 그 해제가 양립할 수 있으므로 모순관계에 해당하지 않는다.

2. 객관적 범위

전소의 확정판결의 효력에 의하여 후소에 기판력을 긍정하려면 원칙적으로 전후 양소의 소송목적, 즉 청구가 동일하여야 한다. 이는 곧 양소 사이에 객관적 동일성이 인정되어야 한다는 의미이다.

가. 실체적 확정력의 범위

기판력은 확정된 재판을 통하여 법률관계의 실체적 내용이 확정된 때에 그에 따른 법률관계를 유지·존중하자는 데에 근본 취지가 있으므로, 결국 기판력의 객관적 범위는 실체적 확정력의 범위와 동일하고 그에 의해 결정된다.

(1) 소송물(소송의 목적)

1) 확정재판을 통하여 어떠한 내용의 법률관계가 확정되는가는 1차적으로 당해 재판의 대상, 즉 소송의 목적이 무엇인가에 달려 있다. 당사자주의가 적용되는 민사소송에서 재판의 대상은 원칙적으로 원고의 청구에 의하여 정해지므로 소송의 목적은 청구로 표현할 수도 있다. 우리 법은 이에 관하여 소송목적, 소송목적이 되는 권리·의무, 청구, 소송물이라는 용어를 혼용하고 있다.[188]

2) 소송물을 어떻게 이해하는가에 따라 그 의미 범위가 달라지게 되는 것은 당연하다. 보는 각도에 따라 광협에 차이가 나기 때문이다. 소송물의 의미를 포착하는 것은 재판의 대상을 정하고 재판의 확정에 따른 실체적 확정력의 범위를 정하는 중요한 문제이다. 따라서 이에 관하여는 소송제도에 대한 법철학적 가치관이 어느 영역보다 강하게 작용한다. 종래의 소송물론은 ① 구소송물이론(구실체법설), ② 신소송물이론(소송법설), ③ 절충설로 나눠볼 수 있다.

3) ①설은 일정한 법률효과를 규정하고 있는 실체법상의 구체적인 개개의 권리 또는 법률관계를 재판의 대상인 소송물로 본다. 경제적으로 같은 법률효과를 가져 오는 경우라도 그 권원이 각각의 실체법상의 요건을 달리하는 것이면 각각 다른 소송물이 된다. 예컨대, 타인의 물건을 권원 없이 점유·사용하여 이익을 얻고 소유자에게 손해를 가한 경우 민법상 부당이득과 불법행위가 모두 성립하고, 이로부터 물건의 소유자는 각각 부당이득반환청구권과 손해배상청구권을 취득하는데 양 청구권은 경합하고 별개의 소송물을 구성한다. ①설에 의하면, 하나의 사회적 사실관계에 기초하여 여러 개의 소송물이 발생할 수 있어 개개 소송물의 양적 범위가 매우 좁아지는 반면 권리자는 폭넓은 구제의 기회를 갖

---

188) 민사소송법 제25조, 제65조, 제81조, 제82조, 제253조, 제262조, 민사집행법 제48조 제2항 참조.

게 된다.

민법이나 상법 등 실체법은 일정한 법률요건이 있으면 그에 따라 일정한 법률효과로서 권리와 의무가 발생하는 것으로 규정하고 있는바, 이러한 개개의 법규정에 대한 해석을 통하여 구체적인 권리나 법률관계를 도출하여 소송물을 규명할 수 있다. 그러나 구체적인 경우에 실체법 규정으로부터 권리를 도출해 내는 것이 쉽지 않은 경우도 있다. 불법행위에 의해 생명이나 신체 손상이 있는 경우 발생하는 재산상 손해배상청구권과 정신적 손해배상청구권을 별개의 청구권으로 볼 것인지, 또 이에 더하여 재산상 손해배상청구권을 세분하여 적극적 재산손해, 소극적 재산손해별로 별개의 손해배상청구권이 발생하는 것으로 볼 것인지 여부가 민법 제750조 내지 제752조의 규정 자체로는 분명하지 않다. 또, 민법 제840조는 재판상 이혼의 원인을 여럿으로 나누어 규정하고 있는바, 개개의 사유가 따로따로 이혼청구권을 발생시키는지(이 경우 개개의 사유는 열거한 것이 되며, 법원은 원고가 주장한 개개의 사유에 구속된다.) 아니면 그 전부가 한 개의 이혼청구권을 발생시키는지(이 경우 개개의 사유는 제6호의 '혼인을 계속하기 어려운 중대한 사유'의 예시적인 것에 불과한 것이 되고, 법원은 원고가 주장하는 개별사유에 구애되지 않고 이혼청구권의 유무를 판단할 수 있다.) 견해가 다를 수 있다.[189]

4) ②설은 실체법 규정보다는 소송에 이르게 된 분쟁의 경위 내지는 이를 둘러싸고 있는 역사적·사회적 사실관계에 중점을 둔다. ②설은 청구취지와 위 사실관계가 함께 하나의 소송물을 이룬다는 견해(이른바 二分肢說)와 청구취지만이 소송물을 이룬다는 견해(이른바 一分肢說)[190]로 나뉘지만, 실체법상의 법률요건과 법률효과에 구속되지 않고 분쟁의 기초인 역사적 사실을 소송물로 포착하려는 기본 입장은 동일하다. 이 견해에 의하면 분쟁의 일회적 해결이 가능하게 되어 소송경제와 당사자(특히 채무자)의 신뢰 보호에 유리한 면이 있다. 반면에 법원의 심리 범위와 당사자의 공격방어 범위가 불분명하고, 법원의 후견적 기능이 중시되어 그 부담 증가로 인해 오히려 소송이 지연될 우려가 있다. 또, 재판의 확정 후 그 실체적 확정력의 범위가 불분명하고, 충실한 재판이 이루어지지 못할 경우 충분한 권리보장이 어렵게 되는 한계도 있다.

5) ③설은 ①, ②설의 한계를 극복하기 위해 최근에 대두한 견해로서, 실체법상의 청구권을 소송물로 보되, 개개의 법률요건보다는 경제적인 면에서의 급부에 중점을 두어 급부청구권 전체를 하나의 소송물로 이해하는 신실체법설, 소송물이론의 통일적·일률적 구성을 단념하고 청구의 병합이나 청구의 변경 등 소송절차의 각 단계별로 그에 맞추어 소

---

189) 이러한 문제는 위에서 예시한 것 외에도 무수히 많다. 또한 이 문제는 뒤에서 보는 청구원인과 공격방어방법의 구별 문제와 표리관계에 있다.

190) 청구취지만으로는 언뜻 분쟁의 사실관계가 분명하지 않지만 소송상 당사자들의 주장과 법원의 석명권 행사에 의하여 분명해진다고 이해한다. 예외적으로 금전 지급청구 등 대체물의 급부청구에서는 사실관계의 특정을 요구하지만 중요한 의미를 갖는 것은 아니다.

송물을 따로따로 이해하는 상대적 소송물설이 그것이다.

6) 이상의 어느 설에 의하든 소송의 목적, 즉 소송의 대상은 원고가 주장하는 권리·의무나 법률관계의 존부라는 점에서는 차이가 없다. 다만, 청구의 동일성, 청구변경의 범위, 법원의 심리 범위, 소멸시효중단의 범위, 기판력의 범위 등에 있어서 차이가 있게 된다.

원·피고가 대립하는 민사소송에서 원고가 재판을 통해 얻고자 하는 것은 판결 주문의 형태로 주어지는 권리 내지는 법익의 구제이며, 그것이 어떤 법리적 조작에 의해 도출되는지는 사실 별 관심이 없고, 법률 전문가가 아닌 일반인으로서는 쉽게 이를 알 수도 없다. 즉, 당사자의 입장에서 중요한 것은 판결 주문에 대응하는 청구취지일 뿐 실체법에 근거한 법리적 조작과정인 청구원인은 별로 중요하지 않다. 예컨대, 부부관계를 해소하고자 하고 원고가 목적하는 바는 혼인의 해소일 뿐 그것이 이혼이든 혼인의 무효나 취소이든, 또 이혼이라면 그 구체적인 원인의 실체법적 근거는 큰 관심의 대상이 아닐 수 있다. 이런 점에서 보면, 소송법설이 당사자의 진정한 의사에 합치되고 분쟁의 종국적·일회적·전체적 해결을 도모할 수 있어 당사자와 사회에도 유익하며, 법원의 심리 범위가 넓게 되어 유연한 심리를 가능케 해주는 이점이 있다.

그러나 법은 재판규범이기 이전에 행위규범이므로, 수범자인 국민은 법이 정하는 일정한 요건을 충족하면 그로부터 어떤 권리나 의무가 발생하는지를 알고 이를 예상하여 자신의 행위를 결정하여야 한다. 그리고 그 행위의 결과 분쟁이 발생하였다면 과연 누가 권리를 취득하고 누가 의무를 부담하는지 여부를 국가(사법부)에 의해 선언·확인받아 침해된 권리를 구제받게 된다. 그런 만큼 행위규범은 곧 재판규범이 되는 것이고, 수범자인 국민과 판단자인 법원은 동일한 규범을 가지고 행동하게 된다. 즉, 소송에서 원고는 주관적 권리로서 자신의 행위에 따른 법적 효과를 소송상 청구로 주장하게 되고, 그것이 소송의 목적으로서 재판의 대상이 되어 법원은 원고가 주장하는 주관적 권리가 실체법이 허용하는 권리 발생의 객관적 요건을 갖추었는지 여부를 판단하여 원고 청구의 당부를 결정하게 되는 것이다. 그리고 현실의 개개 당사자가 실체법을 알고 있느냐 여부는 이러한 법의 기본구조 내지는 법의 작용에 아무런 영향도 미칠 수 없다. 법은 사회 성원 모두가 당연히 알고 있는 것으로 전제되기 때문이다. 이른바 "법의 무지는 용서되지 않는다."는 법언은 이러한 원리의 선언이다.

소송법은 실체법이 규정하고 있는 권리나 의무의 존부를 심판하기 위한 절차를 규정하는 법규로서 실체법에 대하여 종적·수단적 지위에 있다고 하지 않을 수 없다. 소송절차의 공적 성격상 실체법과는 다른 법리가 적용되는 것도 부정할 수 없지만, 그것은 최소한의 영역에 그쳐야 한다. 소송의 목적인 권리·의무의 존부 판단은 소송의 중핵으로서, 그것이 실체법에서 연원한 것인 이상 당연히 실체법의 법리가 적용되어야 할 영역이다. ① 설에 의하면, 원·피고는 실체법상의 법률요건에 부합하는 사실의 존부만 주장하면 되고 법원 역시 그 존부만을 판단하면 되므로 소송절차의 신속과 간명을 기할 수 있고, 소송과 정에서 공방의 대상이 되지 않았던 사항에 의하여 의외의 재판 결과가 도출되는 불의타를 피할 수 있으며 법의 전체계에도 부합된다. ②설이 장점으로 내세우는 소송경제와 권리구제의 확대가 현실에서는 오히려 절차의 지연과 불명확성, 불의타를 초래하기 십상이다. 그리고 ②설에 의하면 실체적 확정력의 범위도 불명확하게 되어 기판력의 범위가 불명확하게 된다. 그러므로 ①설이 타당하다고 생각된다.

7) 우리 대법원은 ①설과 같은 입장을 취하고 있다. 이에 따를 때 소송의 목적은, 원고가 주장하는 청구원인이 실체법상 정당한지, 그에 따라 청구취지에서 구하는 바와 같은 권리·의무나 법률관계가 발생하는지 여부이다. 이와 관련하여 특별히 중요한 의미를 갖는 경우를 들어보면, 민법 제840조 각호의 재판상 이혼 사유마다 개개의 이혼청구권이 발생하고 복수의 소송물이 된다는 것(2000. 9. 5. 선고 99므1886 판결 등), 생명이나 신체 손상에 따른 손해배상청구권은 적극적 재산손해, 소극적 재산손해(일실수입손해), 정신적 손해(위자료)별로 3개의 청구권과 소송물이 발생한다는 것(1992. 10. 13. 선고 91다 27624, 27631 판결 등), 소비대차 등에 따른 금전채무 불이행이 있는 경우 원본반환청구권, 이자청구권, 지연손해금청구권이 따로 발생한다는 것(2009. 6. 11. 선고 2009 다12399 판결 등), 재심의 소에 있어 민사소송법 제451조 제1항 각호의 개개 사유마다 별개의 소송물을 구성한다는 것(1970. 1. 27. 선고 69다1888 판결), 이혼청구와 혼인취소청구는 각각 별개의 소송물을 구성한다는 것(1991. 12. 10. 선고 91므344 판결)을 들 수 있다.

8) 개개의 사건에서 소송물이 무엇이냐는, 원고가 주장하는 권리·의무 또는 법률관계의 발생 근거가 되는 실체법과 그러한 권리·의무 또는 법률관계가 누구와 누구 사이에서 발생하는가 하는 두 가지 요소에 의하여 도출된다. 전자는 그리 어렵지 않게 파악할 수 있으나 후자는 잘못 판단하는 경우가 많다. 예컨대, 甲이 乙을 상대로 계쟁물이 甲 소유임의 확인을 구한 경우, 소송물은 甲과 乙 사이에서 계쟁물이 甲의 소유라는 것이다. 고로 甲이 승소한 경우 계쟁물이 甲 소유임이 甲, 乙 간에 확정된다. 반대로 甲이 패소한 경우에는 계쟁물이 甲의 소유가 아니라는 것이 확정될 뿐 乙의 소유라는 사실이 확정되는 것은 아니다.

(2) 청구취지와 청구원인

1) 소송의 목적인 청구는 원고가 주장하는 권리·의무나 법률관계의 존부로서 청구취지와 청구원인으로 구성(표시, 특정)된다. 당사자처분권주의의 원리상 소송의 목적인 청구는 당연히 소 제기자인 원고가 지정하여야 한다. 민사소송법도 소장에 청구취지와 청구원인을 필수적으로 기재하도록 요구하고 있다(제249조 제1항).

2) 청구취지는 원고가 주장하는 권리·의무나 법률관계의 존부를 이행명령, 확인, 법률

관계의 변동(법률효과)의 선언 등의 형태로 법원에 청구하는 재판(판단)의 취지, 요약으로서, 법원은 소의 형태에 따라 이행의 소에서는 피고에게 원고에 대한 급부를 명하고, 확인의 소에서는 원고가 구하는 권리·법률관계의 존부를 선언하며, 형성의 소에서는 법률관계의 변동을 선언하게 된다. 따라서 청구취지에는 원고가 주장하고 행사하는 권리·의무 등이 전제되고 표시된다. 예컨대 매매계약상의 매수인이 원고로서 매매 목적물의 인도청구의 소를 제기한 경우, 그 청구취지에는 원고가 보유하고 있다는 인도청구권이 주장되어 표시된다.

그런데 원고가 구하는 재판은, 민사소송이 분쟁의 해결을 위한 장치라는 점에서, 그것으로써 원고가 곧바로 급부의 수령 등 권리의 구제를 받을 수 있는 형태로 표시되어야 한다. 이행의 소를 예로 들자면, 그에 따른 재판(주문)은 피고에게 원고에 대한 급부를 명할 뿐 원고의 이행청구권이 어떤 법률관계에서 발생한 것인지는 원칙적으로 표시할 필요가 없고, 이에 대응하는 원고의 청구취지 또한 마찬가지다.[191] 따라서 청구취지나 재판의 주문은 무미건조하고 무색투명할 수밖에 없고, 권리 발생의 원인이 다르더라도 청구취지나 재판의 주문은 동일한 형태를 띨 수밖에 없어 그것만으로는 분쟁의 원인과 권리·의무 발생의 근거를 알 수 없는 경우가 많다.

위의 사례를 예로 들면, 청구취지에 표시된 인도청구권은 매매 이외에 증여, 교환, 임대차 등 여러 가지 원인으로 발생할 수 있는데 청구취지의 표시만으로는 그 근거를 알 수 없다. 뒤집어 말한다면 권리·의무는 그 발생 근거인 실체법상의 요건사실을 담고 있는 청구원인에서 비롯되는 것이고, 청구취지나 재판의 주문은 그 결론으로서 권리구제의 형식에 지나지 않는다.[192]

3) 그러므로 소송의 목적인 청구에 있어 정작 중요한 것은 청구원인이다. 청구원인과 청구취지의 관계는, 전자가 권리의 발생 근거라고 하면 후자는 그 발생한 권리의 대외적 주장, 특히 법원에 대한 관계에서의 주장이라고 할 수 있다. 실체법에 기해 일정한 법률 효과로서 권리·의무가 발생하려면 법규가 정하고 있는 법률요건과 함께 그 요건을 충족하는 구체적·역사적 사실(요건사실, 청구원인사실)이 필요하다. 고로 청구원인은 법률요건과 요건사실로 구성되는바, 전자는 법규의 내용을 이루므로 당사자가 명시적으로 주장할 필요가 없이 법원이 당연히 알아야 하고 직권으로 적용·판단하여야 할 사항이다. 반면에

---

191) 예컨대, 매매계약에 의하여 매매대금청구권이 청구원인으로서 발생한 경우에 청구취지와 주문에는 단순히 일정액의 금전 지급청구만 표시된다. 소유권이전등기를 명하는 재판의 주문에서 매매, 취득시효완성 등 청구권의 발생 근거를 등기원인으로 표시하는 것은 등기의 편의와 특수성을 고려한 예외적 조치이다.

192) 이와 같이 청구원인의 소송물 특정 기능을 중시하여 일본 민사소송규칙 제53조 제1항과 같이 청구원인을 '청구를 특정하기 위하여 필요한 사실'이라고 정의하기도 하나, 이는 청구원인을 정확히 설명하는 것이라고 하기 어렵다.

후자는 변론주의가 적용되는 영역이므로 당사자가 주장·입증하여야 한다. 법원은 원고가 주장한 청구원인사실의 존부와 그것이 실체법규에 합치하는지 여부를 심판하므로 청구원인은 심판(심리)의 대상이 되고, 청구취지는 그와 같이 발생한 권리·의무의 행사 내지 결론적 주장이므로 판결(주문)의 대상이 된다.

4) 권리법력설에 따를 때 권리와 의무는 법이 부여하는 것이므로 모든 권리와 의무는 법193)에 근거하여야 한다. 그러나 성문법주의를 취하고 있는 우리 법제에서도 성문법규가 모든 권리와 의무를 남김없이 자체 완결적으로 규정하고 있지는 못하다. 즉 관습법이나 조리에 의한 보충이 필요하다.194) 또, 성문법규에 권리·의무의 발생요건이 규정되어 있는 경우에도 구체적으로 어떠한 요건이 필요한지 일의적으로 판단할 수 없고 부득이 법원 등 권한 있는 기관의 해석이 필요하다. 예컨대, 민법은 매매가 이루어지면 매수인은 매도인에게 매매의 목적이 된 권리의 이전청구권을 취득하고 매도인은 매수인에게 대금지급청구권을 취득한다고 그 효력을 규정하고(제568조 제1항), 매매의 요건으로서 당사자 일방은 재산권을 이전할 것을 약정하고 상대방은 그에 대한 대가를 지급할 것을 약정하여야 한다고 규정하여(제563조) 그 법률요건과 법률효과를 명확하게 규정하고 있다.195) 이에 반해, 사무관리의 경우 관리인은 사무관리 중에 취득한 권리나 이익을 본인에게 귀속시킬 의무가 있고 본인은 이에 따른 귀속청구권이 있는 것으로 해석되는데 민법(제734조)은 이에 관한 언급이 없으므로 해석에 의한 보충이 필요하다.

5) 청구원인을 실체법상의 권리·의무의 발생근거라고 할 때 그 권리·의무는 급부에 관한 것이 본래의 모습이다. 즉, 권리자의 욕구를 충족하여 경제적·정신적196) 만족을 주는 급부에 관련된 권리·의무가 인간생활에 있어서 중요한 의미를 갖기 때문이다. 민법, 상법 등의 실체법은 이와 같은 급부에 관한 권리·의무의 발생요건과 효과를 규정하고 있는데 급부를 중심으로 권리자(수령자)와 의무자(제공자)가 대립구조를 이룬다. 민법은 이러한 급부에 관하여 그 급부청구권과 급부의무를 양 당사자의 의사 합치인 계약197)에 의하여

---

193) 그 법의 거의 대부분은 실체법이다. 소송법 등 절차법에 의해서도 절차에 관한 일정한 권리·의무가 발생할 수 있음은 물론이나, 사회생활상 중요한 것은 전자이므로 여기서 후자는 특별한 사정이 없는 한 논외로 한다.

194) 경우에 따라서는 개개의 권리·의무가 허용되는지조차도 불명확한 경우가 있을 수 있다.

195) 민법은 증여(제554조), 교환(제596조), 소비대차(제598조), 사용대차(제609조), 임대차(제618조), 고용(제655조), 도급(제664조), 위임(제680조), 임치(제693조) 등에 관하여도 동일한 형식의 규정을 두고 있다.

196) 언론보도에 대한 정정보도청구권이나 반론보도청구권 등이 대표적인 것이다.

197) 유명계약으로서 제2장 제2절부터 제15절까지에 걸쳐 증여, 매매, 교환, 임대차, 제4장부터 제9장까지에 걸쳐 지상권, 지역권, 전세권, 질권, 저당권의 약정 물권(이들 물권은 약정에 의하여 성립하므로 편의상 이렇게 부르기로 한다. 점유권이나 소유권도 약정에 의해 발생하는 경우에는 여기에 포함시킬 수 있다. 약정 물권의 경우 물권설정계약으로부터 급부청구권이 생기고, 물권이 성립한 후에는 물권적 청구권이 생긴다.)을 각 규정한 외에 제2장 제1절에서 당사자의 자유로운 약정에 의한 무명계약을 예정하고 있다.

발생하는 것을 원칙으로 하고, 급부의무(채무) 불이행에 따른 손해의 전보를 위한 급부청구권과 급부의무, 이미 이루어진 급부의 정산을 위한 급부청구권과 급부의무로서의 원상회복 및 부당이득반환, 우연한 사정에 따른 손실을 보전하기 위하여 사무관리와 불법행위에 따른 급부청구권과 급부의무를 규정하고 있다.[198]

이러한 급부청구권의 실현 형태는 원칙적으로 이행청구(이행의 소)와 그 재판에 기한 강제집행이므로 이행의 소가 민사소송의 기본적·중심적 지위를 차지하는 것은 당연하고, 그 급부청구권이 곧 청구원인이 된다. 그러나 권리나 의무의 존부 확인을 구하는 확인의 소도 그것이 분쟁의 해결(권리·법률관계에 현존하는 불안이나 위험의 제거)에 유효적절한 때에는 예외적으로 허용된다. 형성의 소는 법률규정이 있는 때에만 예외적으로 허용되고 그 재판의 확정으로써 비로소 법률관계의 변동이라는 법률효과가 발생하므로 급부나 이를 기준으로 한 급부청구권, 급부의무가 직접 발생하지는 않으나, 형성요건을 갖춘 때에는 일정한 자에게 형성의 소를 제기하여 법률효과의 발생을 청구할 권리가 인정되므로 그 배후에는 급부청구권과 급부의무가 실질상 내재되어 있다. 예컨대, 사해행위취소청구의 경우 채권자에게는 사해행위에 해당하는 재산처분행위의 취소청구권, 수익자나 전득자에게는 그 취소에 응할 의무가 내재되어 있고, 재판상 이혼청구의 경우 원고에게는 이혼에 의한 혼인 해소청구권, 피고에게는 이에 응할 의무가 내재되어 있다.

6) 반면에 이러한 급부청구권 외의 권리, 예컨대 대리권, 철회권, 취소권, 해제권, 해지권, 최고권, 동시이행의 항변권, 추인권, 거절권, 사원의 결의권 등과 같이 일정한 급부를 내용으로 하지 않는 권리는 그 자체로부터 직접 급부청구권이나 그에 대응하는 급부의무가 생기지 아니하며, 급부청구권에 부수되거나 급부청구권을 실현·저지하기 위한 수단적 지위에 그친다.[199] 따라서 이러한 권리자가 그 권리의 존부만을 청구이유로 삼아 재판을 청구할 일이 없으므로 이러한 권리는 청구원인이 되지 아니한다.[200]

7) 위와 같이 재판의 청구는 권리자가 제기하는 것이 일반적인 모습이지만, 때로는 의무자가 원고가 되어 재판을 청구하는 경우도 있다. 그러한 예는 권리자를 상대로 의무의 전부나 일부의 부존재 확인을 구하는 경우가 대부분이지만, 계약을 취소하거나 해제하는 등으로 계약상의 의무를 면함과 동시에 그 계약과 관련하여 상대방에게 제공한 이익을 부당이득반환청구나 원상회복청구의 형태로 급부를 구하는 경우도 있다.

---

198) 물권적 청구권 중 반환청구권은 부당이득반환과, 방해배제 및 그 예방청구권은 불법행위에 기한 손해배상청구권 및 불법행위의 배제·예방청구권과 유사하다. 한편, 친족관계에 기한 부양관계나 상속관계로부터도 부양청구권이나 유류분반환청구권 등의 급부청구권과 급부의무가 생긴다.

199) 따라서 이들은 뒤에서 보는 바와 같이 청구원인이 아니라 공격방어방법이 된다. 채무불이행에 따른 계약해제, 해지의 경우 그 결과 손해배상청구권이나 원상회복청구권이 발생하나, 해제, 해지는 채무(계약)불이행, 원상회복이라는 청구원인의 일부 요건에 불과하다.

200) 이러한 권리는 거의 민법의 총칙편에 있고, 그 중에는 그에 대응하는 의무가 없는 것이 많다.

그런데 의무자가 원고가 되어 재판을 청구하는 경우라도 앞서 본 원상회복청구나 부당이득반환청구와 같은 경우는 실질적으로 권리자가 원고가 되는 경우와 큰 차이가 없다.[201] 문제되는 것은 순수한 의무자로서 권리자를 상대로 의무(채무)의 부존재 확인을 구하는 경우이다. 이러한 형태의 소에 관하여 대법원은, 채무자인 원고가 먼저 청구를 특정하여 채무 발생의 원인이 되는 사실을 부정하는 주장을 하면 채권자인 피고가 권리 발생의 요건사실을 주장·입증할 책임을 부담한다고 한다($\frac{\text{1998. 3. 13. 선고}}{\text{97다45259 판결}}$). 이에 따르면, 채무자인 원고는 청구의 특정을 위하여 재판의 대상인 특정한 채무의 부존재가 문제되는 구체적인 법률관계만을 주장하여 그 채무의 부존재 확인을 구하면 족하고, 부존재의 원인, 즉 법률행위의 부존재, 의사능력의 흠결, 강행법규위반 등이나 취소, 해제·해지, 소멸시효의 완성 등의 요건사실은 주장·입증하지 않아도 되며, 오히려 그 반대 사실인 권리(의무)의 존재에 관한 요건사실을 권리자인 피고가 주장·입증하여야 한다. 대법원은 그 이유를 설시하고 있지는 않으나, 아마도 주장·입증책임의 분배에 관한 법률요건분류설의 입장에서 권리의 존재와 의무의 부존재가 표리관계에 있음을 고려하여, 권리 발생 요건을 권리자인 피고로 하여금 주장·입증하게 하려는 취지에 따른 것으로 생각된다. 이렇게 되면 권리자가 원고가 되는 경우나 피고가 되는 경우나 권리 발생 요건은 권리자가 그에 대한 주장·입증책임을 지는 것이 된다.

그런데 재판을 청구하였으면 그 청구인이 당해 재판의 대상인 권리·의무의 존부에 대하여 실체법상의 법률요건과 요건사실을 주장하는 것이 적극적 당사자(원고)와 소극적 당사자(피고)의 역할에 합당하다는 점에서 언뜻 권리자에게 불공평해 보인다. 그러나 실질적으로 보면 그렇지 않다. 예컨대 채무자(매도인)인 원고가 매매계약에 기한 등기의무가 소멸시효완성에 의해 소멸하였음을 들어 등기의무의 부존재확인청구를 한 경우를 상정하면, 원래는 매도인인 원고가 매매계약의 성립과 등기청구권의 소멸시효완성 사실을 주장·입증하여야 할 것인데, 등기청구권의 발생 요건인 매매계약의 성립 사실에 관하여 채무자인 매도인(원고)이 주장·입증책임을 지는 것은 법률요건분류설에 합치되지 않으며,[202] 만약 매도인(원고)이 매매계약의 성립에 관한 주장·입증에 실패한 경우 법원이 소멸시효의 완성에 앞서 매매계약 자체가 성립되지 않았다는 이유로 등기청구권을 부정하고 매도인(원고)의 청구를 인용한다면 권리자인 매수인(피고)에게 불이익하고 논리와 사회통념에 맞지 않게 될 것임은 불문가지이다. 따라서 이러한 경우 대법원의 판시대로 권리 발생 요건

---

201) 이러한 경우 그 소의 원고는 순수한 의무자라기보다는 오히려 권리자로 보아야 할 것이다. 그러므로 이하에서는 이들을 의무자에서 제외하기로 한다. 등기의무자가 등기권리자에게 등기의 인수를 청구하는 변형된 이행의 소도 있다.

202) 어떤 행위가 존재한다는 것은 입증하기가 쉽지만 그 행위가 존재하지 않는다는 것은 입증하기가 쉽지 않으므로, 만약 매도인이 매매계약 자체의 부존재를 주장할 경우 그에게 그 부존재에 대한 입증책임을 지우는 것은 사회통념에도 반한다.

은 권리자가 주장·입증책임을 부담하는 것이 타당하고 공평하다. 그리고 채무부존재확인 청구소송에서 피고인 권리자가 권리 발생 요건을 주장·입증하면 원고인 의무자는 자신의 승소를 위하여 그 권리·의무의 부존재 사유를 적극적으로 주장·입증할 수밖에 없으므로 채무자인 원고가 특별히 유리한 지위에 서게 되는 것도 아니다.[203] 그러므로 대법원의 태도는 타당하다고 생각된다.

8) 이상의 논의를 정리하면 결국, 청구원인은 원칙적으로 권리 발생 요건이며[204] 그 밖의 권리 발생 저지(장애) 요건이나 권리 소멸 요건 등은 청구원인이 아니라 권리자의 이행청구 등 권리 주장을 방어하기 위한 방법임을 알 수 있다.[205]

(3) 청구원인과 공격방어방법

1) 이상의 논의 결과에서 청구원인과 공격방어방법의 관계가 중요한 문제로 대두한다. 앞서 본 바와 같이 기판력의 시적 범위와 관련하여 차단효가 미치는 것은 청구원인이 아닌 공격방어방법에 한하고, 또 뒤에서 보는 바와 같이 기판력의 객관적 범위와 관련하여 청구의 동일성 여부는 청구취지와 청구원인을 기준으로 하므로 청구원인과 공격방어방법 양자의 구별은 매우 중요한 의미를 갖는다.

공격방어방법은 공격방법과 방어방법을 총칭하는 것으로서, 전자는 청구를 이유 있게 하는, 즉 이를 뒷받침하는 일체의 소송자료를, 후자는 청구를 이유 없게 하는 일체의 소송자료를 의미하는 것으로 이해되고 있다.[206] 요컨대 공격방어방법은 청구원인에 대하여 보조적 지위에 있다고 할 수 있다. 그리고 공격방어방법을 이루는 소송자료의 종류로는 사실, 법률(법리), 증거의 세 가지가 거론된다.

---

203) 대법원의 태도에 따르면, 채무자인 원고가 매매계약의 성립과 등기청구권의 소멸시효완성을 청구원인으로 주장할 경우 채권자인 피고가 주장할 사항인 매매계약의 성립에 대하여는 선행자백을 한 것이 된다. 만약 매도인인 원고가 매매계약의 성립을 부정하여 등기청구권의 부존재확인을 청구한 때에는 원고가 매매계약의 성립을 미리 부인하는 것이 된다.

204) 채무자가 원고인 경우 예외적으로 청구원인은 권리의 불발생 또는 부존재이며(부존재확인청구권이 청구원인이 되는 것은 아니다.), 이 역시 실체법에 의하여 생긴다는 점에서 '청구원인은 실체법상의 권리·의무의 발생 근거'라는 명제에 반하는 것은 아니다. 권리·의무가 실체법에 의해 발생한다는 명제에는 권리·의무가 실체법에 의해 불발생, 소멸한다는 명제가 포함되어 있다고 할 수 있기 때문이다.

205) 채무자가 채무의 불성립을 주장하면서 채무부존재확인청구의 소를 제기하였다가 패소한 후 채권자가 제기한 채무이행청구의 소에서 소멸시효를 주장한 경우, 전후 양소의 청구원인이 달라 기판력이 미치지 않는다는 판례가 있으나(일본 대심원 1931. 12. 19. 선고 소화 6년才478 판결), 청구원인의 의미를 오해한 것이라고 생각된다.

206) 원고가 청구원인을 주장하고 그로부터 발생하는 법률효과인 권리의 실현을 청구취지로 구한 경우 이는 원고의 공격이 되고, 피고가 이에 대해 청구원인사실을 부인하거나 취소, 소멸시효완성 등을 주장하는 것은 피고의 방어가 된다. 이때 원고가 다시 추인이나 소멸시효의 중단을 주장하면 피고의 방어에 대하여 다시 공격, 즉 재공격을 하는 것이 된다. 물론 원고의 재공격은 피고의 공격에 대한 방어로 이해할 수도 있다. 이와 같이 청구를 유지시키려는 원고의 소송활동을 공격, 그 청구를 소멸, 저지케 하려는 피고의 소송활동을 방어라고 하며, 각각 거기에 사용되는 소송자료를 공격방법, 방어방법이라고 한다.

2) 청구원인을 매매에 기한 소유권이전등기청구권으로 가정해서 이를 설명하면 다음과 같다. 먼저 공격방법에 대해서 본다. ① 사실[207]은 법률요건인 매매와 관련한 사실관계로서, 매매계약의 일시, 장소, 의사표시의 방법(구두, 서면, 전화, 대면 등등), 계약서의 유무, 계약서의 작성자, 작성방법(수기, 타이핑, 인쇄 등등), 입회인의 유무와 그 사람의 인적사항 등이 이에 해당한다.

여기서 매매의 요건사실, 즉 매도인은 어떤 권리를 매수인에게 이전하고 매수인은 그 권리를 이전받는 대신 대가를 지급한다는 의사표시의 합치라는 사실도 공격방법에 해당하는가? 이러한 의사표시의 존재와 그것의 합치는 법률이 매매라는 이름으로 일정한 법률효과(등기청구권, 대금지급청구권 등의 발생)를 부여하기 위한 전제로서 요구하는 법률요건을 구체적·역사적으로 기술(記述)하는 사실로서 곧 청구원인사실을 이루므로, 이는 청구원인이지 그 청구원인을 이유 있게 하기 위한 보조수단으로서의 공격방법이 될 수는 없다고 할 것이다.[208] 다만, 앞서 본 바와 같이 청구원인을 이루는 법률요건의 일부는 공격방어방법에 해당한다.

3) ② 법률(법리)은 법률요건인 매매와 관련한 법률적인 사항으로서, 매매가 본인에 의해 이루어진 것인지 대리인에 의해 이루어진 것인지 여부, 표현대리의 성립 여부, 당초부터 본계약을 한 것인지 아니면 매매예약을 하였다가 예약완결권을 행사한 것인지 여부, 기타 법규의 존부나 그 해석에 관한 사항 등이 이에 해당한다.

4) ③ 증거는 청구원인사실의 존재를 뒷받침하는 증거방법 내지 증거자료로서 본질적으로 ①의 사실에 포함된다고 할 수 있다. 그리고 공격방법에 포함된 사실 역시 증거에 의해 입증되어야 함은 물론이다.

5) 다음으로 방어방법에 대해서 본다. ① 사실은 원고의 청구원인사실을 부인하는 경우에 그 주장된 청구원인사실과 관련한 주변사실이 주된 내용이 될 것이다. 즉, 원고가 주장하는 매매계약의 일시, 장소에 피고가 다른 곳에 있었다는 등의 사실을 주장하는 것이다. 또, 피고의 사실 주장은 피고 자신이 방어방법으로서 주장하는 법률적 사항의 법률요건을 이루는 사실을 포함한다. 즉, 피고가 법률적 방어방법으로서 주장하는 법률적 사

---

207) 사실이란 증거에 의하여 그 존부를 증명할 수 있는 사항을 말한다. 사실은 통상 주요사실(요건사실 – 법률요건을 충족하여 법률효과의 발생을 가져오는 사실), 간접사실(주요사실의 존부를 추인케 하는 사실), 보조사실(증거능력이나 증거력에 관련된 사실)로 구별된다. 주요사실이라고 하여 모두 청구원인사실이 되는 것은 아니며 공격방어방법상의 사실에 해당할 수도 있다.

208) 이를 인정하면 결과적으로 청구원인과 공격방어방법이 같은 것이 되어 이를 구별하려는 노력 자체가 무의미한 것이 되어 버린다. 학자들은 청구의 변경, 소의 취하, 기판력의 범위 등에 있어 청구원인과 공격방어방법을 구별하면서도 공격방어방법의 내용에 청구원인사실이 포함된다고 새기는 경우가 많은바(강현중, 교과서 496~500면; 전병서, 교과서 421면 – 다만, 264면에서는 양자를 구별하는 듯한 표현도 하고 있다; 정동윤 외, 교과서 403면; 호문혁, 교과서 434면.), 수긍하기 어렵다. 이는 실제 소송현실에서 공격방어방법과 청구원인사실의 제출이 동시에 이루어지는 것을 오인한 데서 비롯된 것이 아닌가 싶다.

항의 법률요건을 이루는 사실을 포함한다.[209] 피고가 법률적 방어방법으로서 소멸시효의 완성을 주장한 경우, 원고가 권리를 행사할 수 있었던 때나 그로부터 법정 시효기간이 경과하였다는 사실이 그것이다. ② 법률(법리)은 원고가 청구원인으로 내세운 매매계약의 법률적 하자에 관한 주장으로서, 원시적 하자로서 계약 당사자의 의사무능력, 목적의 불능, 강행법규(효력규정)위반, 통정허위표시, 취소, 해제 등이 있고,[210] 후발적 하자로서 해지, 소멸시효의 완성 등을 생각할 수 있다. 정지조건의 미성취, 기한의 미도래 등 권리행사 장애(저지) 사유도 법률적 방어방법에 속한다.

한편, 피고가 제출할 수 있는 방어방법으로서의 법률적 주장에는 소송의 목적인 청구원인과 직접 관계가 없는 소송법적 사유도 포함한다. 즉, 소송행위의 하자, 제척기간의 도과, 당사자능력이나 당사자적격의 흠결, 소의 이익의 부존재 등이다.

③의 증거는 위와 같이 피고가 제출한 사실(법률적 주장의 요건사실 포함)을 뒷받침하는 증거방법이나 증거자료이다. 민사소송은, 이와 같이 원고가 공격방법을 주장과[211] 증거로서 제출하고 피고는 방어방법을 주장과 증거로서 제출하여 공방을 하는 형태로 심리가 이루어진다. 소송당사자 일방의 사실에 관한 주장에 대하여 상대방은 침묵, 부인, 부지, 자백, 항변으로 대응하게 되고, 항변에 대하여는 다시 다른 일방이 재항변을 할 수 있다. 이런 모든 소송행위가 공격방어에 해당함은 물론이다.

6) 위와 같이 공격방어방법은 원고의 청구, 즉 특정한 청구원인을 전제로 이를 뒷받침하는 보조적 지위에 있는 것이므로, 그것의 교체는 청구에 아무런 영향을 미치지 아니하며 청구의 변경에 해당하지 않는다. 예컨대, 매매계약에 기한 소유권이전등기청구가 있는 경우에 그 매매계약을 구두로 체결하였든 서면으로 체결하였든, 계약 당사자 본인이 체결하였든 대리인을 시켜 체결하였든, 정지조건을 붙여 체결하였든 그렇지 아니하였든 청구원인이 매매계약이라는 것에는 변함이 없는 것이다. 따라서 공격방어방법을 변경함에는

---

209) 여기서 법률적 방어방법이라고 하는 것은, 법적 효과에 영양을 미치지 않는 간접사실의 주장과 달리 원고의 청구권을 불발생, 행사저지, 소멸케 하는 등으로 그 청구를 배척하게 하는 법적 효과를 발생시키는 것을 의미한다. 대부분의 학설은 요건사실을 포함하고 있는 것이면 모두 법률(법리)에 관한 공격방어방법이 아니라 사실에 관한 공격방어방법으로 이해하는바, 그렇게 보면 변제, 취소, 해제 등은 모두 사실에 관한 공격방어방법에 속하게 되며, 순수한 법률적 방어방법은 적용할 법규, 그 법규의 의미·내용 등에 관한 피고의 견해를 주장하는 것에 한정된다. 그러나 법률효과의 변동을 초래하는 공격방어방법은 사실보다는 법률(법리)로 이해하는 편이 청구원인과 공격방어방법의 상호관계를 이해하는 데에 더 유용하다. 이렇게 이해할 때 법률(법리)로서의 공격방어방법은 청구원인으로부터 발생하는 권리·의무에 법률적으로 영향을 미치는 사항이라고 할 수 있다. 물론 이 경우에도 당사자가 주장하여야 하는 것은 법리가 아니라 그 요건사실이며, 따라서 법률적 방어방법은 기본적으로는 법률에 관한 주장이 아니라 사실에 관한 주장이다.

210) 취소, 해제의 경우 법률행위의 성립 이후에 발생하나 그 효력이 소급하므로 원시적 하자로 보는 것이 타당하다.

211) 주장은 소송당사자가 변론기일에 법관의 면전에서 구두로 사실이나 법률에 관한 사항을 제출(진술)하는 것을 말한다.

청구의 변경과 같은 제한(민사소송법 제262조, 263조)을 받지 아니한다.

나. 주문과 이유

(1) 원칙(주문)

1) 민사소송법은, 확정판결은 주문에 포함된 것에 한하여 기판력이 있음을 원칙으로 선언하고(제216조 제1항), 상계의 경우 이유에만 표시되지만 이에 대해 예외적으로 기판력이 있다고 규정한다(제2항). 위 1항의 규정을 문리적으로 해석하면, 기판력은 판결의 주문에서 선언된 법률관계의 존부에 관하여만 발생하고, 이유에 표시된 것은 설사 그것이 그 결론인 주문에 영향을 미치는 것이라도 원칙적으로 기판력이 발생하지 않는다는 것이 된다.

예컨대, 매매계약상의 매수인이 매도인을 상대로 매매 목적물에 관한 소유권이전등기청구를 하여, 법원이 매매를 인정하고 주문에서 피고에게 원고에 대한 소유권이전등기절차의 이행을 명한 경우, 그 계쟁물에 관하여 원고의 피고에 대한 소유권이전등기청구권의 존재만이 확정될 뿐 그 등기청구권의 발생 원인과 매매계약의 존부 및 그 유효 여부나 계쟁물의 소유권 향방에 관하여는 실체적 확정력, 즉 기판력이 발생하지 않게 된다(대법원 1978. 10. 10. 선고 78다1534 판결, 1983. 9. 27. 선고 82다카 170 판결 참조).

그리하여 전소에서 패소한 매도인은 전소 확정판결에 기해 매수인에게 소유권이전등기가 넘어간 때라도, 매매계약의 무효를 주장하고 계쟁물의 소유권이 자신에게 있다는 소유권확인청구의 소나 계쟁물 인도청구의 소를 후소로써 제기할 수 있는 것이 된다(대법원 1979. 9. 25. 선고 79다1218 판결, 1999. 7. 27. 선고 99다9806 판결, 2002. 9. 24. 선고 2002다11847 판결). 또, 청구이의 소송에서 변제사실이 인정되어 집행력을 배제하는 판결이 확정되었더라도, 위 변제의 유무나 그 효력 유무는 청구이의 소송의 소송물이 아니라 그 전제가 되는 법률관계(공격방어방법)에 불과하여 주문에 표시되지 아니하는 사항이므로 이에 대하여는 기판력이 발생할 수 없다(대법원 2008. 10. 23. 선고 2008다48742 판결).

2) 전소 법원이 원고의 청구원인인 매매계약에 기한 소유권이전등기청구권의 존부를 판단하기 위해서는 매매계약의 성립과 그 유효성을 심리하여 이를 인정하여야만 하는데, 이에 대하여는 확정력(기판력)이 미치지 아니한다면 위와 같이 전소의 패소자는 전소의 주문에 직접 배치되지 않는 이상 전소 판결의 이유에 구애받지 않고 사실상 그 판단을 무위로 돌릴 수 있게 되는 셈이다. 민사소송법은 왜 이와 같은 규정을 두고 있는 것인가?

오래 전에 사비니(Carl Friedrich von Savigny, 1779-1861) 등은 법원이 채택한 객관적 판결 이유 전부에 대하여 판결의 확정력이 발생한다고 보아 주문의 결론에 이르는 논리적 과정 전부에 기판력이 미치는 것으로 주장하였다. 그런데 이와 같이 하면 구체적인 소송에 있어서 당사자는 청구나 공격방어방법으로서 주장하는 권리·의무의 발생이나 소멸 등의 사실적·법률적 근거에 관하여 세심한 주의를 다하여야 하고, 장래 혹 있을지도 모르는 불의의 사태를 대비하여 법리적으로 가능한 모든 주장(예컨대, 피고의 경우 의사무능력, 강행법규위반, 통정허위표시 등의 개별적인 무효 사유나 취소 사유 등)을 빠짐없이 다하여야 할 무거운 부담을 안게 된다. 또 법원도 그에 따라서 원칙적으로 그 주장 모두에 대하여 하나하나 판단을 하지 않으면 안 되는 것이 된다.[212] 그 결과 당사자와 법원 모두 큰 부담을 지고 소송심리에도 많은 시간과 비용, 노력이 소요된다. 게다가 혹시라도 어떤 주장을 하지 못한 경우 나중에 이를 다툴 수 없게 되어 불의의 타격을 입거나, 그로 인해 실체적 진실이나 정의가 실현되지 못하는 부작용도 피할 수 없는 문제가 뒤따른다.

이러한 입장에서, 사비니의 견해에 반대하여 확정력의 범위를 판결의 결론, 즉 당사자가 청구를 통해 주장한 권리의 존부 선언인 주문에 한정하여야 한다는 반대론이 강력히 제기되었다. 이에 따라 학설은 기판력의 적용 범위에 관하여 ① 청구원인설(권리근거설), ② 청구취지설(권리주장설), ③ 판결요구설(권리보호요구설)로 나뉘어 대립하였다. 1877년의 독일 민사소송법은 이에 관하여 "기판력은 청구에 관하여 재판한 부분에 한하여 발생한다."고 규정하여(제293조) ②설을 채택하였고,[213] 그것이 19세기 말 일본 민사소송법에 도입되어 우리 민사소송법에까지 이어지게 되었다.[214]

3) 기판력이 주문에 표시된 법률관계의 존부에만 미치고 이유에서 판단된 부분에는 미치지 않는다는 것은, 전소 확정판결을 통해 표시된 법원의 판단은 그 판단의 결과인 법률관계의 존부에만 확정력이 미치고 그 존부 판단의 전제가 되는 사실관계나 법률관계에 대하여는 미치지 않는다는 뜻이다. 이로써 전소에서 주장·판단된 청구원인이나 공격방어방법(사실과 법률에 관한 사항 모두를 포함한다)은 후소 법원과 후소 당사자를 직접적으로는 구속하지 못하게 된다.[215]

4) 우리 대법원도 위 민사소송법 규정을 충실하게 해석·적용하고 있다. 즉, ① 토지 소유권에 기한 건물철거 및 토지인도청구의 소의 소송물은 토지 소유권 자체의 존부가 아니라 건물철거청구권 및 토지인도청구권의 존부이므로, 전소 판결의 이유 중에 위 철거청구

---

212) 예컨대, 매수인이 매매계약을 해제하고 원상회복청구권에 기하여 매매대금의 반환을 청구한 경우 법원은 매매계약의 성부나 그 유효 여부에 대한 판단을 생략하고 곧바로 원고의 해제가 무효인 것만을 판단하여 그 청구를 기각할 수는 없게 된다.

213) 여기서 청구에 관한 재판이란 당사자가 청구취지로서 판단을 구한 것에 대한 재판(판단)을 의미한다고 보는 것이 독일과 일본의 통설적 입장이나 이에 반대하는 소수의견도 있다. 필자가 보기에 ②설을 취하지 않는다고 하여 ②설이 주장하는 곤란을 피할 방법이 없다고는 생각되지 않으며, 일거에 당사자 간의 분쟁을 해결하고 그 판단에 따른 법률관계의 안정과 당사자의 신뢰를 보호하기 위해서는 오히려 ①설이 타당하다고 생각된다. 다만, 이러한 해석은 명문규정에 반하므로 입법론에 불과하다.

214) 현행 독일민사소송법은 이에 관하여 "판결은 소 또는 반소로써 제기한 청구에 관하여 판단한 범위 내에서만 기판력(die rechtskraft)을 갖는다."고 규정하고 있고(제322조 제1항), 일본 민사소송법은 "확정판결은 주문에 포함하는 것에 한하여 기판력이 있다."고 규정한다(제114조 제1항).

215) 그러나 전소에서 주장·판단된 청구원인이 후소 법원과 당사자를 구속하지 못한다고 하여 전후 양소의 소송물의 동일성(청구의 동일성)을 판별하는 등에 있어 그 기준이 되는 판별기준으로서의 기능, 즉 주문에서 인정된 권리가 그 청구원인에서 도출된 것이라는 추상적 인과관계까지 없다는 것은 아니다.

권, 인도청구권의 전제가 되는 토지 소유권의 귀속에 관한 판단이 있더라도, 이에 대해서는 기판력이 미치지 않아 전소에서 패소한 피고는 승소한 원고를 상대로 후소로써 표준시 이전의 취득시효완성을 원인으로 한 소유권이전등기를 청구할 수 있고(1989. 4. 25. 선고 88다카3618 판결; 2010. 12. 23. 선고 2010다58889 판결),216) ② 매매계약에 기한 소유권이전등기청구의 전소에서 패소하여 그에 따라 원고에게 등기가 넘어갔더라도 전소의 기판력은 그 소송물이 아니었던 소유권의 귀속에는 미치지 않으므로 피고는 후소로써 소유권확인청구나 진정명의 회복을 위한 소유권이전등기청구를 할 수 있다(1987. 3. 24. 선고 86다카1958 판결; 1997. 5. 16. 선고 96다43799 판결)고 한다.

   5) 위와 같이 민사소송법 규정과 판례에 의하면, 동일한 사실관계나 분쟁으로부터 소송이 계속되게 되어 법률관계의 안정과 소송제도에 대한 당사자의 신뢰를 해치고, 경우에 따라서는 양측의 지위가 모호하여 궁극적으로 분쟁이 해결되지 못하는 결과가 초래된다. 앞서 본 88다카3618 판결의 경우를 예로 들면, 전후 양소가 모두 끝난 후 계쟁 토지에 대한 소유권이전등기는 전소의 피고가 보유하고 있음에도 그는 전소의 원고에게 토지의 인도나 그 지상 건물의 철거를 구할 수 없어 토지를 점유·사용하지 못하게 됨으로써 현상(외관)과 실질이 불일치하는 이상한 결과를 피할 수 없게 된다. 물론 이 문제는 중간확인의 소(민사소송법 제264조)나 뒤에서 살펴 볼 모순관계를 원인으로 한 기판력의 확장으로 어느 정도 해소할 수 있으나 그것만으로는 충분하지 못하다.

   이러한 문제점을 해결하기 위해 독일과 일본에서는 ① 전소 판결의 판단 대상과 후소의 판단 대상이 양소의 목적, 법률효과 등에 비추어 밀접한 의미관련성이 있으면 기판력을 인정해야 한다는 견해, ② 전후 양소의 경제적·사회적 가치가 동일한 경우 전소의 이유 중 선결적 법률관계의 판단에 대해서도 기판력을 인정해야 한다는 견해, ③ 신의칙에 기하여, 이유 중의 판단이라도 그것이 전후소에서 쟁점이 되고 당사자들이 그에 대한 주장·입증을 다하여 법원도 실질적인 심리·판단을 한 사항에 대하여는 예외를 인정해야 한다는 견해, ④ 당사자가 전소에서 주장한 바와 모순되는 주장을 후소에서 하거나, 이미 전소에서 쟁점이 되었던 법률관계에 관하여 마땅히 하였어야 함에도 주장을 누락하였다가 뒤늦게야 후소에서 이를 주장하는 것은 금지하여야 한다는 견해, ⑤ 전소에서 당사자가 소송수행의 충분한 기회를 보장 받았는지, 후소에서 새로 주장하려는 사항이 불의타가 되는지 여부 등 전소의 절차적 타당성과 권리보장성을 심사기준으로 하여 예외를 인정해야 한다는 견해, ⑥ 소송에서 당사자는 각자의 역할에 따라 주장 등 소송자료를 제출할 책임을 분담하여야 하므로 그 분담의무에 위배하여 이를 태만히 한 경우 그 책임으로서 당연히 후소에서 제출책임에 위배된 주장을 할 수 없다는 견해 등이 제기되고 있다.

---

216) 피고가 전소에서 취득시효항변(전소의 사실심 변론종결 전에 시효가 완성됨)을 하였으나 배척된 바 있는 경우에도 마찬가지다.

영미법에서는 종래부터 전통적으로 금반언의 원리(a principle of estoppel)가 폭넓게 인정되어 왔으며, 그것은 우리의 기판력 제도보다 훨씬 적용 범위가 넓다. 즉 앞서 살펴 본 기판력(res judicata 또는 claim preclusion) 외에도, 전후 양소의 쟁점(issue)이 동일하거나 일정한 관계에 있는 경우 부수적 금반언(issue preclusion, collateral estoppel)이라 하여 구속력을 인정한다.[217]

6) 우리 대법원은 이른바 쟁점효이론(爭點效理論)을 채택하지 않고 있다.[218] 1985. 6. 11. 선고 84다카197 판결의 대법원 견해를 보면, 간접적으로 이를 부정하는 것으로 해석된다. 위 사안은, 매수인인 원고가 매도인을 대위하여 원인무효를 이유로 피고 명의의 소유권이전등기의 말소를 구하였다가 패소한 후 후소에서는 자신이 소유자임을 내세워 원인무효에 의한 피고 명의 소유권이전등기의 말소를 청구한 것인데, 전소에서 계쟁물의 소유자가 원고인지 여부가 쟁점이 되어 그에 관하여 전소 법원의 심리·판단이 있었다. 이에 대하여 원심은, 원고가 전소에서 후소의 청구원인을 적극적으로 주장하여 후소와 같은 재판을 구하지 아니하고 이미 전소에서 판단된 쟁점을 후소의 청구원인으로 삼아 제소한 것은 신의칙에 반하여 허용되지 않는다며 후소를 각하하였으나, 대법원은, 전소는 원고의 채권자대위권에 의한 것이고 후소는 원고의 소유권에 의한 것이어서 전소와 후소의 쟁점이 다르다는 이유로 후소가 신의칙에 위반되지 않는다고 판시하였다. 이 대법원 판결을 보면, 대법원은 원심이 거론한 '쟁점'을 청구원인, 즉 소송물로 이해하고 있음을 알 수 있는바, 그 이유가 이른바 쟁점효를 인정하지 않으려는 것을 전제로 한 것은 아닌지 쉽게 판단하기 어렵다.[219]

일본의 최고재판소는 쟁점효이론을 명시적으로 부정하고 있다. 즉, 당사자가 전소에서 쟁점으로서 주장하고 입증을 다하였고 법원이 그 쟁점에 대하여 실질적 심리를 한 경우라도, 이에 대하여 기판력에 유사한 효력을 인정할 수는 없다고 한다(1973. 10. 4. 선고 소화47년才1293 판결). 일본의 최고재판소 역시 소송상의 청구나 주장과 관련하여 신의칙을 인정하나, 그것과 쟁점효를 직접 연결시키고 있지는 않는 입장이다(1976. 9. 30. 선고 소화49년才331 판결, 1977. 3. 24. 선고 소화49년才163, 164 판결, 1984. 1. 19. 선고 소화57년才1026 판결 등 참조).[220]

---

217) 1982년의 Restatement of Judgement §68(1)은 "판결에 필수적인 사실 문제가 당사자 간에 소송에서 다투어지고 그것이 유효한 종국판결에 의하여 판단된 경우 그 판단은 당사자 사이에 다른 청구원인에 기한 후소에도 종국적인 효력이 있다."고 규정한다. 다만, 전소에서의 판단이 그 판결의 결론 도출에 필수적인 것이어야만 하고, 당사자가 전소에서 당해 쟁점에 대하여 충분하고도 공정한 변론의 기회를 보장 받았어야 한다.

218) 쟁점효이론을 정면으로 거론하여 그에 대한 의견을 나타낸 사례가 없다. 다만, 1992. 10. 27. 선고 91다20876 판결은, 원고가 소외인과의 전소소송에서 제출하였던 주장을 피고와의 후소에서는 전소 법원의 판시에 맞추어 다르게 주장한 사안에서, 전후소의 당사자가 다르고 원고가 주장을 변경한 것이 쟁점효에 위배되는 것이 아니라고 판시하고 있어 쟁점효이론 자체를 거부하지는 않는 듯한 표현을 하고 있음이 주목된다.

219) 대법원은 신의칙에 위반한 소권 행사의 제한을 인정한다(1988. 10. 11. 선고 87다카113 판결 1992. 6. 9.자 91마500 결정 참조).

7) 기판력이 주문에 표시된 법률관계에 대하여만 미친다는 것과 관련하여 청구병합의 경우를 살펴볼 필요가 있다.

첫째, 청구취지가 1개이면서 청구원인의 병합이 있는 경우이다. 주위적·예비적 병합이 있는 경우에 법원이 주위적 청구원인을 인용하여 그 판결이 확정된 때에는 예비적 청구원인은 해제조건의 성취로 취하되었으므로 법원이 판단할 필요가 없고, 따라서 주위적 청구원인에 대하여만 기판력이 발생하고 예비적 청구원인에 대하여는 기판력이 발생하지 않는다.[221] 법원이 주위적 청구원인을 배척하고 예비적 청구원인을 인용한 때는 둘 다 판단을 받았으므로 그 모두에 기판력이 발생한다. 주위적 청구원인의 일부를 배척하고 예비적 청구원인의 일부를 인용한 때도 위 두 경우에 준해서 취급할 것이다. 다음에 청구원인의 선택적 병합이 있는 경우에 법원이 어느 하나의 청구원인을 인용한 때는 나머지 청구원인은 해제조건의 성취로 취하되었으므로 법원은 이에 대해서는 판단할 필요가 없고, 따라서 그 판단의 대상이 된 청구원인에 대하여만 기판력이 발생한다. 선택적 청구원인 전부를 배척한 때는 그 전부에 발생함은 물론이다.

둘째, 청구취지의 병합이 있는 경우이다. 단순병합의 경우에는 법원은 병합된 청구 전부를 판단하여야 하므로 그 판단되어 확정된 청구 모두에 기판력이 발생한다. 청구취지를 주위적·예비적으로 또는 선택적으로 병합한 경우에는 첫째의 경우와 동일하게 처리하면 된다($\binom{\text{대법원 2002. 9. 4. 선고}}{\text{98다17145 판결 참조}}$).

셋째, 청구의 주관적 병합이 있는 경우에도 이상과 같이 취급하면 문제가 없다고 생각된다.

(2) 예외(이유 중의 판단 — 상계항변)

1) 민사소송법은 "상계를 주장한 청구가 성립되는지 아닌지의 판단은 상계하자고 대항한 액수에 한하여 기판력을 가진다."고 하여($\binom{\text{제216조}}{\text{제1항}}$) 주문에 포함된 것에 한하여 기판력이 발생한다는 원칙의 예외로서 상계항변을 규정한다. 상계는 피고의 방어방법이기는 하나 원고의 청구원인과 전연 별개의 채권을 행사하는 것으로서, 원래는 피고가 당해 소송절차 중에서 반소를 제기하여 행사(청구)하거나 소송절차 외에서 별개의 소로써 행사할 수 있다는 사정을 고려한 것이다.[222]

---

220) 전후 양소 간에 소송물을 달리 한 경우에도 신의칙 위반을 인정하면서, 후소가 실질적으로 전소의 무용한 되풀이인지 여부를 여러 가지 사정의 하나로 고려하고 있다.

221) 물론 청구원인에 대하여 직접 기판력이 작용하는 것은 아니다(소송물의 동일성 판단에 있어 그 판단된 청구원인과 청구취지가 결합한다는 의미에서이다). 청구원인에 대하여 기판력이 발생하지 않는 경우 원고는 이에 기해 후소를 제기할 수 있으나, 이미 주위적 청구원인이 인용된 이상 목적이 달성되었으므로 그 범위에서는 권리보호의 이익이 없어 소 각하 사유가 될 것이다.

222) 민사소송법이 '상계를 주장한 청구'라고 표현한 것도 이런 이유에서다.

이를 인정하지 않으면, 원고의 청구권의 존부에 대한 분쟁이 나중에 다른 소송으로 제기되는 반대채권의 존부에 대한 분쟁으로 변형됨으로써, 상계 주장의 상대방은 상계를 주장한 자가 그 반대채권을 이중으로 행사하는 것에 의하여 불이익을 입게 될 뿐만 아니라, 상계 주장에 대한 판단을 전제로 이루어진 원고의 청구권의 존부에 대한 전소의 판결이 결과적으로 무의미하게 될 우려가 있기 때문이다.[223] 이에 따라 독일 민사소송법을 위시하여 오래 전부터 상계항변에 대하여는 이러한 예외가 인정되어 왔다.

2) 위 민사소송법 규정을 보면 상계항변이 인용된 경우는 물론 그 전부나 일부가 배척된 경우에도 그 판단에 기판력이 미침을 알 수 있으나, 원고의 청구금액과 상계로 대항한 피고의 금액이 다른 경우 그 기판력의 범위가 어떻게 되는지는 위 규정상으로는 분명치 않다. 독일 민사소송법은 "피고가 반대채권에 의한 상계를 주장한 경우, 반대채권이 존재하지 아니한다는 판단은 상계하자고 대항한 액수에 한하여 기판력을 갖는다."고 규정하고 ($\frac{제322조}{제2항}$), 일본 민사소송법은 "상쇄를 위해 주장한 청구의 성립 또는 불성립의 판단은 상쇄를 가지고 대항한 액에 관하여 기판력을 갖는다."고 규정하고 있어($\frac{제114조}{제2항}$) 우리와 별 차이가 없다.[224]

3) 우선 수동채권의 경우 원고가 소구한 금액을 기준으로 상계판단을 할 것인가 아니면 법원이 인정한 금액을 기준으로 할 것인가? 상계는 방어방법으로서 원고의 청구를 소멸케 하는 사유이지만 사실상 반소청구에 다름이 아니므로, 법원은 원고 청구의 당부를 심리하지 않은 채 상계항변을 곧바로 판단하여 원고의 청구를 기각해서는 안 된다.

물론 그렇다고 하여 피고가 원고의 청구권과 청구금액을 인정하거나 다투지 아니함으로써 그에 관하여 자백이 성립하는 것을 부인하는 것은 아니다. 따라서 피고가 이를 다투면서 예비적으로 상계항변을 하거나 원고 청구권의 일부만을 인정하면서 그 인정하는 액수에 대하여 상계항변을 하는 경우, 법원은 먼저 원고 청구의 인용 범위를 판단한 다음 상계항변의 당부를 심리·판단하여야 한다.[225]

원고가 피고에게 채권의 일부만을 소송상 청구하는 경우에 이를 피고의 반대채권으로

---

223) 따라서 상계 주장에 관한 판단에 기판력이 인정되는 경우는, 상계 주장의 대상이 된 수동채권이 소송물로서 심판되는 소구채권, 즉 소송물이거나 그와 실질적으로 동일하다고 보이는 경우(가령 원고가 상계를 주장하면서 청구이의의 소를 제기하는 경우 등)로서, 상계를 주장한 반대채권과 그 수동채권을 기판력의 관점에서 동일하게 취급하여야 할 필요성이 인정되는 경우이다(대법원 2005. 7. 22. 선고 2004다17207 판결).

224) 독일 민사소송법은 우리나 일본의 그것과 달리 반대채권의 존재 판단에 대하여는 언급이 없으나, 반대채권이 존재하는 경우 그 상계항변에 따라 원고의 청구권이 대등액에서 소멸하여 그 결과가 곧 바로 주문에 나타나기 때문으로 이해된다. 원래 독일 민법은 상계에 대하여 재판상 행사만 허용하였고, 이에 따라 민사소송법은 반대채권의 존재·부존재 판단 모두에 기판력이 있다고 규정하였으나 1898년 민법이 개정되어 재판외의 상계를 허용하면서 민사소송법이 현재와 같이 개정되었다.

225) 이때 수동채권의 심리 결과 그 청구권이 전혀 인정되지 않을 경우에는 상계항변은 판단할 필요조차 없고 상계항변에 기판력이 생기지 않음은 물론이다.

써 상계함에 있어서는, 원고가 가진 금전채권 전액에서 상계를 한 다음 그 잔액이 청구액을 초과하지 아니할 경우에는 그 잔액 전부를 인용하고, 그 잔액이 청구액을 초과할 경우에는 청구한 전액을 인용하여야 한다(대법원 1984. 3. 27. 선고 83다323, 83다카1037 판결).

한편, 상계항변의 대상이 된 수동채권이 동시이행의 항변에 제공된 채권인 경우에는 상계항변이 인용되더라도 그에 따른 수동채권의 부존재에 관하여 기판력이 생기지 않는다. 위와 같이 해석하지 않으면, 수동채권자의 동시이행항변이 상대방의 상계 재항변에 의하여 배척된 경우에 그 동시이행항변에 제공된 채권을 나중에 소송상 행사할 수 없게 되어, 민사소송법 제216조가 예정하고 있는 것과 달리 동시이행항변에 행사(제공)된 채권의 존부나 범위에 관한 판결 이유 중의 판단에 기판력이 미치는 결과에 이르기 때문이다(대법원 2005. 7. 22. 선고 2004다17207 판결).

4) 다음으로 자동채권과 관련해서는 두 가지 문제가 있다. 첫째, 자동채권이 수동채권보다 작은 경우 피고는 자동채권 전부를 상계의 대상으로 삼아야 하는가 아니면 그 일부만을 상계의 대상으로 삼을 수 있는가? 상계항변이 인정될 경우 수동채권과 자동채권이 대등액에서 상계(공제, 정산)된다고 해서 피고가 반드시 자동채권 전액을 가지고 상계해야 한다는 구속을 받을 이유는 없다고 생각된다. 반대채권자인 피고에게 자동채권에 대한 처분권이 부여되어 있고, 일부만의 상계가 소송법관계를 특별히 복잡하게 하거나 반대 당사자의 이해나 신뢰를 해하는 것이 아니기 때문이다. 반대의견이 있으나[226] 수긍하기 어렵다.

둘째, 자동채권이 수동채권보다 큰 경우 법원이 심리한 자동채권 전부에 기판력이 발생하는가 아니면 법원이 인정한 수동채권과 대등액 범위 내의 자동채권에 대하여만 기판력이 발생하는가?[227] 법문상의 " … 상계하자고 대항한 액수에 … "를 어떻게 새기느냐가 관건이다. 피고가 원고의 수동채권보다 큰 자동채권을 상계에 제공한 경우 실무상 법원은 그 자동채권 전부에 대하여 존부를 판단한 다음 그 인정된 액수와 수동채권의 대등액에서 상계의 효력이 발생한 것으로 판단하고 있는데, 소송경제를 생각하여 이 같은 법원의 판단을 중시하는 입장에서는 자동채권 전부에 대하여 기판력이 발생한다고 보는 것이 당연하겠지만, 상계항변자인 피고의 진정한 의사는 원고의 수동채권과의 대등액에서 그 채권을 소멸시키겠다는 것으로 봄이 사회통념에 합치되고, 위와 같이 자동채권의 일부에 대하여도 상계항변이 인정되는 점을 중시하면 수동채권과의 대등액 범위 내에서만 기판력이 발생한다고 보는 것이 타당하며, 통설이다.

한편, 자동채권에 대하여 상대방의 동시이행항변권이 부착되어 있는 때는 일방의 의사

---

226) 강현중, 논문 134면.

227) 피고가 그 자동채권 전부를 가지고 상계항변한 것을 전제로 한다. 예컨대, 수동채권이 100만 원이고 피고가 주장한 자동채권이 150만 원인데 법원의 심리 결과 인정된 자동채권이 70만원인 경우, 자동채권 150만 원 전부에 기판력이 미치는지(70만 원은 존재, 80만 원은 부존재), 아니면 100만 원에만 미치는지(70만 원은 존재, 30만 원은 부존재) 여부다.

표시에 의하여 상대방의 항변권 행사 기회를 상실케 하는 결과가 되므로 상계가 불허된다. 이와 같이 성질상 상계를 허용할 수 없어 법원이 상계항변에 대한 실체적인 심리를 하지 않고 이를 배척할 경우에는 기판력이 발생하지 않음은 물론이다(대법원 1975. 10. 21. 선고 75다48 판결).

5) 상계항변이 인용된 경우 그 기판력의 내용에 대하여는, 사실심 변론종결시 상계로써 소멸된 반대채권(자동채권)의 부존재에 대하여만 기판력이 발생한다는 견해와 원고의 수동채권과 피고의 자동채권이 모두 존재하였다가 상계로써 대등액이 소멸했다는 것에 기판력이 발생한다는 견해가 대립하는바, 후설이 상계의 본질에 부합하므로 타당하다고 생각된다.

다. 기판력의 객관적 적용 범위와 확장

(1) 소송물이 동일한 경우(원칙)

재판이 확정되어 그 대상인 법률관계에 관하여 실체적 확정력이 발생하면 이후 당사자 간의 법률관계는 그에 따라야 하므로 그와 모순·저촉되는 법률관계의 형성을 허용할 수 없고, 그것이 곧 기판력임은 앞서 본 바와 같다. 따라서 기판력이 적용되려면 우선 전후 소의 소송물, 즉 재판의 대상인 법률관계가 동일하여야 한다. 양자가 다르다면 후소가 전소의 판단에 구속될 이유가 없기 때문이다.

(가) 동일성 판별의 기준

1) 소송물이 동일한지 여부는 우선 전후소의 소송물이 각각 무엇인지가 먼저 결정되어야 하므로, 소송물의 동일성 판별기준은 곧 소송물의 표지, 즉 소송물이 무엇인지로부터 출발하게 된다. 앞서 본 바와 같이 소송물은 청구취지와 청구원인 두 요소로 구성되므로 전후 양소의 그것이 완전하게 일치하지 않으면 소송물을 달리하게 된다. 예컨대 양소의 청구원인이 같더라도 청구취지가 다른 경우, 청구취지가 같더라도 청구원인이 다른 경우에는 소송물이 다르다.

전자의 예로는, 전후소 모두 소유권에 기한 물권적 청구권에 기한 것이라도 전소에서는 반환청구를 하였다가 후소에서는 방해배제나 예방청구를 한 경우, 전후 양소 모두 동일한 매매계약에 기한 대금지급청구권이라도 전소에서는 이행청구를 하였다가 후소에서는 확인청구를 한 경우,[228] 후자의 예로는 전후소 모두 금전 1억 원의 지급을 구하여 그 청구취지가 같더라도 전소에서는 매매를 청구원인으로 하였다가 후소에서는 손해배상을 청구원인으로 한 경우 전후소는 소송물을 달리하여 후소에 기판력이 미치지 않게 된다.

---

228) 전소에서 그 전부 또는 일부를 청구하였다가 후소에서 일부 또는 나머지 일부를 청구한 경우, 대법원은 뒤에서 보는 바와 같이 청구취지가 다르더라도(이 경우 청구원인은 동일하다) 동일한 소송물로 본다.

주의할 것은, 여기서도 공격방어방법은 청구원인에 영향을 미치지 않으므로 소송물의 동일성과 하등 관계가 없다는 점이다.

2) 청구원인은 실체법상의 구체적 권리·의무의 발생 근거이므로, 동일한 법률관계나 사실관계에 바탕을 둔 것이라도 그로부터 발생하는 구체적 권리나[229] 그 발생 근거가 다르면 청구원인이 다르다. 예컨대, 양도계약에 기한 잔대금지급청구의 전소 확정판결의 기판력은 동일한 양도계약의 해제에 기한 계약금 및 중도금반환청구의 후소에 미치지 않는다(대법원 2000. 2. 25. 선고 97다30066 판결 참조). 전소의 청구원인은 매매계약상의 대금청구권이고 후소의 그것은 계약해제에 따른 원상회복청구권으로서 실체법상의 근거가 달라 소송물이 다르기 때문이다.[230]

또 원·피고 간의 동일한 법률행위를 두고, 전소에서는 상속재산분할약정이라고 주장하여 그에 따른 소유권이전등기청구를 하였다가 후소에서는 증여라고 주장하여 소유권이전등기청구를 한 경우에도 마찬가지며(대법원 1969. 1. 21. 선고 68므43 판결), 불법점유로 인한 임료 상당의 손해배상청구와 임료 상당의 부당이득반환청구는 동일한 금액의 지급을 요구하였더라도 실체법적 근거인 청구원인이 달라 소송물이 다르다(대법원 1991. 3. 27. 선고 91다650, 667 판결).

3) 한편, 담보 목적의 가등기가 기입된 데에 이어 채무변제 불이행으로 본등기가 되었는데, 가등기설정자가 설정계약이 무권대리에 의한 것임을 원인으로 본등기말소청구를 하였다가 패소한 뒤 피담보채무의 부존재를 원인으로 그 본등기의 말소를 청구한 경우, 비록 전소 판결 확정 후에 원고가 피고를 상대로 채무부존재확인청구를 하여 승소하였더라도 채권채무의 존부와 말소등기청구권의 존부는 소송물을 달리하므로 채무부존재확인 판결의 기판력이 후소에 미치지 아니한다(대법원 1980. 9. 9. 선고 80다1020 판결 참조).[231]

---

229) 청구원인은 위와 같이 원고가 소로써 행사하는 권리·의무나 법률관계의 발생 근거이므로 그 권리·의무 자체는 청구원인에 속하지 않으나(그것은 '청구'의 내용에 속한다고 할 수 있다.), 넓은 의미에서는 이를 포함하여 이해하여도 무방하다. 예컨대 청구원인이 매매계약인 경우, 그로부터 발생하는 구체적 권리인 소유권이전등기청구권, 인도청구권, 매매대금지급청구권을 청구원인에 포함하여 이해할 수 있다.

230) 대법원은, 교통사고 피해자의 보험자에 대한 손해배상청구권은 상법 제724조 제2항에 의하여 피해자에게 인정되는 것으로 보험자가 피보험자의 손해배상채무를 병존적으로 인수한 것이기는 하나, 피보험자의 보험자에 대한 보험금청구권의 변형이 아니라 피해자가 보험자에 대하여 가지는 손해배상청구권으로서 피해자의 피보험자에 대한 손해배상청구권과는 별개 독립한 것으로서 병존하므로, 피해자의 피보험자에 대한 손해배상청구 소송의 판결은 피해자의 보험자에 대한 손해배상청구의 후소에 기판력이 미치지 않는다고 하는바(2000. 6. 9. 선고 98다54397 판결, 2001. 9. 14. 선고 99다42797 판결), 양 청구권의 실체법적 근거가 달라 소송물이 다르다고 본 것인지 당사자가 달라 그렇다는 것인지 이유가 분명치 않으나, 판결문 전체의 취지상 후자로 읽힌다. 그런데 주채무자에 대한 청구권과 보증인에 대한 청구권과 마찬가지로 이 경우에도 청구권의 실체법적 근거가 다르므로 소송물도 다르다고 생각된다.

231) 후소는 오히려 최초의 등기말소청구 사건의 기판력에 구속된다. 무권대리에 기한 등기의 원인무효와 가등기상의 피담보채무 부존재를 원인으로 한 가등기의 무효는 공격방어방법으로서 소송물이 달라지지 않기 때문이다.

(나) 전후 양소의 당사자 지위가 다르고 청구취지가 동종인 경우

1) 기판력은 동일 당사자 간의 법률관계를 구속하므로 전후소에서 당사자의 지위가 바뀐 경우에도 그 적용이 있다. 그러나 이 경우에도 소송물이 동일하여야만 한다. 전소의 원고(甲)가 매매를 이유로 동일 계쟁물에 관하여 甲 앞으로의 소유권이전등기를 구하여 승소하였는데 그 사실심 변론종결 후에 전소의 피고(乙)가 甲에게서 그 계쟁물을 매수하였다며 후소의 원고가 되어 甲을 상대로 소유권이전등기를 청구한 경우에는, 전후 양소의 청구취지가 모두 소유권이전등기로서 동종이지만 각각의 청구원인인 매매가 그 시기나 매도인, 매수인이 전후소에서 다르고, 청구취지 역시 전소에서는 甲의 乙에 대한 소유권이전등기청구임에 반해[232] 후소에서는 乙의 甲에 대한 소유권이전등기청구로서 서로 다르므로 당연히 소송물이 다르다.

2) 또, 전소의 원고(甲)가 계쟁물이 자신의 소유라며 소유권확인청구를 하여 승소하였는데, 패소한 전소의 피고(乙)가 후소의 원고가 되어 그 계쟁물이 자신의 소유임을 주장하며 소유권확인을 청구한 경우에도, 전소의 재판 대상(소송물)은 甲의 소유권의 존부이고 후소의 그것은 乙의 소유권의 존부로서 소송물이 다르다.

(다) 소유권이전등기말소청구와 진정명의 회복을 위한 소유권이전등기청구의 관계

1) 이미 자기 앞으로 소유권을 표상하는 등기가 된 바 있었거나 법률에 의하여 소유권을 취득한 자는 진정한 등기 명의를 회복하기 위한 방법으로 현재의 등기명의자를 상대로 그 등기의 말소를 구할 수 있음은 물론 진정한 등기명의의 회복을 원인으로 소유권이전등기를 구할 수도 있다는 것이 판례이다(대법원 1990. 12. 27. 선고 89다카 12398 전원합의체 판결).

2) 그런데 위 소유권이전등기말소청구나 소유권이전등기청구 모두 진정한 소유자의 소유권에 기한 물권적 청구권(방해배제청구권)이므로 그 청구원인이 동일하다. 또, 그 청구취지는 비록 말소등기와 이전등기로 다르지만 그 실질은 진정한 소유자의 등기명의를 표상하려는 목적에 기한 것으로서 동일하다.

따라서 양자는 그 청구원인과 청구취지를 같이 하므로, 자신이 진정한 소유자임을 청구원인으로 하여 전소에서 말소등기청구를 하였다가 패소하자 다시 후소로 이전등기를 구한 경우 후소에 기판력이 미친다. 대법원도 처음에는 기판력을 부정하였으나 현재는 인정한다(2001. 9. 20. 선고 99다 37894 전원합의체 판결).

---

232) 전소에서 甲의 승소가 확정된 경우 그 실체적 확정력은 甲이 乙에 대하여 소유권이전등기청구권이 있다는 것에 발생할 뿐이고, 乙이 甲에 대하여 소유권이전등기청구권이 없다는 것에는 발생하지 않는다(원고가 가등기담보계약의 유효를 인정하고 그 전제에서 가등기상 피담보채무가 원시적 또는 후발적으로 부존재하다며 그 가등기담보계약 자체의 효력에 의해 말소등기를 청구한 경우라면 전소와 후소의 소송물이 달라 기판력이 미치지 않는다).

(라) 일부청구

1) 수량적으로 가분인 권리, 의무의 일부에 대한 이행이나 확인을 구하는 등의 재판청구가 일부청구인바, 이에 관하여는 그것이 가능한지 여부, 기판력의 범위, 소멸시효중단효력의 범위 등이 문제된다. 학설은 일부청구 금지설도 있으나 우리 법은 소액사건심판법 제5조의2 외에는 이를 금지하지 않고 있고, 대법원도 일부청구와 잔부청구의 소 제기 자체를 금지하지는 않는다.[233] 다만, 대법원은 소멸시효, 기판력과 관련하여 명시 여부를 기준으로 달리 취급하므로 원고는 일부청구임을 명시할 필요가 있는바, 그 명시의 방법은 잔부청구와 구별하여 심리의 범위를 특정할 수 있는 정도로 표시하면 족하다(대법원 1989. 6. 27. 선고 87다카 2478 판결).

일본 최고재판소는, 명시적 일부청구라도 전소에서 청구의 전부나 일부가 기각된 경우에는 특단의 사정이 없는 한 신의칙상 후소 제기는 부적법하다고 본다(1998. 6. 12. 선고 평 성9년才849 판결). 일부청구의 경우 법원은 단일한 청구권 전부에 대하여 심리한 후 그 인정 범위와 원고의 청구를 비교하여 더 작은 쪽을 한도로 청구를 인용하므로(대법원 1976. 6. 22. 선고 75다819 판결, 2008. 12. 24. 선고 2008다51649 판결 등), 청구의 일부가 기각된 경우라면 이미 그 청구권 전부에 대한 심리를 거친 이상 잔부청구를 할 이유가 없다는 데에 기인한다.

원래 청구원인이 같아도 청구취지가 다르면 소송물이 달라 기판력이 미치지 않으므로, 일부청구의 경우에도 전소와 후소가 청구원인은 같지만 청구취지가 다른 이상 소송물이 달라 기판력이 미치지 않는다고 할 것이나, 전소에서 일부청구임을 명시하지 않으면 그 청구원인으로부터 발생하는 1개의 청구권 전부가 그 법률효과로서 심리·판단되므로, 전소 판결 확정 후 원고가 전소의 청구는 일부청구였다며 다시 잔부를 후소로써 청구하더라도, 이는 실질상 이미 전소에서 판단된 소송목적에 중복·포함되는 것으로서 소송목적이 동일하다고 보아야 하므로 이는 권리남용이자 신의칙에 반하는 행동으로서 민사소송법 제1조에 반하여 허용될 수 없다.

따라서 매매에 기한 인도청구권과 소유권이전등기청구권과 같이 동일한 청구원인으로부터 발생하는 법률효과가 다른 경우에는 청구원인이 같아도 청구취지가 다르면 소송물이 달라져 기판력이 미치지 않는다고 할 것이나, 그 청구원인으로부터 발생하는 법률효과인 청구권이 동일한 경우에는 이러한 법리를 수정하여, 전소에서 일부청구임을 명시하지 않은 때에는 기판력이 미치는 것으로 함이 타당하다.[234] 이를 명시한 때는 법원과 상대방

---

233) 대법원 1971. 4. 30. 선고 71다430 판결의 원심(서울고등법원 1971. 1. 22. 선고 70나2629 판결)은 임료의 증액을 이유로 한 추가청구에 대해 전소의 기판력이 미치는 이상 권리보호의 이익이 없다는 이유로 소를 각하하였는바, 대법원은 이러한 조치를 특별히 타박하지 않은 채 원심판결을 인용하였다.
234) 전소의 일부청구와 후소의 잔부청구가 수량이나 금액이 달라 형식상으로는 청구취지가 다르고 그에 따라 소송물이 다른 것으로 보이지만, 원고의 전소청구가 1개의 청구권 전부에 대한 재판을 구하는 것으로 해석되는 경우 후소의 잔부청구는 실질적으로 전소청구에 포함되었던 것을 다시 청구한 것으로 되어 결국 소송물이 동일한 것으로 볼 수 있게 된다. 그리하여 후소의 잔부청구에 기판력이 미치

이 이를 인식하고 심리와 방어를 하게 되므로 그들의 신뢰를 해치거나 채무자의 이익을 침해하지 않기 때문이다.

2) 한편 대법원은 이와 같은 연장선상에서, 일부청구임을 명시한 때에는 그 명시한 부분에 한하여 기판력이 생기나 명시하지 않은 때는 당해 청구권 전부가 심리의 대상이 되고 그 전부에 기판력이 미친다고 본다(1997. 4. 25. 선고 97다5565 판결, 2000. 2. 11. 선고 99다10424 판결, 일본 최고재판소 1959. 2. 20. 선고 소화31년才388 판결, 1962. 8. 10. 선고 소화35년才359 판결도 이와 같다). 즉 일부청구임을 명시하지 않은 경우 전소와 후소의 소송물이 동일한 것으로 보는 셈이다.[235] 이러한 대법원의 견해는 당사자처분권주의와 상대방의 이해를 조절한 타당한 해석론이라 하겠다. 대법원의 견해에 따를 때, 전후 양소의 청구가 1개의 청구권을 나눈 일부청구와 잔부청구인지 아니면 각각 독립한 별개의 청구인지의 판별이 중요하다. 후자의 경우에는 이상과 같은 일부청구의 법리가 적용되지 않기 때문이다. 이하 몇 가지 살펴본다.

3) 첫째, 대법원은 앞서 본 바와 같이 불법행위로 인한 손해배상청구권에 관하여 적극적 재산손해, 소극적 재산손해, 정신적 손해로 청구권이 각각 성립한다고 보므로, 예컨대 적극적 재산손해배상청구권에 포함되는 치료비를 여러 번에 걸쳐 지출하였다고 하더라도 이는 모두 합하여 하나의 청구권만을 구성하는 것으로 파악되고, 따라서 그 지출한 치료비 중 일부만을 청구하는 것은 그 지출 시기를 불문하고 일부청구에 해당한다(대법원 1982. 11. 23. 선고 82다카845 판결, 1988. 10. 11. 선고 87다카1416 판결 등). 이는 치료비 지출이 전소의 사실심 변론종결일 이후에 발생한 것이라도 마찬가지다.[236]

게 하는 것이 민사소송법 제1조나 피고의 권리보호, 소송경제에 합치된다.

235) 판례가 이를 명시적으로 표현하고 있지는 않다. 따라서 판례의 견해를 이와 달리, 전소와 후소의 소송물은 다르되 신의칙상 기판력이 미치는 것으로 이해할 수도 있다.

236) 가해행위가 1개이고 그 근거법규도 동일하기 때문에 손해의 내용, 손해의 구체적 발생시기와 관계없이 1개의 손해배상청구권만이 발생한다(대법원은 앞서 본 바와 같이 불법행위로 인한 손해배상청구권에 관하여 적극적 재산손해, 소극적 재산손해, 정신적 손해로 청구권이 각각 성립한다고 보나, 대법원 1994. 6. 28. 선고 94다3063 판결에서 판시하고 있는 바와 같이 불법행위로 인한 손해배상에 있어 재산상 손해나 위자료는 단일한 원인에 근거한 것인데 편의상 이를 별개의 소송물로 분류하고 있는 것에 지나지 아니한 것이다). 따라서 1개의 이 청구권을 나누어 전후 양소에 걸쳐 일부청구를 한 경우 전소와 후소의 청구취지가 달라 소송물이 달라 기판력이 미치지 않으나, 다만 전소에서 일부청구임을 명시하지 않은 경우 신의칙상 기판력이 미치고, 반대로 이를 명시한 경우에는 원칙대로 소송물이 달라 기판력이 미치지 않는 것으로 처리하여야 한다.

한편, 이 경우 전소의 표준시 이후 지출한 치료비 상당의 손해 발생이라는 사실을 표준시 이후의 사실로 볼 수 있는지 문제된다. 표준시 이후의 사실로 볼 경우 전후 양소의 소송물이 동일한 것으로 보더라도 기판력의 차단효에는 걸리지 않는 것으로 새길 수 있다. 그러나 가해행위로 부상을 입은 경우 그때 바로 손해가 발생하며 그 시점에서 손해(부상)의 크기, 정도, 소요되는 치료비 등을 알 수 있다. 따라서 피해자는 바로 그때 가해자를 상대로 장래의 치료비를 손해액으로 하여 배상을 청구할 수 있고(이에 따라 소멸시효가 그때부터 진행함은 물론이다.), 그 뒤 피해자가 치료를 받고 그 치료비를 지출하는 것은 이미 발생한 손해의 금전적 현실화일 뿐 그 지출 시에야 비로소 손해가 발생하는 것은 아니다. 그러므로 표준시 이후에 치료비를 지출하였더라도 그 손해가 표준시 이후에 발생한 것으로 볼 수 없고 이는 기판력의 차단효에 걸리게 된다(위 대법원 87다카1416 판결 등에 나타난 대법원의 견해를 전후 양소의 소송물이 동일한 것으로 보는 것으로 전제하면, 표준시 이후 지출한 치료비는 차단효에 걸리는 것으로 해석한 것으로 볼 수밖에 없다). 다만, 가해행위 당시 발생하지 않아 피해자 또 소극적 재산손해가 하나의 청구권이므로, 일실임금의 배상청구 후 일실퇴직금을 청구한 경우에도 일부청구의 법리가 적용된다(대법원 1976. 9. 28. 선고 76다2007 판결). 다만 대법원은, 신체 부상으로 인한 상해의 정도나 그 치료의 필요성 등 여러 사정에 비추어 전소의 변론종결 당시 예상할 수 없었던 후유증이 발생하는 등의 사정이 있는 때에는 후유증에 의한 손해를 다른 소송물로 보아 기판력이 미치지 않는다고 함으로써 예외를 인정한다(1980. 11. 25. 선고 80다1671 판결, 1986. 12. 23. 선고 86다카536 판결, 2002. 2. 22. 선고 2001다71446 판결, 2007. 4. 13. 선고 2006다78640 판결 등).237)

4) 둘째, 수량적으로 가분인 청구권이라도 그것이 단일한 법률요건을 충족하여 그로부터 1개의 청구권만이 발생하는 경우에는 이를 단일한 청구권으로 보아야 할 것인바, 소비대차에 있어 원본, 이자, 지연손해금은 각각 그 발생 원인인 실체법규가 달라 청구원인을 달리하므로 각각 별개 독립한 청구가 된다(1976. 12. 14. 선고 76다1488 판결). 그러므로 원본만을 청구한 후 후소로 이자나 지연손해금을 청구하는 것은 일부청구가 아니다. 또 당사자간에 일정기간에 걸쳐 수회 외상 거래를 한 경우 각 거래별로 1개의 매매대금채권이 성립한다(대법원 1982. 5. 25. 선고 82다카7 판결 참조).238)

이와 관련하여 문제되는 것이, 이자나 지연손해금 등과 같이 시간에 비례하여 증가하는 청구권의 경우 이를 단일한 청구권으로 보느냐 아니면 시간(시기) 별로 독립한 청구권으로 보느냐다. 매매계약상의 매매대금이나 소비대차상의 대여원금, 임대차계약상의 보증금 같은 것은 시간의 경과에 관계없이 그 액수가 일정하고 단일한 법률요건으로부터 발생하므로 단일한 청구권으로 이해하는 데 아무런 문제가 없다. 그러나 이자나 지연손해금 등은 그 법률요건에 이자약정이나 채무불이행 외에 시간의 경과라는 것이 포함되므로, 이자 등의 발생 시기가 다르다면 이를 모두 하나로 묶어 단일한 청구권으로 보기는 어렵다고 생각된다. 이는 임대차약정에서의 임료, 타인의 물건을 부당이용한 데에 따른 부당이득 등을 상정해보면 쉽게 수긍할 수 있다. 이 경우에 임대차나 부당이용이 종료한 때라도, 전소에서 일정기간만의 임료 등을 청구한 후 후소로써 나머지 기간의 임료 등을 청구

가 예상할 수 없었던 후유증의 경우 피해자가 표준시 이전에 이를 주장할 수 없으므로 차단효에 걸리지 않아 기판력이 미치지 않는다. 이에 관하여는 앞서의 <청구취지와 소송물>을 참조하기 바란다.

237) 그러나 이러한 해석론은 앞서 본 정기금 변경청구의 소에 대하여 적용하였던 일부청구이론이나 소송물 삼분이론(三分理論)에 배치되어 일관성이 없다. 불법행위가 동일한 이상 그로부터 손해가 언제 발생하였든 그 손해는 모두 합하여 하나의 손해로서 1개의 적극적 손해배상청구권을 구성하기 때문이다. 따라서 부상으로 인한 치료비 손해 일반의 경우에 관하여 앞서 본 대법원 판결의 태도를, 전후 양소의 소송물이 동일하고 표준시 이후 지출한 치료비는 차단효에 걸리는 것으로 해석한다면 후유증 손해에 관하여는 일관성이 없게 된다. 따라서 부상으로 인한 치료비 손해 일반의 경우에 관하여 앞서 본 대법원 판결의 태도를 위와 같이 해석한다면 이와 일관성을 유지하여, 전소의 표준시 이후에 발생한 후유증 손해에 대하여는 소송물은 동일하지만 차단효에 걸리지 않기 때문에 기판력이 미치지 않는 것으로 설명하여야 논리의 일관성을 유지할 수 있을 것이다.

238) 대법원은 이러한 법리를 전제로, 원고가 수회의 외상매매대금 중 특정 가능한 일부 개별적 채권이 아닌 그 총액의 일부에 대한 청구를 하면서 일부청구임을 명시하지 않은 경우 그 소송물은 그 총액 채권이고 기판력은 그 전부에 미친다고 하였다.

하는 것을 단일한 청구권을 수량적으로 나누어 청구하는 것으로 보아 제재를 가하는 것은 부당하다.[239] 이들 청구권은 시간의 경과에 따른 약정기간의 충족이나 사용·수익의 증가에 따라서 새로운 청구권이 발생하기 때문이다. 이렇게 해석한다고 하여 상대방인 차용인이나 임차인, 부당이득자에게 불리하다고 할 수도 없다. 이미 그 청구원인에 당해 소로써 구하는 금액의 발생기간이 드러나 있어 방어에 아무 문제가 없기 때문이다. 다만, 이들 청구권에서 어느 기간을 단위로 청구권의 개수를 산정할 것인가는 매우 어려운 문제이다. 원고가 하나의 소로써 청구하는 때는 그 전체를 한 개의 청구권으로 보되, 아직 청구되지 않은 것은 특별한 사정이 없는 한 일(日) 단위로 산정하는 것이 타당하다고 생각된다.[240]

5) 셋째, 채무부존재확인청구의 소에서 원고가 일정액의 채무 존재는 인정하면서 이를 초과하는 부분의 부존재 확인을 구하는 경우, 그 소송물은 전체의 채무 중 원고가 자인한 부분을 제외한 나머지 부분만으로서 원고가 자인한 부분에는 기판력이 미치지 않는다는 것이 일본의 판례(최고재판소 1965. 9. 17. 선고 소화39년才987 판결)이며 통설이다. 이에 반대하는 견해는, 심판의 대상은 원고가 자인한 부분을 포함한 채무 전부이고 원고는 심판 대상을 제한할 수 없다고 주장하나, 처분권주의에 비추어 심리 결과 잔존 채무액이 원고의 부존재확인청구 금액에 미달한 경우에도 법원은 원고의 청구를 그대로 시인해야 하고 상계항변과 같은 법규정도 없으므로 통설이 타당하다고 생각된다.

6) 넷째, 1필의 토지나 1동의 건물에 대한 소유권은 특정 부분에 대하여 소유권이 성립하는 경우를 제외하고는 일물일권주의의 원리상 단일한 권리라고 할 것이므로 그 점유 침탈자에 대한 반환청구는 특히 일부청구를 명시하지 않는 한 1필의 토지나 1동의 건물 전부에 기판력이 미친다고 할 것이다. 지상권이나 전세권, 지역권, 임차권 등은 약정에 의하여 토지나 건물의 일부만에 대하여도 설정이 가능하고 그 약정 단위를 기준으로 권리의 개수가 정해진다고 할 것이다. 매매에 기한 소유권이전등기청구권이나 인도청구권 또한 마찬가지다. 대법원은, 1필의 토지의 일부인 특정 부분에 대한 소유권이전등기를 구하는 전소와 그 토지의 일정 지분에 대한 소유권이전등기를 구하는 후소는 청구취지가 달라 소송물이 다르므로 기판력이 미치지 않는다고 한다(1995. 4. 25. 선고 94다17956 전원합의체 판결).

(마) 전소의 소송물과 동종인 행위의 반복

1) 주주인 원고에 대한 소집통지 없이 이루어진 주주총회결의에 대한 취소의 소를 제

---

239) 이 경우 원고는 청구취지에서 구하는 임료나 부당이득이 어느 기간에 발생한 것인지를 청구원인으로 주장·입증하여야만 하고, 이를 밝히지 않고 단순히 일정액의 지급을 구한 경우 청구를 특정하지 못한 것이 된다고 하겠다.

240) 임료와 같이 약정에 의해 발생하는 경우 대체로 그 산정기간(월, 분기, 만기, 연)을 약정으로 정하므로 민법 제157조를 고려하여 1일 단위로 산정함이 타당하다. 부당이득과 같이 약정에 의하지 않은 경우에도 사회통념상 일 단위로 산정함이 타당하지 않을까?

기하여 원고가 승소하였는데 그 확정 후 회사가 또다시 원고에게 통지를 하지 않고 동일한 결의를 한 경우, 제3자이의의 소에서 원고 승소가 확정된 후 피고가 동일 계쟁물에 대하여 또다시 부당한 집행을 되풀이한 경우 원고는 다시 동종의 소를 제기할 수밖에 없다.

2) 이 경우 후소 법원은 전후 양소의 소송물이 다른 것으로 보아 전면적인 심리를 하여야 하는가 아니면 소송물이 같은 것으로 보아 전소의 기판력이 미친다고 볼 수 있는가? 엄격히 따지자면 이 경우 전후 양소의 심판 대상은 그 종류가 같을 뿐 행위(사실)가 다르므로 소송물이 동일하다고 할 수 없다. 따라서 후소 법원은 기판력의 구속을 받지 않는 것으로 해석하되, 쟁점효나 전소 판결에 강한 증명력을 부여함으로써 원고를 구제할 수밖에 없을 것이다. 이에 대하여 이를 선결문제의 일종으로 보아 기판력을 확장하여야 한다는 견해도 있으나 수긍하기 어렵다.

(2) 전후 양소의 소송물이 모순관계에 있는 경우(예외 1)

1) 대법원은, 전소와 후소의 소송물이 동일하지 않다고 하더라도, 전소에서 확정된 법률관계와 모순되는 정반대의 사항을 후소의 소송물로 삼았다면 이러한 경우에는 전소 판결의 기판력이 후소에 미친다고 하여 기판력의 예외적 확장을 인정한다(2002. 12. 6. 선고 2002다44014 판결, 2005. 12. 23. 선고 2004다55698 판결).

이러한 견지에서 대법원은, ① 甲이 乙을 상대로 매매에 기한 소유권이전등기청구의 소를 제기하여 승소 확정판결을 받아 소유권이전등기를 마쳤는데, 乙이 甲 명의의 소유권이전등기가 원인무효임을 이유로 그 말소청구를 한 경우(1987. 3. 24. 선고 86다카1958 판결, 1996. 2. 9. 선고 94다61649 판결, 2000. 7. 6. 선고 2000다11584 판결), ② 甲이 乙로부터 명의신탁 해지를 원인으로 한 소유권이전등기를 받기로 제소전화해를 하고 그에 따라 소유권이전등기를 마쳤는데, 乙이 甲 명의의 소유권이전등기가 원인무효라고 주장하며 그 말소등기와 진정명의 회복을 위한 소유권이전등기를 청구한 경우(2002. 12. 6. 선고 2002다44014 판결)에 기판력을 인정하였다. 학설도 대법원의 견해를 모두 지지한다.

2) 후소의 소송물, 즉 후소의 청구가 전소에서 확정된 법률관계와 모순된다는 것은, 후소의 청구가 인용될 경우 전소에서 확정되어 실체적 확정력이 발생한 법률관계에 모순·저촉되어 전소 판결이 실질적으로 무의미해지는 결과가 초래되는 것을 의미한다. 위 ①, ②의 사례에서 乙의 후소 청구가 인용될 경우 전소에서 확정된 甲의 乙에 대한 소유권이전등기청구권이 부정되어 전소 재판은 있으나마나한 결과가 초래됨을 쉽게 알 수 있다. 이러한 결과를 용인한다는 것은 소송제도의 본질이나 법률관계 안정의 측면에서 도저히 수긍하기 어렵기 때문에, 이 같이 전후 양소의 소송물이 모순관계에 있는 때에는 그 소송물이 서로 다르더라도 기판력의 확장을 예외적으로 인정하여야 한다.

3) 모순관계와 관련하여서는 다음과 같은 점에 주의하여야 한다. 첫째, 모순관계가 성립하려면 전소에서 확정된 법률관계와 후소의 소송물이 직접 모순·저촉되어야 하고, 전소

의 소송물이 아니어서 기판력이 미치지 아니하는, 전소 판결 이유 중의 판단과 후소의 소송물 간에 모순·저촉의 관계가 되는 데에 그치는 경우 모순관계가 성립하지 않는다(대법원 2000. 2. 25. 선고 97다30066 판결, 2009. 3. 12. 선고 2008다36022 판결 참조).

예컨대, 甲이 乙을 상대로 매매계약의 무효·해제를 원인으로 기 지급한 매매대금의 반환청구의 소를 제기하였던바 乙이 그 청구를 인낙하여 甲의 乙에 대한 매매대금반환청구권이 확정되었는데, 甲이 다시 乙을 상대로 위 매매계약에 기한 소유권이전등기청구를 한 경우, 전소의 소송물인 매매대금반환청구권의 전제가 되는 매매계약의 무효·해제와 후소의 매매에 기한 소유권이전등기청구는 모순되는 관계에 있지만, 매매계약의 무효나 해제는 전소의 소송물이 아니고 전소에서 확정되어 실체적 확정력이 발생한 부분은 금전청구권으로서 후소의 소송물인 소유권이전등기청구권과 모순관계에 있지 아니하므로 후소에 기판력이 미치지 아니한다(대법원 2005. 12. 23. 선고 2004다55698 판결).[241] 또, 甲이 가등기에 기한 소유권이전의 본등기말소청구의 소에서 패소 확정된 후 다시 가등기말소청구의 소를 제기한 경우 전소의 기판력(실체적 확정력)은 소유권이전등기말소등기청구권의 존부에만 미치고 그 말소등기청구권의 원인이 되는 채권계약의 존부나 판결 이유 중에 설시되었을 뿐인 가등기의 효력 유무에 관한 판단에는 미치지 아니하여 후소는 전소의 소송물과 직접 모순·저촉관계에 있지 않으므로 기판력이 발생하지 아니한다(대법원 1995. 3. 24. 선고 92다52488 판결).

그러나 대법원 1983. 9. 27. 선고 82다카770 판결은 선뜻 이해하기 어렵다. 사안을 요약하면, 乙이 甲에게서 토지를 매수하였다며 소유권이전등기청구의 소를 제기하였다가 패소하였는데, 乙이 전소에서 甲의 주소지를 허위로 기재하여 의제자백에 의한 승소판결을 받아 형식상 확정되자 이에 기하여 소유권이전등기를 마쳤으나 甲의 상속인이 소송을 수계하고 추완항소를 하여 결국 위와 같이 乙의 패소가 확정되었다. 그러자 甲의 상속인이 후소로써 乙을 상대로 乙의 소유권이전등기에 대한 말소청구를 하였고, 乙은 전소의 청구 원인과 똑같이 자신이 전소의 표준시 이전에 甲에게서 계쟁 토지를 매수하였으니 자신의 등기는 실체관계에 부합한다는 항변을 하였다. 이에 대하여 대법원은, 전소 판결의 실체적 확정력이 소유권이전등기청구권의 원인인 매매계약의 존부에까지 미치는 것은 아니므로, 후소 법원이 乙의 항변을 인용하여 甲의 상속인의 후소청구를 기각하여도 기판력에 저촉되지 않는다고 판시하였다. 대법원의 위 판시 중 전후 양소의 소송물이 다르다는 판단은 옳으나, 그 결론에 있어서 모순관계를 외면한 잘못이 있다. 즉, 전소에서 乙의 甲에 대한 매매계약상의 소유권이전등기청구권이 부존재한 것으로 확정되었으므로, 후소에서 이와 직접적으로 모순되고 양립 불가능한 주장인 매매계약상의 소유권이전등기청구권의 항변을 인용할 경우 전소 판결이 무위로 돌아가기 때문이다. 이 사안에서 乙이 다시 원고

---

241) 이에 따른 불합리는 결국 쟁점효이론이나 금반언, 신의칙이론에 의하여 해결될 수밖에 없다.

가 되어 甲의 상속인을 상대로 소유권이전등기청구의 소를 제기한 경우 대법원은 후소가 기판력에 저촉된다고 판시하였을 것이 분명한 사정을 헤아려보면 이는 자명하다.[242]

둘째, 전후 양소의 소송물간에 모순관계가 성립하여 기판력이 인정되기 위해서는 단순히 두 소송물이 형식적으로 모순되는 관계인 것만으로는 부족하고 양자가 양립 불가능하여야 한다. 따라서 무권리자로부터 등기를 넘겨받았기 때문에 乙의 소유권이전등기가 원인무효라는 이유로 甲이 제기한 소유권이전등기말소청구 소송에서 패소 확정되어 그 등기가 말소된 乙은, 전소의 사실심 변론종결 전후를 불문하고 진실한 소유자인 甲으로부터 계쟁물을 매수한 바가 있다면 이를 청구원인으로 삼아 甲을 상대로 소유권이전등기청구의 소를 제기할 수 있다(대법원 1995. 6. 13. 선고 93다43491 판결 참조). 이 경우 전소의 소유권이전등기말소청구와 후소의 소유권이전등기청구는 형식상 모순관계에 있지만, 전소의 청구원인은 소유권이전등기가 무권리자로부터의 매수에 기한 것이어서 원인무효라는 것이고, 후소의 청구원인은 전소의 원고로부터의 매수에 기한 것이어서 양립 가능한 관계에 있으므로 모순관계가 아니다.[243] 이러한 이치는, 乙의 소유권보존등기가 허위의 보증서와 확인서에 기한 것이어서 원인무효라는 이유로 甲이 제기한 등기말소청구의 소에서 乙이 패소 확정된 후, 乙이 전소의 사실심 변론종결 전의 취득시효완성을 원인으로 하여 甲을 상대로 소유권이전등기청구를 한 경우에도 동일하다(대법원 1995. 12. 8. 선고 94다39628 판결, 1997. 11. 14. 선고 97다32239 판결 참조).[244]

반면에 甲이 乙에게 소유권에 기한 반환청구권에 의해 토지 인도청구를 하였으나 乙의 증여항변으로 인해 패소한 후, 표준시 이후에 그 증여가 서면에 의하지 아니한 것이라며 해제한 후 다시 후소로써 해제에 기한 원상회복청구권을 주장하여 동일한 토지의 인도청구를 한 경우, 전후 양소의 소송물이 동일하지 않으나 전소의 실체적 확정력(甲의 乙에 대한 토지 인도청구권의 부존재)과 후소의 청구취지가 모순되고, 전소의 증여와 후소의 증여계약 해제는 양립하여 병존할 수 없으므로, 그 해제 사유가 전소의 표준시 이후에 발생한 것이 아닌 이상 모순관계에 해당하여 기판력이 미친다고 할 것임은 앞서 차단효에서 이미 설명한 바와 같다.

---

242) 전소 확정판결의 실체적 확정력이 乙이 주장하는 甲과 乙 사이의 매매계약의 존부·유무효에 대하여는 발생하지 않지만, 그 소송물인 乙의 매매계약에 기한 소유권이전등기청구권의 부존재에 대하여는 확정력이 미치는바, 乙의 후소에서의 항변은 그 확정력에 정면으로 모순된다.

243) 이 사안에서 후소 원고의 매수가 전소의 사실심 변론종결 전에 이루어졌어도 이는 공격방어방법이 아니라 청구원인에 해당하므로(甲으로부터 乙의 매수는 전소의 소송물인 '물권적 청구권에 기한 원인무효등기의 말소등기청구권'을 이유 있게 하거나 이유 없게 하는 것이 아니므로 공격방어방법이 아니다.) 기판력의 차단효가 미치지 않는다.

244) 이 경우 취득시효완성은 전소에서 乙이 방어수단으로서 제출할 수 있는 '실체관계에 부합하는 등기'의 항변에 해당하는바, 이러한 항변은 乙의 등기의 등기원인의 존부나 그 유무효와 관련이 없는 사항이어서(즉, 乙은 이미 기입된 자신의 등기와 관계없이 그 항변사유를 청구원인으로 삼아 소유권이전등기를 청구할 수 있다) 기판력의 차단효가 미치는 공격방어방법에 속하지 않는다. 위 대법원 93다43491 판결에서 乙의 매수 역시 마찬가지다.

(3) 전소의 소송물이 후소의 소송물에 대하여 선결관계에 있는 경우(예외 2)

1) 甲이 乙을 상대로 계쟁물에 대한 소유권확인 판결을 받아 승소 확정되면 그 계쟁물에 대한 甲의 소유권이 확정된다. 이에 뒤이어 甲이 乙을 상대로 소유권에 기한 반환청구권으로서의 인도청구 또는 방해배제청구권으로서의 소유권이전등기말소청구를 하는 경우 후소의 소송물인 인도청구권이나 소유권이전등기말소청구권은 甲의 소유권의 존재를 법률요건으로 하므로, 결국 전소에서 확정된 소송물인 소유권의 존부가 후소의 선결문제로 된다. 이때 만약 후소에서 甲의 소유권을 부정하고 그 청구를 기각한다면 전소 확정판결은 있으나마나한 것이 된다. 그러므로 대법원은 이러한 경우 후소에 대해 기판력을 인정한다(2002. 12. 27. 선고 2000
다47361 판결 등).

2) 전소의 소송물이 선결관계에 있기 위해서는 전소의 주문에서 확정된 법률관계가 후소의 소송물에 대하여 선결관계에 있어야 하고, 전소 판결의 이유 중에서 판단된 법률관계가 선결적 관계가 있는 것만으로는 안 된다(대법원 2000. 2. 25. 선고 97다30066 판
결, 2002. 12. 27. 선고 2000다47361 판결).

또한, 앞서 본 모순관계에 있어서도 그렇지만 선결관계도 전후 양소의 당사자가 동일하거나 기판력이 미치는 승계인이어야 하고 그런 관계가 아닌 자 사이에서는 성립하지 아니한다(대법원 2003. 5. 13. 선고
2002다64148 판결 참조).

3) 한편 위 사안의 경우와 반대로, 甲이 乙을 상대로 소유권이전등기말소청구를 하였다가 패소 확정된 후 다시 乙을 상대로 소유권확인청구의 소를 제기하는 때에는 전소의 소송물이 후소의 소송물에 대한 선결관계에 있지 아니하므로 기판력이 미치지 아니한다(대법원 2002. 9. 24. 선고
2002다11847 판결 참조). 이때 甲이 후소에서 승소하여 계쟁물의 소유권이 자신에게 있는 것으로 확정된 경우라도, 甲이 乙을 상대로 또다시 소유권이전등기의 말소를 청구하면 최초의 확정판결의 기판력에 의해 후소(제3차의 소) 청구가 차단됨은 물론이다.[245]

3. 주관적 범위

가. 소송당사자(원칙)

1) 민사소송은 당사자처분권주의에 의해 운영되므로 확정재판의 실체적 확정력 역시 그 소송의 당사자 사이의 법률관계에만 발생하는 것이 당연하다. 이러한 견지에서 민사소송법은 기판력의 주관적 효력 범위를 원칙적으로 당사자로 예정하고 있다(제218조
제1항). 전소와 후소의 당사자가 동일하면 족하고 원·피고의 지위까지 동일할 필요는 없다. 즉, 그 지위가 서로 뒤바뀌어도 기판력이 미친다.

---

245) 이 경우 소유권확인의 승소판결 확정이 최초의 소의 사실심 변론종결 후의 새로운 사유나 독립한 청구원인이 될 수는 없다(대법원 1991. 3. 27. 선고 91다650 판결 참조).

2) 법인이나 민사소송법 제52조에 의하여 대표자가 있는 법인 아닌 사단이 소송의 당사자가 되는 경우, 법인이나 법인 아닌 사단은 그 대표자 또는 구성원과 별개의 주체이므로 대표자나 구성원을 당사자로 한 판결의 기판력이 법인이나 사단에 미칠 수 없고, 그 역의 관계에서도 마찬가지다(대법원 1969. 12. 9. 선고 69다1780 판결, 2010. 12. 23. 선고 2010다58889 판결 참조).

나. 제3자 소송담당자(예외 1)

1) 당사자 가운데에는 자신의 법익 보호가 아닌 타인을 위하여 당사자가 된 사람이 있다. 이른바 제3자 소송담당이다. 그 중 임의적 소송담당자의 예로는 선정당사자, 어음의 추심위임을 위한 피배서인이 있고, 법정소송담당자의 예로는 파산관재인, 회생채무자회사의 관리인, 유언집행자, 업무집행조합원, 추심채권자, 권리질권자, 채권자대위권행사자, 대표소송을 제기하는 주주, 가사소송에서의 검사, 해난구조료청구에서의 검사 등을 들 수 있다.

이러한 제3자 소송담당자가 당사자로서 한 소송행위는 모두 그 타인(본인)에게도 효력이 미치므로 실체적 확정력과 기판력 역시 타인에게 미친다. 민사소송법은 이를 명문으로 규정하고 있다(제218조 제3항).

2) 채권자대위소송과 기판력의 관계에 대하여는 다음 몇 가지에 주의하여야 한다. ① 채권자와 채무자 사이에 피보전채권에 관하여 채권자 승소 판결이 확정된 경우 제3채무자는 이를 다툴 수 없고(대법원 2007. 5. 10. 선고 2006다82700, 82717 판결 등), ② 반대로 위 소송에서 채권자 패소 판결이 확정된 경우 채권자의 대위권 행사는 당사자 적격의 흠결로 소각하 사유가 되어 실체관계에 기판력이 적용될 여지가 없으며(대법원 2003. 5. 13. 선고 2002다64148 판결 등), ③ 채무자가 이미 피대위권리를 행사하여 제3채무자와 소송을 한 경우 그 승패에 관계없이 채권자의 대위권 행사는 ②와 같은 결과가 되고(대법원 1992. 11. 10. 선고 92다30016 판결 등), ④ 채권자대위소송을 어떤 경위로든 채무자가 안 때에는 그에게도 대위소송의 기판력이 미치며(대법원 1975. 5. 13. 선고 74다1664 전원합의체판결 등), ⑤ 1차 채권자대위소송을 채무자가 알아 그에게 기판력이 미치는 때에는 다른 채권자가 제기하는 2차 채권자대위소송에도 그 기판력이 미친다(대법원 1994. 8. 12. 선고 93다52808 판결 등).

다. 변론종결 후의 승계인(예외 2)

(1) 입법취지

1) 재산법관계에서는 재산권의 상대적 변동이 당연히 예정되어 있는바, 법률관계가 전전 변동되는 경우에 후자의 법률관계는 전자의 법률관계를 기초로 성립한다. 그러므로 법률관계의 안정과 당사자의 신뢰를 보호하기 위해서는 전자의 법률관계가 확정된 경우 그것이 후자의 법률관계를 구속하는 효력이 필요하다.

이러한 견지에서 민사소송법은 변론을 종결한 뒤(변론 없이 한 판결의 경우 판결을 선고한 뒤[246])의 승계인에 대하여도 기판력을 확장한다(제218조 제1항). 이때 그 경계점을 변론종결시 또는 판결선고시로 한 것은, 그 이전에 승계가 있는 경우 권리참가나 인수참가, 인수승계에 의하여 당사자 교체가 가능하므로,[247] 이러한 경우에는 승계인으로 하여금 직접 당사자가 되어 소송을 수행하고 그 결과에 복종케 함이 공평한 사정을 고려한 것이다. 따라서 여기서 말하는 변론종결시나 판결선고시는 사실심의 그것을 말한다.[248]

2) 변론종결 후의 승계인이 기판력의 구속을 받는 것을 정당화할 이론적 근거에 대하여는, ① 승계인은 피승계인이 갖고 있던 것과 동일한 실체법상의 권리·의무를 승계취득하였으므로 피승계인이 받은 판결의 효력을 승계하여도 손해가 없다는 실체적 의존관계설, ② 승계의 범위를 ①보다 넓게 보아 소송물에 관하여 다툴 수 있거나 그 상대방이 될 지위, 즉 당사자적격의 승계가 있기 때문이라는 적격승계설,[249] ③ 승계인이 취득한 법적 지위가 전적으로 피승계인이 갖는 법적 지위에 의존·종속하는 관계에 있는 경우 승계인은 피승계인의 법적 지위와 동일한 지위에 놓이게 된다는 종속관계설(의존관계설), ④ 피승계인에게 소송절차상 공격방어의 기회가 충분히 보장된 경우 승계인에게 따로 그 절차를 보장할 필요가 없으므로 그러한 승계인에게는 기판력의 구속을 받게 하고, 승계인이 피승계인과 독립하여 독자적인 이해관계를 가진 경우에는 구속을 받지 않게 하여야 한다는 절차보장설이 대립한다. 다음에 보는 바와 같이 ②설이 ①설보다 기판력의 범위가 넓다.

3) 한편 여기서 승계의 성립요건이 문제되는바, 승계인이 소유권 등 완전한 권리를 취득하여야만 참가나 인수승계를 하여 전소에 관여할 수 있으므로, 부동산의 경우 등기를 갖춘 때, 동산의 경우 인도를 받은 때, 채권양도의 경우 채무자에 대한 통지나 그의 승낙이 있을 때에 비로소 승계가 있다고 하여야 할 것이다.[250] 따라서 이 같은 성립요건이 사실심 변론종결 전이나 판결 선고 전에 갖추어져 있어야만 승계인에게 기판력이 확장될 수 있다(대법원 1992. 10. 27. 선고 92다10883 판결 참조). 변론종결 전에 가등기를 하였다가 변론종결 후에 가등기에 기한 본등기를 한 경우라도, 가등기만으로는 완전한 권리를 취득하는 것이 아니므로 본등기시를 기준으로 승계 여부를 결정하여야 한다(위 판결 92다10883). 1차 승계가 변론종결 전에 이루어진 이상 2차 승계가 변론종결 후에 이루어졌어도 그 전자인 1차 승계인에게 기판력이 미치

---

246) 판결 이외의 재판이나 이와 동일시할 수 있는 것은 앞서 본 기판력의 표준시와 동일한 것으로 해석할 것이다.

247) 이에 관하여는 <소의 변경> 중 <당사자의 변경> 참조.

248) 상속, 법인의 합병 등에 따른 당연승계의 경우 승계시기가 변론종결 전이냐 후이냐를 묻지 않고 승계인에게 기판력이 미친다.

249) 당사자적격과 달리 분쟁 주체의 지위라는 개념을 설정하고, 분쟁 주체의 지위 이전이 있는 경우 소송의 실효성 확보와 3자의 이익 형량을 위해 승계가 인정된다는 분쟁 주체인 지위의 승계설은 이 견해의 수정안이라 할 수 있다.

250) 점유만의 승계가 있는 경우에는 점유의 이전시가 기준으로 된다.

지 않으므로 2차 승계인에게도 기판력이 미치지 않는다($^{대법원\ 1967.\ 2.\ 23.}_{자\ 67마55\ 결정}$).

4) 주의할 것은, 승계인에게 기판력이 미치기 위해서는 전소의 소송물과 승계인에 대한 후소의 소송물이 동일하거나 모순관계 또는 선결관계가 성립하는 등으로 객관적 기판력이 미쳐야 한다는 점이다. 객관적 범위에서 기판력이 미치지 않는다면 승계인에게 기판력이 확장될 여지가 없음은 당연하다.

따라서 ① 소유권이전등기를 마친 甲을 상대로 乙이 원인무효에 기한 등기말소청구의 소를 제기하여 승소 확정되었는데, 그 소송 계속 중 甲이 丙에게 소유권이전등기를 넘기자 乙이 다시 丙을 상대로 인도청구를 하여 조건부 인도의 소송상화해가 이루어진 후 乙이 계쟁 토지의 인도를 받았는데, 그 인도 전에 후소 원고가 丙으로부터 소유권이전등기를 받은 후, 乙로부터 점유를 이전 받아 계쟁 토지를 점유 중인 후소 피고를 상대로 소유권확인청구의 소를 제기한 경우, 전소의 소송물은 소유권이전등기말소청구권이고 화해의 소송물은 인도청구권이어서 후소의 소송물인 소유권의 존부와 동일하지 않고 모순·선결관계도 없으므로, 비록 후소 원고가 甲, 丙을 전전하여 계쟁 토지를 취득하였더라도 전소 확정판결과 화해의 기판력은 후소 원고에 미치지 않고($^{대법원\ 1986.\ 8.\ 19.}_{선고\ 84다카1792\ 판결}$),251) ② 甲이 계쟁 토지를 상속하였으나 등기부가 멸실되어 상속등기를 하지 않은 상태에서 그 점유자인 乙을 상대로 소유권에 기한 인도청구를 하였으나 패소 확정된 후 자신 명의의 소유권이전등기를 마치고 후소 원고에게 이전등기를 해주자, 후소 원고가 乙을 상대로 소유권에 기한 인도청구를 한 경우, 전소의 소송물과 후소의 소송물은 모두 소유권에 기한 인도청구권이지만 전소의 확정판결로부터 甲이나 후소 원고의 소유권 부존재라는 법률관계가 확정되지는 않는 이상 후소 원고의 소유권으로부터 발생하는 인도청구권에 대하여는 기판력이 발생하지 않고, 따라서 후소 원고에게 기판력이 미치지 않는다($^{대법원\ 1984.\ 9.\ 25.}_{선고\ 84다카148\ 판결}$).

반면에 ③ 甲이 乙을 상대로 소유권이전등기말소청구의 소를 제기하여 승소 확정되고 乙의 등기가 말소되어 丙의 소유권이전등기와 丁의 근저당권설정등기가 순차 기입되었는데, 乙이 丙, 丁을 상대로 진정명의 회복을 위한 소유권이전등기 및 근저당권설정등기의 말소를 청구한 경우, 전소의 소송물은 甲의 乙에 대한 소유권이전등기말소청구권이어서 후소의 소송물 중 乙의 丙에 대한 소유권이전등기청구권은 전소의 소송물과 모순관계에 있고, 乙의 丁에 대한 근저당권설정등기말소청구권은 전소의 소송물인 乙 명의의 소유권이전등기말소의무(甲의 乙에 대한 등기말소청구권)의 존부를 선결문제로 하는 관계에 있으므로, 전소의 기판력은 후소의 피고로서 甲의 승계인인 丙, 丁에게 미친다($^{대법원\ 2003.\ 3.\ 28.}_{선고\ 2000다24856\ 판결}$).252)

---

251) 대법원은, 이 경우 후소 원고가 계쟁 토지에 대하여 갖는 소유권확인청구권은 적법하게 취득한 토지 소유권의 일반적 효력으로 발생한 것이지, 전소인 소유권이전등기말소청구 소송 또는 토지인도청구 소송의 소송물 자체를 승계함으로써 갖게 된 것이 아니라는 점도 변론종결 후의 승계인에 해당하는 것을 방해한다고 판시한다.

(2) 승계의 형태와 효력

(가) 소송물의 승계   전소의 심판 대상인 소송물, 즉 전소의 소송물인 권리·의무나 법률관계 자체가 3자에게 승계된 경우 포괄승계인지 특정승계인지를 묻지 않고 3자에게 기판력이 확장된다. 소송물인 권리·의무나 법률관계 자체를 승계한 이상 그에 따른 이익이나 위험을 그대로 떠안는 것이 타당하기 때문이다. 특정승계는 당사자의 임의처분에 의한 승계는 물론 경매나 전부명령 등의 강제처분, 변제자 대위와 같은 법률에 의한 이전이 모두 포함된다.

소송목적인 채무 인수의 경우 면책적 채무인수는 종전 채무자가 채무자의 지위를 상실하므로 소송물의 승계에 해당하나($^{대법원\ 1979.\ 3.\ 13.\ 선고}_{78다2330\ 판결\ 참조}$), 병존적 채무인수는 그렇지 않으므로 소송물의 승계에 해당하지 않는다($^{대법원\ 2010.\ 1.\ 14.}_{자\ 2009그196\ 결정}$).

(나) 계쟁물의 승계

1) 예컨대 부동산에 대한 소유권이전등기청구 소송이나 건물철거청구 소송의 변론종결 후에 그 계쟁물인 부동산이나 건물의 소유권(소유 명의)이나 점유권(점유)을 3자가 취득하는 경우 3자는 소송물인 권리·의무(소유권이전등기청구권이나 그 의무, 건물철거청구권이나 그 의무) 그 자체를 승계한 것이 아니므로 이러한 경우에도 기판력의 확장을 인정할 수 있는지가 문제된다.[253]

2) 이에 관하여 대법원과 통설은 이른바 당사자적격의 승계라 하여, 3자가 소송물에 관하여 다툴 수 있는 지위를 승계하였다는 이유로 기판력의 확장을 인정한다. 다만 대법원과 구소송물이론을 취하는 입장에서는, 전소의 소송물인 권리가 배타적 성격의 물권적 권리인 경우에는 전소의 권리자가 계쟁물의 취득자인 3자에게도 대항할 수 있음을 들어 기판력의 확장을 인정하고($^{대법원\ 1972.\ 7.\ 25.\ 선고\ 72다935\ 판결,}_{1976.\ 6.\ 8.\ 선고\ 72다1842\ 판결\ 등}$), 매매를 원인으로 한 소유권이전등기청구의 소의 승소자와 같이 3자에 대한 대항력이 없는 채권적 권리자인 경우에는 이를 부정한다($^{대법원\ 1956.\ 3.\ 29.\ 선고\ 4289민상59\ 판결,\ 1969.\ 10.\ 23.\ 선고\ 69사80\ 판결,}_{1993.\ 2.\ 12.\ 선고\ 92다25151\ 판결,\ 2008.\ 2.\ 15.\ 선고\ 2005다47205\ 판결\ 등}$). 이에 반하여 신소송물론을 취하는 견해는 당사자적격의 승계가 있는 모든 경우에 승계에 의한 기판력의 확장을 인정한다.[254]

---

252) 대법원은, 진정명의 회복을 위한 소유권이전등기는 말소등기에 갈음하는 것으로서 그 이전등기청구권과 말소등기청구권은 그 목적과 법적 근거가 동일한 것이라고 전제한 다음, 이 사안에서 전소의 소송물인 甲의 乙에 대한 소유권이전등기말소청구권과 乙의 丙에 대한 진정명의 회복을 위한 소유권이전등기청구권은 실질상 동일한 소송물이라고 설시하고 있으나, 보다 정확히는 모순관계라고 할 것이다. 한편, 丁의 근저당권설정등기가 乙의 주장대로 원인무효가 되려면 乙의 전자인 丙, 甲의 등기가 원인무효가 되어야 하고, 甲의 등기가 원인무효가 되려면 乙의 등기가 유효한 것이 되어야 하므로, 결국 전소의 소송물인 乙 명의의 소유권이전등기말소의무의 존부가 丁의 근저당권설정등기에 대한 말소청구의 선결문제가 된다.

253) 이는 <당사자 변경>의 <특정승계>에서 계쟁물의 이전에 따른 당사자적격 이전의 법리와 동일하다.

254) 신소송물이론 중에서도 채권적 청구권을 환수청구권(소유자인 임대인과 같이 물권을 배후에 두고 있

3) 계쟁물의 승계는 계쟁물의 소유권이나 준소유권을 승계취득한 경우와 그 점유권만을 승계취득한 경우를 포함한다.[255] 따라서 소유권에 기한 인도청구의 소의 변론종결 후에 임대차, 사용대차, 전대차 등에 의해 그 계쟁물의 점유만을 승계한 경우에도 그 승계인에게 전소의 기판력이 미친다.

(3) 변론종결 후 승계의 추정

1) 위와 같이 변론종결 후의 승계인에 대하여만 기판력이 확장되므로 변론종결 전의 승계인에 대하여는 기판력이 인정되지 않는바, 민사소송법은 당사자가 변론을 종결할 때 (변론 없이 판결 선고를 하는 경우에는 판결 선고시)까지 승계사실을 진술하지 아니한 경우 변론을 종결한 뒤에 승계한 것으로 추정한다고 규정한다($\frac{제218조}{제2항}$). 기판력의 확장도 안 되고 소송계속 중 인수승계 등의 기회도 갖지 못하여 상대방 당사자가 손해를 입지 않도록 하기 위한 배려에서 마련된 것이다.

2) 여기서 승계사실을 진술할 당사자가 피승계인인지 승계인인지가 법률상 불분명하여 학설이 대립한다. 승계인설은, 피승계인이 진술할 자라면 그의 잘못으로 승계인이 불이익을 입는 것은 부당하다는 것에서 근거를 구한다. 반면 피승계인설은, 승계인은 당사자가 아니므로 변론절차에서 진술할 수 없고, 변론절차 외에서 진술할 경우에는 소송기록에 이를 반영할 수가 없으므로 부당하며, 법문상 ‘당사자’라고 하였으므로 당사자인 피승계인이 진술의무를 부담하는 것이 타당하다는 데에서 근거를 구한다.

민사소송법 제1조에 비추어 피승계인은 상대방 당사자에 대한 신의칙상의 의무에 기하여서도 승계사실을 진술할 의무를 부담한다고 볼 것이고, 피승계인의 진술의무 해태에 따른 승계인의 불이익은 그가 변론종결 전의 승계사실을 직접 증명하여[256] 회피하거나 피승계인에 대하여 채무불이행책임을 물음으로써 보전함이 옳다고 생각되므로 피승계인설을 지지한다.

(4) 독립한 이익을 갖는 3자

계쟁물을 전소 당사자로부터 전래적으로 취득한 3자가 시효취득, 선의취득,[257] 수용

는 채권자의 청구권)과 교부청구권(순수한 채권적 청구권)을 나누어 전자에 대하여만 승계를 인정하는 견해도 있다.

255) 그러나 대법원은 계쟁물의 소유권이나 점유만을 승계취득한 경우 민사소송법 제81조나 제82조에 의한 승계참가는 그 각 법규정에서 ‘소송목적인 권리 또는 의무의 전부나 일부를 승계한 때’라고 규정하고 있기 때문에 허용되지 않는다고 본다(1970. 2. 11.자 69마1286 결정, 1983. 3. 22.자 80마283 결정). 대법원의 견해에 따르면 이러한 3자는 소송절차에 참가할 수 없고, 기판력과 집행력의 확장만을 받게 된다. 소송절차에 참가하려면 별소를 제기하고 변론을 병합하는 우회적 경로밖에 없는 셈이다.

256) 민사소송법 제218조 제2항의 추정은 법률상의 사실 추정이므로 추정력 복멸이 허용된다.

257) 변론종결 후의 선의취득자에 대해서는 반대설이 있다.

등과 같이 전소 당사자와 전혀 법률적 관계가 없이 독자적인 이익을 갖는 경우에는 그의 절차보장권을 인정하여야 하므로, 그러한 3자는 위의 변론종결 후 승계인으로 보지 않는 것이 통설이다.[258]

라. 청구의 목적물을 소지한 자(예외 3)

1) 민사소송법은 당사자나 변론종결 후의 승계인을 위하여 청구의 목적물을 소지하는 자에게도 기판력이 확장됨을 규정하고 있다(제218조 제1항). 이는 특정물 인도청구의 소송에서 그 계쟁물을 자기를 위하여 소지(점유)하는 것이 아니라 당사자나 변론종결 후의 승계인을 위하여, 즉 그 점유기관의 지위에서 소지하는 자는 기판력이 적용되는 당사자나 변론종결 후의 승계인과 동일하게 취급하는 것이 당연하다는 논리에서 마련한 것이다.

2) 이러한 목적물 소지자의 예로는 법정대리인, 법인이나 사단의 대표자가 전형적이며, 수치인이나 관리인, 운송인 등의 점유보조자, 통정허위표시에 의한 허위의 소지자도 이에 포함시킬 수 있다. 이러한 소지자는 당사자 등의 종적인 지위에 있으므로 특정물 인도청구 소송의 소송물인 인도청구권이 물권적인지 채권적인지 구별할 필요가 없다. 반면에 임차인이나 사용차인, 질권자 등과 같이 자기를 위하여 소지하는 자는 여기에 해당하지 않음은 물론이다.

마. 소송탈퇴자(예외 4)

1) 소송이 계속 중에 ① 제3자가 독립당사자로서 참가하거나(민사소송법 제79조), ② 소송목적인 권리·의무의 전부 또는 일부를 특정 승계하고 스스로 당사자로서 권리참가(참가승계)를 하거나(민사소송법 제81조), ③ ②의 경우에 소송당사자의 신청에 따라 당사자로서 인수참가(인수승계)를 한 경우(민사소송법 제82조)에 기존의 당사자가 소송에서 탈퇴하더라도, 잔존 당사자와 참가자 사이의 판결이 확정되면 탈퇴자에게 기판력이 미친다(민사소송법 제82조 제3항, 제80조).

2) 그러나 보조참가인은 당사자가 아니므로 기판력이 미치지 아니하고, 단지 피참가인이 패소한 경우 보조참가인과 피참가인 사이에서 그 판결의 효력을 부정할 수 없는 참가적 효력만이 발생한다(민사소송법 제77조). 이와 달리 공동소송적 보조참가인은 당사자는 아니지만 그 판결의 성질상 공동소송적 보조참가 여부에 관계없이 기판력이 미친다.

---

258) 다만, 이때 3자의 보호 방법에는 실질설과 형식설이 대립한다. 실질설은, 승계인에 대한 기판력의 확대 여부를 미리 심사하여 3자가 고유의 독립한 이익을 갖는 경우에는 기판력의 확장을 부정한다. 반면에 형식설은, 형식적으로 변론종결 후 소송물의 승계나 계쟁물의 취득이 있으면 기판력의 확장을 인정하되, 3자가 자신의 독립한 이익을 증명하여 집행문 부여에 대한 이의의 소(민사집행법 제45조) 등을 통해 기판력을 배척할 수 있다고 본다.

바. 일반 제3자(예외 5)

1) 신분관계나 회사 등 단체의 법률관계와 같이 그 법률관계가 사회적으로 매우 중요한 때는 이해관계인의 보호와 사회질서 유지를 위해 법은 특정인 사이의 소송 결과에 따른 기판력을 제3자에게도 인정하는바, 이를 통상 대세효라고 한다.

2) 대세효에는 일정한 이해관계인에 대하여만 확대되는 경우와 모든 제3자에게로 확대되는 경우가 있다. 전자의 예로는 파산채권조사확정재판과 파산채권자(채무자회생 및 파산에
관한 법률 제468조), 회생채권 및 회생담보권조사확정재판 및 그 재판에 대한 이의의 소와 회생채권자, 회생담보권자, 주주, 지분권자(위 법률
제176조)를 들 수 있고, 후자의 예로는 혼인무효소송 등의 가류 가사소송사건, 혼인취소소송 등의 나류 가사소송사건에서 청구를 인용한 판결과 일반 제3자(가사소송법
제21조 제1항),259) 회사설립무효의 소송, 주주총회결의 취소 및 무효·부존재확인소송 등의 회사법관계에서 청구를 인용한 판결과 일반 제3자(상법 제190조, 제328조,
제376조, 제380조 등)를 들 수 있다.

사. 승계집행

(1) 의 의

1) 이행의 소에 따라 이행을 명하는 재판이 확정된 경우 채권자는 그 확정재판으로부터 발생하는 집행력에 기하여 강제집행을 할 수 있는바, 이때 확정재판 등을 집행권원이라 한다(민사집행법 제22조
제1호, 제41조 등).

이러한 강제집행은 그 집행권원에 채권자로 표시된 자가 채무자로 표시된 자에 대하여 함이 원칙이다. 그런데 민사집행법은 집행권원에 표시된 채권자의 승계인을 위하거나 채무자의 승계인에 대한 집행을 위하여 승계집행문을 부여할 수 있도록 하여(제31조
제1항), 그러한 승계인도 집행당사자가 될 수 있게 하고 있다(민사집행법
제25조). 집행권원에 표시된 채권자나 채무자로부터 소송물 등을 승계한 경우 그 승계인에 대한 관계에서도 집행을 허용할 필요가 있기 때문이다.260) 이를 통상 승계집행 또는 집행력의 확장이라고 한다.

2) 법률은 확정판결에 의한 분쟁 해결의 실효성을 확보하기 위해 한편에서는 승계인에 대하여 기판력의 확장을 인정하고 다른 한편에서는 위와 같이 집행력의 확장을 인정한다.

---

259) 청구가 각하, 기각된 경우 다른 제소권자는 사실심 변론종결 전에 참가할 수 없었음에 정당한 사유가 없는 한 제소할 수 없다(동법 제21조 제2항). 제소가 허용되는 경우에는 그에게 기판력이 미치지 않고 그에 따른 청구가 인용되면 가사소송법 제21조 제1항이 적용된다.

260) 제3자 소송담당의 경우 당사자가 아닌 권리 등의 귀속 주체에게도 기판력이 미치므로(민사소송법 제218조 제3항) 이들에 대하여도 집행을 할 수 있다. 이들은 소송당사자로부터 소송물 등을 승계하지는 않지만 그 집행은 승계집행의 방식에 의한다(민사집행법 제25조 제2항). 그러나 채권자대위소송의 경우 채무자에게 기판력이 미치는 때라도 승계집행은 할 수 없다는 것이 판례이다(대법원 1979. 8. 10.자 79마232 결정).

그러나 집행력 있는 이행의 재판 또는 이에 준하는 것이라도 기판력이 필수적으로 부여되는 것은 아니므로, 집행권원이 되는 재판 등에 기판력이 있는 경우 승계인에게 기판력과 집행력 양자가 미치나, 기판력이 없는 경우 승계인에게는 집행력만이 미친다. 따라서 그 승계인도 채권자를 상대로 청구이의의 소를 제기할 수 있다.

3) 승계집행에 있어서의 승계도 기판력의 주관적 확장에서의 승계와 그 의미가 동일하다. 즉, 포괄승계와 특정승계를 포괄하며 그 시적 기준은 사실심 변론종결(변론 없는 경우에는 판결 선고시나 재판의 고지시) 후의 승계여야 한다. 그리고 소송물의 승계는 물론, 일정한 경우 기판력이 승계인에게 확장되는 경우와 같이 당사자적격의 승계가 있는 경우, 당사자 등을 위한 목적물 소지자 등도 승계집행 당사자에 포함된다.

4) 앞서 본 바와 같이 기판력의 범위와 집행력의 범위가 언제나 일치하는 것은 아니다. 기판력 있는 재판이나 그에 준하는 화해조서와 같은 것은 기판력과 집행력의 범위가 일치한다. 즉, 재판의 당사자는 물론 변론종결 후의 승계인에게도 기판력과 집행력이 미친다.

그러나 지급명령, 집행증서, 가압류·가처분명령 등과 같이, 기판력은 없지만 집행력은 있는 재판이나 그에 준하는 것은 그 재판 등의 당사자에게도 기판력이 없어 그 승계인에게 기판력은 미치지 않지만 집행력은 미친다. 따라서 기판력은 없지만 집행력은 있는 재판이나 그에 준하는 것의 경우에도, 그 재판 등의 고지 이후에 소송물의 승계가 있으면 승계집행문을 부여받아 그들을 위하여 또는 그들에게 강제집행을 할 수 있다(민사집행법 제56, 57, 31, 292, 301조, 소액사건심판법 제5조의8 제1항 단서 제2, 3호, 대법원 1989. 12. 12. 선고 87다카3125 판결 등 참조).

(2) 승계집행문

1) 강제집행을 함에는 원칙적으로 집행문이 필요하다(민사집행법 제28조 제1항). 집행문은 집행권원에 집행력이 있다는 것과 집행당사자를 특정하기 위하여 집행권원의 끝에 덧붙여 적는 공증문언이다(민사집행법 제29조).[261]

2) 그러나 의사진술의무의 이행을 명한 집행권원 등 일정한 경우에는 집행문의 필요 없이 집행권원만으로 강제집행이 가능하다. 의사진술의무의 경우 판결이 확정된 때에 곧 그 의사 진술이 있는 것으로 보므로(민사집행법 제263조 제1항) 집행절차가 굳이 필요 없기 때문이다. 하지만 그 의사진술의무의 이행에 반대의무의 이행이 필요하거나 승계집행이 필요한 때에는 집행문의 부여가 필요하고, 그 집행문이 부여된 때에 의사 진술이 있는 것으로 간주된다(민사집행법 제263조 제2항).[262] 집행문이 필요 없는, 의사진술의무에 관한 집행권원 이외의 집행권원이라도 승계집행이 필요한 때는 승계집행문이 필요하다(민사집행법 제58조 제1항 제2, 3호, 제292조 등 참조).

3) 승계집행문은 일반 집행문과 같이 1심 법원의 법원사무관 등이 부여하나, 승계집행

---

261) 집행문이 붙어 있는 집행권원을 집행력 있는 정본이라 한다(민사집행법 제28조 제1항).

262) 승계집행의 경우는 해석론에 의해 도출되는 결론이다.

문은 재판장의 명이 있어야만 하고, 이때 재판장은 서면이나 말로 채무자를 심문할 수 있다(민사집행법 제32조). 법문에는 명시되어 있지 아니하나 위 채무자에는 승계인이 포함된다고 볼 것이다. 승계집행문을 부여하고자 하는 때에는 승계사실이 법원에 명백하거나 증명서로 이를 증명하여야만 하고, 그렇지 않은 경우 채권자는 집행문 부여의 소를 제기하여야 한다(민사집행법 제31조 제1항 단서, 제33조).

의사진술의무와 관련해서는, 위와 같이 승계집행문이 부여되는 때에 3자인 승계인의 의사진술이 간주되어 사실상 강제집행이 종료되므로, 3자로서는 집행문 부여에 대한 이의신청(민사집행법 제34조)이나 집행문 부여에 대한 이의의 소(민사집행법 제45조)를 제기하여 권리구제를 받을 수 없고 별소를 통해서만 구제받을 수 있는 문제가 있는바,[263] 판례는 이에 불구하고 등기말소의무 등 의사진술의무에 대해서도 승계집행을 허용한다(대법원 1994. 5. 10. 선고 93다53955 판결).[264]

(3) 승계집행과 별소의 관계

1) 재판이 확정되어 집행권원을 취득한 채권자가 그 소송의 변론종결 후에 소송물과 관련하여 승계가 있다고 하여 그 승계인을 상대로, 또는 그 승계인이 종전 당사자를 상대로 전소와 유사한 별소를 제기할 수 있는가?

2) 기판력의 주관적 확장만을 생각하면 별소(후소) 제기가 허용되고 다만 그 후소에

---

263) 전소 피고의 승계인에 대하여 집행문 부여의 소에 의해 승계집행문이 부여되는 경우에는 승계인이 그 소의 피고가 되므로(법문에는 명시되어 있지 않으나 대법원 1995. 5. 12. 선고 93다44531 판결은 그 승계인을 피고적격자로 인정하였다) 구제받을 수 있으나, 승계집행문이 재판장의 명에 의해 부여되는 경우에는 재판장이 승계인을 반드시 신문할 의무가 없고, 또 신문한다고 하여 승계인의 주장이 인용된다는 보장이 없다. 이와 관련하여 집행문 부여 절차에서 집행문 부여 기관이 어느 정도까지 집행문 부여 요건을 심사하여야 하는지에 대해서 ① 실질설(제3자에게 고유한 방어방법이 있는지까지 조사해야 한다는 견해), ② 형식설·제소책임전환설(형식상 승계사실의 증명만 있으면 족하고 3자의 구제는 3자가 집행문 부여에 대한 이의의 소로써 해야 한다는 견해), ③ 권리확인설(3자에게 고유의 방어방법이 없는 것을 개연적으로나마 추측할 수 있을 때에만 부여할 수 있다는 견해)이 대립하나, 어느 견해에 의하든 3자에게 집행문 부여에 대한 이의의 소가 보장되지 않는 한 의사진술의무의 집행에 있어서는 충분한 보호책이 될 수 없다.

264) 대법원 93다53955 판결은 확정된 판결이 말소등기를 명한 판결이다. 만약 그 판결이 매매 등에 기한 소유권이전등기를 명하는 판결이라면, 위 판결의 변론종결 후에 소송물인 소유권이전등기청구권을 양수한 자는 전소의 피고(매도인)에 대하여 승계집행을 할 수 없다. 왜냐하면, 부동산의 매매로 인한 소유권이전등기청구권은 물권의 이전을 목적으로 하는 매매의 효과로서 매도인이 부담하는 재산권이전의무의 한 내용을 이루는 것이고, 매도인이 물권행위의 성립요건을 갖추도록 의무를 부담하는 경우에 발생하는 채권적 청구권으로 그 이행과정에 신뢰관계가 따르므로, 소유권이전등기청구권을 매수인으로부터 양도받은 양수인은 매도인이 그 양도에 대하여 동의하지 않고 있다면 매도인에 대하여 채권양도를 원인으로 하여 소유권이전등기절차의 이행을 청구할 수 없고, 따라서 매매로 인한 소유권이전등기청구권은 특별한 사정이 없는 이상 그 권리의 성질상 양도가 제한되고 그 양도에 채무자의 승낙이나 동의를 요한다고 할 것이므로 통상의 채권양도와 달리 양도인의 채무자에 대한 통지만으로는 채무자에 대한 대항력이 생기지 않으며 반드시 채무자의 동의나 승낙을 받아야 대항력이 생기기 때문이다(대법원 1983. 12. 13. 선고 83다카881 판결, 1995. 8. 22. 선고 95다15575 판결, 1997. 5. 16. 선고 97다485 판결, 2005. 3. 10. 선고 2004다67653,67660 판결 등 참조).

전소의 기판력이 미치는 것으로 해석할 여지도 있다. 그러나 대법원은 승계집행이 가능한 경우 원칙적으로 별소(후소)의 제기는 소의 이익이 없다고 한다(1994. 5. 10. 선고 93다53955 판결). 다만 예외적으로 승계인이, 채권자가 등기 말소를 명한 확정판결의 원고와 동일성이 없다고 주장하고, 또 소송기록상으로도 그 동일성이 분명치 아니하여 승계집행문을 부여받는 것이 어려우며 승계집행문 부여의 소에서 패소할 여지도 있는 등으로 별도의 권리보호 이익을 갖춘 때에는 별소(후소)의 제기가 허용된다(위 93다53955 판결).

제4 기판력 저촉 여부의 판단 방법

이상과 같이 기판력이론의 논리적 구조를 살펴보았지만 구체적 사안에서 기판력의 적용 여부를 판단하기는 쉽지 않다. 기판력이론 자체는 물론 소송법리와 실체법리에 대한 깊고 넓은 이해 없이는 그 판단이 어렵기 때문이다.

그러므로 기판력의 저촉 여부가 문제되었을 때는 다음과 같은 순서로 하나하나 그 요건을 확인하는 것이 문제를 해결하는 지름길이라고 생각된다. 최종적으로 기판력이 미친다는 결론을 얻기 위해서는 이하의 요건을 모두 갖추어야 하고, 특히 시적, 객관적, 주관적 적용요건을 모두 갖추어야 하기 때문이다.

■ **기판력 저촉 여부 문진표(問診表)**

1. 문제된 재판이나 이에 준하는 것에 대하여 일반적으로 실체적 확정력이 인정되는가?
2. 위 재판이 형식적(절차적)으로 확정되었는가?
3. 확정된 재판의 실체적 확정력이 미치는 법률관계는 기판력의 시적·객관적 기준에서 볼 때 어떠한 내용의 것인가?
4. 후소의 소송물은 무엇인가?
5. 실체적 확정력이 미치는 전소의 소송물인 법률관계와 후소의 소송물이 청구취지와 청구원인에서 동일한가?
6. 동일하다면 후소의 원·피고가 주장하는 소송자료(공격방어방법)가 전소의 사실심 변론종결 전에 발생한 것인가 아니면 그 후에 발생한 것인가? 또 그것이 기판력의 차단효의 대상인가 아닌가?
7. 전소의 소송물인 법률관계와 후소의 소송물이 동일하지 않다면 모순관계나 선결관계에 있는가?
8. 전소와 후소의 당사자가 동일한가?
9. 동일하지 않다면 후소의 당사자가 기판력이 주관적으로 확장되는 자에 해당하는가?
10. 후소에 소의 이익(권리보호의 이익)이 인정되는가?

참고문헌

[논문]

강태원, "일부청구", 고시연구 365호(2004)

강현중, "기판력에 관한 연구", 법학논총 19집(2007), 국민대학교

권혁재, "확정판결의 효력범위에 관한 한·미·일의 판례비교", 법학논고 24집(2006), 경북대학교

김건호, "기판력의 물적 범위에 관한 소고", 법조 612호(2007. 9.)

김상수, "상계의 항변과 관련된 문제점", 고시계 524호(2000)

김상용, "진정명의회복을 등기원인으로 한 소유권이전등기청구권 인정의 판례에 대한 비판적 검토", 토지법학 26-1호(2010. 6.), 한국토지법학회

김주상, "미국민사소송에 있어서 기판력에 관한 연구", 서울대학교법학 특별호(1972)

김용진, "기판력 범위 확장의 한계", 고시연구 24권 6호

김재형, "진정명의회복을 등기원인으로 한 소유권이전등기청구의 허용범위", 재판의 한 길(1998), 김용준화갑기념논문집간행위원회

김홍엽, "소송물 및 기판력의 동일성의 판단방법", 21세기사법의 전개(2005), 박영사

남동현, "기판력의 표준시에 관한 법률적 쟁점", 비교사법 44호(2009. 3.)

목영준, "건물매수청구권의 행사시기", 청주법률논단 1집(1995), 충북법률실무 연구회

박동진, "정기금지급에 의한 손해배상", JURIST 411호(2006. 3.)

박태신, "일부청구 및 그 관련문제에 관한 고찰", 법조 556호(2003. 1.)

오수원, "상계항변의 기판력", 민사법연구 2집(1993), 호남민사법연구회

유병현, "계쟁물의 양도에 의한 소송승계와 그 문제점", 고시계 465호(1995. 10.)

_____, "기판력의 객관적 범위와 모순된 반대관계", 자치행정 222호(2006)

_____, "소유권보존등기말소 및 확인판결의 기판력과 변론종결 전의 사유", 고시계 475호(1996. 8.)

이규호, "미국법상 기판력 인정의 예외제도", 판례실무연구 X(2011), 박영사

이해진, "기판력의 객관적 범위의 확장", 법률실무연구 XIX(1989), 서울지방변호사회

임대화, "변론종결 후의 승계인", 사법논집 15집(1984)

전현철, "취소소송에 있어서 판결의 기판력", 저스티스 118호(2010. 8.)

정동윤, "사정변경으로 인한 추가청구와 감액청구", 고시계 466호

정상현, "부동산의 이중매매에 있어서 소유권이전등기절차 이행을 위한 확정판결과 기판력", 비교사법 20호(2003)

정선주, "정기금판결에 대한 변경의 소-한국과 독일의 입법례 비교", 비교사법 22호(2004)

조수정, "제3자 소송담당과 기판력의 주관적 범위", 송상현교수화갑기념논문집(2002)

최성준, "장래 차임상당 부당이득금청구에 대한 확정판결의 기판력과 사정변경에 의한 추가청구", 민사재판의 제문제 8권(1994)

피정현, "변론종결 후의 승계인에 대한 판결의 효력", 비교사법 10호(1999)

한범수, "금전채권의 일부청구와 상계항변", 재판과 판례 10집(2001), 대구판례연구회

한 승, "일부청구에 관한 판례이론의 적용", 민사판례연구 XXIII(2001)

한충수, "소송물의 실질적 동일성과 기판력의 작용이론", 법학논총 25집 2호(2008. 6.), 한양대
학교

호문혁, "독일민사소송법의 계수 120년의 사적 고찰", 한독법학 15호(2004. 5.)

_____, "일부청구와 기판력", 사법행정 375호(1992)

_____, "확인판결의 기판력의 범위", 민사판례연구 11집(1989. 4.), 민사판례연구회

홍기문, "기판력의 표준시", 고시계 454호(1994)

_____, "민사소송에 있어서 주요사실과 간접사실의 구별에 관한 소고", 전남대법률행정 1집
(1991), 전남대학교

_____, "변론종결 후의 승계인", 민사소송 1집(1998), 민사소송법학회

_____, "소송물과 기판력의 상호관계", 민사법의 새로운 전개(2006), 용봉민사법학회

安藤誠二, "對物訴訟判決の旣判力と爭點效排除について", 海事法硏究會誌 137(1997. 4.)

Geoffrey C. Hazard Jr. "Revisiting the Second Restatement of Judgments: Issue Preclusion
and Related Problems", 66 Cornell L. Rev.(1980-81)

[교과서, 단행본]

강현중, 민사소송법(6판), 박영사(2004)

김홍규, 민사소송법(제6판), 삼영사(2003)

김홍규, 강태원, 민사소송법(제2판), 삼영사(2010)

김홍엽, 민사소송법(제2판), 박영사(2011)

송상현, 민사소송법(신정6판), 박영사(2011)

이시윤, 신민사소송법(제6판), 박영사(2011)

전병서, 민사소송법강의(제2판 보정), 법문사(2003)

정동윤, 유병현, 민사소송법(제3판 보정판), 법문사(2010)

호문혁, 민사소송법(제8판), 법문사(2010)

법원실무제요 민사집행(Ⅰ), 법원행정처(2003)

미국민사법, 사법연수원(2010)

中村宗雄, 學文の方法と訴訟理論, 成文堂(1976)

靑山善充 外, 注釋民事訴訟法, 有斐閣(1997)

藤田廣美, 解析 民事訴訟, 東京大學出版會(2009)

秋山幹男 外, コメンタル民事訴訟法Ⅲ, 日本評論社(2008)

David S. Clark 외, Introduction to the Law of the United States, Kluwer Law and Taxation
Publishers, Boston(1992)

Wiliam Burnham, Introduction to the Law and Legal System of the United States, Thomson,
4th edition

Ⅳ. 법인 등 대표자의 대표권 제한

◆ 1. 민법상 법인
◆ 2. 주식회사
◆ 3. 비법인 사단

1. 민법상 법인

가. 일반사항

▶ 설립등기의 필요성
→ 법인의 설립에 관한 민법과 상법의 각 규정에 의하면, 법인의 설립에는 기본적
으로 설립행위와 설립등기가 필요하고, 법인은 설립행위를 거쳐 설립등기를 함
으로써 성립함과 동시에 법인격을 취득하게 되어 그로써 법인의 설립은 완성되
는 것이므로, 설립등기 없는 법인의 설립은 있을 수 없고, 일단 법인이 설립등기
로써 성립한 이후에는 그 법인격이 소멸되지 않는 한 같은 설립등기에 의한 새
로운 법인의 설립도 있을 수 없다. 위의 법리는 법인설립절차를 규율하는 기본
법인 민법과 상법이 규정하는 바로서 법인설립에 관한 기본원칙이 되고 있고,
법인의 설립등기는 다른 법인등기 또는 상업등기와는 달리 창설적 효력을 가지
며 그에 관한 규정은 강행규정인 점, 기타 관계 규정의 형식과 내용 등을 종합
적으로 고려할 때, 구 지방세법(2001. 12. 29. 법률 제6549호로 개정되기 전의 것)에
서 '법인의 설립'에 관하여 위와 같은 일반적인 법리와는 다른 별도의 정의 규정
을 두고 있지 아니한 이상, 같은 법 제138조 제1항 제1호와 제3호에서 규정하는
'법인의 설립' 역시 '설립등기에 의한 설립'을 뜻하는 것으로 해석하여야 한다
$\binom{\text{대법원 2009. 4. 9. 선고}}{\text{2007두26629 판결}}$.

나. 업무집행에 관한 의사결정과 집행

▶ 이사의 대표권
→ 민법상의 사단법인은 그 집행기관으로서 이사를 두어야 하고($\substack{\text{민법}\\\text{제57조}}$), 이사는 내부
적으로 법인의 사무(법률행위 및 사실행위 포함)를 집행하고($\substack{\text{민법}\\\text{제58조}}$), 대외적으로 법
인을 대표하며 대표에 관하여는 대리에 관한 규정이 준용된다($\substack{\text{민법}\\\text{제59조}}$).
→ 정관에 다른 규정이 없으면 이사가 여럿이라도 각자 대표권을 가진다($\substack{\text{민법 제59}\\\text{조 제1항}}$).

▶ 민법 제74조와 그 유추

→ 민법 제74조는 사단법인과 어느 사원과의 관계사항을 의결하는 경우 그 사원은 의결권이 없다고 규정하고 있으므로, 민법 제74조의 유추해석상 민법상 법인의 이사회에서 법인과 어느 이사와의 관계사항을 의결하는 경우에는 그 이사는 의결권이 없다. 이때 의결권이 없다는 의미는 상법 제368조 제4항, 제371조 제2항의 유추해석상 이해관계 있는 이사는 이사회에서 의결권을 행사할 수는 없으나 의사정족수 산정의 기초가 되는 이사의 수에는 포함되고, 다만 결의 성립에 필요한 출석이사에는 산입되지 아니한다고 풀이함이 상당하다(대법원 2009. 4. 9. 선고 2008다1521 판결).

다. 대표권의 제한

▶ 제한의 방법과 형태

→ 민법상 사단법인의 이사의 대표권은 ① 법령, ② 정관, ③ 사원총회의 결의에 의하여 제한할 수 있다(②, ③의 경우 민법 제59조 제1항 참조).

→ 그 제한의 형태를 분류하면 ① 법인의 목적에 의한 제한(민법 제34조) 및 성질상 제한, ② 법인과 이사의 이익 상반행위에 따른 제한(민법 제64조), ③ 이사가 여럿인 경우 그 대표권 행사자의 제한(단독대표 또는 공동대표 등), ④ 대표권 행사의 범위 또는 그 방법(내부적 절차)의 제한 등으로 나눌 수 있다.

▶ 대표권 제한 위반의 효과

→ 그 제한 규정이 강행법규로서 효력규정인 경우 그 위반행위는 무효가 된다.

→ 법령에 의하지 아니한 대표권 제한은 정관에 기재하지 아니하면 효력이 없고(민법 제41조), 또한 이를 등기하지 않으면 선의, 악의, 과실 여부를 불문하고 제3자에게 대항할 수 없다(민법 제49조 제2항 제9호, 제60조, 대법원 1975. 4. 22. 선고 74다410 판결, 1992. 2. 14. 선고 91다24564 판결 참조).

▶ 주택재건축정비사업조합의 경우

→ 도시 및 주거환경정비법 등은 주식회사의 대표이사와 유사하게 조합장에게만 대표권을 부여하고 있다(위 법률 제42조 제1항).

    ㄴ 제42조 제1항: 조합장은 조합을 대표하고, 그 사무를 총괄하며, 총회 또는 제46조의 규정에 의한 대의원회의 의장이 된다.

    ㄴ 제45조 제1항: 다음 각호의 사항은 총회의 의결을 거쳐야 한다.

        1. 정관의 변경(제20조 제3항 단서의 규정에 의한 경미한 사항의 변경의 경우 이 법 또는 정관에서 총회의결사항으로 정한 경우에 한한다)

        2. 자금의 차입과 그 방법·이율 및 상환방법

        5. 예산으로 정한 사항 외에 조합원의 부담이 될 계약

6. 시공자·설계자 또는 감정평가업자(주택재개발사업은 제외한다)의 선정 및 변경

7. 정비사업전문관리업자의 선정 및 변경

8. 조합임원의 선임 및 해임

9. 정비사업비의 조합원별 분담내역

10. 제48조의 규정에 의한 관리처분계획의 수립 및 변경(제48조 제1항 단서에 따른 경미한 변경은 제외한다).

11. 제57조의 규정에 의한 청산금의 징수·지급(분할징수·분할지급을 포함한다) 과 조합 해산시의 회계보고

12. 그 밖에 조합원에게 경제적 부담을 주는 사항 등 주요한 사항을 결정하기 위하여 필요한 사항으로서 대통령령 또는 정관이 정하는 사항

→ 도시 및 주거환경정비법 제35조 제2항에 의하여 설립된 주택재건축정비사업조합이 타인으로부터 자금을 차입하는 경우 위 법률 제45조 제1항 제2호에 의해 그 차입 여부와 방법, 이율 및 상환방법에 관하여 조합원 총회의 의결을 거쳐야 한다.

→ 위와 같은 의결을 요구하는 법률 규정은 강행 규정으로서 총회의 의결 없이 행한 조합장의 대표권 행사는 무효이다(대법원 1995. 2. 24. 선고 94다31242 판결, 1996. 11. 15. 선고 95다27158 판결, 2001. 3. 23. 선고 2000다61008 판결, 2009. 3. 26. 선고 2009다2033 판결 참조).

  ↳ 대법원 94다31242 판결, 95다27158 판결, 2000다61008 판결은 구 도시재개발법상의 재개발조합에 관한 것이나, 그 법리는 현행 도시 및 주거환경정비법의 그것과 같다. 한편, 대법원 2009다2033 판결은 구체적인 법리를 설명하지 않았으나 같은 취지의 원심판결(서울고등법원 2008. 11. 27. 선고 2007나127299 판결)을 그대로 인용하였다.

  ↳ 자금 차입 시 조합원 총회의 의결을 거치도록 한 도시 및 주거환경정비법의 입법취지는, 그것이 조합원의 이해관계에 중대한 영향을 미치므로 조합원의 의사에 기해 신중히 처리하도록 하여 조합원의 권익을 보호하기 위한 것이다. 다른 법률에도 이 같은 규정들이 다수 있다. 즉, 사립학교법 제16조 제1항은 학교법인(일종의 재단법인이다)이 금전을 차입하거나 재산을 취득, 처분하는 등의 경우 이사회의 심의, 의결을 거치도록 하고 있는바, 대법원은 이 역시 강행규정으로 보아 이에 위반한 대표행위는 상대방의 선의, 악의를 불문하고 무효로 본다(대법원 1974. 6. 25. 선고 74다235 판결, 2000. 9. 5. 선고 2000다2344 판결 등 참조). 또, 사회복지사업법상의 사회복지법인이 동법 제32조 및 공익법인의 설립·운영에 관한 법률 제7조에 위반하여 이사회의 의결 없이 동 법인의 재산을 처분한 경우, 이 역시 상대방의 선·악의를 불문하고 무효이다(대법원 2002. 6. 28. 선고 2000다20090 판결 등 참조).

→ 도시 및 주거환경정비법에 의하면, 주택재건축정비사업조합의 대의원회는 총회

의 의결사항 중 대통령령이 정하는 사항을 제외하고는 총회의 권한을 대행할 수 있으나(제46조제4항), 동법 시행령은 자금 차입에 관한 사항은 대의원회 의결로써 총회 결의에 갈음할 수 없도록 하고 있으므로(동법 시행령 제43조), 설사 대의원회가 자금 차입을 의결하였더라도 그것만으로 금전 소비대차약정이 유효하게 되는 것은 아니다.

▶ 사찰 등 기타의 경우

→ 새마을금고법 제17조 3항의 자금차입시 이사회 결의(대법원 1987. 11. 10. 선고 87도993 판결), 전통사찰보존법 제9조 1항의 주무부 장관 허가 누락시(대법원 2008. 5. 29. 선고 2007다14858 판결)도 무효

→ 구 전통사찰보존법(1997. 12. 13. 개정되기 전의 것) 제6조 제1항 제2호, 같은 조 제5항 및 동법 시행령 제7조 제2항 등에 의하면, 전통사찰보존법상의 경내지(境內地) 등을 대여, 양도, 담보제공 등 처분행위를 함에는 문화체육부 장관의 허가를 받게 되어 있고, 이에 위배되는 처분은 무효로 한다고 규정하고 있는바, 그 처분행위가 강제경매절차의 한 경우라 하더라도 달리 볼 것은 아니다(대법원 1999. 10. 22. 선고 97다49817 판결).

→ 사찰 소유의 일정한 재산을 대여, 양도 또는 담보에 제공하는 때에는 관할청의 허가를 받아야 한다는 구 불교재산관리법(1962. 5. 31. 법률 제1087호, 전통사찰보존법 부칙 제2조에 의하여 폐지) 제11조 제1항 제2호 및 전통사찰보존법 제6조의 규정은 강행법규로서 이에 위반한 양도계약은 무효이고, 양도받은 상대방이 위 사찰과 같은 종지를 받들고 있는 불교단체로서 그 재산이 그 불교단체의 목적 수행에 제공되기 위한 것이라고 하더라도 마찬가지이다(대법원 1998. 7. 28. 선고 96다50025 판결).

→ 전통사찰 소유 부동산의 양도에 관하여 주무장관의 허가를 받도록 규정하고 있는 전통사찰보존법에 위반되어 무효라고 하더라도, 전통사찰이 금전채무를 부담함에 있어서까지 주무장관의 허가를 받아야 한다고 볼 아무런 근거가 없는 이상 위 금원지급약정 부분까지 무효로 된다고 볼 수는 없다(대법원 2008. 5. 29. 선고 2008다13937 판결).

→ 사찰 재산의 관리처분권은 그 사찰을 대표하는 주지에게 일임되어 있는 것이므로 사찰의 주지가 소속 종단의 결의나 승인 등 내부적인 절차를 거치지 않았다고 하더라도 그 처분행위는 유효하다(대법원 2003. 9. 26. 선고 2003다22028 판결).

라. 소송행위의 특칙

▶ 이사회나 총회의 결의

→ 정관상 '재산의 관리·취득·처분·기채에 관한 사항' 및 '기타 본 법인의 주요사항'을 이사회 부의사항으로 규정하고 있는데, 원고가 종단 내 상당수 신도들의 지지를 받고 있는 피고들을 상대로 하여, 그들이 신도들과 함께 점유하고 있는 이 사건 각 부동산의 명도를 구하는 것은, 원고 재단법인의 정관에서 정하고 있는

'재산의 관리에 관한 사항'에 해당하거나 적어도 '기타 재단법인의 주요사항'에 해당하여 이사회결의를 거쳐야 한다. 따라서 원고 재단법인의 이사로서의 임기가 만료한 소외인이 이사회결의도 거치지 않은 채 피고들을 상대로 그 명도를 구하기 위하여 소를 제기한 것은 부적법하다(대법원 2008. 12. 11.
선고 2006다57131 판결).

           └, 정관 내용의 등기 여부 불문하는 듯!

→ 도시 및 주거환경정비법에 의한 주택재건축정비사업조합의 조합장이 조합을 대표하여 소를 제기하는 행위는 그것이 도시정비법 제24조 제3항 제5호에서 정한 '예산으로 정한 사항 이외에 조합원의 부담이 될 계약'의 체결행위에 해당한다고 볼 수 없을 뿐만 아니라, 그 소송의 결과에 따라 조합원들에게 귀속될 이익의 범위가 달라지고 경우에 따라서는 아무런 이익 없이 소송비용만 지출하게 되는 결과에 이르게 된다고 하더라도, 소를 제기하는 행위 자체가 도시정비법 제24조 제3항 제10호에서 말하는 관리처분계획의 수립 또는 변경에 해당한다거나 도시정비법 제24조 제3항 제12호 및 조합의 규약 제18조 제1호에서 말하는 '조합원의 권리와 의무의 변동 또는 조합원에게 부담을 수반하는 규약의 개폐에 관한 사항'에 해당하여 총회의 결의를 필요로 한다고 볼 수 없다(대법원 2012. 3. 15.
선고 2011다95779 판결).

→ 주택재건축정비사업조합의 조합장은 총회의 의결을 거치지 않고서는 예산으로 정한 사항 이외에 조합원의 부담이 되는 변호사에 대한 소송위임계약은 체결할 수 없더라도 스스로 조합을 대표하여 시공사를 상대로 소를 제기하는 등의 소송행위는 적법하게 할 수 있고, 조합장에게 그러한 소송행위를 할 수 있는 권한이 있는 한 무권대리인인 변호사의 소송행위를 유효하게 추인하는 데에도 아무런 장애가 없다(대법원 2012. 3. 15.
선고 2011다95779 판결).

2. 주식회사

가. 대표권 행사

▶ 외부적 대표는 대표이사가 하며, 대표이사는 반드시 선임 요(상법 제389조 1,
3항, 제209조 1항).

나. 대표권 제한

▶ 목적에 의한 제한

→ 상사 회사에 대하여도 상법에 특별한 규정이 없는 사항에 대하여는 민법이 적용되므로(상법 제1
조 참조), 상사 회사도 민법 제34조에 의해 목적 범위를 초과하여서는 권리능력 및 행위능력이 없다. 이와 같이 회사의 권리능력은 회사의 설립 근거가 된 법률과 회사의 정관상의 목적에 의하여 제한되나, 그 목적 범위 내의 행위라 함

은 정관에 명시된 목적 자체에 국한되는 것이 아니라 그 목적을 수행하는 데 있어 직접, 간접으로 필요한 행위는 모두 포함되고, 목적 수행에 필요한지의 여부는 행위자의 주관적, 구체적 의사가 아닌 행위 자체의 객관적 성질에 따라 판단하여야 한다(대법원 1988. 1. 19. 선고 86다카1384 판결, 1991. 11. 22. 선고 91다8821 판결, 2005. 5. 27. 선고 2005다480 판결 등 참조).

→ 한편, 이를 판단함에 있어서는 거래행위를 업으로 하는 영리법인으로서 회사의 속성과 신속성 및 정형성을 요체로 하는 거래의 안전을 충분히 고려하여야 한다(대법원 2005. 5. 27. 선고 2005다480 판결 참조).

▶ 정관이나 이사회에 의한 제한

→ 주식회사의 경우에는 대표이사가 대외적으로 회사를 대표할 권한을 가지나(상법 제389조 제1, 2항, 제209조 제1항), 정관이나 이사회 결의로써 이를 제한할 수 있다(상법 제389조 제3항, 제209조 제2항, 상법 제1조, 민법 제59조 제1항, 상법 제393조 제1항).

  ↳ 주주총회 결의로는 제한할 수 없을 듯!

  ↳ 정관이나 이사회 결의에 의한 제한은 필요적 정관 기재사항, 필요적 등기사항 아님(상법 289조, 290조, 317조). 단, 공동대표이사는 필요적 등기사항이며(상법 317조 2항 10호), 이를 등기하지 않으면 상법 제37조가 적용될 것이다.

→ 주식회사의 이사회는 필요적 기관으로서 이사 전원으로 구성된다. 이는 민법상의 사단법인에 있어 이사가 여럿인 경우 그 업무집행은 정관에 다른 규정이 없으면 이사 과반수로써 결정하도록 한 것(민법 제58조 제2항)과 궤를 같이하는 것으로서, 주식회사의 이사회는 회사의 업무집행에 관한 의사결정기관이자 대표이사나 집행임원의 직무집행을 감독하는 기관이다.

→ 2001. 7. 24. 법률 제6488호로 개정되기 전의 상법 제393조 제1항은 주식회사의 의사결정에 관하여 "회사의 업무집행, 지배인의 선임 또는 해임과 지점의 설치·이전 또는 폐지는 이사회의 결의로 한다"고 규정하고 있었는바, 이에 대하여 대법원은 법률 또는 정관 등의 규정에 의하여 주주총회 또는 이사회의 결의를 필요로 하는 것으로 되어 있지 아니한 업무 중 이사회가 일반적·구체적으로 대표이사에게 위임하지 않은 업무로서 일상 업무에 속하지 아니한 중요한 업무에 대하여는 이사회에 의사결정권한이 있다고 판시하여(1997. 6. 13. 선고 96다48282 판결 등 참조), 위 상법 규정에 불구하고 이사회는 주식회사의 중요한 업무집행에 관하여 일반적인 의사결정권이 있음을 확인하였다.

→ 이에 따라 위 2001. 7. 24. 개정 상법 제393조 제1항은 "중요한 자산의 처분 및 양도, 대규모 재산의 차입, 지배인의 선임 또는 해임과 지점의 설치·이전 또는 폐지 등 회사의 업무집행은 이사회의 결의로 한다"고 하여 주주총회의 권한사항을 제외한 회사의 모든 업무집행에 관한 의사결정권은 이사회에 있음을 명시하

였다. 한편 대법원은 이에 관하여, 주식회사의 중요한 자산의 처분 등을 이사회가 직접 결의하지 아니한 채 대표이사에게 일임할 수 없고, 이사회 규정상 그것이 이사회 부의사항으로 정해져 있지 않더라도 반드시 이사회 결의를 거쳐야 한다고 하고 있다(2005. 7. 28. 선고 2005다3649 판결).

→ 위에서 말하는 '대규모 재산의 차입'에 해당하는지 여부에 관하여 대법원은, 당해 차입재산의 가액, 회사의 규모, 회사의 영업 또는 재산의 상황, 경영상태, 당해 재산의 차입목적 및 사용처, 회사의 일상적 업무와의 관련성, 당해 회사에서의 종래의 취급 등 여러 사정에 비추어 대표이사의 결정에 맡기는 것이 상당한지 여부에 따라 판단하여야 한다고 판시하고 있다(2008. 5. 15. 선고 2007다55811, 55828 판결 참조).

ㄴ 타인 채무의 보증이 위 상법 규정의 '대규모 재산의 차입'에 해당하는지 여부가 문제될 수 있으나, 앞서 본 바와 같이 정관에 이사회 부의사항으로 되어 있지 아니한 사항이라도 일상적인 업무가 아니면 반드시 이사회 결의를 요하고, 상법 제393조 제1항에 규정된 '대규모 재산의 차입' 등은 예시적인 것에 불과하므로, 채무 보증 역시 그것이 대규모여서 중요한 업무인 경우 당연히 이사회의 결의를 요한다.

ㄴ 대법원 2003. 1. 24. 선고 2000다20670 판결의 사안은 2001. 7. 24.자 개정 상법 시행 전의 것으로서, 회사 정관에 '중요한 업무 집행은 이사회 결의를 요한다,는 정함이 있는데도 대표이사가 이사회 결의 없이 타인 채무를 보증한 내용인바, 법원은 회사가 반대급부 없이 거액의 타인 채무를 보증한 것은 중요한 업무에 해당한다고 보았다. 한편, 대법원 2009. 3. 26. 선고 2006다47677 판결의 사안 역시 위 개정 상법 시행 전의 것이나, 대법원은 정관 규정의 유무와 관계없이 타인 채무 보증을 이사회 결의사항으로 보고 있다.

ㄴ 주식회사의 대표이사가 이사회결의 절차를 거치지 아니하고 타인의 채무에 대하여 보증 기타 이와 유사한 약정(이하 '보증'이라고 한다)을 한 경우, 채권자가 이사회결의가 없음을 알지 못한 데 대하여 과실이 있는 때에는 그 보증은 무효이지만, 이 경우 그 대표이사가 상법이 정한 이사회결의 절차를 거치지 아니하여 채권자와의 보증계약이 효력을 갖지 못하게 한 것은 업무의 집행자로서의 주의의무를 다하지 못한 과실행위이고, 그 대표이사가 위와 같이 이사회결의의 절차를 거치지 아니하여 그 보증계약이 무효임에도 불구하고 그 보증이 유효한 것으로 오신한 채권자로 하여금 그 거래를 계속하게 하여 손해를 입게 한 경우에는, 이는 주식회사의 대표이사가 그 업무집행으로 인하여 타인에게 손해를 가한 때에 해당하므로 당해 주식회사는 상법 제389조

제3항에 의하여 준용되는 상법 제210조에 의하여 그 대표이사와 연대하여 손해를 배상할 책임이 있다(대법원 2009. 3. 26. 선고 2006다47677 판결).

→ 상법 제393조 제1항은 주식회사의 중요한 자산의 처분 및 양도는 이사회의 결의로 한다고 규정하고 있는바, 여기서 말하는 중요한 자산의 처분에 해당하는지 아닌지는 당해 재산의 가액, 총자산에서 차지하는 비율, 회사의 규모, 회사의 영업 또는 재산의 상황, 경영상태, 자산의 보유목적, 회사의 일상적 업무와 관련성, 당해 회사에서의 종래의 취급 등에 비추어 대표이사의 결정에 맡기는 것이 상당한지 여부에 따라 판단하여야 하고, 중요한 자산의 처분에 해당하는 경우에는 이사회가 그에 관하여 직접 결의하지 아니한 채 대표이사에게 그 처분에 관한 사항을 일임할 수 없으므로 이사회규정상 이사회 부의사항으로 정해져 있지 아니하더라도 반드시 이사회의 결의를 거쳐야 한다(대법원 2005. 7. 28. 선고 2005다3649 판결, 2011. 4. 28. 선고 2009다47791 판결).

▶ 제한 위반의 효과

→ 거래 상대방이 이 같은 사항에 관하여 이사회의 결의를 거치지 않은 사실을 알았거나 알 수 있었던 경우 그에 관한 법률행위는 무효이다(상법 제389조 제3항, 제209조 제2항, 대법원 2005. 7. 28. 선고 2005다3649 판결, 2008. 5. 15. 선고 2007다55811, 55828 판결, 2011. 4. 28. 선고 2009다47791 판결 등 참조).

  ↳ 상법 제209조 제2항에 의한 이사의 대표권 제한이나 상법 제393조 제1항에 의한 제한이나 그 법리는 동일하게 적용된다(2021. 2. 18. 선고 2015다45451 전합 판결).

  ↳ 상법 제209조 제2항은 이사의 대표권 제한은 선의의 제3자에게 대항할 수 없다고 규정하고 있으나, 대법원은 3자의 악의는 회사가 주장·입증책임을 지며 3자에게 선의에 관하여 과실이 있는 경우에도 회사가 대항할 수 있다고 하고 있다(2009. 3. 26. 선고 2006다47677 판결 등). 이때의 과실은 중과실에 한한다(2021. 2. 18. 선고 2015다45451전합판결).

→ 이사회 결의를 요하는 경우 거래 상대방이 이사회 결의가 없음을 알았거나 알 수 있었던 사정은 이를 주장하는 회사가 주장, 입증하여야 하며, 특별한 사정이 없는 한 상대방으로서는 회사 대표자가 거래에 필요한 회사의 내부절차는 마쳤을 것으로 신뢰하였다고 보는 것이 일반 경험칙에 부합하므로, 일반적으로는 대표이사의 대표권에 제한이 있는지 여부에 관하여 상대방이 적극적으로 이를 확인할 의무가 없고, 다만 이를 의심할 만한 특별한 사정이 있는 경우에만 확인의무가 있다(대법원 2005. 5. 27. 선고 2005다480 판결, 2005. 7. 28. 선고 2005다3649 판결, 2009. 3. 26. 선고 2006다47677 판결 등 참조).

  ↳ 금융기관이 상사 회사에 자금을 대출하는 경우 위 상법규정 또는 차입 회사나 연대보증 회사의 정관 등에 따른 제한을 고려하거나, 그에 관계없이 차입 회사 이사회의 동의를 요구하고 이를 증빙하는 자료로서 이사회 회의록을 요구하는 것이 관행이다(대법원 2009. 3. 26. 선고 2006다47677 판결 참조).

↳ 을 주식회사가 병 증권회사의 주선으로 정 은행과 보유 주식을 매각하기 위한 환매조건부 주식매매계약을 체결하고, 을, 병 회사와 동일 기업집단 내 계열회사인 갑 주식회사가 을 회사를 위하여 정 은행과 주식매수청구권 부여계약을 체결하고 을, 병 회사로부터 손실보상각서를 교부받은 사안에서, 위 손실보상약정에 관하여 을 회사의 이사회의 명시적인 승인결의가 없었더라도 갑 회사가 이를 확인하는 등의 조치를 취할 의무는 없으므로 위 약정은 을 회사에 대한 관계에서 그 효력을 부정할 수 없지만, 위 주식매매계약이나 주식매수청구권 부여계약의 당사자가 아니라 계약의 체결을 주선하거나 중개해 준 역할을 한 병 회사에 대한 관계에 있어서는 갑 회사가 위 손실보상약정에 관하여 병 회사의 이사회결의가 존재하였는지 여부에 관하여 확인하는 등의 조치를 취할 것이 요구되고 이러한 조치를 취하지 아니한 이상 위 약정은 병 회사에 대한 관계에서 효력이 없다(대법원 2009. 3. 26. 선고 2006다47677 판결).

↳ 이 사건 약정의 체결 등에 관하여 피고 을 회사 이사회의 명시적인 승인결의가 없었다 하더라도, 원고가 그 점에 관하여 이를 확인하는 등의 조치를 취할 의무가 있다고 보기는 어렵다고 할 것이어서 그러한 조치를 취하지 아니하였다는 사정만으로 원고에게 어떠한 과실이 있다고 보기 어렵고, 달리 기록을 살펴보아도 원고가 이 사건 약정의 체결 등에 관하여 피고 을 회사의 이사회결의가 없었다고 의심할 만한 특별한 사정이 있었음을 인정 할 만한 자료를 찾아볼 수 없다. 따라서 이 사건 약정은 피고 을 회사의 이사회결의를 거치지 아니하였다는 내부적인 사유를 들어 피고 을 회사에 대한 관계에서 그 효력을 부정할 수는 없다고 할 것이다(대법원 2009. 3. 26. 선고 2006다47677 판결).

↳ 피고 병 회사와 같은 증권회사는 일정한 경우를 제외하고는 특수관계인에 대한 금전 대여나 신용공여가 금지되어 있었던 점 등의 사정을 아울러 보태어 보면, 원고가 피고 병 회사와 이 사건 약정을 체결할 당시 이 사건 약정에 관하여 피고 병 회사의 이사회결의 등 필요한 내부절차를 마쳤을 것이라고 그대로 신뢰하기 어려운 특별한 사정이 있었다고 할 것이므로, 원고로서는 이 사건 약정에 관하여 피고 병 회사의 이사회결의가 존재하였는지 여부에 관하여 확인하는 등의 조치를 취할 것이 요구된다 할 것이고, 이러한 조치를 취하지 아니한 이상 과실이 있다고 봄이 상당하다(대법원 2009. 3. 26. 선고 2006다47677 판결).

↳ 갑 주식회사가 을 유한회사와 체결한 부동산 양도계약에 관하여 갑 회사의 이사회결의에 하자가 있었던 사안에서, 위 양도계약은 갑 회사의 일상적 업무에 해당한다거나 대표이사 개인의 결정에 맡기는 것이 타당하다고 보기 어

려워 상법 제393조 제1항에 따라 이사회결의를 필요로 하는 주식회사의 중요한 자산의 처분에 해당하고, 갑 회사에게서 대여금 및 미지급 공사대금 채권을 변제받을 목적으로 자산유동화거래를 위한 특수목적회사인 을 회사를 설립하여 그 회사로 하여금 위 양도계약을 체결하도록 한 병 주식회사가, 갑 회사 대표이사 등의 내용증명 통지를 통해 위 양도계약에 관한 갑 회사 이사회결의의 하자를 알고 있는 상태에서, 을 회사의 설립 및 자산유동화계획의 수립을 주도하고 스스로의 인적·물적 기반이 없는 을 회사를 대신하여 위 양도계약의 체결 및 이행 업무를 실제로 처리한 사실에 비추어, 위 양도계약과 관련한 갑 회사 이사회결의의 하자에 관한 병 회사의 인식에 근거하여 양도계약 당사자인 을 회사가 갑 회사 이사회결의의 하자를 알았거나 알 수 있었다고 한 사례(대법원 2011. 4. 28. 선고 2009다47791 판결).

▶ 대표권을 남용한 경우
→ 주식회사의 대표이사가 그 대표권의 범위 내에서 한 행위는 설사 대표이사가 회사의 영리목적과 관계없이 자기 또는 제3자의 이익을 도모할 목적으로 그 권한을 남용한 것이라 할지라도 일단 회사의 행위로서 유효하고, 다만 그 행위의 상대방이 대표이사의 진의를 알았거나 알 수 있었을 때에는 회사에 대하여 무효가 되는 것이다(대법원 1997. 8. 29. 선고 97다18059 판결, 2004. 3. 26. 선고 2003다34045 판결, 2005. 7. 28. 선고 2005다3649 판결).

3. 비법인 사단

가. 대표권 행사

▶ 민법의 유추적용
→ 비법인 사단에 대하여는 사단법인에 관한 민법 규정 가운데서 법인격을 전제로 하는 것을 제외하고는 이를 유추적용하여야 한다(대법원 1992. 10. 9. 선고 92다23087 판결, 1996. 9. 6. 선고 94다18522 판결).
▶ 민법 제62조의 규정에 비추어 보면, 비법인 사단의 대표자는 정관 또는 총회의 결의로 금지하지 아니한 사항에 한하여 타인으로 하여금 특정한 행위를 대리하게 할 수 있을 뿐, 비법인 사단의 제반 업무처리를 포괄적으로 위임할 수는 없다(대법원 1996. 9. 6. 선고 94다18522 판결).
▶ 종중의 대표권자
→ 종중의 대표자는 종중의 규약이나 관례가 있으면 그에 따라 선임하고, 그것이 없다면 종장 또는 문장이 그 종원 중 성년 이상의 사람을 소집하여 선출하며, 평소에 종중에 종장이나 문장이 선임되어 있지 아니하고 선임에 관한 규약이나 관례가 없으면 현존하는 연고항존자(年高行尊者)가 종장이나 문장이 되어 국내에 거주하고 소재가 분명한 종원에게 통지하여 종중총회를 소집하고 그 회의에서

종중 대표자를 선임하는 것이 일반 관습이고, 종원들이 종중 재산의 관리 또는
처분 등에 관하여 대표자를 선정할 필요가 있어 적법한 소집권자에게 종중총회
의 소집을 요구하였으나 소집권자가 정당한 이유 없이 이를 소집하지 아니할 때
에는 차석 연고항존자 또는 발기인이 총회를 소집할 수 있다(대법원 1997. 11. 14. 선고 96다25715 판결, 대법원 2009. 5. 28. 선고 2009다
7182 판결, 1993. 8. 24. 선고 92다54180 판결, 대법원 1994.
5. 10. 선고 93다51454 판결, 2010.12.9. 선고 2009다26596 판결).

ㄴ 대법원 2005. 7. 21. 선고 2002다1178 전원합의체 판결 선고 이후부터는 공
동선조와 성과 본을 같이 하는 후손은 성별의 구별 없이 성년이 되면 당연히
종중의 구성원이 되는 점, 연고항존자는 종중의 대표자가 선임되어 있지 아
니하고 그 선임에 관한 규약이나 관례가 없을 경우 대표자 선임을 위한 종중
총회의 소집권을 가지는 데 불과하므로 여성이 연고항존자가 된다고 하더라
도 이러한 종중사무의 집행에 특별한 어려움이 있다고는 보이지 아니하는 점
등을 종합하여 보면, 위 전원합의체 판결 선고일인 2005. 7. 21. 이후에 대표
자를 선임하기 위하여 개최되는 종중총회의 소집권을 가지는 연고항존자를
확정함에 있어서 여성을 제외할 아무런 이유가 없으므로, 여성을 포함한 전체
종원 중 항렬이 가장 높고 나이가 가장 많은 사람이 연고항존자가 된다 할
것이다. 다만 이러한 연고항존자는 족보 등의 자료에 의하여 형식적·객관적
으로 정하여지는 것이지만 이에 따라 정하여지는 연고항존자의 생사가 불명
한 경우나 연락이 되지 아니한 경우도 있으므로, 사회통념상 가능하다고 인
정되는 방법으로 생사 여부나 연락처를 파악하여 연락이 가능한 범위 내에서
종중총회의 소집권을 행사할 연고항존자를 특정하면 충분하다(대법원 2010. 12. 9.
선고 2009다26596 판결).

나. 목적범위의 제한

▶ 제한의 초과

→ 비법인 사단 대표자의 행위가 그 사단의 목적 범위를 벗어난 것인 때는 무효가
되고, 민법 제35조 제2항의 유추에 의하여 그 대표자 등이 손해배상책임을 지게
된다. 상대방이 위와 같은 사정을 알았거나 알 수 있었는지 여부는 무효의 요건
이 아니나, 목적 범위를 벗어난 것인지 여부는 외형적·객관적으로 판단하는 것
이므로 거래 행위 당시 상대방이 인식 또는 인식 가능하였던 사정은 이 같은 판
단에 큰 영향을 미친다.

→ 상대방이 대표자의 행위가 목적 범위를 벗어나 직무에 관한 행위가 아님을 알았거
나 알 수 있었던 경우에는 손해배상책임도 물을 수 없다(대법원 2003. 7. 25. 선고 2002다27088 판결,
2008. 1. 18. 선고 2005다34711 판결 등 참조).

다. 정관 등에 의한 제한

▶ 제한의 가부와 방법

→ 비법인 사단에 대하여도 민법 제59조 제1항, 제41조가 유추 적용되어 정관이나 사원총회 결의로써 대표자의 대표권을 제한할 수 있다.

→ 다만, 그 성질상 이를 등기할 여지가 없으므로 민법 제60조는 준용되지 않으며 (대법원 2003. 7. 22. 선고/2002다64780 판결 참조), 상대방이 이 같은 제한에 위반한 사실을 알았거나 이를 알 수 있었음에도 과실로 알지 못하였던 경우에만 사단은 이로써 그 무효를 주장할 수 있다. 이에 대한 주장·입증 책임은 사단이 진다(대법원 2003. 7. 22. 선고 2002다64780 판결, 2007. 4. 19. 선고 2004/다60072, 60089 판결, 2008. 10. 23. 선고 2006다2476 판결 참조).

라. 총유물에 대한 제한

▶ 사원총회의 결의

→ 비법인 사단은 재산을 그 사원들이 총유 또는 준총유하고, 총유물의 관리, 처분은 정관 기타 규약에 달리 정함이 없으면 사원총회의 결의에 의하여야 하며 (민법 제275,/276, 278조), 사원총회의 결의를 요함에도 이를 결여한 처분행위는 무효이다. 그리고 이에는 표현대리가 적용되지 않으며 상대방의 선·악의를 불문한다(대법원 1989. 3. 14. 선고/87다카1574 판결, 2000. 10. 27. 선고 2000다22881 판결, 2009. 2. 12. 선고 2006다23312 판결 등 참조).

▶ 채무 부담 또는 타인 채무의 보증

→ 비법인 사단이 타인과 용역계약을 통해 채무를 부담하거나 타인의 채무를 보증하는 행위는 총유물 자체의 관리·처분이 아니라 단순한 채무부담행위에 해당하여, 이에 관하여는 민법 제276조 제1항의 총유물 처분에 관한 법리가 적용될 수는 없다(대법원 2003. 7. 22. 선고 2002다64780 판결, 2007./4. 19. 선고 2004다60072, 60089 전원합의체 판결 참조).

마. 소송행위

▶ 당사자

→ 총유재산에 관한 소송은 법인 아닌 사단이 그 명의로 사원총회의 결의를 거쳐서 하거나 또는 그 구성원 전원이 당사자가 되어 필수적 공동소송의 형태로 할 수 있을 뿐 그 사단의 구성원인 개인은 설령 그가 사단의 대표자라거나 사원총회의 결의를 거쳤다 하더라도 그 소송의 당사자가 될 수 없고, 이러한 법리는 총유재산의 보존행위로서 소를 제기하는 경우에도 마찬가지라 할 것이다(대법원 2005. 9. 15. 선고 2004/다44971 전원합의체 판결).

▶ 총회결의

→ 총유물의 보존에 있어서는 공유물의 보존에 관한 민법 제265조의 규정은 적용될

수 없고, 특별한 사정이 없는 한 그 관리에 관한 민법 제276조 제1항의 규정에 따라 사원총회의 결의를 거쳐야 하는 것인바, 종중원들이 총회의 결의 없이 보존행위로서 총유물에 관한 타인 명의의 소유권이전등기가 원인무효라고 주장하면서 그 말소등기와 종중 소유임의 확인을 소구하는 것은 부적법하다(대법원 1992. 2. 28. 선고 91다41507 판결).

→ 비법인 사단의 대표자가 총유물의 처분에 관한 소송행위를 하려면 특별한 사정이 없는 한 민법 제276조 제1항에 의하여 사원총회의 결의가 있어야 하는 것이지만, 그 결의 없이 소송행위를 하였다고 하더라도 이는 소송행위를 함에 필요한 특별수권을 받지 아니한 경우로서, 민사소송법 제422조 제1항 제3호 소정의 재심사유에 해당하되, 전연 대리권을 갖지 아니한 자가 소송행위를 한 대리권 흠결의 경우와 달라서 같은 법 제427조는 적용되지 아니한다(대법원 1999. 10. 22. 선고 98다46600 판결).

V. 청구이의, 제3자이의

◆ 제1 청구이의의 소
◆ 제2 제3자이의의 소

제1 | 청구이의의 소

1. 의 의

가. 개 념

▶ 집행권원상의 청구(청구권)에 관하여 집행권원의 성립 후에 생긴 실체상의 사유로 이의를 제기하여 그 집행권원이 갖고 있는 집행력의 배제를 구하는 소

나. 소의 성질과 효력

▶ ① 소송법상의 형성소송설, ② 집행의 부작위를 구하는 소극적 이행소송설, ③ 확인소송설(집행력의 부존재·소멸 확인소송설＝소송상 확인소송설, 청구권의 부존재·소멸로 인한 집행불가의 확인소송설＝실체적 확인소송설) 등이 있으나 ①설이 통설이다.

▶ 집행채권의 변제기 유예 등과 같이 이의원인에 따라서는 일시적 집행력 배제(집행의 일시 유예)만이 허용될 수도 있다.

▶ 본소의 판결에 의하여 취소되는 것은 이의의 대상인 집행권원이 가진 집행력이며, 본소의 확정판결의 기판력은 그 집행력에 대한 이의권의 존부, 즉 특정한 집행권원

이 갖는 집행력의 소멸 여부에만 미친다(다수설, 민사집행법 제44조 제3항 참조).

→ 집행력의 소멸은 절대적 소멸은 물론 특정인에 대한 관계에서의 상대적 소멸, 일정기한까지의 상대적 소멸을 포함한다.

▶ 본소의 기판력은 그 소의 당사자 및 그 승계인에 대하여만 상대적으로 발생할 뿐 집행력이 절대적으로 소멸하는 것은 아니다.

✛ 청구권이 양도된 경우 양도인은 집행할 수 없으나 양수인은 그 집행권원에 기하여 집행을 할 수 있다.

다. 기판력과의 관계

▶ 판결이 당해 소송절차 내에서 통상적인 불복방법(상소)에 의하여 취소·변경될 수 없는 상태에 이르게 되면 그 판결을 확정판결이라 하고, 이러한 상태에서의 판결의 불가변경성을 판결의 형식적 확정력이라고 하며, 판결이 형식적으로 확정되면 당사자나 법원은 그 판결 내용인 특정한 법률관계의 존부에 대한 판단과 상반되는 주장이나 판단을 할 수 없게 되는 효력이 생기는바 이를 판결의 실체적 확정력 또는 기판력이라 하고, 그 확정된 판결로써 명한 이행의무를 강제집행절차에 의하여 실현할 수 있는 효력을 집행력이라고 한다(대법원 1978. 5. 9. 선고 75다634 전합판결 참조).

▶ 청구이의의 소는 확정판결 등의 집행력 배제를 구하는 소로서 기판력의 배제와는 다른 것이지만(대법원 1994. 7. 29. 선고 92다25137 판결, 1995. 12. 5. 선고 94다 59028 판결 참조. 이와 달리 재심의 소는 기판력의 배제를 전제로 한다), 기판력 있는 집행권원의 집행력은 기판력과 밀접히 연관되어 있으므로 기판력의 제한을 받게 된다.

→ 민사소송법 제461조에 의하여 준용되는 같은 법 제451조의 재심은 확정된 종국판결에 재심사유에 해당하는 중대한 하자가 있는 경우에 그 판결의 취소와 이미 종결된 소송을 부활시켜 재심판을 구하는 비상의 불복신청방법으로서, 확정된 종국판결이 갖는 기판력, 형성력, 집행력 등 판결의 효력 배제를 주된 목적으로 하는 것이다. 그러므로 기판력을 가지지 아니하는 확정된 이행권고결정에 설사 재심사유에 해당하는 하자가 있다고 하더라도, 이를 이유로 민사소송법 제461조가 정한 준재심의 소를 제기할 수는 없고, 청구이의의 소를 제기하거나 또는 전체로서의 강제집행이 이미 완료된 경우에는 부당이득반환청구의 소 등을 제기할 수 있을 뿐이다(대법원 2009. 5. 14. 선고 2006다34190 판결).

▶ 청구이의의 사유가 있는 경우 청구이의의 소에 의하지 않고 별소(別訴)를 제기하는 것도 가능하나 역시 기판력의 제한을 받으며, 청구이의의 소가 별소에 비해 그 적용범위가 넓다.

▶ 별소를 제기하든 청구이의의 소를 제기하든 당사자의 선택에 달린 것이나, 집행이

종료된 후에는 청구이의의 소를 제기할 수 없으므로 별소에 의하여야 할 것이다.

라. 다른 개념과의 구별

(1) 재심(준재심)

▶ 재심은 확정판결 등에 일정한 절차상·실체상 하자가 있는 경우에 소로써 그 확정판결 등을 취소하는 것으로서 기판력의 배제를 전제로 한다. 예외적 구제절차이므로 그 사유가 한정되어 있고, 제소기간에도 제한이 있으며, 그 사유는 판결 확정 전의 것을 원칙으로 한다(민사소송법 제451조 제1항 참조. 다만 제8호는 예외).

▶ 그러나 청구이의의 소는 기판력의 배제(집행권원 자체의 취소)가 아닌 집행력만을 배제하고(집행력의 일시적·잠정적 배제를 포함하므로 그 효력범위가 재심보다 좁다.), 그 사유가 판결 확정 후에 발생한 실체상의 것을 원칙으로 한다는 점에서 구별된다.

(2) 제3자이의의 소

▶ 제3자이의의 소는 타인에 의해 현실적으로 강제집행이 개시된 경우 그 집행 목적물에 대한 관계에서의 구체적 집행력의 배제를 구하는 것으로서(대법원 1977. 10. 11. 선고 77다1041 판결 참조), 반드시 집행이 개시되었어야 한다.

▶ 이에 반해 추상적 집행력의 배제를 구하는 청구이의의 소는 집행 개시 전에도 가능하다.

(3) 집행문 부여에 대한 이의(이의신청, 이의의 소)

▶ 집행문 부여에 대한 이의는, 집행권원의 집행력을 전제로 그 집행을 위해 강제집행의 요건으로서의 집행문이 부여된 경우, 그 부여의 형식적 요건(예외적으로 조건의 성취나 승계 여부에 관한 것은 실체적 요건에 해당) 흠결을 이유로 집행문의 효력 배제를 구하는 불복방법이다(민사집행법 제34조, 45조).
  → 따라서 집행문 부여에 대한 이의가 인용되어 집행문 부여가 허용되지 않은 경우라도 집행권원이 가진 집행력 자체가 소멸하는 것은 아니므로, 집행문 부여의 요건을 다시 갖추면 집행문이 부여될 수 있다.

▶ 이에 반해 청구이의의 소는 청구권에 관한 실체상의 사유로 당해 집행권원이 가진 집행력 자체의 배제를 구하는 점에서 집행문 부여에 대한 이의와 다르다.

▶ 그러나 집행을 추상적으로 배제한다는 결과는 동일하므로 경우에 따라서는 양자를 모두 이용할 수도 있다.

(4) 집행에 대한 이의

▶ 집행에 대한 이의는 이미 개시된 구체적 집행절차를 전제로 그 절차상의 개별적인 하자를 치유하는 절차이다. 즉, 집행법원의 집행절차에 관한 재판으로서 즉시항고를 할 수 없는 것, 집행관의 집행처분(집행위임의 거부, 집행행위의 지체, 집행수수료에 대한 처분 등을 포함) 및 지켜야 할 집행절차에 관하여 형식적인 절차상의 하자가 있는 것을 사유로 그 취소·구제를 구하는 불복방법이다(민사집행법 제16조).

▶ 이에 반해 청구이의의 소는 집행 개시 전후를 불문하고 집행권원상의 청구권에 대한 실체적 사유로써 집행력을 배제하여 전체로서의 집행절차를 차단하는 점에서 집행에 대한 이의와 다르다.

마. 청구취지의 예시

▶ 판결
  ✚ 전면 불허의 경우: 『피고의 원고에 대한 서울중앙지방법원 2006. 3. 15. 선고 2006가합4579 판결에 기한 강제집행을 불허한다.』
  ✚ 일시정지의 경우: 『피고의 원고에 대한 서울중앙지방법원 2006. 3. 15. 선고 2006가합4579 판결에 기한 강제집행을 2006. 12. 31.까지 불허한다.』
▶ 판결의 일부
  ✚ 금전지급 외의 이행 주문이 있는 경우: 『피고 최영주의 원고에 대한 서울남부지방법원 2005. 7. 25. 선고 2005가합13150 판결에 기한 금전채권의 강제집행은 8,590만 원을 초과하는 부분에 한하여 불허한다.』
  ✚ 이행주문이 단일한 경우: 『피고 최영주의 원고에 대한 서울남부지방법원 2005. 7. 25. 선고 2005가합13150 판결에 기한 강제집행은 8,590만 원을 초과하는 부분에 한하여 불허한다.』
▶ 조정조서
  『피고의 원고에 대한 부산지방법원 2005가합1234 매매대금 사건의 2006. 5. 1.자 조정조서에 기한 강제집행을 불허한다.』
▶ 집행증서
  ✚ 『피고의 원고에 대한 서울중앙지방검찰청 소속 공증인 김해용이 2005. 10. 1. 작성한 2005년 증서 제1258호 금전소비대차계약 공정증서에 기한 강제집행을 불허한다.』
  ✚ 『피고 장사성의 소외 이자성에 대한 공증인가 법무법인 고양종합법률사무소 2006. 7. 14. 작성 증서 2006년 제914호 공정증서에 기한 강제집행을 불허한다.』

▶ 지급명령

『피고 진우량의 원고에 대한 서울동부지방법원 2006. 4. 10.자 2006차51720 지급명령에 기한 강제집행을 불허한다.』

▶ 잘못된 청구취지

✗ 『피고의 원고에 대한 서울중앙지방법원 2006. 3. 15. 선고 2006가합4579 집행력 있는 판결 정본에 기한 강제집행을 불허한다.』 ⇒ 청구이의의 소는 집행력의 배제를 구하는 것이므로 " … 집행력 있는 정본에 기한 … "이라는 문구를 기재하면 모순적인 표현이 된다.

✗ 『피고의 원고에 대한 서울중앙지방법원 2006. 3. 15. 선고 2006가합4579 판결에 기하여 2006. 10. 5. 별지 목록 기재 부동산에 대하여 한 강제집행을 불허한다.』 ⇒ 이는 구체적 집행이 있음을 전제로 하여 그 집행 목적물에 대한 관계에서의 집행력 배제를 구하는 제3자이의의 소의 청구취지인바, 제3자이의의 소로써 구하여 할 구체적 집행행위의 배제를 청구이의의 소로써 구한 경우 그 소는 부적법하다(대법원 1971. 12. 28.
선고 71다1008 판결 참조).

2. 대상(집행권원 = 채무명의)

가. 집행권원의 개념

집행권원이란 일정한 사법상(私法上)의 이행청구권의 존재 및 범위를 표시하고 그 청구권에 집행력을 인정한 공정(公正)의 문서를 말한다.

나. 청구이의의 대상인 집행권원

▶ 이행청구권에 관한 것

→ 이행의무를 명하는 내용이 들어 있어야 하므로 확인판결, 형성판결은 제외됨. 의사 진술을 명하는 집행권원 역시 이행청구권에 관한 것이므로 당연히 그 대상이 되나 다른 요건 때문에 청구이의의 소의 이익이 없을 뿐이다.

▶ 확정되고 종국적인 것

→ 청구이의의 소는 확정된 집행권원에 대하여만 제기할 수 있으므로 확정되기 전의 것은 통상의 불복절차에 의하여 이의하여야 한다. 따라서 가집행선고부 판결, 가압류·가처분 결정에 대하여는 제기할 수 없다.

→ 또한 종국적인 재판이 아닌 중간판결 등에 대하여는 제기할 수 없다.

다. 집행권원의 분류

(1) 판결: 외국판결에 대한 집행판결 포함

(2) 각종 결정: 지급명령, 화해권고결정, 이행권고결정, 조정에 갈음하는 결정

(3) 각종 조서: 청구인낙조서, 화해조서(소송상화해, 제소전화해), 조정조서

(4) 항고로만 불복할 수 있는 재판: 소송비용액확정결정, 부동산인도명령, 간접강제에 의한 금전배상결정

(5) 기타: 집행증서, 채무자 회생 및 파산에 관한 법률에 의한 회생채권자표, 회생담보권자표, 형사배상명령 등

3. 형식적 요건

가. 강제집행절차의 종료 전일 것

▶ 청구이의는 집행력의 배제를 구하는 것이므로 이미 그에 따른 집행이 종료된 이상 강제집행을 배제하기 위한 목적의 청구이의의 소는 소의 이익이 없어 부적법하며 ^(대법원 1979. 5. 22.자 77마427 결정, 1989. 12. 12. 선고 87다카3125 판결, 1997. 4. 25. 선고 96다52489 판결 등 참조) 다른 구제수단에 의하여야 한다.

→ 의사 진술을 명하는 집행권원의 경우: 소유권이전등기절차의 이행을 명하는 것과 같은 의사 진술을 명하는 판결의 경우 그 판결이 확정된 때 그 판결 자체로써 곧 의사 진술이 있는 것으로 보게 되어^(민사집행법 제263조) 판결의 확정과 동시에 광의의 집행절차가 종료되므로, 설사 그에 따른 등기가 이루어지기 전이라도 그 집행력 배제를 구하기 위한 청구이의의 소를 제기할 소의 이익이 없다^(대법원 1995. 11. 10. 선고 95다37568 판결 참조).

→ 채권압류 및 전부명령의 경우: 이에 대하여 즉시항고의 제기 없이 그 결정이 확정된 경우 제3채무자에게 송달된 때로 소급하여 전부의 효력이 발생하고 피전부채권의 존부와 관계없이 그로써 강제집행절차가 종료되므로, 청구이의의 소 계속 중 전부명령이 확정된 경우 소의 이익을 상실하여 각하판결을 하게 된다^(대법원 1989. 12. 12. 선고 87다카3125 판결, 1997. 4. 25. 선고 96다52489 판결).

→ 채권압류 및 추심명령의 경우: 이에 대하여 즉시항고가 제기되더라도 전부명령의 경우와 달리 집행정지의 효력이 없다^(민사집행법 제15조 제6항, 제229조 제7항 참조). 또한, 추심명령이 확정되었더라도 추심 후 배당절차가 종료된 때에 집행이 종료된다^(대법원 2003. 2. 14. 선고 2002다64810 판결).

▶ 집행권원상의 집행채권 일부에 대하여만 강제집행이 종료하고 일부에 대하여는 강제집행이 종료되지 않은 경우에는 그 일부에 대하여 청구이의의 소를 제기할 수 있다^(대법원 2001. 11. 13. 선고 99다32899 판결, 2003. 2. 14. 선고 2002다64810 판결 참조).

▶ 강제집행이 종료한 경우의 구제수단

  → 손해배상청구: 불법행위가 성립하는 경우 강제집행의 결과로 채권자가 얻은 이익 상당액은 손해배상으로써 전보 받을 수 있다(대법원 1968. 11. 19. 선고 68다1624 판결, 2001. 11. 13. 선고 99다32899 판결 참조). 따라서 청구이의의 소송 도중에 강제집행이 종료한 때에는 손해배상청구의 소로 청구를 변경하여야 한다.

  → 별소의 제기: 강제집행의 결과를 복멸하기 위한 손해배상청구의 소, 부당이득반환청구의 소 등 별소를 제기하는 것도 가능하다.

나. 집행문 부여의 요부

▶ 집행권원이 성립한 뒤라면 집행문이 부여되었는지 여부는 전혀 상관이 없다.

다. 집행개시의 요부

▶ 청구이의의 소는 집행권원이 성립한 뒤로서 강제집행이 종료하기 전이면 언제라도 제기할 수 있으며 집행의 개시 전에도 가능하다.

4. 이의의 사유(실체적 요건)

가. 청구권의 행사를 저지하기 위한 사유

(1) 청구권원의 전부 또는 일부의 소멸: 변제, 대물변제, 공탁, 상계, 채무면제, 포기, 혼동, 해제조건의 성취, 해제, 화해, 경개, 이행불능, 소멸시효 완성 등

  → 강제집행비용은 채무자의 부담으로서 별도의 채무명의 없이 그 집행의 기본이 되는 당해 채무명의에 터잡아 당해 강제집행절차에서 그 채무명의에 표시된 채권과 함께 추심할 수 있는 것이므로, 청구이의사건에 있어서 채무명의에 표시된 본래의 채무가 변제나 공탁에 의하여 소멸되었다고 하여도 채무자가 변상하여야 할 집행비용이 상환되지 않은 이상 당해 채무명의의 집행력 전부의 배제를 구할 수는 없다(대법원 1989. 9. 26. 선고 89다2356, 89다카12121 판결).

(2) 청구권 및 채무의 귀속 변동: 집행채권의 양도, 전부, 집행채무의 면책적 인수

  → 집행권원상의 청구권이 양도되어 대항요건을 갖춘 경우 집행당사자적격이 양수인으로 변경되고, 양수인이 승계집행문을 부여받음에 따라 집행채권자는 양수인으로 확정되는 것이므로, 승계집행문의 부여로 인하여 양도인에 대한 기존 집행권원의 집행력은 소멸된다. 따라서 그 후 양도인을 상대로 제기한 청구이의의 소는 피고적격이 없는 자를 상대로 한 소이거나 이미 집행력이 소멸한 집행권원

의 집행력 배제를 구하는 것으로 권리보호의 이익이 없어 부적법하다. 이 경우 집행권원상의 청구권을 양도한 채권자가 집행력이 소멸된 이행권고결정서의 정본에 기하여 강제집행절차에 나아간 경우에 채무자는 민사집행법 제16조의 집행이의의 방법으로 이를 다툴 수 있다(대법원 2008. 2. 1. 선고 2005다23889 판결).

(3) 청구권의 효력 정지, 제한, 변경 등: 집행채권의 압류·가압류, 기한유예, 이행조건의 변경, 집행권원에 표시된 이행기의 미도래 등

▶ 집행채권의 압류, 가압류

→ 집행채권이 압류, 가압류되면 그 채무자인 집행채권자는 집행채권에 대한 처분과 수령을 할 수 없고 제3채무자는 집행채권자에 대한 지급이 금지되나, 그 효력은 당해 압류, 가압류채권자에 대한 관계에서만 상대적·개별적으로 발생하며 그에 위반한 처분이라도 집행채권자와 상대방 사이에서는 유효하다(대법원 1994. 11. 29.자94마417 결정, 1998. 11. 13. 선고 97다57337 판결 등).

→ 집행채권에 대하여 압류, 가압류가 있는 것만으로는 집행채권자가 집행채권을 상실하는 것이 아니므로 일정한 범위 내에서는 채권을 행사할 수 있다.

▶ 제3채무자에 대한 이행청구의 소 제기: 제3채무자를 상대로 이행의 소를 제기하여 채무명의를 얻는 것까지 금하는 것은 아니며, 다만 채무명의를 얻더라도 이에 기하여 제3채무자에 대하여 강제집행을 할 수 없음에 불과하다(대법원 1989. 11. 24. 선고 88다카25038 판결 등).

→ 집행채권에 대한 압류 및 추심명령까지 있은 경우: 집행채권에 대한 압류 및 추심명령이 있으면 제3채무자에 대한 이행의 소는 추심채권자만이 제기할 수 있고 집행채무자는 피압류채권인 집행채권에 대한 이행의 소를 제기할 당사자적격을 상실하여 그 소는 부적법하다(대법원 1983. 3. 8. 선고 82다카889 판결, 2000. 4. 11. 선고 99다23888 판결 등 참조).

→ 보험계약에 관한 해약환급금채권은 보험계약자가 해지권을 행사할 것을 조건으로 효력이 발생하는 조건부 권리이기는 하지만 금전 지급을 목적으로 하는 재산적 권리로서 민사집행법 등 법령에서 정한 압류금지재산이 아니어서 압류 및 추심명령의 대상이 되며, 그 채권을 청구하기 위해서는 보험계약의 해지가 필수적이어서 추심명령을 얻은 채권자가 해지권을 행사하는 것은 그 채권을 추심하기 위한 목적 범위 내의 행위로서 허용된다고 봄이 상당하다. 그러므로 당해 보험계약자인 채무자의 해지권 행사가 금지되거나 제한되어 있는 경우 등과 같은 특별한 사정이 없는 한, 그 채권에 대하여 추심명령을 얻은 채권자는 채무자의 보험계약 해지권을 자기의 이름으로 행사하여 그 채권의 지급을 청구할 수 있다. 해약환급금청구권에 대한 추심명령을 얻은 채권자가 추심명령에 기하여 제3채무자를 상대로 추심금의 지급을 구하는 소를 제기한 경우 그 소장에는 추심권에

기초한 보험계약 해지의 의사가 담겨 있다고 할 것이므로, 그 소장 부본이 상대 방인 보험자에 송달됨에 따라 보험계약 해지의 효과가 발생하는 것으로 해석함 이 상당하다(대법원 2009. 6. 23. 선고 2007다26165 판결).

→ 국세체납처분으로 압류한 경우: 국세체납으로 인한 압류에 의하여 채무자는 채권자에게 그 채무를 지급할 수가 없고 오직 소관 세무공무원에게만 지급하여야 하므로 채권자는 그 압류된 채권을 행사할 수 없어 압류된 채권에 대하여는 이행청구소송을 제기할 수 없다(대법원 1983. 3. 8. 선고 82다카889 판결, 1989. 1. 17. 선고 87다카2931 판결 참조).

→ 국세체납처분에 의한 압류의 효력: "국세징수법에 의한 채권압류는 강제집행에 의한 경우와 같이 그 압류의 결과 피압류채권에 관해서 변제, 추심 등 일체의 처분행위를 금지하는 효력이 있기는 하나, 국가는 체납자에 대신하여 추심권을 취득할 뿐 국세에 의한 채권압류가 있었다고 하여 제3채무자의 상계권까지 이를 무조건 제한하는 것은 아니다(대법원 1985. 4. 9. 선고 82다카449 판결 참조)." ⇒ 추심명령에서와 같은 대위의 효력이 발생하므로 당연한 논리의 귀결임.

→ 집행채권이 양도된 경우: 채권에 대한 압류, 가압류가 있더라도 이는 채무자가 제3채무자로부터 현실로 급부를 추심하는 것만을 금지하는 것이므로 채무자는 제3채무자를 상대로 그 이행을 구하는 소송을 제기할 수 있고, 압류, 가압류된 채권도 이를 양도하는 데 아무런 제한이 없으나 다만 그 양수인은 그러한 압류, 가압류에 의하여 권리가 제한된 상태의 채권을 양수받을 뿐이므로 양수인은 제3채무자를 상대로 이행청구의 소를 제기할 수 있다(대법원 2000. 4. 11. 선고 99다23888 판결 참조).

→ 집행채권에 대한 압류 및 전부명령까지 있은 경우: 집행채권에 대한 압류 및 전부명령이 확정되면 집행채권이 전부채권자에게 이전되므로, 집행채무자는 3채무자에 대하여 피압류채권을 상실한다. 이때 집행채무자는 3채무자를 상대로 이행의 소를 제기할 당사자적격은 있지만(추심명령이 없으므로 압류명령이나 전부명령만으로는 당사자적격을 상실하지 않는다.) 청구가 이유 없으므로 청구기각을 당하게 된다.

▶ 소유권이전등기청구의 소 제기: 소유권이전등기를 명하는 판결은 의사의 진술을 명하는 판결로서 이것이 확정되면 채무자는 일방적으로 이전등기를 신청할 수 있고 제3채무자는 이를 저지할 방법이 없으므로 이와 같은 경우에는 압류, 가압류의 해제를 조건으로 하지 아니하는 한 법원은 이를 인용하여서는 안 되고, 제3채무자가 임의로 이전등기의무를 이행하고자 한다면 민사집행법 제244조에 의하여 정하여진 보관인에게 권리이전을 하여야 할 것이며, 이 경우 보관인은 채무자의 법정대리인의 지위에서 이를 수령하여 채무자 명의로 소유권이전등기를 마치면 된다(대법원 1992. 11. 10. 선고 92다4680

전합판결, 1994. 10. 25. 선고).
93다55012 판결 등 참조

→ 원고에 대하여 법원이 가압류의 해제를 조건으로 이전등기를 구하는지 여부에
관하여 석명을 구할 의무가 있는 것이 아니므로, 무조건으로 이행을 구하는 경
우 청구를 기각해도 무방하다(위 판결 93다55012).

◈ 강제집행의 허용 범위와 구제수단

＜학설＞

▶ 강제집행의 허용 범위에 관하여는, ① 압류절차마저도 허용될 수 없다는 견해,
② 압류절차만 허용될 뿐 환가절차에 나아갈 수 없다는 견해, ③ 압류 및 환
가절차는 허용되고 배당절차만 정지된다는 견해, ④ 배당절차까지 속행하되
압류채권자의 채권상당액을 공탁하여야 한다는 견해 등으로 나누어진다.

▶ 제3채무자의 구제수단에 대하여는, ① 집행채권이 압류, 가압류되었다면 그 실
체법상의 효과로 채무자는 제3채무자에 대하여 이행소송을 제기할 수 없는 바
와 같이 집행적격을 상실하여 집행절차를 계속하지 못하고, 만일 강제집행을
할 경우 제3채무자는 청구이의 소를 제기하여 집행력을 배제할 수 있고 집
행에 관한 이의를 할 수는 없다는 견해(집행채무자의 이행청구의 소에 대한 청구
기각설의 입장), ② 압류, 가압류의 해제가 민사집행법 제30조 제2항의 집행문
부여의 조건으로서 채무자는 압류의 해제를 입증하여 집행문의 부여를 받아야
하고, 이를 간과하고 집행문이 부여된 경우 제3채무자는 집행문부여에 대한
이의신청 또는 집행문부여에 대한 이의의 소에 의할 것이라는 견해(이행청구의
소에 대한 조건부이행판결설의 입장). ③ 채무자는 집행적격을 상실하지 않으나
그것은 집행의 속행을 방해하는 소극적 요건인 집행장애사유에 해당하므로 집행
기관이 직권으로 그 존부를 조사하여 압류 등이 해제되지 않는 한 집행할 수 없
고, 이를 간과하고 집행절차가 진행될 때에는 집행에 관한 이의나 경매개시결정
에 대한 이의신청을 하여 그 제거를 구할 수 있으며, 막바로 압류, 가압류명령을
집행기관에 민사집행법 제49조의 서류로 제출하여 집행정지의 처치를 받을 수도
있다는 견해(이행청구의 소에 대한 즉시이행판결설의 입장), ④ 청구이의 소는
물론 집행에 관한 이의에 의하여 취소신청을 할 수 있다는 견해가 있다.

＜판례＞

▶ 대법원: 우리 대법원은 강제집행을 할 수 없다고만 할 뿐 구체적으로 어느 단
계까지 금지되는지, 그 구제방법은 무엇인지에 대하여는 언급하지 않고 있다.
그러나 집행채권에 대하여 압류에 그치지 않고 추심명령이나 전부명령까지 있

은 때에는 청구이의 사유가 됨에 의문의 여지가 없다 할 것이다.

▶ 日本

① 大審院 1940. 12. 27. 판결: 청구이의의 소에 의하여야 한다고 판시

"…請求異議의 訴는 債務名義에서 확정된 實體法上의 청구권이 집행에 적절하지 않게 되었음을 사유로 실체상의 異議를 주장하여 집행력을 배제함을 목적으로 하기 때문에 辨濟, 相計, 免除, 解除條件의 完成 등 債務名義로 확정된 청구를 소멸시키는 사실뿐 아니라 변제기한의 유예, 당해 채권의 양도로 인한 채권자로서의 자격상실, 채권자의 파산선고, 압류 등과 같이 채무명의로 확정된 청구를 변경시키는 사실이 생긴 경우에도 청구이의의 사유로 함에 아무 지장이 없다. …제3채무자는 채무자에 대한 지급이 금지되었고 채무자 역시 제3채무자에게 변제를 강요할 수 없게 되었기 때문에 가압류 후 본건 채무명의에 의한 강제집행은 이를 개시하고 속행하는 것이 허용될 수 없게 되었음은 채권의 압류인 경우와 하등 다를 것이 없다…"(民集 제19권 24호 2368면).

② 最高裁判所 1973. 3. 13. 판결: 집행정지사유라고 판시

"강제집행이 실행될 때에 제3채무자가 이중지급의 부담을 면하기 위하여서는 당해 채권이 압류, 가압류되어 있음을 집행상의 장해로서 집행기관에 제시하여 집행절차가 만족적 단계로 나아가는 것을 저지할 수 있는 것으로 해석하면 족하다"(民集 제27권 2호 344면) ⇒ 압류 및 환가까지 할 수 있다는 입장을 취하고 있는 것으로 보임.

▶ 회생절차의 개시, 파산

→ 회생절차의 개시결정 또는 파산선고가 있으면 강제집행이 금지되고 이미 진행 중인 강제집행절차는 중지·실효된다(법률 제58조, 348조, 600조^{채무자회생 및 파산에 관한}).

→ 회생절차의 개시결정 전에도 법원은 강제집행의 금지 또는 중지를 명할 수 있고, 이에 의해서도 강제집행은 금지되고 이미 진행 중인 강제집행절차는 중지된다(위 법률 제44조, 45조, 593조).

▶ 이행기의 미도래

→ 원고가 공정증서의 집행력 배제를 구하는 이유로, 공정증서가 작성된 약속어음의 원인관계에 있어서 아직 채무의 이행기가 도래하지 아니하였다는 사정을 주장하고 있다면, 이는 청구이의의 사유가 된다(대법원 2000. 1. 28. 선고 99다54790 판결).

(4) 상속의 한정승인

▶ 변론종결 후 상속인이 한정승인을 한 경우 채무자가 집행단계에서 한정승인에 의한 책임제한을 주장할 수 있다는 점에는 이론이 없지만, 그 주장방법에 관하여는 ① 청구이의의 소에 의한다는 견해, ② 집행문부여에 대한 이의신청 또는 이의의 소에 의한다는 견해, ③ 제3자이의의 소에 의한다는 견해가 대립하고 있다.

▶ 변론종결 전에 상속인이 한정승인을 하였으면서도 이를 주장하지 않아 책임재산의 유보 없는 판결이 확정된 경우 채무자가 집행단계에서 한정승인을 주장할 수 있는지에 관하여 기판력긍정설(주장불가설)과 기판력부정설(주장가능설)의 대립이 있고, 기판력부정설의 입장에서 한정승인을 주장하는 방법에 관하여는 다시 위 ①~③과 같은 견해의 대립이 있다. 대법원은 청구이의설 채택.

→ 채무자가 한정승인을 하였으나 채권자가 제기한 소송의 사실심 변론종결시까지 이를 주장하지 아니하는 바람에 책임의 범위에 관하여 아무런 유보 없는 판결이 선고·확정된 경우라 하더라도 채무자가 그 후 위 한정승인 사실을 내세워 청구에 관한 이의의 소를 제기하는 것이 허용되는 것은, 한정승인에 의한 책임의 제한은 상속채무의 존재 및 범위의 확정과는 관계없이 다만 판결의 집행대상을 상속재산의 한도로 한정함으로써 판결의 집행력을 제한할 뿐으로, 채권자가 피상속인의 금전채무를 상속한 상속인을 상대로 그 상속채무의 이행을 구하여 제기한 소송에서 채무자가 한정승인 사실을 주장하지 않으면 책임의 범위는 현실적인 심판대상으로 등장하지 아니하여 주문에서는 물론 이유에서도 판단되지 않는 관계로 그에 관하여는 기판력이 미치지 않기 때문이라 할 것인바, 위와 같은 기판력에 의한 실권효 제한의 법리는 채무의 상속에 따른 책임의 제한 여부만이 문제되는 한정승인과 달리 상속에 의한 채무의 존재 자체가 문제되어 그에 관한 확정판결의 주문에 당연히 기판력이 미치게 되는 상속포기의 경우에는 적용될 수 없다(대법원 2006. 10. 13. 선고 2006다23138 판결, 2009. 5. 28. 선고 2008다79876 판결).

→ 일본의 판례 중에는 후자의 경우 상속인이 한정승인 사실을 채권자에게 알렸음에도 채권자가 무조건 이행청구를 유지하여 판결이 확정된 경우 권리남용의 일종으로 보아 청구이의를 인정하였다(대심원 1940. 2. 3. 선고 소화13년 オ제2362 판결).

▶ 상속채무의 이행을 구하는 소송에서 채무자의 한정승인 항변이 받아들여져서 원고 승소판결인 집행권원 자체에 '상속재산의 범위 내에서만' 금전채무를 이행할 것을 명하는 이른바 유한책임의 취지가 명시되어 있음에도 불구하고, 상속인의 고유재산에 대하여 위 집행권원에 기한 압류 및 전부명령이 발령되었을 경우에, 상속인인 피고로서는 책임재산이 될 수 없는 재산에 대하여 강제집행이 행하여졌음을 이유로

제3자이의의 소를 제기하거나, 그 채권압류 및 전부명령 자체에 대한 즉시항고를 제기하여 불복하는 것은 별론으로 하고, 청구에 관한 이의의 소에 의하여 불복할 수는 없다(대법원 2005. 12. 19.
자 2005그128 결정).

(5) 판결의 편취(권리남용)

▶ 판결의 편취(騙取)란 악의 또는 불법한 수단으로 상대방과 법원을 속여 본래 있어서는 아니 될 내용의 확정판결을 취득하는 것을 말한다. 이는 실체적인 것과 절차적인 것으로 나눌 수 있다. 편취된 판결을 한편으로는 사위판결(詐僞判決)이라고도 한다.

  → 전자는 증거서류를 위조하거나 허위 증언을 하게 하는 등으로 실체관계를 왜곡하는 것이 이에 해당하고,

  → 후자는 당사자의 성명을 모용하는 것, 상대방의 주소를 알면서도 이를 은폐하여 공시송달에 의해 판결을 받는 것, 상대방의 주소를 허위로 기재하고 자신이나 제3자가 소장 부본 등을 송달받고 의제자백 판결을 받는 것, 소 취하 합의를 하고도 소 취하를 하지 않은 채 상대방의 소송 관여를 방해하고 승소판결을 받는 것 등이 이에 해당한다.

  → 허위주소에 의한 공시송달의 경우: 판결정본이 공시송달의 방법에 의하여 피고에게 송달되었다면 비록 피고의 주소가 허위라 하더라도 그 송달은 유효한 것이므로 항소기간의 도과로 위 판결은 형식적으로 확정되어 기판력이 발생한다 할 것이다(대법원 1980. 3. 25. 선고 78다2113 판결, 1987. 2. 24. 선고
86다카2397 판결, 1997. 5. 28. 선고 96다41649 판결 참조). ⇒ 재심에 의해야 한다(대법원 1974. 6. 25.결, 1993. 12. 28. 선고 93
선고 73다1471 판 다48861 판결 등 참조).

▶ 허위주소에 의한 의제자백의 경우

  → 공시송달의 방법에 의하여 송달된 것이 아니고 허위로 표시한 주소로 송달하여 상대방 아닌 다른 사람이 그 소송서류를 받아 의제자백의 형식으로 판결이 선고되고 다른 사람이 판결을 수령하였을 때에는, 상대방은 아직도 판결 정본을 받지 않은 상태에 있는 것으로서 그 판결에 대한 항소기간은 진행을 개시하지 않는다고 할 것이므로 그 판결은 형식적으로 확정되었다고 할 수 없어 기판력이 없고, 재심이나 상소추완의 문제도 없다(대법원 1978. 5. 9. 선고 75다634 전원합의체판결, 1992. 4. 24. 선고 91다38631
판결, 1993. 12. 28. 선고 93다48861 판결, 1994. 12. 22. 선고 94다5449 판결,
대법원 1995. 5 .9. 선고
94다41010 판결 참조). ⇒ 상소 제기 또는 별소가 가능하고 재심은 불가(위 93다48861
판결).

▶ 소 취하 합의를 하고도 소 취하를 하지 않은 채 상대방의 소송 관여를 방해하고 승소판결을 받은 경우

  → 이 사건 합의서에는 "원고와 피고 사이의 모든 민·형사상 소를 취하하고 과거의 단란했던 가족으로 돌아가기를 합의한다"는 내용이 명시되어 있었던 이상, 당시 1심판결이 선고되고 항소된 상태에 있던 이 사건 판결 사건에 관해서도 특별한

사정이 없는 한 그 소를 제기한 피고가 소를 취하하기로 합의하였다고 볼 여지가 있다. 비록 원고와 피고가 이 사건 합의서를 작성한 당일인 2011. 6. 7. 다른 민·형사 사건의 소를 취하하거나 고소를 취소하면서도 유독 이 사건 판결 사건의 소는 취하하지 않았으나, 당시 위 사건은 그 항소심인 서울고등법원에 계속 중이었으므로 같은 날 소 취하서를 제출하는 것이 용이하지는 않았을 수 있고, 어차피 그 날 피고가 이 사건 판결에 기한 두 건의 채권집행 사건의 신청을 취하하고 그 집행을 해제하였으므로(위 각 채권집행 사건의 취하서에는 "위 강제집행 사건에 관하여 당사자간 화해가 성립하였으므로 이 사건 전부를 취하하오니 압류를 해제하여 주시기 바랍니다"라고 되어 있다), 원고와 피고 사이에서는, 피고의 추가적인 소 취하 조치 없이도 이 사건 판결에 기한 집행을 종국적으로 포기하기로 합의하였다고 볼 여지가 상당하다고 보인다. 피고는 이 사건 제1심 판결이 있기 전까지는 이 사건 합의서에 의하여 이 사건 판결의 집행을 포기하였다거나 그 소송을 취하하기로 한 것은 아니라는 취지의 주장을 한 바가 전혀 없고, 단지 이 사건 합의는 피고가 원고에게 속아서 체결된 것이라거나 원고가 이 사건 합의에서 정한 사항을 이행하지 아니하여 이 사건 합의는 무효로 되었고 그에 따라 피고는 새로이 채권집행에 나아가게 된 것이라는 취지로 주장하였을 뿐이다. 또한 피고가 2011. 6. 7. 신청취하한 채권집행 사건의 피압류채권과 2011. 7. 5. 다시 신청한 채권집행 사건의 피압류채권은 모두 원고의 급여채권에 대한 것으로서 동일한 점에 비추어, 처음에 신청을 취하하고 집행을 해제한 것은 이 사건 합의에 따른 것이고 나중에 다시 집행신청을 한 것은 이 사건 합의의 효력을 뒤집고자 한 것으로 보이기도 한다. 결국 이 사건 합의를 할 당시 원고와 피고의 의사는 다른 반대사정이 없는 한 이 사건 판결에 기한 집행도 포기하기로 한 것으로 봄이 상당하다(대법원 2013. 7. 25. 선고 2013다19052 판결).

▶ 참칭대표자를 대표자로 표시하여 소송을 제기한 결과 그 앞으로 소장 부본 및 변론기일 소환장이 송달되어 변론기일에 참칭대표자의 불출석으로 의제자백 판결이 선고된 경우

→ 이는 적법한 대표자가 변론기일소환장을 송달받지 못하였기 때문에 실질적인 소송행위를 하지 못한 관계로 위 의제자백 판결이 선고된 것이므로, 구 민사소송법 제422조 제1항 제3호 소정의 재심사유에 해당한다(대법원 1999. 2. 26. 선고 98다47290 판결).

▶ 확정판결 등 집행권원에 기한 강제집행이 권리남용이 되는 사유

→ ① 처음부터 확정판결 등에 하자가 있는 경우(위와 같이 실체상·절차상 하자가 있는 경우), ② 확정판결 등의 내용 자체에는 하자가 없으나 그 확정이나 집행권원의 성립 후 집행을 통하여 비로소 권리남용이 되는 경우를 생각할 수 있다. 특

히 후자를 판결의 부정이용이라고 부르기도 한다.

→ 교통사고 피해자가 식물인간 상태에 있음을 전제로 기대여명까지의 손해에 대한 일시불 배상을 명하는 판결이 확정된 후 피해자의 증상이 현저히 개선되어 노동능력의 전부나 일부를 회복하였음에도 가해자의 재산에 강제집행을 하는 경우 이는 권리남용에 해당한다(일본 최고재판소 1962. 5. 24. 선고 판결).
－－판례시보 제301권 4면 참조－－

→ 토지 임대인이 임차인을 상대로 임차인이 축조한 건물의 철거와 토지 인도 및 지체임료 지급을 구하여 승소 확정판결을 얻은 후, 금전 지급을 명한 부분으로 철거할 건물에 대하여 강제경매를 신청하여 그 경매절차에서 당해 건물이 철거될 예정인 점을 감안하여 그 가격은 폐자재 가격 정도로 감정이 되었으나, 집행채권자가 경락 후에도 그 건물을 철거하지 않을 듯한 언질을 하여 고가에 경락이 되어 배당을 받고 난 뒤에 다시 건물 철거 및 토지 인도의 강제집행을 한 경우 이는 권리남용에 해당한다(일본 최고재판소 1968. 9. 6. 선고 판결).
－－판례시보 제537권 40면 참조－－

→ 판결 확정 후 부집행 합의를 하고도 집행을 한 경우, 판결 확정 후 채무의 일부를 변제 받고도 그 전부에 대하여 집행을 한 경우에도 이에 해당한다.

▶ 권리남용 여부에 대한 판단 기준

→ 확정판결에 의한 권리 행사가 신의에 좇은 성실한 권리 행사로 볼 수 없어 권리남용에 해당하는 것으로서 용인될 수 없기 위해서는, 상대방의 권리를 해할 의사로 상대방의 소송관여를 방해하거나 허위 주장으로 법원을 기망하는 등 부정한 방법으로 실체의 권리관계와 다른 내용의 확정판결을 취득하여 집행하는 등 채권자에게 악의 또는 부정한 목적이 있거나, 상대방의 절차적 기본권이 근본적으로 침해된 상태에서 판결이 선고되거나 확정판결에 재심사유가 있는 등 그 집행의 결과가 현저히 정의에 반하여 사회생활상 용인될 수 없는 특별한 사정이 있어야 하며, 이는 확정된 권리의 성질과 내용, 판결의 성립 경위, 판결 성립 후 집행에 이르기까지의 사정, 집행이 당사자에게 미치는 영향 등 제반사정을 종합하여 판단하여야 한다.

→ 확정판결의 내용이 단순히 실체적 권리관계에 배치되어 부당하고 또한 집행채권자가 집행 당시 이를 알고 있었다는 사정이나, 확정판결 뒤에 관련 소송에서 그 확정판결에 반하는 내용의 판결이 선고되어 확정되었다 하더라도, 위와 같은 특별한 사정이 없는 한 그러한 사정만으로는 확정판결의 집행력을 배제하거나 그 확정판결에 기한 강제집행에 대하여 불법행위책임을 물을 수는 없다(대법원 1977. 12. 13. 선고 77다1753 판결, 1991. 2. 26. 선고 90다6576 판결, 1992. 12. 11. 선고 92다18627 판결, 1995. 6. 29. 선고 94다 41430 판결, 1995. 12. 5. 선고 95다21808 판결, 2000. 5. 16. 선고 2000다11850 판결, 2001. 11. 13. 선고 99다32905 판결 등 참조).

→ 이와 동일한 견지에서, 소송사기죄가 성립하려면, 제소 당시 주장한 권리가 존재

하지 않는다는 것만으로는 부족하고, 소송상의 주장이 사실과 다름이 객관적으로 명백하고, 또한 그와 같은 권리가 존재하지 않는다는 사실을 알고 있으면서도 허위 주장을 하여 법원을 기망하거나 증거를 조작하여야만 되므로, 단순히 사실을 잘못 인식하거나 법률적인 평가를 잘못하여 권리가 존재한다고 믿고 제소하거나 소를 유지한 경우, 또는 존재한다고 믿는 권리를 이유있게 하기 위해 과장된 표현을 한 경우 등에는 사기죄가 성립되지 않는다(대법원 1993. 9. 28. 선고 93도1941 판결, 2004. 6. 25. 선고 2003도7124 판결 등 참조).

→ 원고 등 선정자들이 상속포기를 한 사정을 알면서도 위 확정판결을 받았다고 보기 어려운 이상, 채권자가 제기한 소송의 사실심 변론종결시까지 채무자가 상속포기를 주장하지 아니하는 바람에 그대로 판결이 선고·확정되어 그 확정판결에 기하여 이루어지는 집행이 현저히 부당하고 상대방으로 하여금 그 집행을 수인하도록 하는 것이 정의에 반함이 명백하여 사회생활상 용인할 수 없는 경우에 해당한다고는 볼 수 없다(대법원 2009. 5. 28. 선고 2008다79876 판결).

▶ 확정판결의 집행이 권리남용이 되는 경우의 구제

→ 강제집행이 종료하기 전이면 청구이의의 소로써 집행력 배제를 구할 수 있다 (대법원 1984. 7. 24. 선고 84다카572 판결, 1997. 9. 12. 선고 96다4862 판결, 2001. 11. 13. 선고 99다32899 판결, 2009. 5. 28. 선고 2008다79876 판결 참조).

→ 그러나 이미 강제집행이 종료되어 확정판결이 갖는 집행력이 행사되어 버린 경우에는 청구이의의 소로써 집행력의 배제를 구할 소의 이익이 없게 되므로, 이때에는 그 강제집행의 결과로 채권자가 얻은 이익 상당액은 불법행위책임에 따른 손해배상으로써 전보 받을 수 있다(대법원 1968. 11. 19. 선고 68다1624 판결, 2001. 11. 13. 선고 99다32899 판결 참조).

→ 그러나 위와 같은 사유가 있는 경우에도, 확정판결 등 집행권원이 재심의 소나 청구이의의 소에 의하여 취소되지 않는 한 그 집행권원에 의한 강제집행은 그 자체로서 법률상 원인이 없는 것이 아니므로 그 강제집행의 결과 얻은 이익이 부당이득이 될 수는 없다(대법원 1977. 12. 13. 선고 77다1753 판결, 1991. 2. 26. 선고 90다6576 판결, 1995. 6. 29. 선고 94다41430 판결, 2000. 5. 16. 선고 2000다11850 판결, 2001. 11. 13. 선고 99다32905 판결 참조). ⇒ 다만, 집행증서 등 기판력 없는 집행권원상의 채권이 무효인 경우 그에 기한 강제집행은 부당이득이 된다(대법원 2005. 4. 15. 선고 2004다70024 판결 참조).

(6) 집행권원의 무효

▶ 집행권원 자체에 대한 형식상의 하자

→ 집행권원에 표시된 청구권에 대한 것이 아닌 집행권원 자체에 대한 형식상의 이의, 즉 집행권원의 성립절차의 불비, 집행권원의 부존재, 무효 또는 집행권원 내용의 불명확 등은 청구이의의 소로써 주장할 수 없다(법원실무제요 민사집행 I, 276쪽).

→ 다만, 무권리자의 공증 촉탁 등으로 집행증서가 무효인 경우 집행채무자는 청구이의의 소로써 그 집행력의 배제를 구할 수 있다(대법원 1989. 12. 12. 선고 87다카3125 판결, 1994. 5. 13.자 94마542, 543 결정, 1997. 4. 25. 선고 96다52489 판결, 1998. 8. 31.자 98마1535, 1536 결정 참조).

→ 이와 함께 집행문이 부여된 이후이면 집행문부여에 대한 이의신청(민사집행법 제34조, 제59조 제2항. 대법원 1999. 6. 23.자 99그120 결정 참조), 집행문부여에 대한 이의의 소(민사집행법 제45조, 제59조 제4항)로써도 구제받을 수 있다.

(7) 청구권의 성립 기초사정의 변경

▶ 현재 이행 판결의 경우

→ 기판력과의 관계상 원칙적으로 이의 사유가 될 수 없고, 예외적으로 권리남용이 되는 경우에만 가능하다.

→ 교통사고 피해자가 식물인간 상태에 있음을 전제로 기대여명까지의 손해에 대한 일시급 배상을 명하는 판결이 확정된 후 피해자의 증상이 현저히 개선되어 노동 능력의 전부나 일부를 회복한 경우 그 확정판결에 의한 집행은 예외적으로 권리 남용이 될 수 있다(앞의 권리남용 부분 참조).

▶ 장래 이행 판결의 경우

◼ 별소에 의하는 방법: 정기금 지급 판결 변경청구의 소에 관한 민사소송법 제252조의 규정은 그 본질이 청구이의에 해당한다고 할 것이다. 반면 원고의 증액청구는 일부청구 후 잔부청구와 유사하다.

→ 토지 소유자가 법률상 원인 없이 토지를 점유하고 있는 자를 상대로 장래의 이행을 청구하는 소로서, 그 점유자가 토지를 인도할 때까지 토지를 사용 수익함으로 인하여 얻을 토지의 임료에 상당하는 부당이득금의 반환을 청구하여 그 청구의 전부나 일부를 인용하는 판결이 확정된 경우에, 그 소송의 사실심 변론종결 후에 토지의 가격이 현저하게 앙등하고 조세 등의 공적인 부담이 증대되었을 뿐더러 그 인근 토지의 임료와 비교하더라도 그 소송의 판결에서 인용된 임료액이 상당하지 아니하게 되는 등 경제적 사정의 변경으로 당사자간의 형평을 심하게 해할 특별한 사정이 생긴 때에는, 토지의 소유자는 점유자를 상대로 새로 소를 제기하여 전소 판결에서 인용된 임료액과 적정한 임료액의 차액에 상당하는 부당이득금의 반환을 청구할 수 있다고 봄이 상당하다(대법원 1993. 12. 21. 선고 92다46226 전원합의체 판결).

→ 점유 토지의 인도 시까지 정기금의 지급을 명하는 판결이 확정된 뒤에 그 판결의 변경을 구하는 취지의 소가 제기된 사안에서, 전소의 변론종결일 후 후소의 원심변론종결 당시까지 점유토지의 공시지가가 2.2배 상승하고 m²당 연 임료가 약 2.9배 상승한 것만으로는, 전소의 확정판결 후에 그 액수 산정의 기초가 된

사정이 현저하게 바뀜으로써 당사자 사이의 형평을 크게 침해할 특별한 사정이 생겼다고 할 수 없으므로, 그 정기금의 증액 지급을 구할 수 없다고 한 사례

    ㄴ 원고는 이 사건 소로써, 새로운 측량방식으로 측량한 결과 피고들이 점유하는 이 사건 토지의 면적이 각각 16㎡임이 밝혀졌다고 주장하면서 그에 대한 1997. 1. 1.부터 2008. 12. 31.까지의 임료상당액으로 각 7,984,640원 및 이에 대한 지연손해금과 2009. 1. 1.부터 위 각 토지 인도완료일까지 매월 107,307 원씩의 지급을 청구하고 있다. 그런데 앞서 본 바와 같이 피고들의 점유 부분이 전소의 변론종결 당시와 동일하다면, 원고의 이 사건 청구 중 이 사건 소 제기일 전까지의 기간에 해당하는 부분은 확정판결이 있었던 전소와 소송물이 동일하여 그 확정판결의 기판력이 미친다고 할 것이어서, 그 중 전소의 확정판결에서 원고가 승소한 부분(전소에서 원고의 청구가 인용된 금액에 해당하는 부분)에 해당하는 부분은 권리보호의 이익이 없고, 이를 초과하는 부분은 전소의 확정판결의 기판력에 저촉되는 것이어서 받아들일 수 없는 것이고, 원고의 이 사건 청구 중 이 사건 소 제기일 이후의 기간에 해당하는 부분은 앞서 본 정기금 판결의 변경을 구하는 취지라고 봄이 상당하다고 할 것이다(대법원 2009. 12. 24. 선고 2009다64215 판결).

→ 확정판결은 주문에 포함한 것에 대하여 기판력이 있고, 변론종결시를 표준으로 하여 이행기가 장래에 도래하는 청구권이더라도 미리 청구할 필요가 있는 경우에는 장래이행의 소를 제기할 수 있으므로 이행판결의 주문에서 그 변론종결 이후 기간까지의 급부의무의 이행을 명한 이상 그 확정판결의 기판력은 그 주문에 포함된 기간까지의 청구권의 존부에 대하여 미치는 것이 원칙이나, 다만 장래 이행기 도래분까지의 정기금의 지급을 명하는 판결이 확정된 경우 그 소송의 사실심 변론종결 후에 그 액수 산정의 기초가 된 사정이 뚜렷하게 바뀜으로써 당사자 사이의 형평을 크게 해할 특별한 사정이 생긴 때에는 전소에서 명시적인 일부청구가 있었던 것과 동일하게 평가하여 전소판결의 기판력이 그 차액 부분에는 미치지 않는다(대법원 1999. 3. 9. 선고 97다58194 판결).

    ㄴ 해고무효를 원인으로 해고 다음날부터 복직 시까지 해고 당시의 평균임금에 상당하는 임금의 지급을 구하는 소송을 제기하여 전부승소의 판결을 선고받아 그 판결이 확정된 후 해고기간 중의 정기승급 및 임금 인상분에 상당하는 임금의 지급을 추가로 청구한 경우, 전소의 사실심 변론종결 후 당사자 사이의 형평을 크게 해할 사정이 생겼다고 볼 수 없다고 판시.

    ㄴ 형평에 현저히 반하는 정도에 이르러야 하고 무조건적으로 허용할 수는 없다는 취지로 해석된다.

▣ 청구이의에 의하는 방법

→ 임차인이 임대차계약이 종료된 후 임차건물을 계속 점유하였더라도 본래의 계약 목적에 따라 사용·수익하지 아니하여 이익을 얻은 바 없으면 그로 인한 부당이 득반환의무는 성립하지 아니하고, 이는 임차인의 사정으로 인하여 임차건물을 사용·수익하지 못한 경우에도 마찬가지이다. 이에 따라 이 사건 청구이의 대상 판결의 금원지급 부분 중 원고의 휴업일로부터 이 사건 건물 명도일까지의 차임 상당 부당이득금 부분에 관한 원고의 청구이의를 받아들인 원심의 인정과 판단 은 정당하다(대법원 2006. 10. 12.
선고 2004재다818 판결).

ㄴ, 원심판결(서울고등법원 2004. 9.
10. 선고 2004나409)의 요지: "이 사건 이전에 「피고는 원고에게 이 사건 건물과 토지를 인도하고, 68,275,000원 및 이에 대한 2000. 4. 25.부터 2001. 5. 31.까지는 연 5%의, 2001. 6. 1.부터 완제일까지는 연 25%의 각 비율에 의한 금원을 지급하고, 2000. 1. 1.부터 위 건물명도 및 토지인도 시까지 월 4,860,349원의 비율에 의한 금원을 지급하라」는 판결이 선고되었는데, 위 판결이 확정된 후 원고가 위 판결 정본에 기하여 피고 소유 부동산에 대한 강제경매신청을 하여 경매절차가 개시·진행되었고, 그 후 피고는 변론종결 후 사용하지 않은 기간에 해당하는 임료를 제외한 위 판결상의 원리금 등을 변제공탁하고 나서 청구이의의 소를 제기하였다. 피고가 2001. 8. 1. 임차 토지 및 건물에서 자동차정비영업을 중단함으로써 임대차계약의 목적에 따른 사용·수익을 하지 아니하여 아무런 이득을 얻지 않은 이상, 휴업일로부터 명도 시까지의 기간 동안 피고의 이 사건 건물과 토지 점유로 인하여 원고에게 손해가 발생하였다고 하더라도 피고가 그 손해 상당액을 부당이득으로 반환할 의무는 없어 그에 대한 청구이의는 이유 있다."

(8) 부집행 합의

▶ 이 역시 청구이의의 사유가 된다(대법원 1993. 12. 10. 선고 93다42979 판
결. 1996. 7. 26. 선고 95다19072 판결 참조). 대법원 2013. 7. 25. 선고 2013다19052 판결도 같은 취지로 볼 수 있다.

나. 기판력과의 관계

▶ 변론종결 후(변론 없이 한 판결의 경우에는 판결 선고 후, 조정·화해 조서나 조정에 갈음 하는 결정의 경우에는 그 조서나 결정의 성립 후)에 생긴 것이어야 한다(민사집행법
제44조 제2항).

→ 파산절차에서 파산채권으로 확정되어 채권표에 기재되면 그 채권표의 기재는 구 파산법(2005. 3. 31. 법률 제7428호 채무자 회생 및 파산에 관한 법률 부칙 제2조로 폐지) 제259조 제1항의 규정에 의하여 파산자에 대하여 확정판결과 동일한 효력

을 가진다. 따라서 파산채권으로 확정된 후에는 파산자가 채권표에 기재된 채권에 관하여 이의를 하려면 청구이의의 소를 제기할 수 있으나, 그 이의사유는 파산채권이 확정된 뒤에 그 채권의 존부나 범위 등을 다툴 수 있는 실체적인 사유가 생겼음을 이유로 하여야 한다(대법원 2007. 10. 11. 선고
2005다45544, 45551 판결).

→ 파산절차에서 확정된 채권표의 기재가 확정판결과 동일한 효력을 갖는다고는 하더라도, 채권자는 파산절차가 종결된 후에 이르러서야 비로소 구 파산법(2005. 3. 31. 법률 제7428호 채무자 회생 및 파산에 관한 법률 부칙 제2조로 폐지) 제259조 제2항에 의하여 채권표의 기재에 의거하여 강제집행을 할 수 있을 뿐이고, 파산절차가 계속 중인 경우에는 모든 파산채권자는 파산절차를 통해서만 파산자에 대한 권리를 행사하여야 하며, 파산절차에서는 확정된 채권표의 기재에 따라 파산관재인이 배당절차를 주재하고 파산채권자에 의한 별도의 집행개시나 배당요구 등의 제도가 없으므로, 확정된 채권표의 기재는 파산절차가 종결되기 전까지는 파산채권자들 사이에 배당액을 산정하기 위한 배당률을 정하는 기준이 되는 금액일 뿐이고 배당과 관련해서는 집행권원으로서 아무런 작용을 하는 것이 아니다. 그렇다면 파산절차에서 채권자가 중간배당을 받았다 하더라도 그 때문에 채권표에 기재된 채권액을 수정할 필요가 없어, 그러한 사정은 파산자가 파산채권으로 확정된 채권표의 기재에 관하여 그 채권의 존부나 범위를 다투기 위한 청구이의의 소의 사유로 삼을 수 없다(대법원 2007. 10. 11. 선고
2005다45544, 4555 판결).

▶ 상계와 민법 제283조, 제643조에 의한 지상물매수청구권은 변론종결 전에 발생한 것이라도 예외적으로 청구이의의 사유가 된다.

▶ 확정판결 등에 기한 강제집행이 불법행위를 구성하는 경우 대법원은, 그 변론종결 후인 집행 시에 그 집행으로써 비로소 새로운 사정이 생긴 것으로 보아 기판력에 반하지 않는다고 이해한다(대법원 위 84다가
572 판결 참조).

▶ 기판력 없는 재판 등

→ ① 지급명령(민사집행법
제58조 제3항), ② 집행증서(민사집행법
제59조 제3항), ③ 이행권고결정(소액사건심판법
제5조의8 제3항), ④ 형사배상명령(소촉법 제34조 제4항, 가정폭력범죄의
처벌 등에 관한 특례법 제61조 제1항)은 기판력이 없으므로 그 시적 제한이 없어 청구권의 원시적 부존재도 사유가 된다.

다. 이의 사유의 동시 주장

▶ 청구이의의 사유(원인)가 여럿인 경우에는 이를 동시에 주장하여야 한다(민사집행법
제44조 제3항). 이는 당해 소송의 사실심 변론종결시까지 이를 모두 주장하라는 취지이다.

▶ 이에 위반하여 청구이의의 소가 패소 확정된 뒤에 그 변론종결 전부터 있었던 다른

사유를 들어 다시 청구이의의 소를 제기한 경우에는 전소의 기판력에 저촉되어 기각판결을 받게 된다(법원실무제요 민사집행 I, 제279쪽 참조). ⇒ 그러나 별소 청구에는 지장이 없다는 것이 독일의 다수설이다.

5. 당 사 자

가. 원 고

▶ 집행권원에 채무자로 표시된 자 또는 그 승계인 기타의 원인에 의하여 그에 대신하여 집행력을 받을 자(민사집행법 제25조)이다.

▶ 이들의 채권자도 채권자대위권에 의하여 원고가 될 수 있다(대법원 1992. 4. 10. 선고 91다41620 판결).

▶ 회생채권 또는 파산채권에 관하여 확정판결 또는 집행력 있는 집행권원을 가진 자에 대하여 이의 있는 다른 채권자 또는 관리인, 파산관재인은 배당수령을 저지하기 위하여 파산자가 할 수 있는 소송절차에 의하여 본소를 제기할 수 있다(채무자회생 및 파산에 관한 법률 제174조, 466조).

나. 피 고

▶ 집행권원에 채권자로 표시된 자, 그 승계인 기타 집행권원에 기하여 강제집행을 신청할 수 있는 자이다. 이들이 자기 명의로 집행문을 받았는가 아닌가 또는 집행권원에 표시된 실체적 청구권이 현재 누구에게 귀속되고 있는가는 문제되지 아니한다.

　→ 민법 제481조, 제482조 제1항에 의하면, 변제할 정당한 이익이 있는 자는 변제로 당연히 채권자를 대위하는 결과, 자기의 권리에 의하여 구상할 수 있는 범위에서 채권자의 채권 및 그 담보에 관한 권리를 행사할 수 있으므로, 채권자가 판결 등의 집행권원을 가지고 있는 때에는 변제자가 승계집행문을 받아 강제집행을 할 수도 있다고 할 것이며, 이 변제자에 대한 청구이의는 적법하다(대법원 2007. 4. 27. 선고 2005다64033 판결).

　　ㄴ 위 변제자가 채권자로부터 대여금채권을 양도받는 절차를 밟은 것은 위와 같은 법정대위 관계를 확인하고 보다 확실하게 해 두려는 의미에서 나온 것에 지나지 아니하는 것으로 볼 수 있으므로, 이미 변제로 소멸한 채권을 대위변제자가 양도받은 것은 무효라는 이유로 강제집행의 배제를 구하는 원고의 청구를 인용한 것은 잘못이다.

　→ 집행권원상의 청구권이 양도되어 대항요건을 갖춘 경우 집행당사자적격이 양수인으로 변경되고, 양수인이 승계집행문을 부여받음에 따라 집행채권자는 양수인으로 확정되는 것이므로, 승계집행문의 부여로 인하여 양도인에 대한 기존 집행

권원의 집행력은 소멸된다. 따라서 그 후 양도인을 상대로 제기한 청구이의의 소는 피고적격이 없는 자를 상대로 한 소이거나 이미 집행력이 소멸한 집행권원의 집행력 배제를 구하는 것으로 권리보호의 이익이 없어 부적법하다. 이 경우 집행권원상의 청구권을 양도한 채권자가 집행력이 소멸된 이행권고결정서의 정본에 기하여 강제집행절차에 나아간 경우에 채무자는 민사집행법 제16조의 집행이의의 방법으로 이를 다툴 수 있다(대법원 2008. 2. 1. 선고).

▶ 집행채권에 대하여 승계가 있고 그 승계인이 집행을 하려고 하는 우려가 있는 이상, 아직 승계집행문을 부여받지 않은 동안에도 채무자는 그 승계인을 피고로 하여 청구에 관한 이의의 소를 제기할 수 있다.

6. 관 할

가. 판 결

▶ 집행권원이 확정판결이면 청구이의의 소의 관할법원은 제1심 판결법원이고(민사집행법 제44조 1항. 상소심에서 1심 판결이 변경된 경우에도 같다), 제1심 판결법원은 토지관할뿐만 아니라 사물관할도 포함하는 의미이다.

▶ 이는 전속관할인바, 토지관할은 물론 사물관할까지도 전속관할에 속한다는 견해와, 민사집행법 21조는 "이 법에 정한 재판적은 전속관할로 한다"라고 규정하고 있고 재판적은 토지관할을 정하는 기준일 뿐이므로 토지관할만이 전속관할이고 사물관할은 전속관할이 아니라는 견해가 있는바, 사물관할은 전속관할이 아니라는 견해가 다수설이다.

▶ 판결법원이란 집행권원에 표시된 청구권에 대하여 재판을 한 법원이다. 그러나 당해 소송을 담당한 재판부 또는 단독판사를 의미하는 것은 아니다.

나. 항고로만 불복을 신청할 수 있는 재판

▶ 그 재판을 한 제1심 법원(민사집행법 57조, 56조, 44조 1항).

다. 지급명령

▶ 그 명령을 발한 법원의 관할에 속하고(민사집행법 제58조 4항), 이 경우 그 청구가 합의사건인 때에는 합의부에서 재판한다(민사집행법 제58조 5항).

▶ 시·군법원에서 한 지급명령에 관한 청구이의의 소로서 집행권원에서 인정된 권리가 소액사건심판법의 적용대상이 아닌 사건의 경우에는 시·군법원이 있는 곳을 관할하는 지방법원 또는 지방법원지원이 관할법원으로 된다(민사집행법 제22조 1호).

라. 소송상의 화해조서 등

▶ 소송상 화해조서, 인낙조서, 조정조서는 확정판결에 준하여 소송이 계속한 바 있는 제1심 수소법원의 전속관할에 속한다. 항소심인 고등법원에서 화해가 성립되었다 하더라도 청구이의의 소는 그 고등법원에 제기할 것이 아니며 그 소송사건의 제1심 법원이 관할한다. 제소전화해조서도 그 화해절차를 행한 법원의 관할에 속한다.

▶ 사물관할에 관하여는, 지급명령에 준하여 소가에 응하여 합의사건인 때에는 합의부에서 재판하여야 할 것이라는 견해, 사물관할은 임의관할이므로 합의관할($^{민사소송법}_{제29조}$), 변론관할($^{민사소송법}_{제30조}$)이 생길 수 있다는 견해가 대립한다.

▶ 시·군법원에서 성립된 화해·조정(민사조정법 제34조 4항에 따라 재판상의 화해와 동일한 효력이 있는 결정 포함)에 관한 청구이의의 소로서 집행권원에서 인정된 권리가 소액사건심판법의 적용 대상이 아닌 사건의 경우에는 시·군법원이 있는 곳을 관할하는 지방법원 또는 지방법원지원이 관할법원으로 된다($^{민사집행법}_{제22조\ 1호}$).

마. 가사사건

▶ 가사조정조서나 가사판결에 대한 청구이의의 소는 가정법원의 전속관할에 속한다($^{대법원\ 1980.\ 11.\ 25.}_{자\ 80마445\ 결정\ 참조}$).

바. 집행증서

▶ 토지관할
  → 채무자의 보통재판적이 있는 곳의 법원(공증인 사무소 소재지가 아님에 주의), 그러한 법원이 없는 때에는 민사소송법 11조의 규정에 따라 채무자에 대하여 소를 제기할 수 있는 법원 즉, 청구의 목적 또는 담보의 목적이나 압류할 수 있는 채무자의 재산이 있는 곳의 법원이다($^{민사집행법}_{제59조\ 4항}$).

▶ 사물관할
  → 일반원칙에 의하여 임의관할에 속한다는 것이 일반적인 견해이나, 판례 중에는 소가에 응하여 합의사건인 때에는 합의부의 전속관할에 속한다고 한 것이 있다($^{대법원\ 1974.\ 5.\ 29.}_{자\ 74그6\ 결정}$).

7. 잠정처분(집행정지)

가. 일반원칙

▶ 집행절차가 종료되기 전이어야 함.

▶ 구체적인 절차

→ 강제집행(임의경매 포함)을 정지하기 위해서는 청구이의의 소를 제기하고 이에 따른 잠정처분으로서 집행정지신청을 할 수 있을 뿐, 직접 당해 집행의 불허(집 행의 정지·취소)를 구하는 소를 제기하거나 민사집행법 제4편 소정의 일반 가처 분절차에 의한 정지신청을 할 수는 없다(대법원 1986. 5. 30.자 86그176 결정, 1987. 3. 10. 선고 86다152 판결, 2002. 9. 24. 선고 2002다43684 판결, 2003. 9. 8.자 2003그174 결정, 2004. 8. 17.자 2004카기93 결정 참조).

▶ 의사 진술을 명하는 재판

→ 의사 진술을 명하는 재판(소유권이전등기절차이행 또는 말소등기절차이행 등)은 확 정된 때에 의사를 진술한 것으로 보므로(단, 조건부 또는 선이행, 동시이행부 의사 의 진술을 명하는 재판은 그 조건의 성취를 증명하여 집행문을 내어 준 때에 효력 발 생, 민사집행법 제263조 참조) 현실적인 강제집행절차가 존재할 수 없고, 따라서 집행정지도 인정되지 아니하며, 등기관은 집행정지결정이 제출되더라도 이에 구 애됨이 없이 그 등기신청을 받아들여 등기의 기입을 하여야 한다(대법원 1979. 5. 22.자 77마 427 결정, 1995. 11. 10. 선고 95다37568 판결).

나. 요 건

▶ 민사집행법 제46조의 집행정지신청이 적법하기 위해서는 반드시 미리 또는 동시에 청구이의의 소가 제기되어야 한다(대법원 1981. 8. 21.자 81마292 결 정, 1986. 5. 30.자 86그176 결정 참조).

▶ 임의경매절차에 대하여 잠정처분

→ 진행 중인 임의경매절차에 대하여 잠정처분으로서의 집행정지를 신청하기 위해 서는 그 본안의 소가 근저당권의 집행력에 대한 이의에 해당하여야 하므로 근저 당권 또는 그 피담보채무의 존부 확인이나 그 등기 말소를 구하는 소를 제기하 여야 하고, 이와 관련이 없는 내용의 소를 제기하여서는 아니 된다(대법원 1994. 1. 17.자 93 그26 결정, 2004. 8 17.자 2004카기93 결정 참조).

→ 또, 근저당권설정등기에 대한 말소등기청구 등의 소를 제기하고 민사집행법 제 275조, 제46조에 의한 강제집행정지신청을 하려면, 근저당권의 부존재 또는 소 멸과 같이 근저당권의 집행력을 직접 배제할 수 있는 내용의 소를 제기하여야 하고, 장래 피담보채무의 변제 등과 같이 조건부로 말소등기청구의 소를 제기한 경우에는 그 집행력을 직접 배제할 수 없어 강제집행(임의경매) 정지신청을 할 수 없다(대법원 2001. 10. 18.자 2001그195 결정 참조).

→ 민사집행법 제265조, 제268조, 제86조 제1항에 의하여 경매법원에 경매개시결정 에 대한 이의신청을 하고, 동법 제86조 제2항, 제16조 제2항에 의한 경매절차

정지결정을 해 주도록 경매법원에 직권발동을 촉구하는 의미의 경매절차 정지신청을 해서도 집행을 정지할 수 있다(대법원 2001. 10. 18.자 2001그95 결정 참조).

→ 그러나 강제경매에 관하여는 임의경매와 달리 민사집행법 제265조와 같은 규정이 없으므로 확정판결상의 채무 부존재 등 실체적 사항을 이유로 하여 경매개시결정에 대한 이의를 할 수는 없음에 주의.

▶ 집행정지결정을 받으려면 청구이의의 사유를 소명하여야 한다(민사집행법 제46조 제2항).

▶ 집행정지신청에 대한 재판은 인용재판이든 기각재판이든 불복(항고)할 수 없다(대법원 1964. 8. 27.자 64마500 결정, 1967. 2. 20.자 65마1119 결정, 2001. 2. 28.자 2001그4 결정 참조).

다. 신청과 담보, 후속조치

▶ 신청취지

→ " …청구이의사건의 판결 선고시까지 … 판결의 집행력 있는 정본에 기한 강제집행을 정지한다"

→ 집행력의 배제를 구하는 판결의 표시는 1심 판결의 사건번호와 선고일자를 표시하는 것을 원칙으로 하되, 2심 판결에서 1심 판결의 내용을 변경한 때에는 2심 판결(1심 판결 내용 전부가 변경된 때) 또는 1, 2심 판결 모두(1심 판결 내용의 일부만이 변경된 때)를 청구취지에 기재한다. 3심에서 변경된 경우(대법원이 파기자판한 경우)에도 이와 같다.

▶ 담보제공

→ 정지결정의 경우 법원 실무상 계쟁 권리액 전액에 상당하는 현금 납부를 담보로 요구하며(그러나 그 담보는 부당 정지로 인한 손해를 담보하는 것이다) 보증회사와의 지급보증 위탁계약을 체결한 문서(보증서)의 제출에 의한 담보제공은 허용되지 아니한다.

▶ 집행정지결정은 본안 판결 선고시는 물론 그 확정시까지의 기간에 대해서도 할 수 있다(대법원 1977. 12. 21.자 77그6 결정 참조). 집행정지신청시 담보제공을 조건으로 한 정지결정을 해줄 것을 신청하면 담보명령과 후속 절차에 소요되는 시간을 절약할 수 있다.

▶ 정지결정 후 이를 집행법원이나 집행기관에 제출하면 집행법원 등이 직권으로 민사집행법 제49조 내지 제51조, 266조, 275조에 의하여 집행의 정지 또는 취소 조치를 취하므로, 따로 집행법원에 대하여 정지신청서를 제출할 필요는 없다(집행정지결정이 있었다는 취지만을 적은 다음 그 결정 정본을 첨부하면 족하다).

▶ 정지결정을 한 수소법원이 집행기관인 때에는 당사자가 이를 제출하지 않더라도 법원이 직권으로 집행정지를 할 수 있는지에 대해서는 정설이 없으므로(법원실무제요

민사집행Ⅰ 제246쪽) 이를 제출하는 것이 안전하다.

▶ 집행기관에의 제출

→ 본소에서 원고 승소판결이 확정되더라도 집행이 당연히 실효되는 것이 아니고 그 재판의 정본을 집행기관에 제출하여야 비로소 집행이 종국적으로 정지되고 집행처분이 취소된다(민사집행법 제49조 1호, 50조, 266조, 275조).

라. 채권압류 및 추심명령에 대한 조치

▶ 추심명령의 효과

→ 추심채권자는 추심한 금원으로부터 배당을 받을 채권자가 경합하는 때, 즉 추심한 채권에 대하여 압류·가압류를 한 다른 채권자가 있거나 추심신고를 하기 전까지 배당요구를 한 다른 채권자가 있는 때에는 추심금을 공탁하여야 한다.

→ 추심명령을 얻어 채권을 추심하는 채권자는 집행법원의 수권에 따라 일종의 추심기관으로서 제3채무자로부터 추심을 하는 것이므로 제3채무자로서도 정당한 추심권자에게 지급하면 피압류채권은 소멸하는 것이고, 한편 채권에 대한 압류·가압류명령은 그 명령이 제3채무자에게 송달됨으로써 효력이 생기는 것이므로(민사집행법 제227조 제3항, 제291조), 제3채무자의 지급으로 인하여 피압류채권이 소멸한 이상 설령 다른 채권자가 그 변제 전에 동일한 피압류채권에 대하여 압류·가압류명령을 신청하고 나아가 압류·가압류명령을 얻었다고 하더라도 제3채무자가 추심권자에게 지급한 후에 그 압류·가압류명령이 제3채무자에게 송달된 경우에는 추심권자가 추심한 금원에 그 압류·가압류의 효력이 미친다고 볼 수 없으며(대법원 2005. 1. 13. 선고, 2003다29937 판결 참조), 추심채권자가 추심의 신고를 하기 전에 다른 채권자가 동일한 피압류채권에 대하여 압류·가압류명령을 신청하였다고 하더라도 이를 당해 채권추심사건에 관한 적법한 배당요구로 볼 수도 없다(대법원 2008. 11. 27. 선고 2008다59391 판결).

▶ 강제집행의 정지

→ 민사집행법 제46조, 제44조에 의해 청구이의의 소를 제기한 수소법원에 강제집행(채권압류 및 추심명령)의 정지를 신청하여 그 결정을 받은 다음 집행법원에 제출하거나, 위 정지결정서 정본을 첨부하여 민사집행법 제229조 제6항, 제15조 제2항에 의하여 추심명령을 송달받은 날부터 1주일 이내에 집행법원에 즉시항고를 제기하여야 한다.

→ 이때 집행법원의 법원사무관 등은 압류채권자와 제3채무자에게 집행정지결정이 제출된 사실과 그 요지, 이에 따른 집행정지가 효력을 잃기 전에는 압류채권자는 채권의 추심을 하여서는 안 되고 제3채무자는 채권의 지급을 해서는 아니 된

다는 취지의 통지를 한다(민사집행규칙 제161조 제1항).

→ 그러나 압류 및 추심명령에 대하여는 즉시항고가 제기되더라도 전부명령의 경우와 달리 집행정지의 효력이 없다(민사집행법 제15조 제6항, 제229조 제7항 참조). 따라서 그 정지를 위해서는 반드시 집행정지결정을 받아야 한다.

→ 집행정지결정의 존재는 압류 및 추심명령에 대한 고유한 즉시항고의 사유가 되나, 어차피 청구이의의 소에서 승소 확정판결을 받을 경우 이로써 압류 및 추심명령이 취소되므로(민사집행법 제50조, 제49조 제1호) 굳이 즉시항고를 제기하지 않아도 무방하다.

마. 채권압류 및 전부명령에 대한 조치

▶ 민사집행법 제46조, 제44조에 의해 청구이의의 소를 제기한 수소법원에 강제집행(채권압류 및 전부명령)의 정지를 신청하여 그 결정을 받은 다음, 위 정지결정서 정본을 첨부하여 민사집행법 제229조 제6항, 제15조 제2항에 의하여 전부명령을 송달받은 날부터 1주일 이내에 집행법원에 즉시항고를 제기하여야 한다.

→ 압류 및 전부명령에 대하여 즉시항고가 제기되면 확정이 차단되어 그 효력이 발생하지 아니한다(민사집행법 제229조 제7항).

→ 반면에 즉시항고를 제기하지 아니하여 그 결정이 확정된 경우(전부명령을 이미 채무자나 제3채무자에게 송달한 후에는 잠정처분으로서의 정지결정을 제출하는 것만으로는 즉시항고기간의 진행 및 전부명령의 확정이 차단되지 않는다는 것이 법원의 실무 관행이다. 법원실무제요 민사집행 Ⅲ, 제381쪽) 제3채무자에게 송달된 때로 소급하여 전부의 효력이 발생하고(민사집행법 제231조), 피전부채권의 존부와 관계없이 그로써 강제집행절차가 종료되어 청구이의의 소는 소의 이익을 상실하여 각하판결을 하게 된다(대법원 1989. 12. 12. 선고 87다카3125 판결, 1997. 4. 25. 선고 96다52489 판결).

▶ 따라서 압류 및 전부명령에 이의가 있을 때는 추심명령과 달리 반드시 즉시항고를 제기하여 이를 차단하여야 하는바, 집행채권의 부존재, 소멸 등의 실체적 사유는 즉시항고 사유가 될 수 없다(대법원 1994. 5. 13.자 94마542, 543 결정, 1994. 11. 10.자 94마1681, 1682 결정, 1997. 4. 28.자 97마360, 361 결정 참조). 그런데 집행정지결정의 존재는 그 항고 사유가 되므로 즉시항고를 제기하기 전에 미리 수소법원에 집행정지를 신청, 정지결정을 받아 이를 항고의 사유로 삼아 즉시항고를 하여야 한다.

→ 집행정지결정을 이유로 즉시항고가 제기된 경우 항고법원은 다른 사유로 전부명령을 취소할 경우가 아니면 집행 취소 또는 속행으로 결말이 날 때까지 항고재판을 정지한다(민사집행법 제229조 제8항).

제2 제3자이의의 소

1. 의   의

가. 개념 및 다른 절차와의 구별

▶ 제3자이의의 소란 타인에 의해 현실적으로 강제집행이 개시된 경우 그 집행 목적물에 대하여 소유권, 기타 그 목적물의 양도·인도를 막을 수 있는 권리를 가진 제3자가 집행채권자를 상대로 그 목적물에 대한 관계에서의 구체적 집행력의 배제를 구하는 소이다(대법원 1977. 10. 11. 선고
77다1041 판결 참조).

▶ 집행절차에 있어 집행기관은 절차의 신속과 안정을 위하여 형식적 판단만으로 집행을 실시하므로, 목적물이 실체적인 관계에 있어 채무자의 책임재산에 속하는지 여부에 대한 실질적 심사를 할 수가 없어, 채무자의 책임재산에 속하지 아니하는 재산이나 제3자의 재산상 권리에 대하여 집행이 개시되어 3자의 권리를 침해할 경우가 생기는바, 제3자이의의 소는 이에 대한 구제수단으로 마련된 것이다.

▶ 채무자 소유의 책임재산 이외의 재산에 대하여 집행행위가 있는 경우 제3자는 집행절차의 형식적 위법을 이유로 집행법원에 집행에 관한 이의신청(민사집행법
제16조)이나 즉시항고(민사집행법
제15조)로써 그 집행의 취소를 구할 수 있으나, 실체적 권리의 침해를 이유로 하는 때에는 형식적 판단권만을 가진 집행기관이 이를 판단할 수 없으므로 집행에 관한 이의신청이나 즉시항고로써 불복할 수 없다. 제3자이의의 소는 타인의 부당한 집행에 의하여 권리 침해를 받은 제3자가 위와 같이 실체적인 사유로써 이의를 주장하고 필요적 변론에 기한 판결절차를 통하여 심판받는 것이다.

▶ 제3자이의의 소는 타인에 대해 주장하는 것이고, 타인의 집행권원이 가진 추상적 집행력 자체가 아니라 현실적으로 개시된 특정 목적물에 대한 관계에서의 구체적·개별적 집행력의 배제를 구하는 점에서, 자신의 채권자에 대한 관계에서 현실적인 집행 개시 여부에 관계없이 집행권원이 가진 추상적·포괄적 집행력의 배제를 구하는 청구이의의 소와 다르다.

나. 본질 및 효력

▶ 본소의 성질에 관하여는 ① 형성소송설, ② 확인소송설, ③ 이행소송설, ④ 행정소송상 항고소송에 유사한 구제소송설(실체적 이의사유의 확인과 집행력 배제의 형성적 효과의 결합설)이 대립하나(그 내용은 청구이의의 소에 대한 것과 동일), ①설이 통설이다.

▶ 본소의 판결에 의하여 취소되는 것은 이의의 대상이 된 목적물에 대한 특정인의 구체적 집행처분이며, 그 구체적 집행처분에 대한 이의권의 존부가 확정된다. 따라서 동일한 목적물에 대한 다른 사람의 강제집행에 대하여 위 승소판결을 가지고 그 취소를 구할 수는 없다.

▶ 또한 이 판결은 원고인 제3자의 집행이의권의 존부를 확정할 뿐 제3자의 소유권 등 본권에 대한 존부를 확정하는 효력은 없다.

다. 청구취지례

『1. 피고가 소외 甲에 대한 인천지방법원 2006. 1. 15. 선고 2005가합2793 판결의 집행력 있는 정본에 기하여 2006. 10. 1. 별지 목록 기재 물건에 대하여 한 강제집행을 불허한다.

2. 귀 법원 2006카기2345 강제집행정지신청 사건에 관하여 귀 법원이 2006. 5. 2.에 한 강제집행정지결정을 인가한다.』

2. 적용 대상

가. 집행권원 및 집행행위

▶ 집행권원에 기초하여 집행행위가 있으면 족하고 반드시 금전채권에 기초한 경매집행에 한하는 것은 아니며 비금전채권에 기초한 집행을 포함한다(즉, 강제집행에 의하여 실현되는 청구권의 종류를 묻지 아니한다). 또한 경매의 경우 강제경매이든 임의경매이든 불문하며, 강제관리에 대하여도 주장할 수 있다(민사집행법 제168조, 제48조).

▶ 본집행은 물론 가집행도 무방하다.

▶ 보전처분(가압류, 가처분)의 집행에 대해서도 가능하다(대법원 1977. 10. 11. 선고 77다1041 판결, 1982. 10. 26. 선고 82다카884 판결, 1997. 8. 29. 선고 96다14470 판결 참조).

→ 가압류집행에 대하여 제3자이의의 소의 계속 중에 가압류가 본압류로 이행한 때에는 본집행(강제집행)의 배제를 구하는 소로 변경하여야 한다.

▶ 담보권의 실행을 위한 경매절차에서도 제3자이의의 소를 제기할 수 있다(민사집행법 제168조, 제48조).

▶ 그러나 파산관재인의 환가에 대하여는 제3자이의의 소를 제기할 수 없고 파산 관련 법률의 구제방법에 의하여야 한다.

▶ 집행기관이 집행관이건 집행법원이건 묻지 아니한다.

▶ 강제집행의 방법이 적법한 경우에는 물론 그 집행이 다른 이유로 집행절차상 위법이어서 집행에 관한 이의를 신청할 수 있거나 즉시항고를 제기할 수 있는 경우에도 본소를 제기할 수 있다.

나. 목적물

▶ 모든 재산권에 대한 집행에 대하여 적용된다.

▶ 채권 기타 재산권을 목적으로 하는 집행에 대하여서도 제기할 수 있다(대법원 1996. 11. 22. 선고 96다37176 판결, 1997. 8. 26. 선고 97다4401 판결, 1999. 6. 11. 선고 98다52995 판결 참조).

→ 등기청구권에 대한 타인의 강제집행에 대하여 자신이 진정한 등기청구권자로서 자신의 등기청구권의 행사가 타인의 압류로 인하여 장애를 받는 경우에는 그 등기청구권이 자기에게 귀속함을 주장하여 제3자이의의 소를 제기할 수 있다(위 98다52995 판결).

→ 금전채권에 대한 압류와 추심·전부명령이 있는 경우에 자신이 진정한 채권자로서 자신의 채권의 행사에 있어 압류 등으로 인하여 사실상 장애를 받았다면 제3자이의의 소를 제기할 수 있다(위 97다4401 판결).

3. 요 건

가. 강제집행이 개시된 후 종료 전일 것

▶ 청구이의의 소와 달리 집행이 개시되었어야 한다.

→ 특정물에 대한 인도 집행의 경우에는 집행의 개시와 동시에 집행이 종료되므로 그 집행 전에도 가능하다(법원실무제요 민사집행Ⅰ, 제296쪽).

▶ 의사 진술을 명하는 판결 등은 현실적인 집행행위가 없으므로 제기할 수 없다.

▶ 본소 역시 강제집행이 종료되기 전까지만 허용되고 이미 집행이 종료된 때에는 다른 구제수단에 의하여야 한다. 따라서 제3자이의의 소의 계속 중에 강제집행이 종료된 경우에는 소의 이익이 없어 부적법하게 된다(대법원 1996. 11. 22. 선고 96다37176 판결, 2005. 12. 19.자 2005그128 결정). 그러므로 이때는 부당이득반환청구나 손해배상청구로 소를 변경하여야 한다.

→ 배당절차가 필요한 경우에 있어 집행의 종료란 그 배당까지 종료한 것을 의미한다(대법원 1996. 11. 22. 선고 96다37176 판결, 1997. 10. 10. 선고 96다49049 판결 참조).

▶ 보전처분(가압류, 가처분)은 그 집행이 취소되기 전으로서 집행상태가 존속 중인 동안에는 언제나 가능하다.

나. 이의의 원인

▶ 이의의 원인이 없는 경우

→ 각하한 사례(대법원 1976. 8. 24. 선고 76다216 판결)

→ 기각한 사례(대법원 1982. 9. 14. 선고 81다527 판결)

▶ 강제집행의 목적물에 대하여 소유권 또는 기타 목적물의 양도나 인도를 막을 수 있는 권리가 있어야 한다(민사집행법 제48조 제1항, 제92조 제1항. 대법원 1982. 10. 26. 선고 82다카884 판결, 1988. 9. 27. 선고 84다카2267 판결, 2002. 9. 6. 선고 2001다36344 판결, 2003. 6. 13. 선고 2002다16576 판결 등 참조).

▶ 그 권리는 압류 당시는 물론 사실심 변론종결시까지 존재하여야 하고, 장래에야 그 권원이 발생할 것을 조건으로 하여서는 주장할 수 없다.

▶ 소유권은 집행을 막는 권리의 대표적인 것이나 소유권자라도 대항력이 없는 경우가 있다. 그리고 소유권이전등기청구권자, 가등기권자는 압류채권자에 대항할 수 없으므로 이에 해당하지 아니하고(대법원 1980. 1. 29. 선고 79다1223 판결, 일본 최고재판소 1974. 9. 30. 선고 판결――판례시보 제760호 59면―― 참조), 부동산실명법 등에 의하여 대외적으로 소유권을 주장할 수 없는 명의신탁자도 이 소를 제기할 수 없다(대법원 1974. 6. 25. 선고 74다423 판결 참조).

▶ 집행 후에 취득한 권리라고 하더라도 특별히 권리자가 집행채권자에게 대항할 수 있는 경우에는 제3자이의의 소를 제기할 수 있다.

→ 가압류집행이 반사회적 행위에 의하여 이루어져 그 집행의 효력을 인정할 수 없는 때에는 가압류집행 후 본집행으로 이행하기 전에 가압류 목적물의 소유권을 취득한 자는 그 가압류집행에 기한 강제집행의 배제를 구할 수 있다(대법원 1988. 9. 27. 선고 84다카2267 판결, 1996. 6. 14. 선고 96다14494 판결, 1997. 8. 29. 선고 96다14470 판결 등).

→ 선행 가압류가 사망자를 상대로 한 것이어서 무효인 경우에도 그 가압류집행 후 소유권을 취득한 자는 가압류집행의 배제를 구할 수 있다(대법원 1982. 10. 26. 선고 82다카884 판결 참조).

▶ 공유자 중 1인에 대한 집행권원으로 공유물 전부에 대하여 집행이 행하여진 경우 다른 공유자는 제3자이의의 소를 제기할 수 있다. 다만 부부 공유인 유체동산은 예외이다(민사집행법 제190조).

▶ 지상권, 전세권, 유치권 등은 인도를 저지하는 권리로서 이러한 권리를 침해하는 집행에 대하여는 이 소를 제기할 수 있다. 그러나 부동산 강제경매절차로서는 이러한 권리에 기한 점유·사용이 방해받지 아니하므로(민사집행법 제83조 제2항) 이의사유로 되지 아니한다. 반면 강제관리에 있어서는 점유권을 침해하므로 이의사유가 된다.

▶ 점유권자는 채권자에 대하여 집행을 수인할 이유가 없으므로 직접점유, 간접점유를 불문하고 점유가 방해되는 한 이 소를 제기할 수 있다(대법원 1957. 10. 10. 선고 4290민상524 판결).

→ 매수인이 소유권유보부 매매의 목적물을 타인의 직접점유를 통하여 간접점유하던 중 그 타인의 채권자가 그 채권의 실행으로 그 목적물을 압류한 경우, 매수인은 그 강제집행을 용인하여야 할 별도의 사유가 있지 아니한 한 소유권유보매수인 또는 정당한 권원 있는 간접점유자의 지위에서 민사집행법 제48조 제1항에 정한 '목적물의 인도를 막을 수 있는 권리'를 가진다(대법원 2009. 4. 9. 선고 2009다1894 판결).

→ 주로 유체동산집행이나 부동산 강제관리에서 문제가 되며, 부동산 강제경매는

점유를 방해하지 아니하므로 이의사유로 할 수 없다.

▶ 채권적 청구권자

→ 집행목적물이 집행채무자의 재산에 속하지 아니한 경우에는 집행채무자와의 사이에 임대차, 사용대차, 위임, 임치 등의 계약관계에 의거하여 채무자에 대하여 목적물의 반환을 구하는 채권적 청구권(예컨대 전대차계약에 기한 전대물 반환청구권)을 가지고 있는 제3자는 집행에 의한 양도나 인도를 막을 이익이 있으므로 이 소를 제기할 수 있다(대법원 2003. 6. 13.
선고 2002다16576 판결).

→ 이에 반하여 집행목적물이 채무자의 재산에 속하는 경우에는 제3자가 채무자와의 사이에 매매, 증여, 임대차계약 등에 기하여 채무자에 대하여 인도나 이전등기를 구할 수 있다 하더라도 이러한 채권적 청구권만으로는 집행채권자에게 대항할 수 없으므로 이 소를 제기할 수 없다(대법원 1980. 1. 29.
선고 79다1223 판결).

▶ 양도담보권자가 제3자에 대하여 소유권을 주장할 수 있는 때는 그 목적물에 대하여 설정자의 일반채권자가 집행을 한 경우 본소를 제기할 수 있다(대법원 1971. 3. 23. 선고 71다225 판결,
1994. 8. 26. 선고 93다44739 판결, 2004. 12. 24. 선고 2004다
45943 판결 등 참조).

→ 양도담보에 대하여 가등기담보법이 적용되는 경우에는 외형상으로는 담보채권자에게 소유권이 이전되어 있더라도 동법상의 청산절차(청산금의 지급)가 종료되기 전까지는 대내적으로는 물론 대외적인 관계에서도 담보물의 소유권은 채무자에게 있으나(동법 제4
조 제2항), 가등기담보법이 적용되지 않는 경우에는 이른바 신탁적 양도설을 취하고 있는 대법원 판례에 의하면 대내적 소유권은 채무자에게, 대외적 소유권은 채권자에게 귀속한다(대법원 1982. 7. 13. 선고 81다254 판결, 1984. 9. 11. 선고 83다카1623 판결,
1999. 9. 7. 선고 98다47283 판결, 2004. 10. 28. 선고 2003다30463 판결 등 참조).

▶ 가등기담보권이 설정된 부동산에 대하여 설정자의 일반채권자가 강제경매 등의 집행을 한 경우에, 강제경매 등의 신청 전에 가등기담보권자가 이미 소정의 절차를 거쳐 청산금을 지급한 때(청산금이 없는 경우에는 청산기간 경과 후)에는 가등기에 기한 본등기를 청구할 수 있으므로(가등기담보
법 제14조) 가등기담보권자는 가등기에 기한 본등기를 경료하기 전이라도 이 소를 제기할 수 있다.

→ 다만 가등기담보권자보다 선순위의 저당권자 등이 담보권의 실행으로서 경매신청을 한 경우에는 선순위의 저당권자 등의 처분에 따라야 하므로 이 소를 제기할 수 없다.

→ 청산금의 지급 전에 타인의 강제집행신청이 있은 때에는 가등기담보권자는 채권신고에 의하여 매각대금의 배당 또는 변제금의 교부를 받을 수 있고(가등기담보
법 제16조) 가등기담보권은 그 부동산의 매각에 의하여 소멸하므로, 가등기담보권자는 이 경우 이 소를 제기할 수 없다.

▶ 처분금지가처분의 대상이 된 재산에 대하여 다른 채권자로부터 강제집행이 있을 때 가처분권리자가 그 가처분의 존재를 이유로 하여 제3자이의의 소를 제기할 수 있는 가에 관하여는 적극설(가처분우위설)과 소극설(강제집행우위설)이 대립하고 있다. 실무에서는 일단 강제집행을 개시한 후 가처분의 운명이 최종적으로 결정될 때까지 집행절차 진행을 정지한다.

▶ 상속채무의 이행을 구하는 소송에서 상속채무자의 한정승인 항변이 받아들여져서 원고 승소판결인 집행권원 자체에 '상속재산의 범위 내에서만' 금전채무를 이행할 것을 명하는 이른바 유한책임의 취지가 명시되어 있음에도 불구하고, 상속인의 고유재산에 대하여 위 집행권원에 기한 압류 및 전부명령이 발령되었을 경우에 상속채무자는 제3자이의의 소를 제기할 수 있다(^{대법원 2005. 12. 19.자 2005그128 결정 참조}).

4. 당 사 자

가. 원 고

▶ 원고는 강제집행의 목적물에 대하여 양도 또는 인도를 저지할 권리가 있음을 주장하는 자로서 집행권원 또는 집행문에 채권자, 채무자 또는 그 승계인으로 표시된 자 이외의 자이다.

▶ 집행채무자는 그 목적물이 자기의 것이 아닌 타인의 재산이라는 것을 이유로 제3자이의의 소를 제기할 소의 이익이 없다.

▶ 파산관재인, 부재자재산관리인, 상속재산관리인 등 직무상의 채무자가 파산재단 등의 재산이 아니고 자기의 고유재산에 대하여 집행처분을 받은 경우 이 소의 원고가 될 수 있음은 물론이다.

▶ 제3자이의의 소를 제기할 수 있는 제3자의 채권자도 채권자대위권에 기하여 제3자를 대위하여 본소를 제기할 수 있다.

나. 피 고

▶ 피고는 목적물에 대하여 집행을 하는 집행채권자이다. 채권자의 승계인이 피고가 되기 위하여서는 이를 위하여 집행문이 부여된 경우에 한한다. 따라서 집행채권에 대한 양도가 있더라도 양수인이 승계집행문의 부여를 받지 아니한 동안에는 양도인을 피고로 하여야 하며 양수인이 피고가 되는 것은 아니다.

▶ 집행채무자가 집행목적물의 귀속 또는 목적물에 대한 원고인 제3자의 권리를 다투는 때에는 집행채무자를 공동피고로 할 수 있다(^{민사집행법 제48 조 제1항 단서}). 이 경우 집행채무자에 대한 소는 실체법상의 권리에 기한 이행 또는 확인의 소로서 제3자이의의 소와는

성격을 달리 하나 편의상 병합을 허용한 것이다. 이 경우의 공동소송은 통상공동소송이며 필수적공동소송이 아니다.

5. 관 할

▶ 집행법원의 전속관할에 속한다(민사집행법 제48조 제2항).

→ 유체동산에 대한 압류, 가압류, 가처분의 집행법원에 대하여는 특별한 규정이 없으므로 집행절차를 실시할 곳이나 실시한 곳을 관할하는 지방법원이 집행법원이 된다(민사집행법 제3조, 대법원 1967. 3. 29.자 67.그3 결정 참조).

▶ 유체동산에 대한 강제집행에 있어서 압류와 경매가 다른 장소에서 행하여져 집행법원이 둘 이상인 때에는 최초의 압류가 있은 곳을 관할하는 지방법원이 집행법원으로서 본소의 관할법원이 된다고 하는 견해와 경매를 실시하는 곳을 관할하는 지방법원도 본소의 관할법원이 된다는 견해가 있다.

▶ 대체집행의 경우에는 대체집행결정을 한 수소법원이 아니고 대체집행을 실시할 강제집행의 목적물 소재지를 관할하는 지방법원이 집행법원으로서 본소의 관할법원이 된다.

▶ 부동산가압류, 채권가압류와 부동산처분금지가처분에 있어서의 집행법원은 보전처분을 한 법원이다(민사집행법 제293조 제2항, 제296조 제2항, 제301조, 제305조 제3항).

→ 다만, 채권이나 부동산에 대한 보전집행에 있어 항소심 법원이 본안의 관할법원으로서 보전처분을 한 경우에 본소의 관할법원이 어느 법원이 되는가에 관하여는 위 민사집행법의 규정에도 불구하고 1심 법원의 관할에 속한다는 데에 이견이 없다.

▶ 사물관할은 소송물 가격에 따라 결정된다. 소송물이 단독판사의 관할에 속하지 아니할 때에는 집행법원이 있는 곳을 관할하는 지방법원의 합의부가 이를 관할한다(민사집행법 제48조 제2항 단서).

▶ 시·군법원에서 한 보전처분에 대한 제3자이의의 소의 관할법원은 시·군법원이 있는 곳을 관할하는 지방법원 또는 지방법원 지원이 된다(민사집행법 제22조 제2호).

6. 잠정처분

▶ 본소가 제기되어도 이미 개시된 강제집행은 정지되지 않고(민사집행법 48조 3항, 46조 1항), 민사집행법 제46조, 47조의 규정을 준용하여 청구이의의 소에서와 마찬가지로 강제집행의 정지와 이미 실시한 집행처분의 취소를 할 수 있다(민사집행법 제48조 3항).

▶ 청구이의의 소와 다른 것은 담보를 제공하게 하지 아니하고도 집행처분의 취소를

할 수 있다는 점(민사집행법 48 조 3항 단서)과 정지, 취소의 대상이 원고가 주장하는 피압류물에 대한 집행에만 한정되고 집행권원에 기한 집행의 일반적 정지, 취소는 허용되지 아니한 다는 점 외에는 청구이의의 소에 대한 잠정처분과 동일하다.

▶ 집행정지결정을 받으려면 제3자이의의 사유를 소명하여야 한다(민사집행법 제46조 제2항, 제48조 제3항).

▶ 집행정지결정이 내려지면 이를 집행기관에 제출하여야 하는바, 유체동산의 압류, 가 압류집행의 집행기관은 집행관이므로 이를 집행법원(집행관의 직무수행 장소의 토지 관할 법원) 또는 가압류법원에 제출해서는 안 된다.

▶ 본소에서 원고 승소판결이 확정되더라도 집행이 당연히 실효되는 것이 아니고, 그 재판의 정본을 집행기관인 집행법원이나 집행관에게 제출하여야 비로소 집행이 종 국적으로 정지되고 집행처분이 취소된다(민사집행법 제49 조 1호, 50조).

7. 사해행위취소와의 관계

▶ 제3자 이의의 소가 계속되고 있을 때 그 집행 목적물에 대한 원고의 소유권 취득원 인(예컨대 증여, 매매 등)이 사해행위에 해당할 경우 피고는 채권자취소권을 행사하 여 원인행위의 취소를 구하는 반소를 제기할 수 있다.

▶ 반소가 이유 있는 경우 법원은 사해행위취소 판결의 확정 전이라도 원고의 본소청 구를 기각할 수 있다(일본 최고재판소 1965. 3. 26. 선고 판결 ––民集 제19권 제2호 508면–– 참조).

▶ 별소로써 사해행위취소의 소를 제기하여 그 승소확정판결이 있었음을 이유로 원고 의 청구 기각을 구하는 것이 가능함은 물론이다(일본 최고재판소 1968. 11. 15. 선고 판결 ––民集 제22권 12호 1659면–– 참조).

제2편

민사 기록형 시험의
핵심과 연습

제 1 장

사건의 관리와
변호사의 소송문서

01 변호사의 사건 관리

변호사는 민사소송 과정에서 많은 소송문서를 작성하게 되나, 그 중에서도 가장 중요한 것은 소장과 답변서, 준비서면, 청구변경서, 상소장, 상고이유서라고 할 수 있다.

민사에 관한 소송문서라 함은 민사소송 과정에서 소송에 관여하는 소송주체인 당사자 등과 그 소송대리인 및 법원이 소송절차상 필요에 의해 작성하는 문서를 말한다. 당사자와 법원은 소송 과정에서 다양한 문서를 작성하게 되는데, ① 의무적인 것도 있고 임의적인 것도 있으며, ② 또 소송법상의 법률행위로서 작성하는 것도 있고 그렇지 않은 것도 있으며, ③ 소송의 개시나 청구의 특정을 위한 것과 변론의 준비를 위한 것이 있다. 그리고 ④ 법원이 작성하는 문서는 법관이 작성하는 것과 법원 직원이 작성하는 것이 있다. 증거서면(증거문서)은 증거조사의 대상이 되는 증거방법의 하나로서, 소송 과정에서 작성하는 것이 아니라 대부분 소송 개시 이전부터 소송절차 외에서 존재하는 것이므로[1] 소송문서가 아니다. 이를 정리하면 아래와 같다.

▣ **소송문서의 종류(예시)**

작성 주체		재량 여부		법률행위성		변론과의 관계	
		의무적	임의적	법률행위적	비법률행위적	소송의 개시 또는 청구의 특정용	변론준비용
당사자 또는 소송대리인		·소장 ·답변서 ·반소장 ·상소장 ·상고이유서	·준비서면 ·이송신청서 ·증거신청서 ·기일변경신청서 ·항소이유서	·소장 ·청구변경서 ·반소장 ·변론재개신청서 ·이송신청서 ·증거신청서 ·상소장	·답변서 ·준비서면 ·증거설명서 ·상소이유서	·소장 ·반소장 ·청구변경서 ·상소장	·답변서 ·준비서면 ·상소이유서
법원	법관	·재판서	·변론준비명령서 ·석명명령서 ·의견요청서	·재판서 ·변론준비명령서 ·석명명령서			

---

1) 통상 소 제기 전에 이미 작성되어 있는 것이 보통이며 소송 절차 진행 중에 작성되는 경우는 많지 않다.

| 법원
직원 | ·각종 조서 | ·기일통지서
·출석요구서 | ·기일통지서
·출석요구서 | ·각종 조서 | | |

Ⅰ. 사건의 분석과 연구

1) 변호사가 분쟁사건의 해결을 위임 받은 경우 그 사건을 분석·연구해야 하는 것은 필수적이다. 사건의 난이도에 따라 정도의 차이는 있을 수 있지만, 아무리 간단한 사건이라도 분석·연구를 생략하거나 소홀히 할 수는 없다. 그것은 실패로 직결된다.

2) 사건의 분석·연구에서는 무엇보다도, 사건의 줄거리(대강)를 파악한 다음 메모나 공방도 작성에 앞서 해당 사안에 관한 법전을 읽어보기를 권하고 싶다. 즉 당사자 본인이나 증거자료 등으로부터 사건의 줄거리를 파악하는 단계에서는 메모를 하지 말고 머릿속으로만 그 내용을 파악한 다음, 법조문을 읽고 나서 메모를 하라는 것이다. 법을 오랫동안 공부해온 사람이라도 시간이 지나면 법조문 내용을 잊어버리기 마련이다. 그런데 의외로 분쟁에 대한 해답의 많은 부분이 법전과 법조문에 있다. 법조경력이 상당한 사람도 법전을 읽다보면 "아 이런 조문도 있었던가!"하고 놀랄 때가 많다.

3) 법전을 먼저 읽어 해당 분야의 법조문 내용을 잘 알고 있는 상태에서 분쟁 사안을 바라보는 것과 그렇게 하지 않는 것은 엄청난 차이가 있다. 법조문 내용을 잘 알고 있는 상태에서는 사안의 내용 파악도 쉽고, 그 대안 추출도 보다 쉬워지며, 메모나 공방도도 요령 있고 깔끔하게 작성할 수 있다.

1. 메모와 기록의 제조

가. 메모의 필요성과 메모의 기본 요령

(1) 메모의 필요성

1) 대체로 분쟁사건은 시간의 경과에 따라 다양한 모습으로 변동하므로 이를 일목요연하게 정리할 필요가 있다. 내용이 복잡한 사건은 메모가 없으면 쉽게 이해하기 어렵다. 의뢰인이 가지고 있는 증거서류 등은 미약하거나 순서 없이 모아져 있고, 의뢰인은 사건의 경위를 논리적·시간적으로 정연하게 설명하지 못하는 경우가 많다.

2) 그리하여 마치 영화필름 중 곳곳이 탈락되고 흐릿하여 전체적인 스토리를 파악할 수 없는 것처럼 그 자료와 설명만으로는 사건의 전체 모습을 파악하기 어렵다. 그래서 그 설명과 증거자료들을 종합하여, 빠지고 미흡한 부분을 추론하고 보충하는 과정을 거쳐서야 비로소 전체 모습의 파악이 가능해진다. 사건의 분석·연구에 앞서 메모를 하는 것은, 이로써 사건의 구조가 명확하게 드러나고 그에 따라 다음 단계의 작업인 사건의 분석과

결론 도출에 유용하기 때문이다.

3) 사건의 메모는 사건의 분석에 앞서 그 사실관계를 논리와 역사적 순서에 따라 정리하는 것이다. 그 정리는 법률요건에 따라서 하여야 쓸모가 있다. 그러므로 메모에 앞서 이를 이해하고 있어야만 메모를 잘 할 수 있다. 고로 메모는 단순한 복사가 아니라, 해박한 법지식과 논리적 분석을 동원한 사건의 그림 또는 조감도이다. 이러한 메모는 당해 분쟁사건을 언제라도 쉽게 한눈에 파악·이해할 수 있도록 도와주고, 이를 토대로 하여 법리 검토와 소장 등 소송문서 작성에도 큰 도움이 된다.

4) 메모는 그 대상에 따라 ① 당사자 쌍방 주장의 메모, ② 증거자료의 메모, ③ 사실관계의 메모, ④ 법리관계의 메모로 대별할 수 있다. ③은 ①과 ②를 종합하여 작성할 수 있는데, ①과 ③을 합쳐 하나로 만드는 것이 더 편리한 경우가 많다.

당사자 쌍방 주장의 메모는 소장을 작성하는 단계에서는 거의 문제되지 않는다. 소를 제기하기 전이어서 상대방의 주장이 없기 때문이다. 따라서 이는 판결문 작성이나 소송의 진행 도중 준비서면 작성 시에 필요하다. 증거자료의 메모 역시 비슷하다. 소장을 작성하는 단계에서는 의뢰인(원고가 될 자)이 가져온 자료만이 있기 때문이다. 그러나 그 양이 많은 경우에는 그 내용 파악을 위하여 증거자료의 메모가 필요할 수 있다. 사실관계의 메모와 법리관계의 메모는 소장을 작성하는 단계에서나 준비서면 또는 판결문 작성 시에 모두 필요할 수 있다.

5) 그 외에도 메모의 대상은 메모의 필요성과 메모의 시점, 메모자의 직책에 따라 다를 수 있다. 뒤에서 보는 법리분석표나 법리공방도, 사건의 얼개(초안)도 넓게는 메모에 속한다.

(2) 메모의 요령

1) 메모의 요령은 메모의 대상과 용도, 내용에 따라 구체적으로 다를 수는 있으나 그 기본요령은 동일하다. 메모에 과도한 시간과 노력을 들일 필요는 없다. 메모는 간명하고 이해하기 쉬어야 한다. 그래야 언제 어디서나 그 내용을 쉽게 파악할 수 있다.

그러기 위해서는 자기만의 요령이 필요한데, 그 과정에서 필요한 것이 약호이다. 예컨대, 원고의 표시는 그 순서대로 X1, X2 등으로(복수일 경우 Xs), 피고는 Y1, Y2 등으로 하고, 부동산은 '不'로 표시하며, 문장의 서술은 최대한 자신만 알아볼 수 있게 간략하게 하는 것이 필요하다.

2) ① 당사자 쌍방 주장의 메모는 원·피고 쌍방의 주장을 서로 일대일로 맞대응하는 방법으로 작성하는 것이 좋다. 일대일 맞대응은 특정한 청구원인이나 공격방어방법, 당사자별로 구성할 수 있다. 그렇게 작성하면 양측의 공방 내용을 일목요연하게 파악할 수 있고, 그로부터 법리를 도출하는 작업이 쉽다.

② 증거자료의 메모는 원고가 제출한 갑호증 및 기타 증거용과 피고가 제출한 을호증 및 기타 증거용으로 나누어 작성하는 방법이 무난하다. 여기에는 사실조회 회신결과나 검증·감정결과, 증인신문이나 당사자본인신문결과도 포함하여야 한다.

③ 사실관계의 메모는 ① 당사자 쌍방 주장의 메모와 ② 증거자료의 메모를 토대로 객관적 사실관계를 메모하는 방식으로 하면 된다. ④ 법리관계의 메모는 ③ 사실관계의 메모를 토대로 법리 검토를 한 결과를 기재하는 방식으로 작성한다.[2)]

부동산의 지번이나 건물의 구조 등과 같이 구체적이고 세세한 내용은 일일이 메모에 기재하는 대신 기록의 페이지를 적어두고, 문서 작성 시 해당 페이지를 찾아서 직접 보고 쓰는 것이 시간 절약이나 이기하는 과정에서의 오류 방지에 좋다.

3) 메모를 하는 과정에서 사실관계나 법리에 관하여 궁금한 것이 있거나 나중에 법리 검토 과정에서 연구·검토가 필요한 사항은 말풍선(♡)이나 포스트잇 등을 이용하여 즉시 메모지에 표시해 두는 것이 좋다. 안 그러면 금세 깡그리 잊어먹게 된다.

4) 메모는 장차 소장이나 준비서면 등 소송문서의 작성과 변론 등에도 이용하게 되므로, 나중에 보았을 때 그 요지를 파악할 수 있도록 깔끔하게 작성해야 한다. 고로 문단을 잘 정리하고 최대한 여백을 둬야 한다. 또, 메모를 작성한 후 추가적으로 증거 등 소송자료가 추가되므로 그에 따라 메모 내용을 수정·보강할 필요도 생긴다.

5) 메모에는 색깔 있는 필기도구를 이용하거나 형광펜을 이용하는 것도 좋다. 그래야 내용이 한눈에 들어오고 비교해야 할 사항은 대비가 뚜렷해서 좋다. 그러나 지나치게 많은 색깔 도구를 사용하거나 아무 데나 형광펜을 긋는 것은 좋지 않다. 주의력을 현저히 떨어뜨리기 때문이다.

▣ 메모지 작성 시 기호, 부호 등의 이용(예)

- X: 의뢰인 측 사람. 1, 2, 3 … 등은 그 순서.
  이들은 장차 원고가 될 수 있다. XS는 의뢰인 전원을 가리킨다.
- Y: 상대방 측 사람. 1, 2, 3 … 등은 그 순서.
  이들은 장차 피고가 될 수 있다. YS는 그 전원을 가리킨다.
- fr.: '○○○~로부터'의 약호(from의 줄인 말)
- but: 그러나
- 不: 부동산. 부동산이 여럿일 때는 1, 2, 3 … 등으로 일련번호를 부여한다.

---

2) 이들 각 메모의 구체적 예시는 뒤의 소장 작성 연습과 판결문 작성 연습 단계에서 설명한다.

(3) 메모지 독립의 원칙(메모의 단위)

1) 메모를 할 때는 일정한 기준에 따라 단위를 정해서 해야 한다(저자는 이를 '메모지 독립의 원칙'이라고 부르고 싶다). 그래야 내용 파악과 법리구성 등에 유용하다.

2) 여러 개의 분쟁이나 쟁점이 사회적 기초생활관계를 달리하는 경우 소송법적으로 보면 청구원인, 즉 소송의 주제를 달리하는 경우가 대부분이므로, 이를 기준으로 메모를 나누어 달리 작성하면 사실관계 파악이 매우 용이하여 법리 검토도 쉽게 되고, 그에 따라 소송문서의 작성이나 변론 역시 편리해진다. 고로 메모의 단위는 ① 당사자(원고 또는 피고별) 또는 ② 청구원인, ③ 공격방어방법, ④ 특정한 논의 주제 등을 기준으로 정하는 것이 좋다. 그리고 동일 메모 단위에서는 그 사실관계나 법률관계를 사실의 발생시간 순과 논리적 순서에 따라 정리하는 것이 편리하다.

3) 메모의 단위가 복수이면 M1, M2, M3 … 등으로 구별하여 일련번호를 붙여준다. 그러나 메모의 개수가 1개라고 하여 메모지도 한 장이라는 의미는 아니다. 하나의 단위에 메모할 내용이 많은 경우 여러 장의 메모지가 모여 하나의 메모 단위를 이루는 것이다. 예컨대, M1－1, 2, 3, … 등 여러 장의 메모지가 모여 하나의 메모 M1을 이루는 것과 같다.

▣ 메모(예)

M1－1

▶ X1 김희섭 (532016－1631520) 서울 종로구 관철동 31 성현아파트 1－102

　X2 정장수 (608023－1540182) 서울 서초구 서초동 523－1 서초빌라 5－821

▶ Y1 이유철 (830617－1088235) 서울 서초구 서초동 85 시범아파트 가－1120

　Y2 최정숙 (401108－2960728) 천안시 신부동 765 신부동물병원

▶ 1不: 용인시 모현면 수지리 산 59 임야 2,500㎡

　2不: 용인시 모현면 수지리 산 59－1 임야 3,250㎡

－－－－－－－－－－－－－－－－－－－－－－－－－－－－－－－－－－－－－

　　Γ 2015 3/1

→ X1, X2 동업약정(1억씩 출자, 不 사서 전매해 수익 나누기로/ 약정서 有)

당사자적격!

○ X1, 3/3 1억 출연

○ X2, 3/5 1억 출연

○ X1 명의로 우리은행 광교동지점에 보통예금(예금통장)

→ X1, X2 2015 4/1 Y1 fr. 1不 매수

> ・대금 5억
> ・계약금 1억(당일 지급)
> ・중도금 2억(6/20 → 6/25로 변경합의)
> ・잔금 2억(6/30 등기와 상환으로)

○ 등기는 Y2 명의로 하기로 X들과 Y들 합의

○ 약정대로 Y1에게 대금 모두 지급

   ↳ 2015 5/1 Y2 명의 소이등기(등기증명서)

   ↳ 위 임야에 현재 X들이 산림욕장 건설 중(단순전매에서 계획 변경)

   ↳ 2015. 7.경 연접지인 2不을 타인에게서 매수해 1, 2不 공동개발 중

○ Y2 명의 보유 동안 재산세는 X1, X2가 부담키로 Y2와 합의

→ X들이 2015 12/중순 Y2에게 명의이전요구, but Y2는 1不 보유로 인해 건강보험료 많이 냈다고 보상요구하며 거부

○ 정당한 범위 내라면 Y2 요구에 응할 생각

> 시효중단?
> 대위에 의한 청구?

   ↳ Y2는 금액을 제시 안 하고 있음

M1−2

   ↳ Y2의 진정한 뜻은 자신을 X들과 함께 동업자로 넣어 주거나 건강보험료 이상의 금전적 보상을 원하는 듯

     ○ Y1은 X들과 Y2의 이런 분쟁을 모르고 있음

     ○ X들은 위 삼림욕장 개발 후 이를 매각하지 않고 공동으로 운영할 생각도 있는데, 체육시설업이나 수목원 경영 시 1不 명의를 X들 앞으로 해야 여러 가지 허가나 대출 등이 편리하므로, 1不 명의를 X들 앞으로 이전하기를 원함

※ 위 메모에서 ① X1과 X2의 동업약정은 조합관계이고, ② X1, X2와 Y1과의 임야 매매는 매매계약관계이며, ③ X1, X2와 Y2 사이의 등기합의는 명의신탁관계로서 3개의 법률관계가 형성되었다. 이들은 각기 그 법률요건과 요건사실을 달리하며 법률효과도 다르다. 위 메모는 이들 3개의 법률관계를 간명하게 주제별(법률요건), 시간 순으로 정리한 것이다.

나. 메모 시 주의사항과 상담일지의 작성

(1) 메모 시 주의사항

1) 사건의 초기에 의뢰인의 주장을 토대로 처음 메모를 하는 때에는 의뢰인의 설명, 그가 가져온 서류나 물건 등 증거자료를 토대로 하되, 의뢰인의 설명이나 주장을 쉽게 믿어버리거나 그대로 메모에 기재해서는 안 된다. 그 설명이 논리나 경험칙에 맞는지 확인하고, 그 설명이 논리나 경험칙에 맞지 않는 경우 그럴만한 특별한 사정이 있는지 여부를 반드시 조사·확인하여야 한다. 특히 의뢰인의 말이 서류나 물건 등 객관적인 증거자료와 일치하지 않는 경우, 그 연유를 자세히 조사하여야 한다.

2) 이미 소장이 법원에 제출되어 소송이 진행 중인 사건에 대하여 메모를 작성하는 때에는, 의뢰인의 설명과 그가 가져온 서류나 물건 등의 자료 외에 반드시 법원에 있는 소송기록을 전부 복사하여 의뢰인이나 상대방이 법원에 제출한 소장이나 답변서, 준비서면 등의 소송문서나 그 서증 등의 증거자료를 토대로 하여야 하고, 그 내용이 의뢰인의 설명과 일치하지 않은 때에는 그 경위와 연유를 자세히 조사하여 이를 메모에 기재하여야 한다.

3) 소송이 진행 중인 사건의 경우, 메모에 그 주장과 증거자료가 법원에 이미 제출된 것임을 표시하여 아직 법원에 제출되지 않은 것과 구별하여야 함은 물론이다.

4) 메모를 작성할 때는 가능한 한 객관적 시각에서 실제로 존재하는 사실이나 의뢰인 또는 상대방 당사자의 주장을 그대로 기재해야 하고, 불필요하게 임의로 자신의 가치평가를 개입시키거나 자신의 언어 방식으로 변용해서는 안 된다(자신의 의견이나 생각은 앞서 말한 바와 같이 말풍선이나 포스트잇에 표시해 두어야 한다). 그렇게 되면 사실관계가 왜곡되어 그에 대한 법리 적용이 자칫 잘못될 수 있다.

5) 그리고 메모는 앞서 말한 바와 같이 사건의 '사실관계'를 기록하는 것이므로 법률문제(법조문, 판례, 학설 등)나 그에 관한 자신의 의견 역시 원칙적으로 기재할 필요가 없다. 이는 뒤의 <법리구성> 단계에서 하게 된다. 이는 상담일지 등을 작성하는 때에도 마찬가지다.

6) 메모나 상담일지를 작성하는 과정에서 사실관계나 법리문제에 관하여 의문이 들거나 아이디어가 떠오르는 경우가 있다. 이는 길을 가거나 심지어는 세수를 하고 머리를 감을 때조차도 떠오르게 되는데, 이때 섬광처럼 떠오르는 생각이나 아이디어를 즉시 어딘가에 기록해 두지 않으면 곧 잊어버리게 되므로 이를 붙잡아 두는 것을 게을리해서는 안 된다.[3] 내용이 다소 길어 메모지 등의 여백에 기재하기가 부적당한 경우에는 다른 용지

---

3) 잠을 자는 동안이나 자동차 안 기타 어느 곳, 언제고 머리에 육감적으로 떠오르는 아이디어나 생각은 즉시 메모해 두지 않으면 곧 잃게 된다. 좋은 생각이 떠오르면 다소 귀찮더라도 잠자리에서 일어나 기록해 두어야 한다. 이런 경우에 대비해 항상 곁에 메모지를 두거나 휴대전화에 기록하는 습관을 들이

나 포스트잇 등을 이용할 수도 있다.

7) 메모를 작성할 때 해당 사실에 대한 증거자료나 참고자료가 있을 때는 그 사실 옆에 괄호를 하고 자료의 명칭이나 그 소재를 기재해 두는 것이 편리하다. 그렇지 않으면 나중에 이를 찾거나 입증사실과 연결시키는 데에 또 다시 많은 노력을 들여야 한다.

소장을 제출하기 전에는 소송기록이 아직 만들어지기 전이므로 '계약서', '합의서', '등기기록증명서', '증인 ○○○' 등과 같이 자료의 명칭을 기재하고, 이미 소송기록이 만들어진 뒤에는 그것이 편철되어 있는 기록의 페이지(p.20)나 작성일자 또는 제출일자를 간단히 부기해두면 좋다. 이와 같이 해두면, 메모만으로 자세한 내용을 알 수 없을 때에 곧바로 이를 확인하여 내용을 파악할 수 있고, 또 메모 내용에 의심이 들 경우에도 근거자료와 대조하여 확인할 수 있으며, 나중에 소장 등 소송문서를 작성할 때도 이를 보면서 문서를 작성하거나 그 사실관계의 논거를 쉽게 기재할 수 있어 매우 편리하다.

(2) 상담일지와 자술서

1) 사건 내용이 다소 복잡한 경우 메모를 하기 전에 의뢰인과의 상담 내용을 녹음하거나 상담일지 등에 기재하거나 의뢰인의 자술서를 받는 등으로 미리 정리할 필요가 있다.

2) 사건 내용이 복잡하지 않은 경우라도, 나중을 위해서 의뢰인이나 사건 관련자 본인의 사건 경위서 또는 자필 진술서를 받아두는 것이 좋다.[4]

▣ 상담일지(예)

변호사 정현수 법률사무소

서울 서초구 서초동 358 민화빌딩 801호
☎ 530－1234, 팩스 530－1235, 전자우편 jhs@hanmail.net

NO. 126		의뢰인 상담일지			상담일시: 2020. 4. 3.
수임번호	2020－126	의뢰인	김희섭, 정장수	연락처	김희섭 010－6617－1234
관할법원		사건번호	법원 검찰	제출 마감	6월 15일
사건명		수임경로	지인소개	면담자	김희섭

는 것이 좋다.

4) 상담일지나 의뢰인의 자술서는 나중에 의뢰인이 당초 했던 말과 다른 말을 할 때 이를 추궁하거나 변호사의 입장을 방어하는 데에도 유용하게 쓰일 수 있다.

[상담 내역]

1. 동업약정

○ 의뢰인들은 2017. 3. 1. 각 1억 원씩을 출연하여 부동산을 사서 전매해 그 수익을 나누기로 동업약정을 하였음.

○ 의뢰인 김희섭은 2017. 3. 3.에, 의뢰인 정장수는 2017. 3. 5.에 각 1억 원을 출연하여 의뢰인 김희섭 명의로 우리은행 광교동지점에 예금해두었음.

○ 의뢰인들은 지분 비율을 정하지는 않았으나, 돈을 똑같이 냈으므로 균등이라고 생각하고 있음.

2. 임야 매수와 등기

○ 의뢰인들은 2017. 4. 1. 이유철로부터 용인시 모현면 수지리 산 59 임야 2,500㎡를 대금 5억 원에 공동으로 매수하고 그 대금을 모두 지급하였음. 의뢰인들은 위 임야를 인도 받아 현재 삼림욕장을 건설하고 있는데, 삼림욕장으로 개발해 타에 전매하면 이익이 더 많을 것으로 예상되어 당초의 계획을 변경하였음.

○ 의뢰인들은 의뢰인 김희섭의 처제인 최정숙에게 위 임야에 관하여 등기 명의를 신탁하기로 하였고, 매도인 이유철도 이에 동의하여 최정숙에게 곧바로 등기를 이전해 주기로 하였음. 이에 따라 이유철은 2017. 5. 1. 최정숙에게 임야의 소유권이전등기를 마쳐주었음.

3. 분쟁의 발단

○ 의뢰인들은 위 삼림욕장을 전매하지 않고 직접 경영하고자 하여 2018. 12. 중순 최정숙에게 명의이전를 요구했던바, 최정숙은 임야 보유로 인해 건강보험료를 많이 냈다면서 보상을 요구하고 등기이전을 거부하고 있음. 그 동안 재산세는 의뢰인들이 부담하였음. 최정숙의 진심은 자신도 동업관계에 참여하고 싶은 것으로 짐작되는데, 의뢰인들은 이를 받아들일 생각이 없음.

○ 의뢰인들은 위 건강보험료가 얼마 되지 않을 것으로 아는데 최정숙은 그 액수를 말하지 않으면서 만나기조차 피하고 있고, 이유철은 일절 관여하지 않고 있으며 현재 어디 있는지도 잘 모름(등기부상의 주소만 알고 있음).

○ 최정숙은 믿을 수 없는 사람이니 속히 의뢰인들 앞으로 등기를 이전 받고 싶음. 가처분도 필요한 것이 아닌지?

◆ 의뢰인들이 가져온 서류

1. 예금통장
2. 매매계약서
3. 등기기록증명서(수지리 산 59 임야)

◆ 내용 확인: 위 상담일지의 기재 내용은 본인이 진술한 사실과 틀림없음을 확인합니다.

　　　　　　　▪ 확인일자: 2020년 4월 3일

　　　　　　　▪ 확인자: **김희섭**

▣ 사건 경위서(자술서)의 예

자 술 서

◆ 진술자 인적사항

- 성명: 강인구
- 주소: 서울 강서구 공항로 12 신아스파이스 12-450
- 전화: /집/ 02-645-2345   /사무실/   /휴대전화/ 010-123-5679
- 이메일(전자우편): kik883@hotmail.net

◆ 사건 경위(6하원칙에 의거 기재해 주세요)

1. 저는 서울 성동구 중곡동 321 현풍빌딩 3층에서 '현풍오락실'이라는 상호로 성인게임장을 운영하고 있습니다.

2. 그런데 2019년 12월 24일 저녁 8시경 주소 불명의 김성국이라는 남자가 위 게임장을 찾아와, 자신의 아들 김영한이 평소 자신의 집에서 돈을 몰래 가지고 나와 위 게임장에서 오락을 하는 데에 돈을 모두 써버리고 있다며, 갑자기 저의 멱살을 잡아 흔들고 바닥에 저를 넘어뜨렸습니다.

(이하 생략)

■ 위에서 진술한 사실은 모두 사실대로 진술한 것이며, 만약 진실과 다른 내용이 있을 경우 본인이 그에 따른 모든 책임을 지겠습니다. 이를 읽고 확인하였음

■ 진술자(서명 또는 무인): 2020년 5월 12일 강인구 (인)

변호사 정현수 귀하

다. 기록의 조제와 보존·관리

(1) 기록의 조제

1) 소송사건의 경우 관련 자료를 한데 모아 소송기록을 만들(조제할) 필요가 있다. 이는 관련 자료가 분산되거나 분실되는 것을 막을 수 있고, 소송의 내용과 진행상황의 파악 등 사건의 관리와 그 결과의 보존에도 매우 쓸모가 있다.

2) 종이 문서를 토대로 소송이 이루어진 과거에는 거의 예외 없이 소송기록을 조제하고 보존·관리해 왔는데, 이는 전자문서를 토대로 소송(전자소송)이 이루어지는 작금에도 필요하다.[5] 전자문서의 경우 이를 출력하여 소송기록을 만들면 된다.

3) 원고는 소장과 서증을 법원에 제출한 후 그것을 모아 소송기록을 만든다. 이후 법

원에 제출하거나 법원 또는 상대방으로부터 받은 문서를 소송기록에 계속해서 편철해 나가면서 연필로 페이지 번호(일련번호)를 매겨준다. 피고의 입장에서는 이미 원고가 제출한 소장의 부본과 소장에 첨부하여 원고가 제출한 서증의 사본 등이 있으므로, 그것을 토대로 소송기록을 만들고 페이지 번호를 매기면 된다.

4) 변호사가 조제·관리하는 기록의 내용은 법원의 그것과 불일치해서는 안 된다. 불일치가 있으면 자신의 예상과 판결 결과가 달라질 수 있다. 따라서 변론기일의 조서와 증인신문조서, 당사자본인신문조서, 검증조서 등은 법원에서 그 등본이나 사본을 발급받아 내용을 확인하고 불일치가 있으면 즉시 이의를 제기해야 하며(민사소송법 제164, 74조), 감정인의 감정보고서, 사시조회촉탁결과 등도 같은 요령으로 입수하여 기록에 편철하여야 한다.

5) 기록의 조제는 당해 사건이 소송사건으로 전화(轉化)되지 않은 경우에도 유용하다.

(2) 기록의 보존·관리

1) 소송기록을 조제한 때는 이와 함께 문서보존파일[6]을 만든 다음 이것들을 큰 기록봉투에 넣어 보존·관리하는 것이 편리하다.[7] 기록 봉투는 캐비닛이나 책장 등에 보존한다.

2) 한편, 상담일지나 자술서, 메모지는 사건이 종결될 때까지는 물론 그 이후에도 의뢰인과의 분쟁해결, 관련사건에의 이용 등을 생각하여 일정기간은 잘 보존·관리하여야 한다. 이는 소송기록에 편철하지 않고 소송기록과는 따로 문서보존파일에 보관하는 것이 좋다. 이를 기록과 함께 문서보존파일에 보관하면 필요한 서증 등 증거자료를 신속히 찾고 그것을 확인하는 데에 매우 편리하다. 또 문서보존파일에는 상담일지나 자술서 등과 함께 증거서류 원본, 소송위임계약서, 관련 논문이나 판례 등도 보존하면 좋은데, 기록에 철할 수 없는 성질의 것은 클립이나 집게 등을 이용하여 모아두면 이를 보존·이용하기에 편리하다.

3) 변호사가 소송사건과 관련한 자료를 기록으로 만들어 보존하는 경우, 소송기록의 목록을 작성하여 문서보존파일의 좌측에 붙여두면 소송기록과 문서보존파일에 있는 자료

---

5) 전자문서를 작성한 경우 반드시 사전에 이를 출력하여 검토하고 수정·보완하여야 한다. 전자문서에서는 그 오류를 종이문서처럼 쉽게 찾기 어렵기 때문이다. 그리고 전자문서는 전자장치 안에만 존재하므로 이를 출력하지 않으면 언제 어디서나 편리하게 보기 어렵고, 이를 오래 보존·관리하기도 어렵다.

6) 문서보존파일은 사진과 같이 관련자료를 보관할 수 있는 종이로 된 파일인데(A4 용지 크기의 두꺼운 표지가 좌우에 있고, 좌측 표지 안쪽에는 '색인목록'이 인쇄되어 있으며, 우측 표지 안쪽에는 문서를 철할 수 있는 철제 바인더, 즉 지네발이 부착되어 있다), 문방구점에서 팔고 값도 싸다.

7) 기록 봉투는 변호사 사무소에서 관행적으로 사용하는데, 표지에 사건을 특정하는 내용(사건번호, 당사자 등)을 기재하며 소송기록을 담아 보관·휴대하는 기능을 한다. 이 역시 문방구점에서 구입할 수 있다. 기록 봉투에는 문서보존파일과 기록을 넣어 보관하고, 기록에 철할 수 없는 성질의 것으로서 클립이나 집게로 묶은 상담일지나 자술서, 증거서류 원본, 소송위임계약서, 관련 논문이나 판례 등도 함께 보존할 수 있다. 클립이나 집게로 묶은 문서들에도 따로 목록을 만들어 앞쪽에 붙여두는 것이 좋다.

의 내용을 쉽게 파악할 수 있고, 이를 토대로 소송기록에 편철된 소송문서나 증거자료를 찾는 데에 매우 편리하다. 반대로 목록을 소송기록의 맨 위에 편철하면 소송기록에 편철된 소송문서나 증거자료를 찾아 읽기가 매우 불편하다. 목록에는 문서의 명칭과 작성·제출일자, 소송기록의 페이지(쪽수)를 기재한다.

▣ 소송기록의 목록(예)

■ 사건번호: 서울중앙지법 2020가합1234 소유권이전등기 등
■ 당 사 자: 이유원 외 3인 vs 정의식

원고				피고			
소송문서	쪽수	증거	쪽수	소송문서	쪽수	증거	쪽수
소장('20 3/4)	3	갑1 매매계약서	12	답변서('20 4/7)	36	을1 영수증[8]	39
준비서면①(4/20)	50	갑2 녹취록	56	준비서면①(4/26)	69	을2 합의서	40
		갑3 등기증명서	62	준비서면②(5/14)	74	을3(1~10) 사진	41
		증인 이기용申(5/15)	65			현장검증申(5/14)	79
						증인 정국현申(6/13)	81

2. 법리분석과 법리분석표의 작성

1) 사실관계가 간단하거나 법률요건이 하나 뿐인 등으로 메모지에 기재된 사실관계만으로 곧바로 법률효과를 추출해 낼 수 있다면 따로 그에 대한 법리분석이 필요 없다. 그러나 법률요건이 여럿이거나 그것들이 중층구조를 이루고 있는 등으로 복잡하여 법률효과를 쉽게 파악·도출하기 어려운 경우에는 메모지의 사실관계를 토대로 법리분석을 할 필요가 있는데, 이때 필요한 것이 곧 공방도(攻防圖) 또는 법리분석표이다.

2) 공방도의 작성 방법에는 두 가지가 있다. 첫째는, 아래 예시 (1)과 같이 메모지에 기재된 사실관계로부터 어떤 법률효과가 도출되는지 귀납적으로 추론하는 것이다.

예컨대, 위 사례에서 X1과 X2가 돈 1억 원씩을 투자해 그 돈으로 부동산을 매수하여 전매한 다음 그 수익을 나누기로 하였다면, 이들은 동업약정을 한 것으로서 민법상 법률요건인 조합에 해당한다. 이때 조합과 밀접한 관계에 있는 다른 법률요건인 익명조합이나 지분적 조합, 내적 조합이 성립될 수는 없는지 함께 살피는 것이 필요하다. 그래서 위 동업약정이 조합에 해당할 경우와 다른 경우에 해당할 때 각 그 법률효과가 어떻게 달라지는지 비교하고, 동업약정을 조합으로 단정하기 어렵다고 판단되는 때에는 익명조합 등 다른 법률요건을 예비적 청구원인이나 공격방어방법으로 준비할 필요가 있다.

인적 결합이 조합인 경우 어떤 법률효과가 발생하는가? 이는 내부적 관계와 외부적 관

---

8) 서증에 대한 인부도 이 목록에 표시한다. 성립인정은 ○, 부인은 ×, 부지는 △표를 증거번호에 표기한다.

계로 나누어 살펴야 한다. 이때 우선 민법 중 조합 관련 규정을 읽고, 다시 기본교과서나 평소 준비해둔 <자료정리표> 중 조합 관련 부분을 확인하면, 실수로 어떤 사항을 누락하거나 법리를 잘못 적용하는 일을 예방할 수 있다.

3) 동업약정 부분에 대한 법리분석이 끝나면, 이어서 용인 소재 임야의 매매, Y2와의 명의신탁약정 등을 차례로 검토, 분석한다. 이때도 위와 같이 법전과 <자료정리표>를 활용하여야 할 필요가 있다.

▣ 공방도(법리분석표) 예(1)

공방도(법리분석표)

▶ 사   건: 용인 소재 임야 관련
▶ 의뢰인: X1 김희섭 / X2 정장수   ▶ 상대방: Y1 이유철 / Y2 최정숙
===

1. X1, X2의 관계는?
→ 공동으로 자금출연 + 수익 나누기로 합의
    ○ 조합(민법 703)
    ○ 예비적으로, 익명조합이나 지분적 조합, 내적 조합은 아닌지 검토 要
→ 조합의 내부관계
    ○ 의사결정(민법 706)
    ○ 업무집행: 업무집행조합원 선임했나?   〔확인 要!〕
    ○ 재산의 소유: 합유(민법 271~274, 704) ← 처분, 변경은 전원 합의, 보존은 각자가
       할 수 있다.
    ○ 지분
      ↳ 약정은? 없었던 듯(묵시적으로는 각 균등)
      ↳ 법규는? 지분약정 없으면 투자(출자)가액 비례(민법 711)
→ 조합의 외부관계
    ○ 조합의 채권: 합유적 귀속
    ○ 조합채권의 행사: 조합원 전원이 합수적으로 행사 要
    ○ 조합의 대표관계: 업무집행조합원이 조합원들 대리(소송상 대표는 불가)
    ○ 조합의 소송행위: 필수적 공동소송으로 조합원 전원이 당사자가 됨(민소 67)
      ↳ 보존행위는 단독으로 가능하나, 조합재산의 소유권이전등기청구는 보존행위에
        해당 X. 고로 전원이 원고가 되어야(대법원 1994. 10. 25. 선고 93다54064 판결)
      ↳ 업무집행조합원은 조합재산에 관하여 조합원으로부터 임의적 소송신탁을 받아
        자기 이름으로 소송을 수행하는 것이 허용됨(대법원 1997. 11. 28. 선고 95다
        35302 판결).

▨ 고로, X1, X2는 조합원으로서 공동원고가 되어야 함

2. X1, X2와 Y1의 관계는?

→ 용인시 소재 임야 매매

→ Xs은 매수인으로 Y1에 대금 완불

→ Xs은 임야 인도 받음＋등기는 Xs과 피고들 합의로 Y2 명의로 받음

　→ Y2의 등기는 무효이므로 Y1은 Y2 등기와 관계없이 Xs에게 매매 원인 등기이전의무를 부담

▨ 고로, X1, X2와 Y1의 매매계약상 채권채무는 형식상 모두 이행되었으나 Y2의 명의수탁등기에 따른 정산문제 잔존!

3. Y2 명의의 등기는?

→ 매도인 Y1, 매수인 Xs 합의하에 등기: 3자간 명의신탁의 법리 적용 要!

→ 3자간 명의신탁의 효력

　o 명의신탁약정: 무효(不실명법 4)

　o 명의신탁등기: Y2의 이전등기는 무효(不실명법 4)

→ 명의신탁자(Xs) VS 명의수탁자(Y2)

　o 명의신탁 해지 및 그에 기한 등기청구권 행사 不可

　o 매도인의 권리 대위 행사는 可 / Y2→Y1 등기말소 OR 진정명의이전등기

　　모두 가능(대법원 2002다35157 판결, 2010다89814 판결)

→ 명의신탁자(Xs) VS 매도인(Y1)

　o 매매에 기한 이전등기청구권 행사 가능(아직 이행 없는 상태)

→ 매도인(Y1) VS 명의수탁자(Y2)

　o Y1은 무효인 명의수탁자의 등기말소청구권 有(소유권에 기한 방해배제청구권)

　　↳ 민법 213조

　o Y2 상대로 진정명의회복을 위한 이전등기청구도 가능(대법원 2002. 9. 6. 선고 2002다35157 판결 / cf. 2001. 8. 21. 선고 2000다36484 판결)

　　↳ 단, 제한물권등기나 압류, 가압류, 가처분등기가 없을 것!!

　　↳ 등기부 확인 要 / 제소 전에 가처분도 필요!!(不실명법 4조3항. 3자에 대항 불가)

→ Y2에 대한 등기말소청구권과 소멸시효　┏초일 불산입으로 2015 5/2 0시에 개시

　o 시효의 기준일(권리를 행사할 수 있는 때): Y2 명의로 등기한 때(2015. 5. 1.)

　o 명의신탁자의 점유·사용과 시효의 진행 여부: 시효 진행(대법원 2009. 7. 9. 선고 2009다23313 판결)

　o 시효기간: 10년(대법원 2009. 7. 9. 선고 2009다23313 판결)

　o Xs의 2015. 12. 중순 Y2에 대한 명의이전요구가 시효중단 사유인가?

　　↳ 명의이전요구는 무효등기의 말소청구와 동일시해도 무방

↳ 무효등기 말소나 이전등기청구권은 소유자(매도인)인 Y1에게 속하는바, X들의 청구를 Y1의 청구로 볼 수 있는가? X들이 Y1을 대위행사할 수 있는바, 대위한다는 뜻을 명시하지 않은 경우에도 대위권행사에 해당하는지 의문이 有(Xs은 명의신탁해지를 언급하지는 않았는바, 명의신탁해지를 언급한 때에는 Y1의 권리를 대위행사한 것이 아니라 Xs의 고유한 권리를 행사한 것으로 보아야 하므로 대위행사로 보기 어려울 듯!(참조 대법원 1992. 5. 26. 선고 91다35571 판결, 2012. 5. 24. 선고 2010다50809 판결) ⟹ 고로 묵시적 대위로 주장 要!

ㅇ Xs의 위 명의이전 요구는 최고이므로 그로 fr. 6월 내에 제소해야!

↳ 즉 2016. 6. 중순 이전에 !!

→ Y2의 의료보험료 부담 문제

ㅇ 지출증가 사실이라면 특약이 없는 이상 X들이 부담해야

ㅇ Y2의 Y1에 대한 말소등기나 이전등기와 동시이행관계?

↳ 무효행위의 정산문제로서 계약해제에 따른 원상회복이 아니므로 민법 549조 적용 X

↳ 판례상 인정되는 공평타당한 관계인가가 문제인바, Y2가 명의수탁을 한 것은 Xs과의 약정에 의한 것으로서, 그 등기 말소와 Y2의 등기 보유로 인한 부담의 제거는 공평한 관계상 동시이행으로 보아야 할 듯

ㅇ but Y2의 항변 및 법원의 판단에 맡기고 청구취지에 동시이행으로 구할 필요는 없을 듯!

▣ 고로, Xs은 아무리 늦어도 2016. 6. 중순 이전에(가능한 한 5. 1. 이전에) Y2 상대로 단순 등기말소청구 + Y1을 상대로 매매에 의한 소이등기청구 要

4) 공방도의 두 번째 작성 방법은 메모지에 기재된 사실관계를 전제로, 의뢰인의 희망(급부나 권리·법률관계의 확인, 형성)을 어떻게 법리적으로 구성하여 도출할 수 있는지를 연역적으로 검토·분석하는 것이다. 예컨대, 앞서본 매매와 명의신탁 사례의 경우, ① 원고들이 매수 임야에 대하여 소유권이전등기를 받기 위한 방법, ② Y2의 등기를 말소하거나 그로부터 원고들 앞으로 곧바로 등기를 이전받기 위한 방법을 아래 예시 (2)와 같이 검토하는 것이다.

▣ 공방도(법리분석표) 예(2)

공방도(법리분석표)

▶ 사 건: 용인 소재 임야 관련
▶ 의뢰인: 김희섭 /정장수
=======================================

1. Xs이 소유권이전등기를 받을 수 있는가?
→ Xs과 Y1 사이에 매매했으므로 Y1은 XS에게 용인 임야의 소유권이전등기의무 有
　→ Xs은 대금 전액 지불했으므로 무조건으로 이행청구 가능(인도는 이미 이행됨. 고로 인도청구 不要)
　　→ Y1은 Xs과의 합의로 Xs 대신 Y2에 소이등기 이전
　　　↳ Y2 등기의 성질, 효력이 문제됨

2. Y2의 소이등기는 말소되어야 하는가?
　→ Xs과 Y1, Y2의 3자간 명의신탁약정으로 Y2 소이등기
　　↳ 명의신탁약정과 Y2의 소이등기는 모두 무효(부실명법 4조)
　　↳ Y2는 소유권 취득 不可, Y1이 여전히 소유권자
　→ Y1은 Y2에게 소유권에 기한 방해배제청구권으로서 말소등기 or 소이등기청구권 有
　　↳ Xs은 매매계약상의 소이등기청구권 보전 위해 Y1을 대위행사 가능
　　↳ 피보전채권이 특정물채권이므로 채무자(Y1)의 무자력 不要, 이미 피보전채권의 이행기는 도래
　　↳ Y2 상대로 진정명의회복을 위한 이전등기청구도 가능(대법원 2002. 9. 6. 선고 2002다35157 판결. cf. 2001. 8. 21. 선고 2000다36484 판결)
　→ Y1의 Y2에 대한 말소등기청구권의 소멸시효 완성 여부
　　○ 시효의 기산점: Y2의 명의 소이등기의 다음날인 2015. 5. 2. 00:00
　　○ 시효기간: 10년 ⟹ 시효완성일은 2025. 5. 1. 24:00 !!
　　○ 시효중단 조치 있었는가?
　　　↳ Xs이 2015. 12. 중순 Y2에 소유권이전 요구
　　　↳ 이 요구의 법적 성질은? Y1을 대위한 방해배제청구권 행사로 볼 수 있는가?

3. 기타 검토할 사항
　가. Xs의 내부관계
　→ 공동으로 자금출연+수익 나누기로 합의
　　○ 조합(민법 703)
　　○ 예비적으로, 익명조합이나 지분적 조합, 내적 조합은 아닌지 검토 要
　→ 조합의 내부관계

ㅇ 의사결정(민법 706)

ㅇ 업무집행: 업무집행조합원 선임했나?

ㅇ 재산의 소유: 합유(민법 271~274, 704) ← 처분, 변경은 전원 합의, 보존은 각자

ㅇ 지분: 약정은? 없었던 듯(묵시적으로는 각 균등)

　법규는? 지분약정 없으면 출자가액 비례(민법 711)

→ 조합의 외부관계

ㅇ 조합의 채권: 합유적 귀속

ㅇ 조합채권의 행사: 조합원 전원이 합수적으로 행사 要

ㅇ 조합의 대표관계: 업무집행조합원이 조합원들 대리(소송상 대표는 불가)

ㅇ 조합의 소송행위: 필수적 공동소송으로 조합원 전원이 당사자가 됨(민소 67)

　↳ 보존행위는 단독으로 가능하나, 조합재산의 소유권이전등기청구는 보존행위에 해당 X. 고로 전원이 원고가 되어야(대법원 1994. 10. 25. 선고 93다54064 판결)

　↳ 업무집행조합원은 조합재산에 관하여 조합원으로부터 임의적 소송신탁을 받아 자기 이름으로 소송을 수행하는 것이 허용됨(대법원 1997. 11. 28. 선고 95다35302 판결).

나. Y2의 의료보험료 부담 문제

→ Y2의 의료보험료 누가 부담해야 하는가?

ㅇ 지출증가 사실이라면 특약이 없는 이상 Xs이 부담해야

ㅇ Y2의 Y1에 대한 말소등기나 이전등기와 동시이행관계?

　↳ 무효행위의 정산문제로서 계약해제에 따른 원상회복이 아니므로 민법 549조 적용 X

　↳ 판례상 인정되는 공평타당한 관계인가가 문제인바, Y2가 명의수탁을 한 것은 Xs과의 약정에 의한 것으로서 그 등기 말소와 Y2의 등기 보유로 인한 부담의 제거는 공평한 관계상 동시이행으로 보아야 할 듯

ㅇ but Y2의 항변 및 법원의 판단에 맡기고 청구취지에 동시이행으로 구할 필요는 없을 듯!

■ 고로, Xs은 아무리 늦어도 2016. 6. 중순 이전에(가능한 한 5. 1. 이전에) Y2 상대로 단순 등기말소청구 + Y1을 상대로 매매에 의한 소이등기청구 要

5) 위와 같이 두 가지 공방도 작성 방법을 비교해 보면, 후자의 연역법이 전자의 귀납법에 비해 훨씬 어렵고 자칫 실수하기 쉽다는 것을 알 수 있다. 그러나 연역법이 전혀 쓸모가 없는 것은 아니다. 의뢰인이 희망하는 사항을 법률효과로 전환하고자 할 때, 그것이 가능한 방법을 찾을 때 매우 유용하다. 이는 특히 변호사시험의 기록형 시험 문제를 풀 때 매우 요긴하다. 뒤에서 보다 자세히 설명하겠지만, 의뢰인이 재산권이전, 인도, 등기말

소, 금전지급 등을 희망할 때 분쟁사실을 기초로 그 희망하는 법률효과가 발생할 수 있는 법률요건을 경우의 수를 좁혀가며 찾으면 해결책이 쉽게 찾아진다.

예컨대, 의뢰인이 임대인인데 임차인을 내보내고 임대차목적물을 반환받고 싶다고 할 때 우선 임대차가 종료하여야만 한다. 이때 임대차의 종료 사유는 크게 ① 임대차계약의 해제, ② 임대차계약에서 정한 종기(만기)의 도래, ③ 임대차계약의 해지를 생각할 수 있다. ①은 임대차계약 후 아직 쌍방이 계약을 이행하지 않고 있는 상태에서만 가능하므로 실제로는 거의 발생하기 어렵고, ②는 특별한 문제가 없다. 따라서 문제는 ③의 해지이다. 해지의 구체적 사유를 다시 나누어 보면, ① 쌍방의 해지 합의, ② 일방의 해지권 행사로 나뉘고, ②의 일방적 해지권 행사는 다시 법률에서 정한 사유가 발생한 경우의 법정해지와 임대차계약에서 당사자가 미리 일방에게 일정한 사유가 있는 경우 해지권을 행사할 수 있도록 유보한 약정해지가 있는데, 임대차관계를 규율하는 실체법인 민법, 주택임대차보호법, 상가건물임대차보호법은 임차인 보호를 위한 특별(강행)규정을 많이 두고 있음에 유의하여야 한다. 이해를 돕기 위해 이를 도표로 표시하면 아래와 같다.

▣ **임대차계약의 종료 사유**

단 계	사 유		내용(구체적 사유)	비 고
계약의 이행 전 단계	해제		법정해제(계약 해제의 일반적 사유 발생)	
			약정해제(임대차계약에서 정한 해제 사유 발생)	
			합의해제(쌍방의 해제 합의)	
계약의 이행 후 단계	계약기간 종료 (기간만료)		임대차계약에서 약정한 기간 만료	
	해지	법정 해지	·임차인의 2기 이상 차임 연체 (강행규정으로서 임차인에 불리한 약정은 무효) ·민법 제640, 641, 652조	상가건물임대차보호법에 의한 임대차의 경우 3기 이상 차임 연체 시 임대인은 해지 가능(제10조의8)
			기간(종기)의 약정이 없거나 묵시의 갱신에 의한 경우 쌍방의 해지의사표시(해지통고) = 민법 제635, 639조 − 동산은 5일 후 효력 발생 − 토지, 건물 기타 공작물은 임대인은 6월 후, 임차인은 1월 후 효력 발생	주택임대차보호법상의 임대차에서 임차인이 해지통고한 경우 3월 경과 후 효력 발생(제6조의2)
			민법 제625조의 사유(임차인의 의사에 반한 임대인의 보존행위와 임차 목적 달성 불능)	
			민법 제627조의 사유(임차인의 과실 없는 목적물 멸실과 잔존 부분만으로 임차 목적 달성 불능)	

		임차인의 무단 임차권양도, 전대 (민법 제629조)	
		임차인의 파산(민법 제637조)	
		기타 쌍방의 채무불이행	
	약정 해지	임대차계약에서 쌍방의 합의로 일방에 유보 한 사유의 발생(민법 제636조)	
	합의 해지	임대차계약 후 해지하기로 쌍방 합의	민법 등은 적용이 없음

6) 원고 소송대리인은 소장을 제출하기 전에 이미 그 소송의 끝을 전망하고 있어야 한다. 이는 곧 원고 소송대리인은 소를 제기하기 전에 그 소송과 관련하여 원·피고의 향후 주장 내용과 제출할 증거 등에 관하여 미리 파악하고 있어야 한다는 뜻이다.

이를 위해서는 비록 소송의 구조상 소장 제출 단계에서는 제출할 수 없는 주장이나 증거도 언제 어느 단계에서 제출할 것인지 미리 계획을 세워야 하고, 원고의 주장에 대하여 피고가 어떤 대응을 할 것인지 예상하고 그에 따른 대응책도 강구해 두어야 한다. 그래야만 소송이 종결될 때까지 일관된 주장을 전개할 수 있고 유효적절하게 피고의 반격에 대응할 수 있다. 그렇게 하기 위해서는 당사자를 면담할 때 사실관계를 논리와 경험칙에 맞게 파악하고 증거 역시 최대한으로 확보하여야 하며, 메모와 공방도를 작성하는 단계에서 소송전략을 치밀하게 모색·설계하여야 한다.

7) 당사자의 진술과 그가 가져온 증거에 함몰되어 거기에 얽매여 이를 토대로 사실과 법리를 구성하여 소를 제기할 경우 낭패를 보기 쉽다. 당사자의 진술과 그가 제공한 증거만으로 전체적인 사실관계를 구성하다 보면 논리와 경험칙에 맞지 않는 곳과 진실이 무엇인지 알 수 없는 곳이 생기게 마련인바, 이와 같이 결락(缺落)되고 불충분한 부분을 전후의 사실관계를 연결하여 논리와 경험칙에 의하여 보완해야 한다. 그것이 유능한 소송대리인의 역할이다. 그렇게 하지 않고 우선 파악된 사실만을 토대로 사실관계를 전개하고 눈앞의 목표에만 치중하여 법리를 구성할 경우, 소송은 뜻대로 이루어지지도 않고 엉망진창이 되기 쉽다. 상담과 메모, 공방도의 작성이 중요한 이유가 여기에 있다.

3. 메모, 법리분석표 등의 활용

1) 변호사가 분쟁사건의 처리를 위임받은 경우 위와 같이 메모와 공방도(법리분석표)를 작성하여 사건에 대한 검토와 분석을 끝낸 뒤에는 소장이나 답변서, 준비서면, 청구변경서, 상소이유서 등의 각종 소송문서나 법률자문서, 의견서, 계약서 등을 작성하는 것이 보통일 것이다. 그러나 이는 변론준비기일이나 변론기일에 출석하여 변론을 할 때, 또 그

준비를 할 때도 매우 요긴하게 이용할 수 있다.

2) 메모와 공방도(법리분석표)를 이용하여 소송문서를 작성할 때는 메모와 공방도(법리분석표) 외에 증거서류, 소송기록 등을 보면서 작성하는 것이 편리하고 실수를 예방할 수 있어 좋다. 이들 자료를 이용하여 소송문서를 작성하면, ① 당사자의 이름이나 주민등록번호 등 인적사항, 날짜, 계쟁물의 지번이나 형상·구조, 증거번호와 증거방법의 명칭 등을 잘못 기재하는 일을 막을 수 있고, ② 사건의 전체적인 모습을 보면서 소송문서 등을 작성하므로 법률요건과 법률효과가 논리적으로 잘 연결되어 짜임새 있고 유기적인 문서를 작성할 수 있으며, ③ 미세한 사항이라도 누락하는 일이 거의 없다.

또, ④ 어느 한 부분만을 과대하게 강조하여 기재하거나 다른 부분을 과소하게 축소하여 기재하는 것을 막을 수 있고, ⑤ 시기를 달리하여 여러 차례에 걸쳐 다른 형태의 소송문서를 작성하더라도 전후 모순 없이 항상 일관성 있게 이를 작성할 수 있으며, ⑥ 문서 작성 시간도 크게 절약할 수 있다.

3) 소송문서의 작성 시 그 내용의 전개순서나 문단 나누기는 메모와 공방도(법리분석표)의 그것에 따르면 좋고, 사건 내용이 너무 복잡하여 그것만으로 부족할 때는 미리 연습지에 문단 나누기와 글의 구성순서를 그려 본 후에 작성하는 것도 좋다.

4) 메모와 공방도(법리분석표)는 사건의 진행경과에 따라 내용을 수정·추가할 수 있다. 즉 소송의 진행에 따라 주고받는 소송문서와 증거자료가 늘어나고, 이에 따라 메모의 기재 내용도 증가하며, 이렇게 해서 소송이 종료될 때까지 메모도 계속 수정, 추가, 변경되게 된다.

5) 이 메모와 공방도(법리분석표)는 소송기록과 함께 문서보존파일에 넣어 기록봉투에 보존·관리하는 것이 편리하다.

4. 기일진행의 관리

1) 변론준비절차나 변론절차가 개시되어 그 기일이 진행된 때에는 매 기일마다 <기일진행표>를 만들어 관리하는 것이 좋다. 그렇게 하지 않으면 소송의 진행과정을 추적·파악하기 어렵고, 기일에 무엇을 하여야 하는지 알 수 없게 된다.

2) 여기에는 변론준비기일이나 변론기일에 앞서서는 그 기일에 무엇을 주장·변론할 것인지 미리 계획을 세워서 적고, 기일이 종료한 후에는 실제 그 기일에 진행한 것을 기재한다. 이 <기일진행표>는 문서보존파일의 우측에 붙여두는 것이 이용에 편리하다.

▣ **기일진행표(예)**

		[기일진행표]	
■ 사건번호: 서울중앙지법 2020가합1234 소유권이전등기 등			
■ 당 사 자: 이유원 외 3인 vs 정의식			
종별/차수	기일	주장·변론(진행)할 사항	주장·변론(진행)한 사항
준비①	2021 5/28 A10	·갑 1~3 제출 ·을 1~3 인부 ·증인 이기용 신청	·갑 1~3 제출 ·을 1~3 인부 ·증인 이기용 신청 보류(추후 결정) ·준비절차 종결
변론①	6/12 P2	·소장, 준비서면① 진술 ·증인 이기용 신청	·소장, 준비서면① 진술 ·증인 이기용 신청
변론②	6/26 P2	·증인 이기용 신문 ·증인 정국현 반대신문	

Ⅱ. 분쟁의 해결 수단

1. 소송과 비송

1) 분쟁의 해결 수단 가운데 가장 중요한 것이 소송과 비송이다. 비송은 당사자 대석구조(對席構造)의 변론절차에 의하지 아니하고 권리 또는 법률관계를 심리·판단하는 쟁송절차로서, 넓은 의미의 소송에 포함된다. 통상 비송사건은 신청에 의하여 절차가 개시되며, 이러한 이유로 신청사건이라고도 한다. 신청사건에 대하여 법원은 통상 결정이나 심판, 명령으로 재판한다.

2) 비송이나 신청은 소송구조신청, 이송신청, 소송비용담보제공신청, 변론재개신청, 변론병합신청, 기피신청, 공시송달신청, 증거신청, 기일지정신청 등과 같이 본안소송에 부수되는 절차로서 이루어지는 경우가 많으나, 제소전화해절차나 조정절차, 독촉절차, 가압류신청, 가처분신청, 파산신청, 회생신청, 유류오염손해 등의 책임제한절차신청, 강제집행신청 등과 같이 본안소송과 독립적인 것도 있다. 따라서 변호사는 이들 절차의 요건(당사자, 기간, 절차, 관할 등)과 법률효과(구속력, 불복수단, 기판력 등)를 잘 파악하고, 각 분쟁사건에 맞는 해결 수단을 찾아서 이용하여야 한다.

2. 소송 외의 분쟁 해결 수단

1) 분쟁의 해결 수단에는 소송과 비송 이외의 것이 많이 있다. 이를 잘 이용하면 무료 또는 훨씬 저렴한 비용과 간편한 절차를 통해 분쟁을 해결할 수 있다. 또 이들 절차에서 화해나 조정 등이 성립하지 아니한 경우 자동적으로 또는 간단한 제소신청 등의 의사표

시만으로 소송절차로 전환될 수 있어 매우 유용하다.

2) 한편, 이러한 절차는 분쟁 당사자가 아주 많거나 분쟁당사자 간의 비공식적 접근이나 교섭이 어려운 사건에서 특히 유용하다. 따라서 변호사는 이러한 제도를 잘 파악·이해하고 적절하게 이용할 수 있어야 하며, 그 장단점을 고려하지 않은 채 무조건 법원에 소를 제기하는 것은 피해야 한다.

소송은 분쟁당사자에게 물질적 비용은 물론, 상대방이나 주위 사람들과 기존에 형성된 사회생활관계를 해쳐 이후 정상적인 사회생활에 지장을 주는 등으로 정신적인 비용 지출을 요구하는 것이 보통이므로, 반드시 소송에 의하여 분쟁을 해결하여야 할 필요가 없다면[9] 소의 제기 대신 대체적 분쟁해결절차를 모색하고 이를 당사자에게 적극적으로 권유하여야 한다.

3) 소송절차 이외의 분쟁 해결 수단으로 주요한 것들로는 ① 지급명령신청, 조정신청, 제소전화해신청, 형사배상명령신청(법원을 이용하는 것), ② 공증인에 대한 집행증서의 신청(공증인을 이용하는 것), ③ 언론중재위원회, 환경분쟁조정위원회, 주택임대차분쟁조정위원회, 의료분쟁조정위원회, 소비자분쟁조정위원회 등 ADR 기관에 대한 조정신청(ADR 기관을 이용하는 것)을 들 수 있다.[10]

3. 소 제기 시의 검토사항

1) 분쟁 해결 수단으로 부득이하게 소송절차를 이용할 수밖에 없게 되는 경우에도 변호사는 사전에 여러 가지를 검토하고 준비하여야 한다. 아무런 생각 없이 무턱대고 소를 제기한 경우, 뜻하지 않게 애를 먹거나 목적 달성을 못하게 되는 수가 많으므로 주의하여야 한다.

2) 소를 제기하고자 하는 때에는 적어도 아래 사항들을 검토하여야 한다.

---

9) 소멸시효의 중단, 세법상의 손금(損金) 처리를 위한 증빙자료 확보, 주위사람들에 대한 체면이나 자존심 확보 등을 위하여 소송이 필요한 경우가 있을 것이다.

10) 민간에서 설치·운영하는 분쟁조정기구로는 ① 한국금융투자협회 분쟁조정센터, ② 한국신문윤리위원회, ③ 한국스포츠중재위원회, ④ 철도산업위원회 실무위원회, ⑤ 어린이집안전공제회 분쟁조정센터, ⑥ 제조하도급분쟁조정협의회, ⑦ 화물운송사업분쟁조정협의회, ⑧ 가맹사업거래(프랜차이즈)분쟁조정협의회, ⑨ 자동차보험구상금분쟁심의위원회, ⑩ 중소기업제조물책임분쟁조정위원회, ⑪ 신용회복위원회, ⑫ 노사협의회, ⑬ 새마을은행 공제분쟁조정심의위원회, ⑭ 지방변호사회 분쟁조정위원회, ⑮ 지방법무사회 분쟁조정위원회, ⑯ 공인회계사회 분쟁조정위원회, ⑰ 한국거래소(KRX) 시장감시위원회, ⑱ 대한상사중재원, ⑲ 한국소비자단체협의회 자율분쟁조정위원회, ⑳ 한국사회복지사회가 각 지역에 설치·운영하는 지역사회분쟁조정위원회 등이 있다(자세한 내용은 언론중재위원회, 우리나라 ADR의 활성화방안과 기본법 제정을 위한 연구, 2010을 참조).
행정기관이나 공공기관에서 설치·운영하는 주요한 분쟁조정기구로는 ① 환경분쟁조정위원회, ② 소비자분쟁조정위원회, ③ 금융분쟁조정위원회, ④ 노동쟁의조정위원회, ⑤ 언론중재위원회, ⑥ 한국의료분쟁조정중재원 등이다. 이에 관하여는 양경승, 우리나라 ADR의 활성화방안과 기본법 제정을 위한 연구, 언론중재위원회(2010)를 참조.

가. 누구를 원·피고로 하여야 하는가

1) 소송에서는 당사자와 관련하여 당사자능력, 당사자적격, 소송능력, 변론능력 등이 문제된다. 원고나 피고를 막론하고 소송당사자를 정하는 것은 소의 적법 여부와 함께 본안의 당부에 영향을 미치는 매우 중요한 사항이다.

2) 따라서 소를 제기하기에 앞서 최우선적으로 이들 문제에 대한 면밀한 검토가 필요하며, 그 분쟁을 해결하는 데에 누가 원고가 되고 누가 피고가 되어야 하는가를 결정하는 것은 매우 중요하다. 일단 소를 제기한 후에는 당사자의 임의적 변경이나 추가는 허용되지 않는다. 다만 당사자표시정정이나 피고의 경정, 필수적 공동소송인의 추가가 예외적으로 허용되는 경우가 있으나, 그 범위가 넓게 인정되는 것은 아니다.

3) 소송당사자의 결정과 관련해서는, ① 누가 정당한 권리자이고 소를 제기할 지위에 있는 자인가, ② 누가 정당한 채무자이고 소를 제기당할 지위에 있는 자인가, ③ 이행의 소에 있어서 피고에게 그 채무를 이행할 능력이나 자력이 있는가, 또 그 강제집행의 성공 가능성이 있는가, ④ 다수인이 당사자가 되어야 할 경우라면 공동소송의 요건이 구비되었는지 여부, 또 그들 사이에 통상적 공동소송인관계가 성립하는지 아니면 필수적 공동소송인관계가 성립하는지, ⑤ 당사자가 단체라면 법인인지 아닌지, 비법인이라면 민사소송법 제52조의 요건을 갖추고 있는지, 단체의 명칭과 그 실질이 일치하는지 여부, 그 단체를 대표·대리할 자가 누구인지, ⑥ 예비적·선택적 공동소송을 하여야 할 사정은 없는지, ⑦ 가압류, 가처분, 가등기 등과 관련하여 그 당시의 지위와 현재의 지위에 어떤 변동이 있고 그것이 당사자 지위에 미치는 영향은 무엇인지, ⑧ 수인을 당사자로 할 경우 관련 재판적이 발생하는지 여부, 수인이 또는 수인을 상대로 하나의 소를 제기할 경우 그 소송수행의 편리성과 불편성 여부, ⑨ 사건 관련자를 원고나 피고로 삼지 않고 증인이 될 사람으로 남겨두어야 할 필요성은 없는지 등을 여러 각도에서 검토하여야 한다.

4) 당사자를 잘못 지정한 경우, 소각하나 청구기각은 물론 소송비용의 부담 등 여러 가지 예기치 못한 불이익이나 곤란을 당할 수 있다. 예컨대, 불법점유를 이유로 소유권(물권적 청구권)에 기한 반환청구권을 행사하여 그 인도를 청구하는 경우, 현실적으로 그 목적물을 점유하고 있는 사람(직접점유자)을 상대로 제소하여야 하므로, 그 물건을 현실적으로 점유하고 있지 않은 간접점유자 등을 상대로 한 인도청구는 기각될 수밖에 없다 (대법원 1983. 5. 10. 선고 81다18 판결, 1999. 7. 9. 선고 98다9045 판결, 2010. 4. 29. 선고 2009다104519 판결 등 참조). 따라서 원고의 청구에 대하여 피고가 이행불능의 항변을 할 수 있는 사정이 없는지도 미리 검토해야 한다.

나. 제소기간이나 권리행사기간은 언제까지인가

1) 권리에 따라서는 제척기간과 소멸시효의 제한이 있다. 취득시효가 완성되면 그 반

사적 작용으로 상대방의 권리가 소멸할 수도 있다. 따라서 소를 제기할 때는 미리 이에 관한 사항을 검토하여야 한다. 이는 민법이나 상법은 물론 국가재정법, 산업재해보상보험법 등 여러 특별법에도 산재해 있으므로 관련 법령을 미리 조사하여야 한다.

2) 이와 관련해서는, ① 우선 그 기간이 제척기간인지 소멸시효기간인지 여부, ② 그 기간의 길이, ③ 그 기간의 기산점, ④ 제척기간인 경우 그것이 재판 외의 행사기간인지 재판상 행사기간(출소기간)인지 여부, ⑤ 소멸시효기간인 경우 그 중단·정지 사유와 재진행 사유 및 그 재진행의 시점, ⑥ 제척기간의 경과나 소멸시효 완성의 주장이 신의성실의 원칙이나 반사회질서에 배치되지는 않는지, ⑦ 시효이익을 포기한 일은 없는지 등을 검토하고, 시효 중단 등의 필요한 조치를 취하여야 한다. 취득시효에 관하여도 이에 준한다.

3) 제척기간이 출소기간(出訴期間)인 경우, 이는 소송요건이 되므로 법원은 직권조사사항으로서 당사자의 주장을 기다리지 않고 이를 판단하여 소를 각하하며, 출소기간이 아닌 경우에도 소멸시효와 달리 법원은 직권으로 제척기간 준수 여부를 판단하여 원고가 주장하는 권리가 제척기간이 경과되었다면 원고의 청구를 기각한다(대법원 1996. 9. 20. 선고 96다25371 판결)는 점에 유의하여야 한다.

4) 한편, 소의 제기에 의한 제척기간 준수나 소멸시효 중단의 효과는 소장을 법원에 제출한 때에 발생하므로, 변호사는 이를 고려하여 그 업무 처리에 관련한 시간 관리를 하여야 한다. 소장이나 상소장을 관할법원이 아닌 법원에 잘못 제출한 경우, 그 기간 준수의 효력은 그것이 본래 제출되어야 할 원심법원에 접수된 때에야 비로소 발생하는 것도 주의하여야 한다.

다. 전치절차가 필요하지는 않은가

1) 소가 적법하기 위하여 필요적으로 소 제기에 앞서 일정한 전심절차를 거쳐야 하는 경우에는 이를 미리 거쳐야 한다. 민사소송의 경우 과거 정정보도나 반론보도청구 사건에 관하여는 언론중재위원회의 조정절차를, 국가나 지방자치단체에 대한 국가배상법상의 배상청구의 경우 배상심의회의 심의를 거치도록 하였으나, 현재는 폐지되어 민사소송에 대해서는 전심절차를 거쳐야 할 경우가 거의 없다.

2) 행정소송의 경우 항고소송에 관하여 소원, 소청심사, 이의신청, 심사청구, 심판청구, 재심요구 등 행정심판절차를 미리 거치도록 하는 규정이 많이 있다. 즉 ① 공무원에 대한 징계 기타 불이익처분이나 부작위에 관한 소(국가공무원법 제16조 제1항, 지방공무원법 제20조의2, 교육공무원법 제53조 제1항), ② 국세기본법이나 관세법상의 처분과 관련한 사건(국세기본법 제56조 제2항, 관세법 제120조 제2항), ③ 운전면허취소처분 등 도로교통법에 의한 각종 처분과 관련한 사건(도로교통법 제142조),[11] ④ 해양수산부 장관 등의 선박검사 등의 처분과

---

11) 다만, 과태료처분과 통고처분은 제외한다.

관련한 사건($_{72조 제3항}^{선박안전법 제}$) 등이다.

3) 가사소송의 경우 조정전치주의가 적용되는 경우가 있다. 즉 나류 및 다류 가사소송 사건과 마류 가사비송사건에 대하여 가정법원에 소를 제기하거나 심판을 청구하려는 사람은 먼저 조정을 신청하여야 한다. 위 사건에 관하여 조정을 신청하지 아니하고 소를 제기하거나 심판을 청구한 경우, 가정법원은 그 사건을 조정에 회부하여야 한다. 그러나 위 조정전치주의에 반하여, 조정신청 없이 곧바로 가사사건의 소나 심판을 제기하더라도 그것이 부적법한 것은 아니므로 크게 문제될 것은 없다.

라. 보전처분이 필요하지는 않은가

(1) 보전처분의 필요성

1) 소를 제기한 후 그 소송이 완결되기까지는 많은 시일이 소요된다. 또 소송이 완결되더라도, 그에 따른 강제집행 등을 하는 데에도 다소의 시일이 걸린다. 그러므로 그 동안에 소송물이나 계쟁물이 변경되거나 증인의 사망, 증거물의 소멸, 현장의 변경 등 증거관계가 변동될 가능성에 따른 보전조치가 필요하다.

2) 우리 법제는 이에 대비하여 여러 가지 수단을 마련하고 있으므로 변호사는 소를 제기하기 전에 이를 검토하고 필요한 보전조치를 취하여야 한다. 이를 소홀히 한 경우 본안소송에서 승소하더라도 본래의 목적을 달성할 수 없게 되는 수가 많다.

(2) 가압류, 가처분 등

1) 가압류, 가처분은 장래에 실시할 강제집행이 실효성 있는 것이 되도록 그 대상물을 현재의 상태대로 유지시켜 놓으려는 조치이다. 가압류, 가처분을 한 경우 그 집행 종료 시까지 소멸시효가 중단되므로 그에 따른 이익도 있다.

2) 가압류, 가처분을 한 경우, 채무자의 제소명령신청에 따른 본안의 소를 그 제소기간 내에 제기하고 증명서까지 집행법원(보전법원)에 제출하지 않으면 가압류, 가처분이 취소되는 것에 유의하여야 하고($_{조, 제301조 참조}^{민사집행법 제287}$), 또 가압류, 가처분의 집행 후 3년 안에 본안의 소를 제기하지 않으면 사정변경에 의하여 가압류, 가처분이 취소되는 것($_{제288조 참조}^{민사집행법}$)에도 유의하여야 한다.[12]

---

12) 다만, 제소기간의 도과로 인하여 가압류 등이 취소되거나 집행 후 3년 안에 본안의 소를 제기하지 않아 취소된 경우에는 민법 제175조의 '권리자의 청구에 의하여 또는 법률의 규정에 따르지 아니함으로 인하여 취소된 때'에 해당하지는 않으므로, 시효중단의 효력이 소급하여 소멸하지는 않는다(대법원 2009. 5. 28. 선고 2009다20 판결, 2011. 1. 13. 선고 2010다88019 판결 참조).

(가) 가압류

1) 가압류는 금전채권자가 채무자의 책임재산을 보전하기 위하여, 확정판결 등 집행권원을 얻기 전에 법원의 가압류결정에 의하여 채무자의 책임재산을 임시로 압류하는 처분이다. 임시의 조치이므로 그 책임재산을 돈으로 바꾸는 환가나 배당절차에까지 나아가지는 않고 처분만을 금하는 압류단계에 그치는 것이 원칙이다.

2) 가압류의 목적물인 채무자의 책임재산에는 제한이 없다. 실무상으로는 부동산, 동산, 채권이 주된 것이다.

3) 가압류의 피보전권리는 금전채권이나 금전으로 환산할 수 있는 것에 한한다. 따라서 부동산을 매수한 채권자의 소유권이전등기청구권 등의 특정물채권은 피보전권리가 될 수 없다. 금전으로 환산할 수 있는 채권이란, 특정물채권 기타 재산상의 청구권이 채무불이행에 의하여 손해배상채권으로 변하거나 강제집행이 불능하게 되어 대상청구권 등 금전채권으로 바뀔 수 있는 채권을 말한다.

4) 그러나 가압류의 피보전권리는 가압류 발령 당시 이미 확정적으로 발생되어 있어야만 하는 것은 아니고, 그 발생의 기초가 존재하여 장래의 발생이 상당한 정도로 기대되면 충분하다. 따라서 정지조건부 채권이나 기한부 채권, 임대차 종료 후에 구체화될 임차보증금반환청구권, 동업관계 청산 후 구체화될 청산금청구권 등 장래에 발생할 채권도 가압류의 피보전권리가 될 수 있다(민사집행법 제276조 제2항 참조).

5) 여러 특별법에서는 채무자 보호를 위하여 일정한 금전청구권에 대한 강제집행을 금지·제한하는 경우가 많으므로, 소의 제기에 앞서 이에 관하여도 미리 조사·검토하여야 한다. 그 예를 들면, 민사집행법 제246조,[13] 공무원연금법 제32조, 군인연금법 제7조, 사립학교교직원연금법 제40조, 국민연금법 제58조, 국가유공자 등 예우 및 지원에 관한 법

---

13) 이에 의하면, ① 1. 법령에 규정된 부양료 및 유족부조료, 2. 채무자가 구호사업이나 제3자의 도움으로 계속 받는 수입, 3. 병사의 급료, 4. 급료·연금·봉급·상여금·퇴직연금, 그 밖에 이와 비슷한 성질을 가진 급여채권의 2분의 1에 해당하는 금액(다만, 그 금액이 국민기초생활보장법에 의한 최저생계비를 감안하여 대통령령이 정하는 금액에 미치지 못하는 경우 또는 표준적인 가구의 생계비를 감안하여 대통령령이 정하는 금액을 초과하는 경우에는 각각 당해 대통령령이 정하는 금액으로 한다.), 5. 퇴직금 그 밖에 이와 비슷한 성질을 가진 급여채권의 2분의 1에 해당하는 금액, 6. 「주택임대차보호법」 제8조, 같은 법 시행령의 규정에 따라 우선변제를 받을 수 있는 금액, 7. 생명, 상해, 질병, 사고 등을 원인으로 채무자가 지급받는 보장성보험의 보험금(해약환급 및 만기환급금을 포함하며, 압류금지의 범위는 생계유지, 치료 및 장애 회복에 소요될 것으로 예상되는 비용 등을 고려하여 대통령령으로 정한다.), 8. 채무자의 1월간 생계유지에 필요한 예금(적금·부금·예탁금과 우편대체를 포함하며, 그 금액은 「국민기초생활 보장법」에 따른 최저생계비, 민사집행법 제195조 제3호에서 정한 금액 등을 고려하여 대통령령으로 정한다.)에 대해서는 압류·가압류 등 강제집행이 금지되고, ② 법원은 제1항 제1호부터 제7호까지에 규정된 종류의 금원이 금융기관에 개설된 채무자의 계좌에 이체되는 경우 채무자의 신청에 따라 그에 해당하는 부분의 압류명령을 취소하여야 하며, ③ 법원은 당사자가 신청하면 채권자와 채무자의 생활형편, 그 밖의 사정을 고려하여 압류명령의 전부 또는 일부를 취소하거나 제1항의 압류금지채권에 대하여도 압류명령을 할 수 있다.

률 제19조, 국민건강보험법 제54조, 근로기준법 제86조, 자동차손해배상보장법 제40조, 형사보상법 제22조, 사립학교법 제28조 제3항, 건설산업기본법 제88조 등이다.

6) 우리의 법제는 가압류에 우선적·절대적 효력을 인정하지는 않는다. 즉 먼저 가압류하였다고 하여 그 대상물의 환가대금으로부터 먼저 변제를 받거나 배타적으로 배당·변제를 받는 것이 아니라 다른 채권자들과 금액에 비례하여 평등하게 배당·변제를 받으며, 가압류가 되었다고 하여 채무자의 3자에 대한 처분행위가 절대적으로 무효가 되는 것이 아니라 가압류채권자가 장차 본안소송에서 승소한 경우에 한하여 그 가압류채권자에 대한 관계에서만 3자는 그 처분행위의 유효를 주장할 수 없다.

7) 채권 가압류를 할 때는 많은 주의를 요한다. 소유권이전등기청구권과 같은 것은 제3채무자에게 가압류결정을 송달하는 외에는 달리 공시방법이 없으므로 등기부에 가압류 사실을 등기할 수 없어 가압류로써 제3자에게 대항할 수 없고(대법원 2002. 10. 25. 선고 2002다39371 판결 등 참조), 채권에 대한 가압류명령을 신청하는 경우 신청서에 압류할 채권의 종류와 액수를 밝혀야 하며, 특히 가압류할 채권 중 일부에 대하여만 가압류명령을 신청하는 때에는 그 범위를 분명하게 밝혀야 한다.

따라서 채무자가 제3채무자에 대하여 여러 개의 채권을 가지고 있고, 채권자가 그 각 채권의 전부나 일부를 대상으로 하여 압류 등의 신청을 할 경우 채권자는 여러 개의 채권 중 어느 채권에 대하여 어느 범위에서 압류 등을 신청하는지 신청취지 자체로 명확하게 인식할 수 있도록 특정하여야 하고, 이에 위반한 경우 그 가압류는 효력이 없음에 주의하여야 한다(대법원 2013. 12. 26. 선고 2013다26296 판결, 2014. 5. 16. 선고 2013다52547 판결 등).[14]

한편, 피압류채권의 구체적인 범위는 가압류결정문의 '가압류할 채권의 표시'에 기재된 문언의 해석에 따라 결정되는 것이 원칙이며, 그 문언의 의미가 불명확한 경우 그로 인한 불이익은 가압류 채권자가 부담하므로, '가압류할 채권의 표시'를 정확하게 기재하여야 한다(대법원 2011. 2. 10. 선고 2008다9952 판결, 2013. 12. 26. 선고 2013다26296 판결 등). 이에 따라 가압류의 처분금지의 효력이 미치는 객관적 범위는 가압류결정에 표시된 청구금액에 한정되므로, 가압류의 청구금액으로 채권의 원금만이 기재되어 있다면 가압류채권자가 가압류채무자에 대하여 원금채권 외에 그에 부대하는 이자 또는 지연손해금 채권을 가지고 있다고 하더라도 가압류의 청구금액을 넘어서는 부분에 대하여는 가압류채권자가 처분금지의 효력을 주장할 수 없다는 점에 유의하여야 한다(대법원 1998. 11. 10. 선고 98다43441 판결 등).

---

14) 다만, 압류의 대상인 여러 채권의 합계액이 집행채권액보다 오히려 적다거나 복수의 채권이 모두 하나의 계약에 기하여 발생하였거나 제3채무자가 채무자에게 그 채무를 일괄 이행하기로 약정하였다는 등 특별한 사정이 있는 경우에는 압류할 대상인 채권별로 압류될 부분을 따로 특정하지 아니하였더라도 그 압류 등 결정은 유효한 것으로 볼 수 있다(대법원 2012. 11. 15. 선고 2011다38394 판결, 2013. 12. 26. 선고 2013다26296 판결 참조).

(나) 가처분

1) 가처분은 ① 다툼의 대상인 계쟁물에 대한 가처분(민사집행법 제300조 제1항)과 ② 일정한 법률관계에 관하여 본안판결이 확정되기 전까지 임시의 지위를 정하는 가처분(민사집행법 제300조 제2항)이 있다.

2) 계쟁물에 대한 가처분은 부동산을 매수한 채권자가 그 매수 대상인 물건에 대한 소유권이전등기청구권을 보전하고자 하는 때와 같이 특정물채권(특정한 물건이나 권리 등에 대한 이전청구권, 인도청구권 등)을 보전하기 위하여 하는 것으로서, 처분금지가처분, 점유이전금지가처분이 그 예이다.

3) 이때 다툼의 대상은 유체물에 한정되지 않고, 채권적 청구권, 물권적 청구권, 지적재산권, 공법상의 규제를 받는 광업권이나 공유수면매립면허권 등도 다툼의 대상이 될 수 있다. 또 피보전채권의 내용도, 물건의 인도나 철거, 권리의 이전이나 설정과 같은 작위의무(주는 채무와 하는 채무), 물건의 소유 또는 이용에 관한 부작위의무(예컨대 그 물건을 타에 처분하지 아니할 의무), 일정한 장소 등 물건에 대한 출입을 허용하여야 할 의무 등과 같은 수인의무라도 무방하다.

4) 임시의 지위를 정하는 가처분은, 해고처분 무효확인소송의 확정 전에 해고당한 근로자에게 임시로 근로자의 지위를 인정해주는 것과 같이, 다툼이 있는 권리·법률관계의 확정이 이루어지기 전에 임시로 그 권리·법률관계의 현상을 유지하거나 일정한 지위를 일시적으로 부여함으로써 채권자 등의 손해를 예방하려는 것이다.

5) 이는 예외적으로만 허용되므로, 계속하는 권리·법률관계에 끼칠 현저한 손해를 피하거나 급박한 위험을 막기 위하여, 또는 그 밖의 필요한 이유가 있을 경우에만 허용된다(민사집행법 제300조 제2항 참조).

그러므로 임시의 지위를 정하는 가처분에서는 우선 당해 가처분에 의하여 보전될 권리·법률관계가 존재하여야 한다. 그 권리·법률관계는 재산적 권리·법률관계(경업금지 가처분, 분양 금지가처분, 입찰 금지가처분, 계약체결 금지가처분, 계약해지 효력정지 가처분, 보험금지급 금지가처분 등)뿐만 아니라, ① 회사법관계(신주발행 금지가처분, 주주총회나 이사회 개최금지가처분, 주주총회나 이사회 결의 효력정지 가처분, 주주의결권 행사 금지가처분, 이사 직무집행정지 가처분, 이사의 위법행위 유지 가처분 등), ② 노사관계(해고·징계·전직 등의 효력정지 가처분, 쟁의행위금지 가처분, 단체교섭 응낙 가처분 등), ③ 인격적인 것(친권행사 금지가처분, 유아인도단행 가처분, 접근 금지가처분, 출입 금지가처분 등), ④ 상린관계 등(공사 금지가처분, 공사방해 금지가처분, 물건의 인도단행 가처분 등) 등도 가능하다.

그러나 행정청을 제3채무자로 하여 개인택시 면허나 공유수면매립 면허의 명의변경금지가처분을 구하는 등과 같이, 행정청을 제3채무자로 하여 행정청에게 일정한 행정행위의 금지를 구하는 것은 허용되지 않는다(대법원 2011. 4. 18.자 2010마1576 결정, 1992. 7. 6.자 92마54 결정 등 참조). 15)

6) 일반적으로 본안소송의 채무자(피고)를 피신청인으로 하여 가처분을 신청하지만, 직무집행정지가처분은 정지할 그 직무를 집행하는 자를 피신청인으로 하여야 하고, 본안소송의 채무자는 피신청인적격이 없다. 임시의 지위를 정하는 가처분도 채무자를 대위하여 신청할 수 있다(대법원 2007. 1. 25. 선고 2005다11626 판결, 2007. 3. 29. 선고 2005다44138 판결 등 참조).

(다) 가사소송상의 보전처분

1) 가사소송에서는 사건의 해결을 위해 필요한 경우, 직권 또는 당사자의 신청에 의하여 상대방 기타 이해관계인에게 현상을 변경하거나 물건을 처분하는 행위의 금지를 명할 수 있다. 또, 그 가사사건에 관련된 재산의 보존을 위한 처분이나 관계인의 감호와 양육을 위한 처분 등 적당하다고 인정되는 처분을 할 수 있다(가사소송법 제62조 참조).

2) 물론 위와 같은 처분과는 별도로 민사집행법상의 가압류, 가처분요건을 충족하는 경우 민사집행법상의 가압류, 가처분과 병행·선택하여 행사할 수 있다. 위 가사소송상의 보전처분은 대상자에게 의무를 부과함에 그칠 뿐 집행력이 없으므로(동법 제62조 제5항), 민사집행법상의 보전처분에 비하여 효력이 약하다.

(3) 잠정처분

1) 채권자나 소외인이 이미 강제집행을 개시하였거나 집행문을 부여받는 등으로 이를 개시할 준비를 하고 있으나 그것이 부당한 경우, 이를 막아두지 않으면 본안소송에서 승소하더라도 그 집행 결과를 뒤집을 수 없어 회복할 수 없는 손해를 입거나 큰 손해를 입을 수가 있다. 또, 그것이 본안소송에도 영향을 미쳐 소의 이익이 없어져 소가 각하되거나 청구가 기각될 수도 있다.

2) 이러한 경우 채무자나 집행 목적물에 대하여 정당한 권리를 가진 자가 강제집행을 저지하기 위한 조치가 필요한데, 이는 본안으로 청구이의의 소 등을 제기하는 것과 신청사건으로 강제집행 정지의 잠정처분으로 나누어진다.

(가) 강제집행을 저지하기 위한 본안의 소

1) 강제집행의 집행권원이 가집행선고부 판결인 때에는 상소를 제기하고 그에 부수하여 강제집행정지결정을 받으면 된다. 그러나 그 집행권원이 확정판결이거나 이에 준하는 조정조서 등인 때에는 그것이 갖는 집행력을 배제하기 위한 본안의 소를 제기하여야 한다. 여기에는 청구이의의 소, 제3자이의의 소, 집행문부여에 대한 이의의 소가 있다. 이들

---

15) 행정청을 상대로 행정소송으로써 처분의 취소를 구하는 소를 제기한 때는 소 제기 후 행정소송법 제23조에 따라 수소법원에 효력정지 등의 (가)처분을 신청할 수 있다. 한편, 개인택시 면허를 받은 채무자가 그 면허를 처분할 우려가 있어서 행정청을 제3채무자로 개입시키지 않고 그를 상대로 면허의 처분금지가처분을 직접 구하는 등의 가처분은 허용된다.

소에는 전속관할이 적용되므로 주의하여야 한다($^{민사집행법}_{제21조}$).

2) 청구이의의 소는 확정판결 등 집행권원의 성립 후에 그 집행채무를 변제한 등으로 집행권원에 표시된 청구권에 관하여 실체법상 그 집행권원에 따른 강제집행을 그대로 용인할 수 없는 사정이 생긴 경우, 판결로써 그 집행력의 전부나 일부 배제를 구하는 소이다($^{민사집행법}_{제44조 등}$).[16]

3) 청구이의의 소는 재심의 소와 달리 제소기간에 제한이 없다. 다만, 이미 강제집행이 종료한 때는 소의 이익이 없으므로 손해배상이나 말소등기청구의 소 등 다른 소를 제기하여야 한다($^{대법원 1979. 5. 22.자 77마427 결정, 1989. 12. 12. 선고 87다}_{카3125 판결, 1997. 4. 25. 선고 96다52489 판결 등 참조}$).

4) 청구이의의 사유는 변론종결 후(변론 없이 한 판결의 경우에는 판결 선고 후, 조정·화해 조서나 조정에 갈음하는 결정의 경우에는 그 조서나 결정의 성립 후)에 생긴 것이어야 한다($^{민사집행법}_{제44조 제2항}$). 다만, ① 지급명령, ② 공증인이 작성한 집행증서, ③ 이행권고결정, ④ 형사배상명령은 기판력이 없어 변론종결 전에 발생한 사유, 즉 청구권의 원시적 부존재도 사유로 할 수 있다.

청구이의의 대체적인 사유는, ① 청구권원의 전부 또는 일부의 소멸(변제, 대물변제, 공탁, 상계, 채무면제, 포기, 혼동, 해제조건의 성취, 해제, 화해, 경개, 이행불능, 소멸시효 완성 등), ② 청구권 및 채무의 귀속 변동(집행채권의 양도, 전부, 집행채무의 면책적 인수 등), ③ 청구권의 효력 정지, 제한, 변경 등(집행채권의 압류·가압류, 기한유예, 이행조건의 변경, 집행권원에 표시된 이행기의 미도래, 선이행채무나 동시이행채무의 불이행, 채무자가 한정승인을 하였으나 채권자가 제기한 소송의 사실심 변론종결 시까지 이를 주장하지 아니하는 바람에 책임의 범위에 관하여 아무런 유보 없는 판결이 선고·확정된 경우[17] [18]등), ④ 확정판결의 집행이

---

16) 청구이의의 소에 의해 집행력의 전부나 일부가 배제되면 집행채권자는 집행권원에 표시된 대로 집행을 하여서는 아니 된다. 그러나 청구이의의 소의 판결 내용이 집행권원에 표시되지는 아니하므로 청구이의의 소의 승소자가 이를 알려주지 않은 이상 집행법원은 이를 알 수가 없다. 따라서 집행채권자가 청구이의의 소의 내용에 반해 집행을 하는 경우, 그 승소자인 집행채무자는 민사집행법상의 구제수단인 집행문부여에 대한 이의(제45조), 집행의 정지·제한(제49조), 취소(제50조) 등을 이용하여야 한다. 청구이의의 소의 승소 확정판결은 강제집행을 허가하지 아니하는 재판으로서, 그 본을 경매법원 등 집행기관에 제출하면 집행기관은 반드시 강제집행을 정지하거나 제한하여야 하고, 이미 실시한 집행처분은 취소하여야 한다(민사집행법 제49, 50조).

17) 채무자가 판결 확정 후에 사실심 변론종결 전 한정승인신고가 있었음을 내세워 청구이의의 소를 제기하는 것은 허용되지만, 사실심 변론종결 전에 상속포기를 하였더라도 이를 사실심 변론에서 주장하지 않은 경우 이로써 청구이의를 할 수 없다(대법원 2006. 10. 13. 선고 2006다23138 판결, 2009. 5. 28. 선고 2008다79876 판결). 채무의 상속에 따른 책임의 제한 여부만이 문제되는 한정승인과 달리, 상속포기의 경우 상속에 의한 채무의 존재 자체가 문제되어 그에 관한 확정판결의 주문에 당연히 기판력이 미치기 때문이다.

18) 반면에 상속채무의 이행을 구하는 소송에서 채무자의 한정승인 항변이 받아들여져서 원고 승소판결인 집행권원 자체에 '상속재산의 범위 내에서만' 금전채무를 이행할 것을 명하는 이른바 유한책임의 취지가 명시되어 있음에도 불구하고, 상속인의 고유재산에 대하여 위 집행권원에 기한 압류 및 전부명령이 발령되었을 경우에, 상속인인 피고로서는 책임재산이 될 수 없는 재산에 대하여 강제집행이 행하여졌음을 이유로 제3자이의의 소를 제기하거나, 그 채권압류 및 전부명령 자체에 대한 즉시항고를 제기하

권리남용이 되는 경우(대법원 1984. 7. 24. 선고 84다카572 판결, 1997. 9. 12. 선고 96다4862 판결, 2001. 11. 13. 선고 99다32899 판결, 2009. 5. 28. 선고 2008다79876 판결 등 참조), ⑤ 부집행 합의(대법원 1993. 12. 10. 선고 93다42979 판결, 1996. 7. 26. 선고 95다19072 판결 참조) 등이다.

집행권원의 무효(집행권원에 표시된 청구권에 대한 것이 아닌 집행권원 자체에 대한 형식상의 이의, 즉 집행권원의 성립절차의 불비, 집행권원의 부존재, 무효 또는 집행권원 내용의 불명확 등)는 청구이의의 사유가 될 수 없다.[19]

5) 제3자이의의 소의 소는, 타인이 현실적으로 강제집행을 개시한 경우에 그 집행목적물인 동산이나 부동산 등이 집행채무자의 소유가 아니고 따로 소유자가 있는 경우와 같이 그 집행목적물에 대하여 소유권 기타 그 양도·인도를 막을 수 있는 권리를 가진 제3자가 집행채권자를 상대로 그 목적물에 대한 관계에서의 구체적 집행력의 배제, 즉 집행을 못하도록 할 것을 구하는 소이다(대법원 1977. 10. 11. 선고 77다1041 판결 참조). 제3자이의의 소를 제기할 수 있는 자는 통상 집행목적물의 소유자,[20] 지상권자, 전세권자, 유치권자, 점유권자[21] 등 물권을 가진 자이다.

6) 이에 반하여 집행목적물이 채무자의 재산에 속하는 경우에는 제3자가 집행채무자와의 매매, 증여, 임대차계약 등에 기하여 채무자에 대하여 인도나 이전등기를 구할 수 있다 하더라도 이러한 채권적 청구권만으로는 집행채권자에게 대항할 수 없으므로 이 소를 제기할 수 없다(대법원 1980. 1. 29. 선고 79다1223 판결).

7) 3자이의의 소의 대상은 집행권원에 기초하여 집행행위가 있으면 족하고, 반드시 금전채권에 기초한 경매집행에 한하는 것은 아니며, 비금전채권에 기초한 집행을 포함한다. 또한 경매의 경우 강제경매이든 임의경매이든 불문하며, 강제관리에 대하여도 주장할 수 있다(민사집행법 제168조, 제48조). 본집행은 물론 가집행도 무방하고, 가압류, 가처분의 집행에 대해서도 가능하다(대법원 1977. 10. 11. 선고 77다1041 판결, 1982. 10. 26. 선고 82다카884 판결, 1997. 8. 29. 선고 96다14470 판결 참조).

8) 제3자이의의 소를 제기하기 위해서는 청구이의의 소와 달리 현실적으로 집행이 개

여 불복하는 것은 별론으로 하고, 청구에 관한 이의의 소에 의하여 불복할 수는 없다(대법원 2005. 12. 19.자 2005그128 결정).

19) 다만, 무권리자의 공증 촉탁 등으로 집행증서가 무효인 경우 집행채무자는 청구이의의 소로써 그 집행력의 배제를 구할 수 있다(대법원 1989. 12. 12. 선고 87다카3125 판결, 1994. 5. 13.자 94마542, 543 결정, 1997. 4. 25. 선고 96다52489 판결, 1998. 8. 31.자 98마1535, 1536 결정 참조).

20) 소유권자라도 대항력이 없는 경우가 있다. 그리고 소유권이전등기청구권자, 담보가등기권자는 압류채권자에 대항할 수 없으므로 이에 해당하지 아니하고(대법원 1980. 1. 29. 선고 79다1223 판결, 일본 최고재판소 1974. 9. 30. 선고 소화 44년才447 판결 참조), 부동산실명법 등에 의하여 대외적으로 소유권을 주장할 수 없는 명의신탁자도 이 소를 제기할 수 없다(대법원 1974. 6. 25. 선고 74다423 판결 참조). 양도담보권자는 제3자에 대하여 소유권을 주장할 수 있는 때에는 그 목적물에 대하여 설정자의 일반채권자가 집행을 한 경우 이 소를 제기할 수 있다(대법원 1971. 3. 23. 선고 71다225 판결, 1994. 8. 26. 선고 93다44739 판결, 2004. 12. 24. 선고 2004다45943 판결 등 참조).

21) 점유권자는 집행채권자에 대하여 강제집행을 수인할 이유가 없으므로(점유자에 대하여도 강제집행을 하려면 그에게 대항할 수 있는 집행권원을 요한다.) 직접점유, 간접점유를 불문하고 점유가 방해되는 한 이 소를 제기할 수 있다(대법원 1957. 10. 10. 선고 4290민상524 판결).

시되었어야 한다.[22] 이 역시 강제집행이 종료되기 전까지만 허용된다(대법원 2005. 12. 19. 자 2005그128 결정 등).

9) 민사집행법 제30조 제2항과 제31조와 관련하여, 조건이 성취되지 않았거나 승계가 없음에도 집행문이 잘못 부여된 경우 채무자는 법원에 집행문부여의 취소를 구할 수 있는바, 집행문부여에 대한 이의신청(민사집행법 제34조)과 집행문부여에 대한 이의의 소(민사집행법 제45조 본문)가 바로 그것이다. 양자는 그 목적이 동일하고, 당사자는 양자를 선택적으로 행사할 수 있다(민사집행법 제45조 단서). 집행문부여에 대한 이의신청은 신청사건절차에 의하므로 변론이 임의적이고 그 재판은 결정인 데에 반하여, 집행문부여에 대한 이의의 소는 소송절차에 의하므로 변론이 필요적이고 그 재판은 판결이라는 차이가 있을 뿐이다.[23]

(나) 강제집행을 저지하기 위한 잠정처분

1) 위와 같이 채무자 등이 청구이의의 소, 제3자이의의 소, 집행문부여에 대한 이의의 소를 제기하더라도, 그것만으로는 집행권원이 갖는 집행력에 영향이 없어 채권자의 강제집행이 정지·취소되지는 않는다(민사집행법 제46조 참조). 따라서 위 소송 등이 종료하기 전에 강제집행이 끝나 버리면 나중에 집행문부여나 집행력이 취소·배제되어도 이미 이루어진 강제집행은 유효하다.

2) 이에 따라 채무자를 보호하기 위한 응급의 처분으로서 민사집행법은 잠정적으로 ① 집행문부여에 대한 이의신청의 재판에 앞서 집행법원은, 채무자에게 담보를 제공하게 하거나 제공하게 하지 아니하고 집행을 일시정지하도록 명하거나, 채권자에게 담보를 제공하게 하고 그 집행을 계속하도록 명할 수 있고(제34조, 16조), ② 집행문부여에 대한 이의의 소, 청구이의의 소, 제3자이의의 소의 수소법원은, 그 이의를 주장한 사유가 법률상 정당한 이유가 있다고 인정되고, 사실에 대한 소명이 있을 경우 당사자의 신청에 따라 판결이 있을 때까지 담보를 제공하게 하거나 담보를 제공하게 하지 아니하고 강제집행을 정지하도록 명할 수 있으며, 담보를 제공하게 하고 그 집행을 계속하도록 명하거나 실시한 집행처분을 취소하도록 명할 수 있고, 그 잠정재판은 변론 없이 하며, 급박한 경우에는 수소법원의 재판장 및 집행법원이 그 권한을 행사할 수 있도록 하고 있다(민사집행법 제46조 제2, 3, 4항).

3) ①은 당사자에게 잠정처분의 신청권이 없고, ②는 당사자에게 그 신청권이 인정되는 차이가 있으나, ①의 경우에도 당사자는 직권발동을 촉구하는 의미에서 잠정처분을 신청할 수 있다. 또 ②는 당사자가 집행문부여에 대한 이의의 소 등을 제기한 후 그 수

---

22) 다만, 특정물에 대한 인도 집행의 경우에는 집행의 개시와 동시에 집행이 종료되므로 그 집행 전에도 가능하다는 것이 실무관행이다(법원실무제요 민사집행 I 제296쪽 참조). 그러나 의사 진술을 명하는 판결 등은 현실적인 집행행위가 없으므로 제기할 수 없다.

23) 한편 집행문부여에 대한 이의신청을 배척하는 재판에는 기판력이 없으므로, 그 이의신청 재판에서 패소한 채무자도 다시 집행문부여에 대한 이의의 소를 제기할 수 있다(대법원 2008. 8. 21.자 2007그49 결정 참조).

소법원에 신청하는 것이 원칙이나,[24] 급박한 경우 그 소를 제기하기 전이라도 집행법원에 바로 신청할 수도 있다. ①, ②의 재판(결정)에 대하여는 통상의 불복방법이 없고 민사소송법 제449조 제1항에 정한 특별항고만이 허용된다(대법원 1959. 9. 7.자 4290민재항172 결정, 2001. 2. 28.자 2001그4 결정, 2008. 8. 21.자 2007그49 결정).

4) 위와 같은 절차에 의한 잠정처분 외에, 직접 당해 강제집행 등의 불허(집행의 정지·취소)를 구하는 소를 제기하거나 민사집행법 제4편 소정의 일반 가처분절차에 의한 정지신청을 할 수는 없다(대법원 1986. 5. 30.자 86그76 결정, 1987. 3. 10. 선고 86다152 판결, 2002. 9. 24. 선고 2002다43684 판결, 2003. 9. 8.자 2003그74 결정, 2004. 8. 17.자 2004카기93 결정 참조).

5) 진행 중인 임의경매절차에 대하여 잠정처분으로서의 집행정지를 신청하기 위해서는 그 본안의 소가 (근)저당권의 집행력에 대한 이의에 해당하여야 하므로, (근)저당권 또는 그 피담보채무의 존부 확인이나 그 등기 말소를 구하는 소를 제기하여야 하고, 이와 관련이 없는 내용의 소를 제기하여서는 아니 된다(대법원 1994. 1. 17.자 93그26 결정, 2004. 8 17.자 2004카기93 결정 참조).[25]

(다) 강제집행과 관련한 기타의 잠정처분

1) 집행절차에 관한 집행법원의 재판에 대하여는 특별한 규정이 있어야만 즉시항고를 할 수 있고, 즉시항고는 집행정지의 효력을 가지지 아니하며, 다만, 항고법원(재판기록이 원심법원에 남아 있는 때에는 원심법원)은 즉시항고에 대한 결정이 있을 때까지 담보를 제공하게 하거나 담보를 제공하게 하지 아니하고 원심재판의 집행을 정지하거나 집행절차의 전부 또는 일부를 정지하도록 명할 수 있고, 담보를 제공하게 하고 그 집행을 계속하도록 명할 수 있다(민사집행법 제15조).

2) 또한, 집행법원의 집행절차에 관한 재판으로서 즉시항고를 할 수 없는 것과, 집행관의 집행처분, 그 밖에 집행관이 지킬 집행절차에 대하여서는 집행법원에 이의를 신청할 수 있고, 집행법원은 위 이의신청에 대한 재판에 앞서 채무자에게 담보를 제공하게 하거나 제공하게 하지 아니하고 집행을 일시 정지하도록 명하거나, 채권자에게 담보를 제공하게 하고 그 집행을 계속하도록 명하는 등 잠정처분을 할 수 있다(민사집행법 제16조). 위 두 경우 집행정지의 잠정처분은 앞서 본 집행문부여에 대한 이의신청과 같다.

3) 부동산이나 등기할 수 있는 선박, 항공기 등에 대한 경매개시결정이 잘못된 경우 매각대금을 완납할 때까지 '경매개시결정에 대한 이의신청'을 집행법원(경매법원)에 제출

---

24) 여기서 말하는 수소법원은 상소심법원을 포함하므로 사건이 상소심법원에 있는 경우 상소심법원에 신청하여도 된다. 청구이의 등의 소를 제기하지 아니하고 한 잠정처분신청은 부적법하여 각하 사유가 된다(대법원 1981. 8. 21.자 81마292 결정).

25) (근)저당권 등 담보권실행을 위한 임의경매에 있어서 그 등기의 말소를 구하는 소는 청구이의의 소에 해당한다(민사집행법 제268조, 대법원 1993. 10. 8.자 93그40 결정, 1994. 1. 17.자 93그26 결정 등 참조). 그러나 그 등기의 말소를 구하는 소의 청구원인은 근저당권의 부존재 또는 소멸과 같이 근저당권의 효력을 부정하고 당장 그에 기한 집행력을 직접 배제할 수 있는 것을 말하고, 피담보채무의 장래 변제 등 일정한 조건하에 (근)저당권의 말소를 구하는 소는 이로써 곧바로 근저당권의 집행력을 배제할 수 없으므로 이에 해당하지 않는다(대법원 2001. 10. 18.자 2001그95 결정).

할 수 있다(민사집행법 제86, 172, 187조, 민사집행규칙 제106, 130조). 강제경매의 경우이든 임의경매의 경우이든 무방하다. 이의를 할 수 있는 자는 경매절차의 이해관계인이다. 따라서 압류 후에 부동산에 관하여 권리를 취득한 제3취득자도 그 권리를 증명한 후 이의신청할 수 있다.

4) 강제경매의 경우, 절차상의 이의사유로는 경매신청방식의 적부, 신청인의 적격 여부, 대리권의 존부, 목적 부동산의 불일치, 집행력 있는 정본의 불일치, 집행채권의 기한 미도래(확정기한에 한함), 기타 집행개시요건의 불비 등이 포함된다. 그러나 실체상의 사유는 이의사유가 될 수 없음이 원칙이다. 반면에 임의경매의 경우 절차상의 하자는 물론 담보권의 무효·부존재, 피담보채권의 소멸(변제, 공탁, 상계, 시효소멸 등), 변제기의 미도래, 이행기한의 유예 등의 실체상의 사유로도 경매개시결정에 대한 이의를 할 수 있다(민사집행법 제265조).

5) 경매개시결정에 대한 이의신청 역시 신청사건절차에 의한다. 그 이의신청에는 집행정지의 효력이 없다. 이 경우 민사집행법 제16조 제2항의 잠정처분에 관한 규정이 준용되므로, 앞서 본 집행문부여에 대한 이의신청과 같이 집행정지의 잠정처분을 신청할 수 있다. 경매개시결정에 대한 이의신청의 재판과 잠정처분의 재판 모두 결정으로 하며, 전자에 대하여는 즉시항고할 수 있으나 후자에 대해서는 불복할 수 없다(민사집행법 제86조 제3항, 제16조).

경매개시결정에 대한 이의신청은 그 이의사유가 제한되어 있고, 그에 의해서는 경매절차를 정지할 수 있을 뿐 집행권원상의 집행력을 배제하거나 저당권설정등기 등을 말소할 수는 없으므로 매우 제한적임을 유의하여야 한다. 실무상 집행법원은 심리기간이 짧아서 실체적인 사유를 심리하기가 곤란하므로 경매개시결정에 대한 이의를 인용하는 경우도 많지 않다. 따라서 담보권실행을 위한 임의경매의 경우에도 실체상의 이의사유가 있는 경우 경매개시결정에 대한 이의신청보다는 저당권설정등기 등의 말소청구 소를 바로 제기하고 그에 따른 강제집행정지신청을 하는 것이 적절하다.

(4) 증거보전

1) 소송에서 실제로 증거조사를 하기 전에 계쟁물이 변경되거나 증인의 사망, 증거물의 소멸, 현장의 변경[26] 등 증거조사의 대상인 증거방법의 훼손, 소멸 등으로 인한 증거조사의 곤란에 대비하여 미리 증거조사를 하여 두는 것이 증거보전이다(민사소송법 제375조 참조). 이는 법원에 신청하여야 하며, 소를 제기하기 전은 물론 소를 제기한 뒤라도 아직 변론절차가 개시되기 전이라면 신청할 수 있다.

2) 이 신청은, ① 소를 제기한 뒤에는 그 증거를 사용할 심급의 법원에, ② 소를 제기

---

26) 예컨대, 수급인이 공사를 하던 중 도급인이 공사현장을 타인에게 인도하고 잔여 공사를 계속하게 한 경우, 그대로 공사가 끝나버리면 수급인이 한 공사 내역과 타인이 한 공사 내역을 구분하기 어렵게 된다. 이러한 경우 공사현장이 변경되기 전에 미리 증거보전을 통하여 그때까지 이루어진 공사 내역에 관하여 수급인이 그 공사에 투자한 금액과 객관적으로 그 공사에 필요한 금액, 남은 공사에 필요한 공사비용 등을 감정하는 방법이 많이 이용된다.

하기 전에는 신문을 받을 사람이나 문서를 가진 사람의 거소 또는 검증하고자 하는 목적물이 있는 곳을 관할하는 지방법원에 하여야 하며, ③ 급박한 경우에는 소를 제기한 뒤에도 신문을 받을 사람이나 문서를 가진 사람의 거소 또는 검증하고자 하는 목적물이 있는 곳을 관할하는 지방법원에 할 수 있다(민사소송법 제376조 참조).

▣ **증거보전신청(예)**

증거보전신청

신 청 인   서현정 (801230－2154326)
　　　　　서울 종로구 새문안길 234
　　　　　대리인 변호사 김영진
　　　　　서울 종로구 내수로 1200, 204호(내수동 475)

상 대 방   최인수 (540521－1533234)
　　　　　서울 은평구 대조로 723(대조동 323－1)

신청인은 다음과 같이 증거보전을 신청합니다.

1. 증명할 사실
　신청인이 상대방으로부터 2019. 5. 1. 서울 은평구 대조동 323－1 지상에 지상 3층 연건평 254㎡의 주택 신축공사를 수급하여 2020. 7. 31. 현재까지 지출한 공사비, 그 공사에 객관적으로 필요한 공사비, 잔여 공사에 객관적으로 필요한 공사비

2. 필요한 증거조사의 방법
　가. 현장검증
　　▪ 현장검증할 곳: 서울 은평구 대조동 323－1
　　▪ 현장검증할 대상: 위 지상에 신축 중인 주택
　　▪ 현장검증의 목적: 위 신축 중인 주택의 현황 확인

　나. 감정
　　▪ 감정할 대상: 위 지상에 신축 중인 주택
　　▪ 감정할 사항: ① 2020. 7. 31. 현재까지의 위 주택 신축공사의 내용, ② 위 공사에 신청인이 지출한 공사비, ③ 위와 같이 이미 이루어진 공사에 객관적으로 필요한 공사비, ④ 잔여 공사의 내역, ⑤ 잔여 공사에 객관적으로 필요한 공사비
　　▪ 감정의 목적: 신청인이 위 주택 신축공사와 관련하여 2020. 7. 31. 현재까지 완성한 공사내용에 따른 기성고비율의 산정과 그 수급대가의 산정

3. 증거보전의 사유

가. 신청인은 상대방으로부터 2019. 5. 1. 서울 은평구 대조동 323-1 지상에 지상 3층 연건평 254㎡의 주택 신축공사를 수급하여 그 직후부터 2020. 7. 31. 현재까지 공사를 진행하였는데, 상대방은 갑자기 위 공사현장에서 신청인을 배제하고 신청외 정병수에게 공사를 진행하게 하고 있습니다.

나. 그러므로 신청인은 상대방에게 위 주택 신축공사와 관련하여 2020. 7. 31. 현재까지의 기성고비율에 의한 수급대가의 지급을 청구하려고 하는바, 위 정병수가 잔여공사를 진행하여 그 공사를 완성하여 버리면 신청인이 이미 진행한 공사내용을 알 수 없게 될 우려가 있으므로, 미리 현장을 확인하고 신청인의 공사내용을 조사할 필요가 있습니다.

소명방법

1. 공사도급계약서   1통
2. 사진   10통

첨부서류

1. 위 소명방법   각 1통
2. 소송위임장   1통

2020. 8. 10.
신청인 대리인 변호사 김영진 (인)

서울서부지방법원 귀중

(5) 형성권의 행사, 통지 등

1) 취소권, 해제권, 해지권 등의 형성권은 현실로 행사되어야 그 효력이 발생하고, 각종의 의사표시나 의사통지, 관념통지 등은 그것이 상대방에게 도달하여야 효력이 발생한다. 따라서 분쟁사건의 처리를 위하여 소를 제기하기로 한 경우, 이러한 형성권의 행사나 통지 등이 이루어졌는지 검토·확인하여야 한다. 그 내용은, 이행의 제공, 최고, 해제, 취소통지, 검수 후 하자 통지 등이 될 것이다.

2) 한편, 형성권의 행사나 통지 등은 그 기간 제한이 있는 경우가 많으므로 소를 제기하기 전에 미리 소송절차 외에서 필요한 조치를 하여야 할 필요가 특히 크다.

(6) 소멸시효 중단 등의 조치

1) 소를 제기할 무렵 이미 소멸시효의 완성이 임박한 경우에 소를 제기하면 그로써 시효를 중단시킬 수 있지만(민법 제168조 제1호), 즉시 소를 제기할 수 없는 사정이 있는 때는 가압류나

가처분, 소송 외에서의 청구·최고, 조정이나 제소전화해신청 등을 통해서도 시효 중단의 효과를 얻을 수 있으므로 그러한 조치도 고려할 필요가 있다.

2) 이는 상대방에 의한 취득시효의 중단을 위해서도 유용하다.

마. 관할법원은 어디인가

1) 소를 제기할 때는 어느 법원에 소장을 제출할 것인지도 미리 검토하여야 한다. 이는 신청사건에서도 마찬가지다. 이와 관련해서는 전속관할과 전속적 합의관할이 가장 문제로 된다. 물론 전속관할에 위반하여 소를 제기하더라도 수소법원은 소를 각하하지 않고 이를 관할법원에 이송하게 되지만, 상당한 시일이 걸리고 당사자나 법원에 신뢰를 주지 못하게 되므로, 미리 조사하여 실수가 없도록 하여야 한다.

2) 원고나 피고가 복수인 경우(민사소송법 제25조 제2항) 또는 청구가 복수인 경우(민사소송법 제25조 제1항) 관련재판적에 의해 관할이 발생하여 관할이 여러 개 생길 수 있다. 이는 어느 경우이건 전속관할에는 적용이 없으며,[27] 소송절차가 동일하여야만 허용된다. 한편, 민사소송법 제25조 제2항에 의하여 원고나 피고가 복수인 경우에 발생하는 관련재판적은, 소송목적이 되는 권리나 의무가 여러 사람에게 공통되거나 사실상 또는 법률상 같은 원인으로 말미암아 그 여러 사람이 공동소송인으로서 당사자가 되는 경우에 한하고, 민사소송법 제65조 후문의 공동소송 요건인 '소송목적이 되는 권리나 의무가 같은 종류의 것이거나, 사실상 또는 법률상 같은 종류의 원인으로 말미암은 것인 경우'에는 관련재판적이 발생하지 않는 점에 주의하여야 한다.

3) 관할법원이 여럿일 경우 이를 선택하는 때 고려할 사항으로는, ① 문서 제출이나 기일 출석에 편리한지, ② 현장검증이나 증인신문 등 증거조사에 편리한지, ③ 피고의 응소에 과다한 불편을 주지는 않는지, ④ 그 법원이 동종의 사건에 관하여 전문화되거나 많은 재판 경험을 가지고 있는지, ⑤ 상소심에 갈 경우 소송수행에 불편은 없는지, ⑥ 확정 후 강제집행은 용이한지 등이다. ③의 경우 피고가 이송신청을 할 것도 고려하여야 한다(민사소송법 제35조 참조).

바. 화해·조정·중재안은 없는가

1) 변호사는 소의 제기 전은 물론 그 제기 이후 소송의 진행단계에서도 조정이나 화해 등에 의한 분쟁해결 수단을 모색하고 이를 당사자에게 적극적으로 권유하여야 하며, 필요

---

27) 단독판사와 합의부 간에도 관련재판적 발생이 제한된다. 즉 합의부와 단독판사 양쪽에 관할이 있는 사건의 경우 단독판사나 합의부에 관련재판적이 발생하지 않는다(민사소송법 제34조 제2항에 의하여 단독판사는 합의부에 이송할 수 있고, 제34조 제3항에 의하여 합의부는 단독판사의 사건도 스스로 심판할 수 있으나, 전자는 이송결정이, 후자는 재정결정이 필요하다는 점에서 자동적으로 관할이 생기는 관련재판적과는 차원이 다르다).

한 때에는 상대방이나 상대방 대리인과 소송 외 해결수단을 모색하여야 한다.

2) 또한 소송 진행 중 법원이 직권 또는 상대방의 신청에 의해 조정이나 화해절차에 회부하거나 직접 이를 권유하는 경우도 많으므로, 이에 대비해서도 당사자와 의논하여 미리 조정·화해안을 마련해 두어야 한다.

3) 이를 위해 분쟁의 원인인 사실관계와 소송에 의한 해결의 이해득실 등을 자세히 검토하여, 조정이나 화해가 적절한 사건이라고 판단되면 과감하게 당사자를 설득하여 조정이나 화해가 이루어지도록 해야 한다.

4) 한편, 이들 절차에서 이루어진 조정이나 화해에 대하여도 재판상 화해와 동일한 효력이 발생하는 경우가 많고, 화해·조정결정에 대한 이의신청기간이 매우 짧은 경우도 많으므로 이와 관련한 법령 내용을 잘 알아 두어야 한다.[28]

❏ **쉬어갑시다**

아르헨티나는 은이 많이 나는 나라?

광물 은을 나타내는 원소기호 Ag는 라틴어 Argentium에서 따다 붙인 것이다. 여기서 연상할 수 있는 나라가 남미의 대국인 아르헨티나(Argentina)인데 이 나라 이름 역시 라틴어 Argentium에서 왔다. 스페인인들이 1516년 이후 이 땅에 상륙한 후 그 북서쪽에 있는 큰 강 주위에서 대량의 은을 발견하였는데 이에 따라 그 강 이름을 스페인어로 은을 나타내는 라 플라타(La Plata. La는 관사)강으로 붙였다. 영어로는 실버 리버(Siver River)라고 한다. 스페인은 이 지역을 라 플라타라고 부르고 부왕령(副王領)을 설치하여 식민통치를 하였는데, 그 후예들이 1816년 독립을 하면서 식민지식 명칭을 버리고 라틴어 명칭 아르헨티나를 채택하였다. 스페인식 발음으로는 아르헨티나이지만 영어식 발음으로는 아르젠티나이다. 1996년 영화 Evita에서 "거룩한 악녀이자 천한 성녀"라는 양극의 평가를 받는 에바 페론 역을 맡아 유명한 노래 Don't Cry for Me Argentina를 불렀던 가수 마돈나 역시 이를 아르젠티나라고 발음하고 있다.

그 땅의 산물(産物)에서 나라 이름을 딴 예는 브라질에서도 볼 수 있다. 이 땅에서는 과거 붉은 색 염료의 원료인 브라질(Brazil) 나무가 많아 이것을 유럽으로 수출했는데 이것이

---

28) 소송 중의 조정은 당해 소송의 대상인 권리·법률관계 이외의 사항에 대하여도 할 수 있으나, 그 내용이 적어도 조정조항이나 원고의 청구 내용에 포함되고 그것이 조정조항에서 처분이 되어야 하고 그렇지 않은 때는 그 부분에 대해서는 조정의 효력이 미치지 않는다(대법원 2007. 4. 26. 선고 2006다78732 판결, 2011. 9. 29. 선고 2011다48902 판결 등). 한편 조정조서는 확정판결과 동일한 효력이 있음이 원칙이나, 공유물 분할청구의 소송 중 당사자 간에 분할의 조정이 이루어진 경우 창설적 효력이 없고, 그에 따른 공유물 분할의 등기를 하여야만 물권변동의 효력이 발생한다는 것이 판례이다(대법원 2013. 11. 21. 선고 2011두1917 판결).

나중에 그 나라의 이름이 되었다. 그 지척에 있는 에쿠아도르는 적도(equator)가 그 땅을 지나가기 때문에 스페인인들이 스페인어로 적도를 뜻하는 Ecuador라는 이름을 붙인 데서 유래한다. 이 말은 본디 라틴어 aequeare에서 온 것인데, 영어 equal, equity 등에서 연상할 수 있듯이 동등하다, 평등하다, 같다라는 의미이다. 적도는 밤과 낮의 길이가 언제나 같으므로 로마인들이 밤, 낮의 길이가 같은 현상을 aequeare라고 표현했던 것이다.

물론 지구의 자전축이 지구의 공전궤도인 황도면(黃道面)에 23.5도(정확히는 23°27′) 기울어져 있어서 위도 0도가 지나가는 적도라고 해도 춘분과 추분을 제외하고는 언제나 햇볕이 그 지표면에 90도로 직사(直射)하는 것은 아니다. 태양 볕은 남위 23.5도, 북위 23.5도 사이에서 계절, 즉 공전궤도상의 지구의 위치에 따라 그 직사지점이 달라지게 된다. 이렇게 태양이 남쪽과 북쪽으로 23.5도씩 오르내리기를 반복하며 직사지점을 바꾸는 현상을 회귀(回歸)라고 하고 남북위 23.5도를 남북회귀선(南北回歸線)이라 부르는데 그 공간이 곧 열대지역(Tropical Zone)이다. 그런데 지구가 기울어져 공전하면서도 만약 공전궤도의 중심에 있는 태양을 향해 머리를 숙이듯 항상 같은 방향으로 기울어졌다면 지구 전 지역의 기후대가 고정되고 계절의 변화가 거의 없었을 텐데 지구가 머리를 숙이지 않는 바람에 계절이 생기게 되었으니 자연의 이치는 참으로 오묘하다.

이 계절의 변화를 동양에서는 15일마다 구간을 나누어 나타냈는데 그것이 곧 24절기다. 지구의 경도가 동서로 합쳐 360도이고 15도마다 1시간씩 시차가 벌어져 24시간이 되는 것과 같은 이치이다. 물론 이 계산법에 따르면 360(15일 × 24절기)이 되어 태양년인 365.4일이 못되므로 주기적인 보정이 필요하다. 옛 사람들은 오래 전부터 태양이 달보다 인간생활에 더 중요하다는 것을 알았으면서도 달의 주기에 맞춰 날짜를 세는 태음력을 사용하였으며 우리는 아직도 이를 버리지 못하고 설을 두 번이나 쇠고 있다. 아무래도 태양의 변화는 쉽게 드러나지 않아 눈으로 확인하기가 어려우나, 달은 거의 매일 같이 뚜렷하게 모습을 바꾸어 29일 만에 원래 모습을 되찾는 관계로 날짜를 셈하기가 쉬운 탓이 아니었을까 싶다.

예전 중국을 축으로 하는 동양 세계에서는 이 날짜 조정권을 중국 황제만이 행사할 수 있는 대권(大權)으로 인식하였다. 이를 정삭(正朔)이라 하여 책봉관계에 있는 주위 나라에게 반포하였는데, 조선은 매년 동지에 중국으로 사신(冬至使)을 파견해 새해 달력(冊曆)을 받아와 사용했다.

그나저나 중국이란 나라 이름은 언제 생겼을까? 중국인들은 오래 전부터 자기네가 세상의 중심에 있고 자신의 문물이 가장 빛나는 것이라며 스스로를 중화(中華)라고 자칭했는데, 나라 이름은 우리의 고구려, 백제, 고려, 조선처럼 당이나 송, 원, 명, 청 등으로 붙였고 중국이란 이름을 쓰지는 않았다. 그러다가 서구와 일본의 침략을 받으면서 민족주의에 눈이 떠 1911년 신해혁명 후 손문은 나라 이름을 중화민주공화국이라고 하였다. 중국은 이것의 줄임말이다. 현재의 북경정권도 중화인민공화국이라고 하여 중국이라는 이름을 그대로 사용하고 있다. 우리는 그보다 전인 1897년 대한제국을 선포하면서 한인(韓人)들의 나라, 즉 한국이란 이름을 쓰게 되었다.

일본(日本)이라는 이름은 아주 오래 전에 자기네가 가장 동쪽에 있어 해가 뜨는 나라라는 뜻으로 일본인들이 붙인 것인데, 이것이 중국에 전해져 중국식 발음으로 르펀이라고 읽혔다. 이 이름을 네덜란드인 등 서양인들이 듣고 야판(Japan), 지펀(Zippan) 등으로 불렀는데, 마르코 폴로는 이를 지팡구라고 전하면서 금이 아주 많다고 근거 없는 흰소리를 하여 서양인들의 가슴을 설레게 하였다. 현재 통용되는 일본의 이름인 재팬(Japan)은 야판의 영어식 발음이다.

변호사가 작성하는 소송문서

Ⅰ. 소   장

1. 소장의 의의

1) 소장은 당사자가 법원에 소를 제기하는 법률행위의 수단인 소송문서이다. 따라서 소장은 법률행위가 문서에 화체된 소송법상의 처분문서이다. 민사소송법은 소의 제기라는 소송상 법률행위를 반드시 문서로써 할 것을 요구하고 있다(민사소송법 제248조). 그러므로 소액사건을 제외하고는 소의 제기에 소장은 필수적이다.

2) 소장이 법원에 제출, 접수된 때에 그 법률행위인 제소의 효력이 발생한다(민사소송법 제265조). 실질상 소의 제기에 해당하는 독립당사자참가, 반소, 중간확인의 소, 청구취지의 변경 등도 문서로 해야 하고, 그 문서를 제출한 때에 그에 따른 제소의 효력이 발생한다(민사소송법 제79, 262, 264, 270조 등 참조).

3) 소장은 특정한 분쟁사건에 관하여 원고가 법원에 특정한 재판을 구하는 의사표시이므로 타인인 법원을 설득하기 위한 논설문이다. 따라서 사건 내용을 잘 설명하여 법원의 동의와 수긍을 얻는 것이 소장의 기본 목표이자 사명이라고 할 수 있다.

2. 소장의 형식

1) 민사소송법이나 가사소송법은 소장의 형식에 대하여 특별히 어떤 양식을 정하지는 않고 있다. 다만, 당사자와 법정대리인, 청구취지, 청구원인, 소장을 작성한 당사자 또는 대리인의 기명날인이나 서명을 필수적으로 기재할 것을 요구한다(민사소송법 제249, 274조, 가사소송법 제12조).

2) 민사소송규칙은 이에 더하여, 청구원인에 청구를 뒷받침하는 구체적 사실, 피고가 주장할 것이 명백한 방어방법에 대한 구체적인 진술, 입증이 필요한 사실에 대한 증거방법을 기재하여야 하고(민사소송규칙 제62조), 또 소장을 비롯하여 법원에 제출하는 문서에는 사건의 표시, 서면을 제출하는 당사자와 대리인의 이름·주소와 연락처(전화번호·팩시밀리번호 또는 전자우편주소 등) 등을 기재하고 당사자나 대리인이 기명날인 또는 서명할 것(민사소송규칙 제2조)을 요구하고 있다. 이는 신속한 심리와 피고의 방어권 행사의 편의 도모 등을 위한 훈시적 규

정으로서, 이를 기재하지 않았다고 하여 격식에 어긋난 소장이 되지는 않는다. 따라서 이를 기재하지 않거나 기재가 불충분한 경우 보정권고의 사유는 되나 소장 각하의 사유는 아니다.

　3) 위와 같이 소장의 형식에 대하여 특별한 규정이 없으므로 필수적 기재사항만 기재하면 그 형식은 당사자 임의로 정할 수 있는 것이나, 관행적으로 다음과 같이 그 형식이 형성되어 사용되고 있다.

　4) 위와 같이 관행적으로 사용되는 형식의 소장은, ① 당사자, 사건명, 입증방법, 첨부서류, 작성일시 및 작성자, 수소법원과 같은 형식적 기재사항, ② 청구취지와 청구원인과 같이 소송물에 관한 실질적 기재사항의 두 부분으로 구성된다.

■ 소장의 형식(1. 이행의 소)

소　장

원　고　　1. 김희섭 (532016－1631520)[1]
　　　　　　　서울 종로구 청계천로 61, 1동 102호 (관철동, 성현아파트)
　　　　　2. 정장수 (608023－1540182)
　　　　　　　서울 서초구 서초대로 523, 5동 821호(서초동, 서초빌라)
　　　　　원고들 소송대리인 변호사 정현수
　　　　　서울 서초구 서초대로 358, 801호(서초동, 민화빌딩)
　　　　　전화 02－530－1234, 팩스 530－1235, 전자우편 jhs@hanmail.net

피　고　　1. 이유철 (830617－1088235)
　　　　　　　서울 영등포구 국제금융로 85, 가동 1120호(여의도동, 시범아파트)
　　　　　2. 최정숙 (401108－2960728)
　　　　　　　천안시 동남구 천안천 10길 55(신부동, 신부동물병원)

소유권이전등기말소 등 청구의 소

청 구 취 지

1. 용인시 모현면 수지리 산 59 임야 2,500㎡에 관하여,
　가. 피고 최정숙은 피고 이유철에게 수원지방법원 용인등기소 2018. 5. 1. 접수 제50172호

---

1) 개인정보 보호법 제24조, 제24조의2에 의하여 주민등록번호의 수집과 사용이 제한되고 있다. 이에 따라 법원에서는 판결서나 조정·화해조서 등에 당사자의 주민등록번호를 기재하지 않는 것을 원칙으로 하며, 다만 등기·등록의 의사표시를 명하는 판결서나 공유물분할의 판결서에는 이를 기재한다(민사소송규칙 제76조의2, 재판서 양식에 관한 예규 참조). 따라서 소장에도 이를 고려하여 당사자의 주민등록번호 기재를 최소화하는 것이 바람직하다고 하겠다.

로 마친 소유권이전등기의 말소등기절차를 이행하고,

나. 피고 이유철은 원고들에게 2018. 4. 1. 매매를 원인으로 한 합유의 소유권이전등기절차를 이행하라.

2. 소송비용은 피고들이 부담한다.

라는 판결을 구합니다.

청 구 원 인

1. 원고들의 동업약정

가. 원고들은 2018. 3. 1. 각 1억 원씩을 출연하여 부동산을 사서 전매해 그 수익을 나누기로 동업약정을 하였고, 이에 따라 원고 김희섭은 2018. 3. 3.에, 원고 정장수는 2018. 3. 5.에 각 1억 원을 출연하여 원고 김희섭 명의로 은행에 예금을 하였습니다 (갑 제1호증).

나. 원고들은 위 동업약정을 전후하여 지분 비율에 관하여는 약정을 한 바 없습니다.

2. 원고들의 임야 매수와 명의신탁

가. 임야 매수

원고들은 2018. 4. 1. 피고 이유철로부터 청구취지 제1항 기재 이 사건 임야를 대금 5억 원에 매수하고 그 대금을 모두 지급하였습니다(갑 제2호증). 원고들은 이 사건 임야를 인도받고, 원고들이 타인에게서 추가로 매수한 다른 토지와 함께 이들 토지에 현재 삼림욕장을 건설하고 있습니다.

나. 명의신탁

원고들과 피고 최정숙은 2018. 4. 1.경 이 사건 임야에 관하여 등기 명의를 신탁하기로 약정하였고, 피고 이유철도 이에 동의하였습니다. 이에 따라 피고 이유철은 청구취지 제1의 가항 기재와 같이 2018. 5. 1. 피고 최정숙에게 이 사건 임야의 소유권이전등기를 마쳐주었습니다(갑 제3호증).

3. 결론

가. 피고 최정숙의 의무

(1) 피고 최정숙의 위 소유권이전등기는 부동산 실권리자명의 등기에 관한 법률 제4조에 의해 무효입니다. 따라서 이 사건 임야의 소유권은 여전히 피고 이유철에게 있고, 피고 이유철은 소유권에 기한 물권적 청구권(방해배제청구권)에 기하여 피고 최정숙의 위 소유권이전등기의 말소를 청구할 권리가 있으며, 피고 최정숙은 이에 응할 의무가 있습니다.

(2) 원고들은 위와 같이 피고 이유철에게 매매계약상의 소유권이전등기청구권이 있는바, 피고 이유철이 피고 최정숙에게 위 말소등기청구권을 행사하지 않고 있으므로, 원고

들은 위 소유권이전등기청구권을 보전하기 위해 피고 이유철을 대위하여 피고 최정숙에게 위 소유권이전등기의 말소를 청구합니다(원고들의 피보전권리인 소유권이전등기청구권은 특정물채권이므로 채무자인 피고 이유철의 무자력이 필요 없고, 그 이행기는 이미 도래하였습니다).

나. 피고 이유철의 의무

원고들은 이 사건 임야를 조합관계에서 매수하였으므로, 피고 이유철은 위 매매계약에 기해 원고들에게 청구취지 제1의 나항 기재와 같이 합유의 소유권이전등기절차를 이행할 의무가 있습니다.

입 증 방 법

1. 갑 제1호증 (예금통장)
2. 갑 제2호증 (매매계약서)
3. 갑 제3호증 (등기기록증명서)

첨 부 서 류

1. 위 입증방법   각 3통
2. 영수필확인서   1통
3. 송달료납부서   1통
4. 소송위임장   1통
5. 소장 부본   2통

2020. 5. 4.
원고들 소송대리인 변호사 정현수 (인)

수원지방법원 귀중

▣ 소장의 형식(2. 확인의 소)

소 장

원 고   대원트레이딩 주식회사
             서울 종로구 효자로 154, 1203호(관철동, 성현빌딩)
             대표이사 조헌섭
             소송대리인 법무법인 마루
             담당변호사 정병국, 최영림
             서울 서초구 서초대로 358, 801호(서초동, 민화빌딩)

전화 02－530－1234, 팩스 530－1235, 전자우편 jbk@maroo.com

피　고　　　대한민국
　　　　　　법률상 대표자 법무부 장관 ○○○

소유권확인청구의 소

청 구 취 지

1. 평택시 진위면 245 답 800㎡가 소외 송민구(830716－1234516, 수원시 팔달구 세교동 123)의 소유임을 확인한다.

2. 소송비용은 피고가 부담한다.
라는 판결을 구합니다.

청 구 원 인

1. 원고의 소외 송민구에 대한 피보전권리

가. 송민구에 대한 금전 대여

원고는 2015. 3. 5. 소외 송민구에게 1억 원을 변제기를 2017. 3. 4.로 약정하여 대여하였습니다(갑 제1호증의 1, 2 참조).

나. 송민구의 일부 채무 불이행

그러나 위 송민구는 원고에게 2017. 3. 4. 위 차용금 중 5,000만 원을 변제하였을 뿐 나머지 5,000만 원을 아직까지 변제하지 않고 있습니다.

2. 이 사건 토지의 소유관계

가. 토지의 사정과 상속

(1) 평택시 진위면 245 답 800㎡(이하 '이 사건 토지'라 합니다.)는 소외 송정금(1899. 5. 11.생)이 일정시대에 그 명의로 사정(査定)을 받아 원시적으로 소유권을 취득하였는바, 송정금은 소유권보존등기를 마치지 않았습니다.

(2) 한편 위 송정금은 1985. 6. 29.에 사망하고 그 처인 이민자는 그 전에 사망하여 송정금의 유일한 자식인 소외 송성민이 송정금의 재산을 단독상속하였는데, 위 송성민 역시 2007. 4. 15. 사망하여 그 아들인 소외 송민구가 그 재산을 단독상속함으로써 이 사건 토지는 소외 송민구의 소유가 되었습니다(갑 제2호증의 1, 2 참조).

(3) 그런데 한국전쟁의 와중에 이 사건 토지의 토지대장이 멸실되었고, 이에 지적소관청인 평택군수는 1960. 6. 경 이를 복구하였으나 그 소유자란에 단순히 '송성민'이라는 성명만을 기재하였습니다(갑 제3호증의 1 참조). 그리하여 위 송성민은 이 사건 토지에 대한 소유권보존등기를 하기 위하여 2006. 5. 1. 새로운 지적소관청인 평택시장에게 토지대장에 동인의 주소, 주민등록번호를 기입하여 달라고 신청하였으나, 평택시장

은 위 송성민이 소유자임을 인정할 자료가 없다는 이유로 이를 거부하였습니다(갑 제 3호증의 2 참조). 그러므로 소외 송민구는 피고 대한민국에 대하여 이 사건 토지가 그 소유임의 확인을 구할 이익이 있습니다.

나. 원고의 대위권 행사

원고는 위 송민구에게 위와 같이 5,000만 원의 대여금반환청구권이 있습니다. 그런데 위 송민구는 현재 이 사건 토지를 제외하고는 원고에 대한 위 채무를 변제할 자력(책임재산)이 없음에도, 원고의 강제집행을 우려하여 피고 대한민국을 상대로 이 사건 토지에 대한 소유권확인청구권을 행사하지 않고 있습니다.

3. 결론

그러므로 원고는 위 송민구를 대위하여 피고 대한민국에게 청구취지와 같은 재판을 구합니다.

입 증 방 법

1. 갑 제1호증의 1(예금통장)
2. 갑 제1호증의 2(확인서)
3. 갑 제2호증의 1(제적 등본)
4. 갑 제2호증의 2(가족관계증명서)
5. 갑 제3호증의 1(토지대장 등본)
6. 갑 제3호증의 2(회신)

첨 부 서 류

1. 위 입증방법   각 2통
2. 영수필확인서   1통
3. 송달료 납부서   1통
4. 소송위임장   1통
5. 등기사항전부증명서(법인)   1통
6. 소장 부본   1통

2020. 7. 25.
원고 소송대리인 법무법인 마루
담당변호사 정병국, 최영림 (인)

서울중앙지방법원 귀중

▣ 소장의 형식(3. 형성의 소)

소　　장

원　고　　　이민정 (825030 – 2042816)
　　　　　　　주소 서울 서대문구 창의로 32, 가동 101호(홍제동, 미림빌라)
　　　　　　　등록기준지 인천 부평구 경인로 1077
　　　　　　　소송대리인 변호사 정병국
　　　　　　　서울 서초구 서초대로 358, 801호(서초동, 민화빌딩)
　　　　　　　전화 02 – 530 – 1234, 팩스 530 – 1235, 전자우편 jbk@hanmail.net

피　고　　　강성수 (810317 – 1566204)
　　　　　　　주소 원주시 부론면 전농로 56, 305호(전농리, 왕국기도원)
　　　　　　　등록기준지 인천 부평구 경인로 1077

사건본인　　강형민 (091130 – 1016207)
　　　　　　　주소 원주시 부론면 전농로 56, 305호(전농리, 왕국기도원)
　　　　　　　등록기준지 인천 부평구 경인로 1077

이혼 등 청구의 소

청 구 취 지

1. 원고와 피고는 이혼한다.
2. 피고는 원고에게
　가. 위자료로 3,000만 원 및 이에 대하여 이 사건 소장 부본 송달일 다음날부터 다 갚는 날까지 연 20%의 비율에 의한 돈을 지급하라.
　나. 재산분할로 67,607,940원 및 이에 대하여 이 판결 확정일 다음날부터 다 갚는 날까지 연 5%의 비율에 의한 돈을 지급하라.
3. 사건본인의 친권자 및 양육자로 피고를 지정한다.
4. 가. 원고는 매월 둘째, 넷째 주 토요일 10:00부터 그 다음날인 일요일 17:00까지 피고가 책임질 수 있는 장소에서 사건본인을 면접·교섭할 수 있고, 여름방학과 겨울방학 기간에는 각 6박 7일간 면접·교섭할 수 있으며, 입학식과 졸업식에도 면접·교섭할 수 있다.
　나. 설과 추석에는 원·피고 쌍방이 교대로 사건본인과 시간을 보내기로 한다.
　다. 피고는 원고와 사건본인의 면접·교섭이 원활하게 이루어질 수 있도록 적극 협조한다.
5. 소송비용은 피고가 부담한다.
6. 제2의 가항은 가집행할 수 있다.
라는 판결을 구합니다.

청 구 원 인

1. 당사자들의 지위

가. 원고와 피고는 1998. 6. 1. 혼인신고를 마친 법률상의 부부이며, 그 사이에 사건본인인 아들을 두고 있습니다(갑 제1호증의 1).

나. 남편인 피고는 2016. 5.경 원고와는 성격차이로 같이 살 수 없다며 사건본인을 데리고 가출하였고, 그 후부터 현재까지 그 주소지에서 피고가 사건본인을 양육하고 있습니다(갑 제1호증의 2).

2. 이혼청구 등

가. 이혼청구

(1) 피고는 혼인기간 중 교회활동에 빠져 가정을 돌보지 않고 수련회나 기도회를 빌미로 수시로 짧게는 1주일, 길게는 한 달씩 외박을 하였고, 그 때문에 원고와 말다툼이 심했는데, 항상 앞으로는 그렇지 않겠다고 약속하였으나 전혀 개선이 없었습니다.

(2) 피고는 2016. 4. 말경 원고에게 곧 휴거가 임박하였으니 가족들을 데리고 교회에서 지정한 피안지로 이사를 하여야 한다며 원고와 사건본인도 함께 갈 것을 요구하였습니다. 그러나 원고는 피고의 그와 같은 행동에 도저히 동의할 수 없어 이를 거절하였습니다.

(3) 그러자 피고는 2016. 5.경 원고와는 성격차이로 같이 살 수 없다며 사건본인을 데리고 현 주소지로 가출하였고, 그 후부터 피고 단독으로 사건본인을 양육하면서 원고에게는 면접·교섭을 허용하지 않고 있습니다.

(4) 그러므로 원고와 피고의 혼인관계는 위와 같은 피고의 잘못으로 인하여 더 이상 회복할 수 없을 정도로 파탄에 이르렀고, 이는 민법 제840조 제2호, 제6호가 정한 재판상 이혼사유에 해당하므로, 원고는 이를 선택적으로 행사합니다.

나. 위자료청구

(1) 원고와 피고 사이의 혼인관계 파탄의 근본적이고 주된 책임은 피고에게 있습니다.

(2) 원고와 피고의 혼인기간, 원고가 피고의 그 동안의 무책임한 행동과 이 사건 이혼으로 인해 받았거나 받게 될 정신적 고통, 향후 사건본인의 친권 및 양육을 피고가 하게 될 사정 등을 고려하면, 피고는 원고에게 위자료로 3,000만 원 및 이에 대하여 이 사건 소장 부본 송달일 다음날부터 다 갚는 날까지 소송촉진 등에 관한 특례법이 정한 연 20%의 비율에 의한 지연손해금을 지급할 의무가 있습니다.

다. 재산분할청구

(1) 분할대상 재산 및 가액

① 원고의 순재산: 0원

② 피고의 순재산: 112,679,900원(= ㉮ 15,000만 원 − ㉯ 37,320,100원)

㉮ 적극재산: 15,000만 원(인천 부평구 부개동 124−14 잡종지 54㎡, 갑 제2호증)

㉯ 소극재산: 37,320,100원(= 31,865,550원＋5,454,550원)

채무	가액	증거
농협중앙회 대출금 채무	31,865,550	갑 제3호증의 1
푸르덴셜보험 대출금 채무	5,454,550	갑 제3호증의 2

③ 원·피고의 순재산 합계: 112,679,900원(①＋②)

(2) 재산분할의 비율과 방법

① 분할의 비율과 방법: 위 인천 부평구 부개동 124－14 잡종지 54㎡는 피고가 그 부친으로부터 상속받은 재산이고, 위 각 채무는 피고가 교회활동을 하면서 헌금이나 교인들과의 교제비 등으로 사용하기 위해 차용한 것이며, 원고는 전혀 이를 사용한 바 없습니다. 피고는 현재 직업이 없으나 결혼 당시부터 2016. 4.까지는 원고의 주소지 부근 시장에서 과일 소매점을 운영하면서 월 평균 120만 원 가량을 벌었으며, 원고도 결혼 직후부터 그 일을 도왔습니다.

이러한 사정과 이 사건 혼인파탄의 경위, 원고와 피고의 혼인기간, 원·피고의 자력, 원·피고의 현재 및 장래 수입 등 제반 사정을 참작하면 재산분할은 금전청산의 방법에 의하되, 그 비율은 원고 60%, 피고 40%가 합당합니다.

② 피고가 원고에게 지급하여야 할 재산분할금: 67,607,940원

(= 위 순재산 112,679,900원 × 60%)

(3) 소결론

따라서 피고는 원고에게 재산분할로 67,607,940원 및 이에 대하여 이 판결 확정일 다음날부터 다 갚는 날까지 민법이 정한 연 5%의 비율에 의한 지연손해금을 지급할 의무가 있습니다.

라. 친권자 및 양육자 지정청구

원고는 현재 피고의 가출과 부양 외면으로 혼자서 생활하기 위해 직장을 구하기 위한 준비를 하고 있어 아무런 생활능력이 없는 형편입니다. 그리고 원고는 피고와 이혼 후 재혼을 할 계획이므로 더 이상 사건본인의 친권을 행사하거나 양육을 할 의사와 능력이 없습니다. 그러므로 사건본인의 친권자 및 양육자로 피고를 지정하여 주시기 바랍니다.

3. 결론

이상과 같은 이유로 원고는 청구취지와 같은 재판을 구합니다. 피고와는 전혀 대화를 할 수 없고 피고의 뜻이 완강하여, 원고가 조정신청을 하더라도 조정이 성립될 가능성이 없으므로 원고는 조정신청을 하지 않고 이 사건 소를 제기합니다.

입 증 방 법

1. 갑 제1호증의 1(가족관계증명서)
2. 갑 제1호증의 2(주민등록 등본)
3. 갑 제2호증(등기사항전부증명서)

4. 갑 제3호증의 1, 2(각 채무확인서)

첨 부 서 류

1. 위 입증방법   각 2통
2. 영수필확인서   1통
3. 송달료 납부서   1통
4. 소송위임장   1통
5. 소장 부본   1통

2020. 9. 12.
원고 소송대리인
변호사 정병국 (인)

서울서부지방법원 귀중

3. 형식적 기재사항

소장을 작성할 때에는 미리 작성해 둔 <메모>와 <공방도> 및 증거자료 등을 곁에 두고 이를 토대로 작성하여야 한다. 형식적 기재사항 역시 마찬가지다. 누가 원·피고인 지, 관할법원이 어디인지 등은 모두 이들 자료에서 도출되기 때문이다.

가. 당사자의 표시

1) 당사자가 복수일 때 원·피고의 기재 순서는 특별히 정해진 것은 없으나 청구 부분, 특히 청구취지의 기재 순서에 맞추어 기재하는 것이 좋다. 즉 당사자의 기재 순서와 청구 취지, 청구원인의 기재 순서가 일치하여야 소장에 기재된 전체 내용을 이해하기 편하고, 당사자, 청구취지, 청구원인을 대조하는 데에도 편리하다.

2) 원고나 피고가 복수일 경우 일련번호를 붙이는 것이 관행이며, 번호를 붙이면 누락이 나 중복을 피할 수 있고 당사자가 많을 때에는 번호로써 이를 특정할 수도 있어 편리하다. 특히 당사자가 매우 많아 이를 소장의 당사자표시란에 기재하기가 적절하지 못한 때는 그 명단('원고 명단' 또는 '피고 명단'으로 제목을 붙여준다.)을 작성하여 별지로 첨부하는 것이 좋 으며, 청구취지나 청구원인에서 이를 인용(引用)할 때는 이름을 생략하고 '원고 1' 또는 '피 고 25'와 같이 번호만으로 특정하여도 무방하다.

3) 당사자의 표시는 '원고', '피고', '독립당사자참가인' 등으로 그 지위와 함께 성명과

명칭을 정확하게 기재한다. 지위에는 필요한 경우 '원고(반소피고)', '피고(반소원고)', '독립당사자참가인(반소피고)', '원고(선정당사자)',[2] '피고(선정당사자)'와 같이 겸유하는 지위를 괄호 안에 부기하기도 한다.

4) 자연인의 경우도 그렇지만, 회사 등 법인이나 법인격 없는 단체의 경우 등기부나 공적 장부 등에 기재된 대로 그 명칭을 정확하게 기재하여야 한다. 그 표시를 그르친 경우 당사자능력이나 당사자적격이 없게 될 수도 있다. 그 잘못이 동일성에 영향을 미칠 정도가 아닌 때에는 당사자표시정정으로 바로잡을 수 있으나, 동일성에 영향을 미친 경우에는 피고경정이 허용되는 경우 외에는 이를 바로잡을 수 없다.

고로 회사의 경우 그 명칭을 법인등기부 기재 그대로 써야 하고, 예컨대 '삼성물산 주식회사'를 '삼성물산㈜'로 약칭하거나 '주식회사 삼성물산'과 같이 '주식회사'의 위치를 앞이나 뒤로 임의로 변경해서는 안 된다.[3] 회사를 제외한 법인의 경우 그 명칭 앞에 사단법인, 재단법인, 학교법인, 종교법인, 의료법인 등 그 종별도 기재한다. 자연인의 경우 그 동일성 식별을 위해 주민등록번호를 성명에 괄호를 한 후 부기한다. 그러나 법인이나 단체는 사업자등록번호나 등기번호가 있어도 이를 기재하지 않는다.

5) 당사자의 명칭에 이명이나 이칭이 있을 때는 '김갑수(일명 김영수)', '최필립(미국명 필립최)', '반남박씨영성공파종중(일명 반남박씨판서공파종중)'과 같이 성명이나 명칭에 괄호를 하고 부기한다. 법인이나 단체의 명칭이 변경된 경우에도 '삼성물산 주식회사(변경 전 상호 주식회사 삼성)', '한국농어촌공사(변경 전 상호 한국농촌공사)'와 같이 변경 전 명칭을 부기할 수 있다.

6) 이른바 제3자소송담당의 경우 '회생채무자 이영수의 관리인 변호사 최기훈', '파산채무자 주식회사 대륭의 파산관재인 이영진', '망 조병훈의 상속재산관리인 이영창', '망 심상훈의 유언집행자 심상정', '동백홍농계의 업무집행조합원 최선정' 등과 같이 그 지위를 표시하여 한 줄로 이어서 써야 하고, '파산채무자 주식회사 대륭, 파산관재인 이영진'과 같이 줄을 바꾸어 써서 파산관재인이나 유언집행자 등이 자칫 파산채무자나 사망자의 법정대리인 또는 소송대리인으로 오인되지 않도록 주의하여야 한다.

제3자소송담당의 경우 위와 같이 그 지위의 발생원인 및 권리·법률관계의 귀속주체와의 관계를 표시하는 것이 원칙이나, 채권자대위권을 행사하는 채권자나 채권압류 및 추심명령을 받은 추심채권자, 채권질의 질권자, 주주대표소송의 주주, 검사, 해양사건의 선장, 소비자단체소송의 당사자자 등의 경우에는 그 지위의 발생원인 및 권리·법률관계의 귀속주체와의 관계를 표시하지 않는다.[4] 선정당사자의 경우에도 원고나 피고의 지위 뒤에

---

2) 소 제기 당초에 선정당사자를 선정한 경우 당사자표시란에는 '원고(선정당사자) ○○○'라고 기재하고 선정자 명단은 목록(보통 목록보다는 '선정자 명단'이라는 제목을 붙인다.)을 만들어 별지로 첨부한다.

3) '삼성물산 주식회사'와 '주식회사 삼성물산'은 동일성이 없다.

'(선정당사자)'라고 간단히 그 지위의 발생원인만을 부기한다.

7) 당사자의 성명이나 명칭 다음 줄에는 그 주소를 기재한다. 이 주소는 민법상의 주소를 의미한다. 그러나 자연인의 경우 주민등록지를 기재하고 실제 거주지 등은 그 다음 줄에 '송달장소 서울 종로구 연건동 연건로15길 145', '송달장소 서울구치소'라고 부기하거나, 그 거주지 등을 알 수 없어 정상적인 송달이 불가능할 경우 '최후주소 서울 서대문구 불광동 153'라고 부기한다. 법인이나 단체의 경우에도 실제의 주사무소 등을 기재하고 다음 줄에 '등기부상 주소 서울 종로구 공평로1길 59'라고 부기하거나, 등기부상 주소를 먼저 쓰고 다음 줄에 '송달장소 서울 종로구 신문로5길 72', '송달장소 서울 중구 남대문로 1가 312 우리은행 남대문지점'과 같이 부기할 수도 있다.

한편 주소와 관련하여, 부동산등기 사건에서 당사자의 주소와 등기기록상 주소가 다른 경우 주소를 먼저 쓰고 다음 줄에 '등기기록상 주소 서울 종로구 신문로5길 72'와 같이 등기기록상 주소를 부기하고, 이혼이나 친생부인의 소 등 가족법상의 각종 사건에서는 당사자의 주소 외에 가족관계등록법상의 등록기준지를 그 주소 다음 줄에 '등록기준지 천안시 서북구 입장면 입장로 129'와 같이 부기한다.

당사자의 주소 외에 연락 가능한 전화번호, 팩시밀리번호, 전자우편 주소도 기재할 것이 권장되나(민사소송규칙 제2조), 이를 누락하여도 소장의 적격성에는 지장이 없다.

8) 소 제기 당초 피고의 인적사항을 전혀 모를 때에는 '성명불상'이라고 기재하고, 나중에 그 신원이 밝혀지면 당사자표시정정의 방법으로 이를 특정할 수 있다.

나. 법정대리인의 표시

1) 당사자를 표시한 다음에는 법정대리인의 성명과 주소를 기재한다. 법인이나 단체의 경우 대표자도 이와 같다. 이들의 주민등록번호는 부기하지 않는 것이 관행이다. 법정대리인은 '미성년자이므로 법정대리인 친권자 부(父) 김상수, 모(母) 최혜란', '특별대리인 변호사 김성수', '부재자이므로 법정대리인 재산관리인 조병구' 등과 같이 그 지위의 발생원인(자격)과 성명을 표시한다. 이들의 주소는 그 성명 다음 줄에 표시한다.[5]

2) 법인이나 단체의 대표자도 '대표이사 이정식', '공동대표이사 조상헌, 최병창',[6] '대표자 법무부 장관 김박식', '대표자 도지사 정영수', '대표자 교육감 이영식',[7] '대표자 시

---

4) 조합의 업무집행조합원이 임의적 소송신탁에 의하여 당사자가 되는 경우에도 반드시 조합과의 관계를 표시할 필요는 없고, 그 업무집행조합원 개인 이름만 써도 무방하다.

5) 법정대리인의 주소가 당사자 본인의 주소와 같거나 당사자에게 변호사가 소송대리인으로 선임되어 있는 때에는 법정대리인의 주소를 기재하지 않아도 무방하다. 법정대리인의 주소는 송달을 위한 것이기 때문이다.

6) 공동대표이사와 같이 대표자가 복수인 경우 그 전원을 기재하여야 한다.

7) 자치단체의 대표자는 시·도지사, 시장, 군수이다. 다만, 교육감은 교육, 학예에 관한 자치단체(시·도에 한함)의 사무에 관하여 해당 자치단체를 대표한다.

장 이영식', '대표자 군수 이헌상', '대표자 회장 최정구', '대표사원 김정창, 이영동', '대표 집행임원 사장 한성민', '대표자 이사장 이방원' 등과 같이 그 자격과 성명을 기재하고, 특별한 사정이 없는 한 그 주민등록번호와 주소는 기재하지 않는다. 대표자의 자격에 관하여 법률에 규정이 있는 때는 그 법률상의 직명을 기재한다.

다. 소송대리인의 표시

1) 소송대리인이 선임되어 있거나 법률상 소송대리인이 있는 경우 법정대리인이나 대표자 다음에 소송대리인의 성명과 주소를 기재한다. 그 주민등록번호는 기재하지 않는다. 소송대리인의 성명과 주소 외에 연락 가능한 전화번호, 팩시밀리번호, 전자우편 주소도 기재하여야 한다(2009. 12. 30. 대법원 재판예규 제1292호 사건관리방식에 관한 예규). 이는 각종 송달과 연락의 편의를 위한 것이다.

2) 소송대리인이 변호사인 경우 '소송대리인 변호사 최일구'와 같이 그 자격을 기재하며, 법무법인이 소송대리인인 경우 '소송대리인 법무법인 정률 담당변호사 이미연, 정일미'와 같이 담당변호사를 기재한다. 한 사람의 소송대리인이 여러 명의 당사자를 대리하는 경우 '원고들 소송대리인 변호사 최병서', '원고 1, 2의 소송대리인 변호사 이재화', '원고 1, 5, 7의 소송대리인 변호사 반일기'와 같이 그 당사자를 특정하여 표시한다.

3) 상법상의 지배인, 농업협동조합중앙회나 각종 농·수·축산업 협동조합의 간부직원, 국가를 당사자로 하는 소송에 있어서의 소송수행자, 한국산업은행, 중소기업은행, 수산업협동조합 등 특수법인의 대리인, 선박관리인($\frac{상법 제}{765조}$), 선장($\frac{상법 제}{749조}$) 등과 같이 당사자의 위임에 의하지 않고 법령규정에 의하여 소송대리권이 발생하는 경우에는 '법률상대리인 지배인 이기양', '법률상대리인 상무 좌영수', '법률상대리인 소송수행자 정병만', '법률상대리인 이영구' 등과 같이 그 지위, 자격을 기재하되, 주소는 선박관리인이나 선장 등과 같이 당사자와 다른 주소에서 업무를 수행하는 경우가 아닌 한 따로 기재하지 않는다.

라. 사건명

1) 사건명은 청구의 내용에 따라 붙인다. 청구가 여럿일 때는 대표적인 것(그것이 어려우면 청구취지 중 가장 먼저 기재한 청구를 쓰면 된다.)을 기재하고 '등'자를 붙여준다.

2) 소장에 사건명을 기재하는 것은 의무사항이 아니다. 따라서 이를 기재하지 않아도 무방하고, 이 경우에는 법원이 이를 붙인다.

마. 입증방법

1) 입증방법(증명방법)은 청구원인란에서 주장한 사실에 대한 증거방법을 기재하는 것이다. 주로 문서증거만을 기재하고 증인이나 물건 등 기타 증거방법은 기재하지 않는 것

이 관행이다.

2) 문서증거는 일련번호로 증거번호를 붙이고, 그 문서의 명칭을 괄호 안에 부기하는 방식으로 기재한다. 증거번호는 원고는 '갑'이라는 접두사를 붙여 피고가 제출할 문서인 '을호증'과 구별한다. 번호의 순서는 청구원인란에서 주장한 사실의 기재 순서에 따라 붙이되, 청구원인을 기재할 때 붙이고 연습지에 그 번호와 명칭을 메모해 두었다가 입증방법란을 쓸 때 그대로 옮겨 적으면 실수가 없다.

3) 서증의 증거번호는 문서마다 독립한 번호를 부여하는 것이 원칙이나, 입증취지가 동일하거나 문서의 명칭이 동일한 등으로 문서들 사이에 밀접한 관계가 있는 때는 '갑 제1호증의 1', '갑 제1호증의 2' 등과 같이 가지번호를 붙여 주는 것도 좋다. 그래야 서증번호가 너무 많아지는 것을 피할 수 있다.

바. 첨부서류

1) 첨부서류는 소장에 첨부하여 제출하는 문서를 밝히는 것이다.[8] 첨부서류는 소장과는 별개 독립한 문서이다. 이를 기재하는 이유는, 첨부할 문서의 명칭과 수량을 적어서 어떤 문서를 제출하는지를 법원에 알려주고, 소장 제출자 자신도 나중에 그것을 업무에 참고하기 위한 목적이다.

2) 입증방법란에 기재한 문서증거는 사본을 만들어 '갑 제1호증', '갑 제2호증의 1' 등과 같이 증거번호를 기재한 후 법원에 그 사본을 첨부하여 제출한다. 법원은 그 중 1통은 자신이 보관하고 나머지는 피고에게 송달한다. 사본은 원본을 복사한 문서의 총칭으로서 작성권한자의 제한이 없고, 전부를 복사한 것이든 일부를 복사한 것이든 모두 사본이다. 민사소송규칙은, 서증의 사본은 서증의 전부를 복사하고 "원본과 틀림이 없다."는 취지를 적은 다음 사본 작성자가 기명날인 또는 서명을 하여야 한다고 규정하므로($\frac{제107}{조}$), 서증의 사본이 아닌 다른 문서의 사본도 이와 같이 작성하는 것이 좋다.

3) 첨부할 문서 중 소장의 부본 등은 다음과 같이 그 첨부가 필수적이다. 민사소송규칙은, ① 법인 아닌 사단 또는 재단이 당사자가 되어 있는 경우 정관·규약, 그 밖에 그 당사자의 당사자능력을 판단하기 위하여 필요한 자료($\frac{제12}{조}$), ② 피고가 소송능력 없는 사람인 경우 법정대리인, 법인인 경우 대표자, 법인이 아닌 사단이나 재단인 경우 대표자 또는 관리인의 자격을 증명하는 서면($\frac{제63}{조}$), ③ 부동산에 관한 사건의 경우 그 부동산의 등기사항증명서, 친족·상속관계 사건의 경우 가족관계기록사항에 관한 증명서, 어음 또는 수표사건의 경우 그 어음 또는 수표의 사본($\frac{제63}{조}$), ④ 민사소송법 제252조 제1항의 정기금판결 변경의 소의 경우 그 확정판결의 사본($\frac{제63}{조}$)을 소장에 첨부할 것을 요구하고 있다. 또,

---

8) 첨부(添附)란 문서를 다른 문서에 곁들여서 제출하는 것을 말한다. 이와 달리, 첨부(貼付)는 우표나 인지와 같이 문서(종이)를 물리적으로 다른 문서(종이)에 붙이는 것을 말한다.

민사소송 등 인지규칙은 ⑤ 소가의 산정을 위한 자료 및 토지 또는 건물에 관한 소송을 제기하는 경우 그 목적물의 개별공시지가 또는 시가표준액을 알 수 있는 토지대장 등본, 공시지가확인원 또는 건축물대장 등본 등을 소장에 첨부할 것을 요구하고 있으므로 (민사소송 등 인 지규칙 제8조), 이들 사건의 경우 이러한 서면도 첨부하여야 한다.

4) 소송위임장과 후견인선임심판서, 법인등기사항증명서 등도 필수적으로 첨부하여야 한다. 소장 부본은 피고의 수만큼 첨부, 제출하여야 하나, 전자소송의 방식으로 소를 제기하는 경우에는 소장 부본을 첨부할 필요가 없다. 이 경우 법원이 전자적으로 부본을 만들어 피고들에게 송달하기 때문이다. 전자소송에서는 서증이나 다른 문서도 사본을 제출할 필요가 없다.

사. 소장의 작성일

1) 소장의 작성일은 실제 소장을 작성한 날을 적는 것이 원칙이다. 그러나 제출하는 날짜를 적는 것이 더 좋다. 왜냐면 소장을 법원에 접수한 때에야 소 제기의 효력이 발생하므로 소장을 언제 작성했는지는 아무런 의미가 없고, 작성일과 제출일이 다를 경우 시일이 지난 뒤에는 소장을 법원에 언제 제출했는지 몰라 혼란만 초래할 뿐이기 때문이다. 특히 제척기간이나 소멸시효기간이 문제되는 경우, 그 기간에 맞추어 소장을 작성하였더라도 이를 실제로 그 기간 안에 제출하지 않으면 안 되므로, 차라리 그 제출 마감일시를 계산한 다음 그보다 적어도 2, 3일 전에는 제출하도록 하고 그 기재할 날짜를 소장에 적는다면 기간 부준수의 위험을 피하는 데에 큰 도움이 될 것이다.

2) 소장을 법원에 제출한 때 법원에서 소 제기 증명서를 따로 발급받지 않는 한 나중에 그 제출일시를 잘 모르게 되므로, 소장을 법원에 제출한 때는 보존용 소장 부본에 법원의 접수인을 받아 두거나, 제출 후 법원전산망(법원 인터넷 홈페이지)에 들어가 사건번호를 확인하면서 그 접수일자까지 출력하여 소장의 표지나 말미에 붙여두어 이를 명확히 해두는 것이 좋다.[9] 그러나 전자소송의 경우에는 이러한 필요가 전혀 없다.

아. 소장을 작성한 당사자나 대리인의 자격과 성명

1) 소장의 작성일 다음 줄에는 소장을 작성한 당사자 또는 대리인의 자격과 성명을 기재하고, 날인을 하거나 서명을 하여야 한다. 여기서 말하는 작성자란 물리적·사실적 행위로서 소장을 작성한 자가 아니라 그의 이름으로 소를 제기하는 자를 말한다.

2) 자격과 성명은 '원고 이영식', '원고 1. 김춘석, 2. 이영수', '원고 법정대리인 친권자

---

9) 소장의 제출일시는 제척기간이나 소멸시효기간의 준수 외에도, 의사표시의 일시와 그에 따른 효력 발생, 계속적인 부당이득액이나 손해배상액의 계산 시에도 필요하므로 원고는 이를 확실하게 알고 있어야 한다.

○○○, △△△', '원고 소송대리인 ○○○', '원고 소송대리인 변호사 ○○○', '원고 △ △△ 주식회사 대표이사 ○○○', '원고 △△△ 종중 대표자 문장 ○○○', '원고들 소송 대리인 변호사 최일구'와 같이 원고의 명칭과 대표자,[10] 대리인의 자격을 기재한다.

3) 기명날인은 본인이 직접 자신의 이름을 손으로 쓰지 않고 타인을 시키거나 타자기, 컴퓨터, 고무인 등 기계적 방법에 의해 이름을 쓰고(기명) 도장[11]을 찍는 것(날인)을 말하며, 서명은 이와 달리 본인이 직접 자신의 이름을 손으로 쓰는 것을 말한다.[12] 전자소송의 경우에는 전자적 서명으로 충분하다.

4) 소장이 여러 페이지일 때에는 매 페이지마다 앞뒤 페이지와 연결되는 것임을 표시하기 위하여 간인(間印)을 하여야 하며, 소장의 부본 역시 위와 같이 기명날인 또는 서명 및 간인을 하여야 한다. 그러나 전자소송의 경우에는 이러한 필요가 없다.

자. 수소법원

1) 수소법원은 소장을 제기하는 법원(소를 접수하는 법원), 즉 재판을 청구하는 법원으로서 필수적 기재사항은 아니다. 그러나 소장 작성 시에 전속관할은 물론 임의관할까지 생각하여 어느 법원에 관할권이 있는지 생각해볼 기회를 주어 관할위반에 따른 불이익을 피할 수 있게 해 주는 점에서 유익하다.

2) 법원의 명칭은 '전주지방법원', '서울중앙지방법원' 등과 같이 법원조직법상의 명칭을 그대로 기재해야 하고, '전주지법', '서울중앙지법' 등과 같이 줄여 쓰는 것은 좋지 않다. 지원이나 시군법원의 경우에도 '수원지방법원 성남지원', '광주지방법원 목포지원', '제주지방법원 서귀포시법원'과 같이 정확하게 기재해야 한다.

4. 청구취지

가. 총 론

(1) 청구취지의 의의와 내용

1) 청구취지는 원고가 소로써 특정한 권리나 법률관계에 관하여 어떠한 내용의 재판을 구하는지를 간명하게 표시하는 것이다. 청구취지에 기재할 권리·법률관계는 청구원인에서 발생하는 법률효과로서 그 결론에 해당하며,[13] 청구취지에 기재하는 권리·법률

---

10) 원고의 명칭과 대표자는 여러 명의 원고 중 일부를 특정할 필요가 있을 때만 기재하고, 그 이외의 경우에는 '원고', '원고들'이라고만 기재하면 충분하다.

11) 인감도장이어야 하는 것은 아니다. 인감증명서를 붙일 필요도 없다.

12) 통상 우리가 '싸인'한다고 하는 것은 서명에 해당하는데, 단순히 이름을 손으로 쓰면 족하고 반드시 자신만의 징표를 만들어 표시하여야 하는 것은 아니다. 서명에도 본인서명사실확인서를 첨부할 필요까지는 없다.

13) 따라서 소장을 작성할 때 형식적으로는 청구취지를 먼저 쓰지만, 논리적으로는 청구원인을 먼저 구성

관계는 소송목적으로서 법원의 심판대상이 된다. 다만, 확인청구의 소에서는 주주총회결의부존재확인 등과 같이 권리·법률관계가 아닌 사실의 존부도 청구취지의 내용이 될 수 있는 약간의 예외가 있다.

2) 청구취지에는 필수적으로, ① 권리·법률관계의 주체인 원고나 3자, ② 의무·법률관계의 주체인 피고, ③ 청구원인으로부터 발생한 법률효과로서의 권리·의무나 법률관계, ④ 청구하는 재판의 내용을 기재하여야 한다. 즉 원고나 3자와 피고 사이에서, 어떠한 권리·의무나 법률관계에 관하여, 어떠한 내용의 재판을 구하는지를 표시해야 한다.

3) 아래와 같이 소의 형태별 청구취지 내용의 대강을 표시하였으나 개개의 분쟁 유형에 따라 청구취지의 구체적인 형태는 매우 다양하다. 그러므로 분쟁 유형에 따라 특유한 청구취지는 모범 문례를 따라 써보면서 그에 자연스럽게 익숙해지는 체화(體化), 연습이 필요하다.

■ **청구취지의 내용**[14]

소(청구)의 형태	권리·법률관계의 주체(원고)	의무·법률관계의 주체(피고)	법률효과	재판의 내용 (형태/양/질)
이행의 소	이행청구권자	이행의무자	이행청구권 (급부청구권)	급부의 이행을 명하는 판결
확인의 소	법률관계의 일방 등[15]	법률관계의 상대방 등	권리·법률관계의 존부 또는 유무효, 증서의 진부	권리·법률관계의 존부, 유무효 등을 확인하는 판결
형성의 소	〃	〃	권리·법률관계의 발생, 변경, 소멸	권리·법률관계의 변동을 선언하는 판결

(2) 청구취지의 구상

1) 청구취지상의 권리·의무나 법률관계는 청구원인에서 발생하는 것이므로 논리적으로 청구원인에 우선하지 못하고 그에 종속된다. 따라서 청구취지를 쓰려면 반드시 청구원인을 먼저 구성하여야만 한다. 그러므로 청구취지는 청구원인보다 나중에 쓰는 것이 좋고, 청구원인을 쓰기 전에는 간단히 연필로 초안 정도만 써두는 것이 좋다. 그렇지 않고 청구취지를 먼저 쓰면 청구원인에 부합하지 않거나, 일부를 누락하거나, 청구의 병합이 필요

하여야 한다.

14) 의무의 주체가 원고가 되는 경우도 있다. 이행의 소에서 등기권리자를 상대로 한 등기수령의 청구, 확인의 소에서 채무부존재확인청구, 형성의 소에서 법정지상권자의 지료결정청구나 집행채무자의 청구이의의 소 등이 그러한 예이다. 이 표에서는 편의상 원고를 권리의 주체로 표시하였음에 주의를 요한다.

15) 확인의 대상인 권리·법률관계의 주체가 아닌 자도 원고나 피고가 되는 경우가 있다. 가족법상의 검사, 미등기토지에 대한 소유권확인의 소에서 국가(피고) 등이다. 이러한 경우는 형성의 소, 특히 가족법상의 소에 많다.

함에도 이를 하지 않거나, 병합의 형태를 그르치는 등의 실수를 하기 쉽다.

2) 청구취지를 구상할 때는 먼저 의뢰인의 희망이나 욕구, 즉 의뢰인의 입장에서 어떠한 경제적·정신적 만족이 필요한지부터 생각해야 한다.[16) 예컨대 의뢰인(원고)이 부동산의 매수인이라면, 통상 ① 매수인 앞으로의 소유권이전등기, ② 매수인이 인수하지 않은 저당권, 임차권 등의 제한물권이나 가압류 등 부담의 말소·제거, ③ 부동산의 인도가 필요할 것이다.

그러면 이들 의뢰인의 희망이나 욕구를 어떻게 충족할 것인지, 그 충족에 필요한 권리나 의무 또는 법률관계가 의뢰인(원고)에게 있는지, 그 실현을 위해 법원에 어떤 형태의 재판을 청구해야 할 것인지, 이행의 소의 경우 그 청구취지에 따른 재판 내용의 강제집행이 가능한지, 확인청구라면 그 확인이 분쟁 해결에 유효적절한지, 형성의 소라면 그러한 소 제기가 법률이나 판례상 허용되는지 등을 차례로 궁리하여 청구취지를 구상할 수 있게 된다. 이 작업은 청구원인의 구성과도 연관되므로 양자를 함께 하는 것이 더 좋다.[17) 또한 청구원인을 작성한 후 다시 이에 맞추어 청구취지에 잘못된 부분이 없는지 재확인이 필요하다.

3) 청구취지를 구상할 때는 어떤 형태의 소이건 공통적으로 소의 이익이 있는지, 장차 어느 범위까지 기판력이 발생할 것인지도 고려하여야 한다. 소송 진행 중에 필요한 경우 중간확인의 소를 제기하거나 청구를 변경할 경우도 있음은 물론이며, 미리 이에 대한 준비를 해두는 것이 좋다. 실수를 예방하는 가장 좋은 방법은 이러한 체크포인트를 미리 정해 두고 차례로 이를 검토하는 것이다.

청구취지 작성 시 구체적으로 검토해야 할 사항을 보면, ① 소(청구)의 형태(이행, 확인, 형성), ② 청구자(원고)와 그 상대방(피고), 특히 급부 이행청구의 경우 급부를 할 자와 그 수령자, 청구의 수량(청구권 전부 또는 일부, 채무부존재확인청구의 경우 채무 전부 또는 일부), ③ 청구의 질(무조건으로 청구할 것인지 선이행이나 동시이행으로 청구할 것인지), ④ 주관적 병합의 여부(원고의 병합 또는 피고의 병합, 단순병합 또는 선택적 병합, 예비적 병합), ⑤ 청구의 병합, 즉 객관적 병합의 여부(단순병합 또는 선택적 병합, 예비적 병합, 부진정 예비적 병합), ⑥ 그러한 청구에 따른 소의 이익 유무 등을 들 수 있다.

---

16) 이는 앞서 본 공방도(법리구성표) 작성 시의 연역법과 비슷하다.

17) 예컨대, 어떤 토지를 특정하여 구분소유하면서 그 등기만은 공유등기를 한 경우에, 공유관계의 등기를 해소하여 자신의 특정 소유 부분에 독립한 소유권이전등기를 하고자 하려면 공유물분할청구에 의할 수는 없다. 즉 공유물분할청구는 공유자의 일방이 그 공유지분권에 터잡아서 하는 것이므로, 공유지분권을 주장하지 아니하고 목적물의 특정 부분을 소유한다고 주장하는 자는 그 부분에 대하여 신탁적으로 지분등기를 가지고 있는 자를 상대로 하여 그 특정 부분에 대한 명의신탁 해지를 원인으로 한 지분이전등기절차의 이행을 구하여야 하고, 이에 갈음하여 공유물분할청구를 할 수는 없다(대법원 1996. 2. 23. 선고 95다8430 판결, 2010. 5. 27. 선고 2006다84171 판결 참조). 따라서 공유등기가 되어 있다고 해서 그 원인과 배경을 검토함이 없이 무조건 공유물분할청구를 해서는 안 된다.

4) 청구취지를 쓸 때 계쟁물이나 급부의 수령자 등 여러 청구항목에 공통하는 사항은 다음과 같이 이를 앞으로 빼서 기재하면, 작성자나 법원 모두 이해하기 쉽고 실수를 막는 효과도 있다.

■ **공통부분의 표시(예)**

"서울 종로구 관철동 123 잡종지 2,300㎡에 관하여 원고에게, ① 피고 이성구는 서울중앙지방법원 등기국 2018. 6. 23. 접수 제34569호로 마친 소유권이전등기의 말소등기절차를 이행하고, ② 피고 조헌성은 2017. 10. 31. 매매를 원인으로 한 소유권이전등기절차를 이행하라"

"원고에게, (1) 주위적으로 피고 이병수는 1억 원과 이에 대하여 2020. 12. 1.부터 다 갚는 날까지 연 12%의 비율에 의한 금전을 지급하고, (2) 예비적으로 피고 서종철은 1억 원과 이에 대하여 소장 부본 송달일 다음날부터 다 갚는 날까지 연 12%의 비율에 의한 금전을 지급하라"

5) 청구취지에 연월일을 쓸 때는 '2017년 5월 7일' 대신 '2017. 5. 7.'로, '2019년 5월' 대신 '2019. 5.'로 표시하는 것이 관행이다. 그러나 연도만 표기할 때는 '2016.'보다는 '2016년'이라고 기재한다. 토지나 건물의 면적, 길이, 부피, 양 등은 미터법에 의해 ㎡, ㎞, m, ㎝, ㎥, ㎖, ㎏ 등의 기호를 곧바로 기재하면 된다.

6) 금액을 기재할 때는 '123,456,700원'처럼 아라비아 숫자로만 표기하여도 무방하나, 위와 같이 단수가 있는 경우를 제외하고는 '10만 원', '100만 원', '1,000만 원', '1억 원', '1억 5천만 원(또는 1억 5,000만 원)' 등으로 표기하는 것이 간명할 뿐 아니라 시간을 절약할 수 있고, 실수도 예방할 수 있어 좋다.

(3) 병합청구의 경우

1) 청구를 병합하는 경우(즉 객관적 병합의 경우)에는 청구취지와 청구원인 양쪽 모두에서 병합이 이루어지는 경우도 있고 일방에만 병합이 이루어지는 경우도 있다. 예컨대, 하나의 청구원인에서 복수의 법률효과가 발생하는 경우 청구취지만 병합이 발생한다.

2) 소의 제기 시 청구취지이든 청구원인이든 그 병합을 하고자 하는 때는 그 병합의 형태(단순병합, 선택적 병합, 주위적·예비적 병합, 부진정 예비적 병합)에 따라 청구취지에도 이를 표시하여야 한다.

3) 하나의 청구원인에서 복수의 법률효과가 발생하는 경우에도 각각의 법률효과는 각각 하나의 단위를 이루므로 그 전부의 청구와 일부의 청구를 분명히 하여야 한다.

예컨대 매매가 청구원인인 경우, 그 법률효과로 발생하는 등기청구권이나 대금지급청구권은 각각 하나의 권리이고 그것들이 각각 복수로 성립·발생하지는 않는바, 그 목적물 전체의 등기청구권과 그 일부 지분의 등기청구, 그 전체의 인도청구와 일부의 인도청구, 대금 전부의 지급청구와 일부의 지급청구, 무조건의 이행청구와 동시이행 또는 선이행의 이행청구는 단일한 청구권이므로 이를 임의로 복수로 나누어 청구하지 않도록 하여야 한다.

즉 "피고는 원고에게 선택적으로 1억 원을 지급하거나 7,000만 원을 지급하라."거나 "피고는 원고에게, 주위적으로, 서울 종로구 관철동 100 대 250㎡에 관하여 2017. 5. 1. 매매를 원인으로 한 소유권이전등기절차를 이행하고, 예비적으로, 위 토지 중 2분의 1 지분에 관하여 2017. 5. 1. 매매를 원인으로 한 소유권이전등기절차를 이행하라." 또는 "서울 종로구 관철동 100 대 250㎡에 관하여 피고는 원고에게 선택적으로, 2017. 5. 1. 매매를 원인으로 한 소유권이전등기절차를 이행하거나, 원고로부터 4억 원을 지급받음과 동시에 2017. 5. 1. 매매를 원인으로 한 소유권이전등기절차를 이행하라."는 등의 선택적 병합이나 주위적·예비적 병합을 청구하는 것은 옳지 않다.[18]

4) 단순병합하여야 할 것을 선택적 병합으로 청구하거나, 주위적·예비적 병합을 하여야 할 것을 선택적 병합으로 잘못 청구한 경우에도 그러한 병합청구가 허용되지 않음은 물론이다.

5) 이상의 설명은 공동소송에 따라 소의 주관적 병합이 발생하여 이를 청구취지에 반영하는 때에도 거의 동일하다.

■ 병합과 청구취지(예)

병합의 형태		청구취지	비 고
주관적 병합[19]	단순 병합	1. 피고들은 원고에게…를/ 피고는 원고들에게…를	당사자간 공동관계
		1. 원고에게, 피고 ○○○은 …를, 피고 ◇◇◇은 …를 / 피고는 원고 ○○○에게 …를, 원고 ◇◇◇에게 …를	당사자간 독립관계
	선택적 병합	1. 피고는 선택적으로 원고 ○○○ 또는 원고 ◇◇◇에게 …를	원고의 선택적 병합
		1. 원고에게, 선택적으로 피고 ○○○ 또는 피고 ◇◇◇은 …를	피고의 선택적 병합

---

18) 이런 일은 채권자대위소송에서와 같이 원고가 청구권의 정확한 내용을 잘 모르고 있는 경우(채무자와 제3채무자 사이의 법률관계에서 발생한 채권 내용을 정확히 모르고 그 대강만을 알고 있는 경우 등)에 흔히 볼 수 있다. 그러나 매매에서 그 대금을 1억 원으로 약정한 경우 매매대금청구권(계약금, 중도금, 잔금도 마찬가지다.)은 1억 원의 청구권 하나만 성립할 뿐 5,000만 원, 7,000만 원, 1억 원 등으로 여러 개가 성립할 수는 없다. 따라서 이런 경우 우선 원고 자신이 아는 대로 청구하고, 소송 진행 중에 그 내용이 청구취지 기재와 다름이 밝혀진 경우 그에 맞추어 청구를 변경하는 것이 해결책이다.
19) 확인의 소나 형성의 소에서도 주관적 병합이 가능하다. 한편 주관적 병합의 경우 당사자 수만큼의 청구가 있게 되어 자연히 객관적 병합도 발생하며, 주관적 병합과 객관적 병합이 동시에 발생할 수도 있다.

	주위적 예비적 병합	1. 피고는 주위적으로 원고 ○○○에게, 예비적으로 원고 ◇◇◇에게 …를	원고의 병합
		1. 원고에게, 주위적으로 피고 ○○○, 예비적으로 피고 ◇◇◇은 …를	피고의 병합
객관적 병합 (청구의 병합)	단순 병합	"1. 피고는 원고에게 서울 종로구 관철동 100 대 250㎡에 관하여 2010. 5. 1. 매매를 원인으로 한 소유권이전등기절차를 이행하고, 이를 인도하라."	복수의 청구
		"1. 피고는 원고에게 대두(2013년산, 콩나물용, 상등품) 500kg을 지급하라. 위 대두에 대한 강제집행이 불능일 때에는 대두 1kg당 5,000원의 비율로 환산한 돈을 지급하라."[20]	
		"1. 피고와 소외 ○○○ 사이에서 서울 종로구 관철동 100 대 250㎡에 관하여 2010. 5. 1. 체결된 매매계약을 취소한다. 2. 피고는 원고에게 위 토지에 관하여 서울중앙지방법원 중부등기소 2010. 11. 30. 접수 제50197호로 마친 소유권이전등기의 말소등기절차를 이행하라."	
	선택적 병합	"1. 피고는 원고에게 선택적으로, 5,000만 원 및 이에 대하여 2010. 1. 4.부터 2013. 5. 20.까지는 연 6%, 그 다음날부터 다 갚는 날까지는 연 20%의 각 비율에 의한 금전을 지급하거나, 5,000만 원 및 이에 대하여 2010. 1. 4.부터 이 사건 소장 부본 송달일까지는 연 5%, 그 다음날부터 다 갚는 날까지는 연 20%의 각 비율에 의한 금전을 지급하라."	선택적 급부[21]
		"1. 피고는 원고에게 서울 종로구 관철동 100 대 250㎡에 관하여 선택적으로, 2001. 5. 1. 매매를 원인으로 한 소유권이전등기절차를 이행하거나, 2013. 6. 31. 취득시효완성을 원인으로 한 소유권이전등기절차를 이행하라."	
		"원고와 피고 사이에서, 파인레이크골프클럽 회원권이 원고에게 있음을 확인한다. 또는 선택적으로, 파인힐스골프클럽 회원권이 원고에게 있음을 확인한다."	선택적 확인
		"선택적으로, 피고는 원고에게 별지 목록 기재 각 토지 중 각 2/3 지분에 관하여 의정부지방법원 구리등기소	급부청구와 확인청구의

20) 종류물 인도청구와 사실심 변론종결 후 인도채무의 강제집행 불능에 대비한 대상청구(代償請求)를 병합한 것이다.

21) 일부에서는, 객관적·선택적 병합은 청구권경합의 경우에만 가능하고 그 경우 청구원인만이 복수이고 청구취지는 단일하다고 주장하는 견해도 있으나, 불법행위나 부당이득 또는 채무불이행, 어음채권과 원인채권, 매매와 시효취득 등 경합하는 청구권(청구원인)에서 발생하는 법률효과의 크기 등이 달라 그것이 청구취지에 영향을 미칠 때는 청구취지도 복수가 될 수 있다(제1편 제2장 <복수의 청구> 참조). 한편 객관적·선택적 병합에서의 선택적 급부는 그 청구원인이 선택적으로 복수인 경우를 말하므로, 청구원인이 단일하고 다만 그 급부의 내용만이 채권자나 채무자, 제3자의 선택에 의하여 정해지는 선택채권관계는 이에 해당하지 않는다.

		1960. 11. 28. 접수 제6307호로 마친 소유권보존등기의 각 말소등기절차를 이행하라, 또는 별지 목록 기재 각 토지 중 각 2/3 지분이 원고의 소유임을 확인한다."	
		"선택적으로, 피고는 원고에게 926,739,633원 및 이에 대한 2008. 10. 23.부터 이 사건 소장 부본 송달일까지는 연 6%, 그 다음 날부터 다 갚는 날까지는 연 20%의 각 비율로 계산한 돈을 지급하라. 또는, 원고는 피고에 대하여 926,739,633원 및 이에 대한 2008. 10. 23.부터 이 사건 소장 부본 송달일까지는 연 6%, 그 다음 날부터 다 갚는 날까지는 연 20%의 각 비율로 계산한 금액의 채권을 가지고 있음을 확인한다."	선택적 병합[22]
		"1. 피고는 원고에게 1차적으로 ○○○를, 2차적으로 ◇◇◇을 하라."	
		"1. 1차적으로, 피고가 2008. 9. 7. 주주총회에서 원고를 이사에서 해임하고 소외 ○○○를 이사로 선임한 결의는 존재하지 아니함을 확인한다. 2차적으로, 피고가 2008. 9. 7. 주주총회에서 원고를 이사에서 해임하고 소외 ○○○를 이사로 선임한 결의는 무효임을 확인한다."	부진정한 주위적·예비적 병합[23]
	주위적 예비적 병합	"1. 주위적으로, 피고는 원고에게 서울 종로구 관철동 100 대 250㎡에 관하여 2010. 5. 1. 매매를 원인으로 한 소유권이전등기절차를 이행하고 이를 인도하라. 예비적으로, 피고는 원고에게 2억 원 및 이에 대한 이 사건 소장 부본 송달 다음날부터 다 갚는 날까지 연 20%의 비율에 의한 금전을 지급하라."	양 청구가 양립 불가능할 때
		"1. 주위적으로, 원고와 피고 사이에서 1995. 3. 2. 서울 강남구청장에게 신고한 혼인은 무효임을 확인한다. 예비적으로, 원고와 피고는 이혼한다."	

나. 이행의 소

(1) 의 의

1) 이행의 소는 피고로 하여금 원고 또는 타인(3자)에게 일정한 급부를 제공할 것을 명하는 재판을 해주도록 법원에 대하여 청구하는 소이다.

2) 이행의 소에서 피고가 제공하여야 할 급부는 크게 작위채무와 부작위채무로 나뉘고, 작위채무는 다시 '주는 채무'와 '하는 채무'로 나누어진다. '주는 채무'는 재화의 이전, 인도를 내용으로 하고, '하는 채무'는 노무의 제공, 일의 완성 등 재화의 이전, 인도 이외

---

22) 피고 명의의 소유권보존등기에 대한 말소청구와 원고의 소유권확인청구, 동일한 금액의 이행청구와 그 채무의 확인청구가 원고에게 동일한 만족을 주는 것을 전제로 한 것이다.

23) 주주총회결의의 부존재와 무효는 양립 불가능하여 주위적·예비적 병합에 의하여야 할 것이므로 양자를 순서를 정하여 선택적으로 병합한 경우 부진정한 주위적·예비적 병합에 해당한다.

의 사실적 행위를 내용으로 한다.[24) 부작위채무는 단순히 아무 것도 하지 않을 단순부작위채무와 채권자의 일정한 행위를 받아들일 수인의무로 다시 나눠진다.

3) 이행의 소의 청구취지를 기재할 때는 급부를 수령할 자와 급부를 할 자, 급부의 대상과 급부의 내용을 특정하는 것이 중요하다. 장차 강제집행을 하여야 하기 때문이다. 이행의 소의 청구취지는 법원이 피고에게 급부 제공을 명하는 "…하라."는 형식이 되나, 부작위채무는 그 성질상 "…해서는 아니 된다."와 같이 작위(위반행위)를 금지하는 내용을 기재한다.

▣ 이행의 소의 청구취지(예)

법률효과(권리·의무)			청구취지	비고
작위 채무	주는 채무	금전 지급	"피고는 원고에게 1억 원을 지급하라." "피고는 원고(선정당사자) ○○○에게 1억 원, 선정자 △△△에게 5,000만 원, 선정자 ◇◇◇에게 2,000만 원을 각 지급하라." "원고에게, 피고(선정당사자) ○○○는 1억 원, 선정자 △△△는 5,000만 원, 선정자 ◇◇◇는 2,000만 원을 각 지급하라."	중첩관계는 다음을 참조
		물건의 인도25)	"피고는 원고에게 서울 종로구 관철동 100 대 250㎡를 인도하라."	특정물 인도
			"피고는 원고에게 흑미(2013년산, 이천산, 상등품) 20가마(80kg들이)를 지급하라."	종류물 인도
		사실 행위	"피고는 원고에게, 2013. 10. 9. 14:00부터 16:00까지 서울 종로구 세종대로 12 세종문화회관 아트홀에 출석하여 피아노 연주를 하라."	

---

24) 등기의 이전이나 채권의 양도와 같은 의사표시는 그 형식은 '하는 채무'지만 실질은 '주는 채무'에 속한다.

25) 인도(引渡)는 물건에 대한 지배상태인 현실의 점유를 이전하는 것을 의미한다(그러므로 점유개정이나 목적을 반환청구권의 양도에 의한 간접점유의 이전은 의사표시를 구하는 청구를 하여야 하며, 이 경우 강제집행은 민사집행법 제263조가 적용된다). 이때 인도는 현상 그 상태대로의 점유이전을 의미하므로 현상의 변경을 수반할 필요가 있는 때는 인도와 함께, 분묘의 굴이(掘移), 수목의 수거(收去), 건물의 철거 등을 따로 청구해야 한다(이러한 굴이, 수거, 철거 등을 명하는 집행권원이 없으면 토지의 정착물인 분묘나 수목, 건물을 그대로 둔 채 그 토지에 대한 채무자의 점유만을 배제하고 이를 채권자에게 인도하는 강제집행이 불가능하다. 대법원 1980. 12. 26.자 80마528 결정, 1986. 11. 18.자 86마902 결정 등). 점유의 해제만이 필요하고 점유의 이전이 필요 없는 때는 퇴거(退去)를 청구한다. 부동산의 인도나 그로부터의 퇴거는 현상 변경을 수반하지는 않지만, 강제집행 시 채무자의 동산 등 살림살이는 집행관이 제거하므로(이를 예전에는 명도라고 하였다.) 따로 명도를 청구할 필요가 없고(민사집행법 제258조 제3항. 인도의 대상인 물건에 부합되었거나 그 종물인 물건은 그 부분까지 함께 채권자에 인도된다.), 건물 철거의무에는 퇴거의무가 포함되어 있으므로 철거청구에 따로 퇴거청구를 할 필요는 없다.

부작위 채무	단순 부작위		"피고는 서울 노원구 중계동 804 지상에 건축 중인 주택 건축공사를 하여서는 아니 된다."	·건축공사금지청구
			"피고는 서울 노원구 일원에서 원고가 운영하는 제과점 영업과 동일한 방식과 형태로 경업을 하여서는 아니 된다."	·경업금지청구
	수인 의무		"피고는 별지 목록 기재 토지 중 별지 도면 표시 1, 2, 3, 4, 5, 1의 각 점을 순차로 연결한 선내 부분 120㎡에 대한 원고의 통행을 방해하는 일체의 행위를 하여서는 아니 된다."	원고 행위의 수용
작위 채무	하는 채무	의사 진술	"피고는 원고에게 서울 종로구 관철동 100 대 250㎡ 중 3분의 1 지분에 관하여 2012. 5. 6. 증여를 원인으로 한 소유권이전등기절차를 이행하라."	의사표시
			"피고는 원고에게 별지 목록 기재 부동산의 2분의 1 지분에 관하여 이 판결 확정일자 재산분할을 원인으로 한 소유권이전등기절차를 이행하라."	
			"피고는 원고에게 별지 목록 기재 채권을 양도하라."	
			"피고는 원고에게 2010. 5. 10.에 체결한 별지 목록 기재 부동산의 매매계약에 관하여 토지거래허가신청절차를 이행하라."	
			"피고는 원고에게, 별지 목록 기재 부동산에 관하여 서울중앙지방법원 등기국 2012. 10. 27. 접수 제13400호로 마친 소유권이전등기의 말소등기에 대하여 승낙의 의사표시를 하라."	의사통지
			"피고는 원고에게 피고가 발행한 보통주식 5,000주(1주당 액면금액 1만 원)에 관하여 원고 명의로 주주명부상의 명의개서절차를 이행하라."	
			"피고는 이 판결 확정 후 피고가 최초로 발행하는 ○○신문 제5면 우측 상단에 별지 기재 정정보도문을, 제목은 24급 고딕 활자로, 내용은 18급 명조 활자로 3단에 걸쳐 게재하라. 피고가 위 의무를 이행하지 않은 때에는 피고는 원고에게 이 판결 확정 후 최초로 발행하는 위 신문의 발행일 다음날부터 그 이행 완료일까지 1일당 100만 원의 비율에 의한 금전을 지급하라."[26]	
			"피고는 소외 최종갑(701020-1543217, 서울 은평구 독산길 32)에게, 별지 목록 기재 채권을 2013. 4. 8. 원고에게 양도한 취지의 통지를 하라."	관념통지

(2) 급부 대상의 특정

1) 급부의 대상을 특정할 때는 각각의 물건의 특성에 따른 특정요소를 누락하지 않도록 주의하여야 한다. 토지는 지번(번지)을 단위로 한 필(筆)마다 하나의 독립한 물건이 되

---

26) 금전지급청구 부분은 간접강제신청을 본안청구에 병합한 것으로, 이는 '언론중재 및 피해구제 등에 관한 법률' 제26조 제3항에 의해 판결 확정 전에도 미리 청구가 허용된다.

므로 지번(위의 '서울 종로구 관철동 100')을 반드시 기재하여야 하며 지번 외에 토지의 용도인 지목(地目)과 면적까지 기재하는 것이 관행이다.

지번은 행정구역과 일련번호로 구성되어 있다. 어떤 토지가 분필되어 원래의 지번(이를 母番地라고 한다)에서 가지지번('서울 종로구 관철동 100-1' 또는 '서울 종로구 관철동 100-2' 등)이 부여된 경우 이 가지지번이 붙은 토지 역시 원래의 토지와는 독립한 토지이며 그 종물이 아님은 물론이다.

2) 건물은 '서울 서초구 서초동 100 지상 벽돌조 기와지붕 지하 1층 지상 2층 주택, 지하 1층 90㎡, 지상 1층 120㎡, 2층 100㎡'와 같이 그 소재지, 전체의 구조(벽과 지붕의 소재와 모양, 지하와 지상의 층수), 용도, 층별 면적을 기재하여 특정한다.

건축물대장과 등기부상의 표시가 다른 때에는 건축물대장대로 표시한 후 괄호를 하고 '(등기부상 표시: 같은 지상 시멘트 벽돌조 기와지붕 단층 주택 1동 98㎡)'와 같이 등기부상의 표시를 부기해준다.

3) 건물에 관하여는 2006. 10. 5.부터 도로명주소가 도입되어 '서울 강남구 봉은사로17길 254' 또는 '서울 강남구 봉은사로17길 250, 402호', '서울 강남구 버들길 15, 231동 1201호(삼성동, 미림아파트)'27) 등과 같이 그 소재 대지(垈地)의 지번 대신 도로명주소법(2006. 10. 4. 법률 제8027호)에 의하여 새로이 부여된 도로명과 건물번호로 특정할 수 있게 되었다.28) 따라서 소장의 당사자 주소나 청구취지상의 건물의 특정에는 도로명주소를 기재하는 것을 원칙으로 하되, '서울 강남구 버들길 715, 231동 1201호(대치동 554, 국일아파트)'와 같이 도로명주소와 종래의 지번주소를 병기하는 것도 무방하다.

4) 한편, 집합건물의 일부인 구분건물을 표시할 때는 아래와 같이 집합건물과 구분건물을 특정하는 요소를 모두 기재하여야 한다.29)

27) 도로명주소는 이와 같이 건물이 소재하는 도로명('봉은사로', '버들길', '뚝섬로24길' 등)과 일련번호로 특정하며, 아파트 등 집합건물은 일련번호 뒤에 동과 호의 번호를 기재하되 아파트의 명칭은 표시하지 않으며, 필요한 경우에만 참고사항으로 괄호 속에 부기한다.
28) 우리가 현재 사용하고 있는 토지의 지번은 1910년대 초기 일제의 토지조사사업 당시에 만들어진 것이다. 그러나 이후 오랜 세월이 지나면서 도시화와 토지구획정리사업, 토지의 분필, 합필 등으로 지번체계가 복잡·혼란해져 종래의 지번만으로는 그 토지를 쉽게 찾을 수 없는 문제가 생겼고, 이에 따라 도로명주소법이 제정되어 서양식 번호체계가 도입되었다.
　그러나 도로명주소법에 의한 번호는 건물의 위치를 찾기 위한 것으로 건물이 있는 경우에만 부여되므로 건물이 없는 토지에는 부여되지 않는다. 따라서 토지의 특정을 위해서는 여전히 종래의 지번(「측량·수로조사 및 지적에 관한 법률」에 의한 것)을 기재하여야 한다는 점에 주의하여야 한다.
29) 그 기재 내용이 번잡하고 양도 많으므로 청구취지란에 적지 않고(청구취지란에는 '별지 목록'이라고만 기재한다.) 목록을 만들어 소장 뒤에 별지로 붙이는 것이 좋다. 그러나 목록을 누락하는 일이 많으므로 청구취지란에 '별지 목록'이라고 기재할 때 곧바로 목록을 작성하는 것이 실수를 피하는 좋은 방법이다.

(1동의 건물의 표시)

　　서울 성동구 자양동 255 일신아파트 제115동

　　[도로명주소] 서울 성동구 뚝섬로24길 417

　　철근콘크리트조 슬래브지붕 12층 아파트 1층 내지 12층 각 1,235㎡

(대지권의 목적인 토지의 표시)

　　서울 성동구 자양동 255 대 12,900㎡

(전유부분의 건물의 표시)

　　제10층 제1305호 철근콘크리트조 153㎡

(대지권의 표시)

　　소유권 대지권 12,900분의 36

5) 기타 자동차, 항공기, 선박, 기계, 집합물 등을 특정하는 경우, 자동차등록원부나 항공기등록원부 등의 기재를 참고하거나, 기계나 물건의 명칭, 용도, 수량, 소재지나 보관장소, 등록번호, 일련번호, 형식, 형상, 형식번호, 제조사, 제조연월일 등 그 물건의 동일성을 식별할 만한 인자를 찾아내어 기재하되, 그 내용이 복잡한 경우 목록으로 작성해주면 된다.

(3) 급부의 내용

1) 이행의 소에서는 청구취지에 피고가 원고에게 어떤 급부를 하여야 하는지만을 기재하여야 하고, 매매, 교환, 채무불이행, 부당이득, 불법행위 등 그 급부의 발생원인은 기재하지 않는다.[30] 청구원인이 여럿이고 그로부터 발생한 법률효과가 각기 다르더라도 마찬가지다.

예컨대, 청구원인으로 부당이득과 불법행위 두 개가 성립하는 경우, 각 그로부터 부당이득반환청구권과 손해배상청구권이 법률효과로 발생하나, 그에 따른 각 급부의 내용이 둘 다 금전지급인 경우 부당이득반환청구권과 손해배상청구권이 단순병합된 때는 그 금액을 합산하여 기재하고, 선택적으로 병합된 때는 하나의 금액만을 기재한다.

2) 그러나 양자의 단순병합이라도 이자나 지연손해금의 발생기간, 비율이 각각 달라 이를 합산할 수 없는 때에는 "1. 원고에게, 가. 피고는 5,000만 원 및 이에 대한 2005. 4. 1.부터 다 갚는 날까지 월 1%의 비율에 의한 돈을 지급하고, 나. 1억 원 및 이에 대한 이 사건 소장 부본 송달 다음날부터 다 갚는 날까지 연 20%의 비율에 의한 돈을 지급하라." 또는 원금만을 합산하여 "피고는 원고에게 1억 5,000만 원 및 그 중 5,000만 원에 대하여는 2005. 4. 1.부터 다 갚는 날까지 월 1%의, 나머지 1억 원에 대하여는 이 사건 소장 부본 송달 다음날부터 다 갚는 날까지 연 20%의 각 비율에 의한 돈을 지급하라."와 같이

---

30) 그러나 이것이 이행의 소에만 특유한 성질은 아니다. 뒤에서 보는 바와 같이 확인의 소나 형성의 소에서도 그러한 경우가 많다.

그 내용을 따로 밝혀 기재한다.

3) 선택적 병합의 경우에도 원금 또는 이자나 지연손해금의 발생기간, 비율이 각기 다른 등으로 그 급부의 내용이 동일하지 않으면 "피고는 원고에게 선택적으로, 5,000만 원 및 이에 대한 2005. 4. 1.부터 다 갚는 날까지 월 1%의 비율에 의한 돈 또는 1억 원 및 이에 대한 이 사건 소장 부본 송달 다음날부터 다 갚는 날까지 연 20%의 비율에 의한 돈을 지급하라."와 같이 그 구체적인 내역을 별도로 기재하여야 한다.[31] 주위적·예비적 병합의 경우에도 이와 동일하다.[32] 다만 이는, 청구취지나 재판의 주문에는 피고가 원고에게 어떤 급부를 할 것인지만을 단순명료하게 표시하여야 한다는 필요성과 관행에 의한 것이므로, 그 청구원인이나 법률요건을 청구취지에 기재하였다고 하여 위법한 것은 아니다.

4) 예외적으로 청구취지나 재판의 주문에 청구원인을 기재하는 경우도 있다. 즉 소유권이전등기절차 이행청구 등과 같은 등기청구의 경우 "2010. 5. 1. 매매", "2020. 4. 12. 근저당권설정계약", "2019. 8. 5. 해지" 등과 같이 그 등기의 원인과 원인 발생일자를 기재하며, 이혼청구 등의 소에서 위자료와 재산분할에 따른 금전지급을 동시에 청구하는 경우 "피고는 원고에게 위자료로 5,000만 원, 재산분할로 1억 원을 각 지급하라."와 같이 각각의 금전지급의무가 위자료(불법행위)와 재산분할 어느 것에 의한 것인지를 기재하는 경우가 그것이다.

(4) 급부를 할 자와 수령할 자

1) 이행의 소에서 급부를 청구하는 경우 급부의 수령자는, 원고[33]는 물론 급부를 하여야 할 해당 피고 이외의 다른 피고나 소외인, 선정자도 가능하다. 채권자대위권에 의하여 채무자를 대위하여 원고가 된 채권자는 피대위자인 채무자에게의 급부를 청구하는 것이 원칙이지만, 물건의 인도나 금전의 지급, 등기의 말소 등은 직접 채권자에 급부할 것을 청구할 수 있다.[34] 이때 채권자는 채무자의 법정대리인에 준하는 지위에 있어 그 급부수

---

31) 이와 같이 선택적 병합의 경우에 그 법률효과와 급부의 내용이 다르면 법원에 선택을 완전히 맡겨 버리는 대신 효과와 이익이 큰 것을 1차적 청구로, 효과와 이익이 작은 것을 2차적 청구로 구할 수도 있는바, 이를 부진정한 주위적·예비적 병합이라고 한다. 이 경우 법원은 1차적 청구부터 심판하여야 한다(대법원 2002. 2. 8. 선고 2001다17633 판결 등 참조).

32) 주위적·예비적 병합의 경우에 주위적 청구금액이나 예비적 청구금액이 완전히 동일하면 "피고는 원고에게 5,000만 원을 지급하라."고만 기재하고 그 발생원인은 청구원인란에 기재할 뿐이나, 원금이나 이자, 지연손해금의 발생기간, 비율이 다른 경우 "피고는 원고에게, 주위적으로 1억 원 및 이에 대한 이 사건 소장 부본 송달일 다음날부터 다 갚는 날까지 연 20%의 비율에 의한 돈을, 예비적으로 5,000만 원 및 이에 대한 2005. 4. 1.부터 다 갚는 날까지 월 1%의 비율에 의한 돈을 각 지급하라."와 같이 그 구체적인 내역을 밝혀준다.

33) 회생채무자의 관리인, 파산관재인, 상속재산관리인, 유언집행자, 추심채권자 등 제3자소송담당에 의하여 원고나 피고가 된 경우 그 당사자에게도 급부의 수령이나 급부의 이행을 청구할 수 있다.

34) 채권자대위권 행사에 의하여 원고가 된 채권자의 경우 다른 제3자소송담당의 경우와 그 실질이 다르므로(대위채권자는 채무자의 제3채무자에 대한 피대위권리를 처분할 권한은 없고 단지 이를 보존·관리

령의 효과는 직접 채무자에 대하여 발생한다. 따라서 채권자가 그 급부 받은 것을 자기에게 귀속시키기 위해서는 상계가 필요하다.

2) 그러나 채권자가 직접 자신에게 급부할 것을 청구하려면 궁극적으로 채권자가 그 수령한 급부에 대하여 권리를 갖고 있어야 하고, 또 법령상 금지되지 않아야 하므로, 임대차보증금반환채권을 양수한 채권자가 임대인을 대위하여 임차인에게 임대차 목적물의 인도를 청구하는 경우에는 직접 자신에게 인도를 청구할 수 없고(대법원 1989. 4. 25. 선고 88다4253, 4260 판결), 토지 소유자가 그 지상의 불법 건축물을 철거하기 위해 건물 소유자를 대위하여 건물의 점유이전을 구할 수는 없고 퇴거만 구해야 하며, 전전 매수인은 전매수인을 대위하여 최초의 매도인을 상대로 직접 자신 앞으로의 소유권이전등기를 구할 수 없다(대법원 1995. 11. 28. 선고 95다22078, 22085 판결 참조).

3) 재판을 청구한 원고가 "원고는 피고에게 2,000만 원을 지급하라."와 같이, 원고 자신에게 피고에 대한 급부를 명하는 재판을 청구하는 것은 소의 이익이 없으므로 이러한 청구를 하는 일이 없도록 주의하여야 한다.[35]

다만, 채무자가 원고가 되어 채권자를 상대로 채무 이행(변제)을 수령할 것을 청구하는 것은, 소유권이전등기의무의 수령 등과 같이 그 수령 지체로 인해 채무자에게 커다란 손해가 있는 등의 특별한 사정이 있는 경우 허용된다. 이 경우 그 청구취지는 "피고는 원고로부터 별지 목록 기재 부동산에 관하여 2018. 3. 15. 매매를 원인으로 한 소유권이전등기 절차를 인수(수취)하라."고 기재한다. 이를 인용하는 판결이 확정되면 등기의무자인 원고는 단독으로 등기소에 등기를 신청하여 등기권리자인 피고 앞으로 등기를 이전할 수 있다.

4) 원고에게 선이행이나 동시이행의무가 있는 경우, 원고가 청구취지에 미리 이를 기재하여야 하는지 여부가 문제되는바, 선이행이나 동시이행은 피고의 항변사항으로서 피고가 주장하지 않으면 법원은 직권으로 이를 심리·판단하지 않고 피고의 항변이 있는 때에야 비로소 심리·판단한다. 따라서 피고의 그러한 항변이 예상되는 때에는 뒤의 <장래이행청구>에서 보는 바와 같이 원고는 미리 이를 청구취지에 반영하는 것이 좋다.[36]

할 권한만이 있다고 볼 것이다.) 채무자를 수령자로 하여 급부를 청구함이 원칙이나(대법원 1966. 9. 27. 선고 66다1149 판결), 말소등기의무의 수령, 금전이나 기타 물건의 인도 수령 등은 직접 대위채권자인 원고에게 급부할 것을 청구할 수 있다(대법원 1996. 2. 9. 선고 95다27998 판결, 2005. 4. 15. 선고 2004다70024 판결 등). 이때 채권자가 자기에게 직접 급부할 것을 청구하기 위해 채무자가 수령을 거절하거나 수령이 불가능한 상태에 있을 필요(민법 제487조 참조)는 없다는 것이 대법원의 견해로 보인다.

35) 원고가 피고에게 급부의무를 부담하는 경우 법원의 판결을 받지 않고 원고 스스로 자신의 의무를 이행하면 되기 때문이다. 이러한 청구를 한 경우 소 각하의 대상이 된다. 이런 경우는 원고에게 선이행이나 동시이행의무가 있는 때에 종종 볼 수 있다. 한편, 원고에게 선이행이나 동시이행의무가 있어 법원이 피고에게, 원고로부터 이행을 받은 후 또는 그 이행을 받음과 동시에 의무를 이행할 것을 명하더라도, 이는 집행문부여의 요건이 되거나 집행개시의 요건이 될 뿐 원고에게 법원이 이행의무를 과하는 것이 아니므로, 피고는 이 재판(판결)을 가지고 집행권원으로 삼아 원고에게 강제집행을 할 수도 없다. 다만, 공유물분할에서 원고가 공유물을 차지하고 피고에게는 가액을 배상하는 전면적 가액배상 분할의 방법을 취하는 경우, 원고는 피고에게 금전을 지급하라는 청구를 할 수 있으나, 이는 형식적 형성의 소가 갖는 특수성 때문에 가능한 것이다.

5) 원고가 소송상 급부의무자가 될 수 없는 것과 마찬가지로 법원은 소송당사자가 아닌 소외인으로 하여금 급부의무의 이행을 명할 수 없다. 소송당사자가 아닌 자에게 법원이 의무를 부과할 수는 없기 때문이다. 따라서 이러한 내용의 청구취지를 기재해서는 안 된다.

다만, 실체법상 소외인이 원고나 피고에게 급부의무를 지고 있고, 그것이 피고의 원고에 대한 의무이행과 선이행이나 동시이행관계에 있는 경우에는 "피고는 소외 ○○○로부터 돈 1억 원을 지급 받은 후(또는 지급 받음과 동시에) 원고에게 별지 목록 기재 부동산을 인도하라.", "피고는 소외 ○○○가 원고에게 별지 목록 기재 부동산을 인도한 후(인도함과 동시에) 원고에게 1억 원 및 이에 대한 이 사건 소장 부본 송달일 다음날부터 다 갚는 날까지 연 20%의 비율에 의한 돈을 지급하라."와 같이 기재하는 것은 무방하다. 이 경우 법원이 소외인에게 의무이행을 명하는 것이 아니라 단지 그것이 피고의 의무이행의 조건임을 표시한 것에 불과하기 때문이다.[37]

(5) 급부 수령자나 의무자가 복수인 경우

1) 채권자나 채무자가 복수여서 문제로 되는 경우는 채권(채무)의 목적인 급부에 관하여 여러 사람이 관련되어 채권자와 복수의 채무자 또는 채무자와 복수의 채권자의 관계 및 복수의 채권자나 복수의 채무자들 상호 간의 관계가 복잡해지는 경우이다.

2) 실체법상으로 볼 때 이러한 관계는 복수의 채권자나 복수의 채무자 사이에 법률상 또는 사실상 일정한 견련관계가 있는 경우에 발생하고, 그러한 관계가 없는 경우에는 실체법상 아무런 문제가 없다. 예컨대, 후자의 경우는 주택 건설회사가 여러 사람에게 각각의 매매행위를 통해 주택을 분양한 경우, 대부업자가 여러 사람에게 각각 소비대차계약을 체결하고 돈을 빌려준 경우 등이 이에 해당한다. 이때의 주택의 수분양자나 금전 차용인들은 상호 간에 아무런 법률상 또는 사실상 견련관계가 없어 각각 독립하여 채권자에게 따로따로 채무를 부담할 뿐, 그들 상호 간은 물론 채무자 1인과 채권자의 관계가 다른 채무자와 채권자의 관계에 영향을 미칠 수 없다.

3) 민법 제3편 제1장 제3절의 '수인의 채권자 및 채무자' 즉 '다수 당사자의 채권·채무관계'에서 규율하는 경우는 후자가 아니라 전자이다.[38] 후자의 경우는 실체법상 복수의

---

36) 소송 진행 중 피고의 항변을 기다렸다가 이와 같이 청구를 변경하여도 된다. 원고에게 선이행이나 동시이행의무가 있고 피고의 항변이 제기된 경우에 원고가 무조건으로 급부를 청구하면, 법원은 청구의 일부를 기각하고 소송비용의 일부를 원고에게 부담하게 할 수 있다.

37) 이때 이 확정 판결을 가지고 소외인에 대하여 강제집행을 할 수 없음은 물론이다. 소송당사자가 아닌 소외인에게는 재판의 효력이 미칠 수 없기 때문이다. 따라서 이러한 판결이 확정되어도 이는 그 소송당사자들 사이에서만 효력이 있다.

38) 이 경우에도 복수의 채권자나 복수의 채무자가 하나의 급부에 관련되어야 하고 복수의 급부에 관련된 경우 그 각각의 급부를 기준으로 복수의 법률관계, 즉 복수의 '다수 당사자의 채권·채무관계'가 성립한

채권자나 복수의 채무자들 사이에 아무런 견련관계가 없고, 단지 단일·독립한 채권·채무 관계가 하나의 소송에 우연히 또는 일정한 원인에 의해 복수의 소송목적(청구)이 된 것에 불과하므로 민법 등에서 규율하는 이른바 '다수 당사자의 채권·채무관계'가 문제되지 않으며, 다만 소송법적으로만 의미가 있다. 즉 위 주택회사가 여러 명의 수분양자들을 공동 피고로 삼아 분양대금 지급을 청구하는 것과 같이 복수의 채권자나 복수의 채무자가 하나의 소송절차에서 공동소송의 당사자가 된 때에만 약간의 문제가 있는데, 이때도 그들의 채권·채무의 내용만을 분명히 표시하여 주면 별 문제가 없다.[39]

4) 실체법상 복수의 채권자나 복수의 채무자들 사이에 일정한 견련관계가 있는 경우는 특정한 행위나 사회현상에 관하여 그 복수인들이 일정한 견련성을 갖는 때로서, ① 수인이 공동하여 특정인을 폭행·상해하거나, 건물 공유자인 A와 B가 공동으로 C 소유 토지를 소유의 의사로 20년간 점유한 것과 같이 사실상 견련관계가 있는 경우, ② A가 C를 차로 치었는데 연이어 B가 또 C를 치어 C가 사망하거나, C가 A의 차에 치여 병원에 입원하여 치료를 받던 중 의사 B의 의료과실에 의하여 손해가 확대된 경우 또는 주채무 성립 이후에 보증인이 이를 보증한 경우와 같이 법률상 견련관계가 있는 경우, ③ 1인의 상인이 A와 B에게 공동으로 물건을 매도하거나 B, C가 공동으로 A에게서 집을 임차한 경우와 같이 법률상·사실상 견련관계가 있는 경우로 나누어볼 수 있다.

①과 ③의 경우 하나의 사실관계, 즉 하나의 행위나 사회적 현상에 여러 사람이 관여하므로 그 법률요건의 충족에 따른 법률효과에 대하여 관여자인 복수의 사람이 채권·채무를 취득하거나 지게 된다. 이때 채무자가 복수인 경우, 채권자는 전체로서 하나의 법률효과에 따른 권리(채권)를 만족 받으면 족하나 채무자가 복수이므로 채권자와 채무자들 사이의 채권채무관계에 중첩이 발생하게 된다.[40] 그런데 이때의 중첩관계는 복수의 채무자들이 하나의 채무를 분량적(수량적)으로 나누어 부담하되 그 전체의 합이 1이 되는 가분적 중첩,[41] 복수의 채무자들이 하나의 채무를 분량적(수량적)으로 나누지 않고 그 전체

다. 민법 제3편 제1장 제3절의 '수인의 채권자 및 채무자'가 규정하는 '다수 당사자의 채권·채무관계' 는 분할 채권·채무관계, 불가분 채권·채무관계, 연대 채권·채무관계, 보증에 의한 채권·채무관계의 네 가지 유형이다. 그런데 '다수 당사자의 채권·채무관계'에서 주로 문제되는 것은, ① 채권자와 채무자의 관계(채권자의 권리행사 방법 또는 채무자의 의무이행 방법), ② 채권자나 채무자 1인에게 발생한 사 유가 다른 채권자나 채무자에게 영향을 미치는지 여부, ③ 채무자 중 1인이 변제 등을 한 경우 다른 채무자에게 구상권을 행사할 수 있는지 여부이다.

39) 복수의 채권자나 복수의 채무자가 가지는 채권·채무의 내용, 즉 급부의 내용이 금전의 지급이나 동일 한 물건의 인도, 철거, 등기이전, 등기말소 등과 같이 동종인 때에만 문제되고 그 급부의 내용이 다른 때에는 별 문제가 없다. 이 경우 공동소송은 통상 공동소송이 되고 공동소송인독립의 원칙이 적용된다.

40) 채권자가 복수인 경우도 마찬가지이나 이해의 편의상 채무자가 복수인 경우만을 들어 설명한다.

41) 수인이 조합관계에 의하지 않고 하나의 매매계약으로 동일한 부동산을 매수하고 각 지분소유권이전등 기청구권을 취득하는 경우(대법원 2012. 8. 30. 선고 2010다39918 판결), A와 B가 공동으로 C 소유 부동산을 소유의 의사로 20년간 점유하여 취득시효완성에 따른 지분소유권이전등기청구권을 취득한 경우(대법원 2003. 11. 13. 선고 2002다57935 판결), 가분채무를 수인이 공동상속한 경우(대법원

를 각각 중복적으로(중첩적으로) 부담하여 그 전체의 합이 1이 아니라 채무자의 수만큼이 되는 불가분적 중첩[42]의 두 가지가 있는바, 전자는 민법 제408조가 규정하는 분할 채권·채무관계가 되고 후자는 민법 제409조 이하 등에서 규정하는 중첩적 채권·채무관계가 된다.

②의 경우는 수인이 하나의 행위나 사회적 현상에 관여한 것은 아니지만, 그들의 개별적인 행위나 그 지배하의 사회적 현상이 전체적인 시각, 특히 피해자인 채권자의 입장에서 보았을 때 결과 발생에 상당인과관계가 있는 경우로서 채권자 보호를 위해 복수의 채무자들 사이에 중첩관계를 인정할 필요가 있는바, 이에 따라 이들 사이에 법률상 견련관계가 인정된다. 이 경우 그 중첩관계는 불가분적 중첩이 대부분이다.

5) 이행청구의 소, 특히 금전이나 물건의 급부청구 등 동종의 급부 이행을 청구하는 때에 급부를 수령할 자나 급부의무자가 여럿인 경우 그들 간의 관계를 청구취지에 분명히 밝혀 주어야 한다. 그렇지 않으면 그 내용이 불명확하여 집행이 불가능하게 되는 수가 있다.

(가) 분할 채권·채무관계

1) 복수의 채권자나 복수의 채무자 사이에 법률상 또는 사실상 견련관계가 없어 실체법상으로 완전히 독립한 경우와, 그들 사이에 실체법상 일정한 견련관계가 있더라도 앞서 본 가분적 중첩관계가 성립하는 경우, 이들의 법률관계는 분할 채권·채무관계가 된다.

2) 물론 복수의 채권자나 복수의 채무자 사이에 법률상 또는 사실상 견련관계가 없어 실체법상으로 완전히 독립한 경우는 하나의 채권이나 하나의 채무를 여러 사람이 분량적으로 나누어 갖는 관계가 아니라 각각 독립한 하나의 채권이나 하나의 채무를 가지므로, 이는 다수 당사자의 채권·채무관계가 아니라 소송법상으로만 복수의 채권자나 채무자가 되는 데에 불과하다.

다만, 여기서 독립한 관계에 있는 복수의 채권자나 복수의 채무자를 분할 채권·채무관계와 함께 다루는 이유는, 그들 역시 분할 채권·채무관계와 같이 각각 독립적 관계에 있기 때문이다. 이런 이유로 양자는 소송법상으로는 동일하게 취급된다. 따라서 민법 제408조가 적용되는 본래 의미의 '다수 당사자의 채권·채무관계'는 후자, 즉 실체법상 일정한 견련관계가 있고 가분적 중첩관계가 성립하는 경우이다.

3) 하나의 채권·채무관계에 견련성 있는 다수인이 관계되더라도 민법은 분할 채권·채

1997. 6. 24. 선고 97다8809 판결, 2003. 2. 14. 선고 2002다64810 판결) 등이 이에 속한다. 다만, 가분적 중첩은 채권이나 채무가 가분일 때만 성립할 수 있다.

42) 수인이 공동하여 특정인을 폭행·상해한 결과 부진정 연대책임에 기하여 그 손해액 전액에 대하여 각각 손해배상채무를 부담하는 경우(대법원 2008. 7. 10. 선고 2007다53365 판결) 등이 이에 해당한다. 그러나 채권자가 복수의 채무자들 중 일부로부터 변제를 받음으로써 그 범위에서 다른 채무자들에 대한 채권도 소멸하므로, 채권자는 중첩(중복)하여 만족을 받을 수는 없다. 즉 채권자는 복수의 채무자들로부터 전체로서 하나의 급부만을 받는다.

무관계를 원칙으로 하고 있다. 즉 채권자나 채무자가 수인인 경우라도 특별한 의사표시가 없으면 각 채권자 또는 각 채무자는 균등한 비율로 권리가 있고 의무를 부담한다(민법 제408조). 이때 각각의 권리나 의무가 지분 비율에 따르기는 하지만, 이는 독립한 것이므로 복수의 채권자나 복수의 채무자 중 1인에 관하여 발생한 사유는 실체법상 다른 채권자나 채무자에게 아무런 영향이 없고, 이들이 하나의 소송에서 공동소송인이 되더라도 통상공동소송인이 되어 공동소송인독립의 원칙이 적용된다. 이 점에서는 실체법상 견련관계가 없는 경우와 동일하며, 가분적 중첩(분량적 중첩)은 실질상 중첩관계로서의 의미가 없다.

4) 분할 채권·채무관계는 위와 같이 복수의 채권자나 채무자가 독립하므로 이에 관한 이행의 소에서 급부의 이행을 청구하는 경우, 그 청구취지에 각각의 지분 비율에 따른 금액이나 지분을 기재하여야 한다. 이때는 각 당사자별로 동일한 금액이나 지분을 청구하더라도 아래와 같이 중첩관계를 나타내는 '연대', '각자', '합동' 등의 문구 대신 '각'이나 '각기', '각각'이라는 문구를 사용하거나, 그러한 문구 없이 각각의 채권자나 채무자별로 따로따로 급부를 청구하면 된다.

5) 원고 또는 피고가 3인인 경우에 중첩관계를 표시하지 않고 단순히 "피고는 원고들에게 3,000만 원을 지급하라." 또는 "피고들은 원고에게 3,000만 원을 지급하라."라고 청구하면, 민법 제408조에 따라, 전자는 피고가 원고 1인당 1,000만 원씩을 지급하여야 하고, 후자는 피고들이 1인당 1,000만 원씩을 원고에게 지급하여야 하는 의미가 되므로(대법원 1963. 9. 5. 선고 63다370 판결 등) 주의하여야 한다.

■ 분할 채권·채무관계의 청구취지(예)

성립하는 경우	관계의 표시	청구취지(예시)
·복수의 채권자나 복수의 채무자 사이에 법률상 또는 사실상 견련관계가 없어 완전히 독립한 경우(주택 건설회사가 여러 사람에게 각각의 매매 행위를 통해 주택을 분양한 경우, 대부업자가 여러 사람에게 각각 소비대차계약을 체결하고 돈을 빌려준 경우 등) ·복수의 채권자나 복수의 채무자 사이에 법률상 또는 사실상 견련관계가 있으나 가분적 중첩관계가 성립하는 경우(수인이 조합관계에 의하지 않고 하나의 매매계약으로 동일한 부동산을 매수하고 각 지분소유권이전등기청구권을 취득하는 경우, A와 B가 공동으로 C 소유 부동산을 소유의 의사로 20년간 점유하여 취득시효완성에 따른 지	각 (각기, 각각)	☆ 피고가 복수인 경우 ·"피고들은 원고에게 각(각기) 1,000만 원을 지급하라." 또는 "피고들은 원고에게 3,000만 원을 지급하라." ·"원고에게, 피고 김성수는 1,000만 원, 피고 박진규는 2,000만 원, 피고 최형옥은 3,000만 원을 각[43] 지급하라." ☆ 원고가 복수인 경우 ·"피고는 원고들에게 각(각기) 1,000만 원을 지급하라." 또는 "피고는 원고들에게 3,000만 원을 지급하라."

---

43) 여기서의 '각'은 "원고에게, 피고 김성수는 1,000만 원을 지급하고, 피고 박진규는 2,000만 원을 지급하고, 피고 최형옥은 3,000만 원을 지급하라."와 같이 '지급하라'는 문구를 되풀이하는 대신에 일괄하여 표시하는 문구다.

분소유권이전등기청구권을 취득한 경우, 공유자인 B, C가 공동으로 A에게 집을 임대하고 취득하는 임료채권,[44] 공동불법행위자 중 1인에 대한 수인의 공동불법행위자의 구상의무,[45] 수인이 동시에 하나의 법률행위로써 1장의 어음을 담보로 제공하고 각기 다른 금액의 돈을 빌린 데에 따른 차용금반환의무[46] 등)

· "피고는 원고 정현진에게 1,000만 원, 원고 서진국에게 2,000만 원, 원고 이상현에게 3,000만 원을 각 지급하라."

"피고는 원고들에게 별지 목록 기재 부동산의 각 2분의 1 지분에 관하여 2015. 2. 10. 취득시효완성(2014. 6. 9. 매매)을 원인으로 한 소유권이전등기절차를 이행하라."

"원고에게 피고 이영수는 5분의 1 지분, 피고 최길수는 5분의 2 지분에 관하여, 별지 1목록 기재 토지 상의 별지 2목록 기재 건물을 철거하고 별지 1목록 기재 토지를 인도하라."[47]

---

44) 공유자 등 공동임대인의 임대료청구채권에 관해서 판례는 없고, 학설은 가분설, 불가분설이 대립되고 있다. 일본에서는 불가분채권설이 다수설이다. 대법원은 공유자의 부당이득반환청구권은 가분채권(분할채권)이라고 보고 있는바(대법원 2006. 11. 24. 선고 2006다49307, 49314 판결, 2012. 5. 24. 선고 2010다108210 판결 등), 이를 유추하면 공동임대인의 임대료청구채권도 가분채권(분할채권)이라고 풀이된다. 반대로 B, C가 공동으로 A에게서 집을 임차하고 부담하는 임료지급채무는 특별한 사정이 없는 한 민법 제654조, 제616조에 의하여 연대채무가 된다.

45) 대법원 2002. 9. 27. 선고 2002다15917 판결, 2005. 10. 13. 선고 2003다24147 판결. 다만, 이때 구상권자인 공동불법행위자에게 과실이 없어 그의 내부적 부담 부분이 전혀 없는 경우에는 수인의 구상채무는 부진정 연대관계이다(대법원 2005. 10. 13. 선고 2003다24147 판결).

46) 대법원 1985. 4. 23. 선고 84다카2159 판결.

47) 건물의 공유자나 공동점유자가 건물(전체)을 철거하거나 인도하여야 할 채무는 성질상 불가분채무(민법 제409조)라는 데에 학설과 판례가 일치되어 있다. 공유자나 공동점유자의 지분은 건물 전체에 미치므로 그 지분 비율만큼만 철거하거나 인도하는 것은 물리적으로 불가능하기 때문이다(지분이 건물 전체에 미치므로 지분 비율만큼 건물의 특정 부분을 철거하거나 인도하는 것이 아니다). 그러나 건물의 공유자나 공동점유자는 지분권만을 가지고 있으므로 다른 공유자나 공동점유자의 지분에 대하여는 처분권을 갖지 않는다. 따라서 건물의 공유자나 공동점유자는 건물 전체에 대하여 각 지분 범위에서만 철거 또는 인도의무를 부담하며(대법원 1968. 7. 31. 선고 68다1102 판결, 1969. 7. 22. 선고 69다609 판결, 1980. 6. 24. 선고 80다756 판결, 1993. 2. 23. 선고 92다49218 판결 등), 이 경우 원고는 지분권자 전원을 상대로 승소판결을 받기 전에는 강제집행을 할 수 없다. 이런 점에서 보면 성질상 불가분채무라고는 하나 실질적으로는 분할채무가 된다. 공유자나 공동점유자에게 지분 비율 범위에서 철거·인도할 것을 명하는 대신 판결에서 "피고는 원고에게 별지 1목록 기재 토지 상의 별지 2목록 기재 건물을 철거하고 별지 1목록 기재 토지를 인도하라."고 건물 전체의 철거·인도를 명하는 형식을 취하였더라도, 판결 이유에서 지분 비율 범위에서 철거·인도할 의무를 부담한다는 취지가 표시되었다면 지분 비율 범위에서 철거·인도를 명한 것으로 볼 수 있어 위법이 아니라는 것이 대법원의 견해이다(1980. 6. 24. 선고 80다756 판결 참조. 대법원은 이러한 취지에서, 건물의 일부 공유자만을 상대로 지분 표시 없이 건물의 철거를 명한 판결에 대하여 이는 실질상 건물의 공유자에게 그 공유지분의 한도에서 건물 전체에 관한 철거의무를 명한 취지라고 하여 적법하다고 판시하고 있다). 공유자의 인도의무에 관하여는 판례가 없으나 위 철거의무와 그 성질이 같다고 할 것이며, 공유자의 인도의무가 불가분채무라는 데에 학설상 이견이 거의 없다.

(나) 중첩적 채권·채무관계

가) 중첩적 채권·채무관계가 성립하는 경우

1) 하나의 채권·채무관계[48]에 다수인이 관계되고, 그들 사이에 일정한 견련성이 있는 경우 중 앞서 본 불가분적 중첩이 발생하는 경우가 일반적으로 말하는 중첩적 채권·채무관계이다. 이러한 관계가 성립하는 전형적인 예로는, 복수의 채권자나 복수의 채무자들 사이에 불가분관계, 연대관계, 주채무자와 보증인의 관계가 성립하는 경우이다.

2) 민법은 제409조 내지 제448조에서 이들 중첩적 채권·채무관계에 관하여 규정하고 있으나, 이 규정들이 소송법적 효과를 염두에 둔 것이거나 중첩적 채권·채무관계 전반을 망라하고 있다고는 할 수 없다. 즉 이들 규정은 복수의 채권자나 복수의 채무자들 사이에 불가분이나 연대관계 등이 성립하는 경우, 그 채권의 행사방법, 그 중 1인에게 생긴 사유의 타인에 대한 효력 여부, 그 중 1인의 변제나 출재 등으로 공동면책을 얻은 경우 그들 사이의 구상관계만을 규정하고 있을 뿐이다.

그리하여 민법 제616조, 상법 제57조, 어음법 제47조, 수표법 제43조 등에서도 이러한 중첩적 채권·채무관계에 관하여 규정하고 있고, 또 부진정 연대관계나 이에 준하는 기타의 경우와 같이 학설과 판례에 의해 중첩적 채권·채무관계가 인정되는 경우도 많이 있다.

3) 하나의 가분적 급부[49]에 관하여 복수의 채권자나 복수의 채무자가 위와 같이 중첩적 채권·채무관계를 부담하는 때에는 분할 채권·채무관계와 달리 그들 사이에는 중첩관계가 발생하여 분별의 이익이 없고, 청구나 변제 등에 있어 일방에게 발생한 사유가 타방에 영향을 미치게 된다. 그러나 그 영향을 미치는 사유나 효과 등은 각각의 중첩적 채권·채무관계별로 모두 다르고, 일률적으로 말할 수 없다. 민법 등 관련 법규에서도 충분한 규정을 두고 있지 않으므로 해석에 의하여 해결할 수밖에 없다.[50]

---

48) 여기서 말하는 하나의 채권·채무관계란 채권이나 채무가 하나라는 뜻이 아니라, 하나의 행위나 사회현상으로부터 채권자가 받을 '하나의 급부'에 관한 채권·채무관계라는 의미이다. 예컨대, 피해자가 수인의 공동불법행위에 의해 입은 손해액 전부, 원인채권의 지급을 위하거나 담보를 위하여 3자가 발행한 어음·수표를 교부받은 경우 원인채권액 전부 등이 '하나의 급부'이다(그러나 '하나의 급부'라고 하여 복수인의 급부가 질적·양적으로 완전히 동일할 필요는 없다. 다만, 그 급부의 종류가 동일한 등으로 채권자에게 동일한 정신적·경제적 만족을 주는 것이어야 한다. 대법원 2009. 3. 26. 선고 2006다47677 판결 참조). 따라서 중첩적 채권·채무관계에서 중점은 채권·채무의 개수가 아니라 '하나의 급부'이다. 오늘날 불가분적 중첩의 경우 채권이나 채무의 개수가 복수라는 데에 는 학설이 거의 일치되어 있다. 가분적 중첩의 경우에도 비록 하나의 급부가 분량적으로 나누어져 있기는 하지만 그 지분 비율에 따라 각각의 채권·채무가 성립하여 그 채권·채무의 개수 역시 복수라는 것이 통설이다.

49) 단, 성질상 불가분인 급부의 경우에는 가분적 급부가 아니다.

50) 예컨대, 복수의 채무자 중 1인에 대한 채무면제는 연대채무의 경우 절대적 효력이 있어 그 채무자의 부담 부분에 한하여 다른 연대채무자의 채무도 소멸하나(민법 제417조), 부진정 연대채무의 경우에는 이러한 효력이 없다(대법원 1993. 5. 27. 선고 93다6560 판결, 2006. 1. 27. 선고 2005다19378 판결 등). 이와 같이 중첩관계에 있는 채무자와 채권자의 실체법적 관계는 각각의 경우마다 구체적인 내용과 법률효과가 다르고, 이를 청구취지나 판결의 주문에 완전하게 표시하기가 어려우므로 주의를 요한다. 특

다만, 채권자는 복수의 채무자 전원 또는 그 일부만에 대하여 하나의 채권 전액을 강제집행할 수 있고, 복수의 채무자 중 일부로부터 중첩관계에 있는 채무의 전부 또는 일부를 변제 받는 등으로 만족을 얻은 경우 그 한도에서 다른 채무자도 채무를 면하는 것은 모든 중첩적 채무관계에 적용되는 원칙이다.[51] 이는 채권자가 복수인 중첩적 채권관계의 경우에도 마찬가지다(단, 합동관계는 채무자가 복수인 경우에 한하여 성립함).

4) 앞서 본 바와 같이 중첩적 채권·채무관계는 복수의 채권자나 채무들 사이에 일정한 견련관계가 있는 때에 성립하는바, 구체적으로 어떤 경우에 그것이 성립하는지는 합동관계를 제외하고는 법규정만으로는 충분하지 않다.[52] 또, 학설과 판례가 인정하는 부진정 연대관계에 대해서도 그 인정 여부를 둘러싸고 반대의견이 있기도 하며, 부진정 연대관계와 이에 준하는 기타의 경우의 기준이나 경계점도 모호하다. 이에 따라 중첩적 채권·채무관계가 성립하는 구체적인 경우는 다음의 표에서 보는 바와 같이 이제까지 거의 전적으로 판례에 의해 인정되어 왔다.

그러면 어떠한 경우에 중첩적 채권·채무관계를 인정할 수 있는가? 특히 법에 규정이 없는 부진정 연대관계와 이에 준하는 기타의 경우를 인정하는 기준은 무엇인가? 판례에서 인정된 사례의 공통적 성질을 추출하고 이를 토대로 추론하면 그 기준으로는, ① 하나의 급부에 관련된 복수인의 견련성, ② 복수인의 채권·채무의 발생근거와 그 채권·채무의 법적 성질, ③ 복수의 채권·채무가 채권자에게 하나의 급부와 관련하여 어떠한 만족을 주는지 등을 생각할 수 있다.

5) 불가분관계나 연대관계, 합동관계에서도 그렇지만, 중첩적 채권·채무관계에서 가장 중요한 요소는, 다수인이 동일한 내용(급부)의 채권이나 채무를 갖지만, 그것들이 궁극적

히 합동채무의 경우가 그러한바, ① 상환의무자 1인의 이행이나 그 의무자 1인에 대한 권리의 포기(합동책임은 연대책임과는 달리 수인의 의무자 간에 부담부분이 없으므로 수인의 의무자 중의 1인에 대하여 면제가 있어도 다른 의무자는 그 의무를 면하지 못한다.)는 그 자와 그 후자의 채무만 소멸시키고 주채무자와 전자의 채무에는 영향이 없고(대법원 1989. 2. 28. 선고 87다카1356, 1357 판결), ② 상환의무자는 변제 후 다른 상환의무자에게 구상권을 행사할 수 없으며, ③ 합동채무자 1인에 대한 채권자의 청구는 다른 합동채무자에게 영향을 미치지 않는다(어음법 제47조 제4항, 제77조 제4호, 수표법 제43조 제4항).

51) 중첩적 채무자 중 1인이 채무를 변제한 때에는 많은 경우 실체법적으로는 다른 채무자의 채무도 당연히 소멸하나, 확정판결 등 집행권원이 성립한 후에 변제 등의 채무 소멸사유가 발생한 경우에는 기판력과의 관계상 청구이의의 소를 제기하여 그 집행력을 소멸시켜야만 하고 자동적으로 집행력이 소멸하지는 않으며, 그에 기한 강제집행이 부당이득이 되는 것도 아니다. 다만, 채무 소멸 후 채권자가 강제집행을 한 경우 불법행위가 성립할 수 있다(대법원 1977. 10. 11. 선고 77다210 판결, 2001. 11. 13. 선고 99다32905 판결, 2007. 5. 31. 선고 2006다85662 판결 등 참조).

52) 민법은 불가분채권에 관하여 "채권의 목적이 그 성질 또는 당사자의 의사표시에 의하여 불가분인 경우에 채권자가 수인인 때에는 각 채권자는 모든 채권자를 위하여 이행을 청구할 수 있고 채무자는 모든 채권자를 위하여 각 채권자에게 이행할 수 있다."고 하고, 연대채무에 관하여는 "수인의 채무자가 채무 전부를 각자 이행할 의무가 있고 채무자 1인의 이행으로 다른 채무자도 그 의무를 면하게 되는 때에는 그 채무는 연대채무로 한다."고만 규정하고 있어 구체적으로 어느 때에 불가분관계나 연대관계가 생기는지 밝히지 않고 있다.

으로는 채권자에게 하나의 정신적·경제적 만족을 주는 관계여서 채권자가 복수의 급부를 보유하거나(채무자들 사이에 중첩관계가 성립하는 경우) 채무자가 복수의 급부를 부담하지는 않는다(채권자들 사이에 중첩관계가 성립하는 경우)는 데에 있다. 이러한 성질은 기본적으로 위 ①, ②로부터 파생되는 것이라고 할 수 있다. 아무런 법률상·사실상 견련성도 없는 사람 사이에서는 하나의 급부를 둘러싸고 중첩적 견련관계가 발생할 수 없기 때문이다.[53]

따라서 위 ③의 '하나의 급부 만족성'에서 기준을 구하고 ①, ②의 요소에 의하여 이를 적정한 범위로 제한할 필요가 있다고 생각된다. 이런 견지에서 보건대, 뒤의 표에서 보는 부진정 연대채무와 이에 준하는 기타의 관계는 모두 복수인이 중첩하여 채무를 부담하지만, 상대방인 채권자는 어느 채무자에게서든 하나의 급부를 받으면 그것으로써 만족을 얻고, 궁극적으로 실체법상 다른 채무자에게 중복하여 급부의 제공을 청구할 수 없는 관계로서 중첩적 채권·채무관계에 해당한다. 그리고 이로부터, 복수인의 채무 발생원인인 실체법적 근거가 다르거나 그 법률효과(채무)의 범위가 동일할 필요는 없다는 것도 알 수 있다.[54] 이는 복수의 채권자들 사이에서도 마찬가지다. 즉 채무자가 어느 채권자에게든 변제 등으로 만족을 주면 다른 채권자에 대한 관계에서도 채무를 면하고 그에 대하여 이중으로 급부를 제공할 의무는 없다는 것이다.

6) 소비대차 등의 원인관계에 기한 채무자가 그 원인채무를 담보하거나 그 원인채무를 변제하기 위한 수단으로 제3자가 발행하거나 배서한 어음, 수표를 채권자에게 교부한 경우,[55] 채권자가 원인채무자와 그 어음·수표상의 채무자를 하나의 소송에서 병합하여 중첩적으로 채무의 이행을 구할 수 있는지 여부는 명시적인 판례 등을 찾기 어려우나 필자의 소견으로는 가능하다고 생각된다.[56]

---

53) 구체적으로 어떤 경우에 법률상 또는 사실상 견련관계가 발생하는지 일률적으로 말할 수 없으나, ① 법률상 견련관계의 경우, 복수의 채권자나 복수의 채무자 사이에 법률적으로 불가분이나 연대, 합동관계 또는 주채무자와 보증인의 관계처럼 복수인의 채권이나 채무가 법률적으로 하나의 급부나 하나의 만족을 위하여 결합하고 있는 경우에 인정할 수 있고, ② 사실상 견련관계의 경우, 복수의 채권자나 복수의 채무자 사이에 불법행위를 공동으로 하거나 하나의 물건을 공동으로 점유·수익하거나 물건 또는 서비스를 공동으로 매매·양도·처분하거나 채무 변제를 위하여 타인이 발행한 어음·수표 또는 타인에 대한 채무를 양도하는 등으로 사실상 각각의 채권 취득이나 채무 부담이 사실상 결합하고 있는 경우에 견련성을 인정할 수 있다고 생각된다. 그러나 이는 매우 상대적이어서, 채무 변제를 위하여 타인이 발행한 어음·수표 또는 타인에 대한 채무를 양도한 경우 기존 채무의 부담과 어음·수표상의 채무 또는 제3자의 채권자(양수인)에 대한 채무 부담이 하나의 행위나 하나의 현상으로서 사실상 견련성이 있다고 확실하게 말하기 어려운 면이 있다. 그러나 뒤에서 보는 바와 같이 중첩적 청구는 채무자에게 아무런 손해를 주지 않고 채권자에게도 특별히 이익을 주는 것이 아닌 만큼 그 가부를 엄격하게 구분할 필요는 없다고 하겠다.

54) 이 점은 대법원 2009. 3. 26. 선고 2006다47677 판결이 명시적으로 판시하고 있다.

55) 3자 스스로 주채무자의 채무 보증을 위하여 어음·수표를 발행·배서한 경우는 주채무자와 보증인의 관계와 기본적으로 같다고 할 수 있다.

56) 원인채권의 변제에 갈음하여 3자의 어음, 수표를 교부한 경우에는 대물변제에 의하여 어음, 수표의 교부 시에 원인채권이 소멸하므로 중첩적 채권·채무관계가 성립하지 않는다. 그러나 대물변제가 아닌 대물변제예약만을 하였고, 이에 따라 채권자가 대물변제예약 완결을 원인으로 한 소유권이전등기절차나

이 경우 채권자는 각각 별소로써 원인채무자와 어음·수표상 채무자를 상대로 각각 원인채무나 어음·수표상 채무의 이행을 구할 수 있고, 채권자가 어느 쪽의 채무자에게서 채무의 이행을 받든 그 범위에서는 궁극적인 만족을 받으므로 다른 채무자에 대한 중복적인 청구가 정당화될 수 없기 때문이다. 이때 3자의 어음, 수표가 원인채무의 변제를 위하여 채권자에게 교부된 것으로서 어음·수표 채무가 먼저 변제된 때는 원인채무가 목적달성으로[57] 변제·소멸하지만, 반대로 원인채무가 먼저 변제된 때는 채권자의 어음·수표 채무자에 대한 채권은 자동적으로 소멸하지는 않고, 단지 채권자와 원인채무자 사이에서 채권자는 어음·수표 채권을 행사할 수 없으며, 만약 어음·수표 채권을 행사한 경우 그 급부는 부당이득으로서 원인채무자에게 반환하여야 하는 법률관계가 성립한다.[58]

7) 그러나 이와 같이 채권자가 어느 채무자에게서 급부를 받으면 다른 채무자에 대한 채권이 동시에 자동적으로 소멸하는지 여부는 중첩적 채권·채무관계의 성립에 필수적 요소가 아니라고 생각된다. 그런 경우에도 채권자는 복수의 채무자에게 각각 하나의 급부 전부의 이행을 청구할 수 있으나 궁극적으로 중복하여 만족을 받을 수 없는 점은 다른 경우와 동일하기 때문이다.

중첩적 채권·채무관계가 성립하는 경우, 채권자는 복수의 채무자를 상대로 각각 별소로써 개별적으로 하나의 급부 전부의 이행을 청구할 수 있으므로, 채권자가 채무자들에 대한 청구를 하나의 소에 병합하여 청구하는 것을 금할 이유가 없고, 병합청구의 경우에 채권자가 복수의 채무자들에게 각각 독립한 급부의 이행을 청구하든 '각자' 또는 '공동하여'라고 중첩적 이행을 청구하든 채권자나 채무자 모두에게 특별히 이익이 되거나 손해가 되지도 않는다.[59] 그러므로 채권자가 어느 채무자에게서 급부를 받았을 때 다른 채무자에 대한 채권이 동시에 자동적으로 소멸하는지 여부는 중첩적 채권·채무관계를 인정하는 데에 하등 장애가 될 수가 없다고 할 것이다.

이러한 견지에서 보건대, 원인채무자와 어음·수표상의 채무자의 관계는 물론, ① 원인채무자와, 그 원인채무의 담보를 위하거나 그 변제를 위하여 채무자가 제3자에 대한 채권을 양도한 경우의 제3자, ② 사해행위취소 및 원상회복청구에서 가액반환의무를 부담

채권양도 등 재산권의 이전을 청구하는 경우에는 아직 대물변제가 이루어지지 않은 이상 원인채무가 소멸하지 않으므로 채권자는 원인채무의 이행과 함께 위 재산권의 이전청구를 병합하여 청구할 수 있다. 다만, 위 재산권의 이전이 채권양도인 경우 채무자에 의한 채권양도가 이루어질 것을 조건으로 3채무자에게 그 채무이행을 동시에 청구하는 것은 장래이행의 소에 해당하므로 그 소까지 병합하여 청구하는 것은 어렵다고 하겠다(대법원 1992. 8. 18. 선고 90다9452, 9469 판결 참조).

57) 채권자와 원인채무자 사이의 명시적·묵시적 상계 합의 내지는 무명의 약정에 의하여 어음·수표상의 채무금이 원인채무의 변제에 충당되어 소멸한다고 할 수 있다.

58) 이는 어음, 수표가 원인채무의 담보를 위하여 교부된 경우, 원인채무의 변제나 담보를 위하여 채무자의 제3채무자에 대한 채권이 양도된 경우에도 동일하다.

59) 따라서 뒤에서 언급하는 바와 같이 복수의 채무자를 하나의 소에 병합하여 청구하는 경우에도 '각자' 지급이나 '공동하여' 중첩적 지급을 구하지 않고 각각 독립한 지급을 청구하여도 무방하다.

하는 수익자나 전득자가 복수인 경우 그 수익자나 전득자들,[60] ③ 사해행위취소 및 원상회복청구에서 가액반환의무를 부담하는 수익자나 전득자는 1인인 반면 그 채권자가 복수인 경우 그 채권자들의 관계 등에서 복수의 채권자나 복수의 채무자는 '각자' 또는 '공동하여' 중첩적 이행을 청구하거나 청구당할 수 있다고 할 것이다.[61] [62]

8) 그러나 채무자와 사해행위에 따른 가액반환의무를 부담하는 수익자를 상대로 원인채무의 이행과 그 금액 상당의 가액반환청구를 하는 경우,[63] 채권자대위소송의 원고인

---

60) 이는 복수의 수익자나 전득자가 각각 별개의 재산을 취득한 경우나 동일한 재산을 공동소유의 형태로 취득한 경우에 성립한다. 대법원은, "채권자가 여러 수익자를 상대로 사해행위취소 및 원상회복청구의 소를 제기하여 여러 개의 소송이 계속 중인 경우에는 각 소송에서 채권자의 청구에 따라 사해행위의 취소 및 원상회복을 명하는 판결을 선고하여야 하고, 수익자가 가액배상을 하여야 할 경우에도 다른 소송의 결과를 참작할 필요 없이 수익자가 반환하여야 할 가액 범위 내에서 채권자의 피보전채권 전액의 반환을 명하여야 하며, 이러한 법리는 채무자가 동시에 여러 부동산을 수인의 수익자들에게 처분한 결과 채무초과 상태가 됨으로써 그와 같은 각각의 처분행위가 모두 사해행위로 되고, 채권자가 그 수익자들을 공동피고로 하여 사해행위취소 및 원상회복을 구하여 각 수익자들이 부담하는 원상회복의무의 대상이 되는 책임재산의 가액을 합산한 금액이 채권자의 피보전채권액을 초과하는 경우에도 마찬가지이다."라고 한다(대법원 2008. 11. 13. 선고 2006다1442 판결).
     그러나 대법원 판결과 달리 복수의 수익자에 대하여 독립한 청구가 아닌 '각자' 또는 '공동하여'로 중첩적 이행을 청구하여도 무방하다고 하겠다. 어차피 궁극적으로는 채권자가 그 피보전채권액을 초과하여 중복해서 만족을 얻을 수 없고(복수의 채권자 중 1인에게 지급한 경우에 다른 채권자에 대하여 수익자의 청구이의를 인정하는 대법원 2005. 11. 25. 선고 2005다51457 판결, 2005. 11. 25. 선고 2005다51464 판결, 2008. 4. 24. 선고 2007다84352 판결의 취지상 복수의 수익자 중 1인이 지급한 경우에 다른 수익자도 청구이의를 할 수 있다고 할 것이다.), 복수의 수익자 사이에 채권자의 피보전채권 보호를 위해 사해행위라는 법률상의 견련성이 있다고 볼 수 있기 때문이다.
61) 금액이 상이한 경우에는 중첩 부분에 한하여 중첩적 채권·채무관계가 성립한다. 복수의 채권자나 채무자의 금액이 각 상이한 경우에는 구태여 '각자' 또는 '공동하여' 지급을 구하거나 명할 필요가 없고, 각별로 독립하여 그 해당 금액의 이행을 청구하거나 명하여야 할 것이다.
62) 이 밖에 학설상으로, ① 타인의 가옥을 소실(燒失)케 한 자의 불법행위에 의한 손해배상의무와 화재보험회사의 보험계약상의 손해보상의무, ② 임치물을 부주의로 도난당한 수치인의 채무불이행에 의한 손해배상의무와 절취자의 불법행위에 의한 손해배상의무, ③ 책임무능력자의 가해행위에 대한 법정감독의무자의 손해배상의무와 대리감독자의 손해배상의무, ④ 피용자의 가해행위에 대한 사용자와 감독자의 각 손해배상의무, ⑤ 동물의 가해행위에 대한 점유자와 보관자의 각 손해배상의무에 관하여 부진정 연대채무가 인정되고 있다. 한편, 부진정 연대관계와 이에 준하는 기타의 경우는 양자를 구별할 기준을 찾기 어렵고 그 법적 성질이 동일하므로 양자를 엄격히 구별할 필요는 없다고 생각된다.
63) 대법원 2014. 10. 27. 선고 2012다76744 판결은, 채권자 갑이 채무자 을 소유 부동산을 가압류한 후 채무자 을에 대하여 대여금반환을 구하는 소를 제기하여 승소하였는데, 그 도중에 수익자 병이 을 소유 부동산에 관하여 매매예약에 기한 가등기와 그 완결에 기한 본등기를 마치자 병을 상대로 사해행위취소를 구하여 가액배상을 명하는 그 승소 확정판결에 따라 병으로부터 위 대여금에 미달하는 가액배상금을 모두 변제받았음에도, 을에 대한 피보전채권의 확정판결을 집행권원으로 위 부동산에 관하여 가압류에 따른 강제경매를 신청, 법원이 강제경매개시결정을 하자 병이 갑을 상대로 제3자이의의 소를 제기한 데 대하여, 갑이 위 책임재산인 부동산의 가치 전부를 취득하여 자기 채권의 만족에 사용함으로써 책임재산에 관한 집행이 종결된 것과 같은 결과에 이르게 되어 위 부동산에 대한 강제집행의 보전을 목적으로 하는 가압류는 당초의 목적을 달성하여 더 이상 유지될 필요성이 없으므로, 가압류 집행 후 본집행으로 이행하기 전에 위 부동산의 소유권을 취득한 병이 집행채권자인 갑에 대하여 그 소유권 취득을 주장하여 대항할 수 있어, 제3자이의의 소에 의하여 위 강제집행의 배제를 구할 수 있다고 판시하였다.
     이 경우 갑이 처음부터 을과 병을 공동피고로 삼아 대여금과 가액배상금의 중첩적 지급을 청구하는

채권자가 채무자를 상대로 원인채무의 이행을 구하면서 제3채무자를 상대로 원인채무액 상당의 금전을 원고 자신에게 지급할 것을 청구하는 경우에는, 원고가 수익자나 제3채무자로부터 지급 받은 돈으로 궁극적으로 자신의 채권의 만족을 받는다는 점에서는 중첩적 청구의 이유가 되나, 원인채무관계와 사해행위 또는 원인채무관계와 채무자 및 제3채무자 사이의 채권관계 사이에는 사실상·법률상 견련성이 없다는 점에서 중첩관계를 인정하기 어렵다고 하겠다.[64]

9) 한편, 사해행위취소 및 원상회복청구에 있어 복수의 채권자 또는 복수의 수익자는 연대관계처럼 그 내부에 밀접한 견련성이 있는 것이 아니어서 거기에 민법 제413조 이하의 연대관계를 적용할 수는 없으므로 연대관계가 성립하는 것으로는 보기 어렵다.

그런데 수인이 공동으로 채무자로부터 재산권을 취득하여 그것이 사해행위에 해당한 경우, 복수 수익자들의 가액배상의무가 어떻게 되는지도 문제이다. 그들이 공유자가 된 경우에는 원물반환의 경우와 마찬가지로 각 공유지분 범위에서만 가액반환의무를 진다고 보는 것이 논리가 일관되고 공평하며, 채권자를 특별히 두텁게 보호할 이유도 없으므로, 민법 제408조가 적용되어 복수의 수익자들은 각각 지분별로 분할하여 가액반환의무를 부담하는 것이 타당하다고 생각된다. 반면에 수익자들이 합유나 총유로 재산권을 취득한 경우에는 가액배상의무도 준합유, 준총유에 해당한다고 할 것이다.[65]

10) 중첩적 채권·채무관계에 있는 급부를 하나의 이행의 소로써 복수의 채권자가 또는 복수의 채무자를 상대로 청구하는 경우 다음과 같이 그 청구취지에 각 중첩적 채권·채무관계별로 이를 나타내는 '연대', '각자', '공동', '합동' 등의 문구를 표시하는 것이 실무관행이다.

■ 채권·채무의 중첩과 청구취지(예)

중첩관계의 유형	성립하는 경우	중첩의 표시	청구취지(예시)
연대관계	수인이 연대하여 채무를 부담하기로 약정하거나 법률에서 정한 경우, 주채무자와 연대보증인, 수인이 연대보증 또는 보증연	연대하여	☆ 피고들의 중첩 "피고들은 연대하여 원고에게 3,000만 원을 지급하라."

경우 양자는 견련성이 매우 약하여 중첩적 지급을 청구해야 할 경우에는 해당하지 아니하나, 그렇다고 하여 법원이 갑의 청구를 기각하거나 독립하여 대여금과 가액배상금의 개별적 지급을 명할 필요는 없다고 할 것이다.

64) 그러나 이런 경우에도 중첩적 청구를 불허할 것은 아니다. 중첩적 청구는 채무자에게 아무런 손해를 주지 않고 채권자에게도 특별히 이익을 주는 것이 아닌 만큼, 채권자가 스스로 독립하여 복수의 채무자들에게 각각의 채무 전액에 대한 개별적 청구를 하지 않고 중첩적 청구를 하였다 하여 부당하다고 할 수 없기 때문이다.

65) 서울고등법원 2005. 9. 9. 선고 2002나3817 판결(대법원 2008. 11. 13. 선고 2006다1442 판결의 원판결)은, 3인의 수익자가 공동으로 부동산을 취득하여 공유등기한 경우 그들의 가액배상의무에 관하여 수익자 전원이 부동산 가액 전부에 관하여 부진정 연대책임을 진다고 판시하였는바, 수긍하기 어렵다. 각 공유지분에 상응한 가액에 관하여 독립적(분할적) 채무를 부담한다고 보아야 할 것이다.

	대를 한 경우, 수인이 그 1인 또는 전원에게 상행위가 되는 행위로 채무를 부담한 경우(상법 제57조), 수인이 공동하여 물건을 사용대차하거나 임차한 경우(민법 제616, 654조), 부부의 일방이 일상의 가사에 관하여 제3자와 법률행위를 한 경우(민법 제 823조), 채무자의 부탁을 받고 중첩적으로 채무를 인수한 경우[66) 등		"원고에게, 피고 이정현과 한대수는 연대하여 3,000만 원, 피고 최병성과 김형수는 연대하여 2,000만 원을 각 지급하라." ☆ 원고들의 중첩 "연대하여 원고들에게 피고는 3,000만 원을 지급하라."
불가분관계	수인이 공동으로 부당이득을 한 경우,[67) 공유자가 공유물에 관하여 부당이득을 한 경우,[68) 수인이 공동으로 물건을 임대하고 보증금반환채무를 부담하는 경우,[69) 공유자의 공유물 인도청구권[70) 등	각자(各自), 공동하여	☆ 피고들의 중첩 "피고들은 각자(공동하여) 원고에게 3,000만 원을 지급하라." "원고에게, 피고 이영수는 1억 원, 피고 최영진은 피고 이영수와 각자(공동하여) 위 금액 중 8,000만 원을 각 지급하라."[71)
부진정 연대관계[72)	공동불법행위자의 손해배상채무(민법 제760조), 명의대여자와 명의차용자의 책임(상법 제24조),[73) 도급인에 대한 수급인의 도급계약상 손해배상채무와 하수급인의 법		"피고들은 공동하여(각자) 원고에게 별지 1목록 기재 토지상

---

66) 대법원은, 중첩적 채무인수에서 인수인이 채무자의 부탁 없이 채권자와의 계약으로 채무를 인수한 경우에는 채무자와 인수인 간에 주관적 공동관계가 없어 부진정 연대관계로 보아야 하고, 반대로 인수인이 채무자의 부탁을 받고 채권자와의 계약으로 채무를 인수한 경우에는 채무자와 인수인 간에 주관적 공동관계가 있어 연대관계로 보아야 한다고 한다(2009. 8. 20. 선고 2009다32409 판결). 그러나 중첩적 채무인수에 대하여는 채무자의 부탁 여부에 관계없이 인수인은 연대보증인의 지위에 있는 것으로 보아야 한다는 주장이 유력하게 제기되고 있다(오수원, "중첩적 채무인수론", 법조 56권 1호, 2007. 1.). 한편 대법원은 위와 같은 견지에서, 상법 제724조 제2항에 의하여 피해자에게 인정되는 직접청구권의 법적 성질은 보험자가 피보험자의 피해자에 대한 손해배상채무를 중첩적으로 인수한 결과 피해자가 보험자에 대하여 가지게 된 손해배상청구권으로서, 보험자의 채무인수는 피보험자의 부탁(보험계약이나 공제계약)에 따라 이루어지는 것이므로 보험자의 손해배상채무와 피보험자의 손해배상채무는 연대채무관계에 있다고 한다(2010. 10. 28. 선고 2010다53754 판결).

67) 대법원 1991. 10. 8. 선고 91다3901 판결 등.

68) 대법원 1980. 7. 22. 선고 80다649 판결 등.

69) 대법원 1998. 12. 8. 선고 98다43137 판결 등.

70) 일본 대심원 1921. 3. 18. 선고 대정 10년才58 판결. 우리 대법원은 이를 인정하지 않는 대신 공유자의 보존행위권에 기하여 같은 결론을 인정한다(대법원 1966. 4. 19. 선고 1966다283 판결 등).

71) 중첩관계에서 복수의 채무자들의 채무 발생의 근거, 즉 청구원인이 다른 경우가 있다. 예컨대 소비대차상의 원인채권(원금 1억 원)과 그 지급을 위하여 3자가 발행한 어음(액면금 8,000만 원)이 교부된 경우 각각의 청구원인에 따른 법률효과가 달라져 채무자별로 의무의 크기(원금, 이자, 지연손해금 등)가 다른 때는 작은 범위에서만 중첩관계가 발생한다(대법원 1969. 6. 24. 선고 69다441 판결 등 참조). 이런 경우는 불가분이나 연대, 합동관계에서는 거의 없고 부진정 연대나 기타의 경우에 흔하다.

72) 대법원은, 부진정 연대채무 관계는 서로 별개의 원인으로 발생한 독립된 채무라 하더라도 동일한 경제적 목적을 가지고 있고 서로 중첩되는 부분에 관하여 일방의 채무가 변제 등으로 소멸할 경우 타방의 채무도 소멸하는 관계에 있으면 성립할 수 있고, 반드시 양 채무의 발생원인, 채무의 액수 등이 서로 동일할 것을 요한다고 할 수는 없으며, 부진정 연대채무의 관계에 있는 채무자들을 공동피고로 하여 이행의 소가 제기된 경우 그 공동피고에 대한 각 청구가 서로 법률상 양립할 수 없는 것이 아니므로 그 소송을 민사소송법 제70조 제1항 소정의 예비적·선택적 공동소송이라고 할 수 없다고 한다(2009. 3. 26. 선고 2006다47677 판결 등). 그러나 부진정 연대관계를 부정하는 학설도 상당하다. 이에 관하여는 김형배, "연대채무의 성질과 부진정 연대채무", 고시계 제36권4호(1991); 박영규, "부진정 연대채

	령상 채무,[74] 금융기관이 회사 임직원의 분식회계를 믿고 회사에 대출을 한 경우 회사의 대출금채무와 그 임직원의 손해배상채무,[75] 법인과 그 대표자의 손해배상채무(민법 제35조 제1항, 제750조), 사용자와 피용자의 손해배상채무(민법 제756조, 제750조),[76] 동일한 사실관계에 기한 채무자의 채무불이행책임과 제3자의 불법행위상의 손해배상채무,[77] 채무자의 부탁을 받지 않고 중첩적으로 채무를 인수한 경우 등		의 별지 2목록 기재 건물을 철거하고, 별지 1목록 기재 토지를 인도하라."[78] ☆ 원고들의 중첩 "공동하여 원고들에게 피고는 3,000만 원을 지급하라." 또는 "원고들에게 공동하여 피고는 3,000만 원을 지급하라."
기타	주채무자와 단순보증인, 신원본인과 보증인, 공무원의 직무집행에 관하여 국가와 공무원 개인이 중첩적으로 배상책임을 부담하는 경우,[79] 주채무자의 상속인과 연대보증인의 채무, 원인채무와 타인의 어음·수표채무[80] 등		"원고들에게 공동하여(각자) 피고는 별지 1목록 기재 토지상의 별지 2목록 기재 건물을 철거하고, 별지 1목록 기재 토지를 인도하라."
합동관계	수인이 어음·수표채무를 지는 경우	합동하여	"피고들은 합동하여 원고에게 3,000만 원을 지급하라."[81]

무 이론 비판", 민사법학 제48호, 한국사법행정학회(2010) 등 참조.
73) 대법원 2011. 4. 14. 선고 2010다91886 판결.
74) 대법원 2010. 5. 27. 선고 2009다85861 판결.
75) 대법원 2008. 1. 18. 선고 2005다65579 판결.
76) 대법원 1969. 6. 24. 선고 69다441 판결은 피용자가 사무집행에 관하여 제3자에게 손해를 가한 경우에 민법 제756조에 의한 사용자의 배상채무와 민법 제750조에 의한 피용자 자신의 배상채무는 별개의 채무이므로, 제3자가 받은 정신적 손해에 대한 배상액의 산정에 있어서 피용자가 그 제3자에게 지급하여야 할 배상액과 사용자가 그 제3자에게 지급하여야 할 배상액은 각각 다를 수가 있고 사용자의 그것이 반드시 피용자의 그것의 범위 내여야만 한다는 이치가 없다고 판시하였다. 불법행위에 관하여 민법은 여러 가지 경우에 따라 기본조항(제750조) 외에 미성년자 등의 감독자(제755조), 사용자(제756조), 공작물의 점유자·소유자(제758조) 등의 책임을 인정하는 규정을 두고 있는바, 이들 조항에 따른 손해배상책임 상호 간의 관계에 관하여 학설은 청구권경합설과 법조경합설이 대립하고 있는데, 판례는 전자의 입장을 취한다(대법원 1982.11.23. 선고 82다카1120 판결, 일본 대심원 1935. 10. 10. 선고 소화8년才3104 판결 등 참조).
77) 대법원 2006. 9.8. 선고 2004다55230 판결.
78) 대법원 1980. 6. 24. 선고 80다756 판결 등 참조. 이 예시는 지분권자 전원을 공동피고로 삼아 건물 전체의 철거와 토지 전체의 인도를 청구하는 경우이다.
79) 대법원 1996. 2. 15. 선고 95다38677 전합판결, 1997. 2. 11. 선고 95다5110 판결 참조.
80) 원인채권의 지급을 위하여 어음·수표가 교부된 경우에는 채권자는 어음·수표상의 권리를 먼저 행사(소송상의 청구 또는 소송 외에서의 지급제시)하여야 하는 반면, 담보를 위하여 교부된 경우에는 반대로 원인채권을 먼저 행사(소송상의 청구 또는 소송 외에서의 지급요구)하여야 한다. 그러므로 원인채권의 지급을 위하여 또는 담보를 위하여 교부된 제3자의 어음·수표를 가진 채권자가 원인채무자와 어음·수표상 채무자를 동시에 공동피고로 삼아 원인채권과 어음·수표금의 중첩적 청구를 하는 경우는 많지는 않을 것이지만, 채권자가 위와 같은 행사순서를 어기고 막바로 청구한 경우 원인채무자나 어음·수표 채무자가 이를 항변으로 제출하지 아니하는 한 법원이 직권으로 이를 문제 삼을 수는 없다고 생각된다. 그 행사순서는 원인채권과 어음·수표채권의 발생요건 또는 행사요건에 속하는 것이 아니라 예외적 장애사유로서 그 각 채무자의 이익에 속하는 사항으로 보아야 하기 때문이다. 지원림, "기존채무와 관련하여 어음이나 수표가 교부된 경우의 민법상 법률관계", 고시계 제45권5호(2000), 20면도 같은 견해로 보인다.
81) 합동관계는 합동채무만 있고 합동채권은 없다.

나) 판결 주문상 중첩관계 표시의 효력

1) 여기서 위와 같은 중첩적 채권·채무관계를 표시하는 문구의 내용과 그 법적 성질이 문제된다. 우선 그 내용에 관하여 보면, '연대'의 문구는 연대 채권·채무관계를 표시하므로 이에 대해서는 민법 제413조 내지 제427조가 규정하는 법률관계가 발생하며, 그 내용을 법에서 자세히 규정하고 있으므로 별다른 문제가 없다. '합동'의 경우도 이와 같다. 어음법과 수표법에서 규정하고 있기 때문이다.

문제는 '각자'의 문구를 사용하는 불가분관계, 부진정 연대관계, 기타의 채권·채무관계이다. '각자'의 의미에 대해서는 법령에 규정된 바가 전혀 없고,[82] 법령이나 판결문 등에서 '각자'라는 문구를 사용하더라도 각각의 법률관계가 동일하지 않기 때문이다. 그러므로 중첩적 관계를 나타내기 위하여 '각자'라는 문구를 사용한 경우, 이들은 단지 여러 채무자들이 각각 하나의 채무를 분할하지 않고 그 전체를 중첩적으로 변제할 의무를 부담하고 1인의 변제가 있으면 그 변제한 부분만큼 다른 채무자의 채무도 원칙적으로 소멸하는 효력이 있다(대법원 2009. 3. 26. 선고 2006다47677 판결 참조)는 점에서만 공통점이 있고, 이 한도에서만 의미가 있다.

2) 위와 같이 실체법상 불가분, 연대, 부진정 연대, 합동, 기타의 중첩적 채권·채무관계가 성립하는 경우에 복수의 채무자들은 채권자에게 그 급부 전체를 각기 중첩하여 변제할 의무를 부담하므로, 채권자는 그 복수의 채무자들에게 각별로(즉 1인씩 또는 그 중 일부에 대하여) 그 채무액 전액의 지급을 구하는 이행청구의 소를 동시 또는 이시에 제기할 수 있다(대법원 1968. 4. 2. 선고 68다112 판결).[83] [84]

---

82) 민법이나 민사소송법에서는 '각자'라는 용어를 사용하는데, 민법 제59조 제1항의 "이사는 법인의 사무에 관하여 각자 법인을 대표한다", 제119조의 "대리인이 수인인 때에는 각자가 본인을 대리한다"와 민사소송법 제93조 제1항의 "여러 소송대리인이 있는 때에는 각자가 당사자를 대리한다"와 제106조의 "당사자가 법원에서 화해한 경우 화해비용과 소송비용의 부담에 대하여 특별히 정한 바가 없으면 그 비용은 당사자들이 각자 부담한다"는 각각의 의미로서 한자로는 各者로 해석된다. 이는 민법 제413조의 "수인의 채무자가 채무전부를 각자 이행할 의무가 있고 채무자 1인의 이행으로 다른 채무자도 그 의무를 면하게 되는 때에는 그 채무는 연대채무로 한다"의 경우에도 같다. 법령에서 '각자'를 중첩적 관계로 나타내는 경우는 없다. 법원의 실무에서 판결문에 "소송비용은 각자 부담한다"고 한 때도 위 各者의 의미이다. 따라서 '각자'의 의미가 중첩관계를 나타내는 경우는 오직 소송비용 부담을 제외한 판결 주문에서만이다.

83) 가령 채무자가 A, B, C인이고 하나의 급부인 전체 채무액이 3억 원이라면, A, B, C를 상대로 3개의 소를 각별로 제기하여 "피고(A)는 원고에게 3억 원을 지급하라.", "피고(B)는 원고에게 3억 원을 지급하라.", "피고(C)는 원고에게 3억 원을 지급하라." 또는 피고 A, B만을 피고로 삼아 "피고들(A, B만)은 각자 원고에게 3억 원을 지급하라."고 청구할 수 있다. A나 B에 대하여 먼저 소를 제기한 후 그 소송 계속 중 또는 A, B에 대한 소송이 확정된 후 추가로 C를 상대로 소를 제기하는 것도 무방하다. 중첩적 채무자들에 대하여 어떻게 권리를 행사할 것인지는 채권자의 자유이기 때문이다. 채무자 일부에 대한 승소판결을 통해 집행권원을 얻더라도 나머지 채무자에 대한 신소 제기가 소의 이익이 없는 것이 아니며, 전소의 기판력이 신소에 미치지도 않는다.

84) 채권에 대하여 압류 및 추심명령이 발령되면 제3채무자에 대한 이행의 소는 추심채권자만이 제기할 수 있고 채무자는 피압류채권에 대한 이행소송을 제기할 당사자적격을 상실하는바(대법원 2008. 9. 25. 선고 2007다60417 판결, 2010. 2. 25. 선고 2009다85717 판결 등), 대법원은, 2인 이상의 불가분채

이때 원고가 복수의 채무자 중 1인(A)에 대해서만 제기한 소에서 법원이 피고(A)와 다른 사람(소외 B)이 공동불법행위를 한 자들로서 부진정 연대채무 관계에 있다고 판단한 경우, 원고와 피고(A)의 관계에서는 A가 불법행위상의 손해배상책임이 있다는 것에 대해서는 기판력이 미치나,[85] 피고(A)와 소외인 B의 관계는 원고와 소외인 B 사이에서는 물론 피고(A)와 소외인 B 사이에서도 그에 관하여 기판력이 미치지 않는다.[86] B가 소송 당사자가 아니고, 원고가 B에 대한 법률관계를 청구의 목적(소송의 목적)으로 삼지도 않았기 때문이다.

그러나 이 경우 원고의 청구가 없었음에도 법원이 판결 주문에서, "피고(A)는 소외 B와 공동하여 원고에게 3억 원을 지급하라."고 하여 피고(A)와 소외인인 B가 중첩하여 채무를 이행할 책임이 있다고 판결하더라도 처분권주의에 반하지 않는다(대법원 2007. 12. 14. 선고 2005다57950 판결). 그렇게 하더라도 원고에게 아무런 손해가 없고 법원이 소외인인 B에 대해서는 채무 이행을 명하지 않았기 때문이다.[87]

3) 중첩적 채무관계에 있는 복수의 채무자들을 상대로 각각 별개의 소로써 하나의 급부를 청구할 수도 있지만, 채권자는 위와 같이 하나의 소의 공동피고로 삼아 그들에게 중첩하여 채권액 전액의 지급을 청구할 수도 있음은 물론이다.

이때 ① 원고가 '각자'나 '연대' 지급을 구하였음에도 법원이 이를 바꾸어 '연대' 또는 '각자' 등 다른 문구를 표시하여 지급을 명할 수 있는지, ② 원고가 피고들에게 중첩하여 지급할 것을 청구하고 법원이 이를 인정하였음에도 중첩관계를 주문에 표시하지 않고 각각 독립한 지급을 명할 수 있는지, ③ 원고가 '각자'나 '연대' 등의 중첩적 지급을 청구하였으나 중첩관계가 인정되지 않는 경우 법원이 그 실체관계에 따라 각각 독립한 지급을 명할 수 있는지, ④ 중첩적 채무관계에도 불구하고 원고가 '각자'나 '연대' 등의 중첩적 지

무자 또는 연대채무자가 있는 금전채권의 경우에, 그 불가분채무자 등 채무자 중 1인을 제3채무자로 한 채권압류 및 추심명령이 이루어지면 그 채권압류 및 추심명령을 송달받은 불가분채무자 등에 대한 피압류채권에 관한 이행의 소는 추심채권자만이 제기할 수 있고 추심채무자는 그 피압류채권에 대한 이행소송을 제기할 당사자적격을 상실하지만, 그 채권압류 및 추심명령의 제3채무자가 아닌 나머지 불가분채무자 등에 대하여는 추심채무자가 여전히 채권자로서 추심권한을 가지므로 나머지 불가분채무자 등을 상대로 이행을 청구할 수 있고, 이러한 법리는 위 금전채권 중 일부에 대하여만 채권압류 및 추심명령이 이루어진 경우에도 마찬가지라고 판시하고 있다(2013. 10. 31. 선고 2011다98426 판결).

85) 판결의 이유에 대해서는 기판력이 미치지 않으나(민사소송법 제216조 제1항), 당해 소송의 청구원인에 관한 법률관계, 즉 그 청구원인의 존재 또는 부존재에 대해서는 기판력이 미친다.

86) 피고(A)와 소외인인 B의 관계는 원고와 피고에 대하여도 다음에 보는 바와 같이 기판력이 미치지 않는다.

87) "피고 A와 피고(또는 소외) B는 각자(공동하여) 원고에게 3억 원을 지급하라."는 판결과 "피고 A는 피고(또는 소외) B와 각자(공동하여) 원고에게 3억 원을 지급하라."는 판결은 그 의미가 다르다. 전자의 경우 A와 B 모두에게 판결의 효력이 미치지만(물론 소외인에게는 이행을 명할 수 없으므로 그에 대한 관계에서 판결은 실질적으로 무효이다.) 후자의 경우 피고 B와 소외인 B에게는 이행을 명한 바 없으므로 A에게만 판결의 효력이 미친다(대법원 2007. 12. 14. 선고 2005다57950 판결 참조). 그러므로 청구취지를 기재할 때에도 이 점에 주의하여야 한다.

급을 청구하지 않고 각각 독립한 지급을 청구할 수 있는지가 문제된다.

　　우선 이행의 소에서 판결의 주문은 어떠해야 하는가? 판결의 주문은 명확하여야 하며 주문 자체로서 내용이 특정될 수 있어야 하므로, 주문은 어떠한 범위에서 당사자의 청구를 인용하고 배척한 것인가를 그 이유와 대조하여 짐작할 수 있을 정도로 표시되고 집행에 의문이 없을 정도로 명확히 특정되어야 한다(대법원 1995. 6. 30. 선고 94다55118 판). 이는 판결이 실체법관계에 맞는 것이냐와는 별개로 주문과 이유 상호 간에 모순이 없어야 하고,[88] 주문 그 자체로서 내용이 분명하여야 한다는 요청에 따른 것이다. 소장의 청구취지는 판결의 주문에 대응하는 것이므로 청구취지 역시 그 내용이 분명하여야 하고 청구원인과 모순이 없어야 한다.

　　4) 다음으로, 주문이나 청구취지에 위와 같이 '각자'나 '연대' 등의 중첩적 문구를 기재한 경우 그것은 어떤 의미와 효력을 갖는가? 이에 대하여 대법원은, 채무자인 피고가 다수인 경우 채무의 성질에 따라 '합동' 또는 '연대'하여 지급하라고 하여야 할 때에 '각자' 지급하라고 판결하였다고 하더라도, '합동'이나 '연대'라는 등의 말은 채무의 성질, 태양을 표시하는 말에 불과하고 판결의 주문에서 반드시 급부의무의 성질, 태양을 표시할 필요는 없으며, 어느 것이나 전부 급부의무가 있음을 뜻하고 있는 점에서는 '각자' 지급하라고 판결한 경우와 같으므로, 채권자인 원고의 실질적 권리에는 아무런 관계가 없어 파기사유에 해당하지 않는다고 한다(대법원 1962. 2. 22. 선고 4294민상996 판결, 1968. 4. 2. 선고 68다112 판결). 하급심 법원의 실무도 대체로 이와 같다고 할 수 있다. 즉 법원은 실체법상 중첩관계가 인정되는 경우, 당사자가 청구취지에 기재한 문구에 구애되지 않고 그 실체관계에 따라 적당한 문구로 바꾸어 판결하고 있다.[89] [90]

---

88) 이유에 모순이 있는 때는 물론 주문과 이유 상호 간에 모순이 있는 때도 민사소송법 제424조 제1항 제6호에 따라 절대적 상고이유가 된다.

89) 그런 경우 판결의 청구취지란에는 "연대지급을 구한 외에는 주문 제1항과 같다."는 등으로 원고가 구한 내용을 표시해주는 것이 관행이다. 원고가 '연대' 지급을 청구하였으나 법원이 '각자(공동하여)' 지급을 명하는 경우에도 청구의 일부 기각은 하지 않는다. '연대' 지급과 '각자(공동하여)' 지급 중 어느 것이 원고에게 이익이 되는지 한 마디로 말할 수 없고(이행청구에 의한 이행지체와 그에 따른 소멸시효 중단 등에서는 '연대' 쪽이 채권자에게 유리한 반면 1인에게 생긴 사유의 타채무자에 대한 효력에서는 '각자(공동하여)' 쪽이 채권자에게 유리하다.), 중첩적 채권액 전액의 지급을 명한 점에서는 양자가 동일하기 때문이다. 이와 달리 박우동, "공동불법행위로 인한 손해배상의 판결 주문과 이유불비 등 위법", 판례회고 제6호, 서울대학교 법학연구소(1979), 107면은 원고가 '연대' 지급을 청구하였으나 법원이 '각자(공동하여)' 지급이나 독립한 지급을 명한 경우 원고에게 불리하다고 주장하나 논리적 이유를 찾기 어렵다. 대법원 1970. 1. 27. 선고 67다774 판결은, 원고가 피고들에게 각자(各自) 독립하여 지급하라는 분할채무의 청구에 대하여 법원이 피고들의 채무를 부진정 연대채무로 보고 피고들은 연대하여 지급하라고 명한 경우, 분할채무와 연대채무의 효력면에서 비교하면 연대채무가 채권의 효력을 강화하는 작용을 가지므로 채권자인 원고에게 유리한 것이라고 판시하였고, 또 대법원 1977. 11. 8. 선고 77다1558 판결은, 공동불법행위자인 피고 갑과 을은 연대하여 A금액을, 피고 갑과 병은 연대하여 B의 금액을 지급하라는 원고의 청구에 대하여 1심은 피고 갑과 을은 각자 A금액을, 피고 갑과 병은 각자 B의 금액을 지급하라고 판시하자 피고들만이 항소한 데에 대하여 항소심인 원심법원이, 피고 갑은 A+B, 피고 을은 A, 피고 병은 B 금액을 각 지급하라고 독립한 지급을 명한 것은 불이익변경금지의 원칙에 반한다고 판시하였으나, 역시 수긍하기 어렵다.

5) 이러한 법원의 조치는 적법한가? 실체법이 중첩적 채무관계의 실질에 따라 불가분, 연대, 합동관계 등을 규정하고 있는 이상 판결의 주문에도 당연히 이에 맞게 지급을 명하여야 할 것이다. 그리고 중첩적 채무관계 역시 채권자와 채무자의 법률관계(법률요건)에 따른 법률효과의 일부이며, 그것이 주문에 표시된 이상 사실상 당사자는 이에 구속되므로 가볍게 처리할 일이 아니다.

그러나 '연대'나 '합동' 등의 중첩관계 대신에 '각자'나 '공동' 지급을 명하였다 하여 위법이라고까지는 할 수 없다고 생각된다. 판결의 주문은 판결 이유에서 나타낸 법률관계(법률요건, 법률효과)를 간단명료하게 요약하여 표현하는 것으로서, 주문에서 사용하는 법률적 용어는 실정법에서 정한 것이 아니라 일반적으로 형성되고 관행적으로 사용하는 것이다. 따라서 그 구체적 의미는 통상적인 당해 용어의 의미, 당해 소송의 구체적 법률관계, 당사자와 그가 속한 법영역 등을 종합적으로 고찰하여 확정하여야 하며, 궁극적으로는 판결 이유에서 나타낸 법률요건과 법률효과를 초과하거나 그것과 절연하여 해석할 수는 없다고 하겠다. 즉 판결의 주문(소장의 청구취지)은 판결 이유(소장의 청구원인)에 대하여 종속적 지위에 있으므로, 주문에서 사용된 용어의 구체적 의미나 그 법률효과는 특별한 사정이 없는 한 사회일반의 언어는 물론 당해 소송의 구체적 법률관계, 특히 그 청구원인 및 판결 이유의 테두리 내에서 파악되어야만 한다.[91)]

6) 그러므로 문제가 전혀 없는 것은 아니지만, 판결의 주문에 중첩관계가 표시되더라도 그 부분에 대하여는 기판력이 없고, 그 부분 법률관계는 소송목적에 속하지 않는 점을 고려할 때[92)] '연대'나 '합동' 등의 중첩관계 대신에 '각자(공동하여)' 지급을 명하였다 하여

---

90) 조선고등법원(현재의 대법원과 같은 역할)은 1919. 12. 9. 선고 민상215 판결에서, 원고가 피고들에게 차용금에 대하여 전액 지급의무가 있다고 주장하며 '각자' 지급을 구한 것에 대하여 원심법원이 원고의 주장을 인정하고 피고들에게 '연대하여' 지급할 것을 명한 것은 위법하다고 판시한 바 있다. 그러나 구체적인 이유의 설시가 없어 논거를 알 수 없다.

91) 이런 점에서 볼 때 '각자'나 '공동하여'의 의미는, 판결 주문에서 복수인이 '각자' 또는 '공동하여' 채권자에게 급부를 할 것을 명한 경우 단지 여러 채무자들이 각각 하나의 채무를 분할하지 않고 그 전체를 중첩적으로 변제할 의무를 부담하고 1인의 변제가 있으면 그 변제한 부분만큼 다른 채무자의 채무도 원칙적으로 소멸하는 효력이 있다는 내용으로 이해되며 그런 의미로 일반적으로 쓰이고 있다(대법원 2009. 3. 26. 선고 2006다47677 판결도 이와 같이 새기고 있다). 따라서 '각자'나 '공동하여'라는 문구가 판결 주문에 사용된 경우 이는 이와 같은 의미와 법적 효력만을 가지고, 기타 채권자의 청구에 의한 소멸시효의 중단 범위나 복수의 채권자나 채무자 상호 간의 관계 등은 판결 이유나 청구원인에 나타난 각각의 구체적 법률관계로부터 별도로 추론하여야 한다. 사실 '연대'나 '합동' 등의 의미도 이와 동일하다고 할 수 있다.

92) 판결의 주문에 중첩관계가 표시된 경우 그에 대하여도 기판력이 미치는가? 이행의 소에서 심판의 대상인 소송목적은 피고가 원고에게 청구원인인 법률관계에 관하여 급부의무가 있는지 여부와 그 범위이며, 소송에서 그 법률관계가 확정되면 대법원 판시대로 그 채무의 구체적 성질이나 태양 등은 법률에 정한 바에 따르게 된다. 복수의 채무자가 채권자에게 실체법상 연대나 합동, 불가분 채무를 지는 경우 그 이행의 소의 소송목적은 각 채무자가 청구원인의 법률관계상 채권자에게 개별적으로 급부의무가 있는지 여부와 그 범위이며, 이때 그 채무자들이 공동소송인이라 하더라도 그 채무의 존부와 범위는 각 채무자별로 판단되고 복수의 채무자들 상호 간의 실체법적 법률관계는 소송목적에 속하지 않는다.

위법이라고까지는 할 수 없으며, 그 반대의 경우에도 마찬가지라고 할 것이다.

대법원 2012. 2. 9. 선고 2011다88825 판결은, 원고가 제1심 공동피고들(항소되지 않고 확정되었다.) 및 피고들을 상대로 각자 1억 1,400만 원과 그에 대한 지연손해금을 청구하였고, 제1심판결이 위 제1심 공동피고들에게 각자 1억 원과 지연손해금, 피고들에게 각자 1,400만 원과 지연손해금의 지급을 각 명하였으며, 이에 대하여 원고가 피고들에 관한 부분만 불복, 항소하였는데, 원심이 그 판결 주문에서 제1심 공동피고들과 피고들의 중첩관계를 표시함이 없이 "피고들은 각자 원고에게 1억 원 및 그에 대한 지연손해금을 지급하라"고만 명한 것에 대하여 원심은, 원고와 제1심 공동피고들 사이의 인천 남동구 소재 상가건물의 분양계약이 취소되어 분양자들인 제1심 공동피고들이 원고에 대하여 계약금 1억 원의 반환의무를 부담하게 되었다고 하더라도, 원고가 실제로 위 계약금을 일부라도 회수하였다는 사정이 없는 한 피고들은 여전히 원고에게 위 상가 전매차익의 보장을 위하여 작성하여 준 확인서에서 보장한 수익금 1억 2,000만 원을 전액 지급하여야 할 의무를 부담한다고 판시함으로써, 결국 피고들의 채무 중 계약금 상당액인 1억 원 부분은 제1심 공동피고들과 피고들 중 어느 일방의 채무가 변제 등으로 소멸할 경우 타방의 채무도 소멸하는 관계에 있음을 전제로 한 것으로 보이므로, 비록 원심판결이 그 주문에서 제1심 공동피고들과 피고들의 중첩관계를 표시하지 않았다 하더라도 처분권주의를 위반하였다고 할 수는 없다[93]고 판시하였다. 대법원 판결의 이유가 불충분하기는 하지만,[94] 이

즉 복수의 채무자들 상호관계는 그 자체로 판단 대상이 되는 것이 아니라 채권자와 각 개별 채무자 간의 관계로 분해되어 판단될 뿐이다. 따라서 법원은 채무자들이 중첩관계에 있는 경우 하나의 채무를 분할하지 않고 각별로 채무 전액의 지급을 명할 뿐이며, 이에 따라 본래는 판결의 주문에도 각별로 독립하여 전액의 지급을 명하여야 한다. 판결의 주문에 중첩관계를 표시하는 것은 채권자가 중첩적으로 만족을 받을 수는 없음을 주의적으로 표시한 것에 불과하다고 할 것이다. 채무자 중 1인이 한 변제나 상계, 면제 등의 효력이 다른 채무자에 대하여도 같은 효력이 있는지 여부는 채권자와 그 다른 채무자의 법률관계로서 판단될 뿐 채무자들 간의 법률관계로 판단되는 것이 아니며, 채무자 중 1인과 다른 채무자가 어떤 관계에 있는지 여부는 소송에서 확정할 사항이 아니다. 채무자들 상호 간의 법률관계는 확정된 청구원인의 법률관계에 관하여 법률이 정한 바에 따라 처리되며, 그에 관하여 채권자와 채무자 또는 채무자들 상호 간에 다툼이 있는 경우(예컨대, 소송 확정 후에 채무자 중 1인이 한 변제나 상계, 면제 등의 효력이 다른 채무자에 대하여도 미치는지, 그와 관련하여 채무자가 다른 채무자에게 구상권이 있는지 등에 관하여 다툼이 있는 경우) 이를 소송목적으로 삼아 다시 소를 제기하여 법원의 판단을 받아야 한다. 그런 점에서 판결의 주문에 중첩관계가 표시된 경우 그에 대하여는 기판력이 미치지 않는다고 생각된다.

93) 이는, 원고가 제1심 공동피고들과 피고들의 '각자' 중첩지급을 구한 것에 반하여 피고들만의 중첩지급을 명한 조치가 원고가 구하지도 않은 재판을 한 것으로서 당사자처분권주의에 반한다는 주장은 이유가 없다는 취지로 이해된다.

94) 대법원 판결은 "원심판결의 이유에서 원심이, 원고와 제1심 공동피고들 사이의 인천 남동구 소재 상가건물 분양계약이 취소되어 분양자들인 제1심 공동피고들이 원고에 대하여 계약금 1억 원의 반환의무를 부담하게 되었다고 하더라도, 원고가 실제로 위 계약금을 일부라도 회수하였다는 사정이 없는 한 피고들은 여전히 원고에게 위 상가 전매차익의 보장을 위하여 작성하여 준 확인서에서 보장한 수익금 1억 2,000만 원(원고가 투자한 계약금 1억 원 + 전매차익 2,000만 원)을 전액 지급하여야 할 의무를 부담한다고 판시하였는바, 이는 결국 피고들의 채무 중 계약금 상당액인 1억 원 부분은 제1심 공동피

역시 위와 같은 시각에서 판결 주문에 중첩관계를 표시하지 않았다고 하더라도 처분권주의에 위반하는 등의 위법성은 없다고 본 것으로 이해된다.

그런데 대법원 1977. 11. 8. 선고 77다1558 판결은, 원고들에게 피고 A, B는 연대하여 729,216원을, 피고 A, C는 연대하여 297,216원을 각 지급하라는 원고들의 청구에 대하여 1심은 "원고들에게 피고 A, B는 각자 724,152원을, 피고 A, C는 각자 295,152원을 각 지급하라."고 판시하였고, 이에 대하여 피고들만이 항소한 데에 대하여 원심은, 피고 A, B는 그 판시와 같은 공동불법행위로 인하여 원고들에게 554,508원의 손해를 피고 A, C는 그 판시와 같은 공동불법행위로 인하여 원고들에게 226,008원의 손해를 각 가한 사실을 인정하고 원고들에게 피고 A는 780,516원(554,508원＋226,008원), 피고 B는 554,508원, 피고 C는 226,008원을 연대하여 각 지급할 의무가 있다고 할 것이나 이는 원고들에 대한 관계에 있어서는 전액의무라고 하여 주문에서는 "원고들에게 피고 A는 780,516원을, 피고 B는 554,508원을, 피고 C는 226,008원을 지급하라."고 판시하였는바, 원고들은 본 건 손해배상청구에 있어 각 공동불법행위를 한 피고들에 대하여 연대로 손해배상을 구하고 있고, 민법상 공공불법행위자는 연대하여 그 손해를 배상할 책임이 있다고 할 것이며, 1심은 위와 같이 이를 각자 책임으로 판시하고 있는바, 그렇다면 원심이 본 건 공동불법행위자인 피고들에게 위와 같이 독립하여 그 손해배상의 책임이 있는 것으로 판시하였음은 변론주의와 불이익변경 금지의 원칙 및 공동불법행위 및 연대채무에 관한 법리오해, 이유불비 또는 이유모순의 위법이 있다고 판시하였다.

이 대법원 판결은 위 68다112 판결이나 2011다88825 판결과는 사실상 모순되는 것으로 보인다. 한편, 대법원 1984. 6. 26. 선고 84다카88, 89 판결도, 원심판결은 그 이유에서는 피고 갑, 을이 자동차사고로 인하여 원고에게 배상할 금액이 모두 8,714,898원이라고 확정하고 사고 버스회사인 피고 을에 관해서는 상계항변을 인정한 후, 판결 주문에서 피고 갑(운전수)은 5,174,898원을, 피고 을은 8,714,898원을 각 지급하라고 명함으로써, 결국 합계 13,889,796원의 지급을 명한 결과가 되어 그 이유와 주문에 모순이 있으므로 파기사유에 해당한다고 판시하였는바, 이 역시 위 77다1558 판결과 그 취지가 같다고 해석된다. 물론 위 77다1558 판결과 84다카88, 89 판결을, 각 그 원심법원이 각 그 판결 이유에 "… 연대하여 각 지급할 의무가 있다."고 하고서도 주문에서는 독립한 지급을 명함으로써 주문과 이유의 모순을 범하였다는 취지로 이해할 여지도 있다. 그러나 위 68다112 판결과 2011다88825 판결의 견해나, 만약 원고가 복수의 중첩적 채무자들을 하나의 소의

고들과 피고들 중 어느 일방의 채무가 변제 등으로 소멸할 경우 타방의 채무도 소멸하는 관계에 있음을 전제로 한 것으로 보이므로…"라고 하고 있는바, 대법원이 이와 같이 판시한 주된 이유가 원심판결의 이유 중에 실질적으로 중첩관계를 표시한 데에 있는 것처럼 읽히기도 한다. 즉 중첩관계는 판결의 주문에 반드시 표시하지 않아도 무방하다는 취지로 보인다.

공동피고로 삼지 않고 각각 별개로 제소한 경우와 비교한다면 분명히 이는 위 68다112 판결 등 이전의 판례와는 배치된다고 하지 않을 수 없다.[95]

7) 사견으로는, 앞서 설명한 바와 같이 비록 판결 주문에 기재된 중첩관계의 문구에 대하여 기판력이 미치지 않고 중첩관계 여부가 소송목적에 속하지 않지만, 원고가 스스로 중첩관계에 의한 지급을 청구하였고, 판결 주문에 중첩관계를 표시한 경우 채무자인 피고로서도 일정 부분 이익이 되는 면이 있으며, 중첩관계를 표시하지 않고 독립한 지급을 명할 경우 자칫 이중집행의 위험이 있을 뿐만 아니라, 채무자 중 일부가 변제를 한 경우 채권자가 독립한 지급을 명한 판결 주문만을 기초로 그 결과를 다른 채무자에 대한 관계에서 인정하지 않을 때에는 다른 채무자는 청구이의의 소를 제기하여 구제를 받아야 하는 등의 불편과 소송비경제가 초래되므로, 법원은 그 실체관계에 따라 중첩적 채무자들의 독립한 지급보다는 중첩관계에 의한 지급을 명하는 것이 옳다고 생각한다.[96] 물론 실체관계가 중첩관계가 아닌 독립적 관계임에도 원고가 중첩지급을 청구한 경우 법원은 각각 지분 비율에 따라 독립한 지급을 명하여야 함도 당연하다.[97]

---

95) 만약 위 77다1558 판결과 84다카88, 89 판결의 사안에서, 원심법원이, 그 판결의 이유에서 처음부터 복수의 채무자들이 각기 독립하여 채무 전액을 지급할 의무가 있다고 판시하였다면 대법원은 어떻게 판단하였을까? 역시 중첩관계임에도 독립한 지급을 명함으로써 실체법관계에 반하는 판결을 하였다는 이유로 파기하지 않았을까?

96) 물론 이에 위배한 것이 위법이라는 의미는 아니다. 그런 점에서 대법원 77다1558 판결, 84다카88, 89 판결이 원심판결을 파기한 것에는 찬성하기 어렵다. 대법원 77다1558 판결, 84다카88, 89 판결에 대한 비판론으로는 이재성, "연대채무와 각자 전액지급청구의 가부", 민사재판의 이론과 실제 제3권, 법조출판사(1978); 이재성, "부진정 연대채무와 각자지급의 청구", 변호사 －법률실무연구－ XV, 서울지방변호사회(1985)를 참조.

97) 중첩지급이 원고에게 불리하고 피고에게 유리하며 독립한 지급은 그 반대인 것으로 보아, 이 경우 원고 청구의 범위를 초과한 인용으로서 당사자처분권주의에 반한다는 반론도 있을 수 있으나, 어느 쪽이 원·피고에게 유리한지 여부는 단언할 수 없으므로 이 경우 원고 청구의 일부를 기각할 필요도 없다고 할 것이다. 따라서 실체법관계상 중첩적 관계가 아닌 독립관계임에도 원고가 중첩적 지급을 청구한 경우 법원은 중첩적 지급 또는 독립한 지급 어느 쪽의 이행을 명하여도 무방하다고 할 것이다.

그러나 분할 채권관계에 있는 복수의 채권자(원고)가 중첩지급을 청구한 경우 법원은 채무자로 하여금 복수의 채권자에게 각각 독립한(분할적) 지급을 의무적으로 명하고 나머지 청구를 기각하여야 한다. 만약 이때 채무자로 하여금 분할 채권관계에 있는 복수의 채권자에게 하나의 채권 전액에 관하여 '연대'나 '각자' 등의 중첩적 지급을 명하게 되면 채권자들은 실체법상 허용되는 것 이상을 지급받게 되어 (물론 이 경우 복수의 채권자들 중 1인이 그 전액을 지급받은 때에는 이를 다른 채권자들과 나누어 가질 실체법상의 의무가 있더라도) 위법하기 때문이다(대법원 1962. 5. 3. 선고 4294민상1105 판결 참조). 만약 이 경우 피고가 2인으로 지분이 균등한 것으로 가정하면, 지분 비율(1/2)에 따른 독립한 지급이 아니라 채무 전액(1)의 중첩지급을 명하게 되면 원고는 피고 2인에게 각각 1의 청구권이 있는 것으로 되는바, 그렇게 되면 원고는 실체법상의 권리(1/2)보다 큰 권리(1)를 행사할 수 있게 되어 위법한 판결이 된다. 채권자가 1인이고 채무자가 수인으로서 그 채무자들이 분할 채무관계에 있는 경우에도 마찬가지다. 위 68다112 판결과 2011다88825 판결의 경우는 원고가 실체법상의 권리 이상의 지급을 명받은 것은 아니다. 다만, 피고들의 채무가 중첩관계여서 그 중 1인이 변제하면 다른 채무자는 청구이의로써 집행력 배제를 구할 수 있다. 그러나 위 가정적 경우에는 원고가 피고들 중 누군가에게서 판결대로 1을 지급받으면 채권 전부의 만족을 받게 되고 다른 채무자는 이로써 청구이의를 할 수 있는 것은 동일하나, 당초부터 피고들은 원고에게 1이 아닌 2분의 1의 지급의무만 있으므로 1을 강제집행 당

8) 마지막으로, 실체적 법률관계가 중첩적 채무관계임에도 원고가 하나의 소에서 복수의 채무자들을 공동피고로 삼아 지급을 청구하면서 중첩지급을 청구하지 않고 각각 독립한 청구를 한 경우에 관하여 살펴본다. 위와 같이 중첩적 채무관계의 경우, 실체법상 채권자는 복수의 채무자들에 대하여 각각 그 채무 전액의 지급을 청구할 권리가 있고, 소송법상으로도 복수의 채무자들을 분리하여 각각 별개의 소로써 전액 지급을 청구할 수 있는 이상, 이들을 하나의 소의 공동피고로 삼은 경우에도 중첩지급 청구가 아닌 독립한 청구를 하더라도[98) 위법하지 않다고 생각된다. 이에 따라 법원은 중첩적 지급을 명할 수 있음은 물론이지만, 원고가 구한 바대로 피고들에게 각 채무 전액의 독립한 지급을 명하더라도[99) 그 실체적 법률관계가 중첩적 채무관계 아닌 것으로 변하는 것은 아니며, 피고들은 원고가 이중집행을 하는 경우 청구이의의 소와 강제집행정지를 통해 구제받을 수 있다.[100)

9) 중첩적 채권·채무관계에서 복수의 채권자나 채무자는 양립할 수 없는 관계가 아니므로 민사소송법 제70조가 규정하는 주관적 주위적·예비적 병합이나 주관적 선택적 병합을 청구할 수는 없다(대법원 2009. 3. 26. 선고 2006다47677 판결, 2012. 9. 27. 선고 2011다76747 판결).

만약 이에 위반하여 원고가 주관적 주위적·예비적 병합이나 주관적 선택적 병합을 청

할 이유가 없다는 점에서 위 두 판례의 사안과 다르다.
한편, 원고가 피고들에게 각각 분할관계(가분적 중첩)가 아닌 완전히 독립한 채권(예컨대 2인의 피고에게 1+1의 채권)을 가지고 있음에도 잘못하여 중첩지급을 청구한 경우에도 법원은 독립한 지급을 명하여야 할 것이다(그렇지 아니하고 원고가 스스로 자신에게 불리한 청구를 한 것으로 보아 중첩지급을 명하게 되면 실질설의 원칙에 반하고―이 경우 청구원인과 청구취지가 불일치하게 되는바, 원고가 중첩지급을 구한 것은 법률의 부지에 따른 착오로 보아야 할 것이다― 법률관계가 복잡해지는 폐단이 있다). 이때 법원이 중첩지급을 명한 경우 그 부분은 기판력이 미치지 않으므로, 원고는 2인의 피고에게 각각 집행을 할 수 있고 그 중 1인이 변제하였음을 이유로 한 피고들의 청구이의는 배척되어야 할 것이다.

98) 이런 일은 대개 원고의 법리 오해에서 비롯되므로 법원은 당사자에게 석명을 구하여 처리하는 것이 바람직하다(대법원 2010. 8. 19. 선고 2010다27915 판결 참조).

99) 이 경우에 원고가 각각 채무 전액의 독립지급이 아니라 지분 비율에 의한 독립지급을 청구한 때에는 원고의 청구대로 인용하여야 한다. 원고가 각 피고에게 1/2씩의 지급을 청구하였음에도 법원이 1의 중첩지급을 명하면 각 피고는 원고에게 1씩의 지급의무를 부담하므로 처분권주의에 반하기 때문이다.

100) 그러나 위와 같이 대법원 77다1558 판결, 84다카88, 89 판결에서 본 바와 같이 중첩지급이나 독립한 지급 어느 쪽으로 명하더라도 원고나 피고에게 특별히 유리하거나 불리하게 되는 것은 아니며, 독립한 지급을 명할 경우 피고에게 이중집행의 위험과 청구이의라는 번잡한 절차와 소송비경제가 초래되는 점을 고려하면, 이 경우 법원은 그 실체관계에 따라 원고의 청구와 달리 중첩지급을 명하는 것이 가능함은 물론이다. 대법원 1962. 4. 4. 선고 4294민상945 판결은, 원고가 피고 2인에게 공동손해배상책임이 있다며 각각 40만환의 지급을 청구한 데에 대하여 원심이 피고들에게 연대하여 40만환을 지급하라고 판시한 것은, 아무 증거의 적시도 없이 연대하여 지급하라고 판단한 것으로서 위법이라고 판시하였으나 수긍하기 어렵다. 대법원 1970. 1. 27. 선고 67다774 판결도, 피고들의 채무를 분할채무로 보고 피고들에게 각각 독립하여 지급하라는 원고의 청구에 대하여 원심이 부진정 연대채무로 보고 피고들은 연대하여 지급하라고 하였다면, 분할채무와 연대채무의 효력면에서 비교할 때 연대채무가 채권의 효력을 강화하는 작용을 가진 것으로서 원고에게 유리하므로, 오히려 원고가 불리한 분할채무를 주장함은 적법한 상고이유가 되지 않는다고 하였으나 역시 그 이유에는 동의하기 어렵다.

구한 경우 법원은 어떻게 처리하여야 하는가? 부적법한 소로 보아 소 전부를 각하하는 방법과 청구병합에 관한 대법원의 견해인 실체관계설에 따라 주관적 단순병합으로 보아 처리하는 방법을 생각할 수 있다. 대법원은 이 경우 민사소송법 제70조와 필수적 공동소송에 관한 제67조 등을 적용하지 않음으로써 후자의 견해를 취하고 있는 것으로 이해된다(대법원 2012. 9. 27. 선고 2011다76747 판결 참조).[101]

10) 복수의 원고나 피고 중 일부만이 중첩관계에 있는 경우에는 중첩관계에 있는 당사자와 그 밖의 당사자를 구별하여 기재한다. 동일한 피고들이 동일한 원고에게 일부 금액은 중첩관계의 채무를, 또 일부 금액은 분할채무를 진 경우에는 "원고에게, 피고들은 각자(연대하여 / 합동하여 / 공동하여) 1억 원을 지급하고, 각 2,000만 원을 지급하라."와 같이 중첩관계에 있는 채무액과 독립관계에 있는 채무액을 구별해 기재한다. 그 역의 관계도 이와 같다.

다) 소외인에 대한 급부 명령의 가부

1) 한편, 당사자가 아닌 소외인에게 급부의 이행을 명할 수는 없지만, 피고(들)와 소외인이 중첩관계의 채무를 진 경우에는 "피고(들)는 원고에게 소외 이진규와 각자(연대하여 / 합동하여 / 공동하여) 1억 원을 지급하라."와 같이 기재할 수도 있다.[102]

2) 반면에 피고로 하여금 원고 아닌 소외인에게 급부의 이행을 명하는 것은 제3자를 위한 계약이나 이행인수의 경우와 같이 실체법상 정당한 사유가 있으면 가능하다.

■ 복수의 원·피고 중 일부나 소외인과 중첩관계가 있는 경우의 청구취지(예)

중첩관계의 유형	중첩의 표시	청구취지(예시)
복수의 원·피고 중 일부만이 중첩관계가 있는 경우	각자/연대하여/합동하여/공동하여	"피고는 원고 김성수, 박진규, 최형옥에게 각자(연대하여/합동하여/공동하여) 1억 원을, 원고 이민구, 박현수에게 각 2,000만 원을 지급하라."
		"원고에게, 피고 이일수, 정현오는 각자(연대하여/합동하여/공동하여) 3억 원을, 피고 조희정은 1억 원을 각 지급하라."
		"원고에게, 피고 이영수, 최봉만은 각자(연대하여/합동하여/공동하여) 1억 원, 피고 박인호, 조태

---

101) 이때 원고가 중첩지급을 청구한 것인지 독립한 지급을 청구한 것인지 분명하지 않으므로 법원은 이에 대한 석명을 요구하여야 할 것이고, 만약 원고가 이에 응하지 않을 경우 앞서 본 바와 같이 중첩지급을 명하는 것이 옳다고 하겠다. 대법원 2011다76747 판결의 사안에서는 일부 피고(예비적 피고)에 대한 청구를 인용한 1심판결(주위적 피고에 대한 청구는 기각)이 예비적 피고에 대하여는 분리·확정되었는데 환송 후 항소심법원은 주위적 피고에 대하여 독립한 지급을 명하는 판결을 선고함으로써 결과적으로 주위적 피고와 예비적 피고에 대하여 독립한 지급을 명하는 판결이 선고되었다.

102) 이때 "피고(들)와 소외 이진규는 … 지급하라."와 같이 기재하지 않도록 해야 한다, 소외인에게 의무이행을 명할 수는 없기 때문이다.

		구는 각자(연대하여/합동하여/공동하여) 5,000만 원을 지급하라."
		"원고에게, 피고 이영수는 1억 원, 피고 최봉만은 피고 이영수와 각자(연대하여/합동하여/공동하여) 위 금액 중 5,000만 원, 피고 박인호, 조태구는 각 2,000만 원을 지급하라."103)
원·피고 중 전부나 일부와 소외인이 중첩관계가 있는 경우		"원고들에게 피고는 소외 이진규와 각자(연대하여/합동하여/공동하여) 1억 원을 지급하라."
		"피고는 원고와 소외 이진규에게 각자(연대하여/합동하여/공동하여) 1억 원을 지급하라."
		"원고에게 피고들은 소외 이진규와 각자(연대하여/합동하여) 1억 원을 지급하라."
채무 중 일부만에 관하여 중첩관계가 있는 경우		"원고에게, 피고들은 각자(공동하여/연대하여/합동하여) 1억 원을 지급하고, 각 2,000만 원을 지급하라."
		"원고에게, 피고 이정현은 1억 원, 피고 최봉덕은 피고 이정현과 연대하여(각자/공동하여/합동하여) 위 금액 중 7,000만 원을 지급하라."104)
		"원고에게, 피고 이정현, 최봉덕은 각자(공동하여/연대하여/합동하여) 1억 원, 피고 이정현 조인수는 각자(공동하여/연대하여/합동하여) 2,000만 원을 지급하라."105)
		"원고에게, 피고 이영수, 최봉만은 각자(공동하여/연대하여/합동하여) 1억 원, 피고 박인호, 조태구는 피고 이영수, 최봉만과 각자(연대하여/합동하여) 위 금액 중 5,000만 원을 지급하라."

---

103) 피고 박인호, 조태구는 피고 이영수, 최봉만과 중첩관계가 없다.

104) 이 경우 피고 이정현은 1억 원에 대하여만 책임이 있고, 최봉덕이 부담하는 7,000만 원에 대하여 다시 중복하여 책임을 지는 것은 아니다.

105) 이 경우 피고 이정현은 최봉덕과 중첩하여 1억 원, 조인수와 중첩하여 별도로 2,000만 원을 지급할 책임을 지므로, 결국 피고 이정현은 총 1억 2,000만 원에 대하여 책임이 있다. 이를 달리 표현하면 "원고에게, 피고 이정현은 1억 2,000만 원, 피고 최봉덕은 피고 이정현과 각자(연대하여 / 합동하여/ 공동하여) 위 금액 중 1억 원, 피고 조인수는 피고 이정현과 각자(연대하여 / 합동하여/ 공동하여) 위 금액 중 2,000만 원을 지급하라."가 된다. 이를 보다 정확하게 표현한다면, "원고에게, 피고 이정현은 1억 2,000만 원을, 그 중 1억 원은 피고 최봉덕과 각자(연대하여 / 합동하여/ 공동하여), 그 중 2,000만 원은 피고 조인수와 각자(연대하여 / 합동하여/ 공동하여) 지급하고, 피고 최봉덕은 위 1억 2,000만 원 중 1억 원을 피고 이정현과 각자(연대하여 / 합동하여/ 공동하여), 피고 조인수는 위 1억 2,000만 원 중 2,000만 원을 피고 이정현과 각자(연대하여 / 합동하여/ 공동하여) 지급하라."가 된다. 이 경우 "원고에게, 피고 이정현은 1억 2,000만 원, 피고 최봉덕은 1억 원, 피고 조인수는 2,000만 원을 지급하라."고 하면 중첩관계가 표시되지 않아 허용되지 않는다는 것이 대법원의 견해라는 점은 이미 설명한 바와 같다.

(다) 채권·채무의 준공동소유(준공유, 준총유, 준합유)

민법은 소유권 이외의 재산권에 대한 준공동소유에 대하여도 다른 법률에 특별한 규정이 없으면 공동소유에 관한 규정(제262조 내지 제277조)을 준용하므로($\frac{민법 제}{278조}$), 채권·채무의 준공동소유에 관하여도 이들 규정이 준용된다. 민법은 공동소유의 형태를 공유, 합유, 총유의 세 가지로 인정하므로 채권·채무의 준공동소유도 이와 같이 세 가지 형태가 있게 된다.

가) 준공유의 경우

1) 채권·채무를 여러 사람이 준공동소유하는 경우, 하나의 채권·채무에 수인이 관계되고 그들 사이에 사실상으로나 법률상으로 견련관계가 있으므로, 그 실체관계에 따라 민법 제3편 제1장 제3절 등에서 규정하는 분할, 불가분, 연대, 부진정 연대, 합동 등의 관계가 성립할 수 있게 된다. 따라서 경우에 따라 하나의 법률관계에 복수의 법규가 관련되어 채권·채무의 준공동소유관계에 관한 규정과 민법 제3편 제1장 제3절 등에서 규정하는 '수인의 채권·채무관계', 즉 다수 당사자의 채권·채무관계에 관한 규정이 충돌할 수 있다. 즉 채권·채무의 준공동소유는 '수인의 채권·채무관계'의 하나에 속한다.

예컨대, 공유물의 소유자가 공동으로 그 물건을 타인에게 임대차보증금을 받고 임대한 경우 그들은 임료지급청구권과 임대차보증금반환채무를 준공유하게 되어 민법상 공유에 관한 규정이 적용됨과 동시에 '수인의 채권·채무관계' 규정에 따라 분할 채권·채무관계 또는 중첩적 채권·채무관계가 성립할 수 있다. 이와 같이 양 법규가 충돌하는 경우 민법 제278조에 따라 다수 당사자의 채권·채무관계에 관한 규정이 우선하여 적용된다. 다만, 다수 당사자의 채권·채무관계에 관한 민법 규정은 임의규정이므로 당사자의 합의로써 이를 배제하거나 달리 정할 수 있다($\frac{대법원 1992. 9. 25. 선고}{91다37553 판결 참조}$).

양 규정의 충돌은 주로 분할 채권·채무관계를 원칙으로 하는 준공유의 경우에 발생한다. 준공유의 경우 민법 제263조에 의하여 공유자는 그 지분 비율로 채권·채무를 취득·부담하고[106] 자유로이 그 지분에 속하는 채권·채무를 행사·처분할 수 있으나, 지분을 넘어선 준공유에 속하는 채권·채무 전부를 단독으로 처분하거나 변경·관리할 수 없다($\frac{민법 제264,}{265조}$).[107]

---

106) 일반적으로 민법 제3편 제1장 제3절 등에서 규정하는 '수인의 채권·채무관계'는 복수의 채권·채무가 수인에게 분속(分屬)하여 채권자, 채무자 수만큼의 채권·채무가 성립하는 반면, 채권·채무의 준공동소유는 하나의 채권·채무가 수인에게 공동적으로 귀속한다고 이해되고 있으나, 채권·채무의 준공유의 경우 원칙적으로 민법 제408조에 의해 각 준공유자의 공유지분 비율로 분할되므로 결과적으로는 준공유자 수만큼의 채권·채무가 복수로 발생하게 된다.

107) 때로는 지분권의 행사가 준공유에 속하는 채권·채무 전부의 처분에 해당하여 제한될 수도 있다. 그 예로는 형성권을 준공유하는 경우를 들 수 있는바, ① 한국토지공사가 택지개발예정지구 내의 이주자택지 공급대상자를 확정하면 그 공급대상자에게 구체적인 수분양권이 발생하고, 그 후 공급대상자

2) 한편, 공유자가 공동으로 채권·채무를 취득·부담하는 경우 가운데 일정한 경우 학설과 판례는 이를 분할 채권·채무관계로 보지 않고 불가분관계 등 중첩적 관계로 보는바, 공유자 등 공동임대인의 임료지급청구권에 대하여는 분할 채권·채무관계설과 중첩적 채권·채무관계설이 대립하며, 대법원은 공동임대인의 임대차보증금반환채무에 대하여는 불가분채무관계를 적용한다(대법원 1998. 12. 8. 선고 98다43137 판결 등).

이 경우에 민법상 공유에 관한 규정에 의하면, 공유자인 공동임대인의 임대차보증금반환채무 역시 공유의 일반원칙대로 각 공유자의 지분 비율에 따라 부담하므로, 만약 균등한 공유지분을 가진 2인의 임대인이 1억 원의 보증금을 받은 경우라면 각각 1인당 5,000만 원씩의 반환채무를 부담하게 되겠지만, 이를 불가분채무로 보면 이와 다른 결론이 된다. 이와 같이 준공유의 경우 법규의 충돌은 민법 제263조가 적용되는 경우와 중첩적 채권·채무관계가 적용되는 경우에 발생한다.[108] 위 공동임대의 경우, 공유에 관한 규정이 배제되므로 공동임대인은 임차인에게 각기 1억 원의 반환채무를 중첩적으로 부담하게 되며, 청구취지나 판결 주문에는 피고(공유자)들로 하여금 공동하여(각자) 원고에게 보증금

에게 분양신청 기간을 정하여 분양신청을 하도록 통지하면 공급대상자는 그 통지에 따라 이주자택지에 관한 공급계약을 체결할 수 있는 청약권이 발생하게 되는바, 그 공급대상자가 사망하여 공동상속인들이 청약권을 공동으로 상속하는 경우에는 공동상속인들이 그 상속지분 비율에 따라 피상속인의 청약권을 준공유하게 되며, 공동상속인들은 단독으로 청약권 전부는 물론 그 상속지분에 관하여도 이를 행사할 수 없고, 그 청약권을 준공유하고 있는 공동상속인들 전원이 공동으로만 이를 행사할 수 있는 것(대법원 2002. 2. 8. 선고 2001다17633 판결, 2003. 12. 26. 선고 2003다11738 판결), ② 수인의 채권자가 그 채권을 담보하기 위하여 채무자와 채무자 소유의 부동산에 관하여 수인의 채권자를 공동매수인으로 하는 1개의 매매예약을 체결하고 그에 따라 수인의 채권자 공동명의로 그 부동산에 가등기를 마친 경우, 수인의 채권자가 공동으로 매매예약완결권을 준공유하는 경우라면 각각의 채권자는 단독으로 담보목적물 중 자신의 지분에 관하여 매매예약완결권을 행사할 수 없고 전원이 함께 이를 행사하여야 하는 것(대법원 2012. 2. 16. 선고 2010다82530 전원합의체 판결)이 이에 속한다. ②의 경우에 수인의 채권자가 공동으로 매매예약완결권을 가지는 관계인지 아니면 채권자 각자의 지분별로 별개의 독립적인 매매예약완결권을 가지는 관계인지는 매매예약의 내용에 따라야 하고, 매매예약에서 그러한 내용을 명시적으로 정하지 않은 경우에는 수인의 채권자가 공동으로 매매예약을 체결하게 된 동기 및 경위, 매매예약에 의하여 달성하려는 담보의 목적, 담보 관련 권리를 공동 행사하려는 의사의 유무, 채권자별 구체적인 지분권의 표시 여부 및 지분권 비율과 피담보채권 비율의 일치 여부, 가등기담보권 설정의 관행 등을 종합적으로 고려하여 판단하여야 한다는 것이 위 대법원의 견해이다. 이 경우 채권자가 각자의 지분별로 별개의 독립적인 매매예약완결권을 가지는 경우라면 단독으로 그 지분에 속하는 완결권을 행사할 수 있다.

108) 민법 제263조에 의한 분할 채권·채무관계만이 성립하는 경우에는 충돌이 발생하지 않는다. 예컨대, ① 건물 공유자가 건물을 점유함으로써 그 건물의 부지를 공동으로 점유하고 건물 부지에 대하여 건물의 공유지분 비율로 소유권을 시효취득하는 경우 각 공유자는 단독으로 지분 비율별로 부지 소유자를 상대로 지분소유권이전등기청구를 할 수 있고(대법원 2003. 11. 13. 선고 2002다57935 판결), ② 수인이 부동산을 조합관계에 의하지 아니하고 공유관계로서 매수한 경우 위 ①과 동일한 결론이 되며(대법원 2012. 8. 30. 선고 2010다39918 판결), ③ 명의신탁해지에 따라 발생한 소유권이전청구권을 보존하기 위하여 복수의 권리자 명의로 가등기를 마쳐 둔 경우, 각 가등기권리자가 형식상 매매 또는 매매예약완결을 원인으로 한 가등기에 기한 본등기절차의 이행을 구하더라도 이는 실질적으로 명의신탁해지를 원인으로 한 소유권이전등기절차의 이행을 구하는 것이므로, 일부 가등기권리자는 단독으로 자기 지분에 관한 본등기를 청구할 수 있다(대법원 2002. 7. 9. 선고 2001다43922,43939 판결).

1억 원의 지급을 명하여야 한다.

또한, 건물의 공유자들이 타인의 토지 위에 아무런 사용권원 없이 건물을 소유하고 있는 경우 그 건물철거의무는 성질상 불가분채무에 속하여(대법원 1980. 6. 24. 선고 80다756 판결 등), 분할 채권·채무관계를 원칙으로 하는 민법상 공유에 관한 규정(민법 제263조)에 우선하므로, 토지 소유자는 건물의 공유자 일부에 대하여도 건물 전체에 관하여 철거를 청구할 수 있다.[109]

3) 위와 같이 채권·채무의 준공동소유관계에 있는 사람들이 그 채권·채무에 관하여 실체법상 어떠한 권리·의무를 보유하거나 부담하는지는 앞서 본 법리에 따라 결정되는바, 이에 따른 소송상 청구는 앞서 본 분할 채권·채무관계(독립한 청구) 또는 중첩적 채권·채무관계에 의하여야 한다. 후자의 경우 경우에 따라 공동소유자 전원이 필수적 공동소송인이 되어야 하는 등의 제약이 따르게 됨을 주의하여야 한다. 단, 이 경우에도 각 공유자는 자신의 지분비율대로 청구하여야 한다.

4) 채권·채무의 준공동소유 중 준공유나 준총유는 별다른 문제가 없다. 채권·채무의 준공유의 경우에는 형성권의 준공유와 같은 예외적인 경우가 아닌 한 공유와 마찬가지로 각 지분권자가 독립한 권리·의무의 주체가 되므로, 분할적 채권·채무관계가 성립하는 경우는 물론 준공유자들 사이에 중첩적 채권·채무관계가 성립하는 경우에도 각각의 준공유자가 단독으로 원고 또는 피고가 될 수 있고, 그 이행청구도 각각의 준공유자 또는 각각의 준공유자에게 각 그 지분 비율에 따른 청구를 하면 된다.[110]

▣ **채권·채무의 준공유와 이행청구(예)**

관계	관계의 표시	청구취지(예시)
분할 채권·채무관계	각(각기/각각)	☆ 원고가 공유자인 경우 "피고는 원고(공유자 갑)에게 1억 원을 지급하라." "피고는 원고(공유자 갑)에게 별지 목록 기재 토지 중 2분의 1 지분에 관하여 2013. 9. 15. 매매를 원인으로 한 소유권이전등기절차를 이행하라." "피고는 원고들(공유자 갑, 을)에게 각(각기/각각) 1억 원을 지급하라." "피고는 원고들(공유자 갑, 을)에게 별지 목록 기재 건물 중 각 2분의 1 지분에 관하여 2015. 1. 4. 증여(2015. 1. 10. 매매예약완결)를 원인으로 한 소유권이전등기절차를 이행하라." 또는 "피고

---

109) 그러나 이 경우 건물의 공유자가 부담하는 철거의무는 건물의 특정 부분이 아닌 그 전체에 미치지만 실질적으로는 그 지분 범위에서만 철거의무를 부담함은 앞서 본 바와 같다.

110) 중첩적 채권·채무관계가 성립하는 경우 중첩관계로 구하지 않고 각기 독립하여 하나의 채권 또는 하나의 채무 전부의 지급을 구할 수도 있고, 준공유자들이 공동원고가 되거나 또는 준공유자들을 공동피고로 삼아 중첩하여 하나의 급부 전부를 청구하여도 무방함은 앞서 본 바와 같다.

		는 원고(공유자 갑)에게 별지 목록 기재 건물 중 5분의 1 지분에 관하여 철거하라." [111]
		☆ 피고가 공유자인 경우 "피고(공유자 갑)는 원고에게 1억 원을 지급하라."
		"원고에게 피고들(공유자 갑, 을)은 각(각기/각각) 1억 원을 지급하라."
		"원고에게 피고들(공유자 갑, 을)은 별지 목록 기재 토지 중 각 2분의 1 지분에 관하여 2013. 9. 15. 매매를 원인으로 한 소유권이전등기절차를 이행하라." 또는 "피고들(공유자 갑, 을, 병)은 원고에게 별지 목록 기재 건물 중 각 3분의 1 지분에 관하여 철거하라."
중첩적 채권·채무관계	각자(연대하여/합동하여/공동하여)	"피고는 원고들(공유자 갑, 을)에게 각자(연대하여/합동하여/공동하여) 1억 원을 지급하라."
		"피고는 원고들(공유자 갑, 을)에게 각자(공동하여) 별지 목록 기재 토지를 인도하라."
		"피고들(공유자 갑, 을)은 원고에게 각자(연대하여/합동하여/공동하여) 1억 원을 지급하라."

나) 준총유의 경우

1) 채권·채무의 준총유도 물건의 총유와 같다. 법인격 없는 사단은 권리능력이 없지만, 예외적으로 당사자능력(민사소송법제52조)과 부동산의 등기능력(부동산등기법제26조)은 인정된다. 따라서 법인격 없는 사단은 사단의 명의로 소송당사자가 될 수 있고, 그 명의로 부동산의 등기를 설정·이전받거나 설정·이전·말소해 줄 수 있다.

2) 법인격 없는 사단이 당사자가 된 경우에 부동산의 등기청구권이나 등기의무 이외의 권리·의무에 관하여는 위와 같은 예외를 인정하는 법규가 없으므로 법인격 없는 사단 명의로 이행을 청구하거나 이행을 명하는 것이 불가능하다고 생각할 수도 있으나, 이 경우 사단 그 자체를 이행청구권자 또는 이행의무자로 표시하더라도 그 법률효과는 사원 전원에게 총유·준총유적으로 미친다고 보아야 할 것이므로 이를 허용하여도 무방하다고 생각한다.

3) 한편, 위와 같이 법인격 없는 사단은 그 사단의 명의로 당사자가 되는 외에 그 사원 전원이 필수적 공동소송인으로서 당사자가 될 수도 있다(대법원 1994. 5. 24. 선고 92다50232 판결 등). 이 경우 어떻게 채권의 이행을 청구하고 채무의 이행을 명할 것인지가 문제된다. 먼저 사원 전원이 채

---

111) 매매예약완결권을 준공유자들이 공동으로 행사하여야 하는 경우이든 각자의 지분별로 독립하여 행사할 수 있는 경우이든 청구취지의 형식은 동일하다. 단, 후자의 경우에는 공유자 중 1인이 단독으로 지분에 관한 소를 제기할 수 있다.

권자(원고)로서 준총유인 채권의 이행을 청구하는 경우 그 급부의 수령자를 원고들(사원 전원) 또는 소외 사단 어느 쪽으로 지정하든 상관이 없을 것이다.[112] 이때 원고들(사원 전원)을 수령자로 지정하는 경우 그것이 사원 개개인이 아닌 사원 전체의 준총유에 속하는 취지를 분명히 하기 위해 "피고는 원고들(사원 전원)에게 총유적으로 … 지급(이행)하라." 고 기재하는 것도 좋을 것이다.

4) 다음으로, 사원 전원에게 채무자(피고)로서 준총유인 채무의 이행을 청구하는 경우에는, ① 이미 사단 명의로 등기된 부동산의 등기의무인 때에는 피고들이 당해 부동산의 총유자들로서 처분권이 있음을 나타내기 위해 "피고들(사원 전원)은 원고에게 ○○ 사단 명의의 별지 목록 기재 부동산에 관하여 … 등기절차를 이행하라." 또는 "피고들(사원 전원)은 원고에게 총유적으로 별지 목록 기재 부동산에 관하여 … 등기절차를 이행하라."고 청구하고, ② 금전채무 등 위 ① 이외의 채무인 때에는 피고들이 개인적 책임을 지는 것이 아니라 사단의 사원들로서 총유적으로 책임을 지는 것을 분명히 하기 위해[113] "피고들(사원 전원)은 원고에게 총유적으로 1억 원을 지급하라." 또는 "피고들(사원 전원)은 원고에게 ○○ 사단의 사원으로서 1억 원을 지급하라."와 같이 청구하면 될 것이다.

■ 채권·채무의 준총유와 이행청구(예)

관계	청구취지(예시)
사단이 원고 또는 피고가 된 경우	"피고는 원고(종중)에게 1억 원을 지급하라."
	"피고들은 각자(연대하여/합동하여/공동하여) 원고(종중)에게 1억 원을 지급하라."
	"피고는 원고(종중)에게 별지 목록 기재 토지에 관하여 2014. 12. 5. 매매를 원인으로 한 소유권이전등기절차를 이행하라."
	"피고들은 원고(종중)에게 별지 목록 기재 토지 중 각 5분의 1 지분에 관하여 2014. 12. 5. 매매를 원인으로 한 소유권이전등기절차를 이행하라."
	"피고(종중)는 원고에게 1억 원을 지급하라."
	"피고(종중)는 원고에게 별지 목록 기재 토지에 관하여 2014. 12. 20. 취득시효완성을 원인으로 한 소유권이전등기절차를 이행하라."

112) 부동산 등기청구권의 경우 사단 명의로 등기하기 위해서는 사단을 수령자로 지정하는 것이 좋을 것이다.

113) 사원들이 준총유적으로 금전채무를 지는 경우 조합과 달리 사단의 총유재산이 아닌 사원들의 개인재산으로 책임을 지는 일은 없으므로, 채권자는 사원들에 대하여 집행권원을 얻더라도 사단의 총유재산 아닌 사원들의 개인재산에 대하여는 강제집행을 할 수 없다. 만약 이에 위반한 경우 사원들은 집행문부여에 대한 이의(민사집행법 제34조), 경매개시결정에 대한 이의(민사집행법 제86조 등)으로써 구제받을 수 있다. 이러한 법리는 판결의 주문에 채무자들의 준총유관계가 표시되지 않아 채권자가 사원들의 개인재산에 강제집행을 하는 경우에도 마찬가지라 할 것이다.

		"피고는 소외 ○○종중에게 1억 원을 지급하라."
사원 전원이 원고 또는 피고가 된 경우	채권자(원고)가 준총유관계에 있는 경우	"피고는 원고들(종중원 전원)에게 총유적으로 1억 원을 지급하라."
		"피고는 소외 ○○종중에게 별지 목록 기재 부동산에 관하여 2014. 12. 5. 매매를 원인으로 한 소유권이전등기절차를 이행하라."
		"피고는 원고들(종중원 전원)에게 총유적으로 별지 목록 기재 부동산에 관하여 2014. 12. 5. 매매를 원인으로 한 소유권이전등기절차를 이행하라."
	채무자(피고)가 준총유관계에 있는 경우	"피고들(종중원 전원)은 원고에게 총유적으로 1억 원을 지급하라."[114]
		"피고들(종중원 전원)은 원고에게 소외 ○○종중의 종중원들로서 1억 원을 지급하라."
		"피고들(종중원 전원)은 원고에게 총유적으로 별지 목록 기재 부동산에 관하여 2014. 12. 5. 매매를 원인으로 한 소유권이전등기절차를 이행하라."[115]
		"피고들(종중원 전원)은 원고에게 소외 ○○종중 명의의 별지 목록 기재 부동산에 관하여 2014. 12. 5. 매매를 원인으로 한 소유권이전등기절차를 이행하라."

다) 준합유의 경우[116]

1) 채권·채무의 준합유는 매우 복잡하다. 아래에서는 물건의 합유와 채권·채무의 준합유에 따른 문제를 함께 검토한다.

수인이 조합관계에서 적극재산(부동산 소유권이나 채권 등)이나 소극재산(채무 등)을 합유 또는 준합유하는 경우, 그 내부관계에서 조합원들 사이에 지분(출자가액비율, 손익분배비율)이 있더라도 공유관계처럼 그 재산이 각 조합원들에게 지분 비율로 분할되어 그 지분에 따른 각 조합원들의 채권, 채무 등 개인재산으로 귀속되는 것이 아니라 조합원 전원에게 합유적(合有的) 또는 합수적(合手的)으로 귀속한다. 이처럼 합유의 경우에도 합유자들 간에 지분이 있고 합유자의 권리(지분권)는 합유물(합유재산) 전부에 미치기는 하지만(민법 제271조 제1항, 제273조 제1항), 그 지분은 합유의 목적 달성을 위해 많은 제한을 받게 되며(민법 제273조, 제714조) 때에 따라서 지분은 형식적인 의미를 갖는 것에 그친다.[117] 합유의 등기에 지분을 표시하지 않는

---

114) 금전채무의 이행에 관하여 '총유적으로' 또는 '소외 ○○종중의 종중원들로서'라는 문구를 붙이지 않으면 마치 종중원인 피고들이 1억 원에 대하여 각각 분할채무를 지는 것으로 오해될 수 있다.

115) 소유권이전등기의무의 이행에 있어서도 '총유적으로' 또는 '소외 ○○종중 명의의 별지 목록 기재 부동산에 관하여'라는 문구를 붙이지 않으면 가분채무인 소유권이전등기의무의 이행에 관하여 분할채무(지분이전등기의무로) 오해될 수 있고, 등기부상 소유자(종중) 기재와 등기의무자(종중원)가 일치하지 아니하여 등기과정에서 혼란을 초래할 수 있다.

116) 조합관계와 합유에 대한 자세한 논의는 양경승, "합유와 조합 법리의 소송법적 적용", 사법논집 제60집(2016)을 참조.

117) 합유자인 조합원은 공유자와 달리 그 지분을 임의로 처분할 수 없고 합유물의 분할을 청구할 수 없다(민법 제273조). 그러나 위 규정은 임의규정이므로 조합계약 등 조합원 전원의 합의로 조합재산의 개별적 귀속이나 지분의 자유 처분을 허락할 수 있다(대법원 2012. 5. 17. 선고 2009다105406 전원

것도 그런 때문이라고 할 수 있다.

2) 조합재산에 대한 보존행위나 통상적인 관리는 조합원 또는 업무집행조합원 각자가 단독으로 처리할 수 있으나(민법 제272조 후문,), 그 처분·변경은 특약이 없는 이상 조합원 또는 업무집행조합원의 과반수 의사로 결정한다(민법 제706조 제2항, 대법원 1998.).

한편 조합재산에 관한 소송은, 조합 그 자체는 당사자능력이 없어 당사자가 될 수 없고, 업무집행조합원이 있는 경우 그가 각 조합원으로부터 임의적 소송신탁을 받아 제3자 소송담당자로서 단독으로 당사자가 되어 수행할 수 있는 외에, 위와 같은 보존행위나 통상사무에 관한 사항에 대해서는 조합원 각자가 단독으로 당사자가 되어 수행할 수 있으나,[118] 기타의 경우에는 조합원 전원이 필수적 공동소송인이 되어 공동으로 수행하여야 한다(조합재산의 처분·변경을 조합원 또는 업무집행조합원의 과반수 의사로 결정한다고 하여 그에 관한 소송수행까지 그 의사결정에 참여한 자들만으로 할 수는 없다는 뜻이다). 이는 조합 채권의 추심 등 조합재산권의 행사를 위해 원고가 되는 경우는 물론 조합채무의 이행청구 등 조합재산에 관한 소극적 소송의 피고가 되는 경우에도 동일하며 그 재산권이 가분인지 여부와도 관계가 없다.

따라서 조합의 업무집행조합원이 조합재산을 횡령한 경우의 손해배상청구권이나 조합이 수급인으로서 갖는 도급인에 대한 공사대금채권은 조합재산에 속하므로 각 조합원은 채무자를 상대로 그 합유지분 비율에 따른 손해배상청구나 공사대금 지급청구를 할 수

합의체 판결). 한편, 부동산등기의 경우 합유등기를 하지 않으면 대외적 관계에서는 내부관계와 달리 합유관계를 주장할 수 없으며(대법원 1996. 2. 27. 선고 94다27083, 27090 판결, 2009. 12. 24. 선고 2009다57064 판결), 합유의 등기는 조합원들의 성명과 주소 등만을 표시하고 그 지분은 표시하지 않는다(부동산등기법 제48조 제1항 제5호, 제4항; 부동산등기규칙 제105조; 1998. 1. 14.자 대법원 등기예규 제911호). 이와 같이 조합재산과 조합원의 개인재산이 구분되므로 조합원이 내부적으로 지분을 갖더라도 이는 잠재적인 것에 불과하며(조합계약에 따른 이익배당이나 탈퇴, 청산에 따른 지분반환청구권, 잔여재산 분배청구권으로 현실화된다. 그 이전에는 사실상 각 조합원이 조합재산에 대하여 자신의 개별적 권리를 주장할 수 없다.), 따라서 조합원의 지분에 대한 압류는 그 조합원의 장래의 이익배당 및 지분의 반환을 받을 권리에 대하여만 효력이 있으므로(민법 제714조), 조합재산을 구성하는 개개의 재산에 대하여는 조합원 개인에 대한 채권으로써 압류·가압류 등을 할 수 없으며(대법원 1997. 8. 26. 선고 97다4401 판결, 2007. 11. 30.자 2005마1130 결정. 이 경우 각 조합원은 보존행위로서 압류채권자를 상대로 제3자이의의 소를 제기할 수 있다.), 가등기도 허용되지 않는다.

118) 조합계약상 출자의무를 이행하지 않은 조합원을 상대로 한 출자의무 이행청구의 소는 조합계약에 기하여 각 조합원이 단독으로 제기할 수 있다는 것이 통설이다. 이 경우 출자청구권 역시 조합재산이므로 원고가 된 조합원은 자신에게 직접 급부할 것을 청구할 수 없고 원고를 포함한 전체 조합원에게 급부할 것을 청구하여야 한다며 그 근거로 대법원 1997. 8. 26. 선고 97다4401 판결을 드는 견해가 있으나(지원림, 민법강의 제8판, 홍문사 2010, 1573면), 원고가 된 조합원은 일종의 제3자 소송담당자로서 전체 조합원을 위한 법정재산관리인의 지위에 서고, 이에 따라 그는 피고로부터 출자채무를 변제받아(채권자대위에서 채권자가 채무자 대신 직접 변제를 받은 경우와 같이 이 경우 그 변제의 효과는 원고 조합원이 아닌 직접 전 조합원들에 대한 관계에서 발생한다고 할 것이다.) 이를 조합에 이전·인도할 의무를 진다고 할 것이므로, 현물출자에 따른 부동산의 소유권이전등기청구 등 그 성질상 허용되지 않는 경우를 제외하고는 원고 조합원은 자신에게 직접 급부를 할 것을 피고에게 청구할 수도 있다고 하겠다. 그리고 위 대법원 97다4401 판결에는 위 견해와 같은 내용의 판단이 없다.

없고(대법원 1997. 8. 26. 선고 97다4401 판결, 1997. 11. 28. 선고 95다35302 판결,), 합유의 명의수탁등기가 된 부동산에 관하
(1999. 6. 8. 선고 98다60484 판결, 2012. 5. 17. 선고 2009다105406 판결), 여 명의신탁자가 명의신탁 해지로 인한 소유권이전등기청구를 하는 경우 그 합유등기 명
의자 전원을 상대로 소를 제기하여야 한다(대법원 1983. 10. 25.). 또, 조합으로부터 합유재산인 부
(선고 83다카850 판결). 동산을 매수한 자는 그 조합원 전원을 상대로 소유권이전등기청구의 소를 제기해야 하고
(대법원 2010. 4. 29. 선고) 각 조합원을 상대로 그 지분 이전등기청구를 해서는 안 되며, 합유관계에
(2008다50691 판결) 있는 주류공동제조면허 명의자 중의 1인으로부터 그 면허를 양수한 자는 공동면허 명의
자 전원을 상대로 관련 청구의 소를 제기해야 한다(대법원 1993. 7. 13.).
(선고 93다12060 판결).

3) 위와 같이 조합관계에 기하여 조합원들이 이행의 소의 원고가 되는 경우 원고들에
대한 합유적 급부를 청구하여야 할 것인바, 이를 표시하는 방법은 "피고는 원고들에게 합
유적으로(합수적으로) … 인도(지급)하라." 또는 "피고는 원고들에게 합유적으로(합수적으
로) … 부동산에 관하여 2014. 5. 1. 매매를 원인으로 한 소유권이전등기절차를 이행하
라.", "피고는 원고들에게 합유적으로(합수적으로), … 부동산에 관하여 서울서부지방법원
은평등기소 2011. 7. 23. 접수 제12345호로 마친 소유권이전등기의 말소등기절차를 이행
하라."와 같이 '합유적으로(합수적으로)'라는 용어가 가장 적합하다고 생각된다.[119] [120] 금
전채무나 소유권이전등기, 그 말소등기 등과 같은 가분채무의 이행에 관하여 '합유적으로
(합수적으로)'라는 문구를 붙이지 않으면 마치 조합원인 원고들이 각각 분할채권을 취득하
는 것으로 오해될 수 있다. 이는 다음에 보는 바와 같이 조합원들이 합유적으로 채무를
지는 경우에도 마찬가지다.[121]

---

119) 인도·지급채무의 경우 피고는 조합원 중 누구에게든 그 채무 전부의 인도·지급을 하면 충분하고, 조
합원 전원에게 공동하여 인도·지급하거나(현실상 이런 일은 거의 불가능하다.) 각 지분별로 나누어
인도·지급할 필요까지는 없다. 각 조합원은 민법 제709조에 의하여 다른 조합원들을 대리할 권한이
있는 것으로 추정되기 때문이다. 다만, 업무집행조합원이 있는 경우에는 그에게 인도·지급하여야 할
것이다. 그러나 등기이전의무와 같이 성질상 조합원 전원이 수령자가 되어야 할 경우에는 그 전원에
게 이행하여야 한다.
반대로 채무자가 스스로 채권자인 조합원들에게 변제하는 경우가 아니라 조합원들이 강제집행을 하
는 때에는, 각 조합원이 개별적으로 채권 전부나 자신의 지분에 대한 집행을 신청할 수 없고, 조합원
전원이 채권 전부의 강제집행을 신청하여야 한다.

120) 조합채권이 물건의 인도나 금전지급, 등기의 청구권일 때 '합유적으로(합수적으로)'라는 용어 대신
에 "피고는 원고들에게 각자(공동하여) 별지 목록 기재 건물을 인도하라.", "피고는 원고들에게 각자
(공동하여) 1억 원을 지급하라.", "피고는 원고들에게 각자(공동하여) … 부동산에 관하여 2014. 5. 1.
매매를 원인으로 한 소유권이전등기절차를 이행하라.", "피고는 원고들에게 각자(공동하여) … 부동
산에 관하여 서울서부지방법원 은평등기소 2011. 7. 23. 접수 제12345호로 마친 소유권이전등기의
말소등기절차를 이행하라."와 같이 '각자' 또는 '공동하여'라는 용어를 사용하여도 무방하다고 생각되
나, 그 채권이 조합채권임을 나타내기 어려우므로 권할 만한 것은 못된다.

121) 개별 조합원이 보존행위에 기하여 또는 업무집행조합원이 단독으로 조합재산에 관한 이행청구를 할
수 있는 경우에는 당사자가 된 그 원고 본인에 대한 급부를 청구하는 경우가 많을 것이나, "피고는
원고와 소외 ○○○, ▲▲▲에게 합유적으로 … 인도(지급)하라." 또는 "피고는 원고와 소외 ○○○,
▲▲▲에게 … 不에 관하여 …를 원인으로 한 합유의 소유권이전등기절차를 이행하라.", "피고는 원
고와 소외 ○○○, ▲▲▲에게 합유적으로 … 부동산에 관하여 서울서부지방법원 은평등기소 2011.

4) 이와 같이 조합재산인 채권이나 청구권의 행사에 있어 조합원들 전원이 필수적 공동소송의 원고가 되는 경우, 조합원 전원에 대한 급부를 청구하여야 하고 "피고는 … 부동산에 관하여 원고 ○○○에게 3분의 2 지분, 원고 ▲▲▲에게 3분의 1 지분에 대하여 2014. 5. 1. 매매를 원인으로 한 소유권이전등기절차를 이행하라."와 같이 지분별 급부를 청구해서는 안 된다. 이는 금전지급청구에서도 동일하므로, 조합채권이 3,000만 원이고, 조합원으로 원고 ○○○가 3분의 2 지분, 원고 ▲▲▲가 3분의 1 지분권자라도 이를 지분에 따라 나누어 "피고는 원고 ○○○에게 2,000만 원, 원고 ▲▲▲에게 1,000만 원을 각 지급하라."고 청구해서는 안 된다. 조합원인 합유자들은 각자 내부적으로 지분을 갖지만, 이에 불구하고 합유물과 합유재산 자체를 그 지분비율로 소유 또는 준소유하는 것이 아니며, 지분은 손익배분비율에 불과하기 때문이다.

5) 조합관계에 기하여 조합원들이 합유적으로 채무를 부담하고 그에 따른 이행의 소의 피고가 되는 경우에도 조합채권자는 조합원인 피고들에 대하여 합유적 급부 이행을 청구하여야 하므로, "피고들은 합유적으로(합수적으로) 원고에게 1억 원을 지급하라.",[122] "피고들은 합유적으로 원고에게 …을 인도(철거)하라.", "피고들은 합유적으로 원고에게 … 不에 관하여 …를 원인으로 한 소유권이전등기절차를 이행하라."는 등으로 청구취지를 기재하면 된다.[123] 이 경우에도 조합원들이 원고가 되는 경우와 동일하게, 각 조합원들의 지분별로 나누어 "원고에게, … 부동산에 관하여 피고 ○○○는 3분의 2 지분, 피고 ▲▲▲는 3분의 1 지분에 대하여 각 2014. 5. 1. 매매를 원인으로 한 소유권이전등기절차를 이행하라."거나 "원고에게, 피고 ○○○는 2,000만 원, 피고 ▲▲▲는 1,000만 원을 각 지급하라."와 같이 청구해서는 안 된다.

6) 위와 같이 조합채무는 조합원들에게 합유적으로 귀속하고 종국적으로는 조합재산으로써 그 책임을 지는 것이 원칙이지만, 민법 제712조에 의하여 각 조합원들은 조합채무에 대하여 개인재산으로써 개별책임을 진다. 그리고 조합원들의 이 개별책임은 합명회사

---

7. 23. 접수 제12345호로 마친 소유권이전등기의 말소등기절차를 이행하라."는 등과 같이 원고와 소외 조합원들에게의 급부를 청구하여도 무방하다. 이전등기청구의 경우 오히려 후자의 방법에 의하여야 할 것이다.

122) 이 경우 조합원 전원이 합계 1억 원을 원고에게 지급할 의무를 부담하며 조합재산으로써 책임을 지므로, 채권자는 이 집행권원으로 조합재산에 강제집행을 할 수 있게 된다. 다만, 대부분의 학설은 민법 제712조에 따라 조합채권자는 각 조합원의 지분을 증명하여 위 집행권원을 가지고 조합원들의 개인재산에 대하여도 강제집행을 할 수 있다고 본다.

123) 이 경우 물건의 인도나 철거, 등기의 이전·말소청구는 같은 내용의 조합채권과 동일하게 '합유적으로(합수적으로)'라는 용어 대신에 '각자' 또는 '공동하여'라고 써도 무방하다고 하겠다. 그러나 "피고들은 각자(공동하여) 원고에게 1억 원을 지급하라."고 청구하는 것과 같이 금전의 지급청구에는 이 용어가 적절하지 않다. 마치 복수의 각 조합원이 각각 1억 원 전부의 지급책임을 지고 이에 따라 채권자인 원고가 각 조합원에게(개별 조합원의 개별재산을 책임재산으로 하여) 1억 원씩을 청구할 수 있는 것으로 오해될 수 있기 때문이다.

사원의 개별책임이 보충적인 것(상법 제212조)과 달리 보충성이 없으므로, 조합채권자는 임의로 그 선택에 따라 조합재산에 대한 강제집행을 위해 조합원 전원을 상대로 이행을 청구하거나 각 조합원들의 개인재산에 대한 강제집행을 위해 각 조합원들에게 개별적으로 청구할 수 있다(대법원 1972. 5. 23. 선고 70다2872 판결, 1975. 5. 27. 선고 75다169 판결 등). 후자의 경우에는 분할 채권·채무관계가 된다. 후자의 청구를 하는 경우 민법 제712조에 따라 책임을 추궁한다는 주장을 하여야 한다.

각 조합원들의 지분 비율(손익분배 비율)은 균등한 것으로 추정되므로(민법 제712조), 그 비율이 다르다는 사실은 이를 주장하는 조합원이 주장·입증책임을 진다(대법원 1975. 5. 27. 선고 75다169 판결). 따라서 조합채권자는 각 조합원을 상대로 그 지분 비율 또는 균등한 비율에 따라 채무이행을 청구할 수 있다. 이 경우에는 각 조합원이 단독으로 피고가 되므로 이행청구 일반의 경우와 같이 "피고는 원고에게 2,000만 원을 지급하라." 또는 "피고들은 원고에게 각 2,000만 원을 지급하라."(복수 조합원의 지분이 균등한 경우), "원고에게, 피고 ○○○는 1억 원, 피고 ▲▲▲는 5,000만 원을 각 지급하라."(복수 조합원의 지분이 다른 경우)와 같이 각 조합원이 책임져야 할 금액의 분할지급을 청구하면 된다.[124]

민법 제712조에 의한 조합원들의 개별책임은 분할채무이지만, 그 채무가 불가분이거나 조합원들 간에 연대의 특약이 있는 경우 또는 조합원 전원에게 상행위가 되는 때에는 각 조합원은 연대책임을 진다(대법원 1985. 11. 12. 선고 85다카1499 판결, 1991. 11. 22. 선고 91다30705 판결, 1992. 11. 27. 선고 92다30405 판결, 1995. 8. 11. 선고 94다18638 판결, 1998. 3. 13. 선고 97다6919 판결 등). 고로 이 경우 조합채권자는 "피고들은 연대하여 원고에게 1억 원을 지급하라." 또는 "피고는 소외 ○○○, ▲▲▲와 연대하여 원고에게 1억 원을 지급하라."고 청구할 수 있다.

▣ **조합관계의 청구취지(예)**

중첩관계의 유형	성립하는 경우	중첩의 표시	청구취지(예시)
조합관계	수인이 조합체로서 채권을 가지는 경우	합유적으로 (합수적으로)	"피고는 원고(조합원)들에게 합유적으로 (각자 /공동하여) 1억 원을 지급하라." "피고는 원고(조합원)들에게 합유적으로 (각자 /공동하여) 서울 종로구 견지동 150 대 120㎡를 인도하라." "피고는 원고(조합원)들에게 서울 종로구 견지동 150 대 120㎡에 관하여 2013. 5. 10. 매매를 원인으로 한 합유의 소유권이전등기절차를 이행하라." 또는 "피고는 합유적으로 원고(조합원 3인)들에게 서울 종로구 견지동 150 대 120㎡에

---

124) 민법 제712조에 따른 각 조합원들의 개별책임은 조합재산이 아닌 개인재산으로써 그 손익분배 비율에 따라 지는 것이므로, 그 채무가 금전채무이거나 궁극적으로 금전채무로 전환된 이후에만 청구할 수 있다. 따라서 소유권이전등기청구나 그 말소등기청구 또는 특정물이나 종류물의 인도청구 등 비금전 채무의 이행청구는 민법 제712조에 의해 각 조합원들을 상대로 할 수 없다고 할 것이다.

		관하여 2013. 5. 10. 매매를 원인으로 한 소유권이전등기절차를 이행하라."
		"피고는 원고(조합원)들에게 합유적으로 (각자 /공동하여), 서울 종로구 견지동 150 대 120㎡에 관하여 서울중앙지방법원 중부등기소 2013. 8. 10. 접수 제92347호로 마친 소유권이전등기의 말소등기절차를 이행하라."
수인이 조합체로서 채무를 부담하는 경우	합유적으로 (합수적으로)	"피고(조합원)들은 합유적으로 원고에게 1억 원을 지급하라."
		"피고(조합원)들은 합유적으로(각자 /공동하여) 원고에게 별지 목록 기재 자동차를 인도하라."
		"피고(조합원)들은 합유적으로(각자 /공동하여) 원고에게 별지 목록 기재 건물에 관하여 2013. 5. 20. 매매를 원인으로 한 소유권이전등기절차를 이행하라."[125]
조합채무에 관하여 조합원들에게 개별적 책임을 묻는 경우	각	"피고는 원고에게 2,000만 원을 지급하라."(1인의 조합원에게만 그 지분에 따른 청구를 하는 경우)
		"피고들은 원고에게 각 2,000만 원을 지급하라."(복수 조합원의 지분이 균등한 경우), "원고에게, 피고 ○○○는 1억 원, 피고 ▲▲▲는 5,000만 원을 각 지급하라." (복수 조합원의 지분이 다른 경우)
	연대하여	"피고들은 연대하여 원고에게 1억 원을 지급하라." 또는 "피고는 소외 ○○○, ▲▲▲와 연대하여 원고에게 1억 원을 지급하라."(조합채무가 불가분이거나 조합원들 간에 연대의 특약이 있는 경우 또는 조합원 전원에게 상행위가 되는 때 등)

(6) 장래이행청구의 소

(가) 장래이행청구의 요건

1) 장래이행의 소는 사실심 변론종결 시까지 아직 이행기가 도래하지 않은 채권의 이행을 청구하는 소이다. 사실심 변론종결 시 이후에 정지조건이 성취되거나 이행기(변제기)가 도래하는 것이 이에 속한다.

2) 이행의 소는 사실심 변론종결 시까지 이미 이행기가 도래한 채권에 한하여 제기할 수 있는 것이 원칙이고, 장래이행을 청구하는 소는 미리 청구할 필요가 있는 경우에 한하

---

125) 이 경우 조합원별로 이전할 지분을 표시할 수는 없다.

여 제기할 수 있으며($^{민사소송법}_{제251조}$), 이는 소송요건이다($^{대법원 1987. 4. 14. 선고}_{86다카981 판결 참조}$). 따라서 장래이행의 소를 제기하는 때에는 이를 염두에 두어야 한다.

미리 청구할 필요가 있는 경우라 함은, ① 이행기가 도래하지 않았거나 정지조건 미성취의 청구권 등 장래에 발생하거나 장래에 이행기가 도래하는 채권에 있어 채무자가 미리부터 채무의 존재를 다투기 때문에 이행기가 도래하거나 정지조건이 성취되었을 때에 임의의 이행을 기대할 수 없는 경우($^{대법원 2004. 1. 15. 선고 2002다3891 판}_{결, 2004. 9. 3. 선고 2002다37405 판결}$), ② 장래에 발생하거나 장래에 이행기가 도래하는 채권에 있어 그 채무의 내용이 이행기에 즉시 이행되어야만 채무의 본지에 따른 것이 되는 경우나, 그 이행기 도래 시에 즉시 이행되지 않으면 채권자에게 현저한 손해를 끼치는 경우를 말한다.

3) 원고에게 선이행의무가 있는 경우에, 원고가 그 의무 이행 전에 피고에게 이행을 청구하면 원칙적으로 장래이행청구의 소가 된다.[126] 즉 부동산에 관하여 저당권 또는 근저당권이 설정되었거나 양도담보의 소유권이전등기 또는 채권담보 목적의 가등기가 기입된 경우 채무자는 자신의 채무를 먼저 변제하여야만 비로소 저당권등기 등의 말소를 구할 수 있는바($^{대법원 1981. 5. 26. 선고, 80다1629 판결, 1984. 9. 11. 선고,}_{84다카781 판결, 1992. 1. 21. 선고, 91다35175 판결 등 참조}$), 설정자가 그 채무의 변제 없이 무조건 또는 변제와 동시이행으로 등기의 말소를 구하는 것은 장래이행의 소로서 원칙적으로 허용되지 않는다. 따라서 채권자가 그 가등기 등이 채권담보의 목적으로 경료된 것임을 다툰다든지 피담보채무의 액수를 다투기 때문에 채무자가 채무를 변제하더라도 채권자가 말소등기의무를 이행할 것으로 기대되지 않는 경우에는 미리 청구할 필요가 있어 그 변제를 조건으로 저당권설정등기 등의 말소나 채무자 앞으로의 새로운 소유권이전등기청구가 허용된다($^{대법원 1992. 1. 21.}_{선고 91다35175 판결}$).

4) 공유물분할청구의 소와 같이 재판에 의해서만 형성권을 행사할 수 있는 경우 그 형성의 효과는 당해 형성판결이 확정된 때에야 비로소 발생하므로, 그 확정 전에 장차 당해 형성판결의 확정으로 권리가 발생할 것을 전제로 미리 그 권리의 이행을 청구하는 것은 장래이행청구의 소에 해당하여 원칙적으로 허용되지 않는다는 것이 판례인데($^{대법원 1969. 12. 29.}_{선고 68다2425 판결}$), 이에 반하는 경우도 있으므로 이에 관하여도 소 제기 전에 검토하여야 한다.

5) 사해행위의 취소에 따른 원상회복청구 등 장래이행의 소에서는 '소송촉진 등에 관한 특례법' 제3조 제1항의 법정 지연손해금률은 적용되지 않는다($^{동법 제3조}_{제1항 단서}$). 또, 이행지체의 발생시점이 장래 이행기 도래일의 다음날이 되므로, 사해행위의 취소에 따른 원상회복청구의 경우 지연손해금은 사해행위 취소 판결 확정일 다음날부터 민법에 의한 연 5%의 지급을 청구하여야 한다($^{대법원 2002. 3. 26. 선고 2001다72968 판}_{결, 2009. 1. 15. 선고 2007다61618 판결}$).

---

126) 반면에 피고 채무의 이행기가 도래하였으나 원고에게 동시이행의무가 있는 경우에는 이미 피고 채무의 이행기가 도래하였으므로 원칙적으로 장래이행청구의 소가 아니다.

6) 장래이행청구의 소의 청구취지에는 다음과 같이 시기의 도래나 정지조건의 성취, 선이행채무의 변제 등이 이루어진 후에 피고가 채무이행을 하여야 하는 뜻, 계속적 이행을 청구하는 경우에는 그 지급시기 및 종료일을 분명하게 기재해 준다.

▣ 장래이행청구(예)

장래이행 사유	청구취지
기한 (이행기 미도래)	"피고는 2021. 10. 1.이 도래하면 원고에게 5억 원 및 이에 대한 2021. 10. 2.부터 다 갚는 날까지 연 20%의 비율에 의한 금전을 지급하라."
	"피고는 원고에게 별지 목록 기재 건물을 인도하고, 2018. 3. 15.부터 위 건물의 점유 종료일까지 매월 50만 원의 비율에 의한 돈을 지급하라."[127]
	"피고는 원고에게 2021. 7. 16.부터 원고의 서울 강북구 번동 411 대 91㎡에 관한 소유권 상실일 또는 피고의 위 토지에 대한 점유 종료일까지 월 80만 원의 비율로 계산한 돈을 지급하라."
	"피고는 원고에게 2023. 1. 1.부터 원고의 생존일까지(원고의 생존을 조건으로) 매년 1. 1.에 4,000만 원을 지급하라."
	"피고는 원고에게 별지 목록 기재 부동산에 관하여, 원고와 소외 ○○○ 사이의 인천지방법원 2020. 5. 1.자 2018카합1234 소유권이전등기청구권 가압류결정에 의한 가압류집행이 해제되면 2018. 7. 20. 매매를 원인으로 한 소유권이전등기절차를 이행하라."
조건	"피고는 원고에게, 별지 목록 기재 부동산(기본재산)의 처분에 따른 종로구청장의 재단법인 정관변경허가를 조건으로, 위 부동산에 관하여 2008. 9. 10. 증여를 원인으로 한 소유권이전등기절차를 이행하라."
선이행의무의 이행	"피고는 원고로부터 1억 원을 지급받은 다음 원고에게, 별지 목록 기재 부동산에 관하여 서울동부지방법원 2018. 10. 11. 접수 제1235호로 마친 근저당권설정등기의 말소등기절차를 이행하라."
	"피고는 원고로부터 5,000만 원을 지급받은 다음 원고에게 별지 목록 기재 부동산에 관하여 수원지방법원 용인등기소 2015. 4. 15. 접수 제30127호로 마친 담보가등기의 말소등기절차를 이행하라."
형성판결의 확정에 따라 발생하는 권리	"1. 가. 피고는 원고에게 재산분할로 3억 7,000만 원 및 이에 대하여 이 판결 확정일 다음날부터 다 갚는 날까지 연 5%의 비율에 의한 돈을 지급하라. 나. 피고는 원고에게 사건본인의 과거양육비로 2,700만 원, 장래양육비로 2020. 11. 1.부터 2027. 5. 31.까지 매월 150만 원을 매월 말일에 지급하라. 2. 소송비용 중 1/3은 원고가, 나머지는 피고가 각 부담한다. 3. 제1의 나항은 가집행할 수 있다."
	"1. 별지 목록 기재 부동산에 관하여 소외 이미연과 피고 사이에 2018. 6. 23. 체결된 증여계약을 1억 원의 한도에서 취소한다. 2. 피고는 원고에게 1억 원 및 이에 대하여 이 판결 확정일 다음날부터 다 갚는 날까지 연 5%의 비율에 의한 금전을 지급하라. 3. 원고의 나머지 청구를 기각한다. 4. 소송비용 중 10분의 9는 원고가, 나머지는 피고가 각 부담한다."

---

127) 장래의 시점인 점유 종료일'까지 정기금지급을 청구하는 경우이다.

(나) 정기금판결변경청구의 소

1) 정기금의 지급을 명한 판결이 확정된 뒤에 그 액수 산정의 기초가 된 사정이 현저하게 바뀜으로써 당사자 사이의 형평을 크게 침해할 특별한 사정이 생긴 때에는, 그 판결의 당사자는 장차 지급할 정기금 액수를 바꾸어 달라는 소를 제기할 수 있고, 그 소는 제1심 판결법원의 전속관할에 속한다(민사소송법 제252조). 이른바 정기금판결변경청구의 소이다. 이 소는 확정된 판결은 물론 이와 동일한 효력이 있는 각종의 조서, 결정 등에 대하여도 제기할 수 있음은 물론이다.

2) 정기금판결변경청구의 소에 관한 민사소송법 제252조는 구체적인 내용이 미흡하여 판결의 방법(전소 판결을 취소·변경하는 형성판결에 의할 것인지 아니면 추가 지급을 명하는 이행판결 또는 감액을 위한 집행력 감축 방식의 청구이의의 판결에 의할 것인지)이나 그 인용의 기준시점(전소의 표준시 이후인지 후소의 제기시 이후인지 등) 등을 둘러싸고 논란의 여지가 많다.

3) 기판력을 고려하여, 법원은 증감된 정기금의 지급을 소급하여 명할 수는 없고 변경의 소를 제기한 시점부터만 증감된 정기금을 지급하라고 할 수 있으며, 그 청구취지는 다음과 같이 종전 판결의 내용을 변경하여 새로운 이행의무의 부과를 구하거나 정기금판결변경청구의 소를 제기한 날 이후부터 특정일까지 증액 또는 감액된 금액의 지급을 구하는 것이 타당하다는 것이 통설이자 하급심 판례의 태도이다.[128]

▣ 정기금판결변경청구(예)

변경청구 사유	청구취지
증액하는 경우 (변경/추가)	"귀 법원 2017가합1234호 손해배상청구사건의 판결 중 금전 지급을 명한 부분을 다음과 같이 변경한다. 피고는 원고에게 2023. 5. 1.부터 원고의 생존일까지 매월 20일 120만 원을 지급하라." "피고는 원고에게 귀 법원 2016가단1234호 조정에 갈음하는 결정에서 지급을 명한 정기금에 추가하여 2021. 5. 1.부터 원고의 생존일까지 매월 20일 120만 원을 지급하라."
감액하는 경우 (변경/취소)	"귀 법원 2015가합1234호 손해배상청구사건의 판결 중 금전 지급을 명한 부분을 다음과 같이 변경한다. 피고(이 사건의 원고)는 원고(이 사건의 피고)에게 2021. 5. 1.부터 원고(이 사건의 피고)의 생존일까지 매월 20일 500만 원을 지급하라."

---

128) 정기금판결의 변경 판결이 선고되면 종전의 판결과 함께 2개의 집행권원이 존재하게 되어 혼란을 줄 우려가 있으므로, 정기금판결변경청구의 소라는 명칭에도 어울리게 종전의 판결을 변경하는 내용으로 청구취지를 기재하는 것이 바람직하다. 특히 감액청구의 경우에는 변경청구의 형식이 아닌 방법으로 청구하기가 매우 어렵고, 취소 형태의 청구도 자칫 집행내역을 불명확하게 하여 혼란을 줄 우려가 있어 권장할 만한 형태는 아니다(이 경우 초과금액에 대한 원고 청구의 기각을 구하여야 하는지도 의문이 있다).

"귀 법원 2019가합1234호 손해배상청구사건의 조정조서 중 2020. 5. 1.부터 원고(이 사건의 피고)의 생존일까지 금전 지급을 명한 부분에 관하여 매월 20일 500만 원의 지급을 초과하여 지급을 명한 부분을 취소한다."

다. 확인의 소

(1) 의 의

1) 확인의 소는 특정인 사이의 법률관계를 법원이 공적으로 확인하는 내용의 재판을 구하는 소이다. 확인의 소에서 소송목적, 즉 소송물은 권리·법률관계의 존재·부존재, 유무효가 주된 것이고, 증서의 진부는 매우 드물다.

2) 따라서 확인의 소의 청구취지는 주로 특정한 권리·법률관계의 존부나 유무효 확인을 구하는 것이 된다.

(2) 확인의 이익과 확인의 대상

1) 확인의 소는 형성의 소와 마찬가지로 예외적인 소송형태로서 그 효용성이 있을 때만 인정되므로, 확인청구의 내용(대상)이 되려면 그것이 특정한 법률요건을 충족하고 일정한 법률효과 발생으로 연결되어 그 확인으로써 현존하는 법률관계에 관한 분쟁을 유효적절하게 해결할 수 있는 것이어야 한다.

2) 따라서 확인의 소를 제기할 때는 확인의 이익이 있는지 깊이 검토하여야 한다. 법률효과 발생으로 이어지지 않는 단순한 사실관계의 존부, 궁극적으로 경제적·정신적 만족을 주는 권리·의무 등의 법률효과 발생에 보조적 수단에 불과한 대리권, 취소권, 철회권, 취소권, 해지권 등의 확인청구, 과거의 법률관계에 관한 확인청구는 확인의 이익이 없어 원칙적으로 허용되지 않는다.

3) 증서 진부확인의 소의 경우, 확인을 구하는 증서의 진부가 확정되어도 그 증서가 증명하려는 권리관계 내지 법률적 지위의 불안이 제거될 수 없고, 그 법적 불안을 제거하기 위해서는 당해 권리 또는 법률관계 자체의 확인을 구하여야 할 필요가 있는 때에는 즉시 확정의 이익이 없어 부적법하며(대법원 1991. 12. 10. 선고 91다15317 판결), 어느 증서에 의하여 증명되어야 할 법률관계를 둘러싸고 이미 소가 제기되어 있는 경우에는 그 소송에서 분쟁을 해결하면 되므로 특별한 사정이 없는 한 그와 별도로 그 증서에 대한 진정 여부를 확인하는 소를 제기할 확인의 이익이 없다(대법원 2007. 6. 14. 선고 2005다29290, 29306 판결).

4) 확인의 소에서도 유언자의 사망 전 유언무효나 유증무효의 확인청구, 상속 개시 전 상속분이나 유류분 확인청구 등 장래의 법률관계에 대한 확인의 소는 원칙적으로 허용되지 않는다. 그러나 정지조건부 권리나 기한부 권리, 이행기 미도래의 권리는 장래에 발생

하거나 이행기가 도래하는 것이지만 현재 그에 대하여 분쟁이 있어 확인의 소를 통하여 분쟁을 유효적절하게 해결할 수 있다면 확인의 소를 제기할 이익이 있다. 그러한 권리도 법적인 보호의 대상이 되기 때문이다(민법 제148조 내지 154조 참조).

5) 확인의 이익과 관련하여, 이행의 소가 가능함에도 확인의 소를 제기하거나, 양자를 동시에 청구하는 경우 확인청구는 원칙적으로 소의 이익이 없다는 점을 유념해야 한다(대법원 1980. 3. 25. 선고 80다16, 17 판결, 2001. 12. 24. 선고 2001다30469 판결, 2008. 7. 10. 선고 2005다41153 판결 등).

(3) 확인 대상의 특정과 확인청구

1) 권리·법률관계의 존부, 유무효 등의 확인을 구하는 경우, 그 청구취지에는 확인의 대상인 권리·법률관계를 특정하고 확인할 내용인 권리·법률관계의 존부, 유무효, 증서의 진정성립 여부를 명시하여야 한다. 또, 확인의 이익이 있으면 원고와 피고 사이의 권리·법률관계는 물론, 원고나 피고와 소외인 간 또는 소외인들 간의 권리·법률관계도 확인을 구할 수 있으며(대법원 2013. 11. 28. 선고 2011다80449 판결 등), 권리·법률관계 중 수적·양적 일부의 확인만을 구하는 것도 가능하다. 주주총회결의나 종중원총회결의 부존재 확인을 구하는 경우에도, 그 본질은 단순한 사실의 확인이 아니라 그에 기초한 권리·법률관계의 존부 확인으로서 허용된다.

2) 확인의 주체는 이행의 소에서 이행의 주체가 피고인 것과 달리 법원이다. 따라서 "피고는 …를 확인하라(확인한다)."와 같이 확인의 주체를 피고로 표시하여 확인을 구하여서는 안 된다.[129]

3) 원고나 피고가 복수이나 그 일부의 원고나 피고에게만 확인청구가 있는 경우에는 "원고와 피고 ○○○ 사이에서 …를 확인한다." 또는 "원고 ○○○와 피고 ○○○ 사이에서 …를 확인한다."와 같이 확인의 대상인 당사자관계를 제한할 수 있다.

▣ 확인의 소와 청구취지(예)

확인의 대상	청구취지
권리·법률관계의 존부	"원고와 피고 사이에 일체의 금전채무관계가 없음을 확인한다."
	"원고와 소외 이현수 사이의 2020. 5. 9.자 금전 소비대차와 관련하여 피고는 원고에게 500만 원을 초과하여서는 보증채무가 존재하지 아니함을 확인한다."
	"서울 서초구 서초동 100 잡종지 390㎡가 원고의 소유임을 확인한다."
	"별지 목록 기재 건물이 원고의 소유임을 확인한다."
	"원고가 피고의 이사의 지위에 있음을 확인한다."
	"소외 ○○○와 소외 △△△ 사이에 친생자관계가 존재하지 아니함을 확인한다."

---

129) 이행의 소에서 법원은 이행의 주체가 아니라 이행명령의 주체이다.

	"원고를 이사에서 해임하고 소외 ○○○를 이사로 선임하는 피고의 2019. 3. 7. 자 임시주주총회결의는 존재하지 아니함을 확인한다."
	"피고가 2012. 12. 4. 서울중앙지방법원 2012금제1234호로 공탁한 5억 원에 대하여 원고가 공탁금출급청구권자임을 확인한다."
권리·법률관계의 유무효	"원고와 피고 사이의 별지 목록 기재 자동차에 대한 2011. 5. 9.자 매매가 무효임을 확인한다."
	"피고가 원고에게 2019. 8. 3.에 한 해고가 무효임을 확인한다."
	"피고의 2020. 12. 30.자 임시주주총회에서 원고를 이사에서 해임하고 소외 정현국을 이사로 선임한 결의는 무효임을 확인한다."
	"피고의 2018. 11. 15.자 주주총회에서의 감자결의는 무효임을 확인한다."
	"원고와 피고 사이에서 2005. 3. 2. 서울 강남구청장에게 신고한 혼인은 무효임을 확인한다."
증서의 진부	"원고를 매도인, 피고를 매수인으로 하여 2017. 9. 15. 작성된 별지 매매계약서는 진정하게 성립된 것이 아님을 확인한다."[130]
	"피고가 원고로부터 2019. 7. 1. 돈 1억 원을 차용한다는 내용의 별지 차용증은 진정하게 성립된 것이 아님을 확인한다."

(4) 미등기 부동산의 소유권확인청구

(가) 미등기 토지에 대한 소유권확인청구

1) 누구의 소유권보존등기도 되어 있지 않은 미등기 토지에 대하여 판결로써 자기의 소유권을 증명하면 소유권보존등기를 할 수 있는바(부동산등기법 제65조 제2호),[131] 그 소유권확인청구의 상대방은 두 경우로 나뉜다.

2) 사인(私人)을 상대로 확인청구해야 할 경우로는, 토지대장에 타인 명의로 등재되어 있는 경우이다. 이미 타인 명의로 잘못된 소유권보존등기나 소유권이전등기가 된 경우에는 그 등기명의자를 상대로 말소등기청구나 이전등기청구를 해야 하고 소유권확인청구는 원칙적으로 소의 이익이 없다.

3) 미등기 토지에 관하여 국가를 상대로 소유권확인청구를 해야 할 경우로는, ① 토지대장이나 임야대장에 전혀 소유자 기재가 없는 경우, ② 토지대장이나 임야대장에 소유

---

130) 소장의 별지로 매매계약서 등의 사본을 첨부한다.

131) 여기서 소유권을 증명하는 판결은 보존등기신청인의 소유임을 확정하는 내용의 것이어야 한다. 토지를 선대에서 사정받고 등기를 하지 않은 채 사망하여 그 자손이 상속한 경우에도 소유권보존등기는 이미 사망한 선대(사정명의인)의 명의가 아니라 현재의 권리자인 상속인의 명의로 이루어져야 하며 (이미 사망한 자 명의로의 등기신청은 허용되지 않는다.), 따라서 그 소유권확인청구는 그 토지가 과거 선대(사정명의인)의 소유였다는 확인청구(예컨대, "별지 목록 기재 토지를 1911. 8. 21. ○○○가 사정받았음을 확인한다.")가 아니라 현재 상속인의 소유라는 확인청구의 형식으로 청구취지를 기재하여야 한다. 그러나 소유권을 증명하는 판결은 소유권확인판결에 한하는 것은 아니며, 형성판결이나 이행판결이라도 그 이유 중에서 보존등기신청인의 소유임을 확정하는 내용의 것이면 이에 해당한다.

자 기재가 있긴 하나, 소유자의 주소 기재가 없거나 허황된 주소가 기재된 등으로 그 명의자가 누구인지 알 수 없는 경우, ③ 국가가 토지대장이나 임야대장상의 등록명의자 소유를 부인하면서 국가 소유를 주장하는 경우이다.[132] 이때 확인청구의 상대방은 지적공부를 관리하는 시, 군, 구나 그 대표자가 아니라 국가임에 주의하여야 한다. 지적관리 사무는 국가 사무이고 시장, 군수, 구청장은 국가로부터 기관위임을 받아 토지대장 등 지적공부를 관리하는 것에 불과하기 때문이다(「측량·수로조사 및 지적에 관한 법률」 제2조 제18호, 제64조 제1항, 제69조 제1항 참조).

4) 미등기 토지 등에 관하여 소유권확인청구를 하는 경우, 비록 그 토지 등을 원고가 상속이나 전전상속을 통해 취득했다고 하더라도 소유권은 원고 자신에게 있음을 청구해야 하고, 그것이 피상속인의 소유였음의 확인을 청구해서는 안 된다. 또 공동상속인이 있는 경우, 원고 아닌 다른 사람의 소유권확인을 구하는 것은 원칙적으로 소의 이익이 없다.

5) 미등기 토지 등의 소유권확인청구를 하는 경우, 피고가 누구이든 청구취지는 "별지목록 기재 토지가 원고의 소유임을 확인한다."와 같다. 소유권취득의 원인을 표시할 필요가 없음은 물론이다.

(나) 미등기 건물에 대한 소유권확인청구

1) 미등기 건물의 소유권보존등기에 관하여 부동산등기법 제65조는, 건축물대장에 최초의 소유자로 등록되어 있는 자 또는 그 상속인, 그 밖의 포괄승계인, 확정판결에 의하여 자기의 소유권을 증명하는 자, 수용으로 인하여 소유권을 취득하였음을 증명하는 자, 특별자치도지사·시장·군수·구청장(자치구의 구청장)의 확인에 의하여 자기의 소유권을 증명하는 자는 소유권보존등기를 할 수 있다고 규정한다.

2) 이때 미등기 건물에 대한 소유권확인청구의 상대방은 건축물대장상에 최초의 소유자로 등록되어 있는 자 또는 그 상속인, 그 밖의 포괄승계인, 건축허가권자인 시장·군수·구청장이 속하는 시·군·구여야 하고, 국가를 상대로 하거나 건축허가명의인 또는 건축주를 상대로 구해서는 아니 된다.[133] 한편 대법원은, 건축물대장이 생성되지 않은 건물에 대하여 소유권보존등기를 마칠 목적으로 제기한 소유권확인청구의 소는 확인의 이익이

---

132) 국가가 해당 토지의 시효취득을 주장하는 경우 이는 대장상 소유자의 소유권을 인정하면서 단지 취득시효완성에 따른 등기청구권을 주장하는 것에 불과하여 확인의 이익이 없다(대법원 2003. 12. 12. 선고 2002다33601 판결).

133) 2013. 2. 22. 대법원 등기예규 제1483호(미등기부동산의 소유권보존등기 신청인에 관한 업무처리지침) 참조. 건물의 경우 가옥대장이나 건축물관리대장의 비치·관리업무는 당해 지방자치단체의 고유 사무로서 국가사무라고 할 수도 없는데다가, 당해 건물의 소유권에 관하여 국가가 이를 특별히 다투고 있지도 아니하다면, 국가는 그 소유권 귀속에 관한 직접 분쟁의 당사자가 아니어서 이를 확인해 주어야 할 지위에 있지 않으므로, 국가를 상대로 미등기 건물의 소유권확인을 구하는 것은 그 확인의 이익이 없어 부적법하다. 또 미등기 건물에 관하여 국가를 상대로 한 소유권확인판결을 받는다고 하더라도 그 판결은 구 부동산등기법 제131조 제2호에 해당하는 판결이라고 볼 수 없어 이를 근거로 소유권보존등기를 신청할 수 없다(대법원 1995. 5. 12. 선고 94다20464 판결, 1999. 5. 28. 선고 99다2188 판결).

없다고 한다.[134]

라. 형성의 소

(1) 의 의

1) 형성의 소는 특정인 사이의 법률관계에 관하여 일정한 법률요건의 충족을 전제로 법원이 직접 법률관계의 변동, 즉 일정한 법률효과의 발생을 선언하는 형태의 소이다.

2) 본래 법률효과는 법에서 정한 법률요건을 충족하면 국가나 개인의 다른 행위의 개입 없이 그로써 곧바로 발생하는 것이 원칙이나, 그러한 결과 발생을 기대하기 어렵거나 특정인의 생활관계에 미치는 영향이 중대하거나 당사자 이외의 불특정 다수인에 대하여도 그 법률효과를 확장하여야 할 필요가 있는 경우 등 그 법률관계의 중요성에 비추어 국가의 후견적 관여가 필요한 특수한 경우에 법원의 관여를 통하여 비로소 법률효과가 발생하도록 한 것이 형성의 소이다. 따라서 형성의 소는 법률에 특별한 규정이 있거나 판례에 의해 확인된 관습법 또는 조리상 허용되는 경우 등 예외적으로만 허용된다(대법원 2001. 1. 16. 선고 2000다45020 판결 등 참조).

3) 형성권에 관한 법률관계의 분쟁이 모두 형성의 소의 대상이 되는 것은 아님에 주의하여야 한다. 형성권이라고 하더라도 법원의 관여나 재판에 의하지 않고 행사하는 것이 원칙이므로, 형성권 중 재판상 행사가 요구되는 경우만 형성의 소의 대상이 된다. 따라서 민법 제628조나 주택임대차보호법 제7조, 상가건물임대차보호법 제11조의 차임증감청구권, 민법 제286조의 지료증감청구권은 형성권으로서 법원의 관여나 상대방의 승낙을 기다릴 필요 없이 행사자의 의사표시가 상대방에게 도달함으로써 그 효력이 발생하며 (대법원 1974. 8. 30. 선고 74다1124 판결 참조), 그 금액에 관하여 다툼이 있는 때는 확인의 소나 이행의 소를 제기하여야

---

134) "구 부동산등기법(2011. 4. 12. 법률 제10580호로 전부 개정되기 전의 것, 이하 '구법'이라 한다) 제131조 제2호에서 판결 또는 그 밖의 시·구·읍·면의 장의 서면에 의하여 자기의 소유권을 증명하는 자가 소유권보존등기를 신청할 수 있다고 규정한 것은, 건축물대장이 생성되어 있으나 다른 사람이 소유자로 등록되어 있는 경우 또는 건축물대장의 소유자 표시란이 공란으로 되어 있거나 소유자 표시에 일부 누락이 있어 소유자를 확정할 수 없는 등의 경우에 건물 소유자임을 주장하는 자가 판결이나 위 서면에 의하여 소유권을 증명하여 소유권보존등기를 신청할 수 있다는 취지이지, 아예 건축물대장이 생성되어 있지 않은 건물에 대하여 처음부터 판결 내지 위 서면에 의하여 소유권을 증명하여 소유권보존등기를 신청할 수 있다는 의미는 아니라고 해석하는 것이 타당하다. 위와 같이 제한적으로 해석하지 않는다면, 사용승인을 받지 못한 건물에 대하여 구법 제134조에서 정한 처분제한의 등기를 하는 경우에는 사용승인을 받지 않은 사실이 등기부에 기재되어 공시되는 반면, 구법 제131조에 의한 소유권보존등기를 하는 경우에는 사용승인을 받지 않은 사실을 등기부에 적을 수 없어 등기부상으로는 적법한 건물과 동일한 외관을 가지게 되어 건축법상 규제에 대한 탈법행위를 방조하는 결과가 된다. 결국 건축물대장이 생성되지 않은 건물에 대해서는 소유권확인판결을 받는다고 하더라도 그 판결은 구법 제131조 제2호에 해당하는 판결이라고 볼 수 없어 이를 근거로 건물의 소유권보존등기를 신청할 수 없다. 따라서 건축물대장이 생성되지 않은 건물에 대하여 구법 제131조 제2호에 따라 소유권보존등기를 마칠 목적으로 (군을 상대로) 제기한 소유권확인청구의 소는 당사자의 법률상 지위의 불안 제거에 별다른 실효성이 없는 것으로서 확인의 이익이 없어 부적법하다"(대법원 2011. 11. 10. 선고 2009다93428 판결).

한다.[135]

(2) 형성의 청구

1) 형성의 소에서 법원은 형성의 주체가 되어 일정한 권리·법률관계에 관하여 법률효과 발생을 선언하므로, 확인의 소와 같이 그 청구취지에는 법률효과 발생의 대상인 권리·법률관계와 그 법률효과를 특정하고 "…인지한다.", "…분할한다.", "…취소한다." 등으로 이를 선언하는 문구를 기재한다.

2) 다만 공유물 분할청구의 소와 같은 형식적 형성의 소의 경우, 그 청구취지는 법원에 대한 당사자의 제안 정도에 그치고 법원을 구속하지 아니한다(대법원 1991. 11. 12. 선고 91다27228 판결 등). 그러므로 이런 경우 청구취지를 간단하게 "별지 목록 기재 부동산을 원고와 피고들 사이에 분할한다."라고만 표시하여도 무방하다.

3) 한편, 형성판결에 따른 법률효과는 그 판결이 확정된 때에 발생하므로 그에 따른 법률효과 발생을 전제로 한 다른 청구는 형성판결 확정 후 별소로써 구해야 하고, 당해 형성의 소에서 그 형성청구가 인용될 것을 전제로 당해 형성의 소에 병합하여 청구할 수 없는 것이 원칙임은 앞서 본 바와 같다.

다만 그것이 예외적으로 허용되는 경우가 있는바, 채권자취소의 소에서 사해행위의 취소와 함께 원상회복을 이행청구로 병합하는 경우(민법 제406조), 법정지상권 또는 관습상의 지상권에 관하여 토지 소유자가 지료청구의 소를 따로 제기하여 그 확정을 기다리지 않고 법원에서 상당한 지료를 결정할 것을 전제로 곧바로 그 지료의 지급을 구하는 이행청구를 하는 경우(대법원 2003. 12. 26. 선고 2002다61934 판결),[136] 재판상이혼청구의 소에서 재산분할청구를 병합하는 경우(민법 제843조, 제839조의2, 가사소송법 제14조) 및 협의이혼 후의 재산분할심판청구에서 곧바로 분할을 전제로 분할에 따른 급부를 청구하는 경우가 그것이다.[137]

---

135) 차임증감청구권 등이 형성권이기는 하지만, 이를 행사하는 당사자가 주장하는 금액으로 바로 증액 또는 감액되는 것이 아니고 객관적으로 상당한 범위로 증감된다는 것을 의미한다. 따라서 당사자 사이에 그 적정 금액에 대한 분쟁이 발생하는 경우에는 결국 확인의 소나 이행의 소(당사자가 주장하는 금액의 지급청구)를 통하여 확정할 수밖에 없다. 다만 법원이 적정 금액을 확정하는 경우(이는 형성이 아니라 객관적 진실로 존재하는 '적정한 금액'을 법원이 발견·확인하는 것이다) 그 확정액에 따른 증감의 효력은 판결 확정 시부터가 아니라 증감청구의 의사표시가 상대방에게 도달한 때에 소급하여 발생하는바(대법원 1974. 8. 30. 선고 74다1124 판결), 이는 차임증감청구의 소가 형성의 소인 때문이 아니라, 차임증감청구권이 형성권인 성질에서 비롯하는 것이다(따라서 민법 제628조에 의한 차임증감청구는 재판외에서도 행사할 수 있다). 다만 관습상의 법정지상권의 경우, 지료는 법원이 결정하며, 이는 형성의 소이다.

136) 대법원은 이 경우, 토지 소유자와 지상권자 사이의 지료 지급청구 소의 판결 이유에서 정해진 지료에 관한 결정은 그 소송당사자인 토지 소유자와 지상권자 사이에서 지료결정으로서의 형성적 효력이 있다고 본다.

137) 이혼에 따른 재산분할청구와 관련하여 민법은, 당사자 쌍방의 협력으로 이룩한 재산의 액수, 기타 사정을 참작하여 법원이 분할의 액수와 방법을 정한다고 규정하고 있는바(제839조의2 제2항), 이 역시

(3) 형성요건과 청구취지

1) 형성의 소의 청구취지에도 법률효과 발생의 원인인 법률요건을 특정·기재하지 않는 것이 원칙이다. 예컨대, 사해행위취소의 소에서는 그 대상인 매매 등 법률행위의 취소 선언을 구할 뿐 그 취소의 원인인 '사해행위'를 기재하지 않으며, 이혼청구의 소에서도 이혼의 원인인 민법 제840조 각호의 사유를 기재하지 않는다.

2) 형성의 소에서 청구의 선택적 병합이나 주위적·예비적 병합청구는 특히 주의해야 한다. 경계확정이나 공유물분할의 소와 같은 형식적 형성의 소의 경우, 원고의 청구는 경계의 '확정'이나 공유물의 '분할' 자체에만 구속력이 있을 뿐 경계의 위치와 분할의 내용과 같은 청구의 내용은 단순히 법원에 의견을 피력하는 효력밖에 없다. 따라서 이 경우에는 원고에게 가장 유리한 내용의 청구 하나만을 기재하면 충분하고 그 대안적 청구를 선택적 또는 주위적·예비적 청구로 병합하여 청구할 필요가 없으며, 또 그러한 병합청구가 허용되지도 않는다. 소 제기 후 소장에 기재한 청구 내용과 다른 내용으로 청구하고자 하는 때에는 청구취지변경신청서를 제출하거나 준비서면에 그 뜻을 기재하여 제출하면 된다.

3) 이혼청구와 같은 경우 당사자처분권주의가 적용되어, 원고가 그 청구원인(이혼의 원인)을 특정할 수 있고 기판력도 그 주장한 청구원인에만 미치지만, 어느 청구원인에 의하든 그 법률효과는 '이혼' 하나이므로, 복수의 이혼사유를 주장하는 경우 청구원인에만 선택적 병합이나 주위적·예비적 병합으로 이를 기재하고 청구취지에는 별도로 선택적 병합이나 주위적·예비적 병합의 청구를 기재할 필요가 없다.

4) 채권자취소의 소나 배당이의 소에서는 원고에게 청구의 범위를 특정할 권리와 의무가 인정되므로, 원고가 취소의 대상이나 경정의 대상인 배당채권자와 그 금액을 특정한 경우 법원은 이를 초과하여 심리·판단할 수 없다. 따라서 이러한 경우 원고는 그 청구의 범위를 분명히 하여야 한다.

5) 이 경우 그 취소, 경정의 대상이나 금액을 잘 모른다고 하여 "선택적으로, 피고와 소외 ○○○ 사이의 별지 목록 1.부동산에 대한 2018. 1. 10.자 매매계약 또는 별지 목록 2.채권에 대한 2019. 3. 5.자 양도계약을 취소한다."와 같이 취소의 대상을 법원의 선택에 맡기거나, "서울중앙지방법원 2019타경12453호 부동산강제경매 사건에 관하여 위 법원이 2020. 4. 13. 작성한 배당표 중, 주위적으로, 피고에 대한 배당액 3,000만 원을 2,000만 원으로, 원고에 대한 배당액 1억 원을 1억 1,000만 원으로 각 경정한다, 예비적으로, 피

경계확정의 소나 공유물분할의 소와 같은 형식적 형성의 소(가사소송법은 이를 비송사건으로 취급하고 있으나 소와 같이 생각하여도 무방하다.)에 속한다고 할 수 있다. 따라서 원고가 재산분할의 액수와 방법을 특정하지 않은 채 단순히 재산분할을 구한다는 취지만 청구취지에 기재하여도 무방하다. 다만, 원고가 재산분할의 액수를 특정하여 청구한 때는 다른 형식적 형성의 소와 달리 법원은 그 청구를 초과하여 인용할 수는 없다(가사소송규칙 제93조 제2항).

고에 대한 배당액 3,000만 원을 0원으로, 원고에 대한 배당액 1억 원을 1억 3,000만 원으로 각 경정한다."와 같이 단순히 그 범위만을 다르게 하여 병합청구하는 것은 허용되지 않는다.

◾ **형성의 소의 청구취지(예)**

소의 종류	청구취지
공유물분할	"서울 은평구 녹번동 123 대 350㎡ 중 별지 도면 표시 1, 2, 5, 6, 1의 각 점을 차례로 연결한 선내 (가)부분 150㎡를 원고의 소유로, 같은 도면 표시 2, 3, 4, 5, 2의 각 점을 차례로 연결한 선내 (나)부분 200㎡를 피고의 소유로 분할한다."
	"별지 목록 기재 부동산을 원고의 소유로 한다. 원고는 피고에게 1억 원 및 이에 대한 이 판결 확정일 다음날부터 다 갚는 날까지 연 5%의 비율에 의한 금전을 지급하라."
	"별지 목록 기재 부동산을 경매에 붙여 그 대금에서 경매비용을 공제한 나머지 금액을 원고에게 5분의 3, 피고들에게 각 5분의 1의 비율로 분배한다."[138]
토지의 경계 확정	"원고 소유인 서울 종로구 관철동 100 잡종지와 피고 소유인 서울 종로구 관철동 101 대의 경계를, 별지 목록 기재 1.건물의 동북쪽 모퉁이인 별지 도면 표시 ㄱ지점으로부터 별지 목록 기재 2.건물의 서북쪽 모퉁이인 별지 도면 표시 ㅅ지점을 향하여 5m 거리인 별지 도면 표시 ①점과, 위 1.건물의 동남쪽 모퉁이인 별지 도면 표시 ㄴ지점으로부터 위 2.건물의 서남쪽 모퉁이인 별지 도면 표시 ㅇ지점을 향하여 10m 거리인 별지 도면 표시 ②점을 연결한 직선으로 확정한다."
가족법관계	"원고와 피고는 이혼한다."
	"원고는 소외 망 최현정(1975. 6. 1. 생, 등록기준지 경기 고양시 일산동구 마두동 32)의 친생자임을 인지한다."
	"피고가 원고의 친생자임을 부인한다."
	"피고는 원고에게 별지 목록 기재 부동산의 2분의 1 지분을 재산분할한다."[139]
회사법관계	"피고의 2018. 12. 8.자 임시주주총회에서 원고를 이사에서 해임하고 소외 ○○○를 이사로 선임한 결의를 취소한다."
채권자취소[140]	"피고와 소외 ○○○ 사이에 별지 목록 기재 부동산에 관하여 2019. 12. 20. 체결된 매매계약을 취소한다. 피고는 위 ○○○에게 위 부동산에 관하여 서울동부지방법원 2019. 12. 27. 접수 제31345호로 마친 소유권이전등기의 말소등기절차를 이행하라."
	"피고와 소외 ○○○ 사이에 별지 목록 기재 부동산에 관하여 2019. 12. 20. 체결된 매매계약을 1억 원의 한도에서 취소한다. 피고는 원고에게 1억 원 및 이에 대한 이 판결 확정일 다음날부터 다 갚는 날까지 연 5%의 비율에 의한 금전을 지급하라."

---

138) 이 경우 경매신청은 원·피고 모두 신청할 수 있으며(대법원 1979. 3. 8.자 79마5 결정), 경매절차는 민사집행법 제274조에 의하여 담보권 실행을 위한 경매절차가 준용된다.

139) 이러한 형성의 소의 형태가 아닌, 앞서 이행의 소의 청구취지와 같이 곧바로 재산분할을 원인으로 한 소유권이전등기를 청구하는 것이 보통이다.

140) 등기말소나 금전지급청구는 이행의 소인 원상회복청구가 병합된 것이다.

청구이의	"피고의 원고에 대한 서울중앙지방법원 2018. 5. 1. 선고 2012가합1234 판결에 기한 강제집행을 불허한다."
	"피고의 원고에 대한 서울중앙지방법원 2018. 5. 1. 선고 2017가합1234 판결에 기한 강제집행을 2023. 11. 30.까지(또는 피고가 원고에게 1억 원을 지급할 때까지) 불허한다."
	"피고의 원고에 대한 공증인가 대전종합법무법인 2016. 3. 28. 작성 2016년 증서 제609호 금전소비대차계약 공정증서에 기초한 강제집행은, 원고가 피고로부터 대전 유성구 어은동 109 대 1,250㎡ 지상 건물을 인도받음과 동시에 피고에게 1억 원을 지급하는 한도를 초과하여서는 불허한다."[141]
	"피고의 원고에 대한 법무법인 ○○○종합법률사무소(또는 공증인가 ○○○합동법률사무소) 2019. 12. 5. 작성 2019년 증서 제3021호 약속어음공정증서에 기한 강제집행을 (또는 1억 원을 초과하여서는) 불허한다."
제3자이의	"피고가 소외 ○○○에 대한 서울남부지방법원 2019. 8. 12. 선고 2019가단1235 판결의 집행력 있는 정본에 기하여 2021. 5. 1. 별지 목록 기재 물건에 대하여 한 강제집행을 불허한다."
	"피고가 별지 1.목록 기재 부동산에 관하여 수원지방법원 동수원등기소 2018. 3. 20. 접수 제12345호로 마친 근저당권설정등기에 기하여 2020. 5. 25. 별지 2.목록 기재 부동산에 대하여 한 담보권(근저당권) 실행을 위한 경매를 불허한다."
집행문부여에 대한 이의	"원고와 피고 사이의 서울중앙지방법원 2020가합12534 대여금 사건의 판결에 대하여 위 법원 사무관 ○○○가 2020. 12. 10. 내준 집행문을 취소한다."[142]
배당이의	"서울중앙지방법원 2018타경12453호 부동산강제경매 사건에 관하여, 위 법원이 2020. 4. 13. 작성한 배당표 중 피고에 대한 배당액 3,000만 원을 2,000만 원으로, 원고에 대한 배당액 1억 원을 1억 1,000만 원으로 각 경정한다."
제권판결	"증서번호 가라12345, 액면금 3,000만 원, 발행인 세교물산 주식회사, 발행일 2021. 2. 12., 지급장소 우리은행 수표교지점으로 된 당좌수표 1장의 무효를 선고한다."
제권판결에 대한 불복의 소	"인천지방법원 2020카공1257 공시최고신청 사건에서 위 법원이 별지 목록 기재 수표에 대하여 2020. 7. 15. 선고한 제권판결을 취소한다. 위 수표에 대한 제권판결신청을 각하한다."
	"귀 법원이 2020카공12345 공시최고신청 사건에 관하여 2020. 10. 5. 별지 목록 기재 수표에 대하여 선고한 제권판결을 다음과 같이 변경한다. 별지 목록 기재 수표에 대하여 원고가 신고한 권리를 유보하고 위 수표의 무효를 선고한다."[143]

---

141) 집행증서에는 단순 이행의무로 표시되어 있는 청구권이지만 실제로는 반대의무의 이행과 동시이행으로 이루어져야 하는 관계에 있는 경우 집행권원에 표시된 청구권의 변동을 가져오는 청구이의의 소의 이유가 되고, 이때는 본래의 집행권원에 기한 집행력 전부의 배제를 구할 것이 아니라 집행청구권(1억 원의 지급청구권)이 반대의무(사례의 경우 대전 유성구 어은동 109 대 1,250㎡ 지상 건물의 인도)와 동시이행관계에 있음을 초과하는 범위에서 집행력의 일부 배제를 구하여야 한다(대법원 2013. 1. 10. 선고 2012다75123, 75130 판결 참조).

142) 집행문부여에 대한 이의는 이의신청과 이의의 소 양자를 선택적으로 행사하여 제기할 수 있는바, 전자의 경우에는 "신청인과 상대방 사이의…"라고 기재하고, 후자의 경우에는 "원고와 피고 사이의 …"라고 기재한다.

143) 민사소송법 제490조 제2항 제6호에 해당하는 경우 이와 같이 제권판결의 변경판결을 청구하여야 한다.

재심판결, 준재심판결	"재심대상판결을 취소한다."[144] "귀 법원이 2018가합12345 소유권이전등기청구 사건에 관하여 2018. 3. 10. 작성한 화해조서(조정조서, 인낙조서, 청구포기조서)를 취소한다."

마. 소송비용 부담의 청구

(1) 소송비용 부담 재판의 직권판단성

1) 법원이 당해 심급의 사건(소송)을 완결(종국)하는 재판을 할 때에는 직권으로 그 심급의 소송비용의 부담에 관한 재판을 하여야 한다(민사소송법 제104조). 이는 법원의 직무상 의무이고, 이를 누락한 경우 재판의 누락이 되어 법원은 직권 또는 당사자의 신청을 받아 추가로 그 재판을 하여야 한다(민사소송법 제212조 제2, 3항).

2) 따라서 원칙적으로 당사자에게는 소송비용 부담의 재판을 구할 신청권이 없고, 그 신청이 있든 없든 위와 같이 법원이 그 재판을 하여야 하므로 이를 소장에 기재하지 않아도 무방하다. 즉 당사자의 신청은 직권발동을 촉구하는 의미밖에 없고, 그 신청에 대하여 법원이 인용이나 기각의 답을 하지도 않는다. 그러나 실무상으로는 "소송비용은 피고(또는 원고)가 부담한다." 또는 "소송비용은 피고들이 부담한다."라고 기재하고 있다. 소장의 청구취지에 이를 기재할 때도 이와 같이 기재하면 된다.

(2) 소송비용 부담 재판의 내용과 소송비용액 확정절차

1) 위와 같이 판결을 하는 경우 원고의 신청이 있든 없든 소송비용 부담의 재판을 하므로, 당사자 입장에서 정작 중요한 것은 판결에서 이것이 누락된 경우와 소나 상소의 취하, 취하간주 등으로 재판에 의하지 않고 소송이 종결하여 소송비용 부담의 재판이 없는 경우에는 소송비용 부담자와 그 비율을 정하는 것이 된다(민사소송법 제114조).[145] 그리고 판결이나 화해, 조정 등에서 소송비용 부담의 재판(또는 합의)을 한 때는 구체적으로 그 소송비용 금액을 정하는 것이 중요하다. 전자의 경우 소송비용의 부담에 관한 재판신청이, 후자의 경

---

144) 재심청구의 소장에는 재심 대상인 판결을 청구취지란 앞에 '재심대상판결: 인천지방법원 2012. 8. 25. 선고 2012가합12345 소유권이전등기'와 같이 따로 기재하며, 청구취지란에는 재심대상판결의 취소청구와 함께 재심원고의 재심청구가 인용될 것을 전제로 "원고(재심피고)의 청구를 기각한다."-재심대상판결에서 그 소의 원고가 승소한 경우- 또는 "피고(재심피고)는 원고(재심원고)에게 별지 목록 기재 부동산에 관하여 2010. 8. 31. 취득시효완성을 원인으로 한 소유권이전등기절차를 이행하라."-재심대상판결에서 그 소의 원고가 패소한 경우-는 등의 본안에 관한 청구취지를 기재한다.

145) 소의 일부가 취하되거나 청구가 감축된 경우에도 그 부분 소송비용에 관하여는 민사소송법 제114조와 제98조 등의 적용이 있는 것으로 해석함이 타당하다. 그러므로 이 경우 당사자(특히 피고)가 일부 취하되거나 청구가 감축된 부분에 해당하는 소송비용을 상환받기 위해서는 위 규정에 의하여 일부 취하되거나 청구가 감축되어 그 부분만이 종결될 당시의 소송계속법원에 종국판결과는 별개의 절차로서 그 부분에 대한 소송비용 부담 재판의 신청을 하고, 그에 따라 결정된 소송비용의 부담자 및 부담액에 의하여 상환을 받아야 한다(대법원 2017. 2. 7.자 2016마937 결정 참조).

우 소송비용액 확정신청이 필요하다.

2) 소송비용의 부담에 관한 재판이란 당해 심급의 소송비용을 누가 얼마의 비율로 부담하여야 하는지를 정하는 형성적 재판이고, 소송비용액 확정절차는 구체적으로 그 소송비용 금액이 얼마인지를 정하는 형성적 재판이다. 소송이 재판에 의하지 아니하고 끝나거나 참가 또는 이에 대한 이의신청이 취하된 경우에는 법원은 당사자의 신청에 따라 소송비용을 누가 얼마의 비율로 부담하여야 할지와 소송비용의 액수를 정하여야 하는데, 다만 화해한 경우(화해권고결정이 확정된 경우 포함)에 화해비용과 소송비용의 부담에 대하여 특별히 정한 바가 없으면 그 비용은 당사자들이 각자 자기가 지출한 비용을 스스로 부담하므로(민사소송법 제106조), 소송이 종료한 심급의 법원에 소송비용액 확정신청만을 하여야 한다. 조정절차 비용은 조정이 성립한 경우에는 특별한 합의가 없으면 쌍방이 각자 부담하고, 조정이 성립되지 아니한 경우에는 신청인이 부담한다(민사조정법 제37조 제1항).[146]

3) 소송비용의 부담에 관한 재판은 신청사건으로서 결정으로 재판한다.[147] 그 신청취지는 "신청인과 피신청인 사이의 귀 법원 2019가합1234 대여금 사건에 관하여 그 소송비용은 피신청인이 부담한다"와 같이 기재하면 되며, 일부만의 부담을 신청하는 때는 그 비율을 기재한다. 이 신청은 통상 소송비용액 확정신청과 같이 하나, 따로 하여도 무방하다(민사소송법 제110조 제1항 참조). 이에 대해서는 즉시항고가 가능하다.

4) 소송비용액 확정신청에 따른 절차 역시 신청사건으로서 비송사건이다.[148] 따라서 결정으로 재판하며, 이 소송비용액 확정결정은 집행권원이 되어 강제집행을 할 수 있다. 판결이나 결정으로 소송비용 부담의 재판이 행해진 경우에는 제1심법원의 전속관할에 속한다(민사소송법 제110조 제1항). 재판에 의하지 아니하고 소송이 완결된 경우에는 당해 소송이 완결될 당시의 법원이다. 다만, 상소심에서 상소가 취하된 경우에는 1심의 비용은 1심법원에, 상소심 비용은 상소심법원에 신청하여야 하고, 상소심에서 소가 취하된 경우에는 전 심급의 비용을 상소심법원에 신청하여야 한다.[149] 소송비용액 확정결정에 대해서도 즉시항고가

---

146) 소송에서 조정으로 이행된 경우, 조정이 성립된 때는 조정비용은 물론 그 소송비용도 화해의 경우에 준해 각자가 부담한다고 보아야 할 것이다.

147) 이는 판결에서 이에 관한 재판이 누락된 경우를 제외한다. 판결에서 이에 관한 재판이 누락된 경우에는 당해 판결 법원에 추가판결을 구하는 신청을 하여야 하고, 법원은 결정이 아닌 판결로써 이를 하여야 한다. 이 경우 그 신청취지는 "이 사건 소송에 관하여 추가판결신청 비용을 포함하여 소송비용은 모두 피고가 부담한다", "이 사건 소송에 관하여 소송비용은 피고가 부담한다"와 같이 기재한다.

148) 본안사건으로 소구할 수 없다는 것이 대법원 판례이다(2000. 5. 12. 선고 99다68577 판결).

149) 항소심에서 항소가 취하된 경우, 항소심 소송비용에 대해서는 항소심법원에 소송비용부담재판의 신청을 하여야 하고(이 경우 제1심법원에 항소심 비용에 대한 소송비용액 확정신청을 할 수는 없다), 1심의 소송비용은 확정된 1심판결에 따르고 1심법원에 1심 비용에 대한 소송비용액 확정신청을 하여야 한다(대법원 1992. 11. 30.자 90마1003 결정, 1999. 8. 25.자 97마3132 결정, 2018. 4. 6.자 2017마6406 결정 참조). 반면에 항소심에서 소가 취하되면 처음부터 소송계속이 없었던 것으로 보게 되어 제1심의 소송비용부담에 관한 재판도 실효되므로, 소 취하로 소송이 완결될 당시의 소송 계속법원인 항소심이 1심과 2심 소송비용에 대한 소송비용부담재판 및 소송비용액 확정신청의 관할법원이 된다

가능하다.

소송비용액 확정결정을 신청할 때는 인지를 첨부한 신청서와 함께 자신이 지출한 소송비용액계산서, 소송비용액을 증명하는 데 필요한 영수증 등의 소명자료를 제출한다.

신청 시 청구금액 계산식은, '신청인의 상환청구액 = (신청인이 지출한 소송비용액 × 상대방의 부담비율) − (상대방이 지출한 소송비용액 × 신청인의 부담비율)'이다.

5) 한편 위 소송비용액확정절차는 비송적 성격을 띠므로, 개개의 비용항목이나 금액에 관하여 당사자처분권주의가 적용되지 않고, 법원은 당사자가 신청한 총 금액을 한도로 부당한 비용항목을 삭제·감액하고 정당한 비용항목을 추가하거나 당사자가 주장한 항목의 금액보다 액수를 증액할 수도 있다. 그리고 이미 확정된 소송비용액확정결정의 기판력은 개별적인 비용항목과 액수에만 미치는 것이 아니라 신청인의 소송총비용에 미치므로, 당초의 신청 당시 일부청구임을 명시하지 않은 한 그 결정이 확정된 후에 어떤 비용이 적게 신청되었다거나 누락되었다며 다시 신청할 수는 없다(대법원 2002. 9. 23.자 2000마5257 결정, 2011. 9. 8.자 2009마1689 결정 참조).

6) 소송비용액 확정신청이 있으면 법원은 소송비용계산서 등본(부본)을 상대방에 송달하고, 그에 대한 의견진술과 상대방의 비용계산서 및 비용액 소명자료를 제출할 것을 최고한다. 상대방이 그 자료를 제출하면 법원은 양자가 부담할 비용 중 대등한 금액을 상계처리하고 잔액이 있는 경우 이를 확정한다. 만약 상대방이 자료를 제출하지 않으면 신청인이 지출한 소송비용만을 토대로 이를 확정한다. 이 경우에도 상대방은 따로 소송비용액 확정신청을 할 수 있음은 물론이다.

▣ **소송비용액 확정결정신청(예)**

소송비용액 확정결정신청

신 청 인　　김현수 (501310 − 1533227)
　　　　　　수원시 팔달구 우만길 123

피신청인　　이정원 (751217 − 1966231)
　　　　　　수원시 영통구 효원로 531

신청취지

위 당사자 사이의 귀 법원 2017가합3915 청구이의 사건의 판결에 의하여 피신청인이 신청인에게 상환하여야 할 소송비용액은 2,907,866원임을 확정한다.

(대법원 1999. 11. 8.자 98마782 결정, 2012. 7. 12.자 2012카확8 결정, 2019. 8. 23.자 2019마5582 결정 참조).

신청원인

1. 신청인은 피신청인을 상대로 귀 법원 2017가합3915 청구이의의 소를 제기하였는바, 위 법원은 2019. 5. 10. 신청인의 청구를 일부 인용하고 소송비용 중 3분의 1은 신청인, 3분의 2는 피신청인이 각 부담한다는 내용의 판결을 선고하였고, 2019. 5. 26. 위 판결이 확정되었습니다.

2. 위 사건에 관하여 신청인이 지출한 소송비용은 별지 계산서와 같은바, 따라서 위 판결에 의하여 피신청인이 신청인에게 상환하여야 할 소송비용액은 2,907,866원이므로 그 확정을 신청합니다.

소명방법 및 첨부서류

1. 소송비용계산서   2통[150]
2. 영수증   1통[151]
3. 판결 사본   1통
4. 판결확정증명서   1통

2019. 7. 10.

신청인 소송대리인 변호사 이정규 (인)[152]

수원지방법원 귀중

소송비용계산서[153]

1. 제1심(소송목적 값 356,450,000원)[154]

   변호사 보수 2,500,000원

   송달료 125,000원

   인지대 1,480,800원

   증인 여비, 일당 230,000원

   소계 4,335,800원

2. 소송비용액 확정결정신청

   송달료 25,000원

---

150) 법원용 1통＋피신청인용 부본(피신청인의 숫자만큼)
151) 소송비용액 지출 소명자료이다. 다만, 법원의 소송기록상 확인 가능한 인지대, 송달료 등은 소명이 필요 없다.
152) 1심 소송대리인은 따로 수권을 받지 않더라도 당연히 소송비용액 확정결정신청 사건에 대하여도 소송대리권이 있다(대법원 1995. 12. 4.자 95마726 결정 참조). 고로 따로 위임장이 필요 없다.
153) 이는 신청서의 별지로 작성하여 제출한다. 법원은 이를 피신청인에게 송달한다.
154) 소송이 2심, 3심까지 거쳐서 종결·확정된 경우 2심, 3심에서 지출한 비용까지 함께 계산하여 신청하여야 한다. 그러나 가압류, 가처분 사건의 비용은 본안사건의 비용과는 별도로 신청하여야 한다.

> 인지대 1,000원
>
> 소계 26,000원
>
> 3. 합계 4,361,800원
>
> 4. 피신청인이 신청인에게 상환하여야 할 소송비용액: 4,361,800원 × 2/3 = 2,907,866원

바. 가집행선고 등의 청구

(1) 가집행선고의 직권판단성

1) 법원은 재산권의 청구에 관한 판결을 선고할 때 가집행의 선고를 붙이지 아니할 상당한 이유가 없는 한 직권으로, 담보를 제공하거나 제공하지 아니하고 가집행을 할 수 있다는 것을 선고하여야 하며,[155] 어음금·수표금 청구에 관한 판결에는 담보를 제공하게 하지 아니하고 가집행의 선고를 하여야 한다($\binom{민사소송법}{제213조}$).[156]

그러나 소송비용부담 재판과 달리 이것이 누락되어도 상관이 없으므로, 누락된 경우 그 법원에 추가판결을 신청하거나 소송비용부담 재판의 신청과 같은 신청을 할 수는 없고, 상소가 있는 경우[157] 원심판결 중에 불복신청이 없는 부분에 한하여 상소심법원에 가집행의 선고(결정)를 신청할 수 있을 뿐이다($\binom{민사소송법}{제406, 425조}$).

때로는 법령에서 가집행선고를 의무화하는 경우도 있다. 즉, 청구이의의 소, 집행문부여에 대한 이의의 소, 제3자이의의 소에 관한 강제집행의 정지 등 잠정처분 재판을 취소, 변경, 인가하는 경우 그 취소, 변경 등의 재판에 대하여 의무적으로 가집행선고를 하여야 하는 경우 등이다($\binom{민사집행법 \ 제47}{조, \ 제48조 \ 제3항}$).

2) 재산권에 관한 청구라 함은 금전으로 평가할 수 있는 권리에 대한 청구로서 각종 물권이나 채권에 관한 청구, 특허권, 상표권 등 지적재산권에 관한 청구가 이에 속한다.

3) 이와 같이 가집행의 선고는 법원의 의무사항이다. 고로 원고는 가집행의 선고를 해 줄 것을 소장에 기재하지 않아도 무방하고, 그런 신청권도 없다. 그러나 법원의 직권발동을 촉구하는 의미에서 소장의 청구취지란의 소송비용부담 재판의 신청 다음에 이를 기재하는 것이 실무 관행이다.[158]

---

155) 채무자인 피고는 채권 전액을 담보로 제공하고 가집행을 면제받을 수 있다는 재판을 해 줄 것을 신청할 수 있다(이에 대하여는 뒤의 <Ⅲ. 답변서>를 참조). 물론 법원이 직권으로 그러한 취지의 재판을 할 수도 있다(민사소송법 제213조 제2항). 이 재판은 가집행을 선고하는 본안판결에 함께 한다(민사소송법 제213조 제3항).

156) 민사소송법 제213조 제1항 단서는 어음금·수표금 청구에 관한 판결에는 담보를 제공하게 하지 아니하고 가집행의 선고를 하여야 한다고 규정하는바, 이는 어음금·수표금 청구를 인용하는 판결에는 반드시 가집행의 선고를 하여야 하고, 또 무담보로 하여야 한다는 의미로 해석된다.

157) 상소가 없는 경우에는 그로써 판결이 확정되므로 가집행 자체가 문제되지 않는다.

158) 원고는 소장에 기재하여 가집행선고의 신청을 할 수도 있고 소송계속 중 별도의 신청서를 제출하여

4) 이를 기재할 때는 아래 예시처럼 "제1항은 가집행할 수 있다."와 같이 가집행의 대상인 청구취지 항목을 기재하거나 "부동산의 인도와 금전지급 부분은 가집행할 수 있다."와 같이 가집행의 대상인 청구취지 내용을 직접 기재하는 방법이 있다.

5) 가집행선고 있는 판결은 선고에 의해서 즉시 집행력이 발생한다. 가집행에도 원칙적으로 민사집행법상의 집행문이 필요하다(민사집행법 제28조 제1항, 제30조 제1항 참조). 그러나 담보부 가집행선고에 있어서 그 담보는 가집행선고의 효력발생요건이 아니라 단지 가집행의 조건에 지나지 아니하므로 담보를 제공하기 전이라도 집행문을 부여받을 수 있다(민사집행법 제30조 제2항 단서, 제40조 제2항 참조).

■ **가집행선고의 청구(예)**

소 장

원 고　　김현수 (501310 – 1533227)
　　　　　수원시 팔달구 우만길 123

피 고　　이정원 (751217 – 1966231)
　　　　　수원시 영통구 효원로 531

부동산인도청구 등의 소

청 구 취 지

1. 피고는 원고에게,
　가. 서울 마포구 공덕동 143 대 350㎡에 관하여 2012. 3. 17. 매매를 원인으로 한 소유권이전등기절차를 이행하고,
　나. 위 토지를 인도하고, 2012. 5. 1.부터 인도 완료일까지 월 200만 원의 비율에 의한 돈을 지급하라.
　다. 별지 목록 기재 부동산에 관하여 서울남부지방법원 강서등기소 2012. 12. 5. 접수 제12345호로 말소등기된 같은 등기소 2012. 5. 13. 접수 제54321호 소유권이전등기의 회복등기에 대하여 승낙의 의사표시를 하라.
2. 소송비용은 피고가 부담한다.
3. 제1의 나항은 가집행할 수 있다(또는 "위 토지인도 및 금전지급 부분은 가집행할 수 있다").

청 구 원 인

(이하 생략)

이를 신청할 수도 있다. 소송계속 중 별도의 신청서를 제출하는 경우에도 법원은 이를 신청사건으로 취급하지 않으며 인지도 첨부할 필요가 없다(2015. 3. 11. 대법원 재판예규 제1516호 "민사접수서류에 붙일 인지액 및 그 편철방법 등에 관한 예규(재민 91–1)" 참조).

(2) 가집행선고의 대상

1) 가집행의 선고는 원칙적으로 재산권상의 청구에 관한 재판에만 하는 것이므로 비재산권에 관한 청구에는 허용되지 아니한다. 앞서 본 바와 같이 법원은 재산권의 청구에 관한 판결을 선고할 때 가집행의 선고를 붙이지 아니할 상당한 이유가 없는 한 직권으로 가집행의 선고를 하여야 하므로, 책임재산이 충분한 국가나 지방자치단체 등이 피고로서 채무자인 경우에도 가집행의 선고를 하여야 한다. 신분관계에 의한 것이라도, 부양료, 위자료와 같이 실질적으로 경제적 이익을 내용으로 하는 것은 재산권상의 청구이므로 가집행의 선고를 할 수 있다(대법원 1994. 5. 13. 자 92스 21 전원합의체 결정 등 참조).

2) 재산권상의 청구라도 등기절차의 이행을 명하는 등의 의사의 진술을 명하는 이행청구나 공유물분할, 사해행위취소 등 형성의 소에서의 형성적 청구에는 허용되지 아니한다. 따라서 이러한 경우에 가집행선고를 신청하여서는 안 된다. 이혼이 성립하기 전에 이혼소송과 병합하여 재산분할의 청구를 하고 법원이 이혼과 동시에 재산분할을 명하는 판결을 선고하는 경우에도 이혼판결이 확정되지 아니한 상태에서는 가집행선고를 할 수 없다(대법원 1998. 11. 13. 선고 98므1193 판결).

3) 가사소송법은 유아 인도청구에 대하여 비재산권에 관한 청구이지만 예외적으로 가집행선고를 허용한다(동법 제42조 제).

4) 가압류·가처분 결정이나 각 그 취소결정과 같이, 확정을 기다리지 아니하고 그 성질상 당연히 집행력이 발생하는 재판인 결정·명령에 대하여는 가집행선고가 따로 필요하지 않으므로, 이러한 경우에도 가집행선고를 구하는 청구취지를 기재해서는 안 된다.[159]

5) 선이행이나 조건부 청구, 이행기가 사실심 변론종결일 이후의 장래에 도래하는 장래이행청구, 동시이행청구라도 원칙적으로 가집행선고가 허용된다. 판결의 확정 전이라도, 채무의 선이행이나 동시이행이 가능하고, 또 조건이 성취되거나 이행기가 도래할 수도 있기 때문이다.[160]

---

159) 이와 같이 가집행선고를 할 수 없는 경우가 많으므로, 면밀한 검토 없이 가집행선고를 신청해서는 안 된다. 법지식 부족이 드러나 소 제기에 대한 진정성을 의심받아 자칫 그 나머지 청구에 대하여도 신뢰를 잃기 쉽기 때문이다.

160) 선이행이나 동시이행부 이행판결, 조건의 성취를 채무이행의 전제로 하는 조건부 이행판결이 선고된 경우에도 채권자가 그 판결에 의해 강제집행을 하려면 집행문을 부여 받아야 하는바(민사집행법 제28조, 제263조 제2항. 이는 가집행선고부 판결에 의하여 강제집행을 하는 때도 동일하다.), 선이행이나 조건부 이행판결의 경우 집행문을 부여 받기 위해서는 선이행채무를 이행하였거나 조건이 성취된 사실을 증명하는 서면을 제출하여야 한다(민사집행법 제30조 제2항, 제57조). 반면에 동시이행부 이행판결의 경우 동시이행은 집행문 부여의 요건이 아니라(다만, 동시이행부로 의사표시의무의 이행을 명한 판결의 경우 민사집행법 제263조 제2항에 따라 집행문이 필요하고 동시이행은 집행문 부여의 요건이 된다.) 집행개시의 요건이므로 경매개시결정이나 인도집행 등 구체적인 집행단계에서야 동시이행을 하였는지 여부가 판단된다. 따라서 선이행이나 동시이행부, 조건부 이행판결에 의한 가집행을

(3) 간접강제의 신청

1) 부대체적 작위채무나 부작위채무의 이행강제를 위해서는 간접강제결정이 허용된다(민사집행법 제261조). 이들 채무는 그 성질상 직접강제나 대체집행이 불가능하기 때문이다.

간접강제란, 채무자에게 채무의 이행의무와 상당한 이행기간을 밝힌 다음 채무자가 그 기간 내에 이행을 하지 아니하거나 위반행위를 하는 때에는 늦어진 기간 또는 위반행위에 비례하여 일정한 배상을 하도록 명하거나 즉시 손해배상을 하도록 명하는 방법으로 채무불이행에 대한 금전제재를 가할 것을 고지함으로써, 채무자에게 그 제재를 면하기 위하여 채무를 이행하도록 동기를 부여하는 것을 목적으로 하는 집행방법이다. 특히 이는 부작위채무에 관하여 그 위반행위를 할 경우 금전에 의한 제재를 가함으로써 그 위반행위를 억제하는 효과가 높다.

2) 간접강제 역시 강제집행이므로(민사집행법 제261조) 판결 등 그 집행권원이 되는 재판이 집행력을 발생한 이후에야 가능한 것이 원칙이다. 즉 재판이 확정되거나 간접강제의 대상인 의무이행에 대하여 가집행선고가 있거나 결정·명령(임시의 지위를 정하는 가처분 등)과 같이 즉시 집행력이 발생하는 재판이 있은 후에 비로소 제1심법원(간접강제에서 집행법원이 된다)에 이를 신청하여야 하고, 1심법원은 채무자를 심문하여야 한다(민사집행법 제261, 262조). 따라서 판결 등을 얻는 본안절차와 간접강제절차는 별개의 절차이다.

그런데 '언론중재 및 피해구제 등에 관한 법률' 제26조 제3항과 같이, 판결의 경우에도 그 확정이나 가집행선고가 없는 상태에서 법원은 미리 간접강제를 명할 수 있고, 부작위채무나 부대체적 작위채무에 관하여 당사자는 그 본안청구가 인용될 것을 전제로 간접강제신청을 할 수 있는 예외적인 경우도 있다(대법원 1996. 4. 12. 선고 93다40614, 40621 판결, 2013. 11. 28. 선고 2013다50367 판결 등).[161] 이 경우에도 간접강제는 본안재판(의무이행을 명한 부분)이 집행력을 발생한 이후에야 집행 가능하며, 부작위채무에 대한 간접강제의 집행에는 채무자의 의무위반이 조건이 되므로 집행문도 필요함은 물론이다.

허용하더라도 채무자가 손해를 입는 일은 없다.

161) 대법원은 그 필요성에 대하여 "부대체적 작위채무에 대하여는 통상 판결절차에서 먼저 집행권원이 성립한 후에 채권자의 별도 신청에 의해 채무자에 대한 필요적 심문을 거쳐 민사집행법 제261조에 따라 채무불이행 시에 일정한 배상을 하도록 명하는 간접강제결정을 할 수 있다. 그러나 부대체적 작위채무에 관하여 언제나 위와 같이 먼저 집행권원이 성립하여야만 비로소 간접강제결정을 할 수 있다고 한다면, 집행권원의 성립과 강제집행 사이의 시간적 간격이 있는 동안에 채무자가 부대체적 작위채무를 이행하지 아니할 경우 손해배상 등 사후적 구제수단만으로는 채권자에게 충분한 손해전보가 되지 아니하여 실질적으로는 집행제도의 공백을 초래할 우려가 있다. 그러므로 부대체적 작위채무를 명하는 판결의 실효성 있는 집행을 보장하기 위하여 판결절차의 변론종결 당시에 보아 집행권원이 성립하더라도 채무자가 그 채무를 임의로 이행할 가능성이 없음이 명백하고, 그 판결절차에서 채무자에게 간접강제결정의 당부에 관하여 충분히 변론할 기회가 부여되었으며, 민사집행법 제261조에 의하여 명할 적정한 배상액을 산정할 수 있는 경우에는 그 판결절차에서도 민사집행법 제261조에 따라 채무자가 장차 그 채무를 불이행할 경우에 일정한 배상을 하도록 명하는 간접강제결정을 할 수 있다"고 한다.

3) 간접강제결정에 기한 배상금은 채무자로 하여금 그 이행기간 내에 이행을 하도록 하는 심리적 강제수단이라는 성격뿐만 아니라 채무자의 채무불이행에 대한 법정 제재금이라는 성격도 가진다. 따라서 채무자가 간접강제결정에서 명한 이행기간이 지난 후에 채무를 이행한 때에는 채무이행이 지연된 기간에 상응하는 배상금의 추심을 위한 강제집행을 할 수 있고(대법원 2013. 2. 14. 선고 2012다26398 판결), 계속적 부작위의무를 명한 가처분 등에 기한 간접강제결정이 발령된 상태에서 의무위반행위가 계속되던 중 채무자가 그 행위를 중지하고 장래의 의무위반행위를 방지하기 위한 적당한 조치를 취했다거나 가처분 등에서 정한 금지기간이 이미 경과하였다고 하더라도, 간접강제결정 발령 후에 행해진 위반행위의 효과가 소급적으로 소멸하는 것은 아니므로, 채무자는 간접강제결정 발령 후에 행한 의무위반행위에 대하여 배상금의 지급의무를 면하지 못하고 채권자는 위반행위에 상응하는 배상금의 추심을 위한 강제집행을 할 수 있다(대법원 2012. 4. 13. 선고 2011다92916 판결).

4) 간접강제청구의 청구취지는 청구취지란 중 위 가집행선고의 청구 다음에 아래 예시와 같이 기재한다. 소장에 이를 기재하지 않은 때는 청구변경서를 통해 제출할 수 있다.

▣ **소의 제기에 따른 간접강제의 청구(예)**

채무의 종류	청구취지
부대체적 작위채무	"1. 피고는 원고에게 서울 종로구 창신동 57 피고의 본점에서 업무시간 내에 별지 목록 기재 서류와 장부를 열람·등사하게 하라. 2. 피고가 이 판결 정본을 송달받은 날로부터 3일 이내에 위 의무를 이행하지 아니할 경우, 피고는 원고에게 위 기간이 만료된 다음날부터 그 이행 완료 시까지 1일당 300만 원의 비율에 의한 금전을 지급하라. 3. 제1항은 가집행할 수 있다" "1. 피고는 이 판결 확정 후 피고가 최초로 발행하는 ○○신문 제5면 우측 상단에 별지 기재 정정보도문을, 제목은 24급 고딕 활자로, 내용은 18급 명조 활자로 3단에 걸쳐 게재하라. 2. 피고가 위 의무를 이행하지 않은 때에는 피고는 원고에게 이 판결 확정 후 최초로 발행하는 위 신문의 발행일 다음날부터 그 이행 완료일까지 1일당 100만 원의 비율에 의한 금전을 지급하라."
부작위채무	"피고는 별지 목록 기재 토지와 공장 건물에 출입하여서는 아니 된다. 이 판결 확정 후 피고가 이에 위반하여 위 토지와 공장 건물에 출입하는 때에는, 피고는 원고에게 그 출입행위를 할 때마다 즉시 3,000만 원을 지급하라."

5. 청구원인

가. 의 의

1) 청구원인은 청구취지와 같은 재판을 청구한 원인, 즉 그 이유이다. 이는 청구취지에서 주장한 법률효과인 권리·의무나 이에 준하는 법률관계를 발생시키는 법률요건으로서 소와 소송의 핵심이 되며, 구체적·역사적 사실인 청구원인사실로 기술(記述)되어야 한

다. 청구취지는 청구원인에 종속적인 지위에 있다.

　2) 청구원인은 위와 같이 원고가 청구취지에서 주장한 법률효과의 발생 근거가 되는 실체법적 법률요건이므로, 소장의 청구원인란에 기재할 사항은 그 법률요건의 구체적·역사적 사실, 즉 청구원인사실이 중심을 이룬다. 그러나 소장의 청구원인란에는 소송요건에 관한 사항 등 청구원인사실 이외의 내용도 기재할 필요가 있다. 이러한 사항은 소장의 다른 곳에 기재하기가 마땅치 않으므로 부득이 청구원인란에 기재할 수밖에 없기 때문이다. 따라서 일반적으로 소장의 청구원인은 청구원인사실을 포함하여 청구원인란에 기재할 사항 모두를 가리킨다고 할 수 있다.

▣ **청구원인(예 1)**

청 구 원 인

1. 토지의 매수

　(1) 원고는 2009. 5. 10. 피고로부터 별지 목록 기재 토지(이하 '이 사건 토지'라 합니다)를 대금 3억 원에 매수하였습니다. 위 매매계약 당시 원고와 피고는 잔금 지급과 소유권이전등기의무를 동시에 이행하기로 약정하였습니다(갑 제1호증 참조).

　(2) 원고는 계약 당일 계약금으로 3,000만 원, 2009. 7. 31. 중도금으로 7,000만 원을 각 지급하였습니다(갑 제2호증의 1, 2 참조).

　(3) 그런데 피고는 원고에게 이 사건 토지에 관하여 아직까지 소유권이전등기절차를 이행하지 않고 있습니다.

　(4) 그러므로 피고는 원고로부터 잔금 2억 원을 지급받음과 동시에 원고에게 위 부동산에 관하여 2009. 5. 10. 매매를 원인으로 한 소유권이전등기절차를 이행할 의무가 있습니다.

2. 소멸시효에 관하여

　(1) 이에 대하여 피고는 위 소유권이전등기청구권이 시효소멸하였다고 항변할지 모르나, 원고는 위 중도금 지급 당일 피고로부터 이 사건 토지를 인도 받아 현재까지 점유·사용하고 있습니다(이에 대해서는 장차 피고 본인신문을 통해 입증하겠습니다).

　(2) 따라서 원고의 위 소유권이전등기청구권에 대해서는 소멸시효가 진행할 수 없습니다(대법원 1999. 3. 18. 선고 98다32175 전원합의체 판결 등 참조).

3. 결론

이상과 같은 이유로 원고는 청구취지와 같은 재판을 구합니다.

2020. 12. 15.

원고 소송대리인 법무법인 창 담당변호사 이은정

대전지방법원 귀중

▣ **소장의 청구원인(예 2)**

소　장

원　고　　　김희섭
　　　　　　서울 종로구 청계천로 31, 1-102 (관철동, 성현아파트)
　　　　　　소송대리인 변호사 정현수
　　　　　　서울 서초구 서초대로 358, 801호 (서초동, 민화빌딩)
　　　　　　전화 02-530-1234, 팩스 530-1235, 전자우편 jhs@hanmail.net
피　고　　　이유철
　　　　　　서울 영등포구 국제금융로 85, 가동 1120호(여의도동, 시범아파트)

소유권이전등기청구의 소

청 구 취 지

1. 피고는 원고에게 용인시 모현면 수지리 산 59 임야 2,500㎡에 관하여 2010. 5. 13. 매매를 원인으로 한 소유권이전등기절차를 이행하라.
2. 소송비용은 피고가 부담한다.

청 구 원 인

1. 임야의 매매

　가. **매매계약**

　(1) 원고는 2015. 5. 10. 피고로부터 청구취지 기재 이 사건 임야를 대금 1억 원에 매수하기로 매매계약을 체결하였습니다(갑 제1호증 참조). 당시 피고는 미국에 거주하고 있어 원고와 전화로 매매에 관한 기본적인 내용을 상의하였으며, 이성현을 대리인으로 선임하여 그로 하여금 원고와 매매계약을 체결하도록 하겠다고 약속하였습니다.

　(2) 이에 따라 원고는 2015. 5. 13. 위 이성현의 사무소에서 그를 만나 매매계약서(갑 제1호증)를 작성하여 매매계약을 체결하였는데, 위 이성현이 피고를 대리하였습니다(갑 제2호증 참조).

　나. **정지조건의 성취 등**

　위 매매계약 당시 원고와 위 이성현은 이 사건 임야가 택지개발지구로 지정되는 것을 위 매매계약의 정지조건으로 하기로 약정하였습니다(갑 제1호증 참조). 이 사건 임야는 2018. 7. 1. 택지개발지구로 지정되어 조건이 성취되었습니다(갑 제3호증 참조).

2. 토지거래허가의 필요 여부

　(1) 이 사건 임야는 위 매매계약 당시 토지거래허가구역으로 지정되어 있었으나 그 이후인 2016. 3. 5. 허가구역 지정이 해제되었습니다(갑 제3호증 참조).

(2) 이와 같이, 토지거래허가구역 지정기간 중에 허가구역 안의 토지에 대하여 토지거래
허가를 받지 아니하고 토지거래계약을 체결한 후 허가구역 지정이 해제된 경우, 그
토지거래계약이 허가구역 지정이 해제되기 전에 확정적으로 무효로 된 경우를 제외하
고는 더 이상 관할 행정청으로부터 토지거래허가를 받을 필요가 없이 확정적으로 유
효로 되어 거래 당사자는 그 계약에 기하여 바로 토지의 소유권 이전에 관한 이행청
구를 할 수 있고, 여전히 그 계약이 유동적 무효상태에 있다고 볼 수는 없습니다(대법
원 2010. 3. 25. 선고 2009다41465 판결 참조). 피고는 토지거래허가가 없었음을 이유
로 원고에 대한 등기이전을 거부하고 있으나 위와 같이 이는 이유가 없습니다.

3. 결론

따라서 피고는 원고에게 이 사건 임야에 관하여 청구취지와 같이 2015. 5. 13. 매매를 원
인으로 한 소유권이전등기절차를 이행할 의무가 있습니다.

증 명 방 법

1. 갑 제1호증(매매계약서)
2. 갑 제2호증(위임장)
3. 갑 제3호증(토지이용계획확인서)

첨 부 서 류

(생략)

2020. 8. 4.

원고 소송대리인 변호사 정현수 (인)

수원지방법원 귀중

나. 청구원인이 되는 법률요건

1) 청구원인을 작성할 때 단순히 실제 존재하는 분쟁의 경위 사실을 사회적 언어, 즉
사회일반인의 언어로 기술·묘사하는 것은 졸렬한 소송문서라고 할 수밖에 없다. 물론 법
률요건을 충족하는 구체적·역사적 사실을 기술하여야 하므로 사회적으로 존재하는 사실
을 기술할 수밖에 없고, 또 그것을 생략하거나 왜곡해서는 안 되는 것이지만, 그렇다고
해서 아무런 논리적 순서 없이 법률문외한인 일반인의 사회적 언어로 기술하는 것은 결
코 바람직하지 않다.

특히 채무불이행이나 불법행위, 부당이득이나 불법행위와 같이 그 법률요건이 유사한
경우에는 더욱 그러하다. 이런 경우 그 법률요건의 명칭을 특정하거나 법률효과를 명시함

으로써 그 청구원인이 무엇인지 분명하게 드러내어야 한다.

2) 따라서 청구원인을 작성하기에 앞서 위와 같이 메모 등을 이용한 사건의 분석이 필수적이다. 이 과정을 통해서 ① 구체적 분쟁 경위 사실과 청구취지상의 법률효과에 부합하는 법률요건을 찾아내고,[162] ② 그 법률요건이 요구하는 요건사실을 추출한 다음, ③ 구체적·역사적 분쟁사실을 요건사실의 순서에 따라 청구원인사실로 기술·설명해야 한다. 그리고 법률요건과 요건사실을 기술할 때에는 역사적·시간적 순서와 논리적 순서에 따라야 한다.

3) 이와 관련하여, 우리가 통상 부르는 용어가 법률요건이나 청구원인을 지칭하는 경우가 아닌 때가 많음에 주의하여야 한다. 예컨대, 이른바 '진정명의 회복을 원인으로 한 소유권이전등기청구권'은 올바른 법률용어라고 할 수 없다. 진정명의 회복을 위한 소유권이전등기청구권은 그 자체로서 고유한 법률요건이 아니라 민법 제214조 등에서 인정하는 소유권 등 물권에 기한 방해배제청구권으로서, 단지 그 방해배제의 형태를 소유권이전등기 등의 말소등기 형태가 아닌 원래의 소유자 앞으로 소유권이전등기를 마침으로써 방해를 배제하는 형태이다. 그러므로 이른바 '진정명의 회복을 원인으로 한 소유권이전등기청구권'의 본질(청구원인)은 소유권에 기한 방해배제청구권(물권적 청구권)이다(대법원 2001. 9. 20. 선고 99다37894 전원합의체 판결 참조).

또, '진정명의 회복을 위한 소유권이전등기청구권'의 권원이 언제나 소유권 등에 기한 방해배제청구권인 것도 아니다. 예컨대, 사해행위취소 및 원상회복청구에 기한 원물반환청구로서 수익자 명의의 소유권이전등기 말소 대신 채무자 앞으로의 소유권이전등기청구가 허용되는 경우, 그 청구원인은 소유권 등에 기한 방해배제청구권이 아니라 민법 제406조의 사해행위취소 및 원상회복청구권이다.

4) 청구원인이 되는 법률요건과 그 요건사실은 복잡다기하여 하나로 간단히 정리할 수 없으며 학설·판례도 일치되어 있지 않은 부분이 많다. 그러므로 청구원인을 올바르게 기재하려면 각각의 사안에 따른 법률효과와 법률요건, 주장·입증책임을 정확히 이해하여야만 한다.

다. 주요사실의 기재

1) 청구원인사실을 기술할 때에는 각각의 청구원인(법률요건)에서 요구하는 법률사실, 즉 주요사실 위주로 기재하여야 한다. 그것만이 법률효과를 발생시키고, 소송물(청구)의 특정을 위해 필수적이기 때문이다. 매매계약의 해제에 기한 원상회복청구와 같이 청구원인을 구성하는 법률요건(매매＋해제)이 둘 이상인 경우에는 그에 따라 각각의 청구원인사실을 모두 기재하여야 함은 물론이다.

---

162) 청구취지상의 법률효과는 오히려 청구원인에 종속적이므로, 반대로 청구원인의 분석 후 그로부터 법률효과를 결론으로서 도출하는 경우가 많음은 이미 언급한 바와 같다.

2) 주요사실 또는 요건사실에 관하여, 법규에서 '소유의 의사', '고의', '과실' 등 추상적 개념을 법률요건으로 규정한 경우 어느 것을 주요사실로 보느냐를 둘러싸고 견해가 대립하나, 어느 견해에 따르든 소장의 청구원인을 기재할 때에는 이들 추상적 개념과 함께 이들을 구체화하는 개개의 역사적 사실까지 함께 기재하는 것이 바람직하다.[163]

3) 청구원인(법률요건)에서 요구하는 법률사실의 일부를 누락하거나 불충분하게 기재한 경우, 그 결과 청구가 특정되지 않거나(청구의 동일성 상실) 청구원인이 무엇인지 알 수 없는 때에는 소장의 기재요건에 어긋나고 소송요건도 충족하지 못하는 것이 되어 소장각하명령이나 소 각하 판결의 대상이 된다.

그러므로 소장에 청구원인을 기재할 때는 그 법률요건에서 요구하는 법률사실을 잘 파악하여 주요사실을 빠짐없이 기재하여야 하고, 누락이나 불충분한 기재가 없도록 주의하여야 한다. 소장의 청구원인을 기재하는 데에는 추상적인 법률요건의 명칭이나 그 근거 법규(조항), 추상적인 요건사실, 금전지급청구권이나, 등기청구권, 인도청구권 등 그 법률요건으로부터 발생하는 구체적인 권리·의무 등의 법률효과는 원칙적으로 기재할 필요가 없다.[164]

4) 소 제기 후에 청구원인사실의 일부를 소장에서 누락한 사실을 발견한 경우, 청구변경서나 청구보충서, 청구정정서, 준비서면 또는 변론기일에 구두로 이를 보완할 수 있다.

라. 간접사실의 기재

1) 주요사실이 이루어지거나 발생한 일시, 장소, 그 전후 배경이나 경위, 동기 등의 설명이 꼭 필요한 경우 또는 주요사실의 기재만으로는 불완전하여 사건의 전체적인 내용을 이해하기 어려워 보충이 필요할 때에는 간접사실도 기재하여야 한다.

2) 어느 정도까지 간접사실을 기재할 것인가는 개개의 사건마다 다르다. 그 기준은 '꼭 필요한지 아닌지'라고 하겠다. 예컨대, 매매계약 체결 후 그에 따라 일방이나 쌍방이 상대방에게 급부를 하였으나 매매가 무효가 되거나 취소되어 그 제공한 급부의 반환을 구하기 위해 부당이득을 청구원인으로 구한 경우, 원고로부터 피고 앞으로 어떻게 해서 재산상 이익이 이전되었는지나 무효·취소의 경위는 간접사실에 불과하나 사건의 성격상 이를 언급하지 않을 수 없다. 또, 매매의 경우에 그 대금의 지급 여부에 관한 사실도 밝혀주는

---

163) 이는 소장이 아닌 답변서나 준비서면 등에 기재할 법률요건에 관하여도 마찬가지다. 따라서 권한을 넘은 표현대리(민법 제126조)를 주장하면서 단순히 "권한이 있다고 믿을 만한 정당한 이유가 있다."고만 기재하고, 본인이 발급받은 인감증명서를 표현대리인이 소지하였다는 등 이를 구체화하는 개개의 사실의 기재를 누락해서는 안 된다. 권리남용, 사회질서위반, 불공정행위, 사기, 착오, 고의, 과실 등도 마찬가지로 이를 구체화하는 사실을 기재하여야 한다.

164) 청구원인에서 발생하는 법률효과는 소장의 청구원인란 중 결론 부분에 기재하여 그것이 청구취지에 바로 연결되는 형식으로 기재하는 것이 실무 관행이다. 이때 결론 부분에 기재하는 법률효과는 청구원인이라기보다는 원고의 법률적 견해 표명에 해당한다.

것이 분쟁의 경위 파악에 도움이 된다.

3) 반면에 매매계약을 청구원인으로 하여 매매목적물의 소유권이전등기나 인도를 청구하는 경우, 매매의 일시만을 간접사실로 언급하는 것으로 족하고, 매매의 동기나 계약 장소, 계약의 방법, 입회인의 유무, 대금지급의 방법 등의 간접사실은 일반적으로 언급할 필요가 없다. 꼭 필요하지 않은 간접사실을 기재하면 소장이 장황해지고 산만해져 주요사실이 돋보이지 않고 설득력도 떨어진다.

마. 보조적 법률요건사실의 기재

1) 청구원인란에는 청구취지란에 기재된 법률효과인 권리·의무의 직접적 발생원인인 법률요건사실(청구원인사실)과 간접사실만을 기재하면 충분한 경우가 대부분이나, 대리, 미성년자에 대한 법정대리인의 동의, 예약의 완결, 정지조건의 성취, 기한의 도래, 행정관청의 인·허가 등과 같이 권리·의무 등 법률효과의 발생을 적극적으로 보조하는 법률요건이 필요한 경우에는 이를 직·간접으로 충족하는 주요사실과 간접사실 역시 기재하여야 한다. 이를 누락하면 권리·의무가 발생하지 아니한다.[165]

2) 당사자능력이나 당사자적격, 제척기간의 준수나 소의 이익(특히 확인의 이익), 장래이행의 소의 사유, 관할, 전치절차, 재판권 등 각종 소송요건이나 이에 준하는 것은 청구원인사실은 아니나, 그것을 갖추었는지 여부가 청구원인사실 자체만으로 분명치 아니하여 의문이 있는 등의 특별한 사정이 있는 경우[166]에는 이를 청구원인란에 기재하는 것이 좋다.

---

165) 청구원인란의 기재사항 중 청구취지란에 기재된 법률효과의 직접적 발생원인인 법률요건사실(청구원인사실)은 필수적 기재사항이고 간접사실 등은 준비서면적 기재사항으로서 반드시 소장의 청구원인란에 기재할 필요는 없으나, 청구원인사실만의 기재로 청구취지에서 주장한 법률효과가 발생하는 데에 부족한 때에는 이를 청구원인란에 기재하여야 한다. 예컨대, 당사자 본인이 매매를 하지 않고 원고나 피고의 대리인이 매매를 한 경우 원고가 소장의 청구원인란에 대리에 관한 사항을 언급하지 않은 채 곧바로 원·피고 사이에 매매계약이 체결된 것으로 주장하면 피고는 매매계약의 체결사실 자체를 부인하고 나올 수 있고, 그러면 원고는 준비서면을 통하여 원고나 피고가 소외인인 누군가에게 대리권을 수여하였고 그 자가 원고나 피고를 대리하여 매매계약을 체결한 사실을 주장하고 이를 입증하여야 하는바, 이렇게 절차를 번잡하게 할 필요 없이 애초부터 소장의 청구원인란에 매매의 보조적 법률요건인 대리에 관한 사실을 기재할 필요가 있다.
　　이는 미성년자와 친권자의 이해상반행위에 대한 특별대리인의 선임(민법 제921조), 정지조건부행위 등에 관하여도 마찬가지다. 미성년자와 친권자의 이해상반행위나 정지조건의 존재는 일반적으로 권리발생 장애사유로서 의무자인 피고의 항변사유이고 그 대상인 법률행위 자체의 고유한 법률요건은 아니므로, 권리자인 원고가 청구원인으로서 미리 특별대리인의 선임이나 정지조건의 성취를 주장할 필요는 없다. 즉, 원고는 피고가 그러한 항변을 제기하면 그때 비로소 이를 주장하여도 무방하다. 그러나 특별대리인 선임의 경우 피고의 항변이 없더라도 법원이 판단할 수 있으므로 원고는 이를 소장이나 준비서면 또는 변론에서 스스로 밝혀야 하고, 정지조건의 성취를 피고가 모르고 있다면 피고가 정지조건의 존재를 항변하고 나올 것은 정한 이치이므로, 원고는 이들 보조적 법률요건도 미리 소장의 청구원인란에 기재하는 것이 쟁점을 조기에 제출하여 심리기간의 단축 등을 꾀하는 데에 유익하며 또 필요하다.

166) 예컨대, 채권자취소청구의 소는 사해행위를 안 날부터 1년, 사해행위가 있은 날부터 5년 이내에 제기하여야 하는바, 사해행위가 있은 날은 그 청구원인사실 자체로써 분명하나 채권자가 사해행위를 안

3) 채권자대위권에 의한 소를 제기하는 경우, 채권자대위권 행사의 요건사실은 판례상 당사자적격에 관한 것으로서 마찬가지로 청구원인란에 기재하여야 한다. 채권자대위권에 기해 채무자를 대위하여 소를 제기할 때는 청구원인란에 채권자대위권의 요건사실인 ① 피보전채권,[167] ② 피보전채권의 변제기 도래 또는 변제기가 도래하지 않은 경우 법원의 허가, ③ 보전의 필요성(채무자의 무자력),[168] ④ 채무자의 권리 불행사를 빠짐없이 주장·기재하여야 하고 그 소가 채권자대위권에 기한 것임을 분명히 하여야 한다. 위와 같은 채권자대위권 행사의 요건을 갖추지 못한 경우 그 소는 당사자적격이 없는 자에 의한 소로서 부적법하다(대법원 1988. 6. 14. 선고 87다카2753 판결, 1992. 7. 28. 선고 92다8996 판결 등). 아울러 채권자대위권에 의한 소를 제기하는 원고는 소 제기 사실을 소송고지의 방법으로 채무자에게 통지하거나 소송절차 외에서 통지하여야 민법 제405조 제2항의 효과를 얻을 수 있음도 주의하여야 한다.

4) 또, 조합의 업무집행조합원이 조합을 위하여 임의적 소송신탁에 의해 소를 제기하는 경우에도 이를 소장의 청구원인란에서 미리 밝혀야 한다.

바. 공격방어방법의 기재

1) 간접사실의 기재 여부와 함께 그 기재 여부가 고민되는 것이 공격방어방법이다. 물론 앞서 본 간접사실이나 보조적 요건사실, 증거방법에 관한 사항도 공격방법에 속하는 것이지만, 가장 중요한 것은 예상되는 피고의 항변 등 그 방어방법에 대한 대응·반박으로서의 재항변사항을 원고의 공격방법으로 소장의 청구원인란에 미리 기재할 것인지 여부다.

2) 소장의 작성 당시는 아직 피고가 답변서를 제출하지 않았고 소장 부본을 받지도 않은 상태이므로, 있지도 않은 피고의 항변을 예상하여 미리 재항변을 하거나 그에 대한 반

날은 그것만으로는 분명치 않다. 이러한 경우 채권자인 원고는 미리 그 안 날을 청구원인란에 기재할 필요가 있다.

167) 피보전채권의 존재가 채권자대위권에 의한 소에 있어 청구원인의 일부인지 아니면 당사자적격에 영향을 미치는 요소로서 소송요건의 일부인지를 둘러싸고 다툼이 있다. 피보전채권이 없는 경우, 전설에 의하면 청구기각 재판을, 후설에 의하면 소각하 재판을 하여야 한다. 우리 판례는 후설의 입장이다(대법원 1988. 6. 14. 선고 87다카2753 판결, 1991. 6. 11 선고, 91다10008 판결, 1991. 8. 27. 선고 91다13243 판결, 1994. 6. 24. 선고 94다14339판결, 1994. 11. 8. 선고 94다31549 판결 등 참조). 이론상으로 본다면 청구원인은 청구취지에서 주장한 권리·의무 등의 실체법적 발생 근거인데, 피보전채권은 채권자인 원고와 피고인 제3채무자 간 소송의 청구취지에서 원고가 주장한 권리·의무와는 관계가 없고 채권자인 원고와 피대위자 사이의 권리관계일 뿐이다. 비록 채권자대위권에 관하여 민법 제404조가 규정하고 있어 그것도 엄연한 실체법적 권리이기는 하나, 청구취지에 직접 관계되는 것이 아니라는 점에서 후설이 타당하다고 생각된다.

168) 피보전권리가 특정채권인 경우에는 채무자의 무자력은 필요 없다. 피보전채권이 특정채권인 경우란 반드시 순차 매도 또는 임대차에 있어 소유권이전등기청구권이나 인도청구권 등의 보전을 위한 경우에 한하는 것은 아니고, 물권적 청구권을 피보전권리로 하는 채권자대위권도 인정된다(대법원 1963. 1. 24. 선고 62다825 판결, 2007. 1. 25. 선고 2005다11626 판결 등 참조). 그러나 금전채권의 보전을 위하여 특정채권을 대위행사하는 경우에는 무자력요건을 갖추어야 한다.

박을 하는 것이 논리적으로도 이상하고, 자칫 피고에게 항변사항을 알려주는 데에 따른 부작용 또는 불이익을 입을 우려도 있으므로 이는 매우 신중하여야 한다. 따라서 원칙적으로는 이를 기재할 필요가 없다.

3) 다만, 이미 소송 외에서 피고가 장차 항변사항이 될 것을 주장함으로써[169] 답변서나 준비서면에 이를 기재하거나 변론기일 또는 변론준비기일에 이를 진술할 것이 분명히 예상되는 경우, 또는 분쟁의 성격상 당연히 그러한 항변이 예상되는 경우에는 쟁점을 조속히 분명하게 하여 심리에 필요한 시일을 단축하고 소송을 집중적으로 할 필요가 있으므로 이를 미리 소장에 기재하여도 좋다. 이런 견지에서 민사소송규칙도, 소장의 청구원인에 청구를 뒷받침하는 구체적 사실과 피고가 주장할 것이 명백한 방어방법에 대한 구체적인 진술을 기재하여야 한다고 요구하고 있다(제62조). 항변사항이 아니지만 이에 준하는 피고의 예상되는 사실상 주장 등에 대해서도 마찬가지다.

이러한 피고의 항변이나 주장을 미리 예상하여 소장에 이를 기재할 때는 "피고는 소멸시효가 완성하였다고 항변할지 모르나…", "피고는 점유취득시효가 완성하였다고 항변할지 모르나…", "피고는 원고에게 당사자적격이 없다고 항변할지 모르나…", "피고는 원고가 보험금을 수령하였으므로 원고에게 손해가 없다고 주장할지 모르나…"와 같이 가정적으로 기재하면 된다.[170]

4) 청구원인사실 또는 간접사실 등의 사실을 주장할 때는 그에 대한 근거인 증거자료(엄격히는 증거방법)를 제시해야 한다. 이때 간단한 증거방법(증거서류 등)은 "원고는 별지목록 기재 토지를 2018. 10. 3. 피고에게서 대금 10억 원에 매수하였습니다(갑 제1호증 참조)."와 같이 해당 사실 바로 뒤에 괄호를 한 다음 괄호 안에 기재한다. 이 역시 공격방법으로서 준비서면적 기재사항이지만, 청구원인사실이나 간접사실의 설득력을 높이기 위한 필요와 준비서면 제출 시까지 기다리지 않고 미리 이를 제출할 필요가 있을 때 청구원인란에 기재하는 것이다. 실제로 소장의 청구원인사실 등 사실을 기재·주장할 때 바로 그 증거자료를 제시하는 것이 업무처리에도 편리하다.

5) 사실에 대한 증거방법으로서의 증거서류는 '갑 제1호증'과 같이 서증의 번호를 쓰거나 '갑 제1호증 매매계약서', '매매계약서' 등과 같이 문서의 명칭을 써 주면 되고,[171] 문

---

169) 소송 외에서 원·피고 사이에 주고받은 서신이나 대화 중에 그런 사항이 있었다면 소송에서도 그런 주장이나 항변을 할 것이 거의 틀림없다.

170) 이때 "피고는 점유취득시효가 완성하였다고 주장(항변)하나…"와 같이 기재하지 않도록 주의하여야 한다. 소송 외에서는 물론 소송절차에서도 변론기일이나 변론준비기일에 구두로 진술하지 않은 사항은 소송상 '주장'이 아니기 때문이다. 물론 엄격히는 변론준비기일에서의 진술도 '변론'이나 '주장'에 해당하지 않으나, 이에 대해서는 민사소송법 제286조에 의하여 제150조의 자백간주 규정이 준용되므로 변론준비기일에서의 진술은 사실상의 '변론'이나 '주장'에 해당한다.

171) 명칭이 같은 문서가 여럿일 수도 있으므로 '갑 제1호증'과 같이 서증의 번호를 써주는 것이 바람직하다. 서증의 일련번호는 청구원인에서 언급된 순서에 따라 붙이는 것은 앞서 설명한 바와 같다.

서 외의 다른 증거는 직접 제시하기가 곤란하므로 "그 당시 원고는 피고에게 이 사건 토지를 매수하여 공장건물을 짓는다는 뜻을 분명히 밝혔습니다(당시 소외 이영삼이 입회하였으므로 장차 그를 증인으로 신청하여 이를 증명하겠습니다).", "피고는 도급계약에 반하여 설계도면과 다르게 이 사건 공장건물을 축조하였습니다(원고는 이 사실의 증명을 위해 현장검증 및 감정을 신청하겠습니다)."와 같이 장래의 증명계획과 증명방법을 밝히면 된다.

사. 법률적 주장의 기재

1) 한편 청구원인은 법률요건과 그 요건사실 기재가 중심이 되지만, 그에 따른 법률효과의 언급이 필요한 경우가 있는바, 청구원인과 관련한 법조문, 판례, 학설, 자신의 법적 견해 등 법률적·법리적 사항 역시 청구원인란에 기재할 필요가 있다. 이는 청구원인사실은 아니고 공격방법으로서 준비서면적 기재사항에 속한다.[172]

2) 법률적·법리적 사항을 주장할 때는 그에 대한 근거를 제시해야 한다. 이때 법조문, 판례 등 간단한 근거는 해당 사실이나 법리에 대한 설명·주장 부분에 괄호를 한 다음 괄호 안에 기재하는 것도 좋다. 법률효과 등 법률적 문제를 기술할 때는 구체적 상황과 필요에 따른다. 그 문제에 관하여 명확하게 이미 법리가 정리된 경우에는 법조문이나 판례번호만 간단히 괄호 속에 적어 주는 것으로 족한 반면, 쟁점이 복잡하고 아직 학설이나 판례로써 법리가 정리되지 않은 경우에는 자세한 논리적 설명이 필요하다. 이때 너무 사적 견해에 치중하여 객관성 없는 주장을 하는 것은 금물이다.

3) 법조문은 '민법 제163조 제1호', '상법 제304조 제2항', '상법 제317조 제2항 제2호', '공직선거법 제86조 제2항 제4호 가목' 등과 같이 조·항·호·목을, 판례는 '대법원 2010. 5. 1. 선고 2009다12305 판결'과 같이 법원, 선고일자, 사건번호를 기재한다. 특정한 법령을 기재할 때에는 그 법령의 명칭을 쓰되,[173] 개정된 법령의 시기를 밝혀야 할 필요가 있는 때는 '부동산등기법(2012. 7. 1. 법률 제18499호로 개정되기 전의 것) 제51조 제2항', '구 국가유공자 등 예우 및 지원에 관한 법률(2008. 3. 28. 법률 제9079호로 개정된 것) 제56조 제5항'과 같이 그 법령의 명칭에 괄호를 하고 개정 법령의 공포일자와 법령번호, 개정 전의 것인지 후의 것인지를 부기해주면 된다.

법령의 부칙을 기재할 때 그 법령이 여러 차례 개정되어 부칙이 여러 개 있는 때는

---

172) 법률효과는 법원의 직권판단사항이므로 주장책임의 대상이 아니다. 다만, 예외적으로 소의 특정을 위하여 그 주장이 필요한 경우가 있고, 청구원인과 청구취지를 연결·설명하거나 주장을 하는 이유 또는 목적을 분명히 하기 위하여 실무상 이를 기재하는 경우가 많다.

173) 법령명 역시 국어 맞춤법에 따라 띄어쓰기를 하여야 한다. 비교적 긴 법령명을 띄어 쓸 경우 해당 법령과 앞뒤 문장을 구분하기 위하여 작은따옴표(' ')나 낫표(「 」)를 이용하여 묶어 주어도 좋고, 그냥 아무런 표시 없이 법령명만을 기재해도 무방하다. 시행령이나 시행규칙, 대법원규칙 등의 하위법규를 기재할 때도 그 원래의 명칭 전부를 기재하는 것이 원칙이나, 편의상 '동법 시행령'이나 '동법 시행규칙'으로 줄여 쓸 수도 있다.

'자본시장과 금융투자업에 관한 법률 부칙(2011. 8. 4.) 제1항'처럼 부칙에 괄호를 하고 그 부칙의 공포일자를 부기해준다. 부칙 자체가 개정되어 이를 표시할 필요가 있는 때는 '조세특례제한법 부칙(1998. 12. 28.) 제15조 제2항(2003. 12. 30. 법률 제7003호로 개정된 것)'과 같이 표기한다.

　4) 청구원인란에는 청구취지에 기재한 권리·법률관계의 발생근거인 실체법상의 법률요건(청구원인)의 그 요건사실(청구원인사실)만 기재하면 족하고,[174] 그 요건사실(청구원인사실)로부터 발생하는 법률효과 및 그 내용은 법률적 영역으로서 법원의 직분에 속하므로, 예컨대 매매를 원인으로 그 목적물의 인도청구를 한 경우 청구원인란에 매매와 그 요건사실(청구원인사실)만 기재하면 되고, 그로부터 매수인에게 목적물의 소유권이전등기청구권, 인도청구권이 발생하였으며 원고는 그 중 인도청구권을 행사한다는 언급까지는 하지 않아도 된다.[175]

　그러나 요건사실(청구원인사실)이 유사한 불법행위나 부당이득의 경우, 타인의 권리를 대위행사하는 채권자대위소송의 경우, 여러 개의 청구원인을 선택적 또는 주위적·예비적으로 병합한 경우 등 그 법률요건이나 법률효과 또는 피대위권리가 무엇인지를 분명히 해주기 위해 이를 기재해 주어야 할 필요가 있을 수도 있다.[176]

▣ 법률적 주장(예)

청 구 원 인
1. …(생략)
2. 단체협약의 확대 적용

---

174) 청구원인란에서 청구원인이 되는 법률요건의 명칭을 반드시 주장할 필요는 없다. 대개 그 요건사실(청구원인사실)의 기재로써 원고가 어느 것을 법률요건(청구원인)으로 주장하는 것인지를 알 수 있기 때문이다. 예컨대, '매매'라는 말이 없이 곧바로 매매의 요건사실(청구원인사실)을 기재하면 법원은 그에 의하여 원고가 '매매'를 법률요건(청구원인)으로 주장하는 것인지를 알고 그에 대하여 민법 제563조 이하 또는 상법 제67조 이하 등 매매에 관한 각종 법규를 적용하여 판단을 할 수 있다. 그러나 원고가 요건사실(청구원인사실)을 정확히 기재하지 않음으로써, 원고가 어느 것을 법률요건(청구원인)으로 주장하는 것인지 법원이 알 수 없어 그에 대하여 법을 적용할 수 없을 때에는 결국 원고는 청구를 특정하지 못한 것이 되어 그 소는 부적법하게 된다. 다만, 이 경우 법원은 곧바로 소를 각하할 것이 아니라 법률요건(청구원인)을 특정하도록 석명을 구하여야 한다고 생각된다(민사소송법 제136조 참조).

175) 이를 청구원인란에서 언급하지 않더라도 청구취지에 이미 그것이 표시되므로 사실상 원고는 이를 간단하게나마 언급·주장한 것과 다름이 없다. 다만, 청구원인란의 마지막 결론 부분에 이를 기재하는 것이 실무 관행이라 함은 앞서 말한 바와 같고, 이때 결론 부분에 기재하는 법률효과 역시 원고의 법률적 주장(견해 표명)에 해당한다.

176) 이런 경우 외에도, 이를 기재하는 것이 원고의 청구를 분명히 하고 법원에 대하여 법률적 판단을 그르치지 않도록 암시를 주어 잘못된 판결을 예방할 수 있는 이점이 있다.

가. 피고 소속 대부분의 근로자가 소속된 노동조합과 사용자인 피고는 2018. 4. 17. 이 사건 노사합의(단체협약)를 체결하였습니다. 그 내용은 … (생략). 그런데 이 사건 단체협약은 다음과 같이 비노조원인 원고에게도 확대 적용되어야 합니다.

(1) 단체협약 중 근로조건 기타 근로자에 대한 대우의 기준에 관한 부분인 규범적 부분은 조합원들의 근로관계를 직접 규율합니다. 한편, 단체협약은 노동조합원이 아닌 근로자에게는 직접 적용되지 않으나, 노동조합법 제35조는 '하나의 사업 또는 사업장에 상시 사용되는 동종의 근로자 반수 이상이 하나의 단체협약의 적용을 받게 된 때에는 당해 사업 또는 사업장에 사용되는 다른 동종의 근로자에 대하여도 당해 단체협약이 적용된다.'라고 규정하고 있으므로, 이에 해당하는 경우 단체협약은 노조원이 아닌 근로자에게도 적용됩니다.

(2) 이는 당해 사업장 근로자의 반수 이상이 단체협약의 적용을 받게 된 경우, 이를 다른 근로자에게도 확장함으로써 단체협약의 당사자인 노동조합의 지위를 유지·강화하고, 하나의 사업장에서 사용되는 동종의 근로자에 대하여 통일된 근로조건을 적용함으로써 근로자의 평등한 지위를 보장하여 그들 사이의 형평을 도모함과 함께 노조에 가입하지 않은 근로자를 보호하기 위한 정책적 배려라고 할 수 있습니다.

(3) 그런데 이 사건 노사합의(단체협약)의 내용에 비추어 이는 근로조건 기타 근로자의 대우의 기준에 관한 사항으로서 규범적 부분에 해당하며, 이 사건 노사합의 당시 및 원고가 청구취지와 같이 지급을 구하는 임금 발생 당시 피고 사업장에 상시 사용되는 동종 근로자 반수 이상에 적용되고 있으므로, 그 법정 요건을 충족하는 경우 이는 당사자인 노동조합의 구성원(노조원) 외의 근로자에게도 확대 적용될 수 있습니다.

(4) 한편, 위와 같이 단체협약의 적용을 받게 되는 동종의 근로자라 함은 단체협약의 규정에 의하여 그 협약의 적용이 예상되는 자를 가리키며(대법원 1997. 10. 28. 선고 96다13415 판결, 2003. 6. 27. 선고 2002다23611 판결 등 참조), 노동조합법 제35조가 적용되기 위해서는 당해 단체협약의 내용을 기준으로 '하나의 사업 또는 사업장에 상시 사용되는 근로자 반수 이상'과 근로조건이 동일하여, 비노조원들에게도 그 단체협약이 정한 근로조건을 적용함이 필요하고도 타당한 경우여야 할 것입니다.

나. 그런데 … 따라서 이 사건 단체협약은 비노조원인 원고에게도 확대 적용되어야 하고, 피고는 이에 따라 원고에게 그 소정의 상여금을 지급할 의무가 있습니다.

아. 청구병합, 일부청구의 경우

1) 청구를 병합한 경우, 각 그 병합한 청구별로 청구원인을 기재하여야 함은 물론이다. 청구원인만을 병합한 경우에도 같다. 청구원인만을 병합한 경우, 병합한 청구원인으로부터 동일한 내용의 법률효과가 발생하여 청구취지에는 병합사실이 기재되지 않지만, 청구원인이 복수이므로 그 전부를 기재하는 것이 당연하다. 그리고 이때는 아래 예시와 같이

각각의 청구원인이 다른 청구원인과 어떤 관계에 있는지도 밝혀주어야 한다.

　2) 주위적·예비적으로 청구를 병합한 경우에도 같다.

◨ **선택적 청구원인의 경우(예)**

청 구 원 인

1. 피고는 아무런 법률상 원인 없이, 이를 잘 알면서도, 2018. 4. 1.부터 현재까지 원고 소유인 서울 중구 소공동 27 잡 53㎡ 중 별지 도면 표시 (가) 부분 12㎡에 자신의 점포에서 판매하는 물건을 쌓아두는 적치장으로 점유·사용하고 있습니다. 이에 따라 원고는 임료 상당의 손해를 입고 있고 피고는 그에 상당한 이익을 얻고 있습니다. 피고는 원고에게서 수차 반환요구를 받고서도 이에 불응하고 있어 이 사건 변론종결일 이후에도 그 점유·사용을 계속할 것이 분명합니다.

2. 한편 2018. 4. 1.부터 현재까지 위 (가) 부분 토지를 임대차보증금 없이 타에 임대할 경우 매월 120만 원을 받을 수 있고, 이후에도 특별한 사정이 없는 한 동일한 금액을 받을 수 있습니다.

3. 그러므로 원고는 피고에게 소유권의 반환청구권에 기하여 위 (가) 부분 토지의 인도를 구하고, 선택적으로 불법행위에 기한 손해배상 또는 부당이득의 반환으로서 2018. 4. 1.부터 위 (가) 부분 토지를 인도받을 때까지 매월 120만 원의 비율에 의한 금전 지급을 청구합니다.

◨ **주위적·예비적 청구원인의 경우(예)**

주위적 청구원인

　원고는 2015. 5. 10. 피고로부터 별지 목록 기재 부동산을 대금 3억 원에 매수하고 2015. 7. 31.까지 계약금과 중도금 합계 1억 원을 지급하였습니다. 위 매매계약 당시 원고와 피고는 잔금 지급과 소유권이전등기의무를 동시에 이행하기로 약정하였습니다. 그러므로 원고는 피고에 대한 주위적 청구로서, 원고로부터 잔금 2억 원을 지급받음과 동시에 원고에게 위 부동산에 관하여 2015. 5. 10. 매매를 원인으로 한 소유권이전등기절차를 이행할 것을 청구합니다.

예비적 청구원인

1. 위와 같이 피고는 잔금 수령과 동시에 소유권이전등기절차를 이행할 의무가 있음에도, 위 부동산 인근 지역이 2017. 3.경 혁신도시 개발구역으로 지정되어 매매계약 당시 위 부동산의 시가가 5억 원에 달함에도 자신이 착오로 그 사실을 모르고 3억 원에 매매계약을 체결하였다며, 2017. 8. 10. 원고에게 전화하여 위 매매계약을 취소한다는 의사표시를

하였습니다.

2. 그러나 위 부동산 인근 지역이 혁신도시 개발구역으로 지정된 것은 사실이지만, 피고 주장과 같은 시가의 착오는 민법 제109조의 법률행위의 중요부분의 착오가 아니라 동기의 착오에 불과하며, 위 매매계약 당시 피고가 그 동기를 표시한 바도 없습니다. 또, 그것이 착오에 해당한다고 할지라도 이는 피고 자신의 중대한 과실에 의한 것이므로 피고는 위 매매계약을 취소할 수 없습니다.

3. 만약 피고의 위 착오에 의한 취소가 이유 있는 경우, 피고는 원고로부터 지급받은 위 계약금과 중도금 합계 1억 원을 부당이득으로 원고에게 반환할 의무가 있습니다. 그러므로 원고는 예비적 청구로서, 위 1억 원 및 이에 대한 이 사건 소장 부본 송달 다음날부터 다 갚는 날까지 소송촉진 등에 관한 특례법이 정하는 연 12%의 비율에 의한 지연손해금 지급을 구합니다.

3) 일부청구의 경우, 그 취지를 명시한 여부에 따라 중복소송 여부 및 소멸시효와 기판력의 범위가 달라지므로, 이 역시 아래와 같이 청구원인에서 밝혀주어야 한다.

▣ **일부청구의 표시(예)**

청 구 원 인

1. 원고는 '청일도기'라는 상호로 목욕탕, 화장실용 도기류 도매업에 종사하고 있는데, 건축업을 영위하는 피고와 2019. 5. 1. 자재외상거래약정을 체결하였습니다. 위 약정 당시 원고와 피고는, 원고는 피고의 주문에 따라 자재를 외상으로 공급하되 피고가 지정하는 공사현장까지 원고의 비용으로 배달하며, 피고는 위 약정일부터 매 3개월마다 외상자재대금과 운송료를 계산하여 그 대금 등을 원고에게 변제하고, 만약 지체 시에는 지체기간 1월당 1%의 지연손해금을 지급하기로 정하였습니다(갑 제1호증 참조).

2. 이에 따라 원고는 피고의 주문을 받고 2019. 5. 3.부터 2020. 8. 1.까지 다음과 같이 도기류 자재를 외상으로 공급하였는데(갑 제2호증의 1 내지 5 참조), 피고는 그 일부 대금 등을 아직까지 지급하지 않고 있습니다.

공급일	품목	대금(원)	운송료(원)	합계(원)	변제기
2019. 5. 3.	변기	1,573,000	210,000	1,783,000	2019. 7. 31.
2019. 8. 4.	욕조	4,700,000	746,000	5,446,000	2019. 10. 31.
2020. 4. 5.	변기	12,600,000	1,120,000	13,720,000	2020. 4. 30.
2020. 6. 7.	세면기	9,500,000	893,000	10,393,000	2020. 7. 31.
2020. 8. 1.	변기	6,320,000	345,000	6,665,000	2020. 10. 30.

3. 따라서 피고는 원고에게 위 표의 합계란 기재 금액 및 각 이에 대하여 위 표의 변제기란 기재 다음날부터 각 이 사건 소장 부본 송달일까지는 약정에 따른 월 1%, 그 다음날부터 다 갚는 날까지는 소송촉진 등에 관한 특례법에 따른 연 12%의 각 비율에 의한 지연손해금을 지급할 의무가 있습니다.

4. 그러므로 원고는 우선 자재대금과 운송료의 일부를 지급받고자 이 사건 소로써 피고에게 위 표의 합계란 기재 총금액 38,007,000원 중 3,000만 원의 지급을 청구합니다(나머지 금액과 지연손해금에 대한 청구 여부는 피고의 응소태도에 따라 장차 결정하겠습니다).[177]

자. 실체법적 법률행위나 의사표시 등의 기재

1) 제척기간이나 소멸시효기간의 준수 또는 그 중단 등을 위해 필요하거나 법률요건으로서 필요한 경우, 청구, 최고, 해제, 해지, 취소, 반환통지, 소멸청구 등의 실체법적 법률행위나 의사표시 등을 소장 부본의 송달로써도 할 수 있으므로, 그럴 필요가 있는 경우 소송 외에서 별도로 이를 하지 않았다면 이를 소장의 청구원인란에 기재해야 한다.[178]

2) 이러한 의사표시 등은 통상 상대방 당사자에게 하는 것이므로 그러한 법률행위나 의사표시의 요건사실을 청구원인란에 기재하고 "원고는 이 사건 소장 부본의 송달로써 위 매매계약을 취소(해제)합니다."와 같이 상대방 당사자에 대한 법률행위나 의사표시를 한다.

3) 주의할 것은, 이러한 법률행위나 의사표시를 하지 않고 그 원인사실만을 소장에 기재한 것으로는 취소권이나 해제권 등의 형성권 행사나 의사표시의 효력이 없다는 것이다.

차. 문단 나누기와 결론의 기재

(1) 문단 나누기의 요령

1) 청구원인은 위와 같이 시간적·논리적 순서에 따라 기술하되, 법률적으로 의미 있는 단위, 즉 법률효과나 법률요건 단위로 묶어 문단을 나누어 준다. 법률적 기준으로 문단을 나누기가 부적당한 경우에는 원고나 피고 등의 당사자 또는 사실 단위를 기준으로 해도

---

177) 일부청구는 동일한 청구원인으로부터 발생한 1개의 채권 중 일부만의 청구를 가리키므로, 지연손해금청구는 자재대금청구 및 운송료청구와 청구원인이 달라 이를 청구하지 않는 것은 일부청구에 해당하지 않는다. 운송료채권이 매매에 기한 자재대금채권과 청구원인이 동일한지 여부가 의문일 수는 있으나, 위 사례에서 운송료채권은 상법상의 운송계약에 의한 것이라기보다는 자재 매매계약에 부수한 매매 목적물의 운송약정에 의한 비용이라고 볼 것이므로, 매매에 포함시켜도 무방하다고 생각된다.

178) 이러한 의사표시가 담긴 소장 부본이 상대방 당사자나 그 소송대리인에게 송달되면 그 도달 시에 효력이 발생한다(대법원 2000. 1. 28. 선고 99다50712 판결, 2009. 6. 23. 선고 2007다26165 판결 등 참조).

좋다.

2) 청구원인의 각 항목에서 청구취지의 각 항목을 직접 도출할 수 있도록 하는 것이 중요하므로, 청구취지와의 연관성에 중점을 두어, 청구취지가 복수이면 그에 대응하여 각각의 청구원인의 항목이 만들어지도록 문단을 크게 나누고, 다시 그 안에서 작은 단위로 작은 문단을 나누는 것이 가장 무난한 요령이다. 그러나 경우에 따라서는 청구취지별로 청구원인의 단위를 나누는 것이 부적당한 경우도 있는바, 이런 때는 여러 개의 청구취지를 묶거나 청구취지가 아닌 법률효과나 법률요건, 사실, 당사자 등 다른 기준으로 단위를 나누어야 한다.

3) 한편, 청구원인의 항목, 즉 문단의 개수는 사안에 따라 다르겠으나 가능하면 3개 이내로 하는 것이 좋고, 많아도 5개를 넘지 않는 것이 좋다. 그 비결은 큰 문단(1, 2, 3… 항) 안에 작은 문단(가, 나, 다…항), 더 작은 문단{(1), (2), (3)…항 또는 1}, 2), 3)…}을 두는 것이다.

4) 문단에는 큰 문단이든 작은 문단이든 1, 2, 3 또는 가, 나, 다, (1), (2), (3) 등의 일련번호와 '피고 ○○○에 대한 청구', '소유권이전등기청구', '인도청구', '금전지급청구', '손해배상청구', '1차적 청구', '2차적 청구', '주위적 청구', '예비적 청구', '원고의 지위', '금전 차용', '담보의 설정' 등과 같이 적정한 제목을 붙여 주는 것이 좋다. 일련번호와 제목 없이 긴 문장을 나열하면 가독성(可讀性)과 설득력이 현저히 떨어지므로 주의하여야 한다.[179] 제목은 그 글이 어떤 주제에 관한 것인지를 암시할 수 있는 정도이면 족하므로 너무 길어지지 않도록 한다.

앞서도 말한 바와 같이 소장은 상대방인 법원을 설득하기 위한 논설문이므로, 법원이 소장의 청구원인을 읽고 그 기재 내용과 원고의 주장에 이의 없이 수긍하여야 좋은 소장이라고 할 수 있다. 그러기 위해서는 소장의 기재 내용이 논리정연해야 하고 그 주장의 근거가 명확해야 한다. 청구원인을 특별한 사정이 없는 한 청구취지의 순서대로 기재하는 것도 그렇고, 위와 같이 증거와 법조문, 판례 등을 부기해 주는 것도 이를 위한 것이다.

5) 법관이 소장 등 변호사가 작성한 소송문서를 읽고 그 내용을 파악하지 못하거나 이해하지 못하거나, 또는 그 주장에 동의하지 못한다면 변호사는 그 목적을 달성할 수 없게 된다. 좋은 소송문서는 법관 등 타인이 막힘없이 이를 술술 읽어 그 내용을 파악·이해하고 당사자의 주장에 동의하는 것이다. 내용의 전후 연결이 잘 안 되어 읽다가 앞부분으로 되돌아가야 하거나, 주장의 근거를 알 수 없어 고개를 갸웃거리거나, 주장이 아전인수적이어서 수긍하기 어려운 경우 법관은 당사자의 주장에 따라가는 것을 포기하고 자기의 길로 간다. 사건 내용이 복잡하거나 계산식이 복잡한 경우[180] 특히 법관은 이러한 유혹을

---

179) 문단 나누기나 제목 달기를 하지 않고 일련번호만 잔뜩 붙이면 아무런 의미가 없다.

180) 계산식은 "… 따라서 피고는 원고에게 위 차용원금 1억 원 및 피고가 원고로부터 1억 원을 차용한

강하게 느끼게 된다.[181] 쉽게 말하면, 법관을 짜증나게 하거나 읽다가 길을 잃게 하는 소송문서는 손해의 지름길이다. 짜임새 있게 잘 작성된 소송문서는 카타르시스를 느끼게 하는데, 읽는 사람은 물론이고 쓰는 사람에게도 마찬가지다.

(2) 결론의 기재

1) 한편, 청구원인사실 등 사실관계에 대한 주장을 전개한 후에는 그 결론으로 법률효과를 기재하거나 간단히 청구취지와 같은 재판을 구한다는 뜻을 기재한다. 이 결론으로서의 법률효과가 법률적 주장에 해당한다함은 앞서 말한 바와 같다.

2) 결론의 기재 방법은 각각의 문단을 끝내면서 결론을 기재하는 방법과 청구원인 전체를 끝내면서 결론을 기재하는 방법이 있다. 전자는 청구원인의 전체 내용이 많거나 문단이 여럿이어서 각각의 문단에 결론을 지워주는 것이 필요할 때 편리하며 '소결' 또는 '소결론'이라고 제목을 붙이고, 후자는 청구원인의 전체 내용이 많지 않거나 굳이 문단별로 각각의 결론을 지워줄 필요가 없는 때에 편리하며 '결론'이라고 제목을 붙이는 것이 좋다. 이미 각각의 문단에 소결론을 기재한 때는 청구원인의 말미에 '결론'이라고 제목을 붙이고 간단히 "원고는 이상과 같은 이유로 청구취지와 같은 재판을 구합니다."라고만 기재한다.

3) 소결론을 기재하거나 전체로서 하나의 결론만을 기재하는 경우, 그 결론의 내용인 법률효과를 기재할 때는 청구원인사실 등 사실관계에서 발생하는 구체적인 권리·의무의 종류와 그 구체적인 내용, 다른 채무의 이행과 동시 또는 선이행 조건 등이 붙는 경우의 그 내용 등을 기재하여야 한다. 청구원인이 구체적인 권리·의무가 아닌 확인청구의 대상인 법률관계인 경우에도 이에 준한다. 그리하여 그 결론을 그대로 기재하면 청구취지가 되도록 하여야 한다.

2010. 1. 4.부터 원금 중 2,000만 원을 변제한 2012. 1. 3.까지 약정이율 월 1%의 비율에 의한 24개월간의 이자 2,400만 원을 변제할 …" 또는 "… 따라서 피고는 원고에게 위 차용원금 1억 원 및 이자 2,400만 원(위 1억 원 × 그 차용일인 2010. 1. 4.부터 원금 중 2,000만 원을 변제한 2012. 1. 3.까지 24개월 × 약정이율 월 1%)을 변제할 …" 과 같이 기산일, 원금, 이율이나 지연손해금률, 공제액, 합계액 등을 직접 설명하거나 계산값을 먼저 제시한 다음 괄호를 하고 그 안에 기재한다.

181) 이럴 때 법관은 판결문 쓰기가 쉬워진다. 즉 "원고(피고)는 …라고 주장하나, ○○○ 증거는 증거능력이 없고, ○○○ 증거는 믿을 수 없으며, 그 밖에 위 주장 사실을 인정할 증거가 없다. 따라서 원고(피고)의 위 주장은 이유 없어 받아들일 수 없다."고 간단하게 판결문을 쓰게 된다.

▣ **결론의 기재(예)**

청 구 원 인

1. 소유권이전등기청구

가. 매매계약

원고는 2016. 5. 10. 피고로부터 별지 목록 기재 부동산을 대금 3억 원에 매수하였습니다. 위 매매계약 당시 원고와 피고는 잔금 지급과 소유권이전등기의무를 동시에 이행하기로 약정하였습니다(갑 제1호증 참조).

나. 대금지급

원고는 계약 당일 계약금으로 3,000만 원, 2016. 7. 31. 중도금으로 7,000만 원을 각 지급하였습니다(갑 제2호증의 1, 2 참조).

다. 소결

그러므로 피고는 원고로부터 잔금 2억 원을 지급받음과 동시에 원고에게 위 부동산에 관하여 2016. 5. 10. 매매를 원인으로 한 소유권이전등기절차를 이행할 의무가 있습니다.

2. 외상자재대금 등 청구

가. 건축자재 거래 약정

원고는 '청일도기'라는 상호로 목욕탕, 화장실용 도기류 도매업에 종사하고 있는데, 건축업을 영위하는 피고와 2019. 5. 1. 건축자재 외상거래 약정을 체결하였습니다. 위 약정 당시 원고와 피고는, 원고는 피고의 주문에 따라 자재를 외상으로 공급하되 피고가 지정하는 공사현장까지 원고의 비용으로 배달하며, 피고는 위 약정일부터 매 3개월마다 외상자재대금과 운송료를 계산하여 그 대금 등을 원고에게 변제하고, 만약 지체 시에는 지체기간 1월당 1%의 지연손해금을 지급하기로 정하였습니다(갑 제3호증 참조).

이에 따라 원고는 피고의 주문을 받고 2019. 5. 1.부터 2020. 12. 31.까지 총 5회에 걸쳐 합계 1억 2,000만 원어치의 도기류를 외상으로 공급하였고(갑 제4호증의 1 내지 5 참조), 그 운송료는 총 420만 원입니다. 그러나 피고는 위 자재대금과 운송료를 아직까지 지급하지 않고 있습니다.

나. 소결

그러므로 피고는 원고에게, 위 자재대금과 운송료의 합계 1억 2,420만 원 및 이에 대하여 이 사건 소장 부본 송달일부터 다 갚는 날까지 소송촉진 등에 관한 특례법에 의해 연 12%의 비율에 의한 지연손해금을 지급할 의무가 있습니다.

3. 결론

이상과 같은 이유로 원고는 청구취지와 같은 재판을 구합니다.

6. 소장의 제출

1) 소 제기의 효력이 발생하기 위해서는 현실로 소장을 법원에 접수하여야 한다는 것은 이미 설명한 바와 같다. 소를 제기하는 사람은 소장을 그 명의로 작성하여 제출하는 사람이지 현실로 소장을 제출하는 물리적·사실적 행위를 하는 사람이 아니다.

따라서 소장은 소송당사자나 소송대리인인 변호사가 직접 제출하지 않고 타인에게 소장의 제출행위만을 위임하여 제출할 수도 있으며, 여기에는 변호사대리 강제주의가 적용되지 않는다.[182] 변호사가 고용하는 피용자도 이를 위임받을 수 있고, 실제로 대부분의 변호사가 피용자를 시켜 소장 등 소송문서를 제출하고 있다.

2012. 10. 15. 대법원 재판예규 제1403호 '소송서류 기타 사건관계서류의 접수사무에 관한 처리지침'에서는 소송서류 등의 제출자가 작성명의인 본인이 아닌 경우에는 본인으로부터 위임장 등 제출에 관한 권한을 수여받았음을 소명할 수 있는 서류를 첨부하도록 하고 있는바, 변호사 사무원의 경우 소장의 제출 등 매 소송서류 제출 시마다 위임장을 요구하지 않고 그 사무원의 직무상 신분증만 확인한다. 즉 변호사가 그 사무원에게 포괄적으로 소송서류 제출행위를 위임한 것으로 보는 것이다. 그러나 전자소송의 경우에는 이런 문제가 전혀 생기지 않는다.

2) 소장은 법정에서 제출할 수 없다. 법정에서 제출이 허용되는 소송문서는 이미 소가 제기되어 소송이 진행 중일 때에만 허용되기 때문이다. 따라서 소장은 수소법원의 민원실 또는 그 법원이 지정한 장소에서 제출하여야 한다.

소장 등 소송문서는 법원의 근무시간이 지난 후나 공휴일에도 제출할 수 있다. 이를 위해 법원은 보통 당직 근무자를 두고 있고, 법원의 사정상 당직 근무자를 두고 있지 않은 경우에는 야간문서투입함을 설치하고 있는바, 제출할 문서의 표지에 투입시각을 기재한 후 이 함에 투입하면 제출행위의 효력이 발생한다. 한편 소장 등 소송문서는 우편이나 택배에 의해서도 제출할 수 있다. 우편이나 택배에 의한 제출의 경우에도 소장이 법원에 도착한 때에 제출의 효력이 발생함은 물론이다.

3) 소장을 제출할 때는 소장의 형식적 기재사항과 첨부서류가 누락되었는지 여부를 법원 직원이 심사하고 보정을 요구하게 된다. 그러나 형식적 기재사항이나 첨부서류가 누락되었더라도 법원 직원은 소장 접수를 거부할 수는 없으며, 그 같은 하자가 있는 상태에서 접수되더라도 소 제기의 효력은 바로 발생한다. 그러므로 곧바로 이를 보정할 수 없거나, 인지, 송달료를 납부할 수 없거나 부족이 있을 때에도, 제척기간이나 소멸시효기간과 관련하여 다른 날에 제출할 수 없는 사정이 있는 때는 우선 접수해줄 것을 요구하고 나중

---

182) 이는 소장 제출행위를 대리행위가 아닌 사자(使者)의 행위(심부름)로 보는 것이라고 할 수 있다.

에 보정을 하여야 한다.

4) 관할권이 없는 법원에 소장을 제출하면 그 접수한 법원은 소송을 관할권 있는 법원에 이송하게 된다. 물론 임의관할 위반의 경우에는 피고의 행위에 의하여 변론관할이 성립할 수 있으므로($^{민사소송법}_{제30조}$) 곧바로 이송하지 않고 피고의 이의를 기다리게 될 것이다.

관할권이 없는 법원에 소장을 제출하여 소송을 관할권 있는 법원에 이송하더라도 제척기간이나 소멸시효기간 준수의 효력은 최초의 법원에 소장을 접수한 때에 발생한다. 재심소장도 마찬가지다($^{민사소송법 제36조 제1항, 대법원 1984.}_{2. 28. 선고 83다카1981 전원합의체 판결}$).[183] 그러므로 급한 경우 관할권 없는 법원에라도 소장을 제출하여야 한다. 지방법원은 물론이고 시·군법원, 행정법원, 가정법원, 고등법원이나 대법원에 제출하여도 좋다.

II. 답 변 서

1. 답변서의 의의

1) 답변서는 원고의 소와 청구에 대하여 피고가 자신의 의견을 밝히는 소송문서이다. 민사소송법은 피고에게 일정 기간 내에 답변서를 제출하도록 의무지우고, 이에 따르지 않는 경우 무변론 판결, 자백 간주 등의 불이익을 가하고 있다($^{민사소송법}_{제256, 257조}$).

2) 피고의 답변서는 원고가 제기한 소와 청구에 대한 의견 개진에 불과하므로 그로써 소나 청구가 특정되는 효과는 없고, 그런 면에서 원고의 소장과 달리 소극적·수동적인 성격을 갖는다. 그러므로 소장과 달리 답변서는 뒤에서 보는 준비서면으로서의 법적 성질을 갖는다. 즉 답변서에 기재한 주장이나 항변 등의 소송자료는 변론기일에 구술로 변론한 때에야 비로소 소송자료 제출의 효력이 발생하고, 답변서 제출은 준비서면과 마찬가지로 변론의 준비에 불과하며, 그로써 곧바로 소송자료(주장과 증거방법) 제출의 효력이 발

---

183) 그러나 대법원은 ① 행정소송을 행정소송에 관한 관할권 없는 법원에 제기한 결과 동 법원에서 관할권 있는 법원에 이송한 경우 소 제기의 효력 발생 시기는 관할권 있는 법원이 이송 받은 때라고 판시한 바 있고(1969. 3. 18. 선고 64누51 판결), ② 상소에 있어 상소 제기기간의 준수 여부는 상소장이 원심법원에 접수된 때를 기준으로 판단하여야 하며, 비록 상소장이 상소 제기기간 내에 원심법원 이외의 법원에 제출되었다 하더라도 상소 제기의 효력이 있는 것은 아니라고 판시하였다(1981. 10. 13. 선고 81누230 판결, 1985. 5. 24.자 85마178 결정, 1987. 12. 30.자 87마146 결정, 2001. 10. 26. 자 2001마3917 결정). ①의 경우 오래 전의 판례라 이제는 실효성이 별로 없다고 보이고, ②의 상소는 소의 제기와 법적 성질이 다르므로 당연한 법리라 하겠다.
다만 ②와 관련해서는, 원심법원과 근무시간 외의 문서의 숙직 접수업무가 통합 운영되는 다른 법원 당직실에 접수되었다가 원심법원에 재접수된 경우(대법원 1982. 11. 27.자 82마762 결정, 대법원 1964. 12. 26. 선고 84다카1620 판결), 상고장에 불복 대상 판결을 서울고등법원 판결로 명시하여 원심법원인 서울고등법원에 상고장을 제출하려는 의사를 분명히 가지고 있었으나, 동일한 청사 내에 원심법원과 다른 법원이 위치하고 있어 원심법원과 다른 법원의 접수실을 착각, 혼동하여 잘못 제출한 경우에는 원심법원 이외의 법원에 상소장이 최초로 접수된 때를 기준으로 상소 제기기간의 준수 여부를 가려야 한다고 예외를 인정하고 있다(대법원 1990. 10. 25.자 96마1590 결정).

생하지는 않는다.

2. 답변서의 형식과 답변 준비

가. 답변서의 형식

1) 민사소송법이나 가사소송법은 답변서에 관하여도 그 형식에 대하여 특별히 어떤 양식을 정하지는 않고 있다. 다만, 준비서면에 관한 규정을 준용하므로 사건의 표시(사건번호와 사건명), 당사자와 대리인, 작성자의 기명날인 또는 서명은 필수적이다(민사소송법 제256조 제4항, 274조, 가사소송법 제12조).

2) 민사소송규칙은 이에 더하여, 소장에 기재된 개개의 사실에 대한 인정 여부, 항변과 이를 뒷받침하는 구체적 사실, 위 사실에 대한 증거방법, 상대방(원고)의 증거방법에 대한 의견 등을 기재하고 그 증거방법 중 문서(서증)의 사본을 첨부할 것을 요구하고 있는바(민사소송규칙 제65조), 이는 훈시적 규정으로서 그 기재 내용은 임의적인 것이다. 따라서 이를 기재하지 않거나 기재가 불충분한 경우 보정권고의 대상이 될 뿐이다.

3) 답변서는 필수적 기재사항만 기재하면 각자의 편의와 기호에 따라 자유롭게 작성하여도 무방하나, 이 역시 관행적으로 다음과 같은 형식이 사용되고 있다. 답변서 역시 형식적 기재사항과 실질적 기재사항으로 구성되며, 실질적 기재사항은 ① 소에 대한 답변인 본안전 답변, ② 청구에 대한 답변인 청구취지에 대한 답변과 청구원인에 대한 답변으로 구성된다.

4) 피고가 복수인 경우, 여러 명의 피고가 하나의 답변서를 제출하여도 무방하다(복수의 피고에게 동일한 소송대리인이 있는 경우에는 으레 그렇게 한다). 다만, 피고들 간에 쟁점이 다를 경우 이를 빠짐없이 기재하여야 한다는 점만 주의하면 된다.

5) 아래와 같이 답변서는 사건을 구별하기 위한 ① 사건번호, 당사자(원고와 피고), 답변서를 제출한다는 취지, 작성연월일, 작성자, 수소법원의 형식적 기재사항과, ② 본안전 답변, 본안에 대한 답변의 실질적 기재사항으로 구성되어 있다.

▣ 답변서(예)

답변서

사   건   2020가합12345 소유권이전등기 등
원   고   정문수
피   고   최일구 외 5인
　　　　　피고 1.최일구, 2.조현지, 3.이양수의 소송대리인 변호사 서현식
　　　　　서울 서초구 강남대로 331, 908호(서초동, 광일빌딩)
　　　　　전화 523−7632, 팩스 523−7633, 전자우편 shs@hotmail.com

위 사건에 관하여 피고 1.최일구, 2.조현지, 3.이양수의 소송대리인은 아래와 같이 답변합니다.

본안전 답변취지

1. 원고의 피고 최일구, 조현지, 이양수에 대한 청구의 소를 모두 각하한다.
2. 소송비용은 원고가 부담한다.

본안전 답변이유

 (1) 원고의 피고 최일구, 조현지, 이양수에 대한 청구의 소는 부제소합의에 반하여 부적법
합니다.
 (2) 원고는 2018. 4. 3.경 피고 최일구, 조현지, 이양수를 찾아와 이 사건 대여금에 대하여
의논을 하였고, 그때 피고 최일구가 그 소유의 용인 부동산을 최대한 빠른 시일 안에
처분하여 그 대금으로 원고에 대한 채무를 변제하기로 하되, 그때까지 원고는 위 피
고들 3인에 대하여 어떠한 책임도 묻지 않겠다고 약속한 바 있습니다(을 제1호증 참
조). 이러한 합의는 부제소합의에 해당합니다.

청구취지에 대한 답변

1. 원고의 피고 최일구, 조현지, 이양수에 대한 청구를 모두 기각한다.
2. 소송비용은 원고가 부담한다.

청구원인에 대한 답변

1. 피고 최일구에 관하여

가. 다투지 않는 사실

 위 피고가 2015. 7. 1. 원고로부터 2억 원을 원고 주장과 같은 조건으로 차용한 사실, 위
차용금채무에 관하여 대물변제예약의 의사로써 형식상 매매예약을 체결하고 소장 별지 목록
기재 1.부동산(아래에서는 '위 1.부동산'이라고 부릅니다)에 관하여 원고 앞으로 가등기를 마
쳐준 사실, 위 피고가 차용원리금을 변제하지 못한 사실은 인정합니다.

나. 다투는 사실

 원고는 위 매매예약에 기하여 이 사건 소장 부본 송달로써 매매예약완결권을 행사하였다
며 위 1.부동산에 대한 소유권이전등기 및 인도를 구하나, 이는 다음과 같이 이유가 없습니다.
 (1) 위 매매예약은 위 피고가 차용금채무를 변제하지 못할 경우 위 1.부동산을 원고에게
양도한다는 내용으로서 그 실질은 민법 제607조 소정의 대물변제예약에 해당합니다.
이러한 사실을 원고도 자인하고 있고, 갑 제1호증의 2(매매예약계약서)에서 매매대금
을 원금 2억 원과 차용일인 2015. 7. 1.부터 약정 변제기인 2017. 6. 30.까지의 이자 2
억 4,000만 원(2억 원 × 0.05 × 24월)의 합계인 4억 4,000만 원으로 정한 사실을 보
더라도 알 수 있습니다.
 (2) …(중략) …

(3) 가등기담보법에 따라 채권자가 가등기담보권을 실행하여 본등기를 청구하려면, 채권의 변제기 후에 청산금의 평가액을 채무자 등에게 통지하여 그 통지가 도달한 날부터 2월의 청산기간이 경과하여야 하고, 이에 위반한 특약으로서 채무자 등에게 불리한 것은 무효인데(동법 제4조 제2항, 제3조, 제4조 제4항), 원고는 이러한 실행 통지를 하지 아니하여 적법한 가등기담보권을 행사한 바가 없으므로, 갑 제1호증의 2(매매예약계약서) 제3조에 불구하고 원고는 위 가등기에 기한 본등기를 청구할 권리가 없습니다.

(4) 또한, 담보계약상의 채권자는 청산기간 경과 후 청산금을 지급하여야 하고, 채권자의 청산금 지급의무와 채무자 등의 소유권이전등기의무 및 인도의무는 동시이행관계이어서(가등기담보법 제4조 제1, 3항), 원고가 청산금을 지급하지 않는 한(현재 위 1.부동산의 시가는 위 채무원리금을 넘습니다.), 피고 최일구는 원고의 소유권이전등기와 인도의 청구에 응할 의무가 없습니다.

다. 소결론

따라서 위 1.부동산에 관하여 원고와 피고 최일구 사이에 매매예약의 완결에 기한 매매계약이 성립하였음을 전제로 한 원고의 소유권이전등기 및 인도청구는 이유 없습니다.

2. 피고 조현지, 이양수에 관하여

가. 다투지 않는 사실

소외 최윤주가 2014. 2. 1. 원고로부터 서울 은평구 불광동 721 토지를 매수하고 잔금 5억 원을 2015. 3. 31.까지 지급하되 지체 시 월 3%의 비율에 의한 지연손해금을 지급하기로 약정하고 피고 조현지가 이를 연대보증한 사실, 그 뒤 변제기를 2015. 12. 말로 연기 받으면서 피고 조현지가 위 채무를 담보하기 위해서 소장 별지 목록 기재 2.부동산(아래에서는 '위 2.부동산'이라고 부릅니다)에 관하여 원고 앞으로 소유권이전등기를 마쳐주기로 2015. 3. 23. 제소전화해를 한 사실, 원고가 이에 따라 위 2.부동산에 관하여 2016. 3. 5. 소유권이전등기를 한 사실, 위 최윤주와 피고 조현지는 아직까지 위 채무를 변제하지 못한 사실, 피고 이양수가 위 2.부동산을 점유하고 있는 사실은 인정합니다.

나. 다투는 사실

원고는, 자신이 소유권이전등기를 마침으로써 위 2.부동산의 소유권을 취득하였음을 전제로, 피고 조현지에게는 잔존 채권의 지급을, 피고 이양수에게는 위 2.부동산의 인도를 구하나, 원고는 아래와 같이 위 2.부동산의 소유권을 취득한 바가 없습니다.

(1) 피고 조현지가 위 2.부동산을 원고 앞으로 소유권이전등기해 주기로 원고와 합의한 이유는, 이로써 위 매매 잔대금채무의 변제에 갈음하기 위한 것이 아니라 그 채무를 담보하기 위한 것이었습니다{원고도 인정하고 있고, 갑 제2호증의 3(화해조서)의 신청원인 제2, 3항 기재에 의하더라도 분명합니다}.

(2) …(중략) …

(3) 양도담보채권자가 정산절차의 일환으로 담보 부동산의 가액을 평가하고 공제될 채무

액을 계산하여 채무자 등에게 정산 통지를 하였더라도 그 부동산의 평가나 채무액 계산이 부당한 경우, 정당한 평가·계산을 통한 정산금을 지급하기 전까지는 정산절차가 마쳐지지 않아 이미 소유권이전등기를 마쳤다 하더라도 채권자는 소유권을 취득할 수 없습니다(대법원 1992. 9. 1. 선고 92다10043, 10050 판결, 1994. 6. 28. 선고 94다3087, 3094 판결, 1996. 7. 30. 선고 96다6974, 6981 판결 등 참조). 따라서 원고는 위 2.부동산의 소유권에 기해서는 그 점유자인 피고 이양수에게 인도를 청구할 수 없습니다.

(4) …(중략) …. 더구나 위와 같이 원고가 귀속정산의 방법을 선택한 이상, 이제 와서 피고 이양수를 상대로 하여 환가절차를 위한 인도청구를 할 수도 없습니다.

다. 소결론

따라서 위 2.부동산에 관하여 원고가 피고 조현지에게 정당한 정산을 하였고 자신이 그 소유권을 취득하였음을 전제로 한, 원고의 피고 조현지에 대한 금전 지급청구 및 피고 이양수에 대한 위 2.부동산의 인도청구 역시 모두 이유가 없습니다.

3. 결론

위와 같이 원고의 피고 최일구, 조현지, 이양수에 대한 청구는 모두 이유 없으므로, 이를 모두 기각하여 주시기 바랍니다.

입 증 방 법

1. 을 제1호증(감정평가서)
2. 을 제2호증(임대차계약서)
3. 을 제3호증(사실확인서)

첨 부 서 류

1. 위 입증방법   각 2통
2. 소송위임장   1통

2020. 5. 25.
피고 최일구, 조현지, 이양수의 소송대리인
변호사 서현식 (인)

서울중앙지방법원 귀중

나. 답변의 준비

1) 원고가 제기한 소에 대하여 피고가 답변을 하기 위해서는 원고와 마찬가지로 먼저 사건을 분석·연구하여야 한다. 이 과정에서 메모와 공방도를 작성할 필요가 있음은 물론이다. 우선 피고는 법원으로부터 송달받은 소장 부본과 그에 첨부된 증거자료 등으로 소송기록을 만들고 페이지 번호를 부여하여 기록을 찾아보기 쉽게 하여야 한다. 이때 소송기록의 목록도 만들어야 함은 앞서 <메모, 공방도 등의 활용>에서 설명한 바와 같다.

2) 피고가 사건을 분석·연구하기 위하여 메모를 할 때 중요한 것은 원고가 제기한 소의 내용을 분명하게 인식하고 이해하는 것이다. 그 내용을 잘못 인식·이해할 경우 그에 대하여 올바른 답변서가 작성될 수 없기 때문이다.

3) 원고가 제기한 소에 대한 피고의 분석·검토는 크게 ① 소의 적법 여부에 대한 분석·검토, ② 청구의 당부에 대한 분석·검토로 나눌 수 있다. 이는 원고가 소로써 주장한 사실과 피고 소송대리인이 피고 본인 및 그 증거자료에 의하여 파악한 사실관계를 토대로 이루어진다. 그리고 이에 뒤이어 그 사실관계에 대하여 원고가 올바르게 법리를 적용하여 그 법률효과를 주장, 청구하였는지를 분석·검토하게 된다.

4) 피고가 답변서를 작성하여 원고의 소와 청구에 대하여 답변을 하기 전에 작성하는 메모와 공방도도 기본적으로 원고가 소를 제기하기 전에 작성하는 그것과 다를 것이 없다. 다만 원고는 청구를 특정하여 소송의 주제(목적)를 정할 수 있는 반면, 피고는 원고가 특정한 그 소와 청구에 대하여 방어자의 입장에서 소의 부적법성과 청구의 부당성을 주장할 수 있는 것에 국한된다는 차이가 있을 뿐이다.

5) 그러나 피고의 입장에서도 여러 가지 방어방법을 선택적으로 또는 주위적·예비적으로 주장할 수 있고, 반소나 중간확인의 소를 제기하여 일정한 범위에서 소송의 주제(목적)를 확장할 수 있는 등 그 방어의 범위가 상당히 넓게 인정된다.

▣ **피고의 메모(예)**

M1−1

▶ X 여수수산업협동조합 (조합장 배영수 / 여수시 묵호동 123)
  Y 전남대학교 (총장 이영갑 / 여수시 미평로 386)

▶ 청구취지
  ⇒ ① (소장 2021 5/1 p.1) 피고는 원고에게 2억 원 및 이에 대한 2018. 3. 12.부터 2019. 3. 11.까지는 연 12%, 그 다음날부터 다 갚는 날까지는 연 24%의 각 비율에 의한 금전을 지급하라.

⇒ ② (청구변경서 2021 7/12 p.42) 피고는 원고에게 1억 2,000만 원 및 이에 대한 2018. 3. 12.부터 2019. 3. 11.까지는 연 12%, 그 다음날부터 다 갚는 날까지는 연 24%의 각 비율에 의한 금전을 지급하라.[184]

▶ 청구원인

┌ 2018 3/12
→ (소장 21 5/1 p.2) X조합, Y대학교에 2억 원 대출[185]

> - 변제기 2019 3/11
> - 이율 연 12%
> - 지연손해금률 연 24%
> ※ 갑1, P.12

○ X는 지배인 박정원이 대리(대표), Y는 이민구가 총장을 비현명대리?
  ↳ X의 주장이 확실치 않음!
○ 이민구의 지위
  - 이민구는 Y대학교 총무과 후생계장
  - 2010 3/2 이후 Y대학교 소비조합 지출관 및 기숙사운영위원회 간사로 지명되어 평소 Y대학교 총장과 소비조합 이사장(교무과장 최종철), 기숙사운영위원회 위원장(학생지도과장 박영민)의 지휘·감독하에 소비조합의 수익금 및 기숙사 운영자금을 Y대학교 명의로 X조합에 입출금 거래
○ 대출의 경위
  - 이민구, 2018 3/12 X조합 지배인 박정원에게 기숙사 수선비로 사용한다며 Y대학교의 명의로 상호종합통장 대출(마이너스통장 대출) 신청
  - 박정원은 이민구의 말을 믿고 당일 Y대학교(총장 이영갑)와 대출계약 체결
    ↳ 이민구가 직접 총장 이영갑의 도장을 대출계약서(갑1, P.12)에 날인
    ↳ 2억 원의 한도 내에서 차용자의 인출신청에 따라 대출금을 지급하기로 하는 마이너스 대출계약
○ 대출금의 지급(인출)
  - 이민구, 대출 당일 Y대학교 총장 명의로 2억 원 인출신청
  - X조합은 전액 지급

⇒ 따라서 Y는 X에게 청구취지와 같이 위 대출에 따른 원리금 반환의무 有[186]

---

184) 이 부분은 원고가 소장을 제출한 후인 2021. 7. 12. 청구변경서를 제출한 내용을 반영하여 기재한 것이다. 따라서 소장 제출 직후로서 피고가 답변서 제출을 위한 메모를 할 때는 이 부분은 공란이 되어야 할 것이나, 원고의 청구취지 변경에 따른 내용을 이와 같이 메모에 기재할 것을 보여주기 위해 미리 기재한 것이다. 원고가 청구취지를 변경한 경우 그 변경일자와 내용을 이처럼 메모에 반영하여야 한다.

185) 원고가 소장의 청구원인란에 기재한 청구원인을 간추려서 이를 요약 기재한 것이다. 요약하는 요령은, 청구원인을 이루는 매매, 증여, 교환 등의 법률행위나 사정, 시효취득, 첨부 등의 사건을 중심에

M1-2

▶ X 여수수산업협동조합
Y 전남대학교(여수캠퍼스)

← Y대학교는 당사자능력 無

○ Y대학교는 국가가 설립한 국립대학교
○ Y대학교는 법인격 없는 영조물에 불과

※ 학교의 설립 주체에 의한 분류와 소송상 대표자
·국가: 국립학교 / 법무부 장관[187)]
·시·도: 공립학교 / 시·도의 교육감
·학교법인, 私人: 사립학교 / 학교법인의 이사장, 私人
✈ 학교 설립자는 학교장에게 대리권 수여해 법률행위
✈ 교육기본법 § 11①, 초·중등교육법 § 3, 고등교육법 § 3, 지방교육자치법 § 18②, 국가재정법 § 43, 국고금관리법 § 21 이하

⇐ 고로 Y대학교를 피고로 한 X의 이 사건 소는 당사자능력 없는 자를 상대로 한 것으로 부적법. 소 각하 要!

← 이민구는 이 사건 대출에 관하여 대리권 無

○ Y대학교는 국가의 산하기관으로서 그 총장은 국고금관리법 제23조 소정의 재무관(국가를 대표하여 국고금 지출이 필요한 지출원인행위를 함/상인의 지배인과 유사한 지위)
○ Y대학교 총장은 이민구에게 어떠한 대리권도 수여 ×
↳ 이민구가 Y대학교 총무과 후생계장으로 소비조합 지출관 및 기숙사운영위원회 간사인 것은 사실이나, 소비조합과 기숙사운영위원회는 학교의 지도·감독하에 운영되는 학생들과 교직원들의 자치기구로서 총장은 이에 관여 ×
↳ 이민구는 소비조합 이사장(교무과장 최종철), 기숙사운영위원회 위원장(학생지도과장 박영민)의 직접적인 지휘·감독을 받고, 그들의 지시에 따라 소비조합 수익금, 기숙사운영자금을 Y대학교 명의로 개설한 예금계좌에 입출금하는 등으로 관리해 옴 (계좌 거래 시 총장 명의의 인장을 거래인감도장으로 사용한 것은 맞으나, 그 도장은 위 최종철, 박영민이 총장의 승인을 얻어 조각한 것임)
○ Y대학교는 이 사건 대출 무렵 기숙사 수선계획 無
○ 이민구에게 X조합에서 금전 차용해 올 것을 누구도 지시, 위임 ×
↳ 이민구는 이 사건 대출과 관련해 2021 4/30 광주지법 순천지원에서 사기 및 사문서 위조죄로 징역 10월의 판결을 선고받고 현재 항소 중
⇐ 고로 이 사건 대출계약은 이민구가 권한 없이 Y대학교 총장을 대리한 것으로서, 그 효

내세우고, 그에 부수되는 자세한 내용은 괄호 속에 넣거나 그 아래에 기재하는 것이다. 이때 주의할

력은 Y대학교나 국가에 귀속할 수 없음.[188] 청구기각 要

3. 형식적 기재사항

1) 사건번호와 당사자는 이미 법원과 원고에 의해 특정 또는 지정되어 있으므로 피고는 법원에서 송달된 <답변서 제출 안내>와 소장 부본에 기재된 그것을 그대로 답변서에 옮겨 적으면 된다. 원고가 다수인 때라도 이를 다 기재할 필요는 없고 1번 원고의 이름만을 적고 나머지는 '원고 ○○○외 ○인'와 같은 방식으로 기재하면 된다. 피고가 여럿일 때도 같다.

2) 원고나 피고의 주민등록번호, 주소, 연락처 등은 별도로 기재할 필요가 없다. 사건번호와 당사자의 이름만으로 사건이 특정되고 동일성이 식별되기 때문이다. 다만, 피고의 주소나 연락처가 소장에 기재된 그것과 다른 때에는 따로 <송달장소신고서>나 <주소변경신고서>를 작성하여 제출하는 대신 답변서에 이를 기재하여도 좋다. 그러나 후자의 경우 주의해서 보지 않으면 법원이 그 사실을 알아내기 쉽지는 않을 것임을 감안하여야 한다.

3) 답변서를 제출한다는 취지의 문구는 앞서 본 답변서의 예시와 같이 간단하게 기재한다. 이미 문서의 제목이 '답변서'라고 되어 있으므로 생략해도 무방하나, 피고가 여러 명인데 개별적으로 따로따로 답변서를 제출하는 경우에는 여기에 제출자를 기재할 수 있어 말미의 작성자 표시를 확인하지 않아도 제출자가 누구인지 금방 알 수 있는 이점이 있다.

4) 입증방법이나 첨부서류는 소장의 그것과 대체로 같다(민사소송법 제256조 제4항, 제274조 제1항, 제6호, 제275조, 민사소송규칙 제65조 참조). 피고가 답변서에 첨부하여 제출하는 서증은 그 등본이나 사본을 붙이면 되고, 서증의 번호는 '을 제1호증', '을 제2호증의 1'처럼 '을'이라는 접두사를 붙여준다. 여러 명의 피고를 한 사람의 변호사가 소송대리를 하지 않은 경우 각각의 피고들이 제출한 서증의 번호가 중

것은 원고의 주장 내용을 왜곡하지 않아야 한다는 것이다. 원고의 주장 내용을 요약하다보면 자칫 그런 결과를 초래하기 쉽다.

186) 원고가 주장한 법률효과 등 결론 부분을 요약·압축하여 기재한다. 그 아래에 메모지의 여백이 있더라도 여기에 피고의 주장·반박을 잇대어 기재해서는 안 된다. 원고가 앞으로 준비서면 등을 통하여 대출에 관하여 주장을 추가하거나 변경하는 등으로 새로운 주장을 하게 될 것이므로, 그 기재를 위해 여백으로 남겨두어야 한다.

187) 다만, 서울대학교는 「국립대학법인 서울대학교 설립·운영에 관한 법률」에 따라 국가와 독립한 법인에 속하며, 총장이 법인을 대표한다.

188) 이민구가 대출계약 당시 여수대학교 총장의 이름을 쓰고 그 도장을 찍은 것임이 분명하여 비현명대리에 해당하는바, 정황에 비추어 상대방인 수협은 이민구가 그 자신을 위한 것이 아니라 학교 또는 국가를 위하여 대리하는 것으로 알았다고 볼 것이므로 민법 제115조 단서에 의해 이는 무권대리행위로서의 효력이 있다고 할 것이다. 따라서 피고는 이 부분을 문제 삼을 필요는 없다고 하겠다.

복되는 등 증거가 복잡해질 우려가 있다. 이런 경우 소장에 기재된 피고의 순서에 따라 '을' 뒤에 '가', '나', '다' 등의 접두사를 붙여 '을가 제1호증', '을나 제2호증의 1'처럼 번호를 붙이는 것이 실무관행이다(민사소송규칙 제107조 제3항, 2009. 12. 30. 대법원 재판예)(규 1293호 민사 등 증거목록에 관한 예규 제7조 제2항 참조).[189] 전자소송에서는 답변서 부본이나 서증 사본을 첨부할 필요가 없다.

5) 작성일시와 작성자는 소장의 그것과 동일하다. 수소법원은 피고가 선택할 수 없으므로 이미 소가 제기되어 계속 중인 법원을 기재하여야 한다. 피고가 관할 법원을 바꾸고자 하는 때는 뒤에서 보는 이송신청을 하여야 한다.

▣ **답변서의 첨부서류(예)**

첨부 문서의 명칭	문서의 취지, 내용	문서의 수량	첨부의 필요성 여부
입증방법	증거방법인 문서	법원 + 원고의 수[190]	임의적
소송위임장	소송대리인 선임 증명	1통	필수적
답변서 부본	원고 송달용 답변서	원고의 수	필수적

4. 실질적 기재사항

가. 본안전 답변

(1) 의 의

1) 본안전 답변은 본안, 즉 소송의 본래적 심리·판단 대상인 청구(본안)에 대한 답변에 앞서 답변하는 것으로서, 원고가 제기한 소가 소송요건을 갖추어 적법한지 여부에 관한 피고의 의견을 밝히는 것이다. 이는 결국 원고의 소에 대한 답변으로서, 원고가 제기한 소에 소송요건의 흠이 있는지 여부에 대한 답변이 된다. 이런 의미에서 본안전 답변은 본안에 대한 답변에 논리적으로 앞선다는 의미이지 시간적·순서적으로 반드시 앞선다는 의미가 아니다. 고로 본안에 대한 답변을 먼저 한 후에 하여도 무방하고, 실제로 논리관계상 그래야 설득력이 있는 경우도 있다.

2) 소송요건의 흠결 여부, 즉 소의 적법 여부는 직권조사사항으로서 당사자의 주장이

---

189) 피고 각자가 따로 답변서를 제출하지 않고, 예컨대 피고 1, 2가 하나의 답변서를 제출하는 경우 이 둘을 모아서 '을가'를 붙인다. 그런데 3.피고는 이런 사실을 모르고 피고 순서대로 자신이 제출하는 서증에 '을나'가 아닌 '을다'를 붙일 수도 있으므로, 미리 이를 그 피고에게 적절한 방법으로 알려주는 것도 좋다. 피고 1, 3이 하나의 답변서를 제출하는 경우와 같이 피고 순서가 연속되지 않은 경우에도 이에 준하여 처리할 수 있다. 재판부에 따라서는 이런 '을가', '을나' 등의 가지번호를 무시하고 여러 명의 피고가 제출한 서증에 일괄하여 을호증 일련번호를 붙이기도 한다. 이 경우에는 법원의 소송기록을 대조하고 그 서증번호에 맞추어 변호사가 가진 소송기록의 서증번호를 수정하여야 이후의 준비서면이나 상소장 작성·제출 시 혼란을 피할 수 있다.
190) 원고들이 1인의 소송대리인을 선임한 경우 그 원고들을 위해서는 입증방법 사본을 1통만 제출하여도 무방하다. 답변서 부본도 같다.

없어도 당연히 법원이 직권으로 심리·판단할 수 있는 것이 원칙이지만, 중재계약의 존재와 같이 소송요건 중 일부는 피고의 주장(본안전 항변)이 반드시 있어야만 하는 예외적인 경우가 있다. 그 밖의 경우에는 법원에 주의를 주어 그 직권 발동을 촉구한다는 점에서 그 기재가 의미를 갖는다.

중재법에 의한 중재로 분쟁을 해결하기로 한 중재합의가 있는 사항에 관하여 소가 제기된 경우, 피고가 중재합의가 있다는 항변을 본안에 관한 최초의 변론을 할 때까지 하지 않으면 항변권을 상실하므로, 이런 경우에는 아예 답변서에 중재합의의 존재만을 기재하여 본안전 항변을 하여야 하고 본안에 관한 답변을 하여서는 안 된다.[191] 중재항변이 적법하게 제기되면 수소법원은 그 소를 각하하여야 한다(중재법 제9조).

3) 본안전 답변은 의무적인 것은 아니다. 따라서 소송요건을 갖춘 적법한 소인 경우 피고는 굳이 이에 대한 답변을 할 필요가 없고, 그것이 실무 관행이다. 즉 소송요건에 흠결이 있는 경우에만 답변하면 된다. 본안전 답변은 그 답변의 취지와 이유(원인)를 모아서 함께 적는다.

4) 소의 일부에 대한 각하를 구하는 때에는 "이 사건 소 중 원고 ○○○에 대한 소를 각하한다.", "이 사건 소 중 피고 ○○○에 대한 소를 각하한다."와 같이 당사자를 특정하거나, "이 사건 소 중 소유권이전등기청구 부분의 소를 각하한다.", "이 사건 소 중 피고 ○○○에 대한 소유권이전등기청구 부분의 소를 각하한다.", "이 사건 소 중 예비적 청구 부분의 소를 각하한다."와 같이 청구의 명칭을 기재하는 방법으로 특정하면 된다. 소송의 일부에 대한 이송을 구하는 때에도 같다.[192]

■ **본안전 답변(예)**

소송요건 흠결사항	답변내용	비고
관할위반	·답변취지: "이 사건을 △△△법원 또는 ●●●법원으로 이송한다"라는 재판을 구합니다. ·답변사유: 원고는 이 사건 소를 ○○○법원에 제기하였으나, 이 사건 소는 부동산에 관한 소유권이전등기청구의 소로서 ○○○법원에는 관할권이 전혀 없습니다. 따라서 이 사건 소는 임의관할에 위반하였으므로 이 사건 소를 민사소송법 제20조의 관할법원인 △△△법원 또는 피고의 보통재판적 소재지인 ●●●법원으로 이송하여 주시기 바랍니다."	임의관할 위반 시

---

191) 물론 본안에 관한 사항을 기재한 답변서를 제출하였더라도 최초의 변론기일에 이를 진술하지 않으면 중재합의의 항변을 할 수 있다.
192) 소송의 일부를 다른 법원에 이송할 경우 법원은 소송기록을 복사하여 그 등본을 다른 법원에 송부한다.

	·답변취지: "이 사건을 ◇◇◇법원으로 이송한다"라는 재판을 구합니다. ·답변사유: 원고는 이 사건 소를 ○○○법원에 제기하였으나, 이 사건 소는 청구이의의 소로서 ◇◇◇법원의 전속관할에 속하고 ○○○법원에는 관할권이 전혀 없습니다. 따라서 이 사건 소는 전속관할에 위반하였으므로 이 사건 소를 관할법원인 ◇◇◇법원으로 이송하여 주시기 바랍니다."	전속관할 위반 시
기 타	·답변취지: "이 사건 소를 각하한다."라는 재판을 구합니다. ·답변사유: 부제소합의 등 소송요건의 흠결 사유를 구체적으로 기재	관할위반 이외의 소송 요건흠결 시

(2) 이송신청

1) 관할은 소송요건에 관한 것이기는 하나, 관할위반이 있더라도 소가 부적법한 것은 아니고 관할법원에 이송을 하여야 하므로, 그 사유와 함께 이송을 구하는 답변을 하면 된다.

2) 임의관할 위반의 경우 피고가 제1심법원에서 관할위반이라고 항변하지 아니하고 본안에 대하여 변론하거나 변론준비기일에서 진술하면 그 법원에 변론관할권이 생기고($^{민사소송법}_{제30조}$), 당사자는 항소심이나 상고심에서는 제1심법원의 임의관할위반을 주장하지 못하므로($^{민사소송법 제}_{411, 425조}$), 피고는 임의관할 위반에 대하여 이의를 하고자 할 때는 반드시 1심의 변론기일에서의 변론 또는 변론준비기일에서의 진술 전에 하여야 한다.[193]

3) 관할위반의 경우에는 법원이 직권으로 사건을 이송하여야 하므로, 당사자에게 이송신청권이 없고 신청은 직권발동을 촉구하는 효력밖에 없다. 반면에 민사소송법 제34조 제2항(지방법원 단독판사가 직권 또는 당사자의 신청에 따른 결정으로 소송의 전부 또는 일부를 같은 지방법원 합의부에 이송하는 경우) 또는 제35조에 따른 이송의 경우(현저한 손해 또는 지연을 피하기 위하여 직권 또는 당사자의 신청에 따른 결정으로 소송의 전부 또는 일부를 다른 관할법원에 이송하는 경우)에는 당사자에게 이송신청권이 인정된다. 그 신청은 답변서가 아닌 인지를 첩부한 별도의 신청서를 제출하는 방식으로 하여야 하고 송달료도 납부하여야 한다.[194]

---

193) 변론관할이 생긴 후에는 민사소송법 제35조에 의한 이송신청을 하는 수밖에 없다.
194) 이 신청에 대한 재판은 결정으로 하며, 이에 대하여 신청인과 상대방 모두 즉시항고를 할 수 있다(민사소송법 제39조).

▣ **이송신청서(예)**

소송이송신청서

신청인(피고)　　　이영수
상대방(원고)　　　최영림

　위 당사자 간 귀 법원 2020가합1234 손해배상청구사건에 관하여 신청인(피고)은 다음과 같이 소송의 이송을 신청합니다.

신 청 취 지

　위 당사자 간 이 법원 2020가합1234 손해배상청구사건을 ○○○법원으로 이송한다.

신 청 원 인

1. 원고는 피고가 운행하는 자동차에 의하여 교통사고를 당해 부상을 입었다며 그 손해배상을 구하는 소를 귀 법원 2021가합1234호로 원고의 주소지 관할 법원인 귀 법원에 제기하였습니다.

2. 그러나 위 교통사고는 ○○○법원의 관할구역인 ○○○에서 발생하였고, 피고도 현재 위 ○○○에 거주하고 있습니다. 따라서 위 사건을 ○○○법원이 심리할 경우 피고와 증인 등 소송관계인의 출석과 법원의 현장검증, 목격자에 대한 증인신문 등 증거조사가 용이하고, 소송비용 지출도 최소화할 수 있어 심리의 지연과 손해를 피할 수 있습니다.

3. 이에 신청인(피고)은 민사소송법 제35조에 의해 위와 같이 소송의 이송을 신청합니다.

소 명 자 료

1. 주민등록 초본　　1통
2. 교통사고발생확인서　　　　1통

2021. 8. 25.
신청인(피고) 이영수 (인)

서울남부지방법원 귀중

(3) 소송비용 담보제공신청

　1) 원고가 대한민국에 주소·사무소와 영업소를 두지 아니한 때 또는 소장·준비서면, 그 밖의 소송기록에 의하여 청구가 이유 없음이 명백한 때 등 소송비용에 대한 담보제공이 필요하다고 판단되는 경우에 피고의 신청이 있으면 법원은 원고에게 소송비용에 대한

담보를 제공하도록 명하여야 한다. 담보가 부족한 경우에도 같다($\binom{\text{민사소송법}}{\text{제117조 제1항}}$). 이 담보물에 대하여 피고는 질권자와 동일한 권리를 갖는다($\binom{\text{민사소송법}}{\text{제123조}}$).

  2) 소송에서 피고가 승소하였음에도 나중에 소송비용을 원고에게서 못 받을 우려가 있는 경우에 대비하여 피고를 보호하기 위한 것이다. 위 신청을 한 경우 그 담보 제공이 있을 때까지 피고는 소송에 응하지 않을 권리가 있으며($\binom{\text{민사소송법}}{\text{제119조}}$), 원고가 법원의 담보제공명령에 불응한 때는 소송요건 흠결에 해당하여 법원은 변론 없이 소를 각하할 수 있다($\binom{\text{민사소송법}}{\text{제124조}}$).

  3) 그러나 담보를 제공할 사유가 있음을 알고도 피고가 본안에 관하여 변론하거나 변론준비기일에서 진술한 때에는 위 신청을 못하므로($\binom{\text{민사소송법}}{\text{제118조}}$), 피고는 답변서를 제출하기 전에 다음과 같이 이를 신청해야 한다. 이는 답변서가 아닌 인지를 첨부한 별도의 신청서를 제출하는 방식으로 하여야 하고 송달료도 납부하여야 한다. 상소심에서 필요한 비용도 그 예상상액을 미리 1심에서 신청해야 한다.[195]

■ **소송비용 담보제공신청서(예)**

소송비용 담보제공신청서

신청인(피고)　　　　이영수
상대방(원고)　　　　최영림

  위 당사자 간 귀 법원 2020가합1234 손해배상청구사건에 관하여 신청인(피고)은 다음과 같이 소송비용의 담보제공을 신청합니다.

신 청 취 지

  위 당사자 간 이 법원 2020가합1234 손해배상청구사건에 관하여 상대방(원고)에게 신청인(피고)을 위한 소송비용의 담보로 이 결정 정본을 송달받은 날부터 7일 내에 320만 원을 제공할 것을 명한다.

신 청 원 인

1. 원고는 피고가 운행하는 자동차에 의하여 교통사고를 당해 부상을 입었다며 그 손해배상을 구하는 소를 귀 법원 2020가합1234호로 원고의 주소지 관할 법원인 귀 법원에 제기하였습니다.

2. 그러나 원고는 현재 국내에 주소나 사무소, 영업소 등이 없어 피고가 승소하더라도 원고의 국내 책임재산 부재로 그 소송비용을 원고에게 받아내기가 매우 어려운 사정이 있습니다. 이에 신청인(피고)은 민사소송법 제117조에 의해 아래와 같이 소송비용의 담보제공

---

195) 이에 대한 재판은 결정으로 하며, 결정에 대하여는 즉시항고를 할 수 있다(민사소송법 제120, 121조).

을 신청합니다.

3. 소송비용 예상액과 담보제공할 금액

　가. 소송비용 예상액 320만 원

　(1) 1심 ○○○원

　　·변호사 보수: △△△원

　　·변론기일 및 변론준비기일 출석 일당, 교통비 등(5회 예상): △△△원

　(2) 2심 ○○○원

　　·변호사 보수: △△△원

　　·변론기일 및 변론준비기일 출석 일당, 교통비 등(5회 예상): △△△원

　(3) 3심 ○○○원

　　·변호사 보수: △△△원

　나. 담보제공할 금액 및 제공의 방법

　위 소송비용 예상액 320만 원 전액에 대하여 현금 공탁 등 귀 법원이 적당하다고 판단하는 방법에 의한 담보제공을 명하여 주시기 바랍니다.

소 명 자 료

1. 주민등록 초본 1통
2. 교통사고발생확인서 1통
3. 인터넷 지도 1통

2020. 8. 25.

신청인(피고) 소송대리인

변호사 최철호 (인)

서울남부지방법원 귀중

나. 본안에 대한 답변

소송의 목적인 원고의 청구에 대한 피고의 의견이 본안(本案)에 대한 답변이다. 그것은 크게 인정, 부정 둘 중의 하나가 될 것이다. 일부 인정, 일부 부정도 이에 포함된다.

(1) 본안전 답변과의 관계

1) 본안에 대한 답변은 소송요건의 흠결이 없어 소가 적법한 경우에만 하여야 함이 원칙이다. 소가 부적법한 경우에는 소가 각하되어 법원으로부터 본안(청구)에 대한 심리·판단이 거부될 것이므로 본안에 대하여 답변할 필요가 없다. 그리고 소가 확정적으로 부적법하지는 않고 원고의 보정이 필요한 경우에는 그 확정 시까지 기다렸다가 본안에 대한

답변 여부를 결정하여야 하기 때문이다.

2) 소가 부적법하다는 확신이 없거나 소송요건의 흠결이 보정 가능한 것인 때에는 그 보정을 기다리지 않고, 소가 적법한 것으로 가정하여 예비적으로 본안에 대하여 답변을 할 수도 있다. 이때는 본안전 답변으로서 소 각하를 구하고, 소가 적법한 경우를 가정하여 예비적으로 본안에 대하여 답한다는 취지를 적절한 곳에 기재하면 된다. 그 위치는 아래 예시와 같이 본안전 답변의 사유 부분 뒤 또는 청구취지에 대한 답변 앞이 좋을 것이다.

▣ **본안전 답변과 본안에 대한 예비적 답변(예)**

본안전 답변

- 답변취지: "이 사건 소를 각하한다."라는 판결을 구합니다.
- 답변사유: 이 사건 소는 부동산에 관한 소유권이전등기말소청구의 소인바, 이러한 소의 경우 피고 적격자는 말소 대상인 등기의 명의인이거나 그 포괄승계인, 등기상 이해관계 있는 제3자인데(대법원 1994. 2. 25. 선고 93다39225 판결, 2004. 2. 27. 선고 2003다 35567 판결 등 참조), 피고는 위의 어느 경우에도 해당하지 아니하므로 결국 피고를 상대로 소유권이전등기의 말소를 구하는 이 사건 소는 부적법합니다.

위와 같이 이 사건 소는 부적법하여 각하되어야 할 것이나, 설사 이 사건 소가 적법하더라도 원고의 청구는 다음과 같이 이유가 없으므로, 피고는 예비적으로 다음과 같이 본안에 대하여 답변합니다.

청구취지에 대한 답변

"원고의 청구를 기각하고 소송비용은 원고가 부담한다."라는 판결을 구합니다.

청구원인에 대한 답변

(생략)

(2) 청구취지에 대한 답변

1) 이는 원고가 소장에 기재한 청구취지에 대하여 그 당부, 즉 인정 여부를 밝히는 것이다. 원고의 청구에 대하여 피고의 주장이 없어도 법원은 당연히 그 인용 또는 기각의 재판을 하여야 한다. 즉 법원은 원고가 주장한 청구원인을 심리하여 그 청구취지에서 주장하는 권리나 법률관계가 인정되면 그에 부합하는(청구를 인용하는) 재판(판단)을, 그것이 인정되지 않으면 청구를 기각하는 재판(판단)을 하여야 하고, 피고가 청구취지에 대한 답변을 하지 않는다고 하여 피고가 원고의 청구를 인낙하는 것으로 되지는 않는다. 그리고 이

미 수차 언급한 바와 같이 청구취지는 청구원인으로부터 발생한 법률효과로서 이는 법률상의 문제이므로, 당사자가 처분할 수 없고, 당사자의 의견에 법원이 구속되지도 않는다.

다만 피고가 청구원인에 대하여까지 답변하지 않는 경우에는, 앞서 본 바와 같이 원고가 청구원인으로 주장한 요건사실을 자백한 것으로 취급되어 그에 따라 청구가 인용되는 불이익을 받을 수 있다. 이 점에서 본다면, 피고는 청구취지에 대한 답변 없이 청구원인에 대하여만 답하여도 좋다. 그러나 피고가 청구취지에 대한 의견을 밝힘으로써 원고의 청구에 대한 피고의 태도를 분명히 할 필요에서 이에 대하여도 답변을 하는 것이 관행이다.

2) 청구취지에 대한 답변은 피고가 원고의 청구를 거부(부인)하는 때에만 하는 것이 관행이다. 원고의 청구를 인정하는 때에는 소극적으로 답변서를 내지 않거나, 적극적으로 청구를 인낙하는 것이 보통이다. 그러나 때때로 원고의 청구를 인정하는 경우에도 "원고의 청구를 모두 인정합니다."라는 형식으로 답변하기도 한다.[196]

피고가 청구원인(사실)을 인정한다고 하여 청구취지까지 인정한다거나 그래야 하는 것은 아니다. 청구원인은 사실의 문제로서 피고가 인정하면 변론주의의 원칙상 자백이 되어 법원도 이에 구속되는 것이 원칙이지만, 청구취지는 청구원인에서 발생한 법률효과이고 법률효과의 판단은 법원의 고유한 판단영역으로서 변론주의가 적용되지 않으므로, 피고가 이를 다투지 않고 원고가 구한 청구취지를 인정한다고 하더라도 곧바로 자백이 성립하거나 법원을 구속할 수 없고, 법원은 반드시 그 인용 여부에 대한 판단을 하여야 한다. 청구원인(사실)이 객관적 진실에 부합하여 피고가 다툴 필요가 없는 경우에도 원고가 그에 대한 법률평가를 잘못할 수 있으므로, 피고가 청구원인을 인정한다고 하여 청구취지까지 인정하는 것으로 취급될 수 없음은 당연하다. 즉 원고가 법률효과의 종류, 수량, 질을 잘못 판단하여 청구원인(사실)에 부합하지 않게 청구취지를 구성할 수도 있기 때문이다. 따라서 청구원인에 대한 답변 및 그 인정과 청구취지에 대한 답변 및 그 인정은 전혀 그 의미는 물론 소송법적 효과가 다르다.

3) 다만, 원고가 구한 청구취지를 피고가 인정하는 의사표시가 청구인낙이 되는 경우에는, 당사자가 처분할 수 없는 것이 아닌 한 법원도 이에 구속되어 법원은 청구의 당부에 대한 판단을 할 수 없고 소송은 원고의 승소로 종결되며, 이는 확정판결과 동일한 효력이 있다. 이러한 청구의 인낙은 피고가 변론기일에 출석하여 말로써 그러한 의사, 즉 원고의 청구(취지)를 수용하겠다는 의사를 표시하는 방법으로 하여야 함이 원칙이다 (대법원 1993. 7. 13. 선고 92다23230 판결). 다만, 답변서 또는 준비서면에 청구 인낙의 의사표시를 기재하고 이에 대하여 공증인의 인증을 받아 제출한 당사자가 변론기일에 출석하지 아니하거나 출석하고서도 본안에 관하여 변론하지 아니하여, 민사소송법 제148조 제1항에 의하여 그 답변서 또

---

196) 피고 스스로 "피고는 원고에게 1억 원을 지급하라는 판결을 구합니다."라고 답하지는 않는다.

는 준비서면에 적혀 있는 사항을 진술한 것으로 간주되는 때에도 예외적으로 청구의 인낙이 성립한다(민사소송법 제148조). 따라서 단순히 피고가 원고의 청구취지를 인정한다고 답변서 등 소송문서에 기재하여 법원에 제출한다거나, 답변서 등 소송문서의 기재나 변론기일에서의 진술 등으로 원고의 청구원인을 인정한다고 하여 청구인낙이 성립하지는 않는다.

4) 원고의 청구취지 중 일부가 이유 있는 경우에도 그 부분에 관하여 청구의 인낙을 하는 것이 아니라면, 인용될 부분을 제외한 나머지 부분에 대하여만 기각을 구하는 대신 원고의 청구 전부에 대하여 기각을 구하는 것이 관행이다. 피고 본인이나 그 소송대리인인 변호사의 법률적 판단이 잘못될 수도 있으므로 굳이 스스로 피고에게 불리한 의견을 진술할 필요가 없기 때문이다.

그러나 이러한 관행에 어긋났다고 하여 잘못된 것은 아니다. 이런 경우 "원고의 이 사건 청구 중 소유권이전등기청구 부분을 기각한다."라는 등으로 그 기각을 구하는 부분을 특정해 주면 된다.[197] 특히 복수의 피고가 각각 따로 답변을 하는 때에는 "피고 ○○○에 대한 원고의 청구를 기각하고 위 당사자 간 소송비용은 원고가 부담한다."라는 방법으로 자기 부분만의 답변을 해야 함은 당연하며, 복수의 피고가 하나의 답변서를 제출하더라도 각각 청구취지에 대하여 상이한 답변을 하는 때에도 동일하다.

5) 청구취지에 대한 답변에서 청구 기각을 구하는 것은 이행의 소이건 확인의 소이건 형성의 소이건 모두 가능하다. 다만, 공유물분할청구와 같은 형식적 형성의 소에서는 그 소가 적법한 이상 청구 기각을 할 수는 없으므로 청구 기각의 답변을 해서는 안 된다.

청구취지에 대한 답변에는 청구의 기각과 함께 소송비용을 원고가 부담하게 해달라고 기재하는 것이 관행이다. 그러나 가집행에 관하여는 비록 원고가 청구취지에 가집행선고를 구하는 뜻을 기재한 경우라도, 답변서에 가집행선고를 하지 말 것을 구하는 답변은 하지 않는다.[198]

---

197) 이와 같이 피고에 대한 청구 중 일부만에 대하여 기각을 구하는 경우에는 소송비용 부담에 관한 청구(신청)를 기재하지 않아도 무방하다. 어차피 일부 인용, 일부 기각이라서 법원이 그 부담 비율을 결정할 것이기 때문이다(민사소송법 제101조 참조). 다만, 채권자수령지체 등 특별히 원고 청구의 일부 인용에 불구하고 그 소송비용 전부를 원고가 부담하여야 할 사정이 있는 때에는 민사소송법 제101조 단서 소정의 이러한 사유를 적극적으로 주장하여야 한다.

198) 소송 진행 중 변론의 취지에 비추어 원고의 청구가 인용되고 가집행선고가 붙을 것이 예상되는 경우 준비서면에 비로소 가집행선고를 하지 말 것을 구하는 뜻을 기재한다. 민사소송법 제213조 제3항에 의해 가집행선고면제신청을 하고자 하는 때에는 이를 정식으로 구하는 의사를 표시하여야 하며(그 신청 시기는 가집행선고 후가 아니라 전이다.), 그 신청서에 인지는 붙일 필요가 없다. 그러나 이는, 원고의 청구 인용 전액에 대한 담보제공을 하여야 하는 데에다 피고가 자신의 패소를 미리 자인하는 인상을 준다는 점에서 실무상 거의 이용되지 않고 있다(이보다는 판결 선고 후 민사소송법 제501, 500조에 의해 강제집행정지신청을 한다). 이 신청이 인용되어 판결 주문에 가집행면제선고가 있으면 이에 따라 담보를 제공하면 되고, 그 경우 법원은 집행문을 부여하지 않게 된다.

(3) 청구원인에 대한 답변

1) 소장 중 청구원인이 가장 중요하듯이 답변서에서도 가장 중요한 부분이 청구원인에 대한 답변이다. 소장은 기본적으로 청구취지와 청구원인을 기재하여 소송의 목적인 청구를 특정하는 기능을 하는 반면, 답변서는 원고에 의해 특정된 그 소송목적인 청구를 전제로 그 청구를 이유 없게 하여 법원으로 하여금 청구를 기각하게 하기 위한 피고의 방어, 즉 방어방법의 기재가 중심적 기능을 하기 때문이다.[199]

2) 따라서 청구원인에 대한 피고의 답변은 원고가 소장의 청구원인란에 기재한 모든 사항에 대응하여 이루어지게 되고, 피고의 방어는 ① 원고가 주장하는 사실에 대한 것, ② 원고가 주장하는 법률·법리에 대한 것, ③ 원고가 주장·제출하는 증거에 대한 것이 되는바, 이는 기본적으로 원고의 공격과 동일한 형태이다.[200]

(가) 사실에 대한 것

가) 청구원인사실이나 그 간접사실, 보조적 법률요건사실에 대한 주장

1) 당사자 일방이 어떤 사실을 주장함에 대한 상대방의 대응은 인정(자백), 부인(부정), 부지, 침묵 중 하나이고, 원고가 청구원인란에 기재한 청구원인사실이나 그 간접사실, 보조적 법률요건의 요건사실에 대한 피고의 답변도 이와 같다.

피고는 원고가 주장하는 사실에 대하여 인정하는지 여부를 확실하게 답변하여야 한다(민사소송규칙 제65조 제1항 제1호). 이는 피고라는 당사자 지위에 부과되는 소송법적 의무라고 할 수 있다(민사소송법 제1조, 헌법 제108조 참조). 피고가 답변서를 제출하지 않거나 원고 주장 사실에 대한 인정 여부를 답변하지 않으면 무변론 판결이나 자백간주의 불이익과 제재를 받는다. 답변서를 제출하더라도 특정한 사실에 대한 침묵은 자백과 같이 취급되므로, 그런 사실이 없거나 모르는 사실인 때는 부인이나 부지로 답하여야 한다.

2) 답변서에는 원고가 주장하는 청구원인사실이나 그 간접사실, 보조적 법률요건의 요건사실 각각에 대하여 자세하고 구체적인 답변을 기재하여야 한다. 다만, 소송대리인이 답변서 제출 마감시한에 임박하여 소송사건을 맡는 등으로 시일이 촉박하여 원고의 주장을 충분히 검토할 시간적 여유가 없는 경우에는, 그런 사정을 밝히고 일단 원고 주장 사실을 부인한다는 취지의 기재를 한 다음 곧 자세한 답변을 하는 것이 좋다.

3) 원고가 주장하는 청구원인사실이나 간접사실을 인정하는 때에는 '다투지 않는 사실'

---

199) 다만, 피고가 원고의 청구원인사실을 모두 인정하는 경우에는 방어의 필요성이 없음은 물론이다.

200) 준비서면의 중심적 내용은 공격 또는 방어의 방법이다(민사소송법 제274조 제1항 제4, 5호 참조). 다만, 답변서에는 준비서면과 달리 본안전 답변이나 청구취지에 대한 답변을 기재하나, 이러한 내용을 준비서면에 기재하거나 답변서의 제목을 '준비서면'으로 붙였다고 하여 소송법적 효과에 차이가 있는 것은 아니다. 이런 점에서 답변서는 준비서면의 일종이며 피고가 제출하는 최초의 준비서면이다.

또는 '인정하는 사실'이란 소제목 아래 "원고가 주장하는 청구원인 사실 중 원·피고가 원고 주장 일시에 이 사건 부동산에 관하여 매매계약을 체결한 사실, 매수인인 피고가 매도인인 원고에게서 계약금으로 1,000만 원을 받은 사실은 다투지 않습니다(인정합니다)."와 같이 원고의 주장 사실을 제시하고 직접 이를 인정하거나, 아니면 인정한다는 말이 없이 원고 주장 사실과 동일한 사실관계를 똑같이 기재하는 방법이 있다. 전자가 훨씬 간명함은 물론이다. 이와 같이 답변서에 원고가 주장하는 청구원인사실이나 보조적 법률요건의 요건사실을 인정하는 내용의 답변을 기재하여 변론기일에 이를 구두로(말로) 진술하면 그때에 자백이 성립한다. 그러나 원고가 주장하는 매매나 교환, 시효취득 등의 청구원인 그 자체나 보조적 법률요건의 간접사실을 인정하는 내용의 답변을 기재하여 변론기일에 이를 구두로 진술하더라도 자백의 구속력이 발생하지 않으며 법원은 이에 구속되지 않는다.[201]

4) 피고는 위와 같이 원고가 주장하는 사실을 전제로 그에 대하여 답변을 하는 것이 보통이지만, 원고가 그 청구원인사실 등의 일부나 간접사실을 소장에 기재하지 않았음에도 피고가 먼저 이를 답변서에 기재하여 그 존재를 주장하는 것은 매우 위험하다. 원고에게 소송자료 제출을 가르쳐주고, 선행자백이 되어 원고가 피고의 위 진술을 원용하는 때에는 자백이 성립하기 때문이다. 그러므로 이러한 답변은 특별히 필요한 경우에만 하여야 한다.

이는 원고 역시 마찬가지인데, 원고가 주장하는 매매 등의 청구원인에 장애가 되는 사실을 피고의 주장에 앞서 원고 스스로 소장 등에 기재한 때는 피고의 원용에 의하여 그에게 불리한 자백이 되거나, 그렇지 않더라도 원고에게 불리한 사실 인정의 자료로 사용되게 된다. 이런 경우 피고는 원고의 위와 같은 주장 사실을 다음과 같이 이익으로 원용할 필요가 있다.[202] "피고는 원고 주장의 일시에 1억 원을 차용한 바가 전혀 없습니다. 설사 피고가 이를 차용하였다고 하더라도, 원고가 주장하는 이 사건 대여금반환채권은 다음과 같이 시효로 소멸하였습니다. 원고는 위 1억 원을 2013. 5. 1. 변제기를 정함이 없이 피고에게 대여하였다고 주장하는바(피고는 원고의 위 주장을 이익으로 원용합니다.)···"

---

201) 이는 변론주의의 원리상 간접사실에 대하여는 자백의 구속력이 미치지 않기 때문이다. 그러나 법원은 그 간접사실이 객관적 진실에 배치되는 등의 특별한 사정이 없는 한 이를 그대로 인정하는 것이 당연하다. 간접사실의 자백도 변론 전체의 취지로 참작될 수 있고 민사소송법 제288조 본문을 유추적용할 수 있으므로, 법원은 증거가 없이도 그 간접사실은 물론 이를 토대로 주요사실도 인정할 수 있다. 또한 청구원인사실이 아닌 청구원인 그 자체를 인정하는 경우 이른바 권리자백에 해당하게 되나, 자칫 그것이 청구원인사실의 자백으로 해석될 우려가 있으므로 이는 피하는 것이 좋다.

202) 이익으로 원용한다는 것은 상대방인 원고가 주장한 사실과 일치하는 진술을 한다는 뜻이다. 따라서 "이익으로 원용한다."는 표현 대신 원고가 주장한 사실과 같은 사실을 피고가 주장하여도 같은 효과가 발생한다. 원고에게 불리한 사실로서 피고가 이익으로 원용한 사실 중 그것이 피고가 주장할 항변 사실의 전부나 일부에 해당하는 때에는 자백의 구속력이 발생한다.

5) 원고가 주장하는 청구원인사실이나 보조적 법률요건의 요건사실 및 각 그 간접사실을 부인하는 방법은, ① 원고가 주장하는 사실이 존재하지 않는다거나 진실과 다르다고 직접적으로 부정하는 방법(직접부인, 소극부인 또는 단순부인이라고도 한다.), ② 원고가 주장하는 사실과 모순되거나 그와 양립할 수 없는 별개의 사실을 주장함으로써 간접적으로 이를 부정하는 방법(간접부인, 적극부인 또는 이유부부인이라고도 한다.)이 있다.

이때 피고가 간접부인으로 주장하는 사실은 원고가 주장하는 청구원인사실 등이나 간접사실에 반대되는 간접사실이 된다. 그것이 법률요건을 구성하여 그로부터 당해 소송의 본안에 직접 영향을 미치는 법률효과를 발생시키는 것이 아니기 때문이다. 예컨대, 원고가 피고의 대리인인 소외인과 매매예약을 하고 그에 의한 가등기를 마친 후 매매예약 완결의 의사표시를 하여 매매가 완결되었다고 주장함에 대하여 피고가, "피고는 원고와 매매예약을 체결한 일이 없고, 원고가 주장하는 소외인에게 대리권을 수여한 바도 없으며, 원고 명의의 가등기는 등기서류를 위조하여 원인 없이 마친 것이다."라거나 "원고가 매매예약 완결의 의사표시를 한 일이 없다."고 답변하는 것은 직접부인에 해당한다.[203] 반면에 "이 사건 부동산에 매매예약을 원인으로 한 원고 명의의 가등기가 마쳐졌으나, 위 매매예약은 원·피고가 이 사건 부동산을 매매할 의사로 체결한 것이 아니라 피고의 원고에 대한 채무 담보를 위한 담보계약으로서 체결한 것이며, 원·피고 사이에 이 사건 부동산의 매매를 위한 매매예약은 체결한 일이 없다."고 답변하는 것은 간접부인에 해당한다. 직접부인이든 간접부인이든 부인은 원고 주장 사실을 피고가 다투는 것이므로 입증책임의 전환이 생기지 아니한다.[204]

6) 간접부인과 구별할 것이 항변이다. 간접부인과 항변 모두 피고가 원고 주장의 사실과 구별되는 다른 별개의 사실을 주장한다는 점에서는 같지만, 간접부인은 원고 주장 사실을 부정하고 그와 양립할 수 없는 별개의 사실을 주장하는 반면(위 예에서 원·피고 사이의 부동산 매매예약은 부동산의 매매를 위한 매매예약이거나 채무 담보를 위한 담보계약 둘 중 하나에만 해당할 수 있으며 양자가 동시에 성립할 수는 없으므로, 양자는 양립할 수 없는 별개의 사실에 해당한다.), 항변은 원고 주장 사실을 인정하고 그에 따라 발생하는 법률효과와

---

203) 단순히 "원고 주장 사실을 다툰다."거나 "원고 주장 사실을 부인한다."거나 "원고 주장 사실은 사실과 다르다."고만 답변하고 왜 그러한지를 주장하지 않는 것은 성의 없는 답변이므로 피하여야 한다.
204) 이 사례와 같이 피고 소유 부동산에 담보가등기가 아닌 매매예약을 원인으로 한 원고 명의의 가등기가 마쳐진 경우, 원·피고 사이에 위 부동산의 매매를 위한 매매예약을 체결한 사실은 이를 청구원인사실의 일부로 주장한 원고가 입증하여야 한다. 피고가 간접부인으로서, 위 매매예약이 부동산을 매매할 의사로 체결한 것이 아니라 피고의 채무 담보를 위한 담보계약으로 체결한 것이고 원·피고 사이에 부동산의 매매를 위한 매매예약은 체결한 일이 없다고 답변하였더라도 마찬가지다. 다만, 이와 같이 등기가 이미 마쳐진 경우 등기의 추정력에 의하여 등기명의자는 등기된 사실과 등기가 표상하는 권리에 대하여 법률상 추정을 받게 되어 그 등기된 사실과 권리를 부정하는 자가 반대사실을 입증하여야 하는 입증책임의 전환이 생기는바, 이는 등기의 추정력 때문이지 부인 때문이 아님에 주의하여야 한다.

모순·배치되는 법률효과를 발생시키는 별개의 사실을 주장하는 점에서(위 예에서 피고가 원·피고 사이의 매매예약이 부동산의 매매를 위한 매매예약인 사실을 인정하면서 이와 별개로 그 뒤 원·피고가 위 매매예약을 해제했다는 사실을 주장한 경우, 원고가 주장한 매매예약과 예약 완결 사실로부터 '매매'라는 법률효과가 발생하게 되는데, 피고가 주장한 해제사실이 인정될 경우 '매매'라는 법률효과와 모순·배치되는 법률효과, 즉 '매매'의 소급적 소멸이라는 법률효과가 발생하게 된다.) 다르다.

항변이 제기된 경우 항변자에게 그 주장의 항변사실에 대한 입증책임이 부과되므로, 간접부인을 할 때는 혹 그것이 항변에 해당하게 되는 것은 아닌지 잘 검토하여야 한다. 피고가 원고 주장 사실을 부인하여 다투는 때는 부인의 대상인 원고 주장 사실을 분명히 하여야 한다. 그 방법으로는, ① '다투는 사실' 또는 '인정하지 않는 사실'이란 제목하에 원고 주장 사실을 일일이 기재하고 그 말미에 "…사실은 진실과 다릅니다(사실이 아닙니다).", "…사실은 인정할 수 없습니다." 또는 "…사실은 이를 다툽니다."와 같이 다툰다는 취지를 기재해주는 방법,[205] ② 원고 주장 사실을 일일이 기재하지 않고 곧바로 "피고는 원고에게 이 사건 부동산을 매도한 바가 없습니다.", "피고는 원고로부터 돈을 차용한 일이 없습니다.", "피고는 원고에게 이 사건 부동산을 증여한 바 없고, 피고는 이 사건 부동산을 친구인 원고에게 무상으로 대여하였을 뿐입니다."와 같이 원고 주장 사실을 직접적으로 부인하는 취지를 기재해주는 방법이 있다.

▣ 원고 주장 사실의 부인방법(예)

구분	답변서 기재 내용
원고 주장 사실을 제시한 후 부인하는 방법	나. 다투는 사실 (1) 원고는 …(중략)라고 주장합니다. (2) 그러나 원고의 주장 사실 중 원고가 이 사건 매매계약 당시 이 사건 토지를 매수하여 그 지상에 음식점용 건물을 지을 것이라고 말했다는 사실, …(중략) 사실은 진실과 다르며, 피고는 이를 인정할 수 없습니다.
원고 주장 사실을 직접적으로 부인하는 방법	나. 다투는 사실 이 사건 매매계약 당시 원고는 이 사건 토지를 매수하여 그 지상에 음식점용 건물을 지을 것이라고 말한 바 없고, 단지 …(중략)…라고 말하였을 뿐입니다. 또한 피고는 …(중략)…한 바 없습니다.

7) 피고가 원고 주장 사실을 부인하는 때에는 그 부인하는 취지만을 표시하여야 하고, "원고의 주장은 새빨간 거짓말입니다.", "원고는 입만 열면 거짓말을 하고 있습니다.", "원고의 주장이 진실과 이치에 맞지 않음은 하늘도 알고 땅도 알고 삼척동자도 아는 사실입니다.", "원고의 주장은 아전인수격이며 지나가는 소도 웃을 일입니다.", "원고는 원

---

205) 이 경우에 간접부인으로 원고 주장 사실과 다른 사실을 기재할 필요가 있을 때는 "…사실은 진실과 다릅니다. 사실은, …한 사실이 있을 뿐입니다."와 같이 기재하면 된다.

래부터 믿을 수 없는 사람으로서 주위사람들 누구도 그를 신용하지 않습니다.", "만약 원고의 주장이 사실이고 피고의 주장이 거짓이라면 피고가 벼락을 맞을 것입니다." 등과 같이 원고 본인이나 그 소송대리인의 감정을 상하게 하거나 모욕하거나 명예를 훼손하는 표현을 해서는 안 된다.

이런 표현을 하면 원고도 같은 표현을 하거나 그보다 더 자극적인 표현을 하게 될 것이므로, 소송은 진실발견이 아닌 감정싸움으로 전락하게 되며 많은 후유증을 남기게 된다. 따라서 절대로 이와 같은 잘못을 하여서는 안 된다. 이는 답변서뿐만 아니라 준비서면에도 동일하며 원고도 또한 같다.

8) 피고는 원고가 주장하는 청구원인사실이나 그 간접사실에 대하여 "원고 주장 사실에 대하여 알지 못합니다." 또는 "원고 주장과 같은 사실이 있는지 여부를 피고는 알지 못합니다."라는 등으로 부지(不知)의 답변을 답변서에 기재할 수 있다. 이러한 부지의 답변은 부인으로 추정된다(민사소송법 제150조 제2항). 따라서 피고가 관여한 바 없어 피고가 알지 못하는 사실이라고 하여도 아무런 답변을 하지 않는 등으로 다투지 않으면 자백으로 취급되므로 이와 같이 적극적으로 알지 못한다고 답변하여야 한다.

피고 자신이 관여한 행위나 피고와 밀접한 신분관계가 있는 사람이 관여한 행위에 대하여 부지라고 답변함은 논리적으로 부적절하며, 법원의 신뢰도 받기 어려운 소송태도이므로 삼가야 한다. 다만 피고 자신의 행위나 그 명의의 문서라도 오랜 시일이 경과하여 이를 기억할 수 없는 등의 사정이 있는 때에는, 그 사유를 밝히고 "원고 주장 사실 중 … 사실은 시일이 오래되어 피고는 이를 기억하지 못합니다."고 답하는 것이 좋다.

9) 피고가 답변서를 제출하면서 원고가 주장하는 청구원인사실이나 그 간접사실의 전부나 일부에 대하여 이상의 어떤 방법으로도 아무런 답변을 하지 않으면 이는 침묵하는 것인바, 장차 변론절차에 이르기까지도 이를 명백히 다투지 아니하면 그 사실을 자백한 것으로 간주된다(민사소송법 제150조 제1항).

피고가 답변서를 제출하는 이상 어떤 사실에 대하여 침묵하는 것은 의도적인 것이라기보다는 실수로 발생하는 경우가 대부분일 것이다. 이런 실수를 예방하기 위해서는 원고의 소장 부본을 송달받은 후 앞서 <사건의 분석과 연구>에서 본 것처럼 메모와 공방도를 작성할 필요가 있다. 이를 보고서 답변서를 작성하면 일부 사실에 대한 답변을 누락할 염려가 거의 없다.

나) 항변적 법률요건사실 또는 그 간접사실의 주장

1) 원고가 주장한 청구원인사실이나 그 간접사실에 대하여 피고가 위와 같이 인정(자백), 부인(부정), 부지, 침묵 중 하나의 방법으로 답변하는 것 외에 피고가 택할 수 있는 답변방법이, 원고가 주장한 청구원인사실이나 그 간접사실, 보조적 법률요건의 요건사실

로부터 발생하는 권리·의무 등의 법률효과에 관하여 그 발생·행사·존속에 장애되는 법률효과를 초래할 요건사실 또는 그 간접사실을 주장·답변하는 것이다. 이것이 곧 앞서 살펴본 항변이다.

2) 항변은 청구원인이 되는 주요사실(예: 매매)에 대해서도 할 수 있고, 보조적 법률요건의 요건사실(예: 대리)에 대해서도 할 수 있다. 양쪽 다 각각 권리·법률관계에 영향을 미치는 법률효과가 발생하기 때문이다.[206]

3) 권리·의무의 발생·행사·존속에 장애가 된다는 것은 법률요건의 유형 중 권리발생 장애요건, 권리행사 장애요건, 권리존속 장애요건(권리 소멸요건)과 같이 권리를 발생하지 못하게 하거나, 권리행사를 못하게 하거나, 권리를 소멸하게 하는 것이다. 이러한 장애요건에 관한 피고의 항변이 받아들여지면 결국 원고의 청구는 기각되게 된다. 따라서 피고의 항변은 매우 적극적인 방어방법이다.

4) 피고가 항변의 답변을 할 때는 그 법률요건이 무엇인지 잘 검토하여 이를 직접 충족하는 요건사실 또는 그 간접사실을 기재하여야 하며, 그 기본 요령은 원고의 청구원인 기재방법과 같다. 피고가 하는 항변의 답변은 아래와 같이 ① 원고 주장 사실에 대한 인정을 확정적으로 할 수도 있고(확정적 항변), ② 가정적으로 할 수도 있다(가정적 항변, 예비적 항변).

5) 한편, 항변사유가 복수일 때 피고는 이들 상호 간의 관계를 어떻게 할 것인지도 결정하여야 한다. 이들 항변사유가 여러 개의 무효나 취소 또는 해제의 사유인 때와 같이 서로 독립적인 관계여서 양립할 수 있는 때는 이들 항변사유를 차례대로 모두 주장할 수 있고,[207] 선택적 관계에 놓을 수도 있다. 마치 청구의 단순병합(전자)이나 선택적 병합(후자)의 경우와 유사하다. 이 경우 법원은 항변을 인용할 때는 어느 것이나 임의로 선택하여 판단·인용하여도 무방하나, 항변을 배척할 때에는 주장된 항변사유 모두를 판단하여야 한다. 반면에 여러 개의 항변사유가 모순·대립관계에 있어 양립할 수 없는 때는 이들을 주위적·예비적으로 주장하여야 한다. 예컨대 원고가 매매를 청구원인으로 주장한 데에 대하여 피고가 주위적으로는 무효의 항변을, 예비적으로는 취소 또는 해제의 항변을 주장하는 경우이다.[208]

---

206) 다만, 보조적 법률요건의 요건사실로부터 발생하는 법률효과는 독자적 의의가 약하고 그것은 궁극적으로 청구원인사실로부터 발생하는 법률효과에 포섭되는 것임은 물론이다. 대리에 대한 항변은 예컨대, 대리권수여행위가 무효라거나 이를 취소한다는 등의 사실을 주장하여 대리의 법률효과 발생이나 존속에 영향을 미치는 것이다.

207) 그 기재순서는 대체로 ① 법률효과가 큰 것(채무소멸의 범위가 크거나 여러 당사자에게 미치는 것), ② 성공가능성이 큰 것(입증가능성이나 법리상) 순으로 한다. 이때 1차적 항변, 2차적 항변 등으로 법원에 판단할 순서를 지정해 줄 수도 있다.

208) 무효인 계약은 논리적으로 생각할 때 취소나 해제의 대상이 아니므로 무효와 취소 또는 해제가 동시에 성립할 수 없고, 이들은 모순·대립관계에 있다.

▣ **피고의 항변(예)**

유형	항변내용
확정적 항변	(1) 원고의 소장 청구원인란 기재 주장과 같이, 피고가 원고에게서 그 주장의 일시에 변제기를 정함이 없이 1억 원을 차용한 것은 사실입니다. (2) 그러나 …(중략)… 피고의 위 금전 차용행위는 보조적 상행위에 해당하고(상법 제47조), 일방적 상행위에 대하여도 상법이 적용되며(상법 제3조), 상행위로 인한 채권의 소멸시효기간은 5년입니다(상법 제64조). (3) 한편, 원고의 대여금반환채권은 변제기의 정함이 없으므로 대여일부터 행사할 수 있는데, 그 대여일인 2013. 5. 1.로부터 원고의 이 사건 소 제기일 이전에 이미 5년의 기간이 경과하였으므로, 결국 원고의 이 사건 대여금반환채권은 시효로 소멸하였고, 원고의 청구는 이유 없습니다.
가정적 항변	(1) 피고는 원고 주장의 일시에 1억 원을 차용한 바가 전혀 없습니다. 설사 피고가 이를 차용하였다고 가정하더라도, 원고가 주장하는 이 사건 대여금반환채권은 다음과 같이 시효로 소멸하였습니다. (2) 즉 원고는 위 1억 원을 2003. 5. 1. 변제기를 정함이 없이 피고에게 대여하였다고 주장하는바(피고는 원고의 위 주장을 이익으로 원용합니다.), 이와 같이 변제기의 정함이 없는 대여금반환채권은 대여일부터 행사할 수 있는데, 원고는 그 대여일인 2003. 5. 1.로부터 이미 10년의 기간이 경과한 2013. 7. 20.에야 이 사건 소를 제기하였으므로, 결국 원고의 이 사건 대여금반환채권은 시효로 소멸하였고, 원고의 이 사건 청구는 이유 없습니다.
복수 항변의 단순병합	원고 주장의 일시에 피고가 원고에게 이 사건 토지를 증여하기로 하는 내용의 증여계약이 체결된 것은 사실이나, 이는 다음과 같이 무효입니다. (1) 위 증여계약 당시 피고는 소외 이형택 등의 납치와 1주일 간의 감금 및 강압에 의하여 의사결정의 자유를 상실한 상태였습니다. 따라서 위 증여계약은 피고가 의사무능력 상태에서 체결된 것이므로 무효입니다. (2) 또한, 위 이형택은 당시 국군기무사령부 소속 현역 군인이었던바, 군인이 민간인의 재산관계에 부당하게 개입하여 타인으로 하여금 자신의 친인척에게 재산을 증여하도록 강요한 행위는 사회질서에 반하는 행위이고, 원고는 위 이형택의 형으로서 이러한 사정을 잘 알고 증여 수락의 의사표시를 한 만큼 이 점에서도 위 증여계약은 무효입니다. (3) 그러므로 위 증여계약이 유효함을 전제로 한 원고의 이 사건 청구는 이유 없으므로 이를 기각하여 주시기 바랍니다.
복수 항변의 선택적 병합	원·피고 사이에 원고 주장과 같은 교환계약이 체결된 것은 사실이나, 원고의 이 사건 청구는 다음과 같이 이유가 없습니다. (1) 위 교환계약 당시 피고는 …(중략)… 교환계약에 응하였습니다. 피고가 위와 같이 믿게 된 것은 중개인으로서 원고의 처남인 소외 서진택이 수차 그와 같이 말했기 때문입니다. 이에 …(중략)… 이러한 피고의 행위는 그 자체로 기망행위에 해당합니다. 그리고 위 서진택의 기망행위를 피고 스스로도 알고 있었습니다. 따라서 피고는 이 사건 답변서 부본의 송달로써 기망을 이유로 위 교환계약을 취소합니다. (2) 이 사건 교환계약 당시 위 전농동 토지는 아직 전농지구 주택개량사업지구로 지정되지 않았고 그 시가도 3억 원에 훨씬 미달함에도, 피고는 착오로 이를 알지 못한 채 계약을 체결하였습니다. …(중략)… 따라서 피고는 이 사건 답변서 부본의 송달로써 위 교환계약을 착오를 이유로 취소합니다. (3) 피고는 위 (1), (2)의 취소사유를 선택적으로 주장합니다.

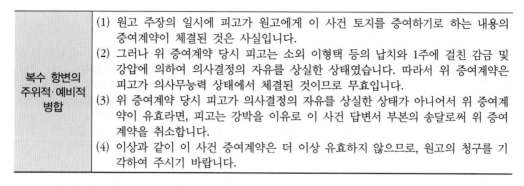

| 복수 항변의 주위적·예비적 병합 | (1) 원고 주장의 일시에 피고가 원고에게 이 사건 토지를 증여하기로 하는 내용의 증여계약이 체결된 것은 사실입니다.
 (2) 그러나 위 증여계약 당시 피고는 소외 이형택 등의 납치와 1주에 걸친 감금 및 강압에 의하여 의사결정의 자유를 상실한 상태였습니다. 따라서 위 증여계약은 피고가 의사무능력 상태에서 체결된 것이므로 무효입니다.
 (3) 위 증여계약 당시 피고가 의사결정의 자유를 상실한 상태가 아니어서 위 증여계약이 유효라면, 피고는 강박을 이유로 이 사건 답변서 부본의 송달로써 위 증여계약을 취소합니다.
 (4) 이상과 같이 이 사건 증여계약은 더 이상 유효하지 않으므로, 원고의 청구를 기각하여 주시기 바랍니다. |

(나) 법률(법리)에 대한 것

1) 원고가 주장한 청구원인사실이나 그 간접사실, 보조적 법률요건의 요건사실로부터 청구취지 기재의 법률효과가 발생하지 않게 하기 위해서 피고는 사실에 관한 주장만이 아니라 때로는 법률이나 법리에 관한 주장을 해야 할 필요가 있다.

2) 이는 어떤 법규나 관습법, 판례의 존부, 당해 분쟁사건에 적용되어야 할 법규, 법규의 의미와 내용, 해석론, 법규를 적용한 결과로서의 법률효과에 관한 내용이 된다. 피고 자신에게 유리한 것이면, 자신이 주장하는 사실관계에 관한 법리는 물론 상대방인 원고가 주장하는 사실관계에 관한 법리도 주장하여야 하며, 필요한 경우 원고가 주장하는 법리를 반박하는 것도 포함한다.

3) 또, 앞서의 항변과 마찬가지로 청구원인에 대해서는 물론 보조적 법률요건에 대해서도 각각 그에 필요한 법리를 주장할 수 있다. 이를 예시하면 다음과 같다.

▣ 답변서상 피고의 법리에 관한 주장(예)

구분	주장내용
당해 분쟁사건에 적용되어야 할 법규	청구원인에 대한 답변 (1) …(중략) (2) 이 사건은 피고 소속 공무원의 직무상 불법행위를 원인으로 한 것으로서, 이에 관하여는 국가배상법이 민법에 우선하여 적용되어야 합니다 (국가배상법 제8조 참조). 따라서 경과실만이 있는 피고를 상대로 손해배상을 청구할 수는 없습니다. (3) 그러므로 이와 달리 민법이 우선하여 적용됨을 전제로 한 원고의 이 사건 청구는 허용될 수 없습니다. 청구원인에 대한 답변 (1) 타인이 나대지를 임차하여 그 지상에 주택이나 상가건물을 축조한 경우 임대인과 임차인의 법률관계는 민법이나 상법상의 임대차관계이므로, 이에 대해서는 주택임대차보호법이나 상가건물임대차보호법이 적용될 수 없습니다. (2) 그러므로 이와 달리 원·피고 사이의 이 사건 토지 임대차에 주택임대차보호법이나 상가건물임대차보호법이 적용됨을 전제로 한 원고의 이 사건 청구는 허용될 수 없습니다.

법규 등의 존부	**청구원인에 대한 답변** (1) …(중략) (2) 꽁치 냉동을 위한 임치계약에 있어 그 출고 당시에 임치인이 이의 없이 수치물인 꽁치를 반환 받았으면 수탁자의 책임은 면제되는 것이 수탁자인 피고 주소지의 사실인 관습입니다. 피고는 이에 따라 2018. 9. 15. 임치인인 원고에게 이 사건 꽁치 5톤을 출고하였고, 그 당시 원고는 아무런 이의를 한 바 없으므로 원고의 이 사건 청구는 이유 없음이 명백합니다(대법원 1967. 12. 18. 선고 67다2093, 2094 판결 참조).
법규의 의미와 내용, 해석론	**청구원인에 대한 답변** (1) …(중략) (2) 민법 제108조 제1항에서 상대방과 통정한 허위의 의사표시를 무효로 규정하고, 제2항에서 그 의사표시의 무효는 선의의 제3자에게 대항하지 못한다고 규정하고 있는데, 제2항에 규정된 통정허위표시에 있어서의 제3자는 선의이기만 하면 보호를 받고 과실이 있는지 여부는 그에 영향을 미치지 않는다고 할 것이므로(대법원 2004. 5. 28. 선고 2003다70041 판결, 2006. 3. 10. 선고 2002다1321 판결 참조), 피고가 선의일지라도 과실이 있으므로 보호받을 수 없다는 원고의 주장은 이유가 없습니다. **청구원인에 대한 답변** (1) …(중략) (2) 법률행위 내용의 중요 부분에 착오가 있는 때에는 민법 제109조 제1항 본문에 의하여 그 의사표시를 취소할 수 있으나, 그 착오가 표의자의 중대한 과실로 인한 때에는 취소하지 못하고, 여기서 '중대한 과실'이라 함은 표의자의 직업, 행위의 종류, 목적 등에 비추어 보통 요구되는 주의를 현저히 결여한 것을 의미합니다(대법원 2003. 4. 11. 선고 2002다70884 판결 참조). (3) 그런데 원고는 금융전문가인 지점장 등 그 지배인을 통하여 피고와 이 사건 키코거래를 하였는바, 그 지배인에게 설사 원고 주장의 착오가 있었다 하더라도 이는 중대한 과실로 인한 것이므로 취소할 수 없습니다. 그러므로 이와 다른 전제에 선 원고의 이 사건 청구는 이유가 없습니다.

(다) 증거에 대한 것

　1) 답변서에도 사실에 관한 주장을 할 때는 이를 뒷받침하는 서증 등의 증거방법을 제시하여야 함은 물론이다. 민사소송규칙에서도 그 기재와 서증의 사본 첨부를 요구하고 있음은 앞서 말한 바와 같다. 그 기재 요령은 소장과 같이 해당되는 사실 주장의 말미에 괄호를 하고 "(을 제1호증 참조)" 또는 "(이 부분의 입증을 위하여 피고는 그 당시 이를 목격한 소외 조춘구를 증인으로 신청하겠습니다.)" 등을 기재한다.

　2) 한편, 답변서에는 원·피고의 증거와 관련하여 사실적·법률적 주장을 기재할 수도 있다. 전자는 각각의 증거방법이 담고 있는 요증사실에 관한 것이 될 것이고, 후자는 증거능력, 증명력, 증거조사의 방법, 증거에 관한 법규와 그 내용, 의미 등 법리적인 것이 될 것이다. 그러나 답변서 단계에서는 아직 증거조사가 이루어지기 전이므로 주로 증거방법, 특히 원고가 소장에서 언급·인용하고 첨부·제출한 서증에 대한 진정성립의 여부나

증거능력, 증명력(신빙성)의 유무에 대한 법리적 주장이 주가 될 것이다.

3) 그 기재 방법은 여러 가지가 있을 수 있다. 뒤에 보는 바와 같이 '원고 주장의 증거 방법에 대한 의견란'을 따로 기재하는 경우, 답변서의 '청구원인에 대한 답변란'에서 증거에 관해 기재할 사항은 별로 없을 것이다.

▣ 답변서상 증거에 관한 주장(예)

구분	주장내용
원고 주장 증거에 대한 의견	청구원인에 대한 답변 1. …(중략) 2. …한 사실은 없습니다. 원고는 그 당시 원·피고 사이에 그와 같은 내용의 합의가 있었다고 주장하며 그 증거로 갑 제3호증을 제시하나, 이는 원고가 자신의 구상을 말하며 백지에 메모를 한 것에 불과하고 피고가 거기에 서명하거나 날인한 바 없어 증거자료가 될 수 없습니다.
원고 주장 증거에 대한 의견 및 피고의 입증계획	청구원인에 대한 답변 1. …(중략) 2. …한 사실은 없습니다. 원고는 그 당시 원·피고 사이에 그와 같은 내용의 합의가 있었다고 주장하며 그 증거로 갑 제5호증을 제시하나, 이는 원고가 자신의 구상을 말하며 장차 피고와 합의가 되면 합의서를 작성하자고 하므로 장차 합의할 내용은 백지로 남겨두고 미리 피고가 거기에 서명만 한 것인데, 원고가 임의로 위 백지부분을 기재해 버린 것입니다 (이 사실을 입증하기 위하여 피고는 그 당시 이를 목격한 소외 이영자를 증인으로 신청하겠습니다).

(라) 문단 나누기, 결론

1) 답변서 역시 소장의 청구원인란 기재 방법과 같이 적절한 문단 나누기가 필요하다. 그 기준은, 청구원인란 기재 순서에 따를 수도 있고 청구취지란 기재 순서에 따를 수도 있으며, 어느 것도 부적절한 경우 독자적인 기준을 세워도 좋다. 대체로 답변서 기재 순서는 청구취지란이나 청구원인란 기재 순서에 따르되, 청구가 복수인 경우에는 청구, 원고나 피고가 복수인 경우에는 원고나 피고를 기준으로 하고, 쟁점이 같은 것은 하나로 묶고 그 내부에서는 소제목을 붙이는 등으로 구별해 주면 된다.

2) 답변서의 결론 역시 소장의 그것과 전적으로 같다. 전체 내용이 복잡한 경우에는 단락마다 소결론을 설정하고 그렇지 않은 경우에는 맨 끝에서 일괄하여 기재하며, 단락마다 소결론을 설정한 경우 말미의 대결론에서는 간단히 "이상과 같이 원고의 청구는 모두 이유 없으므로 이를 기각하여 주시기 바랍니다."라고만 기재한다.

3) 여기서 주의하여야 할 것은, 원고가 주장한 사실이 존재하지 않거나 진실과 달라서 그에 관한 주장이 이유 없는 것과 원고의 청구가 이유 없는 것은 다르다는 점이다. 원고가 주장한 사실이 존재하지 않거나 진실과 다르다고 해서 곧바로 그 청구(청구취지)가 불

성립, 즉 이유 없는 것으로 귀결되는 것은 아니며, 주장과 청구는 다르기 때문이다.[209] 원고의 법률적 주장에 대해서도 같은 말을 할 수 있다.

4) 그러므로 원고의 사실에 관한 주장이나 법률적 주장이 이유 없는 경우에는 "… 따라서 원고가 피고에게서 이 사건 부동산을 매수하였다는 주장은 이유 없습니다.", "… 따라서 피고와 소외 ○○○의 이 사건 부동산 매매 당시 위 ○○○의 책임재산이 부족하였다는 원고의 주장은 이유가 없습니다." 또는 "… 따라서 원고가 이 사건 부동산을 점유시효취득하였다는 주장은 이유가 없습니다.", "… 따라서 이 사건 매매계약에 미성년자인 피고의 친권자 동의가 필요 없다는 원고의 주장은 이유 없습니다.", "… 따라서 이 사건 매매계약이 사회질서에 반하지 않는다는 원고의 주장은 이유 없습니다."와 같이 주장에 대한 결론을 기재하여야 하고, 반대로 이러한 사실이나 법률적 주장이 이유 없어 결국 원고의 청구가 이유 없는 경우에는 "… 따라서 원고가 피고에게서 이 사건 부동산을 매수하였음을 전제로 한 원고의 이 사건 소유권이전등기청구는 이유가 없습니다.", "… 따라서 피고와 소외 ○○○의 이 사건 부동산 매매가 사해행위에 해당함을 전제로 한 원고의 이 사건 채권자취소청구와 원상회복청구는 이유가 없습니다."와 같이 청구의 당부에 대한 결론을 구분해서 기재하여야 한다.

▣ **답변서의 문단 나누기(예)**

기준	문단 나누기
청구가 복수인 경우	1. 소유권이전등기청구에 대하여 　가. 매매계약의 성립 여부 　나. 착오로 인한 취소 　다. 소결론 2. 동산 인도청구에 대하여 　가. 동산의 소유권자 　나. 선의취득의 성립 여부 　다. 소결론 3. 결론
원고가 복수인 경우	1. 원고 ○○○의 청구에 대하여 　가. 매매계약의 성립 여부 　나. 착오로 인한 취소 　다. 소결론 2. 원고 △△△의 청구에 대하여 　가. 동산의 소유권자

---

209) 청구는 여러 가지 요건사실에 법규가 적용되어 그 법률효과로서 발생하는 권리 또는 의무에 관한 것이고 소장의 청구취지란과 판결문의 주문에 기재되는 것임에 반하여, 주장은 청구의 근거를 제시하고 그 청구를 이유 있게 하거나 이유 없게 하기 위한 목적으로 제출하는 요건사실 등의 사실, 법규, 법리, 증거 등에 관한 당사자의 진술로서 소장의 청구원인란, 답변서, 준비서면, 판결문의 이유란에 기재되는 것이다.

	나. 선의취득의 성립 여부 다. 소결론 3. 결론
피고가 복수인 경우	1. 피고 ○○○에 대한 청구에 관하여 가. 매매계약의 성립 여부 나. 착오로 인한 취소 2. 피고 △△△에 대한 청구에 관하여 가. 동산의 소유권자 나. 선의취득의 성립 여부 3. 결론

(마) 원고 주장의 증거방법에 대한 의견

1) 이는 민사소송규칙에서 답변서에 기재할 것을 요구하는 사항이나, 그것이 임의적이라는 점은 앞서 지적한 바와 같다. 원고 주장의 증거방법에 대하여 피고가 답변서에 의견을 표시한다면, 그것은 원고가 소장에 기재하였거나 소장 제출 후에 따로 법원에 제출한 증거방법에 대한 의견을 표시하는 것이 된다. 이는 답변서의 청구원인에 대한 답변란에 기재하는 것이 좋지만 첨부서류란 다음에 기재해도 무방하다.

2) 한편 원고 주장의 증거방법에 대한 피고의 의견은, 그 증거방법에 대한 증거조사의 필요 여부, 증거능력의 존부, 문서증거(서증)인 경우 진정성립이나 위·변조 여부, 형식적·실체적 증거력(증명력)의 존부와 정도 등에 관한 것이며, 주로 서증의 진정성립 여부에 관한 것이다. 서증이나 원고 주장의 증거방법이 많아 이에 대한 의견을 답변서에 기재하기가 부적절한 때에는 따로 '원고 주장의 증거방법에 대한 의견서'라는 제목의 문서를 작성하여 제출하는 것이 좋다. 이는 성질상 준비서면에 해당한다.

■ **원고 주장의 증거방법에 대한 의견(예)**

원고 주장의 증거방법에 대한 의견서

사　건　　2021가합5112 소유권이전등기
원　고　　이방은
피　고　　조현수

위 사건에 관하여 피고는 원고 주장의 증거방법에 대하여 다음과 같이 의견을 진술합니다.

1. 원고 서증에 대하여
· 갑 제1호증(매매계약서): 피고는 서명 날인한 사실이 없으며 위조된 것임.
· 갑 제2호증(영수증): 피고가 2013. 5. 1.에 빌려주었던 돈을 돌려받고 써준 것이어서 이 사건의 증거가 될 수 없음.

- 갑 제3호증(녹취록): 피고와 소외 ○○○의 대화 내용을 불법 감청에 의하여 지득·채록한 것으로서 통신비밀보호법 제4조에 의하여 증거능력이 없음.
- 갑 제4호증(확인서): 성립 인정.

2. 원고의 필적 감정신청에 대하여

- 원고는 갑 제1호증(매매계약서)에 대하여 피고가 진정성립을 부인할 경우 필적 감정을 신청하겠다고 하나, 갑 제1호증(매매계약서)과 피고가 평소 작성·보관해온 을 제1호증(일기)의 필적을 대조하면 그 필적이 다름을 육안으로도 쉽게 판별할 수 있음.
- 따라서 감정인에 의한 필적 감정 대신 민사소송법 제359조에 의하여 법원이 직접 갑 제1호증(매매계약서)과 을 제1호증(일기)을 대조하는 방법으로 검증하여도 충분함.

2021. 9. 12.
피고 소송대리인
변호사 이영필 (인)

서울서부지방법원 귀중

Ⅲ. 준비서면

1. 준비서면의 의의

가. 준비서면의 성질

1) 준비서면은 원고나 피고 등 소송당사자가 장래의 변론기일에 변론할 사항을 기재하여 법원에 제출하는 소송문서이다. 변론은 변론기일에 말(구술)로 해야 하는데, 준비서면은 변론을 준비하기 위한 서면이므로 '준비서면'이라고 한다. 통상 원고의 경우에는 소장을 제출한 후에 제출하는 소송문서, 피고의 경우에는 답변서를 제출한 후에 제출하는 소송문서에 준비서면이라는 명칭을 붙인다. 그러나 답변서 역시 그 성질상 준비서면임은 앞서 본 바와 같다.

2) 준비서면은 이와 같이 변론을 준비하기 위하여 소송당사자가 변론기일 전에 미리 법원에 제출하는 문서이므로, 그 명칭이 '준비서면'이 아니라 하더라도 변론을 준비하기 위한 소송문서는 실질적 의미에서 모두 준비서면에 속한다. 예컨대, 답변서, 증거인부서, 증거설명서, 항소이유서, 석명서 등은 모두 그 서면에 기재한 사항을 변론기일에 구술로 변론하여야 소송자료로 제출한 효과가 발생하는 것으로서, 변론을 준비하기 위한 소송문서이므로 실질적 의미의 준비서면에 속한다.

3) 소장이나 항소장, 증거신청서 등에 공격방어방법을 기재한 때는 그 부분에 관하여
는 준비서면의 성질을 아울러 갖고, 그 기재 내용은 변론기일에 변론을 하여야 소송자료
제출의 효과가 발생한다.

그러나 구술 변론을 하지 않더라도 문서의 제출로써 곧바로 일정한 재판의 신청이라는
의사표시로서의 소송법적 효력이 발생하는 이송신청서, 기일지정신청서, 증거신청서, 소
송비용 담보제공신청서, 변론재개신청서, 항소장 등은 변론을 준비하기 위한 것이 아니므
로 준비서면에 해당하지 않는다. 이와 달리, 준비서면은 이미 계속된 소송의 공격방어방
법을 제출하는 것일 뿐 어떤 재판을 청구하는 것이 아니므로, 인지를 첨부하거나 그 금액
을 납부할 필요도 없다.

4) 준비서면은 위와 같이 변론기일에 변론할 사항을 기재한 것이므로 이를 법원에 제
출하는 것도 넓은 의미에서는 소송행위에 속하나, 이는 법원에 대한 재판을 청구하는 의
사표시가 아니어서 준비서면의 제출 그 자체로 소송법적 효과가 직접 발생하지는 않으며,
그 기재 내용을 변론기일에 변론(구술)하여야 소송자료의 제출이라는 소송법적 효력이 발
생함은 앞서 말한 바와 같다.

다만, ① 준비서면을 제출하여 상대방이 주장하는 사실을 다툰 경우 그 사실에 대한
자백이 성립하지 아니하고(민사소송법 제150조 제1항 단서, 제257조 제1항 단서), ② 적절한 시기에 준비서면에 기재하여 제출한
공격방어방법은 실기한 공격방어방법으로 취급되지 아니하여 각하되지 아니하며(민사소송법 제146, 149조),
③ 준비서면을 제출한 후 당사자나 대리인이 변론기일에 출석하지 아니한 경우 재판장은
준비서면에 기재한 사항을 진술한 것으로 보고 출석한 당사자에게 변론을 명할 수 있는
바(민사소송법 제148조 제1항), 이 경우 불출석한 당사자는 기일 불출석의 불이익을 면하고, ④ 준비서면에
기재하지 아니한 사항은 단독사건을 제외하고는 상대방이 출석하지 않은 기일에서는 변
론·주장할 수 없다(민사소송법 제276조)는 등의 효과가 발생하나, 이는 법률이 준비서면에 관하여 특별
히 규정한 부수적 효과이다.

나. 준비서면의 제출 시기

1) 민사소송법은 단독사건을 제외하고는 변론을 서면으로 준비하도록 하고, 미리 준비
하지 아니하면 상대방이 진술할 수 없는 사항은 단독사건이라도 서면으로 준비하도록 하
고 있는바(제272조), 이는 합의부 사건의 경우 준비서면 제출에 의한 변론의 준비를 의무화하
는 것이라 할 수 있다.

2) 이와 같이 변론 준비를 서면에 의하도록 하고, 변론기일에 아무런 준비 없이 출석
하여 곧바로 공격방어방법 등의 소송자료를 구술 변론으로 제출하지 못하도록 한 것은,
법원과 상대방에게 미리 그에 대한 준비를 할 수 있게 하여 소송의 심리를 충실하게 하

고, 상대방의 이익을 보호하며, 소송절차를 신속하게 진행하려는 목적을 위한 것이다.

민사소송법의 준비서면 제출의무 규정은 훈시적 규정이기는 하나, 준비서면을 제때에 제출하지 아니하면 위에서 본 바와 같이 일정한 불이익을 받거나, 제출 시에 얻을 수 있는 이익을 얻지 못한다. 따라서 변호사는 단독사건이든 합의사건이든 관계없이 준비서면을 제출하는 것을 원칙으로 하여야 한다.

3) 준비서면의 제출 시기는 그것이 필요한 때로서, ① 소장이나 답변서, 이전의 준비서면에 기재하지 않은 공격방어방법을 제출할 필요가 생겼을 때, ② 상대방의 공격방어방법 제출에 대응할 필요가 있을 때, ③ 법원이 준비서면 제출을 명한 때가 바로 그때이다.

4) 민사소송법은 준비서면의 기재 내용에 대하여 상대방이 준비하는 데에 필요한 기간을 두고 이를 제출하도록 하고 있고(제273조), 민사소송규칙에서는 변론기일 또는 변론준비기일의 7일 전까지 상대방에게 송달될 수 있도록 적당한 시기에 이를 제출하도록 요구하고 있다(제69조의3). 따라서 준비서면은, 적절한 시기에 이를(공격방어방법을) 제출하여야 하고 실기한 공격방어방법은 각하된다는 점을 유의하여야 한다(민사소송법 제146, 149조 참조).

다. 상고심과 준비서면

1) 상고심인 대법원의 경우, 항소심과 달리 사후심이고 법률심으로서 상고이유서 제출이 의무적인 반면 변론은 임의적이므로, 상고이유서를 제출한 이후 변론을 준비하기 위한 목적으로 준비서면을 제출할 일은 없다. 설사 준비서면을 제출하더라도 이는 상고이유를 보충하는 효력밖에 없으며(대법원 2009. 9. 24. 선고 2009다37831 판결, 2012. 6. 28. 선고 2010다73765 판결 등),[210] 상고이유서에 기재하지 않은 사항을 기재하더라도 그것이 당연히 소송자료가 될 수는 없다.

2) 다만, 대법원은 필요한 경우 변론을 여는바(민사소송법 제430조 제2항), 이때는 미리 당사자에게 변론준비명령을 발하며, 당사자는 변론기일 10일 전까지 준비서면을 제출하여야만 한다(대법원에서의 변론에 관한 규칙 제2, 3조). 대법원이 이와 같이 변론을 열 때도 변론 내용과 준비서면 내용은 그때까지 이루어진 소송관계를 분명히 하고 이를 보충하는 것에 국한되고, 상고이유서에서 주장한 바 없는 법률효과를 가져오는 새로운 요건사실에 관한 주장이나 증거제출을 할 수는 없다. 아울러 그 변론기일에는 참고인의 진술을 들을 수 있으나 이 역시 참고자료에 그칠 뿐 증거자료가 되는 것은 아니며, 본안에 관한 사실의 입증을 위한 서증조사신청이나 증인신문신청도 허용되지 아니한다. 따라서 위 준비서면에 서증의 등본이나 사본을 첨부하여 제출한 경우 이 역시 참고자료가 됨에 그친다.[211]

---

210) 상고이유를 보충하기 위해 내는 서면에는 그 명칭을 통상 '상고이유보충서'라고 기재한다.

211) 그렇더라도 상고이유를 뒷받침하기 위한 문서 등이 있으면 이를 적극 제출하여야 한다. 대법원이 이를 직접 증거자료로 삼을 수는 없으나 원심판결의 당부를 판단하는 데에 간접적으로 많은 영향을 미치기 때문이다.

2. 준비서면의 형식

가. 준비서면의 기재사항과 종류

1) 준비서면에 대하여도 법령상 일정한 형식이 정해져 있지는 않다. 민사소송법은 준비서면에 기재할 사항과 그 첨부서류만을 규정하고 있다. 따라서 이들 사항만 기재하면 그 형식은 임의로 정할 수 있다.

2) 준비서면은 위와 같이 변론을 준비하는 서면이고, 변론의 대상은 청구를 이유 있게 하거나 이유 없게 하는 사항인 공격방어방법으로서 ① 보조적 법률요건사실과 간접사실의 주장, ② 법리적 주장, ③ 증거능력이나 증거력에 관한 주장이 그 핵심내용이 된다.

3) 준비서면의 종류에는 다음과 같이 네 가지가 있다. 즉 ① 당사자 일방이 이제까지 수행한 소송의 경과와 제출한 공격방어방법(주장과 증거)의 요지를 기재한 요약준비서면(민사소송법 제278조),212) ② 주장이나 증거에 관하여 의문이 있거나 누락한 사항 등이 있어 이를 분명하게 하기 위하여 법원이나 상대방으로부터 석명요구가 있는 경우 이에 따라 제출하는 석명에 관한 준비서면(민사소송법 제137조), ③ 증거의 내용을 설명하는 증거설명서, ④ 항소를 제기하고 그 항소이유, 즉 1심판결의 당부에 관한 사항을 기재한 항소이유서가 그것이다.

이들은 그 기재 내용이나 제출 시기가 다를 뿐 일반적인 준비서면과 그 형식 및 실질이 동일하다. 그 준비서면의 명칭이나 제목을 반드시 '요약준비서면', '석명준비서면'이나 '증거설명서', '항소이유서'라고 붙이지 아니하여도 무방함은 물론이다.

4) 준비서면은 기본적으로 청구를 이유 있게 하거나(원고), 청구를 이유 없게 하기 위한(피고) 공격방어방법을 기재하고 변론기일에 이를 진술하는 것이므로, 그 내용이 논리적이고 설득력이 있어야 법원의 판단을 자기 쪽으로 유도할 수 있다. 즉 준비서면 역시 소장이나 답변서와 마찬가지로 법원을 설득하기 위한 논설문이다.

따라서 그 주장이 치밀하게 구성되어야 하고, 사실과 법리의 주장에는 증거와 법규, 판례, 학설 등의 근거가 뒷받침되어야 하며, 논리정연하여야 한다. 이를 위해 문단 나누기, 소제목 달기, 소결론이나 대결론의 기재 등이 필요하며, 내용이 다소 길 경우에는 결론을 앞에 내세우고 그 내용을 요약한 소제목을 붙이는 두괄식(頭括式)이 좋다.

5) 준비서면의 작성 요령은 소장이나 답변서 등 다른 소송문서의 그것과 같다. 잘 작성된 소송문서는, 읽는 사람이 그 문서를 읽을 때 고개를 갸웃거리거나, 그 주장 내용을 파악하기 위해 같은 곳을 반복해 읽거나, 앞서 주장한 내용을 확인하기 위해 거슬러 올라가거나, 그 주장이 법리에 맞는지 확인하기 위해 법조문이나 판례를 조사해봐야 하거나, 수치가 맞는지 확인하기 위해 직접 계산을 해봐야 하거나, 주장에 맞는 증거를 찾기 위해

---

212) 이를 종합준비서면 또는 최종준비서면이라고도 한다.

많은 노력과 시간을 들여야 하는 일이 없도록 작성된 것이다.

▣ **원고의 준비서면(예)**

준 비 서 면

사   건   2020가합92104 손해배상(기)

원   고   주식회사 일흥상호저축은행

피   고   정진흥

위 사건에 관하여 원고 소송대리인은 다음과 같이 변론을 준비합니다.

1. 소외 신세계개발 주식회사에 대한 대출 경위

    (1) 소외 회사에 대한 원고의 이 사건 대출은 피고(원고 은행의 총무부장)의 소개와 권유(요청)에 의하여 이루어졌습니다. 원고 은행의 경우 … (중략) … 대출신청서와 담보 서류 등을 받고 담보권을 취득한 뒤 대출을 실시합니다.

    (2) 그런데 피고는 원고 은행의 차장, 감사, 사장에게 이 사건 대출을 권유하면서 자신의 원고 은행 내 직위를 이용하여 "위 회사가 믿을 만하므로 대출을 하여도 아무런 문제가 없다."며 모든 책임은 자신이 지겠다고 약속하였습니다. 그리고는 원고 은행의 대출 부서 담당자에게 "윗선에 이미 다 이야기가 되었으니 대출을 실행하라."고 지시·요구하여, 대출 부서 담당자는 피고의 말을 신뢰하고 소외 회사에 대한 신용조사를 하지 않았고, 이에 따라 법인세가 연체되는 등 재산상태와 신용상태가 불량한 사실을 모른 채 이 사건 대출을 하였던 것입니다.

2. 피고의 주장에 대하여

    (1) 피고가 원고의 간부직원이면서도 위와 같이 원고의 임직원을 기망한 이유는, 그가 소외 회사의 감사 지위에 있는 등 소외 회사와 특수한 관계에 있었던 때문입니다.

    (2) 피고는 …(중략)… 취지의 주장을 하나, 이는 사실이 아닙니다. 피고는 위 회사의 계열사인 소외 신라건설 주식회사의 이사의 지위도 겸하고 있었으며(갑 제2호증 참조), 위 신라건설이 전주 시내 종합운동장 맞은편에 신축한 신라아파트 분양 업무를 거의 도맡아 처리하기까지 하는 등 위 두 회사의 업무에 적극 관여하였습니다.

    위와 같이 피고가 원고 은행의 직원으로서 영리회사인 소외 회사들의 임원 지위를 겸한 것은 구 상호신용금고법(1999. 2. 1. 법률 제5738호로 개정되기 전의 것) 제20조 제2항에 위배되는 것이므로, 피고는 내내 이 사실을 원고에게 감추어 왔습니다.

    (3) 그리고 피고는, 위 김병구가 이 사건 대출 당시 그 대출 관련 서류로서 위 신세계개발의 법인등기부 등본, 인감증명서, 부동산등기부 등본 등을 제출하였다고 주장하나, …(중략)… 피고는 이 사건 대출이 있기 불과 나흘 전에야 비로소 형식상 위 신세계개발의 감사 직만 사임하였습니다(갑 제3호증 참조).

    (4) 따라서 피고가 위 신세계개발의 업무에 관여한 바 없기 때문에 그 회사를 위하여 원

고 임직원들을 기망할 이유도 없었고 그 회사의 법인세 연체 사실도 몰랐다는 피고의 주장은 사실과 다른 것으로서, 전후 경위와 사정에 비추어 신빙성이 전혀 없습니다.

3. 결론

(1) 위와 같이 피고는, 위 신세계개발이 법인세를 연체하는 등으로 그 재산상태가 몹시 나빠 이 사건 대출을 받더라도 그 대출원리금을 변제할 수 없다는 사정을 잘 알면서도, 그 사실이 원고에게 알려지면 이 사건 대출이 불가능할 것을 예상하여, 원고의 신용조사를 방해하기 위해 그 사실을 감춘 채 거짓으로 위 회사의 재산상태와 신용상태가 좋은 것처럼 원고의 대출 담당 임직원을 기망하여 이 사건 대출을 하게 함으로써, 결국 원고가 이 사건 대출원리금을 변제받지 못하게 하는 손해를 가하였습니다.

(2) 그러므로 피고는 사기의 불법행위에 따른 책임을 면할 수 없습니다. 원고는 청구원인으로서 사기의 점을 선택적 청구원인으로 추가합니다.

2021. 1. 17.

원고 소송대리인

변호사 최병진 (인)

전주지방법원 귀중

▣ 피고의 준비서면(예)

준 비 서 면

사　　　건　　　2020나65341 예금반환
원고, 피항소인　　광산김씨성곡공파종친회
피고, 항소인　　　주식회사 우리은행

위 사건에 관하여 피고 소송대리인은 다음과 같이 변론을 준비합니다.

1. 원고와 피고의 예금거래

(1) 원고 종친회는 여유자금을 원고 종친회 재무이사로서 피고 은행의 간부 직원(전농동 지점장)이었던 소외 김병국을 통해 증식하기로 하고 그에게 자금 운용 일체를 위임하였습니다. 그 위임 내용에는 금융 전문가인 그의 판단과 필요에 따라 수시로 예금에 가입하거나 인출하여 다른 종목에 투자하는 것이 모두 포함된 것이었음은 물론입니다.

(2) 그리고 원고 종친회는 이와 같은 금융거래에 사용토록 하기 위하여 위 김병국에게 그 대표자 인장을 교부하여, 위 김병국은 그 인장을 가지고 원고 종친회의 대표자를 대리하여 수시로 예금을 하거나 그 예금을 인출하는 등 피고 은행과 금융거래를 하였습니다.

2. 원고의 주장에 대하여

가. 김병국의 대리권 범위

(1) 원고는, …(중략)… 아직 피고에 대하여 그 주장의 각 예금채권을 가지고 있다는 전제하에 주위적으로 예금의 반환을 구한다고 주장합니다.

(2) 그러나 원고가 위 김병국에게 예금인출권을 포함하여 그 운용자금 일체의 금융거래에 관한 포괄적 권한을 수여한 사실은 위에서 지적한 바와 같고(그렇지 않다면 원고가 그 대표자 인장을 무엇 때문에 계속해서 김병국에게 보관시켰는지 해명해야 합니다.), 그에 따라 위 김병국이 원고 대표자를 대리하여 피고 은행에 예치하였던 이 사건 각 예금을 모두 인출한 이상 이는 적법 유효하므로, 원고는 피고에게 현재 반환을 청구할 예금이 없습니다.

나. 사용자책임에 관하여

(1) 원고는 이 사건 예비적 청구원인으로서, 피고의 피용자인 위 김병국이 원고의 자금을 증식시키는 업무를 담당하면서 원고로부터 예금통장과 거래인감을 교부받아 보관하게 됨을 기화로 이 사건 각 예금을 인출해 개인적인 용도에 사용하는 불법행위를 저질렀으므로, 피고는 그 사용자로서 손해배상책임이 있다고 주장합니다.

(2) 그러나 위 김병국은 …(중략)… 이는 어디까지나 피고의 업무와는 관계없는 원고의 대리행위 또는 위 김병국의 개인적인 생활영역 내의 행위로서 외관상으로나 실질상으로 피고의 사무집행행위가 아닙니다.

(3) 또한 위 김병국은 위와 같이 원고 종친회 대표자의 거래인감을 가지고서 그 대표자를 대리하여 예금을 하고 그 인출 시에도 이를 사용하여 인출하였고, 피고의 예금 담당 직원들도 김병국에게 원고를 대리할 권한이 있는 사실을 알고 이 사건 각 예금을 반환·지급한 이상 그 반환·지급은 적법 유효하고, 그 인출 후의 횡령행위에 대하여까지 피고가 책임을 질 이유는 없습니다. 위 김병국이 원고를 대리한 자신의 예금 인출신청을 지점장으로서 확인하고 결재를 하여 부하직원에게 예금을 반환하도록 한 것은 지점장의 직무집행에 있어 어떤 불법성도 없습니다.

(4) 한편, 원고의 포괄적 대리인인 위 김병국이 대리권을 남용하고 횡령행위를 한 것은, 그에게 금융거래 권한 일체를 위임하고 그 관리·감독을 게을리 한 원고 자신의 중대한 과실 때문이므로, 설사 위 김병국의 이 사건 각 예금 인출이 외견상 피고의 업무와 관계가 있다고 가정하더라도 원고는 피고에게 사용자책임을 물을 수 없습니다(대법원 2009. 11. 26. 선고 2009다36739 판결 등 참조).

3. 결론

위와 같이 원고의 이 사건 주위적 청구는 물론 예비적 청구 역시 이유 없으므로 1심판결을 취소하고 원고의 청구를 기각하여주시기 바랍니다.

2021. 5. 17.

피고 소송대리인

변호사 조영식 (인)

서울고등법원 귀중

나. 요약준비서면

1) 요약준비서면(최종 준비서면, 종합 준비서면)은 법원의 요구가 있거나 그 동안 제출한 소장, 답변서, 준비서면 등의 주장 내용이 매우 복잡하여 이를 일목요연하게 정리하고 그 주장의 취지를 분명하게 할 필요가 있는 때에 제출하면 된다.

2) 이때 "이 준비서면에 기재된 내용에 배치되는 원고(피고)의 종전 주장은 모두 철회합니다."와 같이 기재하여 요약준비서면에서 주장하는 내용 외에 종전의 주장을 모두 철회하는 것은 매우 위험하므로 주의하여야 한다. 또, 종전의 주장을 요약준비서면에 되풀이하여 주장·요약하는 경우, 자칫 중요한 주장을 누락하거나 법원으로 하여금 그 요약준비서면에 없는 내용은 철회한 것으로 오해하게 할 우려가 매우 많으므로 이 역시 주의하여야 한다.

3) 따라서 요약준비서면을 작성할 때는 종전의 주장이 복잡하여 이를 일목요연하게 정리할 필요가 없는 한, 종전의 주장을 되풀이하거나 완전히 새로 작성하는 것보다는 이제까지 제출한 주장의 전체적인 취지만을 제시하고 구체적인 내용은 어느 서면(소장이나 답변서, 준비서면 등)의 어디(페이지)에 기재되어 있는지를 지적해 주는 방법으로 작성하는 것이 좋다.

▣ **요약준비서면(최종준비서면)의 예(1)**

준 비 서 면

사　　　건　　2020나65341 예금반환
원고, 피항소인　광산김씨성곡공파종친회
피고, 항소인　　주식회사 우리은행

위 사건에 관하여 피고 소송대리인은 다음과 같이 변론을 요약(종합)하는 준비서면을 제출합니다.

1. 원고와 피고의 예금거래

(1) 원고 종친회와 피고 은행 사이에 원고 주장과 같은 예금거래가 있었다는 사실은 모두 인정합니다.

(2) 그러나 피고는 원고의 대리인인 소외 김병국의 인출요구에 따라 이 사건 각 예금의 원리금을 모두 반환하였습니다. 그리고 위 김병국에게 포괄적 대리권이 있는 이상 이는 적법 유효합니다.

(3) 위 김병국에게 이 사건 각 예금을 피고에게 예치하여 증식시키는 업무상의 대리권만이 있었다는 원고의 주장은 사실관계와 경험칙 및 논리에 전혀 맞지 않습니다(피고의 2013. 5. 17.자 준비서면 참조).

2. 원고의 사용자책임 주장에 대하여

(1) 위 김병국은 예금 운용에 관한 원고의 포괄적인 대리인으로서 그 대리권에 의해 이 사건 각 예금을 인출한 것이므로 그 예금의 인출행위는 원고를 위한 김병국의 사무집행행위로서 적법한 행위입니다.

(2) 위 김병국이 피고 은행의 지점장이라는 지위를 아울러 갖고 있다 하더라도, 그가 원고의 포괄적인 대리인으로서 이 사건 각 예금을 인출한 행위는 피고의 사무집행행위라기보다는 원고의 사무집행행위입니다.

(3) 위 김병국이 이 사건 각 예금을 인출해 횡령한 행위는 그 사용자인 원고 자신의 중대한 과실에 의한 것이므로, 원고가 그로 인해 피해를 입었더라도 피고에게 사용자책임을 물을 수 없습니다.

(4) 위 김병국은 원고와 피고의 피용자 지위를 겸유하는 자이므로 원고가 일방적으로 피고에게만 사용자책임을 묻는 것은 신의칙이나 공평의 원칙에 반합니다. 피고가 위 김병국의 예금 인출행위로 사용자책임을 진다면 피고도 그 사용자인 원고에게 손해배상책임을 물을 수 있다는 것이 됩니다.

(5) 기타 피고의 자세한 주장 내용은 피고의 2021. 5. 17.자 준비서면을 원용합니다.

3. 결론

위와 같이 원고의 이 사건 예금약정(소비임치)상의 청구는 물론 사용자책임에 기한 청구 역시 모두 이유 없습니다.

2021. 7. 20.

피고 소송대리인

변호사 조영식 (인)

서울고등법원 귀중

■ 요약준비서면(최종준비서면)의 예(2)

요약준비서면(종합준비서면)

사 건	2020가합54321 손해배상(기)
원 고	이정순
피 고	월드트래블 주식회사

위 사건에 관하여 원고 소송대리인은 다음과 같이 요약준비서면(종합준비서면)을 제출합니다.

1. 원고의 이 사건 청구원인

(1) 원고는 불법행위를 1차적 청구원인으로, 채무불이행을 2차적 청구원인으로 하여 이를 선택적으로 청구하는 바입니다.

(2) 원고의 1차적 청구원인 주장의 자세한 내용은 소장과 원고의 2020. 5. 9.자 준비서면 제3쪽에 기재한 바와 같습니다. 즉, 피고는 여행주선업자로서 고객인 원고를 기망하여 안전이 보장되지 않은 여행지를 추천·주선하였고, 그에 따라 원고가 그곳을 여행하다가 강도범에게 납치되어 재물을 강탈당하고 성폭행을 당하는 손해를 입었는바, 피고는 위 기망의 불법행위로 인한 손해배상책임이 있습니다.

(3) 원고의 2차적 청구원인 주장의 자세한 내용은 원고의 2020. 7. 15.자 준비서면 제2내지 6쪽에 기재한 바와 같으므로 이를 원용합니다.

2. 원고의 손해

가. 적극적 손해

(1) 원고는 피고의 불법행위 및 채무불이행으로 2,000만 원 상당의 재물을 강탈당하고 성폭행까지 당하였습니다. 이에 따라 원고는 10박 12일의 여행일정 중 3분의 1밖에 소화하지 못한 상태에서 남은 여행일정을 포기하고 급히 귀국할 수밖에 없었습니다.

(2) 남은 여행일정의 포기로 인한 원고의 손해액을 계산하기 곤란하므로, 원고는 적극적 손해액에 관한 종전의 주장을 모두 철회하고(원고가 피고에게 여행 경비로 지급한 돈 중 520만 원에 관한 손해배상청구는 포기합니다.) 이를 강탈당한 재물 손실액 2,000만 원으로 한정·감축하여 청구합니다.

나. 소극적 손해

원고는 위와 같이 여행 중 성폭행을 당해 귀국 후 한 달간 병원치료를 받고도 그 후유증과 정신장애로 인해 노동능력의 15%가 3년간 한시적으로 상실되는 손해를 입었는바, 이로 인한 손해의 자세한 내역은 원고의 2020. 7. 15.자 준비서면 제8쪽에 기재한 바와 같습니다.

다. 정신적 손해

피고는 원고가 피고의 잘못으로 재물을 강탈당하고 성폭행을 당한 데에 따른 정신적 손해를 금전으로 위자할 의무가 있습니다. 원고의 직업, 연령, 성별, 이 사건의 경위, 원고의 피해 정도, 원고가 여행 일정의 3분의 1밖에 소화하지 못한 상태에서 사고로 여행을 중단하게 된 사정, 피고에게 여행 경비로 지급한 돈을 적극적 재산손해로서 따로 구하지 않는 등의 사정, 피고의 책임정도 등을 감안하면 그 위자료액은 최소한 5,000만 원은 되어야 합니다.

3. 결론

이상과 같이 피고는 원고에게 불법행위 또는 채무불이행으로 인한 손해배상의무가 있으므로 2020. 7. 15.자 원고의 변경된 청구를 모두 인용하여 주시기 바랍니다.

2020. 10. 30.
원고 소송대리인
법무법인 한결 담당 변호사 윤인철 (인)

서울남부지방법원 귀중

다. 석명 준비서면

1) 석명에 관한 준비서면 역시 법원이나 상대방의 석명요구가 있을 때에 제출하면 되는데, 반드시 그 문서의 명칭을 '석명준비서면'으로 붙이지 않아도 좋다.

2) 석명을 구하는 사항에 대하여 어떤 방식이든 석명을 하기만 하면 충분하다. 따라서 일반 준비서면에 석명사항을 기재하여도 무방하다.

▣ 석명 준비서면의 예(1)

준 비 서 면

사　　　건　　　2020나65341 예금반환
원고, 피항소인　　광산김씨성곡공파종친회
피고, 항소인　　　주식회사 우리은행

위 사건에 관하여 원고 소송대리인은 귀 법원으로부터 2020. 6. 25. 석명을 명받았는바, 다음과 같이 석명을 위한 준비서면을 제출합니다.

1. 소외 김병국에게 원고 대표자의 인장을 보관시킨 여부

(1) 원고는 김병국에게 원고 대표자의 인장을 보관시킨 일이 있습니다. 그 이유는, 그가 원고의 재무이사이자 피고 은행의 지점장으로 금융전문가이기 때문에 원고의 여유자금을 증식시키는 데에 적임자였기 때문입니다.

(2) 위 인장을 매 예금거래 후 즉시 회수하지 않은 이유는, 이자율 변동이나 금융사정 변동에 따라 즉시 예금을 인출하여 다른 곳에 투자할 수 있도록 하기 위하여 그런 것입니다.

2. 소외 김병국에 대한 원고의 지휘·감독

(1) 원고 대표자는 수시로 위 김병국에게 전화로 자금운용 상황을 질문하고 답변을 듣는 방법으로 그를 지휘감독하였습니다.

(2) 원고 대표자는 금융에 대하여 잘 알지 못하므로 위 김병국에게 구체적으로 자금운용 방법을 지시한 바 없으며, 이 사건 각 예금 등에 관하여도 예치나 인출을 구체적으로 지시한 바 없습니다.

(3) 원고가 돈이 필요한 경우, 위 김병국에게 필요한 금액을 말하면 그가 알아서 예금을 인출하는 등의 방법으로 마련해 주었습니다.

(4) 원고는 위 김병국을 전적으로 신뢰하였기 때문에 평소 이 사건 각 예금 등 그의 자금운용에 관하여 통장을 확인하거나 관련 자료를 직접 조사하는 등의 감독은 한 바 없습니다.

3. 소외 김병국의 피해 변제 여부

(1) 위 김병국은 원고에게 횡령한 금액을 빠른 시일 내에 변제하겠다고 하면서도 실제로

는 현재까지 전혀 변제한 바 없습니다.

(2) 위 김병국에게는 책임재산이 거의 없는 상태로 알고 있습니다.

2020. 7. 2.

원고 소송대리인

변호사 소병태 (인)

서울고등법원 귀중

▣ **석명 준비서면의 예(2)**

석명 준비서면

사   건   2021가단7069 물품대금
원   고   조병헌
피   고   이길철

위 사건에 관하여 피고 소송대리인은 귀 법원의 2021. 6. 15.자 석명준비명령에 따라 다음과 같이 석명의 준비서면을 제출합니다.

1. 피고의 변제 경위

(1) 피고가 2019. 9. 20. 원고에게 2,315만 원을 변제한 것은 원고와 피고의 합의에 의한 것입니다. 즉, 그 당시 피고는 소외 이창국에게 2,000만 원의 대여금반환채권이 있었는데, 마침 원고가 위 이창국의 사정이 어려우니 그 변제기를 연장해 주면 안 되느냐고 하여서, 피고는 그럼 피고의 원고에 대한 이 사건 물품대금채무의 일부 변제에 갈음하여 위 이창국에 대한 2,000만 원의 대여금반환채권을 양도하겠다고 제의하였고, 원고는 이를 승낙하였습니다.

(2) 당시 피고는 위 이창국에 대한 채권양도통지권도 원고에게 위임하여 원고가 그 양도 사실을 위 이창국에게 통지하기로 했습니다. 피고는 그 자리에서 원고에게 이 사건 물품대금채무 중 나머지 315만 원(2,315만 원−2,000만 원)을 가계수표로 변제했습니다.

(3) 원고가 위 가계수표금을 그 지급지 은행에서 추심한 사실은 2021. 4. 20.자 신한은행 광교동지점장의 사실조회 회신에 나타나 있습니다. 따라서 피고는 원고에게 이 사건 물품대금채무 2,315만 원 중 2,000만 원은 위 채권양도에 의해 대물변제를 하였고, 나머지 315만 원은 금전으로 변제한 것입니다.

2. 피고와 위 이창국의 그 이후 관계

(1) 피고는 원고에게 위와 같이 이창국에 대한 채권을 양도한 후 이창국과 전혀 금전거래를 한 바 없습니다. 위 대여금채권에 대하여 피고가 그에게 변제를 요구한 바도 없음은 말

할 나위도 없습니다.

(2) 피고가 위 이창국의 신청에 의한 파산절차(귀 법원 2018하합151)에서 위 2,000만 원의 대여금반환채권을 신고한 것은, 대물변제의 법리를 오해한 데에 따른 것으로서 그것이 위 대물변제의 효력에 영향을 미칠 수는 없습니다.

(3) 원고가 이 사건 소를 제기한 후인 최근에 피고가 위 이창국을 만나 원고에게 위 2,000만 원을 변제하였는지 확인하였던바, 그는 자신의 경제사정이 어려워 아직 이를 갚지 못하고 있다고 대답하였습니다. 원고는 이를 두고 피고가 이창국에게 그 변제를 요구한 것이라고 주장하나, 이는 변제를 요구한 것이 아니라 위와 같이 원고에게 변제하였는지를 물어본 것에 불과합니다.

3. 결론

위와 같이 피고의 원고에 대한 이 사건 물품대금채무는 변제로 모두 소멸하였습니다. 그러므로 원고의 이 사건 청구를 기각하여 주시기 바랍니다.

2021. 6. 20.
피고 소송대리인
법무법인 정성 담당 변호사 김국진 (인)

서울북부지방법원 귀중

라. 증거에 관한 준비서면(증거설명서, 증거인부서)

1) 증거에 관한 준비서면은 위와 같이 증거능력, 증거력에 관한 주장을 내용으로 한다. 특정한 증거방법에 관하여 증거능력이나 증거력에 관한 주장이 중심으로서, 그 대상인 증거방법은 자신은 물론 상대방이 제출한 것, 법원이 직권으로 채택·조사한 것도 포함한다. 한편, 자신이 제출한 증거방법의 입증취지와 그 증거가 담고 있는 내용, 상대방이 제출한 증거에 대한 인부 등의 의견을 주장하는 것도 가능하며, 이러한 문서를 특히 증거설명서 또는 증거인부서라고 한다.

2) 위와 같은 내용의 증거에 관한 주장은 일반 준비서면이나 상소이유서 등에 기재해도 무방하다.

3) 증거설명서는 자신이 소지하고 있는 서증 등의 증거방법을 제출하는 때나 법원의 문서송부촉탁 등을 통해 확보한 서증 등의 증거방법이 법원에 제출된 때에 제출하는 것이 좋다.

◙ 증거설명서

증거설명서

사　건　　　2021가합50279　지료
원　고　　　방인식
피　고　　　채태훈

위 사건에 관하여 원고 소송대리인은 다음과 같이 준비서면(증거설명서)을 제출합니다.

서증번호와 서증명	서증의 내용	입증취지
갑 제1호증 (약정서)	2018.7.25. 원고와 피고가 만나서 체결한 이 사건 지상권설정계약	피고가 지상권을 취득하는 대가로 원고에게 지료를 지급하기로 약정한 사실
갑 제2호증 (예금거래내역)	피고가 2018. 8. 말부터 5개월에 걸쳐 원고에게 송금한 내역	위 기간 동안 피고가 약정에 따라 지료를 지급한 사실
갑 제3호증 (문자 메시지)	원고가 2018. 10. 5. 피고에게 지료 지급을 독촉하는 내용	원고의 지료 독촉 사실과 이에 대한 피고의 반응(피고는 응답을 하지도 않고 이의를 제기하지도 않음)

2021. 7. 13.

원고 소송대리인

법무법인 사계절 담당 변호사 정한영

서울동부지방법원 귀중

◙ 증거인부서

증거인부서

사　건　　　2021가합50279　지료
원　고　　　방인식
피　고　　　채태훈

위 사건에 관하여 원고 소송대리인은 다음과 같이 준비서면(증거인부서)을 제출합니다.

서증번호와 서증명	인부 내용	비고
을 제11호증 사실확인서(이인수)	부지	진정성립을 인정할 아무런 자료가 없음

을 제12호증 다음 지도	성립 인정	이 사건 토지의 위치로서 쟁점과 무관함
을 제13호증 확인서(원고)	부인(위조)	원고는 이러한 문서를 작성한 바 없고, 인영도 원고의 것이 아님
을 제14호증 각서(원·피고)	성립 인정	미완성 문서임(피고가 초안을 작성해와 원고와 협의하다가 의견이 맞지 않아 작성하지 못함)
을 제15호증 사업자등록증(피고)	성립 인정	쟁점과 무관함

2021. 11. 26.
원고 소송대리인
법무법인 사계절 담당 변호사 정한영

서울동부지방법원 귀중

3. 형식적 기재사항

1) 준비서면에는 '준비서면'이라는 문서의 제목을 붙이고 어떤 사건에 관한 준비서면인지 알 수 있도록 사건번호와 사건명, 당사자의 성명, 명칭(소송대리인이 이를 제출하는 때에는 그 대리인의 성명)을 기재한 다음 "위 사건에 관하여 원고(원고의 소송대리인)는 다음과 같이 준비서면을 제출합니다.", "위 사건에 관하여 피고 2., 3., 5.의 소송대리인은 다음과 같이 준비서면을 제출합니다."와 같이 누가 준비서면을 제출한다는 취지와 문구를 기재하고, 이어서 실질적 사항을 기재한다.

2) 민사소송법 제274조는 준비서면에 당사자와 대리인의 주소도 기재하라고 하고 있으나, 이는 소장이나 답변서에 그 주소의 기재가 없어 이를 법원에 알릴 필요가 있는 때에만 기재하면 된다.

3) 준비서면의 그 밖의 형식적 기재사항 역시 소장이나 답변서의 그것과 대동소이하다. 즉 ① 당해 준비서면에서 주장한 사실에 대한 입증방법(증거방법), ② 첨부서류(덧붙인 서류의 표시), ③ 작성일(제출일), ④ 수소법원, ⑤ 작성자인 소송당사자 또는 그 대리인의 성명을 기재하고, 당사자나 그 대리인이 기명날인하거나 서명한다(민사소송법 제274조 참조).

4) 준비서면이 여러 장일 때는 적당한 위치에 장수(페이지 번호)를 표시하고 간인(間印)도 하여야 한다. 그러나 전자소송에서는 이러한 복잡한 절차가 거의 필요 없다.

4. 실질적 기재사항

1) 준비서면은 위와 같이 변론기일에서의 변론을 준비하는 것이고, 변론은 청구를 이유 있게 하거나 이유 없게 하기 위한, 즉 법원으로 하여금 청구를 인용하거나 배척하도록 하기 위한 주장과 증거인 공격방어방법의 제출을 내용으로 하므로, 준비서면의 실질적 기재사항은 사실과 법리에 관한 주장 및 이에 대한 증거방법의 제출 또는 증거에 관한 주장이다. 민사소송법은 이에 관하여 공격 또는 방어의 방법, 상대방의 청구와 공격 또는 방어의 방법에 대한 진술이라고 하고 있다(제274조 제1항 제4, 5호).

2) 따라서 준비서면의 실질적 기재사항은 답변서의 그것과 같이 공격방어방법이다. 청구의 당부에 관한 공격방어방법 외에 소의 적법 여부에 관한 공격방어방법인 주장과 증거의 제출도 준비서면에 기재할 수 있고, 이 역시 준비서면의 실질적 기재 사항에 속함은 물론이다.

3) 경우에 따라서는 청구원인을 변경하면서 따로 '청구원인변경신청서'를 제출하지 아니하고 그 변경 내용을 준비서면에 기재할 수도 있다. 청구취지의 변경도 반드시 '청구취지변경서'라는 제목을 달지 않고 준비서면에 기재할 수 있다. 이를 준비서면에 기재한 경우 그 준비서면은 청구변경서로서의 성질을 갖는다. 다시 말하면, 준비서면에는 무엇이든 기재할 수 있다. 다만, 소송구조신청이나 이송신청, 소송비용담보제공명령신청과 같이 법원에 일정한 소송행위를 구하는 신청서는 준비서면보다는 '신청서'로 제출하는 것이 혼선을 피할 수 있어 좋다.[213]

4) 준비서면의 실질적 기재 사항의 작성 요건은 기본적으로 답변서의 그것과 같다. 준비서면을 작성할 때도 메모와 공방도(법리분석표)를 참조하고, 당사자 사이에서나 법원과 주고받은 소장과 답변서, 준비서면 등의 내용을 숙지하여야 함은 물론이다. 그래야 전후의 주장에 모순이 없는 준비서면 작성이 가능하다.

가. 사실에 관한 주장

1) 준비서면에 기재할 사실에 관한 주장은 청구원인사실을 뒷받침하는 간접사실이나 보조적 법률요건에 관한 주요사실·간접사실에 관한 것으로서, 준비서면의 기재 내용이나 답변서의 기재 내용이나 크게 다를 것이 없다.

2) 이를 기재할 때 보조적 법률요건 등의 주요사실과 간접사실은 구체적·역사적 법률사실(행위 또는 현상)을 구체적으로 기재하여야 하고, 법률요건의 명칭이나 그 근거 법조문, 법률효과만을 기재해서는 안 된다. 그러나 구체적 사실을 주장하면 충분하고, 반드시 그 법률요건의 명칭이나 그 근거 법조문, 법률효과까지 기재·주장하여야 하는 것은 아님

---

213) 이러한 신청서를 준비서면으로 제출하면 법원은 그것이 신청인지 모르고 방치할 수 있다.

은 물론이다.

3) 사실에 관한 주장은, ① 그에 관한 주장이 필요함에도 소장이나 답변서, 그 전에 제출한 준비서면 등에서 주장하지 못한 경우, ② 이에 관한 상대방의 주장에 대응하여 반박할 필요가 있는 경우에 한다. ①의 경우 곧바로 필요한 사실 주장을 기재하고, ②의 경우 상대방의 주장 내용을 요약하여 제시한 다음 그와 반대되는 사실을 주장하면 된다.[214] 준비서면에 사실에 관한 주장을 기재하는 경우 반드시 그것이 최초로 주장하는 것이어야 하는 것은 아니지만, 이미 주장한 내용은 꼭 필요한 경우가 아닌 한 되풀이하여 주장할 필요가 없고, 상대방의 주장에 대하여 되풀이하여 응답할 필요도 없다.

4) 위와 같이 준비서면에 기재할 사실에 관한 주장의 내용은 청구원인사실에 대한 간접사실이나 그 보조적 법률요건에 관한 주요사실 또는 간접사실이고 청구원인사실 자체는 그 내용이 되지 않는다.

그러나 원고는 청구원인의 변경을 서면 또는 구두로 할 수 있는바(민사소송법 제262조 제2항의 반대해석), 준비서면에 청구원인을 변경하는 내용을 기재하여도 청구원인 변경의 효력이 있다. 따라서 원고는 준비서면에 새로운 청구원인을 추가하거나 기존의 청구원인을 새로운 청구원인으로 대체·교환하거나 기존의 청구원인을 철회하는 내용을 기재할 수 있고, 이 경우 그 준비서면에는 청구원인과 그 요건사실인 청구원인사실도 기재할 수 있다.

5) 준비서면으로써 청구취지를 변경할 수도 있다.[215] 대개 이와 같이 따로 '청구변경신청서'를 제출하는 대신 준비서면에 이를 기재하는 경우는, 그 청구 변경 내용이 준비서면에 기재하는 공격방어방법과 밀접한 관계가 있어 이를 준비서면에 기재하는 것이 법원을 설득하기에 용이하고 그 작성이 편리할 때이다. 이와 같이 준비서면이 청구변경신청서를 겸하는 경우 청구 변경에 따른 시효중단이나 제척기간 준수 또는 소송 계속의 효력은 그 준비서면을 법원에 제출할 때, 그 부본이 피고에게 송달된 때에 각각 발생한다(민사소송법 제265조, 제262조 제3항 참조).

준비서면으로 청구취지나 청구원인을 변경할 때는 그것이 다른 준비서면적 기재 사항과 뚜렷이 구별되도록 문서의 명칭에 '준비서면 및 청구변경신청서', '준비서면(청구변경신청서)'와 같이 청구 변경의 뜻을 표시하거나 본문에 이를 암시하는 소제목을 붙이는 등 적절한 조치를 취하는 것이 좋다. 자칫하면 법원이나 상대방이 이를 간과할 수도 있기 때문이다. 한편, 피고는 원고의 청구 변경에 따른 새로운 청구에 대하여 '답변서'가 아닌 '준비서면'에 의하여 그 답변을 할 수도 있다. 답변서나 준비서면 모두 그 실질이 준비서면으로 동일하기 때문이다.

---

214) 이때 상대방의 주장이 단순한 주장인지 항변 또는 재항변인지를 엄격히 구별할 필요는 없다. 그 입증책임의 소재만 분명히 인식하면 족하다.

215) 청구취지의 변경은 서면에 의하기만 하면 족하므로, 그 서면의 명칭이 반드시 '청구취지변경신청서'여야 하는 것은 아니기 때문이다.

▣ **준비서면 1(청구원인에 대한 간접사실 주장의 예)**

준 비 서 면

사　건　　　2020가합12345 소유권이전등기
원　고　　　이병천
피　고　　　최일구

위 사건에 관하여 원고 소송대리인은 다음과 같이 준비서면을 제출합니다.

1. 이 사건 증여계약의 경위

　(1) 피고가 원고에게 이 사건 토지를 증여하기로 하는 증여계약은 2012. 5. 17. 20:00경 서울 강남구 청담동 은하수아파트 근처의 '청담살롱'에서 이루어졌습니다(갑 제4호증 참조. 이 지도에 보면 '청담살롱'이 위 아파트단지 부근에 있음을 알 수 있습니다).

　당시 원고는 고등학교 동창인 피고의 전화 연락을 받고 그곳에 가게 되었는데, 피고는 자신의 재혼을 둘러싸고 재혼녀와 자식들 사이에 갈등과 불화가 생겨 괴롭다고 하소연하며, 이 사건 토지를 불우한 청소년들을 위한 장학사업에 사용하였으면 좋겠다고 하였습니다.

　(2) 이에 원고가, 그럼 장학재단을 설립해서 직접 장학사업을 하든가 아니면 어디 좋은 장학재단에 기증하는 것이 어떠냐고 조언을 하였던바, 피고는 원고가 오랫동안 교사로 근무하였고 장학사 경력도 있으니 자신을 위해 직접 장학사업을 하면 어떻겠냐고 제의하였고, 원고가 이를 수락하자 이 사건 토지를 원고에게 증여 형식으로 이전할 테니 장학사업에 사용하라고 하였던 것입니다(갑 제5호증의 1, 2 참조).

　(3) 그 당시 분위기가 진지하였고, 원·피고가 고등학교 동창으로 오랫동안 절친하게 지내온 사이로서 서로 믿는 사이였으며, 그 약속이 이루어진 위 장소에 필기도구 등이 없어 정식 증여계약서를 작성하지는 않았습니다.

2. 피고의 증여계약 부인 이유

　피고는 이 사건 증여계약을 부인하고 있는바, …(중략) … 때문입니다. 이런 사실은 피고의 여동생으로서 원고의 중학교 후배인 소외 최진숙으로부터 원고가 들은 내용입니다(원고는 위 최진숙을 증인으로 신청하겠습니다. 그런데 피고는 위 최진숙에게 증인으로 소환되더라도 법원에 출석하지 말라고 종용하고 있습니다).

3. 결론

　위와 같이 원·피고 사이에는 이 사건 토지에 관한 증여계약이 분명히 있었으며, 구두계약도 엄연히 계약인 이상 피고는 이를 이행할 의무가 있습니다.

입 증 방 법

1. 갑 제4호증(구글 지도)

2. 갑 제5호증(사실확인서): 피고가 장학사업을 위해 원고에게 이 사건 토지를 이전하여 장
  학사업을 추진하기로 했다는 사실을 2012년 말 피고로부터 직접 들었다는 이영식의 확인서
3. 갑 제6호증(녹취록): 원고와 최진숙의 통화 내용

2021. 4. 20.
원고 소송대리인
변호사 이정민 (인)

서울서부지방법원 귀중

■ 준비서면 2(보조적 법률요건인 항변 주장의 예)

준 비 서 면

사　건	2020가합12345 소유권이전등기
원　고	이병천
피　고	최일구

위 사건에 관하여 피고 소송대리인은 다음과 같이 변론을 준비합니다.

1. 이 사건 증여계약의 무효

　이 사건 증여계약은 진의 아닌 의사표시여서 무효입니다. 즉, 이 사건 증여계약 당시 피고
는 울적한 마음에 술을 마신 상태에서 진의 없이 이 사건 토지를 원고에게 증여하겠다는 의
사표시를 하였고, 원고는 이를 알았거나 알 수 있었습니다.

2. 이 사건 증여계약의 해제

　위와 같이 이 사건 증여계약은 진의 아닌 의사표시여서 무효이지만, 만약 그것이 무효가
아니라면 피고는 다음과 같이 이를 해제합니다.
　(1) 이 사건 증여계약은 서면에 의하지 아니한 것인바, 피고는 민법 제555조의 해제권을
행사합니다.
　(2) 한편, 민법 제557조는 증여계약 이후 증여자의 재산상태가 현저하게 변경되어 이를
이행할 경우 증여자의 생계에 중대한 영향을 미칠 때에는 증여자는 증여계약을 해제할 수
있다고 규정하고 있습니다. 피고는 이 사건 증여계약 이후인 2018. 1. 20. 초원아파트를 처
분하였는바(을 제2호증 참조), 이로써 그 재산의 약 3분의 1이 감소하여 재산상태가 현저하
게 변경되었고, 이로 인해 시가 3억 원 상당의 이 사건 토지를 이 사건 증여계약에 따라 원
고에게 이전할 경우 그 생계에 중대한 영향을 받게 됩니다. 그러므로 피고는 이 준비서면
부분의 송달로써 민법 제557조 소정의 해제권을 행사합니다.

3. 결론

위와 같이 이 사건 증여계약은 무효이거나 이미 해제되었으므로, 이 사건 증여계약이 유효하거나 존속함을 전제로 한 원고의 이 사건 청구를 기각하여 주시기 바랍니다.

입 증 방 법

1. 을 제2호증(등기기록전부증명서)

2021. 6. 1.

피고 소송대리인

변호사 김선택 (인)

서울서부지방법원 귀중

■ 준비서면 3(보조적 법률요건인 항변에 대한 반박의 예)

준 비 서 면

사 건	2020가합12345 소유권이전등기
원 고	이병천
피 고	최일구

위 사건에 관하여 원고 소송대리인은 다음과 같이 준비서면을 제출합니다.

1. 피고의 비진의표시 주장(항변)에 대하여

(1) 피고는 2021. 6. 1.자 준비서면에서, 자신이 원고에게 이 사건 토지를 장학사업에 사용하라며 증여를 한 일이 없을 뿐 아니라, 설사 그러한 취지의 말을 하였더라도 이는 자신이 술김에 진의 없이 한 것이고, 원고는 그 증여의 의사표시가 진의에 의한 것이 아님을 알았거나 알 수 있었으므로 무효라고 주장하나, 이는 다음과 같이 이유가 없습니다.

(2) 원고와 피고가 '청담살롱'에서 만나 … (중략) …

(3) 따라서 이 사건 토지를 원고에게 증여하겠다는 피고의 의사표시가 진의 없이 한 것이라는 피고 주장은 전혀 사실과 다릅니다. 설사 피고의 의사표시가 진의 없이 한 것이라고 가정하더라도, 그 당시 원고는 피고의 의사표시가 진의 없이 한 것이라는 사실을 알지도 못하였고 알 수도 없었습니다. 그러므로 이 사건 증여계약이 진의 아닌 의사표시로서 무효라는 피고의 주장은 성립할 수 없습니다.

2. 피고의 입증방해 행위

(1) 피고는, 원고가 자신의 동생인 소외 최진숙을 증인으로 신청하려 하자 최진숙에게 만약 원고를 위해 유리한 증언을 할 경우 의절을 하겠다며 원고와 일절 접촉을 하지 말라고

강요하고 있습니다.

(2) 이러한 피고의 행위는 신의에 따라 성실하게 소송을 수행하여야 한다는 민사소송법 제1조의 신의성실의 원칙에 반하는 행위이자, 이 사건에 관한 피고 자신의 주장이 진실에 부합되지 않음을 스스로 자인하는 것이라 하겠습니다.

3. 결론

이상과 같이 피고의 주장은 어느 것이나 모두 이유가 없으므로 이를 배척하고, 원고의 이 사건 청구를 인용하여 주시기 바랍니다.

2021. 8. 17.
원고 소송대리인
변호사 이정민 (인)

서울서부지방법원 귀중

▣ **준비서면으로 청구를 변경하는 경우**

준비서면(청구변경신청서)

사　건	2020가합12345 소유권이전등기
원　고	이병천
피　고	최일구

위 사건에 관하여 원고 소송대리인은 다음과 같이 변론을 준비하고 청구를 변경합니다.

1. 피고의 증여계약 해제 항변에 대하여

가. 제척기간의 경과

피고는, 이 사건 증여계약이 서면에 의하지 아니한 것이므로 이를 민법 제557조에 의해 해제한다고 항변하나, 이는 증여를 한 지 이미 10년의 제척기간이 경과한 후의 해제권 행사이므로 효력이 없습니다.

나. 해제사유의 부존재

(1) 피고는, 이 사건 증여 후 자신의 재산상태가 현저히 변경되고 그 이행으로 인하여 생계에 중대한 영향을 미치게 된다는 이유로 2021. 6. 1.자 준비서면 부본의 송달로써 이 사건 증여계약을 해제한다고 항변하나, 이는 다음과 같이 이유가 없습니다.

(2) 재산상태의 현저한 변경 여부

1) 우선 피고가 원고에게 이 사건 토지를 증여한 후 그 재산상태가 현저히 변경된 일이 없습니다.

2) 피고는, 이 사건 증여계약 이후인 2019. 1. 20. 그 소유이던 초원아파트를 타에 매각한

것이 현저한 재산상태 변경의 사유라고 주장합니다. 그러나 원고가 알기에 피고는 2019. 1. 현재 위 초원아파트를 비롯한 상당한 부동산과 예금, 주식 등 8억 원 상당의 재산을 소유하고 있었고(원고는 그 입증을 위해 국세청에 대한 사실조회를 신청하였습니다.), 위 초원아파트는 시가 2억 5,000만 원 가량에 불과하여(갑 제6호증 참조), 이를 처분한 것만으로 피고의 재산상태가 현저히 변경된 것이라 할 수 없습니다.

3) 또, 피고가 위 아파트 처분 대금을 소비성 용도에 사용하지 않았다면 아파트를 타에 매각하였더라도 전체적인 재산상태에 영향을 미칠 수도 없습니다. 피고는 위 주장에 앞서 위 아파트 처분 대금을 어디에 사용하였는지부터 밝혀야 할 것입니다.

(3) 생계에 중대한 영향이 있는지 여부

설사 위 아파트를 처분한 것이 그 재산상태의 현저한 변경에 해당한다고 할지라도, 위와 같은 피고의 현재 재산상태에 비추어 피고가 원고와의 증여계약에 따라 이 사건 토지를 원고에게 이전함으로써 그 생계에 중대한 영향을 받는다고 할 수도 없습니다.

2. 원고의 예비적 청구

위와 같이 피고의 이 사건 증여계약 해제 항변은 어느 것이나 이유가 없으나, 그것이 인용되어 원고의 이 사건 소유권이전등기청구가 기각될 경우에 대비하여 원고는 위 소유권이전등기청구를 주위적 청구로 하고, 다음과 같이 원상회복청구권에 기한 금전지급청구를 예비적 청구로 추가합니다.[216]

변경(추가)한 청구취지(예비적 청구취지)

예비적으로, 피고는 원고에게 1억 2,300만 원과 이에 대하여 이 사건 준비서면(청구변경신청서) 부본 송달일 다음날부터 다 갚는 날까지 연 12%의 비율에 의한 금전을 지급하라.

변경(추가)한 청구원인(예비적 청구원인)

(1) 원고는 이 사건 증여계약 후 피고의 증여취지에 따른 장학사업을 위해 재단법인 진명을 설립하였고, 이 사건 토지에 불우 청소년을 위한 학교를 설립하여 대학교에 상당한 교육을 실시하려고 이 사건 토지에 지반다지기 공사, 배수로 및 축대 축조공사 등을 시행하였으며, 이를 위해 총 1억 2,300만 원의 비용을 지출하였습니다(갑 제7호증의 1 내지 5 참조).

(2) 그런데 피고가 이 사건 증여계약을 해제함으로써 결국 원고는 위 비용을 무용하게 지출한 셈이 되는바, 피고는 민법 제548조 제1항에 따라 원상회복으로서 원고가 입은 위 손실을 전보할 의무가 있습니다.

3. 결론

위와 같이 피고의 해제 항변은 이유가 없으므로 이를 배척하고 원고의 이 사건 주위적 청구인 소유권이전등기청구를 인용하여 주시기 바라며, 만약 피고의 해제 항변이 이유 있을 경우 원고의 예비적 청구를 인용하여 주시기 바랍니다.

입 증 방 법

1. 갑 제6호증(집합건물 공시가격확인서)
2. 갑 제7호증의 1 내지 5(영수증 등)

2021. 6. 5.
원고 소송대리인
변호사 이정민 (인)

서울서부지방법원 귀중

나. 법리적·법률적 주장

1) 준비서면에 기재할 사항으로서 사실에 관한 것 다음으로 중요한 것은 법리적·법률적 주장이다. 이는 자신이 주장한 사실관계에 대하여 적용될 법규나 관습법, 관습, 판례, 경험칙, 그 적용에 따른 법률효과를 주장하는 것이다. 상대방이 주장한 사실관계에 대하여 자신에게 유리한 쪽으로 법리를 주장하는 것은 물론 상대방의 법리적·법률적 주장에 대한 반박도 이에 포함된다.

2) 그러나 법리적·법률적 주장의 가장 전형적인 내용은 자신이나 상대방이 주장한 사실이 청구원인의 법률요건이나 보조적 법률요건이 요구하는 요건사실에 해당하고 충분한지 여부, 그리하여 그로부터 법규가 예정하고 있는 권리·의무나 법률관계의 발생, 변경, 소멸이라는 법률효과가 발생하는지 여부에 관한 것이라 할 수 있다.

▣ **준비서면(법리에 관한 주장 및 변경된 청구에 대한 답변의 예)**

준 비 서 면

사   건   2021가합12345 소유권이전등기
원   고   이병천
피   고   최일구

위 사건에 관하여 피고 소송대리인은 다음과 같이 변론을 준비합니다.

---

216) 청구취지 변경을 수반하는 경우 소송목적의 값이 변동하므로 그에 따라 인지 대금을 추가로 납부하여야 한다(민사소송법 제27조 제1항, 민사소송 등 인지법 제5조). 청구취지의 변경 없이 청구원인만을 변경한 경우에도 소송목적의 변경이 있으나 이 경우 원고가 소로써 주장하는 이익에는 직접 변동이 없으므로(민사소송법 제26조 제1항 참조) 인지 대금을 추가로 납부할 필요가 없다.

1. 이 사건 증여계약 해제의 가부

가. 서면에 의하지 아니한 증여계약의 해제와 제척기간

(1) 이 사건 증여계약이 서면에 의하지 아니한 것으로서 2021. 6. 1.자 준비서면 부본의 송달로써 이를 해제한다는 피고의 항변에 대하여 원고는, 그 해제권 행사가 이 사건 증여계약일로부터 10년의 제척기간이 경과한 후에 이루어진 것이어서 효력이 없다고 주장합니다.

(2) 그러나 증여의 의사가 서면으로 표시되지 아니한 경우 증여계약의 각 당사자가 이를 해제할 수 있다고 규정하고 있는 민법 제555조의 해제권은, 증여계약의 무상성과 서면에 의하지 아니한 증여계약의 구속성이 약한 사정 등을 고려하여 특별히 해제권을 인정한 것으로서, 민법 제543조 이하에서 규정하는 형성권으로서의 해제권과는 다른 특별한 해제권이라고 할 것이므로, 10년의 제척기간이 적용되지 않고 당사자는 언제든지 이를 행사할 수 있습니다(대법원 2009. 9. 24. 선고 2009다37831 판결 참조). 따라서 피고의 위 해제권 행사가 무효라는 원고의 주장은 이유가 없습니다.

나. 증여자의 재산상태 변경과 해제

(1) 피고의 재산상태 변경에 관하여 원고는, 피고가 초원아파트를 처분한 것이 재산상태의 현저한 변경이 아니어서 민법 제557조 소정의 해제권 발생 사유에 해당하지 아니한다고 주장합니다.

(2) 원고의 주장과 같이 위 아파트 처분 전후 피고의 총 재산이 8억 원이었고, 위 아파트의 시가가 2억 5,000만 원 상당인 것은 사실인바, 이와 같이 증여자의 총 재산 중 3분의 1에 가까운 31.25%(2억 5,000만 원 ÷ 8억 원)가 감소하였다면 이는 재산상태가 현저하게 변경한 것이라고 볼 수 있고, 따라서 이는 민법 제557조 소정의 해제권 발생 사유에 해당한다고 할 것입니다.

다. 소결

따라서 민법 제555조 및 제557조에 의한 피고의 해제권 행사는 정당하고, 이에 따라 이 사건 증여계약은 해제되었으므로, 이와 달리 증여계약의 존속을 전제로 한 원고의 이 사건 소유권이전등기청구(주위적 청구)는 이유 없으므로 이를 기각하여 주시기 바랍니다.

2. 원고의 예비적 청구에 대하여

(1) 원고는, 이 사건 증여계약이 해제된 경우 피고는 그 원상회복으로서 원고가 입은 손실 1억 2,300만 원을 원고에게 지급할 의무가 있다고 주장하나, 이는 다음과 같이 이유가 없습니다.

(2) 원고가 이 사건 토지에 지반다지기 공사와 배수로 및 축대공사를 한 것은 사실입니다. 그러나 그 주장과 같이 재단법인 진명을 설립한 사실, 임야의 형질변경 허가를 받은 사실 등은 피고가 전혀 알지 못하는 사실이고, 원고가 그 법인설립, 공사비로 총 1억 2,300만 원을 지불하였다는 사실 역시 피고는 알지 못합니다. 원고가 그 증거로 제출한 갑 제7호증의 1 내지 53은 진정성립을 인정할 수도 없고(피고는 부지로 답합니다.) 그 내용을 인정할 수도 없습니다.

(3) 원고는 민법 제548조 제1항을 근거로 피고에게 위 금액의 지급을 구하나, …(중략)… 수증자가 증여 받은 재산을 그 임의의 의사에 따라 관리하거나 거기에 자본 투자를 한 것만으로는 그것이 증여계약에 따른 것으로서 증여계약의 이행이라고 할 수 없습니다. 더욱이, 이 사건 증여계약은 장학사업을 위한 것인바, 이 사건 토지를 처분하여 그 대금을 장학사업에 이용할 수도 있으므로, 반드시 이 사건 토지에 학교를 짓는 것만이 증여계약의 내용이라고 할 수도 없습니다(원·피고 사이에 학교를 짓기로 하는 약정도 없었습니다).

(4) 따라서 원고는 그 주장의 지출 비용을 피고에게 원상회복으로서 반환을 구할 수 없는 만큼 원고의 이 사건 예비적 청구도 이유가 없습니다. 그러므로 이를 기각하여 주시기 바랍니다.

2021. 6. 10.

피고 소송대리인

변호사 김선택 (인)

서울서부지방법원 귀중

다. 증거에 관한 주장

1) 준비서면에서도 새로운 사실을 주장한 경우, 그에 대한 증거방법을 기재하고 서증은 등본이나 사본을 이에 첨부하여 제출하여야 함은 소장이나 답변서와 같다(민사소송법 제275조). 사실에 대한 근거로서 증거방법을 제시하는 경우, 주장한 사실의 바로 뒤에 괄호를 하고 서증이나 증인의 증언, 검증결과 등 증거방법을 기재해 주면 된다.

2) 준비서면에는 그 밖에 자신이 제출한 증거나 제출할 증거에 관하여 작성자나 작성일시, 입증취지, 증거능력, 형식적·실질적 증거력 등에 관한 주장을 기재할 수 있으며, 상대방이 제출한 증거나 제출할 증거에 관하여도 같은 주장을 기재할 수 있음은 물론이다(민사소송법 제275조 제2항 참조).

Ⅳ. 청구변경서

1. 청구변경의 개념과 시기

1) 청구의 변경은 소송목적인 청구를 변경하는 것이다. 청구의 변경은 그 요소인 청구취지나 청구원인 중 어느 하나를 변경할 수도 있고, 양자를 모두 변경할 수도 있다. 피고 역시 반소청구를 변경할 수 있음은 물론이며, 중간확인의 소, 독립당사자참가 등과 같이 실질상 소에 해당하는 경우에도 각 그 청구를 변경할 수 있다.

2) 청구의 변경과 공격방어방법의 변경은 명백히 다르다. 청구는 소송목적으로서 소송의 주제이지만, 공격방어방법은 그 청구를 전제로 청구를 적극적으로 또는 소극적으로 뒷받침하여 청구를 이유 있게 하거나 이유 없게 하는 것이다. 청구의 변경에는 그 시기와 방법 등의 제약이 따르나, 공격방어방법의 변경에는 이러한 제약이 거의 없다.

3) 청구의 변경은 청구취지의 변경과 청구원인의 변경이 있고, 양자 모두 ① 종래의 청구 대신에 새로운 청구에 관하여 심판을 구하는 교환적 변경, ② 종래의 청구를 그대로 두고 별개의 새로운 청구를 추가하는 추가적 변경(청구의 확장), ③ 종래의 청구를 감축하는 감축적 변경이 있다.

4) 청구의 변경은 소를 제기한 후 사건이 사실심 계속 중에 그 변론종결 전까지 할 수 있다. 따라서 1심에서는 물론 항소심에서도 청구변경을 할 수 있다. 1심이나 항소심의 변론종결 후에 한 청구변경은 아무런 소송법적 효력이 발생하지 않고,[217] 따라서 이에 대하여 법원의 판단을 받을 수 없다. 그러므로 1심의 경우에는 항소가 있은 때, 항소심의 경우에는 변론의 재개나 상고심에서의 파기환송에 의하여 항소심의 심리가 다시 이루어지는 때에 한하여 효력을 발생하게 된다(대법원 2007. 6. 29. 선고 2005다48888 판결, 2015. 11. 12. 선고 2014다18407, 18414 판결 등 참조).[218]

2. 청구변경의 요건과 방법

1) 청구의 변경은 ① 동일한 소송절차에 속하고, 적법한 관할권이 있을 것, ② 청구의 기초에 변경이 없을 것, ③ 소송절차를 현저하게 지연시키지 아니할 것, ④ 소송이 사실심에 계속 중이고 변론종결 전일 것의 요건을 갖춘 때에만 할 수 있다. 또한, 청구의 변경으로 청구병합이 생기는 때에는 청구병합의 요건을 갖춰야 하고, 청구변경의 결과 실질상 그 부분에 관하여 새로운 소가 제기되는 때에는 전속관할, 제척기간, 소의 이익 등 일반적인 소송요건도 갖추어야 한다.

2) 청구의 변경은 당사자처분권주의에 따라 원고가 자유로이 할 수 있고, 이에 대하여 법원의 허가를 받을 필요는 없다. 항소심에서도 상대방의 동의 없이 청구를 변경할 수 있다(대법원 1989. 3. 28. 선고 87다카2372 판결). 다만, 법원은 청구변경의 요건을 갖추지 못한 경우에는 결정으로 그 변경을 불허가할 수 있다(민사소송법 제263조).

3) 청구취지의 변경은 반드시 서면에 의하여야 한다(민사소송법 제262조 제2항). 소액사건 역시 같다. 그러나 청구의 감축적 변경은 실질상 소의 일부 취하이므로 반드시 서면에 의할 필요가 없다(민사소송법 제266조 제1, 2항). 청구원인의 변경은 변론기일에 말로 하여도 무방하다(대법원 1965. 4. 6. 선고 65다170 판결).

---

217) 다만, 청구의 감축적 변경에 의한 소의 일부취하는 변론종결 후라도 유효하다.

218) 다만, 이미 판결이 확정된 부분에 대해서는 파기환송 후의 원심에서 청구를 변경할 수 없다(대법원 2013. 2. 28. 선고 2011다31706 판결 참조).

▣ 청구변경신청서 1(청구원인과 청구취지 양자의 동시 변경/ 교환적 변경의 예)

청구취지 및 청구원인 변경(교환)신청서

사 건   2021가단56371 대여금
원 고   이병천
피 고   최일구

　위 사건에 관하여 원고 소송대리인은 다음과 같이 청구취지 및 청구원인을 교환적으로 변경합니다.

청구취지의 변경

○ 종전의 청구취지: 원고는 피고에게 2020. 6. 15.자 약정(준소비대차)에 기하여 채무액 1억 원, 변제기 2020. 8. 15. 이자율 월 1%의 채무가 존재하지 않음을 확인한다.

○ 변경하는 청구취지: 피고는 원고에게 1억 원과 이에 대하여 이 사건 청구취지 및 청구원인 변경신청서 부본 송달일 다음날부터 다 갚는 날까지 연 12%의 비율에 의한 금전을 지급하라.

청구원인의 변경

종전의 청구원인에 갈음하여 다음과 같이 청구원인을 교환적으로 변경합니다.

1. 원고의 금전 지출과 피고의 이득

　(1) 원고는 2015. 4. 3. 소외 이기수에게서 충북 진천군 진천읍 562 잡종지 1,200㎡를 대금 1억 2,000만 원에 외상으로 매수하고 이를 인도받았습니다. 매매대금은 2016년 말까지 지급하기로 약정하였습니다.

　(2) 그리하여 원고는 이기수에게 1억 2,000만 원의 매매대금 채무를 지고 있었는데, 소외 김형천은 이기수의 원고에 대한 위 매매대금 채권 전액에 대하여 귀 법원 2019타채12345호로 채권압류 및 추심명령을 받았고, 그 명령은 2019. 8. 31. 제3채무자인 원고에게 송달되었습니다.

　(3) 한편, 피고는 이기수의 원고에 대한 위 채권 전액에 대하여 귀 법원 2020타채23473호로 채권압류 및 추심명령을 받았고, 그 명령은 2020. 5. 23. 제3채무자인 원고에게 송달되었습니다. 피고는 원고를 찾아와 돈을 깎아줄 테니 위 매매대금 채권을 자신에게 변제할 것을 요구하였고, 이에 원고는 피고와 협의한 결과 2020. 6. 15., 원고는 피고에게 위 매매대금 채무의 변제를 위하여 1억 원을 지급하되, 이를 대여금으로 변경하고 2020. 8. 15.까지 변제하며, 2020. 6. 15.부터 2020. 8. 15.까지 월리 1%의 이자를 지급하기로 준소비대차약정을 하였고, 이에 따라 원고는 2020. 8. 20. 피고에게 1억 원을 지급하였습니다(이자는 면제받음).

2. 피고의 부당이득

(1) 그러나 피고가 채권압류명령과 추심명령을 받았다고 하더라도, 추심채권자는 추심명령에 의하여 피압류채권의 추심권능을 취득하여 추심에 필요한 일체의 행위, 즉 이행의 최고, 선택권의 행사, 보증인에 대한 청구, 담보권의 실행, 변제의 수령 등 재판 외의 행위뿐만 아니라 추심의 소 제기나 강제집행 등과 같은 재판상의 행위를 자기의 이름으로 할 수 있으나, 추심의 목적을 넘는 행위, 즉 면제, 포기, 기한의 유예, 채권양도 등은 할 수 없습니다(대법원 2008. 8. 11. 선고 2008다32310 판결 참조).

(2) 그런데 원·피고의 위 약정은 준소비대차약정으로서, 종전의 채권을 소멸케 하는 한편 추심채권의 일부를 면제하고 그 변제기를 유예하는 내용인바, 이는 추심의 목적을 넘는 행위에 해당하여 위 약정은 무효입니다.

(3) 따라서 원고는 무효인 위 약정에 의하여 피고에게 법률상 원인 없이 1억 원을 지급하는 손해를 입었고, 원고는 동액 상당의 이득을 얻었으므로, 피고는 원고에게 이를 반환할 의무가 있습니다.

3. 결론

그러므로 피고는 원고에게 위 1억 원과 이에 대하여 이 사건 청구취지 및 청구원인 변경신청서 부본 송달일 다음날부터 다 갚는 날까지 '소송촉진 등에 관한 특례법'에 따라 연 12%의 비율에 의한 금전을 지급할 의무가 있습니다.

2021. 6. 10.

원고 소송대리인

변호사 김유정 (인)

서울동부지방법원 귀중

■ 청구변경신청서 2(청구원인과 청구취지 양자의 동시 변경/ 추가적 변경의 예)

청구취지 및 청구원인 변경(추가)신청서

사 건	2021가합30419 토지인도
원 고	조숙희
피 고	이명철

위 사건에 관하여 원고 소송대리인은 다음과 같이 청구취지 및 청구원인을 추가적으로 변경합니다.

청구취지의 변경

종전의 청구취지를 주위적 청구취지로 하고, 아래와 같이 예비적 청구취지를 추가합니다.

○ 주위적 청구취지(종전의 청구취지): 피고는 원고에게 별지 목록 기재 토지를 인도하라.

○ 추가하는 예비적 청구취지: 예비적으로, 피고는 원고에게 1억 2,000만 원과 이에 대하여 이 사건 청구취지 및 청구원인 변경신청서 부본 송달일 다음날부터 다 갚는 날까지 연 12%의 비율에 의한 금전을 지급하라.

청구원인의 변경

종전의 청구원인에 더하여(종전의 청구원인을 주위적 청구원인으로 합니다) 다음과 같이 예비적 청구원인을 추가합니다.

1. 매매계약상 피고의 인도의무(주위적 청구원인)

(1) 원고는 2018. 9. 13. 피고로부터 별지 목록 기재 이 사건 토지를 대금 12억 원에 매수하고 계약금으로 1억 2,000만 원을 지급하였습니다. 원고는 피고 명의로 건축허가(다세대주택 2동)를 받아 이 사건 토지에 이를 건축한 다음 이를 분양한 후 그 수입금으로 피고에게 잔여 매수대금을 지급하기로 하였고, 다세대주택 중 한 세대를 피고에게 무상으로 주기로 약정하였습니다.

(2) 그런데 피고는 아직까지 이 사건 토지를 인도하지 않고 있으며, 위 매매계약이 불공정행위로서 무효라고 주장하고 있습니다. 그러나 위 매매는 다음과 같이 불공정행위가 아닙니다. 즉 …(이하 생략)

(3) 따라서 위 매매는 유효한 만큼 피고는 원고에게 즉시 이 사건 토지를 인도할 의무가 있습니다.

2. 피고의 부당이득반환의무(예비적 청구원인)

(1) 위와 같이 피고는 2018. 9. 13. 원고로부터 계약금 1억 2,000만 원을 받았습니다.

(2) 만약 위 매매가 무효라면 피고는 이를 부당이득으로 원고에게 반환하고 지연손해금을 지급할 의무가 있습니다. 그러므로 원고는 이를 예비적 청구원인으로 추가합니다.

2021. 9. 23.

원고 소송대리인

변호사 조상호 (인)

수원지방법원 여주지원 귀중

V. 반 소 장

1. 반소의 개념과 반소 제기의 시기

1) 반소는 원고가 제기한 소(본소)의 소송 진행 중에 피고가 원고를 피고로 삼아 그 수소법원에 소를 제기하고 재판을 청구하는 것이다(민사소송법 제269조 제1항). 고로 반소에서는 본소의 피고가 원고가 되고, 본소의 원고가 피고가 된다.

2) 반소는 피고가 법원에 대하여 본소의 소송목적과는 다른 소송목적에 대한 재판을 청구하는 것이므로 본소의 방어방법에 불과한 항변이 아니다. 즉 반소는 본소와 일정한 견련관계에 있기는 하지만, 그 역시 엄연히 독립한 소로서 새로운 사건번호가 부여된다.

3) 반소의 제기 여부는 피고의 자유이다. 반소에 의하지 않고 본소의 계속 중이나 그 종료 후 별소를 제기하는 것도 가능하다.

4) 반소는 본소의 사실심 변론종결 시까지 제기할 수 있고, 법률심인 상고심에서는 허용되지 않는다. 다만, 항소심에서는 상대방의 심급 이익을 해할 우려가 없거나 그의 동의를 얻은 때에 한하여 제기할 수 있다(민사소송법 제412조, 대법원 1965. 12. 7. 선고 65다2034 판결). 항소심에서 상대방인 원고가 이의 없이 반소의 본안에 관하여 변론을 한 때에는 반소 제기에 동의한 것으로 간주된다.

5) 1심이나 항소심의 변론종결 후에 제기한 반소는 아무런 소송법적 효력이 발생하지 않고, 따라서 이에 대하여 법원의 판단을 받을 수 없다. 그러므로 1심의 경우에는 항소가 있은 때, 항소심의 경우에는 변론의 재개나 상고심에서의 파기환송에 의하여 항소심의 심리가 다시 이루어지는 때에 한하여 반소 제기에 따른 효력을 발생하게 된다.

2. 반소의 요건과 방법

1) 반소는 그 소송목적(반소청구)이 본소의 소송목적(본소청구) 또는 그에 대한 방어방법과 관련되는 것이라야 한다. 예컨대, 피고가 원고 주장의 매매를 부인하거나 무효임을 주장하면서 그 목적물의 인도를 반소로써 구하는 경우 등에는 적법하다. 따라서 본소와 전혀 관련성이 없는 것을 반소의 소송목적으로 해서는 부적법하다.

2) 반소는 소송절차를 현저하게 지연시키지 아니하는 경우에만 허용된다(민사소송법 제269조 제1항).

또한 반소는 본소의 소송절차에 사실상 병합되어 동일한 절차에서 심리되므로, 본소와 소송절차의 종류가 같고 다른 법원의 전속관할에 속하지 않아야 한다.

3) 반소의 제기 역시 당사자처분권주의에 따라 피고가 자유로이 할 수 있고, 이에 대하여 법원의 허가를 받을 필요는 없다. 반소도 실질상 새로운 소이므로 앞서 본 반소의 요건 외에 당사자적격, 소의 이익, 제척기간의 준수 등 소송요건을 갖춰야 함은 물론이

다. 반소가 요건에 맞지 않게 제기된 경우에는 부적법한 소로서 각하당하게 된다.

4) 반소 역시 소이므로 소액사건이 아닌 이상 반드시 서면에 의하여 제기하여야 한다 (민사소송법 제270조). 반소 제기에 따른 제척기간의 준수, 소멸시효의 중단, 이행지체 등은 반소장을 법원에 제출한 때 또는 그 부본이 원고에게 송달된 때에 발생한다.

5) 반소는 예비적으로 제기하는 것도 허용된다. 이는 본소청구가 인용되거나 기각될 경우를 가정하여 본소청구의 기각 또는 인용을 해제조건부로 반소를 제기하는 것이다. 이 때 해제조건이 성취되면 반소는 자동적으로 소멸한다.

▣ **반소장 1(1심/ 무조건의 반소)**

반소장

사　　건　　　　2020가합80331[219]　손해배상
원　　고　　　　이상직
피　　고　　　　최병진

위 사건에 관하여 피고 소송대리인은 다음과 같이 반소를 제기합니다.

반소 청구취지

　원고(반소피고. 이하 원고라고만 합니다)는 피고(반소원고. 이하 피고라고만 합니다)에게 31,275,400원과 이에 대하여 이 사건 반소장 부본 송달일 다음날부터 다 갚는 날까지 연 12%의 비율에 의한 금전을 지급하라.

반소 청구원인

1. 원고의 불법행위

　(1) 원고의 본소청구와 같이 피고가 2015. 8. 11.부터 2017. 9. 1.경까지 원고의 처 소외 이정수와 부정행위를 한 사실은 인정합니다.

　(2) 그런데 원고는 2018. 4. 12.경 피고의 사무실로 피고를 찾아와 동료 직원 10여 명이 보는 가운데 "야 이 씹할 놈아. 어디 할 짓이 없어 친구 와이프와 붙어먹었냐! 그 동안 너희 연놈들 뒤에서 히히덕거리며 얼마나 갈보 짓을 했느냐. 오늘 너 내손에 한 번 죽어봐라"고 소리치며, 구두를 벗어 피고의 안면을 2회 때리고, 피고의 뒷덜미를 잡아 바닥에 넘어뜨린 후 무릎으로 피고의 뒷목을 수회 짓눌렀습니다, 이로 인해 피고는 목 부위에 4주의 치료를 요하는 골절상을 입고 치료를 받았습니다(을 제12, 13호증 참조).

2. 피고의 손해

　(1) 위와 같은 원고의 언동은 명예훼손에 해당하는바, 원고는 이에 따른 위자료로 피고에

게 2,000만 원을 배상할 의무가 있습니다.

(2) 또한, 피고는 원고의 위 폭행으로 상해를 입고 치료비로 2,375,400원을 지출하는 손해를 입었습니다.

(3) 피고는 위 상해를 치료하기 위해 직장에 출근을 하지 못한 채 한 달간 입원하여 전혀 일을 하지 못하였는바, 그로 인한 손해는 한 달간의 평균임금인 890만 원입니다(을 제14 내지 18호증 참조).

3. 결론

따라서 원고는 피고에게 위 합계액인 31,275,400원(2,000만 원＋2,375,400원＋890만 원)과 이에 대하여 이 사건 반소장 부본 송달일 다음날부터 다 갚는 날까지 '소송촉진 등에 관한 특례법'에 따라 연 12%의 비율에 의한 지연손해금을 지급할 의무가 있습니다.

2021. 6. 20.

피고 소송대리인

변호사 박창석 (인)

서울북부지방법원 귀중

▣ 반소장 2(2심/ 예비적 반소)

반소장

사 건	2020나53247	소유권이전등기
원고, 항소인	이충구	
피고, 피항소인	오상덕	

위 사건에 관하여 피고 소송대리인은 다음과 같이 예비적으로 반소를 제기합니다.

반소 청구취지

원고(반소피고. 이하 원고라고만 합니다)는 피고(반소원고. 이하 피고라고만 합니다)에게 2016. 3. 15.부터 별지 목록 기재 부동산의 점유를 종료하는 날까지 월 1,320만 원의 비율에 의한 금전을 지급하라.

---

219) 반소를 제기하면 본소와 따로 사건번호가 부여되나, 그 전까지는 본소만이 존재하여 당해 사건은 본소의 사건번호로 특정할 수 있고, 반소장은 본소의 수소법원에 제출해야 하므로 사건번호는 우선 본소의 그것을 기재한다.

반소 청구원인

1. 이 사건 매매계약의 무효

　(1) 피고가 종래 주장한 바와 같이, 별지 목록 기재 이 사건 부동산에 대한 원·피고의 2016. 3. 12.자 매매는 통정허위표시에 의한 것이어서 무효입니다.

　(2) 따라서 이 사건 매매가 유효함을 전제로 한 원고의 소유권이전등기청구(본소청구)는 이유가 없는 만큼 본소청구는 기각되어야 하고, 원고의 항소는 이유 없습니다.

2. 원고의 부당이득

　(1) 피고는 2016. 3. 15. 원고에게 이 사건 부동산을 인도하였고, 원고는 그때부터 현재까지 이를 점유하면서 자신의 사무용품 판매장으로 이용해오고 있습니다.

　(2) 이 사건 부동산을 보증금 없이 타에 임대할 경우 2016. 3. 15.부터 현재까지 적어도 매월 1,320만 원을 받을 수 있습니다(을 제5호증 참조).

　(3) 위와 같이 이 사건 매매는 무효이므로 원고는 이 사건 부동산을 점유·사용할 권원이 없고, 따라서 원고는 그 차임 상당을 부당이득하고 있습니다.

3. 결론

　그러므로 원고는 피고에게 2016. 3. 15.부터 이 사건 부동산의 점유를 종료하는 날까지 월 1,320만 원의 비율에 의한 금전을 지급할 의무가 있는바, 피고는 원고의 본소청구가 기각되는 것을 해제조건으로 하여 반소를 제기합니다.

2021. 8. 28.

피고 소송대리인

법무법인 산하 담당변호사 조병식 (인)

서울고등법원 귀중

Ⅵ. 상소장, 재심소장

1. 항소장

가. 일반적 기재사항

1) 항소는 반드시 서면에 의해 하여야 한다(민사소송법 제397조 제1항). 항소는 제1심판결의 취소·변경을 구하는 소송행위이다. 따라서 이는 청구와 직접 관련이 없는 순전한 소송법상의 행위이고, 변론절차에서 변론할 사항이 아니다. 즉 항소장을 1심법원에 제출한 때에 항소에 따른 확정 차단과 이심의 효력이 당연히 발생하고, 이를 항소심 변론기일에서 진술할 필요

가 없다.

2) 항소장에는 1심사건을 특정하기 위한 사건번호와 당사자를 간단히 표시하고, 1심판결의 어느 부분(어느 당사자와 어느 청구 부분)에 대하여 불복하는지를 표시하여야 한다. 이는 통상 '항소취지'라는 표제를 붙여 기재하나, 제1심판결 중 어느 부분에 대하여 불복하고 그 취소·변경을 구하는지를 명확히 하면 충분하며, 반드시 '항소취지'라는 표제를 붙여 그 내용을 기재해야 하는 것은 아니다.

3) 항소이유는 의무적인 것이 아니다. 또 이를 항소장에 기재하여도 좋고 따로 항소이유서나 준비서면으로 제출해도 무방하다.

나. 항소취지

1) 제1심판결에 대한 불복의 범위를 표시하는 것이 '항소취지'이다. 이에 대하여 민사소송법이나 민사소송규칙에서는 그 구체적인 내용이나 방식에 대하여 규정하지 않고 있어 이는 관행에 따르고 있다. 실무관행으로는, '1심판결의 내용(주문)'과 '항소취지'라는 표제를 붙여 이를 기재하고 있다.

2) 항소는 제1심판결의 취소·변경을 구하는 것이므로, 항소취지는 당해 사건의 당사자와 청구를 기준으로[220] 제1심판결의 주문에 기재된 사항을 표시하고, 그 중 어느 부분에 대하여 불복하는지를 나타내는 방법으로 할 수 있다. 항소심법원은 항소의 범위에서만 판단하므로(민사소송법 제407, 415조 참조), 어떤 방식이든 어느 범위에서 제1심판결에 불복하는지 그 양과 질을 분명하게 하여 항소취지에 이를 표시하여야 한다. 또한 누가 항소인이고 피항소인인지도 분명하게 밝혀주어야 한다. 통상 이는 제1심판결의 전부나 일부의 취소와 그 취소 부분에 대응하는 항소심법원의 재판(원고 청구의 인용 또는 그 기각)을 구하는 방식으로 기재한다. 취소를 구하는 것이 곤란하거나 부적절한 경우에는 제1심판결을 변경하는 방식으로 기재해도 무방하다.

3) 항소심에서도 처분권주의가 적용되므로, 항소심에서 청구의 변경이나 항소취지의 변경이 없는 한 항소심법원은 항소취지를 초과하여 청구나 항소를 인용 또는 배척할 수 없는 제한을 받는다.

---

220) 뒤에서 보는 바와 같이 항소장에는 1심에서의 청구를 기준으로 항소취지를 기재하여야 하고, 이를 초과하여 기재해서는 안 된다. 이를 위반하면 그 부분은 부적법하다.

▣ 항소장 1(원고 패소의 경우)

항소장

사   건   2020가합80331 손해배상
원고(항소인)   이상직
피고(피항소인)   최병진

　위 사건에 관하여 원고 소송대리인은 다음과 같이 항소를 제기합니다(제1심판결 정본은 2021. 6. 7.에 송달 받았습니다).

1심판결의 내용

1. 원고의 청구를 모두 기각한다.
2. 소송비용은 모두 원고가 부담한다.

항소취지

"1. 제1심판결을 취소한다. 2. 피고는 원고에게 31,275,400원과 이에 대하여 이 사건 소장 부본 송달일 다음날부터 다 갚는 날까지 연 15%의 비율에 의한 금전을 지급하라. 3. 소송총비용은 피고가 부담한다. 4. 제2항은 가집행할 수 있다"(원고 전부 패소, 패소 부분 전부 항소의 경우)

"1. 제1심판결 중 다음에서 지급을 명하는 부분에 해당하는 원고 패소 부분을 취소한다. 피고는 원고에게 3,000만 원과 이에 대하여 이 사건 소장 부본 송달일 다음날부터 2019. 5. 31.까지는 연 15%, 그 다음날부터 다 갚는 날까지는 연 12%의 각 비율로 계산한 돈을 지급하라. 2. 소송총비용의 80%는 피고, 나머지는 원고가 부담한다. 3. 제1항의 금전 지급 부분은 가집행할 수 있다"(원고 전부 또는 일부 패소, 패소 부분 중 일부 항소의 경우)

"1. 제1심판결을 다음과 같이 변경한다. 가. 피고는 원고에게 별지 목록 기재 부동산을 인도하고, 2,476만 원과 2018. 5. 23.부터 피고가 위 부동산의 점유를 상실한 날 또는 원고가 위 부동산의 소유권을 상실하는 날 중 먼저 도래하는 날까지 매년 782,000원의 비율에 의한 금전을 지급하라. 나. 가항은 가집행할 수 있다. 2. 소송총비용은 피고가 부담한다"(원고 일부 패소, 패소 부분 전부 항소, 1심판결 변경 형식의 경우)

항소이유

추후 제출하겠습니다.

2021. 6. 20.
원고 소송대리인
변호사 박진석 (인)

서울북부지방법원[221] **귀중**

▣ **항소장 2(피고 패소의 경우)**

항소장

사　　　건　　　2021가합30234 소유권이전등기
원고(피항소인)　　이원영
피고(항소인)　　　대한민국 외 1

위 사건에 관하여 피고들 소송대리인은 다음과 같이 항소를 제기합니다.

1심판결의 내용

1. 별지 목록 기재 토지에 관하여 원고에게, 피고 대한민국은 수원지방법원 동수원등기소 2011. 5. 8. 접수 제20578호로 마친 소유권보존등기, 피고 최필식은 같은 등기소 2018. 10. 24. 접수 제70696호로 마친 소유권이전등기의 각 말소등기절차를 이행하라.
2. 피고 최필식에 대한 원고의 나머지 청구를 기각한다.
3. 소송비용 중 원고와 피고 대한민국 사이에 생긴 부분은 위 피고가, 원고와 피고 최필식 사이에 생긴 부분 중 5분의 3은 위 피고, 나머지는 원고가 각 부담한다.

항소취지

"1. 제1심판결을 취소하고, 원고의 청구를 모두 기각한다. 2. 소송총비용은 원고가 부담한다"(피고 전부 패소, 전부 항소의 경우)

"1. 제1심판결 중 피고들 패소 부분을 취소하고, 그 부분 원고의 청구를 모두 기각한다. 2. 소송총비용은 원고가 부담한다"(피고들 일부 패소, 패소 부분 전부 항소의 경우)

"1. 제1심판결 중 피고에게 7,600만 원과 이에 대하여 이 사건 소장 부본 송달일 다음날부터 다 갚는 날까지 연 12%의 비율에 의한 금전을 초과하여 지급을 명한 피고 패소 부분을 취소하고, 그 부분 원고의 청구를 기각한다. 2. 소송총비용 중 3분의 1은 피고, 나머지는 원고가 부담한다"(피고 전부 또는 일부 패소, 패소 부분 일부 항소의 경우)

"1. 본소에 관한 제1심판결 중 피고 패소 부분을 취소하고, 그 부분 원고의 청구를 기각한다. 2. 반소에 관한 제1심판결을 취소하고, 반소청구취지와 같은 판결을 구한다. 3. 소송총비용은 본소, 반소를 합하여 모두 원고가 부담한다. 4. 제2항의 이행명령 부분은 가집행할 수 있다"(본소에 대한 피고 일부 패소, 반소에 대한 피고 전부 패소, 패소 부분 전부 항소의 경우)

---

221) 여기는 1심법원을 기재해도 좋고 항소심법원을 기재해도 좋으나, 항소장은 반드시 1심법원에 제출해야 한다(1심재판장도 항소장 심사권이 있다). 따라서 논리적으로는 1심법원을 기재함이 옳다.

"1. 피고 이영춘에 대한 제1심판결을 취소한다. 2. 피고 이영춘에 대한 원고의 청구를 기각한다. 3. 원고와 피고 이영춘 사이의 소송총비용은 원고가 부담한다"(일부 피고에 대한 피고 전부 패소, 패소 부분 전부 항소의 경우)

"1. 제1심판결을 다음과 같이 변경한다. 가. 원고의 본소청구를 기각한다. 나. 원고는 피고에게 7,600만 원과 이에 대하여 이 사건 반소장 부본 송달일 다음날부터 다 갚는 날까지 연 12%의 비율에 의한 금전을 지급하라. 다. 나항은 가집행할 수 있다. 2. 소송총비용은 본소, 반소를 합하여 모두 원고가 부담한다"(피고 전부 또는 일부 패소, 패소 부분 전부 또는 일부 항소, 1심판결 변경 형식의 경우)

항소이유

추후 제출하겠습니다.

2021. 9. 10.
피고들 소송대리인
법무법인 창 담당 변호사 이헌석 (인)

수원지방법원 귀중

다. 부대항소장

1) 피항소인인 이상 원고나 피고 모두 부대항소를 제기할 수 있다.

2) 부대항소장의 형식은 항소장과 완전히 같다. 부대항소가 있더라도 이에 대해서 따로 항소사건 번호가 부여되지는 않는다. 항소로써 이미 이심의 효력이 발생하고, 부대항소는 새로운 소의 제기에 해당하지 않기 때문이다.

▣ **부대항소장 1(원고 부대항소의 경우)**

부대항소장

사 건	2020나89675 약정금
원고, 피항소인	이병석
피고, 항소인	조현성

위 사건에 관하여 원고 소송대리인은 다음과 같이 부대항소를 제기합니다.

부대항소취지

　1. 제1심판결 중 원고 패소 부분을 취소한다. 2. 피고는 원고에게 6,500만 원과 이에 대하여 이 사건 소장 부본 송달일 다음날부터 다 갚는 날까지 연 12%의 비율에 의한 금전을 지급하라. 3. 소송총비용은 피고가 부담한다. 4. 제2항은 가집행할 수 있다.

부대항소이유

1. 원고는 제1심에서 일부 패소 판결을 선고받았으나 이에 항소하지 않았는바, 피고 가 이에 항소하므로 원고도 제1심판결 중 원고 패소 부분의 취소를 구하고자 부대항소를 합니다.
2. 제1심판결의 원고 패소 부분이 부당함은 원고가 그 동안 제출한 준비서면에서 주장한 바와 같습니다. 즉 …(생략)
3. 그러므로 제1심판결 중 원고 패소 부분을 취소하고 그 부분 원고 청구를 인용하여 주시기 바랍니다.

2021. 9. 16.
원고 소송대리인
변호사 이수진 (인)

서울중앙지방법원 귀중

■ 부대항소장 2(피고 부대항소의 경우)

부대항소장

사　　　건　　　　　　2019나666123 구상금
원고, 항소인　　　　　서울특별시
피고, 피항소인　　　　박은수

위 사건에 관하여 피고 소송대리인은 다음과 같이 부대항소를 제기합니다.

부대항소취지

　1. 제1심판결 중 피고 패소 부분을 취소하고, 그 부분 원고의 청구를 기각한다. 2. 소송총비용은 원고가 부담한다.

부대항소이유

1. 피고는 제1심에서 일부 패소 판결을 선고받았으나 그 동안 원고와의 정리를 생각해서 항소하지 않았습니다. 그런데 원고는 항소를 제기함은 물론 당심에서 그 청구를 확장까지 하였는바, 이에 피고도 제1심판결의 피고 패소 부분 전부의 취소를 구하고자 부대항소를 합니다.

2. 제1심판결의 피고 패소 부분이 부당함은 피고가 2021. 5. 23.자 항소이유답변서에서 자세히 주장한 바와 같으므로 이를 원용합니다.

2021. 10. 28.
피고 소송대리인 법무법인 창과방패
담당 변호사 사공영수 (인)

서울고등법원 귀중

라. 추완항소장

1) 항소라는 소송행위를 추완하는 것이 추완항소장이다. 그 기본적 법리는 항소 일반의 경우와 같다.

2) 추완항소장에는 불변기간인 항소제기기간을 당사자(추완항소인)가 책임질 수 없는 사유로 말미암아 불변기간을 지킬 수 없었던 사유와 그 사유가 없어진 날부터 2주 이내에 추완항소를 제기한다는 사실을 밝히고 이를 증명하여야 한다.

3) 나머지 사항은 일반 항소장과 같다.

■ 추완항소장

추완항소장

사　　　건　　　　2020가합423469 약정금
원고, 피항소인　　　최병일
피고, 항소인　　　　사현국

위 사건에 관하여 피고 소송대리인은 다음과 같이 추완항소를 제기합니다.

항소취지

제1심판결을 취소하고, 원고의 청구를 기각한다.

항소이유

1. 피고가 항소제기기간을 지킬 수 없었던 사유

(1) 피고는 이 사건 소장에 기재된 주소지에서 이미 다른 곳으로 이사하여 거주하고 있었습니다. 그런데 원고는 위 주소지를 피고의 주소로 기재하여 이 사건 소를 제기하였고, 1심 법원은 소장 부본과 원고의 준비서면, 피고에 대한 변론기일소환장 등 모든 소송서류를 공시송달의 방법에 의하여 송달하였으며, 제1심판결문 역시 공시송달하여 형식상 그 판결은

2019. 5. 1. 확정되었습니다.

(2) 피고는 2021. 3. 29. 피고 주택의 등기사항증명서를 발급 받아보고 나서야 원고가 제1심판결에 기해 위 주택에 강제집행을 개시한 사실을 알았고, 이에 2021. 3. 31. 법원에 가서 제1심판결문을 발급받아 위와 같이 1심소송이 공시송달의 방법에 의하여 소송이 진행된 사실을 확인한 후 금일 이 사건 추완항소를 제기하게 되었습니다.

(3) 피고에게 소장 부본과 판결 정본 등이 공시송달의 방법에 의하여 송달되었다면, 특별한 사정이 없는 한 피고는 과실 없이 그 판결의 송달을 알지 못한 것이고, 이러한 경우 피고는 그 책임을 질 수 없는 사유로 인하여 불변기간을 준수할 수 없었던 때에 해당하여 그 사유가 없어진 후 2주일 내에 추완항소를 제기할 수 있으므로(대법원 2006. 2. 24. 선고 2004다8005 판결 등 참조), 피고의 이 사건 추완항소는 적법합니다.

2. 제1심판결의 위법부당성

(1) 원고는 이 사건 청구원인으로 …라고 주장하고, 1심법원은 원고의 청구를 인용하였으나 이는 다음과 같이 위법부당합니다.

(2) …(생략)

(3) 따라서 원고의 청구는 어느 면에서나 이유가 없습니다.

3. 결론

그러므로 제1심판결을 취소하고 원고의 청구를 기각하여 주시기 바랍니다.

2021. 4. 12.

피고 소송대리인

변호사 정길수 (인)

부산지방법원 귀중

마. 항소취지변경서

1) 일단 적법·유효한 항소를 제기한 이상 항소인은 항소심의 변론종결 시까지 법원의 하거 없이 항소취지를 자유로이 변경할 수 있다(대법원 1990. 5. 8. 선고 88다카30214 판결, 2010. 12. 23. 선고 2010다56654 판결 등). 항소취지의 변경 형태는 청구취지 변경의 그것과 같다. 즉 항소취지를 감축할 수도 있고, 새로운 것으로 교환할 수도 있으며, 새로운 것으로 추가·확장할 수도 있다. 그러나 항소취지를 변경하는 경우에도, 이는 항소심에 이심된 범위, 즉 1심에서의 청구와 제1심판결을 한도로 한다.

2) 항소인이 항소취지를 변경하면 그에 따라 당연히 항소심의 심판대상이 변경된다. 따라서 항소심법원은 그 한도에서 심판할 권한과 의무가 있다(민사소송법 제415조 참조).

3) 항소취지의 변경은 민사소송법 등에 아무런 규정이 없다. 따라서 이를 반드시 서면

으로 하여야 하는 것은 아니고, 변론준비기일이나 변론기일에 구두로 하여도 무방하다 (대법원 1990. 5. 8. 선고 88다카30214 판결).

4) 부대항소취지의 변경도 항소취지의 변경과 같다.

▣ **항소취지변경서**

항소취지변경서

사　　건　　　　2020나50123　손해배상
원고, 피항소인　　　이상구
피고, 항소인　　　　김달식

위 사건에 관하여 피고 소송대리인은 다음과 같이 항소취지를 변경(확장)합니다.

변경 전 항소취지

　제1심판결 중 피고에게 7,600만 원과 이에 대하여 이 사건 소장 부본 송달일 다음날부터 다 갚는 날까지 연 12%의 비율에 의한 금전을 초과하여 지급을 명한 피고 패소 부분을 취소하고, 그 부분 원고의 청구를 기각한다.

변경하는 항소취지

제1심판결 중 피고 패소 부분을 취소하고, 그 부분 원고의 청구를 기각한다.

항소취지를 변경하는 이유

1. 제1심법원은 피고에게 1억 2,000만 원과 이에 대하여 이 사건 소장 부본 송달일 다음날부터 다 갚는 날까지 연 12%의 비율에 의한 금전의 지급을 명하는 피고 전부 패소 판결을 하였고, 이에 대하여 피고는 피고 패소 부분 중 일부(7,600만 원과 이에 대한 지연손해금을 초과한 부분)에 한하여 항소를 제기한 바 있습니다.

2. 그러나 다음과 같이 제1심판결은 그 전부가 부당하므로 그 모두를 취소하여야 합니다. 즉 …(생략)

3. 이에 피고는 제1심판결 전부의 취소를 구하고자 '변경하는 항소취지'와 같이 항소취지를 변경(확장)합니다.

2021. 7. 18.
피고 소송대리인
변호사 박유진 (인)

서울고등법원 귀중

바. 항소심에서의 청구변경서

1) 민사 항소심은 사실심이자 속심이므로, 민사소송법에 명문의 규정은 없지만 원고는 항소심에서도 청구의 변경이 가능하며, 이에 따라 당연히 청구취지와 청구원인의 변경이 가능하다(대법원 1984. 2. 14. 선고 83다카514 판결 등). 항소인이 원고이든 피고이든 불문한다. 따라서 피고만이 항소한 경우에도 원고는 항소심에서 청구를 변경할 수 있다.

2) 항소심에서의 청구변경의 종류와 방법, 요건은 모두 1심 소송절차에서의 그것과 같다. 다만, 원고가 자신은 항소를 하지 않았으면서도 항소심에서의 청구를 교환적으로 또는 추가적으로 변경하는 경우, 원고는 부대항소를 한 것으로 의제되어 그에 따른 제약을 받게 된다는 점에 유의하여야 한다(대법원 1992. 12. 8. 선고 91다43015 판결, 2000. 2. 25. 선고 97다30066 판결 참조).

3) 항소심에서 청구를 변경하고자 하는 경우에는 청구변경서에 의하여야 하고 항소취지변경서에 의해서는 할 수 없다. 항소는 1심에서의 청구와 이에 대한 1심판결을 전제로 그 취소·변경을 구하는 것이므로, 항소심에서 새로이 청구의 내용이 된 부분, 즉 청구의 교환적 변경이나 추가적 변경에 의하여 비로소 청구된 부분은 그에 대한 1심판결이 존재하지 않으므로 그 취소·변경이 성립할 수 없고, 이에 위반한 항소는 부적법하기 때문이다.

4) 항소심에서 원고가 청구를 교환적으로 또는 추가적으로 변경한 경우, 이 부분 청구는 1심의 심판대상이 아니고 비로소 항소심의 심판대상이 되므로, 그 부분 청구에 대해서 항소심은 1심과 같은 지위에서 심리·판단하게 된다. 그러나 그 부분 판결 역시 2심법원의 판결이므로 이에 대해서도 불복은 상고로써 대법원에 하여야 한다.

◼ 항소심에서의 청구변경서 1(예비적 청구의 추가)

청구취지 및 청구원인 변경신청서

사　　건　　　2021나24567　소유권이전등기
원고, 피항소인　　　전홍석
피고, 항소인　　　조영식

위 사건에 관하여 원고 소송대리인은 다음과 같이 청구취지 및 청구원인을 변경(확장)합니다.

변 경 전 청구취지

피고는 원고에게 인천 중구 신포동 245 대 250㎡에 관하여 1995. 3. 12. 매매를 원인으로 한 소유권이전등기절차를 이행하라.

변경 후 청구취지

원고는 변경 전 청구취지를 주위적 청구취지로 하고, 다음과 같이 예비적 청구취지를 추가합니다.

"예비적으로, 피고는 원고에게 인천 중구 신포동 245 대 250㎡에 관하여 2015. 6. 20. 취득시효완성을 원인으로 한 소유권이전등기절차를 이행하라"

추가하는 예비적 청구원인

1. 원고는 소장과 지금까지의 준비서면을 통해 주장한 바와 같이 1995. 3. 12. 피고를 대리한 그 처 최영심으로부터 이 사건 토지를 매수하여 1995. 6. 20.경 이를 인도받아 현재까지 주차장 등으로 점유·사용해오고 있습니다.

2. 따라서 위 최영심에게 피고를 대리하여 매도할 권한이 없어 이 사건 매매가 무효라고 가정하더라도 원고의 점유는 자주점유에 해당합니다. 그러므로 이 사건 토지에 대하여 원고가 인도를 받은 날부터 20년이 경과한 2015. 6. 20. 그 점유취득시효가 완성되었습니다.

3. 따라서 위 매매가 피고 주장대로 무효인 경우에도, 피고는 원고에게 취득시효완성을 원인으로 한 소유권이전등기절차를 이행할 의무가 있습니다.

2021. 9. 15.

원고 소송대리인

변호사 양선일 (인)

인천지방법원 귀중

■ 항소심에서의 청구변경서 2(청구금액 확장)

청구취지 변경신청서

사 건	2021나35873 임료
원고, 항소인	대홍산업(주)
피고, 피항소인	최민정 외 1인

위 사건에 관하여 원고 소송대리인은 다음과 같이 청구취지를 변경(확장)합니다.

변경 전 청구취지

피고들은 공동하여 원고에게 1억 2,800만 원과 이에 대하여 이 사건 소장 부본 송달일 다음날부터 2019. 5. 31.까지는 연 15%, 그 다음날부터 다 갚는 날까지는 연 12%의 각 비율에 의한 금전을 지급하라.

변경 후 청구취지

  피고들은 공동하여 원고에게 2억 3,524만 원과 그 중 1억 2,800만 원에 대하여는 소장 부본 송달일 다음날부터 2019. 5. 31.까지는 연 15%, 그 다음날부터 다 갚는 날까지는 연 12%의 각 비율에 의한 금전, 나머지 1억 724만 원에 대하여는 이 사건 청구취지 변경신청서 부본 송달일부터 다 갚는 날까지 연 12%의 비율에 의한 금전을 지급하라.

청구를 확장하는 이유

1. 원고가 이미 소장과 지금까지의 준비서면을 통해 주장한 바와 같이 공동 임차인인 피고들은 공동하여 원고에게 연체차임 1억 2,800만 원과 이에 대하여 소장 부본 송달일 다음날부터 2019. 5. 31.까지는 연 15%, 그 다음날부터 다 갚는 날까지는 연 12%의 각 비율에 의한 지연손해금을 지급할 의무가 있습니다.

2. 그런데 원고와 피고들은 이 사건 임대차계약 당시, 이 사건 임대차계약이 종료할 경우 피고들은 이 사건 임대차목적물에 대하여 자신들이 설치하거나 변경한 부분을 자신들의 비용으로 원상복구하기로 약정하였습니다. 그러나 피고들은 이를 이행하지 않은 채 현상 그대로 이 사건 임대차목적물을 원고에게 인도하였습니다. 피고들이 이 사건 임대차목적물에 대하여 설치하거나 변경한 부분을 원상복구하는 데에는 총 1억 724만 원이 소요됩니다(갑 제17호증 참조).

3. 이에 원고는 위 1억 724만 원과 그 지연손해금을 추가로 지급받기 위하여 변경한 청구취지와 같은 판결을 구합니다.

2021. 10. 17.
원고 소송대리인
변호사 조병철 (인)

서울북부지방법원 귀중

2. 상 고 장

가. 상고취지

  1) 상고장의 형식 역시 항소장의 그것과 기본적으로 동일하다. 상고장에는 상고의 취지를 기재하여야 하는데, 이 역시 원심판결(2심판결)의 전부 또는 일부에 대하여 불복하고 상고한다는 뜻을 표시하는 것이다.

2) 상고취지는 상고인이 대법원에 대하여 구하는 재판(판결)의 결론적 요지로서 결국 대법원 판결의 주문에 대응하는바, 원심판결 중 어느 부분에 대하여 불복하고 그 취소·변경을 구하는지를 명확히 하면 충분하다. 다만, 상고심법원 역시 상고인이 불복하고 그 취소·변경을 구하는 범위에서만 심판할 수 있음이 원칙이므로(민사소송법 제431조), 상고취지도 어느 범위에서 원심판결에 불복하는지 그 양과 질을 분명하게 표시하여야 하다(대법원 2018. 10. 12. 선고 2017다6108 판결 참조).

3) 이에 이를 자세하게 표시한 '상고취지'를 반드시 기재하여야 하는 것은 아니지만, 이를 상고장에 기재하는 것이 관행이다. 상고취지 역시 민사소송법이나 민사소송규칙에서 구체적인 내용이나 방식에 대하여 규정하지 않고 있어 관행에 따르고 있다.

4) 상고심인 대법원은 원심판결을 취소(파기)하는 경우, ① 사건을 원심법원에 환송하거나 ② 관할권 있는 법원에 이송하거나 ③ 스스로 본안에 관하여 판결(파기자판)을 할 수 있는바, 상고취지는 이 중 하나를 선택하여 기재하면 된다. 물론 대법원은 이에 구속되지 않고 이 중 어느 하나의 재판을 할 수 있다.

▣ **상고장 1(원고 패소의 경우)**

상고장

사　　　건	2020나72345　손해배상 등
원고(항소인)	이상직
피고(피항소인)	최병진 외 1인

위 사건에 관하여 원고 소송대리인은 다음과 같이 상고를 제기합니다. 원심판결 정본은 2021. 9. 20.에 송달받았습니다.

원심판결의 내용

1. 제1심판결을 취소하고, 원고의 청구를 모두 기각한다.
2. 소송총비용은 모두 원고가 부담한다.

상고취지

"원심판결을 파기하고, 사건을 원심법원에 환송한다"

"원심판결 중 피고 ○○○에 대한 부분(또는 별지 목록 기재 점포의 인도 청구 부분)을 파기하고, 그 부분 사건을 원심법원에 환송한다"

"원심판결을 파기하고, 적절한 판결을 바랍니다"(원고 전부 또는 일부 패소, 패소 부분 전부 상고, 파기환송 청구의 경우)

1. 원심판결을 파기하고 제1심판결을 취소한다.

2. 원고에게, 피고 최병진은 3억 원과 이에 대하여 이 사건 소장 부본 송달일 다음날부터 다 갚는 날까지 연 12%의 비율로 계산한 돈을 지급하고, 피고 서일상사 주식회사는 별지 목록 기재 점포를 인도하라.

3. 소송총비용은 피고들이 부담한다.

4. 제2항은 가집행할 수 있다.

   (원고 전부 패소, 패소 부분 전부 상고, 파기자판 청구의 경우)

상고이유

추후 제출하겠습니다.

2021. 9. 30.

원고 소송대리인

변호사 박창석 (인)

서울고등법원[222] 귀중

■ 상고장 2(피고 패소의 경우)

상고장

사 건	2019나2232061 부당이득반환
원고(피항소인)	삼구쇼핑(주)
피고(항소인)	㈜일성프라자

위 사건에 관하여 피고 소송대리인은 다음과 같이 상고를 제기합니다. 원심판결 정본은 2021. 4. 15.에 송달받았습니다.

원심판결의 내용

1. 피고의 항소를 기각한다.

2. 항소비용은 피고가 부담한다.

상고취지

"원심판결을 파기하고, 사건을 원심법원에 환송한다"(파기환송을 구하는 경우)

---

222) 여기는 2심법원을 기재해도 좋고 대법원을 기재해도 좋으나(원칙적으로는 2심법원을 기재해야 한다), 상고장은 반드시 원심인 2심법원에 제출해야 한다(민사소송법 제425조, 397조 제1항).

"1. 원심판결을 파기하고 제1심판결을 취소한다. 2. 원고의 청구를 기각한다. 3. 소송총비용은 원고가 부담한다"(파기자판을 구하는 경우)

상고이유

추후 제출하겠습니다.

2021. 4. 28.

피고 소송대리인

변호사 서성일 (인)

서울중앙지방법원 귀중

나. 부대상고장

1) 부대상고는 부대항소와 마찬가지로 상대방의 상고에 부대·종속하여 상고심 계속 중에 그 심판의 기회를 이용해서 원심재판 중 자신에게 불이익한 부분(그 전부 또는 일부)의 취소·변경을 구하는 상고를 하는 것을 말한다(민사소송법 제425, 403조). 피상고인인 이상 원고나 피고 모두 부대상고를 제기할 수 있다.

2) 부대상고는 부대항소와 그 성질과 절차 등이 모두 같다. 부대상고에 대해서는 부대항소와 마찬가지로 별도의 사건번호가 따로 부여되지는 않는다. 이미 상고에 의하여 상고심으로 사건 전부가 이심되어 사건번호가 부여되었고, 부대상고는 반소와 달리 그로써 별개의 소가 제기되는 것은 아니기 때문이다.

3) 부대상고장의 형식은 상고장과 완전히 같다. 그러나 부대상고는 늦어도 상대방인 상고인의 상고이유서 제출기간 내에 이를 제기하고, 또한 그 기간 내에 부대상고이유서도 제출해야만 한다(대법원 1968. 9. 17. 선고 68다825 판결, 1993. 1. 26. 선고 92다46394 판결, 1997. 11. 28. 선고 97다38299 판결, 2000. 11. 10. 선고 98다39633 판결). 상고에는 상고이유서 제출이 필수적이고, 그 기간 제한이 있기 때문이다.

▣ **부대상고장 1(원고 부대상고의 경우)**

부대상고장

사   건   2020다23456 약정금
원고, 피상고인   이병석
피고, 상고인   조현성

위 사건에 관하여 원고 소송대리인은 다음과 같이 부대상고를 제기합니다.

부대상고취지

"원심판결 중 원고 패소 부분을 파기하고, 그 부분 사건을 원심법원에 환송한다"(파기환송을 구하는 경우)

"원심판결 중 원고 패소 부분을 파기하고, 그 부분 제1심판결을 취소한다. 피고는 원고에게 2,700만 원과 이 대하여 2018. 4. 23.부터 2019. 5. 31.까지는 연 15%, 그 다음날부터 다 갚는 날까지는 연 12%의 각 비율에 의한 금전을 지급하라"(원고가 1심과 항소심에서 각 일부 패소하고 패소 부분 전부에 대한 파기자판을 구하는 경우)

"원심판결 중 원고 패소 부분을 파기하고, 그 부분 피고의 항소를 기각한다"(원고가 1심에서는 전부 승소하고 항소심에서 일부 패소한 후 항소심의 패소 부분 전부에 대한 파기자판을 구하는 경우)

부대상고이유

추후 제출하겠습니다.

2021. 4. 17.

원고 소송대리인

변호사 최명성 (인)

대법원 귀중[223]

■ **부대상고장 2(피고 부대상고의 경우)**

부대상고장

사　　건　　2021다24567　하자보수 등

원고, 상고인　　최필립

피고, 피상고인　　서영건설(주)

위 사건에 관하여 피고 소송대리인은 다음과 같이 부대상고를 제기합니다.

부대상고취지

"원심판결 중 피고 패소 부분을 파기하고, 그 부분 사건을 원심법원에 환송한다"(파기환

---

223) 이미 피고의 상고로 상고심 사건번호가 부여된 경우에는 부대상고장을 대법원에 제출해야 하므로 이렇게 기재하고, 아직 기록이 2심법원에 있을 때는 2심법원과 대법원 어느 쪽을 기재해도 좋으나 2심법원을 기재함이 원칙이다.

송을 구하는 경우)

"원심판결 중 피고 패소 부분을 파기하고 그 부분 제1심판결을 취소하며, 그 부분 원고의 청구를 기각한다. 소송총비용은 원고가 부담한다"(파기자판을 구하는 경우)

"원심판결의 지연손해금에 관한 부분 중 1억 5,000만 원에 대하여 2015. 5. 19.부터 2019. 11. 13.까지는 연 5%, 그 다음날부터 다 갚는 날까지는 연 12%의 각 비율에 의한 금전을 초과하여 지급을 명한 피고 패소 부분을 파기하고, 그 부분 원고의 항소를 기각한다. 소송 총비용은 원고가 부담한다"(파기자판을 구하는 경우)

부대상고이유

추후 제출하겠습니다.

2021. 10. 28.
피고 소송대리인 법무법인 율민
담당 변호사 이원철, 최희수 (인)

대법원 귀중

다. 상고취지변경서

1) 상고취지도 변경할 수 있음은 물론이다(민사소송법 제425조, 대법원 1981. 9. 8. 선고 80다3211 판결 참조). 상고의 일부 취하에 해당하는 상고취지의 감축은 당연히 허용되고 아무런 문제가 없으나, 상고 대상인 원심판결의 내용을 바꾸거나 그 범위를 확장하는 교환적 변경 또는 추가적 변경의 경우에는 상고이유서 제출기한의 제약을 받게 된다. 상고심은 항소심과 달리 속심이 아닌 사후심이고, 상고이유서 제출기한이 지난 후에 새로이 상고를 제기한 경우 그에 대해서는 적법한 기간 내에 상고이유서를 제출할 수 없기 때문이다. 따라서 상고심의 직권조사사항이 아닌 한 상고이유서 제출기한 이후에는 이러한 내용의 상고취지 변경은 불가하다.

2) 반면 상고제기기간 내에 적법한 상고가 제기되었다면, 그 기간이 지난 후라도 상고이유서 제출기한이 지나지 않았으면 그 상고이유서 제출기한 만료일 전에 상고취지 변경을 통해 새로운 부분에 대한 상고를 제기할 수 있다.

3) 상고취지변경서의 형식도 항소취지변경서와 기본적으로 같다.

■ 상고취지변경서

상고취지변경서

사   건   2021다45678 지료청구
원고, 상고인   이일구
피고, 피상고인   대명산업(주)

위 사건에 관하여 원고 소송대리인은 다음과 같이 상고취지를 변경(확장)합니다.

변경 전 상고취지

원심판결 중 토지인도 청구 부분을 파기하고, 그 부분 사건을 원심법원에 환송한다.

변경 후 상고취지

원심판결 중 원고 패소 부분을 파기하고, 그 부분 사건을 원심법원에 환송한다.

변경하는 이유

1. 제1심법원은 원고의 이 사건 청구 전부를 기각하였던바, 항소심인 원심법원은 원고의 이 사건 청구 중 금전 청구 부분만에 대한 항소를 인용하고 토지인도 청구와 건물철거 청구 부분에 대한 항소를 기각하였습니다. 이에 원고는 2021. 3. 21. 원심판결 중 토지인도 청구 부분에 대하여만 상고를 제기하였습니다.

2. 그러나 토지인도 청구와 건물철거 청구 부분에 대한 원심판결 역시 위법 부당하므로 원고는 그 부분에 대하여도 상고심의 심판을 구하기 위하여 위와 같이 상고취지를 변경(확장)합니다.

확장된 상고 부분에 대한 상고이유

1. 원고의 이 사건 토지인도 청구와 건물철거 청구를 기각한 제1심판결은 다음과 같이 부당합니다. 즉 … (생략)

2. 그럼에도 원심법원은 제1심판결과 동일한 이유로 위 청구 부분에 대한 원고의 항소를 기각하였는바, 이는 법리를 오해하고 종래의 대법원 판례를 위반한 것입니다. 따라서 위 청구 부분에 대한 원심판결도 파기되어야 합니다.

2021. 4. 19.
원고 소송대리인
변호사 심영기 (인)

대법원 귀중

3. 항고장, 부대항고장, 재항고장

가. 항고장

1) 항고에는 통상항고와 즉시항고가 있다. 민사집행법에서는 즉시항고만이 허용된다 (민사집행법 제15조 제1항).[224] 가사심판 역시 같다(가사소송법 제43조 제1항). 통상항고는 원칙적으로 원재판의 취소를 구할 이익이 있는 한 언제든지 제기할 수 있으나(민사소송법 제439조), 즉시항고는 불변기간인 항고기간(1주)의 제한[225]이 있으므로(민사소송법 제444조), 항고를 제기할 때는 이에 유의하여야 한다.

2) 즉시항고는 원칙적으로 그 제기로써 집행정지의 효력이 있으나 통상항고는 그렇지 않다. 즉시항고는 법령에 특정한 심판, 결정, 명령에 대하여 각각 "즉시항고를 할 수 있다"는 규정이 있는 때에 한하므로(민사집행법 제15조 제1항 참조), 그러한 규정이 없는 경우에는 통상항고만을 할 수 있다. 통상항고에는 원칙적으로 원 재판의 집행을 정지시키는 효력이 없으나 즉시항고는 원칙적으로 집행을 정지시키는 효력이 있다(민사소송법 제447조). 그러나 반대로 민사집행법상의 즉시항고는 원칙적으로 집행을 정지시키는 효력이 없다(민사집행법 제15조 제6항).

3) 항고장의 형식 역시 항소장의 그것과 기본적으로 동일하다. 항고장에는 항고의 취지를 기재하여야 하는데, 이 역시 1심재판(1심결정 등)의 전부 또는 일부에 대하여 불복하고 항고한다는 뜻을 표시하는 것이다.

4) 항고의 제기 역시 항소와 마찬가지로 1심법원에 항고장을 제출하는 방법으로 하여야 한다(민사소송법 제445조). 그 양식이 법정되어 있지는 않으므로 법정 기재사항만 누락하지 않으면 자유로이 작성할 수 있다. 항고장에는 항소장과 같이 항고인 및 법정대리인, 항고로써 불복을 신청한 원재판의 표시와 그에 대하여 불복, 항고한다는 취지와 그 범위를 기재한다 (민사소송법 제443조 제1항, 민사소송규칙 제137조 제1항).

5) 항고취지 역시 항고법원의 결정 이전까지 변경할 수 있다.

---

224) 그러나 가압류, 가처분의 보전소송에 관한 재판은 민사집행법 제15조 제1항 소정의 '집행절차에 관한 집행법원의 재판'에 해당하지 않으며(대법원 2008. 2. 28.자 2007마274 결정 참조), 집행법원의 집행비용액확정 결정 역시 집행종료 후의 재판으로서 민사집행법 제15조 제1항의 재판에 해당하지 아니하므로(대법원 2011. 10. 13.자 2010마1586 결정 참조), 민사집행법상 이들 재판에 대하여 즉시항고로 불복할 수 있다고 규정된 경우에도 이에 대해서는 민사집행법 제15조가 아닌 민사소송법의 즉시항고에 관한 규정이 준용된다. 따라서 항고제기기간은 제한되나 항고이유서를 제출하지 않아도 무방하다. 이는 가사심판에 대한 즉시항고의 경우에도 동일하다.

225) 다만, 가사심판에 대한 즉시항고기간은 대법원규칙으로 정하는 날부터 14일이다(가사소송법 제43조 제5항).

■ 항고장 1(**통상항고의 경우**)

항고장

사　　　건　　　　2021가합30125　구상금
원고, 상대방　　　　이필선
피고, 항고인　　　　지구주택관리 주식회사

위 사건에 관하여 피고 소송대리인은 다음과 같이 항고를 제기합니다.

1심결정의 내용

위 사건에 관하여 피고를 항고인에서 '상명아파트 입주자대표회의'로 경정한다.

항고취지

제1심결정을 취소하고, 원고의 피고경정신청을 기각한다.

항고이유

1. 제1심결정의 경위

(1) 원고는 2021. 4. 27. 항고인을 피고로 하여 구상금 청구의 소(귀 법원 2021가합30125호. 이하 '본안 사건'이라고 합니다)를 제기하였습니다. 이에 항고인은 2021. 5. 21. 변호사를 소송대리인으로 선임하여 답변서를 제출하고, 2021. 7. 11. 제1회 변론기일에 위 답변서를 진술하였습니다.

(2) 원고는 2021. 9. 12. 본안 사건의 피고를 항고인에서 '상명아파트 입주자대표회의'로 경정하여 달라는 내용의 피고경정신청서를 제출하였는데, 귀 법원(제1심법원)은 그 신청서 부본을 항고인에게 송달하지 않은 채 2021. 9. 13. 위 신청을 허가하는 결정(이하 '제1심결정'이라 합니다)을 하였고, 위 결정은 같은 날 항고인에게 송달되었습니다.

2. 항고이유의 요지

(1) 민사소송법 제260조 제1항은 "원고가 피고를 잘못 지정한 것이 분명한 경우에는 제1심법원은 변론을 종결할 때까지 원고의 신청에 따라 결정으로 피고를 경정하도록 허가할 수 있다. 다만, 피고가 본안에 관하여 준비서면을 제출하거나, 변론준비기일에서 진술하거나 변론을 한 뒤에는 그의 동의를 받아야 한다."라고 규정하고 있습니다. 그리고 동조 제2항은 "피고의 경정은 서면으로 신청하여야 한다."라고, 동조 제3항은 "제2항의 서면은 상대방에게 송달하여야 한다."라고 각 명시하고 있으며, 동조 제4항은 "피고가 제3항의 서면을 송달받은 날부터 2주 이내에 이의를 제기하지 아니하면 제1항 단서와 같은 동의를 한 것으로 본다."라고 규정하고 있고, 또한 동법 제261조 제3항은 "신청을 허가하는 결정에 대하여는 동의가 없었다는 사유로만 즉시항고를 할 수 있다."라고 정하고 있습니다.

　(2) 원고가 항고인을 본안 사건의 피고로 삼은 것은 그의 잘못으로서, 항고인은 위와 같이 이미 변호사를 소송대리인으로 선임하여 답변서를 제출하고 제1회 변론기일에 이를 진술하였습니다. 그런데 이제 와서 피고를 경정하면 항고인은 그 동안 들인 소송비용을 회수하지 못하는 등의 피해를 입게 됩니다.

　(3) 항고인은 피고경정에 대해 동의한 바 없고, 이에 동의할 의사도 없습니다.

　(4) 그런데 앞서 본 바와 같이 피고는 원고의 이 사건 피고경정신청 이전에 본안에 관한 답변서를 제출하고 변론을 하였음에도, 제1심법원은 민사소송법 제260조 제1항 단서에 기한 피고의 동의를 받지 아니하였을 뿐만 아니라, 동조 제4항에 따라 동의가 간주되지도 아니한 상태에서 피고의 경정을 허가하는 결정을 하였으므로, 이러한 제1심결정은 위법합니다.

3. 결론

그러므로 제1심결정은 위법·부당하고, 취소되어야 합니다.

2021. 11. 25.

피고(항고인) 소송대리인

변호사 윤병길 (인)

서울중앙지방법원 귀중

▣ **항고장 2(민사소송법상 즉시항고의 경우 1)**

즉시항고장

사　　　건　　　　2021가합66389　사해행위취소
원고, 항고인　　　태영건설 주식회사
피고, 상대방　　　방순경

위 사건에 관하여 원고 소송대리인은 다음과 같이 즉시항고를 제기합니다.

1심명령의 내용

이 사건 소장을 각하한다.

즉시항고의 취지

　제1심재판장이 2021. 8. 13.에 한 이 사건 소장각하명령을 취소한다.

즉시항고의 이유

1. 소장각하명령

　원고는 귀 법원에 2021. 7. 21. 이 사건 소를 제기하였는데, 제1심재판장은 이 사건 소가

1년의 제척기간(사해행위를 안 날부터 1년)을 경과한 후에 제기되었다는 이유로 위와 같이 이 사건 소장을 각하하는 명령을 하였습니다.

2. 소장각하명령의 위법 부당성

(1) 그러나 소장이 민사소송법 제249조 제1항의 규정에 어긋나는 경우와 소장에 법률의 규정에 따른 인지를 붙이지 아니한 경우에 재판장은 상당한 기간을 정하여 그 기간 이내에 흠을 보정하도록 명하여야 하고, 원고가 그 기간 이내에 흠을 보정하지 아니한 때에 재판장은 명령으로 소장을 각하하여야 합니다(민사소송법 제249조 제2항). 따라서 설사 제척기간을 도과하여 소가 제기된 경우라도 변론을 열거나 열지 않고 수소법원이 판결로써 소를 각하함은 몰라도(민사소송법 제198, 219조), 그 재판장이 명령으로써 소장을 각하할 수는 없습니다. 따라서 이 사건 소장각하명령은 위법합니다.

(2) 또한 이 사건 소는 제척기간을 도과하여 제기된 것이 아닙니다. 즉 원고는 채무자인 소외 이광국의 피고에 대한 이 사건 재산처분행위를 2020. 8. 6.에야 알았고, 2021. 7. 21. 이 사건 소를 제기하였으므로 사해행위를 안 날부터 1년 안에 적법하게 제기한 것입니다. …(생략)

3. 결론

위와 같이 이 사건 소장각하명령은 어느 모로 보나 위법 부당하므로 이를 취소하여 주시기 바랍니다.

2021. 8. 17.
원고(즉시항고인) 소송대리인
변호사 연규식 (인)

서울서부지방법원[226) 귀중

■ 항고장 3(민사소송법상 즉시항고의 경우 2)

즉시항고장

사　　　건　　　2020카확101286　소송비용액확정
신청인, 상대방　　　손정우
피신청인, 항고인　　　지에스칼텍스 주식회사

위 사건에 관하여 피신청인의 소송대리인은 다음과 같이 즉시항고를 제기합니다.

---

226) 1심재판장의 소장각하명령에 대한 즉시항고 사건은 그 상급심법원이 심판한다. 따라서 단독판사의 소장각하명령은 지방법원 합의부(항고부)가, 합의부 재판장의 소장각하명령은 고등법원이 심판한다.

1심결정의 내용

1. 위 당사자 사이의 사해행위취소 사건(수원지방법원 2015가합62701호, 서울고등법원 2018
   나2033068호)에 관한 소송비용은 피신청인이 부담한다.
2. 위 사건에 관하여 피신청인이 신청인에게 상환하여야 할 소송비용액은 5,728,480원임을
   확정한다.

항고취지

제1심결정을 취소하고, 이 사건 신청을 기각한다.

항고이유

1. 신청인은 피신청인과의 위 사해행위취소 사건(수원지방법원 2015가합62701호, 서울고등법
   원 2018나2033068호)에 관하여 동일한 변호사를 선임하여 그 소송을 수행케 하였습니다.
   그런데 신청인은 위 사해행위취소청구의 소를 제기하기 전에 가처분을 신청하였고, 신청인
   은 위 가처분 사건과 가처분이의 사건 및 사해행위취소 사건 전체에 대한 보수로 1,500
   만 원을 변호사보수로 지급하였는데, 1심법원은 위 1,400만 원이 오로지 위 가압류이의
   사건의 변호사보수에 해당하고, 신청인이 사해행위취소청구 사건의 보수로 따로 2,000만
   원을 지급하였음을 전제로 소송비용액을 정하였는바, 이는 다음과 같이 부당합니다.

2. (이하 생략)

3. 그러므로 제1심결정은 위법·부당하고, 취소되어야 합니다.

2021. 9. 17.

피신청인(항고인) 소송대리인

변호사 이상헌 (인)

수원지방법원 귀중

■ 항고장 4(민사집행법상 즉시항고의 경우)

즉시항고장

사　　건	2019타경14934 부동산강제경매
채무자, 항고인	최훈장
최고가매수신고인, 상대방	정순엽

위 사건에 관하여 채무자 소송대리인은 다음과 같이 즉시항고를 제기합니다.

1심결정의 내용

2020. 7. 7.자 사법보좌관의 처분(최고가매수신고인인 상대방에 대한 매각허가결정)을 인가한다.

즉시항고의 취지

1심결정을 취소한다. 최고가매수신고인인 상대방에 대한 매각을 불허가한다.

즉시항고의 이유

1. 매각허가결정

(1) 채권자(천일상호저축은행)는 대전지방법원 2018차전96244 신용카드 사건의 집행력 있는 지급명령 정본에 기하여 별지 목록 기재 이 사건 토지에 관하여 강제경매를 신청하였고(귀 법원 2019타경14934 부동산강제경매), 경매법원은 2019. 6. 4. 경매개시결정을 하였습니다.

(2) 이 사건 토지의 공부상 지목은 답이고, 2020. 3. 23.자 매각물건명세서에는 '농지취득자격증명서 필요'라고 기재되어 있습니다.

(3) 상대방은 2020. 6. 30. 실시된 매각기일에서 이 사건 토지에 관하여 3억 5,158만 원에 매수신고를 하여 최고가매수신고인이 되었으나, 같은 해 7. 6. 보령시 천북면장으로부터 '이 사건 토지는 현재 창고용지의 목적으로 위법하게 형질이 변경되어 농업경영에 이용하기 어려운 상태로서, 그 현황상 농지로 보기 어려우므로 현 상태에서는 농지취득자격증명을 발급할 수 없다'는 이유로 농지취득자격증명신청에 대한 반려통보서를 발급받아 이를 경매법원에 제출하였습니다.

(4) 그러자 경매법원 사법보좌관은 2020. 7. 7. 이 사건 토지에 대해서는 농지취득자격증명이 불필요하다는 이유로 상대방에 대한 매각허가결정을 하였고, 항고인이 다음날 위 결정에 대한 이의신청의 취지로 즉시항고를 제기하였으나, 1심법원은 2020. 7. 20. 사법보좌관의 위 처분을 인가하는 제1심결정을 하였습니다.

2. 이 사건 토지가 농지인지 여부

(1) 이 사건 토지는 채무자의 소유로서, 채무자는 5년 전 고물상 영업을 하면서 이 사건 토지에 비닐하우스형 창고 3동을 축조하여 현재까지 이용해 오고 있습니다.

(2) 그러나 위 비닐하우스형 창고에 불구하고 이 사건 토지는 농지로서의 성질을 상실하지 않았습니다. 위 비닐하우스형 창고는 그 설치에 다대한 비용이 들지 않음은 물론이고, 이를 철거하여 원상복구를 하는 데에도 큰 비용이 들지 않습니다. 따라서 이 사건 토지에 현재 위 비닐하우스형 창고 3동이 존재하더라도 이는 일시적으로 농지로서의 성질을 상실한 것일 뿐 쉽게 농지로의 원상복구가 가능하여, 농지로서의 성질을 완전히 상실하였다고 할 수 없습니다.

(3) 따라서 이 사건 토지에 관하여 농지취득자격증명 발급을 거부한 천북면장의 처분은 잘못된 것이고, 같은 견지에서 이 사건 토지에 대해서는 농지취득자격증명이 불필요하다는

이유로 상대방에 대한 매각허가결정을 한 사법보좌관의 위 처분이나 사법보좌관의 처분을 인가한 제1심결정 역시 위법합니다.

3. 결론

그러므로 1심결정을 취소하고, 최고가매수신고인인 상대방에 대한 매각을 불허가하여 주시기 바랍니다.

소명방법

1. 사진 7장
2. 철거비용 견적서 3장

2020. 7. 27.
채무자(즉시항고인) 소송대리인
변호사 정병헌 (인)

대전지방법원 귀중

■ 항고장 5(가사심판에 대한 즉시항고의 경우)

즉시항고장

사　　　건　　　　2020느합23459(본심판) 상속재산분할
　　　　　　　　　2021느합1234 (반심판) 기여분
청구인, 반심판상대방　　　정순애
상대방, 반심판청구인　　　최길자

위 사건에 관하여 상대방(반심판청구인)의 소송대리인은 다음과 같이 즉시항고를 제기합니다.

1심심판의 내용

1. 피상속인 망 정계성의 상속재산인 별지 목록 1, 2 기재 각 재산을 청구인이 단독으로 소유한다.
2. 피상속인 망 정계성의 상속재산에 대한 반심판청구인의 기여분을 20%로 정한다.
3. 청구인은 정산금으로 상대방에게 51,953,414원과 이에 대하여 이 심판 확정일 다음날부터 다 갚는 날까지 연 5%의 비율로 계산한 돈을 지급하라.

즉시항고취지

제1심심판을 다음과 같이 변경한다. 피상속인 망 정계성의 상속재산에 대한 반심판청구인

의 기여분을 80%로 정한다. 피상속인 망 정계성의 상속재산인 별지 목록 1, 2 기재 각 재산을 청구인이 단독으로 소유한다. 청구인은 정산금으로 상대방에게 3억 5,000만 원과 이에 대하여 이 심판(결정) 확정일 다음날부터 다 갚는 날까지 연 5%의 비율로 계산한 돈을 지급하라.

항고이유

1. 기여분 제도는 공동상속인 중에 피상속인을 특별히 부양하였거나 피상속인 재산의 유지 또는 증가에 관하여 특별히 기여하였을 경우, 이를 상속분 산정에 고려함으로써 공동상속인 사이의 실질적 공평을 도모하려는 것이므로, 기여분을 인정하기 위해서는 공동상속인 사이의 공평을 위하여 상속분을 조정하여야 할 필요가 있을 만큼 피상속인을 특별히 부양하였다거나 피상속인 재산의 유지 또는 증가에 특별히 기여하였다는 사실이 인정되어야 함(대법원 2014. 11. 25.자 2012스156, 157 결정 등 참조)은 1심법원이 판시한 바와 같습니다.

2. 반심판청구인은 1994년경 망인과 혼인(재혼)한 후 약 5년을 제외하고는 망인의 사망 시까지 함께 생활하였고, 그 사망 전 약 3년 이상 기간 동안에는 중풍과 고혈압으로 투병 중인 그를 간병하였으며, 그러는 가운데서도 반심판청구인이 1995년경부터 운영해오던 세탁소를 운영하여 가계 운영비를 혼자서 부담하였습니다. 망인이 투병 중일 때 자식인 청구인은 간혹 명절에나 찾아 왔을 뿐 문병을 하거나 치료비, 생활비 등을 부담한 바 전혀 없습니다. 한편, 망인 명의로 보유하던 신림동 아파트에 대하여 2002년경부터 재건축이 진행되어 2005. 8. 22.경 상속재산인 별지 목록 1 기재 부동산을 망인 명의로 취득하였는데, 기존 아파트 권리가액 약 6억 5,000만 원을 제외하고 추가로 주택조합에 반심판청구인이 번 돈 1억 8,000만 원을 납부한 후 망인과 반심판청구인은 그 집에서 망인의 사망 시까지 거주하였습니다.

3. 그렇다면, 반심판청구인은 상당한 기간 망인과 동거하면서 그를 간호하고 부업을 하여 생활비를 충당하는 등의 방법으로 피상속인인 망인을 특별히 부양하였고, 또한 망인의 재산 증가에 특별한 기여를 하였다고 봄이 상당한바, 그 기여의 시기, 방법, 정도, 상속재산의 가액 등을 종합할 때, 피상속인의 상속재산에 대한 반심판청구인의 기여분은 적어도 80%를 상회합니다. 그러므로 피상속인 망 정계성의 상속재산인 별지 목록 1, 2 기재 각 재산을 청구인이 단독으로 소유할 경우, 청구인은 정산금으로 반심판청구인에게 3억 5,000만 원과 이에 대하여 이 심판 확정일 다음날부터 다 갚는 날까지 연 5%의 비율로 계산한 돈을 지급하여야 타당합니다. 그런 즉 제1심심판을 항고취지와 같이 변경하여 주시기 바랍니다.

증명방법
(생략)

2021. 10. 23.
상대방(항고인) 소송대리인
변호사 이병식 (인)

서울가정법원 귀중

나. 부대항고장

1) 부대항소에 준하여 부대항고도 가능하다(민사소송법 제443조 제1항).

2) 항고가 즉시항고인 경우에도 부대항고는 즉시항고기간의 경과 여부에 관계없이 항고법원의 결정 이전까지 제기할 수 있다고 해석된다(서울고등법원 2020. 11. 18자 2020라1000 결정 등 참조).

3) 민사집행법상의 즉시항고에 대하여 부대항고를 한 사람은 늦어도 부대항고장을 제출한 날부터 10일 이내에 부대항고이유서를 제출하여야 하고(부산지방법원 2019. 9. 9자 2019라2312 결정 등 참조), 또 항고의 제기 시 일정한 담보를 제공할 것이 요구된 경우(민사소송법 제130조 등)에는 이 역시 제공하여만 적법한 부대항고가 되고, 이를 위반한 경우 그 부대항고는 부적법하다고 볼 것이다(민사집행법 제15조 제5항, 제130조 제4항 참조). 즉시항고를 제기하는 경우 그러한 부담을 받음에도 부대항고를 제기하였다고 하여 이를 면제할 수는 없기 때문이다.

■ **부대항고장**

부대항고장

사　　건　　2021라3456　가처분이의
채권자, 항고인　　김명실
채무자, 상대방　　부전건설 주식회사

위 사건에 관하여 채무자 소송대리인은 다음과 같이 부대항고를 제기합니다.

1심결정의 내용

1. 채무자는 별지 도면 기재 도로 중 1, 2, 3, 4점을 순차 연결한 구간을 이용함에 있어 후륜 기준 차축 2개 이상 트럭과 후륜 기준 차축 2개 미만의 트럭을 각 1일 10회 이상 운행하여서는 아니 되고, 일출 1시간 전과 일몰 1시간 후 및 토·일요일과 공휴일에는 위 각 차량을 운행하여서는 아니 된다.
2. 채무자가 위 의무를 위반하는 경우, 위반행위 1회당 70만 원을 채권자에게 지급한다.
3. 채권자의 나머지 신청을 기각한다.

부대항고취지

 제1심결정 중 채무자 패소 부분을 취소하고, 그 부분에 해당하는 채권자의 가처분신청을 기각한다.

부대항고이유

1. 제1심법원은 채권자의 이 사건 가처분신청을 모두 인용하였다가, 채무자가 이 사건 이의신청을 하자, 신청의 일부를 인용하고 나머지를 기각하는 제1심결정을 하였는바, 채권자는 이에 불복하여 즉시항고를 제기하였습니다.

2. 그러나 1심법원이 인용한 부분의 이 사건 가처분결정도 아래와 같이 부당합니다.
  (1) 즉 채무자는 위 도로를 통하지 않고서는 채무자가 진행 중인 건물 신축공사를 진행할 수 없습니다.
  (2) 위 도로 통해 중에 발생하는 소음이나 진동은 이에 관한 법령의 제한을 초과하지 않습니다. 즉 … (이하 생략)

3. 따라서 제1심결정 중 채무자 패소 부분은 위법·부당하므로 취소되어야 합니다.

2021. 6. 21.
채무자 소송대리인
변호사 이명성 (인)

부산고등법원 귀중

다. 재항고장

 1) 재항고는 항고법원의 결정·명령 또는 고등법원이나 특허법원, 항소법원이 한 결정·명령에 대하여 대법원에 하는 불복신청이다(민사소송법 제442조).
 2) 재항고도 항고와 마찬가지로 통상항고와 즉시항고가 있다. 재항고가 즉시항고에 해당하는 경우에는 원심재판이 고지된 날부터 1주 이내에 하여야 하고, 그 기간은 불변기간이다(민사소송법 제444조). 반면, 재항고가 통상항고에 해당하는 경우에는 항고와 마찬가지로 기간의 제한이 없다.
 3) 특별항고는 통상적 절차에 의해서는 불복할 수 없는 결정이나 명령에 대하여 일정한 사유가 있는 경우에 대법원에 하는 불복신청으로서(민사소송법 제449조 제1항), 재항고에 준하여 상고에 관한 규정이 준용된다(민사소송법 제450조). 특별항고는 원심재판이 고지된 날부터 1주 이내에 하여야

하며, 이 역시 불변기간이다(민사소송법 제449조 제2, 3항).

  4) 재항고취지의 변경 역시 상고취지변경에 준한다. 재항고나 특별항고에는 상고에 관한 규정이 준용되므로 부대재항고나 부대특별재항고의 제기도 가능하다(대법원 1997. 1. 16. 자 96마774 결정).

▣ 재항고장 1(일반 민사사건의 경우)

재항고장

사   건   2020카담20079 담보취소(동의)
신청인, 상대방   태평양정보유통 주식회사
피신청인, 재항고인   엄현섭

위 사건에 관하여 피신청인 소송대리인은 다음과 같이 재항고를 제기합니다.

원심결정의 내용

  신청인과 피신청인 사이의 이 법원 2019카정20305호 강제집행정지 사건에 관하여 신청인이 2019. 12. 7. 서울중앙지방법원 2019년 금 제27031호로 공탁한 3억 원의 담보를 취소한다.

재항고취지

원심결정을 파기하고, 이 사건을 원심법원에 환송한다.

재항고이유

1. 이 사건 담보취소 결정의 경위
  (1) 피신청인은 신청인을 상대로 저작권침해로 인한 손해배상을 청구하는 소(서울중앙지방법원 2018가합56755호)를 제기하였고, 2019. 10. 30. 제1심 법원(위 법원)은 가집행선고부 청구 인용 판결을 선고하였습니다. 신청인은 이에 불복하여 항소(귀 법원 2019나202935)하면서 귀 법원 2015카정20305호로 강제집행정지를 신청하였고, 귀 법원은 2019. 11. 26. 위 신청을 인용하면서 담보제공명령을 내림에 따라 신청인은 2019. 12. 7. 서울중앙지방법원 금 제27031호로 3억 원을 공탁(이하 '이 사건 공탁금')하였습니다.
  (2) 귀 법원은 2020. 4. 6. 제1심 판결과 동일하게 신청인에게 손해배상을 명하되 소송총비용은 각자 부담한다는 내용의 화해권고결정을 하였고, 위 화해권고결정은 2020. 4. 30. 그대로 확정되었습니다.
  (3) 그러자 신청인은 2020. 6. 10. 이 사건 공탁금에 대한 담보취소에 관하여 피신청인의 동의를 받았음을 이유로 2020. 6. 13. 귀 법원에 담보취소를 구하는 이 사건 신청(2020카담20079)을 하였고, 귀 법원은 이를 인정하여 2020. 6. 21. 이 사건 공탁금에 대한 담보취소 결정(원심결정)을 하였습니다.

2. 이 사건 담보취소 결정의 부당성

(1) 그러나 이 사건 담보취소 결정은 아래와 같이 부당합니다. 즉 피신청인은 담보취소신청에 동의한 바가 없습니다.

(2) 신청인이 …(생략)

3. 결론

따라서 원심결정은 위법·부당하고, 이는 파기되어야 합니다.

2020. 7. 1.

피신청인(재항고인) 소송대리인

법무법인 로하스 담당 변호사 변영석 (인)

서울고등법원 귀중[227]

▣ 재항고장 2(가사사건의 경우)

재항고장

사 건   2020브23932 상속재산분할

청구인   손정우

피청구인 이정우 외 1인

위 사건에 관하여 피청구인들의 소송대리인은 다음과 같이 재항고를 제기합니다.

원심결정의 내용

1심심판을 다음과 같이 변경한다. 피상속인 망 이광현의 상속재산인 별지 목록 기재 부동산과 채권을 다음과 같이 분할한다. 별지 목록 제1항 기재 부동산은 청구인이 333분의 222 지분, 피청구인들(이정우, 이방원)이 각 333분의 55.5 지분의 비율로 공유하고, 별지 목록 제2, 3항 기재 채권은 청구인이 단독으로 준소유하며, 별지 목록 제4항 기재 채권은 청구인이 109,732,821원, 피청구인들이 각 12,038,826원을 준공유하는 것으로 분할한다.

재항고취지

원심결정을 파기하고, 이 사건을 원심법원에 환송한다.

---

227) 재항고장 역시 항고장과 같이 원심법원에 제출함이 원칙이다(민사소송법 제443조 제2항 참조).

재항고이유

1. 망인의 상속재산 중 소극재산인 별지 목록 제1항 기재 부동산의 근저당권 피담보채무 3억 6,000만 원도 다음과 같이 이 사건 상속재산분할의 대상에 포함되어야 합니다.

  (1) 즉 금전채권과 같이 가분인 채권이 공동상속되는 경우 상속개시와 동시에 당연히 법정상속분에 따라 공동상속인들에게 분할되어 귀속되므로 상속재산분할의 대상이 될 수 없으나, 공동상속인 중에 특별수익자가 있는 경우와 같이 가분채권을 일률적으로 상속재산분할의 대상에서 제외하면 공동상속인들 사이의 공평을 해하게 되는 부당한 결과가 발생하는 특별한 사정이 있는 때에는 상속재산분할을 통하여 공동상속인들 사이에 형평을 기할 필요가 있으므로 가분채권도 예외적으로 상속재산분할의 대상이 될 수 있습니다(대법원 2016. 5. 4.자 2014스122 결정, 2018. 10. 31.자 2014스186, 2014스187 결정 참조).

  (2) 그런데 …(생략)

  (3) 그러므로 망인의 상속재산 중 소극재산인 별지 목록 제1항 기재 부동산의 근저당권 피담보채무 3억 6,000만 원도 이 사건 상속재산분할의 대상에 포함하여 분할하여야 하고, 이에 반한 원심결정은 부당합니다.

2. 사실의 오인

  (1) 또한 원심법원은 … (이하 생략)

3. 결론

그러므로 원심결정은 위법·부당하고, 파기되어야 합니다.

2021. 11. 18.
피청구인(재항고인)들 소송대리인
변호사 이상헌 (인)

대전고등법원 귀중

---

4. 재심소장

가. 재심의 의의

  1) 재심(再審)은, 이미 확정되어 기판력이 발생한 종국판결에 판결절차 또는 그 판단의 근거가 된 소송자료에 중대한 흠이 있을 때, 그로 인하여 불이익을 입은 당사자에게 원래의 소송에 대하여 다시 재판을 받을 수 있는 기회를 부여하여, 하자가 있는 확정판결인 재심대상판결을 취소하고 침해된 법익의 회복을 꾀하는 특별 구제장치이다.

2) 이는 청구이의의 소나 3자이의의 소처럼 소송법적 형성소송이라고 할 수 있다. 한편, 재심은 이미 확정된 판결을 대상으로 한다는 점에서 확정되기 전의 판결을 대상으로 하는 통상의 불복방법인 상소와 구별된다. 그러나 이 역시 그 대상인 판결이 내포하고 있는 하자를 이유로 하고, 하자가 인정되는 경우 그 불복의 취지에 따라 원래의 판결을 취소하고 새로운 판결을 함으로써 당사자의 법익을 구제한다는 점에서 실질적으로는 상소와 같이 당사자의 불이익 구제와 판결에 대한 불복제도에 해당한다고 할 수 있다.

3) 재심소송은 개념상 ① 확정판결의 취소와 ② 그 취소 이후의 단계로서 본안(청구)에 대한 판단이라는 두 단계로 구성된다. 따라서 ① 단계에서는 재심사유가 존재하는지 여부를 심사하여 그 결과에 따라 확정판결을 취소하고 다음 단계로 나아갈 것인지 여부를 판단하게 된다. 그리고 ② 단계에서는 본안(청구)의 당부나 상소의 당부에 대하여 다시 심리·판단하게 된다. 재심법원은 위 두 단계를 분리하여 심리하고 ①에 대하여 먼저 중간판결을 할 수도 있다(민사소송법 제454조). 그러나 실제로는 위 ①, ② 단계를 나누지 않고 한꺼번에 심판하는 것이 실무대세이다. 물론 ① 단계를 통과하지 못하면 ② 단계에 나아가 심판할 필요가 없고, 그로써 재심의 소를 각하 또는 기각하여도 무방하다.

4) 재심은 상소와 달리 재심을 구하는 소장을 제출하여야 한다. 재심은 재심대상사건의 원고나 피고, 또는 독립당사자참가인 등 이에 준하는 당사자 모두 제기할 수 있다. 상소심판결에 대하여 재심을 구하는 경우에도 상소인이든 피상소인이든 재심을 청구할 수 있다. 재심소송에서는 재심대상판결의 취소를 구할 이익이 있는 사람이 재심원고가 되고, 그 취소에 의하여 불이익을 입게 되는 사람이 재심피고가 된다. 따라서 본래의 피고가 재심원고가 될 수도 있다. 필수적 공동소송인에 대해서는 민사소송법 제67조가 적용되어야 하므로, 필수적 공동소송관계에 있는 사람들 중 한 사람이 재심의 소를 제기하면 나머지 공동소송인들도 당연히 재심원고의 지위에 서게 되고, 또 상대방이 이를 제기할 때에는 그 공동소송인 전원을 재심피고로 하여야 한다.

5) 재심대상판결은 확정된 종국판결이다. 확정된 종국판결인 이상 전부판결, 일부판결, 본안판결 또는 소송판결을 가리지 않으며, 1심판결은 물론 2심판결과 3심판결에 대해서도 각각 독립하여 재심대상이 된다. 따라서 동일한 사건에 대하여 심급을 달리하는 판결이 존재하는 경우, 그 각 판결에 재심사유가 있으면 원칙적으로 각각 이에 대하여 독립하여 재심의 소를 제기할 수 있다. 확정된 재심판결에 재심사유가 있을 때에는 이에 대하여도 다시 재심의 소를 제기할 수 있음은 물론이다(대법원 2015. 12. 23. 선고 2013다17124 판결).

6) 재심소장은 재심대상판결을 한 법원(전속관할)에 제출하여야 한다(민사소송법 제453조 제1항). 재심소장에는 ① 당사자와 법정대리인, ② 재심대상판결의 표시와 그 판결에 대하여 재심을 청구하는 취지, ③ 재심의 이유(재심사유)를 기재하여야 한다(민사소송법 제458조). 그리고 재심소장에는

재심대상판결의 심급에 따라 각각 소장, 항소장 또는 상고장에 붙여야 할 인지액과 같은 액의 인지를 붙여야 한다(민사소송 등 인지법 제8조 제1항). 재심소장에는 그밖에 소장이나 상소장에 준하여 필요한 사항을 기재할 수 있다. 따라서 재심대상판결을 취소하고 그에 갈음하여 구하는 판결의 내용과 준비서면적 기재사항도 당연히 기재할 수 있다.

7) 재심은 형식상으로는 종전 소송과 구별되는 새로운 소송이므로, 소송대리인이 종전 소송의 소송대리인과 동일한 사람이라도 재심의 소에서 소송대리를 하려면 새로운 소송위임장을 제출하여야 한다. 사건번호도 재심대상판결 번호가 아니라 새로이 부여된다. 다만, 소송경제와 당사자의 편의를 위해 이전의 소송행위의 효력은 재심사유에 배치되지 않는 한 그대로 유지되고, 이에 따라 재심절차에서 당사자가 제출한 서증의 번호는 종전 소송의 그것에 연속하여 매긴다(민사소송규칙 제140조 제1항). 그러나 재심대상 사건의 소송기록이 없어져서 원래의 서증번호를 알 수 없다면 새로이 번호를 부여하는 수밖에 없다.

8) 확정판결과 동일한 효력이 있는 화해조서 등 또는 즉시항고로 불복할 수 있는 결정이나 명령에 대해서도 준재심을 제기할 수 있다(민사소송법 제461조).

나. 재심소장의 청구취지

1) 재심소장의 청구취지는 다음 두 가지로 요약할 수 있다. 첫째는, 확정판결(재심대상판결)의 취소를 구하는 것이다. 확정판결을 취소하지 않으면 새로운 판결을 할 수 없으므로 이는 필수적이다. 물론 그 형식이야 어떠하든 그 뜻만 표시하면 충분하다. 확정판결 전부의 취소는 물론 그 일부 취소도 구할 수 있다(대법원 2006. 3. 9. 선고 2004재다672 판결, 2006. 3. 9. 선고 2003재다262 판결등 참조).

2) 둘째는, 확정판결을 취소한 후 그에 갈음하는 새로운 판결을 구하는 것이다. 재심의 소에서 ①단계 청구, 즉 확정판결의 취소청구가 이유 있으면 그 판결 선고가 없었던 것과 같이 되어 종전의 소송상태로 돌아간다. 그러므로 재심법원은 종전 소송이 1심소송인 경우에는 원고의 청구를 기준으로 심판하고, 항소심이나 상고심의 경우에는 항소나 상고를 기준으로 다시 심판하면 된다. 따라서 재심청구취지에는 위와 같이 본안의 청구에 대해서는 원칙적으로 기재하지 않아도 좋으나, 관행상 이를 기재한다.

■ 재심 소장 1(재심대상판결이 1심판결이고 원고가 재심원고인 경우)

<table>
<tr><td colspan="2" align="center">재심 소장</td></tr>
<tr><td>원　고(재심원고)</td><td>전영택</td></tr>
<tr><td>피　고(재심피고)</td><td>이필수</td></tr>
<tr><td colspan="2">재심대상판결: 서울서부지방법원 2017. 8. 28. 선고 2017가단12345 판결</td></tr>
<tr><td colspan="2">위 사건에 관하여 원고(재심원고) 소송대리인은 다음과 같이 재심의 소를 제기합니다.</td></tr>
</table>

청구취지 및 재심청구취지

○ 청구취지: 피고(재심피고. 이하 피고)는 원고(재심원고. 이하 원고)에게 1,000만 원과 이에 대하여 이 사건 소장 부본 송달일 다음날부터 다 갚는 날까지 연 15%의 비율로 계산한 돈을 지급하라.[228]

○ 재심청구취지: 재심대상판결을 취소하고, 청구취지와 같은 판결(또는 "피고는 원고에게 1,000만 원과 이에 대하여 이 사건 소장 부본 송달일 다음날부터 2019. 5. 31.까지는 연 5%, 그 다음날부터 다 갚는 날까지는 연 12%의 각 비율로 계산한 돈을 지급하라.)

재심사유

1. 위 사건에 관하여 귀 법원은 2017. 8. 28. 원고의 청구를 전부 기각하는 판결을 선고하였고, 위 판결은 2017. 9. 30. 확정되었습니다.

2. 그러나 재심대상판결인 위 판결에는 다음과 같이 민사소송법 제451조 제1항 제9호 소정의 재심사유(판결에 영향을 미칠 중요한 사항에 관하여 판단을 누락한 때)가 있습니다. 즉 피고는 소멸시효항변을 하였고, 이에 대하여 원고는 소멸시효중단의 재항변을 하는 한편 소멸시효이익 포기의 재항변도 하였습니다(원고의 2017. 5. 24.자 준비서면 참조. 이는 2017. 6. 4. 제3회 변론기일에 진술되었습니다). 그럼에도 귀 법원은 이에 대한 판단을 누락한 채 피고의 소멸시효항변을 인용하여 원고의 청구를 기각하였습니다.

3. 그러므로 재심대상판결은 위법·부당하고, 취소되어야 합니다. 원고는 재심대상판결의 정본을 공시송달에 의하여 송달 받음으로써 2021. 5. 10.에야 위 사실을 알게 되었습니다. 이에 재심대상판결의 취소와 청구취지와 같은 판결을 받기 위하여 이 사건 소를 제기합니다.

2021. 5. 15.
원고(재심원고) 소송대리인
변호사 정하상 (인)

서울서부지방법원 귀중[229]

---

228) 이는 종전의 소장 등에 이미 기재된 내용이지만, 주의를 환기하기 위해서 또는 소송기록이 없어진 경우에 대비하여 다시 기재하는 것이다.

229) 재심소장은 재심대상판결을 한 법원에 제출함이 원칙이다(민사소송법 제453조 제1항 참조).

▣ 재심 소장 2(재심대상판결이 1심판결이고 피고가 재심원고인 경우)

재심 소장

사 건	2018가합66789 소유권이전등기 말소
원 고(재심피고)	사영훈
피 고(재심원고)	명진개발 주식회사

재심대상판결: 인천지방법원 2019. 12. 26. 선고 2018가합66789 판결

위 사건에 관하여 피고(재심원고) 소송대리인은 다음과 같이 재심의 소를 제기합니다.

청구취지 및 재심청구취지

○ 청구취지: 피고(재심원고. 이하 피고)는 원고(재심피고. 이하 원고)에게 별지 목록 기재 토지에 관하여 인천지방법원 동인천등기소 2003. 9. 21. 접수 제34567호로 마친 소유권이전등기의 말소등기절차를 이행하라.

○ 재심청구취지: 재심대상판결을 취소한다. 원고의 청구를 기각한다. 재심소송비용을 포함하여 소송비용(재심 전후의 소송총비용)은 모두 원고가 부담한다.

재심사유와 재심대상판결의 부당성

1. 재심대상판결의 확정

위 사건에 관하여 귀 법원은 2019. 12. 26. 원고의 청구를 전부 인용하는 판결을 선고하였고, 위 판결은 2020. 1. 13. 확정되었습니다.

2. 재심사유

(1) 재심대상판결인 위 판결에는 다음과 같이 민사소송법 제451조 제1항 제3호 소정의 재심사유(법정대리권·소송대리권 또는 대리인이 소송행위를 하는 데에 필요한 권한의 수여에 흠이 있는 때)가 있습니다. 즉 위 소송 계속 중인 2018. 6. 16. 피고에 대하여 회생절차개시 결정이 있었는데(그 당시에는 아직 위 사건의 제1회 변론기일도 열리기 전이었습니다), 귀 법원은 그 사실을 알지 못한 채 회생관리인의 소송수계가 이루어지지 아니한 상태 그대로 소송절차를 진행하였고 판결을 선고하였습니다.

(2) 이러한 경우 민사소송법 제451조 제1항 제3호 소정의 재심사유에 해당한다는 것이 판례입니다(대법원 2016. 12. 27. 선고 2016다35123 판결 등 참조).

3. 원고 청구의 부당성

(1) 원고 청구는 다음과 같이 전혀 이유가 없습니다.

(2) 즉 …(생략)

4. 결론

그러므로 재심대상판결을 취소하고 원고의 청구를 기각하여 주시기 바랍니다.

증명방법

1. 회생절차개시결정 정본(을 제1호증)

2021. 5. 15.

피고(재심원고) 소송대리인

변호사 이상길 (인)

인천지방법원 귀중

▣ 재심 소장 3(재심대상판결이 2심판결인 경우)

재심 소장

원 고(재심피고)   정지상

피 고(재심원고)   용인시

제1심판결: 수원지방법원 2019. 7. 16. 선고 2018가단338352 판결

재심대상판결(제2심판결): 수원지방법원 2020. 9. 22. 선고 2019나54321 판결

위 사건(귀 법원 2019나54321)에 관하여 피고(재심원고) 소송대리인은 다음과 같이 재심의 소를 제기합니다.

청구취지, 항소취지 및 재심청구취지

○ 청구취지: 피고(재심원고. 이하 피고)는 원고(재심피고. 이하 원고)에게 별지 목록 기재 각 토지를 인도하고, 2013. 2. 1.부터 위 각 토지를 인도하는 날까지 매월 12만 원을 지급하라.

○ 항소취지: 제1심판결을 취소하고, 원고의 청구를 기각한다.

○ 재심청구취지: 재심대상판결과 제1심판결을 각 취소한다. 원고의 청구를 기각한다. 재심전후의 소송총비용은 원고가 부담한다.

재심사유

1. 위 사건에 관하여 귀 법원은 2020. 9. 22. 피고의 항소를 전부 기각하는 판결을 선고하였고, 위 판결은 2020. 10. 7. 확정되었습니다.

2. 그러나 재심대상판결에는 다음과 같이 민사소송법 제451조 제1항 제7호 소정의 재심사유(증인·감정인·통역인의 거짓 진술 또는 당사자신문에 따른 당사자나 법정대리인의 거짓

진술이 판결의 증거가 된 때)가 있습니다. 즉 이 사건에서는 피고(당시 용인군)가 원래의 소유자로서 원고의 선대인 소외 정영근에게서 이 사건 토지를 1977. 4. 16. 새마을운동의 일환으로 증여 받은 일이 있는지 여부가 쟁점이 되었는데, 그 당시 마을 이장이라고 하는 소외 이형철은 2020. 6. 9. 귀 법원에 증인으로 출석하여 …라고 위증을 하였습니다. 귀 법원은 위 이형철의 증언을 토대로 원고 주장 사실을 모두 인정하고 피고의 항소를 기각하였습니다.

이에 피고가 위 이형철을 위증혐의로 고소한 결과, 위 이형철은 2021. 7. 19. 귀 법원 (2020고단7896호)에서 유죄가 인정되어 징역 6월에 집행유예 3년의 형을 선고받았고, 이는 그 무렵 확정되었습니다(을 제19호증 참조).

3. 그러므로 재심대상판결은 위법·부당하고, 취소되어야 합니다. 이에 피고는 재심대상판결의 취소와 다시 판결을 받기 위하여 이 사건 소를 제기합니다.

2021. 8. 2.
피고(재심원고) 소송대리인
변호사 이길수 (인)

수원지방법원 귀중

■ 재심 소장 4(재심대상판결이 3심판결인 경우)

재심 소장

원 고(재심피고)   이열훈
피 고(재심원고)   김영길
제1심판결: 수원지방법원 2018. 7. 16. 선고 2018가합12345 판결
제2심판결: 서울고등법원 2020. 4. 15. 선고 2018나86432 판결
재심대상판결: 대법원 2020. 12. 27. 선고 2020다69158 판결

위 사건(귀 법원 2020다69158)에 관하여 피고(재심원고) 소송대리인은 다음과 같이 재심의 소를 제기합니다.

청구취지, 상고취지 및 재심청구취지

○ 청구취지: 피고(재심원고. 이하 피고)의 소외 이정우에 대한 수원지방법원 오산시법원 2015. 6. 27. 선고 2015가소50183 부당이득반환청구 사건의 집행력 있는 확정판결 정본에 기해 2017. 8. 9. 별지 목록 기재 기계에 대하여 한 압류집행을 불허한다.
○ 상고취지: 원심판결을 취소하고, 사건을 원심법원에 환송한다.
○ 재심청구취지: 재심대상판결과 원심판결을 모두 취소한다. 사건을 원심법원에 환송한다.

재심사유

1. 재심대상판결의 확정

위 사건에 관하여 제1심법원은 원고(재심피고. 이하 원고)의 청구를 모두 인용하는 판결을 선고하였고, 2심법원(원심법원)은 2020. 4. 15. 피고의 항소를 전부 기각하는 원심판결을 선고하였는데, 피고가 이에 상고를 제기하였으나 상고를 기각하는 재심대상판결이 2020. 12. 27. 선고되어 확정되었습니다.

2. 재심사유의 존재

(1) 법원조직법 제7조 제1항에 의하면, 대법원의 심판권은 대법관 전원의 3분의 2 이상의 합의체에서 이를 행하되, 다만 같은 항 각 호의 경우에 해당하는 경우가 아니면 대법관 3인 이상으로 구성된 부에서 사건을 먼저 심리하여 의견이 일치된 경우에 한하여 그 부에서 심판할 수 있도록 하고 있으며, 같은 항 제3호는 '종전에 대법원에서 판시한 헌법·법률·명령 또는 규칙의 해석적용에 관한 의견을 변경할 필요가 있음을 인정하는 경우'를 규정하고 있습니다.

(2) 그러므로 재심대상판결에서 판시한 법률 등의 해석적용에 관한 의견이 그 전에 선고된 대법원 판결에서 판시한 의견을 변경하는 것임에도 대법관 전원의 3분의 2에 미달하는 대법관만으로 구성된 부에서 그 재심대상판결을 심판하였다면 이는 민사소송법 제451조 제1항 제1호의 '법률에 의하여 판결법원을 구성하지 아니한 때'의 재심사유에 해당합니다(대법원 1982. 9. 28. 선고 81사9 전원합의체 판결, 1995. 4. 25. 선고 94재다260 전원합의체 판결 등 참조).

(3) 그런데 이 사건 재심대상판결은, 대법관 4인으로 구성된 부에서 사건을 심리하여 …라고 판시하였습니다. 그러나 재심대상판결 이전에 선고된 대법원 … 판결에서는 …라고 판시하였는바, 결국 재심대상판결은 위 …판결과는 반대의 견해를 취한 셈입니다.

(4) 따라서 재심대상사건에 대해서는 전원합의체가 심판하였어야 할 것임에도 전원합의체가 아닌 부에서 재심대상판결을 심판하였으므로, 재심대상판결에는 민사소송법 제451조 제1항 제1호 소정의 재심사유(법률에 따라 판결법원을 구성하지 아니한 때)가 있습니다.

3. 결론

이에 피고는 재심대상판결의 취소와 이에 따른 판결을 다시 받기 위하여 이 사건 소를 제기합니다. 보다 자세한 재심사유는 추후 제출하겠습니다.

2021. 1. 13.

피고(재심원고) 소송대리인

법무법인 상원 담당 변호사 명재익 (인)

대법원 귀중

다. 재심에서의 청구취지 또는 상소취지의 변경

1) 재심소송은 위와 같이 확정된 재심대상판결을 취소하고 본래의 소송절차를 계속하여 본래의 사건을 다시 심판하는 것으로서, 그 심판의 대상이 되는 본안은 원래의 청구나 상소취지를 기준으로 한다.

2) 그러나 재심소송의 당사자는 재심소송에서 청구의 변경이나 반소의 제기 또는 상소취지를 변경할 필요가 발생할 수 있다. 민사소송법 제459조 제1항은 재심소송에서 본안의 변론과 재판은 재심청구이유의 범위 안에서 하여야 한다고 규정하고 있는바, 이는 소송 일반의 경우와 같이 처분권주의의 원칙에 따라 재심원고가 구한 재심청구와 재심사유의 한도에서 심판하라는 의미이고, 이 규정이 재심소송에서 청구의 변경 등을 금하는 근거가 될 수는 없다. 따라서 재심소송에서도 이를 허용하여야 한다. 재심사유가 있어 재심대상판결을 취소하고 새로 재판을 하여야 하는 이상, 본안의 심판 범위가 개개의 재심사유에 의하여 제한될 수는 없기 때문이다.

3) 다만, 재심소송에서 청구의 변경이나 반소의 제기 또는 상소취지의 변경을 허용하는 경우에도 일반적인 청구변경과 반소 제기 등의 요건을 갖추어야 함은 물론이다. 재심소송에서의 청구변경은 주로 청구의 교환적 변경이나 확장이 될 것이지만, 청구의 감축도 가능하다. 청구를 감축하였으나 재심법원이 재심의 소를 각하하거나 재심청구를 기각하는 경우에는 이는 효력이 없다고 할 것이다. 이미 재심대상판결이 확정되었기 때문이다. 재심대상 사건이 상고사건인 경우에는 상고이유서 제출기간의 제한이 있으므로, 재심사유에 의하여 그것이 방해받은 경우 외에는 상고취지나 상고이유의 변경이 쉽지 않을 것이다.

4) 한편 재심소송에서 청구의 변경이나 상소취지의 변경 또는 반소의 제기가 있는 경우에, 재심사유가 인정되지 않아 재심대상판결이 취소되지 않는 때에는 재심법원은 재심청구를 각하하거나 기각하면 족하고 그 부분 변경된 청구나 상소에 대해서는 따로 판단할 필요가 없다. 재심소송에서 청구의 변경 등 본안의 내용 변경은 재심대상판결이 취소되지 않을 것을 해제조건으로 한 것으로 보아야 하며, 따라서 그 경우 해제조건의 성취로 그 부분은 재심소송의 소송목적이 되지 않기 때문이다.

5) 재심소송에서 그 소송목적인 청구의 변경 등 본안의 내용 변경은 청구변경서나 항소취지변경서 등에 의함이 보통일 것이나, 당사자가 재심소장의 재심청구취지에 그러한 내용을 기재한 경우 재심법원은 이를 석명케 하여 청구변경 등이 있는 것으로 취급할 수 있을 것이다.

■ 재심 소송에서의 청구 변경서(재심대상판결이 1심판결인 경우)

청구취지 및 청구원인 변경신청서

사   건   2021재가단34579 소유권이전등기 말소
원   고(재심원고)   사영훈
피   고(재심피고)   수원시

위 사건에 관하여 원고(재심원고) 소송대리인은 다음과 같이 청구취지 및 청구원인을 변경(추가)합니다.

청구취지의 변경

○ 종전의 청구취지: 오산시 지곳동 155 잡종지 1,231㎡에 관하여 피고(재심피고. 이하 피고)는 원고(재심원고. 이하 원고)에게 수원지방법원 오산등기소 1977. 4. 21. 접수 제34567호로 마친 소유권이전등기의 말소등기절차를 이행하라.

○ 변경하는 청구취지: 피고는 원고에게, 오산시 지곳동 155 잡종지 1,231㎡에 관하여 수원지방법원 오산등기소 1977. 4. 21. 접수 제34567호로 마친 소유권이전등기의 말소등기절차를 이행하고, 2,324,567원과 이에 대하여 이 사건 청구취지 및 청구원인 변경신청서 부본 송달일 다음날부터 다 갚는 날까지 연 12%의 비율에 의한 금전을 지급하라.

변경(추가)하는 청구원인

위와 같이 원고(재심원고. 이하 동일)는 재심대상사건의 종전 청구취지에 금전청구를 추가하는바, 이에 따라 다음과 같이 청구원인을 추가합니다.

1. 피고의 토지 점유와 부당이득

(1) 피고는 이 사건 토지에 관하여 아무런 법률상 권원이 없음에도 1977. 4. 21. 그 명의로 소유권이전등기를 마쳤을 뿐 아니라, 그 무렵부터 현재까지 이를 도로로 점유·사용하고 있습니다.

(2) 그러므로 피고는 원고에게 위 토지의 점유·사용으로 인하여 얻은 차임 상당의 금전을 부당이득으로 반환할 의무가 있는바, 원고는 이 사건 청구취지 및 청구원인 변경신청일 5년 이전분은 제외하고(지방재정법 제82조 제2항에 따라 금전의 지급을 목적으로 하는 지방자치단체에 대한 권리는 시효기간이 5년입니다) 그 이후의 부당이득반환을 구합니다.

2. 피고의 부당이득액

(1) 위 기간 동안의 차임은 …(생략)

3. 결론

그러므로 피고는 원고에게 위와 같이 소유권이전등기의 말소등기절차를 이행하고, 금전

을 지급할 의무가 있습니다.

2021. 11. 20.
원고(재심원고) 소송대리인
변호사 이상길 (인)

수원지방법원 귀중

▣ 재심 소송에서의 항소취지 변경서(재심대상판결이 2심판결인 경우)

항소취지 변경서

사   건   2020재나12356   부당이득
원   고(재심피고)   최영철
피   고(재심원고)   조병구

위 사건에 관하여 피고(재심원고) 소송대리인은 다음과 같이 항소취지를 변경(확장)합니다.

당초의 항소취지

  제1심판결 중 피고(재심원고, 이하 피고)에게 4,200만 원과 이에 대하여 이 사건 소장 부본 송달일 다음날부터 1심판결 선고일까지는 연 5%, 그 다음날부터 다 갚는 날까지는 연 12%의 각 비율에 의한 금전을 초과하여 지급을 명한 피고 패소 부분을 취소하고, 그 부분 원고(재심피고, 이하 원고)의 청구를 기각한다.

변경하는 항소취지

제1심판결을 취소하고, 원고의 청구를 모두 기각한다.

항소취지 변경의 이유

1. 1심법원은 원고의 청구를 모두 인용하여 피고 전부 패소 판결을 선고하였고, 이에 피고가 패소 부분 중 일부에 대하여 항소를 하였으나 항소심법원인 귀 법원은 피고의 항소를 모두 기각하는 판결(재심대상판결)을 선고하였습니다.

2. 그러나 재심대상판결에는 피고가 재심소장과 그 이유서에서 자세히 주장한 바와 같이 재심사유가 있고, 따라서 이는 취소되어야 합니다. 그리고 원고의 청구는 모두 이유가 없습니다. 그 이유는 다음과 같습니다.
   (1) 원고는 피고가 … 하여 부당이득을 얻었다고 주장하나, …(생략)…로서 원고의 청구

는 모두 이유가 없습니다.

(2) 따라서 원고의 청구는 모두 기각되어야 함에도 1심법원과 귀 법원은 법리를 오해하고 사실을 오인하여 원고 청구를 모두 인용하였으므로, 피고는 1심판결 전부의 취소를 구하는 것으로 항소범위를 확장하기 위하여 위와 같이 항소취지를 변경합니다.

2021. 4. 5.

피고(재심원고) 소송대리인

변호사 강해진 (인)

서울고등법원 귀중

라. 재심사유 변경서

1) 재심의 소를 제기한 후에도 재심사유를 바꿀 수 있다(^{민사소송법} _{제459조 제2항}).

2) 재심의 소에서 각각의 재심사유는 재심청구의 청구원인을 이루므로(^{대법원 1992. 10. 9.} _{선고 92므266 판결 등}) 재심사유의 변경은 소(재심청구)의 변경에 해당하고, 따라서 그 변경한 재심사유에 관한 재심의 소의 제기기간(제척기간)이 준수되었는지 여부는 새로운 재심사유를 주장한 때를 기준으로 한다(^{민사소송법 제265,} _{262조 참조}).

▣ **재심사유 변경서**

재심사유 변경서

사   건   2021재다20469 손해배상

원고(재심원고)   자연종합건설 주식회사

피고(재심피고)   민영기

위 사건에 관하여 원고(재심원고) 소송대리인은 다음과 같이 재심사유를 변경합니다.

1. 당초의 재심사유

원고(재심원고, 이하 원고)는 당초 재심대상판결에 대하여 민사소송법 제451조 제1항 제2호 소정의 재심사유(법률상 그 재판에 관여할 수 없는 법관이 관여한 때)를 주장한 바 있습니다.

2. 변경하는 재심사유

(1) 원고는 당초의 재심사유에 갈음하여 다음과 같이 민사소송법 제451조 제1항 제10호 소정의 재심사유(재심을 제기할 판결이 전에 선고한 확정판결에 어긋나는 때)를 주장합니다.

(2) 이 사건 재심대상판결이 선고, 확정되기 전인 2015. 4. 15. 이미 서울서부지방법원 2013나67543호 판결(원고 수자연종합건설 주식회사, 피고 민상철)이 선고되어 그 판결이 2015. 5. 23. 확정되었는바, 그 판결의 효력(기판력)은 후소인 재심대상사건에 미칩니다. 즉 …(생략)…

(3) 따라서 재심대상판결은 그 전에 선고한 확정판결에 어긋나므로 그에 관하여 민사소송법 제451조 제1항 제10호 소정의 재심사유가 존재합니다.

3. 제척기간의 도과 여부

(1) 원고는 위 확정판결상 소송목적의 권리자(채권자)인 수자연종합건설 주식회사의 변론종결 후 승계인으로서, 변경하는 재심사유를 최근에야 알게 되었으므로 위 재심사유의 변경은 적법합니다.

(2) 설사 원고가 위 변경하는 재심사유를 이 사건 재심의 소 제기 30일 이전에 알았다고 하더라도, 민사소송법 제451조 제1항 제10호 소정의 재심사유에 대해서는 민사소송법 제457조에 따라 제456조의 재심제기의 기간이 적용되지 아니하므로 위 재심사유의 변경은 적법합니다.

2021. 9. 18.

원고(재심원고) 소송대리인

변호사 방석철 (인)

대법원 귀중

Ⅶ. 상소이유서

1. 항소이유서

1) 민사 항소심은 사실심으로서 속심(續審)이므로(민사소송법 제408조 참조), 소송자료와 증거자료의 제출 등 변론은 1심과 항소심을 합하여 계속해서 심리된다. 따라서 1심에서 제출하지 않은 공격방어방법은 말할 것도 없고 청구 역시 새로 제출할 수 있다. 이러한 견지에서 법률심인 상고심과 달리 항소이유에는 아무런 제한이 없다.

2) 민사 항소심에서는 상고심과 달리 항소이유서 제출이 임의적이다. 따라서 항소인이 항소이유서를 제출하지 않아도 아무런 불이익이 없다. 항소인이 항소이유서를 제출하지 않은 경우 항소심법원은 항소취지의 한도에서 종래의 쌍방 소송자료를 토대로 항소의 당부, 즉 원고 청구의 당부를 심사하여 판단한다.

3) 민사소송규칙은, 항소인은 항소의 취지를 분명하게 하기 위하여 항소장 또는 항소심에서 처음 제출하는 준비서면에 ① 제1심판결 중 사실을 잘못 인정한 부분 또는 법리

를 잘못 적용한 부분, ② 항소심에서 새롭게 주장할 사항, ③ 항소심에서 새롭게 신청할 증거와 그 입증취지, ④ 위 새로운 주장과 증거를 제1심에서 제출하지 못한 이유를 기재하여야 한다고 규정하고 있다(^{민사소송규칙 법}_{제126조의2 제1항}). 이는 항소심으로 하여금 항소인의 항소이유와 항소인이 희망하는 사항을 파악할 수 있도록 하여 항소인의 권리구제 기회를 실질적으로 부여하는 한편, 항소심의 심리를 신속하고 원활하게 진행할 수 있게 하려는 목적에 따른 것으로서, 권장사항일 뿐 의무적인 것은 아니다. 그리고 항소인이 항소장이나 준비서면(항소이유서 등)을 제출하면, 항소심 재판장이나 법원사무관등은 피항소인에게 상당한 기간을 정하여 항소인의 주장에 대한 반박내용을 기재한 준비서면을 제출하도록 명하거나 권고할 수 있는데(^{민사소송규칙 제}_{126조의2 제2항}), 이 역시 권고적인 것이며 이에 응하지 않더라도 불이익이 없다.

4) 필요한 경우 항소심 재판장은 석명권의 일부로서 항소인이나 피항소인에게 위와 같은 사항을 준비서면에 기재하여 제출하도록 명할 수도 있다(^{민사소송법 제}_{136조 참조}).

5) 항소이유는 항소장에 직접 기재해도 좋고 별도의 항소이유서로써 제출해도 좋다. 항소인이나 피항소인이 항소심에서 제출하는 항소이유서나 그 답변서도 본질은 준비서면에 해당하며, 이 역시 변론에서 실제로 진술이 되어야 소송자료가 될 수 있다.

■ **항소이유서**

항소이유서

사   건   2021나49876 손해배상
원고, 항소인   주식회사 성연정공
피고, 피항소인   삼공정밀 주식회사

위 사건에 관하여 원고 소송대리인은 다음과 같이 항소이유서를 제출합니다.

1. 사실오인

(1) 원고는 2015. 8. 초경 피고와, 2015. 8. 11.부터 원고가 생산하는 콘크리트재 파식(波蝕) 장치인 테트라포드(tetrapod)를 개당 3,236만 원에 피고 영천 공장에 인도, 공급하기로 약정하였습니다. 비록 원고와 피고 사이에 위 약정 내용을 직접 증명하는 계약서는 존재하지 않지만, 원고가 피고에게 2015. 7. 26.에 제출한 견적서(갑 제2호증)가 있고, 피고가 이에 동의하므로 원고는 2015. 8. 23. 피고에게 1차로 테트라포드 50개를 인도하였던 것입니다. 원고와 피고 사이에 위와 같은 약정이 없었다면, 피고가 50개나 되는 테트라포드를 아무런 이의 없이 인수하였을 리가 없습니다.

(2) 이에 대하여 피고는, 위 50개의 테트라포드를 원고가 피고에게 샘플로 제공하였다고 주장하나, 이는 전후 경위나 이치에 전혀 맞지 않습니다. 테트라포드 1개의 제조원가가 2,700만 원이나 되는데 누가 50개의 테트라포드를 무상 샘플로 제공하겠습니까. 이에 대해

서 원고는 증인을 신청하는 등 추가 입증을 하겠습니다.

(3) 그럼에도 1심법원은 증거법에 위반하여 믿을 만한 증거를 배척하고, 원고와 피고 사이에 위와 같은 약정이 체결되었다고 볼 증거가 없다고 판단하였는바, 이는 채증법칙에 위반하여 사실을 오인한 것입니다.

2. 법리오해

(1) 부당이득 제도는 …(생략) …입니다.

(2) 그럼에도 1심법원은 피고가 50개의 테트라포드를 사용하지 않고 그 공장 마당에 적치해 놓았을 뿐이어서 부당이득을 한 바 없다고 판단하였는바, 이는 부당이득의 법리를 오해한 것입니다.

3. 결론

이상과 같이 1심판결은 부당하므로 이를 취소하고 원고의 청구를 인용하여 주시기 바랍니다.

2021. 7. 24.
원고 소송대리인
변호사 박성철 (인)

춘천지방법원 귀중

2. 항소이유에 대한 답변서

1) 피항소인은 항소인이 항소장이나 준비서면(항소이유서 등)을 제출하면, 이를 반박하는 내용의 항소이유에 대한 답변서 등을 제출할 수 있는바, 이 역시 그 성질은 준비서면이다.

2) 항소이유에 대한 답변서의 작성 방식은 소장에 대응한 답변서와 대동소이하다. 다만, 상대방의 항소 각하나 항소 기각을 구하는 것만이 다르다고 할 수 있다.

3) 피항소인은 항소이유에 대한 답변서 등에서 항소가 부적법하거나 이유 없음은 물론, 1심판결과는 다른 이유로 1심판결이 정당함을 주장할 수도 있다.

▣ 항소이유에 대한 답변서

항소이유에 대한 답변서

사　　　　건	2021나765542 구상금
원고, 피항소인	주식회사 디비손해보험
피고, 항소인	이정식

위 사건에 관하여 원고 소송대리인은 다음과 같이 항소이유에 대하여 답변합니다.

1. 추완항소의 부적법

(1) 피고는, 이 사건 당시 머리를 부딪쳐 상세불명의 뇌진탕 등 상해를 입었고, 그 이후 지속적인 후유증에 시달리던 중 2016. 1.경 구속되어 2017. 4. 6.까지 수원구치소에 수감되었으며, 석방된 직후인 2017. 4. 17. 새 주거지로 이사하였는바, 피고는 위 주거지에서 이 사건 소장을 송달받지 않아 1심재판이 진행 중임을 피고가 알지 못한 상태에서 1심판결이 선고되었고, 1심판결도 공시송달에 의해 피고에게 송달됨으로써 피고는 1심판결 선고 사실을 알지 못해 즉시 항소하지 못하였으며, 피고는 1심판결 정본을 발급받은 2021. 3. 14.로부터 2주 이내인 2021. 3. 18. 이 사건 추완항소를 제기하였으므로 이는 적법하다고 주장합니다.

(2) 그러나 소송행위의 추완사유인 '당사자가 책임질 수 없는 사유'란, 당사자가 소송행위를 하기 위하여 일반적으로 하여야 할 주의를 다하였음에도 불구하고 그 기간을 준수할 수 없었던 사유를 말하고, 소송의 진행 도중 통상의 방법으로 소송서류를 송달할 수 없게 되어 공시송달의 방법으로 송달한 경우에는 소장 부본의 송달부터 공시송의 방법으로 소송이 진행된 경우와 달라서 당사자에게 소송의 진행 상황을 조사할 의무가 있으므로, 당사자가 이러한 소송의 진행 상황을 조사하지 않아 불변기간을 지키지 못하였다면 이를 당사자가 책임질 수 없는 사유로 말미암은 것이라고 할 수 없습니다. 또한 이러한 의무는 당사자가 변론기일에 출석하여 변론을 하였는지 여부, 출석한 변론기일에서 다음 변론기일의 고지를 받았는지 여부나 소송대리인을 선임한 바 있는지 여부를 불문하고 부담합니다(대법원 2015. 1. 15. 선고 2014다74247 판결 등 참조).

(3) 그런데 ① 원고는 2017. 5. 25. 피고를 상대로 이 사건 소를 제기하고 2017. 6. 8. 청구취지변경 신청서를 1심법원에 제출하였는데, 피고는 2017. 6. 14. 당시의 거주지에서 소장 부본과 청구취지 변경신청서 부본을 직접 수령하였고, ② 그럼에도 피고는 법원에 아무런 서면을 제출하지 않았으며, ③ 1심법원은 2017. 7. 19.과 2017. 7. 31. 피고에게 각 판결선고기일 통지서(무변론)를 종전 송달장소에 우편송달하였으나 폐문부재로 송달되지 않자 2017. 8. 10. 이를 발송송달하였는바, 위 발송송달은 민사소송법 제187조에 의한 것으로서 적법합니다(대법원 2007. 10. 26. 선고 2007다37219 판결 등 참조). 한편, ④ 1심법원은 2017. 8. 29. 피고에게 판결 정본을 우편송달하였는데, 이 또한 폐문부재로 송달되지 않자 2017. 9. 25. 위 판결 정본을 공시송달의 방법으로 송달함으로써 2017. 10. 11. 그 효력이 발생하였습니다.

(4) 피고가 이 사건 소장 부본과 청구취지 변경신청서를 스스로 송달받은 이상 이 사건 소송이 1심에서 진행 중임을 알고 있었다고 볼 수 있습니다. 고로 피고가 1심판결의 선고 사실을 알지 못해 항소기간을 지키지 못했다고 하더라도, 이는 피고가 소송의 진행 상황을 조사할 의무를 다하지 않은 데에 기인한 것으로서, 피고가 책임질 수 없는 사유로 인하여

항소기간을 지키지 못한 경우에 해당한다고 할 수 없습니다. 따라서 피고의 이 사건 추완항소는 부적법하고, 각하되어야 합니다.

2. 사실오인 및 법리오해 주장에 대하여

(1) 피고는 1심법원이 사실을 오인하였다고 주장하나, 이는 다음과 같이 전혀 이유가 없습니다. … (생략)

(2) 또한, 피고는 1심법원이 불법행위와 보험자대위 등의 법리를 오해하였다고 주장하나, 이는 다음과 같이 전혀 이유가 없습니다. … (생략)

3. 결론

이상과 같이 1심판결은 정당하고 피고의 항소는 부적법하거나 이유가 없으므로, 이를 각하 또는 기각하여 주시기 바랍니다.

2021. 4. 18.
원고 소송대리인
변호사 염규민 (인)

서울중앙지방법원 귀중

3. 상고이유서

1) 민사소송법은 상고이유를 상대적 상고이유와 절대적 상고이유로 나누어 규정하고 있다. 따라서 상고이유서에는 이를 구별하여 기재하여야 한다.

2) 상대적 상고이유는 상고 대상인 원심판결에, 그 판결(결론=주문)에 영향을 미친 헌법·법률·명령 또는 규칙 위반의 잘못이 있는 경우이다(민사소송법 제423조). 상대적 상고이유는 모두 소송절차의 하자가 아닌, 소송목적인 청구에 관한 판결의 내용상 하자가 있는 경우이다. 또한 이는 법령을 적용하기 전에 그 적용 대상인 구체적·역사적 사실(법률사실)의 존부를 확정하는 사실인정의 문제는 포함하지 않는다. 이는 법령의 해석·적용에 관한 문제가 아니고, 사실인정은 원칙적으로 사실심 법원의 전권에 속하기 때문이다(민사소송법 제432조 참조).

3) 절대적 상고이유는 대체로 절차법상의 잘못을 내용으로 한다. 즉 ① 법률에 따라 판결법원을 구성하지 아니한 때, ② 판결에 관여할 수 없는 판사가 판결에 관여한 때, ③ 전속관할에 관한 규정에 어긋난 때, ④ 법정대리권·소송대리권 또는 대리인의 소송행위에 대한 특별한 권한의 수여에 흠이 있는 때,[230] ⑤ 변론을 공개하는 규정에 어긋난 때, ⑥ 판결의 이유를 밝히지 아니하거나 이유에 모순이 있는 때이다. 이와 같은 사유 중 어느 하

---

230) 다만, 민사소송법 제60조 또는 제97조의 규정에 따라 법정대리인이나 소송대리인의 무권대리행위를 적법한 권한 있는 자가 추인한 때에는, 이는 상고사유가 되지 않는다.

나의 사유가 있는 때에는 그 잘못이 판결(결론=주문)에 영향을 미친 여부에 관계없이 당연히 상고할 수 있다(민사소송법 제424조). 절대적 상고이유는 위 ⑥을 제외하고는 모두 소송절차에 하자가 있는 경우로서, 이는 모두 상고심의 직권조사사항에 해당한다고 할 수 있다(민사소송법 제434조 참조).

4) 소송기록이 상고법원에 송부되면 상고심의 법원사무관등은 곧바로 이를 쌍방 당사자에게 서면으로 통지하여야 한다. 민사 상고심에서는 항소심과 달리 상고이유서 제출이 필수적이다. 상고인이 상고장에 상고이유를 기재하지 아니하고, 또 상고기록 접수통지서를 송달 받은 날부터 20일 이내에 상고이유서를 제출하지 아니한 경우 대법원은 변론 없이 판결로 상고를 기각하여야 한다(민사소송법 제429조 본문). 이 경우에는 판결이유를 기재하지 아니할 수 있다(상고심절차에 관한 특례법 제5조 제1항). 또한 이 경우 그 판결은 선고를 요하지 아니하고 상고인에게 송달됨으로써 효력이 발생한다(상고심절차에 관한 특례법 제5조 제2항). 그러나 직권조사사항에 관하여 원심판결에 잘못이 있을 경우에는 그렇지 아니하다(민사소송법 제434조, 제429조 단서).

5) 상고이유는 상고장에 기재하여도 무방하나, 상고장에 이를 적지 아니한 때에는 소송기록 접수통지를 받은 날부터 20일 이내에 대법원에 상고이유서를 제출하여야 한다(민사소송법 제427조). 상고이유서 제출기간은 불변기간이 아니므로 상고장과 달리 추완이 허용되지 않는다(대법원 1981. 1. 28.자 81사2 결정). 이미 상고이유서를 제출하고 나서 위 제출기간을 경과한 후에 추가로 제출된 상고이유서나 상고이유변경서는 기간 내에 제출한 상고이유서에서 주장한 사항을 보충하는 의미와 효력만 있다. 따라서 거기에 새로운 주장(상고이유)이 포함되어 있더라도 이는 적법한 상고이유가 될 수 없다(대법원 1993. 5. 14. 선고 93다3943 판결 등 참조).

6) 상고이유서에는 판결에 영향을 미친 헌법·법률·명령 또는 규칙, 즉 법령의 해석·적용에 잘못이 있다고 주장하는 해당 법령의 조항 또는 내용과 원심판결이 이에 위반한 구체적인 사유를 기재하여야 한다(민사소송규칙 제129조 제1, 2항). 법령에 위반한 사유가 소송절차에 관한 것인 때에도 같다(민사소송규칙 제129조 제3항).

민사소송법 제424조 제1항이 규정한 절대적 상고이유 중 어느 사유를 상고이유로 삼은 때에는 상고이유서에 그 조항과 이에 해당하는 사실을 밝혀야 하고(민사소송규칙 제130조), 원심판결이 대법원 판례와 상반되는 것을 상고이유로 삼은 경우에는 그 판례를 구체적으로 밝혀야 한다(민사소송규칙 제131조). 상고인이 제출한 상고장이나 상고이유서에 법령 위반 등에 관하여 구체적인 이유를 기재하지 않은 경우에는 상고이유서를 제출하지 않은 것과 마찬가지로 취급된다(대법원 2001. 3. 23. 선고 2000다29356 판결).

7) 상고이유는 상고장에 기재하거나 독립된 서면에 기재하여 제출하여야 하고, 다른 서면의 기재 내용을 원용(援用)할 수 없다(대법원 1991. 10. 11. 선고 91다22278 판결). 물론 그렇다고 하여 상고이유를 기재한 서면의 제목이 반드시 '상고이유서'일 필요는 없다. 실무상으로는 상고장과 별도로 상고이유서를 제출하는 것이 관행이다.

▣ 상고이유서 1(상대적 상고이유)

상고이유서

사　　　건　　2021다36584　배당이의
원고, 상고인　　최소연
피고, 피상고인　이방길

위 사건에 관하여 원고 소송대리인은 다음과 같이 상고이유서를 제출합니다.

1. 원심의 법리 오해

(1) 해방금액의 공탁에 의한 가압류 집행취소 제도의 취지에 비추어, 가압류 채권자가 가압류에 의하여 누릴 수 있는 이익이 가압류 집행취소에 의하여 침해되어서는 안 될 것입니다. 그러므로 가압류 채무자에게 해방공탁금의 용도로 금전을 대여하여 가압류집행을 취소할 수 있도록 한 자는, 비록 가압류 채무자에 대한 채권자라 할지라도 특별한 사정이 없는 한 가압류 채권자에 대한 관계에서 가압류 해방공탁금 회수청구권에 대하여 위 대여금 채권에 의한 압류 또는 가압류의 효력을 주장할 수는 없다고 할 것입니다(대법원 1998. 6. 26. 선고 97다30820 판결 참조).

(2) 그런데 가압류 채무자인 소이 이영식은 피고로부터 1억 2,000만 원을 차용하여 이를 원고에 의해 이루어진 이 사건 가압류(주식가압류)의 집행취소를 위한 해방공탁금으로 사용하였는바, 피고도 위 금전 대여 당시 자신이 대여하는 금전이 이러한 용도로 사용될 것임을 잘 알고 있었습니다. 따라서 피고가 위 이영식에 대한 위 대여금 채권에 기하여 이영식의 해방공탁금 회수청구권에 대해서 채권압류 및 전부명령을 받았다고 하더라도, 가압류 채권자인 원고에 대한 관계에서 그 효력을 주장할 수 없습니다.

(3) 그럼에도 원심법원은 이와 같은 법리를 오해한 결과, 위 해방공탁금 회수청구권에 대한 채권집행절차의 배당절차에서 피고가 원고들에 대한 관계에서 채권압류 및 전부명령의 효력을 주장하여 배당받을 수 있다고 판단하였는바, 원심판결에는 그 결론에 영향을 미친 법률 위반의 잘못이 있습니다.

2. 결론

그러므로 원심판결은 유지될 수 없는 만큼, 이를 파기하고 사건을 원심법원에 환송하거나 자판하여 주시기 바랍니다.

2021. 6. 23.
원고 소송대리인 법무법인 길
담당변호사 추일환 (인)

대법원 귀중

■ 상고이유서 2(절대적 상고이유)

상고이유서

사   건   2020다95437 근저당권설정등기말소
원고, 피상고인 강소연
피고, 상고인   주식회사 이연산업

위 사건에 관하여 피고 소송대리인은 다음과 같이 상고이유서를 제출합니다.

1. 이 사건의 진행경과

   (1) 제1심법원은 피고에 대하여 소장 부본과 변론기일 통지서 등의 서류를 공시송달의 방법으로 송달하고, 피고가 출석하지 않은 상태에서 변론기일을 진행한 다음, 2019. 11. 23. 원고의 예비적 청구를 일부 인용하고 주위적 청구와 나머지 예비적 청구를 기각하는 판결을 선고하였으며, 피고에게 그 판결 정본도 공시송달의 방법으로 송달하였습니다.

   (2) 이에 원고가 항소를 제기하자 원심법원은 피고에 대하여 항소장 부본과 변론기일 통지서 등의 서류를 공시송달의 방법으로 송달하고, 피고가 출석하지 않은 상태에서 변론을 진행한 다음, 2020. 5. 14. 원고의 주위적 청구를 일부 인용하고 나머지 항소를 기각하는 판결을 선고하고, 피고에게 그 판결 정본을 공시송달하였습니다.

   (3) 당시 사실상 회사의 영업이 정지되어 그 대표자가 미국에 머물고 있던 피고는 원심판결이 공시송달에 의하여 송달된 사실을 모르고 있다가, 그 이후에야 이를 알고 적법한 추완상고 제기기간 내인 2021. 8. 10. 이 사건 상고를 제기하였습니다.

2. 절대적 상고이유의 존재

   (1) 결국 위와 같이 소장 부본부터 원심판결 정본까지 모두 공시송달의 방법으로 송달되어 피고는 귀책사유 없이 이 사건에 관하여 소나 항소가 제기된 사실을 모르고 있었고, 이러한 상태에서 피고의 출석 없이 원심의 변론기일이 진행되어 제1심에서 일부 패소판결을 받은 피고가 자신의 주장에 부합하는 증거를 제출할 기회를 상실함으로써 피고는 당사자로서 절차상 부여된 권리를 침해당하였습니다.

   (2) 이러한 경우 당사자가 대리인에 의하여 적법하게 대리되지 않았던 경우와 마찬가지로 보아 민사소송법 제424조 제1항 제4호의 규정을 유추적용하여 절대적 상고이유가 되는 것으로 보아야 합니다(대법원 1997. 5. 30. 선고 95다21365 판결, 2009. 11. 12. 선고 2009다59282 판결 등 참조).

3. 결론

그러므로 원심판결은 파기되어야 하고, 이 사건은 원심법원에서 다시 심리되어야 합니다.

2021. 8. 23.
피고 소송대리인 법무법인 오월
담당변호사 서상철 (인)

대법원 귀중

4. 상고이유에 대한 답변서

1) 상고인이 상고이유서를 제출하면 법원사무관등은 그 부본이나 등본을 상대방(피상고인)에게 송달하여야 한다(민사소송법 제428조 제1항). 제출기간이 경과한 뒤에 제출된 상고이유서도 같다. 그러나 상고가 부적법하여 이를 각하할 경우에는 송달하지 않는다.

2) 상고이유서를 송달 받은 상대방은 그 송달을 받은 날부터 10일 이내에 답변서를 제출할 수 있다(민사소송법 제428조 제2항). 상고이유서 부본을 송달 받기 전에 답변서를 제출해도 상관없음은 물론이고, 10일은 훈시규정이므로 그 이후에 답변서를 제출해도 무방하다.

3) 답변서의 작성 방법은 항소이유서에 대한 답변서와 동일하다. 답변서가 제출되면 대법원의 법원사무관등은 그 부본 또는 등본을 상고인에게 송달한다(민사소송법 제428조 제3항). 답변서는 상고이유서와 달리 대법원의 심리에 참고자료가 될 뿐이므로, 대법원 판결 선고 전이라면 언제라도 추가로 제출할 수 있다.

▣ 상고이유서에 대한 답변서

상고이유에 대한 답변서

사　　　건	2021다60283　소유권이전등기절차이행 등
	2021다60967(반소)　토지인도
원고(반소피고), 피상고인	주식회사 삼해종합건설
피고(반소원고), 상고인	방희남

위 사건에 관하여 원고(반소피고) 소송대리인은 피고의 상고이유에 대하여 다음과 같이 답변합니다.

1. 소멸시효 중단의 법리

(1) 재판상의 청구는 소송이 각하, 기각 또는 취하된 경우에는 시효중단의 효력이 없으나, 그 경우에도 6월내에 재판상의 청구, 파산절차참가, 압류 또는 가압류, 가처분을 한 때에는 시효는 최초의 재판상 청구로 인하여 중단된 것으로 봅니다(민법 제170조). 한편, 채권자대위권 행사의 효과는 채무자에게 귀속되므로 채권자대위소송의 소 제기로 인한 소멸시효 중단의 효과 역시 채무자에게 생깁니다(대법원 2011. 10. 13. 선고 2010다80930 판결 등 참조).

(2) 소외 김은정은 2005. 2. 25. 소외 이병수를 대위하여 피고를 상대로 이 사건 각 부동산에 관하여 부당이득반환을 원인으로 한 소유권이전등기절차의 이행을 구하는 소를 제기하였다가 2008. 5. 14. 그 항소심에서 피보전권리가 인정되지 않는다는 이유로 소 각하 판결을 선고받아 그 판결이 2008. 6. 5. 확정되었고, 소외 최병구는 그로부터 3개월 남짓 경과한 2008. 9. 19. 이병수를 대위하여 피고를 상대로 위 각 부동산에 관하여 같은 내용의 소를 제기하였으나 1심소송이 진행 중이던 2009. 12. 4. 그 소를 취하하였습니다. 이에 원고는

2009. 12. 17. 이병수를 대위하여 피고들을 상대로 위 각 부동산에 관하여 같은 내용의 소유권이전등기청구의 소를 다시 제기하였습니다.

(3) 그러므로 이병수의 피고에 대한 이 사건 각 부동산에 관한 부당이득반환을 원인으로 한 소유권이전등기청구권의 소멸시효는 김은정, 최병구와 원고의 순차적인 채권자대위소송에 따라 최초의 재판상 청구인 김은정의 채권자대위소송의 제기로 중단되었다고 보아야 합니다.

(4) 따라서 이와 같은 취지의 원심판결은 정당하고, 거기에 피고가 주장하는 바와 같은 소멸시효 중단에 관한 법리오해의 위법이 없습니다.

2. '소송촉진 등에 관한 특례법'에 관한 법리

(1) 제1심에서 원고의 청구가 기각되고 제2심에서 원고의 항소가 기각된 후 대법원에서 파기환송되어 환송 후 원심이 원고의 청구를 인용한 경우에는, 그 소송진행 상황에 비추어 환송 후 원심판결이 선고되기까지 피고가 그 이행의무의 존부나 범위에 관하여 항쟁함이 상당하다고 볼 근거가 있다고 보아야 합니다(대법원 1992. 10. 13. 선고 92다23827 판결 참조).

(2) 이와 같은 취지에서, 환송 후 원심이 피고의 반소청구에 대하여 그 판결 선고일까지는 민법 소정의 연 5%의 비율에 의한 지연손해금만 인정한 것은 정당하고, 거기에 '소송촉진 등에 관한 특례법'에 관한 법리오해의 위법이 있다고 할 수 없습니다. 고로 이에 반하는 피고의 이 부분 상고이유는 전혀 이유가 없습니다.

3. 결론

이상과 같이 원심판결은 정당하고 피고의 상고는 모두 이유 없으므로 이를 기각하여 주시기 바랍니다.

2021. 4. 18.
원고(반소피고) 소송대리인
변호사 박수일 (인)

대법원 귀중

---

5. 항고이유서, 재항고이유서

가. 항고이유서

1) 민사집행법상의 즉시항고가 아닌 한 항고이유서 제출이 의무적인 것은 아니다. 즉 민사소송법이나 가사소송법상의 즉시항고의 경우에도 항고이유서 제출은 임의적이다. 그러나 이 경우에도 항고심의 판단범위 등을 분명하게 하기 위해서는(민사소송법 제443, 415, 425조 참조) 항고이유서를 제출하는 것이 좋다.

2) 민사집행법에 기하여 즉시항고장를 하고 그 즉시항고장에 항고이유를 적지 아니한 때

에는, 항고인은 항고장을 제출한 날부터 10일 이내에 그 항고이유서를 원심법원에 제출하여야 하며, 항고인이 항고이유서를 제출하지 아니하거나 항고이유가 대법원규칙이 정하는 바에 위반한 때에는 원심법원은 결정으로 그 즉시항고를 각하하여야 한다(민사집행법 제15조 제3, 4, 5항). 민사집행법상의 즉시항고에 관하여 항고법원은 원심재판에 영향을 미친 법령위반 또는 사실오인이 없는 한 즉시항고장 또는 항고이유서에 적힌 이유에 대하여서만 조사한다(민사집행법 제15조 제7항).

▣ **항고이유서 1(통상항고의 경우)**

항고이유서

사   건   2020라34579   권리행사 최고 및 담보취소
신청인(전부채권자)   동아건설산업 주식회사
    겸 항고인
피신청인, 상대방   주식회사 광주개발

위 사건에 관하여 신청인 소송대리인은 다음과 같이 항고이유서를 제출합니다.

1. 이 사건 항고의 성질

(1) 소송절차에 관한 신청을 기각한 결정이나 명령에 대하여 불복하면 항고할 수 있고(민사소송법 제439조), 즉시항고의 대상이 아닌 항고는 불복기간의 제한이 없는 통상항고로서 항고의 이익이 있는 한 언제라도 제기할 수 있습니다.

(2) 민사소송법 제125조 제4항에 의해 즉시항고의 대상으로 되는 재판은 같은 조 제1항, 제2항에 따른 담보취소결정에 한하고, 권리행사최고 및 담보취소의 신청을 기각하는 결정에 대하여는 즉시항고를 하여야 한다는 규정이 없으므로, 민사소송법 제439조에 의하여 통상항고로 불복할 수 있습니다(대법원 2011. 2. 21.자 2010그220 결정 참조).

2. 1심결정의 부당성

(1) 김재현은 피신청인을 상대로 인천지방법원 2017카단50494호 부동산가압류를 신청하면서, 2017. 6. 15. 위 법원 공탁관에게 2017금 제11436호로 1억 원을 공탁하여 담보를 제공하였는데, 이후 그 가압류 결정은 2018카단50960 및 2019라35 사건에서 취소되었고, 그 본안소송(인천지방법원 2018. 9. 24. 선고 2017가단80481 판결 등)에서도 역시 김재현이 패소하였습니다.

(2) 신청인은 김재현을 상대로 인천지방법원 2020타채2211호로 그의 대한민국(인천지방법원 공탁관)에 대한 인천지방법원 2017금 제11436호 공탁금 1억 원과 그 이자에 대한 회수청구권 중 1억 2,000만 원에 달하는 채권에 대하여 압류 및 전부명령을 받았습니다. 이어서 김재현을 대위하여 1심법원에 권리행사 최고 및 담보취소신청을 하였습니다.

(3) … (생략)

(4) 한편, 권리행사기간 안에 담보권리자에 의한 소의 제기 등 권리행사가 있었으나, 그

후 소가 취하되거나 취하 간주되는 등의 이유로 권리행사가 처음부터 없었던 것으로 보는 때에는 민사소송법 제125조 제3항에 따라 권리행사기간이 경과함으로써 담보취소에 관하여 담보권리자의 동의가 있는 것으로 간주됩니다(대법원 2008. 3. 17.자 2008마60 결정 참조). 따라서 민사소송법 제125조 제1항에 따라 법원은 담보취소결정을 하여야 합니다.

3. 결론

그럼에도 신청인의 담보취소신청을 기각한 제1심결정에 불복한 신청인의 항고가 즉시항고에 해당함을 전제로 그 기간이 도과한 것으로 보아 항고장을 각하한 1심법원 재판장의 2021. 5. 19.자 항고장 각하명령은 부당하므로 취소되어야 하며, 신청인의 담보취소신청을 기각한 제1심결정 역시 취소되어야 합니다.

2021. 5. 24.

신청인 소송대리인 법무법인 산길

담당변호사 민재홍 (인)

인천지방법원 귀중

■ 항고이유서 2(즉시항고의 경우)

즉시항고이유서

사   건   2020라72420 채권압류 및 전부명령

채권자, 상대방   크레디 주식회사

채무자, 항고인   이환우

위 사건에 관하여 채무자 소송대리인은 다음과 같이 즉시항고이유서를 제출합니다.

1. 이 사건 채권압류 및 전부명령의 경위

(1) 채권자는 2018. 10. 27. 채무자에 대한 집행력 있는 약속어음 공정증서(공증인가 법무법인 한강 2018. 3. 6.자 증서 2018년 제18342호)에 기하여 대구지방법원 2018타채13075호로 채무자의 제3채무자들에 대한 별지 목록 기재 각 채권에 대하여 채권압류 및 전부명령을 신청하였습니다.

(2) 제1심법원 사법보좌관은 2018. 10. 29. 채권자의 위 신청을 받아들여 위 채권을 압류하고 그 지급에 갈음하여 채권자에게 전부하는 결정을 하였으며, 위 결정은 2018. 11. 3. 제3채무자들에게, 2018. 11. 9. 채무자에게 각 송달되었습니다.

(3) 그러나 채무자는 2018. 10. 21. 대구지방법원 2018개회73559호로 개인회생절차개시신청을 하였고, 이에 따라 2018. 10. 23. 금지명령이, 2018. 11. 2. 중지명령이 각 발령되어 그

무렵 채권자에게 송달되었습니다.

  (4) 이에 채무자는 개인회생절차가 진행 중이고 중지명령을 받았음을 이유로 사법보좌관의 처분에 대해 즉시항고(이의신청)를 하였으나, 제1심법원(집행법원)은 2018. 11. 14. 사법보좌관의 위 채권압류 및 전부명령을 인가하는 취지의 결정(제1심결정)을 하였습니다.

  (5) 위 회생법원은 채무자에 대해 2019. 4. 22. 개인회생절차개시결정을, 2019. 10. 27. 변제계획인가결정을 하였고, 위 변제계획인가결정의 채권자목록에는 채권자의 채무자에 대한 위 공정증서상의 채권이 기재되어 있습니다.

2. 이 사건 채권압류 및 전부명령의 부당성

  (1) 채권자목록에 기재된 개인회생채권에 기하여 개인회생재단에 속하는 재산에 대하여 이미 계속 중인 강제집행·가압류 또는 가처분절차는 개인회생절차가 개시되면 일시적으로 중지되었다가, 변제계획이 인가되면 변제계획 또는 변제계획인가결정에서 다르게 정하지 아니하는 한 그 효력을 잃습니다('채무자 회생 및 파산에 관한 법률' 제615조 제3항, 제600조 제1항 참조).

  (2) 한편 전부명령은 확정되어야 효력을 가지므로(민사집행법 제229조 제7항), 채권자목록에 기재된 개인회생채권에 기하여 개인회생재단에 속하는 채권에 대하여 내려진 전부명령이 확정되지 아니하여 아직 효력이 없는 상태에서, 채무자에 대하여 개인회생절차가 개시되고 이를 이유로 위 전부명령에 대하여 즉시항고가 제기되었다면, 항고법원은 다른 이유로 전부명령을 취소하는 경우를 제외하고는 항고에 관한 재판을 정지하였다가(민사집행법 제229조 제8항 참조) 변제계획이 인가된 경우 전부명령의 효력이 발생하지 않게 되었음을 이유로 전부명령을 취소하고 전부명령신청을 기각하여야 합니다(대법원 2008. 1. 31.자 2007마1679 결정 등 참조).

  (3) 그런데 채권자의 채무자에 대한 위 채권은 개인회생채권이고, 피전부채권인 채무자의 제3채무자들에 대한 채권은 개인회생재단에 속하는 재산이므로, 이 사건 채권압류 및 전부명령이 발령된 후 이 사건 즉시항고로 인하여 그 채권압류 및 전부명령이 확정되기 전에 채무자가 위와 같이 변제계획인가결정을 받은 이상, 미확정 상태의 이 사건 채권압류 및 전부명령은 그 효력을 상실하여 더 이상 유지할 수 없게 되었습니다.

3. 결론

  따라서 제1심결정을 취소하고, 채권자의 이 사건 채권압류 및 전부명령 신청을 기각하여 주시기 바랍니다.

2021. 8. 16.
채무자 소송대리인 법무법인 이평
담당변호사 이평산 (인)

대구지방법원 귀중

나. 재항고이유서

1) 재항고와 특별항고의 경우에는 상고와 마찬가지로 재항고이유서 등의 제출이 의무적이다. 따라서 재항고인이나 특별항고인이 재항고장 등에 그 이유를 기재하지 아니한 때에는 재항고기록 등의 접수통지를 받은 날부터 20일 이내에 재항고이유서나 특별항고이유서를 제출하여야 하고, 이를 제출하지 않은 경우 그 자체로서 기각사유가 된다(민사소송법 제443조 제2항, 제450조, 제427, 429조, 상고심절차에 관한 특례법 제7조).

2) 민사집행법상의 즉시항고에 따른 재판에 대한 재항고는 역시 즉시항고의 성질을 가지므로, 민사집행법상의 재항고인이 재항고장에 재항고의 이유를 기재하지 아니한 때에는 재항고장을 제출한 날부터 10일 이내에 재항고이유서를 원심법원에 제출하여야 하고, 위 기간 안에 재항고이유서가 제출되지 아니한 경우 원심법원은 결정으로 그 재항고를 각하하여야 한다(민사집행법 제15조 제3, 4항, 대법원 2004. 9. 13.자 2004마505 결정, 2006. 3. 27.자 2005마1023 결정 등). 원심법원이 재항고를 각하하지 않은 경우에는 대법원이 이를 각하하여야 한다(대법원 2004. 9. 13.자 2004마505 결정, 2006. 3. 27.자 2005마1023 결정 등 참조).

▣ 재항고이유서

재항고이유서

사 건 2021마66234 항소장 각하명령
항소인, 재항고인 조성규
피항소인, 상대방 미평건설 주식회사

위 사건에 관하여 항소인 소송대리인은 다음과 같이 재항고이유서를 제출합니다.

1. 이 사건 항소장 각하명령의 경위

(1) 항소장 부본을 송달할 수 없는 경우에는 항소심 재판장은 항소인에게 상당한 기간을 정하여 그 기간 이내에 흠을 보정하도록 명하여야 하고, 항소인이 그 기간 이내에 흠을 보정하지 아니한 때에는 항소심 재판장은 명령으로 항소장을 각하하여야 합니다(민사소송법 제402조 제1항, 제2항).

(2) 한편, 법인에 대한 소송서류의 송달은 그 대표자에게 하여야 하므로 대표자의 주소나 거소에 송달하는 것이 원칙이고, 법인의 영업소나 사무소에도 송달할 수 있으나, 법인의 주소지(사무소)로 발송한 소송서류가 이사불명 등으로 송달이 불능된 경우에는 원칙으로 돌아가 법인등기부 등에 나타나 있는 법인 대표자의 주소지로 소송서류를 송달하여야 합니다. 따라서 법인의 주소지로 항소장 부본을 송달하였으나 송달이 불능된 경우, 그 대표자 주소지로 송달하여 보지도 않고 항소인에게 주소 보정을 명할 수는 없고, 항소인이 그 주소보정 명령에 응하지 않았다고 하여 항소장 각하명령을 할 수는 없습니다(대법원 1997. 5. 19.자

97마600결정, 2007. 3. 12.자 2007마134 결정 등 참조).

(3) 항소인(재항고인, 원고)이 피항소인(피고)을 상대로 제기한 하도급 공사대금청구 소송 제1심에서 원고 패소판결이 선고되었고, 이에 원고가 항소를 제기하였습니다. 그런데 항소심인 원심은 피항소인의 법인 주소지로 항소장 부본을 송달하였으나 수취인 불명으로 송달불능되자, 소장에 첨부된 피항소인의 법인등기부상 대표자(이민구) 주소지로 이를 송달해 보지도 아니한 채 재항고인에게 주소보정명령을 하였습니다. 그리고 재항고인이 위 주소보정명령에서 정한 기간 내에 주소를 소명하는 자료를 제출하지 못하자, 원심법원 재판장은 재항고인이 주소보정명령에 응하지 아니하였다는 이유로 2021. 7. 16. 재항고인의 항소장을 각하하는 이 사건 명령을 하였습니다.

2. 이 사건 항소장 각하명령의 부당성

(1) 그러나 위와 같이 원심은 항소장 부본을 피항소인의 대표자 주소지로 송달해 보지 않았으므로, 민사소송법 제402조 제1항에 정한 '항소장 부본을 송달할 수 없는 경우'에 해당한다는 이유로 재항고인에게 주소보정명령을 할 수는 없고, 재항고인이 그와 같은 주소보정명령에 응하지 않았다는 이유로 재항고인의 항소장을 각하하는 명령을 할 수 없습니다.

(2) 그런데도 원심 재판장은 위 주소보정명령이 적법하게 이루어졌음을 전제로 재항고인의 항소장을 각하하였는바, 이는 법인에 대한 송달 및 항소장 각하명령의 요건에 관한 법리를 오해하여 재판에 영향을 미친 잘못이 있습니다.

3. 결론

그러므로 원심명령을 파기하고, 사건을 원심법원(서울고등법원)에 환송하여 주시기 바랍니다.

2021. 7. 21.

항소인(재항고인) 소송대리인 법무법인 운길

담당변호사 이상하, 조해성 (인)

대법원 귀중

제 **2** 장

변호사시험(민사 기록형) 대비 소송문서 작성 연습

01 민사 기록형 시험의 요체

Ⅰ. 기록형 시험의 평가 요소

1. 법리와 논리성

1) 민사 기록형 시험에서 가장 중요한 평가 요소는 당연히 민사실체법과 민사절차법에 대한 법리를 얼마나 잘 알고 있는지이다.

2) 다른 법도 그렇지만 민사법의 요체는 일정한 법률사실이 존재하면 법이 부여하는 일정한 법률효과가 발생하는 것이다. 따라서 평가대상인 법리는 법률요건사실과 이에 대한 법률효과로 표현되므로 수험생은 이를 소장이나 판결문 등의 답안에 담아내야 한다. 즉 언제나 민사 분쟁사건에 대해서는 법률요건사실과 그 법률효과로써 해결책을 제시하여야 한다.

3) 법률요건사실과 그 법률효과는 논리적 구조로 이루어져 있으므로 이를 표현·기술하는 때에도 논리정연하게 기승전결(起承轉結)의 구조로 표현·기술하여야 한다. 판결문의 경우에는 원·피고 쌍방이 공격과 방어를 주고받으므로, 쌍방의 주장을 주장, 항변, 재항변, 재재항변이라는 기본적 구조에 의해 검토·판단하여야 함은 물론이다. 그러므로 기록형 시험을 통해 자연히 수험생의 법지식은 물론 논리력, 문장력, 설득력도 드러나게 되는바, 소장이나 판결문 작성 등 시험에서는 이러한 능력이 종합적으로 드러나게 된다.

4) 법률요건사실과 그 법률효과의 기술인 법리 부분에 대하여는 뒤에서 보는 바와 같이 항목별로 일정한 점수가 부여되는데, 이와 함께 이를 논리적으로 설득력 있게 펼쳐 보이는 논리력, 문장력, 설득력 부분도 채점위원의 재량점수로 평가된다. 그러므로 평소 논리력과 문장력을 높이기 위해 꾸준한 노력을 하여야 한다. 이를 위해서는 평소 실제 소송기록이나 시험문제를 가지고 소장이나 준비서면 등을 써보고, 모범적인 소장, 판결문 등을 따라 쓰면서 그 법리와 구조를 음미하여 자연스레 그것이 쓰여 지도록 이를 체화(體化)하는 것이 필요하다. 법률 논문을 읽고 요약하거나 자신이 그 내용을 글로 쓴다면 어떤 체계로 할 것인지 그 얼개를 구성하는 연습을 해보는 것도 좋다. 변호사시험 답안지를 채점하다 보면 단 한 번도 소장 등 소송문서를 작성해본 경험이 없는 답안지를 종종 보는데, 이는 위험천만한 일이다.

5) 법학도라면 이미 수많은 법률 논문을 읽었을 것이기 때문에 논설문인 소장이나 준비서면, 판결문 등을 작성하는 데에 큰 어려움을 느끼지는 않을 것이지만, 누구나 글을 잘 쓸 수는 없듯이 이들 문서의 작성이 쉽게 되지 않을 수 있고, 초보자는 거의 다 그러하다. 논리력과 문장력이 부족하다면, 그 보충을 위해 신문의 사설이나 종합 월간지의 칼럼, 기사 등을 많이 읽어보기를 권한다. 이럴 시간이 어디 있느냐, 이게 시험에 무슨 도움이 되느냐고 반문할지 모르나, 법학과 법리는 단지 법전에만 존재하는 것이 아니며, 정도를 가지 않고 지름길로 가는 것이 항상 능사는 아니다.

2. 소송문서의 형식

1) 소장이나 준비서면, 판결문 등의 소송문서에는 법령상 일정한 내용을 반드시 기재할 것을 요구한다. 그리고 그것을 기재하는 방법이나 형식이 오랜 관행으로 법률가들 사이에서 통용된다. 따라서 민사 기록형 시험에서 소장 등을 작성할 때는 이러한 관행에 따른 형식을 준수하여야 한다. 이는 법률가들 사이에서 통용되는 문법이기 때문이다.

2) 확인의 소에서 소장의 청구취지나 판결문의 주문에 "원고와 피고 사이에 …를 확인한다" 대신에 "피고는 …를 확인하라"고 쓰는 것은 법리에도 안 맞고 법률가의 문법에도 맞지 않는다. 고로 이런 답안은 감점을 받게 된다. 따라서 평소 소장이나 준비서면, 판결문 등의 소송문서별로 그 형식을 잘 파악하고 있어야 하며, 이에 맞게 작성된 답안은 좋은 점수를 받을 수 있다.

3) 물론 그렇다고 해서 소장 등의 소송문서에서 자신만의 고유하거나 독특한 개성이 전혀 허용되지 않는다는 것은 아니다. 예컨대, 요즘 일부 판사들의 경우 이행판결의 주문에 "피고는 원고에게 …를 지급하라"는 대신에 "피고는 원고에게 …를 지급하십시오"라고 기재하거나, 판결문에 항목별로 일변번호를 넣지 않고 ○이나 ▶ 등의 기호를 기재하기도 한다. 관행을 벗어나더라도 무방한 경우에는 얼마든지 개성이 허용된다. 그러나 수험생으로서는 관행을 따르는 것이 안전하다.

3. 성실성, 업무처리능력

1) 앞서 말한 바와 같이 소장이나 준비서면, 판결문 등의 소송문서를 작성하는 데에는 법지식과 논리력, 문장력이 필요하지만, 일에 대한 성실성과 책임감도 필요하다. 그것이 없는 사람은 복잡한 사실관계를 요령 있게 정리하고, 그로부터 법리를 도출하여 설득력 있게 전달할 수 없다. 법률가는 법지식 못지않게 이를 글로써 펼쳐 보이는 능력이 매우 중요하다. 이는 변호사는 물론 판사, 검사도 마찬가지다.

2) 소장이나 판결문 등 소송문서를 읽어보면, 그 사람이 법률가로서 갖고 있는 등급을

금방 알 수 있다. 여기에 그가 갖고 있는 법지식과 논리력과 문장력, 일에 대한 성실도와 책임감 등 그의 전인격이 드러나기 때문이다. 따라서 소장이나 판결문 등의 소송문서를 보면, 그 작성자가 얼마나 그 일을 처리할 능력이 있는지, 또 그 일에 적합한 사람인지 아닌지를 쉽게 알 수 있다.

3) 어떤 법률가가 법지식과 논리력과 문장력, 일 처리 능력이 있는지 여부를 판단하는 데에 가장 좋은 수단은, 복잡한 사실관계가 정리되지 않은 상태의 기록과 자료를 제공하고 소장이나 판결문과 같이 긴 호흡을 갖고 전체적 체계를 이루는 소송문서를 작성하게 해보는 것이다. 이러한 이유로 변호사시험에서는 선택형 시험이나 논술형 시험뿐만 아니라 기록형 시험을 실시하고 거기에 가장 많은 배점을 하며, 제1회 시험부터 제9회 시험에 이르기까지 소장 작성 문제가 빠짐없이 출제되었으며, 제3회 시험에서는 소장 작성이 큰 문제로(155점), 간단한 답변서 작성이 작은 문제(20점)로 출제되었다.

4) 그러므로 기록형 시험의 답안에는 법지식은 물론 성실성과 책임감, 업무 처리능력이 잘 드러나도록 작은 사항이라도 빼놓지 않고 주의를 기울여 정리하고, 적절한 곳에 적절한 방법으로 이를 기재하도록 하여야 한다. 답안을 쓰기 전에 메모와 법리분석표 작성이 요구되는 것은 이를 위한 것이다. 물론 그렇다고 하여 지엽말단적인 사항을 늘어놓거나 같은 이야기를 중언부언하는 것은 오히려 감점요인이다.

Ⅱ. 기록형 시험의 평가 기준

1. 문제별 배점

1) 민사 기록형 시험의 전체 배점은 175점이고 시험시간은 3시간으로서, 변호사시험 가운데 가장 높은 비중을 차지한다.

2) 민사 기록형 시험의 점수는 민사법과목의 선택형 시험과 논술형 시험의 점수와 합산되어 과락 여부가 결정되기는 하나, 위와 같이 기록형 시험의 비중이 가장 높은 만큼 기록형 시험의 점수가 전체 민사법과목의 당락을 결정한다고 말할 수도 있다.

3) 민사 기록형 시험의 전체 배점(175점)은 문항에 따라 다시 배분된다. 물론 문제가 하나뿐이라면 그럴 필요가 없다. 문제가 복수인 경우 문제별 배점은 출제위원들이 결정하며, 이를 미리 시험지에 표시하는 것이 보통이다.

2. 항목별 배점

1) 문제별 배점은 다시 그 문제 내의 항목별로 나누어 배점을 한다. 이는 출제위원들이 협의하여 정한다.

2) 항목별 배점을 할 때는 우선 큰 항목별로 배점을 한 다음 다시 세부 항목별로 배점을 한다. 문제가 소장이나 판결문 작성이라면 큰 항목의 배점은 주로 청구취지(주문)와 청구원인(예컨대, 소비대차, 임대차, 시효취득, 부당이득, 채무불이행 등) 또는 원고나 피고별로 한다.

3) 세부 항목별 배점은 그 문제에서 반드시 있어야 할 사항을 기준으로 그 중요도에 따라 다르게 하는데, 요건사실과 법률효과별로 부여한다. 예컨대 점유취득시효 항목이라면, 소유의 의사를 추단케 하는 점유의 개시 원인(소유의 의사), 점유의 개시 시점과 그로부터 20년 경과 시점(취득시효 완성 시점), 평온·공연한 점유, 취득시효 완성의 법률효과인 소유권 또는 소유권이전등기청구권의 취득 등을 들 수 있다. 세부 항목별 배점은 아주 자세하게 1점, 2점, 3점 등으로 배점을 하며, 답안 내용이 그에 못 미칠 때는 채점위원이 여기에서 그 항목에 배당된 점수의 일부만을 줄 수도 있다.

4) 세부 항목별 점수는 법리에만 주어지는 것은 아니다. 위와 같이 법률효과 발생에 필요한 법률요건사실의 기재에도 배점이 된다. 또 당사자나 수소법원을 올바르게 기재했는지도 배점의 대상이 된다. 따라서 법리를 완전하게 모르더라도 소장 등의 일반적 형식을 지켜 각 항목별 요건사실만 잘 기재해도 어느 정도의 점수를 받을 수 있다.

3. 감   점

1) 위와 같이 민사 기록형 시험의 전체 배점은 175점으로서 문제와 항목별로 배점을 하므로 답안에서 문제와 항목별로 요구하는 내용을 기재하지 못하면 거기에 배당된 점수를 얻지 못함은 물론이다.

2) 그러나 경우에 따라서는 절대로 기재해서는 안 되는 내용을 기재하거나 전혀 필요 없는 내용을 기재할 경우, 항목별 배점과 관계없이 감점을 하기도 한다. 예컨대, 이미 사망한 사람이나 조합 등 당사자능력이나 당사자적격이 없는 사람을 당사자로 기재한 경우, 소유권이전등기의무 등 의사표시채무에 가집행선고를 신청한 경우, 원고가 스스로 피고에게 일정한 의무 이행을 할 것을 명해 주도록 청구취지에 기재한 경우 등 법률가로서의 기본 지식을 갖추었는지 의심스럽게 하거나 전후 모순적인 답을 하는 경우이다. 감점을 할지 여부와 감점할 점수는 출제위원들이 미리 결정한다. 그러나 시험지에는 표시하지 않는다.

3) <답안 작성 시 주의사항>이나 <의뢰인의 희망사항>에 정면으로 반하는 내용의 답을 하는 것도 자칫 감점의 요인이 될 수 있으므로 답안 작성 시 이것도 항상 염두에 두어야 한다.

4. 판례와 학설

1) 소장이나 판결문 등의 소송문서에도 대법원 판례를 참조사항으로 기재하는 것이 관행이므로 민사 기록형 시험의 답안에서 이를 기재해도 무방하다. 그러나 대법원 판례가 아닌 하급심 판례까지 기재하지는 않는 것이 관행이다.

2) 민사 기록형 시험의 답안에서 대법원 판례를 기재할 경우, 이는 법률적 주장을 한 다음 괄호 안에 하는 것이 좋다. 이때 판례의 요지만을 기억할 수 있을 뿐 선고일자나 사건번호까지 기억할 수는 없으므로 "…라는 것이 대법원 판례입니다" 또는 "대법원 판례에 의하면 …입니다"라고만 기재하면 충분하다.

3) 이와 같이 대법원 판례를 기재할 경우 채점자에게 좋은 인상을 줄 수는 있지만, 이를 기재하지 않았다고 해서 감점을 당하거나 불이익을 받지는 않는다. 따라서 민사 기록형 시험의 답안에서 대법원 판례는 내용만 알고 있으면 족하고, 반드시 이를 기재할 필요는 없다.

4) 민사 기록형 시험의 소장이나 판결문 작성 답안에서 학설은 통설이든 아니든 전혀 기재할 필요가 없다. 그냥 그 내용을 자신의 주장이나 판단으로 기술하면 충분하다. 민사법에서 판례나 학설 모두 민법 제1조가 정한 조리의 내용에 포함되는 것이지만, 이는 판례를 통해 확인이 되는 것이 보통이며, 판례와 학설이 대립하는 경우, 특히 그것이 소수 학설인 경우 실무상 지배력을 갖지 못하므로 기재하지 않는 것이 오히려 좋기 때문이다.

5. 재량점수

1) 기록형 시험의 전체 배점에는 채점위원에게 재량점수(대체로 5점 내지 20점)를 부여하는 경우가 많다. 요건사실과 법리에 따른 항목별 채점사항 외의 항목에도 배점이 필요하기 때문이다.

2) 여기에는 답안 구성의 우수성, 논리 전개의 유연성, 표현력과 문장력, 문제 해결을 위한 성실성이나 책임감 등이 포함되며, 가지런하게 글씨를 또박또박 쓰는 태도와 맞춤법에 맞게 띄어쓰기를 잘한 답안도 득점에 도움이 된다. 물론 반드시 글씨를 잘 써야만 좋은 점수를 받는 것은 아니다. 글을 잘 쓰려고 노력하고 어떻게든지 상대방을 설득하려는 의지가 드러나면 된다.

Ⅲ. 기록형 시험 답안지의 구성

1. 답안지의 형태

1) 민사 기록형 시험의 답안지는 일정한 양식의 형태로 시험장에서 배포된다. 따라서 수험생이 임의의 답안지를 사용할 수는 없다.

2) 답안지는 A4용지(폭 30cm, 길이 30cm) 크기의 4면이 1장으로 구성되어 있고(앞장에 좌우 2면, 뒷장에 좌우 2면), 이러한 답안지 2장이 1세트로 주어진다. 답안지의 앞장 머리 부분에는 관리번호, 시험과목명, 문제번호('제1문' 등), 시험관리관 확인, 점수, 채점위원인란이 상자로 만들어져 있다. 답안지에 과목명과 관리번호가 누락된 경우 해당 과목의 점수가 자칫 0점이 될 수 있으므로 주의해서 확인하여야 한다. 답안지에는 채점의 공정을 기하기 위해 수험자의 성명은 기재하지 않으며, 관리번호가 수험자의 인적 동일성을 표시하게 된다.

3) 답안지의 4면에는 사진과 같이 가로로 줄이 그어져 있다. 여기에 답안 내용을 기재해야 한다. 줄마다 일련번호가 붙어 있고, 1장 4면의 줄은 합계 132개이다(일련번호는 답안지 각 줄의 좌우 끝에 붙어 있고, 1면의 줄은 30~33줄이다). 답안 내용은 주어진 답안지 세트에만 기재할 수 있고, 다른 것을 덧붙일 수 없다. 따라서 수험 중에 답안지 세

트를 교체할 수는 있지만, 더 많은 세트를 받아 답안을 작성할 수는 없다. 따라서 답안을 작성하다가 지우거나 수정하는 부분이 있으면 줄을 긋고 그 위에 답안을 다시 써야 한다. 그렇지 않으면 그 만큼 답안을 쓸 공간을 잃게 되어 불이익을 입을 수 있다(답안지 세트를 교체하여 새로 쓰는 경우에는 시간을 잃게 됨은 물론이다. 그러므로 답안지 작성 초기 단계가 아니라면 교체는 피해야 한다). 따라서 답안을 작성하기 전에 미리 답안의 얼개를 구성한 다음 이를 토대로 답안을 작성할 필요가 있다.

2. 답안지의 공간 배분

1) 민사 기록형 시험의 답안지를 받으면 답안 내용별로 미리 그 공간을 배분해 두는 것이 좋다. 그런 것 없이 다짜고짜 답안을 기재하면, 답안지가 부족하게 되거나 어느 항목은 지나치게 많고 다른 항목은 지나치게 작아져 애를 먹을 수 있다.

2) 답안지는 우선 문제별로 그 공간을 배분한다. 소장이나 판결문 작성 1문제만 출제되었다면 그럴 필요가 없다. 복수의 문제가 출제되었을 때는 답안지 전체를 문제별 점수 비율에 따라, 그것이 없다면 각각의 분량에 따라 분배한다. 예컨대, 1번 문제가 150점, 2번 문제가 25점이라면 1번에는 175분의 150(85%), 2번에는 175분의 25(15%)의 비율로 답안지 공간을 배분한다. 1문제만 출제되었거나, 복수의 문제에 문제별 점수가 표시되지 않은 때에는 아래와 같이 먼저 답안을 구성한 다음 그 분량에 따라 분배한다.

3) 1문제만 출제된 경우에는 앞서 본 바와 같이 청구취지와 청구원인 또는 원고나 피고별로 답안의 기재 내용을 비교해 본 다음 각각의 분량에 따라 답안용지 전체의 줄을 항목별로 배분하되, 큰 항목별로만 배분하고 너무 작은 항목에 구애되지 않도록 하는 것이 좋다. 어차피 쓰다보면 딱 계획대로 되지는 않는다. 한편, 답안지 구성을 위한 얼개(공방도)를 작성하는 경우에는 그 단계에서 항목별 답안지 공간 배분을 하는 것이 좋다. 그 단계에서 항목별 답안 내용의 분량이 구체화되기 때문이다.

4) 답안지의 공간을 배분하였으면 이를 연습지나 답안 얼개(공방도) 등 적정한 곳에 배분된 줄 수를 기재하여 표시해 두거나, 답안용지에 연필 또는 포스트잇을 이용해 해당 부분에 기재할 내용의 제목을 기재하는 등의 방법으로 표시해 둔다. 전자의 경우에는 각 항목별 줄 수와 누적 줄 수를 분수로 표시한다. 예컨대, 당사자 표시 3줄, 청구취지 5줄 (5/8), 청구원인 제1항 4줄(4/12), 청구원인 제2항 3줄(3/15) …와 같은 방식으로 기재한다. 실수를 예방하기에 더 좋은 후자(연필 또는 포스트잇으로 답안용지에 표시하는 방식)를 추천한다. 이렇게 해 두면 답안 작성 시 적절하게 분량을 조절할 수 있다.[1]

5) 시험장에 갈 때는 반드시 연필과 포스트잇, 지우개를 준비하는 것이 여러 모로 좋다. 수정잉크 테이프를 가져가는 것도 좋다. 이는 잘못 쓴 부분을 지우고 그 위에 다시 쓰는 것이 곤란한 경우에 수정잉크 테이프로 지운 다음 다시 쓰는 데에 유용하다.

3. 답안 작성 시간의 배분

1) 답안지를 작성하기 전에 시간도 미리 배분해 두는 것이 좋다. 즉 답안지 구성과 작

---

1) 시중의 문방구점에서 시험 답안지를 팔므로 이를 사서 연습해 보고, 평소 답안 작성을 여기에 해보는 것이 좋다.

성, 답안지 작성 과정 중에서도 문제별, 항목별로 작성시간을 얼마나 투입할 것인지를 미리 계산하여 계획을 세우는 것이다. 아무런 계획 없이 무작정 답안을 기재하면, 특정 항목 작성에 시간을 지나치게 소비하여 다른 항목 작성에 들일 시간이 없게 되는 경우가 생긴다.

2) 위와 같이 답안지 공간을 문제별이나 항목별로 배분하였으면 시간 배분은 그에 따르면 되므로 그리 어렵지 않고 복잡하지도 않다. 양자는 대체로 일치하기 때문이다.

3) 시간을 배분할 때는 전체 시간을 답안 구성과 작성의 두 부분으로 먼저 나누어야 한다. 문제의 유형이나 난이도, 사실관계의 복잡성 등에 따라 차이가 있기는 하지만 문제 내용 파악과 답안 구성 부분에는 30% 정도, 최대 50%까지 투입하는 것이 좋다. 그 부분이 잘 되면 이를 토대로 답안을 작성하는 데에는 사실 그리 많은 시간이 들지 않는다. 따라서 전자에 지나치게 많은 시간을 투입하는 것은 아닌가 하여 불안해 할 필요는 없다. 답안지 작성 작업에 지레 겁을 먹고 답안 구성이 제대로 안 된 상태에서 이를 서두르다가는 내용이 부실한 답이 나오게 되고, 중간에 고치거나 지우는 부분이 대량으로 발생하여 시험을 망치게 될 수 있음을 명심하자.

4) 다음 단계로, 문제별, 항목별 작성시간의 배분은 특별한 사정이 없으면 앞서 본 답안지 분량 배분 기준에 맞추어서 한다. 그에 따른 시간 배분의 결과는 답안지 구성표의 각 항목별로 5분, 10분, 15분, 20분식으로 쓰고, 괄호 안에 (10시 20분), (10시 50분), (11시 30분)과 같이 기재해 둔다. 답안지를 작성할 때는 계획대로 예정된 시간 안에 그 부분까지 답안을 작성해 가고 있는지 확인하고, 배분된 답안지 분량과 시간을 지나치게 초과하거나 미달하지 않도록 주의하면서 적절히 조절하면 된다.

Ⅳ. 기록형 시험 답안 작성의 요령

1. 시험에서 무엇을 요구하고 있는가?

1) 민사 기록형 시험에서 시험지와 답안지가 수험생들에게 분배되면 시험지를 후루룩 넘기면서 전체적인 형태와 구성을 일별해 본다. 그러면 시험지의 분량과 어떤 유형의 문제가 출제되었는지 대체로 파악할 수 있다.

2) 그런 다음에는 보다 구체적으로 시험에서 무엇을 요구하고 있는가를 파악하여야 한다. 고로 대뜸 문제 풀이에 들어가지 말고, 시험문제의 내용을 빠른 속도로 읽어서 그 골자를 파악한다. 따라서 이때에는 메모가 전혀 필요 없다. 이를 통해 소장이나 답변서 등 어떤 내용의 소송문서 작성을 요구하는지, 문항이 몇 개인지를 분명하게 알 수 있다.

3) 문제에서 어떤 내용의 소송문서 작성을 요구하는지와 문항이 몇 개인지를 파악한

후에는 보다 구체적으로 어떤 내용의 법리 평가를 요구하는지 파악한다. 이는 우선 <상담일지> 또는 <상담기록>의 내용을 빠른 속도로 읽어 당사자가 무엇 때문에 싸우는지 그 대강의 쟁점과 줄거리를 파악할 것을 권한다. 이때도 세부적인 내용까지 다 파악하려고 할 필요가 없고, 메모도 할 필요가 없음은 물론이다. 또 대강의 내용 파악이 목적이므로 세세한 내용에 구애되지 말고 아주 빠른 속도로 읽어야 한다. 대략의 당사자 숫자, 출제분야(소비대차, 임대차, 사해행위, 유치권 등) 등 사건의 얼개와 기본구조 파악이 목적이기 때문이다.

4) 시험문제와 <상담일지> 또는 <상담기록>의 내용을 빠르게 읽어 사건의 쟁점과 줄거리를 파악하였으면, 그 뒤에 이어지는 기록의 내용(대체로 증거자료)을 맨 마지막 장까지 역시 빠르게 훑어보기를 권한다. 그런 다음 <답안 작성 시 주의사항>, <의뢰인의 희망사항>까지 마저 읽어서 답안 구성 시 주의할 사항을 파악한다. 이로써 시험문제의 내용과 사건의 쟁점 및 줄거리, 어떤 내용의 법리 평가를 요구하는지를 모두 파악할 수 있다.

5) 이와 같은 2단계 작업을 통해 답안 작성의 큰 방향을 결정할 수 있다. 이상의 모든 작업은 약 5분 내에 마치는 것이 좋겠다. 이 시간은 앞서 말한 답안 구성 부분 시간에 포함된다.

2. 사건의 쟁점과 줄거리 파악 및 메모

1) 이제 펜을 들 차례이다. 사건의 구체적 쟁점과 줄거리를 파악하고 이를 메모하여야 한다. 그래야 답안을 작성할 수 있다. 메모의 방법은 앞서 제1장에서 설명한 바와 같다. 메모는 가능한 한 깔끔하고 깨끗하게 하고 여백을 많이 두어야 한다.

2) 사건의 구체적 쟁점 및 줄거리 파악과 메모 작업은 <상담일지> 또는 <상담기록>의 내용을 기초로 하여야 한다. 뒤에 이어지는 증거자료는 모두 이를 보다 구체화하는 자료에 불과하다. 따라서 <상담일지> 또는 <상담기록>의 내용이 뼈대이고 증거자료의 내용은 가지이고 살에 해당한다.

3) 소장 작성 시험에서 메모의 대상은 의뢰인이 제시한 증거자료와 당사자의 주장이다. 소를 제기하기 전이므로 상대방인 피고의 주장 내용은 제시되지 않는 경우가 대부분이겠지만, 상대방이 의뢰인에게 보낸 서신이나 문자메시지 등을 통해 장차 그가 소송절차에서 주장할 것으로 예상되는 내용이 있을 때는 그것도 메모하여야 한다.

증거자료의 메모는 의뢰인이 제시한 증거자료로서 시험 기록에 나와 있는 것을 가지고 한다. 이때 상대방이 의뢰인에게 보낸 서신이나 문자메시지 등도 증거자료에 포함시켜 메모한다. 당사자의 주장이나 사실관계의 메모는 각 당사자나 청구원인 또는 공격방어방법 단위로 하는 것이 좋다. 상대방의 예상되는 주장을 의뢰인의 주장과 함께 메모할 때는 서로 대응하는 방식으로 기재하는 것이 매우 편리하다.[2]

4) 사건의 구체적 쟁점 및 줄거리 파악과 메모 작업은 배부된 메모지 용지를 이용한다. 이때 앞서 <상담일지> 또는 <상담기록>의 내용을 토대로 하여 메모지의 항목을 나누고, 아래와 같이 각 항목 사이에 적당한 공간(여백)을 두도록 한다. 그렇게 하지 않고 <상담일지> 등에 나오는 순서대로 그 내용을 메모지에 옮기면 나중에는 공간(여백)이 없어 애를 먹을 수 있다. 공간(여백)은 나중에 증거자료를 보면서 추가한다. 메모하면서 의문이 나는 사항은 메모지나 시험지 등에 별표를 하거나 포스트잇을 붙여두는 등으로 적절히 표시해 둔다.

5) <상담일지> 또는 <상담기록>의 내용을 토대로 메모를 다 하였으면 다음 단계 작업으로 증거자료를 보면서 메모 내용을 추가·보강한다. 이로써 메모지가 완성된다. 증거자료 내용 중 길거나 복잡한 것은 메모지에 다 옮기지 말고 메모지에 기록의 해당 페이지를 적어두거나 기록에 포스트잇을 붙여 놓았다가 답안 작성 시 그것을 보고 이기하면 시간도 절약되고 실수도 피할 수 있어 좋다.

■ 증거자료의 메모(예)

> M1-1
>
> **1. 매매계약서(17 5/1) 각 날인 有**
> 김상희 → 조병섭fr. 건물 매수 $\left(\begin{array}{l}\text{· 대금 3억} \\ \text{· 계금 5,000만 원/ 당일 수수 필} \\ \text{· 잔금 2억 5,000만 원, 17 9/30 수수키로}\end{array}\right)$
>
> **2. 등기기록증명서(19 10/1 발급)**
> ○ 조병섭 13 5/14. 소유권이전등기
> ○ 정영식 15 2/7 근저당권등기(무= 이승희, 채권최고액= 2억, 결산일= 없음)
> ○ 김상희 가처분 19 8/7(서울동부 2019카합23456, 청구채권= 매매 소이청구권)
>
> **3. 통지서(17 10/1 김상희 → 조병섭 / 내용증명)**
> ○ 김이 17 5/1에 건물 매수 / 정영식 근등은 잔금일까지 말소키로 구두합의
> ○ 김은 17 9/30에 잔금 준비해 조희수 법무사에서 만날 것을 문자로 통지
> ○ but 조는 안 나타고 연락 두절/ 이에 대금을 법무사에 보관시키고 조가 등기서류 교부 시 등기이전하도록 부탁함

---

2) 이 방식의 메모는 원·피고 쌍방의 주장이 모두 제출된 후에 이루어지는 판결문 작성을 위한 메모 시 유용하다.

○ ∴ 조는 이 통지서 받은 날부터 1주일 내에 등기서류(정영식 근등 말소＋김상희 앞 소이) 준비해 법무사에 전달하고 대금을 수령할 것 / 도과 시 이행의사 없는 것으로 알고 별도의 통지 없이 매매계약을 해제 처리하겠음

4. 문자메시지(17 9/29 김상희 → 조병섭)

○ 김상희는 17 9/30 잔금 가지고 조희수 법무사에 갈 것임

○ ∴ 조는 그날 등기서류(정영식 근등 말소＋김상희 앞 소이) 준비해 법무사에 올 것

(이하 생략)

▣ **당사자의 주장 및 사실관계의 메모(1)**

M1-1

1. 김희섭과 이용주 간의 소비대차

○ 김, 18 5/1 이fr. 1억 차용

2. 김희섭과 이용주 간의 가등기담보

○ 김, 약정 변제기까지 변제 ×

○ 김, 19 3/15 이와 가등기담보약정
- 대물변제예약
- 당시 시가?
- 증거금: 없음
-

┌ 김의 매형
→ 19 3/15 이 앞으로 배병철 소유 부동산에 소유권이전 가등기

> 변제기 도래 후에 한 담보약정에도 가담법 적용?

3. 김희섭과 최병철 간의 점포 임대차

○ 김, 16 10/11 최fr. 점포 임차

○ 김, 차임 지체(17. 5분 ~ 11분)

> 누계액은? 3기 합산액 도달?

4. 이용주, 채권자대위권 행사

○ 이, 20 11/9 최병철을 상대로 임대차보증금채권 압류, 전부

○ 이, 20 12/15 최병철을 대위해 김희섭에게 점포 임대차 해지 통지

◙ 당사자의 주장 및 사실관계의 메모(2= 쌍방 주장 대립구조형)

M1-1

김상희	이용주
○ 김, 18 5/1 이fr. 1억 차용 ○ 김희섭과 이용주 / 가등기담보 약정 → 김, 약정 변제기까지 변제 × → 김, 19 3/15 이와 가등기담보약정 　■ 대물변제예약 　■ 당시 시가 3억 > 채무 1억 2천	○ ok ○ 가등기는 ok ← ■ 대물변제예약 × / 양담약정 　■ 당시 시가 3억 × / 2억 불과 　■ 당시 채무 1억 2천 × / 1억 9,500
○ 김희섭과 최병철 / 점포 임대차 → 김, 16 10/11 최fr. 점포 임차 → 김, 차임 지체(17. 5분~11분)	○ 임대차 ok ← 김의 차임 지체 이미 3기액 도달 ← 김, 임차권 포기(17 12/ 최에 문자로)

3. 법리 검토와 답안의 추론

1) 사건의 구체적 쟁점과 줄거리를 파악하고 <상담일지> 또는 <상담기록>과 증거 자료에 의해 사실관계를 모두 파악하여 메모를 마쳤으면, 이를 토대로 법리를 검토하고 법률효과를 도출하여 문제에서 요구하는 답안을 추론하는 작업이 필요하다. 이는 제1장에서 말한 공방도(법리분석표) 작성 기법에 의하여 하면 된다. 요건사실과 제약조건을 토대로 어떠한 법률효과가 도출되는지가 이 작업의 핵심이다.

2) 이 작업을 할 때는 <답안 작성 시 주의사항>과 <의뢰인의 희망사항>을 음미하면서 이에 부합되게 답안을 추론(추출)하여야 한다. 따라서 필요한 곳에 포스트잇을 붙여두고 필요할 때마다 참고하는 것이 좋다.

3) 법리 검토와 답안 추론 작업은 메모지에 하는 것보다는 다른 연습용지에 하는 것이 좋다. 메모지는 나중에 답안으로 소장 등을 작성할 때 곁에 두고 참고하여야 하는데, 그것이 지저분해지면 애를 먹을 수 있으므로 가급적이면 메모지에 하는 것은 피하는 것이 좋다. 따라서 법리 검토는 다른 연습지에 하고, 그 결론을 메모지 해당 부분에 적어두거나 법리 검토서에 간단히 그 결론을 적는 방법으로 한다. 법리 검토는 주어진 사실관계로부터 의뢰인이 요구하는 법률효과가 도출될 수 있는지, 요구되는 법률효과 발생에 누락되고 더 필요한 요건사실은 무엇인지, 현재의 사실관계를 토대로 의뢰인에게 가장 유리한 법률효과는 무엇인지 질문하고 답하는 방식으로 하면 좋다.

4) 법리 검토와 공방도(법리분석표)에 의한 답안의 추론이 끝나면 원고와 피고의 당사자, 청구취지에 기재할 권리·법률관계의 내용, 청구원인으로 기재할 사실관계와 법리의 내용이 도출·확정되며, 청구원인이나 공격방법이 여럿일 때에는 그들 상호 간의 관계도 정해지게 된다.

이에 따라 문제에 대해서 간단한 결론을 요약하고, 그와 관련하여 답안에 꼭 들어가야 할 사항(사실관계나 법리)을 간단히 공방도(법리분석표)에 기재해 두면 답안 작성 시 이를 보고 쓰면 되므로 큰 도움이 된다. 메모지와 공방도(법리분석표)만으로 답안을 작성하는 데에 부족을 느낄 경우에는 미리 소장이나 판결문 등 답안의 초안(얼개)을 구성하는 것도 좋다. 답안의 초안(얼개)은 다음과 같이 크고 작은 항목(번호)을 설정하고 거기에 들어갈 중심 내용을 간단히 기재하는 방법으로 간략하게 작성한다.

그리고 법리 검토와 공방도(법리분석표) 작성이 끝난 후 각 항목별 답안 내용에 따라 답안지 공간과 작성 시간을 배분하거나 미리 세운 계획을 조정한다. 시간과 답안지 분량 배분은 5분, 10분, 15분, 20분 또는 3줄, 5줄, 10줄, 15줄 단위로 비교적 크게 하는 것이 좋다. 1, 2분 단위나 1, 2줄 단위로 배분하는 것은 별 의미가 없다.

5) 법리 검토와 답안의 추론에 투입하는 시간은 앞서 말한 바와 같이 그 이전 단계의 작업(시험문제의 내용을 빠른 속도로 읽어 그 골자를 파악하고, <상담일지> 또는 <상담기록> 및 증거자료 등 기록 전체의 내용을 가볍게 빠른 속도로 읽어 대강의 쟁점과 줄거리를 파악하는 작업)을 포함하여 전체 수험시간의 30~50%의 범위에서 마치도록 한다. 앞에서도 말한 바와 같이 법리 검토와 답안의 추론이 잘 되면 실제로 소장 등 답안을 작성하는 작업은 그리 많은 시간이 필요하지 않다.

▣ **답안 초안(얼개)의 예**

소 장

■ **당사자**
원고 1. …
    2. …
피고 1. 이영수
    2. 조만철
    3. 최윤정
    4. …

■ **청구취지**
1. 피고 ○○○는 원고 ▲▲▲에게 …하라.
2. …(피고 이영수/ 금전)
3. …(피고 조만철/ 소이등기말소)
4. …(피고 최윤정/ 소이등기)
5. …

■ 청구원인

1. 피고 이영수에 대한 청구(소비대차/대물변제예약) ⋯ 10분/12줄/11시까지
 가. 사실관계
 나. 이자제한법을 초과한 이자약정의 법적 효력
 다. 선이자를 지급한 경우의 법률관계
 라. 대물변제예약과 가담법의 법리
 마. 결론(원고와 피고 이영수 간의 법률효과) ⟹ 청구취지 1항

2. 피고 조만철에 대한 청구(상가임대차) ⋯ 15분/15줄/11시 20분까지
 가. 사실관계
 나. 상가임대차법의 적용 대상
 다. 상가 임차인의 갱신청구권
 라. 갱신 거절과 상가 임차인의 손배청구권
 마. 결론(원고와 피고 조만철 간의 법률효과) ⟹ 청구취지 2항

3. 피고 최윤정에 대한 청구 ⋯ 10분/15줄/11시 30분까지
 가. ⋯
 나. ⋯
 다. ⋯

(이하 생략)

2022. 1. 7.
원고 소송대리인
변호사 이성구

■ 관할법원: (서울서부지방법원) 귀중

4. 답안의 작성

1) 이상의 작업이 모두 끝난 뒤에는 소장의 작성 등 답안 작성에 들어간다. 이는 시험 기록, 메모와 공방도(법리분석표), 답안의 초안(얼개)을 곁에 두고 이를 보면서 하면 편리하다. 메모지 기재 내용만으로 구체적 사실을 알기 어려운 부분(당사자의 주소 등 인적 사항이나 부동산의 소재지, 내용증명 편지의 내용 등)은 기록의 해당 부분을 참조하여 작성한다. 이를 위해 앞서 말한 대로 기록에 적절한 표시를 해두는 것이 좋다.

2) 답안을 작성할 때는 예정된 시간과 답안지 배분 계획대로 되어 가는지 중간 중간에

확인하고, 필요에 따라 당초 계획을 적절히 수정할 필요도 있다. 또한 <답안 작성 시 주의사항>과 <의뢰인의 희망사항>도 계속 잊지 않도록 하여야 한다.

  3) 소장이나 판결문 등의 내용을 쓸 때 청구취지나 판결 주문 부분은 답안지의 해당 부분에 연필로 써두고, 청구원인이나 판결 이유를 쓴 다음 다시 한 번 이를 대조한 후 수정할 사항이 없으면 펜으로 쓰는 것이 좋다. 아니면 청구취지나 판결 주문 부분을 위해 답안지 공간을 비워두었다가 청구원인이나 판결 이유를 쓴 다음에 이를 채워 넣는 것도 좋다. 청구원인이나 판결 이유를 쓰는 과정에서 청구취지나 판결 주문이 더욱 분명해지기 때문이다. 다만 후자의 경우 답안지 공간이 부족할 우려가 있으므로, 연습지에 미리 청구취지나 판결 주문을 기재하여 그 분량을 가늠해보고 그에 따른 답안지 공간을 비워두어야 한다.

☐ 쉬어갑시다

'내 책을 받아서 잘 간직하여 주십시오'【惠存】

  우리 사회에서는 다른 사람에게 자신의 책을 선물할 때 받는 사람 이름 옆에 혜존(惠存)이라고 적는 것이 예절이라고 생각되고 있다. 나도 부족하나마 내 책을 다른 이에게 선물하는 경우가 있는데, 惠存이라는 말의 뜻을 정확히 몰라 그 사용을 꺼려왔다.

  이 말은 무슨 뜻일까? 받는 사람 이름 옆에 "惠存"이라는 말이 있으니 분명 이는 주는 사람보다는 받는 사람과 관계가 있고, 받는 사람이 '존(存)'의 주어라고 해석함이 마땅하다. 그리고 혜(惠)자가 있으므로, 받는 사람이 받은 것을 은혜롭게 여기고 이를 보존·간직한다는 뜻이겠다. 그런데 국어사전에는 "자기의 저서나 작품을 남에게 보낼 때 상대편 이름 밑에 '잘 보아 주십시오'라는 뜻으로 쓰는 말"이라고 되어 있다. 그러나 분명히 이 말은 책을 받는 사람이 쓰는 것이 아니라 주는 사람이 쓰는 것이므로 앞뒤가 잘 맞지 않는다. 책을 받은 사람이 이를 은혜롭게 생각할지 않을지, 또 이를 간직할지 버릴지 알 수 없고, 이는 전적으로 받은 사람이 결정할 일이기 때문이다.

  일본어에서는 이를 惠存(케이존 けいぞん)이라고 읽는데, 그 나라 사전에는 이를 "自分の著書や作品などを人に献呈するときに使う語"라고 하고 있으므로, 우리 사전의 뜻풀이와 대동소이하다. 일본의 보다 큰 사전인 <大辭林>에서는, "お手元に保存していただければ幸いの意で、自分の著書などを贈るときに、相手の名のわきや下に書き添える語"라고 되어 있으니, 말인즉슨 "상대방에게 책을 주면서 '간직해 주시면 다행으로 여기겠습니다'라는 의미로 받는 사람 이름 밑에 적는 말"이라는 것이다. 정말 이 말을 책을 받는 사람이 아니라 주는 사람 자신이 쓰는 것이라면, "저의 책을 받아 간직해 주시면 은혜로 여기겠습니다"라는 의미로 해석할 수 있기는 한데, 그런 뜻이라면 惠자가 存자보다 뒤에 오거나 그

말을 하는 사람인 주는 사람의 이름 옆에 쓰는 것이 이치에 맞으므로 이렇게 새기는 것은 아무래도 억지스럽다.

그래서 나는 내 책을 다른 사람에게 줄 때 이 말에 자신이 없어 애써 피해왔다. 그런데 다른 사람들이 이 말을, 그것도 한자로 턱하니 써놓은 것을 보면 왠지 문채(文彩)가 나는 것 같아 좀 부러운 마음도 들고, 한편으로는 받는 사람이 '아, 이 사람은 惠存이라는 말을 모르는구나' 하며 나를 무식한 사람으로 생각하지나 않을까 짐짓 염려스럽기(?)도 했다.

그런데 최근에 나는 이 말의 정체를 알게 되고야 말았다. 이 말은 예전에 우리 조상들이 남의 문집(文集)을 선물 받은 후 이를 준 사람과 받은 경위를 적은 다음 그 말미에 "受此冊爲感惠故保存以重(이 책을 받음에 감사하고, 그 은혜를 생각하여 귀중하게 간직하겠다)"이라고 썼는데, 어떻게 된 영문인지 그 뒤 이 말이 일본으로 건너가 惠存 두 글자로 축약되고, 그것도 모자라 받는 사람이 아닌 주는 사람이 쓰게 되었다고 한다. 만약 이 말이 원래 이러한 뜻이라면, 주는 사람이 받는 사람 이름 옆에 惠存이라고 쓰는 것은 상대방에게 "내 책을 받은 것을 고맙게 생각하고 잘 간직해라"는 명령문이 되어 버린다. 아뿔싸! 이런 무례함과 자가당착이 또 있나?

惠存이라는 말 대신에 더러 惠覽(혜람), 笑覽(소람), 淸覽(청람), 拜贈(배증), 謹呈(근정), 拜呈(배정), 奉獻(봉헌), 指正(지정), 賜正(사정), 斧正(부정)이라는 말도 사용되는 듯한데 모두 어렵고 생소하다. 더구나 소람, 청람은 웃으면서 보거나 맑은 정신으로 책을 보라니 그 뜻도 괴상하다. 그러니 앞으로는 惠存이라는 등의 이상하고 어려운 말 대신에 "제 부족한 책을 아무개님에게 드립니다"라고 쓰는 것이 어떨까? 상대에 따라서는 이를 "이 책이 아무개의 친구가 되기를 바랍니다"라는 말도 좋겠다. 나는 이렇게 쓰고 있다.

02 소장 작성 연습

Ⅰ. 소장 작성 기법

1. 소장 작성 과제의 해결 요령

1) 변호사시험에서 민사 기록형 시험 과제로 소장 작성 문제가 가장 빈번히, 아니 거의 예외 없이 출제된다는 점은 앞서 말한 바와 같다.

2) 소장 작성 과제의 해결 요령은 이미 앞서 <민사 기록형 시험의 요체>에서 설명한 바와 같다. 이를 다시 한 번 되풀이하면, ① 시험기록을 받자마자 문제와 증거기록을 간단히 훑어보기, ② <상담일지> 또는 <상담기록>과 <답안 작성 시 주의사항> 및 <의뢰인의 희망사항> 읽어 보고 음미하기, ③ <상담일지> 또는 <상담기록>과 증거자료 순으로 사건 내용 메모하기, ④ 메모 내용을 토대로 법리 검토하고 공방도(법리분석표) 작성하기, ⑤ 메모와 공방도(법리분석표)를 토대로 답안지 공간과 작성 시간을 배분하고, 필요한 경우 답안의 초안(얼개) 구성하기, ⑥ 시험기록 및 메모와 공방도(법리분석표), 답안의 초안(얼개)을 곁에 두고 답안 작성하기이다.

3) 메모를 할 때는 이미 파악한 사건의 얼개를 염두에 두면서 메모의 단위에 따라 중심적인 사실로부터 논리적·시간적 순서로 한다. 1차적으로는 <상담일지>에 기재된 내용을 토대로 기본적인 메모를 하고, 2차적으로는 제시된 증거자료를 토대로 보충적인 메모를 한다. 그렇게 하면 사건 내용과 증거자료 등이 메모에 온전하게 들어가게 되어 메모지만 보고서도 사건 내용을 파악할 수 있고 소장을 작성할 수 있다.

4) 메모가 완성되면 그것을 토대로 공방도(법리분석표)를 그려 법리를 검토·분석한다. 그 과정에서 원고와 피고의 당사자, 청구취지에 기재할 권리·법률관계의 내용, 청구원인으로 기재할 사실관계와 법리의 내용이 도출·확정되며, 청구원인이나 공격방법이 여럿일 때에는 그들 상호 간의 관계도 정해진다.

5) 공방도(법리분석표)까지 작성한 후에는 사건 내용이 비교적 간단하면 메모와 공방도만을 보고서도 소장을 작성할 수 있으나, 내용이 복잡하면 먼저 소장의 전체적인 구도, 즉 전개순서를 연습지에 구상·설계한 후 그 설계도(얼개)를 참고하면서 소장을 작성한다. 설계도에는 다음과 같이 당사자, 청구원인, 청구취지를 기본적으로 포함하여야 하고, 소

장의 기재 순서도 정리하여야 한다.

6) 메모와 공방도(법리분석표), 답안의 설계도(얼개)를 작성할 때는 시간 절약을 위해 자기만의 기호나 약호를 정해 이를 잘 활용하여야 한다. 아래 설계도는 이해의 편의를 위해 기호나 약호를 최소화한 것이며, 실제로는 훨씬 축약해서 간단하게 해야 한다.

▣ 소장의 설계도(예)

1. 이성구, 김병희 vs. 윤성효
· 홍제동 311 토지(나대지) 임대, 건물 신축
· 차임지체
· 해지통지, 반환불응

→ 이성구, 김병희에게 윤성효는
(1) 이성구, 김병희로부터 공동하여 1억 9,700만 원에서 2017. 9. 1.부터 홍제동 311 토지의 인도 완료일까지 매월 150만 원의 비율에 의한 돈을 공제한 금액을 지급받음과 동시에 홍제동 311 잡종지 3,900㎡를 인도하라.
(2) 홍제동 311 지상 건물의 각 2분의 1 지분에 관하여 2014. 7. 15.자 약정을 원인으로 한 소유권이전등기절차를 이행하고, 이를 인도하라.

2. 이성구, 김병희 vs. 윤성효, 최병성, 이미현
· 이성구, 김병희 → 김미영의 윤성효에 대한 채무 보증
· 이성구, 김병희 → 윤성효fr. 금전 1억 차용
· 위 2건 채무 담보로 이성구, 김병희, 홍제동 311-1 토지 윤성효에게 소유권이전등기
· 위 2건의 채무 모두 완제
· 윤성효, 최병성에 위 토지 매도하고 등기이전
· 최병성은 양도담보, 변제 사실 알면서 윤성효에 매도 권유
· 이미현이 위 토지 가압류

→ 이성구, 김병희에게
(1) 윤성효는 홍제동 311-1 주유소용지 620㎡에 관하여 서부지법 서대문등기소 2014. 8. 2. 접수 제30338호로 마친 소유권이전등기를 말소하라.
(2) 최병성은 홍제동 311-1 주유소용지 620㎡에 관하여 서부지법 서대문등기소 2017. 9. 1. 접수 제51129호로 마친 소유권이전등기를 말소하라.
(3) 이미현은 위 최병성의 소유권이전등기 말소에 관하여 승낙의 의사표시를 하라.

3. 정병룡 vs. 한국보증보험(주)
· 사에치클럽, 한국보증과 개별거래용 신용보증약정
· 정병룡은 클럽 이사라서 부득이 위 신용보증약정에 따른 구상채무 보증

· + 홍제동 312 토지에 근저당 설정

· 위 클럽, 보증서 받아 신한은행에서 자금 차용

· 정병룡, 클럽 이사 사임하고 한국보증에 연대보증 해지 통지

· 한국보증, 신한은행에 대위변제

· 한국보증, 근저당등기 말소 거부, 구상채무 및 어음할인채무까지 변제 요구

→ 한국보증은 정병룡으로부터 2억 400만 원 및 이에 대한 2017. 11. 26.부터 다 갚는 날까지 연 20%의 비율에 의한 금전을 지급받은 후 정병룡에게 (그 변제일자 피담보채무 변제를 원인으로), 홍제동 312 대 270㎡에 관하여 서부지법 서대문등기소 2015. 11. 3. 접수 제91157호로 마친 근저당권설정등기를 말소하라.

4. 정병룡 vs. 오현근(1)

· 사에치클럽, 오현근과 건축자재 외상거래약정

· 정병룡, 클럽을 위해 홍제동 312 토지에 근저당 설정(물상보증)

· 위 클럽, 2015. 3. 초경 거래 종료 합의, 2015. 5. 초경 거래 재개 합의

· 오현근, 거래 재개 이후의 채무도 변제 요구하며 근저당 말소 거부

→ 오현근은 정병룡으로부터 100만 원을 지급 받은 후 정병룡에게 홍제동 312 대 270㎡에 관하여 서부지법 서대문등기소 2014. 7. 23. 접수 제10043호로 마친 근저당권설정등기를 말소하라.

5. 정병룡 vs. 오현근(2)

· 정병룡, 소병수로부터 홍제동 539 토지 매수

· 오현근, 소병수에 대한 약속어음공정증서 有, but 실제 채권 없음

· 오현근, 위 공정증서로 위 토지에 강제경매신청, 현재 경매 진행 중

· 소병수는 현재 권리행사 외면

→ 오현근의 소병수에 대한 공증인가 법무법인 신태양 2015. 7. 14. 작성 2015년 증서 제914호 공정증서에 기한 강제집행을 불허한다.

2. 소장 작성 과제 해결 시 주의사항

1) 소장 작성 과제에는 대부분 제약조건이 <소장 작성요령>이나 <지시사항>으로 주어지므로 반드시 이를 준수하여야 한다. 소장 작성에 몰두하다 보면 이를 잊어버리기 쉬워 실수를 하게 되므로, <소장 작성요령> 등을 떼어내거나 따로 연습지에 이기하여 메모, 공방도, 설계도 등과 나란히 두고 수시로 이를 확인·대조하는 것이 좋다.

2) 대개 소장 작성 과제에서는 주위적·예비적 청구나 선택적 청구를 하지 못하게 하거나, 어떤 청구원인 또는 공격방어방법을 제출하지 못하게 하거나, 특정한 청구원인이나

공격방어방법을 미리 고려하도록 요구한다. 이는 정답을 모르는 수험자가 이것 아니면 저 것 식으로 도피하지 못하게 하거나 논점을 한곳으로 모으기 위한 것이다. 그러므로 특별한 사정이 없는 한 수험자는 주위적·예비적 청구나 선택적 청구 형태의 청구병합을 하지 않는 것이 좋다. 또 선이행 항변이나 동시이행의 항변과 같이 피고가 정당하게 항변을 제기할 경우 받아들여질 것은 미리 소장 작성 시 이를 반영하여 선이행 조건부 청구를 하거나 동시이행 조건부 청구를 하는 등으로 원고의 청구가 기각되는 부분이 없도록 하는 것도 중요하다.

3) 청구원인란과 청구취지란은 앞서 말한 대로 청구원인란을 먼저 쓰는 것이 좋다. 즉 메모와 공방도, 설계도에 의해 소비대차와 같이 특정한 사건의 청구원인을 기재한 다음 그 결론에 맞추어서 그 사건의 청구취지를 기재하는 것이다. 이렇게 하면 청구취지를 먼저 쓸 때보다 실수를 줄이고 수정의 필요성도 줄일 수 있다.

3. 좋은 소장을 쓰려면?

가. 소장을 쓰는 사람은 변호사이다.

1) 글을 쓸 때는 쓰는 사람이 처음부터 끝까지 자신의 지위를 잊지 말아야 한다. 소장과 같은 논설문에서는 더 말할 나위가 없다. 소장을 쓰는 사람은 변호사이지 판사가 아니다. 법원이나 법관은 원고가 이기든 피고가 이기든 관심이 없고 이해관계도 없다. 따라서 소장을 쓸 때는 쓰는 사람 자신이 변호사, 그것도 원고를 대리하는 변호사임을 한시도 잊어서는 안 된다.

2) 원고 소송대리인인 변호사가 소장을 쓸 때 가장 주의하여야 할 것은 그로써 법원과 법관을 설득하여야만 소송에서 승리할 수 있다는 사실이다. 그러니 처삼촌 묘소 벌초 하듯이 무신경하거나 대충 써서는 절대 안 된다. 분쟁의 경위와 사실관계를 법률요건사실의 기준에 따라 분명하게 밝히고 정확한 법리를 적용하여 청구를 하여야 한다. 그리고 계산이 필요한 때는 "차임 상당의 부당이득금 3,240만 원(2017. 5. 현재의 월차임 120만 원 × 2018. 3. 1.부터 2020. 5. 30.까지 27개월)"과 같이 계산식을 직접 보여 주어야 하고, 계산 항목의 근거와 성질이 무엇인지도 분명히 밝혀야 하며, 차임 지체일이나 지연손해금 발생일이 어느 날이고 왜 그날인지도 설명해야 한다. 그런 것을 생략한 채 자신 혼자서만 알 수 있게 쓰는 것은 전혀 도움이 안 된다.

소장을 읽는 법관(채점자)이 소장에 기재된 원고의 주장 내용에 전적으로 머리를 끄덕이고 동의를 하여야 논설문인 소장은 목적을 달성하게 된다.

3) 수험생들이 소장을 쓸 때 실수를 범하는 것 중의 하나는 자신이 원고를 대리하는 변호사임을 잊어버리고 마치 판사인 것처럼 판단자가 되는 것이다. 그리하여 청구원인사

실이나 간접사실 등을 주장하고 증거를 대야 함에도 이를 빼먹은 채 곧바로 법률효과를 주장하거나 "…할 증거가 없는 이 사건에 있어서…"라고 하여 판사처럼 쓰는 일이 많다. 또, "어떤 증거에 의하면 원고의 위 주장 사실을 더욱 분명하게 알 수 있습니다."고 써야 할 것을 "어떤 증거에 의하면 원고의 주장 사실을 인정할 수 있다."고 판사의 어투로 표현하는 경우가 많다.

나. 소장의 중심은 청구원인과 법률요건사실이다.

1) 앞서 누누이 설명한 바와 같이 법률효과가 발생하기 위해서는 법률요건과 그에 맞는 요건사실이 필요하다. 이는 실체법이나 소송법이나 모두 마찬가지다. 따라서 소장에서 가장 중요한 것은 원고가 주장하는 법률효과가 발생하는 데 필요한 청구원인과 그에 맞는 청구원인사실이다. 청구취지는 청구원인으로부터 발생하는 법률효과에 불과하므로 청구원인에 대한 관계에서는 부차적·종적인 지위에 있다.

2) 소장에서 청구원인이 중요하다는 것은, 법률효과 주장에 앞서 원고는 피고와의 관계에서 발생한 분쟁이나 법률관계가 어떤 청구원인에 해당하는지 밝히고, 그 청구원인인 법률요건에서 요구하는 구체적·역사적 사실, 즉 청구원인사실을 주장·설명하며 이를 입증하여야 한다는 것을 의미한다. 그리고 청구원인사실 외에 대리, 동의, 인·허가, 취소, 해제, 해지, 조건의 성취, 기한의 도래 등 보조적 법률요건이 필요한 때에는 그 요건사실도 누락하는 일이 없도록 하여야 한다.

3) 그런데도 많은 수험생들이 소장을 쓸 때 청구원인사실이나 보조적 법률요건사실이 되는 구체적·역사적 사실의 주장·설명을 누락하고 곧바로 법률효과를 주장하는 잘못을 범한다. 이는 청구원인과 요건사실에 대한 이해 부족 때문이 아닌가 싶다. 법률요건사실의 중요성은 "내게 사실을 말하라. 그러면 나는 법을 말하겠다."라고 하는 법언의 의미를 되새겨보면 쉽게 알 수 있다. 원고 소송대리인 변호사의 기본적인 역할은 특정한 분쟁사건에 관한 구체적·역사적 사실을 말하는 데에 있지 법률이나 법리를 말하는 데에 있지 않다. 그 부분은 원칙적으로 법관의 역할에 속한다. 그러므로 원고 소송대리인 변호사가 소장을 쓸 때는 사실의 주장·설명과 입증에 주력하여야 하고, 법률효과에 대한 주장은 청구취지의 기재 외에 별도로 하지 않아도 무방하고, 꼭 필요하다면 요건사실의 주장 다음에 하여야 한다.

다. 법률효과의 귀속자는 누구인가?

1) 소장의 청구취지란에 기재할 법률효과와 관련하여 중요한 것은, 그 법률효과가 누구에게 귀속하는지를 분명히 하여야 한다는 점이다. 법률효과는 통상 권리·의무의 형태로 발생하므로, 결국 이는 누가 권리자이고 누가 의무자인지를 분명히 하여야 한다는 것이

된다.

2) 많은 수험생들이 이행의 소에서 당사자도 아닌 사람(소외인＝3자)에게 의무 이행을 명하거나 소송의 대상이 될 수 없는 법률효과를 주장·청구하는 실수를 한다. 등기명의자(등기의무자) 아닌 자를 상대로 등기의 말소를 구하거나, 심지어 원고가 원고 자신에게 의무 이행을 청구하는 일도 있다. 이런 실수는 권리·의무의 본질이나 소송의 기본구조를 망각한 탓에 발생한다. 그러므로 수험생으로서 소장을 작성할 때는 항상 이 점을 명심하여 권리자와 의무자를 정확하게 지정하도록 주의하여야 한다.

3) 또한 어떤 법률효과를 토대로 소로써 그 청구를 할 때는, ① 그것이 법령이나 법제도상 허용되는 것인지, ② 법원에 대한 소로써 국가의 협력을 얻어야 할 소의 이익이 있는지, ③ 그것을 강제집행에 의하여 실현할 수 있는지 등 청구적격이나 소의 이익, 강제집행의 가능성 등도 면밀히 검토하여야 한다. 이에 어긋난 경우 소 각하 판결을 받게 된다. 이와 관련하여, 청구원인을 이루는 법률요건이 아닌, 보조적 법률요건에서 발생하는 법률효과는 거의 대부분 소로써 청구할 대상이 되지 못한다는 점도 유념하여야 한다.

라. 소장은 법원에 제출하는 것이지 출제자에게 제출하는 것이 아니다.

1) 많은 수험생들이 시험에서 답안으로 소장을 작성하면서 그 상대방을 출제자로 착각하는 우를 범한다. 그러나 소장은 법원에 제출하는 것이지 출제자에게 제출하는 것이 아니다.

2) 즉 소장은 제3자인 법원에 제출하여 원고의 견해에 동의하도록 법원을 설득하는 것이다. 제3자인 법원은 당연히 원고와 피고 사이에서 발생한 분쟁에 관하여 알지 못하는 사람이다. 출제자는 법원의 지위에서 답안을 읽고 평가한다. 그러므로 분쟁의 구체적 경위와 청구원인사실이 되는 구체적·역사적 사실을 하나하나 주장·설명하고 이를 입증하여야지, 마치 법원이나 채점자가 이를 이미 알고 있는 것으로 전제하고 사실에 대한 주장·설명을 하지 않은 채 그 사실을 이미 주장·설명한 것처럼 결론 부분에서 이를 기정사실화하여 법률효과만을 주장하거나 법리논쟁을 해서는 절대로 안 된다.

3) 이러한 실수는 앞서 말한 대로 소장을 쓰는 수험생이 원고를 대리하는 변호사임을 잊어버린 때문에 발생한다. 마치 자신이 수험생으로서 논술식 문제를 푸는 것으로 오해하는 것이다. 그렇기 때문에 소장에 절대로 쓸 수 없는 "이 사안의 경우, 원고는 매수인이므로 피고에게 소유권이전등기청구권이 있습니다. …"라는, 출제자와 대화를 하는 듯한 표현을 하기도 한다. 이러한 실수를 하면, 청구원인사실의 주장·설명을 누락하여 많은 점수를 잃어버리고 감점까지 당할 가능성이 크다.

마. 주어와 서술어는 왜 있는가?

1) 문장에서 주어와 서술어는 장식물이거나 꼭두각시가 아니다. 엄연히 제 역할이 있다. 주어는 행위의 주체이자 법률효과의 귀속 주체를 나타낸다. 고로 행위를 서술할 때는 그 주체가 누구인지 분명히 하고, 그 주어의 행위에 맞는 서술어를 사용하여야 한다.

2) 예컨대, 매매에 있어 파는 사람은 매도인이고 사는 사람은 매수인이다. 매도인이 주어라면 서술어는 '매도'여야 하고, 반대로 매수인이 주어라면 서술어는 '매수'여야 한다. 이를 바꾸어 쓰는 일은 별로 없지만, 누가 매도인이고 누가 매수인인지 불분명하게 서술하는 경우가 매우 많다. 즉, "원고와 피고는 2018. 5. 12. 별지 목록 기재 부동산을 매매하였습니다." 또는 "원고는 2018. 5. 12. 피고와의 사이에 별지 목록 기재 부동산을 매매하기로 하는 계약을 체결하였습니다."와 같이 쓰는 것이다.

이렇게 쓰면, 누가 매도인이고 누가 매수인인지 쉽게 알 수 없어 읽는 사람이 답답하다. 그러므로 원고가 매도인이라면 "원고는 2013. 5. 12. 피고에게 별지 목록 기재 부동산을 대금 5억 원에 매도하였습니다." 또는 "원고는 2013. 5. 12. 피고와 별지 목록 기재 부동산을 대금 5억 원에 피고에게 매도하기로 하는 계약을 체결하였습니다."라고 서술하여야 한다.

3) 이런 일은 비단 매매에서만 발생하는 것이 아니다. 임대차 등에서도 "원고와 피고는 2019. 3. 10. 별지 목록 기재 부동산에 관하여 임대차보증금을 1억 원, 기간은 2019. 4. 1.부터 2021. 3. 9.까지, 임료는 매월 100만 원으로 약정하여 임대차계약을 체결하였습니다."와 같이 쓰는 경우가 많다. 심지어 은행에서 돈을 빌렸으면서도 "원고는 2020. 9. 1. 피고 은행으로부터 1억 원을 마이너스대출 방식으로 대출하고, 그 담보로 이 사건 토지에 대하여 채권최고액 2억 원의 근저당권설정등기를 경료[1]하였습니다."라고 하거나, 자신이 임차인이면서도 "원고는 2019. 10. 1. 피고로부터 이 사건 상가를 임대하여 현재까지 그곳에서 신발 도소매업을 운영해오고 있습니다."라고 기재하는 일도 있다. 이런 소장을 쓴 사람은 과연 법원으로부터 지지와 신뢰를 받을 수 있을까? 묻지 않아도 그 답을 알 것이다.

4) 그러므로 아래와 같이 행위에 따라 주어와 서술어를 정확히 기재하도록 주의하자. 물론 여기서 주체와 상대방은 서로 바뀔 수 있다. 행위를 직접 표현하는 대신 "…주었다."거나 "…받았다."고 표현할 때도 그 용어 사용에 주의하여야 한다. 예컨대 도급의 경

---

1) 등기의 경료(經了)라는 표현은 일본식 한자어로서 쓰지 않는 것이 좋다. "등기를 마쳤다." 또는 "등기를 마쳐주었다.", "가압류등기가 기입되었다."는 등의 표현이 바람직하다. 우리의 근대 법률문화가 일본을 거쳐 도입된 관계로 아직까지 일본어나 일본식 한자어 표현이 많이 남아 있는데, 가능하면 이를 안 쓰도록 노력하여야 한다. <법원 맞춤법 자료집>은 여기에 도움이 된다.

우에, "도급하였다."거나 "수급하였다."는 표현 대신 이를 다르게 표현하고자 하는 때는 "도급 주었다."거나 "도급받았다."고 하는 것이 옳은 표현이고, "수급 주었다."거나 "수급 받았다."는 표현은 옳은 표현이 아니다.

▣ 올바른 주어와 서술어 표현(예)

구분	주체	상대방	주체의 행위	상대방의 행위
매매	매도인	매수인	매도	매수
임대차	임대인	임차인	임대	임차
양수도	양도인	양수인	양도	양수
상속	상속인	피상속인(망인)	상속	–
도급	도급인	수급인	도급	수급
소비대차	대여인	차용인	대여(대출)	차용(차입)

바. 문장은 읽는 사람의 입장에서 표현해야 한다.

1) 일기가 아닌 이상, 글은 남에게 자신의 생각이나 의사를 전달하기 위해 쓰는 것이므로 상대방이 그 내용을 정확히 이해할 수 없게 쓴다면 이는 잘못된 글이다. 따라서 소장을 쓸 때는 항상 상대방의 입장에서 보아 쓰는 사람이 의도한 대로 그것이 이해될 것인지 생각하고, 읽는 사람에게 시각을 맞추어야 한다.

2) 그러므로 애매한 표현을 하거나 쓰는 사람만이 알 수 있는 내심의 표현을 하여서는 안 된다. 이때 주의할 것은 단어의 위치이다. 그 위치에 따라 자칫 엉뚱한 의미가 될 수 있기 때문이다. 예컨대, "원고는 2018. 7. 1. 피고가 소외 이영진에게서 임차한 별지 목록 기재 아파트를 전차하였습니다."는 표현은 피고의 임차일이 2018. 7. 1.이라는 것인지 아니면 원고의 전차일이 2018. 7. 1.이라는 것인지 알 수 없다. 전자라면 "원고는 피고가 2018. 7. 1. 소외 이영진에게서 임차한 별지 목록 기재 아파트를 전차하였습니다."고 표현하여야 하고, 반대로 후자라면 "원고는 피고가 소외 이영진에게서 임차한 별지 목록 기재 아파트를 2018. 7. 1. 전차하였습니다."라고 표현하여야 한다.

3) 문장이 길어지거나 주어가 겹치는 등으로 그 의미에 오해가 생길 우려가 있는 때는 쉼표(,)를 찍어 이를 방지할 수도 있다. 예컨대, "피고는 피고가 소외 이영진에게서 임차한 별지 목록 기재 아파트를 원고가 전차하였다고 주장하나…"라는 표현은 "피고는, 자신이 소외 이영진에게서 임차한 별지 목록 기재 아파트를 원고에게 전대하였다고 주장하나…"와 같이 쉼표(,)를 찍어주면 훨씬 읽기도 쉽고, '주장'의 주체가 피고라는 것을 전달할 수 있어 의미전달에 오해를 일으키지 않는다.

4) 소장이나 준비서면, 판결문 같은 글은 실용적 목적의 글이기는 하나, 이러한 글이라

고 하더라도 당연히 맞춤법에 맞게 써야 하고, 띄어쓰기에도 주의하여야 한다. 맞춤법도 법이다. 아무리 내용이 좋은 글이라도 맞춤법과 띄어쓰기가 엉망인 글은 그 가치를 반감시키고 글 쓴 이의 지성까지 의심받게 한다. 근래 이를 지키지 않은 글을 너무도 많이 보게 되어 안타까움을 금할 수 없다. '청구원인', '청구인낙', '기한이익의 상실' 등의 법률적 전문용어의 경우 이를 복합명사로서 적절하게 붙여 쓸 수 있으나, 하나의 소송문서에서 일관성 없이 이랬다저랬다 해서는 안 된다. 아무튼 맞춤법과 띄어쓰기를 잘한 답안은 재량점수를 듬뿍 받을 수 있으므로 맞춤법과 띄어쓰기 공부도 열심히 하자.

4. 소장 작성 시 자주 범하는 잘못들

1) 위와 같이 소장에는 그 작성자의 법지식과 논리력, 문장력, 업무처리능력, 성실성, 책임감 등이 모두 드러나므로 열의를 가지고 혼신을 다해 작성하여야 한다.

2) 제대로 된 멋진 소장을 작성하기 위해서는 많은 공부와 자기훈련이 필요하다. 그 기본적인 요령은 이미 앞서 제1장 2절의 <소장>에서 자세히 말한 바 있으므로, 여기서는 수험생이나 초보 법률가들이 자주 범하는 잘못을 중심으로 설명한다.

가. 당사자 등 소송관계인의 지위, 자격 표시 잘못

1) 소장을 비롯한 소송문서에서 사람이나 법인이 등장하는 경우 그의 지위와 자격을 분명하게 표시하여야 한다. 무엇보다 그가 당사자인지 아니면 소송외의 관련자, 즉 소외인[2]인지를 분명히 하여야 한다.

2) 소송의 당사자로는 원고와 피고가 전형적이지만, 때로는 독립당사자참가인이 당사자가 되는 경우가 있다. 독립당사자참가 이외의 소송의 참가가 있는 경우에도 보조참가를 제외하고는 참가인이 원고 또는 피고가 되므로, 그 지위를 '원고' 또는 '피고'로 표시하고 그에 이어서 '공동소송참가인', '승계참가인', '인수참가인' 등의 표시를 덧붙여 준다.[3]

3) 보조참가인은 당사자가 아니므로 원고나 피고로 표시해서는 안 된다. 이 경우 당사자의 표시란에는 피참가인인 원고나 피고를 먼저 표시하고 그에 이어서 '보조참가인 ○○○'라고 표시한다. 청구원인란 등 다른 곳에서는 단순히 '보조참가인', '참가인' 또는 '보조참가인 △△△', '참가인 △△△'라고 표시한다.

4) 원고나 피고, 독립당사자참가인이 소송당사자로서 다른 지위를 겸하는 때에는 '원고(선정당사자)', '피고(반소 원고)', '피고(재심 원고)' 등과 같이 그 겸하는 지위를 괄호 안에

---

2) 소외인(訴外人)은 당해 소송의 바깥에 있는 사람, 즉 그 소송과 관계가 없는 사람이라는 뜻으로서 당사자를 제외한 소송관계인의 총칭이다.

3) 독립당사자참가인은 원고나 피고가 되는 것이 아니므로 '원고' 또는 '피고'를 덧붙여 표시하지 않음은 물론이다.

병기해 주면 되나, 변호사시험을 치르는 수험생이 이런 유의 소송문서를 작성할 일은 거의 없다.

5) 참가는 이미 타인 간에 소송이 계속되고 있을 것을 전제로 하므로, 소장의 작성단계, 즉 소 제기 시에는 독립당사자참가 등 소송의 참가가 있을 수 없다. 그러므로 소장의 작성 시에는 '원고 ○○○', '피고 △△△', '소외 □□□'의 세 경우만 분명하게 표시하면 충분하다. 각종 시험의 답안지를 보면 이를 표시하지 않거나 원고와 피고를 바꾸어 쓰거나 소외인을 원고나 피고로 표시하는 경우를 자주 본다.[4] 아마도 모두 감점 대상에 해당할 것이다.

나. 급부청구에서의 급부 수령자와 급부 의무자의 누락 등

1) 금전의 지급이나 물건의 인도 등을 구하는 급부청구 소송(이행의 소)에서 가장 중요한 것은, 누가 급부를 수령하고 누가 그 급부를 제공할 것인지이다. 이는 실체법관계에 의해 정해지겠지만, 원고나 소외인이 채무자로서 법원으로부터 급부 제공을 명령받는 경우는 원칙적으로 있을 수 없다.[5] 다만, 이들의 급부 제공이 피고의 급부 의무 이행의 선이행 조건이 되거나 동시이행 조건이 되는 경우는 있다.

2) 초보 법률가들이 작성한 소장을 보면, 원고더러 피고에게 돈을 지급하라고 청구하거나 소외인더러 원고나 피고에게 돈이나 물건을 지급 또는 인도하라고 청구하는 경우를 자주 본다. 이는 소송의 구조를 전혀 이해하지 못한 것이다. 또한 피고에게 급부 제공을 명할 것을 청구하면서 반대로 그 급부를 수령할 원고를 누락하는 경우도 많다.

3) 법원이 누군가에게 급부의 제공 등 의무이행을 명하기 위해서는 그들 사이의 실체적 법률관계를 논외로 하더라도, 우선 그 사람이 소송당사자로서 직접 그 소송을 수행했어야 한다. 소송당사자 아닌 사람, 즉 소외인에게 기판력이나 집행력이 미치는 경우에도 소송이 다 끝난 후 집행 단계에서만 가능할 뿐, 소송과정에서는 법원이 당사자 아닌 사람더러 급부를 제공할 것을 명할 수는 없다. 소송에 참여도 안 한 사람이 소송법적으로 무슨 의무를 질 수 있겠는가? 소외인더러 피고에게 돈이나 물건을 지급·인도하라고 청구하는 것은 소송당사자 아닌 자를 상대로 의무이행을 청구하는 것이어서 그런 판결을 받더

---

4) 원고 또는 피고와 소외인의 지위를 바꿔 쓰는 경우는 쓰는 과정에서 실수로 착오를 일으킨 경우가 대부분이지만, 특정한 사람이 당사자가 되어야 하는지 소외인이 되어야 하는지를 잘못 결정한 데에 따른 경우도 많다. 그러므로 누가 당사자가 되어야 할지를 먼저 정확하게 판단하여야 한다. 예컨대, 사해행위취소 소송에서 채무자를 피고로 표시할 경우는 그를 상대로 대여금 등 금전의 지급을 청구하는 경우에만 허용되므로, 그를 상대로 금전지급 청구를 하지 않는 경우 그를 피고로 삼아서는 안 된다.

5) 원고가 피고에 대한 등기의무를 이행하기 위해 등기수령청구를 하는 경우에도 "피고(등기권리자)는 원고(등기의무자)로부터 … 등기신청절차를 수취(인수)하라."는 내용으로 피고에게 수령을 명하는 판결이 선고될 뿐 "원고는 피고에게 … 등기절차를 이행하라."는 내용으로 원고에게 이행을 명하는 판결을 선고하지는 않는다.

라도 아무런 쓸모가 없으므로 소의 이익이 없는 부적법한 소가 된다.

4) 원고나 소외인의 급부 제공을 선이행 또는 동시이행 조건으로 하여 피고가 급부 의무를 부담하는 경우, 원고나 소외인의 급부 제공은 피고의 급부 의무 이행에 있어 제약조건이 되어 원고나 소외인의 급부 제공이 없으면 피고의 급부 의무를 강제집행할 수 없게 됨에 그칠 뿐이고, 그러한 내용의 판결문으로 피고가 원고나 소외인에게 강제집행을 할 수는 없다. 이러한 경우 판결문에도 "피고는 원고(소외인)로부터 1억 원을 지급받은 후에 (지급받음과 동시에) 별지 목록 기재 부동산을 인도하라."와 같이 피고의 인도의무가 원고나 소외인의 1억 원 지급과 일정한 관계에 있음을 표시할 뿐 원고나 소외인더러 피고에게 1억 원을 지급하라고 명령하지는 않는다. 즉, 이 경우 원고나 소외인은 실체법적으로는 피고에게 1억 원을 지급할 의무를 부담하지만, 피고가 그러한 청구(반소에 의하여)를 하지 않았으므로 소송법적으로는 그런 의무를 부담하지 않으며, 따라서 법원은 원고나 소외인더러 피고에게 1억 원을 지급할 것을 명령할 수 없다.[6]

5) 이와 같이 원고가 피고에게 돈이나 물건을 지급 또는 인도할 의무를 부담하고 있다면 스스로 소송 밖에서 지급·인도하면 족하고 굳이 소송으로써 청구를 해야 할 필요가 없으므로, 이러한 청구는 소의 이익이 없어 부적법하다. 이러한 법리를 떠나서라도, 원고 자신이 자신에게 의무를 이행하라는 재판을 청구한다는 것은 논리적으로도 말이 되지 않는다. 변호사시험에서 이러한 청구를 한다면 틀림없이 감점을 받게 될 것이고, 법조인으로서의 기본 자질까지 의심 받을 수 있다.

다. 금전이나 물건의 수량 표시 잘못

1) 원고가 피고를 상대로 20억 원의 금전 지급을 청구하거나 주권(株券) 50만 주의 인도를 구하는 청구를 하는 때에 그 수량이 매우 중요함은 말할 것도 없다. 법의 세계는 자연과학의 세계와 같이 정밀함을 좋아한다. 단돈 1, 2원이나 소수점 하나라도 중요한 이유이다.

2) 위와 같은 청구를 하는 경우에 '20억 원' 또는 '50만 주'라 쓰지 않고 굳이 '2,000,000,000원', 또는 '500,000주'라고 쓰는 것은 화를 자초하는 것이다. 자칫 0을 더 쓰거나 덜 쓰거나 하여 수량의 표시를 그르칠 확률이 대단히 높기 때문이다. 내가 아는 한 법률가들은 인문학도여서 그런지 수학 실력은 몰라도 산수 실력은 매우 낮다. 그런데 왜 굳이 0의 개수를 열심히 세가며 아라비아숫자 전부를 나열하는 방식으로 쓰는 것일까?

3) 변호사가 작성하는 소장이나 답변서, 준비서면은 물론이고 판사가 작성하는 판결서, 결정문 등에 수량을 표시할 때 위와 같이 '2,000,000,000원'이나 '500,000주'로 쓰라는

---

6) 피고가 원고에게 그러한 의무를 지워 판결을 받고 그에 기해 강제집행을 하기 위해서는 반소를 제기하여야만 한다. 즉 집행력 있는 판결은 원고(반소 원고 포함)만이 얻을 수 있다.

법은 어디에도 없다. 단지 법원에서는 그렇게 쓰는 것이 관행이기는 하나,[7] 모든 판사들이 다 그렇게 하고 있지는 않으며, '20억 원' 또는 '50만 주'라고 썼다 하여 잘못된 것이 결코 아니다.

4) 사법연수원 시험이나 변호사시험 답안지 등을 보다 보면 저렇게 이상한(?) 숫자를 모두 아라비아숫자로만 표시하다가 정작 숫자를 잘못 쓴 경우를 자주 본다. 어떤 사람은 '2,000,000,000억원' 또는 '100백만원'이라고 잘못 쓰는 경우도 있다. 그런 경우 점수는 어찌 될까? 아마 거의 모든 채점자가 감점을 줄 것이다. 단순한 실수로 좋게 볼 수도 있겠지만, 이는 성실성과 책임감을 나타내는 징표이기 때문이다.[8] 금액이나 물건의 개수 외에 날짜나 이자율, 사람 이름 등을 잘못 쓴 경우도 이와 동일하다.[9] 이런 실수를 하지 않으려면 항상 메모를 하거나 최종 검토 시에 원본 자료와 대조하여 확인하는 습관을 들여야 한다.

라. 기간에 비례한 급부청구 시 기간의 누락

1) 임대료나 사용료, 부당이득금, 손해배상금, 이자, 지연손해금 등은 대체로 기간에 비례하여 증감한다. 이와 같이 기간에 비례하여 증감하는 급부를 청구할 때는 그 기간과 이자율, 지연손해금률 등의 비율을 정확하게 표시하여야만 급부의 내용과 범위가 확정되므로 그 기간의 시점과 끝나는 점을 분명히 기재하여야 한다.

2) 그런데 수험생 등 초보 법률가들이 작성한 소송문서를 보면(물론 경력이 오랜 된 사람도 간혹 그런 실수를 하지만), 시점(始點)이나 종점이 없거나 양쪽 모두가 없는 경우가 많다. 어떤 경우에는 그 중간 시점(時點)을 누락한 사례도 많다. 시험이라면 이는 당연히 감점 대상이 될 것이고, 변호사나 판사가 쓴 소장이나 판결서라면 주의력과 자질을 의심받기 십상이니 조심하여야 한다.

3) 이 경우 기간의 특정은 연월일시를 명기하여 확정적(특정적)으로 할 수도 있고, '소장 부본 송달', '청구취지 및 원인변경서 송달일', '그 다음날', '판결 선고일', '판결 확정

---

7) 2018. 3. 26.부터 시행되고 있는 대법원 예규인 "재판서 양식에 관한 예규(재일 2003-12)"에도 이러한 내용은 없다.

8) 판결서에서 숫자를 잘못 기재하여 실수를 하는 경우 판결의 경정(민사소송법 제211조)을 통해 바로잡을 수 있으나, 판결서의 다른 기재(이유 부분 등)에 의하여 그것이 계산 착오에 의한 것임이 분명하게 드러나는 때에만 가능하다. 무엇보다 그런 실수 자체에 의해 매우 부주의한 법조인으로 자칫 낙인을 받게 됨에 주의하자. 필자도 부동산 가압류신청 사건을 처리하면서 실무자가 작성한 결정문 초안 중 가압류청구금액의 0을 하나 빠트린 것을 발견하지 못하고 가압류결정문에 도장을 찍었다가 곤욕을 치른 경험이 있다. 그 뒤로는 0의 개수를 꼼꼼히 세느라 눈이 빠질 뻔했다.

9) 그 중에서도 날짜, 이율 등을 잘못 쓰는 것은 매우 곤란하다. "피고는 원고에게 20억 원 및 이에 대하여 2018. 12. 1.부터 다 갚는 날까지 연 20%의 비율에 의한 돈을 지급하라."고 명하여야 할 것을 "피고는 원고에게 20억 원 및 이에 대하여 2008. 1. 21.부터 다 갚는 날까지 월 20%의 비율에 의한 돈을 지급하라."고 잘못 기재하였을 때 그 결과는 어찌 되겠는가?

일' 등과 같이 불확정적(불특정적)으로 기재할 수도 있다. 다만, 이러한 불확정한 기간은 변론이나 소송기록을 통하여 알 수 있는 것이어야 한다.

한편, 지연손해금청구에 있어서는 채무자가 언제 이행지체에 빠졌는지를 정확하게 판단하여야 하며, 민법이나 상법, '소송촉진 등에 관한 특례법' 및 그 시행령의 적용 구간에 따라 법정이율과 기간이 나누어지므로 여기에도 주의를 기울여야 한다.

4) 기간에 비례하여 증감하는 급부를 청구할 때는 또 이자율, 지연손해금률 등의 비율에도 주의를 기울여야 한다. 이는 우선 그 근거가 무엇인지를 잘 생각하여야 한다. 이자라면 당사자 사이에 이자율 약정이 있는지 여부, 차용자가 지급하거나 지급하기로 한 것이 이자에 해당하는지 여부나 이자제한법에 위반되는 것은 아닌지 여부, 선이자를 주고받은 경우 정당한 이자는 어디까지인지, 약정한 이율이 이자제한법이나 '대부업 등의 등록 및 금융이용자 보호에 관한 법률'에 위반되어 무효가 되지는 않는지[10] 여부 등을, 지연손해금률이라면 그 적용 법규가 민법인지 상법이나 어음법, 수표법인지, 그것도 아니라면 '소송촉진 등에 관한 특례법'인지 여부, '소송촉진 등에 관한 특례법'을 적용하는 경우라면 당해 사안이 그 법에서 정한 요건에 맞는지 여부 등을 면밀하게 검토하여야 한다.

5) 이와 관련하여 실수를 범하기 쉬운 경우가 ① 상거래과정에서 발생한 불법행위나 부당이득에 대해서도 연 6%의 상사법정이율이 적용되는지, ② 금전채무 불이행에 대비하여 당사자가 약정한 손해배상액의 약정이율이 법정이율보다 낮은 경우 법정이율에 의하여 지연손해금을 청구할 수 있는지, ③ 채권자취소 및 원상회복청구 등 장래이행의 소에서도 '소송촉진 등에 관한 특례법' 제3조 제1항에 의한 법정이율을 적용할 수 있는지 여부이다.

① 상법 제54조의 상사법정이율은 상행위로 인한 채무나 이와 동일성을 가진 채무에 관하여 적용될 뿐 상행위가 아닌 불법행위로 인한 손해배상채무에는 적용되지 아니하고(대법원 1985. 5. 28. 선고 84다카966 판결 등),[11] ② 민법 제397조 제1항 단서 규정은 약정이율이 법정이율 이상인 경우에만 적용되고, 약정이율이 법정이율보다 낮은 경우에는 그 본문으로 돌아가 채권자는 법정이율에 의하여 지연손해금을 청구할 수 있으며(대법원 2009. 12. 24. 선고 2009다85342 판결, 2013. 4. 26. 선고 2011다50509 판결),[12] ③ '소송촉진 등에 관한 특례법' 제3조 제1항 단서에 의하면 채무의 이행기가 사실심 변론종결일 이후

---

10) 이자율만을 약정하고 지연손해금률을 따로 약정하지 않은 경우 그 약정이율은 지연손해금률에도 적용되는바(대법원 2008. 4. 24. 선고 2006다14363 판결, 2013. 4. 26. 선고 2011다50509 판결 등), 이 경우 지연손해금에도 이자제한법이나 '대부업 등의 등록 및 금융이용자 보호에 관한 법률'이 적용된다(동법 제8조 제2항, 대법원 1983. 8. 23. 선고 82다카1115 판결 등).

11) 그러나 상행위로 인해 발생한 채무의 불이행으로 인한 지연손해배상에 대하여는 연 6%의 상사법정이율이 적용된다(대법원 1986. 9. 9. 선고 84다464, 1951 판결, 2000. 10. 27. 선고 99다10189 판결).

12) 이는 약정이율이 '소송촉진 등에 관한 특례법' 제3조 제1항의 법정이율에 미달한 경우에도 동일하므로 채권자는 위 법률에 의한 지연손해금을 청구할 수 있다(대법원 1992. 12. 22. 선고 92다4307 판결, 2002. 10. 11. 선고 2002다39807 판결 등).

에 도래하는 장래이행의 소의 경우에는 동법 제3조 제1항 본문의 법정이율을 적용할 수
없으므로, 채권자취소 및 원상회복청구의 소에서 가액반환을 명할 경우나 재판상 이혼으
로 인한 재산분할을 명하는 경우 연 20%나 연 15% 등의 법정이율은 적용할 수 없다
(대법원 2001. 9. 25. 선고 2001므725, 732 판)
(결, 2009. 1. 15. 선고 2007다61618 판결 등).13)

마. 중첩관계의 표시 잘못 또는 누락

1) 금전이나 물건을 여러 사람이 공동으로 수령하거나 공동으로 제공해야 할 경우 그
들의 법률적 관계는 민법 등 실체법에 의해 결정되는데, 소송법적으로도 실체법관계에 대
응하여 소장이나 판결서에 이를 각각 다르게 표시한다.

2) 따라서 소장의 청구취지에는 실체법관계에 따라 '각(各)/각기', '연대하여', '각자(各
自)/공동하여', '합동하여'라고 경우에 따라 구분하여 표시해 주어야 한다. 뒤의 셋은 복수
의 채권자나 채무자들 사이에 실체법상 연대관계, 부진정 연대관계, 불가분관계, 합동관
계 등 중첩관계가 형성되어, 각 경우마다 수인의 채권자나 수인의 채무자들 사이의 법률
관계가 달라진다. 반면에 앞의 '각'이나 '각기'는 독립적 관계(분할적 채권·채무관계)여서 복
수의 채권자나 채무자들 사이에 그러한 중첩관계가 발생하지 않는다.14)

3) 채권자나 채무자가 복수이고 그들 사이에 중첩관계가 있는 경우 일부의 변제나 상
계, 채무 면제, 청구 등은 다른 사람에게도 영향을 미치므로 각각의 사건마다 그 채권·채
무관계의 성질에 따라 그 복수인들의 상호관계를 정확하게 표시해주어야 한다.

중첩관계가 있음에도 이를 표시하지 않고 단순히 "피고들은 원고에게 1억 원을 지급하
라"고 하면 피고들의 숫자만큼 1억 원이 분할되어, 피고가 5인이라면 각 피고는 1인당
2,000만 원만의 채무를 부담할 뿐이다. 채무자들 중의 일부나 급부의무 중의 일부에 대해
서만 중첩관계가 성립하는 때에는 그 부분을 분명하게 특정해주어야 한다.

그런데 사법연수원 시험이나 변호사시험 답안지를 보다 보면, 이런 관계의 표시를 전
혀 하지 않거나 그 표시를 잘못하는 경우를 많이 본다. 이 역시 오답으로서 완전한 점수
를 받지 못하게 될 것이다.

4) 한편 이와 관련하여, 여러 사람이 중첩관계에서 급부 제공의무를 부담하는 경우에
"피고 이영수, 정인호는 연대하여 원고에게 1억 원을 지급하라."와 "피고 이영수는 피고
정인호와 연대하여 원고에게 1억 원을 지급하라."는 것은 전혀 의미가 다르다는 점에 주
의하여야 한다. 전자의 경우, 피고 정인호도 1억 원을 제공할 것을 법원에서 명령받은 것

---

13) 이 경우 판결 확정일 이후 다 갚는 날까지의 기간에 대하여도 '소송촉진 등에 관한 특례법' 제3조 제1
항 본문의 법정이율이 적용되지 않음에 주의하여야 한다. 위 법률 제3조 제1항 단서가 장래이행의 소
에 대해서는 동법 제3조 제1항 본문을 아예 적용하지 않는다고 규정하고 있기 때문이다.
14) 이에 대해서는 <제1장 제2절 Ⅰ. 소장 4. 청구취지 나. 이행의 소 (5) 급부 수령자나 의무자가 복수
인 경우>의 설명을 참조.

이므로 원고는 피고 정인호에 대해서도 강제집행을 할 수 있지만, 후자의 경우 피고 정인호가 실체법적으로는 피고 이영수와 중첩적으로 채무를 지더라도 법원이 그에게 직접 의무 이행을 명한 것이 아니므로 그에게는 판결의 효력(집행력, 기판력)이 미치지 않고, 따라서 원고는 피고 정인호에 대해서는 강제집행을 할 수 없다.[15]

5) 연대관계 등 중첩관계에 있는 사람은 반드시 피고에 국한되지 않고, 소장이나 판결서에는 소외인이라도 그에게 급부를 명하는 것이 아니라면 이를 표시할 수 있다. 예컨대, "피고 이영수는 소외 최인규와 연대하여 원고에게 1억 원을 지급하라." 또는 "피고는 원고와 소외 최해명에게 연대하여 1억 원을 지급하라."[16]와 같이 원·피고와 소외인을 중첩관계로 표시하여 청구할 수도 있다.

6) 비영리 법인의 대표자가 법인의 업무(직무)에 관하여 불법행위를 하여 상대방에게 손해를 끼친 경우, 그 상대방은 민법 제35조 제1항에 의하여 법인을, 민법 제750조에 의하여 그 대표자를 상대로 각각 손해배상을 청구할 수 있고, 민법 제35조 제1항의 청구권 역시 불법행위에 기한 손해배상청구권으로 해석된다. 그리고 이 경우 법인과 대표자는 이른바 부진정 연대관계에서 중첩적으로 손해배상책임을 지게 된다.[17] 따라서 이때 법인과 그 대표자 개인을 공동피고로 하여 손해배상을 청구하는 경우 피고들 사이에 중첩관계를 표시하여 "피고들(○○○ 법인과 대표자 △△△)은 공동하여 원고에게 1억 원을 지급하라." 고 청구하여야 하고, "피고 ○○○(법인)와 피고 △△△(법인의 대표자)는 원고에게 각 1억 원을 지급하라." 또는 "피고들(○○○ 법인과 대표자 △△△)은 원고에게 1억 원을 지급하라."와 같이 중첩관계에 의한 지급이 아닌 각각 독립하여 또는 분할하여 채권 전액의 지급을 구하는 것은 오답이다.[18]

---

15) 후자의 경우 피고 정인호가 원고에게 1억 원 또는 그에 미달하는 돈을 지급하면 그 범위에서 피고 이영수에 대한 관계에서도 실체법상 변제의 효력이 발생하는 것에 그친다.

16) 이 경우에는 피고더러 소외 최해명에게도 지급을 명한 것이므로 피고는 당연히 소외 최해명에게도 지급의무를 부담한다. 이런 경우는 원고가 피고더러 소외 최해명에게도 지급을 하라고 청구할 권리를 갖는 때에 발생하는바, 그러한 경우로는 원고가 소외 최해명을 위해 피고와 제3자를 위한 약정을 한 경우, 원고가 소외 최해명을 대위하는 경우, 원고가 소외 최해명과 공유자나 합유자로서 불가분채권이나 보존행위에 따른 합유채권의 이행을 구하는 경우 등을 생각할 수 있다.

17) 법인과 대표자에 대하여 각각 불법행위에 기한 손해배상청구권이라는 동종의 청구권이 성립하는 경우가 대부분이나, 그 청구권이 다른 종류인 경우도 있다. 예컨대, 주택재건축정비사업조합의 대표자가 '도시 및 주거환경정비법' 제24조 제1항에 의한 조합원 총회의 동의 없이 금융기관에서 자금을 차입하였고, 조합장이 조합원 총회의 동의가 필요함을 알고서도 이를 받아주지 않은 경우 그 차입(소비대차계약)은 무효가 된다. 이때 금융기관은 조합에게는 불법행위에 기한 손해배상청구권(이 경우 '도시 및 주거환경정비법' 제27조, 민법 제35조 제1항이 적용된다)과 부당이득반환청구권(민법 제741조)을 경합적으로 취득하고, 조합의 대표자(조합장)에게는 불법행위에 기한 손해배상청구권을 취득한다(민법 제750조; 대법원 1975. 8. 19. 선고 75다666 판결, 2004. 2. 27. 선고 2003다15280 판결 참조). 고로 금융기관은 조합과 대표자에게 모두 손해배상청구권을 행사하는 대신 조합에 대해서는 부당이득반환청구권을, 조합장에 대해서는 손해배상청구권을 행사할 수도 있다.

18) 이와 같은 중첩적 채권·채무관계에서 "피고 ○○○ 법인과 피고 대표자 △△△는 원고에게 각 … 원을 지급하라."고 독립한 전부 청구를 할 수 있는지에 대하여는 중첩적 채무의 성질, 소장의 청구취지

이러한 일은 단일한 피고에 대하여 채무불이행과 불법행위에 기한 손해배상청구권이 경합하는 경우와 같이 청구권경합의 경우에는 잘 일어나지 않으나,[19] 복수의 피고에 대하여 청구권경합이나 중첩적 채권·채무관계가 성립하는 경우 자주 일어난다. 사실 이 문제는 매우 난해한 문제여서 초보 법률가들이 이해하기 매우 어렵다.[20] 그러므로 이런 경우 원고가 궁극적·최종적으로 받아야 할 급부가 얼마인지, 복수의 채무자들에게 각각 독립하여 그 급부 전부를 청구하는 것이 정당한지, 아니면 복수의 채무자들에게 중첩하여 하나의 급부를 청구하되 어느 1인의 변제로 인하여 다른 채무자가 그 범위에서 채무를 면하는 것이 정당한지 여부를 질문해 보고, 전자가 정당하지 않으면 후자의 중첩관계에 의한 지급을 청구하는 것이 안전하고 무난하다.

바. 소송목적(소송물)의 잘못 지정

1) 소송목적, 즉 소송물은 청구권이나 형성권 등 권리에 국한되지 않는다. 금전적 채권채무관계, 임대차계약관계, 도급계약관계, 고용관계, 단체와 임원의 위임관계 등과 같은 법률관계도 소송목적이 될 수 있다.[21] 이러한 경우 주로 그 법률관계의 유무효, 그 법률관계상 일정한 지위의 존부, 그 법률관계에 관한 증서의 진부, 주주총회결의 부존재확인청구 등 그 법률관계에 관한 결의 등 일정한 사실의 존부에 대한 확인을 구하는 형태로 청구가 이루어진다.[22]

2) 이 경우 청구취지를 표시할 때는 그 확인을 구하는 대상인 법률관계가 분명하게 특정되도록 주의하여야 한다. 예컨대 "원고가 피고의 근로자임을 확인한다." 또는 "피고가 2020. 11. 3. 원고에게 한 해고는 무효임을 확인한다." 등과 같다. 확인청구의 소에서는, 그 확인의 목적이 법률관계가 아니라 단순한 사실관계에 불과하거나, 법률관계라고 하더라도 과거의 법률관계인 경우, 법령에서 이를 허용하거나 그것이 현재의 법률관계에 영향을 미치는 등의 특별한 사정이 없는 한 허용되지 않음에 주의하여야 한다.

3) 이는 채무부존재확인청구 등 권리·의무의 확인청구에서도 같다. 예컨대 원고(도급

나 판결서의 주문에 중첩관계를 기재한 경우 그 효력을 둘러싸고 논란이 있다.

19) 이 경우에는 선택적 병합을 청구하여야 한다. 그 경우 청구취지는 단일한 경우가 대부분이나 그렇지 않은 경우도 있다.

20) 이에 대해서는 <제1장 Ⅱ. 소장 4. 청구취지 나. 이행의 소> 부분을 참조.

21) 여기서 법률관계라 함은 법주체와 다른 법주체 상호 간의 사회적 관계에 대하여 법이 개입하여 적용되는 관계를 말한다. 권리·의무관계도 넓은 의미의 법률관계에 포함됨은 물론이다. 소비대차나 임대차, 도급계약 등의 법률관계는 권리·의무관계를 당연히 내포하고 있으나, 권리·의무관계를 배제한 법률관계에 관한 확인의 소에서는 그 권리·의무가 전면에 드러나지 않게 된다.

22) 재판상이혼청구, 공유물분할청구, 채권자취소청구의 소 등 형성의 소에서도 그 소송목적은 이혼청구권, 공유물분할청구권 등의 권리가 아니라 법률상 부부관계, 공유관계 등의 법률관계이므로, 엄격히 말하자면 법률관계를 소송목적으로 하는 경우는 형성의 소에서도 볼 수 있다. 그러나 형성의 소권에서도 권리를 인정할 수 있다는 반론이 있는 것과 같이 이들의 경우 실질적으로 법률관계보다는 권리가 전면에 등장하여 소송목적이 되는 것으로 볼 수도 있다.

인)와 피고(수급인)가 건축공사 도급계약을 체결하였는데, 그와 관련하여 원고가 피고에 대하여 부담하는 채무가 없거나 일정 금액 범위로 제한되는 것을 원고가 확인 받고자 하는 경우, "원고의 피고에 대한 2019. 5. 10.자 건축공사 도급계약에 기한 채무는 5,000만 원을 초과하여서는 존재하지 아니함을 확인한다." 또는 "원고와 피고 사이의 2019. 5. 10. 자 건축공사 도급계약에 관하여 원고의 피고에 대한 채무는 존재하지 아니함을 확인한다."와 같이 누가 채권자이고 누가 채무자인지, 그 확인의 대상인 법률관계가 무엇인지를 분명하게 기재하여야 한다.[23]

사. 가압류등기의 말소청구 등 본안소송의 목적이 될 수 없는 것의 기재

1) 초보 법률가들이 겪는 혼란 중의 하나가 소송절차와 소송외의 절차를 구별하지 못하고 혼동하는 것이다. 예컨대, 소장에 가압류신청이나 가처분신청 또는 강제집행정지신청을 함께 기재하거나 가압류등기 또는 가처분등기의 말소청구를 소장에 기재한 경우이다.

2) 민사소송법은 실질적으로 본안소송절차에 관해서만 규정하고 있다.[24] 소송사건과 소송 외의 사건, 즉 신청사건을 포함한 비송사건(非訟事件)은 특별한 규정이 없는 한 병합이 허용되지 않는다. 변론을 원칙적으로 요구하는 소송절차와 그렇지 아니한 신청사건 등 비송절차는 변론의 개시 여부, 증거조사 방법, 변론주의의 적용 여부, 재판의 형식 등 많은 부분에서 차이가 있어 하나의 절차에서 동시에 심리할 수 없기 때문이다.

따라서 신청사건은 별도의 신청을 통해서 하여야 하고, 소를 제기하면서 보전처분이 필요하더라도 가압류나 가처분을 그 소장에 기재하여 신청하거나, 이미 이루어진 가압류나 가처분의 취소, 집행취소, 가압류·가처분등기의 말소, 그 말소등기에 대한 승낙의 의사표시, 잘못 말소된 가압류·가처분등기의 회복등기 등을 소장에 기재하여 신청(청구)하거나 청구변경절차를 통하여 본안소송에 병합해줄 것을 구해서는 안 된다.[25]

---

23) 채무부존재확인의 소는 원고가 피고에 대하여 부담하는 채무의 범위를 확인받고자 하는 경우에 하는 것이므로, 원고가 피고에게 채권을 가진 경우 "원고의 피고에 대한 2019. 5. 10.자 건축공사 도급계약에 기한 채권은 5,000만 원임을 확인한다."와 같이 확인의 소를 제기하는 것은, 특별히 이행의 소를 제기할 수 없는 사정이 없는 한 소의 이익이 없어 부적법하다.

24) 물론 민사소송법에도 결정이나 명령으로 재판할 사항인 법관의 제척이나 기피신청, 소송구조신청, 소송비용 담보제공명령신청, 증거보전신청, 판결경정신청, 지급명령신청 등에 관해서도 규정하고 있으나, 이는 거의 대부분 당해 본안소송에 부수되는 신청사건들로서 그 심리와 재판은 당해 본안소송의 수소법원이 한다. 그러나 이런 경우에도 그 신청은 원칙적으로 소장이 아닌 신청서를 제출하는 방법으로 해야 하며(법관의 제척이나 기피신청은 물론 소송구조신청이나 소송비용 담보제공명령신청 등과 같이 당해 본안소송사건에 부수되는 비송사건이라도 소장에 병합기재하여 신청할 수 없다. 소송구조신청의 경우 민사소송법 제128조 제4항, 민사소송규칙 제24조 참조. 이 경우 인지액도 납부하여야 하고 사건번호가 당해 본안소송사건과 따로 부여되며, 그 심리는 본안소송의 변론과 분리하여 이루어진다(재판부가 동일한 경우에도 마찬가지며 대체로 서면심리에 의한다). 본안소송절차 외의 절차, 즉 비송절차에 관하여는 비송사건절차법, 가사소송법, 부동산등기법, 상업등기법, 민사집행법, 민사조정법 등에서 규율하고 있다.

25) 가압류·가처분등기의 말소청구, 가압류·가처분등기의 말소등기에 대한 승낙의 의사표시청구가 본안소

3) 한편 가압류나 가처분의 목적인 권리에 대한 등기의 말소를 소로써 구하는 경우, 이에 병합하여 가압류·가처분 채권자를 피고로 삼아 위 가압류나 가처분의 목적인 권리 (예컨대 소유권 등)에 대한 소유권이전등기 등의 말소에 대한 승낙의 의사표시를 청구하는 것은 허용된다. 이 경우 "피고(가압류 채권자)는 원고에게 서울중앙지방법원 등기국 2020. 7. 9. 접수 제72309호로 마친 소유권이전등기의 말소등기에 대한 승낙의 의사표시를 하라."와 같이 청구하지 않고 "피고는 원고에게 서울중앙지방법원 등기국 2021. 5. 20. 접수 제2345호로 마친 가압류등기의 말소등기에 대한 승낙의 의사표시를 하라."와 같이 말소 승낙의 대상인 등기를 가압류·가처분등기로 잘못 기재하는 일이 없도록 주의하여야 한다.

아. 부적법한 장래이행청구

1) 장래이행청구는 원칙적으로 미리 청구할 필요가 있는 경우에 한하여 특별히 허용되므로(민사소송법 제251조) 그 청구에 신중을 기하여야 한다.[26] 임료나 이자, 임료 상당의 부당이득반환 청구 등 장래의 특정 시점까지 계속적으로 발생할 채무의 이행을 청구할 경우 그 사유가 장래의 특정시점까지 계속하여 존속한다는 것이 변론종결 당시에 예정할 수 있어야 한다(대법원 1987. 9. 22. 선고 86다카2151 판결 등).[27] 따라서 피고가 권원 없이 원고 소유 토지나 건물 등을 사용·수익한 데에 따른 부당이득반환청구를 하는 경우 피고가 장래에도 사용·수익을 계속할 사정이 있는지 조사하여야 하고, 소장에도 이를 요건사실로서 기재해야 한다.

2) 한편 이 경우, 피고가 물건의 소유자인 원고에게 토지 등 그 물건을 인도·반환하기 전이라도 그 사용·수익을 종료할 수 있고, 그때는 피고의 의무불이행사유가 '물건의 인도일까지' 존속한다는 것을 변론종결 당시에 확정적으로 예정할 수 없으므로, "피고는 원고에게 별지 목록 기재 토지에 개설된 도로의 폐쇄에 의한 피고의 점유 종료일 또는 원고

송으로 허용되는지 여부에 관하여 대법원의 견해는 완전히 통일되지 않고 있다. 현재 실무의 대세는 가압류·가처분등기의 말소청구나 가압류·가처분등기의 말소등기에 대한 승낙의 의사표시청구는 본안 소송으로 허용되지 않는 것으로 처리하고 있다. 따라서 가압류나 가처분의 취소, 집행취소, 가압류·가처분등기의 말소, 그 말소등기에 대한 승낙의 의사표시, 잘못 말소된 가압류·가처분등기의 회복등기 등은 민사집행법이 규정하는 가압류·가처분이의, 취소, 집행에 관한 이의, 제3자이의 절차에 의하여야 한다.

26) 이에 대해서는 <제1장 제2절 Ⅰ. 소장 4. 청구취지 나. 이행의 소 (6) 장래이행청구의 소>의 설명을 참조.

27) 따라서 피고가 권원 없이 원고 소유 토지나 건물 등을 사용·수익한 데에 따른 부당이득반환청구를 하는 경우 피고가 장래에도 사용·수익을 계속할 사정이 필요하다. 그런데 대법원은, 국가 또는 지방자치단체가 도로로 점유·사용하고 있는 토지에 대한 임료 상당의 부당이득반환을 장래이행의 소로써 청구하는 경우 국가 등이 그 토지를 소유자인 원고에게 인도하기 전이라도 그 사용·수익을 종료할 수 있기 때문에 단순히 "피고가 원고에게 토지를 인도하는 날까지 부당이득액을 지급하라."고 명할 경우 의무불이행사유가 장래의 '인도하는 날까지' 존속한다는 것을 변론종결 당시에 확정적으로 예정할 수 있는 경우에 해당한다고 단정할 수는 없다는 이유로 "그 토지에 개설된 도로의 폐쇄에 의한 피고의 점유 종료일 또는 원고가 그 토지에 대한 소유권을 상실하는 날까지 부당이득액을 지급하라."고 명하여야 한다고 한다(2002. 6. 14. 선고 2000다37517 판결).

가 위 토지에 대한 소유권을 상실하는 날까지 매월 100만 원을 지급하라."와 같이 그 기간을 제한하여 청구하여야 한다(대법원 2002. 6. 14. 선고
2000다37517 판결 참조).

3) 장래이행청구와 관련하여 원고가 선이행의무를 지는 경우, 즉 부동산에 관하여 저당권 또는 근저당권이 설정되었거나 양도담보의 소유권이전등기 또는 채권담보 목적의 가등기가 기입된 경우 채무자는 자신의 채무를 먼저 변제하여야만 비로소 저당권등기 등의 말소를 구할 수 있는바(대법원 1981. 5. 26. 선고 80다1629 판결, 1984. 9. 11. 선고
84다카781 판결, 1992. 1. 21. 선고, 91다35175 판결 등 참조), 설정자가 그 채무의 변제 없이 무조건 또는 변제와 동시이행으로 등기의 말소를 구하는 것은 장래이행의 소로서 원칙적으로 허용되지 않는다.

따라서 채권자가 그 가등기 등이 채권담보의 목적으로 기입된 것임을 다툰다든지 피담보채무의 액수를 다투기 때문에 채무자가 장차 채무를 변제하더라도 채권자가 말소등기의무를 이행할 것으로 기대되지 않는 등의 특별한 사유가 있어야만 그 변제를 조건으로 저당권설정등기 등의 말소나 채무자 앞으로의 새로운 소유권이전등기청구가 허용되므로(대법원 1992. 1. 21.
선고 91다35175 판결), 이 경우 조건부 청구를 하여야 할 사정이 있는지가 중요하다.

4) 그러나 대법원은, 토지거래허가구역 내의 토지 매매와 관련하여, 허가를 받기 전의 상태에서는 아무런 효력이 없어 권리의 이전 또는 설정에 관한 어떠한 이행청구도 할 수 없으므로, 관할 관청의 허가를 조건으로 한 매수인의 소유권이전등기청구는 허용할 수 없다고 하고(대법원 1991. 12. 24. 선고
90다12243 전원합의체 판결), 또 채권을 양수하였으나 아직 양도인에 의한 통지 또는 채무자의 승낙이라는 대항요건을 갖추지 못한 경우, 채권 양수인은 채무자와 아무런 법률관계가 없어 채무자에 대하여 권리 주장을 할 수 없기 때문에 채무자에 대하여 채권 양도인에게서 양도통지를 받은 다음 채무를 이행하라는 청구는 장래이행의 소로서의 요건을 갖추지 못하여 부적법하다고 하므로(대법원 1992. 8. 18. 선고
90다9452, 9469 판결), 이러한 청구를 하지 않도록 주의하여야 한다.

5) 한편, 공유물분할청구의 소와 같이 재판에 의해서만 형성권을 행사할 수 있는 경우 그 형성의 효과는 당해 형성판결이 확정된 때에야 비로소 발생하므로, 그 확정 전에 장차 당해 형성판결의 확정으로 권리가 발생할 것을 전제로 미리 그 권리의 이행을 청구하는 것은 장래이행청구의 소에 해당하여 원칙적으로 허용되지 않는다는 것이 판례이다.[28] 따라서 공유물분할청구의 판결 확정 전에 그에 따른 분할물의 급부(인도청구 등)를 청구할 수 없다(대법원 1969. 12. 29.
선고 68다2425 판결).

자. 가집행선고 대상의 잘못 기재

1) 초보 법률가들이 자주 범하는 실수 중의 하나가 가집행선고를 잘못 구하는 경우이

---

28) 그러나 이에 대해서는 많은 예외가 인정된다.

다. 가집행은 문자 그대로 재판이 본래의 집행력을 발생하기 이전에 미리 임시로 집행을 허용하는 것으로서, 법원이 이를 허용하는 때에만 가능하다(민사소송법 제501조,
민사집행법 제24조).[29]

2) 가집행선고는 원칙적으로 재산권에 관한 청구에 한한다. 그러나 재산권에 관한 청구라도 등기절차의 이행을 명하는 등의 의사의 진술을 명하는 청구나 공유물분할, 사해행위취소, 재판상이혼에 따른 재산분할 등 당해 재판의 확정으로써 비로소 효력을 갖는 형성적 청구에는 허용되지 아니한다.[30] 반면에 선이행이나 동시이행에 의한 채무이행을 구하는 청구라도 재산권에 관한 청구라면 가집행선고가 허용된다.

3) 수험생이나 초보 법률가들은 청구의 대상을 가리지 않고 습관적으로 아무 청구에나 가집행선고를 청구하곤 한다. 그러나 이는 자신의 법지식이 부족한 것을 자인하는 것이나 다름없고, 시험에서는 감점대상이 된다. 가집행선고는 법원이 직권으로 하여야 하므로 당사자가 이를 구하지 않아도 상관없으나, 시험에서는 그것 자체가 평가의 대상이 되므로 그렇다고 해서 기재를 생략할 수는 없다. 그러므로 가집행선고의 대상이 되는 것과 되지 않는 것을 잘 구별하여 기재해야 한다.

Ⅱ. 소장 작성 과제와 오답노트(1)

1) 아래 기록들은 사법연수원 시험이나 변호사시험 기록을 토대로 한 것으로서, 실제 수험생들이 작성한 답안에 대한 오답노트이다.

2) 여러분은 이 기록을 토대로 메모와 공방도, 설계도를 작성한 다음 이를 이용해 소장을 써보기 바란다. 연습 없이는 결코 능숙해질 수 없다는 것을 명심하고, 고통스럽더라도 연습을 게을리 하지 말자. 고통에서 빨리 벗어나는 길은 그 고통과 화합하는 것이다. 고통과 불화하고 성을 내기만 하면 영원히 그 고통에서 벗어날 수 없다.

1. 과제 해결을 위한 지시(기록 내용)

◆ 아래 <상담기록>과 그 첨부서류는 정국진 변호사가 의뢰인들과 상담한 내용을 기록하고 그들로부터 교부받은 자료이다. 정국진 변호사는 이들로부터 소송 수행에 관한 전권을 위임받았다. 아래 <상담기록>과 그 첨부서류를 토대로 정국진 변호사가 의뢰인들을 위한 소를 2012. 11. 30.자로 서울서부지방법원에 제기할 경우의 소장을 아래 <소장 작성 요령>에 따라 작성하시오.

---

29) 그러므로 어떤 경우에 재판이 집행력을 갖게 되는지 그 시점을 잘 알아두어야 한다.

30) 물론 재산권상의 청구에 관한 판결인 이상 이행판결에 한하지 않고 확인판결이나 형성판결에도 이론적으로는 가집행선고를 할 수 있다. 그러나 대부분의 경우 이러한 경우 가집행선고를 하지 않는다. 실익이 없기 때문이다.

〈소장 작성 요령〉

◙ 주관적·객관적 공동소송의 요건이 구비된 것으로 전제하여 하나의 소를 제기할 것.

◙ 의뢰인들에게 가장 유리하도록 하고, 법리상 승소할 수 있는 부분만 제기할 것. 원고의 청구권에 선이행이나 동시이행의 항변권이 부착되어 있는 경우에는 이를 미리 반영할 것. 그러나 소송상 피고가 행사할 수 있는 나머지 항변권이나 법률상 주장에 대하여는 특별한 지시가 없는 한 반영하지 말 것.

◙ 청구취지는, 주위적·예비적 병합이나 선택적 병합을 하지 말 것.

◙ 청구원인은, 법리상 병합이 가능한 것이면 모두 기재하고, 공격방어방법도 법리상 가능한 것은 모두 주장할 것.

◙ 문단은 당사자와 목적물을 기준으로 나누어 기재하고, 소제목 없이 나열하지 말 것.

◙ 청구원인에 증거를 부기하지 말고, 소장 말미의 입증방법란 및 첨부서류란은 생략할 것. 소송비용 부분과 가집행 부분은 기재할 것.

[의뢰인 상담일지]

변호사 정국진 법률사무소

서울특별시 마포구 공덕동 121, 정산빌딩 707호

전화 395-7211, FAX 395-7212, 전자우편 ckj@hotmail.net

상담인 (의뢰인)	1. 이성구 501109-1395421 2. 김병희 530321-2395426 3. 정병룡 790103-1042817	
상담일시: 2012. 11. 23. 13:00		처리시한: 2012. 11. 30.
의뢰내용: 소의 제기		희망사항:

■ 상담내용 ■

1. 윤성효와의 임대차 관련 문제

(1) 이성구와 김병희는 서울 서대문구 홍제동 311 잡종지 3,900㎡를 윤성효에게 임대해 주었다. 윤성효는 이성구와 김병희로부터 승낙을 받아 위 토지 상에 건물을 지어 현재까지 '더블린가구'라는 상호로 가구류판매업을 해오고 있다. 위 건물의 현재 객관적인 시가는 2억 원 정도 나간다.

(2) 이성구와 김병희는 윤성효로부터 2012년 4월 분(4. 1. ~ 4. 30.) 차임 중 90만 원, 5월 분(5. 1. ~ 5. 31.) 차임 중 140만 원, 7월 분(7. 1. ~ 7. 31.) 차임 중 70만 원을 지급받지 못하였다. 2012년 8월 분 차임(8. 1. ~ 8. 31.)은 모두 지급받았다. 이에 따라 이성구

와 김병희는 법무사의 도움을 받아 윤성효에게 위 임대차계약의 해지를 통지하였으나, 윤성효는 여러 가지 주장이 담긴 답신을 보내오며 이에 불응하고 있다. 윤성효는 현재까지 위 토지와 건물을 점유·사용하면서 2012년 9월 이후에는 차임을 지급하지 않고 있다.

(3) 이성구와 김병희는 위 토지와 지상 건물을 넘겨받아 그곳에서 식당을 운영할 생각이다. 그러니 하루 속히 윤성효를 내보내야 한다.

2. 윤성효와의 채무담보 관련 문제

(1) 이성구와 김병희는, 김미영(이성구의 이종 동생)이 윤성효에게서 외상으로 구입하고 갚지 못한 가구대금채무 2억 원을 2009. 3. 1. 연대보증하였다. 위 2억 원은 2012. 8. 31.까지 갚기로 하였다.

또한 이성구와 김병희는 위 채무 외에도, 2009. 8. 1. 윤성효로부터 1억 원을 차용하여(변제기는 2012. 8. 31., 이자는 월 1%) 윤성효에게 합계 3억 원(원금)의 채무를 부담하게 되었다. 이성구와 김병희는 윤성효에 대한 위 3억 원 관련 채무를 담보하기 위하여 서울 서대문구 홍제동 311-1 주유소용지 620㎡를 윤성효 명의로 소유권이전등기해 주었는데, 등기원인은 실제와 다르게 매매로 기재하였고, 위 채무담보와 관련하여 특별히 다른 약정은 없었다.

(2) 이성구와 김병희, 김미영은 위 차용금과 외상대금의 원리금을 2012. 8. 15. 전액 변제하였다. 2009. 3. 이래 현재까지 위 311-1 토지의 시가는 변동 없이 5억 원 정도이다. 그런데 윤성효는 이성구, 김병희와는 아무런 연락이나 상의도 없이 위 311-1 토지를 최병성에게 단돈 3억 원의 헐값에 매도하고 소유권이전등기를 넘겨주었다.

(3) 최병성은 윤성효와 호형호제하는 친밀한 사이로서, 윤성효 명의의 소유권이전등기 경위와 위 차용금 등의 변제사실을 잘 알면서도 위와 같이 311-1 토지를 매수하고 소유권이전등기를 받았다. 최병성은 건축업자로서, 윤성효로부터 위와 같이 소유권이전등기를 받기 전에도 위 311-1 토지가 이성구, 김병희의 소유임을 알고 이성구, 김병희에게 여러 차례 위 토지를 팔라고 요청하였는데, 이성구와 김병희가 이를 거절하자 등기부상 명의자인 윤성효로부터 이를 매수한 것이다.

(4) 윤성효의 지인 김병철의 말에 의하면, 최병성은 오래 전부터 위 311-1 토지를 매입해서 그에 인접한 자신의 토지와 합병하여 그 지상에 주유소를 개설, 운영할 마음이 있었는데, 마침 윤성효 앞으로 등기가 이전된 것을 기회로 삼아 "홍제동 311-1 토지는 너무 좁아 공부상 지목인 주유소를 하기 힘들다. 그리고 지목이 주유소용지라서 위험물이 들어설 위험 때문에 이 땅에는 집을 지을 수도 없다. 나는 인접지가 있으니 이를 같이 이용하면 지가를 높일 수 있다. 내가 3억 원을 줄 테니 팔아라. 나한테 팔면 이익이 아니냐. 좋은 기회이니 법대로 하라."고 윤성효를 권유, 설득했다고 한다.

(5) 이성구와 김병희는 윤성효와 최병성 명의의 소유권이전등기를 모두 등기부에서 지우고 위 311-1 토지의 등기명의를 되찾고 싶으나, 윤성효, 최병성은 법대로 하라며 들은 척도 않고 있다. 그런데 위 311-1 토지에는 현재 이미현의 가압류등기까지 되어 있다.

3. 한국보증보험 주식회사와의 문제

(1) 인효사에치클럽(이하 '사에치클럽')은 사회봉사 및 회원 상호 간의 친목을 도모할 목적으로 설립되고 회원 52명으로 구성된 법인격 없는 사단이다.

(2) 사에치클럽은 회관 건물 신축 공사비와 운영비 등을 조달하기 위하여 한국보증보험 주식회사(이하 '한국보증')와 신용보증약정을 체결하였다. 그에 따라 신용보증약정 당일 한국보증으로부터 보증금액 2억 원, 보증기간 2010. 10. 27.부터 2012. 10. 26.까지로 하는 개별 거래용 신용보증서를 발급받아 2010. 11. 1. 신한은행에 이를 제출하고, 당일 신한은행으로부터 2억 원을 변제기 2012. 10. 26., 이자 월 1%(매월 말에 지급), 변제기 후의 지연손해금률 월 2%로 약정하여 대출받았다.

(3) 위 신용보증약정 당시 사에치클럽의 이사이던 정병룡은 사에치클럽의 한국보증에 대한 구상채무를 연대보증하고, 그 구상채무를 담보하기 위하여 한국보증에게 서울 서대문구 홍제동 312 대 270㎡에 근저당권을 설정해 주었다.

(4) 정병룡이 위와 같이 구상채무를 연대보증한 것은, 한국보증에서 "이사는 관행상 당연히 연대보증을 서야 한다."고 강력히 요구하면서 추후 이사가 변경되면 새로운 이사의 신용도를 고려하여 보증인을 교체해 주고, 근저당권도 해지해 주겠다고 하였기 때문이다.

(5) 그 후 정병룡은 사에치클럽의 실질적인 책임자인 회장 박병우와 다투고 그로부터 사임을 강요받아 2011. 2. 14. 이사직에서 사임하였고, 한국보증에 위 연대보증을 해지한다는 통지를 하였다.

(6) 사에치클럽은 신한은행에 대한 차용 원금을 그 약정 변제기까지 갚지 못하여(그 기간의 이자는 완납됨), 한국보증은 2012. 11. 26. 보증서에 따른 채무원리금 등을 신한은행에 전액 대위변제하였다.

한국보증은 위 해지 통지 후 현재까지 정병룡의 수차에 걸친 근저당권말소 요구에 불응하면서 "우리는 신한은행에 법정 채무금을 대위변제하였다. 그런데 인효사에치클럽은 한국보증으로부터 이전에 어음을 할인해 간 일이 있고, 그 채무 원금이 1억 5,000만 원이니 위 대위변제원리금 등은 물론 어음 할인 채무까지 정병룡 씨가 모두 갚아야만 홍제동 312 토지의 근저당권등기를 말소해 줄 수 있다."며 완강한 태도를 보이고 있다.

(7) 위 신용보증과 관련하여 법적 책임이 있다면 정병룡은 당연히 그에 따른 책임을 질 용의가 있으나, 아무리 생각해도 정병룡은 그에 대하여 책임이 없고 한국보증의 요구는 부당하다고 생각한다.

즉, 위와 같이 정병룡과 한국보증 간의 연대보증계약은 이미 해지되었고, 그에 따라 한국보증의 근저당권은 해지의 효력 발생일에 보통의 저당권으로 확정되었으며, 그때는 아직 신한은행에 대한 사에치클럽의 차용금 변제기가 도래하기도 전이어서 한국보증은 정병룡에게 구상채권의 보증채권을 취득하지 못함으로써 위 근저당권의 피담보채권은 존재하지 않았으니, 한국보증은 위 근저당권에 관하여 확정채무 부존재를 원인으로 한 말소등기절차를 이행할 의무가 있음에도 억지 주장을 하는 것이다.

더욱이 한국보증이 사에치클럽에 대하여 구상권을 취득하려면 그 보증기간 종료 전에 위

클럽을 위하여 신한은행에 대위변제를 하여야만 할 것인데, 한국보증은 이미 신한은행에 대한 차용금 변제기가 도래하고 보증기간이 종료한 후에야 신한은행에 그 채무를 대위변제하였으므로, 결국 이는 이른바 보험사고가 보험기간 종료 후에 발생한 것이어서 한국보증은 위 클럽과 정병룡에게 구상권 및 그 보증채권을 취득하지 못하였다. 그러므로 위 근저당권의 피담보채권은 그 결산기인 보증기간 종료 시에 존재하지 않는 것으로 확정되었고, 따라서 한국보증은 위 근저당권에 관하여 확정채무 부존재를 원인으로 한 말소등기의무가 있다. 이를 보더라도 한국보증의 주장은 이해할 수 없다.

(8) 한국보증이 주장하는 어음 할인 채무는 정병룡으로서는 금시초문이고, 위 근저당으로 이를 담보하기로 약정한 일도 없다.

4. 오현근과의 문제

(1) 사에치클럽은 회관 신축을 위해 건축자재 도매상인 오현근(오현근도 사에치클럽의 회원임)으로부터 시멘트, 철근 등 건축자재를 5억 원 한도 내에서 2009. 7. 20.부터 2011. 7. 19.까지 외상으로 공급받기로 하고 자재를 공급받았으나, 아래 자재대금이 아직 변제되지 않고 있다. 대금 채무의 이행기는 따로 약정하지 않고 오현근의 요구가 있으면 1월내에 지급하기로 하였다.

공급일자	공급가액(만 원)
2009. 7. 20.	150
2009. 7. 23.	500
2009. 8. 30.	700
2009. 9. 02.	350
2009. 12. 5.	100
합 계	1,800

(2) 정병룡은 사에치클럽의 이사로서 사에치클럽의 요청을 받고 오현근에 대한 외상대금 채무 담보를 위해, 위 약정 거래기간을 근저당권 존속기간으로 하여, 그 소유인 서울 서대문구 홍제동 312 대 270㎡에 오현근 앞으로 채권최고액 5억 원의 근저당권을 설정해 주었다.

(3) 자재의 품질 문제로 분쟁이 생겨 2010. 3. 초경 사에치클럽과 오현근은 위 자재거래 약정을 합의해지하고 더 이상 자재 외상거래를 하지 않기로 합의하였다. 이에 따라 사에치클럽은 그 후부터는 다른 곳에서 자재를 공급받았다. 그런데 2010. 5. 초에 이르러 오현근이 "내가 미리 많이 확보해둔 시멘트가 있는데 다른 곳보다 싸게 원가로 제공하겠다."고 제의하므로 사에치클럽은 이를 수락하고 다시 외상거래를 하기로 합의하였다. 당시 해외에 나가 있던 정병룡은 그런 사정을 전혀 몰랐다. 외상거래 재개 약정에 따라 사에치클럽은 2010. 5. 10. 오현근으로부터 추가로 시멘트 5,000만 원 어치를 외상으로 공급받았는데, 이 역시 아직 변제되지 않고 있다.

(4) 오현근은 그 동안 외상대금과 관련하여 어떤 청구도 한 바가 없었는데, 갑자기 2012. 9. 25. 사에치클럽을 상대로 외상대금 6,800만 원의 지급을 구하는 지급명령을 신청하고(지급명령은 2012. 9. 30.에 사에치클럽에 송달되었다.), 정병룡에게도 "2012년 10월 말까지 위 돈이 변제되지 않으면 홍제동 312 토지에 강제집행을 하겠다."고 하였다.

이에 정병룡이 사에치클럽을 대신해 법적 변제의무가 있는 외상채무를 변제할 터이니 위 근저당권설정등기를 말소해 달라고 요구하였던바, 오현근은 위 미변제 외상대금 총 6,800만 원(지연손해금은 없음)을 전액 변제받기 전에는 정병룡의 토지에 설정 받은 근저당권을 말소해주지 않겠다고 한다.

한편 정병룡은 친구인 오현근의 자금 사정이 딱해 보여, 2012. 9. 10. 사에치클럽과 상의 없이 2009. 7. 26.자 외상공급 자재대금 등 2,000만 원을 자진해서 대신 변제해준 적이 있다. 그러나 당시 정병룡은 나머지 대금은 사에치클럽에게서 직접 받으라고 말하였고, 사에치클럽 이사직에서 물러난 마당에 추가로 변제할 마음이 나지 않아 더 이상 변제해주겠다고 말한 적도 없다. 사에치클럽은 이 2,000만 원을 아직 정병룡에게 갚지 않고 있으나, 클럽은 지금 이를 갚을 능력이 없으므로 지금 생각으로는 클럽을 상대로 재판까지 해서 이 돈을 받고 싶지는 않다.

(5) 정병룡은 2010. 1. 30. 소병수(서울 서대문구 충정로 2가 107 정우빌라 에이동 308호)로부터 그 소유인 서대문구 홍제동 539 잡종지 150㎡를 매수하였는데, 2012. 9. 말까지 잔금 1,000만 원의 지급과 상환으로 소유권이전등기를 받기로 약정하였다.

그런데 오현근은 소병수에 대하여 공증인가 법무법인 신태양종합법률사무소(고양시 일산동구 마두동 15 천우빌딩 505호) 2010. 7. 14. 작성 2010년 증서 제914호 집행증서에 의한 1억 원의 약속어음금채권이 있다면서 위 집행증서를 집행권원으로 삼아 위 홍제동 539 토지에 강제경매를 신청하여 2012. 10. 5.자 경매개시결정(동일 기입등기까지 완료됨)에 이어 현재 감정이 진행 중이다.

정병룡이 소병수에게 확인한 결과, 위 약속어음은, 소병수와 오현근이 '태성보일러' 대리점 동업관계를 청산하면서 그 청산금 지급을 위하여 소병수가 오현근에게 발행·교부하고 위 법률사무소에서 강제집행을 인낙하는 공정증서를 받아 준 것인데, 나중에 청산관계를 확인해 보았더니 동업계약상의 채무 일부가 오현근의 은폐로 청산 과정에서 누락되어 결국 청산금을 지급할 것이 없음에도 착오로 위 어음공정증서를 작성해 준 것이라고 한다.

(6) 소병수는 현재 파산상태로서, 연락조차 제대로 되지 않고 있다. 끝.

부동산임대차계약서(전세/월세)

부동산의 표시: 서울특별시 서대문구 홍제동 311 잡종지 3,900㎡

제1조 위 부동산을 (전세·월세)로 사용함에 있어 쌍방 합의하에 아래 각 조항과 같은 조건으로 계약한다.

보 증 금	200,000,000원	월세금액	1,500,000원정(매월 말일 후불함)
계 약 금	일금 원정을 계약당일 임대인에게 지불하고		
중 도 금	일금 원정을 년 월 일 지불하고		
잔 액 금	일금 200,000,000 원정을 2009년 8 월 1 일 소개인 입회하에 지불키로 함. 전액 수령함. 이성구, 김병희 ㉑		

제2조 부동산은   2009년 8월 1일 인도하기로 한다.
제3조 임대기간은 2009년 8월 1일부터   년   월   일까지로 한다.
제4조 임차인은 이 계약으로 인한 권리를 타에 양도, 전대할 수 없다.
특약사항: 1. 임차인은 자신의 비용으로 임차지 상에 건물을 축조하여 영업을 할 수 있다. 단, 건축비는 2억원 이내로 하기로 한다.
   2. 임차인은 본 임대차계약이 종료한 경우 원상회복에 갈음하여 위 건물의 소유권을 포기하고 즉시 임대인들에게 소유권이전등기를 넘기는 동시에 이를 인도하기로 한다. 단, 이를 감안하여 임대인은 임대인 소유의 지하수시설을 임차인에게 무상 사용케 한다.
   3. 임차인은 법령을 위반하여 임대인이 여하한 불이익도 받게 해서는 안되며, 임대인의 승낙 없이 토지나 지하수시설을 타에 전대할 수 없다.
   4. 임대차계약기간은 임대인과 임차인 합의로 연 단위로 연장할 수 있다.

위 계약조건을 틀림없이 지키기 위하여 본 계약서를 2부 작성하여 각자 1부씩 보관한다.

2009년   7월   5일

임대인	주소	서울특별시 서대문구 홍제동 337		
	성명	이 성 구 (인)	주민등록번호	501109-1395421
	성명	김 병 희 (喜金印乘)	주민등록번호	530321-2395426
임차인	주소	서울 용산구 갈월동 123	주민등록번호	610430-1672418
	성명	윤 성 효 (윤성효)		

등기사항전부증명서(말소사항 포함) - 토지

[토지] 서울특별시 서대문구 홍제동 311 　　　　고유번호 105-1966-427491

【 표　제　부 】		(토지의 표시)			
표시번호	접　수	소　재　지　번	지　목	면　적	등기원인 및 기타사항
1 (전 3)	1993년 9월 10일	서울특별시 서대문구 홍제동 311	잡종지	3,900㎡	
					부동산등기법시행규칙 부칙 제3조 제1항의 규정에 의하여 1997년 06월 15일 전산이기

【 갑　구 】		(소유권에 관한 사항)		
순위번호	등기목적	접　수	등기원인	권리자 및 기타사항
1 (전 3)	소유권이전	1993년3월20일 제10093호	1993년3월15일 매매	소유자 최인선 210513-2110851 　하남시 교문동 557
				부동산등기법시행규칙 부칙 제3조 제1항의 규정에 의하여 1997년 06월 15일 전산이기
2	소유권이전	1998년7월10일 제28931호	1998년7월9일 매매	공유자 　지분 2분의 1 　이성구 501109-1395421 　서울시 서대문구 홍제동 337 　지분 2분의 1 　김병희 530321-2395426 　서울시 서대문구 홍제동 337

문서 하단의 바코드를 스캐너로 확인하거나 **인터넷등기소**(http://iros.go.kr)의 발급확인 메뉴에서 **발급확인번호를** 입력하여 위·변조 여부를 확인할 수 있습니다. 발급확인번호를 통한 확인은 발행일부터 3개월까지 5회에 한하여 가능합니다.

발행번호11219107201090SLBO1114951WOG2931112　발급확인번호 SDFG-YUWE-4989　1/2　발행일 2012/11/23

대 법 원

[토지] 서울특별시 서대문구 홍제동 311 　　　　　고유번호 105－1966－427491

【 을　　구 】		(소유권 이외의 권리에 관한 사항)		
순위번호	등기목적	접　　수	등 기 원 인	권리자 및 기타사항
1	근저당권설정	2007년11월25일 제12300호	2007년11월24일 설정계약	채권최고액 300,000,000원 채무자 이성구 　서울시 서대문구 홍제동 337 근저당권자 주식회사 우리은행 　110012－1110235 　서울시 서대문구 불광동 534 　(불광동 지점)

－－－－ 이　하　여　백 －－－－

수수료 금 1200원 영수함　 관할등기소　 서울서부지방법원 서대문등기소

이 증명서는 등기기록의 내용과 틀림없음을 증명합니다.

서기　 2012년 11월 23일

서울중앙지방법원 등기국　 등기관　 정 일 현

* 실선으로 그어진 부분은 말소사항을 표시함. *등기기록에 기록된 사항이 없는 갑구 또는 을구는 생략함.

등기사항전부증명서(말소사항 포함) - 건물

[건물] 서울특별시 서대문구 홍제동 311   고유번호 3105-2001-060375

【 표 제 부 】		(건물의 표시)		
표시번호	접 수	소 재 지 번	건물내역	등기원인 및 기타사항
1	2009년10월20일	서울특별시 서대문구 홍제동 311	경량철골조 스테인리스 판넬 지붕 단층근린생활시설 150㎡ 판매점 120㎡, 화장실 30㎡	도면편철장 제5책 제920면

【 갑 구 】		(소유권에 관한 사항)		
순위번호	등기목적	접 수	등기원인	권리자 및 기타사항
1	소유권보존	2009년10월20일 제35259호		소유자 윤성효 610430-1672418 서울시 은평구 녹번동 707

- - - - 이 하 여 백 - - - -

수수료 금 1200원 영수함   관할등기소   서울서부지방법원 서대문등기소

이 증명서는 등기기록의 내용과 틀림없음을 증명합니다.

서기   2012년 11월 23일

서울중앙지방법원 등기국   등기관   정 일 현

서울중앙 지방법원 등기국등 기관의인

* 실선으로 그어진 부분은 말소사항을 표시함.
* 등기기록에 기록된 사항이 없는 갑구 또는 을구는 생략함.

문서 하단의 바코드를 스캐너로 확인하거나 **인터넷등기소**(http://iros.go.kr)의 발급확인 메뉴에서 **발급확인번호**를 입력하여 위·변조 여부를 확인할 수 있습니다. 발급확인번호를 통한 확인은 발행일부터 3개월까지 5회에 한하여 가능합니다.

발행번호11020720161250SLBO114951WOG2950113   발급확인번호 SDFG-YUWE-4990   1/1   발행일 2012/11/23

대 법 원

통지서

수 신: 윤성효
     서울 서대문구 홍제동 311 "더블린가구" 내

발 신: 이성구, 김병희
     서울 서대문구 홍제동 337

1. 귀하의 사업이 번창하기를 기원합니다.

2. 본인들은 귀하에게 서울 서대문구 홍제동 311 나대지를 임대한 바 있습니다. 그런데 귀하는 2
   기분 이상의 월차임(2012년 4월분 90만원, 2012년 5월분 140만원, 2012년 7월분 70만원)을 지
   체하고 있습니다. 이는 귀하와의 임대차계약을 종료시킬 사유가 됩니다.

3. 이에 본인들은 귀하와의 임대차계약을 해지하오니 즉시 밀린 임료를 지급해 주시고, 임대차계
   약서 특약사항 제2조에 의거 귀하가 건축한 건물을 인도하고 소유권이전등기도 넘겨주시기 바
   랍니다.

2012년 8월 17일

발신인 이 성 구 (이성구) 김 병 희 (喜金印秉)

이 우편물은 2012년 8월 17일 등기 제12302호에 의하여 내용증명 우편물
로 발송하였음을 증명함.
　　　　　서울 불광우체국장 정 인 기 (서울불광우체국장인)

(서울불광 12.08.17.)

답　신

수 신 자: 1. 이 성 구

　　　　　 서울 서대문구 홍제동 337

　　　　 2. 김 병 희

　　　　　 서울 서대문구 홍제동 337

발 신 자: 윤성효

　　　　 서울 서대문구 홍제동 311 (더블린가구)

1. 귀하들의 통지서는 2012. 8. 18.에 잘 받아보았습니다.

2. 귀하들도 잘 아시는 바대로 본인은 귀하들에게서 나대지를 임차하여 귀하들과의 약속에 따라 2억원이나 돈을 들여 경량철골조 건물을 짓고 현재까지 위 건물에서 가구판매업을 하고 있습니다. 그런데 아닌밤중에 홍두깨도 유분수지 어떻게 계약한 지 불과 3년밖에 안 되었는데 나가라고 할 수 있는 것입니까?

　　본인이 물론 일시 사정이 어려워 월차임을 제대로 지급하지 못한 것은 사실이지만, 귀하들도 잘 아시다시피 본인의 아들이 올해 3월달에 큰 교통사고를 당하여 혼수상태에 있는지라 사정이 어려워 부득이 그런 것이고, 본인이 금년 4월말에 일부 임료를 드리면서 이성구 사장님께 그런 사정을 말씀드렸던 사항입니다.

　　그런데 이제 와서 이걸 트집잡아 계약을 깨겠다고 하는 것은 귀하들이 처음부터 본인의 재산을 가로채려고 본인의 돈을 들여 건물을 짓게 하고는(그 당시 귀하들은 분명히 계약기간을 정해 두면 오히려 본인에게 손해이니 기간을 정하지 말고 본인이 본전을 뽑고 충분히 이익을 볼 수 있도록 해주겠다고 약속을 하였습니다.) 본전도 뽑기 전에 건물을 강탈하려는 것이라고밖에 생각되지 않습니다.

3. 본인은 임차보증금으로 귀하들에게 2억원이나 지급하였는바, 임차보증금은 차임 등 임대차계약에서 발생하는 임차인의 모든 채무를 담보하고 그 채무가 있는 경우 별도의 의사표시 없이 당연히 임차보증금에서 공제되는 것이며 위 임차보증금 2억원이 지체차임을 초과함은 분명하므로, 귀하들은 차임지체를 이유로 임대차계약을 해지할 수도 없습니다.

4. 그러니 통지서 내용을 즉시 철회하시기 바랍니다. 만약 귀하들이 이에 응하지 않고 계속 억지를 부릴 양이면 본인도 법에 따라 아래 사항을 주장합니다.

❖ 임대차계약서에는 임대차기간의 종기가 없으나 주택임대차보호법에 의거 본인은 위 토지와 건물을 사용할 권리가 있습니다. 또 상가건물임대차보호법에 의하더라도 5년의 범위 내에서 계약기간 연장을 요구할 권리도 있습니다(본인은 사업자등록도 하였습니다). 그러니 위 기간이 지날 때까지는 절대 귀하들의 요구에 응할 수 없습니다.

❖ 만약 귀하들의 통지대로 임대차계약이 종료하는 경우 귀하들은 법에 따라 본인이 축조한 건물을 매수하여야 하고, 위 건물은 지금도 2억원 이상 나가므로 위 매매대금 2억원을 본인에게 지급해주시기 바랍니다. 계약서에는 임대차 종료시 본인이 건물 소유권을 포기하고 귀하들에게 넘겨주기로 되어 있지만 이는 위와 같이 귀하들의 사기행위에 의한 것이므로 아무런 효력이 없다 할 것입니다.

2012년 8월 22일

발신자 윤 성 효 (윤성효)

이 우편물은 2012년 8월 22일 등기 제12411호에 의하여 내용증명 우편물로 발송하였음을 증명함.

서울 은평우체국장 홍 직 필

서울은평
12. 08. 22.

서울은
평우체
국장인

등기사항전부증명서(말소사항 포함) – 토지

[토지] 서울특별시 서대문구 홍제동 311-1 　　　　　고유번호 3105-1966-427492

【 표　　제　　부 】		(토지의 표시)				
표시번호	접　수	소 재 지 번	지 목	면 적	등기원인 및 기타사항	
1 (전 3)	1993년 9월 10일	서울특별시 서대문구 홍제동 311-1	주유소용지	620㎡	부동산등기법시행규칙 부칙 제3조 제1항의 규정에 의하여 1997년 06월 15일 전산이기	

【 갑　　　구 】		(소유권에 관한 사항)			
순위번호	등기목적	접　수	등 기 원 인	권리자 및 기타사항	
1 (전 3)	소유권이전	1993년3월20일 제10093호	1993년3월15일 매매	소유자 최인선 210513-2110851 　하남시 교문동 557	
				부동산등기법시행규칙 부칙 제3조 제1항의 규정에 의하여 1997년 06월 15일 전산이기	
2	소유권이전	1998년7월10일 제28931호	1998년7월9일 매매	공유자 　지분 2분의 1 　이성구 501109-1395421 　서울시 서대문구 홍제동 337 　지분 2분의 1 　김병희 530321-2395426 　서울시 서대문구 홍제동 337	
3	소유권이전	2009년 8월 2일 제30338호	2009년8월1일 매매	소유자 윤성효 610430-1672418 　서울시 은평구 녹번동 707	
4	소유권이전	2012년 9월 1일 제51129호	2012년8월29일 매매	소유자 최병성 600121-1533404 　서울시 은평구 진관외동 112	
5	가압류	2012년 9월 7일 제53311호	2012년9월5일 서울동부지방법원의 가압류결정(2012카단7142)	청구금액 금 100,000,000원 채권자 이미현 530403-2921503 　서울시 송파구 방이동 874	

문서 하단의 바코드를 스캐너로 확인하거나 **인터넷등기소**(http://iros.go.kr)의 발급확인 메뉴에서 **발급확인번호**를 입력하여 위·변조 여부를 확인할 수 있습니다. 발급확인번호를 통한 확인은 발행일부터 3개월까지 5회에 한하여 가능합니다.

발행번호110072010961250SLBO1111WOG2950214　발급확인번호 SDFG-YUWE-4991　1/2　발행일 2012/11/23

대 법 원

－－－－ 이   하   여   백 －－－－

수수료 금 1200원 영수함   관할등기소   서울서부지방법원 서대문등기소

이 증명서는 등기기록의 내용과 틀림없음을 증명합니다.

서기   2012년 11월 23일

서울중앙지방법원 등기국   등기관   정 일 현

＊실선으로 그어진 부분은 말소사항을 표시함.
＊등기기록에 기록된 사항이 없는 갑구 또는 을구는 생략함.

문서 하단의 바코드를 스캐너로 확인하거나 인터넷등기소(http://iros.go.kr)의 발급확인 메뉴에서 **발급확인번호**를 입력하여 위·
변조 여부를 확인할 수 있습니다. 발급확인번호를 통한 확인은 발행일부터 3개월까지 5회에 한하여 가능합니다.

발행번호110072010961250SLBO1111WOG2950214   발급확인번호 SDFG－YUWE－4991   2/2 발행일 2012/11/23

대 법 원

신용보증약정서(개별거래용)

본인은 귀 한국보증보험 주식회사(이하 '보험'이라 약칭함)에게 신용보증을 부탁하며, 본인과 연대보증인은 연대하여 아래 약정에서 정한 모든 의무를 부담하고 이행하겠음.

제1조(신용보증의 부탁)
본인이 부담하는 주채무에 대하여 아래와 같이 귀 보험에게 신용보증을 부탁함.
1. 신용보증원금한도액: 금伍億(오억) 원 ※ 신한은행 대출금
2. 신용보증기간: 2010년 10월 27일부터 2012년 10월 26일까지
3. 종속채무: 귀 보험과 채권자 간의 보증계약에 의하여 제1호의 신용보증원금에 추가하여 부담하는 신용보증 종속채무

제2조(신용보증방법 등)
① 귀 보험은 본인이 부담하는 주채무에 대하여 신용보증서를 발급하는 방법으로 신용보증을 할 수 있기로 하며, 신용보증계약의 내용은 귀 보험과 채권자 간에 정하는 바에 따르겠음.
② 귀 보험은 본인이 부담하는 주채무에 대하여 (개별보증) 방법으로 신용보증을 하기로 함.
③ 본인과 보증인은 주채무가 분할 대출되는 경우에는 귀 보험이 신용보증원금 범위 내에서 분할하여 보증하여도 이의 없겠음.

제3조(주채무 이행의무)
　본인과 보증인은 귀 보험이 신용보증한 주채무 원금과 종속채무를 그 이행기일까지 전부 변제하여 귀 보험이 보증채무를 이행하는 일이 없도록 하겠음.

제4조(사전구상)
① 본인에 대하여 다음 각호의 1에 해당하는 사유가 생긴 때에는 본인과 보증인은 귀 보험으로부터의 통지, 최고 등이 없더라도 귀 보험이 보증하고 있는 금액을 귀 보험의 보증채무 이행 전에 상환하겠음.
1. 조세공과를 체납하여 압류를 당한 때
2. 어음교환소로부터 거래정지처분을 받았을 때
② 제1항의 경우에 본인 및 보증인은 귀 보험에 대한 상환의무 또는 주채무에 대한 담보의 유무에 불구하고 보증채무이행 전에 귀 보험이 구상권을 행사하여도 이의 없겠으며, 귀 보험에 대하여 담보의 제공 및 주채무의 면책을 청구하지 아니 하겠음.
③ 제1항에 의한 사전상환금을 귀 보험이 채권자와의 신용보증계약에 의한 보증채무의 이행시까지 보관하다가 보증채무이행 관련 구상채권의 변제에 충당 사용하더라도 이의가 없겠으며 이에 동의함.

제5조(통지의무)

① 본인은 주채무 이행의 청구를 받거나 주채무를 이행하였을 때에는 그 사실을 귀 보험에 통지하겠음.

② 채권자와 본인 사이에 주채무의 경개, 상계, 면제, 혼동, 시효의 완성 또는 담보물건의 변동 등이 약정에 의한 귀 보험의 보증채무에 영향을 미칠 사유가 생긴 때에는, 본인은 곧 그 사실을 귀 보험에 통지하겠음.

제6조(담보 등)

① 본인은 신용변동, 담보가치의 감소, 채권보전상 필요하다고 인정될 상당한 이유가 발생한 경우에는 귀 보험의 청구에 의하여 귀 보험이 승인하는 추가담보를 제공하거나 보증인을 추가로 세우겠음.

② 제1항의 담보의 일부 또는 전부가 멸실된 때, 또는 가격의 하락 등으로 담보가 부족하게 된 때, 또는 보증인의 능력에 현저한 변동이 있는 때에는 즉시 추가담보를 제공하거나 보증인을 추가로 세우겠음.

③ 담보는 귀 보험에서 추심 또는 처분하고 그 취득금에서 제비용을 뺀 잔액을 채무의 변제에 충당할 수 있기로 하며, 본인은 나머지 채무가 있는 경우에는 곧 변제하겠음.

제7조(보증채무이행 및 통지 등)

귀 보험의 보증채무이행방법, 시기, 금액 등은 채권자와의 보증계약에 근거한 귀 보험의 결정에 위임함.

제8조(보증채무이행금 등의 상환)

① 귀 보험이 보증채무를 이행한 때에는 그 금액과 이에 대하여 귀 보험이 보증채무를 이행한 때부터 본인과 보증인이 이를 완제하는 날까지 연 20%의 비율에 의한 지연손해금을 상환하겠음.

② 제1항의 상환금 이외에 다음 각호의 비용도 귀 보험이 정한 율에 의한 지연손해금을 가산하여 상환하겠음.

1. 귀 보험의 보증채무이행에 소요된 비용

2. 귀 보험이 보증채무이행으로 취득한 권리의 보전, 이전 및 행사에 소요된 비용

제9조(변제 등의 충당순서)

변제 또는 귀 보험의 회수액이 채무전액을 소멸시키기에 부족한 때에는 민법에서 정하는 바에 따라 변제충당을 할 수 있기로 함.

제10조(연대보증인)

보증인은 이 약정에 의하여 부담하는 모든 채무에 관하여 본인과 연대하여 채무이행의 책임을 부담함.

제11조(대위담보권에 관한 특약)

본인이나 보증인이 채권자에게 설정한 담보를 귀 보험이 보증채무를 이행하여 대위한 경우에 그 담보권으로부터 이 약정에 의한 채무를 변제받는 것을 동의함.

이상과 같이 약정함.

2010년   10월   27일

			확인란
신용보증의뢰인	(주소) 서울특별시 서대문구 홍제동 535 (상호) 인효사에치클럽 (대표자 성명/漢子) 朴炳宇 (대표자 성명/한글) 박병우 (주민등록번호) 531010 – 1327661	(인)	(인)
		1.신규 2.추가 3.교체	
연대보증인	(주소) 서울 서대문구 창천동 101 현대아파트 105 – 702 (성명/漢子) 朴炳宇 (성명/한글) 박병우 (주민등록번호) 531010 – 1327661	(인)	(인)
		1.신규 2.추가 3.교체	
연대보증인	(주소) 서울 서대문구 홍제동 378 홍제블루밍 101 – 501 (성명/漢子) 鄭丙龍 (성명/한글) 정병룡 (주민등록번호) 790103 – 1042817	(인)	(인)
		1.신규 2.추가 3.교체	

※ 연대보증인 정병룡은 위 연대보증에 따른 구상채무를 담보하기 위하여 본인의 소유인 서울 서대문구 홍제동 312 토지에 채권최고액 3억 원의 근저당권설정등기를 경료해 주기로 한다. (인)

한국보증보험 주식회사 귀중

등기사항전부증명서(말소사항 포함) - 토지

[토지] 서울특별시 서대문구 홍제동 312   고유번호 3105-1966-427493

【 표　　제　　부 】		(토지의 표시)			
표시번호	접　수	소 재 지 번	지 목	면 적	등기원인 및 기타사항
1 (전 3)	1993년 9월 10일	서울특별시 서대문구 홍제동 312	대	270㎡	부동산등기법시행규칙부칙 제3조 제1항의 규정에 의하여 1997년 06월 15일 전산이기

【 갑　　　　구 】		(소유권에 관한 사항)		
순위번호	등기목적	접　　수	등 기 원 인	권리자 및 기타사항
1 (전 4)	소유권이전	1998년7월10일 제28932호	1998년7월9일 매매	소유자 정병룡 790103-1042817 서울시 서대문구 홍제동 378 홍제블루밍 101-501

[토지] 서울특별시 서대문구 홍제동 312　　　　고유번호 3105－1966－427493

【 을　　구 】	(소유권 이외의 권리에 관한 사항)			
순위번호	등기목적	접　수	등기원인	권리자 및 기타사항
1	근저당권설정	2009년7월23일 제10043호	2009년7월20일 설정계약	채권최고액 금 500,000,000원 채무자 인효사에치클럽 　서울시 서대문구 홍제동 535 근저당권자 오현근 800430－1512400 　서울시 서초구 서초동 660
2	근저당권설정	2010년11월3일 제91157호	2010년11월2일 설정계약	채권최고액 금 300,000,000원 채무자 정병룡 　서울시 서대문구 홍제동 378 　홍제블루밍 101－501 근저당권자 한국보증보험주식회사 　111253－8200712 　서울시 마포구 공덕동 49

－－－－ 이 하 여 백 －－－－

수수료 금 1200원 영수함　관할등기소　서울서부지방법원 서대문등기소

이 증명서는 등기기록의 내용과 틀림없음을 증명합니다.

서기　2012년　11월　23일

서울중앙지방법원 등기국　　등기관　　정 일 현　[서울중앙지방법원 등기국등기관의인]

* 실선으로 그어진 부분은 말소사항을 표시함.
* 등기기록에 기록된 사항이 없는 갑구 또는 을구는 생략함.

통 지 서

통 지 인: 정병용 (서울 서대문구 홍제동 378 홍제블루밍 101-501)

피통지인: 한국보증보험 주식회사 (서울 마포구 공덕동 49)

　　　　　　 대표이사 최정우

　　본인 정병용은 인효사에치클럽의 이사로 재직하다가 2011. 2. 14. 사직하였습니다. 본인은 이사로 재직하던 중 위 클럽이 귀 회사로부터 신용보증서를 발급받으면서 귀 회사와 신용보증약정을 체결할 때 위 클럽의 귀 회사에 대한 구상채무를 연대보증하였습니다.

　　귀 회사도 아시다시피 위 연대보증은 본인이 오로지 위 클럽의 이사 직위에 있었기 때문에 한 것입니다. 본인이 이제 이사에서 물러난 터에 위 연대보증을 계속할 이유가 없으므로 본인은 위 연대보증을 해지합니다. 끝.

　　　　　　　　　　　　　　　　　　　2011.　2.　14.

　　　　　　　　　　　　　　　　위 통지인

　　　　　　　　　　　　　　　　정　병　용　(인)

본 우편물은 2011. 2. 14. 제4953호 등기 내용증명우편으로 발송하였음을 증명함

　　　서울 불광우체국장　박 상 민　(인)

서울불광우체국
2011. 2. 14.
11-4953

우 편 물 배 달 증 명 서

수취인의 주거 및 성명

　　한국보증보험 주식회사(서울 마포구 공덕동 49)

　　　　　대표이사 최정우

접수국명	서울 불광	접수연월일	2011년 2월 14일
접수번호	제 11-4953 호	배달연월일	2011년 2월 15일

적　요

총무과 서무계장

서 병 국　（국서인병）

2011. 2. 19.

서울불광우체국장　（서울불광우체국장인）

2. 모범 답안(소장)

소   장

원 고   1. 이성구 (501109-1395421)

　　　　　서울 서대문구 홍제동 337

　　　　2. 김병희 (530321-2395426)

　　　　　서울 서대문구 홍제동 337

　　　　3. 정병룡 (790103-1042817)

　　　　　서울 서대문구 홍제동 378 홍제블루밍 101-501

　　　　원고들 소송대리인 변호사 정국진

　　　　서울 마포구 공덕동 121 정산빌딩 707호

　　　　전화 395-7211,　FAX 395-7212,　전자우편 ckj@hotmail.net

피 고   1. 윤성효 (610430-1672418)

　　　　　서울 은평구 녹번동 707

　　　　2. 최병성 (600121-1533404)

　　　　　서울 은평구 진관외동 112

　　　　3. 이미현 (530403-2921503)

　　　　　서울 송파구 방이동 874

　　　　4. 한국보증보험 주식회사

　　　　　서울 마포구 공덕동 49

　　　　　대표이사 최정우

　　　　5. 오현근 (800430-1512400)

　　　　　서울 서초구 서초동 660

토지인도 등 청구의 소

청 구 취 지

1. 원고 이성구, 김병희에게,

　가. 피고 윤성효는

　(1) 원고 이성구, 김병희로부터 각자 1억 9,700만 원에서 2012. 9. 1.부터 홍제동 311 토지의 인도 완료일까지 매월 150만 원의 비율에 의한 돈을 공제한 금액을 지급받음과 동시에 서울 서대문구 홍제동 311 잡종지 3,900㎡를 인도하라.

　(2) 별지 목록 기재 건물의 각 2분의 1 지분에 관하여 2009. 7. 15.자 약정을 원인으로 한 소유권이전등기절차를 이행하고, 이를 인도하라.

(3) 서울 서대문구 홍제동 311-1 주유소용지 620㎡에 관하여 서울서부지방법원 서대문등기소 2009. 8. 2. 접수 제30338호로 마친 소유권이전등기의 말소등기절차를 이행하라.

나. 피고 최병성은 서울 서대문구 홍제동 311-1 주유소용지 620㎡에 관하여 서울서부지방법원 서대문등기소 2012. 9. 1. 접수 제51129호로 마친 소유권이전등기의 말소등기절차를 이행하라.

다. 피고 이미현은 위 나.항의 소유권이전등기의 말소등기에 관하여 승낙의 의사표시를 하라.

2. 피고 한국보증보험 주식회사는 원고 정병룡으로부터 2억 400만 원 및 이에 대한 2012. 11. 26.부터 다 갚는 날까지 연 20%의 비율에 의한 금전을 지급받은 후 원고 정병룡에게 서울 서대문구 홍제동 312 대 270㎡에 관하여 서울서부지방법원 서대문등기소 2010. 11. 3. 접수 제91157호로 마친 근저당권설정등기의 말소등기절차를 이행하라.

3. 피고 오현근은 원고 정병룡으로부터 100만 원을 지급받은 후 원고 정병룡에게 서울 서대문구 홍제동 312 대 270㎡에 관하여 서울서부지방법원 서대문등기소 2009. 7. 23. 접수 제10043호로 마친 근저당권설정등기의 말소등기절차를 이행하라.

4. 피고 오현근의 소외 소병수에 대한 공증인가 법무법인 신태양종합법률사무소 2010. 7. 14. 작성 2010년 증서 제914호 공정증서에 기한 강제집행을 불허한다.

5. 소송비용은 피고들이 부담한다.

6. 금전지급과 토지 및 건물의 인도 청구 부분은 가집행할 수 있다.

청 구 원 인

1. 피고 윤성효, 최병성, 이미현에 대한 청구

가. 토지 인도청구

(1) 토지 임대차 및 건물 축조

원고 이성구, 김병희는 2009. 7. 15. 피고 윤성효에게, 홍제동 311 토지를 임대차기간은 2009. 8. 1.부터로 하되 종기는 정함이 없는 것으로 하고, 임대차보증금은 2억 원, 월차임은 150만 원(매월 말일 지급)으로 약정하여 임대하였습니다. 위 원고들은 2009. 8. 1. 위 임대차보증금 2억 원을 받고 위 토지를 피고 윤성효에게 인도하였습니다.

위 홍제동 311 토지는 나대지였는데, 피고 윤성효는 위 원고들의 승낙을 얻어 자신의 비용을 들여 위 홍제동 311 토지 위에 별지 목록 기재 이 사건 건물을 신축하고 2009. 10. 20. 그 명의의 소유권보존등기를 마친 후 '더블린가구'라는 상호로 가구류 판매업을 운영하였습니다.

(2) 차임 지체에 의한 해지

피고 윤성효는 2012년 4월분(4. 1.~4. 30.) 차임 중 90만 원, 5월분(5. 1.~5. 31.) 차임 중 140만 원, 7월분(7. 1.~7. 31.) 차임 중 70만 원, 합계 300만 원을 지급하지 않았습니다(8월분 차임은 지급받았습니다.). 이에 따라 원고 이성구, 김병희는 2012. 8. 17. 피고 윤성효에게 위 임대차계약의 해지를 통지하여 2012. 8. 18. 도달하였습니다. 따라서 위 임대차계약은 이미 종료하였고,[31) 32) 33)] 따라서 피고 윤성효는 위 홍제동 311 토지를 반환할 의무가 있습니다. 그런데도 피고 윤성효는 현재까지 홍제동 311 토지를 점유·사용하면서 이 사건 건물에서의 영업을 계속하고 있습니다.

(3) 물권적 청구권

원고 이성구, 김병희는 홍제동 311 토지를 각 2분의 1 지분씩 공유하고 있고, 위와 같이 피고 윤성효는 홍제동 311 토지를 점유하고 있습니다. 그러므로 원고 이성구, 김병희는 홍제동 311 토지에 관한 물권적 반환청구권이 있습니다.

(4) 소결론

원고 이성구, 김병희는 위 임대차계약상의 반환청구권과 소유권에 기한 물권적 반환청구권을 선택적으로 행사합니다.[34)] 따라서 피고 윤성효는 홍제동 311 토지를 원고 이성구, 김병희에게 인도하고, 임대차계약의 해지 효력발생일 다음날인 2012. 8. 19.부터 홍제동 311 토지의 인도 완료일까지 매월 약정 차임 150만 원 상당의 부당이득액 또는 손해배상액을 지급할 의무가 있습니다.[35)]

그런데 지체 차임과 임대차 종료 후 권원 없는 사용에 따른 부당이득액 또는 손해배상액은 임대차보증금으로 담보되고, 위 원고들은 위와 같이 2012. 8. 19.부터 2012. 8. 31.까지의 부당이득 또는 손해배상 상당액을 이미 지급받았으므로, 피고 윤성효는 원고 이성구, 김병희로부터 각자 당초의 임대차보증금 2억 원에서 지체 차임 300만 원을 공제한 1억 9,700만 원에서, 2012. 9. 1.부터 홍제동 311 토지의 인도 완료일까

---

31) 임대차계약서에 의하면 등기이전 시는 임대차 종료 즉시이다. 이와 같이 기간을 일, 주, 월, 년으로 정하지 않은 경우 민법 157조 본문의 적용이 없어 초일 불산입의 원칙이 적용되지 않는다. 이 사건에서 임대차 종료 시는 해지 통지서가 도달한 2012. 8. 18.이다.

32) 차임 지체로 인한 해지 시 지체차임은 2기분에 달하면 족하고(지체된 차임의 합산액이 2기의 차임액과 동일하면 된다.), 이를 초과할 필요는 없다(민법 640조 참조). 또, 311 지상 건물에 담보물권자가 없으므로 민법 642조의 통지도 필요 없다.

33) 임차인이 임대인에게 지급한 임대차보증금으로 연체차임 등 임대차관계에서 발생하는 임차인의 모든 채무가 담보된다 하여 임차인이 그 보증금의 존재를 이유로 차임의 지급을 거절하거나 그 연체에 따른 채무불이행 책임을 면할 수는 없으므로, 피고 윤성효의 답신 주장은 이유가 없다(대법원 1994. 9. 9. 선고 94다4417 판결).

34) 임대차계약에 기한 목적물의 반환청구권과 소유권에 기한 물권적 반환청구권은 그 권리의 실체법적 발생 근거가 각기 다르므로 청구원인을 달리한다.

35) 임대차가 종료한 다음 날인 2012. 8. 19.부터 홍제동 311 토지의 인도 완료일까지는 매월 150만 원의 비율에 의한 부당이득 또는 손해배상액을 공제하여야 한다. 이 경우 피고 윤성효에게 뒤에서 보는 바와 같이 지상물 매수청구권이 없으므로 위 토지 사용에 따른 부당이득반환이나 손해배상책임의 성립 문제는 이론의 여지가 없다.

지 매월 150만 원의 비율에 의한 돈을 공제한 금액을 지급받음과 동시에 위 원고들에게 홍제동 311 토지를 인도할 의무가 있습니다.

나. 건물 소유권이전등기 및 인도청구

(1) 건물 소유권의 포기약정

한편 위 임대차계약 당시 피고 윤성효는, 위 임대차계약의 종료 시 그 원상회복에 갈음하여 이 사건 건물의 소유권을 포기하고 이를 원고 이성구, 김병희에게 넘겨주기로 위 원고들과 약정하였습니다.

(2) 소결론

그러므로 피고 윤성효는 원고 이성구, 김병희에게 청구취지 기재와 같이 이 사건 건물의 소유권이전등기절차를 이행하고 이를 인도할 의무가 있습니다.[36]

다. 소유권이전등기 말소청구

(1) 채무의 부담

원고 이성구, 김병희는 2009. 3. 1. 소외 김미영의 피고 윤성효에 대한 2억 원의 가구 외상구입 대금채무를 연대보증하였습니다. 그리고 2009. 8. 1. 피고 윤성효로부터 1억 원을 차용하여(변제기는 2012. 8. 31., 이자율은 월 1%), 결국 원금 합계 3억 원의 채무를 부담하게 되었습니다.

(2) 양도담보의 설정

원고 이성구, 김병희는 위 보증채무 및 차용금채무를 담보하기 위해 피고 윤성효에게 시가 5억 원 가량이던 홍제동 311-1 토지에 관하여 서울서부지방법원 서대문등기소 2009. 8. 2. 접수 제30338호로 소유권이전등기를 마쳐주었는데, 그 등기원인은 실제와 다르게 2009. 8. 1.자 매매를 원인으로 하였습니다.

(3) 피고 윤성효의 소유권이전등기 말소의무

원고 이성구, 김병희, 소외 김미영은 위 차용금과 외상채무를 2012. 8. 15. 모두 변제하였고, 이로써 위 양도담보계약상의 피담보채무는 소멸하였습니다. 따라서 피고 윤성효는 그 명의의 위 소유권이전등기를 말소할 의무가 있습니다.[37]

(4) 피고 최병성의 소유권이전등기 말소의무

피고 윤성효는 2012. 8. 29. 홍제동 311-1 토지를 피고 최병성에게 매도하고 서울서부지방법원 서대문등기소 2012. 9. 1. 접수 제51129호로 소유권이전등기를 마쳐주었습니다.

양도담보권자는 양도담보계약에 기하여 담보 목적 범위 내에서만 소유권을 행사하

---

[36] 차임지체를 이유로 임대차계약이 해지된 경우 임차인은 지상물매수청구권을 행사할 수 없다(대법원 1996. 2. 27. 선고 95다29345 판결).

[37] 소송에서 피고 윤성효가 이행불능의 항변을 하지 않는 이상 후순위 등기명의자인 최병성의 소유권이전등기를 말소할 수 없더라도 앞순위 등기명의자인 피고 윤성효를 상대로 그 소유권이전등기의 말소를 청구할 수 있다(대법원 1993. 7. 13. 선고 93다20955 판결, 1995. 3. 3. 선고 94다7348 판결, 1998. 9. 22. 선고 98다23393 판결 참조).

고 선량한 보관자의 주의의무로써 이를 유지·보관할 채무를 지며, 정당한 환가절차에 의하지 아니하고 담보물을 처분하는 등으로 채무자 등이 손해를 입은 경우 채무불이행책임으로서 이를 배상할 의무가 있으므로,[38] 피고 윤성효의 위 매도와 등기이전은 배임행위에 해당합니다.

한편, 피고 최병성은 위 311-1 토지의 인접지 소유자로서 오래 전부터 311-1 토지를 매입해서 이를 자신의 토지와 합병하여 그 지상에 주유소를 개설, 운영할 마음으로, 위와 같이 피고 윤성효에게서 소유권이전등기를 받기 전에도 원고 이성구, 김병희에게 여러 차례 위 토지를 팔라고 요청하였으나 위 원고들은 이를 거절하였는데, 마침 피고 윤성효 앞으로 소유권이전등기가 된 것을 기회로 삼아 피고 윤성효에게 "홍제동 311-1 토지는 너무 좁아 공부상 지목인 주유소를 하기 힘들다. 그리고 지목이 주유소용지라서 이 땅에는 집을 짓기도 어렵다. 나는 인접지가 있으니 이를 같이 이용하면 지가를 높일 수 있다. 내가 3억 원을 줄 테니 팔아라. 나한테 팔면 이익이 아니냐. 좋은 기회이니 법대로 하라."하면서 매도를 권유, 설득하였습니다. 따라서 피고 최병성은 양도담보권자인 피고 윤성효의 배임행위에 적극 가담하여 위 311-1 토지를 취득한 것으로서 그 매매는 반사회적 법률행위에 해당하여 무효입니다.[39]

그러므로 원고 이성구, 김병희는 피고 윤성효에 대한 위 소유권이전등기 말소등기청구권을 보전하기 위해, 피고 윤성효를 대위하여 피고 최병성에게 그 명의의 위 소유권이전등기의 말소를 구합니다.[40]

(5) 피고 이미현의 승낙의무

피고 이미현은 피고 최병성에 대하여 금전채권이 있다며, 홍제동 311-1 토지에 관하여 서울동부지방법원 2012카단7142호로 가압류결정을 받아 그 가압류등기(서대문등기소 2012. 9. 7. 접수 제53311호)를 마쳤습니다. 그러나 위와 같이 피고 최병성의 소유권이전등기가 절대적으로 원인무효인 이상 피고 이미현은 위 가압류로써 원고 이성구, 김병희나 피고 최병성에게 대항할 수 없으므로, 피고 최병성 명의의 위 소유권이전등기의 말소를 승낙할 의무가 있습니다.

2. 피고 한국보증보험 주식회사에 대한 청구

가. 근저당권의 설정

(1) 소외 인효사에치클럽(이하 '사에치클럽'이라 합니다.)은 사회봉사 및 회원 상호 간의 친목을 도모할 목적으로 설립되고 회원 52명으로 구성된 법인격 없는 사단입니다.

(2) 사에치클럽은 주식회사 신한은행(이하 '신한은행'이라 합니다.)으로부터의 금전 차

---

38) 대법원 1969. 3. 25. 선고 69다112 판결; 1981. 5. 26. 선고 80다2688 판결; 1983. 2. 8. 선고 81다547 판결; 2002. 1. 25. 선고 2000다12952 판결.

39) 대법원 1979. 7. 24. 선고 79다942 판결, 1984. 6. 12. 선고 82다카672 판결, 2004. 6. 24. 선고 2002다18237 판결.

40) 원고 이성구, 김병희의 피고 윤성효에 대한 대위는 특정물채권(소유권 이전등기 말소등기청구권) 보전을 위한 것이므로 윤성효의 무자력은 필요 없다.

용을 위한 신용보증을 받기 위해 2010. 10. 27. 피고 한국보증보험 주식회사(이하 '피고 한국보증'이라 합니다.)와 신용보증원본한도액 5억 원, 신용보증기간 2010. 10. 27.부터 2012. 10. 26.까지로 하는 신용보증약정을 체결하였습니다. 위 신용보증약정 당시 사에치클럽과 피고 한국보증은, 만약 피고 한국보증이 위 신용보증약정에 따라 신한은행에 대한 채무를 대위변제하게 되면, 사에치클럽은 대위변제한 금액에 대위변제일 당일부터 다 갚는 날까지 연 20%의 비율에 의한 지연손해금을 가산하여 지급하기로 약정하였습니다.

(3) 이에 따라 피고 한국보증은 당일 보증수익자(채권자)를 신한은행으로 하여 보증금액 2억 원, 보증기간 2010. 10. 27.부터 2012. 10. 26.까지로 하는 개별거래용 신용보증서를 발급하였고, 사에치클럽은 2010. 11. 1. 이를 신한은행에 제출하고 2억 원을 대출받았는데, 변제기는 2012. 10. 26., 이율은 월 1%(이자는 매월 말에 지급), 변제기 후의 지연손해금률은 월 2%로 약정하였습니다.

(4) 그 당시 사에치클럽의 이사이던 원고 정병룡은 사에치클럽의 피고 한국보증에 대한 위 구상채무를 연대보증하고, 그 구상채무(보증채무)를 담보하기 위하여 홍제동 312 토지에 근저당권자를 피고 한국보증으로 하는 채권최고액 3억 원의 근저당권설정등기를 서울서부지방법원 서대문등기소 2010. 11. 3. 접수 제91157호로 마쳐주었습니다.

나. 미리 근저당권설정등기의 말소를 청구할 이익

(1) 사에치클럽은 그 약정 변제기까지 신한은행에 대한 차용 원금을 갚지 못하였고(약정 변제기까지의 이자는 완납하였습니다.), 이에 따라 피고 한국보증은 2012. 11. 26. 신한은행에 차용원금 2억 원과 이에 대한 변제기 다음날인 2012. 10. 27.부터 2012. 11. 26.까지 월 2%의 비율에 의한 지연손해금 400만 원을 대위변제하였습니다. 한편, 위와 같이 신용보증약정의 종기(2012. 10. 26.)가 도래함으로써 위 근저당채무는 확정되었습니다.

피고 한국보증은 원고 정병룡의 수차에 걸친 위 근저당권설정등기 말소 요구에 불응하면서 "인효사에치클럽은 한국보증으로부터 이전에 어음을 할인해 간 일이 있고 그 채무 원금이 1억 5,000만 원이니, 정병룡 씨가 신한은행에 대한 대위변제 원리금 채무와 어음 할인 채무를 모두 갚아야만 홍제동 312 토지의 근저당권설정등기를 말소해 줄 수 있다."며 완강한 태도를 보이고 있습니다.

(2) 이러한 피고 한국보증의 태도에 비추어, 원고 정병룡이 장차 위 근저당권에 의하여 담보되는 채무를 변제하더라도 피고 한국보증은 위 근저당권설정등기를 말소해 주지 않을 것이 분명하므로, 원고 정병룡은 그 피담보채무의 변제 전에 미리 위 근저당권설정등기의 말소를 청구할 이익이 있습니다.

한편, 원고 정병룡과 피고 한국보증은 위 어음 할인 채무를 위 근저당권의 피담보채무로 하기로 약정한 일이 없습니다. 따라서 위 근저당권에 의하여 담보되는 채무는 위 신용보증약정과 관련한 연대보증채무뿐이므로, 피고 한국보증은 원고 정병

롱으로부터 대위변제금 2억 400만 원 및 이에 대한 대위변제일인 2012. 11. 26.부
터 다 갚는 날까지 연 20%의 비율에 의한 지연손해금을 지급받은 후 원고 정병
롱에게 위 근저당권설정등기의 말소등기절차를 이행할 의무가 있습니다.

3. 피고 오현근에 대한 청구

가. 근저당권설정등기 말소청구

(1) 위 사에치클럽은 건축자재도매상인 피고 오현근으로부터 시멘트, 철근 등 건축자재
를 5억 원 한도 내에서 2009. 7. 20.부터 2011. 7. 19.까지 외상으로 공급받기로 하
고 2010. 3. 초까지 자재를 공급받았는데, 대금 채무의 이행기는 따로 약정하지 않
고 피고 오현근의 요구가 있으면 1월 내에 지급하기로 하였습니다.

그런데 2009. 7. 20.부터 2009. 9. 2.까지 공급받은 외상자재대금 1,700만 원과
2009. 12. 5.에 공급받은 외상자재대금 100만 원이 아직 변제되지 않고 있습니다.

(2) 원고 정병롱은 사에치클럽의 이사로서, 사에치클럽의 요청을 받고 피고 오현근에
대한 외상대금채무 담보를 위하여 그 소유인 홍제동 312 토지에 피고 오현근 앞으
로 서울서부지방법원 서대문등기소 2009. 7. 23. 접수 제10043호로 채권최고액 5억
원의 근저당권설정등기를 마쳐주었습니다.

(3) 2010. 3. 초경 사에치클럽과 피고 오현근은 납품한 자재의 품질 문제로 위 자재거
래약정을 합의해지하고 더 이상 자재 외상거래를 하지 않기로 합의하였습니다. 그
러나 2010. 5. 초 사에치클럽과 피고 오현근은 다시 외상거래를 하기로 합의하였는
데, 당시 해외에 나가 있던 원고 정병롱은 그런 사정을 전혀 몰랐습니다.

위 외상거래 재개 약정에 따라 사에치클럽은 2010. 5. 10. 피고 오현근으로부터
추가로 시멘트 5,000만 원 어치를 외상으로 공급받았는데, 이 역시 아직 변제되지
않고 있습니다.

(4) 피고 오현근은 2012. 9. 25. 사에치클럽을 상대로 지급명령을 신청하기 전까지 사
에치클럽이나 원고 정병롱에게 위 외상대금과 관련하여 어떤 청구도 한 바 없는데,
원고 정병롱이 최근 사에치클럽을 대신해 법적 변제의무가 있는 외상채무를 변제
할 터이니 위 근저당권설정등기를 말소해 달라고 요구하였던바, 피고 오현근은 위
미변제 외상대금 총 6,800만 원을 전액 변제받기 전에는 위 근저당권을 말소해주
지 않겠다는 태도를 보이고 있습니다.

(5) 그러나 2009. 7. 20.부터 2009. 9. 2.까지 공급받은 외상자재대금 1,700만 원은 상
법 제64조 단서와 민법 제163조 제6호에 따라 3년의 소멸시효가 완성하여 시효소
멸하였고, 2010. 5. 10.에 공급받은 외상자재대금 5,000만 원은 근저당채무가 확정
된 후에 발생한 것이어서 위 근저당권으로 담보되지 않습니다.

(6) 따라서 원고 정병롱은 피고 오현근에게 미리 위 근저당권설정등기의 말소를 청구
할 이익이 있는바, 피고 오현근은 원고 정병롱으로부터 2009. 12. 5.에 공급한 외
상자재대금 100만 원을 지급받은 후 원고 정병롱에게 홍제동 312 토지에 관한 위

근저당권설정등기의 말소등기절차를 이행할 의무가 있습니다.

나. 청구이의

(1) 원고 정병룡은 2010. 1. 30. 소외 소병수(서울 서대문구 충정로 2가 107 정우빌라 에이동 308호)로부터 그 소유인 홍제동 539 토지를 매수하였는데, 2012. 9. 30.까지 그 소유권이전등기를 받기로 약정하였습니다.

(2) 그런데 피고 오현근은 소병수에 대하여 공증인가 법무법인 신태양종합법률사무소 2010. 7. 14. 작성 2010년 증서 제914호 집행증서에 의한 1억 원의 약속어음금채권이 있다면서, 위 집행증서를 집행권원으로 삼아 위 홍제동 539 토지에 강제경매를 신청하여 2012. 10. 5.자 경매개시결정이 이루어지고(동일 기입등기까지 완료되었습니다.) 현재 감정평가절차가 진행 중입니다.

(3) 그런데 위 약속어음은, 소병수와 피고 오현근이 태성보일러 대리점 동업관계를 청산하면서 그 청산금 지급을 위하여 소병수가 피고 오현근에게 발행·교부하고 위 법률사무소에서 강제집행을 인낙하는 공정증서를 받아 준 것인데, 청산금을 지급할 것이 없음에도 착오로 발행·교부된 것입니다. 따라서 소병수는 피고 오현근에게 위 어음금을 지급할 채무가 없으며, 피고 오현근의 소병수에 대한 위 집행증서에 의한 강제집행은 허용될 수 없습니다.

(4) 소병수는 현재 연락조차 제대로 되지 않고 있고, 피고 오현근에게 위 강제집행에 관하여 아무런 조치를 취하지 않고 있습니다.

(5) 원고 정병룡은 소병수에 대하여 위 토지에 관한 소유권이전등기청구권을 가진 채권자로서 그 청구권을 보전하기 위해, 채무자 소병수를 대위하여 위 집행증서에 기한 강제집행의 불허를 구합니다.

입 증 방 법

(생 략)

첨 부 서 류

(생 략)

2012. 11. 30.

원고들 소송대리인

변호사 정국진 (인)

서울서부지방법원 귀중

목　　록

서울 서대문구 홍제동 311 지상
경량철골조 스테인리스 판넬지붕 단층 근린생활시설 150㎡
판매점 120㎡, 화장실 30㎡ 끝.

3. 오답노트와 첨삭지도[41]

가. 홍제동 311 토지의 임대 관련

(1) 청구취지 답안과 지도의견

■ **청구취지 답안**

1. 피고 윤성효는 원고 이성구, 김병희로부터 각자 ①197,000,000원에서 2012. 9. 1.부터 홍
제동 311 잡종지 3,900㎡의 인도 완료일까지 월 1,500,000원의 비율에 의한 금액을 공제
한 금원을 ②지급받음과 동시에,
가. 원고 이성구, 김병희에게 위 토지를 인도하고,
나. 원고 이성구, 김병희에게 위 토지 지상 ③경량철골조 스테인리스 판넬 지붕 단층 근
린생활시설 150㎡, 판매점 120㎡, 화장실 30㎡에 관하여 각 ④1/2 지분의 ⑤소유권
이전등기절차를 이행하고 위 건물을 인도하라.

■ [지도의견]

① 숫자를 표시할 때는 아라비아숫자보다는 1억 9,700만 원 또는 19,700만 원과 같이
만 단위나 억 단위로 하여 한글로 표시하는 것이 실수를 예방하고 읽기에도 편하다. 0이
연속하는 숫자를 아라비아숫자로 표시하면 본의 아니게 0이 더 들어가거나 빠지는 수가
생긴다.

② 피고 윤성효가 홍제동 311 토지 상에 지은 건물은 임대차의 목적물이 아니므로, 설
사 원고 이성구, 김병희가 이에 대해 소유권을 취득하고 인도청구권이 있다고 하더라도,
피고 윤성효의 소유권이전등기 및 인도의무와 위 원고들의 임대차보증금반환의무 사이에
동시이행관계가 성립할 수는 없다.

③ 이와 같이 목적물의 내용이 길고 복잡한 경우 이를 청구취지에 직접 표시하면 청
구취지가 어지럽게 보인다. 그러므로 이런 경우에는 목록으로 만들어 소장에 첨부하는 것
이 좋다. 다만, 목록을 만들 때는 청구취지를 쓸 때 곧바로 이를 작성하여야 하고, 목록

---

41) 이하의 '답안'은 수험생이 쓴 것이고, '지도의견'은 이에 대한 저자의 논평이다.

이 여러 개의 경우 일련번호도 동시에 부여하여야 이를 누락하는 등의 실수를 막을 수 있다. 목록을 만든 후에는 바로 곁에 두고 청구원인을 쓸 때 참고하여야 한다. 그래야 혼선이 안 생긴다.

④ '1/2 지분'이라고 표시하는 것은 옳은 표기가 아니다. '2분의 1 지분'이라고 하여야 한다.

⑤ 소유권이전등기를 청구할 때는 그 등기원인(매매나 교환, 증여, 취득시효완성 등)과 그 등기원인의 발생일자를 기재하여야 한다. 이 사건에서는 원고 이성구, 김병희와 피고 윤성효 사이의 2009. 7. 5.자 홍제동 311 토지 임대차계약에서 부수적으로 "임차인은 본 임대차계약이 종료한 경우 원상회복에 갈음하여 위 건물의 소유권을 포기하고 즉시 임대인들에게 소유권이전등기를 넘기는 동시에 이를 인도하기로 한다."고 약정한 것이 등기원인이며, 그 등기원인의 발생일자는 위 약정일인 2009. 7. 5.이다. 이 약정은 일종의 증여라고 할 수 있으나 순수한 의미의 증여는 아니고, 이른바 민법전에 없는 무명계약(無名契約)이다.

(2) 청구원인 답안과 지도의견

■ 청구원인 답안

---

1. 윤성효에 대한 ①토지 및 건물 인도청구

   가. 임대차계약의 체결

   ②원고 이성구와 김병희는 피고 윤성효와(이하 제1항에서 '원고들'이라고 합니다.) ③주문 제1항 기재 토지(이하 ④'제1토지'라고 합니다.)에 관하여 2009. 7. 15. 보증금 2억 원, 월차임 150만 원, ⑤기간 정함이 없는 ⑥임대차를 체결하고, 피고 윤성효는 ⑦제1토지 지상에 주문 제1항 기재 건물(이하 '이 사건 건물'이라고 합니다)을 신축하였습니다.

   나. 피고 윤성효의 임료지체 및 임대차계약 해지

   피고 윤성효는 2012. 4.분 차임 중 90만 원, 5월분 차임 중 140만 원, 7월분 차임 중 70만 원의 차임 총 300만 원의 ⑧차임을 지급하지 아니하였고, 원고들은 이에 2012. 8. 17. 2기 차임지체를 이유로 ⑨해지통지를 하였고 이 통지는 2012. 8. 18. 도달하였습니다.

   이로써 원고들과 피고 윤성효 사이의 임대차계약은 민법 제641조, 제640조에 의하여 2012. 8. 18. 해지되었다고 할 것입니다.

   ⑩피고가 이 사건 임대차계약에 주택임대차보호법이나 상가건물 임대차보호법이 적용된다고 주장할지 모르나 이 사건 임대차계약은 '토지' 임대차계약으로서 피고 주장처럼 위와 같은 법률이 적용될 여지는 없습니다.

다. 임대차보증금의 반환범위 및 토지·건물의 인도

(1) 임대차보증금은 지체된 차임 및 ⑪기타 손해배상금을 담보하는 것으로서 ⑫원고들의 청구에 대해 임대차보증금의 반환과 동시이행관계에 있습니다. 그 범위는 피고 윤성효가 지체하고 있는 300만원과 ⑬피고 윤성효가 2012. 9월 이후로 차임지급을 전혀 하지 않고 있으므로 2012. 9. 1.부터 ⑭제1토지 및 이사건 건물의 인도완료일까지 의 월 차임 상당인 150만 원의 비율에 의한 금액을 공제한 금원이라 할 것입니다.

(2) 이 사건 건물은 위 임대차계약 체결 당시 본 임대차계약이 종료한 경우 피고 윤성효는 원상회복에 갈음하여 ⑮이 사건 건물을 원고들에게 인도하기로 특약하였습니다. 이에 대하여 ⑯피고 윤성효는 이 약정이 민법 제625조에 따라 임차인에게 불리한 약정으로서 무효이고, 건물매수청구권을 행사할지 모르나, 이 사건 임대차계약 당시 위 특약을 감안하여 원고들은 피고 윤성효에게 원고들 소유인 ⑰지하수시설을 무상으로 사용케 하기로 하였으므로 이는 피고 윤성효에게 일방적으로 불리한 계약이 아니고 따라서 유효하다고 볼 것입니다.

결국 피고 윤성효는 유효한 위 특약에 따라 임대차계약이 종료된 이상 ⑱이 사건 건물은 원고들에게 이전해줄 의무가 있습니다.

라. 소결론

결국 피고 윤성효는 원고들로부터 ⑲각자 이 사건 임차보증금에서 차임 및 부당이득금을 공제한 금액을 지급받음과 동시에 원고들에게 ⑳제1토지를 인도하고, 이 사건 건물에 관하여 원고들에게 각 1/2 지분의 소유권이전등기절차를 이행할 의무가 있습니다.

■ [지도의견]

① 청구취지란에 건물의 소유권이전등기청구를 기재하였고 청구원인란에도 이를 기재하였으므로, 소제목에도 토지와 건물의 인도 외에 건물의 소유권이전등기청구도 포함시켜야 한다. 그래야 제목과 글의 내용이 일치하게 된다.

② 원고 이성구와 김병희를 '원고들'이라고 정의를 해 두는 것보다, 그냥 같은 항 내에서는 '위 원고들'이라고 호칭하는 것이 낫겠다. 괄호( )의 위치도 잘못되었다.

③ 소장에 '주문 제1항 기재 토지'라고 기재하는 것은 큰 실수이다. '청구취지 제1항 기재 토지' 또는 '별지 목록 기재 토지'라고 하여야 한다. 이는 소장을 작성하는 사람이 원고 소송대리인이라는 사실을 망각한 때문이다. 판결문 작성 연습을 같이 하다 보면 무의식적으로 양자를 혼동할 수 있으므로 특히 주의하여야 한다. 실수를 막으려면 소장을 쓸 때 옆의 메모지에 "나는 지금 소장을 쓰고 있음!"이라고 크게 써두는 수밖에 없다.

④ 통상 소장의 청구취지에서는 '제1토지'와 같이 줄여서 기재하지 않고 청구원인란부터 줄여서 쓴다(반면에 판결서의 경우 주문에서는 줄여 쓰지 않고 청구취지란부터 줄여 쓴다). 줄여서 쓰는 방법은 "이하 '제1토지'라고 합니다."라고 직접 정의를 하는 방법도 있고,

"별지 목록 기재 이 사건 토지" 또는 "별지 목록 1.기재 이 사건 1토지"라고 간접적으로 정의하는 방법도 있다.

⑤ 홍제동 311 토지의 임대차는 기간의 정함이 없는 임대차가 아니라 단지 종기의 정함이 없을 뿐 시기는 2009. 8. 1.로 약정하였다. 따라서 그 시기를 기재하고 종기에 대해서는 정함이 없다고 기재하여야 한다. 시기의 약정이 있는 계약에서는 그 시기가 도래하여야 그 법률행위에 따른 효력이 발생한다.

⑥ 주어가 원고 이성구, 김병희이고, 이들은 <상담기록>과 임대차계약서상 임대인이므로 "임대차를 체결하였다."고 할 것이 아니라 "원고 이성구, 김병희는 … 피고 윤성효에게 임대하였다."고 기재하여야 한다. 또, 체결의 목적은 계약이므로 '임대차'가 아니라 '임대차계약'이라고 기재하여야 올바른 표현이다.

⑦ 피고 윤성효가 홍제동 311 토지 지상에 건물을 신축하였다는 사실을 기재하기에 앞서 위 토지가 나대지인 사실, 임대차계약상 임차인의 건물 신축을 약정하였다는 사실(만약 임대차계약상 건물 신축을 약정하지 않은 경우에는 임대인이 이를 승낙하여야 한다. 아니면 임대차계약 위반이 된다.)을 기재하여야 한다. 그래야 민법 제641, 640조(차임연체와 해지), 제643조(임차인의 매수청구권)의 규정을 적용할 수 있다.

민법 제641, 640조는 "건물 기타 공작물의 소유 또는 식목, 채염, 목축을 목적으로 한 토지임대차의 경우에도 전조의 규정을 준용한다.", "건물 기타 공작물의 임대차에는 임차인의 차임연체액이 2기의 차임액에 달하는 때에는 임대인은 계약을 해지할 수 있다."고 규정하고 있고, 민법 제643조는 "건물 기타 공작물의 소유 또는 식목, 채염, 목축을 목적으로 한 토지임대차의 기간이 만료한 경우에 건물, 수목 기타 지상시설이 현존한 때에는 제283조의 규정을 준용한다."고 하여 토지의 임대차가 건물 기타 공작물의 소유 또는 식목, 채염, 목축을 목적으로 한 것일 것을 요구하고 있기 때문이다.

이런 실수를 하지 않으려면 소장을 쓰기 전(메모와 법리검토를 하기 전)에 미리 법전의 관련 규정을 살펴보는 것이 좋다.

또 간접사실이기는 하지만, 건물의 신축시기, 피고 윤성효가 이에 대하여 소유권보존등기를 한 사실도 기재하는 것이 사건 전체의 내용을 파악하는 데에 도움이 된다. 한편, 이 사건 임대차가 종료한 후에 피고 윤성효에게 임료 상당의 부당이득반환을 청구하려면 피고 윤성효가 홍제동 311 토지를 점유·사용하여만 하는데, 이미 위 토지에 피고 윤성효 소유의 건물이 있으므로 그 건물의 존재 자체로 피고 윤성효는 위 토지를 점유·사용하고 있는 것이 되는바, 원고 이성구, 김병희와 피고 윤성효는 임대차계약 종료 시 위 건물을 위 원고들에게 이전하기로 하였으므로 단순히 건물이 토지 상에 존재하는 것만으로 피고 윤성효가 위 토지를 점유·사용하여 그 이득을 얻고 있다고 하기는 어렵고(아니라면 신의칙에 반하게 될 것이다.), 건물을 점유·사용하여야 비로소 위 토지의 점유·사용에 따른 이득을 얻었다고 할 것이므로, 피고 윤성효가 위 건물을 계속 점유·사용하여 그 이득을 얻고 있다는 사실도 기재해 주어야 한다.

⑧ 임차인 피고 윤성효가 차임을 지급하지 아니하여 그것이 차임 지체에 해당한다고 주장하려면 먼저 차임 지급시기를 어떻게 약정하였는지를 주장·설명하여야 한다. 임대차계약에 있어 임료는 목적물의 사용·수익에 대한 대가이므로(민법 제618조 참조) 그 사용·수익이 이루어진 후에 이를 지급함이 원칙이라 할 것이다. 이에 따라 민법은 동산, 건물, 대지의 차임은 매월 말에, 기타 토지의 차임은 매년 말에 지급하도록 규정하고 있다(제633조). 그러나 이 규정은 임의규정이므로 당사자의 합의가 있으면 이에 의한다. 그러므로 임대차계약상의 차임에 관하여는 그 지급주기(예컨대 연 단위, 월 단위, 3개월 단위 등)와 그 지급시기(선불인지 후불인지 및 그 지급날짜 등)를 분명히 밝혀야 그 지체 여부를 알 수 있다.

⑨ 해지통지를 하여 그것이 상대방에게 도달한 사실은 형성권인 해지권의 행사에 필요한 요건사실이므로 반드시 기재하여야 한다. 다만, 간접사실로서 그 통지를 어떤 수단(면담, 전화, 편지, 내용증명우편 등)으로 하였는지도 밝히는 것이 좋다.

⑩ 이 부분은 <소장 작성 요령>에서 "원고의 청구권에 선이행이나 동시이행의 항변권이 부착되어 있는 경우에는 이를 미리 반영하되, 소송상 피고가 행사할 수 있는 나머지 항변권이나 법률상 주장에 대하여는 특별한 지시가 없는 한 반영하지 말 것."이라는 지시에 위반된다.

⑪ 임대차보증금은 연체차임 등 임대차관계에서 발생한 임차인의 채무를 담보하는 것이므로, 막연히 '기타 손해배상금'이라고 하는 것보다는 '임대차관계에서 발생한 임차인의 손해배상채무 등'이라고 기재하는 것이 좋다.

⑫ 임대차보증금의 반환은 임대차 목적물의 반환과 동시이행관계에 있으므로, '원고들의 청구에 대해 … 동시이행관계에 있습니다.'라고 하는 것보다 동시이행관계가 성립하는 임차인의 임대인에 대한 목적물 인도의무를 직접 기재하는 것이 좋다. 고로 여기서는 "피고 윤성효의 홍제동 311 토지의 인도의무와 원고 이성구, 김병희의 임대차보증금반환의무는 동시이행관계에 있습니다."라고 기재하였어야 한다. 한편 이 사건에서는 피고 윤성효가 동시이행의 항변을 한 것은 아니고 임대인인 원고 이성구, 김병희가 스스로 동시이행관계를 인정하면서 상환이행을 청구한 것이므로, 소송법적으로는 실체법상 동시이행관계가 성립하는지 여부를 따지지 않고 곧바로 동시이행조건부 청구를 인용하여야 하고(즉, 이런 경우 법원은 설사 실체법상 동시이행관계가 성립하지 않더라도 원고가 청구하는 대로 동시이행을 명하여야 한다.), 따라서 원고 이성구, 김병희는 동시이행관계의 성립에 관하여 자세히 언급하지 않아도 된다.

⑬ "피고 윤성효가 2012. 9월 이후로 차임지급을 전혀 하지 않고 있으므로…"라고만 기재하면 사실을 주장·설명하는 것이 아니라 이를 기정사실화하고 법률효과(임대차보증금

의 반환범위)를 주장하는 것이 되어 옳지 않다. 그러므로 피고 윤성효가 위와 같이 지체한 임료 300만 원 외에는 2012. 8. 31.까지 지급할 임료는 지급하였다고 미리 주장·설명하였어야 한다. 이는 뒤에 나오는 2012. 9. 1.이 왜 나오게 되었는지를 설명하는 이유도 된다.

⑭ 홍제동 311 토지 상의 건물은 임대차의 목적물이 아니므로 그 인도의무와 임대차보증금반환의무는 동시이행관계에 있지 않다. 설사 그 건물의 인도의무와 임대차보증금반환의무가 동시이행관계에 있다고 하더라도, 왜 피고 윤성효가 건물을 원고 이성구, 김병희에게 인도할 의무를 부담하는지에 관한 법률사실이나 법률효과를 아직 거론하지 않았으므로 느닷없이 양자 사이에 동시이행관계에 있다고 하면 법관은 고개를 갸우뚱할 것이다. 따라서 뒤의 (2)항을 먼저 서술했어야 할 것이다.

⑮ 임대차계약서에 의하면 피고 윤성효는 이 사건 건물을 원고들에게 소유권이전등기를 넘기는 동시에 인도하기로 약정하였고, 또 소유권이전약정이 인도약정보다 더 중요하므로 이 부분의 주장을 누락한 것은 큰 잘못이다.

⑯ 이 부분도 앞서 <소장 작성 요령>에서 지시한 사항에 반하는 기재이다.

⑰ 이 부분에 관하여 원고 이성구, 김병희는 두 가지 주장을 할 수 있다. 첫째는 임차인의 채무불이행으로 인해 임대차가 해지되는 경우에는 매수청구권을 행사할 수 없다는 법리이고(대법원 1997. 4. 8. 선고 96다54249, 54256 판결, 2003. 4. 22. 선고 2003다7685 판결 등), 둘째는 구체적인 임대차계약의 내용에 따라 지상물매수청구권을 포기하기로 한 약정이 임차인에게 불리하지 않다는 법리이다.

이 사건에서 전자는 그 성공가능성이 100%이나 후자는 반드시 성공한다는 보장이 없으므로 원고 이성구, 김병희는 전자를 반드시 주장하여야 한다. 그리고 임차인에게 지하수시설을 무상으로 사용케 하기로 하였으므로 피고 윤성효에게 일방적으로 불리한 계약이 아니라고 주장하려면, 지하수시설이 어떻게 된 것이고 피고 윤성효가 이를 어떤 용도에 이용하여 건물 가액 상당의 이익을 얻은 것인지 등 제3자가 보아서 건물에 관한 매수청구권을 포기하여도 불리하지 않다는 판단을 할 수 있도록 자세한 사정을 주장·설명하여야 하는데 전혀 그런 주장·설명을 하지 않았고, 이를 주장·설명 방식이 아니라 기정사실화하는 방식으로 기재한 것은 부적절하다.

⑱ 법률효과를 기재할 때는 그 중 일부만 청구하는 등의 특별한 사정이 없는 한 청구취지에 기재한 것과 일치하여야 한다. 이 사건에서 원고 이성구, 김병희는 건물에 대한 소유권이전등기청구와 인도청구를 모두 하고 있으므로 양자를 모두 기재하여야 한다.

⑲ 소결론이나 결론 부분은 청구원인사실로부터 발생하는 법률효과를 기재하고 그에 따라 청구취지와 같은 재판을 청구한다는 뜻을 기재하는 곳이다. 따라서 원고 이성구, 김병희는 이 부분 청구취지인 "각자 197,000,000원에서 2012. 9. 1.부터 홍제동 311 토지의 인도완료일까지 월 1,500,000원의 비율에 의한 금액을 공제한 나머지 금원을"에 일치하게 왜 그러한 법률효과가 발생하는지를 구체적으로 주장·설명하여야 한다. 그런데 이 답안은

각자, 197,000,000원, 2012. 9. 1., 월 1,500,000원에 대해서 왜 그런 결과가 나왔는지를 전혀 주장·설명하지 않고 소송대리인 혼자서만 알고 있는 사항을 기재하는 잘못을 범하였다. 또, 이 사건 임차보증금에서 연체차임과 부당이득금을 공제하려면 임대인인 원고 이성구, 김병희가 2009. 8. 1. 그 임대차보증금 2억 원을 피고 윤성효에게서 지급받았다는 사실도 주장·설명하여야 하는데 이 사건 답안에서는 이 부분도 누락되었다.

한편, 일반적으로 임대차, 소비대차와 같은 대차형 계약에서는 임대인이나 대여자가 임대차 목적물 또는 대여물을 임차인이나 차용인에게 인도·지급한 사실이 목적물반환청구권, 대여물반환청구권의 발생요건이므로, 이러한 반환청구권을 주장·행사하는 자가 스스로 이 사실을 주장·설명하여야 한다. 고로 원고 이성구, 김병희는 위 임대차계약에 따라 홍제동 311 토지를 피고 윤성효에게 인도한 사실도 주장·설명하여야 한다.

⑳ 원고 이성구, 김병희가 피고 윤성효에게 홍제동 311 토지의 인도를 청구할 수 있는 권원은 임대차계약상의 반환청구권과 소유권에 기한 반환청구권의 둘이다. 그리고 양자는 앞서 말한 바와 같이 청구원인을 달리한다. <소장 작성 요령>에서 청구원인은 법리상 병합이 가능한 것이면 모두 기재하라고 하였으므로, 수험생은 소유권에 기한 반환청구권도 주장하여야 한다. 그리고 이는 임대차계약상의 반환청구권과 모순·대립하는 관계가 아니므로 선택적 병합을 하여야 한다. 이를 쓰지 않으면 그 부분에 할당된 점수를 얻을 수 없다.

물론 이 사건에서 원고 이성구, 김병희가 소유권에 기한 반환청구권을 주장하면 피고 윤성효는 임대차계약에 의해 이를 점유할 정당한 권원이 있다고 항변하겠지만, 이미 임대차계약이 해지되어 종료한 이상 피고 윤성효는 이로써 대항할 수 없게 된다. 이때 원고 이성구, 김병희가 임대차계약의 해지·종료를 주장하면 이는 재항변이 된다.

나. 홍제동 311-1 토지에 대한 양도담보 등 관련

(1) 청구취지 답안과 지도의견

■ 청구취지 답안

2. 서울 서대문구 홍제동 311-1 주유소용지 620㎡에 관하여,

　가. 피고 윤성효는 원고 이성구, 김병희에게 ①서울중앙지방법원 등기국 2009. 8. 2. 접수 제30338호로 ②경료된 ③소유권이전등기의 말소등기절차를 이행하고,

　나. 피고 최병성은 ④원고 이성구, 김병희에게 같은 등기소 2012. 9. 1. 접수 제51129호로 경료된 소유권이전등기의 말소등기절차를 이행하고,

　다. 피고 이미현은 위 나항의 ⑤소유권이전등기에 승낙의 의사표시를 하라.

■ [지도의견]

① 등기기록증명서를 볼 때는 그 부동산에 대한 관할 등기소가 어디인지를 잘 살펴보아야 한다. 말소할 등기를 특정할 때 등기기록증명서를 발급한 등기소를 기재해서는 안된다. 이 사건에서 서울중앙지방법원 등기국은 홍제동 311-1 토지의 관할 등기소가 아니라 등기기록증명서를 발급한 곳에 불과하다.

지방법원이나 지원은 그 보조기관으로 직접 등기과를 두는 경우가 있는데, 그 지위는 등기소와 같다. 다만, 이를 표시할 때는 '○○지방법원(지원) 등기과'라고 하지 않고 '○○지방법원(지원)'라고만 한다. 한편 등기를 특정할 때 관할 등기소, 접수일자, 접수번호를 누락하지 않도록 주의하여야 한다.

② 앞서 말한 바와 같이 등기의 '경료'라는 말은 좋지 않다. 또 주어가 사람이고 그 행위는 등기의 기입이므로 '경료된'이라고 수동태를 쓰는 것도 좋지 않다. 이 사건에서는 "… 등기소 2009. 8. 2. 접수 제30338호로 마친"이라고 표현하였어야 한다.

③ "소유권이전등기의 말소등기절차를 이행하고" 대신에 "소유권이전등기를 말소하고"와 같이 써도 무방하나, 전자가 더 기본적인 서술방법이다.

④ 원고 이성구, 김병희를 말소등기의 수령자로 하지 않고 피고 윤성효를 그 수령자로 해도 무방하다. 피고 윤성효가 피고 최병성에게서 최병성 명의의 소유권이전등기의 말소등기를 수령할 권원은, 양인 간의 매매가 무효가 되어 발생하는 부당이득반환청구권(무효인 등기의 보유 자체를 하나의 이득으로 본다면), 피고 윤성효가 갖고 있는 소유권에 기한 방해배제청구권이다. 피고 윤성효 명의의 소유권이전등기는 양도담보에 의한 것이지만 거기에 가등기담보 등에 관한 법률이 적용되지 않으므로 피고 윤성효는 유효하게 소유권을 보유하고, 이에 따라 피고 최병성에게 소유권에 기한 방해배제청구권을 행사할 수 있다 (이때 매매가 무효이므로 피고 최병성은 이로써 피고 윤성효에게 대항할 수 없다).

원고 이성구, 김병희는 이러한 피고 윤성효의 말소등기청구권을 대위행사하는 것인바, 동산인도청구권, 금전지급청구권, 말소등기청구권을 대위행사하는 경우에는 대위채권자에게 직접 이행할 것을 청구할 수 있다(대법원 1995. 4. 14. 선고 94다58148 판결 참조).

⑤ 승낙의 대상은 소유권이전등기가 아니라 그 소유권이전등기의 말소이다. 이를 잘못 쓰는 경우가 많으므로 주의하여야 한다.

(2) 청구원인 답안과 지도의견

■ 청구원인 답안

2. ①피고 윤성효, 최병성, 이미현에 대한 말소등기청구 및 승낙청구

가. 원고 이성구와 김병희의 피고 윤성효에 대한 채무

원고 이성구와 김병희(이하 이 항에서 '원고들'이라고 합니다.)는 소외 김미영이 윤성효에게서 외상으로 구입하고 갚지 못한 가구류 대금채무 2억 원은 2009. 3. 1. 연대보증하였고, 2009. 8. 1. 윤성효로부터 1억원도 변제기 2012. 8. 31, 이자 ②월 1%로 하여 ③합계 3억원의 채무를 부담하게 되었고, 원고들은 피고 윤성효에 대한 위 3억의 채무의 담보를 위하여 2009. 8. 2. ④주문 제2항 기재 토지(이하 '제2토지'라 합니다)에 관하여 ⑤윤성효에게 소유권이전등기를 마쳐주었습니다.

나. ⑥피고 윤성효 명의의 등기의 성질 및 원고들의 변제

(1) 피고 윤성효 명의의 위 소유권이전등기는 원고들의 3억원 채무의 담보를 위하여 설정된 것으로서 그 피담보채무가 매매대금도 포함하고 있어서 가등기담보법이 적용되지는 않으나(⑦가등기담보 등에 관한 법률 제1조) ⑧위 담보약정 당시 목적물의 가액(5억원)이 채무원리금(연대보증금 2억원 + 차용금 1억원 + 차용금에 대한 변제기까지의 ⑨이자 3700만원 = 합계 3억 3700만원)을 ⑩초과하므로 이는 ⑪약한 의미의 양도담보라고 할 것이고 피고 윤성효는 소유권이전등기를 마쳤더라도 ⑫청산절차 없이는 소유권을 취득할 수 없습니다.

(2) 더욱이 ⑬원고들은 2012. 8. 15. 피고 윤성효에 대한 채무를 모두 변제하였는바 이로써 원고들은 피고 윤성효에게 피고 윤성효 명의의 등기의 말소를 청구할 수 있고 피고는 이를 말소할 의무가 있습니다.

다. 피고 최병성, 이미현에 대한 청구

(1) 자신 명의 등기의 말소의무가 있음에도 ⑭2012. 8. 29. 피고 윤성효는 제2토지를 피고 최병성에게 매매를 원인으로 소유권이전등기를 마쳐주었습니다.

(2) 피고 윤성효와 피고 최병성은 호형호제하는 친밀한 사이로서 최병성은 피고 윤성효의 원고들에 대한 채권이 모두 변제로 소멸하여 피고 윤성효가 말소등기의무가 있음을 알고도 자신의 토지와 병합하여 주유소를 지을 계획으로 피고 윤성효의 행위에 ⑮적극 가담하였습니다.

⑯(4) 아울러 피고 이미현은 피고 최병성의 소유권이전등기 이후 제2토지에 ⑰가압류를 하였습니다.

(5) ⑱피고 윤성효와 피고 최병성 사이의 ⑲소유권이전은 선량한 풍속 기타 사회질서에 반하는 법률행위로서 무효라고 할 것이고 그에 기한 피고 최병성의 등기도 무효이며, 원인무효의 등기에 기반한 ⑳피고 이미현의 가압류등기도 무효라고 할 것입니다.

라. 소결론
    따라서 ㉑피고 최병성은 피고 윤성효에게, 피고 윤성효는 원고들에게 각 소유권이
전등기의 말소등기절차를 이행할 의무가 있고 피고 이미현도 ㉒이에 승낙할 의무가
있습니다.

■ [지도의견]

① '홍제동 311-1 토지에 관한 청구'라고 소제목을 달아도 좋다. 청구취지 제2항에
관한 부분이고 이 부분은 그 토지에 관한 내용이기 때문이다.

② 이 부분은 금전 차용을 기재한 것이므로 서술어를 단순히 '…하여'라고 해서는 안
되고 "…월 1%로 약정하여 차용하여…"라고 기재하여야 정확한 표현이다.

③ 원고 이성구, 김병희가 부담한 채무는 합계 3억 원이 아니다. 차용금에 대한 이자
채무도 있으므로 합계 3억 원의 채무를 부담하였다고 한 것은 정확한 표현이 아니다. 이
사건에서는 가등기담보법의 적용이 없으므로 채무 금액이 얼마인지는 사실 별 의미가 없
다. 굳이 이를 나타내고자 한다면 "원금 3억 원의 채무를 부담하게 되었고…"라고 기재하
는 것이 옳겠다.

④ 역시 이 사건 소송문서가 소장이라는 사실을 망각한 증거이다.

⑤ 이 사건에서 원고 이성구, 김병희는 피고 윤성효 명의의 소유권이전등기의 말소를 청
구하고 있으므로, 그 관할 등기소, 접수일자, 접수번호도 기재하여 말소할 등기를 특정하여
야 한다. 그리고 실제는 양도담보조로 소유권이전등기를 마쳐준 것이므로, 그 등기원인을 어
떻게 하였는지도 기재해주면 법원이 사건 내용을 파악하는 데 도움이 될 것이다.

부동산 실권리자명의 등기에 관한 법률에 의하면, 양도담보를 원인으로 하는 부동산에
관한 소유권 기타 물권의 이전등기신청을 할 때에는 채무자, 채권금액 및 채무 변제를 위
한 담보라는 뜻이 기재된 서면을 제출하여야 한다.[42]

그러나 등기기록에 양도담보라는 내용이 기재되지는 않으며, 등기신청서에 위 내용을
기재하지 않았다 하여 그 소유권이전등기가 양도담보로서의 효력이 없는 것은 아니다.

⑥ 다항의 소제목이 '피고 최병성, 이미현에 대한 청구'이므로 그것과의 균형상 나항의
제목은 '피고 윤성효에 대한 등기말소청구'라고 하는 것이 좋다. '피고 윤성효 명의의 등
기의 성질 및 원고들의 변제'는 결국 피고 윤성효에 대한 등기말소청구권을 설명하기 위
한 것에 불과하다.

⑦ 피담보채무가 소비대차상의 채무 외에 매매대금채무 등 다른 채무도 포함하는 경

---

42) 위 법률 제3조 2항 및 1995. 11. 21. 대법원 등기예규 제824호 '부동산 실권리자명의 등기에 관한 법
률 시행에 따른 업무지침' 제1항 참조.

우 가등기담보법이 적용되는지 여부를 가등기담보 등에 관한 법률만으로는 알 수 없다. 위 법률 제1, 2조는 동법의 적용 대상을 피담보채무가 소비대차상의 채무인 경우로 규정하고 있으나, 거기에 다른 채무도 포함된 경우는 어떻게 할 것인지 규정하고 있지 않기 때문이다. 결국 이는 법률 해석의 문제로서 대법원은 이를 부정한다(대법원 2001. 3. 23. 선고 2000다29356, 29363 판결, 2004. 4. 27. 선고 2003다 29968 판결 참조). 그러므로 위 법률 제1, 2조와 함께 위 대법원 판례를 기재하거나 대법원 판례만을 기재하는 것이 좋다. 위 법률 제1조만 기재해서는 그와 같은 법리를 도출할 수 없다.

⑧ 담보약정 당시가 언제인지 소장 기재만으로는 분명치 않다. 외상채무 보증일인 2009. 3. 1.인지 아니면 금전 차용일인 2009. 8. 1.인지, 그것도 아니면 피고 윤성효 명의의 등기일인 2009. 8. 2.인지 주장·설명이 없기 때문이다. 피고 윤성효 명의의 소유권이 전등기의 등기원인과 그 원인일자를 기재했다면 그 날짜에 담보약정을 한 것으로 법률상 추정된다. 가등기담보법이 적용되는지 여부는 담보약정 당시의 담보물 가액과 채무액을 기준으로 하므로 담보약정 시기는 매우 중요하다.

⑨ 수치계산은, 아주 간단하여 굳이 계산식을 보여줄 필요가 없는 경우를 제외하고는 계산식을 제시하여야 한다. 물론 그것을 보여주지 않더라도 어떻게든 법원이 계산해낼 수 있는 경우가 많겠지만, 소장은 논설문이므로 읽는 사람에게 고통을 주거나 그것을 이해하는 데에 시간이나 노력이 필요하도록 해서는 안 된다. 따라서 이자 3,700만 원의 계산식으로 '이자 3,700만 원(= 3억 원 × 0.01 × 차용일인 2009. 8. 1.부터 약정 변제기인 2012. 8. 31.까지 25개월)'을 제시하여야 한다.

⑩ 담보약정 당시의 목적물 가액이 5억 원이라는 사실을 정식으로 주장·설명하지 않고 이와 같이 기정사실화하는 식으로 기재하는 것은 좋은 기재방법이 아니다. 초과 여부에 대한 결론을 제시하기 전에 담보약정 당시의 목적물 가액이 5억 원이라는 사실을 정식으로 주장·설명하고, 그에 대한 증거자료를 제시한 다음 결론을 제시하여야 한다. 한편, 약한 의미의 양도담보 해당 여부는 목적물의 가액이 피담보 채무액을 초과하는지 여부와 관계가 없다. 이 부분 기재는 이 법리를 잘못 이해하고 쓴 것이다. 대법원은 목적물의 가액이 피담보 채무액을 미달하는 경우에도 청산절차를 배제하기로 하는 특약이 없는 이상 청산의무를 인정한다(대법원 1998. 4. 10. 선고 97다4005 판결).

⑪ 약한 의미의 양도담보라는 용어는 법률상의 용어가 아니며 그 의미가 분명하게 정립되어 있지도 않다. 그러므로 그 뒷부분의 기재에 맞게 보다 정확히 이를 표현하려면 "청산절차를 요하는 이른바 약한 의미의 양도담보라고 할 것입니다."라고 기재해야 한다.

또, 위에서 말한 바와 같이 청산절차를 요하는 이른바 약한 의미의 양도담보인지 여부는 청산절차를 배제하기로 하는 특약이 있는지 없는지 여부로 결정되며, 목적물의 가액이 피담보 채무액을 초과하는지 여부와는 관계가 없다. 고로 청산절차를 요구하려면 이를 배제하기로 하는 특약이 없었다는 사실을 주장하여야 한다. 물론 그에 대해서 아무런 주장·

입증이 없으면 배제의 특약이 없었다는 것으로 사실상 추정된다(대법원 1996. 11. 15. 선고 96다31116 판결, 1999. 12. 10. 선고 99다14433 판결 등 참조).

⑫ 가등기담보법이 적용되지 않는 양도담보의 경우 청산절차가 필요하나, 청산절차를 아직 마치지 않은 때라도 양도담보권자는 적법 유효하게 소유권을 취득·보유한다. 다만 그 소유권은 이른바 신탁적 양도에 의한 것으로서, 소유자(양도담보권자)는 담보 목적 범위 내에서만 소유권을 보유하고, 선량한 관리자의 주의로써 담보물을 관리하여야 하며, 변제기 도래 후에 적법한 절차(당사자 간 약정이 있는 때는 그 약정 포함)에 따라 담보물을 처분할 의무를 부담한다. 이 경우 양도담보권자는 대외적으로는 완전한 소유권을 주장·행사할 수 있으나 양도담보 설정자에 대하여는, 청산절차가 종료되기 전까지는 확정적인 소유권을 주장·행사할 수 없다. 한편 이 경우, 양도담보 설정자인 채무자는 채무의 변제기가 도과된 후라고 하더라도, 채권자가 담보권을 실행하여 청산절차를 마치기 전에는 언제든지 채무를 변제하고 채권자에게 양도담보에 의한 등기의 말소를 청구할 수 있다.

따라서 이 사건에서도 양도담보 설정자인 원고 이성구, 김병희는 피고 윤성효에 대하여 그 청산절차 전에는 채무를 변제하고 양도담보에 의한 소유권이전등기의 말소를 청구할 수 있으므로, "청산절차 없이는 소유권을 취득할 수 없습니다."라고 기재하는 것보다는 "피고 윤성효는 청산절차 없이는 원고 이성구, 김병희에 대하여 확정적으로 소유권을 취득할 수 없고, 원고 이성구, 김병희는 피고 윤성효에게 그 청산절차를 마치기 전에는 언제든지 채무를 변제하고 양도담보에 의한 소유권이전등기의 말소를 청구할 수 있습니다."라고 기재하는 것이 좋다.

⑬ 원고 이성구, 김병희는 차용금채무만을 변제하였고, 외상채무는 소외 김미영이 변제하였다. 고로 "원고들은 2012. 8. 15. 피고 윤성효에 대한 채무를 모두 변제하였는바"라는 표현은 사실에 맞지 않다.

⑭ 2012. 8. 29.은 등기이전일이 아니라 매매일이다. 또, 최병성의 등기도 말소청구의 대상이므로 등기소, 등기 접수일, 접수번호를 기재하여 이를 특정해 주어야 한다.

⑮ 피고 윤성효와 피고 최병성의 매매가 사회질서위반에 해당하여 무효가 되려면 우선 피고 윤성효의 매도행위가 배임행위에 해당하여야 하고, 매수인인 피고 최병성이 이를 적극 권유하는 등 배임행위에 적극적으로 가담하였어야 한다. 그러므로 피고 윤성효의 매도행위가 배임행위에 해당한다고 주장·설명하고, 이어서 피고 최병성이 이를 적극 권유하는 등 이에 적극적으로 가담한 사실을 구체적으로 주장·설명하여야 한다. 피고 최병성의 가담에 대한 답안의 기재는 부족하다. 소장을 쓰는 사람은 항상 그 주장 내용에 읽는 이가 동의할 정도로 논리적이고 충분한 주장·설명을 하여야 한다.

⑯ (3)으로 써야 할 것을 (4)로 잘못 썼다. 작은 실수라도 읽는 이에게서 신뢰를 잃는 원인이 될 수 있으므로 소장 작성을 마친 후에는 오·탈자 등이 없는지 퇴고를 하여야 한다.

⑰ 이미현의 가압류등기도 실질적으로 말소청구의 대상이고, 그 가압류등기가 언제 기

입되었는지에 따라 피고 이미현이 말소등기를 승낙할 대상인 등기(피고 윤성효 또는 피고 최병성의 소유권이전등기)도 결정되므로, 그 가압류등기의 관할 등기소, 접수일자, 접수번호는 물론 가압류를 한 법원, 사건번호도 기재해 주는 것이 좋다.

⑱ '피고 윤성효'의 오기이다. 작은 실수지만 좋은 인상을 줄 수는 없다. 이런 실수를 예방하는 방법은 소장을 쓸 때 메모 내용을 확인하면서 쓰는 것이다.

⑲ 뒤의 보어가 '…법률행위로서'이므로 '소유권이전'보다는 '매매' 또는 '매매행위'라고 표현하는 것이 좋겠다.

⑳ 가압류결정도 재판이므로 당연무효의 사유가 없는 한 그것이 적법하게 취소되기 전까지는 유효하다. 다만, 가압류가 잘못 발령된 경우 그에 따른 가압류의 효과가 발생하지 않아 가압류등기가 실질적으로 무효일 수는 있다. 여기서는 후자에 해당하므로, 피고 이미현은 원고 이성구, 김병희, 피고 최병성에게 위 가압류의 효력을 주장하여 대항할 수 없다고 기재하는 것이 좋다.

㉑ 피고 최병성에 대해서는 피고 윤성효를 대위하여 청구하여야 한다. 왜냐하면 원고 이성구, 김병희는 아직 제3자인 피고 최병성을 상대로 홍제동 311-1 토지의 소유권을 주장할 수 없어 물권적 청구권을 행사할 수 없기 때문이다. 피고 최병성의 소유권이전등기가 무효이면 대외적인 관계에서 그 소유권은 전 소유권이전등기명의자로서 양도담보권자인 피고 윤성효에게 속한다. 이 답안은 그 부분을 누락하여 그 부분 점수를 받지 못하게 되었다.

㉒ 피고 이미현이 승낙할 대상은 피고 최병성의 소유권이전등기 말소이므로 청구취지 제2의 다항에 맞게 이를 분명하게 표시하여야 한다.

다. 홍제동 312 토지에 대한 한국보증보험 주식회사의 근저당권 관련

(1) 청구취지 답안과 지도의견

■ 청구취지 답안

3. 피고 한국보증보험주식회사는 원고 정병룡으로부터 ①2억 5000만원 및 이에 대한 ② 2012. 11. 27.부터 다 갚는 날까지 연 20%의 비율에 의한 금원을 지급받은 다음 원고 정병룡에게 서울 서대문구 홍제동 312 대 270㎡에 관하여 서울서부지방법원 서대문등기소 2010. 11. 3. 접수 제91157호로 마친 근저당권설정등기의 말소등기절차를 이행하라.

■ [지도의견]

① 청구원인에서 보는 바와 같이 2억 5,000만 원이 아니라 2억 400만 원이다. 아라비아숫자에는 천 단위마다 쉼표(,)를 하여야 한다. 또 금액 표기 시 '만'자와 '원'자는 띄어

써야 한다.

② 신용보증서 제8조 제2항에 의하면 '2012. 11. 27.부터'가 아니라 '2012. 11. 26.부터'가 옳다. 대위변제 당일부터 지연손해금을 지급하기로 약정하였기 때문이다.

(2) 청구원인 답안과 지도의견

■ 청구원인 답안

3. 한국보증보험 주식회사에 대한 근저당권 말소등기 청구
　가. ①인효사에치클럽의 신용보증계약과 대출 및 원고의 연대보증 등
　　(1) 원고 정병룡이 이사로 재직했던 소외 인효사에치클럽(이하 '인효클럽'이라고 합니다)은 2010. 10. 27. 피고 한국보증보험 주식회사(이하 '한국보증'이라고 합니다)와 ②신용보증계약을 체결하고, 한국보증으로부터 보증금액 2억원, 보증기간 2010. 10. 27.부터 2012. 10. 26.까지로 하는 개별거래용 신용보증서를 발급받아, 2010. 11. 1. 신한은행으로부터 2억원을 변제기 ③2012. 10. 26. 이자 월 1%(매월 말일 지급), 변제기 후의 지연손해금 월 2%로 약정하여 대출받았습니다.
　　(2) ④원고는 위 인효클럽의 이사로서 한국보증의 요구에 어쩔 수 없이 인효클럽의 한국보증에 대한 장래의 구상채무를 연대보증하고, 이를 담보하기 위해 2010. 11. 3. 원고 소유인 ⑤주문 제3항 기재 토지(이하 '제3토지'라 합니다)에 근저당권자 한국보증, 채무자 정병룡, 채권최고액 3억원으로 하는 ⑥근저당권을 피고 한국보증에 설정해 주었습니다.
　나. ⑦원고의 인효클럽이사직 사임 및 해지통지
　　⑧그 후 원고는 2011. 2. 14. 인효클럽의 이사를 사임하고 같은 날 피고 한국보증에게 이사 사임의 사실과 연대보증해지를 통지하고 2011. 2. 15. 위 통지가 도달하였습니다. ⑨사안의 경우는 계속적 보증이므로 원고의 해지는 유효합니다.
　다. 피고 한국보증의 대위변제 및 ⑩어음할인금 주장
　　피고 한국보증은 이후 인효클럽이 위 신한은행에 대한 채무를 못갚자 2012. 11. 26. ⑪이를 대위변제하였고, 인효클럽에 대한 ⑫약속어음금채무까지 위 근저당의 피담보채무에 해당한다며 말소를 거절합니다.
　라. 소결론
　　위 약속어음금채무는 피담보채무에 포함되지 않고 ⑬피고가 대위변제한 구상금채무만이 이에 포함되고 피고 한국보증은 원고로부터 ⑭이를 변제받은 다음 근저당권설정등기를 말소할 의무가 있습니다.

■ [지도의견]

① 피고 한국보증보험 주식회사에 대한 근저당권 말소등기청구 부분은 크게 '근저당권의 설정'과 그 '말소청구의 이유'로 나눌 수 있다. 그러므로 이 부분의 제목은 '근저당권의

설정'이라고 간단히 기재하는 것이 가장 간명하다.

② 이 신용보증계약은 1차 보증인인 피고 한국보증보험 주식회사에게나 그에 따른 구상채무를 연대보증한 원고 정병룡에게나 계속적 보증계약에 해당한다. 고로 그 계약 내용을 구체적으로 주장·설명하여야 한다. 이 계약 내용이 밝혀져야 그 계약이 계속적 보증계약으로서 해지의 대상에 해당하는지 여부 및 원고 정병룡의 구상채무의 내용이 분명해진다. 이 부분 답안 기재만으로는 청구취지 제3항과 같은 결론이 도출된 이유를 알 수 없으므로, 계약 내용을 누락한 것은 큰 실수이다.

③ 변제기, 이자율 등을 나열하여 설명하고 있으므로 '2012. 10. 26.'의 뒤에 '2012. 10. 26.,'과 같이 쉼표(,)를 찍어야 한다. 사소한 것이지만 완벽하게 작성하도록 주의를 기울이자.

④ 원고가 여러 명임에도 소장을 쓰면서 깜박 잊고 그냥 '원고'라고만 기재한 잘못을 범하였다. 이런 실수는 수험생이 주의력이 없는 사람이라고 낙인찍기에 알맞은 실수이다.

⑤ 이 수험생은 아직까지도 자신이 소장을 쓰고 있다는 사실을 정확히 인식하지 못하고 있는 듯하다.

⑥ 피고 한국보증보험 주식회사의 근저당권설정등기에 대한 말소를 청구하고 있으므로 관할 등기소, 접수일자, 접수번호를 기재하여 이를 특정하여야 한다. 또 근저당권은 등기해야 성립하는 물권이므로 그 등기내용까지 자세히 밝혀주는 것이 좋다.

⑦ 제목이나 소제목은 다른 제목이나 소제목과 연관성을 가지고 그것들만 보아도 어떤 내용의 글이 전개될 것인지를 짐작할 수 있어야 한다. 그런데 '원고의 인효클럽이사직 사임 및 해지통지'는 앞서의 소제목인 '인효사에치클럽의 신용보증계약과 대출 및 원고의 연대보증 등'과 잘 연결되지 않는다. 해지의 대상은 연대보증계약이므로 차라리 '연대보증계약의 해지'라고 하는 편이 낫겠다. 그리고 소제목은 간명해야 하므로 굳이 그 해지사유인 '이사직 사임'까지 기재할 필요는 없다. '연대보증계약의 해지'라는 소제목으로부터 이미 이를 읽는 사람은 "왜 해지했지?"하고 궁금증을 가질 것이고, 그 이유는 글의 본문에서 설명될 것이기 때문이다.

⑧ 이 부분은 계속적 보증계약인 원고 정병룡과 피고 한국보증 사이의 연대보증계약을 해지하여 근저당권의 피담보채무를 확정시킬 목적으로 기재한 듯한데, 이 사건에서는 굳이 이를 기재하지 않아도 된다. 왜냐하면 이 사건 소 제기일인 2012. 11. 30. 현재 이미 신용보증계약의 종기인 2012. 10. 26.이 도래하여 근저당권의 피담보채무가 확정되었고, 피고 한국보증은 인효사에치클럽을 위한 보증을 단 한 차례(신한은행 대출금 관련)밖에 하지 않았으며, 또 피고 한국보증이 신한은행에 대한 대위변제를 위 신용보증계약의 종기 도래 후인 2012. 11. 26.에 하여 그때 인효사에치클럽과 원고 정병룡에게 구상채권을 취득하였다고 하더라도, 피고 한국보증은 신한은행에 대하여 개별보증의 방법으로 채무를 보증

함으로써 확정채무를 보증하였기 때문에 원고 정병룡이 대위변제일 이전에 연대보증계약을 해지한 여부는 이 사건의 결론에 전혀 영향이 없다(대법원 2003. 11. 14. 선고) 2003다21872 판결 참조).

굳이 이 부분을 기재한다면, 그 해지의 결과 위 신용보증계약의 종기 도래 전에 원고 정병룡과 피고 한국보증 사이의 연대보증계약상의 채무가 확정되었고, 이에 따라 근저당권의 피담보채무도 확정되었다고 추가로 기재하였어야 한다.

⑨ '사안의 경우는'이라는 표현은 소장에 써서는 안 되는 표현이다. 이는 글을 쓰는 사람과 읽는 사람이 공통으로 이미 알고 있는 내용에 관하여 언급할 때나 어울리는 표현인데, 소장을 읽는 법관이 청구원인사실이나 그 분쟁사건의 내용을 미리 알고 있을 수는 없기 때문이다. 설사 법관이 이를 알고 있다고 하더라도, 소장은 사실을 주장·설명하는 것을 기본으로 하므로 상대방과 대화하는 듯한 이런 표현은 전혀 어울리지 않는다. 이를 대신하여 '이 사건에서는'이라고 쓰는 것이 좋겠다.

⑩ 매우 모호한 표현이다. 이 제목을 읽어서는 그 아래 본문 내용을 전혀 짐작할 수 없다. 차라리 '근저당권설정등기의 말소 거부'라고 하는 편이 좋겠다. 그러면 그 아래 본문 내용과 잘 연결되고, 왜 말소를 거부하는지에 대해서 읽는 사람이 궁금증을 가질 수 있기 때문이다.

⑪ 대위변제의 내용인 변제금액, 그 구체적 내용(원금, 이자, 지연손해금, 계산근거 등)을 주장·설명하여야 한다. 이를 주장·설명하지 않으면 원고 정병룡이 피고 한국보증에게 변제할 금액을 도출할 수가 없다.

⑫ 약속어음채무의 액수, 그 발생원인을 주장·설명하여야 그것이 근저당권의 피담보채무에 포함되는지 여부를 법원이 판단할 수 있을 것인데, 이에 대한 주장·설명 없이 무조건 그것이 근저당 피담보채무에 포함되지 않는다고 주장하면 일방적이고 독선적인 주장에 불과하게 되어 이에 대한 법원의 수긍을 얻을 수 없다.

⑬ '피고 한국보증'을 잘못 쓴 것이다.

⑭ 결론 부분이므로 청구취지에 대응하여 구체적인 금액과 지연손해금 발생 기간, 비율(지연손해금률) 등을 구체적으로 주장·설명하여야만 한다.

또, 이 부분에는 왜 원고 정병룡이 선이행의무가 있는 근저당채무를 변제하지도 않고 미리 그 등기의 말소를 청구하는지에 대한 주장·설명도 있어야 한다. 물론 앞서 피고 한국보증이 근저당권설정등기의 말소를 거절하고 있다고 기재하였으므로 이를 짐작할 수는 있으나 그것만으로는 충분한 설명이 못된다고 하겠다. 고로 "이러한 피고 한국보증의 태도에 비추어, 원고 정병룡이 장차 위 근저당권에 의하여 담보되는 채무를 변제하더라도 피고 한국보증은 위 근저당권설정등기를 말소해 주지 않을 것이 분명하므로, 원고 정병룡은 그 피담보채무의 변제 전에 미리 위 근저당권설정등기의 말소를 청구할 이익이 있습니다."라고 기재하는 것이 좋다.

라. 홍제동 312 토지에 대한 오현근의 근저당권 관련

(1) 청구취지 답안과 지도의견

■ 청구취지 답안

4. 피고 오현근은 원고 정병룡으로부터 ①1,800만원을 지급받은 다음 위 제3항 기재 등기소 2009. 7. 23. 접수 제10043호로 마친 근저당권설정등기의 ②말소등기절차를 이행하라.

■ [지도의견]

① 청구원인에서 보는 바와 같이 이는 100만 원이 옳다.

② 말소등기의 수령자, 즉 말소의무의 상대방인 '원고 정병룡에게'를 누락하였다. 자칫 하면 이런 실수를 하기 쉽다, 고로 의무 이행을 청구하는 경우 항상 의무자는 누구이고 그 상대방은 누구인지를 검토·확인하여야 한다. 시험지를 채점하다 보면 이를 누락한 답 안이 무척 많다. 이런 실수를 하면 그 부분에 주어진 점수를 얻지 못하게 되며, 그런 판 결을 받은 경우 강제집행이 불가능하므로 다시 재판을 하여야 한다.

(2) 청구원인 답안과 지도의견

■ 청구원인 답안

4. 피고 오현근에 대한 근저당권 말소청구
  가. 건축자재공급계약 및 ①원고의 근저당권설정
    소외 인효클럽은 ②피고 오현근과 2009. 7. 20.부터 2011. 7. 19.까지 ③건축자재공급 계약을 체결하고 ④이행기약정 없이 오현근의 요구가 있으면 1월내에 지급하기로 하였 고, 원고 정병룡은 위 기간을 근저당권 존속기간으로 하여 피고에게 ⑤주문 제4항 기재 토지(이하 제4토지라고 합니다)에 관하여 ⑥근저당권 설정등기를 마쳐 주었습니다.
  나. 자재공급계약의 해지 및 근저당권의 확정
    그 후 2010. 3. 초경 인효클럽과 오현근은 위 자재공급계약을 ⑦해지하였고, 이로써 ⑧원고의 제4토지의 근저당권도 그 계약해지로 확정되었다 할 것입니다.
  ⑨다. 소결론
    따라서 피고 오현근은 당시 확정된 피담보채무액 1,800만원을 지급받은 다음 ⑩원고 정병룡에게 위 근저당권 설정등기의 말소등기절차를 이행할 의무가 있습니다.

■ [지도의견]

① '원고 정병룡'이라고 특정하여야 한다. 복수의 원·피고가 있는 경우 항상 이에 주의

하여야 한다.

② 피고 오현근이 상인이어야 뒤에서 상사시효를 주장할 수 있으므로, 여기서 '건축자
재도매상인 피고 오현근'이라고 그의 지위를 주장·설명하는 것이 좋다.

③ '건축자재공급계약을 체결하였다'고만 하면 누가 공급자고 누가 공급을 받는 자인지
알 수 없다. 고로 인효사에치클럽이 건축자재도매상인 피고 오현근으로부터 시멘트, 철근
등 건축자재를 외상으로 공급받기로 하였다고 주장·설명하여야 한다. 그래야 매도인, 매
수인이 분명해지고 그것이 계속적 거래계약인 사실도 분명해진다.

한편, 건축자재공급계약을 체결하였으면 그 계약 내용을 자세히 주장·설명하여야 하는
데, 답안에서는 거래기간만 주장·설명하였다. 고로 5억 원의 한도액, 외상거래 사실도 주
장·설명하여야 한다.

④ 이행기의 약정이 전혀 없는 것이 아니라 오현근의 요구가 있으면 1월내에 지급하
기로 하는 불확정기한을 약정한 것이다. 답안에서는 또 '1월내에 지급한다'고만 하였으나
자재대금을 지급하기로 한 것이라고 하였어야 한다. 피고 오현근을 그냥 '오현근'이라고만
하거나 '피고'라고만 호칭하는 것은 눈에 거슬린다. 게다가 답안 내에서도 일관성이 없는
것은 더욱 문제이다.

⑤ '주문 제4항 기재 토지'는 '청구취지 제4항 기재 토지'라고 하여야 한다. '(이하 제4
토지라고 합니다)'는 '(이하 '제4토지'라고 합니다.)'라고 하여야 한다.

⑥ 근저당권설정등기의 내용으로, 채권최고액이 5억 원인 사실과 피담보채무가 인효사
에치클럽의 피고 오현근에 대한 건축자재 외상대금채무인 사실을 주장·설명하여야 한다.
즉, 원고 정병룡은 인효사에치클럽을 위하여 물상보증을 한 것이다.

한편, 원고 정병룡은 피고 오현근의 근저당권설정등기에 대한 말소를 청구하고 있으므
로 관할 등기소, 접수일자, 접수번호를 기재하여 말소청구의 대상인 등기를 특정하여야
한다.

⑦ 해지의 사유가, 공급한 건축자재의 품질문제로 인해 계약 당사자 쌍방의 합의에 의
한 것이라고 하였으면 더욱 좋았겠다. 해지의 사유는 다양하기 때문이다. 이는 해지권의
발생사유에 관한 것으로서 해지의 요건사실이기도 하다. 이 사건에서는 해지의 사유가 당
사자의 법률행위인 약정(해지합의)이다.

⑧ '원고'가 아니라 '원고 정병룡'이라고 하여야 하고, 원고 정병룡은 근저당권설정자이
지 근저당권자가 아니므로 '원고 정병룡의 근저당권이 확정되었다'는 표현보다는 '위 근저
당채무가 확정되었다.'고 표현하여야 한다. 확정되는 것은 근저당권이 아니라 그 피담보
채무이다.

⑨ 이 결론 부분은 수험생의 마음속에 있어 그 혼자만 아는 내용을 기재한 것이다. 많
은 수험생들이 이런 실수를 한다. 항상 결론인 법률효과의 도출·발생 이전에 그에 필요

한 사실을 먼저 확정하여야 한다는 점을 명심하자.

이 수험생은 근저당권의 피담보채무가 1,800만 원이 되는 이유를 전혀 주장·설명하지 않았다. 이를 설명하려면 먼저 합의해지 이전의 거래내역, 해지 이후의 거래내역을 주장·설명한 다음 해지 이후에 발생한 자재대금채무가 피담보채무에 포함되지 않는 이유, 해지 이전에 발생한 자재대금채무 중 일부가 시효로 소멸한 사실을 설명하여야 한다.

근저당채무가 확정되면 그 이후에 발생한 원본채무는 그 근저당권으로 담보되지 않고, 근저당채무의 발생원인인 기본계약의 종료는 근저당채무의 확정사유에 해당한다. 그런데 인효사에치클럽과 피고 오현근은 자재거래약정을 합의해지하였다가 거래를 재개하기로 합의하면서 물상보증인인 원고 정병룡의 동의를 받지 않았기 때문에 외상거래 재개 이후에 발생한 2010. 5. 10.자 시멘트 대금 5,000만 원은 이미 근저당채무가 확정된 이후에 발생한 것이어서 피담보채무에 포함되지 않는다.

계속적 채권관계에서 발생하는 기본계약상의 불확정 채무를 보증한 경우, 보증채무는 통상적으로는 기본계약상의 채무가 확정된 때에 이와 함께 확정되지만, 채권자와 주채무자 사이에서 주계약상의 거래기간이 연장되었으나 보증인에 대한 관계에서 보증기간이 연장되지 아니하여 보증계약관계가 종료된 때에는 보증계약 종료 시에 보증채무가 확정된다. 고로 보증인은 그때의 기본계약상의 채무에 대하여만 보증책임을 지고, 그 후에 발생한 채무에 대하여는 보증책임을 지지 않는다(대법원 1999. 8. 24. 선고, 99다26481 판결 참조).

⑩ 근저당채무의 변제의무가 피고 오현근의 근저당권설정등기 말소의무보다 선이행되어야 하므로, 원고 정병룡이 피담보채무의 변제 이전에 미리 근저당권설정등기의 말소등기를 청구하면 이는 장래이행청구가 된다. 장래이행청구는 특별한 사정이 있어야만 허용되므로(민사소송법 제251조), 원고 정병룡과 피고 오현근이 주장하는 피담보채무액이 서로 달라 원고 정병룡이 채무를 변제하더라도(원고 정병룡은 물상보증인에 불과하여 채무를 부담하지는 않으므로 그의 변제는 대위변제가 된다.) 피고 오현근이 즉시 근저당권설정등기를 말소해주지 않을 것이라는 사정을 주장·설명하여야 한다.

마. 홍제동 539 토지 관련

(1) 청구취지 답안과 지도의견

■ 청구취지 답안

5. ①피고 소병수는 원고 정병룡에게 서울 서대문구 홍제동 539 잡종지 150㎡에 관하여 2010. 1. 30. 매매를 원인으로 한 소유권이전등기절차를 이행하라.

6. 피고 오현근의 피고 소병수에 대한 공증인가 법무법인 신태양종합법률사무소 2010. 7. 14. 작성 2010년 증서 제914호 약속어음공정증서에 기하여 ②2012. 10. 5. 위 제5항 기

재 토지에 대하여 한 강제집행을 불허한다.

■ [지도의견]

① 이 부분 청구는 <소장 작성 요령>에서 특별한 지시가 없으므로 청구를 해도 되고 안 해도 된다. 매도인 소병수가 이행을 거부하고 있는 사정이 없으므로 그가 잔금 1,000만 원을 지급받은 후 자진하여 소유권이전등기절차를 이행할 것을 기대하여 모범답안에서는 이 부분 청구를 제외하였다. 이와 같은 경우에는 이를 기재하거나 기재하지 않거나 점수에 아무런 영향을 미치지 않는다. 통상 이를 무해적(無害的) 기재사항이라고 한다. 다만, 매수인인 원고 정병룡이 아직 잔금 1,000만 원을 지급하지 않았으므로 굳이 이를 청구한다면 그 지급과 동시이행으로 소유권이전등기절차 이행을 구하는 것이 좋겠다.

② 이 부분 청구는 청구이의의 소의 청구가 아니라 제3자이의의 소의 청구에 해당한다. 양자는 자칫하면 혼동할 수 있으므로 주의하여야 한다. 청구이의의 소는 확정판결 등의 집행권원이 가지고 있는 집행력의 전부나 일부를 배제하기 위한 소이다. 반면에 제3자이의의 소는 특정한 집행권원이 가지고 있는 집행력의 전부나 일부를 배제하기 위한 것이 아니라, 그 집행권원을 가지고 있는 타인에 의해 현실적으로 강제집행이 개시되었으나 그 집행 목적물이 집행채무자의 것이 아닌 경우에 그 집행 목적물의 소유자 등이 그 집행을 없애기 위해 이의를 제기하는 것으로서, 추상적 집행력의 배제를 구하는 청구이의의 소와 달리 그 집행 목적물에 대한 관계에서의 구체적 집행력의 배제를 구하는 것이다.

따라서 청구이의의 소가 인용되어 확정되면 집행력이 소멸하므로 이후 그 집행권원에 의해 어떠한 집행도 할 수 없게 되나, 제3자이의의 소는 그 소가 인용되어 확정되더라도 그 집행권원이 가지고 있는 집행력이 소멸하지 않으므로 다른 목적물에 대하여 다시 집행을 할 수 있다.

청구이의의 소는 구체적인 집행이 문제되지 않으므로 그 청구취지에는 집행개시일자나 집행 목적물을 기재할 필요가 없고, 반면에 제3자이의의 소는 구체적인 집행이 문제되므로 그 청구취지에는 집행개시일자나 집행 목적물을 기재하여야 한다. 이 사건에서 피고 오현근의 약속어음공정증서는 그 채무가 없어 집행력 전부를 소멸시켜야 하므로 원고 정병룡은 청구이의의 소를 제기하여야 하고, 따라서 그 청구취지에는 '2012. 10. 5. 위 제5항 기재 토지에 대하여 한 강제집행'은 기재할 필요가 없다.

(2) 청구원인 답안과 지도의견

■ 청구원인 답안

▣ **청구원인 답안**

5. 피고 소병수에 대한 소유권이전등기청구

원고 정병룡은 2010. 1. 30. 피고 소병수로부터 주문 제5항 기재 토지(이하 제5토지라고 합니다)를 ①매수하였고 잔금으로 1,000만 원이 남아있습니다. 따라서 피고 소병수는 원고에게 제5토지의 ②소유권을 이전할 의무가 있습니다.

6. 피고 오현근에 대한 청구이의의 소

가. 피고 오현근은 피고 소병수에 대하여 공증인가 법무법인 신태양종합법률사무소 2010. 7. 14. 작성 2010년 증서 제914호 ③집행증서에 기하여 이를 집행권원으로 삼아 제5토지에 ④강제집행을 신청하였습니다.

나. 집행증서의 채무부존재

그러나 위 집행증서상의 약속어음은 피고 소병수가 오현근과의 ⑤채권채무관계의 정산과정에서 발행한 것인데 당시 정산과정에서 오현근의 기망행위로 소병수가 지급할 청산금이 없음에도 발행되고 그에 기하여 약속어음공정증서로 작성된 것인바, 위 집행증서의 채무는 부존재합니다.

다. 소결론

따라서 원고 정병룡은 피고 소병수를 ⑥대위하여 ⑦피고 오성균의 위 집행증서에 기한 ⑧제5토지에 대한 강제집행의 불허를 청구합니다.

■ [지도의견]

① 매매의 요건사실은 재산권의 이전 의사표시와 대금지급의 의사표시이므로 매수인이 얼마의 대금을 지급하기로 한 것인지도 주장·설명하여야 한다. 이 사건에서는 <상담기록>과 관련 자료에 그 사실이 나타나 있지 않아서 이를 기재할 수 없으나, 원칙적으로는 기재하여야 한다.

② 잔금으로 1,000만 원을 미지급하였으므로 그 수령과 동시이행으로 소유권이전등기를 해 줄 것을 주장하여야 한다. 어차피 피고 소병수가 이를 항변할 것이 거의 틀림없기 때문이다.

③ 집행증서는 공증인이 강제집행을 위해 작성하는 것으로서 민사집행법상의 집행권원이 된다(민사집행법 제56조 제4호, 공증인법 제56조의2 제4항,). 이 집행증서는 일정한 금액의 지급이나 대체물 또는 유가증권의 일정한 수량의 급여를 목적으로 하는 청구에 관하여 작성하는데, 통상은 어음·수표에 첨부하여 그 강제집행을 인낙하는 취지를 적어서 작성한다. 따라서 집행증서를 언급한 때

에는 어떠한 내용으로 작성된 것인지 그 액수, 경위 등을 주장·설명하여야 하는데, 이 답안에는 그것이 약속어음에 관한 것이라는 주장·설명만 있고 액수에 관한 주장·설명이 없는 점은 아쉽다.

또 집행증서는 어음·수표의 발행인과 수취인, 양도인과 양수인 또는 그 대리인의 촉탁(작성신청)이 있을 때만 공증인이 작성할 수 있고, 그 촉탁이 없이 작성되어 집행증서가 무효인 경우 그에 기한 강제집행은 부당이득이 되므로(대법원 2005. 4. 15. 선고 2004다70024 판결 참조), 약속어음 발행인인 소병수가 자의(自意)로 집행증서의 작성을 촉탁하였다는 사실도 밝히는 것이 좋다. 통상 이 부분은 "약속어음을 발행·교부하고, 이에 대하여 강제집행을 인낙하는 공정증서를 받아주었습니다."라고 기재한다.

④ 강제집행의 구체적인 내용을 밝혀 '강제경매'라고 표현하는 것이 좋겠다. 강제집행의 종류가 여러 가지이기 때문이다. 한편 청구이의의 소에서는 구체적인 집행 여부는 아무런 관계가 없어 이 부분은 청구이의의 요건사실이 아니나, 이 사건에서는 원고 정병룡이 피고 소병수를 대위하여 청구이의의 소를 제기하므로 그 보전의 필요성을 나타내기 위하여 기재하는 것도 좋다.

⑤ 소병수가 어음을 발행하게 된 경위를 좀 더 자세하게 주장·설명을 하여야 법원이 집행증서상의 채무가 존재하지 않는다는 원고 정병룡의 주장을 인정할 수 있을 텐데, '채권채무관계의 정산과정에서 발행한 것'이라고만 기재한 것은 너무 성의 없는 표현으로서 아쉽다.

⑥ 채권자대위권을 행사하려면 피보전권리의 존재, 피보전권리의 이행기 도래, 채무자의 무자력, 채무자의 피대위권리의 불행사 등 그 요건사실을 주장·설명하여야 한다. 답안에는 피보전권리만이 기재되어 있을 뿐이다(그것도 간접적으로…). 물론 이 사건에서는 피보전권리가 소병수에 대한 소유권이전등기청구권이어서 채무자 소병수의 무자력은 필요 없고, 그 이행기도 이미 2012. 9. 말로 도래하였다.

⑦ '피고 오현근'의 오기다. 작은 실수지만 항상 조심하자.

⑧ 앞서 말한 바와 같이 청구이의의 소에서는 집행권원 자체가 갖고 있는 집행력의 배제를 구하여야 하고, 특정한 목적물에 대한 강제집행의 불허를 구하여서는 안 된다. 고로 '제5토지에 대한' 부분은 필요 없다.

바. 결론 부분

■ 청구원인 답안

7. 결론
  ①<u>이상과 같은 이유로 청구취지와 같은 판결을 구합니다.</u>

입 증 방 법

(생략)

첨 부 서 류

(생략)

2012. 11. 30.
②<u>원고들의 대리인</u>
변호사 정국진

서울서부지방법원 귀중

■ [지도의견]

① 복수의 청구를 하고 각각의 청구 부분에서 법률효과 등 결론을 이미 도출·주장한 때에는 말미의 대결론에서는 이와 같이 간략히 기재하면 족하다. 다만, 주어(원고)를 생략한 것은 약간 거슬린다.

② '원고들 소송대리인'으로 기재하는 것이 관행이다. 민사소송법상의 명칭도 소송대리인이다.

Ⅲ. 소장 작성 과제와 오답노트(2 / 제3회 변호사시험)

1. 과제 해결을 위한 지시(기록 내용)

◆ 【문제 1. 소장 작성】

조일국 변호사는 의뢰인들로부터 소송사건 처리를 위임받고, <의뢰인 상담일지>와 같이 상담하였고, 그 첨부서류는 의뢰인들이 가져온 것입니다. 조일국 변호사가 의뢰인들을 위하여 법원에 제출할 소장을 아래 작성 요령에 따라 작성하시오. (155점)

【소장 작성 요령】

1. 소장 작성일과 소 제기일은 2014. 1. 6.로 하시오.

2. 의뢰인들의 의사와 요구에 최대한 부합하는 내용으로 소장을 작성하되, 법령 및 판례에 따라 일부라도 패소하는 부분이 생기지 않도록 하시오.

3. 공동소송의 요건은 모두 갖추어진 것으로 전제하시오.

4. 청구원인은 주요사실이 분명히 드러나도록 기재하고, 주요사실의 증명과 무관한 간접사실은 기재하지 마시오. 다만, <의뢰인 상담일지>의 첨부문서에 나타난 상대방의 태도에 비추어 장차 상대방이 소송에서 제기할 것으로 예상되는 주장 중 이유 없다고 판단되는 것은 소장을 통해 반박하시오.

5. 예비적·선택적 청구는 하지 마시오.

6. 물건의 표시가 필요한 경우 별지로 목록을 만들지 말고 소장의 해당 부분에 직접 표기하시오.

7. 당사자는 반드시 소송상 자격(원고, 피고 등)과 그 이름으로 지칭하시오(피고 1 등과 같이 번호로 지칭할 수 없음).

8. <의뢰인 상담일지>와 그 첨부서류에 나타난 사실관계는 특별한 지시가 없는 한 모두 진실한 것으로 간주하고, 첨부서류의 진정성립도 모두 인정되는 것으로 전제하며, 사실관계는 본 기록에 나타나 있는 것으로 한정하시오.

9. 피고가 복수인 경우 청구원인은 피고별로 나누어 기재하고, 증거방법란과 첨부서류란은 기재하지 마시오(필요할 경우 청구원인란에서는 해당 증거방법을 적절한 형식으로 제시하여도 무방함).

10. 소장의 작성자와 수소법원은 기재하시오.

◆ 【문제 2. 답변서 작성】

【문제 1】과 관련하여 원고 ○○○이 홍은동 521 토지에 관하여 정준일 명의의 소유

권보존등기를 하기 위해 대한민국을 피고로 하여 ○○○법원 2013가단10123호(소유권확
인)로 아래와 같은 내용의 소를 제기하였다고 가정하고, 위 사건에 관하여 피고 대한민국
의 소송대리인 변호사 이민우가 피고 대한민국을 위하여 2014. 1. 6.자로 위 법원에 제출
할 답변서를 작성하시오. (20점)

※ 1. 피고 대한민국은, 위 토지가 현재 미등기 상태이고, 그 토지대장에 연일정씨숙정공
파종중이 소유자로 등록되어 있는 사실은 다투지 않는 것을 전제하시오.

2. 원고 적격이나 채권자대위의 요건은 갖추어진 것으로 전제하시오.

3. 원고 기재란은 '원고 ○○○'로, 수소법원 기재란은 '○○○법원 제2단독'으로 각
표시하고, 증거방법란과 첨부서류란은 생략하시오.

청구취지

원고 ○○○와 피고 대한민국 사이에서 서울 서대문구 홍은동 521 잡종지 90㎡가 정준일
의 소유임을 확인한다.

청구원인

(1) 청구취지 기재 이 사건 토지는 1911. 2. 1. 소외 정상우가 사정을 받아 원시취득하였
습니다. 그런데 정상우가 1943. 7. 6. 사망하여 그 아들 정병조가 이를 단독으로 상속하였
고, 정병조가 1969. 4. 1. 사망하여 다시 그 아들인 정준일이 단독으로 이를 상속하였습니
다. 위 토지는 현재 미등기 상태로 그 토지대장에는 연일정씨숙정공파종중이 사정을 받은
소유자로 잘못 등록되어 있습니다. 따라서 위 정준일은 이 사건 토지의 소유권보존등기를
위해 피고 대한민국을 상대로 소유권확인을 청구할 권리가 있습니다.

(2) 원고 ○○○는 위 정준일에 대한 채권자로서 그 채권을 보전하기 위해, 무자력 상태
임에도 피고 대한민국에 대한 위 소유권확인청구권을 행사하지 않고 있는 정준일을 대위하
여 청구취지와 같은 재판을 구합니다.

증거방법

(생략)

첨부서류

(생략)

2013. 12. 20.

원고 ○○○ (인)

○○○법원 귀중

【참고자료 1】

각급 법원의 설치와 관할구역에 관한 법률 (일부)

제4조(관할구역) 각급 법원의 관할구역은 다음 각 호의 구분에 따라 정한다. 다만, 지방법원 또는 그 지원의 관할구역에 시·군법원을 둔 경우 「법원조직법」 제34조 제1항 제1호 및 제2호의 사건에 관하여는 지방법원 또는 그 지원의 관할구역에서 해당 시·군법원의 관할구역을 제외한다.

1. 각 고등법원·지방법원과 그 지원의 관할구역: 별표 3
2. 특허법원의 관할구역: 별표 4
3. 각 가정법원과 그 지원의 관할구역: 별표 5
4. 행정법원의 관할구역: 별표 6
5. 각 시·군법원의 관할구역: 별표 7
6. 항소사건(항소사건) 또는 항고사건(항고사건)을 심판하는 지방법원 본원 합의부 및 지방법원 지원 합의부의 관할구역: 별표 8
7. 행정사건을 심판하는 춘천지방법원 및 춘천지방법원 강릉지원의 관할구역: 별표 9

【참고자료 2】

[별표 3] 고등법원·지방법원과 그 지원의 관할구역 (일부)

고등법원	지방법원	지원	관할구역
서울	서울중앙		서울특별시 종로구·중구·성북구·강남구·서초구·관악구·동작구
	서울동부		서울특별시 성동구·광진구·강동구·송파구
	서울남부		서울특별시 영등포·강서·양천구·구로구·금천구
	서울북부		서울특별시 동대문구·중랑구·도봉구·강북구·노원구
	서울서부		서울특별시 서대문구·마포구·은평구·용산구
	의정부		의정부시·동두천시·구리시·남양주시·양주시·연천군·포천시·가평군, 강원도 철원군. 다만, 소년보호사건은 앞의 시·군 외에 고양시·파주시
		고양	고양시·파주시

의뢰인상담일지

변호사 조일국 법률사무소

서울 종로구 삼청로 1121, 1503호(삼청동, 삼청빌딩)

☎ 02-720-1100, 팩스 720-1101, 전자우편 ikc@gmail.com

접수번호	2014-02	상담일시	2014. 1. 3.
상담인	최희선, 이명구	내방경위	지인 소개
관할법원		사건번호 (법원, 검찰)	

【 상 담 내 용 】

1. 토지의 공동매수

가. 이명구와 최희선은 고등학교 동창인데, 2010년 공동으로 부동산을 매수하기로 합의한 후 각기 3억 원씩 출연하여 공동자금 6억 원을 모았다. 그 당시 매매계약 등 업무는 이명구가 맡아서 처리하기로 하였다가, 2012. 12. 25.부터는 최희선이 그 업무를 맡아서 처리하기로 하였다.

나. 이명구는 2010. 5. 정준일에게서 박이채의 명의로 서울 서대문구 홍은동 520 임야 와 홍은동 521 잡종지를 매수하였고, 그 당시 이명구는 자신을 대리인으로 표시하였다. 이 명구는 박이채에게 최희선과 공동으로 매수하기로 하였다는 점을 설명하고 박이채의 명의로 등기를 넘겨받기로 동의를 받았지만, 정준일은 매매 당시 명의차용이나 공동매수 관계를 전혀 알지 못하였다.

　이명구는 2010. 6. 30. 위 공동자금으로 매매대금을 모두 지급하고, 홍은동 520 토지에 관하여는 박이채 명의로 소유권이전등기를 받았으나, 홍은동 521 토지는 미등기 상태라서 나중에 등기를 이전받기로 하였다.

2. 홍은동 520 토지의 처분

가. 박이채는 서병석에게 손해배상채무를 지고 있었는데, 그 채무 담보를 위해 임의로 홍은동 520 토지에 관하여 서병석 앞으로 소유권이전등기를 마쳐 주었다. 그 당시 박이채와 서병석은 위 담보약정 외에 채무의 청산 등에 관하여는 아무런 합의를 한 바 없다. 박이채가 약속한 날까지 돈을 갚지 못하자, 서병석은 2011. 1. 박이채에게 위 토지를 자신의 소유로 귀속한다는 내용의 통지서를 보냈다. 박이채는 다음날 그 통지서를 받았지만, 현재까지 아무런 조치를 취하지 않고 있다. 박이채는 2010. 8. 경까지는 적극재산이 더 많았으나 2010. 9. 1. 이후 현재까지는 소극재산이 적극재산보다 많아 경제적으

로 매우 어려운 상태이다.

나. 2001. 6. 초 이와 같은 사실을 알게 된 이명구는 박이채와 서병석에게 원상복구를 강력히 요구하였다. 그러나 박이채는 이명구의 요구를 거부하였고, 서병석은 박이채가 빚을 갚지 않아 자신이 홍은동 520 토지의 소유권을 취득하였다며 역시 이를 거부하였다.

다. 최희선이 2013. 4. 초 박이채의 재산관계를 조사해 보았더니, 박이채는 자신의 여동생 박이순 앞으로 시가 2억 원 상당의 서울 은평구 대조로 120 소재 아파트 1채를 1억 원에 매도하여 소유권이전등기해 주었고, 시가 1억 2,000만 원 상당의 서울 은평구 녹번동 403 잡종지를 5,000만 원에 매도하여 소유권이전등기해 준 사실이 드러났다. 위 각 부동산의 시가는 현재까지 변동이 없다.

라. 최희선은 이명구와 함께 박이순을 찾아가 항의하였다. 박이순은 돈을 주고 진정하게 매수하였을 뿐 이명구와 박이채의 관계 등 다른 것은 전혀 알지 못한다고 말하였다. 위 아파트에는 현재 신한은행 명의의 근저당권이 설정되어 있는데, 위 은행에서는 박이순에게 돈을 대출하고 담보권을 설정받았을 뿐 박이채와 박이순의 관계에 대해서는 전혀 아는 바가 없다고 한다. 이명구와 박이채의 관계를 모른다는 박이순의 말은 믿을 수 없지만 신한은행의 말은 거짓이 아닌 것 같다.

3. 홍은동 521 토지의 상태

가. 정준일은 홍은동 521 토지를 인도하지 않은 채 2010. 7. 무단으로 홍은동 521 토지에 미등기 건물 1동을 신축한 다음 이를 김병만에게 임대하였다. 이명구는 2010. 9. 초 이런 사실을 알고 자신과 최희선의 명의로 정준일을 상대로 손해배상청구의 소를 제기하였는데, 소송 도중 재판상 화해가 이루어졌다.

나. 이명구와 박이채, 최희선은 위 화해가 이루어지기 전 정준일을 만나 그들의 관계와 그때까지 그들 사이에 있었던 일을 모두 설명하였다. 이에 따라 이들과 정준일은 홍은동 521 토지의 매수인 지위를 박이채로부터 이명구, 최희선 앞으로 양도하기로 합의하였고, 정준일은 2010. 12. 말까지 매도인으로서의 의무를 모두 이행하기로 약속하였다. 그러나 정준일은 그 약속을 지키지 않았다.

다. 최희선은 2013. 2. 정준일을 찾아가 홍은동 521 토지의 등기를 속히 넘겨주고, 또 재판상 화해 및 합의한 내용대로 위 토지를 인도해 줄 것을 요구하였다. 그러자 정준일은, 홍은동 521 토지는 자신이 조부 정상우와 부친을 거쳐 단독으로 전전상속 받은 것인데, 지적공부가 멸실되었다가 복구·등록되면서 근거 없이 연일정씨숙정공파종중의 소유인 것으로 토지대장에 잘못 기재되어 있으므로 이를 정리한 후 이명구와 최희선에게 이전·

인도해 주겠다고 하였다. 그러나 정준일은 그 뒤 위 홍은동 521 토지 문제를 전혀 해결해 주지 않았고, 오히려 자신에게 그 토지의 소유권이 있다는 내용의 편지를 보낸 후 2013. 6. 경 행방을 감춰버렸다.

4. 최희선과 김병수의 가구 매매

가. 최희선은 2001년 봄 김병수에게 수입 목가구 1점을 매도하였다. 그 당시 김병수는 '런던가구'라는 상호로 가구 판매점을 운영하고 있었는데, 그는 위 목가구를 상품으로 팔기 위해 최희선에게서 구입하였다.

나. 김병수는 2007. 1. 김병만에게 위 가구점의 영업 일체를 양도하여 현재까지 김병만이 '런던가구'라는 상호로 가구 판매점을 운영해 오고 있다. 최희선은 위와 같은 사실을 알고 법무사에 의뢰하여 2007년 김병만 소유의 아파트를 가압류하였다.

다. 최희선이 근래 김병수와 김병만에게 가구대금 지급을 요구하였더니, 김병수와 김병만은 서로 책임을 떠넘기며 돈을 갚지 않고 있다.

【의뢰인 최희선, 이명구의 희망사항】

1. 의뢰인들이 가지는 홍은동 520 토지와 관련한 일체의 권리를 실현해 주고, 홍은동 521 토지에 대해서는 의뢰인들이 완전한 소유권을 취득, 행사할 수 있도록 해 주며, 최희선이 김병수에게 판 목가구의 매도대금 사안도 해결해 줄 것을 희망한다.

2. 김병만이 만약 정준일에게 홍은동 521 지상 점포를 반환한다면 정준일이 또다시 타인에게 처분할 우려가 있으므로, 정준일에게 반환되지 않기를 바란다.

3. 정준일이 화해 내용 및 구두 약속을 지키지 않고 오히려 홍은동 521 토지의 소유권을 주장하고 있으므로, 가능하면 의뢰인들이 위 토지를 사용하지 못한 데에 따른 손해도 전보받기를 원한다.

4. 홍은동 521 토지에 관하여 정준일 앞으로 소유권보존등기를 하기 위해 이미 대한민국을 상대로 소유권확인의 소를 제기한 상태이므로, 필요하다면 추후 다른 절차를 취하더라도 위 토지에 대한 소유권확인의 문제에 관하여는 위 확인소송의 결론이 날 때까지 보류해 주기 바란다. 끝.

합 의 서

甲: 이명구

　주소 서울 서대문구 창천로 32, 101동 503호(창천동, 현대아파트)

乙: 최희선

　주소 서울 서대문구 연희로 57, 102호(연희동, 삼성아파트)

甲과 乙은 다음과 같이 합의한다.

1. 甲과 乙은 공동으로 부동산을 매입하여 전매하기로 하고, 그 소요자금의 출연비율 및 취득하는 부동산의 지분은 1:1로 한다.
2. 공동자금의 관리, 매매계약의 체결, 등기 등 업무 일체는 甲이 맡아서 처리한다.
3. 매매계약의 체결과 부동산 소유권등기는 박이채의 명의로 하기로 한다.
4. 甲과 乙은 각자의 계산과 책임으로 자유로이 그 취득한 부동산 지분을 처분할 수 있다.

2010년 3월 1일

甲: 이명구(630507 – 1542634)　(印明九李)

乙: 최희선(630127 – 1538216)　(인선희최)

금일 부동산매수자금 등으로 6억 원을 조달하기로 하고, 갑과 을은 각 3억 원을 출연하기로 하여, 갑은 을로부터 3억 원을 영수함

2010년 5월 1일　영수인 이명구

인 수 인 계 서

이명구는 2010년 3월 1일 최희선과 공동자금으로 부동산을 매수하기로 약정하고, 그동안 공동자금의 관리와 매매 등 관련 업무를 이명구가 맡아서 해 왔으나, 사정에 의하여 금일자로 그 업무 일체를 최희선에게 인계하기로 함

2012년 12월 25일

인계인 이명구 (九李印明)

인수인 최희선 (선최인회)

남은 금 5,000만 원을 정히 영수함 (선최인회)

부동산매매계약서

매도인 甲과 매수인 乙은 다음과 같이 합의하여 계약을 체결하고, 이를 증하기 위해 甲과 乙이 서명·날인한 후 각각 계약서 1통씩을 보관하기로 한다.

제1조 甲은 그 소유의 아래 2필지 부동산을 乙에게 매도하고, 乙은 이를 매수한다.

소재지	서울 서대문구 홍은동 520			
토 지	지목	임야	면적	3,200㎡

소재지	서울 서대문구 홍은동 521			
토 지	지목	잡종지	면적	90㎡

제2조 ① 매매대금은 5억 5,000만 원(홍은동 520 토지는 5억 원, 같은 동 521 토지는 5,000만 원)으로 하고, 다음과 같이 지급하기로 한다.

계 약 금	금 1억 원은 계약체결 시에 지급하고
중 도 금	금 ~~원은~~ ~~년~~ ~~월~~ ~~일에 지급하며~~
잔 금	금 4억 5,000만 원은 2010년 6월 30일에 지급하기로 함.

② 제1항의 계약금은 잔금수령 시에 매매대금의 일부에 충당하기로 한다.

제3조 甲은 乙로부터 매매대금의 잔금을 수령함과 동시에 乙에게 소유권이전등기에 필요한 모든 서류를 교부하고 이전등기에 협력하여야 하며, 또한 위 부동산을 인도하여야 한다.
※ 단, 향후 홍은동 521 토지는 등기정리 후 이전하기로 함.

제4조 甲은 위 부동산에 설정된 저당권, 지상권, 임차권 등 소유권의 행사를 제한하는 사유가 있거나, 조세공과 기타 부담금의 미납금 등이 있을 때에는 잔금 수수일까지 그 권리의 하자 및 부담 등을 제거하여 완전한 소유권을 乙에게 이전하여야 한다. 다만, 승계하기로 합의하는 권리 및 금액은 그러하지 아니한다.

제5조 乙이 甲에게 잔대금을 지불할 때까지는 甲은 계약금의 배액을 상환하고, 乙은 계약금을 포기하고 이 계약을 해제할 수 있다.

2010년 5월 1일

甲: 정준일(541120-1913459) (일정인준)
　　서울시 은평구 진관사로 59
乙: 박이채(640805-1349510)
　　서울시 마포구 공덕로 41, 201동 309호(공덕동, 대명아파트)
　　대리인 이명구(630507-1542634) (九李印明)
　　서울시 서대문구 창천로 32, 101동 503호(창천동, 현대아파트)

등기사항전부증명서(말소사항 포함) - 토지

[토지] 서울특별시 서대문구 홍은동 520 　　　　　　　　고유번호 1008-2008-12377

【 표 제 부 】		(토지의 표시)			
표시번호	접 수	소 재 지 번	지 목	면 적	등기원인 및 기타사항
1	1980년7월5일	서울특별시　　서대문구 홍은동 520	임야	3,200㎡	부동산등기법시행규칙 부칙 제3조 제1항의 규정에 의하여 2001년7월 14일 전산이기

【 갑 　 구 】		(소유권에 관한 사항)		
순위번호	등기목적	접 수	등 기 원 인	권리자 및 기타사항
1 (전5)	소유권이전	1990년7월5일 제2680호	1990년7월1일 증여	소유자 정준일 541120-1913459 서울시 은평구 진관내동 59
				부동산등기법시행규칙 부칙 제3 조 제1항의 규정에 의하여 2001년7 월14일 전산이기
2	소유권이전	2010년6월30일 제2473호	2010년5월1일 매매	소유자 박이채 640805-1349510 서울시 마포구 공덕로 41, 201동 309호(공덕동, 대명아파트)
3	소유권이전	2010년8월10일 제32347호	2010년8월8일 매매	소유자 서병석 781031-1638112 서울시 서대문구 연희로 132

— 이 하 여 백 —

수수료 금 1,000원 영수함 관할등기소 서울서부지방법원 서대문등기소／발행등기소 서울중앙지방법원 등기국

이 증명서는 등기기록의 내용과 틀림없음을 증명합니다.

서기 2014년 01월 03일
법원행정처 등기정보중앙관리소 전산운영책임관 　　[등기정보 중앙관리 소전산운 영책임관]

* 실선으로 그어진 부분은 말소사항을 표시함. *등기기록에 기록된 사항이 없는 갑구 또는 을구는 생략함.

문서 하단의 바코드를 스캐너로 확인하거나 인터넷등기소(http://iros.go.kr)의 발급확인 메뉴에서 **발급확인번호**를 입력하여 위·
변조 여부를 확인할 수 있습니다. 발급확인번호를 통한 확인은 발행일부터 3개월까지 5회에 한하여 가능합니다.

발행번호 113600110049360SLBO1114951WOG295021311122 　　　1/1 　　발행일 2014/01/03

대 법 원

고유 번호	4545011400-10096-0002			토지대장		도면 번호	6	발급 번호	050115- 0072-01
토지 소재	서울시 서대문구 홍은동					장 번호	1-1	처리 시각	15시44분 10초
지번	521	축척	1:1200			비고		작성자	박창진 ㉑

토 지 표 시			소 유 권		
			변 동 일 자	주 소	
지목	면적(㎡)	사 유	변 동 원 인	성명 또는 명칭	등 록 번 호
(08) 잡종지	*90*	(44) 1997년 6월 9일 면적정정	1911년2월1일	서울 은평구 진관내동 44	
			사정	연일정씨숙정공파종중 (대표자 정상일)	
		이 하 여 백	2010년7월10일	서울 은평구 진관사로 59-1	
			주소 및 대표자 변경	연일정씨숙정공파종중 (대표자 정병일)	
				이 하 여 백	

등급수정 년월일	1994.1.1. 수정	1997.1.1. 수정	2000.1.1. 수정	2002.1.1. 수정	2006.1.1. 수정	2008.1.1. 수정	2010.1.1. 수정	2012.1.1. 수정
토지등급 (기준수확 량등급)	163	213	221	243	315	350	500	480

토지대장에 의하여 작성한 등본입니다.
2014년 1월 3일

서울서대문구청장

서대문구
청장의인
민원사무전용

등기사항전부증명서(말소사항 포함) - 집합건물

[집합건물] 서울특별시 은평구 대조로 120 문화아파트 201동 203호 고유번호 1239-2812-25232

【 표　　제　　부 】	(1동의 건물의 표시)			
표시번호	접　수	소 재 지 번	건물내역	등기원인 및 기타사항
1	2005년4월3일	서울특별시 은평구 대조동 707 문화아파트 201동	철근콘크리트조 슬래브 지붕 4층 아파트 1층 863.50㎡ 2층 863.50㎡ 3층 863.50㎡ 4층 863.50㎡ 지층 863.50㎡	도면편철장 제6책 제65면
2	2010년7월1일	서울특별시 은평구 대조로 120 문화아파트 201동	철근콘크리트조 슬래브 지붕 4층 아파트 1층 863.50㎡ 2층 863.50㎡ 3층 863.50㎡ 4층 863.50㎡ 지층 863.50㎡	도면편철장 제6책 제65면 도로명 주소

(대지권의 목적인 토지의 표시)				
표시번호	소재지번	지목	면적	등기원인 및 기타사항
1	서울특별시 은평구 대조동 707	대	52,368.2㎡	2005년4월3일

【 표　　제　　부 】	(전유부분의 건물의 표시)			
표시번호	접수	건물번호	건물내역	등기원인 및 기타사항
1	2005년4월3일	제2층 제203호	철근콘크리트조 131.83㎡	도면편철장 제6책 제65면

(대지권의 표시)			
표시번호	대지권 종류	대지권 비율	권리자 및 기타사항
1	소유권 대지권	52,368.2분의 50.72	2005년2월1일 대지권 2005년4월3일 등기

* 실선으로 그어진 부분은 말소사항을 표시함. *등기기록에 기록된 사항이 없는 갑구 또는 을구는 생략함.

문서 하단의 바코드를 스캐너로 확인하거나 **인터넷등기소**(http://iros.go.kr)의 발급확인 메뉴에서 **발급확인번호**를 입력하여 위·변조 여부를 확인할 수 있습니다. 발급확인번호를 통한 확인은 발행일부터 3개월까지 5회에 한하여 가능합니다.

발행번호　113600110049360SLBO1114951WOG295021311123　　　　1/2　　　발행일　2014/01/03

대 법 원

[집합건물] 서울특별시 은평구 대조로 120 문화아파트 201동 203호 고유번호 1239-2812-25232

【 갑 구 】		(소유권에 관한 사항)		
순위번호	등기목적	접 수	등기원인	권리자 및 기타사항
1	소유권보존	2005년4월3일 제9123호		소유자 신라건설주식회사 120011-2140578 서울시 성북구 안암동 220
2	소유권이전	2005년7월18일 제13456호	2005년6월10일 매매	소유자 박이채 640805-1349510 서울시 마포구 공덕동 41 대명아파트 201동 309호
3	소유권이전	2011년4월9일 제2473호	2011년4월9일 매매	소유자 박이순 660102-2349513 서울시 마포구 공덕로 41, 509동 701호(공덕동, 대명아파트) 매매가액 금 100,000,000원

【 을 구 】		(소유권 이의의 권리에 관한 사항)		
순위번호	등기목적	접 수	등기원인	권리자 및 기타사항
1	근저당권설정	2011년5월2일 제6321호	2011년5월2일 설정계약	채권최고액 금 50,000,000원 채무자 박이순 660102-2349513 서울시 마포구 공덕로 41, 509동 701호(공덕동, 대명아파트) 근저당권자 주식회사 신한은행 110014-1110453 서울시 마포구 공덕로 220 (마포지점)

― 이 하 여 백 ―

수수료 금 1,000원 영수함   관할등기소 서울서부지방법원 은평등기소 / 발행등기소 서울중앙지방법원 등기국

이 증명서는 등기기록의 내용과 틀림없음을 증명합니다.

서기   2014년 01월 03일
법원행정처 등기정보중앙관리소 전산운영책임관

> 등기정보
> 중앙관리
> 소전산운
> 영책임관

* 실선으로 그어진 부분은 말소사항을 표시함. *등기기록에 기록된 사항이 없는 갑구 또는 을구는 생략함.

문서 하단의 바코드를 스캐너로 확인하거나 **인터넷등기소**(http://iros.go.kr)의 발급확인 메뉴에서 **발급확인번호**를 입력하여 위·변조 여부를 확인할 수 있습니다. 발급확인번호를 통한 확인은 발행일부터 3개월까지 5회에 한하여 가능합니다.

대 법 원

등기사항전부증명서(말소사항 포함) - 토지

[토지] 서울특별시 은평구 녹번동 403   고유번호 1213-1034-42358

【 표 제 부 】	(토지의 표시)				
표시번호	접 수	소 재 지 번	지 목	면 적	등기원인 및 기타사항
1	1983년6월2일	서울특별시 은평구 녹번동 403	잡종지	150㎡	부동산등기법시행규칙부칙 제3조 제1항의 규정에 의하여 2001년7월 14일 전산이기

【 갑 구 】	(소유권에 관한 사항)			
순위번호	등기목적	접 수	등 기 원 인	권리자 및 기타사항
1 (전5)	소유권이전	1999년7월20일 제5793호	1999년7월19일 매매	소유자 서민영 470325-1025611 서울시 강남구 대치동 177 개나리아파트 108동 301호
				부동산등기법시행규칙 부칙 제3조 제1항의 규정에 의하여 2001년7월14일 전산이기
2	소유권이전	2002년8월30일 제7239호	2002년8월27일 매매	소유자 박이채 640805-1349510 서울시 마포구 공덕로 41 대명아파트 201동 309호
3	소유권이전	2011년4월9일 제2474호	2006년4월6일 매매	소유자 박이순 660102-2349513 서울시 마포구 공덕로 41, 509동 701호(공덕동, 대명아파트) 매매가액 금 50,000,000원

— 이 하 여 백 —

수수료 금 1,000원 영수함 관할등기소 서울서부지방법원 은평등기소 / 발행등기소 서울중앙지방법원 등기국

이 증명서는 등기기록의 내용과 틀림없음을 증명합니다.
서기 2014년 01월 03일
법원행정처 등기정보중앙관리소 전산운영책임관

등기정보
중앙관리
소전산운
영책임관

* 실선으로 그어진 부분은 말소사항을 표시함. *등기기록에 기록된 사항이 없는 갑구 또는 을구는 생략함.

문서 하단의 바코드를 스캐너로 확인하거나 인터넷등기소(http://iros.go.kr)의 발급확인 메뉴에서 발급확인번호를 입력하여 위·변조 여부를 확인할 수 있습니다. 발급확인번호를 통한 확인은 발행일부터 3개월까지 5회에 한하여 가능합니다.

발행번호 113600110049360SLBO1114951WOG295021311124   1/1   발행일 2014/01/03

대 법 원

각 서

서병석 사장님 귀하

1. 귀하에 대한 민사상 손해배상채무금 2억 원(원금)의 담보 목적으로, 귀하에게 본
   인 소유의 아래 부동산에 대하여 틀림없이 소유권이전등기를 경료해 드리겠습니다.
   ■ **부동산: 서울 서대문구 홍은동 520 임야 3,200㎡**

2. 본인은 2010년 12월 31일까지 위 채무를 귀하에게 정히 변제하고, 만약 이를 어
   길 시 모든 책임을 질 것을 각서합니다.

※ 단, 위 2억 원에 대한 2010년 12월 31일 이전의 지연손해금채무는 면제함.

2010년 8월 8일

각서인 박이채(640805 – 1349510) ㉑
서울시 마포구 공덕로 41, 201동 309호(공덕동, 대명아파트)

통 지 서

수신인: 박이채 (640805-1349510)

　　　　서울시 마포구 공덕로 41, 201동 309호(공덕동, 대명아파트)

발신인: 서병석 (781031-1638112)

　　　　서울시 서대문구 연희로 132

1. 귀하는 2010년 12월 31일까지 본인에게 손해배상채무 금 2억 원을 변제할 것을 약속하였으나 현재까지 변제하지 않았습니다.

2. 고로 귀하의 2010년 8월 8일자 각서에 따라 서울 서대문구 홍은동 520 임야 3,200㎡는 금일부로 본인이 소유권을 취득하였음을 통지합니다. 따라서 귀하가 이후 위 채무를 변제하더라도 본인은 이를 수령하거나 위 토지를 반환할 생각이 없습니다.

3. 그러니 귀하는 이후 위 토지에 대하여 일절 이의를 제기하거나 본인의 소유권 행사를 방해하는 일이 없도록 해주시기 바랍니다.

4. 끝으로 귀하의 행운을 빕니다.

2011년 1월 5일

발신인 서병석 ㊞ (徐秉錫印)

（서울서대문우체국
2011.1.5.
11-0250）

이 우편물은 2011년 1월 5일 등기 제0250호에 의하여 내용증명 우편물로 발송하였음을 증명함.

서울 서대문우체국장 （서울서대문우체국장）

통 지 서

수신: **이명구 (630507-1542634)**
서울시 서대문구 창천로 32, 101동 503호(창천동, 현대아파트)

1. 그간 안녕하셨는지요. 며칠 전 형님께서 다녀가신 후 내내 제 마음이 무겁고, 서신으로 이런 말씀 드리는 것이 도리는 아닌 줄 압니다. 물론 제가 형님 승낙 없이 홍은동 520 토지를 서병석 씨에게 담보로 제공한 것에 대해서는 입이 열 개라도 드릴 말씀이 없습니다. 그러나 당시에는 제가 형편이 좋을 때라 곧 해결할 생각으로 그렇게 한 것이고, 그래서 이제까지 말씀을 못 드린 것입니다.

2. 형님이 일전에 오셔서 저를 무조건 죄인 취급하시니 저로서도 많이 서운했습니다. 홍은동 520 토지 건은 명의신탁이 불법인 이상 명의신탁자인 형님 입장에서는 어떤 권리 주장도 할 수 없다는 점을 형님도 잘 아시겠지요?

3. 형님도 아시다시피 저는 2010년 9월 초 큰 부도를 맞아 이후 형편이 어려워졌고, 그래서 지금 서병석 씨에게도 돈을 갚지 못해 그 땅을 되찾아 올 형편이 못 됩니다. 그러니 형님께서도 제 처지를 이해해 주시고, 앞으로 홍은동 520 토지에 관해서는 당분간 말씀하지 않으셨으면 좋겠습니다.

4. 다만, 제가 사업이 풀리는 대로 형님한테 폐 끼친 것은 꼭 갚아드릴 테니 동서간의 우애로 믿고 기다려 주셨으면 합니다.

2011년 6월 12일

발신인 　　박이채 (640805-1349510) ㉑
서울시 마포구 공덕로 41, 201동 309호(공덕동, 대명아파트)

서울마포 우체국 2011.06.12 11-9765	이 우편물은 2011년 6월 12일 등기 제9765호에 의하여 내용증명 우편물로 발송하였음을 증명함. 서울 마포우체국장　서울마포우체국장인

합 의 서

甲: 이명구 (630507 — 1542634) 서울 서대문구 창천로 32, 101동 503호
乙: 최희선 (630127 — 1538216) 서울 서대문구 연희로 57, 102호
丙: 박이채 (640805 — 1349510) 서울 마포구 공덕로 41, 201동 309호
丁: 정준일 (541120 — 1913459) 서울 은평구 진관사로 59

甲, 乙, 丙, 丁은 2010년 5월 1일자 서울 서대문구 홍은동 521 잡종지 90㎡의 매매 계약과 관련하여 아래와 같이 합의함

1. 甲, 乙, 丙, 丁은 위 매매계약상 매수인의 지위를 丙으로부터 甲과 乙에게 균등하게 이전하기로 합의한다.
2. 丁은 위 토지에 관하여 甲과 乙이 2010년 5월 1일자 매매계약에 따른 매수인 으로서의 모든 권리를 행사할 수 있도록 매도인으로서의 의무를 2010년 12월말까지 이행할 것을 약속한다.

2010년 11월 1일

甲: 이명구 (九李 印明)   乙: 최희선 (선 최 인 희)

丙: 박이채 (彩朴 印理)   丁: 정준일 (일 정 인 준)

서 울 중 앙 지 방 법 원
화 해 조 서

사　　건	2010가단22809 손해배상(기)
원　　고	1. 이명구 (630507 – 1542634)
	서울 서대문구 창천로 32, 101동 503호(창천동, 현대아파트)
	2. 최희선 (630127 – 1538216)
	서울 서대문구 연희로 57, 102호(연희동, 삼성아파트)
피　　고	정준일 (541120 – 1913459)
	서울 은평구 진관사로 59

판　　사	하정림	기　　일	2010. 11. 5. 10:00
장　　소	203호 법정	공개여부	공개
법원사무관	주명석		
원 고 들			각 출석
피　　고			출석

─────────────────────────────────────

위 당사자들은 다음과 같이 화해하였다.

화 해 조 항

1. 피고는 원고들에게 서울 서대문구 홍은동 521 잡종지 90㎡를 2010. 12. 31.까지 인도한다.
2. 원고들은 피고에 대한 이 사건 손해배상청구권을 포기한다.
3. 소송비용은 각자 부담한다.

청구의 표시

청구취지

　피고는 원고들에게 2010. 7. 1.부터 화해조항 제1항 기재 토지의 인도 완료일까지 월 50만 원의 비율에 의한 금전을 지급하라.

청구원인

1. 원고들은 2010. 5. 1. 박이채의 명의를 빌려 피고로부터 청구취지 기재 토지(이하 '이 사건 토지'라 함)를 대금 5,000만 원에 매수하기로 약정하였고, 그 약정에 따라 2010. 6. 30. 대금 전액을 지급하였습니다.

2. 그럼에도 불구하고 피고는 2010. 7. 1. 원고들의 동의 없이 무단으로 이 사건 토지 상에 시멘트 벽돌조 판넬 지붕으로 된 50㎡의 점포 1동을 축조하고, 같은 해 8. 1.부터 소외 김병만에게 이를 임대하여 월 50만 원씩의 차임을 지급받고 있습니다.

3. 그러므로 피고는 원고들에게 불법행위 또는 채무불이행에 따른 손해배상으로 위 건물 축조일인 2010. 7. 1.부터 이 사건 토지 인도 완료일까지 매월 50만 원의 비율에 의한 금전을 지급할 의무가 있습니다.

법원사무관   주   명   석   (인)

판   사   하   정   림   (인)

통 지 서

수신인: **최희선 (630127-1538216)**
서울 서대문구 연희로 57, 102호(연희동, 삼성아파트)

1. 그간 안녕하셨는지요.

2. 몇 달 전 귀하가 찾아왔을 때 상세히 말씀드린 바와 같이, 홍은동 521 토지는 저의 조부(정상우)가 1911. 2. 1 사정을 받고, 1943. 7. 6 조부가 돌아가시자 외아들인 저의 부친(정병조)이 단독으로 상속을 받았으며, 부친이 1969. 4. 1 사망하여 외아들인 본인이 다시 단독으로 상속을 받은 땅인데, 6·25 동란의 와중에 지적공부가 멸실되었다가 1970년 경 지적을 복구하는 과정에서 연일정씨숙정공파종중의 전 회장인 정상일(본인의 육촌 형)이 임의로 위 토지를 종중 소유로 신고하는 바람에 현재 토지대장에는 종중 소유로 등록되어 있는 것에 불과하므로, 소유권은 저에게 있습니다.

3. 제가 이명구(박이채) 씨에게 위 토지를 매각한 사실은 있으나, 근래 주위에서 들어보니 위 토지는 보존등기가 되어 있지 않은 것이라서 애초부터 소유권이전은 불가능한 것이었고(오래 전에 본인이 조부 명의로 소유권확인 소송을 제기했다가 패소판결을 선고받은 사실도 있으므로, 첨부한 판결문을 참고하시기 바랍니다.), 현재까지 본인이 귀하와 이명구 씨 앞으로 등기를 넘겨주지 않은 이상 소유권자인 본인이 여전히 그 모든 권리를 행사할 수 있다고 합니다.

4. 그리고 본인은 위 홍은동 521 토지 상에 시멘트벽돌조 판넬지붕 점포(50㎡ 등기는 안 함) 1채를 2010. 7. 1에 완공하여 그해 8. 1 김병만 씨(서울 서대문구 연희로 112, 201호, 연희동, 한화아파트)에게 기간을 2012. 7. 31까지로 하고 보증금은 없이 매월 임료로 50만 원씩 받기로 약정하여 임대하였는데, 김병만 씨는 2011년 10월 1일 이후 임료도 내지 않고 있어서 2012년 6월 중순 더 이상 임대할 의사가 없으니 비워달라고 통지했지만 아직까지 나가지 않고 있습니다.

5. 그러나 위 토지의 소유권은 현재까지 본인에게 있으므로 본인으로서는 귀하들의 모든 요구에 응할 수 없습니다. 또한 귀하는 본인이 위 점포를 지어 임대한 것을 두고 불법행위라고 하면서 손해배상 운운하는데, 귀하도 잘 알다시피 귀하 등은 이미 본인을 상대로 그 같은 이유로 손해배상청구 소송을 제기하였다가 재판상 화해를 통해 손해배상청구권을 포기하기로 한 바가 있는 이상 더 이상 그런 주장을 해서는 안 될 것입니다. 그런데도 귀하들이 그 같은 요구를 계속한다면 본인으로서도 법적 조치를 취할 생각이니 그리 아시기 바랍니다.

2013년 6월 3일

발신인   정준일 (541120 – 1913459)

            서울 은평구 진관사로 59

| 서울은평 우체국 2013.06.3. 13-8335 | 이 우편물은 2013년 6월 3일 등기 제8335호에 의하여 내용증명 우편물로 발송하였음을 증명함. 서울 은평우체국장   [서울은평우체국장인] |

서 울 중 앙 지 방 법 원

판 결

사 건	2010가단10882 소유권확인
원 고	정상우 (鄭相宇, 1890. 3. 23. 생)
	최후 주소 서울 서대문구 홍은동 44
	송달장소 서울 은평구 진관사로 59
피 고	대한민국
	법률상 대표자 법무부 장관 정형진
	소송수행자 이병석
변론종결	2010. 8. 25.
판결선고	2010. 9. 8.

주 문

1. 이 사건 소를 각하한다.
2. 소송비용은 원고가 부담한다.

청 구 취 지

서울 서대문구 홍은동 521 잡종지 90㎡가 원고의 소유임을 확인한다.

이 유

1. 원고는 이 사건 청구원인으로, 원고가 1911. 2. 1. 청구취지 기재 이 사건 토지를 사정받아 원시취득하였는데, 현재 미등기 상태이므로 그 소유권보존등기를 위해 피고를 상대로 청구취지와 같은 확인을 구한다고 주장한다.

2. 이 사건 소의 적법 여부에 관하여 직권으로 살피건대, 소장에 첨부된 제적등본의 기재에 의하면 원고는 이 사건 소 제기 이전인 1943. 7. 6. 사망한 사실이 인정되므로, 이 사건 소는 당사자능력이 없는 자가 제기한 것으로서 부적법하다.

3. 그러므로 이 사건 소를 각하하기로 하여 주문과 같이 판결한다.

판사   이유섭

확 정 증 명 원

사　　건　　　2010가단10882 소유권확인
원　　고　　　정상우
피　　고　　　대한민국

　위 사건에 관하여 2010. 9. 8. 귀원이 선고한 판결이 2010. 11. 5. 확정되었음을 증명하여 주시기 바랍니다.

2012. 10. 28.

신청인　정준일　(일정인준)

서울중앙지방법원 귀중

위 사실을 증명합니다.
2012. 10. 28.
서울중앙지방법원
법원주사 최영란　(서울중앙지방법원법원주사)

확 인 서

1. 본인은 서울 서대문구 홍은로 772에서 '명일부동산'이라는 상호로 부동산 중개업을 하고 있는 공인중개사입니다.

2. 본인은 2010. 5. 1. 이명구 씨가 정준일 씨로부터 서울 서대문구 홍은동 520, 521 토지 2필지를 매수할 당시 그 매매계약을 중개한 사실이 있습니다.

3. 그 당시 홍은동 521 토지는 미등기 상태라서 잔대금 지급과 동시에 매수인이 인도받는 것으로 하고, 그 후 빠른 시일 내에 매도인이 보존등기를 마치고 소유권이전등기까지 해 주기로 약정한 사실이 있으며, 잔금 지급도 우리 사무실에서 하였는데, 그 당시 위 토지는 지상에 아무런 시설물이나 적치물이 없었습니다.

4. 위 홍은동 520, 521 토지의 시가는 매매 이후 현재까지 아무런 변동이 없으며, 현재 위 홍은동 521 토지를 그 지상 건물까지 임대할 경우 차임은 보증금 없이 월 50만 원 가량으로, 건물이 없는 상태로 토지만 임대할 경우 차임은 보증금 없이 월 30만 원 가량으로 거래되고 있습니다.

2013년 12월 28일

공인중개사 강만해(491220 – 1533652) 海姜印萬
서울 서대문구 홍은로 772 명일부동산

양도양수계약서

양도인: 김병수

　　　서울시 서초구 양재동 221

양수인: 김병만

　　　서울시 서대문구 연희동 88 한화아파트 201호

양도인과 양수인은 아래와 같이 양도양수계약을 체결하기로 한다.

제1조(계약의 목적) 양수인은 양도인으로부터 서울시 동작구 동작동 123 소재 '런던가구'의 영업을 양수하여 금일부터 가구판매점을 운영하기로 한다.

제2조(양도의 대상) 다음 각 호를 포함한 '런던가구' 영업에 필요한 유무형의 일체의 재산
  1. '런던가구'의 상호
  2. 영업 관련 고객명부, 전화가입권 등 영업권
  3. 양도인의 '런던가구'의 점포에 대한 보증금반환채권

제3조(양도의 대가) 영업양도의 대가는 금 1억 원으로 하고, 양수인의 양도인에 대한 기존의 대여금 채권 금 1억 원과 상계하기로 한다.

제4조(이행시기) 본 계약 체결일에 양도인은 양수인에게 제2조의 재산에 관하여 이전에 필요한 행위를 하여야 한다.

제5조(기타) 본 계약 체결에 명시되지 않은 사항에 대하여는 상관례 및 상호 합의하에 처리하기로 한다.

위 내용을 명확히 하기 위하여 본 계약서를 2부 작성하여 각자 1부씩 보관하기로 한다.

2007년 1월 15일

양도인 김병수(710514-1812812)　㊞

양수인 김병만(690302-1236512)　㊞

서 울 서 부 지 방 법 원

결   정

<table>
<tr><td>사　　건</td><td>2007카단10882 부동산가압류</td></tr>
<tr><td>채 권 자</td><td>최희선 (630127 – 1538216)</td></tr>
<tr><td></td><td>서울 서대문구 연희동 15 삼성아파트 102호</td></tr>
<tr><td>채 무 자</td><td>김병만 (690302 – 1236512)</td></tr>
<tr><td></td><td>서울 서대문구 연희동 88 한화아파트 201호</td></tr>
</table>

주   문

채무자 소유의 별지 목록 기재 부동산을 가압류한다.

채무자는 다음 청구금액을 공탁하고 가압류의 집행정지 또는 집행취소를 신청할 수 있다.

청구채권의 내용　 2001. 3. 20.자 물품대금 및 지연손해금 *(내역은 생략)*

청구금액　　　 *(내역은 생략)*

이   유

이 사건 부동산 가압류신청은 이유 있으므로, 담보로 5,000,000원의 지급보증위탁계약을 맺은 문서를 제출받고 주문과 같이 결정한다.

2007. 3. 14.

판사 노민호   (인)

부동산 목록

1동의 건물의 표시

  서울 서대문구 연희동 88 철근콘크리트조 슬래브 지붕 3층 한화아파트
        1층 756.40㎡
        2층 756.40㎡
        3층 756.40㎡

대지권의 목적인 토지의 표시

  서울 서대문구 연희동 88 대 10,128㎡

전유부분의 건물의 표시

  2층 201호 철근콘크리트조 120.72㎡

대지권의 표시

  소유권 대지권 10128분의 100.54 끝.

확 인 서

최희선 사장님 귀하

1. 본인은 최희선 사장이 공무원으로 재직하던 2001년 3월 20일 '런던가구점' 사장 김병수 씨에게 수입 목가구 1점을 대금 2천만 원에 매도한 일이 있음을 그 당시 매매를 알선했던 관계로 잘 알고 있습니다. 당시 김병수 사장은 위 가구대금을 2002년 3월 19일까지 갚기로 하였습니다.

2. 그 뒤 김병수 사장은 위 가구대금을 갚지 않은 채 가구점을 김병만 사장님에게 넘겨버렸는데, 최희선 사장님이 뒤늦게 이를 알고 2007년 3월 11일 김병만 사장의 아파트에 가압류를 신청하여 2007년 3월 15일자로 가압류등기가 되었고, 현재까지도 가압류등기가 존속하고 있습니다. 그러나 아직까지도 이 문제가 해결되지 않고 있습니다.

3. 근래 최희선 사장과 본인이 김병수 사장님과 김병만 사장님을 찾아가 가구대금 문제의 해결을 요구하였던바, 김병수 사장은 "가구점의 영업재산 일체를 이미 김병만에게 양도하였으니 법적으로 보더라도 나는 책임을 질 일이 없다. 그러니 앞으로 일절 그런 말을 하지 마라."며 완강히 거부하였고, 김병만 사장은 "이미 10년도 더 지났는데 이제 와서 무슨 말이냐? 재판을 해도 내가 이길 것이다."라며 그 역시 절대로 돈을 줄 수 없다며 법대로 하든지 맘대로 하라고 대답하여 본인의 입장이 매우 난처한 상태입니다.

4. 이상의 사실을 확인하오며, 만약 법원에서 증인으로 소환할 경우 아는 대로 증언할 것임을 확약합니다.

2013년 12월 26일

확인인 최상철(621010-1627345) (인)

서울 동대문구 전농로 56, 106동 405호(전농동, 청구아파트)

기록이면표지

확인: 법무부 법조인력과장 (인)

2. 이 과제의 해결 요령

가. 사건의 얼개와 줄거리 파악

1) 이번 시험의 과제는 소장 작성과 답변서 작성인데, 제3회 변호사시험은 역대 민사 기록형 시험 중에서 가장 어려운 시험이다. 문제1의 소장 작성 과제가 중심이고 배점도 높다. 반면에 문제2의 답변서 작성 과제는 비교적 간단하며, 배점도 20점으로서 전체의 11%에 불과하다.

2) 앞서 설명한 바와 같이 시험지를 받은 경우, 우선 그 사건의 얼개와 대강(줄거리)을 파악하여 쟁점을 찾아야 한다. 읽는 순서는 앞서 말한 대로 ① 문제, ② 의뢰인상담일지(의뢰인 상담기록)와 의뢰인 희망사항(경우에 따라 의뢰인 상담기록 내용에 포함되기도 한다), ③ 소장 등 답안 작성요령과 주의사항, ④ 증거서류이다. 이상의 내용은 메모를 하지 않고 아주 빠르게 읽는 것으로 족하다.

3) 위와 같이 시험지를 빠르게 읽은 결과, 이번 시험의 경우 문제는 2개로서 소장과 답변서의 작성이고, 문제에서 다루는 내용은 연관성이 없는 독립한 2개의 사건인 토지 매매 문제와 가구 매매 문제로 구성되어 있음을 알 수 있다. 그리고 그 점수 배분 비율이 155점(89%)과 20점(11%)이므로 답안지 공간(답안지의 줄)과 작성 시간은 이 비율에 따라 배분함이 좋을 것이다.

4) 위와 같이 시험지를 빠르게 읽을 때는 메모를 할 필요가 없지만, 색깔 있는 펜을 이용해서 중요한 부분에는 동그라미나 밑줄 등으로 표시를 하고, 문장을 의미 단위로 나누어서 '슬래시(/)' 표시로 끊어주는 것도 좋은 방법이다.[43] 이렇게 하면 문장의 내용이 사진 찍히듯 선명하게 뇌리에 입력된다.

5) 이 사건의 경우 상담일지의 전체 내용이 많지 않고 사건의 단위별로 구분되어 있어서 사건의 얼개를 파악하고 사건의 단위를 결정하는 작업이 어렵지 않다. 이 사건의 경우 토지 매매와 관련한 문제는 의뢰인들의 토지 매수를 기초로 해서 여러 가지 세부적인 사건들이 파생되어 중층구조(重層構造)를 이루고 있어[44] 상당히 복잡한 반면, 가구 매매와 관련한 문제는 영업양도와 가압류라는 단 2개의 가지사건(파생사건)이 덧붙어 있어 비교적 간단하다.

---

43) 예컨대 "이명구와 최희선은 고등학교 동창인데,/ 2010년 공동으로 부동산을 매수하기로 합의한 후/ 각기 3억 원씩 출연하여 공동자금 6억 원을 모았다./ 그 당시 매매계약 등 업무는 이명구가 맡아서 처리하기로 하였다가,/ 2012. 12. 25.부터는 최희선이 그 업무를 맡아서 처리하기로 하였다./"와 같이 끊어주는 것이다.

44) 민사 기록형 시험에서는 다양한 법리에 대한 지식 검증을 위하여 이와 같이 여러 건의 사실관계를 중층구조로 한 문제가 출제될 수밖에 없다. 그러므로 이들을 서로 잘 연결시켜 이해하고 답안을 구성하여야 한다.

6) 첫째 토지 매매 문제는, 의뢰인 이명구와 최희선이 공동으로 자금을 모아 2필지의 토지를 매입하는 과정에서 박이채의 명의를 차용하였는데, 박이채는 그 토지 중 하나를 자신의 명의로 소유권이전등기한 후 자신의 개인적 채무 담보를 위해 서병석에게 처분해 버렸고, 매도인 정준일은 나머지 하나를 의뢰인들에게 등기이전과 인도를 하지 않고 그 지상에 건물을 지어 이를 김병만에게 임대하였으며, 박이채는 또 그 책임재산을 여동생에게 처분해 버렸고, 건물의 부지인 토지는 소유권보존등기가 안 된 상태라는 것이 그 대강의 내용이다.

이로부터 ① 조합과 공유관계, ② 명의신탁, ③ 양도담보, ④ 사해행위, ⑤ 매매의 효력과 과실의 귀속, ⑥ 채권자대위, ⑦ 임대차, ⑧ 미등기 토지에 대한 소유권확인 등 다양한 법률문제들이 내포되어 있음을 알 수 있다.

7) 두 번째 가구 매매 문제는, 의뢰인 최희선이 가구상인 김병수에게 가구를 외상으로 매도하였는데 김병수가 그 영업을 김병만에게 양도한 채 외상대금을 갚지 않고 있고, 김병만은 상호를 계속 사용하고 있으며, 최희선은 김병만의 아파트에 가압류를 한 일이 있다는 것이 그 대강의 내용으로서, 이로부터는 ① 영업양도의 효력, ② 소멸시효기간과 그 기산점, ③ 가압류와 소멸시효의 중단이 법리적 문제로 포함되어 있음을 알 수 있다.

나. 사건과 메모의 단위 결정

1) 사건의 얼개와 대강(줄거리)의 파악 작업이 끝난 뒤에 비로소 메모를 시작한다. 제3회 변호사시험과 같이 내용이 복잡하고 법률관계가 상호 연관되며 중층적일 때는 일목요연한 내용 파악과 법리 검토를 위해 메모는 필수적이다.

2) 메모를 할 때는 그 전에 먼저 어떤 단위로 메모를 할 것인지를 결정하여야한다. 이는 곧 사건의 세부적인 단위를 결정하는 것이다. 메모의 단위는 메모의 개수, 즉 메모장의 개수를 말한다. 그러나 사건의 단위가 중요하지 메모의 단위는 그리 중요하지 않다. 사건의 단위별로 메모를 하면, 이를 어느 메모지에 할 것인지나 메모장의 개수는 자연히 정해지기 마련이기 때문이다.

3) 이 작업은 사실 수험생의 논리와 직관에 달려있다. 논리력이 뛰어난 사람은 사건의 줄거리를 파악한 뒤 곧바로 그 세부적 단위를 구성할 수 있으며, 특별히 많은 시간과 작업이 요구되지 않는다. 직감적으로 기초적인 사실관계와 그에 뒤따르는 부수적인 사실관계가 자동적으로 그려지기 때문이다. 그렇지 못한 사람은 연습지를 이용하여, 위와 같이 파악한 사실관계를 기초로 다이어그램(diagram)이나 트리(tree) 구조를 그리는 등의 방법으로 연관성 있는 사실관계끼리 연결하여 사건 단위를 결정할 수 있다.

▣ 사건과 메모 단위 결정을 위한 트리(tree) 구조도(예)

1. 이 사건의 경우 ① 토지의 매매와 ② 가구의 매매로 크게 두 단위로 나뉘어진다.
2. ①은 다시 의뢰인들의 내부관계, 박이채와의 명의신탁관계, 정준일과의 매매관계, 박이채와 서병석의 양도담보관계 등으로 파생·연관된다. 메모지에 아래와 같이 간단히 스케치하여 사건의 단위를 그려본다.
3. ①의 일부를 예시하면 다음과 같다.

```
        토지 매매
           ----- 의뢰인들의 내부관계
           ----- 박이채와의 명의신탁관계
           ----- 정준일과 의뢰인들의 매매    --- 520 토지 매매
           ----- 박이채와 서병석의 관계      --- 521 토지 매매
```

4) 사건의 단위란 특정한 사람 또는 그 사람들 사이에 어떤 구체적·역사적 사건이나 현상이 발생한 경우에 그것들이 다른 것과 뚜렷하게 구별될 정도의 독립성을 말한다. 여기서 그 독립성의 기준은 보는 사람의 시각에 따라 다를 수 있으나 중요한 것은 그 사건이나 현상의 법률적 의미이다. 따라서 시간적으로는 상당한 간격이 있는 사건이나 현상이라도 법률효과 면에서 밀접한 연관성이 있는 때에는 하나의 사건 단위로 파악할 수 있다.[45]

5) 사건의 세부적 단위를 결정하는 요소는 ① 관련되는 사람이나 물건, ② 사건의 역사적 전개순서, ③ 사건의 법률적 유형 등 각각의 사안에 따라 달라질 수 있다. 이 사건의 경우 첫 번째 토지 매매 문제라면 필지별로 사건이 다르게 전개되므로[46] 각 토지를 1차적 기준으로 하고, 그에 뒤따르는 역사적 전개를 2차적 기준으로 하여 세부적 사건 단위를 나누는 것이 좋음을 쉽게 알 수 있다.

물론 의뢰인들의 내부관계는 이와 독립적인 사건 단위를 이룬다. 두 번째 가구 매매 문제의 경우 영업양도와 가압류는 하나의 단위로 포섭할 수 있다. 가압류가 영업양수인인

---

45) 예컨대 매매의 경우 매매의 동기나 타인의 알선, 중개, 매매 당사자의 절충, 계약서의 작성, 대금의 지급 등은 모두 매매라는 하나의 법률효과 발생을 위한 것이므로 포괄하여 하나의 사건 단위를 구성하나, 뒤이은 매매계약의 해제는 매매와는 다른 법률효과를 발생케 하므로 매매와는 구별되는 독립한 사건 단위를 구성하게 된다. 그러나 처음부터 매도인이나 매수인이 매매계약의 해제를 원인으로 이미 주고받은 매매 목적물이나 대금의 반환을 청구하는 것이라면, 매매의 독립성이 큰 의미를 갖지 못하므로 매매와 해제를 합하여 하나의 사건 단위를 구성하여도 무방하다. 이와 같이 사건 단위는 매우 탄력적이라고 할 수 있다.

46) 520 토지로부터 박이채와의 부당이득관계, 서병석과의 양도담보관계, 박이순과의 사해행위관계가 파생되고, 521 토지로부터는 정준일과의 토지 인도 및 지상 건물의 철거관계, 김병만과의 건물 인도나 퇴거관계가 파생된다.

김병만에 대하여 이루어졌기 때문이다.

6) 이 사건의 토지 매매 문제를 메모하기 위해 세부적인 단위로 사건을 나눈다면, ① 의뢰인들의 내부관계 및 의뢰인들과 박이채의 관계, ② 의뢰인 이명구와 정준일의 토지 매매, ③ 홍은동 520 토지(이하 1토지)의 박이채 앞으로의 소유권이전등기와 그에 따른 파생 문제, ④ 박이채와 서병석 간의 양도담보, ⑤ 박이채와 박이순 사이의 대조동 아파트 및 녹번동 토지 매매, ⑥ 홍은동 521 토지(이하 2토지)의 미등기와 소유관계, ⑦ 정준일의 2토지 상 건물축조와 김병만에의 임대, ⑧ 의뢰인들의 정준일에 대한 손해배상청구의 소 제기와 화해 등으로 나눌 수 있다.

한편, 가구 매매 문제는 ① 최희선과 김병수의 가구 매매, ② 김병수와 김병만의 영업 양수도 및 최희선의 김병만에 대한 가압류의 2개로 나눌 수 있다.

7) 과제를 해결하는 데에 메모가 꼭 필요한가? 그건 정답이 없다. 그것 없이도 잘만 해결한다면 필요가 없을 것이고, 그렇지 않다면 필요할 것이다. 매우 간단한 사안이 아니라면, 소장이나 답변서, 판결문 등을 작성하는 때에 메모 없이 이를 해결한다는 것은 저자의 경험상 불가능하다. 가능하더라도 오류와 실수가 불가피하다. 사례형 문제를 해결하는 때도 메모가 필요할진대, 기록형 시험문제 해결에서 메모가 필요 없다면 그 사람의 머리는 분명 컴퓨터와 같을 것이다.

다. 메 모

(1) 소장 작성을 위한 메모의 기본 요령

1) 이와 같이 사건의 세부적 단위가 결정되면 그에 따라 메모를 한다. 사건의 단위와 메모의 단위는 원칙적으로 일치하지만, 사정에 따라 여러 개의 사건을 하나의 메모에 합쳐서 할 수도 있으므로 사건의 단위와 메모의 단위가 항상 일치하는 것은 아니며, 또 그렇게 할 필요도 없다.

2) 메모는 앞서 말한 대로 '메모지 독립의 원칙'이 적용된다. 즉 사건의 세부적 단위별로 메모의 수를 결정하여 다른 사건의 내용이 서로 뒤섞이지 않도록 메모하는 것이 중요하다. 즉 메모 단위가 결정되었으면 각각의 메모는 독립적으로 작성되어야 한다는 뜻이다. 그렇게 하지 않으면 사건의 전개와 구조가 틀어지고 한눈에 파악할 수가 없어 법리구성 작업이 매우 어렵게 된다.

3) 메모지 독립의 원칙이 적용되더라도 세부적 사건의 내용이 매우 간단할 때는 이를 하나로 합쳐서 메모할 수 있음은 물론이다.[47] 물론 이런 경우에도 사건 단위 및 메모 단

---

47) 변호사나 판사로서 소송이 진행 중인 사건을 메모할 때는 당사자들이 앞으로 어떤 주장이나 청구를 추가할지 알 수 없으므로 메모를 합쳐서 작성하기가 적당치 않으나, 시험의 경우 주어진 자료 이외의 추가적인 내용이 없으므로 합쳐서 메모를 해도 상관없다.

위별로 공간을 분리하고 충분한 여백을 두어야 하며, 양자를 뒤섞어 하나의 사실관계로 합쳐 메모하는 것은 금물이다.

4) 메모는 객관적인 사실의 압축·요약이므로 메모자 자신의 의견을 메모와 뒤섞어서는 안 된다. 또, 내용이 길고 복잡하게 되는 것을 최소한 피해야 한다. 누누이 말하지만 메모는 사건기록이나 자료의 복사(Copy)가 결코 아니다. 즉, 기록이나 자료의 내용을 빠짐없이 그대로 옮겨 쓰는 작업이 아니라 그 요지를 압축적으로, 자신만이 알 수 있도록 간명하게 요약하는 작업이다. 그러한 메모만이 법리구성 작업에 도움을 줄 수 있으며, 그렇지 못한 메모는 쓸모가 없어 공연한 시간과 노력의 낭비가 될 뿐이다.

5) 메모가 이렇게 되기 위해서는 우선 사건 내용과 구조를 정확하게 꿰뚫어야 하고, 사건기록이나 증거서류 등의 자료를 음미·이해한 후 다시 자기의 언어와 상징으로 토해내야 하며, 시각적으로 한눈에 들어 올 수 있게 배치를 잘하여야 한다. 이 작업이 쉽지는 않겠지만, 몇 번 연습하고 시행착오를 거치면서 자기만의 요령을 얻을 수 있다. 그 과정에서 자기만의 약호 등 상징언어도 만들어진다.[48]

(2) 사실관계나 증거자료 등의 메모 요령

1) 앞서 말한 바와 같이 소장 작성 단계에서는 상대방(피고)의 주장이 아직 없으므로 '당사자 쌍방 주장에 대한 메모'는 필요 없는 경우가 대부분이다. 다만, 상대방이 소송 외에서 이미 장차 소송절차에서 주장할 것이 예상되는 주장을 한 바 있고, 그 내용이 복잡하거나 많아 정리가 필요한 때는 이를 요약하여 당사자 쌍방 주장을 메모하는 것도 무방하다. 이때는 원·피고 쌍방의 주장을 서로 일대일로(특정한 청구원인이나 공격방어방법, 당사자별로) 맞대응하는 방법으로 작성하는 것이 좋음은 앞서 제1장 제1절에서 말한 바와 같다.

■ **당사자 쌍방 주장의 메모(예 1)**

1. 원고의 금전 대여
○ 원고, 10 5/10 피고에게 1억 원 대여키로 합의
　　·변제기 10 12/31
　　·이율 연 12%
　　·지연손해금률 연 24%
　　·그날 피고가 차용증(갑 1) 작성, 교부

　　　　　　　　← 위와 같은 약정은 ok

---

48) 예컨대 원고를 X, 피고를 Y, 부동산을 不, 날짜표기를 2013 5/1, "… 로부터"를 fr., "… 에게"를 to, "원고가 피고에게 임대"를 "X→Y 임대" 등으로 간략하게 표기할 수 있다.

○ 원고, 10 5/12 피고에게 위 1억 원 지급

            ← 원고는 1억을 피고에게 지급 ×

            ← 이에 피고는 원고에게서 차용증(갑 1) 회수

(이하 생략)

▣ 당사자 쌍방 주장의 메모(예 2)

원고(x)	피고(y)

1. 원고의 금전 대여
○ 원고, 10 5/10 피고에게 1억 원 대여키로 합의
  ·변제기 10 12/31
  ·이율 연 12%
  ·지연손해금률 연 24%
  ·그날 피고가 차용증(갑 1) 작성, 교부
	← 위와 같은 약정은 ok
	
	← 원고는 1억을 피고에게 지급 ×
	← 이에 피고는 원고에게서 차용증(갑 1) 회수

○ 원고, 10 5/12 피고에게 위 1억 원 지급
 	
○ 피고, 원리금 전액 미지급.
  → 고로 피고는 1억 원과 이에 대해 10 5/10~
    10 12/31은 연 12%의 이자, 10 12/31~
    완제일은 연 24%의 지연손해금 지급해야
	← 10년의 소멸시효 완성
	  ·약정 변제기로부터 10년 경과
	← 아니라도 상사시효 5년 완성
	  ·피고는 중고차딜러상으로 그 영업을 위해
	   위 돈을 차용키로 함

(이하 생략)

2) 소장 작성 단계에서 작성하는 증거자료의 메모는 의뢰인이 제출한 서증에 대해서만 작성하게 된다. 그 기재 방법은 서증의 번호, 명칭(표목), 작성명의자, 작성연월일, 주요 내용을 기재하는 방법으로 하면 된다. 그리고 이는 한 장의 메모지에 서증 순서대로 가상의 서증번호를 부여해 가면서 차례차례 작성하는 것이 편리하다.[49]

3) 사실관계의 메모는 앞서 본 바와 같이 '당사자 쌍방 주장의 메모'와 '증거자료의 메모'를 토대로 객관적 사실관계를 메모하는 방식으로 하면 된다. 사건 내용이 간단할 때는 사실관계의 메모를 할 필요 없이 '당사자 쌍방 주장의 메모'와 '증거자료의 메모'만을 기초로 하여 곧바로 소장을 작성하면 된다.

4) 사실관계의 메모를 할 때, 예컨대 '의뢰인들의 2010. 3. 1.자 합의'가 조합계약이 아

---

49) 이에 대해서는 제2장 제1절 Ⅳ. 기록형 시험 답안 작성의 요령 2. 사건의 쟁점과 줄거리 파악 및 메모를 참조.

니라 단순한 업무협조약정 또는 대리권수여 행위라고 판단되더라도, 메모지에 그와 같이 사실관계를 치환하여 표시해서는 안 된다. 아직 법리구성을 안 거쳤으므로 섣부른 판단이기도 하지만, 메모는 어디까지나 자신의 의견이나 법적 평가 이전의 객관적 사실을 있는 그대로 정리하는 것이기 때문이다. 실제로 소송의 진행경과에 따라 처음의 판단이 변하는 경우도 매우 많다. 따라서 메모 과정에서는 가능한 한 증거자료 등에 나타나 있는 사실을 있는 그대로 옮기는 원칙으로 하되, 의문이 있거나 생각이 떠오르는 경우에는 메모지에 적당한 표시를 하고 "동업약정? 조합계약? 무명계약?" 또는 '피고에게 통지가 도달됨?"과 같이 앞으로 검토할 사항을 적어두면 충분하다.

5) 법리관계의 메모는 뒤에서 보는 법리 검토에 앞서서 또는 그와 동시에 하면 되고, 개별적인 법리상의 문제에 대해 법규정과 판례, 학설, 자신의 의견을 정리하는 방법으로 작성할 수 있다.

▣ **사실관계의 메모(예)**

M1 <의뢰인들의 내부관계>   ①[50]

▶ X1 이명구 (630507 – 1542634)
  X2 최희선 (630127 – 1538216)

- -

          ┌▸ 2010 3/1 약정
→ X1, X2 공동으로 不 매입해 전매키로 합의

  [동업약정? 조합계약?]   (• 자금출연과 不 취득비율 = 1:1
                              • 지분은 각자 자유로이 처분
                              • 자금관리와 매매 업무는 X1이 담당)

○ 부동산 매수와 등기는 박이채 명의로 하기로 하고, X1이 그의 동의를 얻음
○ X들이 각기 3억씩 출연
○ 2010 5/1 X2 → X1 3억 교부

→ X1, X2 2012 12/25 합의
○ 동일부터 X2가 자금관리와 매매 업무 등 일체를 처리키로 합의
○ X1 → X2에 동일자로 업무 인계
○ 이후 X2가 업무 처리   [업무집행자 선임?
                                                대리권 수여?]

---

50) 이 번호는 메모지 전체의 일련번호를 각 메모지 우측 상단에 ①, ②, ③… 등으로 붙인 것이다.

M2−1[51] <정준일과의 토지 매매관계> ②

▶ X1 이명구 (630507−1542634)

  X2 최희선 (630127−1538216)

▶ y1 정준일 (541120−1913459)

  y2 박이채 (640805−1349510)

▶ 1토지: 서대문구 홍은동 520 임야 3,200m²

  2토지: 서대문구 홍은동 521 잡종지 90m²

───────────────────────────────────

→ X1, 2010 5/1 y1fr. 1, 2 토지 매수

  ┌ • 1토지 5억, 2토지 5천 → 합 5억 5천만 원
  │ • 계금 1억 당일 지급필, 잔금 4.5억 10 6/30 등기·인도 동시
  │   지급키로. 단, 2토지는 등기정리 후에 이전키로
  └ • 잔금 지급 전까지 해약 가능(p.12)[52]

○ X1은 y2를 매수인으로 기재, 자신은 y2의 代로 표시

○ y1은 X들과 y2의 관계 부지(선의)

→ 2010 6/30 X1 → y1 잔금 완불

○ 동일 y1 → y2 1토지 소이등기 필

○ 2토지는 미등기라 나중에 이전하기로

M2−2 <박이채와 서병석의 양도담보관계> ③

▶ X1 이명구 (630507−1542634)   ▶ y1 정준일 (541120−1913459)
  X2 최희선 (630127−1538216)   y2 박이채 (640805−1349510)
                                  y3 서병석 (781031−1038112)

▶ 1토지: 서대문구 홍은동 520 임야 3,200m²

───────────────────────────────────

51) 하나의 사건 단위에 대한 메모지가 여럿이면 이와 같이 메모지의 번호를 2−1, 2−2, 2−3, … 등으로 표시할 수 있다. 그렇게 하지 않고 M2, M3, M4 … 와 같이 일련번호를 부여하여도 무방하다. 이 사건에서는 의뢰인들의 내부관계를 M1, 토지 매매 문제는 M2, 가구 매매 문제는 M3로 나누는 것을 전제로 번호를 붙였다.

52) 이 부분은 간단히 기재하고, 자세한 내용은 기록 20페이지를 보라는 뜻이다.

53) <의뢰인 상담일지>에는 발신, 도달 사실만 기재되어 있으므로 이 부분을 메모할 때는 날짜는 비워

→ y2, y3 2010 8/8 양도담보약정

> • y2의 y3에 대한 2억 손배채무 담보용
> • y2 → y3 1토지 매매원인 소이키로   p.18 ⌐
> • y2는 10 12/31한 채무 변제, 불이행시 "모든 책임질 것." 각서
> • y3는 2010 12/31 이전 지연금채무 면제

> 정산배제약정?

⌐ 2010 8/8 매매원인

○ y2 → y3 1토지에 2010 8/10 소이등기
○ 그 당시 1토지에 선순위 담보권 등 부담 전무

⌐ 2011 1/5 발신, 1/6 도달[53]
→ y3, y2에 통지(p.19)

> • y2가 10 12/31한 채무 변제 X
> • 고로 10 8/8자 각서대로 y3가 1토지 소유권 취득
> • 이후 y2가 채무 변제해도 수령 않을 것, 1토지 반환의사 X
> • 고로 1토지 사용 방해하지 말 것

○ y2는 위 통지 수령 후 아무런 조치도 X
○ X1이 2011 6/ 초 y2, y3에 원상복구 요구했으나 둘 다 거부[54]
○ 2011 6/12자 y2 → X1 서신(p.20)

> • y2는 2010 9/ 초 부도로 형편 곤란
> • y2는 현재 1토지 환수능력 무, 기다려 달라
> • 1토지 명신은 불법이니 X1은 아무런 권리도 주장 불가

M2-3   <박이채의 재산 처분관계>   ④

▶ X1 이명구 (630507-1542634)   ▶ y2 박이채 (640805-1349510)
  X2 최희선 (630127-1538216)   y4 박이순 (660102-2349513)
                                     y5 신한은행

▶ 대조동 아파트: 은평구 대조로 120 문화아파트 201동 203호(p.15)

  녹번동 토지: 은평구 녹번동 403 잡종지 150m²(p.17)

두고 "발신", "도달"만 기재한 다음 첨부서류(기록 19쪽)를 보고 발신일과 도달일을 보충 기재한다. 의사표시에서는 도달이 없으면 그 효력이 발생할 수 없음에 유의하여야 한다.
54) 이런 사실은 법률적으로는 별 의미가 없는 간접사실 또는 정황사실에 불과하나 사건의 전개를 파악하는 데 도움이 되므로 필요에 따라 기재한다.
55) 등기를 기재할 때는 등기원인일자와 등기일자를 구별해 기재해야 한다. 그 법률효과가 다르기 때문이다.
56) 재산 처분행위를 채권자가 안 시점이 제척기간에 영향이 있으므로 반드시 기재해야 한다.

→ y2, 2011 4/9 y4에 대조동 A 매도

$\left(\begin{array}{l}\text{・y2 2005 7/18 소이}\\\text{・시가 2억, 매매가 1억, 다른 부담 x}\\\text{・y4에 2011 4/9 소이}\end{array}\right)$

┌→ 2011 5/2 설정계약, 동일 등기[55]
○ y4→ y5에 근저당설정(최고액 5,000만 원)

○ X1, X2, 2013. 4. 초 매도사실 알고[56] → y4, y5에 항의

$\left(\begin{array}{l}\text{・y4: 진정한 매수다 주장. 허위인 듯}\\\text{・y5: 아무 것도 모른다. 진정인 듯}\end{array}\right)$

제척기간 도과?
매매일자 허위? 증거자료 x

→ y2, 등기부상 2006 4/6 y4에 녹번동 토지 매도[57]

$\left(\begin{array}{l}\text{・2011 4/9 y4에 소이}\\\text{・시가 1억 2,000, 매매가 5,000}\\\text{・다른 부담 x}\end{array}\right)$

M2-4 <홍은동 521 토지의 소유관계>

▶ X1 이명구 (630507-1542634) ▶ y1 정준일 (541120-1913459)
  X2 최희선 (630127-1538216)   y6 연일정씨수정공파종중(代 정병일)

▶ 2토지: 서대문구 홍은동 521 잡종지 90m²

→ 2토지는 현재 미등기 상태

○ 토지대장 기재 내용
  ・1911 2/1 y6 사정
  ・위 사항 기재 일자는 불명

  ○ y1의 주장(p.24)
    ・조부 정상우가 1911 2/1 사정
    ・정상우 1943 7/6 亡 → 외아들 정병조 單相
     정병조 1969 4/1 亡 → 외아들 y1 單相, 고로 현재 y1 소유
    ・6·25 때 지적공부 멸실 → 1970경 지적 복구 시 종중 代 정상일이 임의로
     y6 종중 소유로 신고, 잘못 기재

---

57) 소유권이전등기 2011. 4. 9.에 이루어졌는데 등기원인인 매매일자가 2006. 4. 6.로 되어 있으므로 이를
   잘못 기재하지 않도록 주의하여야 한다.

M2-5 <홍은동 521 지상 건물의 법률관계> ⑥

▶ X1 이명구 (630507-1542634)   ▶ y1 정준일 (541120-1913459)
　 X2 최희선 (630127-1538216)   　 y2 박이채 (640805-1349510)
　　　　　　　　　　　　　　　　　 y7 김병만 (690302-1236512)

▶ 2토지: 서대문구 홍은동 521 잡종지 90m²(지상에 미등기 점포 건물 有 !)

- -

　　　　　　　　　　　┌ 2010 7/1 완공, 현재 미등기
→ y1, 2토지에 무단으로 건물 신축

　　　　　　　　　　　└ 시멘트 벽돌조 판넬 지붕 단층 점포 50m²

ㅇ y1은 2010 6/30 2토지 매매대금 수령 완료한 상태서 건물 신축
ㅇ y1은 건물 신축에 대하여 y2나 X들의 승낙 받지 않음

　　　　　　　　　　　┌ 2010 8/1
→ y1, y7에 건물 임대(p.24)
　　　　　　　　　　(· 기간: 10 8/1~12 7/31
　　　　　　　　　　(· 보증금: 0 · 차임: 월 50만 원
　　　　　　　　　　(· 인도일자 불상→ 2010 8/1인듯
　　　　　　　　　　(· 사업자등록? 불상

ㅇ y7, 2011 10/1 이후의 차임 지체 상태

　　　　　　　　　　　　　　　┌ 2012 6/중순
ㅇ y2 → y7 더 이상 임대할 의사 없음을 통지(p.24)

　　　　　　　　　　　　　　　└ 도달 여부 및 도달일자 불상[58]

　　　　　　　　　　　　　　　┌ 서증 2010가단22809
→ X1, X2, 2010 9/초 y1 상대 손배청구의 소(p.22)
　　　　　　　(· 청취: y1은 X들에게 2토지 인도 완료일까지 월 50만 원 지급하라.
　　　　　　　(· 청원: 2토지 X들이 박이채 명의 빌려 y1fr. 매수, 대금 완불, y1이 무단으로
　　　　　　　　지상에 건물 신축하여 y7에 임대, 월 50만 원의 차임 수령 → 고로 불법행위
　　　　　　　　or 채무불이행 因한 손배의무 有

ㅇ 2010 11/1 X1, X2와 y1, y2 소송 외 합의(p.21)
　　　　　　　(· 2토지의 매수인 지위를 y2 fr. X들에게 이전
　　　　　　　(· y1은 X들이 소유권 행사할 수 있게 매도인으로서의 의무를
　　　　　　　　2010 12/31 한 이행키로

---

58) 정준일이 김병만에게 더 이상 임대할 의사가 없음을 통지하였으나 그 도달 여부 및 도달일자는 명확
　　하지 않다. 그러나 정준일의 통지서(기록 24쪽) 기재에 의하면 그것이 도달된 것으로 추측되고, 묵시
　　의 갱신은 임대차기간 만료를 원인으로 한 임대인의 목적물 반환청구에 대한 임차인의 항변사항이므

○ 2010 11/5 X1, X2와 y1 재판상 화해(p.22)

- y2는 X들에게 2토지를 2010 12/31/한 인도
- X들은 손배청구권 포기 — —불법행위, 채무불이행
- 소송비용 각자 부담

○ y1은 2013 2/ X2에게 신속히 2토지 등기정리 후 등기이전 + 인도키로 약속

    ㄴ but 약속 불이행, 되레 y2가 2토지의 소유권을 행사할 수 있다 운운 편지(p.24)[59]

    ① 2토지는 미등기라 보존등기 불능 ② 조부 명의로 소 제기했다가 패소

    ③ y1이 등기 이전하기 전까지는 2토지의 소유권 행사 가능 주장

    ㄴ 정상우 對 대한민국 2토지 소유권확인소송(서증 2010가단10882) (p.26)

- 2010 9/8 소 각하 → 원고적격 X(소 제기 전 사망)
- 2010 11/5 확정
- 청취: 2토지가 정상우 소유임의 확인
- 청원: 정상우가 1911 2/1 2토지 사정받아 원시취득, 소유권보존등기 위해 확인청구

라. 법리 검토

(1) 서 설

1) 사실관계 파악과 메모지 작성이 끝났으면 다음 단계는 법리를 구성하는 것이다. 눈썰미가 좋고 논리와 직관이 있는 사람은 사실관계 파악과 메모지 작성 단계에서 벌써 대강의 법리구성을 마칠 수 있다.[60]

2) 그러나 사실관계 파악과 메모지 작성 단계에서는 마음에 자연스레 떠오르는 법률적 문제만을 파악하여 붙잡아두면 충분하다. 그 방법으로는 메모지에 간단히 사실관계와 구별되도록 적정한 방법으로 기재해두는 것으로 충분하다. 이 단계에서 중요한 것은 정확한 사실관계 파악이기 때문에 적극적으로 법리를 검토할 필요는 없다. 그러나 섬광처럼 스쳐가거나 떠오르는 법률적 문제는 놓치지 말고 반드시 붙잡아두어야 한다. 그 순간이 지나면 또 떠오른다는 보장이 없기 때문이다.[61]

로(대법원 1977. 9. 28. 선고 77다1241, 1242 전원합의체 판결 참조), 임대인에게 유리하게 그것이 도달한 것으로 보고 소장을 구성하는 것이 필요하다.

59) 문제에서 상대방의 예상 가능한 주장에 대하여 미리 반박하라고 하였으므로 정준일의 소송 외에서의 주장 내용이 중요하다. 그러나 그 자세한 내용을 모두 메모하기는 어려우므로 요지만을 기재하고 해당하는 기록의 페이지를 기재해 둔다.

60) 예컨대, 이 사건의 경우 박이채와의 명의신탁으로부터 부당이득반환청구권을, 박이채의 재산 처분행위로부터는 사해행위취소권을 자동적으로 떠올려야 하고, 김병만이 가구점을 양수하여 상호를 그대로 유지한 채 장사를 계속하는 것으로부터는 상호를 속용하는 영업양수인의 책임을 떠올려야 한다.

61) 인간의 뇌는 컴퓨터를 많이 닮아서 열을 받으면 쉽게 정보를 잃어버린다. 그리하여 어떤 것에 정신을 집중하거나 특정한 부분이 잘 되거나 안 되는 등으로 용을 쓰다보면 다른 것을 잊어버리게 된다. 메모와 법리구성표는 이런 현상에 대비하기 위한 것이다.

3) 메모지 작성 후 법리구성에 앞서서는 <소장 작성 요령>이나 <의뢰인의 희망사항>에서 제시된 제약조건을 확실하게 파악하여야 한다. 이를 게을리하면 자칫 문제해결의 방향을 잘못 잡거나 해답을 누락할 수 있다. 이러한 제약조건을 답안 작성 과정에서 놓치지 않기 위해서는 그 요점을 별도의 메모지에 옮겨 적거나, 기록 중 해당되는 곳에 색연필을 칠하거나, 포스트잇을 붙여둘 필요가 있다.[62]

이 사건에서는 ① 공동소송의 요건이 모두 갖추어진 것으로 전제할 것, ② 소장 작성일과 소 제기일을 2014. 1. 6.로 할 것, ③ <의뢰인 상담일지>와 그 첨부서류의 사실관계는 모두 진실한 것으로 전제할 것, ④ 홍은동 521 토지 상의 점포가 정준일에게 반환(인도)되지 않도록 할 것 등이 제약조건으로 주어졌다.

4) 법리를 구성할 때는 주어진 과제의 해결에 필요한 방향으로 해야 함은 물론이다. 예컨대 소장 작성 과제가 부여되고 특정인 A, B 간의 법률관계에 대하여만 소장을 작성하라고 한 때는 그들 간의 법률관계에 대하여만 법리를 구성하면 되고, 이를 더욱 좁혀 A, B 간의 토지 임대차관계에 대한 소장을 작성하라고 한 때는 그 임대차관계에 따른 법률적 문제만 구성하면 된다. 이때 원고가 될 사람(의뢰인)이 특정한 청구는 원치 않는다거나 특정한 권리행사는 포기한다는 등의 제약조건이 있는지도 유념하여 법리구성에 이를 반영해야 한다.

5) 법리구성을 할 때는 메모지와 별도로 어떤 형태로든 법리분석표를 만들어야 한다. 그러나 그 방법에는 제한이 없으므로 자신의 요령과 취향대로 하면 된다. "의뢰인들의 관계는 조합인가 공유관계인가?", "이 사건 임대차는 종료하였는가?", "의뢰인에게 손해배상청구권이 있는가?", "박이채의 아파트 매도는 사해행위에 해당하는가?" 등과 같이 쟁점을 추출하여 문답식으로 검토하여도 좋고, "정준일과 김병만은 이 사건 임대차계약의 종기를 2012. 7. 31.로 정하였다.", "그 뒤 묵시의 갱신은 없었다.", "김병만이 2011. 10. 1. 이후 임료(차임)를 내지 않아서 정준일은 2012. 6. 중순 더 이상 임대할 의사가 없으니 점포를 비워달라고 요구했다." 등의 주어진 사실관계를 종합하여 "이 사건 임대차는 2012. 7. 31. 종기가 도래하여 종료하였고, 따라서 정준일은 임차인인 김병만에게 임대차목적물의 반환청구권이 있다."와 같이 법적 결론을 도출하여도 좋다.

6) 법리분석표에는 위와 같은 추론의 과정이 자기만이 알 수 있는 부호로 표시되면 충분하다. 반드시 학술논문이나 남에게 보여주어 설득을 할 수 있을 정도로 정연한 체계를 갖출 필요는 없다. 수험장에서는 시간과 참고자료의 제약으로 사실 그러한 정도의 법리분석표를 작성할 수도 없다. 다만, 법리구성을 할 때는 법률적 쟁점을 누락하지 않는 것이

---

62) 고로 <의뢰인 희망사항>이나 <소장 작성 요령>을 메모지의 해당되는 사실관계 부분에 옮겨 메모하거나 따로 메모를 할 필요가 있다. 기록의 해체가 허용된다면 그 부분을 따로 떼어내서 법리구성과 과제 해결 시 곁에 두고 참조하는 것도 한 방법이다.

중요한데, 이는 평소의 공부량과 법지식, 리걸 마인드에 크게 좌우된다.

7) 아래에서는 이 사건의 개별적 법률관계를 설명하되, 편의상 의뢰인들의 내부관계 및 의뢰인들과 박이채의 관계만 표로 예시하기로 한다. 이에 관하여는 구체적인 설명 대신 아래와 같이 법리분석표를 예시한다. 앞서 말한 바와 같이 실제 수험현장에서는 이와 같이 자세하게 검토할 수는 없을 것이다. 그러므로 이를 모범적인 것으로 생각하여 그에 최대한 가깝게 작성하도록 노력하면 된다.

(2) 문제되는 개별적 법률관계의 검토

(가) 의뢰인들의 내부관계

■ **의뢰인들의 관계에 관한 법리분석표(예시)**

---

1. 의뢰인들의 내부관계

▶ X1 이명구 / X2 최희선

===

▶ 조합인가, 공유관계인가?
① 전매 목적으로 부동산을 공동매입하기로 함
② 자금 출연과 부동산 취득 지분비율 = 1:1
③ 각자의 계산과 책임으로 지분을 자유로이 처분하기로 함
  → ①, ②만을 보면 2인 이상이 상호출자하여 공동사업을 경영할 것을 목적으로 하는 인적 결사로서 민법 제703조의 조합관계로 볼 수도 있으나, ③에 의하면 지분 처분의 자유가 허용되고 각자의 계산과 책임으로 사업을 한다고 하였으므로 조합관계 불성립
  → 고로 X들의 내부관계는 공동으로 부동산을 매입해 지분을 균등하게 취득하고(이 과정에서 매입한 부동산을 공유로 등기하는 것도 양해한 것으로 보이나, 박이채와의 명의신탁관계로 보면 그럴 일은 거의 없을 것으로 예상되고, 단지 박이채에 대한 명의신탁자로서의 지분권을 공동으로 취득할 것을 예상한 것으로 보임), 그 지분을 자유로이 처분하는 공유 또는 준공유관계에 해당
  → 아직 X들 명의로 이전받은 부동산이 없으므로 X들은 공유자가 아니고, y1이나 y2에 대한 명의신탁이나 부당이득, 매매계약상의 채권을 준공유하는 관계

▶ X들의 당사자능력, 당사자적격
① 공유물이나 준공유물의 처분·변경, 관리, 보존에 따라 달라짐
② 소송행위가 공유물이나 준공유물의 처분·변경에 해당할 경우 공유자 전원의 동의가 필요하므로 전원이 필수적 공동소송인이 되어야 하나, 관리는 그 지분의 과반수로 할 수 있으므로 소송 외에서 그러한 결의를 거쳤거나 그러한 결의 없이 과반수 지분권자가 단독으로 소송행위를 하는 경우에는 그 지분권자가 단독으로 당사자가 될 수 있고,

보존행위와 지분권의 처분·행사는 공유자 각자가 할 수 있으므로 소수 지분권자라도 단독으로 소송행위를 할 수 있고 단독으로 당사자가 될 수 있음

→ ∴ 각각의 소송행위의 내용에 따라 다르게 됨

① 홍은동 521 토지에 대한 지분소유권이전등기청구: 공유물의 처분이 아닌 지분(등기청구권)의 처분이므로 단독으로 가능[63]

② 홍은동 521 토지에 대한 인도청구: 불가분채권이므로 단독으로 가능(단, 재판상 화해로 인해 청구할 소의 이익은 없음!!)

③ 홍은동 521 토지 상의 건물 철거청구: 보존행위이자 불가분채권이므로 단독으로 가능

④ 박이채에 대한 부당이득반환청구: 공유물의 처분이 아닌 지분(부당이득반환청구권)의 처분이므로 단독으로 가능

(중략)

▶ X들의 내부관계와 소송대리권

① X1은 2012. 12. 25.부터 부동산 매입, 공동자금의 관리 등 위 업무 처리에 관한 권한 일체를 X2에 위임하였으므로 X2는 X1을 대리할 권한 있음

② 고로 X2는 X1을 대리하여 이 사건 소송수행에 필요한 소송대리인을 선임할 권한도 있음

③ 그러나 소의 제기 등 소송행위는 법률에 따라 재판상 행위를 할 수 있는 법률상대리인인 법정대리인(미성년자의 친권자·후견인, 부재자의 재산관리인 등), 지배인, 농협의 간부직원 등이 아닌 한 원칙적으로 변호사 아닌 자가 대리할 수 없고(민사소송법 제87조), 예외적으로 단독판사가 심판하는 사건이라도 법원의 허가를 받아야 하므로(민사소송법 제88조), 소의 제기 등 소송행위에 관한 권한을 임의로 타인에게 위임하거나 그 대리권을 수여할 수는 없다. 그러므로 특정인에게 실체법상의 처분권이나 대리권이 있다고 하여 그와 관련한 소송행위에 대하여도 당연히 처분권이나 대리권이 있는 것은 아니다(대법원 1990. 12. 11. 선고 90다카4669 판결, 1996. 12. 23. 선고 95다22436 판결 참조).

④ 타인을 위하여 소송 외의 법률행위를 대리하거나 소송행위를 대리하는 것과 그 본인이 권리를 취득하고 의무를 부담하는 것, 즉 권리·의무의 주체가 되고 소송의 당사자가 되는 것은 대리와는 차원이 다른 것이므로, 소의 제기 등 소송행위를 대리인이 하는 경우에도 그 대리인이 당사자가 되는 것이 아니라 본인이 당사자가 되는 것임

→ ∴ X2는 X1을 위하여 유효하게 소의 제기행위를 대리할 수는 없고,[64] X1에 갈음하여 당사자가 될 수도 없다.

■ 고로, X1, X2는 공동원고가 되어야 함

---

63) 이 단계에서는 구체적으로 어떠한 청구를 할지 확실하지 않으므로 우선 어떠한 청구를 할 것인지를 먼저 결정한 다음에 각각의 청구별로 검토하여야 한다.

64) 물론 이 사건에서는 의뢰인 이명구와 최희선이 모두 조일국 변호사와 상담하고 그에게 직접 소송을 위임하였으므로 소송대리인의 선임에 관하여 대리의 문제는 발생하지 않는다.

(나) 의뢰인들과 박이채의 관계

■ 의뢰인과 박이채의 관계에 관한 법리분석표(예시)

> **2. 의뢰인들과 박이채의 관계**
>
> ▶ X1 이명구 / X2 최희선   ▶ y1 정준일 / y2 박이채
> ==
> ▶ 계약명의신탁인가, 3자간명의신탁인가?
>   ① X1이 y2에게 토지 구입 시 매수인 명의를 빌려주도록 요청해 그의 승낙을 받음
>   ② 당시 X1은 X2를 대리할 권한이 있었고, y2에게 X1과 X2의 관계를 설명하고 동의를 얻었으므로 X2와 y2 간에도 동일한 효력이 있음
>
>   → X들과 y2의 위 약정은 명의신탁약정에 해당하나, 계약명의신탁인지 3자간명의신탁인지는 제3자인 매도인과의 법률행위가 어떠한 형태로 이루어졌느냐에 따라 달라짐
>
>   → 그런데 X1과 y1의 매매계약 체결 당시 매수인의 명의를 y2로 하였고, X1은 y2의 대리인으로 계약서에 표시하고 대리인으로 행세하였으며, y1은 명의신탁 사실을 몰랐으므로 결국 그 매매계약상 당사자는 매매 당사자들의 의사에 따라 y1과 y2가 되고,[65] 의뢰인들과 y2 사이의 명의신탁은 계약명의신탁에 해당함!
>
>   → 위 명의신탁은 부동산의 등기에 관한 것이므로 「부동산 실권리자명의 등기에 관한 법률」이 적용됨
>
> ▶ 토지별 명의신탁관계
>   → 홍은동 520 토지는 y2가 소유권이전등기 마쳤으므로 그가 소유권 취득하고, 명의신탁의 무효에 따른 부당이득반환 문제만 남음
>   ① 부당이득의 시기는?
>   ② 신탁자의 손실과 수탁자의 이득은 무엇인가?
>   ③ 수탁자 박이채는 언제부터 악의인가?
>
>   → 홍은동 521 토지는 X들과 y1, 2 사이에 매수인지위 이전약정이 있었으므로 명의신탁관계가 해소되고, X들이 y2fr 매수인의 권리·의무 승계

---

65) 만약 X1이 매매당사자인 매수인이 될 의사였고 매도인인 Y1도 매수인이 X1인 것으로 알고 매매를 하였다면 그 매매계약의 당사자는 X1과 Y1이 되고, X2가 X1에게 그 지분 범위에서 계약명의신탁을 한 것이 된다(대법원 2011. 2. 10. 선고 2010다83199, 83205 판결, 2013. 10. 11. 선고 2013다52622 판결 등 참조).

(다) 의뢰인 이명구와 정준일 간의 토지매매의 효력

1) 위와 같이 이명구와 정준일의 매매계약 체결 당시 매수인의 명의를 박이채로 하고, 이명구는 박이채의 대리인으로 계약서에 표시하고 대리인으로 행세하였으며, 정준일은 명의신탁 사실을 전혀 몰랐으므로, 이 사건 토지 매매계약의 당사자는 매도인과 매수인으로 행동한 자들인 이명구와 정준일의 의사합치에 의하여 매도인은 정준일, 매수인은 박이채라고 보아야 한다.[66] 의뢰인들은 토지 매매계약의 당사자가 아니므로 매도인 정준일에게 2010. 5. 1.자 매매계약 자체만에 기해서는 아무런 권리가 없다.

2) 의뢰인들과 박이채 간의 명의신탁약정은「부동산 실권리자명의 등기에 관한 법률」제4조 제1항에 의하여 무효이다. 따라서 의뢰인들은 명의수탁자인 박이채에게 명의신탁약정에 의해서는 어떠한 권리·의무도 취득하지 못하고, 박이채 역시 마찬가지다.[67]

그러나 홍은동 520 토지에 관해서는 이미 2010. 6. 30. 매수인 박이채가 매도인 정준일에게서 소유권이전등기를 받았으므로, 위 법률 제4조 제2항 단서에 의해 박이채 명의의 소유권이전등기는 유효하고, 이로써 박이채는 위 소유권이전등기 시에 매도인 정준일로부터 홍은동 520 토지의 소유권을 취득한다. 위 법률에서는 직접 규정하지 않고 있으나 이러한 경우 명의수탁자인 매수인 박이채와 매도인 정준일 사이의 토지 매매계약도 유효한 것으로 된다(대법원 2011. 5. 26. 선고 2010다21214 판결 등).

3) 반면에 홍은동 521 토지에 관해서는 명의수탁자 박이채가 아직 소유권이전등기를 받지 못하였으므로 위 법률 제4조 제2항 단서가 적용될 수 없다.[68] 따라서 홍은동 521 토지에 관해서는 매도인인 정준일의 행동 여하에 따라 달라지게 될 것이나, 기본적으로는 ① 매수 명의자인 박이채는 정준일에게 매매계약에 기하여 소유권이전등기청구권 등 매수인의 권리를 행사할 수 있고, ② 명의신탁자인 의뢰인들은 매매계약의 당사자가 아니므로 정준일에게 아무런 권리를 행사할 수 없으며, 박이채와의 명의신탁약정이 무효이므

---

66) 이명구와 정준일의 매매계약 체결 당시 누구를 매수인으로 하기로 합의하였는지 판단할 직접적인 자료가 없으나, 매매계약 이전에 이미 의뢰인들과 박이채 사이에 박이채를 매수명의인으로 하여 매매계약을 체결하기로 약속하였고, 비록 매매계약 체결 당시 이명구가 매수인의 역할을 수행하였지만 매매계약서의 매수인란에 박이채를 기재하고 이명구는 그 대리인이라고 기재하였으며, 특별히 의뢰인들이 실제 매수인이고 박이채는 명의수탁자에 불과하다는 말을 정준일에게 한 바 없는 사정 등을 고려하면, 매도인 정준일과 이명구 사이에 박이채를 매수인으로 한다는 데에 의사합치가 있는 것으로 보아야 한다. 매매계약에 있어 누가 당사자인지를 분별하는 방법에 관하여는 대법원 1998. 3. 13. 선고 97다22089 판결, 1999. 6. 25. 선고 99다7183 판결, 2001. 5. 29. 선고 2000다3897 판결, 2003. 9. 5. 선고 2001다32120 판결 등을 참조.

67) 의뢰인들이 홍은동 520 토지와 관련하여 박이채에게 부당이득반환청구권을 갖는 것은 명의신탁의 효력이 아니라 그와는 별개의 법률요건인 부당이득에 의한 것이다.

68) 그러나 곧바로 명의수탁자와 매도인 사이의 매매계약이 무효로 된다고는 할 수 없고(무효가 될 사유가 없다.), 오히려 장차 매도인의 소유권이전등기에 따라 수탁자 앞으로 소유권이 이전될 것이 기대되는 상태라고 하겠다.

로 박이채에 대한 소유권이전청구권을 피보전권리로 삼아 박이채를 대위해서 정준일에게 권리를 행사할 수도 없다.[69]

　4) 대법원은 2003. 9. 5. 선고 2001다32120 판결에서 "어떤 사람이 타인을 통하여 부동산을 매수함에 있어 매수인 명의 및 소유권이전등기 명의를 타인 명의로 하기로 약정하였고, 매도인도 그 사실을 알고 있어서 그 약정이 부동산 실권리자명의 등기에 관한 법률 제4조의 규정에 의하여 무효로 되고, 이에 따라 매매계약도 무효로 되는 경우에 매매계약상의 매수인의 지위가 당연히 명의신탁자에게 귀속되는 것은 아니지만, 그 무효사실이 밝혀진 후에 계약 상대방인 매도인이 계약명의자인 명의수탁자 대신 명의신탁자가 그 계약의 매수인으로 되는 것에 대하여 동의 내지 승낙을 함으로써 부동산을 명의신탁자에게 양도할 의사를 표시하였다면, 명의신탁약정이 무효로 됨으로써 매수인의 지위를 상실한 명의수탁자의 의사에 관계없이 매도인과 명의신탁자 사이에는 종전의 매매계약과 같은 내용의 양도약정이 따로 체결된 것으로 봄이 상당하고, 따라서 이 경우 명의신탁자는 당초의 매수인이 아니라고 하더라도 매도인에 대하여 별도의 양도약정을 원인으로 하는 소유권이전등기청구를 할 수 있다."고 판시하였는바, 비록 매도인이 악의이기는 하지만, 명의신탁자와 매도인 사이에 매매계약이 없거나(이 사건의 경우) 그 매매계약이 무효인 결과(위 판례의 사안)는 동일하므로, 계약명의신탁에서 명의신탁자와 매도인 사이에 별도의 양도약정이 없는 한 명의신탁자는 매도인에게 직접적으로는 어떠한 권리도 취득, 행사할 수 없는 법리는 동일하다.

　위와 같이 홍은동 521 토지의 매수인은 박이채이고 매도인 정준일이 선의이므로 박이채에게 매수인으로서의 권리가 있는데, 의뢰인들과 정준일, 박이채는 2010. 11. 1. 위 매매계약상의 매수인 지위를 박이채에서 의뢰인들로 변경하기로 하는 매매계약상 매수인 지위양도계약을 체결하였으므로,[70] 이로써 의뢰인들이 매매계약 당초로 소급하여 홍은동 521 토지의 매수인이 되고 정준일에게 매수인으로서의 모든 권리를 행사할 수 있게 되었다.[71] 따라서 의로인들은 정준일에게 홍은동 521 토지에 관하여 2010. 5. 1. 매매를 원인

---

69) 즉 박이채와의 명의신탁약정이 무효이므로 박이채에 대한 소유권이전청구권이 발생하지 않는다. 다만, 다음에 보는 바와 같이 의뢰인들은 박이채에게 부당이득반환청구권이 있으므로 이를 피보전권리로 삼아 채권자대위권을 행사할 수는 있다. 그러나 이 사건에서는 뒤에서 보는 바와 같이 박이채가 홍은동 521 토지에 대한 매수인의 지위를 정준일의 승낙을 받아 의뢰인들에게 이전하였으므로 의뢰인들은 굳이 정준일에게 채권자대위권을 행사할 필요가 없게 된다.

70) 이른바 계약인수이다. 민법에 명문의 규정이 없지만 학설과 판례가 모두 인정한다(대법원 1982. 10. 26. 선고 82다카508 판결 등. 한편, 대법원 2013. 12. 26. 선고 2012다1863 판결은 제3자가 토지거래허가를 받기 전의 토지 매매계약상 매도인 지위를 인수하는 경우, 토지 매매계약상 매수인 지위를 인수하는 경우와 달리 최초 매도인과 매수인이 체결한 매매계약에 관한 관할 관청의 허가가 없더라도 매도인 지위 인수에 관한 합의의 효력이 발생한다고 하였다).

　계약인수는 양도인과 양수인(인수인), 잔류 계약 당사자의 3면계약 또는 양도인과 양수인의 합의와 잔류 계약 당사자의 승인이 있어야 한다(대법원 1982. 10. 26. 선고 82다카508 판결 등).

으로 한 소유권이전등기청구권을 행사할 수 있다.

5) 당초 매매계약상 정준일은 홍은동 521 토지에 관한 소유권이전등기를 2010. 6. 30. 이후 소유권보존등기를 마치는 등의 '등기정리 후' 이행하기로 하였다가, 2010. 11. 1.자 합의에서는 2010. 12. 31.까지 이행하기로 하였고 그로부터 이미 상당한 기간이 지났으므로 정준일의 소유권이전등기의무는 그 이행기가 도래하였다.[72) 73)]

(라) 홍은동 520 토지에 대한 의뢰인들과 박이채의 관계

1) 위와 같이 홍은동 520 토지에 관하여 명의수탁자 박이채가 2010. 6. 30. 소유권이전등기를 받음으로써 그는 홍은동 520 토지의 소유권을 취득한다.

2) 박이채가 홍은동 520 토지의 소유권을 취득한 것은 의뢰인들의 출재(매매대금 출연)에 의한 것이고, 의뢰인들과 박이채 사이에 홍은동 520 토지의 매매대금을 주고받을 법적 근거는 무효가 된 명의신탁약정밖에 없으므로, 결국 박이채는 법률상 원인 없이 의뢰인들에게서 홍은동 520 토지 그 자체가 아니라 그 매매대금 상당액을 이득한 것이 된다는 것이 대법원 판례이다.[74)] 따라서 그는 민법 제741조에 의하여 그 금액을 의뢰인들에

---

71) 홍은동 520 토지는 이미 박이채 앞으로 소유권이전등기가 이루어지고 인도까지 이루어짐으로써 매매계약상의 채무가 모두 이행되어 계약관계가 종료하였으므로, 이에 대하여는 설사 매매계약상 매수인 지위양도계약이 이루어진다고 하더라도 실질적으로 그 효력이 없고, 다만 의사해석상 박이채가 의뢰인들에게 이를 다시 양도하기로 하는 합의로 볼 수는 있다. 이 사건의 경우 2010. 11. 1.자 매수인 지위 양도 합의서를 보면 그 대상이 홍은동 521 토지에 국한되어 있음을 알 수 있으므로 그런 문제가 생기지도 않는다.

72) 최희선이 2013. 2. 정준일에게 소유권이전등기를 독촉한 데에 대하여 정준일이 곧 이행하겠다고 한 것은 그 소유권이전등기의무의 이행기를 변경한 것이 아니라 채권자가 이행을 독촉하고 채무자가 이행을 약속한 것에 지나지 않는다.

73) 이와 같이 "등기정리 후" 소유권이전등기의무를 이행하기로 약정한 경우 그 이행기는 불확정기한에 속한다고 할 것인데, 이러한 경우 채무자가 현실로 등기를 정리한 때에야 비로소 이행기가 도래하는 것이 아니라 그 의무를 이행하는 데에 필요한 상당한 기간이 경과하거나 그 불확정기한의 도래 사유로 정한 일정한 사유의 불발생이 확정된 때에 이행기가 도래한다고 할 수 있다(대법원 1989. 6. 27. 선고 88다카10579 판결, 2000. 11. 28. 선고 2000다7936 판결, 2007. 5. 10. 선고 2005다67353 판결, 2009. 5. 14. 선고 2009다16643 판결 등 참조).

74) 대법원은 그 이유를 "계약명의신탁약정이 부동산실명법 시행 후에 이루어진 경우에는 명의신탁자는 애초부터 당해 부동산의 소유권을 취득할 수 없으므로 위 명의신탁약정의 무효로 명의신탁자가 입은 손해는 당해 부동산 자체가 아니라 명의수탁자에게 제공한 매수자금이고, 따라서 명의수탁자는 당해 부동산 자체가 아니라 명의신탁자로부터 제공받은 매수자금만을 부당이득한다."(2014. 8. 20. 선고 2014다30483 판결, 2010. 10. 14. 선고 2007다90432 판결 등)고 하여 명의신탁이 무효가 된 시점에 수탁자가 취득한 것이 매매매금인지 아니면 부동산 등 재산인지에 기준을 둔다.

그리하여 "명의신탁자가 애초부터 그 부동산의 소유권을 취득할 수 없었던 경우 명의신탁약정의 무효로 인하여 명의신탁자가 입은 손해는 명의신탁자가 명의신탁약정을 해지하고 그 부동산의 소유권을 취득할 수 있었던 경우와는 달리 취급되어야 할 것이다."(대법원 2005. 1. 28. 선고 2002다66922 판결, 2005. 4. 28. 선고 2004다68335 판결)고 하고, "부동산 실권리자명의 등기에 관한 법률 시행 전에 명의수탁자가 명의신탁 약정에 따라 부동산에 관한 소유명의를 취득한 경우 위 법률의 시행 후 같은 법 제11조의 유예기간이 경과하기 전까지 명의신탁자는 언제라도 명의신탁 약정을 해지하고 당해 부동산에 관한 소유권을 취득할 수 있었던 것으로, 실명화 등의 조치 없이 위 유예기간이 경과함으로써 같은 법 제12조 제1항, 제4조에 의해 명의신탁 약정은 무효로 되는 한편, 명의수탁자가 당해 부동산에 관한

게 부당이득으로 반환할 의무를 진다($^{대법원\ 2005.\ 1.\ 28.\ 선고}_{2002다66922\ 판결}$).[75)]

한편, 홍은동 520 토지의 매매대금은 5억 원이므로 박이채는 이를 부당이득액의 원금으로 반환하여야 하고, 의뢰인들은 박이채와의 공동명의신탁계약 당사자로서 각 2분의 1 지분을 가지고 있으므로 박이채가 부당이득을 얻음과 동시에 의뢰인들은 박이채에게 각 2억 5,000만 원의 부당이득반환채권을 취득한다.

3) 부당이득반환채권은 법률규정에 의하여 발생하는 법정채권으로서 이행기의 정함이 없는 채권이므로 부당이득 성립 후 그 당사자가 특별히 이행기를 약정하지 않은 이상 민법 제387조 제2항에 따라, 채무자인 부당이득자가 이행청구를 받은 때, 즉 이행청구를 받은 그 다음 날 0시부터 이행지체가 성립하고 그때부터 지연손해금 지급의무가 발생한다($^{대법원\ 2010.\ 1.\ 28.\ 선고\ 2009}_{다24187,\ 24194\ 판결\ 등}$). 이때 그 지연손해금률 역시 당사자 간에 특약이 없다면 연 5%의 민사 법정이율이 적용된다($^{민법\ 제397조\ 제}_{1항,\ 제379조}$).[76)]

이 사건에서는 의뢰인들이 박이채에게 소 제기 이전에 부당이득의 반환을 청구하였다는 자료가 없으므로, 결국 박이채는 이행청구의 의사표시가 담긴 소장 부본이 송달된 다음 날부터 이행지체에 따른 지연손해지급의무가 발생하며, 당시의 '소송 촉진 등에 관한 특례법' 제3조 제1항 본문에 의하여 그 지연손해금률은 연 20%가 된다.[77)]

완전한 소유권을 취득하게 된다 할 것인데, 같은 법 제3조 및 제4조가 명의신탁자에게 소유권이 귀속되는 것을 막는 취지의 규정은 아니므로 명의수탁자는 명의신탁자에게 자신이 취득한 당해 부동산을 부당이득으로 반환할 의무가 있다."(2009. 7. 9. 선고 2009다23313 판결)고 하는 반면 "부동산 실권리자명의 등기에 관한 법률 시행 전에 명의신탁자와 명의수탁자가 이른바 계약명의신탁약정을 맺고 명의수탁자가 당사자가 되어 명의신탁약정이 있다는 사실을 알지 못하는 소유자와 부동산에 관한 매매계약을 체결하고 매매계약에 따른 매매대금을 모두 지급하였으나 당해 부동산의 소유권이전등기를 명의수탁자 명의로 마치지 못한 상태에서 부동산실명법 제11조에서 정한 유예기간이 경과하였다면, 명의신탁약정의 무효에 불구하고 명의수탁자와 소유자의 매매계약 자체는 유효한 것으로 취급되는데, 이 경우 명의수탁자는 명의신탁약정에 따라 명의신탁자가 제공한 비용으로 소유자에게 매매대금을 지급하고 당해 부동산을 매수한 매수인의 지위를 취득한 것에 불과하지 당해 부동산에 관한 소유권을 취득하는 것은 아니므로, 유예기간 경과에 따른 명의신탁약정의 무효로 인하여 명의신탁자가 입게 되는 손해는 당해 부동산 자체가 아니라 명의수탁자에게 제공한 매수자금이고, 그 후 명의수탁자가 당해 부동산에 관한 소유권을 취득하게 되었다고 하더라도 이로 인하여 부당이득반환 대상이 달라진다고 할 수는 없다."(2011. 5. 26. 선고 2010다21214 판결)고 한다.

75) 부당이득의 법리는 매우 복잡하고 난해하다. 특히 명의신탁과 관련해서는 더욱 그러하다. 여기서는 상론을 피하고 일단 대법원 판례에 따르기로 한다. 다만 명의수탁자가 매매대금 상당액을 부당이득한다고 볼 때 이를 언제 취득하였다고 볼 것인지가 문제된다. 악의의 수익자는 이익을 받은 때로부터 법정이자를 지급하여야 하므로 이득의 시기는 중요한 문제이다. 이에 관하여는 뒤에서 검토한다.

76) 상행위로 인하여 발생한 부당이득반환의 경우에 그 법정이율은 연 6%의 상사 법정이율에 의하여야 할 것이고(대법원 2012. 11. 15. 선고 2010다68237 판결 참조), 소멸시효는 상사시효 5년이 적용된다(대법원 2007. 5. 31. 선고 2006다63150 판결 참조). 이 사건에서 의뢰인들과 박이채의 관계가 상사관계라고 볼 사정은 없다. 의뢰인들의 부동산 매수와 전매가 상법 제46조의 '영업으로 하는' 상행위라고 볼 수 없기 때문이다. 영업으로 하는 상행위란 영리를 목적으로 동종의 행위를 계속적·반복적으로 하는 것을 말한다(대법원 1994. 4. 29. 선고 93다54842 판결). 그러나 의뢰인들에게 그러한 계속성과 반복성을 인정할 자료가 없다.

77) '소송 촉진 등에 관한 특례법' 제3조 제1항 본문과 동 시행령에 의한 지연손해금률은 연 20%에서

4) 부당이득반환에 있어 선의의 수익자는 그 받은 이익이 현존하는 한도에서 반환책임을 지지만 악의의 수익자는 받은 이익에 이자를 붙여 반환하고 손해가 있으면 이를 배상하여야 한다(민법 제748조). 여기서 법정이자는 부당이득반환의무의 이행지체에 따른 지연손해금과 성질을 달리하는 것으로서, 원래의 이득에서 파생된 추가적 이득이며, 추가적 이득이 현실로 발생하였는지를 불문하고 발생이 의제된다.

선의의 수익자는 반환책임이 경감되는 데에 반해 악의의 수익자는 그 책임이 가중된다. 따라서 수익자가 선의냐 악의냐는 매우 중요하다. 선의냐 악의냐는 자신이 얻은 이익이 법률상 원인이 없음을 알지 못하거나 안 것을 의미하며, 명의수탁자가 법률상 원인이 없음을 알았다고 하기 위해서는 단지 그 매매자금이 명의신탁에 기하여 신탁자로부터 지급되었다는 사실을 안 것만으로는 부족하고 그 명의신탁약정이 무효임을 알았어야 한다(대법원 2010. 1. 28. 선고 2009다24187, 24194 판결, 2012. 11. 15. 선고 2010다68237 판결 등).[78]

물건의 점유자인 수익자는 민법 제197조 제1항에 의하여 선의의 점유자로 추정되므로 그가 악의라는 사실은 부당이득의 반환을 구하는 채권자가 주장, 입증하여야 한다(대법원 2010. 1. 28. 선고 2009다24187, 24194 판결). 그리고 그 선악의 판단 기준시는 이득을 받은 때, 즉 부당이득이 성립한 때라고 할 것이다.[79] 선의의 수익자라도 후에 법률상 원인이 없음을 안 때에는 그때부터 악의로 전환되며, 부당이득반환청구소송에서 패소한 경우 소 제기 시부터 악의로 된다(민법 제749조 제2항).[80]

5) 한편, 위와 같이 악의의 수익자는 그 이익을 받은 날부터 법정이자를 가산하여 지급하여야 하고, 이익과 법정이자의 반환을 지체한 때는 이익에 대한 지연손해금과 별도로 법정이자에 대한 지연손해금도 지급하여야 하는바(대법원 2003. 11. 14. 선고 2001다61869 판결), 위 '이익을 받은 날'이란 곧 부당이득이 성립하는 때이다.

6) 그런데 이 사건과 같이 매매대금이 계약금, 중도금, 잔금 등으로 나뉘어 여러 번에

15%, 12%로 단계적으로 하향 조정되었다.

78) 대법원은 2010. 1. 28. 선고 2009다24187, 24194 판결에서, 명의수탁자인 원고가 자신 앞으로 소유권이전등기가 행하여진 후로도 명의신탁자인 피고를 상대로 소를 제기하기에 앞서 원고의 대리인인 변호사를 통하여 피고에게 통고서를 보내는 등의 조치에 이르기 전까지 명의신탁으로 취득한 부동산에 대한 신탁자의 점유·사용에 대하여 어떠한 이의를 제기하였다는 자료를 찾아보기 어렵다면 원고 앞으로 소유권이전등기가 행하여진 당시에 이미 원고가 그 매수자금에 관하여 이를 보유할 법률상 원인이 없어서 반환하여야 할 것임을 알고 있었다고 하기는 어렵고, 오히려 그 등기 후로도 상당한 기간 동안 여전히 그 부동산의 취득에 관한 명의신탁약정을 유효한 것으로, 따라서 위 매수자금을 반환하지 아니하여도 되는 것으로 전제하고 있었다고 보아야 할 것이라고 판시하였다.

79) 수익자가 이익을 받은 후 법률상 원인 없음을 안 때에는 그때부터 악의의 수익자로서 이익반환의 책임이 있다는 민법 제749조 제1항의 해석상 분명하다. 동지: 지원림, <민법강의>, 홍문사(2010), 1627면.

80) 위 소는 부당이득반환청구의 소를 의미하며(대법원 1974. 7. 16. 선고 74다525 판결 참조), 그 소의 패소 확정 전에 미리 이를 전제로 소 제기 시부터 악의의 수익자로서의 반환을 구하는 것도 가능하다(대법원 1979. 8. 31. 선고 78다858 판결). 다만, 위 '소 제기 시'가 소장의 제출 시인지 소장 부본의 송달 시인지 다툼이 있는데 대법원 판결(1974. 7. 16. 선고 74다525 판결, 1978. 10. 10. 선고 78다1273 판결, 2002. 11. 22. 선고 2001다6213 판결)은 소장 제출 시로 보고 있다.

걸쳐 지급되고 부동산의 소유권이전등기는 그 뒤에 이루어지는 경우 과연 부당이득이 언제 성립하는지, 그리하여 '이익을 받은 날'이 언제인지가 문제이다. 이는 명의수탁자가 무엇을 이득한 것으로 볼 것인지와도 밀접하게 연관되어 있다.

앞서 본 바와 같이 대법원 판시대로 수탁자가 부동산 자체가 아니라 매매대금을 이득한 것이라면, 현실로 수탁자가 그 대금을 각각 수령한 때 또는 신탁자가 매도인에게 이를 각각 지급한 때에 수탁자가 이를 이득한 것으로 볼 수도 있다. 그러나 이 경우 비록 명의신탁약정은 무효이고 명의수탁자와 매도인 간의 매매계약은 유효여서 명의수탁자가 명의신탁자에게서 매매대금을 수령할 법률상 원인이 없다고 하더라도, 이득이란 형사법상의 영득과 동일한 의미로서 적어도 그 이익이 객관적으로 수익자의 지배하에 들어가 그가 이를 처분할 수 있는 상태에 이르렀을 때 성립한다고 할 것인데, 통상적으로 비록 명의수탁자가 악의인 경우에도 명의수탁자의 의사는 그 매매자금을 자신이 취득한다거나 자신을 위한 매매계약의 대금으로 지급한다는 의사는 없다 할 것이고, 이러한 상태에서 수탁자가 신탁자에게서 매매대금을 수령한 즉시 그 돈이 과연 수탁자의 지배하에 들어가 그의 처분이 가능한 상태에 이르렀다고 볼 수 있을지 매우 의문이다. 게다가 명의신탁자가 수탁자를 거치지 않고 매도인에게 대금을 직접 지급한 경우나 명의수탁자가 선의인 경우에는 더욱 그러하다.[81]

이렇게 본다면, 명의수탁자가 그 이득을 받은 날은 결국 당해 부동산의 소유권이전등기를 받은 때라고 해석하여야 할 것이다. 대법원은 이에 대하여는 직접 판시한 예가 없지만,[82] 이득이 부동산 그 자체가 아니라 매매대금이라고 보는 대법원의 입장에서 보면 매매대금을 수령한 때에 이득을 받은 것으로 볼 수도 있을 것이다.[83] 그렇게 해석할 여지

---

81) 3자간 명의신탁에서는 거의 명의신탁자가 수탁자를 거치지 않고 매도인에게 직접 매매대금을 지급할 것이고, 이 사건과 같은 계약명의신탁에서도 명의신탁자가 대리인으로 행세하며 매매를 주도한 경우 같은 모습이 된다.

82) 학설 역시 이 점에 관하여 논한 사례를 찾기 어렵다.

83) 이에 관하여는 대법원 2010. 1. 28. 선고 2009다24187, 24194 판결이 참고가 될 수 있겠다. 명의신탁자가 명의수탁자에게 매매대금 상당의 부당이득에 대하여 명의신탁 부동산에 관하여 명의수탁자 앞으로 소유권이전등기가 행하여진 날부터 다 갚는 날까지 민법 및 '소송촉진 등에 관한 특례법'이 정한 각 비율에 의한 지연손해금을 청구하자(명의신탁자는 위 부당이득금에 대하여 수탁자가 신탁자로부터 매수자금을 수령한 날로부터 다 반환할 때까지의 기간에 관한 지연손해금을 청구한다면서 수탁자가 매수자금을 수령한 날을 명의수탁자 앞으로 소유권이전등기가 행하여진 날과 같은 날로 보고 지연손해금청구를 하였다.) 원심이 이를 그대로 인용한 것에 대하여 대법원은, ① 만일 명의신탁자인 원고의 그 청구가 이행지체로 인한 손해배상을 구하는 취지라고 한다면, 원래 부당이득반환의무는 이행기한의 정함이 없는 채무이므로 그 채무자는 이행청구를 받은 때에 비로소 지체책임을 진다고 할 것인데(민법 제387조 제2항), 기록에 의하면 위와 같이 지연손해금의 지급을 구하는 취지가 담긴 청구취지정정신청서 부본을 수탁자인 피고가 수령하기 전에 원고가 위 매수자금의 반환을 청구하였다는 자료를 찾을 수 없고, ② 만일 위 지연손해금청구를 부당이득반환의무를 부담하는 수탁자에 대하여 악의의 수익자로서의 손해배상책임(민법 제748조 제2항 참조)을 인정하는 취지라고 하더라도, 부당이득반환의무자가 악의의 수익자라는 점에 대하여는 이를 주장하는 측에서 입증책임을 진다고 할 것이며, 또한 여기서 '악의'라고 함은 자신의 이익 보유가 법률상 원인 없는 것임을 인식하는 것을 말하고, 그 이익의 보

가 더 크다고 하겠다. 그러나 대법원의 견해대로 이득이 부동산 자체가 아닌 매매대금이라고 보더라도, 그것이 수탁자의 지배와 처분권에 들어간 시점은 그 매매대금의 수령 시가 아니라 등기 시라고 보는 것이 논리에도 맞고 공평하다고 생각된다.[84]

7) 이 사건에 관하여 보면, 명의수탁자인 박이채가 언제 명의신탁이 무효인지를 알았는지 판단할 수 있는 직접적인 자료는 제시되어 있지 않지만, 그가 명의신탁 약정 시나 정준일의 매매대금 수령 시 또는 소유권이전등기 시 선의였다는 자료 역시 제시되어 있지 아니하고, 그가 2011. 6. 12. 의뢰인 이명구에게 보낸 통지서에서 "홍은동 520 토지 건은 명의신탁이 불법인 이상 명의신탁자인 형님 입장에서는 어떤 권리 주장도 할 수 없다는 점을 형님도 잘 아시겠지요?"라고 말한 것을 보면, 적어도 그는 그 이전에 이미 명의신탁이 무효라는 것을 알고 있었다고 판단된다.

그러므로 수험생으로서는 비록 그에 대한 입증문제가 남기는 하지만, 의뢰인들에게 유리하게 박이채가 명의신탁약정 당시부터 악의였다고 보아 그가 이득을 취득한 때부터 법정이자의 지급을 청구하여도 무방하다.[85]

유를 법률상 원인이 없는 것이 되도록 하는 사정, 즉 부당이득반환의무의 발생요건에 해당하는 사실이 있음을 인식하는 것만으로는 부족하다며 원심판결을 파기하였다. 그러나 이 사건에서 대법원이 부당이득의 시점을 언제로 본 것인지는 분명치 않다. 다만, 이 소송의 명의신탁자인 원고는 명의신탁 부동산에 관하여 명의수탁자 앞으로 소유권이전등기가 행하여진 날에 매매대금 상당의 부당이득을 얻은 것으로 본 것이 아닌가 생각된다.

84) 형식논리적으로만 본다면, 명의수탁자와 선의의 매도인 간의 매매가 유효여서 그것이 명의수탁자를 위한 매매가 되는 이상 매매대금을 명의신탁자가 명의수탁자에게 지급하거나 명의신탁자가 매도인에게 직접 지급한 때에 수탁자가 그 대금에 대한 이득을 얻은 것으로 보아야 할 것이다. 그러나 명의신탁계약이 그 목적을 달성하는 시점은 명의수탁자 앞으로 부동산의 소유권이전등기가 이루어진 때이고, 그때 명의수탁자는 부동산의 소유권을 취득하므로, 판례대로 명의수탁자가 부동산이 아닌 매매대금 상당액을 이득한다고 볼지라도 이에 대응하여 수탁자는 매매대금 상당액을 그때 부당이득한다고 보는 것이 현실에 맞는다 할 것이다. 명의신탁자가 매도인에게 직접 대금을 지급한 때에는 현실적으로 그 돈이 수탁자의 지배하에 들어가 수탁자가 이를 '취득'하였다고 보기 어려우며, 명의신탁계약과 매매계약이 이행되고 있는 동안에는 수탁자가 현실로 얻은 것이 전혀 없다. 더욱이 명의신탁계약과 매매계약이 이행되고 있는 동안 명의수탁자는 신탁자를 위한 매매계약을 이행하고 있다고 생각하지 자신을 위하여 매매계약을 이행하고 있다고는 생각하지 않는 것이 사회통념에 맞으며, 반대의 경우는 수탁자가 처음부터 명의신탁계약이 무효인 것을 알고 신탁자를 전면적으로 배제한 채 자신이 부동산의 소유권을 취득해 사용·수익하거나 처분하려는 의사가 있는 등의 특별히 예외적인 경우에 국한될 것이다. 경우에 따라서는 매매계약의 이행 중에 신탁자의 지시나 의사에 따라 매매가 해제될 수도 있다. 따라서 수탁자가 매매의 전 과정을 지배하고 있다고 보기도 어렵다. 이와 같이 매매계약의 이행시점에 명의수탁자가 곧 매매대금 상당액을 취득하였다고 보기 어려운 사정 등을 감안하면, 매도인으로부터 명의수탁자 앞으로 부동산의 소유권이전등기가 이루어진 때에 비로소 수탁자가 매매대금 상당액을 취득한 것으로 보아야 하지 않을까 싶다.

또한 매매대금 수수 시에 곧 부당이득이 성립한다고 하면 그때부터 부당이득반환채무의 소멸시효가 진행되므로 신탁자는 매매대금을 지급하자마자 이를 행사하여야 하는데, 과연 사회통념상 이를 기대하고 신탁자에게 법의 이름으로 요구할 수 있는가? 만약 매매대금 수수 시에 곧 신탁자가 부당이득반환채권을 행사한다면 그는 스스로 중도에 명의신탁을 포기하는 것이 될 것이다. 따라서 신탁자에게 그때 부당이득반환채권을 행사하도록 요구하는 것은 사회현상과 너무 동떨어진 형식논리에 불과하다는 비난을 면하기 어렵다.

이 사건에서는 홍은동 520 토지의 소유권이전등기일인 2010. 6. 30.에 박이채가 부당이득을 취득하였고 그 당시 그가 악의인 것으로 보아, 그때부터 다 갚는 날까지 연 5%의 민사 법정이자를, 소장 부본 송달일 다음 날부터 다 갚는 날까지 '소송 촉진 등에 관한 특례법'에 의한 연 20%의 지연손해금을 청구하는 것으로 모범답안을 작성하였다.[86)][87)]

(마) 홍은동 520 토지에 대한 박이채와 서병석 및 의뢰인들의 관계

A. 박이채와 서병석의 관계

1) 박이채는 서병석에 대한 2억 원의 손해배상채무를 담보하기 위해 홍은동 520 토지를 서병석 앞으로 소유권이전하기로 2010. 8. 8. 서병석과 양도담보약정(양도담보설정계약)을 하였고, 이에 따라 2010. 8. 10. 등기원인을 '2010. 8. 8. 매매'로 하여 서병석 앞으로 소유권이전등기를 마쳐 주었다. 따라서 박이채와 서병석의 위 법률관계는 채무담보를 위해 부동산의 소유권을 채권자 앞으로 이전하는 양도담보이다. 비록 등기원인을 2010. 8. 8.자 매매로 하였다 하더라도 이는 매매의 형식을 빌린 것에 불과하고, 그 실체관계가 양도담보가 아닌 매매로 변하는 것은 아니다.[88)]

---

85) 그렇게 판단하더라도 <의뢰인 상담일지>와 그 첨부서류에 나타난 사실관계를 진실한 것으로 간주하라는 제약조건에 위반되는 것은 아니다. 이와 같이 주어진 자료에 의하여 판단이 어려울 때는 의뢰인에게 유리하게 판단하는 것이 좋으며, 그렇게 판단하더라도 감점을 받을 염려는 거의 없다고 할 것이다. 반대로 박이채가 이득 취득 시 선의였다고 판단한다면 오히려 주어진 자료에 반하거나 근거 없는 판단이 될 우려가 더 크다. 물론 이와 같이 사실관계가 명확하지 않은 경우 그에 따른 배정점수의 편차는 거의 없다고 생각해도 좋을 것이다.

86) 물론 이와 다른 견해를 취하여 정준일에게 매매대금이 지급된 때에 박이채가 각각의 매매대금을 악의로 부당이득한 것으로 보아 그때부터 법정이자 지급을 청구하여도 무방하다. 다만, 매매대금 지급 시를 기준으로 하면 계약금, 중도금, 잔금으로 대금이 분할지급된 경우 각 그때마다 각각의 금액에 대하여 법정이자가 따로 발생하여 그 청구가 매우 번거롭게 된다.

87) 민법 제749조 제2항에 의하여 이 사건 소 제기 시(2014. 1. 6.)부터 악의로 보아 민사 법정이자의 지급을 구할 수도 있으나 그 시점이 2010. 6. 30.보다 뒤여서 의뢰인들에게 불리하므로 이를 선택할 이유가 없다. 한편 원금(의뢰인들마다 각 2억 5,000만 원)은 물론 위 법정이자에 대해서도 이행지체에 따른 지연손해금 청구가 가능하나, 이 역시 기한의 정함이 없는 채무로서 이행청구를 받은 때부터 지체에 빠지고, 또 그 법정이자는 2010. 6. 30.부터 원금의 지급 시까지 계속적으로 발생하므로 거기에 다시 지연손해금을 붙이기가 매우 곤란하다. 이런 점을 고려할 때 그에 대한 지연손해금을 청구하지 않더라도 무방하며 그것이 실무관행이다(꼭 필요한 경우에는 일정 기간이 지난 뒤 그 간의 누적된 법정이자에 대하여 지연손해금을 구한다. 대법원 2003. 11. 14. 선고 2001다61869 판결 참조).

88) 다만, 이 경우 등기원인의 실체관계(양도담보)와 외형(매매)이 다르게 되어 그 소유권이전등기가 등기원인의 무효(엄밀히는 형식상의 등기원인인 매매의 부존재)로서 등기가 무효가 되고 그에 따라 물권변동의 효력이 발생하지 않는 것은 아닌가 하는 의문이 있을 수 있으나, 등기부에 표시된 등기원인과 실제의 등기원인이 엄격히 일치하지 않더라도 그 등기가 실제의 권리관계를 표상하는 것으로 볼 수 있는 경우에는 유효한 등기가 된다. 즉 등기부 기재상 물권변동의 과정이나 태양이 실제와 다르더라도 일정한 내용의 물권변동의 실체가 존재하고 그 등기부 기재상의 권리와 실체의 권리를 동일한 것으로 볼 수 있는 경우에 그 등기는 실체적 권리관계에 부합하는 유효한 등기로 인정된다. 판례도 이를 인정한다(대법원 1961. 12. 14. 선고 4293민상893 판결, 1962. 8. 30. 선고 60다300 판결, 1964. 6. 2. 선고 63다880 판결, 2005. 9. 29. 선고 2003다40651 판결 등 참조). 양도담보를 매매로 등기한 경우도 이에 속한다(대법원 2005. 5. 27. 선고 2005다12018 판결 등 참조).

한편, 앞서 본 바와 같이 박이채는 홍은동 520 토지의 적법한 소유자이므로 서병석과의 양도담보약정은 무권리자의 처분행위가 아니라 적법 유효한 법률행위이다.

2) 등기나 등록을 물권변동의 요건으로 하는 부동산의 소유권 등 일정한 재산권의 취득을 목적으로 하는 양도담보에 관하여는 일정한 요건을 충족할 경우 「가등기담보 등에 관한 법률」(이하 '가등기담보법')이 적용되어(동법 제2조 제1호, 제18조) 많은 규제를 받게 된다.

위 법률이 적용되기 위해서는, ① 담보계약의 피담보채권이 소비대차 또는 준소비대차에 의하여 발생한 것이어야 하고, ② 채무자가 차용물의 반환에 관하여 그 차용물에 갈음하여(대신해서) 부동산의 소유권 등 다른 재산권을 이전하기로 하는 대물변제(대물반환)의 예약 등을 채권자와 하여야 하며, ③ 그 대물변제예약 당시의 재산권 가액(선순위 피담보채무액을 공제한 실질가액)이 차용액과 변제기까지의 약정이자를 합산한 액수를 초과해야 하고, ④ 대물변제예약 등에 따른 소유권 등의 이전청구권이나 피담보채권을 담보하기 위하여 채권자 앞으로 가등기를 하거나 양도담보, 환매 등을 원인으로 한 소유권이전등기를 하였어야 한다(동법 제1조, 제2조 제1호, 민법 제608조).

3) 그런데 박이채와 서병석의 위 양도담보계약은 손해배상채무를 담보하기 위한 것이므로, 양도담보 목적물인 홍은동 520 토지의 실질가액이 손해배상채무의 원리금 2억 원을 초과하지만 위 법률의 적용요건을 충족하지 못한다. 따라서 위 양도담보계약에 대해서는 가등기담보법이 적용되지 않는다.

많은 초보 법률가들이 담보 재산권의 가액이 채무 원금과 이자의 합산액을 초과하기만 하면 위 법률이 적용되는 것으로 오해하는데, 먼저 피담보채권의 발생 원인이 무엇인지를 신중하게 파악하여야 한다. 이와 같이 소비대차나 준소비대차가 아닌 법률관계에서 발생한 채권을 담보하기 위하여 담보계약이 체결된 경우에는 민법 제607조나 제608조도 적용될 수 없다. 이들 조항도 소비대차나 준소비대차에서 발생한 채무에 관하여 대물변제(대물반환)예약을 하는 경우에만 적용되기 때문이다.[89]

4) 민법 제607, 608조나 가등기담보법이 적용되지 않는 부동산의 양도담보에 관하여 대법원은, 채권자와 채무자의 법률관계를 신탁적 양도약정으로 보아, 대외적 관계에서는 채권자에게, 대내적 관계에서는 채무자에게 당해 부동산의 소유권이 있는 것으로 본다(대법원 1962. 12. 27. 선고 62다724 판결, 1964. 3. 31. 선고 4287민상124 판결, 1969. 10. 23. 선고 69다1338 판결, 1974. 12. 10. 74다183 판결, 1998. 4. 10. 선고 97다4005 판결 등).

그리하여 변제기에 채무자가 채무를 변제하지 못하는 경우 청산절차(정산절차)를 배제하고 그 재산권을 확정적으로 채권자 소유로 하기로 쌍방이 약정한 때는 청산절차가 필

---

89) 따라서 소비대차나 준소비대차 외에서 발생한 채무를 담보할 목적으로 가등기나 양도담보 목적의 등기를 한 경우 또는 피담보채무가 소비대차나 준소비대차에서 발생한 것이라도 대물변제하기로 한 재산권의 가액이 피담보채무 원리금에 미달하는 경우에는 「가등기담보 등에 관한 법률」과 민법 제607, 608조가 모두 적용되지 않으며, 이들의 경우 판례(조리)에 의해 규율된다.

요 없으나, 그러한 약정이 없는 경우 채권자는 이를 타에 처분한 후 정산하거나(처분정산) 자신의 소유로 귀속시키는 때에 정산을 하여야 하며(귀속정산), 귀속정산을 하고자 하는 때는 변제기가 도과한 후 담보물의 시가를 적정한 가격으로 평가한 후 채무 원리금과 제비용 등을 공제하고 나머지가 있으면 이를 채무자 등에게 반환하고, 평가금액이 이에 미달하는 경우에는 채무자 등에게 그와 같은 내용의 통지를 하는 방식으로 정산절차를 마쳐야 한다고 한다(대법원 1996. 7. 30. 선고 95다11900 판결, 2001. 8. 24. 선고 2000다15661 판결 등).

5) 이 사건의 경우 <의뢰인 상담일지>와 그 첨부서류(각서)에 의하면, 박이채와 서병석이 양도담보약정을 하면서 피담보채무의 변제기를 2010. 12. 31.로 정하고, 만약 채무자 박이채가 그때까지 채무를 변제하지 않을 경우 박이채는 "… 모든 책임을 질 것을 각서합니다."고만 약속하였을 뿐 채무의 청산방법 등에 관하여는 아무런 약속을 한 일이 없는바, 위 각서의 내용만으로는 청산절차를 배제하기로 하는 약정이 체결된 것으로 볼 수 없다.

따라서 채권자(양도담보권자) 서병석은 청산절차를 마쳐야만 홍은동 520 토지의 소유권을 취득할 수 있는데, 서병석은 2011. 1. 5.자 통지서로써 단순히 약정 변제기까지 채무변제가 없었으므로 자신의 소유로 위 토지가 귀속되었다는 뜻만을 통지하였을 뿐 청산후 잔액을 반환하지 않았으므로 이는 귀속정산에 따른 청산절차 완료의 효력이 없고, 따라서 그 청산절차를 마치기 전까지는 박이채와의 대내적 관계에서 위 토지의 소유권을 취득하지 못하며 박이채의 피담보채무도 그대로 존속하고 양도담보계약관계가 그대로 유지된다.

위와 같이 채권자 겸 담보권자 서병석이 귀속정산에 따른 담보권 실행의사를 밝혔으나 청산을 완료하지 않았으므로, 채무자 박이채는 서병석에게 ① 청산금(정산 후의 나머지 금액)을 지급해 줄 것을 청구할 권리와, ② 피담보채무를 변제한 다음 양도담보 명목의 소유권이전등기를 말소해 줄 것을 청구할 권리가 있다.[90]

B. 서병석과 의뢰인들의 관계

1) 홍은동 520 토지는 박이채의 소유이고 의뢰인들은 서병석과 양도담보계약을 체결한 당사자가 아니므로, 비록 의뢰인들이 박이채와 명의신탁관계에 있고 그들이 출연한 돈으로 박이채가 위 토지를 취득한 것이라고 하더라도 의뢰인들은 서병석에 대하여 직접

---

90) ①의 권리는 양도담보권자가 귀속청산 또는 귀속의 의사를 밝힌 때에야 비로소 발생한다. 변제기가 지난 후라도 담보재산의 청산절차를 개시할 것인지 여부는 채권자의 자유와 권리에 속하므로, 그 전에는 채무자가 일방적으로 이를 요구할 수 없고 청산금지급청구권도 발생하지 않기 때문이다. 이 사건의 경우 비록 서병석이 청산금을 지급하지 않았지만 2011. 1. 5.자 통지서로써 귀속청산의 의사는 표시하였으므로 박이채에게 청산금지급청구권이 발생한다. 한편 ②의 권리는 원칙적으로 박이채가 피담보채무를 변제한 뒤에 발생하며, 그 전에는 양도담보계약에 기하여 잠재적으로만 발생한 상태가 된다. 피담보채무의 변제가 양도담보 명목의 소유권이전등기의 말소등기보다 선이행되어야 하기 때문이다.

어떠한 권리도 주장하지 못한다.

2) 다만, 의뢰인들은 위와 같이 박이채에게 부당이득반환채권이 있으므로 채권자대위의 요건이 충족되면 박이채의 서병석에 대한 권리를 대위행사할 수는 있다. 민법 제404조의 채권자대위권을 취득, 행사하기 위해서는 요건사실로서 ① 채권자의 피보전채권, ② 채무자의 무자력, ③ 채무자의 피대위권리 불행사가 필요하다.[91] 그런데 박이채는 2010. 9. 1. 이후 현재까지 소극재산이 적극재산을 초과하는 무자력 상태이고, 서병석에 대한 위 권리를 전혀 행사하지 않고 있으므로 채권자대위권의 요건이 충족되고, 따라서 의뢰인들은 박이채의 위 권리를 대위행사할 수 있다.[92]

3) 한편, 박이채가 홍은동 520 토지를 서병석에게 양도담보로 제공한 행위가 사해행위에 해당한지 여부에 관하여 보면, 양도담보계약이 2010. 8. 8.에 체결되었으므로 의뢰인들의 부당이득반환채권의 성립 시(2010. 6. 30.) 이후이긴 하나, 그 당시 박이채는 무자력이 아니었고 2010. 9. 1. 이후에야 비로소 무자력이 되었으므로 이는 사해행위가 될 수 없다.[93]

---

91) 피보전채권의 이행기가 도래한 사실의 주장·입증책임에 관하여는 채권자(원고)설과 제3채무자(피고)설로 견해가 갈리고 있다. 민법 제404조는 제1항에서 "채권자는 자기의 채권을 보전하기 위하여 채무자의 권리를 행사할 수 있다. 그러나 일신에 전속한 권리는 그러하지 아니하다."고 하여 권리를 부여하고, 제2항에서 "채권자는 그 채권의 기한이 도래하기 전에는 법원의 허가 없이 전항의 권리를 행사하지 못한다. 그러나 보전행위는 그러하지 아니하다."고 규정하고 있는바, 제2항은 제1항의 원칙에 대한 예외규정으로서 채권자대위권의 발생 장애사유를 규정한 것으로 보아야 할 것이고, 일반적으로 이행기의 존재는 채무자의 항변사항이므로 제3채무자(피고)설이 타당하다고 생각된다.
　대법원 1988. 2. 23. 선고, 87다카961 판결은 "민법 제404조에서 규정하고 있는 채권자대위권은 채권자가 채무자에 대한 자기의 채권을 보전하기 위하여 필요한 경우에 채무자의 제3자에 대한 권리를 대위행사할 수 있는 권리를 말하는 것으로서, 이때 보전되는 채권은 보전의 필요성이 인정되고 이행기가 도래한 것이면 족하고, 그 채권의 발생원인이 어떠하든 대위권을 행사함에는 아무런 방해가 되지 아니하며, 또한 채무자에 대한 채권이 제3채무자에게까지 대항할 수 있는 것임을 요하는 것도 아니라고 할 것이므로, 채권자대위권을 재판상 행사하는 경우에 있어서도 채권자인 원고는 그 채권의 존재사실 및 보전의 필요성, 기한의 도래 등을 입증하면 족한 것이며, 채권의 발생원인사실 또는 그 채권이 제3채무자인 피고에게 대항할 수 있는 채권이라는 사실까지 입증할 필요는 없다고 할 것이다."라고 하여 채권자(원고)설을 취하는 듯 판시하였으나 아직 그 견해가 명확하지는 않다. 그런데 채권자대위권을 재판상 행사하는 경우에 있어 채권자대위권은 원고의 당사자적격에 관계되는 사항으로서 법원이 직권으로 그 존부를 심리하여야 하므로 당사자가 그 요건사실을 주장·입증하지 않더라도 법원이 이를 심리하게 되는바, 이때도 이행기의 도래 사실은 피고가 본안전항변으로 이행기가 도래하지 않았다고(즉, 피보전채권에 관하여 이행기가 있다고) 주장하지 않는 한 법원은 심리할 필요가 없다고 생각된다.

92) 이 사건에서 의뢰인들의 피보전채권은 금전채권인 부당이득반환청구권이므로 특정물채권이 아니다. 또, 피보전채권과 피대위채권이 특별히 밀접한 관련이 있다거나 피대위채권이 피보전채권을 실질적으로 담보하고 있는 것과 같은 관계가 인정되는 등으로 채무자의 무자력 요건을 배제할 예외적 사유도 없다. 따라서 채무자의 무자력이 채권자대위권의 요건으로서 필요하다.

93) 서병석에 대한 박이채의 손해배상채무가 언제 발생한 것인지는 알 수 없으나(설문이나 <의뢰인 상담일지> 등에 그것이 의뢰인들의 부당이득반환채권 성립 이후에 발생한 것이라는 사정이 전혀 나타나 있지 않다. 한편 채무부담행위도 사해행위취소의 대상이 될 수 있으나, 손해배상채무는 법률행위에 의한 것이 아니므로 그 발생 시점이 언제인지를 따질 필요 없이 취소의 대상이 될 여지가 없다.), 만약 그것이 2010. 6. 30. 당시 이미 존재하였다면 2010. 8. 8. 박이채가 서병석에게 홍은동 520 토지에 양

4) 위와 같이 의뢰인들은 박이채를 대위하여 서병석에게 청산금지급청구권이나 소유권이전등기말소청구권을 행사할 수 있는바, 의뢰인들은 당초 홍은동 520 토지 등을 매수하여 타에 전매함으로써 이익을 얻을 목적으로 이를 매수하기로 하였었고, 양도담보사실을 안 후인 2011. 6. 초 박이채와 서병석에게 원상복구를 강력히 요구한 일도 있으며, 다음에 보는 바와 같이 서병석에 대하여 소유권이전등기말소청구권의 행사가 가능한 사정을 감안하면, 의뢰인들이 조일국 변호사에게 피력한 "의뢰인들이 가지는 홍은동 520 토지와 관련한 일체의 권리를 실현해 주고"라는 희망사항은 청산금지급청구권의 행사보다는 소유권이전등기말소청구권의 행사가 우선한다고 보아야 한다.

한편, 박이채가 서병석에게 청산금지급청구권을 행사하면 더 이상 피담보채무를 변제하고 그 소유권을 되찾아올 의사가 없다는 것이 되고 그 반대의 경우에도 마찬가지여서 양 청구권은 실질상 모순관계가 되므로, 청산금지급청구권과 소유권이전등기말소청구권은 동시에 행사할 수 없다. 따라서 박이채는 두 권리를 단순병합하여 청구하거나 선택적으로 청구할 수는 없고, 주위적·예비적 병합으로 구하거나 그 변형형태인 순서를 정한 선택적 병합만이 가능하다. 그리고 이는 대위자인 의뢰인들로서도 마찬가지다. 그러므로 조일국 변호사는 소유권이전등기말소청구권만을 행사하거나, 이를 주위적 청구 또는 1순위 청구로 하고 청산금지급청구권을 예비적 청구 또는 2순위 청구로 구하여야 한다.[94]

5) 양도담보를 위한 소유권이전등기말소는 피담보채무의 변제를 선이행하여야만 청구할 수 있고 그 전에 무조건으로 말소를 구할 수는 없다. 그리고 변제를 조건으로 그 말소를 청구하는 경우 이는 장래이행의 소가 되므로 그 요건을 갖추어야만 허용된다.

채권자가 양도담보를 부인하고 대물변제를 주장하거나, 양도담보라고 하더라도 이미 담보권 실행이 끝나서 그 말소를 구할 수 없다고 다투면서 이자율에 관하여서도 채무자와 다른 주장을 하는 등으로 채무자가 피담보채무를 변제하더라도 채권자가 즉시 양도담보등기를 말소해 주지 않을 사정이 있으면, 채무자는 피담보채무의 변제를 조건으로 등기말소의 이행을 장래이행의 소로서 미리 구할 필요가 있다(대법원 1987. 4. 14. 선고 86다카981 판결, 1987. 6. 9. 선고 86다카2435 판결 등).

이 사건에서 서병석은 자신에게 이미 소유권이 취득된 것으로 보고 박이채가 채무를 변제하더라도 이를 수령하지 않겠다는 의사를 표시하여(2011. 1. 5.자 통지서 참조), 장차

도담보를 설정해 줌으로써 채권자 일부인 서병석이 그에 관하여 우선변제권을 취득하였더라도, 양도담보 설정 당시에는 박이채의 적극재산이 소극재산을 초과하였으므로 다른 채권자인 의뢰인들을 위한 책임재산이 부족하게 되는 것은 아니다.

94) 의뢰인들의 진정한 의사는 소유권을 되찾아오는 것에 있다고 보고 뒤의 모범답안에서는 그것만을 청구하였다. 이와 같이 문제 내용으로부터 어느 쪽으로 답을 하여야 할지 확실히 판단을 할 수 없는 사항은 그 논거를 분명하게 밝혀서 답을 하면 감점을 받지는 않는다. 다만, 이 경우에도 제약조건을 벗어날 수는 없는바, 이 사건 <소장 작성 요령>에서는 예비적·선택적 청구를 금하고 있으므로 소유권이전등기말소청구권이나 청산금지급청구권 중 하나만을 구하여야 한다, 제약조건을 위반한 경우에는 틀림없이 감점이 따를 것이다.

변제가 있더라도 그 말소청구에 응하지 않을 의사를 표시한 바 있으므로, 박이채나 의뢰인들은 피담보채무의 변제를 조건으로 미리 그 말소를 청구할 수 있다.

6) 한편, 박이채가 서병석에게 변제해야 할 피담보채무액은 원금 2억 원과 약정 변제기(2010. 12. 31.) 다음 날로서 이행지체가 시작되는 2011. 1. 1.부터 다 갚는 날까지 민법 소정의 연 5%의 법정이자율에 의한 지연손해금이다.[95]

그리고 그 채무자는 채권자대위권의 행사와 관계없이 여전히 박이채이므로, 의뢰인들은 서병석에게 박이채에게서 위 채무금의 변제를 받은 뒤 그 소유권이전등기를 말소해 줄 것을 청구할 수 있다.[96] 소유권이전등기의 말소 대신 박이채 앞으로의 소유권이전등기를 청구하여도 무방하다. 어느 쪽이나 피담보채무의 변제에 따른 원상회복 수단이기 때문이다.

(바) 의뢰인들과 박이순, 신한은행의 관계

1) 박이채는 박이순에게 그 소유이던 아파트와 토지를 처분하였는바, 의뢰인들로서는 그것이 사해행위에 해당하는지 여부가 관심사다. 사해행위가 아니라면 타인의 재산 처분 행위에 간섭할 수 없기 때문이다.

2) 사해행위가 성립하려면, ① 채권자에게 금전적 피보전채권이 있을 것, ② 채무자가 피보전채권의 성립[97] 이후 재산을 타에 처분할 것, ③ 그 처분의 결과 일반 채권자들에 대한 책임재산이 감소하여 채무변제가 불가능하거나 곤란한 상태가 초래될 것, ④ 채무자가 재산 처분행위 당시 ③의 결과를 인식하였을 것이 요건사실로 요구된다. 그리고 채권자의 사해행위취소 및 원상회복청구권은 처분행위일부터 5년, 처분행위가 사해행위에 해당함을 안 날로부터 1년의 제척기간 내에 재판상 행사되어야 한다(민법 제406조 제2항).[98]

3) 채권자취소권에 있어 취소의 대상이 되는 채무자의 재산 처분행위는 채권행위나 물권행위를 불문하나(대법원 1975. 4. 8. 선고 74다1700 판결),[99] 채권행위를 원인으로 소유권이전등기나 저당권설정등기

---

95) 채권자인 서병석이 채무자를 상대로 채무금 이행청구의 소를 제기하는 것이 아니므로 이 경우 소송촉진 등에 관한 특례법 제3조 제1항에 의한 연 20%의 지연손해금률은 적용될 수 없다.

96) 판결이 확정된 후 의뢰인들이 박이채를 대신해서 피담보채무를 대위변제할 수도 있다. 의뢰인들은 법률상 이해관계가 있으므로 박이채의 의사에 반해서도 변제할 수 있음은 물론이다(민법 제469조 제2항 참조). 한편 말소등기의 원인이 후발적 말소 사유에 해당하므로 소장의 청구취지에 말소등기의 원인을 '피담보채무 변제'라고 기재하여도 무방하다.

97) 예외적으로 ① 사해행위 당시에 이미 채권 성립의 기초가 되는 법률관계가 발생되어 있고, ② 가까운 장래에 그 법률관계에 기하여 채권이 성립하리라는 점에 대한 고도의 개연성이 있으며, ③ 실제로 가까운 장래에 그 개연성이 현실화되어 피보전채권이 성립한 경우에는 사해행위 당시 아직 발생하지 않은 채권도 피보전채권이 될 수 있다(대법원 2001. 3. 23. 선고 2000다37821 판결, 2009. 11. 12. 선고 2009다53437 판결 등).

98) 다만 사해행위 취소청구가 제척기간 안에 제기되었다면 원상회복의 청구는 그 기간이 지난 뒤에도 할 수 있다(대법원 2001. 9. 4. 선고 2001다14108 판결).

99) 그러나 물권행위가 사해행위 취소의 대상이 되는 일은 거의 없다. 채권행위 없이 물권행위만 이루어지는 일이 드물고, 물권행위는 그 모습을 뚜렷하게 인식할 수 없기 때문이다.

등을 한 경우 5년의 제척기간 기산점인 '법률행위가 있은 날'은 등기 시가 아니라 원인행위인 채권행위나 물권행위 시이다(대법원 2002. 7. 26. 선고 2001다73138, 73145 판결, 2002. 11. 8. 선고 2002다41589 판결, 2010. 2. 25. 선고 2007다28819, 28826 판결 등).[100]

이 사건에서 의뢰인들의 박이채에 대한 부당이득반환채권은 2010. 6. 30.에 발생하였고, 대조동 아파트의 처분행위는 2011. 4. 9.자 매매이며 녹번동 토지의 처분행위는 2006. 4. 6.자 매매이므로, 녹번동 토지의 매매가 등기부 기재와 같이 2006. 4. 6.에 있었던 것이 진실하면 그 매매는 피보전채권 성립 이전의 처분행위이자 이미 5년의 제척기간이 경과하였으므로 사해행위 취소의 대상이 될 수 없다.[101]

따라서 조일국 변호사는 대조동 아파트 처분행위가 사해행위에 해당하는지 여부만 판단하면 된다. 위 아파트 처분행위 당시 박이채는 이미 소극재산이 더 많은 무자력 상태였으므로 이를 박이순에게 매도함으로써 의뢰인들을 비롯한 일반 채권자들의 채권을 변제하기 더욱 어려운 상태가 초래되었고, 박이채가 2010. 9. 초 큰 부도를 맞은 이상 그는 위 아파트의 처분으로 인해 채권자들을 해하게 된다는 사정을 알았다고 볼 수 있다. 수익자인 박이순이 선의였는지 여부는 취소 채권자가 주장·입증할 사항이 아니라 수익자 본인이 항변사항으로 주장하고 증명해야 한다(대법원 2001. 4. 24. 선고 2000다41875 판결, 2010. 2. 25. 선고 2007다28819, 28826 판결 등).[102] 그러므로 박이채의 위 아파트 매도행위는 사해행위에 해당한다.

4) 대조동 아파트의 처분에 따른 사해행위의 성립 범위를 보면, 취소 채권자인 의뢰인들의 피보전채권은 앞서 본 바와 같이 각 2억 5,000만 원 및 이에 대한 2010. 6. 30.부터 소장 부본 송달일까지는 연 5%, 그 다음 날부터 다 갚는 날까지는 연 25%의 각 비율에 의한 금액이고,[103] 사해행위 당시 아파트의 시가(실질 담보가치=공동담보가액)는 2억 원이

---

100) 채권행위에 이어 물권행위가 있는 경우 5년의 제척기간은 채권행위를 기준으로 기산한다. 가등기에 기하여 본등기가 기입된 경우 가등기의 원인인 법률행위와 본등기의 원인인 법률행위가 명백히 다른 것이 아닌 한 사해행위 요건의 구비 여부는 가등기의 원인된 법률행위 당시를 기준으로 하여 판단하여야 하고, 5년의 제척기간도 가등기의 원인행위 시를 기준으로 하여야 한다(대법원 1991. 11. 8. 선고 91다14079 판결, 1998. 3. 10. 선고 97다51919 판결, 1999. 4. 9. 선고 99다2515 판결, 2001. 7. 27. 선고 2000다73377 판결 등). 가등기의 경우 그 등기 자체만으로는 물권 취득의 효력을 발생하는 것이 아니지만, 후일 그 본등기를 하는 경우 가등기의 순위에 기초하여 소유권 등 물권변동의 효력이 발생하고 양자가 일체로서 하나의 목적을 달성하기 때문에 채권자로 하여금 완전한 변제를 받을 수 없게 하는 결과를 초래하게 되므로, 가등기의 원인행위인 매매예약 등은 채권자를 해하는 사해행위에 해당한다(대법원 1975. 2. 10. 선고 74다334 판결, 1991. 11. 8. 선고 91다14079 판결).

101) 비록 그 소유권이전등기가 2011. 4. 9.에 이루어졌지만 등기의 추정력은 등기원인에도 미치므로(대법원 2003. 2. 28. 선고 2002다46256 판결, 2008. 3. 27. 선고 2007다91756 판결 등) '2006. 4. 6.에 매매'가 있었던 것으로 추정된다. 따라서 의뢰인들이 그 추정을 뒤집으려면 매매가 없었다거나 그 매매일자가 피보전채권 성립일 이후임을 주장하고 증거를 대야 한다. 그러나 이 사건에서 첨부서류에 기재된 사실관계는 진실한 것으로 간주하라고 하였으므로 그 기재 내용을 의심할 필요는 없다.

102) 수익자의 선의에 과실이 있는지 여부는 문제되지 아니하므로 설사 수익자가 과실로 사해행위를 알지 못하였더라도 선의로 취급된다(대법원 2001. 5. 8. 선고 2000다50015 판결, 2004. 4. 23. 선고 2002다59092 판결, 2007. 11. 29. 선고 2007다52430 판결 등).

103) 사해행위의 성립 범위는 재산 처분행위일을 기준으로 피보전채권액과 수익자의 수익액을 비교하여 판단하여야 한다. 이 사건의 경우 비교할 의뢰인들의 피보전채권액은 각 원금 2억 5,000만 원과 이에

었으므로[104] 그 중 더 적은 금액인 2억 원의 범위에서 사해행위가 성립한다.

즉 박이채와 박이순의 아파트 매매계약 전부가 사해행위가 된다. 사해행위가 부동산의 매매인 경우 피보전채권과 당해 부동산의 실질 담보가치의 크기에 상관없이 채권자는 그 매매계약 전부를 취소하고, 원상회복으로서 부동산 전부에 대한 수익자 명의의 소유권이 전등기말소 또는 채무자 앞으로의 소유권이전등기를 청구할 수 있다.[105]

그런데 수익자 박이순은 2011. 5. 2. 위 아파트에 관하여 신한은행과 근저당권설정계 약을 체결하고 같은 날 채권최고액 5,000만 원의 근저당권설정등기를 마쳐주었는바, 신한 은행은 전득자로서 역시 그가 악의이면 의뢰인들은 박이순 명의의 소유권이전등기말소와 함께 근저당권설정등기의 말소도 청구할 수 있다.[106]

그러나 신한은행은 박이순에게 돈을 대출하고 근저당권을 설정 받았을 뿐이며 박이채 와 박이순의 관계에 대해서 전혀 아는 바가 없다고 하고 있는바, 특별한 사정이 없는 한 전득자인 신한은행이 근저당권설정계약 당시 설정자인 박이채의 채무 등 재산관계 전반 을 조사하지 않은 한 박이채와 박이순의 매매가 사해행위에 해당한다는 사실을 알 수 없 는 것이 경험칙에 속하므로, 신한은행이 장차 소송에서 선의 항변을 할 경우 이는 성공할 가능성이 거의 100%이다. 그렇게 되면 수익자인 박이순의 소유권이전등기말소의무는 이 행불능이 되므로[107] 채권자인 의뢰인들은 원물반환 방식에 의한 원상회복을 구할 수 없

대한 2010. 6. 30.부터 아파트 매매일인 2011. 4. 9.까지 연 5%의 비율에 의한 법정이자가 된다.

104) 만약 처분 대상인 재산에 사해행위 이전에 설정된 저당권 등 타인에게 우선권 있는 담보권이 있는 경우, 그 부분은 일반 채권자들을 위한 책임재산이 될 수 없어 사해행위의 대상이 되지 않으므로, 사 해행위 당시의 피담보채권 등을 공제한 실질 담보가치를 기준으로 수익자의 수익액과 사해행위의 성 립 범위를 판단해야 한다(대법원 1997. 9. 9. 선고 97다10864 판결, 2001. 3. 9. 선고 2000다70484 판결, 2001. 10. 9. 선고 2000다42618 판결). 이 경우 원상회복은, 사해행위 이전에 설정된 당해 저당 권 등이 말소되지 않고 존속하고 있는 때에는 원물반환의 방법으로 수익자나 전득자의 소유권이전등 기만을 말소하면 되나, 그 재산이 수익자나 전득자에게 이전된 후 사해행위 이전에 설정된 당해 저당 권 등이 말소된 때나 전득자의 선의로 수익자의 명의의 소유권이전등기 등을 말소할 수 없는 때에는 가액배상의 방법에 의한다(대법원 1998. 2. 13. 선고 97다6711 판결, 1998. 5. 15. 선고 97다58316 판결 등).

105) 이 사건에서는 수익자가 취득한 이익 전부가 사해행위가 되므로 별 문제가 없으나, 피보전채권액이 수익액보다 적은 경우 매매계약 전부의 취소와 소유권이전등기 전부의 말소청구가 타당한지 의문이 있을 수 있다. 원상회복의무가 불가분인 경우와 다른 채권자들이 장차 강제집행의 배당절차에 참가 할 것이 명백한 경우 피보전채권액을 초과하여 취소와 원상회복을 청구할 수 있으나(대법원 1997. 9. 9. 선고 97다10864 판결 등), 수익자의 부동산 소유권이전등기말소의무가 불가분채무인지는 의문이 다. 부동산 전체 가액 중 사해행위 성립 범위인 가액의 비율만큼만 말소하거나 이전할 수도 있기 때 문이다(그것이 어렵다면 차라리 가액배상을 하는 것이 공평하다). 그러나 판례는 계속해서 별다른 의 문 없이 이를 불가분채무로 보고 있는 듯하며, 학계에서도 아직까지 이론이 제기된 바 없으므로 판례 에 따른다.

106) 전득자라고 해서 반드시 소유권 취득자에 한하지 않고 저당권, 근저당권, 임차권, 전세권, 지상권 등 의 물권이나 채권을 취득한 자도 전득자에 속한다. 전득자의 선의도 전득자가 주장·입증해야 한다(대 법원 2007. 7. 12. 선고 2007다18218 판결 등).

107) 박이순이 의뢰인들에게 원상회복의무로서 소유권이전등기말소의무를 부담하더라도 신한은행의 근저 당권설정등기를 말소할 수 없으면 그 근저당권의 목적인 소유권을 표상하는 박이순의 소유권이전등

게 된다.[108] 그러므로 이러한 경우에는 전득자에게는 아무런 청구도 할 수 없고 수익자에게는 원물반환이 아닌 가액반환만을 청구할 수 있다. 한편, 위 아파트의 현재 시가 역시 2억 원이므로 피고 박이순의 가액반환의무는 이 금액에 국한된다.

5) 따라서 의뢰인들은 각기 박이순에 대하여 박이채와의 아파트 매매계약을 위 2억 원의 한도에서 취소하고,[109] 가액배상에 의한 원상회복으로 의뢰인들에게 각 2억 원 및 이에 대하여 판결 확정일 다음 날부터 다 갚는 날까지 연 5%의 비율에 의한 지연손해금 지급을 구할 수 있다.

수익자인 박이순은 수익액이 2억 원에 불과하지만 의뢰인들에게 각각 2억 원 및 이에 대한 지연손해금을 지급할 의무를 부담하며, 취소채권자의 채권액에 안분비례하여 그 범위에서만 채무를 부담하는 것이 아니다(대법원 2005. 11. 25. 선고 2005다51457 판결, 2008. 4. 24. 선고 2007다84352 판결 등).[110]

이때 그 원본채권(가액배상청구권)이 장래의 채권이어서 소송촉진 등에 관한 특례법 제3조 제1항 단서에 의해 그 본문이 적용되지 않으므로, 소장 부본 송달일 이후에도 그 법률에 의한 지연손해금청구를 할 수는 없으며, 사해행위취소 판결은 형성판결로서 확정된 때에야 비로소 형성의 효력, 즉 사해행위취소의 효력이 발생하므로 그 다음 날부터 이행지체에 빠지게 되고 지연손해금률은 민법상의 법정이율이 적용된다(대법원 2002. 6. 14. 선고 2000다3583 판결, 2009. 1. 15. 선고 2007다61618 판결 등).[111]

기를 말소할 수 없게 된다(부동산등기법 제57조 제1항 참조). 이에 따라 박이순의 소유권이전등기말소의무는 이행불능이 된다(대법원 1998. 5. 15. 선고 97다58316 판결 참조).

108) 선의인 신한은행의 근저당권설정등기 말소의 불능을 이유로 한 박이순의 소유권이전등기 말소가 불가능하다는 주장은 항변사항으로서 피고 박이순이 소송상 주장하여야 비로소 법원은 이를 고려할 수 있다. 그러므로 순이론적으로 볼 때 원고들이 스스로 이러한 사정을 고려하지 않고 피고 박이순에게 그 소유권이전등기의 말소를 청구하거나 그에 갈음하여 피고 박이순으로부터 피고 박이채 앞으로의 소유권이전등기를 청구한 경우 법원은 이를 인용할 수 있다(대법원 2001. 2. 9. 선고 2000다57139 판결 참조). 그러나 피고 박이순의 소유권이전등기 말소의 경우 신한은행의 근저당권설정등기가 말소되기 전까지는 집행이 불가능하다. 또, 피고 박이순으로부터 피고 박이채 앞으로의 소유권이전등기의 경우에도 이로써 원고들이 직접 만족을 받을 수는 없으므로 처음부터 가액배상을 청구함만 못하다고 할 수 있다.

109) 가액배상에 의한 원상회복의 경우 사해행위는 종국적으로 취소되지 아니하고, 즉 수익자나 전득자가 당해 원물의 재산권을 유지하고 다만 채권자에게 금전을 지급하는 것에 그친다는 점에서 당해 사해행위는 관념적으로만 취소되는 것이다.

110) 이 사건의 경우 의뢰인들이 동등하게 2분의 1 지분을 가진 준공유자라고 하여 그들에게 박이순의 수익액 2억 원을 2분의 1로 나누어 각각 1억 원의 범위에서만 가액배상을 하여야 하는 것이 아님에 주의하여야 한다. 물론 박이순은 판결 후 채권자(의뢰인들) 중 아무에게나 그 선택에 따라 채무를 변제할 수 있으며, 그 변제한 금액 범위에서는 다른 채권자에게도 채무를 면하며, 이를 이유로 청구이의의 소를 제기할 수 있다(대법원 2005. 11. 25. 선고 2005다51457 판결, 대법원 2008. 4. 24. 선고 2007다84352 판결 등). 이런 점에서 볼 때, 의뢰인들과 같이 복수의 사해행위취소 채권자가 공동소송인이 되어 가액배상에 의한 원상회복을 구하는 경우 수익자나 전득자에게 중첩적으로 "각자(各自)" 또는 "공동하여" 지급을 구하는 방식으로 가액배상금의 지급을 구하는 것도 가능하다고 생각된다.

111) 사해행위취소에 따른 원상회복의무 역시 그 판결 확정 시에 발생하므로 그 확정 전에는 이행지체가 있을 수 없다. 한편 사해행위취소에 따른 원상회복의무는 변제기의 정함이 없는 채무로서 채권자의 이행청구를 받은 다음 날부터 이행지체가 발생하는바, 이 사건과 같이 사해행위취소에 따른 원상회복청구의 경우 형성의 소와 이행의 소가 결합된 것이므로 장래에 발생할 채무에 대하여 미리 그 이

(사) 홍은동 521 토지의 소유관계

1) 홍은동 521 토지는 현재 소유권보존등기가 되어 있지 않은 토지, 즉 미등기토지이다.[112] 토지대장에는 1911. 2. 1. 연일정씨숙정공파종중이 사정받은 것으로 기재되어 있으나 이 기재가 일제 식민당국의 토지조사사업 당시 최초로 작성되었던 토지대장에부터 있었던 것인지 아니면 나중에 기재가 된 것인지 알 수 없는 상태이다.[113] 만약 위 토지대장 기재가 사실이라면 사정의 법률적 효과에 의하여 위 종중이 위 토지의 소유권을 원시적으로 취득한다(대법원 1984. 1. 24. 선고 83다카1152 판결 등).

2) 그런데 정준일은 위 토지대장의 기재가 진실이 아니고, 6·25 전쟁 중 토지대장 등 지적공부가 멸실된 후 1970년 경 토지대장(地籍)을 복구하는 과정에서 잘못 기재되었다며, 실제로는 자신의 조부 정상오가 사정을 받았고, 자신이 정상오, 정병조를 거쳐 전전 상속하였으므로 위 토지는 현재 그의 소유라고 하고 있다. 만약 정준일의 말이 사실이라면 그 등기 여부에 관계없이 현재 홍은동 521 토지의 소유자는 정준일이다.

3) 소유권보존등기가 기입되지 않은 미등기 토지의 소유권보존등기는 토지대장이나 임야대장에 최초의 소유자로 등록되어 있는 자 또는 그 상속인, 그 밖의 포괄승계인이 단독으로 신청할 수 있다(부동산등기법 제23조 제2항, 제65조 제1호). 토지의 최초 소유자란 사정, 공유수면의 매립[114] 등에 의해 원시적으로 소유권을 취득한 자를 말한다.[115] 따라서 이 사건의 경우 토지대장에 사

행을 청구하더라도 예외적으로 적법한 청구에 해당한다고 보아야 한다(민법 제406조 제1항은 명문으로 "채무자가 채권자를 해함을 알고 재산권을 목적으로 한 법률행위를 한 때에는 채권자는 그 취소 및 원상회복을 법원에 청구할 수 있다. … "라고 하고 있으므로 취소와 원상회복청구를 동시에 병합하여 제기할 수 있는 것으로 해석할 수 있다). 그러므로 반드시 사해행위취소의 소를 먼저 제기하여 그 판결이 확정된 뒤에 원상회복청구의 소를 제기하여야 하는 것은 아니다. 실무상으로도 모두 이와 같이 처리한다.

112) 과거에 소유권보존등기가 된 일이 있었더라도 그 등기가 적법하게 말소된 때는 역시 현재 미등기 상태가 된다. 그러나 과거에 이미 소유권보존등기가 되었는데 그 등기가 부적법하게 말소되거나 등기부가 멸실된 때에는 여전히 그 소유권보존등기의 효력이 유지되므로 그 토지는 현재 미등기 상태가 아니며, 단지 말소되거나 멸실된 등기의 회복등기 또는 복구등기가 필요하다(부동산등기법 제59, 62조, 대법원 등기예규 "멸실회복등기의 사무처리지침" 참조). 이 사건의 경우 홍은동 521 토지에 관하여 과거에 소유권보존등기가 되었다는 언급이 없으므로 현재 미등기 상태로 인정된다.

113) 토지대장은 지적도, 등기부와 함께 영구 보존되는 공적 장부{이들을 지적공부(地籍公簿)라고 한다.}이므로 최초의 토지대장이나 그 이후의 토지대장이 보존되어 있으면 이를 간단히 확인할 수 있다. 그런데 정준일의 말에 의하면 6·25 전쟁 때 지적공부가 멸실되었다가 1970년 경에 복구되었다고 하는 바, 그것이 사실이라면 지적공부에 의해서 이를 밝힐 수는 없다. 이런 경우 토지조사사업 당시 작성하였던 토지조사부나 지적원도 등을 조사하는 방법으로 이를 밝힐 수 있다.

114) 공유수면의 매립이란 바다를 매립해 육지로 만드는 것을 말한다. 이 경우 면허를 받은 자는 준공검사를 받은 날에 소유권을 취득한다(공유수면매립법 제26조 제1항, 대법원 1973. 3. 13. 선고 72다2621 판결 참조).

115) 시효취득도 원시적 취득이기는 하나 이 경우 소유권이전등기를 마치지 않으면 소유권을 취득할 수 없으므로(민법 제245조 제1항, 대법원 1997. 6. 13. 선고 97다1730 판결, 2005. 5. 26. 선고 2002다43417 판결, 2013. 9. 13. 선고 2012다5834 판결 등), 토지대장에 소유자로 등록될 수 없고, 원칙적으로 소유권보존등기도 신청할 수 없다.

정명의인으로 기재되어 있는 위 종중은 단독으로 소유권보존등기를 신청할 수 있다.[116]

4) 정준일은 자신이 위 홍은동 521 토지의 최초 소유자의 전전상속인으로서 현재 소유자라고 주장하는바, 토지대장에 위 정상우가 최초의 소유자로 기재되어 있지 않으므로 정준일이 소유권보존등기를 신청하기 위해서는 확정판결에 의하여 자신의 소유권을 증명하여야 한다(부동산등기법 제65조 제2호).[117] 이때의 확정판결은 이행의 소이건 확인의 소이건 형성의 소이건 불문하나(대법원 1994. 3. 11. 선고 93다57704 판결 등), 통상적으로 소유권확인의 소에 의한다.

토지의 소유권을 주장하는 자가 소유권확인의 소를 제기하고자 하는 경우 그 피고가 될 사람은, ① 토지대장이나 임야대장에 전혀 소유자 기재가 없는 경우 또는 토지대장이나 임야대장에 소유자의 기재가 있더라도 그가 최초의 소유자가 아닌 경우, 토지대장이나 임야대장에 최초의 소유자 기재가 있긴 하지만 그 주소 기재가 없거나 허황된 주소가 기재된 등으로 그 명의자가 누구인지 알 수 없는 경우, 국가가 토지대장이나 임야대장의 등록명의자 소유를 부인하면서 국가 자신의 소유를 주장하는 경우에는 국가이고(대법원 2003. 12. 12. 선고 2002다33601 판결, 2009. 10. 15. 선고 2009다48633 판결 등), ② 이미 타인이 소유권보존등기를 마쳤거나 토지대장에 최초의 소유자로 등록되어 있는 경우에는 등기·등록 명의인 또는 그 적법한 포괄승계인이다(대법원 1993. 9. 14. 선고 92다24899 판결, 2003. 12. 12. 선고 2002다33601 판결, 2010. 11. 11. 선고 2010다45944 판결 등).[118]

그러므로 정준일의 주장이 맞다면 그는 소유권보존등기를 위해 현재 토지대장에 최초의 소유자로 기재되어 있는 위 종중을 상대로 소유권확인의 소를 제기하여야 한다.

---

116) 다만, 1950. 12. 1. 법률 제165호로 제정된 구 지적법(1975. 12. 31. 법률 제2801호로 전문개정되기 전의 것)이 시행되던 시기에 복구된 대장에 법적 근거 없이 소유자로 기재(복구)된 경우라면 그 토지대장 등본에 의해 소유권보존등기를 신청할 수 없다(2011. 10. 12. 대법원 등기예규 제1427호 "미등기부동산의 소유권보존등기 신청인에 관한 업무처리지침" 참조). 이 사건에서는 그러한 사정까지는 알 수 없다.

117) 정준일의 말대로 조부 정상우가 사정을 받았더라도 현재는 정준일이 상속에 의한 소유자이므로 이미 사망한 조부 정상우나 부친 정병조 명의로 소유권보존등기를 할 수는 없다(그러한 등기신청은 받아들여지지도 않는다.) 이미 사망한 자는 권리의 주체가 될 수 없기 때문이다. 그러므로 소유권보존등기는 항상 현재의 소유자 명의로 하여야 한다.

118) 2011. 10. 12. 대법원 등기예규 제1427호 "미등기부동산의 소유권보존등기 신청인에 관한 업무처리지침"도 같은 취지로 규정하고 있다. 타인이 이미 소유권보존등기를 마친 경우에 대법원 1993. 9. 14. 선고 92다24899 판결대로 그를 상대로 소유권확인의 소나 소유권보존등기말소청구의 소를 제기하여 승소하면 승소자 명의로 소유권보존등기를 신청할 수 있는가? 위 "미등기부동산의 소유권보존등기 신청인에 관한 업무처리지침"은 당해 소유권보존등기의 말소를 명한 판결을 받은 때에만 승소자의 소유권보존등기를 할 수 있는 것으로 규정하고 있는바, 단순히 소유권보존등기 명의자를 상대로 한 소유권확인판결만으로는 승소자의 소유권보존등기를 할 수 없다고 생각된다. 확인판결에는 집행력이 없기 때문이다. 따라서 이 경우 그 소유권보존등기 명의자를 상대로 당해 소유권보존등기의 말소를 명하는 확정판결이 있어야만 그 소유권보존등기를 말소하고 승소자의 소유권보존등기를 할 수 있다(1999. 6. 10.자 대법원 등기선례 6-178 참조).
타인이 이미 소유권이전등기를 마친 경우에도 그와 그 이전의 소유권보존등기 명의자를 상대로 각 그 등기의 말소를 명하는 판결을 얻어야만 이들의 소유권보존등기와 소유권이전등기를 말소한 후 승소자 명의의 소유권보존등기를 할 수 있고, 단지 그들이나 그들 중 일부를 상대로 한 소유권확인판결만으로는 이들 등기를 말소하거나 승소자 명의의 소유권보존등기 또는 소유권이전등기를 할 수 없다.

5) 정준일은 위 정상우를 원고로 내세워 서울중앙지방법원 2010가단10882호로 대한민국을 상대로 하여 소유권확인의 소를 제기하였는데, 그 소 제기 당시 원고인 정상우가 이미 사망한 자여서 당사자능력이 없는 자가 제기한 소로서 부적법하다는 이유로 소각하 판결이 선고되어 확정된 바 있다.[119]

그러나 이 판결은 소송판결로서 실체관계에 관한 판단이 없으므로 소유권의 존부 등 그 실체적 법률관계에 관하여는 기판력이 없을 뿐 아니라, 그 소송당사자인 정상우와 대한민국 이외의 어떤 사람에게도 기판력이 미치지 않는다. 따라서 정준일이 위 종중을 상대로 다시 소유권확인의 소를 제기하는 데에는 아무런 장애가 없다.

6) 정준일은 2013. 6. 3.자 통지서에서, ① 홍은동 521 토지가 미등기 토지라서 애초부터 매수인 앞으로의 소유권이전등기가 불가능하다, ② 이미 위와 같이 패소판결이 선고, 확정된 바 있어 다시 소를 제기할 수 없다는 취지의 주장을 하였는바, 만약 이를 장차 소송에서 주장한다면, ①은 이행불능의 항변에, ②는 기판력저촉 항변에 해당한다. 그러므로 수험생들은 <소장 작성 요령>에 따라 소장에서 미리 정준일의 주장이 이유 없음을 밝혀야 한다. 이를 누락하면 감점은 당연하다.

7) 한편, 정준일은 앞서 본 바와 같이 홍은동 521 토지에 관하여 의뢰인들을 매수인으로 인정하였으므로 의뢰인들에게 소유권이전등기의무를 부담하고 있다. 그럼에도 그는 위 종중을 상대로 소유권확인의 소를 제기하고 있지 않으므로, 채권자인 의뢰인들은 정준일을 대위하여 소유권확인의 소를 제기할 수 있다.

이때 의뢰인들의 정준일에 대한 피보전채권(소유권이전등기청구권)의 이행기가 이미 도래하였고, 위 채권은 특정물채권이어서 채권자대위의 요건인 채무자의 무자력이 필요 없으므로, 의뢰인들이 정준일을 대위하여 위 종중을 상대로 소를 제기하는 데에는 아무런 문제가 없다. 소의 제기행위는 새로 소송절차를 개시하는 것이어서 채권자대위권 행사의 대상이 된다.

다만, 이 부분에 관하여는 이미 다른 소송이 계속 중이어서 <의뢰인 희망사항>에서 의뢰인들은 그 소송이 끝날 때까지 보류를 원하고 있으므로 이 부분에 관한 소를 제기해서는 안 된다.

(아) 홍은동 521 토지의 사용·수익·점유 관계

1) 홍은동 521 토지는 당초 명의수탁자 박이채가 매수하였다가 위와 같이 2010. 11. 1.자 합의(계약자 지위 양수도약정)를 통해 그 매수인의 지위가 의뢰인들로 변경되었으므로 의뢰인들은 최초의 매매계약일자인 2010. 5. 1.부터 매수인의 지위에 있게 된다.[120]

---

119) 그러나 이 소는 ① 소송대리권 없는 자인 정준일이 제기한 것으로서 소 제기가 무효이고, ② 피고 적격이 없는 대한민국을 상대로 한 것이어서 어느 이유에서나 부적법한 소이다.

2) 매도인은 매수인에게 그 매매의 대상인 재산권을 이전하여야 한다(민법 제568조 제1항). 재산권의 이전 방법은 부동산, 동산, 채권 등 그 재산권의 종류에 따라 다른바, 부동산의 경우 소유권이전등기가, 동산의 경우 인도가 필수적이다. 민법은 부동산의 매도인에게 소유권이전등기의무 외에 인도의 의무도 있는지 여부에 관하여 독일 민법 등과 달리 규정하고 있지 않으나 통설과 판례(대법원1959. 10. 29. 선고 4292민상403 판결, 1966. 10. 4. 선고 66다1246 판결, 2000. 11. 28. 선고 2000다8533 판결) 모두 이를 긍정한다.[121]

다만, 부동산의 인도의무가 등기이전의무와 마찬가지로 매수인의 매매대금 제공의무와 동시이행관계에 있는지에 관하여는 긍정설과 부정설이 대립하나, 판례는 이를 긍정한다(대법원 2000. 11. 28. 선고 2000다8533 판결). 부정설의 근거는, 민법 제568조 제2항이 명시적인 규정을 두고 있지 않고, 매수인은 소유권이전등기를 받으면 그 소유권에 기한 물권적 청구권을 스스로 행사할 수 있으므로 그것으로써 충분하다는 것이다. 그러나 매매는 전형적인 쌍무계약이고, 공평의 원칙에 의하거나 매매당사자 쌍방의 의사에 의하거나 인도의무가 재산권이전의무에 포함되어 있다는 점을 고려하면, 이를 긍정함이 당연하다고 생각된다.[122]

---

120) 계약당사자 지위변경계약의 경우 원칙적으로 그 계약 이후부터 새로운 계약당사자에게 계약상의 권리·의무가 귀속되나, 당사자의 특약이 있으면 소급하게 할 수 있다. 2010. 11. 1.자 합의서에 의하면 의뢰인들이 2010. 5. 1.자 매매계약에 따른 매수인으로서의 모든 권리를 행사할 수 있도록 하기로 약정하였으므로 소급효가 있다고 새겨야 한다.

121) 매도인이 부동산을 매도한 경우 매수인에게 소유권을 이전하여야 하는바, 부동산의 소유권은 처분권과 사용·수익권을 포함하므로(민법 제211조) 소유권이전등기의무의 이행만으로는 완전한 소유권의 이전이 이루어질 수 없다. 매매 대상 부동산을 매수인에게 인도하지 않으면 매수인에게 사용·수익권이 완전하게 이전되지 않기 때문이다. 물론 매수인 명의로 소유권이전등기가 되면 그가 소유권을 취득하고 그 소유권에 기하여 처분권과 사용·수익권을 행사할 수 있게 되나, 이는 소유권자로서의 권능이고 매수인의 권능이 아니며, 매도인이나 제3자가 이를 점유하고 있는 경우에는 매수인이 즉시 사용·수익을 할 수 없게 되므로 소유권이전등기의무의 이행만으로는 완전한 재산권 이전으로 보기 어렵다. 또한, 매도인은 매수인에게 재산권의 행사에 제한이 없는 완전한 상태로 재산권을 이전하여야 하므로 매수인의 사용·수익이 가능하도록 부동산을 인도할 의무도 부담한다고 할 것이다. 대법원 1959. 10. 29. 선고 4292민상403 판결은, 매매계약 시 매도인이 명도의무를 지지 않는다고 특약을 한 경우라도, 매도인은 제3자의 점유를 배제하고 이를 매수인에게 직접 인도할 의무는 면하지만 매매 목적물을 매수인이 사용·수익하게 할 의무는 여전히 부담한다고 판시하였다. 대법원 1980. 7. 8. 선고 79다1928 판결 역시 같은 취지이다. 또, 대법원 1998. 6. 26. 선고 97다42823 판결은, 토지 매수인이 아직 소유권이전등기를 받지 않았더라도 매매계약의 이행으로 토지를 인도받은 경우 매수인은 그 매매계약의 효력으로서 이를 점유·사용할 권리가 있다고 보는바, 이 역시 매도인의 사용·수익 제공 의무 내지 인도의무를 전제로 한 것이라고 할 것이다. 그것이 유상계약인 매매 당사자의 의사에도 합치하고 사회통념에도 부합한다. 물론 매매 당사자들 사이에 반대의 특약이 있는 때에는 예외이다. 매도인이 매수인에게 소유권이전등기를 이전하고 점유는 인도하지 않은 경우, 그는 매매 대상 부동산을 다른 경위로 점유하고 있는 매수인에게 민법 제213조 단서에 의하여 소유권에 기한 반환청구권을 행사할 수 없는바, 이때 매수인은 매매계약의 효력에 의하여 매도인에게 매매 목적물에 대한 사용·수익이 가능한 상태의 제공, 즉 물건의 인도를 청구할 권리가 있고, 그것이 이미 인도된 때에는 적법하게 이를 점유·사용할 수 있는 권리를 갖게 된다. 민법 제587조는 매도인이 매매 목적물을 인도하기 전까지의 과실은 매도인이, 인도한 후에는 매수인이 각 취득한다고 규정하는바, 이 역시 매매에는 목적물의 인도가 필요함을 간접적으로 규정한 것이라 할 수 있다.

122) 대법원은 민법 제536조의 동시이행의 적용에 있어 공평과 신의칙에 기반을 두고 있다(대법원 1993. 9. 10. 선고 93다16222 판결, 1995. 9. 15. 선고 94다55071 판결, 1996. 6. 14. 선고 95다54693 판결 등). 한편, 민법 제568조 제1항의 해석에 있어 인도의무가 규정되어 있지 않음에도 이를 재산권이전

따라서 홍은동 521 토지의 매도인인 정준일은 매수인인 의뢰인들에게 소유권이전등기 의무는 물론 인도의무도 부담하고, 이들 의무와 의뢰인들의 매매대금지급의무는 동시이행 관계에 있다. 다만, 정준일은 이미 2010. 11. 5.자 소송상화해를 통하여 홍은동 521 토지를 의뢰인들에게 인도하기로 하였으므로 기판력의 제약상 이 사건에서는 위 토지의 인도의무에 대해서는 재론할 필요가 없고, 의뢰인들은 이미 박이채를 통해 2010. 6. 30. 매매대금을 모두 지급하였으므로 정준일의 의무만이 남는다.

그리고 의뢰인들과 정준일 사이에 위 홍은동 521 토지의 인도시기를 2010. 6. 30.(매매계약 당시의 약정)로 약정하였다가 2010. 12. 31.(2010. 11. 1.자 합의서 및 2010. 11. 5.자 화해조서)로 연기하였는바, 이미 2010. 12. 31.이 경과하였으므로 그 인도의무의 이행기가 도래하였다.[123]

3) 위와 같이 부동산 매도인이 소유권이전등기의무와 인도의무를 부담하더라도, 특약이 없는 한 매매계약 후 매도인이 매수인에게 목적물을 인도하기 전에 생긴 과실은 매도인에게 속하고 목적물을 인도한 후부터는 매수인에게 속한다($\binom{민법 \ 제587}{조 \ 본문}$). 여기서 말하는 과실은 천연과실이든 법정과실이든 불문한다. 그러므로 토지 매도인이 그 토지를 타에 임대하여 얻은 수익이나 그 자신이 사용하여 얻은 이익 역시 그 토지를 매수인에게 인도하기 전에는 매도인에게 귀속한다($\binom{대법원 \ 1993. \ 11. \ 9. \ 선고}{93다28928 \ 판결 \ 등}$).

그러나 매도인이 목적물을 인도하기 전이라도, 매수인이 매매대금을 지급한 때에는 그 때부터 과실수취권이 매수인에게 귀속한다는 데에 통설과 판례($\binom{대법원 \ 1993. \ 11. \ 9. \ 선고}{93다28928 \ 판결 \ 등}$)가 일치되어 있다. 민법 제587조 제2문이 매매대금 지급시기에 관하여 달리 정함이 없는 한 매수인에게 목적물의 인도를 받은 때부터 매매대금의 이자를 지급하도록 하고 있는 것과 균형을 맞추기 위한 것이다.[124]

의무의 한 내용으로 이해하는 이상, 제568조 제2항의 해석에 있어서도 인도의무가 포함되는 것으로 보아야 함은 당연하다.

대법원은, 매도인은 특별한 사정이 없는 한 매매 목적물에 관하여 제한이나 부담이 없는 완전한 소유권이전등기의무를 진다고 전제하고(독일 민법은 이를 명문으로 규정하고 있다.) 매매 목적 부동산에 가압류·가처분등기, 지상권설정등기나 근저당권설정등기 등이 되어 있는 경우 매도인은 이를 말소하여 완전한 소유권이전등기를 넘겨줄 의무를 부담하며, 그 말소등기 역시 매매대금 제공의무와 동시이행관계에 있다고 본다(대법원 1991. 9. 10. 선고 91다6368 판결, 1999. 7. 9. 선고 98다13754, 13761 판결, 위 2000다8533 판결 등).

123) 채무자의 채무에 관하여 이미 확정판결이나 화해조서 등 강제집행권원에 그 이행을 명하는 내용이 표시된 경우 채권자는 또다시 그 채무의 이행을 구하는 소를 제기할 수 없다. 이미 기판력과 집행력이 발생하였으므로 소의 이익이 없기 때문이다. 따라서 이 사건에서 의뢰인들이 정준일에게 홍은동 521 토지의 인도를 청구해서는 안 된다. 그러나 위와 같이 강제집행권원에 그 채무의 이행을 명하는 내용이 표시된 것만으로 채무가 자동적으로 이행되어 소멸되는 것은 아니므로, 채무자가 이를 이행하지 않거나 강제집행이 이루어지지 않은 이상 그 채무는 여전히 존속하고, 채권자는 이를 채권자대위나 채권자취소권 등의 피보전권리로 내세우거나 그 채무불이행에 따른 손해배상청구 등을 별도로 할 수 있다.

124) 명문의 규정이 없지만, 목적물의 인도 시기에 관하여 달리 정함이 있는 때는 그 이행기가 지난 후부

따라서 이 사건에서 매수인인 의뢰인들이 실질적으로 2010. 6. 30. 매매대금을 모두 지급한 이상 그때부터 홍은동 521 토지의 과실수취권 내지 사용·수익권은 그 소유권이전 등기 여부와 관계없이 의뢰인들에게 귀속하고, 정준일은 이를 상실한다. 다만, 의뢰인들과 정준일은 그 인도의무 이행기를 2010. 12. 31.로 연기하였으므로 의뢰인들은 2010. 6. 30.부터 2010. 12. 31.까지의 과실수취권은 행사할 수 없고 이 기간의 과실수취권은 정준일에게 속한다고 하겠다.[125]

그럼에도 정준일은 매매 목적물을 매수인인 의뢰인들에게 인도하기 전까지는 521 토지의 사용·수익권이 소유자인 자신에게 있다고 소송 외에서 주장하고 있는바, 이는 법리오해에 따른 것으로서 이유가 없으며 <소장 작성 요령>에 따라 미리 반박할 필요가 있다.

4) 과실수취권이 매수인에게 이전된 뒤에도 매도인이 매매 목적물을 인도하지 않고 이를 스스로 사용·수익하거나 타에 임대하는 등으로 이익을 얻은 때는 법률상 원인 없이 이득을 얻고 매수인에게 동액 상당의 손해를 가한 것이 되므로 매수인에게 부당이득반환의무를 진다(대법원 1993. 11. 9. 선고 93다28928 판결 등).

한편, 토지에 건물을 축조한 경우 적어도 그 건물이 완성된 때부터 건물 소유자는 자동적으로 그 대지인 토지를 사용·수익하여 이득을 얻게 되고, 그에 따른 이득은 그 토지의 임대료 상당액인바(대법원 1998. 5. 8. 선고 98다2389 판결, 2004. 3. 11. 선고 2003다37808 판결 등),[126] 홍은동 521 토지를 건물이 없는 상태로 보증금 없이 임대할 경우 그 임료는 매월 30만 원이므로(공인중개사 강만해의 2003. 12. 28.자 확인서 참조), 정준일은 각 2분의 1 지분권자들인 의뢰인들에게 2011. 1. 1.부터 위 토지의 사용·수익을 종료할 때, 즉 건물의 철거 시까지 매월 15만 원의 비율에 대한 부당이득을 반환할 의무가 있다.[127]

터 매수인에게 과실수취권이 발생한다고 볼 것이다. 이는 매수인이 대금을 지급한 여부와는 관계가 없다. 즉 매매대금 지급 전이라도 매도인의 인도의무가 선이행으로서 그 이행기가 도래한 때는 그때부터, 매매대금 지급 후라도 매도인의 인도의무 이행기가 아직 도래하지 않은 때는 그 도래한 후부터 과실수취권이 매수인에게 귀속한다.

한편, 매수인이 동시이행관계에 있는 인도의무를 먼저 이행 받은 경우에도 소유권이전등기의무와 매매대금지급의무가 동시이행관계에 있는 경우, 매수인은 인도 후라도 대금 지급을 거절할 권리가 있으므로 이자 지급의무가 없다(대법원 1996. 5. 10. 선고 96다6554 판결, 2013. 6. 27. 선고 2011다98129 판결).

125) 앞서 본 바와 같이 매매계약 당시 인도의무의 이행기를 2010. 6. 30.로 약정하였다가 그 뒤 합의와 화해를 통해 2010. 12. 31.로 연기하였는바, 그 연기 합의 시에 이미 발생한 2010. 6. 30. 이후의 과실수취권을 의뢰인들이 포기하기로 하였다는 명시적 약정이 없으므로 2010. 6. 30.부터 2010. 12. 31. 까지의 과실수취권도 의뢰인들이 행사할 수 있다고 해석할 수도 있다. 그러나 이행기의 연기 약정 당시 묵시적으로 이를 포기한 것으로 보는 것이 사회통념과 당사자들의 의사에 맞다고 생각된다. 이와 달리 위 기간의 과실수취권을 포기하지 않은 것으로 해석할 경우 그 계산도 매우 복잡해진다. 이런 점들을 고려해 뒤의 모범답안에서는 위 기간의 과실수취권은 포기한 것으로 보아 처리하였다.

126) 건물의 축조 자체로 건물의 소유자는 그 부지가 되는 토지를 점유·사용하는 것이 되므로, 건물 소유자가 실제로 그 건물을 사용·수익하는지 여부나 타에 임대한 여부는 부당이득반환의무의 성립에 영향이 없다(위 대법원 2003다37808 판결 참조).

5) 이에 대하여 정준일은 기판력이 적용되어 의뢰인들이 자신에게 손해배상청구를 할 수 없다는 주장을 할 것으로 예상된다. 그러나 서울중앙지방법원 2010가단22809 손해배상청구 사건의 소송목적(소송물)은 정준일이 무단으로 홍은동 521 토지에 건물을 축조한 데에 따른 불법행위 또는 채무불이행에 따른 의뢰인들의 정준일에 대한 손해배상채권이고, 그 화해조서에 의하면 의뢰인들은 위 손해배상청구권만을 포기하였으므로 그 화해조서의 기판력은 소송물을 달리하는 부당이득반환청구에는 미치지 않는다.

(자) 홍은동 521 토지의 건물 철거와 퇴거

A. 의뢰인들과 정준일의 관계

1) 앞서 본 바와 같이 정준일은 홍은동 521 토지를 매수인인 의뢰인들이 사용·수익할 수 있도록 인도할 의무를 부담하고 있는바, 현재 그 지상에는 정준일이 축조한 시멘트 벽돌조 판넬 지붕 50m²의 점포 1동이 있으므로 매매 당시 예정된 현상 그대로 아무런 제한이 없는 상태로 위 토지를 인도하려면 정준일은 위 건물을 철거하고 토지를 인도하여야 한다. 정준일이 위 점포 건물까지 의뢰인들에게 매도한 일이 없고, 이를 의뢰인들에게 인도하기로 약정한 바도 없으며, 2010. 6. 30. 이후의 과실수취권은 의뢰인들에게 귀속하기 때문이다.

2) 정준일이 위 건물을 철거하지 않은 채 홍은동 521 토지를 의뢰인들에게 인도할 경우 채무의 본지(매매 목적물인 홍은동 521 토지의 하자나 제한이 없는 상태에서의 인도의무)에 좇은 이행이 아니므로 의뢰인들은 그 수령을 거절할 수 있다. 만약 그 상태대로 인도가 이루어진다면 이는 채무불이행(채무의 불완전이행)에 해당한다.

매매의 효력에 의하여 매도인은 매수인에게 매매 목적물인 재산권을 이전하여야 하고, 점유를 필요로 하는 목적물인 경우에는 매수인이 이를 사용·수익할 수 있도록 하여야 할 의무를 진다. 따라서 위와 같이 매매 목적물이 부동산인 경우, 매수인은 소유권이전등기청구권(재산권 이전청구권)과 함께 그 재산에 대한 사용·수익의 제공을 청구할 권리로서 인도청구권을 매도인에게 행사할 수 있는바, 매도인의 목적물 인도의무는 특약이 없는 한 단순히 인도 시의 현상 그대로의 인도의무가 아니라 매수인의 사용·수익에 지장이 없는 완전한 상태의 인도의무이기 때문이다(대법원 1971. 3. 31. 선고 71다309, 310 판결 참조). **128)**

---

127) 홍은동 521 토지와 그 지상 건물을 보증금 없이 임대할 경우의 임료는 월 50만 원이나, 의뢰인들은 건물에 대하여는 아무런 권리가 없으므로 이를 고려할 필요가 없다. 또 정준일이 김병만에게 건물을 월 50만 원에 임대하였으나 이 역시 건물만의 임료이고, 이는 정준일과 김병만의 개별적 약정에 의한 것일 뿐이므로 이 또한 의뢰인들의 토지에 대한 부당이득반환청구에 영향이 없다.

한편 이와 같이 정준일의 차임 상당의 부당이득반환의무는 토지의 사용기간에 비례하는 것인바, 정준일이 점포 건물의 축조 당시부터 악의라고 할 경우 이론상 법정이자도 청구할 수 있으나 그 원금이 이와 같이 기간에 비례하는 것인 성질상 계산이 지나치게 복잡하므로 실무상 청구하지 않는 것이 보통이다. 지연손해금청구도 마찬가지다.

3) 토지의 매매는 그 성질상 특정물 매매이므로 매도인은 민법에 따른 특정물 인도채무를 부담하는바, 이 경우 매도인은 그 토지를 인도하기까지 선량한 관리자의 주의로써 이를 보존하여야 한다(민법 제374조). 여기서 보존이라 함은 그 특정물의 교환가치나 사용가치가 소멸·감소하지 않도록 하는 것을 말한다. 특정물 인도채무자가 그 물건을 선량한 관리자의 주의의무로써 보존하여야 할 의무는 인도의무의 이행을 위해 필수적으로 요구되는 부수적 채무라고 할 수 있다. 이런 점에서 민법 제374조는 당연한 것을 규정한 주의적 규정에 불과하다.

한편, 특정물 인도채무자는 이행기의 현상대로 그 물건을 인도하여야 하는바(민법 제462조), 이는 채무자가 인도의무를 현실로 이행하는 때에 그 물건의 현상 그대로 인도하면 인도의무 자체는 이행한 것이 되고 채권자는 그 수령을 거부할 수 없다는 것이 된다. 따라서 채무자(매도인)가 보존의무를 잘못하여 하자가 생긴 경우에도 채권자는 현상 그대로의 인도를 수령하여야 하고, 다만 하자담보책임이나 채무불이행책임을 추궁할 수 있는지 여부만이 문제될 뿐이다.[129]

4) 이러한 민법 제462조의 규정이 매매를 포함한 모든 특정물 인도의무에 관통하는 것인

---

128) 이 판결은 "소유권이전등기 전이라도 매수인은 매매계약의 이행으로 목적물의 인도를 적법하게 받을 수 있고, 또 그 물건을 사용·수익할 수 있는 권한이 있으므로, 건물을 매도하고 그 매매계약의 이행으로 매도인이 건물을 매수인에게 인도하였다면 매수인은 그 건물을 타에 임대할 수도 있다."고 판시하였는바, 이는 매수인에게 매매 목적물의 사용·수익 제공 청구권과 그 이행의 방법으로 매도인에게 인도청구권이 있음을 선언한 것으로 해석된다. 물론 앞서 본 바와 같이 매도인의 목적물 인도의무와 매수인의 대금 지급의무가 동시이행관계에 있으므로 매도인이 대금을 지급받지 않았거나 목적물 인도의무에 이행기의 정함이 있어 그 이행기가 도래하기 전이라면 매도인에게 인도의무가 없으므로 매도인은 매수인의 인도와 사용·수익 제공 청구를 거절할 수 있으나, 이는 동시이행의 항변권이나 이행기 미도래의 항변권을 행사할 수 있기 때문이며, 매매계약 자체의 효력으로서 매수인이 인도청구권 및 사용·수익 제공 청구권을 취득하는 것 자체가 부정되는 것은 아니다(인도의무의 이행기가 도래하지 않았음에도 매도인이 이를 인도할 경우 매수인의 매도인에 대한 사용·수익 제공 청구권이 실행되어 그 채무가 소멸하는바, 이때 매수인은 목적물에 대한 점유권을 취득함은 물론이려니와 매도인에 대하여 사실상 소유자로서의 본권인 '점유 사용·수익권'을 주장할 수 있다). 이에 관하여는 학설에서도 반대의 견해를 찾아보기 어렵다{민법주해[XIV] 채권(7), 171면, 박명사(1999) 참조}. 매도인이 부동산의 소유권이전등기의무이행 전에 목적물을 인도한 경우 매도인은 매수인에게 소유권에 기한 물권적 청구권을 행사할 수 없음은 물론, 그 매수인으로부터 다시 사용·수익권을 취득한 제3자(임차인 등)에 대하여도 마찬가지로 물권적 청구권을 행사할 수 없는바(대법원 1988. 4. 25. 선고 87다카1682 판결, 1992. 7. 28. 선고 92다10197, 10203 판결 등), 이 역시 매수인이 매도인에게 사용·수익의 제공을 청구할 권리가 있기 때문이다.

129) 이렇게 새기는 것이 다수설이다. 소수설로서, 채무자가 선관의무를 다하지 않은 경우 현상대로 인도하더라도 이는 채무의 불완전이행이 되며, 채권자는 하자의 보수가 가능한 때에는 그 보수를, 보수가 불가능한 때에는 일단 수령하고 하자담보책임이나 손해배상책임을 추궁하거나 또는 수령을 거절하고 곧바로 채무불이행에 따른 손해배상을 청구할 수도 있다는 견해가 있다. 이 문제는 민법에 규정된 하자담보책임의 본질을 법정책임으로 보느냐 아니면 채무불이행책임으로 보느냐와 관련되어 있고, 민법 제374조, 제462조와 하자담보책임에 관한 법규정의 관계를 어떻게 이해하느냐 하는 문제와도 관련되어 있어 그 학설 대립이 매우 복잡하나 결과는 대동소이하다. 이에 관하여는 강봉수, "특정물 매수인의 하자보수청구권", 비교사법 제48호(2010. 3.), 한국비교사법학회를 참조.

지, 아니면 매매와 같은 유상계약의 경우 이 규정이 적용될 수 없는지가 문제된다. 특정물 매매에 있어 매매 목적물에 물리적 하자가 있는 경우의 매도인과 매수인의 법률관계에 대하여는 종래 민법이 규정한 매도인의 하자담보책임(민법 제569조 내지 제584조. 특히 제580조)의 본질을 둘러싸고 법정책임설과 채무불이행책임설이 첨예하게 대립해왔다.

법정책임설은, 민법 제462조가 특정물 인도채무에 관하여 이행기의 현상대로 인도할 의무만을 부과하고 있는 점을 기본 전제로 하여, 매도인은 하자 없는 완전한 물건을 급부할 의무를 부담하지 않고 이행기의 현상대로 인도할 의무만을 부담하므로, 설사 목적물에 하자가 있더라도 현상대로 인도하기만 하면 그 인도의무를 이행한 것이 되고, 따라서 매수인은 그 수령을 거부하거나 하자 없는 물건의 인도 등 채무불이행책임을 추궁할 수 없고, 단지 민법상의 하자담보책임 규정에 의한 해제나 손해배상 등의 책임만을 추궁할 수 있다고 본다. 그리고 이때의 손해배상은 채무불이행으로 인한 것이 아니므로 신뢰이익의 배상을 한도로 하며, 목적물의 하자에 관하여 매도인에게 고의, 과실이 있는 경우에도 마찬가지로 이해한다. 이 설은 민법이 규정한 매도인의 담보책임을 채무불이행책임이 아니라 매매의 유상성과 형평을 고려하여 거래의 신용을 보호하기 위해 법이 특별히 인정한 법정책임으로 이해하는 것이다.

이에 반하여 채무불이행책임설은, 기본적으로 민법 제462조의 구속력을 부인하여 매도인은 목적물이 특정물이든 종류물이든 관계없이 '하자 없는 완전한 물건'을 급부할 채무를 부담하며, 이에 따라 만약 매도인이 고의, 과실로 하자 있는 물건을 급부할 경우에는 채무불이행책임이 성립한다고 이해한다.[130] 채무불이행책임설에 의하면, 매도인에게 고의, 과실이 없는 경우에는 법정책임인 하자담보책임만이 성립하나 고의, 과실이 있는 때에는 하자담보책임과 함께 채무불이행책임이 경합적으로 발생하여 매수인은 그의 선택에 의하여 담보책임만을 추궁하거나 채무불이행책임으로서 하자의 보수와 이행이익의 배상을 청구할 수 있다.

사견으로는, 민법상 매도인의 하자담보책임 규정은 기본적으로 매도인의 고의, 과실을 고려하지 않은 무과실책임으로 규정하고 있는 반면 채무불이행책임에서는 필요 없는 매수인의 선의, 무과실을 요구하고 있으며, 인도의무 발생 전의 원시적 하자를 전제로 하고 있는 등의 사정과 근대 민법의 대원칙인 책임주의의 원리를 고려할 때 민법상 매도인의 하자담보책임은 법정책임이라고 이해된다.[131] 한편으로 민법이 매도인에게 고의, 과실이

---

130) 이 경우 그 법적 효과에 관하여는 민법상의 하자담보책임 규정과 채무불이행책임 규정이 경합적으로 적용된다는 견해와 하자담보책임 규정만이 적용된다는 견해가 있다. 한편, 법정책임설을 취하면서도 하자보수청구권을 인정하거나 손해배상의 범위를 이행이익으로 확장하는 절충적 견해도 있다.

131) 이런 점에서 민법 제462조는 단순히 특정물 인도채무자에게 당해 물건을 멸실·훼손하거나 변형을 가하는 등의 인위적 행위를 하지 말고 이행기의 현상 그대로 인도할 것을 명하는 것일 뿐 현상 그대로의 인도로써 모든 책임을 면하는 것을 긍정한 것으로 보기 어렵다.

있는 경우 채무불이행책임의 성립을 부정하는 규정을 두지 않은 이상 채무불이행책임이 배제된다고 할 수 없고,[132] 따라서 매도인에게 목적물의 하자에 관하여 고의, 과실이 있는 때는 하자담보책임과 채무불이행책임이 경합적으로 발생한다고 할 것이다.[133]

법정책임설에 따라, 채무자가 이행기의 현상대로 인도하면 민법 제462조에 의해 인도의무를 이행한 것이 되고 채권자는 수령을 거부할 수 없다고 본다고 하더라도, 그것만으로 채무자의 모든 의무가 이행된 것으로 되지는 않는다고 생각된다. 특정물 인도의무는 계약이나 법률규정 등 다양한 원인에 의해 발생하는바, 이때 채무자가 부담하는 채무의 내용은 경우에 따라 모두 다르고, 매매의 경우 특정물 인도채무자인 매도인은 재산권의 이전과 사용·수익의 제공의무를 지고 목적물의 인도는 그 수단으로 이루어지므로 단순히 이행기의 현상 그대로 인도하였다고 하여 인도의무 외의 다른 채무까지 이행한 것으로 되지는 않기 때문이다.

또 이와 같은 견지에서, 특정물 인도채무자인 매도인은 이행기의 현상대로 인도하기만 하면 채무를 완전히 이행한 것이 되고, 다만 그 물건에 하자가 있는 경우 민법 제580조, 제575조 제1항의 담보책임으로서 계약 해제 또는 손해배상책임만을 지는 데에 그친다고 보더라도, 위 법규에 의한 하자담보책임은 원칙적으로 그 하자가 매매계약 당시 존재하는 원시적 하자인 경우에 한하는바_(대법원 1958. 2. 13. 선고 4290민상762 판결, 1993. 11. 23. 선고 92다38980 판결, 1996. 12. 10. 선고 94다56098 판결, 2000. 1. 18, 선고 98다18506 판결 등), 이 사건의 경우 매매계약 당시 홍은동 521 토지는 나대지로서 하자가 없었으므로 위 법규가 적용될 여지가 없다.[134]

---

132) 민법상 하자담보책임 규정은 어디에서도 매도인의 고의, 과실을 언급하지 않고 있으며, 제도의 연역으로 볼 때도 이는 매도인의 귀책사유가 없는 경우를 전제로 한 것이라고 이해된다. 민법이 채무불이행제도나 위험부담, 계약체결상의 과실 등의 법제도와 함께 매도인의 담보책임을 규정한 것은 이들과는 구별되는 영역이 있기 때문이라 할 것이다. 따라서 매도인의 담보책임은 매도인에게 귀책사유가 없는 경우를 전제로 한 것이라고 해석된다. 민법 제584조는 매도인과 매수인이 담보책임 면제약정을 한 경우라도 매도인이 제3자에게 매매 목적물에 관하여 권리를 설정하거나 양도한 경우에는 면책되지 않는다고 하여, 매도인에게 귀책사유가 있는 경우에도 담보책임만이 성립하는 것은 아닌가 하는 의문이 있을 수 있으나, 매도인에게 귀책사유가 있는 경우라도 매수인이 채무불이행책임이 아닌 담보책임을 물을 수도 있는데 위와 같은 사유가 있는 경우에는 매도인이 담보책임에서 면제될 수 없다는 것을 표현한 것일 뿐, 이 규정이 채무불이행책임까지 담보책임에 흡수하여 따로 채무불이행책임의 성립을 허용하지 않겠다는 뜻을 나타낸 것으로 볼 수는 없다고 하겠다.

133) 저자의 견해와 채무불이행책임설의 결론은 같으나, 저자는 민법상 매도인의 담보책임을 채무불이행책임이 아닌 법정책임이라고 이해하는 점에서 다르다. 매도인의 담보책임을 채무불이행책임으로 이해하면 매도인에게 고의, 과실이 없는 때에도 채무불이행을 인정하게 되어 민법 제390조에 반하게 된다. 한편 목적물의 하자 발생에 관한 것이 아니라 매도인이 매매계약 과정에서 하자의 존재를 알면서도 매수인에게 이를 고지하지 않고 감추거나 거짓으로 고지한 경우 채무불이행책임과 별개로 기망에 의한 불법행위가 성립할 수 있다.

134) 위 대법원 94다56098 판결의 사안은, 아파트 대지의 일부가 매매계약 이후 매도인의 고의에 의하여 타에 양도됨으로써 그 부분을 매수인에게 이전할 수 없게 된 것인데, 이에 대하여 원심이 민법 제574조에 의한 담보책임으로 대금감액청구를 인정한 데에 대하여 대법원은, 그 경우 담보책임이 적용될 수 없고 매도인은 이행불능에 따른 채무불이행책임을 져야 한다는 취지로 판시하였다.

판례는 민법상의 하자담보책임의 본질에 관하여 명시적인 견해의 표방 없이 신뢰이익의 배상만을 인정하거나 이행이익의 배상을 인정하는 등의 일관성 없는 판결을 해왔는데, 민법 제570, 572조의 타인 권리의 매매, 민법 제581조의 종류물 매매에 관하여는 신뢰이익을 초과한 이행이익의 배상을 인정하여 채무불이행책임을 인정한 것이 아닌가 보이기도 한다. 그러나 법정책임설에 따른다고 하여 그 손해배상의 범위가 반드시 신뢰이익으로 제한되어야 할 이유는 없으므로 그것만으로 이들 규정의 성격이 판가름날 수는 없다고 하겠다.

대법원 1992. 4. 14. 선고 91다17146, 17153 판결은 "양도(영업양도) 목적물의 숨은 하자로부터 손해가 발생한 경우에 양도인이 양수인에 대하여 부담하는 하자담보책임은 그 본질이 불완전이행책임으로서 … 사실관계에 기하여 하자담보책임과 불법행위책임이 경합하는 경우에 …"라고 하였고, 또 대법원 2004. 7. 22. 선고 2002다51586 판결은 "매도인이 성토작업을 기화로 다량의 폐기물을 은밀히 매립하고 그 위에 토사를 덮은 다음 도시계획사업을 시행하는 공공사업시행자와 그 토지가 정상적인 토지임을 전제로 협의취득절차를 진행하여 이를 매도함으로써 매수자로 하여금 그 토지의 폐기물처리비용 상당의 손해를 입게 하였다면 매도인은 이른바 불완전이행으로서 채무불이행으로 인한 손해배상책임을 부담하고, 이는 하자 있는 토지의 매매로 인한 민법 제580조 소정의 하자담보책임과 경합적으로 인정된다고 할 것이다."고 판시함으로써, 특정물 매매에 있어 매도인의 책임을 법정 담보책임으로 제한하지 않고 있다.[135] 학설도 종래와 달리 채무불이행책임설

---

135) 이 외에도 이러한 취지를 간접적으로 표시한 판례들이 보인다. 즉 대법원 2009. 7. 23. 선고 2009다33570 판결은, 매매 목적물인 건물의 일부가 경계를 침범하여 타인의 토지 위에 건립됨으로써 건물 매수인이 토지 소유자의 요구에 따라 건물을 철거하고 그 토지를 인도한 후 매도인에게 채무불이행이나 불법행위에 따른 손해배상(주위적 청구) 및 하자담보책임에 기한 손해배상(예비적 청구)을 청구하자, 원심이 매도인에게 고의, 과실이 없음을 이유로 주위적 청구를 기각하고 민법 제580조를 적용하여 예비적 청구를 인용한 것에 대하여 주위적 청구 부분에 관하여는 탓하지 않고 예비적 청구에 관하여 민법 제572조 대신 제580조를 적용한 것만을 탓하였다. 또, 대법원 2010. 4. 29. 선고 2007다9139 판결은 "아파트 분양계약에서 분양자의 채무불이행책임이나 하자담보책임은 분양된 아파트가 당사자의 특약에 의하여 보유하여야 하거나 주택법상의 주택건설기준 등 거래상 통상 갖추어야 할 품질이나 성질을 갖추지 못한 경우에 인정된다."고 판시하였다. 한편, 판례는 같은 유상계약인 수급인의 하자담보책임과 관련해서도 일찍부터 채무불이행책임과 하자담보책임의 경합을 인정해 왔으며(대법원 1995. 6. 30. 선고 94다23920 판결, 2004. 8. 20. 선고 2001다70337 판결, 2013. 11. 28. 선고 2011다67323 판결 등. 특히 위 2001다70337 판결은 손해배상의 범위에 관하여 하자 보수비용 상당 손해는 민법 제667조 제2항에 의한 하자담보책임상의 손해이고, 하자로 인해 다른 물건이 손상되는 등으로 확대된 손해는 채무불이행책임에 기한 것이라고 하였다.), 민법 제570조의 타인 권리의 매매에 있어서도 동일한 견해를 취하였다(대법원 1970. 12. 29. 선고 70다2449 판결, 1993. 11. 23. 선고 93다37328 판결. 다만, 위 70다2449 판결은 채무불이행책임에 기한 손해배상청구권을 민법 제570조 단서의 예외규정으로 파악하여 "매매계약 당시 매매 대상 토지의 소유권이 매도인에 속하지 아니함을 알고 있던 매수인은 매도인에 대하여 그 이행불능을 원인으로 손해배상을 청구할 수 없고, 다만 그 이행불능이 매도인의 귀책사유로 인하여 이루어진 것인 때에 한하여 그 손해배상을 청구할 수 있는 것이므로, 그 이행불능이 매도인의 귀책사유로 인한 것인가는 매수인이 입증해야 한다."고 함으로써 채무불이행으로 인한 손해배상청구권에 관한 민법 제390조의 일반원칙과는 다른 입장을 취하였

이 통설 내지 다수설의 지위에 올라섰다고 할 수 있다.

위와 같이 특정물의 매매에 있어 매매 목적물에 하자가 있는 경우 매수인은 하자담보책임과 함께 채무불이행책임을 추궁할 수 있는바, 채무불이행책임을 추궁하기 위해서는 먼저 매도인에게 '하자 없는 완전한 물건을 급부할 의무'를 인정하여야 한다. 판례는 이에 관하여 명시적으로 선언하지는 않았지만,[136] 매매는 매도인이 매수인에게 처분권과 사용·수익권이 완전히 결합된 재산권을 이전할 의무를 부담하고 매수인은 그 대가로 대금을 지급할 의무를 부담하는 것을 본질로 하므로, 매도인이 '하자 없는 완전한 물건을 급부할 의무'를 부담함은 당연한 것이라 할 수 있다.[137]

5) 이 사건에서 홍은동 521 토지의 매도인인 정준일은 매매 당시의 나대지 상태 그대로 위 토지를 매수인에게 인도하여 하자가 없는 완전한 소유권을 취득하게 해 줄 선량한 관리자로서의 주의의무에 위배하여 매매계약일 이후인 2010. 7. 무단으로(고의로) 점포 건물을 신축하였다. 이는 고의에 의한 것으로서 민법 제374조에도 반한다.

따라서 정준일이 의뢰인들에게 건물을 철거하지 않은 상태로 홍은동 521 토지를 인도할 경우, 의뢰인들은 그 수령을 거부하고 하자 없는 이행을 청구할 수 있으며 그로 인한 손해배상도 청구할 수 있다. 즉 정준일은 채무불이행책임을 면하지 못한다. 하자의 발생에 관하여 정준일에게 고의가 있으므로, 앞서 본 바와 같이 판례에 따를 때 하자담보책임

다. 이는 곧 담보책임 규정이 아닌 채무불이행책임 규정에 의해 책임을 추궁하기 위해서는 매도인의 고의, 과실을 매수인에게 주장·입증하도록 하는 것이라고 할 수 있다).

136) 대법원은 종래 일관되게 부동산 매도인의 책임과 관련하여, 매도인은 가압류나 압류, 가처분, 근저당권설정등기 등의 부담이 없는 '완전한 소유권이전등기'를 마쳐줄 의무가 있다고 판시해왔는바(1967. 7. 11. 선고 67다813 판결, 2001. 7. 27. 선고 2001다27784, 27791 판결, 2012. 12. 27. 선고 2010다57473 판결, 2013. 6. 13. 선고 2011다73472 판결 등), 이 역시 대법원이 매도인에게 법률적으로나 물리적으로 하자가 없는 완전한 소유권을 이전할 의무가 있음을 인정한 것이라고 이해된다. 한편, 대법원 1993. 11. 23. 선고 92다38980 판결은 "신축건물이나 신축한 지 얼마 되지 않아 그와 다름없는 건물을 매도하는 매도인이 매수인에 대하여 매도 건물에 하자가 있을 때에는 책임지고 그에 대한 보수를 해 주기로 약정한 경우, 특별한 사정이 없는 한 매도인은 하자 없는 완전한 건물을 매매한 것을 보증하였다고 할 것이므로, 매도인은 계약 당시 또는 매수인이 인도받은 후에 용이하게 발견할 수 있는 하자뿐만 아니라 건물의 본체 부분의 구조상의 하자 특히 품질이 떨어지는 재료를 사용하는 등 날림공사로 인한 하자 등 바로 발견할 수 없는 하자는 물론 당초의 하자로부터 확산된 하자에 대하여도 책임을 져야 한다고 보아야 할 것이며, 다만 확대된 하자에 관하여는 매수인 스스로가 용이하게 당초의 하자를 발견하여 이를 보수하고 그 비용을 매도인에게 청구할 수 있음에도 불구하고 이를 방치하여 하자가 확산되는 등의 사정이 있어 하자의 확대에 대하여 매수인에게 과실이 있는 경우라면 매도인의 하자보수의무불이행으로 인한 손해배상액을 정함에 있어서 매수인의 이러한 과실을 참작할 수 있을 뿐이라 할 것이다."고 판시하였는바, 비록 이 사건에서는 매도인이 하자 없는 완전한 건물을 매도한 것을 보증하였다는 사정이 있더라도 기본적으로 매도인에게 그러한 의무가 있음을 인정한 것이라고 하겠다. 신축건물이나 나대지의 매매 등 대부분의 경우 매도인은 묵시적으로 그 매매 목적물에 하자가 없음을 보증한 것으로 해석할 수 있다.

137) 2001. 11. 26.에 개정된 독일 민법 제433조는 "물건의 매도인은 매수인에게 물건을 인도할 의무와 그 소유권을 취득케 할 의무를 부담한다. 매도인은 매수인에게 물리적 또는 권리상의 하자가 없는 물건을 취득하게 할 의무를 부담한다"고 규정하여 이를 입법적으로 해결하였다.

외에 채무불이행책임도 성립하기 때문이다.

그런데 정준일은 앞서 본 바와 같이 인도의무를 아직 이행하지 않고 있고, 건물을 철거하지도 않고 있다. 그런데 정준일은 위 건물의 소유자이므로 이를 철거하여 홍은동 521 토지를 인도함으로써 의뢰인들에 대한 사용·수익 제공의무를 이행할 수 있는 상태이다.

6) 채무의 이행이 가능한 상태인 경우 채권자는 그 강제이행을 법원에 청구할 수 있으므로(민법 제389조 제1항),[138] 의뢰인들은 매매계약의 효력인 사용·수익 제공청구권에 의하여 정준일에게 위 점포 건물의 철거를 청구할 수 있다. 정준일의 건물 철거의무는 위 토지의 사용·수익 제공의무의 이행을 위한 것이고,[139] 의뢰인들의 토지 소유권에 기한 물권적 방해배제청구권(민법 제214조)에 의한 것이 아니다. 의뢰인들이 아직 위 토지의 소유권이전등기를 받지 못한 이상 의뢰인들은 소유권이나 소유권에 기한 물권적 청구권을 취득, 행사할 수 없다.

의뢰인들의 위 건물 철거청구권은 성질상 불가분채권이므로 의뢰인들은 누구나 단독으로도 철거채무 전부의 이행을 청구할 수 있다. 만약 위 점포 건물이 철거되지 않으면 2010. 11. 5.자 화해조서에 기해서 위 홍은동 521 토지를 인도받을 수도 없다. 건물의 대지는 건물 소유자가 점유하므로(대법원 2003. 11. 13. 선고 2002다57935 판결, 2017. 1. 25. 선고 2012다72469 판결) 건물을 철거하지 않고는 관념상 그 대지에 대한 점유를 채권자에게 이전(인도)할 수 없기 때문이다. 즉 이 경우 토지에 대한 인도의무의 집행은 집행불능이 된다.[140]

B. 의뢰인들 및 정준일과 김병만의 관계

1) 의뢰인들이 위 점포 건물을 철거하기 위해서는 그 점유자인 피고 김병만을 건물에서 퇴거시켜야만 한다. 그렇지 않으면 그의 건물에 대한 점유를 침해하게 된다.

한편 건물의 철거는 건물 점유자의 점유를 해소시키는 결과를 초래하므로, 의뢰인들이 김병만의 점유를 해소하고 그를 건물에서 퇴거시키는 데에는 판결 등 집행권원이 필요하다. 그러나 의뢰인들은 홍은동 521 토지나 위 점포 건물에 관한 물권적 권리자가 아니므로 직접 김병만에게 퇴거를 청구할 수는 없고, 채무자인 피고 정준일의 김병만에 대한 점

---

138) 그것이 이행불능으로서 불가능한 때는 그 채무 자체는 소멸하고 채무불이행책임에 따른 계약 해제와 손해배상책임만을 추궁할 수 있다.

139) 정준일과 박이채(의뢰인들)의 매매계약 당시 홍은동 521 토지는 건물이 없는 나대지 상태였으므로 특약이 없는 이상 정준일은 그 당시의 현상 그대로 매수인에게 토지를 인도하여 매수인들의 사용·수익에 제공할 의무를 부담하고, 그 부수적 의무로서 사용·수익에 장애가 되는 행위를 하지 아니할 부작위의무도 부담한다. 따라서 매수인인 의뢰인들은 민법 제389조 제3항에 의해서도 정준일에게 건물 철거를 청구할 권리가 있다.

140) 인도집행의 대상인 부동산에 채무자 등의 동산이 있는 경우 그 동산은 부동산의 인도집행 시 집행관이 제거하여 채무자에게 인도하여야 하므로(민사집행법 제258조 제3항) 동산은 인도집행에 장애가 되지 않는다. 그러나 위 규정은 인도집행의 대상인 토지에 건물이나 기타의 정착물이 있는 경우에는 적용되지 않으므로 토지의 인도 외에 그 지상 건물의 철거 등을 명하는 판결이 없는 한 이를 철거할 수 없다.

포 인도(반환)청구권을 대위행사해야만 한다.

2) 정준일은 위 점포 건물을 2010. 8. 1. 김병만에게 임대하였는바, 월차임은 50만 원이었고 종기는 2012. 7. 31.이었다. 그런데 김병만은 2011. 10. 1. 이후의 차임 지급을 지체하였으므로[141] 임대인 정준일은 민법 제640조에 의하여 2011. 12. 1. 이후 언제든지 계약을 해지할 수 있다.[142]

3) 한편, 정준일은 위 임대차기간의 종기가 가까운 2012. 6. 중순 임차인 김병만에게 더 이상 임대할 의사가 없다는 뜻을 통지하였으므로, 당초의 임대차계약상 종기인 2012. 7. 31.의 도래로써 임대차기간이 만료하고 임대차계약은 효력을 상실한다. '상가건물 임대차보호법'이 적용되는 점포의 임대차에서 임차인은 5년의 기간 내에서 계약의 갱신을 청구할 권리가 있으나, 기록상 김병만이 이를 청구한 사실이 나타나 있지 않거니와, 위와 같이 김병만은 3기 이상의 차임을 연체한 상태이므로 위 법률 제10조 제1항 제1호에 의해 정준일은 갱신을 거절할 권리가 있다. 그리고 위와 같이 임대차기간이 만료되기 6개월 전부터 1개월 전까지 임대인 정준일이 갱신 거절의 뜻을 표시하였으므로 위 법률 제10조 제4항에 의한 묵시의 갱신도 이루어질 수 없다. 따라서 김병만은 정준일에게 위 점포를 인도(반환)하고 밀린 차임을 지급할 의무가 있다.

4) 그러나 정준일은 김병만에 대한 위 권리들을 행사하지 않고 있으므로 의뢰인들은 채권자대위권을 행사할 수 있다. 그런데 기록상 정준일이 현재 무자력 상태임을 알 수 있는 자료가 없으므로, 의뢰인들의 정준일에 대한 채권 중 특정물채권인 토지 인도청구권 및 건물 철거청구권만이 피보전채권이 될 자격이 있고 정준일에 대한 부당이득반환채권은 피보전채권이 될 수 없다.

동시에 정준일의 김병만에 대한 점포 인도(반환)청구권은 대위의 대상이 되나 차임 지급청구권은 대위의 대상이 되지 않는다. 정준일이 무자력이 아닌 이상 그의 차임 지급청구권을 대위행사하여 의뢰인들의 정준일에 대한 금전채권(부당이득반환채권)을 보전할 필

---

141) <의뢰인 상담일지> 등에 차임을 지급할 시기가 나타나 있지 않는바, 정준일과 김병만 사이에 특약이 없었다면 김병만은 민법 제633조에 의하여 매월 말에 이를 지급하여야 한다.

142) 정준일과 김병만의 위 건물 임대차에 대하여는 상가건물 임대차보호법이 민법에 우선하여 적용되는 바(이 사건 점포 임차와 관련하여 임차인 김병만이 사업자등록을 하였는지 여부에 관하여 문제나 기록에서 언급이 없으나 이는 대항력 취득에 필요할 뿐 위 법률 적용요건은 아니다(대항력을 취득하지 못하더라도 그 임대차에 위 법률의 일부조항이 적용된다). 인도 받은 시기 역시 명확치는 않으나 마찬가지다.

한편, 위 법률이 적용되려면 보증금이 일정액을 초과하지 않아야 하는바, 정준일과 김병만의 위 건물 임대차계약일인 2010. 8. 1. 당시 서울지역은 보증금이 3억 원을 초과하지 않으면 위 법률이 적용되며, 차임이 있는 경우 그 월차임 액수에 100을 곱한 액수를 보증금에 가산한다. 이 사건의 경우 보증금은 없고 월차임이 50만 원으로서 여기에 100을 곱한 액수가 5,000만 원이어서 위 법률이 적용된다.), 상가건물 임대차보호법은 차임 지체로 인한 계약 해지권에 대하여는 규정을 두고 있지 않으므로(다만, 동법 제10조는 차임이 3기 이상 연체된 경우 임차인의 갱신청구권을 부정한다.) 이에 대하여는 민법이 적용된다(대법원 2014. 7. 24. 선고 2012다28486 판결).

요가 없기 때문이다. 따라서 의뢰인들은 위 토지 인도청구권 및 건물 철거청구권을 피보전채권으로 삼아 정준일의 김병만에 대한 점포 인도(반환)청구권을 대위행사할 수 있다.

5) 그런데 의뢰인들은 정준일에게 위 점포가 반환되면 그가 이를 또다시 타에 처분할 우려가 있어 그가 이를 점유하는 상태를 원하지 않는다고 하므로, 의뢰인들은 김병만더러 위 점포를 의뢰인들에게 직접 인도할 것을 청구하거나 단순한 퇴거만을 청구하여야 한다.[143]

채권자대위권을 행사하는 채권자는 피대위권리의 행사에 따른 제3채무자의 의무가 물건이나 금전의 인도의무이거나 등기의 말소의무인 경우 채권자는 제3채무자에게 채권자 앞으로의 직접 급부를 청구할 수도 있으나(대법원 1960. 6. 30. 선고 4292민상838 판결, 1966. 9. 27. 선고 66다1149 판결, 1995. 4. 14. 선고 94다58148 판결 등), 대위권을 행사하는 채권자가 궁극적으로 그 급부를 보유할 수 없는 경우에는 직접 자신에게 급부할 것을 청구할 수 없다고 할 것이므로(대법원 1989. 4. 25. 선고 88다카4253, 4260 판결, 1995. 11. 28. 선고 95다22078, 22085 판결 참조), 의뢰인들은 김병만의 퇴거만을 청구하여야 한다. 의뢰인들은 위 점포를 소유하거나 점유할 아무런 권리가 없기 때문이다.

6) 인도는 점유를 타인에게 이전하는 것으로서, 이로써 상대방이 점유를 취득하는 데에 반해 퇴거(退去)는 단순히 점유자의 점유를 푸는 것으로서 상대방이 없고, 상대방이 있다고 하더라도 상대방이 이를 통해 점유를 취득하지 않는다는 점에서 다르다. 이와 같이 인도가 퇴거보다 질적으로 더 큰 권리이므로 인도청구권자는 스스로 인도청구 대신 퇴거청구를 할 수 있다.

(차) 가구 매매와 영업양도의 법률관계

1) 의뢰인 최희선은 2001. 3. 20. 김병수에게 목가구 1개를 대금 2,000만 원에 매도하였는바, 이는 의뢰인 최희선에게만 관련된 법률관계이고 의뢰인 이명구와는 전혀 관계가 없다. 복수의 원고가 있을 때 그 중 1인과만 관련된 법률관계는 다른 원고에 관련된 부분과 구별하여 소장에 기재하여야 한다.

2) 위 가구 매매 당시 매수인인 김병수는 '런던가구점'을 운영하고 있었고, 이를 자신이 개인적으로 사용하기 위해서가 아니라 상품으로 팔기 위해 매수한 것이므로 김병수의 가구 매수는 상법 제46조 제1호의 상행위에 해당한다. 그리고 김병수에게 그것이 상행위가 되는 이상 매도인 최희선에 대한 관계에서 상행위가 되는지 여부와 관계없이[144] 상법 제3조에 의하여 위 가구 매매에는 상법이 적용된다.

따라서 김병수가 가구대금 지급을 지체한 경우 그들 사이에 특약이 없는 한 김병수는

---

143) 물론 정준일에게 위 점포가 반환·인도되지 않더라도 김병만이 퇴거한 후 비어 있는 상태에서 정준일이 임의로 점포를 점유할 우려가 있으나, 그가 건물을 철거해야 한다는 판결이 선고된다면 그가 새삼스레 이를 점유하고 타에 양도하거나 임대하는 등의 행위를 하지는 않을 것으로 기대할 수 있다.

144) 최상철의 확인서에 의하면 최희선은 가구 매매 당시 공무원이었으므로 상인이 아니었음을 알 수 있다.

상법 제54조에 의해 연 6%의 지연손해금을 지급할 의무가 있다(대법원 2000. 10. 27. 선고 99다10189 판결 등 참조). 그런데 위 가구대금의 이행기(지급기한)는 2002. 3. 19.이고, 김병수는 아직까지 이를 지급하지 않고 있으므로 김병수는 2002. 3. 20.부터 연 6%의 지연손해금을 지급할 의무가 있다.

3) 김병수는 2007. 1. 15. 김병만에게 위 가구점의 영업을 양도하였고, 김병만이 그 상호를 계속 사용해 영업을 하고 있으므로 영업양수인인 김병만은 상법 제42조 제1항에 따라 의뢰인 최희선에 대한 가구대금채무를 변제할 의무가 있다.[145] 상법 제42조 제1항이 "… 양수인도 변제할 책임이 있다."고 규정하고, 상법 제45조가 양도인의 채무는 영업양도 후 2년이 경과하면 소멸한다고 규정하고 있음을 볼 때 영업양수인의 책임은 중첩적(병존적) 채무인수에 가깝다고 할 수 있다.[146] 위 2년의 기간은 제척기간이라는 것이 판례이다(대법원 2013. 4. 11. 선고 2012다64116 판결 등).

그런데 이 사건 소 제기일(2014. 1. 6.) 당시 이미 2년이 경과하였으므로 영업양도인인 김병수의 채무는 소멸하였다. 따라서 의뢰인 최희선은 김병수에게는 가구대금을 청구할 수 없다.

4) 위와 같이 가구매매에는 상법이 적용되므로 그 소멸시효기간 역시 5년이 된다. 이 사건에서 최희선은 공무원으로서 상인이 아닌 이상 그의 영업양도인 김병수에 대한 가구대금채권은 '상인이 판매한 상품의 대가'가 아니므로 상법 제64조 단서와 민법 제163조 제6호의 3년의 단기 소멸시효기간 은 적용될 수 없고, 영업양수인 김병만에 대하여도 채권의 동일성이 유지되므로 마찬가지다.

그러나 이 사건에서 채권자 최희선은 2007. 3. 11. 김병만의 아파트에 가압류를 신청하여 2007. 3. 14. 가압류명령이 발령되고 2007. 3. 15. 가압류등기까지 기입되었으므로 민법 제168조 제2호에 따라 소멸시효가 중단되었다. 가압류에 의한 소멸시효 중단의 효력 발생 시기에 관하여 민법에는 규정이 없으나, 민법 제168조 제1호의 '청구'에 대하여 민사소송법 제265조는 소장을 법원에 제출한 때에 시효중단의 효력이 있다고 규정하고

---

145) 영업양도는 일정한 영업목적에 의하여 조직화된 업체, 즉 인적·물적 조직을 그 동일성을 유지하면서 일체로서 이전하는 것을 의미하므로(대법원 2013. 2. 15. 선고 2012다102247 판결 등), 양도인이 과거 영업활동을 통해 취득한 채권이나 채무는 그것이 영업을 위한 필수적인 것으로 유기적으로 결합된 것이 아닌 한 영업재산에 속하지 않고(과거 영업활동을 통해 취득한 채권은 이익을 발생시키는 재산에 해당할 뿐이다. 물론 그것이 장래의 영업활동에 재투자될 가능성이 있기는 하나, 그렇더라도 그것이 영업을 위한 필수적인 것으로 유기적으로 결합된 것이라고 보기는 어렵다. 과거 영업활동을 통해 발생한 채무는 더 말할 것도 없다.), 따라서 영업양도에 의하여 양수인에게 당연히 이전되지는 않는다. 상법이 제42조 내지 제45조에서 영업양도와 관련하여 양도인의 채권, 채무에 대한 변제와 관련한 규정을 둔 것도 양도인의 과거 영업활동을 통해 발생한 채권, 채무가 원칙적으로 영업양수인에게 이전하지 않음을 전제로 한 것이다.

146) 이러한 법리에 따라 대법원은, 채권자가 영업양도인에 대한 채권을 타인에게 양도한 경우 영업양수인에 대한 채권도 당연히 양도된 것이라고 단정할 수 없고, 그 모두를 양도한 경우라도 각 채무자(영업양도인과 영업양수인)별로 대항요건을 따로 갖출 것을 요구한다(2009. 7. 9. 선고 2009다23696 판결, 2013. 3. 28. 선고 2012다114783 판결).

있고, 가압류의 경우 본안소송과 같이 가압류신청서를 법원에 제출함으로써 권리자의 권리행사가 외부에 표시되었다고 볼 수 있으므로, 가압류신청서를 법원에 제출한 때에 시효중단의 효력이 있다고 해석된다. 이것이 통설이다. 그러나 가압류집행의 착수가 이루어지지 않으면 가압류에 의한 소멸시효 중단의 효력은 처음부터 발생하지 않는다. 집행에 착수하였으나 가압류할 목적물이 없어 집행에 실패한 때는 그 집행절차 종료 시부터 소멸시효가 새로 진행한다(대법원 2011. 5. 13. 선고 2011다10044 판결 등).

5) 한편, 가압류집행에 따른 가압류등기가 계속 유지되고 있는 동안에는 소멸시효 중단상태가 계속되고 시효가 재진행하지 않으므로, 경매절차에서 부동산이 매각되어 가압류등기가 말소되기 전에 배당절차가 진행되어 가압류채권자에 대한 배당표가 확정되는 등의 특별한 사정이 없는 한, 그 가압류등기가 말소될 때까지 가압류에 의한 소멸시효 중단의 효력은 계속 유지된다(대법원 2013. 11. 14. 선고 2013다18622, 18639 판결 등).[147] 그러므로 위 가압류등기가 말소되었다는 자료가 없는 이상 김병만에 대한 위 가압류에 의한 소멸시효 중단의 효력은 계속 유지된다.

(카) 답변서 작성 과제의 법률관계(미등기 토지에 대한 소유권확인청구의 소)

1) 이 사건에서 답변서 과제의 내용은, 변호사 이민우가 ○○○법원 2013가단10123호 소유권확인청구 사건의 피고인 대한민국의 소송대리인으로서 피고 대한민국을 위해 답변서를 작성하라는 것이다. 따라서 수험생들은 원고가 소장에 기재한 청구취지와 청구원인을 통해 ① 당사자가 누구이고 소송목적(소송물＝청구취지와 청구원인)이 무엇인지, ② 그 소가 적법한지, ③ 소가 적법하다면 그 청구가 정당한지 여부를 차례로 검토하여야 한다.

한편, 원고 적격이나 채권자대위의 요건은 갖추어진 것으로 전제하라고 지시되어 있으므로 이를 유념하여야 한다.

2) 원고 ○○○가 법원에 제출한 소장에 의하면, 이 사건의 원고 ○○○는, 홍은동 521 토지를 1911. 2. 1. 정상우가 사정받았고, 정상우의 아들 정병조, 정병조의 아들 정준일이 이를 전전상속하여 2013. 12. 20. 현재 정준일이 이를 소유하고 있는데, 위 토지는 미등기상태로서 토지대장에 연일정씨 숙정공파종중이 사정을 받은 소유자로 잘못 등록되어 있는바, 그 적법한 소유자인 정준일은 소유권보존등기를 위해 국가를 상대로 소유권확

---

147) 보전처분을 집행한 때부터 3년이 경과할 때까지 채권자가 본안의 소를 제기하지 않은 경우에는 채무자가 가압류 취소신청을 할 수 있으나(민사집행법 제288조 제1항 제3호), 이는 보전처분 집행 후 3년간 본안소송이 제기되지 아니하였다고 하여 보전처분 취소결정 없이도 보전처분의 효력이 당연히 소멸되거나, 보전처분 취소결정이 확정된 때에 보전처분 집행 시부터 3년이 경과된 시점에 소급하여 보전처분의 효력을 소멸한다는 의미는 아니다(대법원 2004. 4. 9. 선고 2002다58389 판결, 2008. 2. 14. 선고 2007다17222 판결). 따라서 최희선이 가압류를 한 후 3년 내에 본안의 소를 제기하지 않았더라도 시효중단의 효력은 계속되며, 나중에 이를 이유로 가압류가 취소되더라도 취소된 때부터 중단되었던 시효가 재진행한다.

인을 청구할 권리가 있으므로, 원고가 정준일의 채권자로서 그를 대위하여 위 토지가 정준일의 소유임의 확인을 구하고 있다.

따라서 위 소의 청구취지는 홍은동 521 토지가 현재 정준일의 소유라는 확인을 구하는 것으로서 확인의 소에 해당하고, 그 청구원인은 토지가 미등기상태로서 소유자 정준일 명의의 소유권보존등기를 위해 국가와의 사이에서 그 권리에 대한 확인이 필요하며, 원고는 정준일의 채권자로서 채권자대위권에 의해 확인청구를 한다는 것으로 이해된다.

3) 문제에서, 피고 대한민국은, 위 토지가 현재 미등기인 사실, 그 토지대장에 연일정씨 숙정공파종중이 소유자로 등록되어 있다는 사실을 다투지 않는다고 하였으므로, 이와 다른 내용의 사실관계를 전제로 한 답변서를 작성해서는 안 될 것임은 물론이다.

그러므로 자연히 답변서 내용의 핵심은, ① 이 사건 확인의 소가 소의 이익이 있는지, ② 피고 대한민국에게 당사자적격이 있는지, ③ 원고 주장대로 정준일이 현재 위 토지의 소유자이고 원고가 정준일의 채권자로서 채권자대위의 요건을 갖추었는지 여부가 될 것이다.

4) 앞서 본 바와 같이 어떤 토지의 소유권보존등기가 마쳐지지 않아 미등기상태인 경우, 그 소유자가 토지대장에 최초의 소유자(그 토지의 소유권을 최초로 취득한 자)로 등록되어 있지 않거나[148] 그 등록된 소유자의 포괄승계인이 아니라면 그는 소유권보존등기를 위해 일정한 자를 상대로 그 소유권확인판결을 받을 필요가 있다.

이 사건의 경우 이미 토지대장에 위 종중이 사정에 의해 소유권을 취득한 자로 등록되어 있고, 사정은 토지 소유권의 최초 취득원인에 해당하므로 위 종중은 곧바로 등기소에 토지대장 등본을 제출하여 그 명의의 소유권보존등기를 신청할 수 있으나(부동산등기법 제65조), 자신이 소유자라고 주장하는 정준일이나 그 대위권자인 원고는 토지대장상 소유자이거나 그 포괄승계인이 아니어서 토지대장에 기하여 소유권보존등기를 신청할 수 없으므로 소유권확인판결이 필요하다.

5) 한편, 미등기토지의 토지대장에 최초의 소유자등록이 없는 등의 일정한 사유가 있는 때에는 국가를 상대로 한 소유권확인청구가 가능하다. 국가(국토교통부 장관)는 토지의 관리자로서 모든 토지에 대하여 필지별로 소재, 지번, 지목, 면적 등을 조사, 측량하여 토지대장 등 지적공부에 등록할 권한과 의무가 있고(측량·수로조사 및 지적에 관한 법률 제64조 제1항), 토지대장에는 토지의 소재와 지번 등 외에 소유자의 성명 등 소유자에 관한 사항도 등록하여야 하므로(위 법률 제71조 제1항), 토지대장에 소유자의 기재가 없는 경우 국가는 이를 조사, 확인할 의무가 있다.

그러나 이미 토지대장에 최초의 소유자가 기재되어 있는 경우에는 국가가 그 등록된

---

148) 토지의 최초 소유자는 토지대장에 기재된 자를 기준으로 정하며, 소유권보존등기는 토지대장의 그 기재를 기초로 한다(부동산등기법 제65조 제1호 참조). 일반적으로 토지의 최초 소유자는 토지조사사업과 임야 조사사업에 따른 사정에 의해 소유자로 된 자이고, 그 이후에 바다의 매립 등으로 새로 생긴 토지의 경우에는 그와 같은 사유 발생 시 법령에 의해 소유권을 취득한 자이다.

소유자의 소유를 부인하고 국가 자신의 소유권을 주장하는 등의 특별한 사정이 없는 한 국가는 그 소유관계에 관한 이해관계인이 아니므로 새삼스레 그 소유자가 누구인지 확인해 줄 의무가 없고, 이미 토지대장에 소유자등록이 있는 이상 국가를 상대로 확인판결을 받는 것이 분쟁 해결에 유효적절한 수단이 될 수도 없다.[149] 그러므로 이런 경우에는 그 소유명의자를 상대로, 즉 그를 피고로 삼아 소유권을 다투어야 하고, 국가를 상대로 한 소유권확인청구는 소의 이익이 없거나 당사자적격이 없는 자를 상대로 한 소로서 부적법하다(대법원 1993. 9. 14. 선고, 92다24899 판결 등).

6) 따라서 이 사건의 경우 원고가 홍은동 521 토지에 대한 정준일 명의의 소유권보존등기를 위해 소유권확인을 구하려면 위 종중을 상대로 제기해야 하므로, 대한민국을 상대로 한 이 사건 소는 소의 이익이 없거나 당사자적격이 없는 자를 상대로 한 소로서 부적법하다.

그러므로 이민우 변호사는 이를 주장하여 소의 각하를 구하는 답변을 하여야 한다. 한편, 정준일에게 소유권이 있는지 여부는 특별히 그 근거자료가 제시되어 있지는 않으나, <소장 작성 요령>에서 첨부서류에 나타난 사실관계를 진정한 것으로 인정하라고 하였으므로 이를 유추하여 정준일의 2013. 6. 3.자 통지서 기재 내용을 그대로 인정하여야 하고, 따라서 정준일의 소유권취득을 부인하면서 청구기각을 구할 필요는 없다.[150] 만약 청구원인사실을 부인하며 청구기각을 구한다면 요령 없는 답이 될 것이며, 점수를 거의 얻을 수 없을 것이다. 또, 원고 적격이나 채권자대위의 요건은 모두 갖추어진 것으로 전제하라고 하였으므로 이를 문제 삼을 이유는 전혀 없다.

마. 소장과 답변서의 얼개 구상

1) 메모를 바탕으로 법리 검토를 마쳤으면 각 쟁점별로 결론을 얻은 상태이므로 소장이나 답변서를 작성하면 된다. 이때 그 내용이 간단한 것이면 바로 작성에 들어 갈 수 있지만 사실관계가 복잡하고 내용이 많으면 그것을 어떤 구도로 작성할 것인지 미리 계획과 설계가 필요하다. 이는 곧 작성할 소송문서의 문단나누기로서, 전체적인 구도와 얼개를 잡는 것이다. 그 작업의 결과는 얼개도나 순서도로 완성된다.

---

149) 이 경우 소유권 주장자는 위 법률 제84조에 의하여 토지대장상 소유자 기재사항의 정정을 신청할 수 있고(대법원 2012. 12. 13, 선고 2010다16809 판결 참조), 지적 소관청(시장, 군수, 구청장)이 이를 거부한 경우 행정소송을 제기할 수도 있다. 그러나 지적 소관청이 토지 소유자에 관한 사항을 정정하기 위해서는 등기필증, 등기완료통지서, 등기사항증명서 또는 등기관서에서 제공한 등기전산정보자료에 따라 정정하여야 하고, 다만 미등기 토지에 대하여 토지 소유자의 성명 또는 명칭, 주민등록번호, 주소 등에 관한 사항의 정정을 신청한 경우로서 그 등록사항이 명백히 잘못된 경우에는 가족관계 기록사항에 관한 증명서에 따라 정정하여야 하므로(위 법률 제84조 제4항), 이전에 전혀 등기를 한 바 없는 토지의 경우 위 방법에 의하여 토지대장상의 소유자 기재사항을 고칠 수 없다.

150) 소의 부적법 사유 등 본안전항변 사항이 있는 경우 이를 실체적 사유에 앞서 답변하여야 한다.

2) 문단나누기는 주제와 쟁점을 단위로 하는 것이 편한데, 사안에 따라 ① 원고나 피고 등 당사자를 기준으로 하거나 ② 기본적 사실관계를 기준으로 하거나 ③ 부동산 등 소송의 계쟁물이나 ④ 소유권이전청구, 금전지급청구, 물건의 인도청구 등 소송의 목적(소송물, 청구)을 기준으로 하는 등으로 다양하게 할 수 있다. 위 네 가지 기준이 가장 무난하다.

3) 문단나누기 작업을 통해 전체적인 구도와 얼개를 잡을 때 중요한 것은, 그 선택한 기준에 따라 소장 등의 내용을 기재하였을 때 사건의 전체적인 내용을 일목요연하게 파악하고 중복을 피할 수 있느냐의 여부다. 이때 작은 쟁점이나 부수적 사실관계 등은 큰 문단의 일부로 들어가게 해야 한다.

4) 문단나누기 작업은 연습지나 초안지에 소장 등의 순서와 거기에 들어 갈 대강의 내용만 간단히 요약하는 것에 그치는 것이 좋다. 그것을 너무 자세하게 작성하면 시간 소모가 매우 크다. 간단하게 큰 틀로 얼개도를 그려놓고,[151] 소장 등을 작성해 가면서 보충할 사항이나 수정할 사항이 생기면 그 작성 과정에서 얼개도를 수정하면서 적절히 해결하면 된다.

▣ 소장의 얼개(예)

소 장

원고 2인(최희선, 이명구)
피고 5인(박이채, 서병석, 박이순, 정준일, 김병만)

청구취지

1. 박이채에 대한 부당이득반환청구
2. 서병석에 대한 520 토지 소이말소청구(채무변제 조건부)
3. 박이순에 대한 사해행위취소 + 원상회복청구(아파트만, 가액배상)
4. 정준일에 대한 청구
   → 521 토지의 소이등기(인도청구는 소의 이익이 없음!!)
   → 521 토지 상의 건물 철거
   → 부당이득반환(연기된 인도의무 이행기 이후부터만 + 반박 요!)
5. 김병만에 대한 청구
   → 521 토지 상의 건물 퇴거(대위)
   → 가구대금(원고 최희선만! 상사이율 연 6% 적용 + 시효중단 언급 요!)
6. 소송비용
7. 가집행선고

---

151) 문제가 간단하고 분량이 적은 경우이면 얼개도도 간단해지고, 경우에 따라서는 그것조차 필요 없을 수도 있다.

청구원인

1. 원고들의 내부관계와 기초적 사실관계(약정, 명의신탁약정, 토지 2필지 매수)
2. 박이채, 서병석에 대한 청구
   → 박이채에 대한 부당이득반환청구(악의 + 법정이자!)
   → 서병석에 대한 520 토지 소이말소청구(채무변제 조건부 + 채권자대위)
3. 박이순에 대한 청구
   → 피보전채권(박이채에 대한 부당이득반환청구권)
   → 재산처분(아파트)
   → 취소 + 가액배상(전득자 신한은행은 선의)

(중략)

2014. 1. 6.

원고들 소송代 변호사 조일국

서울서부지방법원 귀중

바. 소장과 답변서의 작성

1) 얼개도 작성까지 끝났으면 소장과 답변서 작성에 들어간다. 얼개도를 보면서 전체적인 순서를 잡아 작성해 나가되, 구체적이고 세세한 내용은 메모와 법리 검토서를 토대로 작성한다. 메모와 법리 검토서만으로 기재하기 어려운 내용과 세밀한 서술이 필요한 부분은 기록을 토대로 하여야 한다. 이때 메모나 법리 검토서에 기록의 해당 페이지를 적어두었으면 쉽게 해당 부분을 찾을 수 있어 시간과 노력을 절약할 수 있다. 당사자의 주민등록번호, 주소 등의 인적 사항이나 부동산의 소재지, 주소, 면적, 지목 등 틀리기 쉬운 내용 역시 기록의 해당 부분을 보고 쓰는 것이 가장 안전하다.

2) 소장이든 판결문이든 소송문서에는 요건사실, 즉 주요사실의 기재를 누락해서는 절대로 안 되며 항상 법률요건을 충족하는 구체적·역사적 법률사실을 먼저 기재한 다음 그 법률효과를 결론으로 기재해야 한다. 출제자와 채점자가 소장이나 판결문의 사실관계를 다 알고 있는 것으로 전제하고 결론만 쓰는 답안은 빵점이다.

3) 문제가 여러 개일 때는 문제별로 답안지의 분량과 투입시간을 배분해야 한다. 시간과 답안지 분량은 각 문제에 배정된 점수에 비례해서 배분하는 것이 가장 무난하다. 이 과제의 경우 제1문의 배점이 155점, 제2문의 배점이 20점이므로, 제1문에 시간은 약 160분

(2시간 40분), 답안지는 10쪽 내지 11쪽을 배분하고, 나머지는 제2문에 배분하면 되겠다.

4) 소장 등을 작성하기 전에 시간과 답안지 분량을 위와 같이 배분하였으면 답안지의 해당 부분에 미리 연필로 표시를 해 둔다. 예컨대, 제2문의 답이 시작되어야 할 곳에 [문제2]라고 표시해 두는 것이다. 그 하위 단위인 각 항목(위 문단나누기의 각 기준항목)별 답안지 분량은 법리 검토표나 소장 얼개도의 해당 부분에 줄 수를 기재해 두고, 답안 작성 시 참조하면 좋다. 그렇게 하면 소장 등을 써내려 갈 때 답안지의 남은 분량을 쉽게 알 수 있어 그 기재 분량을 조절하기 편하다.

5) 소장 등을 작성할 때 글을 압축적으로 집약해서 써야 할 것인지 아니면 어느 정도 풀어서 여유 있게 써야 할 것인지는 시간과 답안지 분량에 따르는 것이 좋다. 압축적으로 집약해서 써야 할 경우는 써야 할 내용에 비해 답안지 분량이 적을 때 이용할 수 있는 방법으로서, 큰 제목이나 작은 제목을 쓰고 나서 줄을 띄우지 않고 몇 글자만 띄어서 바로 본론을 쓰고, 학설이나 경우의 수를 나열할 때는 ①, ②, ③ … 등의 번호를 붙여 알아보기 쉽게 하며, 용어의 정의나 학설의 내용, 판례의 요지 등을 간단히 기재하는 것이다. 시간과 답안지 분량에 여유가 있는 때는 반대로 하면 된다.[152]

▣ **풀어서 쓰는 방법(예시)**

소 장

원 고   1. 최희선
　　　　　서울 서대문구 연희로 57, 102호(연희동, 삼성아파트)
　　　　2. 이명구
　　　　　서울 서대문구 창천로 32, 101동 503호(창천동, 현대아파트)
　　　　원고들 소송대리인 변호사 조일국
　　　　서울 종로구 삼청로 1121, 1503호(삼청동, 삼청빌딩)
　　　　전화 02−720−1100, 팩스 720−1101, 전자우편 ikc@gmail.com

피 고   1. 박이채
　　　　　서울 마포구 공덕로 41, 201동 309호(공덕동, 대명아파트)
　　　　2. 서병석
　　　　　서울 서대문구 연희로 132

(중략)

---

152) 사실 이는 기록형 시험보다는 사례형 시험에서 더욱 유용하다. 기록형 시험에서는 소장이나 답변서 등의 성질상 아무리 압축하더라도 한계가 있고, 당사자란이나 청구취지란은 압축해서 쓸 수도 없기 때문이다.

소유권이전등기청구 등의 소

청구취지

1. 피고 박이채는 원고들에게 각 2억 5,000만 원 및 이에 대한 2010. 6. 30.부터 이 사건 소장 부본 송달일까지는 연 5%의, 그 다음날부터 다 갚는 날까지는 연 25%의 각 비율에 의한 금전을 지급하라.

(중략)

6. 소송비용은 피고들이 부담한다.
7. 제1, 4, 5항의 각 금전지급청구, 철거청구, 퇴거청구는 가집행할 수 있다.

청구원인

1. 원고들의 지위
가. 공동 매수약정
(1) 원고들은 2010. 3. 1. 장차 부동산을 공동으로 매수하여 균등한 지분에 따라 취득한 후 각자의 계산과 책임하에 자유로이 그 지분을 처분하기로 하되, 매매계약상의 매수인 명의와 등기기록상 소유 명의를 피고 박이채에게 신탁하기로 약정하고, 이에 따라 원고들은 각 3억 원씩을 출연하였습니다.

(2) 원고들은 위 약정 당시 매매계약의 체결, 등기 등 업무를 원고 이명구가 맡아서 처리하기로 합의하였으나, 2012. 12. 25. 그 이후의 업무는 원고 최희선이 맡아서 처리하기로 합의하였습니다. 그러므로 위 약정에 따라 아래 2010. 5. 1.자 매매계약을 체결함에 있어 원고 이명구는 원고 최희선을 대리할 권한이 있고, 원고들은 위 약정에 따라 취득하거나 취득할 권리·의무를 단독으로 보유하거나 공유 또는 준공유하는 지위에 있습니다.

나. 부동산의 매수
(1) 원고 이명구는 2010. 5. 1. 피고 박이채의 명의로 피고 정준일로부터 서울 서대문구 홍은동 520 임야 3,200㎡를 대금 5억 원에, 같은 동 521 잡종지 90㎡를 대금 5,000만 원에 각 매수하면서, 자신을 피고 박이채의 대리인으로 표시하였습니다. 당시 원고 이명구는 위 계약 명의신탁에 관하여 피고 박이채의 동의는 얻었으나 피고 정준일에게는 이를 알리지 않아 피고 정준일은 이를 알지 못하였습니다.

(2) 원고 이명구는 2010. 6. 30. 피고 정준일에게 위 매매대금 잔액을 모두 지급하였고, 피고 정준일은 홍은동 520 임야에 관하여는 같은 날짜로 피고 박이채 명의의 소유권이전등기를 마쳐 주었으나, 홍은동 521 잡종지는 미등기 상태라 장차 소유권보존등기를 한 후 매수인에게 소유권이전등기를 넘겨주기로 하였습니다.

2. 피고 박이채, 서병석에 대한 청구
가. 피고 박이채에 대한 청구
(1) 피고 박이채는 위와 같이 2010. 6. 30. 위 홍은동 520 토지에 관하여 피고 정준일로부

터 소유권이전등기를 넘겨받았는바, '부동산 실권리자명의 등기에 관한 법률' 제4조 제1항에 의하여 원고들과 피고 박이채 간의 명의신탁약정은 무효이지만 같은 법 제4조 제2항 단서에 의하여 피고 박이채는 위 홍은동 520 토지의 소유권을 취득하였으며, 피고 박이채는 처음부터 명의신탁이 무효임을 알고 있었습니다.

따라서 피고 박이채는 법률상 원인 없이 원고들의 출재로 인해 위 홍은동 520 토지의 매매대금 상당액인 5억 원의 이익을 얻고 원고들에게 각 2억 5,000만 원(5억 원×1/2) 상당의 손해를 입혔으므로, 피고 박이채는 악의의 수익자로서 민법 제748조 제2항에 따라 이득액인 위 각 2억 5,000만 원과 그에 대한 법정이자를 부당이득으로 원고들에게 반환할 의무가 있습니다.

(2) 이에 대하여 피고 박이채는, 명의신탁약정은 법률상 금지되어 있어 신탁자는 수탁자에 대하여 아무런 권리도 주장할 수 없다고 주장할지 모르나, 위와 같이 명의신탁이 무효로 되어 수탁자가 매매 목적물의 소유권을 취득함으로써 법률상 원인 없이 이익을 얻은 경우, 신탁자는 수탁자에게 부당이득의 반환으로 매매 목적물의 소유권 이전을 주장할 수는 없으나 그 매매대금 상당액의 반환을 구하는 것은 불법원인급여에 해당하지 않아 허용되므로(대법원 2003. 11. 27. 선고 2003다41722 판결, 2011. 5. 26. 선고 2010다21214 판결 등 참조), 피고 박이채의 위 주장은 이유 없습니다.

(3) 그러므로 피고 박이채는 원고들에게 위 각 2억 5,000만 원 및 이에 대하여 이득을 얻은 날인 2010. 6. 30.부터 이 사건 소장 부본 송달일까지는 민법에 의한 연 5%의 법정이자, 그 다음날부터 위 각 2억 5,000만 원을 다 갚는 날까지는 연 5%의 법정이자와 '소송촉진 등에 관한 특례법'에 의한 연 20%의 비율에 의한 지연손해금을 합한 연 25%의 비율에 의한 금원을 지급할 의무가 있습니다.

(중략)

3. 결론
이상과 같은 이유로 원고들은 청구취지와 같은 재판을 구합니다.

증거방법

(생략)

첨부서류

(생략)

2014. 1. 6.
원고들 소송대리인 변호사 조일국 (인)

서울서부지방법원 귀중

▣ **압축하여 쓰는 방법(예시)**

소　장

원　고　　1. 최희선

서울 서대문구 연희로 57, 102호(연희동, 삼성아파트)

2. 이명구

서울 서대문구 창천로 32, 101동 503호(창천동, 현대아파트)

원고들 소송대리인 변호사 조일국

서울 종로구 삼청로 1121, 1503호(삼청동, 삼청빌딩)

전화 02-720-1100, 팩스 720-1101, 전자우편 ikc@gmail.com

피　고　　1. 박이채

서울 마포구 공덕로 41, 201동 309호(공덕동, 대명아파트)

2. 서병석

서울 서대문구 연희로 132

(중략)

소유권이전등기청구 등의 소

청구취지

1. 피고 박이채는 원고들에게 각 2억 5,000만 원 및 이에 대한 2010. 6. 30.부터 이 사건 소장 부본 송달일까지는 연 5%의, 그 다음날부터 다 갚는 날까지는 연 25%의 각 비율에 의한 금원을 지급하라.

(중략)

6. 소송비용은 피고들이 부담한다.

7. 제1, 4, 5항의 각 금전지급청구, 철거청구, 퇴거청구는 가집행할 수 있다.

청구원인

1. 원고들의 지위와 부동산의 매수

(1) 원고들은 각기 자금을 출연하여 공동으로 부동산을 매수하되, 매매계약상의 매수인 명의를 피고 박이채에게 신탁하기로 2010. 3. 1. 약정하고, 각기 3억 원씩을 출연하였습니다. 원고들은 균등하게 지분을 취득한 후 각자의 계산과 책임하에 자유로이 그 지분을 처분하기로 하였습니다.

(2) 원고들 내부관계에서 일체의 업무를 처리키로 한 원고들의 합의에 따라 원고 이명구는 2010. 5. 1. 피고 박이채의 명의로 피고 정준일로부터 서울 서대문구 홍은동 520 임야 3,200㎡와 같은 동 521 잡종지 90㎡를 합계 5억 5,000만 원(520토지 5억 원, 521 토지

5,000만 원)에 각 매수하면서, 자신을 피고 박이채의 대리인으로 표시하였습니다. 당시 위계약 명의신탁에 관하여 피고 박이채는 동의하였으나 피고 정준일은 선의였습니다.

(3) 원고 이명구는 2010. 6. 30. 피고 정준일에게 위 매매대금 잔액을 모두 지급하였고, 피고 정준일은 홍은동 520 토지에 관하여는 동일 피고 박이채에게 소유권이전등기를 마쳐주었으나, 미등기 상태인 홍은동 521 토지는 소유권보존등기를 마친 후 소유권이전등기를 넘겨주기로 하였습니다.

2. 피고 박이채, 서병석에 대한 청구

가. 피고 박이채에 대한 청구

(1) 원고들과 피고 박이채 간의 명의신탁약정은 무효이지만, 피고 박이채는 '부동산 실권리자명의 등기에 관한 법률' 제4조 제2항 단서에 의하여 홍은동 520 토지의 소유권을 취득하였습니다.

따라서 피고 박이채는 법률상 원인 없이 홍은동 520 토지의 매매대금 상당액인 5억 원의 이익을 얻었고 그는 명의신탁 당초부터 악의이므로, 민법 제748조 제2항에 의하여, 원고들에게 위 각 2억 5,000만 원 및 이에 대하여 이득일인 2010. 6. 30.부터 이 사건 소장 부본 송달일까지는 민법에 의한 연 5%의 법정이자, 그 다음날부터 위 각 2억 5,000만 원을 다 갚는 날까지는 연 25%(연 5%의 법정이자와 '소송촉진 등에 관한 특례법'에 의한 연 20%의 지연손해금)의 비율에 의한 금전을 지급할 의무가 있습니다.

(2) 피고 박이채는, 명의신탁자는 수탁자에게 아무런 권리도 주장할 수 없다고 주장할지 모르나, 명의신탁이 무효로 되어 수탁자가 매매 목적물의 소유권을 취득함으로써 법률상 원인 없이 이익을 얻은 경우 신탁자는 수탁자에게 부당이득의 반환으로 그 매매대금 상당액의 반환을 구할 수 있고 이는 불법원인급여에도 해당하지 않으므로, 이는 이유 없습니다.

(중략)

증거방법

(생략)

첨부서류

(생략)

2014. 1. 6.

원고들 소송대리인 변호사 조일국 (인)

서울서부지방법원 귀중

사. 답안 작성 후의 검토와 수정·보완

1) 소장 등 답안을 작성한 뒤에는 그 전체 내용을 읽어가면서 누락된 사항은 없는지, 잘못 기재된 부분은 없는지 살펴서 수정·보완 작업을 한다. 대체로 시간이 부족하므로 답안지 전체를 바꾸는 것은 최소한 삼가야 한다. 전체를 바꾸면 틀리지 않은 부분까지 다시 써야 하게 되어 마음이 급해지게 되고, 그러다 보면 생각지도 않은 새로운 실수를 하기 마련이기 때문이다. 그러므로 처음에 답안지를 작성할 때 글씨를 단정하게 쓰고 글자를 수정해 넣을 공간을 미리 확보해 두어야 한다. 이런 면에서 악필은 손해를 볼 수 있다.

2) 잘못된 부분을 지우고 싶을 때는 애써 그 내용이 전혀 안 보이도록 지우지 말고 단정하게 두 줄(=)을 긋는 방법이 좋다. 글자를 삽입하고자 할 때는 그 내용이 분명하도록 주의해야 한다. 삽입할 공간이 좁을 때는 무리하게 끼워 넣지 말고 말풍선이나 화살표(✓) 등을 이용하여 요령 있게 끼워 넣는 것이 필요하다. 이런 것도 평소에 연습하여 버릇을 들여놓는 것이 좋다.

◼ **수정의 예시**

소 장

원 고　　1. 최희선
　　　　　　　서울 서대문구 연희로 57, 102호(연희동, 삼성아파트)
　　　　2. 이명구
　　　　　　　서울 서대문구 창천로 32, 101동 503호(창천동, 현대아파트)
　　　　원고들 소송대리인 변호사 趙炳國 조일국
　　　　서울 종로구 삼청로 1121, 1503호(삼청동, 삼청빌딩)
　　　　전화 02-720-1100, 팩스 720-1101, 전자우편 ikc@gmail.com

피 고　　1. 박이채
　　　　　　　서울 마포구 공덕로 41, 201동 ⌃‾‾‾ (공덕동, 대명아파트)
　　　　2. 서병석　　　　　　　　　　　309호
　　　　　　　서울 서대문구 연희로 132

（중략）

소유권이전등기청구 등의 소

청구취지

　　　　　　　　　　　　　　　　2억 5,000만 원
1. 피고 박이채는 원고들에게 각 ~~2억 500만 원~~ 및 이에 대한 2010. 6. 30.부터 이 사건 소

장 부본 송달일까지는 연 5%의, 그 다음날부터 다 갚는 날까지는 연 25%의 각 비율에 의한 금원을 지급하라.

(중략)

6. 소송비용은 피고들이 부담한다.
7. 제1, 4, 5항의 각 금전지급청구, 철거청구, 퇴거청구는 가집행할 수 있다.

청구원인

1. 원고들의 지위와 부동산의 매수

(1) 원고들은 각기 자금을 출연하여 공동으로 부동산을 매수하되, 매매계약상의 매수인 명의를 피고 박이채에게 신탁하기로 2010. 3. 1. 약정하고, 각기 3억 원씩을 출연하였습니다. 원고들은 균등하게 지분을 취득한 후 각자의 계산과 책임하에 자유로이 그 지분을 처분하기로 하였습니다.

(2) 원고들 내부관계에서 일체의 업무를 처리키로 한 원고들의 합의에 따라 원고 이명구는 2010. 5. 1. 피고 박이채의 명의로 피고 정준일로부터 서울 서대문구 홍은동 520 임야 3,200㎡와 같은 동 √522 521 잡종지 90㎡를 합계 5억 5,000만 원(520토지 5억 원, 521 토지 5,000만 원)에 각 매수하면서, 자신을 피고 박이채의 대리인으로 표시하였습니다. 당시 위 계약 명의신탁에 관하여 피고 박이채는 동의하였으나 피고 정준일은 선의였습니다.

(3) 원고 이명구는 2010. 6. 30. 피고 정준일에게 위 매매대금 잔액을 모두 지급하였고, 피고 정준일은 홍은동 520 토지에 관하여는 동일 피고 박이채에게 소유권이전등기를 마쳐주었으나, 미등기 상태인 홍은동 521 토지는 소유권보존등기를 마친 후 소유권이전등기를 넘겨주기로 하였습니다.

(중략)

증거방법

(생략)

첨부서류

(생략)

2014. 1. 6.
원고들 소송대리인 변호사 조일국 (인)

서부
서울중앙지방법원 귀중

3. 모범 답안(소장)[153]

소　장

원　고　　1. 최희선

　　　　　　서울 서대문구 연희로 57, 102호(연희동, 삼성아파트)

　　　　　2. 이명구

　　　　　　서울 서대문구 창천로 32, 101동 503호(창천동, 현대아파트)

　　　　원고들 소송대리인 변호사 조일국

　　　　서울 종로구 삼청로 1121, 1503호(삼청동, 삼청빌딩)

　　　　전화 02-720-1100, 팩스 720-1101, 전자우편 ikc@gmail.com

피　고　　1. 박이채

　　　　　　서울 마포구 공덕로 41, 201동 309호(공덕동, 대명아파트)

　　　　　2. 서병석

　　　　　　서울 서대문구 연희로 132

　　　　　3. 박이순

　　　　　　서울 마포구 공덕로 41, 509동 701호(공덕동, 대명아파트)

　　　　　4. 정준일

　　　　　　서울 은평구 진관사로 59

　　　　　5. 김병만

　　　　　　서울 서대문구 연희로 112, 201호(연희동, 한화아파트)

소유권이전등기청구 등의 소

청구취지

1. 피고 박이채는 원고들에게 각 2억 5,000만 원 및 이에 대한 2010. 6. 30.부터 이 사건 소장 부본 송달일까지는 연 5%의, 그 다음날부터 다 갚는 날까지는 연 25%의 각 비율에 의한 금전을 지급하라.

2. 피고 서병석은 피고 박이채로부터 2억 원 및 이에 대한 2011. 1. 1.부터 다 갚는 날까지 연 5%의 비율에 의한 금전을 지급받은 다음, 피고 박이채에게 서울 서대문구 홍은동 520 임야 3,200㎡에 관하여 (피담보채무 변제를 원인으로,) 서울서부지방법원 서대문등기소 2010. 8. 10. 접수 제32347호로 마친 소유권이전등기의 말소등기절차를 이행하라.

---

153) 이 모범 답안은 저자가 개인적으로 작성한 것이고, 법무부의 공식적인 견해가 아님을 주의하기 바란다. 법무부는 현재까지 기록형 시험의 모범 답안을 공개하지 않고 있다.

3. 가. 원고들과 피고 박이순 사이에서, 서울 은평구 대조로 120 문화아파트 201동 203호에
　　　관하여 피고 박이채와 박이순 사이에 2011. 4. 9. 체결된 매매계약을 각 2억 원의 한
　　　도에서 취소한다.

　　나. 피고 박이순은 원고들에게 각(각자, 공동하여)154) 2억 원 및 이에 대한 이 판결 확정
　　　일 다음날부터 다 갚는 날까지 연 5%의 비율에 의한 금전을 지급하라.

4. 피고 정준일은 원고들에게,

　　가. 서울 서대문구 홍은동 521 잡종지 90㎡의 각 2분의 1 지분에 관하여 2010. 5. 1. 매
　　　매를 원인으로 한 소유권이전등기절차를 이행하고,

　　나. 위 가항 기재 토지 상의 시멘트 벽돌조 판넬 지붕 단층 점포 50㎡를 철거하고,

　　다. 2011. 1. 1.부터 위 가항 기재 토지의 사용·수익을 종료할 때까지 매월 각 15만 원의
　　　비율에 의한 금전을 지급하라.

5. 피고 김병만은

　　가. 원고들에게 제4의 나항 기재 건물에서 퇴거하고,

　　나. 원고 최희선에게 2,000만 원 및 이에 대한 2002. 3. 20.부터 이 사건 소장 부본 송달
　　　일까지는 연 6%, 그 다음날부터 다 갚는 날까지는 연 20%의 각 비율에 의한 금전을
　　　지급하라.

6. 소송비용은 피고들이 부담한다.

7. 제1, 4, 5항의 각 금전지급청구, 철거청구, 퇴거청구는 가집행할 수 있다.

청구원인

1. 원고들의 지위

가. 공동 매수약정

(1) 원고들은 2010. 3. 1. 장차 부동산을 공동으로 매수하여 균등한 지분에 따라 취득한
후 각자의 계산과 책임하에 자유로이 그 지분을 처분하기로 하되, 매매계약상의 매수인 명
의와 등기기록상 소유 명의를 피고 박이채에게 신탁하기로 약정하고, 이에 따라 원고들은
각 3억 원씩을 출연하였습니다.

(2) 원고들은 위 약정 당시 매매계약의 체결, 등기 등 업무를 원고 이명구가 맡아서 처리
하기로 합의하였으나, 2012. 12. 25. 그 이후의 업무는 원고 최희선이 맡아서 처리하기로 합
의하였습니다. 그러므로 위 약정에 따라 아래 2010. 5. 1.자 매매계약을 체결함에 있어 원고
이명구는 원고 최희선을 대리할 권한이 있고, 원고들은 위 약정에 따라 취득하거나 취득할
권리·의무를 단독으로 보유하거나 공유 또는 준공유하는 지위에 있습니다.

나. 부동산의 매수

(1) 원고 이명구는 2010. 5. 1. 피고 박이채의 명의로 피고 정준일로부터 서울 서대문구
홍은동 520 임야 3,200㎡를 대금 5억 원에, 같은 동 521 잡종지 90㎡를 대금 5,000만 원에

---

154) ‘각자’ 대신에 ‘공동하여’라고 기재하여도 무방하다. 그 이유는 모범답안에 대한 설명을 참조.

각 매수하면서, 자신을 피고 박이채의 대리인으로 표시하였습니다. 당시 원고 이명구는 위 계약 명의신탁에 관하여 피고 박이채의 동의는 얻었으나 피고 정준일에게는 이를 알리지 않아 피고 정준일은 이를 알지 못하였습니다.

(2) 원고 이명구는 2010. 6. 30. 피고 정준일에게 위 매매대금 잔액을 모두 지급하였고, 피고 정준일은 홍은동 520 임야에 관하여는 같은 날짜로 피고 박이채 명의의 소유권이전등기를 마쳐 주었으나, 홍은동 521 잡종지는 미등기 상태라 장차 소유권보존등기를 한 후 매수인에게 소유권이전등기를 넘겨주기로 하였습니다.

2. 피고 박이채, 서병석에 대한 청구

가. 피고 박이채에 대한 청구

(1) 피고 박이채는 위와 같이 2010. 6. 30. 위 홍은동 520 토지에 관하여 피고 정준일로부터 소유권이전등기를 넘겨받았는바, 부동산 실권리자명의 등기에 관한 법률 제4조 제1항에 의하여 원고들과 피고 박이채 간의 명의신탁약정은 무효이지만 같은 법 제4조 제2항 단서에 의하여 피고 박이채는 위 홍은동 520 토지의 소유권을 취득하였고, 피고 박이채는 처음부터 명의신탁이 무효임을 알고 있었습니다.

따라서 피고 박이채는 법률상 원인 없이 원고들의 출재로 인해 위 홍은동 520 토지의 매매대금 상당액인 5억 원의 이익을 얻고 원고들에게 각 2억 5,000만 원(5억 원×1/2) 상당의 손해를 입혔으므로, 피고 박이채는 악의의 수익자로서 민법 제748조 제2항에 따라 이득액인 위 각 2억 5,000만 원과 그에 대한 법정이자를 부당이득으로 원고들에게 반환할 의무가 있습니다.

(2) 이에 대하여 피고 박이채는, 명의신탁약정은 법률상 금지되어 있어 신탁자는 수탁자에 대하여 아무런 권리도 주장할 수 없다고 주장할지 모르나, 위와 같이 명의신탁이 무효로 되어 수탁자가 매매 목적물의 소유권을 취득함으로써 법률상 원인 없이 이익을 얻은 경우, 신탁자는 수탁자에게 부당이득의 반환으로 매매 목적물의 소유권 이전을 주장할 수는 없으나 그 매매대금 상당액의 반환을 구하는 것은 불법원인급여에 해당하지 않아 허용되므로(대법원 2003. 11. 27. 선고 2003다41722 판결, 2011. 5. 26. 선고 2010다21214 판결 등 참조), 피고 박이채의 위 주장은 이유 없습니다.

(3) 그러므로 피고 박이채는 원고들에게 위 각 2억 5,000만 원 및 이에 대하여 이득을 얻은 날인 2010. 6. 30.부터 이 사건 소장 부본 송달일까지는 민법에 의한 연 5%의 법정이자, 그 다음날부터 위 각 2억 5,000만 원을 다 갚는 날까지는 연 5%의 법정이자와 '소송촉진 등에 관한 특례법'에 의한 연 20%의 비율에 의한 지연손해금을 합한 연 25%의 비율에 의한 금전을 지급할 의무가 있습니다.[155]

---

155) 원금인 2억 5,000만 원은 물론 법정이자에 대하여도 지연손해금을 별도로 청구할 수 있으나(이 경우 법정이자가 계속적으로 발생하므로 소장 부본 송달일 등 일정 시기까지 발생한 것을 합산하여 그에 대하여 지연손해금을 청구하는 방법으로 하는 것이 실무관행이다.), 소액인 데에 비해 계산이 복잡하므로 청구하지 않았다.

나. 피고 서병석에 대한 청구

(1) 피고 박이채는 피고 서병석에 대한 2억 원의 손해배상채무를 담보하기 위해 2010. 8. 8. 위 홍은동 520 토지에 관하여 양도담보약정을 체결하고 2010. 8. 10. 형식상 매매를 원인으로 피고 서명석에게 소유권이전등기를 넘겨주었습니다. 그 당시 피고 박이채는 피고 서병석과 위 채무를 2010. 12. 31.까지 변제하기로 약속하였을 뿐 대물변제예약이나 청산절차 배제 등의 약정은 하지 않았습니다. 따라서 위 양도담보에 관하여 가등기담보 등에 관한 법률이나 민법 제607조, 제608조는 적용이 없으나 이는 청산절차를 예정하는 약한 의미의 양도담보로 추정되므로, 담보권자인 피고 서병석은 청산의무가 있고, 채무자인 피고 박이채는 그 청산절차 종료 전까지 피담보채무를 변제하고 담보 목적의 소유권이전등기의 말소를 청구할 수 있습니다.

(2) 그런데 피고 서병석은 피고 박이채가 2010. 12. 31.까지 채무를 변제하지 않자 2011. 1. 5. 위 홍은동 520 토지가 자신의 소유에 귀속하였다는 통지만을 하고 현재까지 청산금을 지급하지 않았습니다.

(3) 한편, 원고들은 위와 같이 피고 박이채에게 각 2억 5,000만여 원의 부당이득반환채권을 가지고 있는데, 피고 박이채는 현재 무자력 상태임에도 피고 서병석에 대한 소유권이전등기 말소청구권 등을 행사하지 않고 있습니다. 그러므로 원고들은 위 부당이득반환채권의 보전을 위해 피고 박이채를 대위하여 피고 서병석에게, 위 2억 원 및 이에 대한 2011. 1. 1.부터 다 갚는 날까지 민법에 의한 연 5%의 비율에 의한 지연손해금을 지급받은 다음 피고 박이채에게 위 소유권이전등기의 말소등기절차를 이행해 줄 것을 청구합니다. 피고 서병석은 피고 박이채가 위 채무를 변제하더라도 소유권이전등기를 말소하지 아니할 의사를 표시한 바 있으므로, 이를 미리 청구할 필요가 있습니다.

3. 피고 박이순에 대한 청구

가. 원고들의 피보전채권 등

원고들은 위와 같이 피고 박이채에게 각 2억 5,000만여 원의 부당이득반환채권을 가지고 있고, 피고 박이채는 2010. 9. 1. 이래 채무초과 상태에 있습니다.

나. 피고 박이채의 사해행위

피고 박이채는 2011. 4. 9. 그 소유인 시가 2억 원의 서울 은평구 대조로 120 문화아파트 201동 203호를 그 여동생인 피고 박이순에게 대금 1억 원에 매도하고 같은 날 소유권이전등기절차를 마쳐 주었습니다. 위와 같이 채무초과 상태에 있던 피고 박이채가 거의 유일한 재산을 시가보다 저렴하게 매도한 것으로 보아, 그는 위 아파트의 매도로 인해 원고들을 비롯한 채권자들을 해한다는 것을 잘 알고 있었습니다.

다. 매매계약의 취소 및 원상회복청구

(1) 따라서 피고 박이채의 위 아파트 매도행위는 사해행위에 해당하므로 이는 취소되어야 합니다. 한편, 피고 박이순은 2011. 5. 2. 사해행위를 모르는 신한은행 앞으로 위 아파트에 근저당권을 설정하여 주었는데, 위 아파트의 시가는 현재도 2억 원입니다.

　(2) 그러므로 그 원상회복은 가액배상의 방법에 의하여야 할 것인바, 원고들의 피보전채권은 각 2억 5,000만여 원이고, 위 아파트의 공동담보가액(시가) 및 피고 박이순이 얻은 이익은 2억 원이므로, 원고들에 대한 관계에서 위 매매계약은 각 2억 원의 범위에서 취소되어야 하고, 피고 박이순은 그 원상회복으로서 원고들에게 각(각자, 공동하여)[156] 2억 원 및 이에 대한 이 판결 확정일 다음날부터 다 갚는 날까지 민법에 의한 연 5%의 비율에 의한 지연손해금을 지급할 의무가 있습니다.

4. 피고 정준일에 대한 청구
가. 소유권이전등기청구

　(1) 원고 이명구와 피고 정준일 사이에 위와 같이 2010. 5. 1. 위 홍은동 521 토지에 관한 매매계약이 있었는데, 2010. 11. 1. 원고들과 피고 정준일, 박이채는 위 매매계약상 매수인 지위를 피고 박이채로부터 원고들에게로 균등하게 이전하기로 합의하였고, 이에 따라 피고 정준일은 원고들에 대한 매도인으로서의 의무를 2010. 12. 31.까지 이행하기로 약정하였으며, 서울중앙지방법원 2010가단22809 사건의 소송 중인 2010. 11. 5. 피고 정준일은 위 홍은동 521 토지를 2010. 12. 31.까지 원고들에게 인도하기로 재판상 화해를 하였습니다.

　그러므로 피고 정준일은 원고들에게 위 홍은동 521 토지의 각 2분의 1 지분에 관하여 2010. 5. 1. 매매를 원인으로 한 소유권이전등기절차를 이행할 의무가 있습니다.

　(2) 피고 정준일은, 위 홍은동 521 토지가 미등기 상태이고, 이를 자신이 그 조부로부터 전전상속하였으나 조부 명의로 국가를 상대로 제기한 소유권확인청구의 소에서 소 각하 판결을 받아 그 판결이 확정됨으로써 매수인 앞으로 소유권이전등기절차를 이행할 수 없어, 위 매매계약이 무효이거나 그 소유권이전등기의무가 이행불능이라는 취지의 주장을 할지 모르나, 미등기 상태인 토지라도 진정한 소유자는 소유권보존등기를 마치고 매수인 앞으로 소유권이전등기절차를 이행할 수 있으며, 위 소유권확인청구의 확정판결은 피고 정준일이나 원고들에 대하여 아무런 구속력이 없을 뿐 아니라 소송요건 흠결을 이유로 소가 각하된 이상 피고 정준일이 다시 소유권확인의 소를 제기하는 데에 아무런 장애가 되지 않으므로 위 주장은 이유가 없습니다.

나. 점포철거 및 부당이득반환청구

　(1) 피고 정준일은 2010. 7. 1. 무단으로 홍은동 521 토지 상에 시멘트벽돌조 판넬 지붕 단층 점포 50㎡를 축조하였습니다. 피고 정준일은 위 매매계약에 따라 위 홍은동 521 토지를 원고들에게 소유권 행사에 지장이 없는 상태로 인도할 의무가 있으므로, 위 점포를 철거할 의무가 있습니다.

　(2) 또한 피고 정준일은 위와 같이 매매대금을 모두 수령하였음에도 점포를 축조, 소유함으로써, 법률상 원인 없이 위 홍은동 521 토지의 차임 상당 이익을 얻고 원고들에게 동액 상당의 손해를 입히고 있습니다. 위 홍은동 521 토지를 보증금 없이 타에 임대할 경우

---

156) '각자' 대신에 '공동하여'라고 기재하여도 무방하다.

2010. 7. 1. 이후 현재까지 매월 30만 원을 받을 수 있으며, 가까운 장래에 그 금액이 변동할 만한 사정은 없습니다. 따라서 피고 정준일은 원고들에게 위 점포 축조일 이후로서 위 홍은동 521 토지의 인도의무 이행기 다음날인 2011. 1. 1.부터 위 점포를 철거하여 위 토지의 사용·수익을 종료할 때까지 매월 각 15만 원을 부당이득으로 반환할 의무가 있는바, 원고들의 점포 철거와 토지 인도 요구를 받고도 위 홍은동 521 토지의 소유권을 주장하는 등으로 위 점포의 소유를 계속할 의사를 보이고 있으므로, 이 사건 변론종결일 이후의 장래 부당이득 역시 미리 그 반환을 청구할 필요가 있습니다.

(3) 피고 정준일은, 매수인 앞으로 소유권이전등기를 넘겨주기 전까지는 매도인인 자신이 위 홍은동 521 토지의 소유자로서 사용·수익할 수 있다는 주장을 할지 모릅니다. 민법 제587조는 매매계약이 있은 후에도 인도하지 아니한 목적물로부터 생긴 과실은 매도인에게 속한다고 규정하고 있으나, 매매 목적물의 인도 전이라도 매수인이 매매대금을 모두 받은 경우 그 목적물로부터 생긴 과실은 매매 당사자 사이에 특약이 없는 이상 매수인에게 속하므로(대법원 1993. 11. 9. 선고 93다28928 판결 등 참조), 피고 정준일의 위 주장은 이유가 없습니다.

(4) 피고 정준일은 또, 원고들이 자신을 상대로 제기한 서울중앙지방법원 2010가단22809호 손해배상 소송 중에 원고들이 위 점포 축조와 관련한 손해배상청구권을 포기하기로 재판상 화해가 이루어졌으므로 그 기판력에 의하여 원고들은 부당이득 반환청구를 할 수 없다고 주장할지 모르나, 위 재판상 화해의 기판력은 그 소송목적인 손해배상청구권에 대하여만 미칠 뿐 그 청구원인이 다른 이 사건 부당이득반환청구권에는 미칠 수 없으므로 위 주장은 이유가 없습니다.

5. 피고 김병만에 대한 청구

가. 퇴거청구

(1) 피고 정준일은 2010. 8. 1. 위 홍은동 521 토지 상 점포를 피고 김병만에게 종기를 2012. 7. 31., 차임은 월 50만 원으로 약정하여 임대하고 이를 인도하였습니다. 피고 김병만은 2011. 10. 1. 이후의 차임 지급을 지체하였고, 이에 피고 정준일은 2012. 6. 중순 더 이상 임대할 뜻이 없으니 이를 인도해 달라는 통지를 하였으나 피고 김병만은 현재까지 위 점포를 점유하고 있습니다. 따라서 위 임대차계약은 임대차기간의 만료로 2012. 7. 31.에 종료하였고, 피고 김병만은 위 점포를 피고 정준일에게 인도할 의무가 있습니다.

(2) 피고 정준일은 피고 김병만에 대한 위 인도청구권을 행사하지 않으므로, 원고들은 피고 정준일에 대한 위 홍은동 521 토지의 인도청구권 및 점포 철거청구권의 보전을 위해 그를 대위하여 피고 김병만에게 위 점포에서 퇴거할 것을 청구합니다.

나. 금전지급청구

(1) 원고 최희선은 2001. 3. 20. 소외 김병수에게 수입 목가구 1점을 대금 2,000만 원에 매도하고 그 대금을 2002. 3. 19.까지 변제받기로 약정하였습니다. 당시 김병수는 '런던가구'라는 상호로 가구 판매점을 운영하고 있었습니다.

(2) 위 김병수는 2007. 1. 15. 피고 김병만에게 위 가구 판매점 영업을 양도하였고, 그 이

후 피고 김병만이 현재까지 위 상호를 그대로 사용하면서 가구점 영업을 해 오고 있습니다. 따라서 피고 김병만은 상법 제42조 제1항에 의하여 원고 최희선에게 위 가구대금 및 그 지연손해금을 지급할 의무가 있습니다.

(3) 이에 대하여 피고 김병만은 소멸시효완성의 항변을 할지 모르나, 위 가구매매에 대하여는 5년의 소멸시효가 적용된다고 할 것인데, 원고 최희선은 2007. 3. 11. 귀 법원 2007카단10882호로 피고 김병만 소유의 부동산(서울 서대문구 연희동 88 지상 한화아파트 201호)에 대하여 가압류를 신청하여 그 가압류결정을 받고, 그 가압류등기가 기입되어 현재까지 존속하고 있는바, 따라서 2007. 3. 11.에 그 소멸시효가 중단되어 위 가구대금 채권은 아직 그 소멸시효가 완성하지 않았으므로, 위 항변은 이유 없습니다.

(4) 그러므로 피고 김병만은 원고 최희선에게 위 가구대금 2,000만 원 및 이에 대하여 변제기 다음날인 2002. 3. 20.부터 이 사건 소장 부본 송달일까지는 상법에 의한 연 6%의, 그 다음날부터 다 갚는 날까지는 '소송촉진 등에 관한 특례법'에 의한 연 20%의 각 비율에 의한 지연손해금을 지급할 의무가 있습니다.

증거방법

(생략)

첨부서류

(생략)

2014. 1. 6.

원고들 소송대리인 변호사 조일국 (인)

서울서부지방법원 귀중

4. 모범 답안(답변서)

답 변 서

사　건　　2013가단10123 소유권확인

원　고　　○○○

피　고　　대한민국

위 사건에 관하여 피고 소송대리인은 다음과 같이 답변합니다.

청구취지에 대한 답변

1. 이 사건 소를 각하한다.

2. 소송비용은 원고가 부담한다.

청구원인에 대한 답변

1. 원고 주장의 요지

원고는, 소장의 청구취지 기재 이 사건 토지인 서울 서대문구 홍은동 521 잡종지가 현재 미등기상태인데, 이를 정상우, 정병조를 거쳐 소외 정준일이 단독으로 상속하여 현재 그가 소유하고 있음에도, 토지대장에는 소외 연일정씨숙정공파종중이 사정을 받아 현재까지 소유하고 있다고 잘못 등록되어 있으므로, 위 정준일 명의의 소유권보존등기를 위해 위 정준일의 채권자인 원고가 그를 대위하여 피고를 상대로 이 사건 토지가 위 정준일의 소유임의 확인을 청구한다고 주장합니다.

2. 다투지 않는 사실

피고는, ① 이 사건 토지가 현재 미등기상태인 사실, ① 이 사건 토지의 토지대장에는 위 종중이 사정을 받아 현재까지 소유자인 것으로 등록되어 있는 사실은 다투지 아니합니다.

3. 이 사건 소의 적법 여부

(1) 미등기 토지의 소유자가 그 소유권보존등기를 위해 소유권확인청구의 소를 제기하고자 할 경우, 그 토지대장에 최초의 소유자 기재가 없거나 그 기재사항만으로는 그가 누구인지 알 수 없거나 국가가 그 소유 명의자의 소유를 부인하면서 자신의 소유를 주장한 경우에는 국가를 상대로 확인청구의 소를 제기할 수 있습니다.

(2) 그러나 이 사건과 같이 토지대장에 최초의 소유자가 기재되어 있고 국가가 이를 부인하지 않는 경우에는 토지대장상의 소유 명의자를 상대로 확인청구의 소를 제기하여야 하고, 이와 달리 국가를 상대로 확인청구의 소를 제기하는 경우 이는 소의 이익이 없거나 당사자적격이 없는 자를 상대로 한 것이어서 부적법합니다. 그런데 원고는 위 종중이 아닌 피고 국가를 상대로 이 사건 확인청구의 소를 제기하였으므로 이 사건 소는 부적법하고, 따라서 이는 각하되어야 합니다.

증거방법

(생략)

첨부서류

(생략)

2014. 1. 6.

피고 소송대리인 변호사 이민우 (인)

○ ○ ○법원 귀중

5. 오답노트와 첨삭지도[157)

가. 소장과 답변서 전체의 예시 답안과 지도의견

■ [답안]

[문제 1]

<청구취지>

1. 피고 박이채는,

1. ①원고 이명구와 원고 최희선에게, ②550,000,000원 및 2010. 5. 2부터 소장 부본 송달일까지는 연 5%의, 다 갚는 날까지는 연 20%의 금원을 지급하라

2. ③소송비용은 피고의 부담으로 한다

3. 제1항은 가집행할 수 있다.

라는 판결을 구합니다.

2. ④피고 박이순은, 피고 박이채에게

1. 2011. 4. 9.자로 등기된 서울특별시 은평구 대조로 120 문화아파트 201동 203호 집합건물과,

⑤2011. 4. 9.자로 등기된 서울특별시 은평구 녹번동 403 토지의 각 말소등기절차를 이행하라.

2. ⑥제1항은 가집행할 수 있다.

라는 판결을 구합니다.

3. 피고 서병석은 피고 박이채에게

1. 2010. 8. 10.자로 등기된 서울특별시 서대문구 홍은동 520 토지에 대해 말소등기절차를 이행하라.

2. 제1항은 가집행할 수 있다.

라는 판결을 구합니다.

4. 피고 정준일은, 피고 박이채에게

1. ⑦홍은동 521 잡종지 토지를 인도하고, 홍은동 521 지상점포를 철거하라.

2. ⑧70,500,000원 및 소장 부본 송달일까지 연 5%의, 그 다음날부터 다 갚는 날까지 연 20%의 금원을 지급하라.

3. 제1항은 가집행할 수 있다.

라는 판결을 구합니다.

---

157) 이하의 '답안'은 가상하여 작성한 것이고, '지도의견'은 이에 대한 논평이다.

5. 피고 김병수는, 원고 최희선에게

  1. 20,000,000원 및 소장부본송달일까지 연 5%의, 그 다음날부터 다 갚는 날까지 연 20%의 금원을 지급하라

라는 판결을 구합니다.

<청구원인>

1. ⑨피고 박이채에 대해

  가. ⑩홍은동 520 임야에 대하여

  ⑪원고 이명구와 최희선이 2010. 5. 정준일에게서 홍은동 임야를 매수한 것의 효력이 문제됩니다.

  부동산 실명법 제4조 제2항에 따르면, 명의신탁약정은 무효이나, 계약명의 신탁시 거래의 상대방이 선의이면 그 계약을 예외적으로 무효로 하고 있습니다. ⑫그 주요사실은 ① 부동산에 관한 물권을 취득하기 위한 계약일 것 ② 명의수탁자가 한쪽 당사자가 될 것 ③ 상대방은 명의신탁약정에 대해 선의일 것의 요건이 요구되며, ① 이명구는 2010. 5. 정준일에게서 부동산을 매수하는 계약을 체결했고 ② 박이채의 명의로 ③ 정준일은 매매당시 명의차용이나 공동매수 관계를 전혀 알지 못하였습니다.

  따라서, ⑬이 사안의 계약은 유효한 계약이 됩니다.

  원고 이명구가 무권대리인이므로 계약이 무효라는 주장을 제기할 수 있겠으나, 계약명의신탁이 유효로 되기 위한 요건에는 대리인의 대리권이 없으므로, 간접사실에 불과하다고 할 것입니다.

  다만, 판례는 계약명의신탁이 유효한 경우, 명의수탁인은 매매대금 상당의 이득에 대해 명의신탁인에게 부당이득반환 의무를 진다는 입장입니다. ⑭따라서, 총 매매대금600,000,000원 중 홍은동 520임야에 해당하는 5억원에 대해 반환의무를 집니다.

  나. 홍은동 521 잡종지에 대하여

  홍은동 521 잡종지는 보존등기는 되어 있지 않고, 토지대장에만 1911년 2월 1일 연일정씨 숙정공파종중으로 사정받은 사항만 기재되어 있습니다.

  그러나 계약명의신탁의 요건은 ① 물권취득하기 위한 계약 ② 명의수탁자가 한쪽 당사자 ③ 상대방의 선의일 것에 불과하고, 매매계약의 요건사실은 ① 매매계약 체결사실만 요구됩니다. 이는 우리 민법이 타인권리매매도 인정하고, 매도인에게 등기가 있을 것을 요구하지 않기 때문입니다.

  따라서, 마찬가지로 ⑮박이채는 홍은동 521 잡종지에 대해서도, 원고 이명구와 최희선에게 부당이득으로 50,000,000원을 반환해야 할 것입니다.

  다. 소결

  ⑯피고 박이채는 원고 이명구와 원고 최희선에게 부당이득으로 550,000,000원을 지급해야 하며, 매매계약일인 2010년 5월 1일의 익일인 2010년 5월 2일부터 이자지급의무를 진다고

할 것입니다.

⑰피고 박이채에게서 피고 정준일에 실제로 지급된 계약금인 1억원에 대해서만 부당이득반환의무를 진다는 반론이 예상되나, 명의신탁관계에서 명의수탁자가 신탁자에게 반환해야 하는 부당이득반환범위는 수탁자가 유효하게 취득한 부동산가액이 되어야 하는바, 그러한 주장은 이유 없다고 할 것입니다.

2. 피고 박이순에 대해

가. 120 아파트에 대해

피고 박이순이 피고 박이채로부터 2011. 4. 9. 120아파트의 등기를 넘겨받은 것이, 사해행위에 해당하여 채권자취소권을 행사할 수 있는지가 문제됩니다.

채권자취소권의 요건은 ① 피보전채권의 존재 ② 사해행위 ③ 사해의사입니다.

① 원고 이명구와 최희선이 박이채에게 갖는 부당이득반환채권이 2010년 5월 2일에 성립되었고 ② 2011. 4. 9.에 피고 박이채로부터 피고 박이순에게 시가 2억의 아파트를 매매대금 1억원에 매도하였으며 ③ 2010. 9. 1.에 피고 박이채는 소극재산이 적극재산보다 초과하여 무자력이 추정되고, ⑱판례는 채무초과상태에서 개인의 유일한 부동산을 시가와 큰 차이로 매도하는 행위의 사해의사는 추정된다는 입장이므로, 사해의사는 이 사안에서도 추정된다고 볼 것입니다.

제소기간이 문제되는바, 원고 이명구가 알게된 시점은 2014. 1. 3.였고, 그로부터 1년 내에 소를 제기해야 하므로(취소원인을 안 날로부터 1년), 2015. 1. 3까지 제기해야 하는데, ⑲이 사안의 소제기일은 2014. 1. 6.이므로 소제기 기간 소송요건은 충족된다고 할 것입니다.

나. 403 잡종지에 대해

120아파트와 마찬가지로 매매는 2006. 4. 6.에 되었으나 등기이전은 2011. 4. 9.에 되었으므로 사해행위취소소송을 제기할 수 있습니다.

다. 소결

⑳원고는 피고 박이순에 대해 피고 박이채와의 계약을 취소하고, 피고 소유 부동산의 소유권이전등기를 말소하라는 소를 제기할 수 있습니다.

3. 피고 서병석에 대해

가. 피고 서병석에게 홍은동 500 토지를 이전해 준 것이 사해행위에 해당하는지 문제되는바,

① 피보전채권의 존재 ② 사해행위 ③ 사해의사의 요건이 요구됩니다.

① 금전채권인 부당이득반환채권이 2010. 5. 2.에 성립

② 매매에 기한 양도담보를 2010. 8. 8.에 설정해 주었고

③ 채무자의 소극재산이 적극재산을 초과하는 상태에서 한 제한물권 설정은 사해의사가 추정되므로 요건을 갖추었습니다.

그리고, ㉑등기사항을 확인한 일자가 2014. 1. 3.이므로 제소기간도 도과하지 않았으므로

채권자취소소송이 가능합니다.

4. 피고 정준일에 대해

가. 홍은동 521 지상 점포에 대해

㉒박이채가 521 토지에 대해 완전한 소유권을 가지고 있으므로, 박이채는 정준일에 대해 제213조의 소유권에 기한 물권적 청구권으로서 대지인도 및 건물철거 소송을 구할 수 있습니다. 요건은 ① 자기소유 ② 타인점유이고,

① 박이채의 소유이며 ② 정준일이 미등기건물을 건축했으므로 소송을 제기할 수 있는데, ㉓원고들은 소유권이 없으므로, 부당이득반환 채권을 피보전채권으로 하여, 피고 박이채의 권리를 대위행사할 수 있습니다.

또한, ㉔김병만에게는 건물에서 퇴거할 것을 청구할 수 있습니다.

나. 사용이익 반환청구

㉕정준일은 악의의 점유자로서, 사용이익을 반환해야하며, 그 대금은 2010. 7.부터 임차인인 김병만에게 받은 임대료 20,500,500원이 될 것입니다.(500,000 × 41개월).

다. 정준일이 521 토지에 대해 소유권 이전등기를 안해주는 것에 대해

매매의 요건사실은 ① 매매계약체결사실이므로, 타인권리매매도 가능하나 소유권이전등기 불능시 계약해제와 손해배상청구가 가능합니다.(제569조)

㉖따라서, 원고들은 박이채를 대위하여 521잡종지 계약을 해제하고, 매매대금 5,000만원과 이자의 지급 청구를 할 수 있습니다.

5. 피고 김병수에 대해

㉗원고 최희선은 2001. 3. 20. 피고 김병수와 목가구1점을 대금 2천만원에 매도하는 매매계약을 체결했습니다.

매매계약체결의 요건사실은 ① 매매계약체결사실이므로 원고는 매매대금채권을 보유합니다.

그런데, ㉘채권의 소멸시효 기간 10년이 경과하기 전에 소멸시효중단사유인 가압류를 2007. 3. 15.에 하였으므로 아직 시효중단이 되지 않았습니다.

㉙계약체결 후, 영업양도 사실은 매매대금청구에 영향을 주지 않습니다.

2014. 1. 6.

원고 이명구

원고 최희선

㉚소송대리인 조일국 변호사

㉛서울중앙지방법원 귀중

<문제2>　　　　　　　　㉜<답변서>

　　토지대장은, 등기처럼 등기의 추정력이 인정되지는 않지만, 사실적 추정이 가능하므로, 그것을 뒤집으려면 반증의 책임은 원고가 진다고 할 것입니다.

　　그런데, 원고가 주장하는 바처럼 1911. 2. 1. 정상우가 이 사건 토지를 사정받았다는 아무런 증거도 없습니다.

　　따라서, 원고의 청구를 기각하는 판결을 구합니다.

　　　　　　　　　　　　　　　　　피고 대한민국
　　　　　　　　　　　　　　　　　소송대리인 변호사 이민우

㉝서울서부지방법원 귀중

■ [지도의견]

　1) 이 답안은 전체적인 면에서 매우 빈약하다. 아무리 해도 100점 만점에 20점을 넘기 어렵겠다. 아마도 이 학생은 이제까지 한 번도 소장을 써보지 않은 것으로 짐작된다. 법리구성이 잘못된 곳이 많음은 물론이고 소장의 형식에도 맞지 않고, 띄어쓰기나 한글 맞춤법에 어긋나는 등 전체적으로 좋은 인상을 주지 못하는 답안이다.

　　정상적인 법학교육을 받은 사람이라면 이처럼 저조한 답안을 낼 리 거의 없겠지만, 경계로 삼기 위해 그 전체 내용을 제시하고 첨삭지도를 하되, 세부적인 내용은 뒤에서 볼 구체적인 첨삭지도와 중복되므로 총론적인 첨삭에 그치기로 한다.

　　2) 이 답안은 원고와 피고 표시를 전혀 하지 않았다. 시간이 없어 그런 것인지 아니면 문제지에 인적 사항이 있으므로 그것을 원용한 것인지 알 수 없다. 만약 후자라면 이 학생은 리걸 마인드가 결여된 것이라고밖에 할 수 없다. 출제자가 요구하는 것은 소장이지, 문제의 내용을 두고 출제자와의 대화나 토론, 문답이 아니다. 수험생이 써 내는 소장을 출제자가 읽고 채점하는 것이 아니라 수소법원의 판사가 읽고 채점하는 것이라고 생각해야 한다. 소장이나 판결문 같은 소송문서는 거기에 독특한 형식이 요구되므로 초심자로서는 우선 모범적인 소장 등을 두세 번 정도 따라 써서 그 형식과 문투 등을 몸에 익히는 것이 필요하다.[158] 그것이 선배 법조인들과의 대화방법이다.

　　따라서 판사는 사건의 내용을 사전에 전혀 모르며, 원고가 써 내는 소장을 통해서야 비로소 알게 된다는 점을 명심해야 한다. 시험을 치를 때 아무리 시간이 없더라도 소장의 당사자란은 꼭 써야 한다. 이 부분은 비교적 쓰기가 쉬울 뿐 아니라 거기에 배정된 점수

---

158) 모범적인 소장 등을 따라 쓰면서 왜 그러한 문구가 들어갔는지, 형식은 어떠한지 등에 관심을 갖고 손이 아닌 마음으로 따라서 써보면, 두세 번 정도이면 이를 익힐 수 있다.

가 상당하기 때문이다. 이 부분이 없으면 소장에 필요한 최소한의 기초마저 갖추지 못한 것이 되어 답안에 대한 전체적인 인상도 흐리게 되므로 당사자란을 누락하는 것은 매우 부적절하다.

3) ①은 단순히 '원고들' 또는 '원고 이명구, 최희선'이라고 쓰면 된다. 이 답안과 같이 쓰면 시간과 답안용지를 쓸데없이 낭비하게 된다. 금액 등을 기재할 때 ②와 같은 방식은 쓰는 과정에서 잘못 써서 실수할 우려가 크고, 숫자를 길게 쓰고 틀리지 않도록 신경을 써야 하므로 시간과 노력의 낭비가 크다. 그냥 '5억 5천만 원' 또는 '5억 5,000만 원'이라고 쓰는 것이 쉽고 틀릴 염려도 적다.

또, ①, ②와 같이 표시하면 결국 분할채무가 되는데, 분할채무의 이행을 구하는 경우에는 보다 분명하게 "피고 박이채는 원고들에게 각 2억 2,500만 원 및 …"으로 청구하는 것이 낫다.

③의 소송비용 부담 재판청구와 가집행선고 재판청구는 청구취지란의 맨 말미에 모아서 한꺼번에 써야 한다. 각각의 청구나 피고별로 여러 번 중복하여 쓰게 되면 시간과 답안지 낭비가 심하고, 법률가로서의 기본적인 소양마저 갖추지 못한 것으로 의심받게 된다. 청구취지 제1항 내지 제5항의 하위로 '가, 나, 다'나 '(1), (2), (3)' 등이 아니라 다시 1, 2, 3의 대등한 번호가 붙어있는 것도 눈에 거슬린다.

4) ④, ⑤는 두 가지 잘못을 범하였다. 우선 이는 사해행위 취소에 따른 원상회복청구인데, 이전에 사해행위취소소송을 거친 바 없음에도 취소청구를 누락하였다. 녹번동 토지에 대하여는 제척기간이 지났는데 청구한 것은 잘못이다. 다음으로, 말소등기청구를 하고 있으므로 말소의 대상인 등기를 특정하여야 하는데 단순히 등기일자만을 기재하는 잘못을 범하였다. 등기의 특정에는 관할등기소, 등기접수일, 등기접수번호, 등기의 내용을 기재하여야 한다. 그래야 그 등기를 말소할 수 있다.

⑥은 의사표시를 할 의무인 말소등기의무에 대하여 가집행선고를 구한 것으로서, 의사표시를 할 의무에 대하여는 가집행선고가 허용되지 않는다. 이러한 잘못은 제3항의 청구취지에도 되풀이되고 있다.

5) 청구취지 제2, 3, 4항은 모두 피고 박이채가 급부의 수령자다. 이런 경우 그 수령자가 공통되므로 "피고 박이채에게"라고 표시한 다음 피고 박이순, 서병석, 정준일이 이행할 급부를 하위단위로 묶어서 한꺼번에 표시하는 것이 보기도 좋고, 답안지도 절약할 수 있어 좋다.

6) 부동산을 표시할 때 특별히 문제의 제약조건이나 <소장 작성 요령> 등에서 다른 지시가 없으면 그 내용을 완전하게 표시하여야 하고, ⑦과 같이 불완전하게 표시해서는 안 된다. 토지의 경우에는 소재지의 행정구역과 지번, 지목, 면적을 모두 기재해야 완전하게 특정이 되는데, ⑦은 토지의 경우 "서울 서대문구"와 면적이 누락되었고, 건물의 경

우 "서울 서대문구"와 구조(벽체와 지붕의 구조), 층수, 면적이 누락되었다. 같은 항에 표시할 부동산 소재지 행정구역이 같은 경우 뒤에 표시하는 부동산에 대해서는 "같은 군"이나 "같은 동"이라고 줄여 써도 무방하다.

한편, 홍은동 521 토지의 인도의무에 관해서는 이미 재판상 화해가 이루어져 원고들이 그 집행권원(화해조서)을 얻은 상태이므로, 그 인도청구를 다시 하는 것은 소의 이익이 없어 부적법하다.

7) 기간에 비례하여 금전 지급을 청구할 때는 항상 시작점과 끝점을 기재하여야 한다. ⑧의 경우 끝점만 있고 시작점이 없으므로 논리적으로도 안 맞다. 또, 연 5%, 연 20%의 비율에 의한 금전 지급을 구하고 있으므로, "70,500,000원 및 이에 대한 …"이라고 하여 비율에 의한 금전 지급청구가 어느 금액을 기준으로 하는지 나타내주어야 하는데 이를 누락한 잘못을 범하였다. 청구취지 제5항도 마찬가지다.

8) 이 답안의 경우 청구원인란의 문단나누기를 ⑨와 같이 각 피고를 기준으로 하고 있는바, 이는 좋은 방법이다. 피고들이 여럿이고 각 피고별로 청구의 내용이 다르기 때문이다. 다만, 이런 경우 사실관계가 여러 문단에 중복되는 때는 이를 각 문단마다 반복할 필요가 없이 앞에서 기재한 내용을 뒤에서 간단히 요약하여 인용(引用)하면 충분하다.

그러나 ⑩의 소제목은 적당하지 않다. 홍은동 520 토지가 피고 박이채와 무슨 연관성이 있어야 하는데, 피고 박이채에 대한 청구인 청구취지 제1항에 위 토지가 나타나지 않기 때문이다. 원고들이 피고 박이채에게 위 토지와 관련하여 구한 청구는 청구원인 제1의 가항에 의하면 결국 부당이득반환청구이고, 이는 청구원인 제1의 나항에도 공통되므로 청구원인 제1항 가, 나의 소제목을 '홍은동 520 토지'와 '홍은동 521 토지'로 나눈 것은 의미가 없고, 차라리 곧바로 '부당이득반환청구'로 표시함만 못하다.

이 답안과 같이 '홍은동 520 임야에 대하여' 또는 '홍은동 521 잡종지에 대하여' 라고 소제목을 붙이면, 그 제목만으로는 그 청구의 내용인 부당이득반환청구를 하려는지 여부를 전혀 알 수 없고, 위 토지들이 청구취지에도 나오지 않은 것이라 소장을 읽는 판사로서는 대단히 난감할 수밖에 없게 된다.

9) ⑪의 기재는 소장에는 전혀 어울리지 않는 내용이다. ⑪은 마치 사례형 문제에 대한 답안처럼 보인다. 사례형 문제의 경우 출제자와 수험생이 사례의 내용과 문제의 내용을 함께 알고 있으므로 수험생은 주어진 사례를 기초로 질문에 곧바로 답을 하여도 좋지만 소장은 전혀 그런 구도가 아닌 만큼 사례형 답안처럼 답을 해서는 안 된다.

이렇게 사례형 답안처럼 쓰면 점수를 거의 받을 수 없다. 게다가 수험생 자신이 원고 소송대리인으로서 소장을 쓰고 있다는 사실조차도 인식하지 못한 마당이라, 변호사가 무슨 일을 하는 사람인지 인식하지 못하는 사람으로 평가받을 수밖에 없게 된다.

10) 소장의 청구원인란에는 청구원인을 이루는 구체적·역사적 법률사실을 기재하여야

하며, ⑫와 같이 법전이나 판례, 학설이 요구하는 추상적 요건사실은 기재할 필요가 없고, 기재해서도 안 된다. 그러한 내용은 법률이론을 논할 때만 언급하면 충분하다.

한편, 소장은 위에서 말한 바와 같이 분쟁의 사실관계를 전혀 모르는 판사에게 사건 내용을 설명하고 구체적인 재판을 구하는 의사표시의 문서이므로 ⑬과 같이 '이 사안'이나 '사안'이라는 문구를 사용해서는 안 된다. 사안이라는 용어는 사례형 시험이나 논문식 시험에서나 있을 수 있는 것이다. 그러므로 '이 사건'이라고 해야 한다.

11) 청구원인 제1의 가항 어디에도 원고들과 피고 박이채가 명의신탁약정을 하였다거나 명의신탁자인 원고들이 명의신탁의 목적 달성을 위해 명의수탁자인 피고 박이채를 위하여 매매대금을 지급하였다는 사실의 기재가 없다. 따라서 ⑭와 같이 피고 박이채가 원고들에게 5억 원을 반환할 의무를 진다는 결론을 기재하더라도 판사는 그 근거를 전혀 알 수 없어 답답하게 될 것이다. 더구나 총 매매대금이 6억 원이라거나(실제는 5억 5,000만 원이므로 이 역시 잘못된 내용이다.) 홍은동 520 임야가 5억 원에 해당한다는 등의 말은 그 결론의 기재에 앞서 사실관계의 설명이 없으므로 원고의 일방적 주장에 불과할 수밖에 없게 된다.

12) 피고 박이채가 원고들에게 홍은동 521 잡종지에 관하여 왜 ⑮와 같이 5,000만 원의 부당이득반환의무를 지는지 그 근거가 전혀 제시되어 있지 않다. 타인 권리의 매매로서 하자담보책임을 진다는 것인지 아니면 계약명의수탁자로서 부당이득을 얻었다는 것인지 알 수 없다. 게다가 이 학생은 아직 명의수탁자인 피고 박이채 앞으로 소유권이전등기가 이루어지지 않은 홍은동 521 토지에 대해서도 이미 소유권이전등기가 이루어진 홍은동 520 토지와 동일한 법률관계가 성립하는 것으로 오해하고 있다. 또, 원고들과 피고 박이채, 정준일이 이미 2010. 11. 1. 홍은동 521 토지에 관한 매매계약상 매수인지위를 피고 박이채로부터 원고들 앞으로 이전하기로 한 사실관계를 놓치고 있다.

매도인인 피고 정준일이 선의여서 명의수탁자인 피고 박이채와 정준일의 홍은동 521 토지 매매계약이 유효하고, 그에 따라 장차 박이채가 그 소유권이전등기를 받을 수 있게 됨에 따라 매매대금 상당을 부당이득한 것으로 본다고 하더라도, 위 매수인지위 이전약정으로 인해 홍은동 521 토지에 관한 박이채의 부당이득반환채무는 소멸하였다고 할 수 있다.

13) ⑯에서 구하는 5억 5,0000만 원이 청구원인 제1의 가항과 나항의 합계액이면 "위 가항과 나항의 합계액 5억 5,000만 원"으로 그 뜻을 보다 분명하게 나타내는 것이 좋다. 한편, 이와 같이 이자 지급을 구한 근거는 민법 제748조 제2항에 따라 피고 박이채가 악의의 수익자라는 것으로 보이는데, ⑯에는 그 근거가 되는 법률사실인 명의신탁이 무효임을 피고 박이채가 알았다는 사실이 전혀 기재되어 있지 않다. 또 청구취지 제1항의 1에는 연 5%와 연 20%의 비율적 청구가 기재되어 있으므로, 이에 대응하여 왜 그러한 비율적 청구가 정당한지 그 근거와 이유를 청구원인란에 기재해야 한다.

14) ⑰의 반론은 장차 소송과정에서 피고 박이채가 변론기일이나 변론준비기일에 그러한 주장을 할 경우에 대비한 것으로 보이는데, 이는 <소장 작성 요령>을 위반한 것이다. 왜냐하면 <소장 작성 요령>에서는 <의뢰인 상담일지>와 그 첨부문서에 나타난 상대방의 태도에 비추어 장차 상대방이 소송에서 제기할 것으로 예상되는 주장에 대해서만 미리 반박을 하라고 요구하였고, ⑰은 <의뢰인 상담일지>와 그 첨부문서에 나타나 있지 않아 그에 해당하지 않기 때문이다. 고로 지시 불이행으로 감점을 받고, 시간과 답안지를 헛되이 낭비한 불이익을 피할 수 없다.

15) ⑱의 판례는 그 내용을 정확히 알고 있는 것으로 보인다. 그러나 그것이 이 사건 답안과 무슨 관련이 있는지 모르겠다. 문제 기록 어디에도 박이채의 아파트 매도가 유일한 부동산의 매도라는 사실이 나타나 있지 않기 때문이다. 주어진 자료에 나와 있지 않은 사실관계를 임의로 가정하거나 만들어서 결론을 내는 것은 금물이다. 청구원인 제2항의 내용과 표현형식은 전체적으로 소장에는 전혀 어울리지 않는 것임은 물론이다.

⑲의 제척기간 도과 여부는 청구원인사실에 속하지 않고, 상대방이 장차 소송과정에서 이의를 제기할 것으로 보이지도 않으며, 전혀 논의의 대상이 될 수 없는 사항이므로 굳이 기재할 필요가 없다.

게다가 원고 이명구가 사해행위를 안 날이 2014. 1. 3.이라고 하는데 그 근거가 없고 (아파트의 등기증명서가 2014. 1. 3. 발행된 것을 근거로 삼은 것 같으나, <의뢰인 상담일지> 제2의 나항에 의하면 원고 최희선은 2013. 4. 초 이미 이 사실을 안 것으로 나와 있다.), 취소채권자는 원고 이명구와 최희선 2인이므로 원고 이명구가 안 것은 원고 최희선과 관계가 없는데, 원고 최희선에 대하여는 아무런 기재가 없는 것도 잘못이다.

16) ⑳은 사해행위취소권과 원상회복청구권이 발생한 결론을 기재한 것인데, 너무 내용이 간단하고 앞부분의 설명과 전혀 연결이 안 되고 있어 문제다. 게다가 녹번동 403 잡종지는 2006. 4. 6.에 매매가 이루어졌으므로 원고들의 피보전채권 성립 이전의 일이고 5년의 제척기간도 지났는데, 등기일자를 기준으로 하여 그 법리 검토를 잘못하였다.

또, 아파트에는 전득자인 신한은행의 근저당권이 설정되어 있어 원물반환이 곤란한 사정도 놓친 것으로 보인다. 전체적으로 법리 검토가 제대로 안 된 데에다 성의도 없는 느낌이다.

17) 피고 박이채가 서병석에게 2010. 8. 8. 홍은동 520 토지에 양도담보를 설정해 준 것이 사해행위에 해당한다고 하려면 그로 인해 피고 박이채의 책임재산에 부족이 초래되어야 하는데, 그 당시 박이채는 자력이 충분하였고, 그는 2010. 9. 초 큰 부도를 맞은 이후에야 소극재산이 적극재산을 초과하게 되었다는 것이므로 ㉑의 결론은 사실관계를 잘못 파악한 것이다. 또 원고들의 피보전채권인 부당이득반환채권이 2010. 5. 2.에 성립(발생)하였다는 것도 전혀 근거가 없다.

18) 피고 박이채는 정준일에게서 홍은동 521 토지를 매수하였으나 아직까지 그 소유권이전등기를 마치지 않았으므로, 그것이 명의신탁에 연유한 것인지를 둘러싼 법률문제를 검토하지 않더라도 박이채는 위 토지의 소유권을 취득하지 못하였다. 그럼에도 ㉒와 같이 박이채에게 위 토지의 소유권이 있다고 한 것은 기본적인 법률관계의 오해이다.

또, 앞서 본 바와 같이 원고들은 이미 위 토지의 매수인지위를 양도받아 매수인의 지위에 있으므로 군이 박이채를 대위할 필요가 없고, 박이채는 매수인지위의 양도로 인해 위 토지에 관하여 매도인 정준일에게 아무런 권리도 행사할 수 없으므로 피대위권리도 존재하지 않는다. 그러므로 ㉓은 오답이다. 이런 오답은 사실관계 파악을 소홀히 한 결과이다.

한편, 왜 ㉔와 같이 김병만이 건물에서 퇴거할 의무가 있는지에 대한 근거사실과 법리 설명이 전혀 없다. 이렇게 기재하면 해당 부분에 배정된 점수를 얻을 수 없다. ㉕도 마찬가지다. 왜 2010. 7.이 기산일이 되는지, 왜 41개월이 되는지 설명이 없다. 그리고 기간을 표시할 때는 특별한 사정이 없는 한 연도나 월에 그치지 않고 날짜까지 표시하여야 하므로 단순히 "2010. 7."이라고 해서는 안 된다.

한편, 임대료 20,500,500원과 해제에 따른 매매대금 상당액 5,000만 원을 합하면 70,500,500원이 되는바, 이 액수는 청구취지 제4의 2항의 "70,500,000원"과 틀리므로 논리모순이다.[159]

19) 매도인인 피고 정준일이 홍은동 521 토지에 대하여 소유권이전등기의무를 불이행하고 있는 경우, 채권자인 원고들은 그 강제이행이 가능한 때에는 강제이행을 구하여야 하고, 그것이 불가능하거나 그로 인한 이익이 해제보다 작을 경우에만 매매계약을 해제하고 원상회복을 청구하여야 할 것이다. 그런데 현재 정준일의 소유권이전등기의무는 이행불능의 사유가 전혀 없으며, 원고들은 <의뢰인 희망사항>으로서 위 토지에 대한 완전한 소유권을 취득, 행사하기를 바라고 있다. 고로 ㉖과 같은 해제가 아닌 소유권이전등기청구를 하여야 한다. 더구나 이미 청구취지 제4의 1항에서 위 토지의 인도와 그 지상건물의 철거를 청구하였으므로 해제권의 행사와 매매대금의 반환청구는 상호모순이다.

20) ㉗과 같이 기재하면 누가 매도인인지가 확실하지 않다. 원고 최희선이 주어이고 '매도'가 서술어이므로 원고 최희선이 매도인인 것으로 짐작은 되나, 이를 더 확실하게 하려면 "피고 김병수와" 대신에 "피고 김병수에게"로 기재해야 한다. 또 청구취지 제5항에서는 지연손해금을 청구하고 있으므로 그 청구원인란에는 변제기와 이행지체 사실을 기재해야 하는데 누락되었다. 변제기의 약정이 있는 경우 매매대금채권의 소멸시효는 변제기가 도래한 다음 날 0시부터 진행하는데, ㉗에는 변제기의 기재가 없으므로 소멸시효는

---

159) 답안대로 50만 원에 41개월을 곱한 수치는 20,500,000원으로서, "20,500,500원"은 오기나 계산착오로 보인다. 이런 잘못을 방지하기 위해 검산과 작성을 마친 후 검토가 필요하다.

매매계약일부터 진행하게 된다.

21) ㉘과 같이 가압류를 하더라도 그 집행상태가 계속되지 않는 한 소멸시효 중단의 효력이 계속 유지되지 않는다. 고로 어떤 재산에 가압류를 하였는지, 가압류 집행은 하였는지, 그 집행상태가 현재까지 유지되고 있는지도 자세히 기재해야 한다.[160] 더구나 이 학생은 영업양도인 김병수를 상대로 대금 지급을 청구하면서도 김병만에 대한 가압류의 효력이 김병수에게 미치는 것처럼 잘못 기재하였는데, 이는 사실관계의 파악을 제대로 하지 못한 결과이다.

영업양도가 있고 영업양수인이 상호를 속용하는 경우 양수인은 중첩적 채무인수인으로서 영업양도인과 함께 채무를 변제할 책임이 있고, 영업양수일로부터 2년이 경과하면 양도인의 책임은 소멸하므로, 영업양도가 기존의 채무관계에 영향이 없다는 ㉙의 기재는 법리를 오해한 것이다.

22) 소송대리인으로 변호사를 표시할 때는 "변호사 조일국"이라고 쓰는 것이 관행이고 ㉚과 같이 쓰는 일은 없다. 사소한 부분이지만 채점자에게 좋은 이미지를 줄 수는 없으므로 신경 써야 한다.

또, 이미 소장의 당사자표시란에 원고들을 표시하였으므로(물론 이 학생은 이를 누락했지만) 이 부분에서는 원고들의 이름을 기재할 필요가 없이 곧바로 "원고들 소송대리인 변호사 조일국"이라고만 표시하면 충분하다.

㉛의 "서울중앙지방법원"은 아무리 해도 관할권이 없는 법원이다. 아마 원고들 소송대리인 변호사의 사무소가 서울중앙지방법원 관할 구역에 있는 것을 생각했거나 무의식적으로 그렇게 기재한 것으로 보이나, 관할법원(수소법원) 역시 중요하고 채점요소이므로 주의하여야 한다.

23) ㉜는 답변서에 사건을 특정하지 않았으므로 어떤 사건에 대한 답변서인지를 알수 없다. 답변서에는 반드시 사건번호와 원·피고를 기재해야 한다. 또, ㉜와 같이 기재해서는 무엇에 대한 답변인지를 전혀 알 수 없으므로 "본안전 답변"이나 "청구취지에 대한 답변", "청구원인에 대한 답변" 등으로 적절한 소제목을 붙이는 것이 좋다.

한편 정상우가 사정을 받았는지 여부는 본안(실체관계)에 관한 사항이므로, 소송요건의 흠결이 있어 부적법한 소라는 사유가 있는 경우 답변서에서는 그 사유를 먼저 기재해야 한다. 이 학생은 확인의 소나 미등기토지에 대한 소유권확인의 소와 관련한 확인의 이익이나 당사자적격에 대하여 알지 못하고 있는 것으로 보인다.

---

160) 유체동산에 대한 가압류 집행절차에 착수하지 않은 경우에는 시효중단 효력이 없고, 집행절차를 개시하였으나 가압류할 동산이 없기 때문에 집행불능이 된 경우에는 집행절차가 종료된 때로부터 시효가 새로이 진행된다는 판결(대법원 2011. 5. 13. 선고 2011다10044 판결)은 가압류 대상이 부동산인 경우에도 타당하다.

㉝은 근거 없는 기재이다. <답변서 작성> 문제의 제약조건에서 수소법원을 '○○○ 법원'으로 기재하라고 지시하였을 뿐 아니라, 제시된 소장에도 수소법원이 서울서부지방법원으로 기재되어 있지 않으므로 ㉝의 기재는 문제 1의 내용을 유추하여 수험생이 임의로 만들어 낸 것이라고밖에 볼 수 없다. 그러나 이러한 추측 기재는 위험하므로 최대한 피하여야 한다.

나. 청구취지에 대한 답안과 지도의견

(1) 답안 1

■ [답안 1]

[문제 1]

<청구취지>

1. ①피고 박이순 앞으로 소유권 이전된 서울 은평구 대조로 120 소재 아파트 한 채와 서울 은평구 녹번동 403 잡종지에 대하여 ②채권자 취소권에 기하여 그 ③이전등기를 말소를 구한다.
2. ④피고 서병석 앞으로 만료된 홍은동 520토지의 소유권이전등기의 말소를 구한다.
3. ⑤채권자 대위권에 기하여 피고 김병만에 대하여 가구대금지급조로 홍은동 521 지상점포의 반환을 구한다.
4. 피고 정준일은 홍은동 521 토지의 인도 및 ⑥소유권이전등기를 만료하고 홍은동 521 지상점포에 대한 2010. 8. 1부터 2010. 7. 31까지의 매월 50만원 상당의 ⑦임료 및 지연손해금을 지급하라.

■ [지도의견 1]

1) ①은 이전등기의 말소를 구하는 청구이므로, 그 말소 대상인 등기를 정확하게 특정해야 한다. 우선 목적물을 제대로 특정하고, 다음으로 등기소와 등기 접수일자, 등기번호, 등기의 종류를 특정해야 한다. 그런데 이 답안은 목적물도 제대로 특정하지 못했고 등기에 대한 특정도 전혀 없다. 아마 이 학생은 소장을 써본 경험이 별로 없는 것으로 보인다. 그 이하의 기재 부분도 모두 소장이 갖추어야 할 기준에 한참 부족하다. 국어 맞춤법도 많이 부족하다. <국어정서법> 등의 맞춤법 책을 읽어서 그 부분 실력도 높이는 것이 필요하다.

2) 소장의 청구취지와 이에 대응하는 판결 주문에서는 ②와 같이 원고의 청구권원이나 공격방어방법을 기재하지 않는다. 이는 소장의 청구원인란과 판결의 이유란에 기재할 사

항이다. 물론 이를 청구취지란이나 주문에 기재했다 하여 위법은 아니지만, 이를 판결 주문에 기재해도 기판력이 발행하지 않을 뿐 아니라 청구원인란과 이유란에 기재하므로 중복하여 기재할 필요가 없다. 시험에서 이를 위반한 경우 감점을 받게 될 것이다.

3) ③과 같이 등기의 말소를 청구하는 소는 이행의 소에 해당한다. 이행의 소의 청구취지는, 피고로 하여금 원고에게 일정한 급부를 하도록 법원에 명하여 줄 것을 내용으로 기재하여야 한다. 이 학생은 소장을 마치 원고가 권리 구제를 받기 위한 방법으로 어떤 것이 있는가 하고 묻는 주관식 시험의 답안과 같은 것으로 오해하고 있는 듯싶다.

4) ④ 역시 앞서 말한 바와 같이 목적물과 말소 대상인 등기의 특정이 부족하다. 그리고 "피고 서병석 앞으로 만료된 …"이란 표현은 "피고 서병석 앞으로 경료된 …"이라고 기재할 의도로 이해되나, 뒤에서도 같은 기재를 반복하고 있는 것을 보면 반드시 그런 뜻만도 아닌 듯이 보인다. 그러나 등기는 '기입'되거나 '경료'되거나 '마쳐지는' 것이지 '만료'되는 것은 아니다. 경료(經了)란 말은 일본식 한자어로서 우리 국어사전에도 나오지 않는 말이므로 이 역시 권할 만한 것이 못된다. 그러므로 '어떤 내용의 등기를 마쳤다.'고 기재하는 것이 가장 좋은 표현이다.

5) ⑤의 경우 '채권자대위권에 기하여'란 문구는 앞서 말한 바와 같이 청구취지에 기재해서는 안 된다. 그런데 뒷부분의 가구대금 지급조로 피고 김병만에게 홍은동 521 점포의 반환을 구한다는 결론은 어떤 근거에서 나온 것인지 도저히 이해할 수 없다. 원고 최희선이 피고 김병만에게 가구 매도대금 2,000만 원의 지급청구권이 있지만, 그 지급에 갈음하여 피고 김병만 소유의 점포를 인도(반환)해 줄 것을 원고 최희선이 구할 권리는 전혀 없다. 그리고 인도청구를 하는 경우 어떤 물건을 "원고에게 인도하라."고 청구해야 하고, 반환하라고 써서는 안 된다. 반환은 그 법률적 의미가 불분명하기 때문이다.

6) 소유권이전등기를 청구하는 경우 그 등기의 원인과 원인일자를 기재해야 하고, ⑥과 같이 밑도 끝도 없는 등기를 청구해서는 안 된다. 이런 판결문으로는 등기를 할 수도 없다.

7) ⑦과 같이 금전 지급을 청구하는 경우에도 그 채권의 발생원인은 청구취지에 기재할 필요가 없다. 더구나 ⑦의 경우 월 50만 원이 차임(임료)인지 지연손해금인지, 양자의 합계액인지도 알 수 없다. 지연손해금이 기간에 비례하여 발생하는 때에는 그 시점과 종점(만료점), 지연손해금 비율을 반드시 기재하여야 한다.

(2) 답안 2

■ [답안 2]

[문제 1]

<청구취지>

1. ①피고 박이채는 원고 이명구와 원고 최희선에게 500,000,000원 및 이에 대한 ②이 사건 소장송달일로부터 다 갚는 날까지 연 20%의 비율에 의한 금원을 지급하라.

2. 가. 피고 박이순과 피고 박이채 사이의 서울 은평구 대조로 120 문화아파트 201동 203호에 관한 2011. 4. 9. 매매계약을 ③100,000,000원의 한도 내에서 취소하고,

   나. ④피고 박이순은 원고 이명구와 원고 최희선에게 100,000,000원 및 ⑤이에 대한 이 사건 판결일로부터 다 갚는 날까지 연 5%의 비율에 의한 금원을 지급하라.

3. 가. 피고 박이순과 피고 박이채 사이의 서울 은평구 녹번동 403 토지에 관한 매매계약을 취소하고,

   나. 피고 박이순은 피고 박이채에게 3.가.항 ⑥매매계약 취소에 기한 ⑦서울 은평구 녹번동 403 토지의 소유권이전등기절차를 이행하고,

4. 피고 서병석은 원고 이명구와 원고 최희선에게 300,000,000원 및 이에 대한 이 사건 소장송달일로부터 다 갚는 날까지 연20%의 비율에 의한 금원을 지급하라.

5. 피고 정준일은 원고 이명구와 원고 최희순에게, ⑧가. 서울 서대문구 홍은동 521 토지를 인도하고,

   나. ⑨2010. 12. 31.부터 5.가.항 토지 인도완료일까지 월 300,000원의 금원을 지급하고,

   다. ⑩피고 정준일은 5.가항 토지 판넬지붕점포 50㎡ 건물을 철거하라.

6. 가. ⑪피고 김병만은 5.다.항 건물에서 퇴거하고,

   나. 피고 김병만은 원고 최희선에게 20,000,000원 및 ⑫이에 대한 2011. 1. 6.부터 이 사건 소장 송달일까지 연 6%, 소장 송달일 다음날부터 다 갚는 날까지 연 20% 각 비율에 의한 금원을 지급하라.

7. 소송비용은 피고들의 부담으로 한다.

8. 가. 1.항, 2.나.항, 4.항, 5.나.항, 6.나.항은 가집행할 수 있고,

   나. ⑬피고 김병만은 피고 정순일에게 5.다.항 건물의 점유이전을 금지한다.

는 판결을 구합니다.

■ [지도의견 2]

1) ①의 경우 원고가 이명구와 최희선 둘밖에 없으므로 원고들의 이름을 일일이 적을 필요 없이 '원고들에게'라고 기재하면 충분하다. 한편, ①과 같이 금액에 대하여 아무런

부가문구가 없으면 분할채무가 되어 원고들은 각기 5억 원의 절반인 2억 5,000만 원씩 지급받게 되는바, 이를 보다 분명하게 표현하여 "피고 박이채는 원고들에게 각 2억 5,000만 원…"이라고 기재하는 것이 더 좋다. 숫자도 아라비아 숫자보다는 이와 같이 한글을 섞어 나타내는 것이 좋겠다.

2) ②는 피고 박이채에 대한 부당이득반환청구와 관련하여 피고 박이채를 악의의 채무자로 보지 않고 원금채무의 이행지체에 따른 지연손해금만을 청구한 것으로 보이는데, 그런 경우에도 부당이득반환채무의 채무자가 이행지체에 빠지는 것은 채권자인 원고들의 청구를 받은 다음 날인 소장 부본 송달일 다음날 0시부터이다. 즉 채무자가 소장 부본 송달일에 채무를 갚을 경우에는 이행지체가 안 된다.

이 답안에서 문화아파트에 대한 사해행위(매매)는 매매계약을 취소하고 그 원상회복으로서 가액배상을 구하여야 한다. 그러나 ③은 가액배상을 구하면서도 무슨 근거로 2억 원 한도의 취소가 아닌 1억 원 한도의 취소를 구한 것인지 알 수 없으나, 결론은 잘못된 것이다.

3) 사해행위취소 채권자가 복수이고 그들이 하나의 소송의 공동원고인 경우 가액배상을 하는 수익자나 전득자는 각 채권자들에게 독립하여 각각의 지급을 하거나 채권자들에게 중첩적으로(각자 또는 공동하여) 지급을 할 채무를 부담하므로, 수익자나 전득자가 반환할 전체의 금액을 채권자별로 분할하여 지급할 것을 청구할 수는 없다. ④의 경우 더구나 분할채무로 구한 것이 되므로 원고들은 각각 5,000만 원씩밖에 받지 못하게 되므로 오답이다.

4) 사해행위취소에 따른 원상회복으로서 가액배상을 하는 경우 그 이행 지체는 당해 판결이 확정되는 다음 날부터 시작된다. 고로 그 시점을 판결 선고일이 아닌 "이 사건 판결 확정일 다음날부터…"라고 기재하여야 한다. ⑤의 '판결일'은 선고일인지 확정일인지 알 수 없는 잘못된 표시이다.

5) 사해행위취소에 따른 원상회복으로 원물반환을 구하는 경우 수익자나 전득자 명의의 소유권이전등기 등을 말소하는 것이 보다 원칙적인 방법이다. 물론 그에 갈음하여 채무자 앞으로의 소유권이전등기를 구하는 것도 무방하나, 이 경우에는 그 등기원인을 기재하지 않는다. 그 등기원인이 장래를 향한 것이 아니기 때문이다. ⑥의 경우 이 점에서 작은 잘못이 있다. 또 이를 굳이 기재하는 경우에도 '매매계약 취소'가 아니라, '사해행위취소'라고 해야 그 등기원인을 분명히 알 수 있다.

6) ⑦은 앞서 ①과 ②에서 지적한 바와 같은 문제점이 있다. 원고들이 피고 서병석에게 양도담보 목적물의 반환이 아닌 청산금 지급을 택한 것이 부적절함은 앞서 법리구성의 (마)항에서 지적한 바와 같다.

7) ⑧과 같이 원고들이 피고 정준일에게 홍은동 521 토지의 인도청구권이 있는 것은

옳지만, 이에 대해서는 이미 서울중앙지방법원 2010가단22809 사건의 2010. 11. 5.자 화해조서가 있으므로 다시 인도를 청구할 소의 이익이 없다. 따라서 ⑧ 청구 부분의 소는 각하될 것이다.

오히려 원고들은 이 토지의 인도청구가 아닌 소유권이전등기를 청구해야 하는데 이 답안에는 이것이 누락되었다. 그 이유가 만약 아직 피고 정준일 앞으로 소유권보존등기가 되어 있지 않은 사정을 고려한 것이라면 이는 잘못이다. 채무자의 소유권이전등기의무는 채무자가 그 명의로 소유권보존등기나 소유권이전등기를 보유하고 있지 않은 경우에도 가능하다. 즉 그가 사회통념상 그 목적물의 소유권을 취득할 수 없다는 사실이 확정되지 않는 한 그 등기의무는 이행불능이 아니다. 이 사건에서 피고 정준일은 엄연히 홍은동 521 토지의 소유자이고 그 명의로 소유권보존등기도 할 수 있다.

또 이와 같이 제5항을 가, 나, 다항으로 다시 나누었다면 가항도 나, 다항과 나란히 쓰는 것이 좋다.

8) ⑨의 2010. 12. 31.은 2011. 1. 1.의 잘못이다. 피고 정준일의 홍은동 521 토지 인도의무의 이행기가 2010. 12. 31.이므로 그날까지는 피고 정준일이 그 토지를 사용·수익할 권리가 있고, 이행지체는 2011. 1. 1. 00:00부터 생기기 때문이다.

권원 없이 타인 소유 물건을 점유·사용한 데에 따른 부당이득반환의무는 점유자가 이를 채권자에게 인도한 때에도 종료하지만, 그가 이를 계속 점유하면서 인도하지 않더라도 그가 사용·수익을 하지 않는 때에도 종료하므로, 그 종기는 '…인도 완료일까지'라는 표현보다는 '…사용·수익을 종료할 때까지'라고 쓰는 것이 좋다. ⑨의 월 30만 원 청구 부분도 원고들의 지분 비율로 나누어 원고들에게 각 15만 원의 비율에 의한 지급을 구하는 편이 더 분명해서 좋다.

9) ⑩의 기재에 앞서 이미 청구취지 제5항의 첫머리에 피고 정준일을 기재하였으므로 그 하부 단위인 다항에서 피고 정준일을 또 기재한 것은 불필요한 중복이다. 한편 건물을 특정할 경우에는 '시멘트 벽돌조 판넬 지붕 2층 사무실 100㎡'와 같이 소재 지번, 벽과 지붕의 구조와 층수, 용도, 면적을 기재하고 소재 지번 다음에는 '…지상'이라는 문구를 기재하고, 필요한 경우 층별 면적도 구분해서 기재한다.

10) ⑪과 같이 '피고 김병만'을 가, 나항에 중복하여 기재하는 것은 좋지 못하다. 제6항의 청구취지가 가, 나로 나뉘었고, 그것이 피고 김병만에게 공통하므로 청구취지 제5항과 같이 "6. 피고 김병만은…"이라고 기재한 다음 가항과 나항으로 나누어 급부의 수령자별로 기재하는 것이 보기에도 좋고 간결하다.

이 답안의 경우 가항에는 수령자의 기재도 누락되었다. 퇴거는 점유자가 타인에게 점유를 이전하지 않고 단지 그 점유를 푸는 것으로서 엄밀히 말하면 수령자가 없으나, 그 권리자인 강제집행 권리자를 분명히 하기 위해서 수령자를 기재하는 것이 좋다.

11) ⑫의 2011. 1. 6.은 어떤 근거에서 나온 것인지 알 수 없다. 청구원인에도 이에 관한 설명이 없기 때문이다. 가구 매매대금채무의 이행기는 2002. 3. 19.이므로 그 채무자 피고 김병만은 다음날인 2002. 3. 20. 0시부터 지연손해금을 지급하여야 한다.

12) ⑬ 원고들인 의뢰인들은 김병만에게 5의 가항 건물(점포)에 관하여 타인 앞으로의 인도(점유이전)를 금지할 권리가 없다. 원고들이 그 건물의 소유자도 아니고 김병만에 대한 임대인도 아니기 때문이다. 그리고 정준일과 김병만의 점포 임대차계약 기간이 만료하여 임대차가 종료한 이상 임차인 김병만은 당연히 임대인 정준일에게 이를 인도(반환)할 의무가 있다. 그럼에도 모범답안에서 김병만에게 점포에서의 퇴거를 구한 것은, 원고들이 정준일에게 점포의 철거청구권을 가지고 있어 점유자인 김병만의 점유를 풀어야만 할 필요가 있기 때문인데, 김병만이 정준일에게 점유를 이전하면 정준일이 이를 타인에게 임대할 염려가 있어서 정준일에게의 인도가 아닌 일방적 점유의 해제인 퇴거를 청구한 것이다. 물론 그렇다고 해서 김병만이 정준일에게 점유를 이전하는 것을 봉쇄할 수는 없다. 그가 판결대로 이행하지 않고 임의로 정준일에게 인도하더라도 이를 막을 수는 없기 때문이다. 정준일의 타인에 대한 임대 등 점유이전을 막기 위해서는 정준일을 상대로 미리 점유이전금지가처분을 하는 수밖에 없다.

한편, 원고들에게 위와 같은 금지청구권이 있는 경우 이는 부작위의무의 이행청구권이 되는데, ⑬과 같이 "…금지한다."는 문구를 사용하면 자칫 부작위의무의 이행청구가 아닌 가처분신청으로 오해 받을 수 있다. 본안사건과 가처분사건은 심리방법이 다르므로(본안소송은 필요적 변론절차, 가처분사건은 임의적 변론절차) 병합하여 신청할 수 없다. 따라서 가처분신청은 소장이 아닌 따로 신청서를 작성해 제출하여야 한다.

다. 청구원인에 대한 답안

(1) 홍은동 520 토지 관련 청구

■ [답안 1]

<청구원인>

1. 홍은동 520 토지 원상회복에 관하여

(1) 채권자 취소권의 행사

①사건 토지의 경우 명의는 박이채로 되어있으나 원고들은 2010. 6. 30 이에 대하여 공동자금으로서 매매대금을 모두 지급하고 박이채의 명의로 등기를 넘겨받기로 동의한 바 있습니다. 비록 명의신탁에 의해 명의는 박이채에게 있더라도 ②피고 박이채와 원고들 사이에는 매매대금에 대한 채권관계에 있고 부당이득반환을 청구할 수 있습니다.

③민법 제404조 채권자 대위권을 행사하기 위해서는 (ⅰ) 피보전채권의 존재 (ⅱ) 보전의 필요성 (ⅲ) 채무자가 권리행사를 하지 않고 있을 것 (ⅳ) 채권자에게 대위권이 있을 것을 요구합니다.

원고들은 매매대금의 피보전채권이 존재하며 이에 대한 보전이 필요한데 ④피고 박이채가 홍은동 520토지를 담보로서 제공하고 피고 서병석과 관계에서 어떤 원상회복을 위한 노력도 하고 있지 않습니다. ⑤따라서 원고들로서는 채권자적 지위에서 이에 대한 원상회복을 청구할 권리가 있습니다.

또한 민법 제406조 채권자취소권 행사를 위해 (ⅰ) 피보전채권의 존재 (ⅱ) 채무자가 채권자를 해함을 알고 한 법률행위(사해행위 및 사해의사) (ⅲ) 수익자나 전득자 또한 채권자를 해함을 알았을 것을 요구합니다.

⑥이에 기하여 원고들은 피보전 채권의 존재 의해 채무자 즉, 피고 박이채가 피고 서병석에게 빚을 갚을 수 있음에도 갚지 않고 여동생 박이순 앞으로 ⑦두 채의 아파트의 소유권이전등기를 해준 점(사해행위 및 사해의사), ⑧박이순으로서도 원고 이명구와 피고 박이채의 관계를 모른다는 점에 신빙성이 없으므로 이에 대한 이전등기 말소를 통한 원상회복을 구합니다.

또한 이에 터잡은 ⑨피고 서병석의 소유권이전등기 또한 말소를 구합니다.

■ [지도의견 1]

1) 청구원인란에는 법률효과로서의 권리·의무가 발생하기 위해 필요한 법률요건사실로서 구체적·역사적 사실을 자세히 기재해야 한다. ①과 같은 막연한 기재로는 전혀 그 사실관계를 알 수 없고, 따라서 법률효과도 발생할 수 없다. 이 학생은 소장을 내기도 전에 판사(법원)가 이미 사건 내용을 다 알고 있는 것으로 전제하고 있는데, 절대로 그렇게 해서는 안 된다. 실제 소송에서 이런 일은 있을 수 없다.

이 사건에서 홍은동 520 토지의 경우 원고들과 피고 박이채의 계약명의신탁약정에 의하여 피고 박이채와 피고 정준일 사이에 매매계약이 체결되고 매매대금이 수수된 데에 이어 피고 박이채 앞으로 소유권이전등기까지 마쳐졌으므로 그 사실을 요건사실로서 구체적으로 기재해야 한다.

2) ②와 같이 원고들이 피고 박이채에게 부당이득반환청구권이 있다고 하려면 그 법률효과 발생에 필요한 구체적·역사적 사실을 먼저 기재해야 한다. 그래야 청구원인이 특정되고 법원은 민법 제741조가 규정하는 부당이득반환청구권의 발생 여부를 판단할 수 있다. ①, ②와 같이 뜬구름 잡는 듯한 답은 전혀 점수를 얻을 수 없다. 또, 이 답안에는 부당이득반환청구권의 구체적 내용(종류, 금액 등)이 전혀 기재되어 있지 않은바, 이 역시 옳지 않다.

3) 구체적·역사적 사실에 법률을 적용하여 법률효과의 발생 여부를 도출하는 경우, 법규의 내용이나 해석에 다툼이 있는 등 특별히 필요하지 않는 한 ③과 같이 추상적 법률요건, 즉 법규의 내용은 소장에 기재할 필요가 없다. 그 내용을 파악하는 것은 법원의 역할일 뿐만 아니라, 당사자가 구태여 이를 말하지 않아도 법원이 다 알고 있기 때문이다.

또 ③의 내용은 ④, ⑤와 함께 채권자대위권에 관한 내용이므로 채권자취소권의 행사에 관한 내용과는 독립하여 기재하여야 할 것인데, 이를 '채권자 취소권의 행사'라는 소제목 아래에 함께 기재한 것도 좋지 못하다.

4) ④와 ⑤는 원고들이 피고 박이채에 대한 매매대금채권을 보전하기 위해 피고 박이채를 대위하여 피고 서병석에게 원상회복을 구하는 취지로 이해된다. 그러나 원고들의 피고 박이채에 대한 채권은 매매대금채권이 아니라 매매대금 상당액의 부당이득반환채권이므로 이를 정확히 기재해야 한다. 그리고 피고 서병석에게 어떠한 내용의 원상회복을 청구하는 것인지도 밝혀야 한다. 원상회복청구권은 전형적으로는 계약의 해제에서 발생하는 것이지만, 계약의 무효나 취소, 사해행위취소 등에 따른 부당이득반환청구권 등에 대하여도 이를 원상회복청구권이라고 부르는 경우가 있다. 따라서 각각의 법률요건에 필요한 법률사실을 정확하게 기재해야 하는데 이 답안에서는 모두 누락되었다.

5) ⑥은 사해행위취소청구에 필요한 피보전채권을 기재해야 한다. 사해행위취소에 있어 피보전채권의 발생 시기와 그 크기는 사해행위의 성립 여부 및 원상회복청구권의 범위에 중대한 영향을 미치므로 이에 필요한 구체적 법률사실을 먼저 기재해야 하는데, 이 답안에는 누락되었다.

사해행위라는 이유로 채무자의 재산권 처분행위를 취소하려면 다른 요건사실 외에도 채무자의 처분행위에 관하여 그 시기, 당해 재산의 가액 등을 자세히 기재해야 한다. 그런데 ⑦과 같이 이를 누락하면 그 법률효과가 발생할 수 없다. 더욱이 피고 박이순이 아파트 두 채를 취득하였다는 답안 기재는 사실관계에도 전혀 맞지 않다. 피고 박이순은 문화아파트 1채와 녹번동 토지 1필지를 피고 박이채에게서 취득하였을 뿐이다. 항상 사실관계를 정확히 파악하고 메모하자.

6) ⑧은 판사(법원)로서는 전혀 알아들을 수 없는 이야기이다. 구체적인 설명을 하지 않은 때문이다. 되풀이하지만 이처럼 사실관계 설명을 생략한 채 이미 법원이 이를 잘 알고 있는 것처럼 사실관계를 전제해서는 절대 안 된다.

7) ⑨의 소유권이전등기말소청구 부분도 그 말소 대상인 등기를 전혀 특정하지 않은 잘못이 있다. 또 앞서 말한 바와 같이 홍은동 520 토지에 대한 서병석의 소유권이전등기가 왜 말소되어야 하는지 그 이유 설명이 전혀 없다. 양도담보의 요건사실과 법률효과를 기재해야 한다.

■ [답안 2]

<청구원인>

Ⅰ. 서울 서대문구 홍은동 520 토지(이하 '토지1'이라 한다.)에 관하여,

1. 피고 박이채에 관하여

　가. 원고 이명구와 최희선은 2010. 3. 1. 각 3억원씩을 출연하여 토지1과 서울 서대문구 홍은동 521 토지(이하 '토지2'라 한다.) 등을 매입하고, 소요자금의 출연 및 지불은 1:1로 하기로 합의하였습니다. ①업무담당은 2010. 3. 1.까지는 이명구가, 이후 2012. 12. 25. 최희선이 인계하여 담당하기로 하였습니다. ②원고 이명구와 원고 최희선은 공동사업목적으로 상호출자하여 이루어진 조합이므로, ③원고 이명구와 원고 최희선 모두를 원고로 이 사건 소를 청구하였습니다.

　나. ④원고 이명구는 피고 박이채의 명의로 토지1과 토지2를 매입하기로 하고, 2010. 5. 1. 매도인 정준일, 매수인 박이채, 대리인 이명구로 토지1을 5억원, 토지2를 5000만원, ⑤계약금은 계약체결시에 1억원을, 잔금은 2010. 6. 30.에 4억 5000만원을 지급하여 매수한 뒤 토지1의 소유권이전등기를 2010. 6. 30. 박이채에게로 경료하였습니다.

　다. ⑥나.항의 계약은 계약명의신탁으로, 정준일은 명의신탁이나 공동매수관계를 알지 못했으므로, 부동산실명법과 판례에 따라 박이채는 토지1의 소유권을 취득하였습니다. ⑦판례에 따르면, 계약 명의신탁에서 수탁자는 소유권을 취득하고, 신탁자는 수탁자에게 그 소유권을 반환하라고 청구할 수 없지만, 매수자금 상당의 부당이득을 수탁자는 법률상 원인 없이 얻었으므로, 피고 박이채는 원고 이명구와 최희선에게 5억원의 부당이득을 반환할 의무가 있습니다.(⑧부당이득채무이므로 그 이전의 지연손해금은 청구하지 않습니다.)

　라. 또한 ⑨피고 박이채는 이 사건 명의신탁이 불법원인급여에 해당한다고 주장할 수 있는데, 판례에 따르면 명의신탁은 불법원인급여에 해당하지 않아 그 주장은 이유 없습니다.

2. 피고 박이순에 대하여

　가. 피고 박이채는 2010. 9. 1.부터 소극재산이 적극재산보다 많아서 무자력 상태에 있었고, 그런데 ⑩2011. 4. 9. 여동생 박이순에게 시가 2억원 상당의 서울 은평구 대조로 120 문화아파트 201동 203호(이하 '아파트1'이라 한다.)를 1억원에, ⑪2011. 4. 9. 시가 1억 2000만원 상당의 서울 은평구 녹번동 403 토지(이하 '토지3'이라 한다)를 5000만원에 매도하였습니다.

　나. ⑫원고들은 피고에게 금전채권인 부당이득반환청구권이 2010.부터 있었고, ⑬설사 성립이 2014년에 되었다 하더라도 채권성립의 기초, 개연성, 현실화가 있어서 피보전채권이 존재하며, 피고 박이채는 무자력상태에서 박이순에게 자신의 부동산을 시가보다

현저히 낮은 가격으로 매도하였고 사실상 유일한 부동산이므로 ⑭사해행위를 하였고, 박이순은 박이채의 여동생으로 사해의사가 추정됩니다.

다. ⑮박이순이 자신은 선의라고 주장할지 모르나 이에 대해서는 박이순이 입증하여야 하며, ⑯제척기간도 사해행위와 사해의사를 안 2013. 4.로부터 1년 이내, 사해행위가 있었던 2011. 4. 9. 날로부터 5년 이내로 적법합니다. ⑰또한 토지3의 등기원인이 2006. 4. 6.에 있었다는 것은 믿기 어렵습니다.

라. 따라서 ⑱피고 박이순은 피고 박이채와의 아파트1 매매계약을 1억원의 한도 내에서 취소하고, 토지3 매매계약을 취소하여야 하며, ⑲아파트 1 매매계약은 2011. 5. 2. 채권자 신한은행 앞으로 채권최고액 5000만원의 근저당권이 있고 신한은행은 선의로 보이므로 가액배상을, 토지3 매매계약은 원상회복할 의무가 있습니다.

마. ⑳또한 원고들은 아파트1의 가액배상채권을 원고에게 지급하라고 청구할 수 있습니다.

3. 서병석에 대하여

가. 피고 박이채는 2010. 8. 8. 피고 서병석에게 민사상 손해배상채무 2억원을 2010. 12. 31.까지 변제하고 그 담보로 토지1의 이전등기를 경료하겠다고 약정하고 2010. 8. 10. 등기를 경료하였습니다.

나. 서병석은 2010. 12. 31.까지 박이채가 2억원을 갚지 않자, 2011. 1. 5. 서병석이 토지1을 취득하고 채무를 수령하거나 토지를 반환하지 않겠다고 통지하였습니다.

다. ㉑그러나 가. 항의 계약은 양도담보계약으로 소비대차에 기하지 않았으므로 가등기담보법의 적용을 받지 않지만, 약한 의미의 양도담보에 해당하여, 판례에 따르면 어떤 방식이었든 차액을 청산하여야 하며, 청산을 하기 전에는 서병석이 소유권을 취득할 수 없고, 박이채는 청산금을 지급하고 소유권을 회복하거나, 서병석에게 청산금지급을 청구할 수 있습니다.

라. ㉒따라서 서병석은 이 사건 토지1의 시가 상당액인 5억에서 손배채권 2억원을 감한 3억원을 박이채에게 지급할 의무가 있습니다.

마. 원고들은 박이채에 대한 부당이득채권을 피보전채권으로, 피보전채권이 이행기에 도달하였고 박이채는 무자력이므로 보전의 필요성이 있고, 박이채는 권리를 행사하지 않고 있어, 동산(금전)인 3억원을 원고에게 지급하라고 청구할 권리가 있습니다.(㉓이에 대한 지연손해금은 발생하였다 볼 수 없으므로 청구하지 않습니다.)

■ [지도의견 2]

1) 원고 이명구와 최희선이 각기 자금을 출연하여 부동산을 매입해 전매하기로 하면서 그 내부적 업무 등을 맡아 처리할 사람을 정한 것은 사실이나, 이명구가 2010. 3. 1.까지 이를 맡고 2012. 12. 25.까지는 최희선이 맡기로 하였다는 ①의 기재는 객관적 사실에 반한다. 이는 사건 내용을 제대로 파악하지 못한 탓이다. 게다가 ①과 같이 기재하면 2010. 3. 1.부터 2012. 12. 24.까지의 기간은 담당자가 비게 되어 논리적으로도 맞지 않게 된다.

항상 메모를 정확하게 해서 소송문서를 작성할 때 실수가 없도록 해야 한다.

2) ②와 같이 원고들의 내부적 관계를 조합으로 판단한 것은 조합의 법리를 오해한 것이다. 이명구와 최희선의 2010. 3. 1.자 합의서 제4항을 보면, 2인이 각자의 계산과 책임으로 취득한 부동산 지분을 자유로이 처분할 수 있기로 약속하였으므로 이들의 관계는 조합이 될 수 없다. 민법 제703조에 의하면 조합계약은 공동사업을 경영할 것을 약정해야 하므로, 단순히 2인 이상이 동일한 기회에 동종 유사한 사업을 각자의 계산과 책임으로 경영하기로 한 때에는 조합이 성립할 수 없다. 공동사업의 경영이란 사업을 공동의 계산과 책임으로 영위한다는 것으로서, 사업에 필요한 의사결정을 공동으로 하고 그 경영에 따른 이익과 손해를 공동으로 진다는 의미이다.

3) 설사 원고들의 관계가 조합관계라고 하더라도 ③과 같은 말은 소장에 기재할 필요가 없다. 그냥 조합원 2인이 공동으로(필수적 공동소송인으로서) 소를 제기하면 그것으로 충분하고, 원고 2인이 공동으로 소를 제기한 사실은 소장의 당사자표시란 기재로써 쉽게 알 수 있기 때문이다.

4) 박이채와 정준일 사이에 토지 매매계약이 체결되기 전에 이명구와 박이채 사이에 명의신탁약정이 이루어졌으므로 이 부분을 먼저 설명하여야 한다. ④에는 박이채가 명의신탁에 동의하였는지, 즉 그가 명의신탁약정에 참여하였는지가 나타나 있지 않고, 또 매도인 정준일이 그 사실을 알았는지 여부도 나타나 있지 않다. 다만, 그러한 사실이 다.항에 기재되어 있는바, 다.항과 같은 기재는 사실관계를 설명(주장)한 것이라기보다는 법리적 결론을 설명(주장)하는 것이어서 적절하지 못하다. 실제 매수인과 매수명의자 사이의 명의신탁약정, 매도인의 선의, 악의와 같은 사실은 매매계약을 설명할 때에 같이 하여야 한다.

5) 매매대금을 얼마로 약정하였는지는 매매계약(법률요건)의 요건사실(법률사실)이므로 매매계약을 주장할 때 자세히 설명해야 한다. 그리고 그 매매계약의 약정 내용에 따라 그 이행으로서 매수인이 매매대금을 지급하는 것이므로, ⑤와 같이 대금 지급 사실을 매매계약 체결에 포함하여 기재할 것이 아니라, 매매계약 체결 후의 이행사실로서 기재해야 한다.

6) 제1의 나항에 기재된 계약은 원고들과 박이채 사이의 명의신탁계약과 박이채와 정준일 간의 매매계약으로서 2개이므로, ⑥과 같이 나항의 계약이 계약명의신탁이라고 기재한 것은 옳지 못하다. 보다 정확히 말한다면 "위 매매계약은 계약명의신탁에 의하여 이루어진 것입니다."라고 기재해야 할 것이다.

7) ⑦은 원고들과 박이채 사이의 법률관계로서, 그 법률관계에 의하여 원고들은 박이채에게 부당이득반환청구권을 취득하는바, 그 법률요건사실로는 그에 앞서 기재한 명의신탁약정, 원고들의 계산에 의한 매매대금의 지급, 박이채 명의의 소유권이전등기이다. 부

당이득은 법률상 원인 없이 일방이 금전이나 노무 등을 출연하여 손해를 입고 다른 일방이 그에 의하여 이익을 받아야 성립하기 때문이다. 그러므로 ⑦은 그 부당이득의 법률효과를 설명한 것으로서 법률적 주장에 해당한다. 따라서 이 부분은 모범답안처럼 법률요건사실을 먼저 기재하고 나서, 그 법률효과로서 수탁자인 박이채가 매매대금 상당의 이득을 얻었다고 기재하는 것이 좋다.

8) ⑧은 그 의미가 불명확하다. '그 이전의 지연손해금'이라는 것이 언제를 말하는 것인지 알 수 없다. 그리고 부당이득이 성립하면 이득자의 선의, 악의에 따라 법정이자가 붙기도 하고 안 붙기도 하며, 이 법정이자와 부당이득반환의무의 이행지체에 따른 지연손해금은 법적 성질이 다르므로 일률적으로 이를 지연손해금인 것처럼 표현한 것은 정확하지 않다.

9) ⑨는 현재 박이채의 소송 외에서의 태도에 비추어 장차 소송과정에서 주장해 올 것이 예상되는 것으로서 출제자의 지시에 따라 미리 반박할 필요가 있는바, ⑨와 같이 "주장할 수 있는데"보다는 "주장할지 모르나…"가 더 좋은 표현이라고 할 수 있다.

한편 피고 박이채에 대한 청구를 여기서 마무리하므로, 그 법률효과, 즉 청구취지에 대응하는 결론을 여기에 기재하여야 한다. 더욱이 다음의 피고 박이순에 대한 사해행위취소 및 원상회복청구를 위해서는 그 피보전채권으로서 박이채에 대한 원고들의 채권 내용을 분명히 해주어야 한다.

10) 재산 처분행위로서 채권행위와 물권행위가 따로 이루어지는 경우 사해행위에 해당하는 것은 채권행위이므로, 매매계약이 사해행위에 해당하는 경우 그것을 사해행위의 내용으로 기재해야 함은 당연하다. 그리고 매매계약의 이행으로서 매수인 앞으로 소유권이전등기가 이루어지지 않았다면 원상회복을 청구할 대상이 없으므로, 매매계약에 따라 소유권이전등기가 이루어진 여부 및 그 등기 내용도 설명해야 함은 물론이다. ⑩에는 그것이 누락되었다.

11) 녹번동 토지의 매매일은 ⑪과 같이 2011. 4. 9.이 아니라 2006. 4. 6.이다. 사해행위는 위와 같이 채권행위이므로, 등기일과 같은 물권행위 시에 성립하는 것이 아니라 매매계약체결일과 같은 채권행위 시에 성립한다는 것에 주의해야 한다. ⑪은 이러한 법리를 오해한 결과 틀린 답이 도출되었다. 이렇게 되면 많은 점수를 잃게 된다.

12) 앞서 말한 바와 같이 사해행위취소의 피보전채권은 ⑫와 같이 사해행위를 설명한 뒤보다는 그 앞에 기재하는 것이 좋다. 또 사해행위일 당시의 구체적인 재산 금액을 밝혀야 한다. 그래야 그 재산의 처분행위가 사해행위가 되는지 여부와 사해행위의 성립 범위를 알 수 있다.

13) ⑬은 사해행위 당시 개연성만이 있었던 피보전채권에 대한 설명으로는 부족하다. 이러한 채권이 피보전채권에 해당하려면 그 요건이 매우 까다로우므로 구체적으로 내용

을 설명해야 법원이 그 주장을 수용할 수 있게 된다. 그러나 ⑬은 설명을 한 것이 아니라 추상적인 요건만을 나열한 것에 불과하다. 한편 이 사건의 경우에는 ⑬과 같은 기재는 불필요하다. 사해행위 당시 개연성만이 있었던 피보전채권이 없으므로 굳이 이를 기재할 이유가 없기 때문이다.

14) 박이채가 사해행위를 하였다는 것은 사실이 아니라 법률적 효과이다. 그가 재산 처분행위 당시 이미 무자력이거나 자력이 부족하였고, 그 재산의 처분으로써 책임재산이 더욱 부족하게 되었으며, 그가 그런 사실을 알았다는 사실이 모두 충족되어야 비로소 그의 재산 처분행위(매도)가 사해행위에 해당하는 것이다. 따라서 채무자의 어떤 재산 처분행위(매도)가 사해행위에 해당한다고 말하는 것은 법률효과를 말하는 것이 된다. 그런 면에서 ⑭는 다소 미흡한 표현이다. 또, 박이채의 악의에 대한 주장이 누락되었다.

15) ⑮는 소장에 미리 기재할 필요가 없다. 어차피 피고 박이순이 소송과정에서 선의를 주장할 것은 당연히 예상되고 이는 그가 입증해야 하므로, 원고들이 특별히 이에 대해 반박할 것이 없기 때문이다. 원고의 입장에서는 그녀가 박이채의 동생이라는 사실만 주장하면 충분하다. 따라서 출제자로서는 ⑮와 같은 주장을 소장에 미리 기재할 것으로 요구하거나 기대하지는 않는다. 시간만 낭비하고 득점에 아무런 도움이 안 되는 기재이다.

16) ⑯의 제척기간은 주어진 기록상 피고 박이순이 장차 소송에서 주장할 것으로 예상할 만한 단서가 없으므로 미리 소장에 기재할 이유가 없다. 고로 이 부분은 불필요한 기재이다. 게다가 사해행위와 사해의사를 2013. 4.에 알았다는 기재는 누가 어떻게 알았다는 것인지 불분명하고, 사실을 설명한 것이라기보다는 결론만을 말한 것이어서 부적절하다. 또 사해행위가 있었던 날은 일률적으로 2011. 4. 9.이 아니라 앞서 본 바와 같이 아파트는 2011. 4. 9.이고 녹번동 토지는 2006. 4. 6.이므로 각 그때부터 5년의 제척기간이 개시된다.

17) ⑰과 같이 등기부의 기재 내용을 탄핵하려면 충분한 증거가 있어야 한다. 등기내용은 법률상 추정되므로 그와 반대되는 사실은 그 반대 사실의 주장자가 입증해야 한다. 시험에서 수험생이 사실관계의 신빙성을 임의로 판단하는 것은 매우 위험하다. 소장 작성 요령 제8항에서도 <의뢰인 상담일지>와 그 첨부서류에 나타난 사실관계는 특별한 지시가 없는 한 모두 진실한 것으로 간주하라고 지시하고 있으므로, 임의로 등기내용을 탄핵하는 것은 쓸데없는 일이다.

18) 왜 ⑱과 같이 아파트 매매계약을 1억 원의 한도에서 취소해야 하는지 그 이유 설명이 없어 전혀 알 수 없고(아마 시가 2억 원짜리를 1억 원에 매매하였으므로 그 차액인 1억 원을 박이순이 사해행위로써 얻은 이익으로 본 듯하나, 이는 잘못이다.), 결론도 틀렸다. 사해행위에서 수익자가 얻은 이익은 당해 재산의 시가에서 우선변제권이 있는 채권액을 공제한 후의 공동담보가액을 기준으로 산정하여야 하고, 채무자와 수익자가 거래한 가격은 아

무런 영향이 없다.

⑲의 아파트 근저당권 설정 사실은 결론을 기재하기 전에 사실 주장으로서 기재해야 한다. 항상 법률적 결론을 내리기 전에 법률요건인 사실을 먼저 설명해야 한다는 점을 잊지 말자. 법률효과는 법률사실에서 생긴다.

19) ⑳에는 피고 박이순에 대한 청구의 결론으로서 그 청구취지에 상응하는 법률효과를 구체적으로 기재해야 한다. 법원은 그 기재와 청구취지를 비교해서 그 당부를 판단하게 된다.

20) ㉑과 같은 결론이 도출되려면 채무자와 양도담보권자 사이에 청산절차를 배제하기로 하는 특약이 있어야 한다. 따라서 박이채가 서병석과 양도담보약정 체결 당시 그러한 특약을 하지 않은 사실을 기재해 주어야 한다.

21) ㉒와 같이 원물반환청구가 아닌 청산금지급청구를 선택한 것은 의뢰인의 희망에 반한다. 더구나 서병석의 손해배상채권에는 변제기 다음 날인 2011. 1. 1.부터 완제일까지 법정이율인 연 5%의 지연손해금이 붙으므로 이것도 공제되어야 한다. 그리고 서병석의 청산금지급채무는 원고들의 대위청구를 받은 뒤부터 이행지체에 빠져 지연손해금이 발생하므로 ㉓은 틀린 결론이다.

(2) 홍은동 521 토지 관련 청구

■ [답안 1]

<청구원인>

2. 홍은동 521 토지 및 지상점포 부분

①홍은동 521토지에 대하여는 미등기인 관계로 연일정씨숙정공파종중의 소유로서 토지대장에 잘못 기재된 바 이에 대한 소유확인 소가 제기된 상태입니다.

다만 부동산매매계약서에서 해당 부분이 해결될 시에 ②해당 토지에 대하여 분명히 이전등기하기로 약정이 되었고 소외 박이채와 피고 정준일과 원고들간의 합의서에 홍은동 521에 대한 권리를 이전하기로 2010. 11. 1 합의한 바 있습니다.

③화해조서에서도(판결과 동일 효력) 피고 정준일은 홍은동 521 토지를 2010. 12. 31까지 원고들에게 인도하기로 되어 있음에도 2013. 6. 3 통지서에서 알 수 있듯이 ④이를 이행하지 않고 본인에게 소유권이 있음을 부당하게 주장하고 있습니다.

⑤피고는 2010가단10882 조부의 소유권 확인 판결문을 근거로 들고 있으나 당시 원고인 조부 정상우의 경우 당시 사망상태로서 당사자능력 없는 자가 제기한 소로서 부적법 각하된 것으로 피고의 주장을 어떤 식으로든 뒷받침하는 바가 없습니다.

그렇다면 해당 토지는 보존등기가 되어있지 않은 것이지만 비록 이전의 소유권확인소송은 조부의 사망상태로서 불가능하였으나 ⑥그러나 점유취득시효 완성을 통해 피고 정준일의 소유권 취득이 인정되고 따라서 원고들과의 부동산매매 계약도 유효하고 약정대로 피고는 원고들에게 잘못된 지적공부 정리시에 이를 이전등기해줄 의무가 있습니다.

그럼에도 이에 대한 의무를 회피하고 게을리하고 있는 바 ⑦이행지체에 의하여 이전등기를 해주거나 이에 대한 해제 및 손해배상의 의무가 있습니다.

다만 해당 토지에 관해 소유권보존등기를 위하여 대한민국을 상대로 소유권확인의 소를 제기한 상태인 바 ⑧민법 제392조에 의하여 채무자 자기에게 과실없는 경우로서 이러한 경우에도 이행지체 중 생긴 손해를 배상하여야 합니다.

⑨따라서 피고 정준일은 원고들에 대하여 동의없이 토지 상에 건축물을 축조하고 임대하여 얻은 월 50만원의 차임을 반환하고 ⑩불법행위 또는 채무불이행에 따른 손해배상조로 해당 건물 축조일인 2010. 7. 1부터 사건 토지 인도 완료일까지 매월 50만원 비율에 의한 금전 및 지연손해금 배상의 의무가 있습니다.

또한 지상점포에 관하여 토지와 건물의 소유자가 달라지는 ⑪법정지상권에 해당하여 원고들에게 건물 점포를 반환할 것을 청구하는 바입니다.

■ [지도의견 1]

1) ①은 홍은동 521 토지가 현재 소유권보존등기가 안 된 미등기 토지이고 그 토지대장에는 소유자가 연일정씨숙정공파종중으로 등록되어 있다는 사실을 설명하기 위한 것인데 너무 간단하다. 좀 더 자세히 썼으면 좋겠다. 그리고 이미 소유권확인청구의 소가 제기된 상태라는 설명도 너무 막연하므로, 이를 간접사실로 기재할 필요가 있다면 좀 더 자세하게 누가 누구를 상대로 어느 법원에 제기하였는지 사건번호와 함께 밝히는 것이 좋겠다.

2) ② 역시 전후 사정에 대한 구체적인 설명이 없어 이 정도의 사실 기재만으로는 법률효과 발생에 필요한 요건사실을 충분히 기재했다고 할 수 없다. 우선 피고 박이채와 피고 정준일 사이에 매매가 있었다는 사실조차 기재된 바 없기 때문이다. 피고 정준일과 박이채, 원고들이 2010. 11. 1.에 합의한 내용도 그 이전하기로 한 권리의 종류와 합의 경위 등을 좀 더 구체적으로 기재하는 것이 좋겠다. 그래야 법원이 전후 사정을 제대로 파악할 수 있기 때문이다. ③의 화해조서 부분도 마찬가지로 법원, 사건번호, 당사자, 화해내용을 자세하게 언급해 주어야 한다.

3) ④의 피고 정준일 편지 내용은 소송에서, 즉 정준일이 변론절차에서 제출한 것이 아니라 소송 외에서 발생한 일에 불과하므로, 이는 증거가 될 수 있을 뿐 소송자료인 주장은 아니다. 그러므로 "피고는 … 주장하고 있습니다."라고 하는 것보다는 "피고는 …라고 주장할지 모르나…"라고 가정적으로 기재하는 것이 좋다.

그리고 당사자의 주장은 그것이 법률관계에 영향을 미치는 것이어야만 변론(공격과 방어)할 가치가 있으므로, 막연히 피고 정준일이 자신에게 토지의 소유권이 있음을 주장하고 있다는 것만으로는 이에 대해 변론할 가치가 없다. 실제 피고 정준일의 편지 내용도, 자신의 소유권이전등기의무가 이행불능이라는 취지, 매도한 토지의 인도 전에는 그에 대한 사용·수익권이 매도인인 자신에게 있다는 취지이므로 이를 기재하고 반박해야 한다. ⑤의 내용도 피고 정준일의 이행불능이라는 가정적 항변에 대한 것이므로 좀 더 구체적으로 기재하는 것이 좋겠다.

4) ⑥은 피고 정준일의 가정적 이행불능 항변에 대한 반박으로 기재한 듯싶으나 초점을 잘못 잡았다. 피고 정준일은 홍은동 521 토지가 자신의 소유라고 주장하면서도 자신 명의로 소유권보존등기를 할 수 없어 원고들 앞으로의 소유권이전등기가 어렵다고 주장하였을 뿐 자신에게 그 토지의 소유권이 없다는 주장을 한 바는 없으므로 굳이 점유취득시효의 법리를 주장할 필요가 없다. 즉, 피고 정준일은 지금이라도 위 종중을 상대로 소유권확인 판결을 받아 그 명의로 소유권보존등기를 하고 원고들 앞으로 소유권이전등기를 넘겨줄 수 있다. 또, 주어진 기록에는 점유취득시효가 성립한다고 판단할 자료도 없으므로 이는 너무 성급한 판단이다. 시험에서는 기록에 나와 있지 않은 사실관계를 임의로 창설하는 것이 허용되지 않는다.

5) 매매계약상의 채무 일부를 이행한 후 그 계약을 해제한 경우에는 원상회복청구권이 생기고, 상대방이 채무를 이행지체한 때에는 지연배상에 의한 손해배상청구권이 발생할 수 있다. 그러므로 소를 제기한 원고는 어느 법률효과로서의 권리를 청구권원으로 주장·행사하는지 분명히 하여야 한다. 물론 청구권원이 복수라면 그 모두를 병합적으로 행사할 수도 있고 그중 일부만을 행사할 수도 있다. 또 병합청구의 경우, 단순병합인지 주위적·예비적 병합인지 선택적 병합인지 그 병합의 형태를 분명히 해야 한다. 반면에 취소권, 해제권, 소멸시효의 완성, 해제조건의 성취 등의 공격방어방법은 청구권원과 달리 그 행사방법을 엄격히 하지 않아도 무방한 경우가 많다.

그러나 ⑦의 경우 부당이득반환청구권과 손해배상청구권 중 어느 것을 행사하는지 분명치 않다. 청구취지 기재와도 맞지 않음은 물론이다. 또, 원고들은 조일국 변호사에게 소송을 위임하면서 홍은동 521 토지에 대해서도 자신들이 완전한 소유권을 행사할 수 있도록 해줄 것을 요청하였는데, 소송대리인이 소송수행 중 매매계약을 해제해버리면 소유권을 취득할 수 없게 되는바, 이는 의뢰인의 뜻에 반하는 소송수행이다. 물론 이 답안의 내용으로는 원고들이 해제권을 행사한 것으로 보기도 어렵다. 해제권은 형성권이므로 분명하게 이를 행사한다는 뜻을 표시하여야 한다.

6) ⑧은 무슨 뜻인지 이해하기가 쉽지 않다. 채무자가 이행지체 중인 때에는 채무자에게 과실이 없어도 그 채무와 관련하여 채권자에게 손해가 발생한 경우 채무자가 손해배

상책임을 지는 것은 옳지만, 이 사건에서는 그럴 일이 아예 없기 때문이다.

7) ⑨의 건물 축조 사실도 미리 이를 설명하였어야 하는데 이를 생략하고 곧바로 그 법률효과로서 차임반환청구, 손해배상청구를 하였으니 옳지 않다. 또, 왜 피고 정준일이 피고 김병만에게서 받은 차임을 원고들에게 반환해야 하는지, 왜 불법행위나 채무불이행이 성립하는지 전혀 설명(주장)이 없다. 원고들은 이미 재판상 화해를 통하여 피고 정준일에 대한 손해배상청구권을 포기하였으므로 기판력에 의해 또다시 이를 주장할 수 없는데 ⑩과 같이 이를 청구한 것도 잘못이다.

8) ⑪의 법정지상권 주장은 법률관계를 완전히 잘못 짚은 것이다. 아마 이 학생은 관습상의 법정지상권을 의식한 것 같은데, 건물 부지(대지)인 홍은동 521 토지의 매매에 불구하고 그 지상 건물은 의연히 건축자인 피고 정준일의 소유이다. 그러므로 관습상의 법정지상권이 성립하더라도 피고 정준일이 지상권자가 되는 것이지 토지 매수인인 원고들이 되는 것이 아니다. 관습상의 법정지상권은 건물의 부지에 대한 권리를 상실한 건물 소유자가 그 건물의 소유를 위하여 취득하는 것이기 때문이다. 그리고 홍은동 521 토지의 매매 당시에는 지상에 건물이 없었으므로, 당초 토지와 건물이 동일인(정준일)에게 속하였다가 매매로 인해 그 소유자가 달라진 경우에 해당하지 않아 관습상의 법정지상권이 성립할 여지도 없다. 또 답안과 같이 관습상의 법정지상권이 성립한다고 가정하더라도, 무슨 근거로 원고들이 피고 정준일에게 점포 건물의 반환(인도)을 구할 수 있다는 것인지 이해할 수 없다.

■ [답안 2]

<청구원인>

Ⅱ. 이 사건 토지 2에 관하여

1. 피고 정준일에 대하여

　가. ①토지2의 인도청구에 대하여

　(1) Ⅰ. 1. 가항 및 나항에서와 같이 ②2010. 5. 1. 매수인 정준일, 매도인 박이채로 토지2를 5000만원에 매매하는 계약을 체결하였고, ③토지2는 미등기토지로 등기를 경료하지 않았습니다.

　(2) 2010. 11. 1. 원고 이명구, 최희선과 피고 박이채, 정준일은 2010. 5. 1.자 박이채 매매의 매수인의 지위를 원고들에 이전하기로 합의하였고, ④2010. 11. 5. 2010가단22809에 기한 화해조서에서 피고 정준일은 원고들에게 토지 2를 2010. 12. 31.까지 인도하기로 하였습니다.

(3) ⑤화해조서는 민사소송법 220조에 따라 확정판결의 기판력이 있으므로 피고 정준일은 원고들에게 토지2를 인도할 의무가 있습니다.

나. 토지2의 부당이득청구에 대해.

(1) ⑥Ⅱ.1.가.(2). 화해조서에서 원고들은 피고 정준일에 대한 손해배상을 포기하기로 하였지만, 손해배상청구와 부당이득청구는 다른 소송물로 화해의 기판력을 받지 않습니다.

(2) 따라서 ⑦정준일은 2010. 12. 31. 이후로 법률상 원인 없이 토지2를 점유하여 토지 차임 상당인 월 30만원을 부당이득하고 있으며, ⑧2010. 12. 31.부터 소장송달일까지의 부당이득과 앞으로 인도일까지 부당이득반환을 할 의무가 있습니다.

다. ⑨서울 서대문구 홍은동 521 토지의 판넬지붕점포 50㎡(이하 '건물1'이라 한다.)의 철거청구에 대하여

(1) 2010. 5. 1. 토지2 매매계약이 있을 당시, 토지2 상에는 어떠한 시설물도 없는 상태였고, ⑩정준일은 매도인으로서 토지2에 건물을 건축할 권리가 없습니다.

(2) ⑪그러므로, 2010. 5. 1. 매매계약, 2010. 11. 1. 합의, 2010. 11. 5. 화해조서에 따라 토지2는 원고들의 소유이고 정준일은 건물1을 소유함으로써 토지2를 불법하게 점유하고 있으므로, 건물1을 철거할 의무가 있습니다.

라. 토지2의 소유권이전등기에 대하여

현재 토지2는 미등기상태로 연일정씨숙정공파종중의 전 회장인 정상일이 토지대장에 등록되어 있는데, ⑫정준일은 토지2의 소유권을 확인하여 원고들에게 소유권 보존 또는 이전등기를 경료할 의무가 있습니다.

마. 또한 ⑬정준일은 토지2와 관련하여 토지2가 보존등기가 되어 있지 않아서 이행불능이라 주장할지 모르지만, 판례에 따르면 보존등기가 되어 있다해서 이행불능이라 할 수 없으므로 원고들은 소유권을 취득하였고, ⑭2010가단 10882 판결은 각하되어 정준일이 토지2의 소유자가 아니라는데 기판력이 발생하지 않았으므로, 정준일은 원고들에게 인도 및 등기를 경료할 의무가 있습니다.

2. 피고 김병만에 대하여

가. 건물1 퇴거 청구에 대하여

(1) ⑮피고 김병만은 2010. 8. 1. 건물1에 대하여 2012. 7. 31.까지 보증금 없이 ⑯차임 50만원에 임차하였습니다.

(2) ⑰김병만은 2011. 10. 1. 이후로 임료를 내지 않아 2012. 6. 이후 정준일이 임대차계약을 해제하였고 따라서 ⑱원고 소유 토지 위에 정준일 소유 건물을 점유하고 있는 김병만은 퇴거할 의무가 있습니다.

나. 점유이전금지가처분에 대하여

(1) 현재 피고 김병만은 건물1을 불법점유하고 있는데, 퇴거하여 이를 정준일에게 점유를 이전하면, 정준일이 다시 건물1을 매도 또는 임차하여 원고들의 권리를 침해할 가능성이 높습니다.

(2) 그러므로, ⑲원고들은 피보전권리가 있고 보전의 필요성이 있으므로, 민사집행법 300조에 의해 피고 김병만에게 피고 정준일에 대한 점유이전금지가처분을 할 필요가 있습니다.

■ [지도의견 2]

1) ①의 토지2의 인도청구는 소의 이익이 없는 부적법한 청구이다. ④, ⑤에 표시된 바와 같이 이미 피고 정준일과 원고들이 재판상 화해를 하여 그 부분에 대한 집행권원을 얻었기 때문이다. 원고들은 화해조서를 집행권원으로 삼아 곧바로 토지 인도청구권에 대한 강제집행을 할 수 있고, 또 다시 판결로서 집행권원을 얻을 필요가 전혀 없다.

2) ②는 매도인과 매수인의 이름이 뒤바뀌었다. 그리고 비록 매매계약서상 매수인이 박이채로 되어 있기는 하지만 그것이 원고들의 명의신탁에 의한 것이라는 사실을 밝혀주는 것이 좋겠다.

3) ③의 기재는 좀 불명확하다. 매매계약 당시부터 현재까지 그 토지가 소유권보존등기가 되어 있지 않은 미등기 토지라는 사실, 그런 이유로 아직까지 매도인 정준일이 매수인 앞으로 소유권이전등기의무를 이행하지 않고 있다는 사실을 기재했어야 하는데 ③은 그 의미가 좀 애매하다.

4) 법원의 소송사건 등을 특정하고자 하는 때에는 법원명과 사건번호를 기재해야 한다. ④에는 법원명이 누락되었다. 그리고 화해조서에서 인도 합의를 한 것이 아니라, 재판상 화해를 하고 그 화해결과를 화해조서에 기재하는 것이므로 "…토지를 인도하기로 재판상 화해를 하였다."고 기재하여야 한다.

5) ⑥은 우선 기재 위치가 적절하지 않다. 어차피 기판력이 문제되지 않으므로 먼저 부당이득의 요건사실과 법리를 기재한 다음, 이에 대한 정준일의 예상되는 기판력 주장에 대한 반박으로서 뒤에 ⑥을 기재했어야 한다. 그리고 원고들이 포기하기로 한 손해배상청구권의 내용(청구권의 발생근거, 기간 등)이 불명확하고, "…손해배상을 포기하기로 하였지만…"이란 표현은 "…손해배상청구권을 포기하기로 하였지만…"이라고 하거나 "…손해배상을 청구하지 않기로 하였지만…"이라고 했어야 한다.

6) 정준일이 2토지에 대하여 부당이득을 하려면 ⑦과 같이 단순히 인도의무의 이행기인 2010. 12. 31.이 지나서도 그가 이를 점유하고 있는 것만으로는 부족하다. 이는 인도채무의 불이행(이행지체)으로서 손해배상의무의 발생 사유가 됨에 불과하다. 정준일이 인도의무의 이행기 경과 이후에도 그 토지를 점유하면서 사용까지 하거나 타에 임대하는 등으로 수익을 하여야 비로소 부당이득이 성립할 수 있다. 그런데 정준일은 2토지 상에 2010. 7. 1. 점포를 건축함으로써 그때부터 그 토지를 점유·사용하고 있으므로 그는 인도

의무의 이행기 경과 다음 날인 2011. 1. 1.부터 그 토지의 사용·수익 종료일까지 부당이득반환의무를 지게 된다. ⑧의 기간은 시기(2010. 12. 31.)가 잘못 기재되었고, 동일한 내용을 소장송달일과 인도일로 나누어 기재한 것도 부적절하다.

7) ⑨와 같이 소제목을 기재할 때는 비교적 간명하게 해야 한다. 소제목 이하의 글 내용이 무엇에 관한 것인지를 암시하는 것으로 충분하기 때문이다. 따라서 이는 "건물 철거 청구에 대하여"라고 간단히 기재해도 무방하다. 건물의 구조나 면적 등 자세한 내용은 본문에 기재한다.

8) 정준일이 2토지를 박이채나 원고들에게 매도하였더라도 그 소유권이전등기를 넘겨주지 않은 이상 여전히 그가 소유자이다. 그리고 소유자는 그 권능으로서 사용, 수익, 처분권을 가지므로, 물건을 매도한 자라도 매수인과 그 사용·수익에 관하여 특약을 하지 않은 이상 사용·수익권을 잃지 않는다. 다만, 매도인이 매매대금을 지급받은 이후에는 그 인도시기를 그 이후로 약정하지 않은 한 그때부터 매도인은 사용·수익을 할 권리가 없고, 이에 반하여 사용·수익을 하면 부당이득이 성립한다. 따라서 정준일이 단순히 매도인이기 때문에 2토지에 건물을 지을 권리가 없다고 한 ⑩은 정확하지 못하다.

그리고 ⑪과 달리, 소유권이전등기를 넘겨받지 않은 이상 아무리 매도인 정준일과 인도 합의를 하고 재판상 화해까지 하였더라도 원고들이 아직 그 토지의 소유권자가 아님은 위에서 말한 바와 같으므로, 원고들은 소유권을 내세워 정준일에게 2토지 상 건물의 철거를 구할 권리는 없다. 즉 2토지에 대하여 물권적 청구권(방해배제청구권)을 행사할 수는 없다. 나대지 매도인의 매수인에 대한 지상 건물 철거의무는 매매계약 자체에서 발생한다.

9) 매도인 정준일이 원고들에게 미등기 토지인 2토지의 소유권이전등기를 넘겨주기 위해서는 자신의 명의로 먼저 소유권보존등기를 마쳐야 하나, 그가 어떤 방법으로 이를 마칠 것인지는 매수인인 원고들이 논의할 바가 아니다. 또 소유권은 국가나 타인에 대한 관계에서 법원이 확인하는 것이지 정준일이 하는 것이 아니고 정준일은 단지 소유권을 확인받을 뿐이다. 매수인인 원고들은 정준일에게서 소유권보존등기를 받을 수는 없고 오로지 소유권이전등기만을 받을 수 있다. 소유권보존등기는 원시취득을 한 자나 상속인 등 그의 포괄승계인인만이 할 수 있으며, 그 스스로 등기소에 신청하는 것이지 타인에게 소유권보존등기를 해 달라고 청구할 수는 없다. 소유권보존등기는 말 그대로 그 등기 전에 이미 소유권을 가지고 있는 자가 공부(公簿)인 등기부에 이를 공시하는 제도이기 때문이다. 매수인 등 승계취득자는 소유권보존등기를 할 수 없다는 사실에 주의하여야 한다. 고로 ⑫는 부적절한 표현이다.

10) 정준일이 원고 최희선에게 보낸 2013. 6. 3.자 편지에서 언급한 것은 2토지의 소유권보존등기 미필로 자신의 소유권이전등기의무가 이행불능이라는 취지이지 인도의무의

이행 역시 불능이라는 취지는 말한 바 없으므로, 이행불능 주장의 대상을 ⑬과 같이 막연하게 기재하는 것은 좋지 않은 것 같다.

11) ⑭의 기재는 수험생만이 알 수 있는 내용이다. 밑도 끝도 없이 느닷없이 이런 말을 하면 법원은 당황하게 될 것이다. 또 사건번호만 쓰고 법원명을 빼먹은 것도 잘못이다.

12) 임대차기간은 반드시 시기와 종기 둘 다를 써야 하는데 ⑮에는 그 시기가 누락되었다. 2010. 8. 1.은 임대차계약일인바, 당사자의 약정이 없는 한 그 계약일이 당연히 임대차기간의 개시일이 되는 것은 아니다. 그리고 임대차계약을 기재할 때는 누가 임대인이고 누가 임차인인지를 분명히 해야 하므로 임대인이 누구인지를 누락한 ⑯은 잘못이다. 또 차임 50만 원이 월세인지 연세인지 등을 알 수 없고, 그 지급시기(구체적인 날짜나 期初 또는 期末)를 기재하지 않은 것도 잘못이다. 그것이 있어야 차임의 지체 여부를 판단할 수 있다.

13) 정준일은 임대차기간이 종료하는 시기에 임박하여 김병만에게 더 이상 임대할 의사가 없다는 뜻만을 표시하였을 뿐(이는 묵시의 갱신을 차단하기 위한 조처이다.) 2012. 6. 임대차계약을 해제한 바는 없다. 그리고 임대차는 계속적 계약이므로 그 이행이 시작된 후에는 해제는 할 수 없고 해지만이 가능하다. 고로 ⑰의 기재는 잘못이다.

14) ⑱과 같이 건물 임차인 김병만이 원고들에게 퇴거의무를 직접 부담하지는 않는다. 원고들은 토지 소유자가 아니고 단지 정준일에게 2토지의 소유권이전등기청구권과 인도청구권만을 가지고 있기 때문이다. 고로 원고들은 정준일의 김병만에 대한 권리(건물 인도청구권)를 대위하여 행사해야 한다.

15) 이미 말한 바와 같이 본안 소송사건의 소장에 ⑲와 같이 가처분신청 내용을 기재할 수는 없다. 가처분신청서는 소장과 별개로 제출해야 한다.

(3) 가구 매매 관련 청구

■ [답안 1]

<청구원인>

3. 홍은동 521 목가구 매도대금 부분

　①원고 최희선은 2001년 봄 소외 김병수에게 수입 목가구 한 점을 매도하였는데 김병수는 피고 김병만에게 ②가구점 영업일체를 양도하여 김병만이 '런던가구'라는 상호로 가구점을 운영해오고 있는데 최희선이 가구대금지급을 요구하자 서로 책임을 떠넘기며 돈을 갚고 있지 않는 상황입니다.

　③양도양수도 계약에 의해 일체의 유·무형 재산 및 영업을 양수받은 피고 김병만의 경우

이미 10년도 더 지난 일이어서 ④소멸시효에 의하여 가구대금 채권의 소멸을 주장하고 있는 것으로 보입니다.

그러나 ⑤민법 제168조에서 1. 청구 2. 압류 또는 가압류, 가처분 3. 승인 중 하나에 해당할 시에 시효중단의 효력이 있다고 규정하고 있습니다. 원고 최희선이 2007. 3. 11. 피고 김병만의 아파트에 가압류를 신청하여 2007. 3. 15자로 가압류 등기가 되었고 가압류 등기가 존속하고 있으므로 ⑥2007. 3. 15자로 시효중단의 효력이 있습니다.

설사 민법 제163조 단기의 소멸시효를 주장하더라도 ⑦제165조 제1항 의하여 판결에 의하여 확정된 채권은 10년의 소멸시효에 해당합니다.

■ [지도의견 1]

1) 매매의 요건사실을 기재할 때는 매매대금의 기재가 필수적인데 ①에는 이것이 누락되었다. 아울러 지연손해금을 청구하려면 그 매매대금의 변제기도 주장하여야 한다.

2) 영업양수인이 영업양도인의 3자에 대한 채무에 대하여 병존적 책임을 지는 경우는 상호를 속용(續用)하거나 그 채무를 인수한 뜻을 광고한 때이므로, 3자가 영업양수인에게 그 변제를 청구하는 때에는 어느 경우인지를 분명히 해야 한다. ②에는 영업양수인 김병만이 운영하는 가구점의 상호가 '런던가구'라는 뜻만 나타나 있지 그 상호가 원래 영업양도인 김병수가 사용하던 것이라는 뜻이 누락되었으므로 상호 속용에 의한 채무인수의 법률효과가 발생할 수 없다.

한편, 법률용어는 정확하게 사용하여야 한다. 영업양도와 영업양수를 하나로 합쳐 표시하면 '영업양수도' 또는 '영업의 양도·양수'이다. ③은 '양수도'에 이미 양도가 포함되었으므로 앞부분의 '양도'는 필요 없다.

3) ④의 소멸시효 항변에 대한 반박 주장을 하기 전에 먼저 피고 김병만이 영업양수에 의하여 구체적으로 인수하게 된 채무의 내용(금액, 변제기, 지연손해금 등)을 먼저 밝혀야 한다. ⑤와 같이 법령의 규정 내용은 특별히 필요한 경우에만 기재하고 통상의 경우에는 기재할 필요가 없다. 또, 이를 간단히 언급하는 것으로 충분한 때에는 괄호를 하고 그 안에 조문만 기재해도 무방하다.

4) ⑥의 소멸시효 중단 시점은 법리를 오해한 결과이다. 부동산 가압류의 경우에도 소의 제기와 마찬가지로 가압류신청서를 법원에 제출한 때에 시효가 중단된다. ⑦의 확정판결이 있을 경우의 단기 소멸시효기간의 연장은 이 사건에서 아직 적용할 수 없다. 지금은 소를 제기하는 단계로서, 나중에 승소판결이 선고되고 그것이 확정되어야 비로소 단기 소멸시효기간이 10년으로 연장되기 때문이다.

■ [답안 2]

＜청구원인＞

Ⅲ. 2001. 3. 20.자 매도대금에 대하여

  1. 원고 최희선은 2001. 3. 20. 소외 김병수에게 수입 목가구 1점을 대금 2000만원에 매도하였고, ①김병수는 2002. 3. 19.까지 갚기로 하였습니다.

  2. 그런데 김병수는 이를 갚지 않았고, ②2007. 1. 15. 피고 김병만에 '런던가구'의 상호를 포함하여 일체의 재산을 양도하였습니다.

  3. ③따라서 김병만은 상법 42조에 따라 상호를 속용하는 양수인이므로 김병수와 연대하여 원고 최희선에게 채무를 갚을 의무가 있고, ④이후 2년이 경과하여 상법 45조에 따라 김병만은 단독으로 채무를 부담합니다.

  4. 이에 대하여 김병만은 위 채무가 시효로 소멸하였다 주장할지 모릅니다. ⑤그러나 원고 최희선은 2001~2002년 당시 공무원으로 상인이 아니므로 민법 163조 1항 6호에 해당하지 않고, 김병수는 상인이므로 상법 64조에 따라 5년의 소멸시효의 적용을 받습니다.

  그런데 위 채무의 변제기인 2002. 3. 19.로부터 5년이 지나지 않은 ⑥2007. 3. 14. 최희선은 김병만의 서울 서대문구 연희동 88 철근콘크리트 슬래브 지붕 3층 한화 아파트등(이하 '가압류 부동산'이라 합니다.)를 2007카단10882 결정에 따라 가압류하여 시효가 중단되었고, ⑦판례에 따르면 가압류가 진행중이면 피보전채권의 시효 역시 중단되므로 김병만의 주장은 이유 없습니다.

  5. ⑧따라서 김병만은 최희선에게 2000만원 및 시효소멸하지 않은 3년간의 지연손해금을 지급할 의무가 있습니다.(상사채무이므로 지연손해금은 6%입니다.)

■ [지도의견 2]

  1) ①은 소외 김병수의 매매대금채무의 이행기에 관한 것이므로 "김병수는 2002. 3. 19.까지 위 매매대금을 변제하기로 하였습니다."라고 분명하게 기재하는 것이 좋겠다.

  2) 김병수가 가구 매매계약 당시 가구점을 운영하는 상인이었고, 그 가구점의 상호가 '런던가구'였다는 사실이 ②의 가구점 양도사실 주장 전에 미리 설명, 주장되었어야 한다. 그래야 위 가구매매에 상법을 적용할 수 있게 된다. 또 김병수가 그 당시 가구점을 운영하는 상인이었다고 하더라도, 이를 자신의 개인 용도에 사용할 수도 있고 그때는 상법이 적용되지 않으므로, 판매용으로 매수한 것이라는 사실까지 기재하면 더욱 분명할 것이다. ②와 같이 기재하면 느닷없는 주장이 되어 법원이 사실관계를 파악하는 데에 혼란을 겪게 된다.

  그리고 양수인 김병만이 가구점의 상호를 계속해서 사용하며 영업을 하여야만 상법 제

42조에 의한 책임을 지게 되므로, ②에 그 사실도 기재해야 ③과 같은 결론을 도출할 수 있다.

3) 어차피 김병수에 대한 채권은 제척기간 경과로 소멸하여 그에게 청구를 하지 않는 이상 ④와 같은 기재는 불필요하다. 소장은 청구를 하는 부분에 대해서만 서술하는 것이 원칙이다. 청구를 할 수 없거나 하지 않는 부분까지 일일이 설명해야 하는 것이 아니다. 이는 시간만 낭비하고 인상을 흐리게 한다.

4) 상사시효는 원칙적으로 5년이고 예외적으로 민법에 의한 단기 소멸시효가 적용된다. 그리고 시효기간은 법률에 관한 사항이므로 법원이 직권으로 조사·판단할 사항이다. 그러므로 ⑤와 같이 원고가 미리 3년의 소멸시효가 적용되지 않는다고 주장할 필요는 없다. 굳이 한다면 이는 채무자인 피고 김병만이 하여야 할 것이다. 더욱이 최상철의 확인서에 의하면, 피고 김병만은 이미 10년이 지나서 자신의 책임이 없다는 취지의 주장만을 소송 외에서 하였으므로 소멸시효기간이 5년이냐 3년이냐를 두고 원고 최희선이 반박할 필요는 없어 보인다.

5) 원고 최희선의 피고 김병만에 대한 아파트 가압류는 2007. 3. 11.에 신청되고 2007. 3. 14. 법원의 가압류결정이 있었으며, 그 가압류등기는 2007. 3. 15.에 되었음을 알 수 있다. 그런데 가압류등기가 이루어진 이상 가압류에 의한 소멸시효 중단의 효력은 가압류 신청서가 접수된 때에 발생한다. 따라서 2007. 3. 14.에 가압류를 하였다는 ⑥의 기재는 부정확하다. 또 ⑥에는 가압류등기를 한 사실이 누락되었다. 가압류등기를 하지 않으면 부동산 가압류의 효력이 발생하지 않는다.

6) 부동산 가압류에 의한 소멸시효 중단의 효력은 그 가압류 집행상태가 존속하는 동안은 계속 유지된다는 것이 대법원 판례이다. 즉, 가압류 집행상태가 존속하는 동안은 소멸시효가 계속 중단되고 재진행하지 않는다. 따라서 ⑦에는 현재 가압류등기가 존속 중이라는 사실을 기재하여야 한다. 가압류가 진행 중이라는 표현은 가압류등기가 존속 중이라는 표현에는 못 미친다.

7) ⑧은 피고 김병만에 대한 가구 매매대금 청구의 결론이므로 그 금액과 지연손해금의 발생기간, 비율 등을 구체적으로 기재해야 한다. 한편 이 학생은 3년간의 지연손해금만이 시효소멸하지 않았다고 기재하였는데 그 이유를 알 수 없다. 아파트를 가압류할 때 그 피보전채권으로 원금 2,000만 원 외에 지연손해금채권도 포함되었으므로(가압류결정문 참조) 이에 대해서도 당연히 시효가 중단되었다. 따라서 피고 김병만은 2002. 3. 20.부터 다 갚는 날까지의 지연손해금을 변제할 의무가 있다.

(4) 소장의 말미 부분

■ [답안 1]

<청구원인>

증거방법
(생략)

첨부서류
(생략)

2014. 1. 6.
①원고 대리인 변호사 조일국(인)
②서울 종로구 삼청로 1121, 1503(삼청동, 삼청빌딩)

③서울서부법원 귀중

■ [지도의견 1]

1) 대리인이 소송(소송행위)을 대리하는 때에는 '소송대리인'이라고 표시하여 일반적 법률행위의 대리인과 구별하는 것이 관행이다. 민사소송법도 이를 소송대리인이라고 한다(민사소송법 제87조 등). 따라서 ①의 표현은 부적절하다. 소송대리인의 주소는 소장의 당사자표시란에 표기하므로 소장 말미에서는 ②와 같이 다시 중복하여 기재할 필요가 없다.

2) 법원의 명칭은 법원조직법 등 법령의 기재대로 정확하게 기재해야 한다. ③은 '지방법원'의 문구가 빠졌으므로 옳지 않다. '서울서부지법'이라고 줄여서 표기하는 것도 적절하지 못하다.

■ [답안 2]

<청구원인>

Ⅳ. 결론
①따라서 피고 박이채는 원고들에게 5억원의 부당이득을 지급할 의무가 있고, 피고 박이순과 박이채간의 매매계약은 취소하고 원상회복·가액반환하여야 하며, 피고 서병석은 원고

들에게 3억원을 지급하고, 피고 정준일은 토지2를 인도, 건물1을 철거, 월 30만원을 부당이득으로 지급하여야 합니다.

②또한 김병만은 건물1에서 퇴거하고, 원고 최희선에게 2000만원 및 지연손해금을 지급하여야 하고, 건물1의 점유이전가처분이 내려져야 합니다.

증거방법

(생략)

첨부서류

(생략)

2014. 1. 6.

원고들 소송대리인 변호사 조일국

서울서부지방법원 귀중.

■ [지도의견 2]

1) 피고가 한 명이거나 피고들이 여러 명이라도 청구가 하나뿐인 경우에는 소장의 말미 부분에 ①과 같이 결론으로서 청구취지에 대응하는 법률효과를 기재한다. 그러나 이 사건과 같이 피고들이 여러 명이고 청구도 여러 개인 경우 청구원인이 되는 법률요건사실과 각 피고에 대한 청구취지에 대응하는 법률효과를 해당 피고란의 말미에 기재하고 소장의 말미 부분에는 간단히 "이상과 같은 이유로 청구취지와 같은 재판을 구합니다."와 같이 기재하면 족하며 ①과 같은 기재는 필요 없다. 이미 각 피고란에 기재한 결론을 소장 말미에 되풀이할 필요가 전혀 없다.

2) 또한 ①, ②는 구체적인 내용이 아니어서 소장의 말미 부분에 결론으로서 청구취지에 대응하는 법률효과를 기재한 것으로 보기에는 많이 미흡하다. 모범답안을 보고 두 번 정도 따라 써보는 연습을 하면 쉽게 결론 부분의 기재 요령을 익힐 수 있다.

(5) 답변서 부분

■ [답안 1]

> [문제 2]   <답변서>
>
> ①원고 이명구 (630507 – 1542634)
>   서울시 서대문구 창천로 32, 101동 503호
>   최희선 (630127 – 1538216)
>   서울시 서대문구 연희로 57, 102호
>
> 해당 홍은동 521 토지의 경우 현재 미등기 상태이며 ②지난 소유권 확인 소송에서도 원고의 사망상태로서 부적법 각하된 바 있어 그 소유의 귀속을 확인할 길이 없고 ③해당 토지의 소유는 대한민국에 있습니다.

■ [지도의견 1]

1) 답변서에는 그것이 어떤 사건에 대한 것인지를 알 수 있도록 사건을 특정해야 하는데, 그 방법으로는 사건번호와 원·피고의 이름을 기재하는 것이 관행이다. ①은 사건번호가 누락되었고, 불필요하게 원고의 이름, 주민번호와 주소를 기재하였다. 당사자의 주민등록번호와 주소는 이미 소장에 표시되어 법원이 이를 잘 알고 있으므로 답변서나 준비서면 등 소송문서마다 이를 중복하여 기재할 필요가 없다.

2) ②는 너무나 막연하여 그 주장 내용을 법원이 파악할 수 없다. 관할법원과 사건번호, 당사자, 판결 선고일자를 기재해 주어야 한다. 그리고 전소가 부적법하다는 이유로 각하되었다고 해서 홍은동 521 토지에 대한 소유권의 귀속을 확인할 길이 없는 것은 아니다. 적법한 소를 다시 제기하면 된다.

3) ③과 같은 내용의 주장을 하려면 그 근거를 밝혀야 하는데 전혀 그 기재가 없으므로 이는 공허한 주장이 되고 말았다. 계쟁 토지의 소유권이 피고 대한민국에 있다는 주장은 출제자의 의도를 빗나간 것이며, 그런 주장을 할 근거가 기록상으로도 전혀 없다. 그리고 청구취지에 대한 답변도 누락되었다. 전체적으로 전혀 답변서의 형식과 실질을 갖추지 못하였다고밖에 할 수 없다.

■ [답안 2]

[문제 2]   <답변서>

사 건   2013가단10123 ①소유권 확인 청구의 소
원 고   ②1. ○○○
          2. ○○○
피 고   대 한 민 국
          ③대표자 법무부장관
          소송대리인 변호사 이민우

피고 소송대리인은 다음과 같이 답변합니다.

청구취지에 대한 답변

1. ④원고의 청구를 각하한다.
2. 소송비용은 원고들의 부담으로 한다.
라는 판결을 구합니다.

청구원인에 대한 답변

  1. ⑤원고들은 이 사건 토지는 소외 정준일의 토지인데, 미등기 상태로 토지대장에는 연일정씨수정공파종중으로 잘못 등록되어 있으므로, 소유권 보존등기를 위해 피고 대한민국을 상대로 소유권 확인을 청구하였습니다.
  2. 그러나 판례에 따르면 확인소송은 확인의 이익이 있을 때에만 청구할 수 있고 ⑥확인의 이익에는 현재 또는 과거의 법률관계를 조속히 해결할 수 있는 이익을 말합니다.
  그런데, ⑦판례는 소유자가 불명하고 미등기상태라 하더라도 국가가 이 토지를 국가의 토지라고 반복하여 주장하는 등의 특별한 사정이 없는 한, 국가를 상대로 하는 소유권확인 소송은 부적법하다고 판시하고 있습니다.
  3. 또한 ⑧예비적으로, 이 사건에서 원고들이 대위하는 정준일이 이 사건 토지의 소유자라는 증명이 없고 따라서 청구인적격도 없습니다.
  4. 따라서 이 사건 청구는 확인의 이익이 없어 부적법한 소이므로 각하되어야 합니다.

증 거 방 법

(생략)

첨 부 서 류
(생략)

2014.   1.   6. ⑨피고 대한민국
대표자 법무부장관
소송대리인 이 민 우

○ ○ ○ 법원 ⑩제2단독

■ [지도의견 2]

1) 답변서에는 사건을 특정하기 위한 요소로 사건번호와 사건명 등을 기재하는데, 사건명은 '소유권확인'이나 '소유권확인 등'과 같이 그 종류만을 기재하면 족하고 ①과 같이 '…청구의 소'까지 기재할 필요는 없다.

2) 제시된 시험문제 2의 답변서에 분명히 원고가 1인으로 되어 있는데 임의로 2인으로 기재한 것은 사실관계를 잘못 파악하였거나 시험문제를 제대로 파악하지 못한 것이다. 아마도 이 학생은 문제 1의 원고가 이명구와 최희선 2인이므로 이를 의식하여 답변서에 원고를 2인으로 기재한 듯한데, 이렇게 임의로 당사자 등 사실관계를 왜곡하는 것은 매우 위험한 일이다. 시험문제 2를 자세히 살펴보면 문제 1의 원고인 이명구와 최희선 2인이 정준일을 대위하여 소유권확인청구의 소를 제기한 것으로 단정할 수 없다. 제3자가 그 소를 제기할 수도 있기 때문이다.

한편, 설사 원고가 2인이라도 답변서에는 원고 전원의 성명을 모두 기재할 필요는 없고 '원고 ○○○ 외 1인'이라는 형식으로 간단히 기재하면 된다.

3) 답변서상 피고의 표시 역시 사건의 특정을 위한 것에 불과하므로 피고의 성명이나 명칭만, 그것도 복수인 때에는 대표적인 피고 1인만 기재하면 된다. 피고가 법인이나 단체인 경우 그 대표자 등의 기재도 불필요하다. 따라서 ③의 대표자 표시는 필요 없다. 소송대리인은 기재해도 좋고 기재하지 않아도 좋다. 어차피 답변서 말미에 이를 표시할 것이기 때문이다.

4) ④와 같이 청구를 각하할 수는 없다. 각하는 원고의 재판청구에 대하여 본안(청구)에 대한 심리를 거부하는 것이므로, 이 경우에는 본안(청구)의 당부를 주문에 표시할 이유가 전혀 없다. 따라서 이 부분은 "이 사건 소를 각하한다."라고 기재해야 한다. 여러 개의 청구 중 일부가 부적법하여 그 부분 소를 각하하여야 하는 때에는 "이 사건 소 중 건물 인도청구 부분의 소를 각하한다."와 같이 각하되는 부분을 명시하여야 한다.

5) ⑤는 원고의 청구원인을 요약하는 것이므로 간단히 그 요지만을 기재하면 충분하

하다. 이때 그 요령으로는 "원고(들)는, 이 사건 청구원인으로 …의 권리가 있다며 피고를 상대로 그 이행을 구합니다." 또는 "원고(들)는, 이 사건 청구원인으로 …하여 소외 정준일 명의의 소유권보존등기를 위해 피고 대한민국을 상대로 이 사건 토지에 대한 소유권확인을 구한다고 주장합니다."와 같이 기재한다. 원고의 주장을 인용하는 경우 간접화법이든 직접화법이든 상관없으나 누구의 주장인지 분명하게 간략히 기재해야 한다. 이미 소장에 자세한 기재가 있으므로 그 주장의 요지만 기재하면 된다. ⑤의 기재 내용 중 종중의 명칭도 잘못 인용되었는바 이런 실수를 하지 않도록 주의해야 한다.

6) 확인의 소에서 확인의 이익은, 그 확인 대상인 법률관계에 관하여 당사자 사이에 다툼이 있고 그로 인하여 원고의 권리 또는 법률상의 지위에 불안·위험이 있을 때 확인판결을 받는 것이 그 불안·위험을 제거하는 가장 유효·적절한 수단인 경우에 인정되며, 그 법률관계는 현재의 것이어야 한다. 따라서 ⑥의 기재는 부정확하다.

7) ⑦의 기재는 미등기 토지에 대한 소유권확인의 소의 법리를 오해한 것으로 보인다. 이 부분에 관한 법리를 제대로 공부해야 한다.

8) 주어진 시험기록상 정준일이 계쟁 토지의 소유자인지 여부를 판단할 자료가 전혀 없으므로 ⑧의 기재는 임의로 창작한 것이라고밖에 할 수 없다. 시험의 지시사항에서 사실관계를 임의로 단정하지 말라고 하였음에도 사실관계를 임의로 거론하는 것은 백해무익하다. 그리고 설사 정준일이 계쟁 토지의 소유자가 아니라고 하더라도 이는 청구의 기각 사유에 해당할지언정 청구인 적격(원고 적격)을 그르친 것으로서 소가 부적법하게 되는 사유는 아니다. 채권자대위소송에서 원고의 피보전권리는 소송요건에 해당하나, 피대위자의 피대위권리의 부존재는 소송요건이 아니라 청구적격, 즉 본안의 당부에 영향을 미칠 뿐이다.

9) ⑨에는 단순히 피고 소송대리인만 기재하고 피고의 명칭이나 대표자는 기재할 필요가 없다. 소송대리인이 대리권자로서 소송행위인 답변서를 제출한 것이기 때문이다. 소송대리인이 변호사인 때에는 그 대리인 자격을 표시하는 것이 관행이다. 고로 "피고 소송대리인 변호사 이민우"라고 기재해야 한다.

10) 시험기록상 법원의 재판부가 제2단독인 사실이 전혀 나타나 있지 않으므로 ⑩에 제2단독이라고 기재한 것 역시 창작이다. 이러면 감점을 받기 쉽다.

03 판결서 작성 연습

Ⅰ. 판결서 작성 과제의 해결 요령

1. 분쟁의 중심 사실과 쟁점 파악

1) 판결서 작성 과제를 부여받은 수험자는 이미 소송의 심리가 성숙하여 판결을 선고할 단계에 이른 상태의 사건을 대하게 되므로, 원고와 피고가 무엇을 가지고 다투는지 파악하는 것이 우선 필요하다. 이는 분쟁의 중심 사실과 쌍방의 의견이 대립하는 사항의 파악으로 귀결된다. 판결서 작성 연습은 법원의 로클럭 시험에 유용하겠지만, 판결서는 소장과 그 기본적인 논리구조가 동일하므로 판결서 작성 연습은 소장 작성 연습에도 유익하다.

2) 분쟁의 중심 사실은 앞서 <소장 작성 연습>에서 이미 말한 바와 같다. 즉 분쟁사건은 하나의 중심적인 사실과 그로부터 파생하는 지엽적 사실이 중층구조를 이루고 있다. 실제의 소송사건과 달리 판결서 작성 과제에서 주어지는 분쟁사건은 사실관계와 쟁점이 단일하지 않고 복수의 것이 중층으로 교차하는바, 이는 수험자가 복잡한 사실관계와 법리를 어떻게 분해하여 문제를 해결하고 판결서의 형태로 재조립하는지 그 능력을 테스트하기 위한 것이다. 그러므로 수험자는 가장 먼저 당해 분쟁사건의 실마리 역할을 하는 분쟁의 중심 사실을 파악하고, 이어서 그로부터 파생된 분쟁사실관계(파생적 사실)가 중심 사실과 어떤 관계에 있는지를 파악할 필요가 있다. 그것이 파악되면 사건의 전체 구조와 그 해결 방법이 쉽게 그려진다.

3) 대개 파생적 사실은 대리나 표현대리, 추인, 동의와 같이 중심 사실의 법률문제를 해결하기 위한 보조적 수단이 되거나, 채무보증이나 어음·수표의 발행·교부, 담보물권이나 이와 유사한 담보(가등기담보, 양도담보 등)의 설정 등과 같이 중심 사실에서 도출된 법률효과를 강화하거나, 채권자대위나 채권자취소와 같이 그 법률효과로서 발생한 채무 변제를 위한 책임재산을 확보하는 데 필요한 수단이 되는 경우가 많다.

분쟁의 중심 사실과 그 파생적 사실은 법리적으로는 청구원인이나 법률요건을 달리하여 독립적 관계에 있는 경우일지라도, 논리적 관계에서는 중심 사실을 정점(축)으로 하고 파생적 사실이 이를 둘러싸고 있는 방사상(放射狀)의 성단(星團)과 같은 구조를 이룬다.

극히 드물게는 이러한 성단구조가 둘 이상 혼재하는 분쟁사건도 있을 수 있다. 예컨대, 원고 A가 피고 B에게 돈을 빌려준 데 따른 분쟁사실과, 원고가 피고의 자동차에 치여 부상을 입은 데 따른 분쟁사실이 하나의 소송사건에 존재하는 것과 같은 경우이다.[1] 이는 실제의 소송현실에서는 매우 드무나, 수험자를 위한 과제에서는 시험의 목적상 주제를 다양화하기 위해 인위적으로 병합소송관계나 공동소송관계를 창출한다.

4) 쟁점은 사실과 법리 두 측면에서 발생한다. 사실에 관한 쟁점은 청구원인사실이나 보조적 법률요건사실, 항변사실의 전부나 일부의 존재 여부를 둘러싸고 쌍방의 의견이 대립하는 경우이고, 법리에 관한 쟁점은 위와 같은 사실을 대상으로 그에 적용할 법규, 법규의 의미, 그 사실이 법규상의 요건사실을 충족하는지 여부를 둘러싸고 의견이 대립하는 경우이다.

때로 쟁점은 당사자 쌍방의 의견 대립이 아니라, 법원이 특정한 분쟁사건에 관하여 심리·판단하여야 할 사항이나 주제를 뜻하기도 한다. 예컨대, 원고가 어떤 사실을 주장하고 그로부터 어떤 법률효과 발생을 주장함에 대하여 피고가 다투지 않는 경우 당사자 쌍방 간에는 쟁점이 없으나, 법원은 원고 주장 사실이 청구원인에 해당하는지 여부, 그 주장 사실이 청구원인사실 전부를 충족하는지 여부, 그것이 사회질서위반이나 기타 강행법규위반에 해당하는지 여부 등을 직권으로 심리·판단하여야 하는바, 그 각각의 주제들은 법원에게 쟁점이 된다.

5) 수험자가 판사의 입장에서 분쟁사건의 중심 사실과 쟁점을 파악하는 때는 변호사의 입장과 달리 그 대상 자료가 다르다. 원고 소송대리인 변호사의 경우 소장을 작성할 때 중심 사실 파악의 대상 자료는 <상담기록>과 의뢰인이 제출한 관련자료(증거자료)에 국한되지만, 판결서를 작성할 판사가 중심 사실과 쟁점을 파악할 대상 자료는 소장, 답변서, 준비서면, 변론기일조서 등의 각종 조서, 증거자료로서 그 분량과 수가 훨씬 많다. 그러므로 판사도 그렇지만 수험자는 두꺼운 소송기록에서 중심 사실과 쟁점을 빨리 파악하는 요령이 중요하다.

이를 위해서는 메모를 하기 전에 빠른 속도로 소송기록을 읽는 것이 필요한데, 그 순서는 ① 소장, ② 청구취지 및 청구원인변경신청서, ③ 답변서, ④ 변론기일조서,[2] ⑤ 원·피고의 준비서면이다. 메모 전 단계에서는 증거자료를 읽을 필요가 없으며, 기록이 두꺼운 때는 ⑤를 생략할 수 있다. 중심 사실과 쟁점이라는 대강만 파악하는 것이 목적이기 때문이다. 따라서 이를 위해서는 위 ① 내지 ④만을 빠르게 읽어 그 대강을 파악하는 것

---

1) 반대로 B가 A의 자동차에 치여 부상을 입은 경우는 상계의 법리를 파생함으로써 A, B 간의 소비대차라는 중심 사실에 대하여 파생적 관계에 있는 것에 불과하게 된다. 이와 같이 내용이 같은 사실관계라도 그 주체가 누구냐에 따라 독립관계가 될 수도 있고 파생관계가 될 수도 있다.

2) 판결선고기일조서는 변론 내용 등이 기재되지 않으므로 굳이 읽을 필요가 없고, 검증조서나 감정인신문조서는, 증인신문조서는 증거자료에 포함되므로 메모를 하기 전에는 볼 필요가 없다.

이 중요하다.

6) 분쟁의 중심 사실과 쟁점을 파악한다는 것은, 분쟁이 어떤 경위에서 발생하였고, 피고가 다투는 대상과 주장하는 내용이 무엇인가를 파악한다는 뜻이다. 예컨대, 원고가 소비대차계약상의 반환청구권을 청구원인으로 하여 금전지급청구를 한 경우, 그 분쟁의 중심 사실은 원고가 피고에게 얼마간의 돈을 빌려준 것이다. 한편으로 피고가 다투는 대상과 그 주장하는 내용은, 돈을 빌린 일이 아예 없다거나 원고가 빌려주기로 약속만 하고 실제로는 돈을 주지 않았다거나, 받은 돈의 액수나 이자율, 변제기 등이 원고 주장과 다르다는 것(이상은 다투는 대상), 또는 소멸시효가 완성되어 채권이 소멸하였다거나 면제를 받았다거나 상계 또는 변제를 하였다는 것(이상은 주장하는 내용) 등이 되는바, 세세한 내용은 생략하고 위와 같은 주제만을 파악하는 것이다.

7) 위 ④의 변론기일조서를 ⑤의 쌍방 준비서면보다 먼저 읽어야 하는 이유는, 쌍방이 다투지 않기로 하여 일치 진술하는 내용과 종전의 주장을 철회하는 내용이 이 조서에 기재되어 있기 때문이다. 이러한 자백 내용과 철회된 주장 내용은 준비서면을 읽을 때나 메모를 할 때 불필요한 부분을 제거할 수 있게 하여 일거리와 시간을 줄여준다.

2. 메모와 공방도, 설계도의 작성

가. 판결문 작성을 위한 메모

1) 위와 같이 ① 소장, ② 청구취지 및 청구원인변경신청서, ③ 답변서, ④ 변론기일조서를 빠른 속도로 읽어 분쟁의 중심 사실과 쟁점 등 대강을 파악하였으면, 그에 따라 사건의 단위, 즉 메모지 독립의 원칙에 따라 메모의 단위를 정하고 메모를 한다. 이 가운데 ① 청구취지 메모, ② 쌍방 주장의 메모, ③ 증거 메모, ④ 법리 검토를 위한 메모가 중요하다고 할 수 있다.

2) ① 청구취지 메모는 소장에 기재된 것을 기준으로 하고, 여기에 청구취지 및 청구원인변경신청서를 통해 변경된 내용을 기재하는 방법으로 작성한다. 이 메모지는 다른 메모지와 별개로 작성하여야 함은 물론이다. 이를 곁에 두고 다른 작업을 하면 소송목적이 무엇인지 항상 음미할 수 있어서 매우 편리하다.

▣ **청구취지 메모(예)**

○ 사건: 2020나23457 대여금
○ 원고: 이재윤 / 피고: 서상엽

○ 소장(p.5)
⇒ y→ x 1억 & 20 5/1~소장 송일 연 5%, 익일~완제일 연 12% 지급하라.

○ 7/21 청변(p.112)
⇒ y→ x 1억2,000 & 19 3/11~소장 송일 연 5%, 익일~완제일 연 12% 지급하라.
⇒ y→ x 별지 不 인도 + 19 6/1~ x 소유권상실일 or y 인도 완료일 매월 120만 원 지급하라.

○ 9/30 청변(p.235)
⇒ 금전 청구 취하
⇒ y→ x 주위적으로 별지 不 인도/
　　　　예비적으로 19 6/1~ x 소유권상실일 or y 인도 완료일 매월 120만 원 지급하라.

---

3) ② 쌍방 주장의 메모는 소장과 답변서를 시작으로, 원·피고 쌍방이 청구원인과 공격방어방법에 대하여 변론한 사항을 요약하여 기재하는 방법으로 작성한다. 소장과 달리 원·피고 쌍방의 공방 내용이 모두 나와 있으므로 양측의 주장을 일대일 대응 방식으로 나타나도록 기재하는 것이 좋다. 이때 메모의 단위는 원고나 피고가 복수이면 당사자별로, 청구원인이 복수이면 청구원인별로, 공격방어방법이 복수이면 공격방어방법별로 작성하되, 내용이 간단한 경우에는 일부를 합쳐서 하나의 메모지에 하여도 무방하다.

쌍방 주장의 메모지에는 주장 서면의 종류(소장, 답변서, 준비서면 등), 제출일자, 기록의 면수, 주장 내용(상대방 주장에 대한 인정 여부, 부인하거나 다른 내용을 주장할 때는 그 내용 등) 등을 기재하면 된다. 여기에는 변론기일조서에 기재된 내용도 반영하여야 하며,[3] 당사자가 복수의 준비서면을 통해 동일한 주장을 한 때에는 그것을 되풀이하여 메모할 필요는 없고, 단지 그러한 주장을 한 준비서면의 제출일자만 기존 주장의 준비서면 옆에 부기하면 족하다.

4) 쌍방 주장을 메모할 때는 그 주장의 핵심이 되는 것을 파악한 다음 이를 요약 기재한다. 당사자가 주장한 그대로 옮기는 것도 안 좋지만, 너무 자신의 언어로 치환하는 것도 좋지 않다. 전자의 경우에는 너무 길고 복잡하게 되고, 후자의 경우에는 자칫 당사자의 주장 내용을 왜곡할 수 있다. 따라서 가능하면 당사자가 주장한 것을 그대로 옮기는

---

3) 예컨대, 원고가 1억 원을 대여하였다고 주장함에 대하여 피고가 답변서에서 8,000만 원만 빌렸다고 주장하였으나 변론기일조서에 원·피고가 일치하여 9,000만 원을 소비대차한 것으로 진술한 경우, 메모에 미리 이를 반영하여, 1억 원을 대여하였다는 원고 주장이나 8,000만 원을 빌렸다는 피고 주장은 기재할 필요 없이 곧바로 9,000만 원을 소비대차한 것으로 기재하는 것이다. 조서의 기재 내용이 많고 복잡한 경우, 이를 여벌 메모지에 이기하거나 조서를 기록에서 분리하여 메모할 때에 참조하면 좋다.

것을 원칙으로 하되, 길고 복잡하면 자신의 언어로 치환하여 요약하고 말풍선이나 포스트 잇을 붙이는 등으로 적절하게 자신의 의견을 따로 적어두는 것이 좋다.

▣ 쌍방 주장의 메모(예)

○ 사건: 2020나23457 대여금
○ 원고: 이재윤 / 피고: 서상엽

X	Y
○소장/ 금전 소비대차(p.5) • 20 1/21 x → y 1억 대여 • 변제기 20 4/30 • 이자 무 ∴ 원금과 변제기 익일인 20 5/1~완제일 법정 지연손해금 지급해야	○ 5/18 답변서(p.16) ← 소비대차약정은 ok ← but 1억을 받은 바 없음 • 이에 차용증 원본을 반환 받음 (합의 해제? y가 차용증 원본 현재 소지?)

○ 7/21 청변/ 물권적 청구권(p.42)
 	
• 별지 不은 x 소유
• y가 19 6/1부터 무단점유 사용
• 19 6/1~현재 차임은 월 120만 원
∴ x에게 반환하고 부당이득반환해야
 	
○ 8/14 준서(p.76)
→ 사용대차 ×
   y가 무단점유하여 x는 묵인하였을 뿐
	○ 7/30 준서(p.57), 9/30 준서(p.96)
	
	← y 점유 사실은 ok
	← 무기한으로 사용차한 것임(구두약정)
	  (계약 또는 성질에 의한 사용, 수익 종료?
	  사용, 수익에 족한 기간이 경과하여 x가
	  해지?)

...	...

5) 청구취지와 당사자 쌍방 주장을 메모한 후에는 쌍방이 제출한 증거와 법원이 직권으로 조사한 증거자료의 내용을 메모한다. 당사자 쌍방의 주장을 보다 쉽게 이해하기 위해서는 증거자료의 내용을 먼저 파악하여 메모하는 것도 좋은 방법이다. 특히, 당사자의 주장 내용이 명확하지 않은 경우 이 방법이 유용하다. 이 경우에는 원고의 소장과 청구변경서 및 피고의 답변서(답변서에 실질적인 내용이 없을 때는 실질적인 내용이 기재된 최초의 준비서면)만을 읽은 다음 증거자료의 내용을 메모하는 것이 좋다. 증거자료의 메모 방법은 앞서 이미 설명한 바와 같다.[4]

나. 판결문 작성을 위한 공방도와 설계도

1) 사건 내용이 간단하고 평이한 법리만이 문제되는 경우에는 법리 검토를 위한 공방

---

4) <제2장 제1절 Ⅳ. 기록형 시험 답안 작성의 요령 2. 사건의 쟁점과 줄거리 파악 및 메모>를 참조.

도와 설계도 없이 ① 청구취지 메모, ② 쌍방 주장의 메모, ③ 증거 메모만으로 판결문을 작성할 수 있다. 공방도와 설계도는 사건 내용이 복잡하고 법리에 대한 특별한 검토가 필요한 때에만 하면 된다.[5] 이를 작성하지 않는 경우에는 판결서에 기재할 사항이나 그 순서, 문단 나누기, 소제목 등을 개략적으로 구성하는 약식의 설계도를 작성해 활용하는 것도 좋은 방법이다.

2) 공방도는 당사자 쌍방의 청구와 주장에 따른 법리 검토와 분석을 위한 것이다. 이때 법리 검토·분석의 순서는 ① 원고가 주장하는 청구원인의 성립 여부, ② 피고가 주장하는 항변의 성립 여부, ③ 원고가 주장하는 재항변의 성립 여부, ④ 피고가 주장하는 재재항변의 성립 여부이다. 앞 단계에서의 당사자 주장이 성립되지 않으면 뒤 단계의 당사자 주장은 판단할 필요가 없음은 물론이다. 위 판단순서를 크게 나누면 ①의 청구원인의 당부 판단과 ②의 항변의 판단으로 수렴된다. 즉 ② 이하는 모두 ②의 항변에 관련된 것으로 궁극적으로는 항변의 당부에 귀결된다.

3) 항변은 당사자의 그에 관한 주장(항변)이 있는 때에만 판단하면 되므로 청구원인에 대한 판단에 비해 쉽다. 청구원인에 대한 판단의 경우 ① 원고 주장의 법률요건이 청구원인에 해당하는지 여부, ② 그 청구원인에서 요구하는 요건사실을 원고가 빠짐없이 구체적·역사적 법률사실로서 주장하였는지 여부, ③ 원고 주장의 구체적·역사적 사실이 존재하는지 여부, ④ 위 ③의 사실로부터 발생하는 법률효과의 종류, 내용, ⑤ 위 ④의 법률효과와 원고가 청구취지에 기재한 청구 내용의 비교와 그 청구의 인용 범위 결정 순으로 이루어져야 한다. 경우에 따라 위와 같은 검토·판단을 거의 동시에 하거나 일부를 생략·단축할 수 있으나, 수험자의 경우에는 위 단계를 차례로 검토하는 것이 실수를 막는 데에 좋다.[6]

4) 청구원인에 대한 위와 같은 검토·분석의 판단은 피고의 주장에 거의 영향을 받지 않고, 오직 구체적·역사적 사실의 존부만에 영향을 받는다. 즉 피고가 원고 주장의 위 사실의 존재를 다투지 않거나 인정하는 경우 자백이 성립하여 법원은 이에 구속되나, 나머지 사항의 경우 피고가 다투던 다투지 않던, 원고 주장을 인정하던 안 하던 그에 구애됨이 없이 판단하여야 한다.

5) 변론주의가 적용되는 사건에서는 어떤 법률사실이 청구원인의 요건사실인지 항변적 요건사실인지에 따라 법원의 심리·판단 가부 및 청구의 당부라는 결론에 결정적인 영향을 미치므로 이를 판별하는 것은 매우 중요하다.

---

5) 그 작성 방법은 <제1장 제1절 Ⅰ. 2. 법리분석과 법리분석표의 작성>과 <제2장 제2절 Ⅲ. 2. 라. 법리검토>를 참조.

6) 실수를 원천적으로 막는 방법은 판단에 앞서 이를 체크리스트로 만들어 각 단계별로 검토·분석하는 것이다. 처음에는 시간이 많이 걸리나 익숙해지면 쉽게 할 수 있다.

이 사실이 청구원인의 적극적 요건사실에 해당하는 경우 법원은 직권으로 원고가 그 사실을 주장하였는지 여부와 그 사실의 존재가 인정되는지 여부를 심리·판단하고, 그것이 부정되는 경우, 피고가 그 사실의 존재를 다투지 않거나 그 존재를 인정하더라도[7] 그 청구원인의 성립을 부정하여야 한다. 반대로 그 법률사실이 항변적 법률요건의 요건사실에 해당하는 경우, 당사자(주로 피고)가 먼저 그 법률요건을 항변으로 주장하여야 법원은 비로소 피고가 그 사실을 주장하였는지 여부와 그 사실의 존재가 인정되는지 여부를 심리·판단할 수 있게 된다.

예컨대, 원고가 통정허위표시에 의한 매매를 원인으로 피고에게 소유권이전등기를 넘겨준 후 피고를 상대로 소유권이전등기의 원인무효를 이유로 그 말소를 청구하는 경우, 피고의 악의(통정)가 청구원인사실의 일부인지 아니면 공격방어방법인 항변사실인지에 따라 법원의 심판권이 달라진다. 원고가 등기말소를 청구하는 권원은 소유권의 물권적 청구권에 기한 방해배제청구권인데, 피고가 원고의 소유권을 부정하면서 자신이 이를 매수하여 이미 소유권이전등기를 마쳤다며 원고의 권리를 부인하면 원고는 그에 대한 항변으로 매매가 통정허위표시로서 무효라고 주장하여야 하며, 법원은 원고의 그 주장이 있어야만 이를 심판할 수 있다.[8] 반대로, 이 경우 원고는 청구원인사실의 하나로서 피고에 의한 소유권방해사실을 주장하여야 하는데, 피고의 등기가 유효한 때는 방해가 안 되고 그것이 무효인 때에만 방해가 성립할 수 있다고 보면, 통정허위표시에 의한 피고 등기의 무효는 청구원인사실에 해당하고, 따라서 원고가 이를 소 제기 시부터 제시하여야 하며, 법원은 그에 따라 당연히 청구원인에 대한 판단으로서 통정허위표시 여부와 피고 등기의 무효 여부를 심판하여야 한다.[9]

그러나 신의칙위반, 사회질서위반, 권리남용 기타 강행법규(효력규정)위반 사실과 같이 청구원인에 의한 법률효과 발생에 장애사유가 되면서 변론주의가 적용되지 않는 사항의 경우, 피고의 항변적 주장 여부에 불구하고 법원은 이를 직권으로 심리·판단하여야 한다. 따라서 각각의 법률사실의 실체법적·소송법적 성격이 무엇인지를 정확하게 아는 것은 법관에게 가장 중요한 법지식으로 요구된다.

6) 설계도는 청구취지 메모, 쌍방 주장의 메모 등과 공방도만으로 판결서를 작성하기

---

7) 다만, 원고가 주장을 누락한 법률사실의 존재를 인정하는 진술을 피고가 할 경우 예외적으로 피고가 그 사실에 관한 주장을 한 것으로 볼 수 있고, 주장 공통의 원칙에 의하여 원고가 주장책임을 다한 것으로 볼 수 있는 경우가 있을 수 있다.

8) 원고는 소 제기 시 피고의 부인을 가정하여 미리 통정허위표시의 무효를 주장하는 것이 보통이다.

9) 이 경우 원고가 소 제기 당초부터 피고에 의한 소유권방해사실로서 피고의 등기와 그 무효를 주장하게 되고, 소유권에 대한 방해사실은 청구원인인 소유권의 물권적 청구권에 기한 방해배제청구의 요소를 이루므로(물론 이 경우 피고 등기의 무효는 원고 소유권 존속·존재의 요소이기도 하다), 피고의 악의(통정)는 항변사실이라기보다는 청구원인사실로 보는 것이 적절하다고 생각된다(이로써 원고는 자신의 소유권 존속·존재와 피고의 방해사실 모두를 청구원인사실로서 주장하는 셈이 된다).

에 부족할 정도로 사건 내용이 복잡한 때에만 작성하면 되고 모든 경우에 예외 없이 이를 작성할 필요는 없다. 이를 작성할 때는 판결문의 배열순서, 항목별 소제목과 각 항목에 들어갈 간단한 내용 등을 개략적으로 기재한다.[10]

Ⅱ. 판결서 작성 과제와 오답노트

1. 과제 해결을 위한 지시(기록 내용)

◆ 아래 <소송기록>을 토대로 판결서를 작성해보자. 단, 소장 등에는 적법한 인지가 첨부되었고 모든 서면에는 필요한 날인과 간인이 있는 것으로 보며, 각종 송달절차도 적법하게 이루어진 것으로 본다.

---

10) 그 작성 방법은 <제2장 제1절 Ⅳ. 3. 법리 검토와 답안의 추론>을 참조.

년   질   호   전   책   중   책

기일		

5/23 A10

5/30 P2

6/13 A10
선고

<table>
<tr><td rowspan="2">사 건</td><td rowspan="2">2013가합5014 대여금반환 등</td><td>재판부</td><td>15</td></tr>
<tr><td>주심</td><td>나</td></tr>
</table>

서울동부지방법원
민사 제1심 소송기록

원고	조 일 석 소송대리인 변호사 서 윤 수
피고	1. 방 태 영 2. 박 인 주 3. 윤 일 국

목   록

사건번호: 2013가합5014

문 서 명 칭	장수	비 고
서증목록	1	원고
증인등 목록	2	원고
서증목록	3	피고 방태영
소장	4	원고
보정권고	14	
소송위임장	15	
증거신청	16	원고
보정명령	22	
공시송달신청	24	원고
공시송달명령	28	
준비명령	29	
답변서	32	피고 박인주
답변서	35	피고 윤일국
준비명령	37	
준비서면(2013. 5. 19.자)	38	원고
증인신청서	44	원고
변론조서 (1차)	48	
준비서면(2013. 5. 24.자)	51	원고
변론조서(2차)	63	
판결선고조서	69	

서 울 동 부 지 방 법 원
서 증 목 록

피고 *1.* 방태영

2. 박인주

2013가합5014

3. 윤일국

원고 제출

변론(준버카일)조서의 일부

서증 번호	기일 및 장 수	서 증 명	인부 기일	인 부 요 지	비 고
1	1차 18장	인쇄계약서	1차	피고 *2.3.* 성립인정	
2	1차 19장	보증서	1차	피고 *2.3.* 성립인정	
3	1차 20장	매매계약서	1차	피고 *3.* 성립인정	
4	1차 21장	등기사항전부 증명서	1차	피고 *2.3.* 성립인정	
5	1차 40장	부동산가압류 결정정본	1차	피고 *2.3.* 성립인정	
6	1차 43장	등기사항전부 증명서	1차	피고 *2.3.* 성립인정	
	차 장		차		

서 울 동 부 지 방 법 원
증 인 등 목 록

2013가합5014
원고 신청   변론(준비커일)조서의 일부

기일 및 장 수	증 거 방 법	증 거 결 정		증 거 조 사	비 고
		기일	채부		
기일 외 차 65장	증인 정 병 헌	1차 (채)부		2013. 5. 30. 14:00 실시	증인신문사항 (2013. 5. 24. 제출)
차 장		차 채 부			
차 장		차 채 부			
차 장		차 채 부			
차 장		차 채 부			
차 장		차 채 부			
차 장		차 채 부			

민소 152, 154   A1877

서 울 동 부 지 방 법 원
서 증 목 록

피고 *1.* 방 태 영
　　　2. 박 인 주
　　　3. 윤 일 국

2013가합5014

피고 2. 제출

변론(준비거일)조서의 일부

서증 번호	기일 및 장　수	서 증 명	인부 기일	인 부 요 지	비　고
1	1차 34장	영수증	1차	부지	
	차		차		
	차		차		
	차		차		
	차 장		차		
	차 장		차		
	차 장		차		

소 장

대여금반환 등 청구의 소

전산입력

원고   조 일 석

피고   방 태 영 외 2인

사건번호	5014
배당순위번호	2
재 판 부	제15부
주 심	나

소송물 가액 (기재 생략)

첩부할 인지액 (기재 생략)

송달료 (기재 생략)

서울동부지방법원 귀중

소   장

원 고   조일석 (510523-1052427)
            서울특별시 서초구 서초동 213 초원아파트 201동 304호

피 고   1. 방태영
            서울특별시 동작구 상도동 112-5
           2. 박인주
            서울특별시 관악구 봉천동 573-4
           3. 윤일국
            서울특별시 강남구 청담동 501 대도아파트 에이동 207호
            송달장소 서울특별시 서초구 방배동 512 미려빌딩 802호

대여금반환 등 청구의 소

청 구 취 지

1. 원고에게,

가. 피고 방태영은 1억 원 및 이에 대한 2012. 1. 16.부터 이 사건 소장 부본 송달일까지는 월 1%, 그 다음날부터 다 갚는 날까지는 연 20%의 비율에 의한 금전을 지급하고,

나. 피고들은 연대하여 원고에게 4,000만 원 및 그 중 1,000만 원에 대하여는 2009. 2. 28.부터, 3,000만 원에 대하여는 2009. 3. 30.부터 각 이 사건 소장 부본 송달일까지는 연 6%, 그 다음 날부터 다 갚는 날까지는 연 20%의 비율에 의한 금전을 지급하고,

다. 피고 윤일국은 파주시 다율동 59 대 950㎡에 관하여 2012. 3. 10. 매매계약을 원인으로 한 소유권이전등기절차를 이행하라.

2. 소송비용은 피고들이 부담한다.

3. 제1의 가, 나항은 가집행할 수 있다.

라는 판결을 구합니다.

청 구 원 인

1. 대여금반환청구

원고는 2012. 1. 16. 피고 방태영에게 1억 원을 이자 월 1%, 변제기는 2013. 1. 16.로 약정하여 대여하였습니다. 그러나 위 피고는 현재까지 원금은 물론 이자도 전혀 변제하지 않고 있습니다.

따라서 위 피고는 원고에게 위 1억 원 및 이에 대하여 2012. 1. 16.부터 이 사건 소장 부본 송달일까지는 월 1%의 이자 또는 지연손해금, 그 다음날부터 다 갚는 날까지는 소송촉진 등에 관한 법률 소정의 연 20%의 지연손해금을 지급할 의무가 있습니다.

2. 도급대금청구

가. 도급계약

원고는 '양지인쇄제책사'라는 상호로 인쇄제본업을 운영하고 있는데, '도서출판 영'이라는 상호로 출판업을 운영하는 피고 방태영에게서 2008. 10. 27. '영어공부의 왕도'라는 책 15,000부의 인쇄·제본을 대금 6,000만 원에 도급받았습니다. 피고 방태영은 위 대금 중 1,000만 원은 계약금으로 계약 당일에, 중도금 2,000만 원은 원고가 위 도서를 납품하는 2009. 2. 28.에, 잔금 3,000만 원은 2009. 3. 30.까지 지급하되, 중도금과 잔금 지급을 지체할 때에는 법령과 상관습에 따른 지체상금을 지급하기로 약정하였습니다. 이에 따라 원고는 계약 당일 계약금 1,000만 원을 수령하였습니다.

위 도급계약은 원고의 지인인 피고 윤일국의 소개로 이루어졌는데, 피고 방태영의 인척들인 피고 박인주, 윤일국은 2008. 11. 30. 피고 방태영의 원고에 대한 위 도급계약상의 채무를 연대보증하였습니다.

나. 도서의 납품과 대금지급기일 연장

(1) 원고는 2009. 2. 28. 위 도서를 모두 피고 방태영에게 납품하였습니다.

(2) 피고 방태영은 2009. 2. 중순경 원고에게 전화를 걸어 자금 사정이 어렵다며 2009. 2. 28.에 지급하기로 약정한 중도금 중 1,000만 원의 지급기일을 연기해 달라고 사정하였습니다. 이에 원고는 그의 요청을 받아들여 2009. 2. 28.에 중도금 중 1,000만 원만을 수령하고 나머지 1,000만 원의 지급기일을 2009. 3. 5.로 연기해 주었습니다.

(3) 그러나 피고 방태영은 위 중도금 중 나머지 1,000만 원과 잔금을 현재까지 변제하지 않고 있으며, 최근 연락마저 끊어버렸습니다.

다. 소결론

그러므로 피고들은 연대하여 원고에게 나머지 중도금 1,000만 원과 잔금 3,000만 원을 합한 4,000만 원 및 중도금 1,000만 원에 대하여는 2009. 2. 28.부터, 잔금 3,000만 원에 대하여는 2009. 3. 30.부터 각 이 사건 소장 부본 송달일까지는 상법 소정의 연 6%의, 그 다음날부터 다 갚는 날까지는 소송촉진 등에 관한 특례법에 의한 연 20%의 각 비율에 의한 지연손해금을 지급할 의무가 있습니다.

3. 소유권이전등기청구

가. 원고는 2012. 3. 10. 피고 윤일국에게서 창고 부지로 사용하기 위해 파주시 다율동 59 대 950㎡를 대금 12,000만 원에 매수하고, 계약금 2,000만 원은 계약 당일에, 중도금 3,000만 원은 2012. 5. 10.에, 잔금 7,000만 원은 2012. 12. 10.에 소유권이전등기와 상환으로 각 지급하기로 약정하였으며, 계약 당일 계약금 2,000만 원을 지급하였습니다.

나. 원고는 자금사정이 좋지 않아 중도금 지급기일인 2012. 5. 10. 중도금 중 일부인 2,000만 원밖에 지급하지 못했습니다. 그러나 원고는 그 뒤 잔금 지급기일까지 나머지 중도금과 잔금을 마련하여 피고 윤일국에게 수령을 최고하고 등기이전을 요구하였으나 피고 윤일국은 원고를 피하면서 땅값이 많이 올랐으니 3,000만 원을 더 지급하라고 요구하며 아직껏 소유권이전등기

의무를 이행하지 않고 있습니다.

다. 그러므로 피고 윤일국은 원고에게 위 매매를 원인으로 한 소유권이전등기의무가 있습니다.

입 증 방 법

1. 갑 제1호증(인쇄계약서)
2. 갑 제2호증(보증서)
3. 갑 제3호증(매매계약서)
4. 갑 제4호증(등기사항전부증명서)

첨 부 서 류

1. 영수필확인서   1통
2. 송달료납부서   1통
3. 소장 부본   3통

2013년 4월 20일

원 고 조일석   ㊞

서울동부지방법원 귀중

송 달 료(예납·추납) 납 부 서

은행번호

법원코드			
2	1	0	4

<table>
<tr><td rowspan="11">※ 납부자께서는 정확히 이면유의사항을 확인하신후 기재하십시오.</td><td rowspan="6">납부당사자 사용란</td><td>법 원 명</td><td colspan="2">서울동부지방법원</td><td>사건번호</td><td colspan="4"></td></tr>
<tr><td>성 명</td><td colspan="2">조 일 석</td><td>금액</td><td colspan="4">(생략)</td></tr>
<tr><td>주 소</td><td colspan="3">서울특별시 서초구 서초동 213
초원아파트 201동 304호</td><td>우편번호</td><td></td><td></td><td></td></tr>
<tr><td rowspan="3">잔액환급 계좌번호</td><td>① 신한은행계좌 입금</td><td>신한 은행</td><td>지점</td><td>계좌번호</td><td colspan="3"></td></tr>
<tr><td>② 타은행계좌 입금</td><td>은행</td><td>지점</td><td>계좌번호</td><td colspan="3"></td></tr>
<tr><td>예 금 주</td><td colspan="2"></td><td>연락처 전화번호</td><td colspan="3"></td></tr>
</table>

법원 사용란	사건번호	연 도		사 건 부 호	진 행 번 호					
		20	13	가 합				5	0	1	4
	전산등록	사건등록 ㊞		이송등록 ㊞	수이송등록㊞	재배당등록㊞	기타( )㊞			

위 사건에 관하여 송달료를 납부합니다.

2013 년 4 월 21 일

납부자   조 일 석

서울동부지방법원 귀중

[소송과 관련하여 법원에 제출하는 우편물에는 그 봉투에 반드시 사건번호를 기재하여 주시기 바랍니다.]

민사소송절차 안내

1. 소송절차의 진행

(1) 원고가 소장을 제출하면 법원에서는 재판기일을 열기 전에 당사자에게 답변서 또는 준비서면을 제출하게 하여 서로 상대방의 주장과 증거를 검토하고 반박할 수 있는 기회를 갖도록 함으로써 사건의 쟁점을 정리하는 절차를 먼저 진행하게 됩니다.

(2) 재판기일은 이러한 사전 서면공방 절차를 통하여 어느 정도 사건의 쟁점이 드러나고 쌍방이 필요한 증거신청을 마친 다음에 지정됩니다. 따라서 원고와 피고는 다음에 안내하는 방법에 따라 법원에서 정한 기한 내에 주장과 입증을 하여야 합니다. 만일 지정된 기한이 지난 후에 주장 또는 증거신청을 하면 제출기한이 지났다는 이유로 각하되는 불이익을 받을 수도 있으므로 특히 유의하시기 바랍니다(민사소송법 제146조, 제147조, 제149조 참조).

(3) 재판기일이 지정되면 법원에서는 원고와 피고에게 날짜를 알려주고 법원에 출석하도록 통지할 것입니다.

(4) 인터넷을 통하여 대법원 홈페이지(www.scourt.go.kr)에 들어오시면 사건의 진행상황을 쉽게 확인할 수 있고, 재판절차와 서류의 양식에 관해서도 자세한 안내를 받을 수 있습니다.

2. 답변서 또는 준비서면의 제출

(1) 답변서 제출

① 피고는 소장을 읽어 보고 원고의 청구를 인정할 수 없으면 **소장부본을 받은 날부터 30일 이내에 답변서를 제출하여야 합니다.** 그러나 원고의 청구를 그대로 인정할 경우에는 답변서를 제출할 필요가 없습니다.

② 피고가 위 기간 안에 답변서를 제출하지 아니한 때에는 법원은 피고가 원고의 청구를 모두 인정한 것으로 보고 변론을 거치지 아니하고 판결할 수 있습니다(민사소송법 제257조).

③ 피고가 제출하는 답변서에는 먼저 『청구취지에 대한 답변』을 적고(예: "원고의 청구를 기각한다는 판결을 구합니다."), 이어 『청구원인에 대한 답변』으로서, 원고가 주장하는 사실 하나하나에 대하여 인정하는지 여부를 밝히고, 인정할 수 없다면 그 사유를 구체적으로 적어야 합니다. 그리고 피고의 주장을 뒷받침하는 서증이 있으면 답변서에 첨부하여야 합니다.

(2) 준비서면 제출

① 법원은 한 쪽 당사자가 답변서 또는 준비서면을 제출하면 이를 상대방에게 송달하면서 그에 대한 반박 준비서면을 언제까지 제출하라고 정하게 됩니다.

② 이 경우 상대방의 주장이나 증거에 관하여 종전에 제출한 내용 이외에 더 이상 반박할 사항이 없으면 그대로 있으면 됩니다. 그러나 상대방의 주장이나 증거에 이의가 있으면 법원이 지정한 기한 내에 자신의 주장을 적은 준비서면을 제출하여야 합니다.

③ 준비서면에는 상대방이 주장하는 사실 중 인정하는 사실과 반박하는 사실을 명확히 구분

하여 적고 자신의 주장을 뒷받침할 수 있는 증거가 무엇인지를 적은 다음, 상대방의 주장 및 증거자료에 대한 구체적 의견을 밝혀야 합니다.

3. 증거의 사전·일괄제출

(1) <u>증거는 법정에서 재판기일이 열리기 전에 다음 방식에 따라 일괄하여 미리 제출·신청하여야 합니다.</u>

(2) 서증: 증거서류는 다음 방식으로 제출하시고, 각 증거서류의 사본 및 『증거설명서』도 함께 제출하시기 바랍니다.

　① 소송절차에서 증거서류는 대개 『서증』이라고 부르고, 원고가 제출하는 것은 『갑 제1호증』, 『갑 제2호증』 등으로, 피고가 제출하는 것은 『을 제1호증』등으로 제출자를 구분하는 부호를 붙입니다.

　② 서증은 답변서나 준비서면에 그 사본 1통을 첨부하고, 아울러 상대방 수만큼의 사본을 더 제출하여야 합니다.

　[예: 상대방이 2명이면 서증 사본은 3통을 만들어 1통은 준비서면에 첨부하고, 나머지 2통은 상대방 교부용으로 법원에 제출하여야 합니다.]

　③ 이미 제출한 서증(상대방이 제출한 서증 포함)이 중복 제출되지 않도록 유의하여 주시기 바랍니다. 중복되었거나 쟁점과 무관한 서증이 제출된 경우 『문서 등의 반환·폐기 등에 관한 예규(재민2006－1)』에 따라 제출된 문서가 반환될 수 있습니다.

(3) 증인신청

　① 증인의 이름·주소·연락처·직업, 증인과 원·피고와의 관계, 증인이 사건에 관여하거나 내용을 알게 된 경위를 적은 『증인신청서』를 제출하여야 합니다.

　② 증인이 채택된 경우 <u>신문사항은 가능한 한 단문단답식으로 작성하고 신문사항을 기재한 서면은 상대방 수 + 4부를 제출하셔야 합니다.</u>

(4) 검증·감정·사실조회·문서송부촉탁신청 등: 입증취지를 명확히 적은 신청서를 제출하여야 합니다.

(5) 증인신청서 등 각종 증거신청서 양식은 인터넷을 통하여 대법원 홈페이지(www.scourt.go.kr)에 들어오시면 내려받기(download) 할 수 있습니다.

4. 구술변론과 관련한 유의사항

당사자께서는 ① 사실상·법률상 주장의 개요, ② 쟁점, ③ 증거방법(증인, 증거서류) 등의 요지를 변론기일 또는 변론준비기일에서 재판장 또는 수명법관(이하 '재판장'이라 함)의 요청에 따라 직접 구술변론하거나, 그러한 내용의 확인을 구하는 재판장의 질문에 답하셔야 합니다. 이 점을 유념하시어 아래와 같은 사항을 미리 대비하여 주시기 바랍니다.

(1) 대리인이 다수인 경우 사건내용을 잘 아는 변호사가 출석하시고, 복대리인이 선임된 경우에도 실질적 구술변론에 지장이 없도록 하시기 바랍니다. 또한, <u>소송대리인이 있는 사건의 경우에도 재판기일에는 되도록 당사자 본인이 함께 출석하시기 바랍니다.</u>

(2) 제1회 기일이 변론기일이거나 변론준비기일인 경우에는 그 기일에, ① 재판장의 요청에 따

라 원고는 청구취지 및 청구원인을 구술하고, 피고는 그에 대한 반박 이유를 구술하며 ②
위 내용의 확인을 구하는 재판장이 질문에 답하셔야 합니다. 변론준비기일 이후의 변론기일
에서 실시하는 변론준비기일결과의 진술도 위와 같습니다.

(3) 제1회 기일의 원활한 진행을 위하여 당사자는 주장 및 주요 증거의 요지를 정리한 '<u>요약 쟁
점정리서면</u>'(첨부됨)을 준비서면과 함께 제출할 수 있습니다.

(4) 변론종결 단계에서는, 당사자가 변론의 핵심을 구두로 요약 진술할 수 있습니다.

5. 그 밖의 유의사항

(1) 준비서면 등 법원에 제출하는 모든 서류에는 사건번호와 당사자를 표시하여야 합니다. 그리
고 답변서 등 법원에 <u>처음 제출하는 서면에는 일과시간 중 통화가 되는 전화번호, 팩스번호,
e-mail 주소 등 연락처를 적어야 하고</u>, 소송진행 중에 주소나 연락처가 변경되면 곧바로
법원에 신고하여야 합니다(일과시간 중 주소지에서 소송서류를 송달받기 어려운 사정이 있
는 때에는 주소지가 아닌 다른 곳을 송달장소로 지정할 수 있습니다. 다만, 지정한 송달장소
에서 당사자나 당사자의 사무원·피용자 또는 동거인이 직접 송달물을 수령할 수 없는 경우
에는 위 당사자 등을 대신하여 송달물을 수령할 사람을 법원에 함께 신고하여야 합니다.).
만약 신고하지 않으면 종전 주소로 우편물을 발송하게 되는 불이익을 받을 수 있습니다.

(2) 답변서나 준비서면은 원본 외에 상대방 수만큼의 부본을 함께 제출하여야 하고(예: 상대방
이 2명이면 원본 1통, 부본 2통), 서증은 상대방의 수에 1을 더한 만큼의 사본을 제출하여야
합니다(예: 상대방이 2명이면 사본 3통).

(3) <u>제1회 기일 이후에 제출하는 준비서면은 가능한 한 다음 재판기일을 기준으로 7일 이전에
제출하시고</u>, 쌍방에 대리인이 선임된 경우 그 이후에 제출하시는 경우에는 『민사소송규칙』
제47조에 따라 상대방 대리인에게 부본을 송달하신 후, 수령하였다는 취지가 기재된 영수증
을 첨부하거나, 준비서면 표면에 영수취지의 기재가 되어 있는 준비서면을 제출하여 주시기
바랍니다.

(4) 소송대리는 변호사가 아니면 할 수 없습니다. 다만, 단독판사가 심리하는 사건(단독판사가
심리하지만 합의부 관할인 사건은 제외)에서는, ① 당사자의 배우자 또는 4촌 안의 친족, ②
당사자와 고용, 그 밖에 이에 준하는 계약관계를 맺고 있는 사람은 법원의 허가를 받아 소송
대리인이 될 수 있습니다. 그러나 이 경우에도 미리 법원에 당사자 본인 이름으로 작성된
『소송대리 위임장』을 첨부하여 『소송대리허가신청서』를 제출하여야 하며, 법원은 당사자와
대리인의 관계 등 여러 가지 사정을 참작하여 허가 여부를 결정하게 됩니다.
『소송대리허가신청 및 소송위임장』 양식은 인터넷을 통하여 대법원 홈페이지(www.scourt.
go.kr)에 들어오시면 내려받기(download) 할 수 있습니다.

(5) <u>기일에는 지정된 시각을 엄격하게 지켜 출석하여야 하고</u>, 만약 질병 등의 사유로 출석하지
못할 경우에는 그 사유를 적은 『기일변경신청서』를 미리 제출하여야 합니다.

※ 특히, 배당이의의 소의 경우 원고가 첫 변론기일에 출석하지 않으면 소를 취하한 것으로 간주
됨을 유의하시기 바랍니다(민사집행법 제158조 참조).

서 울 동 부 지 방 법 원

제15민사부

보 정 권 고

사　　건　　2013가합5014 대여금반환 등
원　　고　　조 일 석

원고는 다음 사항을 2013. 4. 30.까지 보완하여 주시기 바랍니다.

보완할 사항

1. 소장에 인용한 서증의 사본 제출

2013. 4. 25.
법원사무관　상숙연　㊞

※ 문의사항 연락처: 서울동부지방법원 제15민사부　법원사무관　상숙연
　　직통전화 02)530 － 1192　　　　교환 02)530 － 0114 (192)
　　팩　　스 02)530 － 1195　　　　e－mail:　cho67@scourt.go.kr

소 송 위 임 장

당사자   원고 조 일 석

피고 방 태 영 외 2인

위 당사자 사이의 서울동부지방법원 2013가합5014 대여금반환 등 청구사건에 관하여,

주 소   서울특별시 서초구 서초동 2047 정곡빌딩 701호

변호사   **서 윤 수** 에게 소송대리를 위임하고 아래 권한을 수여함.

(1) 일체의 소송행위 (2) 반소의 제기 및 응소 (3) 재판상 및 재판외의 화해
(4) 소의 취하 (5) 청구의 포기 및 인낙 (6) 복대리인의 선임 (7) 목적물의 수령
(8) 공탁물의 납부, 공탁물 및 이자의 반환청구와 수령 (9) 담보권행사 최고신청,
담보취소신청, 동 신청에 대한 동의, 담보취소결정 정본의 수령, 동 취소결정에 대
한 항고권의 포기

위 소송을 위임함

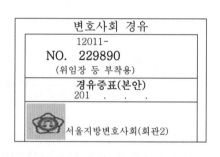

변호사회 경유		
12011-		
NO. 229890		
(위임장 등 부착용)		
경유증표(본안)		
201 . . .		
서울지방변호사회(회관2)		

접 ↑ 수
No. 4472
2013. 04. 27.
서울동부지방법원
종합민원실

2013년 4월 27일

주 소   서울특별시 서초구 서초동 213

초원아파트 201동 304호

위임인   조 일 석

- -

변호사 **서 윤 수** 법률사무소   서울특별시 서초구 서초동 2047 정곡빌딩 701호

Tel (대표) 02-3480-9811   Fax 02-3480-9812

증 거 신 청

사 건   2013가합5014 대여금반환 등

위 사건에 관하여 원고 대리인은 주장사실을 입증하기 위하여 아래와 같이 증거(서증조사)를 신청합니다.

아   래

갑 제1호증 인쇄계약서 (피고 방태영)
갑 제2호증 보증서 (피고 박인주, 윤일국)
갑 제3호증 매매계약서 (피고 윤일국)
갑 제4호증 등기사항전부증명서

※ 첨부서류: 증거설명서 1통

2013. 4. 27.

원고 소송대리인 변호사 서 윤 수 ㉑

서울동부지방법원 제15민사부   귀중

증 거 설 명 서

사　건　　2013가합5014 대여금반환 등

전산입력

호증	서증명	작성일자	작성자	입증취지
갑 1	인쇄계약서	2008. 10. 27.	원고, 피고 방태영	원고가 피고 방태영에게서 서적의 인쇄제본 일을 수급한 사실
갑 2	보증서	2008. 10. 30.	피고 박인주, 윤일국	피고 박인주, 윤일국이 피고 방태영의 원고에 대한 도급대금채무를 연대보증한 사실
갑 3	매매계약서	2012. 3. 10.	원고, 피고 윤일국	원고가 피고 윤일국으로부터 이 사건 토지를 매수한 사실
갑 4	등기사항전부증명서	2013. 4. 25.	화성등기소 등기관	이 사건 토지가 피고 윤일국 명의로 등기되어 있는 사실

2013.　4.　27.

원고 소송대리인 변호사 **서 윤 수** ㊞

서울동부지방법원 제15민사부　귀중

인쇄계약서

도급인(갑) 도서출판 영
대표 방 태 영
서울특별시 동작구 상도동 112-5

수급인(을) 양지인쇄제책사
대표 조 일 석
서울특별시 서초구 서초동 131 상서빌딩 지하 201호

갑은 을에게 아래 조건으로 인쇄 및 제본 업무를 의뢰하기로 하고 양자는 다음과 같이 약정한다.

― 아 래 ―

1. 인쇄 및 제본할 서적 및 수량
   - 영어공부의 왕도(4×6판) 15,000부
   - 납품일은 2009. 2. 28.로 하여 을은 갑의 영업장으로 전량 동시 인도한다.
2. 대금지급조건
   - 총액 6,000만원
   - 계약금 1,000만원(계약 당일 지급)
   - 중도금 2,000만원(2009.2.28까지)
   - 잔금 3,000만원(2009.3.30까지)
   - 을이 중도금과 잔금 지급을 지체할 시 관련 법령과 상관습에 따라 지체상금을 지급하기로 함.

2008년   10월   27일

도 급 인   방 태 영 (인)

수 급 인   조 일 석 (인)

보 증 서

조일석 사장님 귀하

방태영씨가 2008년 10월 27일 귀하에게 서적 1만5천부를 인쇄제본 의뢰한 것과 관련하여 부담하는 모든 채무를 본인들이 연대보증합니다.

2008년 10월 30일

박 인 주 (601023-1207489) 印

서울특별시 관악구 봉천동 573-4

윤 일 국 (570411-1948232) 印

서울특별시 강남구 청담동 501 대도아파트 A동 207호

매매계약서

매도인 윤일국과 매수인 조일석은 아래 토지에 관하여 다음과 같이 합의하여 매매계약을 체결한다.

1. 부동산의 표시

소 재 지	경기도 파주시 다율동 59				
토 지	지목	대지	면적	950㎡(평)	
건 물	구조	용도	면적	㎡(평)	

2. 계약내용

제1조 (매매대금) 위 부동산매매에 있어 매수인은 매매대금을 아래와 같이 지급키로 함.

매 매 대 금	금 1億 2千萬 원정 ₩ 120,000,000-	
계 약 금	20,000,000	원정은 계약시 지급하고
중 도 금	30,000,000	원정은 2012년 5월 10일 지급하며
잔 금	70,000,000	원정은 2012년12월 10일 지급함.

제2조 (동시이행의무) 매도인은 매수인으로부터 매매 잔금을 수령함과 동시에, 매수인에게 소유권이전등기에 필요한 모든 서류를 교부하고 이전등기신청에 협력하여야 하며 또한 위 부동산을 인도하여야 한다.

갑 제 3 호증

※ 특약사항: 매수인이 대금의 지급을 지체한 때에는 월 2%의 이자를 지급하기로 한다.

2012년 3월 10일

매도인	성명	윤 일 국 ㉙	주민등록번호 570411-1948232	
	주소	서울특별시 강남구 청담동 501 대도아파트 에이동 207호	전화 010-2257-1031	
매수인	성명	조 일 석 ㉙	주민등록번호 510523-1052427	
	주소	서울 서초구 서초동 213 초원아파트 201동 304호	전화 010-6620-3536	
입회인	성명	최 명 석 ㉙		
	주소	서울 강남구 일원동 345 지구공인중개사	전화 555-1278	

등기사항전부증명서 (말소사항 포함) – 토지 [제출용]

[토지] 경기도 파주시 다율동 59 　　　　　　　　고유번호 1234－5678－501234

【 표 제 부 】	(토지의 표시)				
표시번호	접 수	소재 지번	지 목	면 적	등기원인 및 기타사항
1 (전 3)	2000년5월4일	경기도 파주시 다율동 59	대	950㎡	부동산등기법시행규칙 부칙 제3조 제1항의 규정에 의하여 2001년 9월 1일 전산이기

【 갑 　 구 】	(소유권에 관한 사항)			
순위번호	등기목적	접 수	등 기 원 인	권 리 자 및 기 타 사 항
1 (전 3)	소유권이전	2000년7월11일 제24398호	2000년6월8일 매매	소유자 윤일국 570411－1948232 서울 강남구 청담동 501 대도아파트 에이동 207호
				부동산등기법시행규칙 부칙 제3조 제1항의 규정에 의하여 2001년 9월 1일 전산이기

－－－－ 이 하 여 백 －－－－　　　　갑 제 **4** 호증

수수료 1,000원 영수함
관할등기소 수원지방법원 화성등기소 / 발행등기소　법원행정처　등기정보중앙관리소

이 증명서는 등기기록의 내용과 틀림없음을 증명합니다.

서기 2013년 4월 25일

법원행정처 등기정보중앙관리소　　　전산운영책임관　　等기정보 중앙관리 소전산운 영책임관

* 실선으로 그어진 부분은 말소사항을 표시함.

* 등기기록에 기록된 사항이 없는 갑구 또는 을구는 생략함.

문서 하단의 바코드를 스캐너로 확인하거나 **인터넷등기소**(http://iros.go.kr)의 발급확인 메뉴에서 **발급확인번호**를 입력하여 위·변조 여부를 확인할 수 있습니다. 발급확인번호를 통한 확인은 발행일부터 3개월까지 5회에 한하여 가능합니다.

발행번호 11020650SLBO1114951WOG231116　발급확인번호 SDFG－YUWE－4993　1/1　발행일 2013/4/25

대 법 원

서 울 동 부 지 방 법 원

제15민사부

보 정 명 령

사 건   2013가합5014 대여금반환 등

원고 대리인   변호사 서윤수 귀하

1. 피고 방태영에 대하여 소장 부본이 송달되지 않습니다.

    〔피고 **방태영**   **송달불능사유**: 이사불명〕

2. 원고는 이 보정명령을 받은 날로부터 7일 안에 아래와 같은 요령으로 주소보정을 하시기 바랍니다. 송달료의 추가납부가 필요한 경우에는 주소보정과 함께 그 금액을 납부하여야 합니다. 위 기한 안에 주소보정을 하지 아니하면 소장이 각하될 수 있습니다(민사소송법 제255조 제2항 참조).

2013. 4. 30.

재판장 판사 방현기 ㉑

주소변동 유무	☐ 주소변동 없음	종전에 적어낸 주소에 그대로 거주하고 있음		
	☐ 주소변동 있음	새로운 주소 : 　　　　　　　　(우편번호　　　－　　　)		
송달신청	☐ 재송달신청	종전에 적어낸 주소로 다시 송달		
	☐ 특별송달신청	☐ 주간송달	☐ 야간송달	☐ 휴일송달
		☐ 종전에 적어낸 주소로 송달	☐ 새로운 주소로 송달	
	☐ 공시송달신청	주소를 알 수 없으므로 공시송달을 신청함 (첨부서류:　　　　　　　　　　　)		
20 ．　．　． 　　　　원고 ○○○				

〔주소보정요령〕

1. 송달가능한 피고의 주소가 확인되는 경우에는 새 주소란의 ☐에 "✔" 표시를 하고 주소를 적은 후 이 서면을 법원에 제출하시기 바랍니다.

2. 피고가 종전에 적어 낸 주소지에 그대로 거주하고 있으면 재송달신청란의 ☐에 "✔" 표시를 하여 주민등록등본 등 소명자료와 함께 이 서면을 법원에 제출하시기 바랍니다.

3. 수취인부재, 폐문부재 등으로 송달되지 않는 경우에 특별송달(집행관송달 또는 법원경위송달)을 희망하는 때에는 특별송달신청란의 ☐에 "✔" 표시를 하고, 주간송달·야간송달·휴일송달 중 희망하는 란의 ☐에도 "✔" 표시를 한 후, 이 서면을 송달료와 함께 법원에 제출하시기 바랍니다(송달료는 지역에 따라 차이가 있을 수 있으므로 우리 재판부 또는 접수계에 문의하시기 바랍니다)

4. 공시송달을 신청하는 때에는 공시송달신청란의 ☐에 "✔" 표시를 한 후 주민등록말소자등본 등 공시송달요건을 소명하는 자료를 첨부하여 제출하시기 바랍니다.

5. 소송목적의 수행을 위해서는 동사무소 등에 이 서면(사본) 또는 소 제기증명 등의 자료를 제출하여 상대방의 주민등록등·초본의 교부를 신청할 수 있습니다(주민등록법 제29조 제2항 제2호, 동법 시행령 47조 제4항 참조).

영 수 증

사 건   2013가합5014 대여금반환 등

위 사건에 관하여 다음과 같이 팩스로 송달받았음을 확인합니다.

1. 송달서류: 귀원의 2013. 4. 30.자 보정명령

2. 송달수령일: 2013. 4. 30.

2013. 4. 30.

원고 소송대리인 변호사 서 윤 수 ㊞

주: 송달받은 즉시 위 영수증에 기명날인하여 서울동부지방법원 제15민사부
   팩스 02)530-1195로 다시 전송하여 주시기 바랍니다.

※ 문의사항 연락처: 서울동부지방법원 제15민사부 법원사무관 상숙연
   직통전화 02)530 - 1192   교환 02)530 - 0114 (192)
   팩   스 02)530 - 1195   e-mail: cho67@scourt.go.kr

공 시 송 달 신 청

사건   2013가합5014 대여금반환 등
원고   조일석
피고   방태영 외 2인

위 당사자 사이의 2013가합5014 대여금반환 등 청구 사건에 관하여 피고 방태영에 대한 소장부본 등의 서류 송달이 불능되었는바, 위 피고는 그 주거지인 서울특별시 동작구 상도동 112−5에 2007. 9. 11. 전입신고를 한 후 그곳에 거주하다가 2012. 2. 하순경 행방을 감추어 현재 거주하지 아니하고 있고, 관할 동사무소에서도 2013 5. 1. 주민등록이 직권말소되었으며, 거소를 백방으로 탐문하였으나 도저히 알 수가 없으므로, 위 피고에 대한 소장 부본 등 서류의 송달을 공시송달로 하여 주시기 바랍니다.

소 명 방 법

1. 말소자 초본
2. 불거주확인서

2013. 5. 2.

원고 소송대리인 변호사 서 윤 수 ㊞

서울동부지방법원 제15민사부   귀중

(말소자 초본)

이 초본은 말소된 개인별 주민등록표의
원본 내용과 틀림없음을 증명합니다.
담당자: 이미경
전 화: 02-389-4640
신청인: 조일석 (1951-5-23)
용도 및 목적: 법원제출용
2013년 5월 2일

이 용지는 위조식별 표시가 되어 있음   **서울특별시 동작구 상도동장**

성 명	방태영 (方太英)	주민등록번호	521115-1937424

번호	인 적 사 항 변 경 내 역
	= = 공 란 = =
	"주민등록번호 정정내역 없음"

번호	주 소	전 입 일 / 변 동 일 변 동 사 유	세대주및관계
1	서울특별시 마포구 서교동 123-9	1998-12-02 1998-12-02 전입	
2	서울특별시 동작구 상도동 112-5	2007-09-11 2007-09-11 전입	
3	서울특별시 동작구 상도동 112-5	− − − − − − − − − 2013-05-01 무단전출직권말소	방태영의 본인
	= = 이 하 여 백 = =		

서울특별시 동작구 상도동장   서울특별
시동작구
상도동장

※
1. 본인이나 세대원은 전자민원G4C(www.egov.go.kr)에서 무료로 주민등록표를 열람하거나 등·초본을 교부받을 수 있습니다.
2. 전자문서로 교부하는 경우에는 한자를 생략하여 교부할 수 있습니다.
   [상도동(2/5)] [4161730546041628115708-0910211671583733341101-0009)]

(수입증지가 인영이 되지 아니한
증명은 그 효력을 보증할 수 없습니다)

불 거 주 확 인 서

주   소: 서울특별시 동작구 상도동 112－5 (2/5)

성   명: 방태영 (方太英)

주민등록번호: 521115－1937424

상기자는 2007. 9.경 위 주소지에 혼자 전입하여 거주하다가 2012. 2. 하순경 행방을 감춘 후 아직까지 위 주소지에 돌아온 사실이 없음을 확인합니다.

2013. 5. 1.

서울특별시 동작구 상도동 2통장   명 애 자 ㉑

서울특별시 동작구 상도동 2통 5반장   태 수 훈 ㉑

사건·기일별 송달현황

재판부: 제15민사부   [출력일: 2013. 5. 1. 11:00]

구분	송달현황			송달결과
▶ [2013가합5014]				
송달물	**소장부본/소송절차안내서**			불능:이사불명(2013.04.24.) 불능:이사불명(2013.04.26.)
생성일·방법	생성:2013.04.22	우편송달		
송달받을자 주소	피고 방태영	서울 동작구 상도동 112-5(2/5)		
수령인·장소				[서울동작/송영주]
송달물	**소장부본/소송절차안내서**			송달:2013.04.23.
생성일·방법	생성:2013.04.22	우편송달		
송달받을자 주소	피고 박인주	서울 관악구 봉천동 573-4		
수령인·장소	본인 박인주	서울 관악구 봉천동 573-4		[서울관악/이병진]
송달물	**소장부본/소송절차안내서**			송달:2013.04.23.
생성일·방법	생성:2013.04.22	우편송달		
송달받을자 주소	피고 윤일국	서울 서초구 방배동 512 미려빌딩 802호		
수령인·장소	딸 윤미자	[서울 서초구 방배동 512 미려빌딩 802호]		[서울서초/이영진]
송달물				
생성일·방법				
송달받을자 주소				
수령인·장소				
송달물				
생성일·방법				
송달받을자 주소				
수령인·장소				

서 울 동 부 지 방 법 원

제15민사부

공 시 송 달 명 령

사 건   2013가합5014 대여금반환 등
원 고   조일석
피 고   방태영

피고 방태영에 대한 이후의 송달은 공시송달로 할 것을 명한다.

2013. 5. 2.

재판장 판사 방현기 ㉑

공 시 송 달 보 고 서

사 건   2013가합5014 대여금반환 등

송달한 서류   소장 부본, 소송절차안내서, 증거신청서(2013. 4. 27.자) 부본
각 1통

피고 방태영에게 송달할 위 서류를 공시송달하기 위하여 2013. 5. 2. 대법원 홈페이지 (www.scourt.go.kr)에 게시하였습니다.

2013. 5. 2.

법원사무관 상숙연 ㉑

민소 194, 193, 민소규 54①

서 울 동 부 지 방 법 원

제15민사부

준 비 명 령

사　　　건　　2013가합5014　대여금반환 등
　　　　　　　〔원고 조일석 / 피고 방태영 외 2명〕
원고 대리인 변호사 서윤수 (귀하)

피고 방태영에 대한 사건은 공시송달로 진행하기로 하였으므로 제1차 변론기일에 증거조사를 마치고 변론을 종결할 수 있도록 다음 사항을 준비하시기 바랍니다.

준비할 사항

☐ 소장에 첨부된 서증의 원본 지참
☑ 소장에서 인용한 서증의 원본 지참
☐ 사실관계를 잘 아는 증인 1명의 공증진술서
☑ 사실관계를 잘 아는 증인 1명에 대한 증인신청서 제출 및 증인의 대동
☐ 기타 (　　　　　　　　　　　　　)

2013.　5.　2.

재판장 판사　방현기　㊞

※ 문의사항 연락처: 서울동부지방법원 제15민사부　법원사무관　상숙연
　　직통전화 02)530 － 1192　　　　교환 02)530 － 0114 (192)
　　팩　　스 02)530 － 1195　　　　e－mail: cho67@scourt.go.kr

영 수 증

사 건   2013가합5014 대여금반환 등

위 사건에 관하여 다음과 같이 팩스로 송달받았음을 확인합니다.

 1. 송달서류: 귀원의 2013. 5. 2.자 준비명령

 2. 송달수령일: 2013 5. 2.

2013. 5. 2.

원고 소송대리인 변호사 **서 윤 수** ㉑

주: 송달받은 즉시 위 영수증에 기명날인하여 서울동부지방법원 제15민사부
   팩스 02)530-1195로 다시 전송하여 주시기 바랍니다.

※ **문의사항 연락처: 서울동부지방법원 제15민사부 법원사무관 상숙연**
   직통전화 02)530 - 1192   교환 02)530 - 0114 (192)
   팩   스 02)530 - 1195   e-mail: cho67@scourt.go.kr

〈답변서 요약표〉

구 분	피고의 의견 요약 (☑ 표시)
1. 원고의 주장에 대하여	☐ 다투지 아니함 ☑ 다툼
2. 조정(화해)의 희망 여부	☑ 조정(화해) 희망 ☐ 해당 없음
3. 소송요건에 대하여	☐ 관할 위반 주장 ☐ 이송 신청 ☐ 기타 소송요건 미비(　　　　　　　　　　) ☐ 해당 없음
2013. 5. 7 　　　작성자:　　　　피고　박인주　㉑	

※ 피고는 답변서를 제출하는 경우에는 이 <답변서 요약표>의 1항 내지 3항의 해당항목에 ☑ 표시를 한 다음, 답변서의 표지 다음 장(표지가 없는 경우에는 맨 앞장)에 이 <답변서 요약표>를 붙여서 제출하시기 바랍니다.

답 변 서

전산입력

사 건   2013가합5014   대여금반환 등
원 고   조일석
피 고   방태영 외 2인

위 사건에 대하여 피고 박인주는 아래와 같이 답변합니다.

청구취지에 대한 답변

1. 원고의 피고 박인주에 대한 청구를 기각한다.
2. 소송비용은 원고의 부담으로 한다.
라는 판결을 구합니다.

청구원인에 대한 답변

1. 원고가 피고 방태영에게 서적 인쇄 제본을 수급하여 납품한 후 일부 대금을 받지 못하고 있는 사실, 피고 박인주가 피고 윤일국과 같이 위 채무를 연대보증한 사실은 인정합니다.
2. 그러나 피고 방태영은 원고가 소장에서 언급한 중도금 10,000,000원 이외에 2009. 3. 1. 원고의 공장장인 정병헌에게 10,000,000원권 자기앞수표를 인쇄대금으로 지급하였으므로 남아있는 인쇄대금은 잔금 30,000,000원뿐입니다(을 제1호증 참조).
3. 또한, 원고의 피고 방태영에 대한 이 사건 인쇄대금 채권은 상인인 원고가 도급받은 인쇄제본의 대가로서 민법 제163조 제6호에 따라 3년의 단기소멸시효가 적용되는데, 잔금 30,000,000원의 채권은 그 지급기일로부터 이미 3년이 경과하였으므로 시효로 소멸하였습니다.

입 증 방 법

1. 을 제1호증   영수증

첨 부 서 류

1. 위 입증방법   2통
2. 답변서부본   1통

2013. 5. 7.

피고 박 인 주 ㉘

서울동부지방법원 제15민사부 귀중

領 收 證

금 일천만(10,000,000)원 정(자기앞수표)

위 금액을 인쇄대금 일부로 수금하였습니다.

2009년 3월 1일

영수인 양지인쇄제책사 공장장 정병헌 ⑪

방 태 영 사장님 귀하

답 변 서

사 건   2013가합5014   대여금반환 등
원 고   조 일 석
피 고   방 태 영 외 2인

위 사건에 대하여 피고 윤일국은 아래와 같이 답변합니다.

청구취지에 대한 답변

1. 원고의 피고 윤일국에 대한 청구를 기각한다.
2. 소송비용은 원고의 부담으로 한다.
라는 판결을 구합니다.

청구원인에 대한 답변

1. 대여금반환청구에 관하여

　원고가 피고 방태영에게 2012. 1. 16 돈 1억원을 대여한 사실에 대하여 피고 윤일국은 일절 알지 못하며 보증을 한 일도 없습니다. 이는 전적으로 방태영 피고에게 책임을 물을 일입니다.

2. 인쇄제본대금청구에 관하여

　피고 윤일국이 피고 방태영의 원고에 대한 인쇄제본대금채무를 보증한 일은 있습니다. 이에 관한 자세한 내용은 피고 박인주의 답변서 기재 내용을 그대로 원용합니다. 고로 피고 윤일국이 원고에게 보증책임을 질 인쇄제본대금채무는 더 이상 남아있지 않습니다.

3. 소유권이전등기청구에 관하여

　가. 피고 윤일국이 원고에게 원고 주장과 같이 토지를 매도하기로 매매계약을 체결하고 원고로부터 계약 당일 계약금 2,000만원을 지급받은 사실은 인정합니다.

　나. 그러나 원고는 소장에서 스스로 시인하고 있는 것처럼 약정한 중도금 지급기일인 2012. 5. 10.에 중도금 3,000만원 중 2,000만원만 지급했을 뿐 나머지 1,000만원을 지급하지 아니하였습니다. 그 사이에 땅값은 올랐습니다. 이로 인해 원고만이 이익을 받았습니다.

　다. 그런데 이 사건 매매계약을 체결하면서 피고 윤일국은 원고로부터 잔금을 받음과 동시에 등기이전을 해주기로 하였고, 원고는 잔금을 2012. 12. 10까지 지급하기로 하고 중도금이나 잔금 지급을 지체할 시 월 2%의 약정 지연손해금을 지급하기로 약정하였으므로(갑제3호증 참조), 피고 윤일국은 원고로부터 중도금 미지급액 1,000만원과 잔금 7,000만원, 그리고 각 이 돈에 대하여 그 지급기일 다음날(중도금 미지급액 1,000만원은 2012. 5. 11이고 잔금 7,000만원은 2012. 12. 11임)부터 완제일까지의 월 2%의 약정 지연손해금을 지급받을 때까지는 원고의 소유권이전등기청구에 응할 의무가 없습니다.

첨 부 서 류

1. 답변서 부본 1통

2013. 5. 10

위 피고 윤 일 국 ㉑

서울동부지방법원 제15민사부 귀중

준 비 서 면

전산입력

사 건   2013가합5014   대여금반환 등
원 고   조일석
피 고   방태영 외 2인

위 사건에 관하여 원고 소송대리인은 아래와 같이 변론을 준비합니다.

1. 인쇄대금에 대하여

(1) 피고 박인주, 윤일국은 2009. 3. 1. 원고의 직원(공장장)인 정병헌에게 피고 방태영이 직접 자기앞수표로 1,000만 원을 지급하였다고 주장하나, 원고는 아직 이 돈을 받은 일이 없습니다. 원고의 공장장이던 정병헌이 가끔 원고의 심부름으로 원고를 대신해 거래처로부터 수금을 해온 일이 있기는 하나, 원고는 피고 방태영에게서 위와 같이 1,000만 원을 수표로 받았다는 보고나 그 돈을 전달받은 일이 없습니다.

정병헌은 2012. 9.경 사직한 이후 원고와 만난 일이 없습니다.

(2) 위 피고들은 이 사건 인쇄대금채권이 3년의 단기소멸시효 완성으로 소멸하였다고 주장하나, 원고는 2012. 3. 2. 위 채권을 보전하기 위하여 피고 방태영 소유인 고양시 일산서구 일산2동 315 대 120㎡에 대하여 의정부지방법원 고양지원에 가압류 신청을 하였고, 2012. 3. 3. 가압류명령이 발령되어 그 집행(등기)절차를 마친 바 있습니다. 고로 이로써 위 인쇄대금채권에 대한 소멸시효가 중단되었고 시효는 아직 완성되지 않았습니다.

2. 토지매매에 대하여

원고가 중도금 중 일부를 제때 지급하지 못한 것은 사실이지만, 원고의 잔금지급의무는 피고 윤일국의 소유권이전등기의무와 동시이행관계에 있으므로(갑 제3호증 참조) 원고는 미지급 대금에 대하여 지연손해금지급의무가 없습니다.

피고 윤일국은 자신이 손해를 보고 있다고 주장하나, 스스로 나머지 중도금과 잔금수령을 거부하고 웃돈을 요구한 것으로 볼 때, 이는 허위의 주장입니다.

3. 결론

고로 피고 박인주, 윤일국의 주장을 모두 배척하고 원고의 이 사건 청구를 인용하여 주시기 바랍니다.

입 증 방 법

1. 갑 제5호증   가압류결정정본
2. 갑 제6호증   등기사항전부증명서

접 수
No. 10377
2013. 05. 19.
서울동부지방법원
종합민원실

첨 부 서 류

1. 위 입증방법   각 3통
2. 준비서면부본   3통

2013. 5. 19.

원고 소송대리인 변호사 서 윤 수 ㉖

서울동부지방법원   제15민사부   귀중

의정부지방법원 고양지원
결   정

갑 제 5 호증

사 건	2012카단10174 부동산가압류
채 권 자	조일석 (510523 – 1052427)
	서울 서초구 서초동 213 초원아파트 201동 304호
채 무 자	방태영 (521115 – 1937424)
	서울 동작구 상도동 112 – 5

주   문

채무자 소유의 고양시 일산서구 일산2동 315 대 120㎡를 가압류한다.

채무자는 다음 청구금액을 공탁하고 집행정지 또는 집행취소를 신청할 수 있다.

청구채권의 내용: 2008. 10. 27.자 서적인쇄 도급계약상의 대금채권

청구금액: 금 40,000,000원

이   유

이 사건 부동산가압류신청은 이유 있으므로 담보로 별지 첨부의 지급보증위탁계약을 맺은 문서를 제출받고 주문과 같이 결정한다.

2012.   3.   3.

판사 정 성 효 (인)

정본입니다.

2012.   3.   3.

의정부지방법원 고양지원

법원주사   홍 상 철   [의정부지
방법원고
양지원법
원주사인]

등기사항전부증명서 (말소사항 포함) – 토지 [제출용]

[토지] 경기도 고양시 일산서구 일산2동 315 고유번호 1102-1996-110485

【 표　제　부 】	(토지의 표시)				
표시번호	접 수	소재지번	지 목	면 적	등기원인 및 기타사항
1 (전 1)	1981년 2월 10일	경기도 고양시 일산구 일산2동 315	대	120㎡	부동산등기법시행규칙 부칙 제3조 제1항의 규정에 의하여 1998년 6월 15일 전산이기
2	2005년 7월 1일	경기도 고양시 일산서구 일산2동 315	대	120㎡	2005년 5월 16일 행정구역 및 명칭변경

【 갑　　구 】	(소유권에 관한 사항)			갑 제 **6** 호증
순위번호	등기목적	접 수	등기원인	권리자 및 기타사항
1 (전 4)	소유권이전	1999년 8월 23일 제3003호	1999년 8월 16일 매매	소유자 윤미자 400321-2012345 서울 중구 순화동 532
2	소유권이전	2001년 5월 4일 제8937호	2001년 5월 1일 매매	소유자 방태영 521115-1937424 서울 동작구 상도동 112-5
3	가압류	2012년 3월 3일 제4011호	2012년 3월 3일 의정부지방법원 고양지원의 가압류결정 (2012카단10174)	청구금액 금 40,000,000원 권리자 조일석 510523-1052427 서울 서초구 서초동 213 초원아파트 201동 304호

– – – – 이　하　여　백 – – – –

수수료 금 1,000원 영수함 관할등기소 의정부지방법원 고양지원 등기과

이 증명서는 등기기록의 내용과 틀림없음을 증명합니다.

서기　2013년 5월 11일

법원행정처 등기정보중앙관리소　　전산운영책임관

등기정보
중앙관리
소전산운
영책임관

* 실선으로 그어진 부분은 말소사항을 표시함.

* 등기기록에 기록된 사항이 없는 갑구 또는 을구는 생략함.

문서 하단의 바코드를 스캐너로 확인하거나 인터넷등기소(http://iros.go.kr)의 발급확인 메뉴에서 **발급확인번호**를 입력하여 위·**변조 여부**를 확인할 수 있습니다. 발급확인번호를 통한 확인은 발행일부터 3개월까지 5회에 한하여 가능합니다.

발행번호 1238923478910236783671893408293902344 발급확인번호 AAIK-VPTF-0004 1/1 발행일 2013/5/11

대 법 원

증 인 신 청 서

1. 사건: 2013가합5014   대여금반환 등
2. 증인의 표시

이　름	정병헌	직　업	회사원
주민등록번호	620302-1031145		
주　소	서울 송파구 문정1동 301 현대아파트 501-1101		
전화번호	자택　　　　　사무실　　　　　　휴대폰		(010)6244-0123
원·피고 와의 관계	원고의 전 직원		

3. 증인이 이 사건에 관여하거나 그 내용을 알게 된 경위

　　1999. 3.경부터 원고 인쇄소의 공장장으로 근무함

4. 신문할 사항의 개요

　　① 원고가 피고 방태영에게 1억 원을 대여한 사실

　　② 원고와 피고 방태영이 인쇄도급계약을 체결한 사실

5. 희망하는 증인신문방식(해당란에 "✔" 표시하고 희망하는 이유를 간략히 기재)

　　☐ 증인진술서 제출방식　✔ 증인신문사항 제출방식　☐ 서면에 의한 증언방식

　　이유: 원고와 직접 대면이 곤란함

6. 그밖에 필요한 사항

접　수
No. 12304
2013. 05. 19.
서울동부지방법원
종합민원실

2013.　5.　19.

원고 소송대리인 변호사 서 윤 수 ㉑

서울동부지방법원 제15민사부 귀중

1. 증인이 이 사건에 관여하거나 그 내용을 알게 된 경위는 구체적이고 자세하게 적어야 합니다.
2. 여러 명의 증인을 신청할 때에는 증인마다 증인신청서를 따로 작성하여야 합니다.
3. 신청한 증인이 채택된 경우에는 법원이 명하는 바에 따라 증인진술서나 증인신문사항을 미리 제출하여야 하고, 지정된 신문기일에 증인이 틀림없이 출석할 수 있도록 필요한 조치를 취하시기 바랍니다.

서울동부지방법원
변 론 조 서

제 1 차

사 건	2013가합5014 대여금반환 등	

재판장 판사   방현기   기   일: 2013. 5. 23. 10:00

　　　　 판사   김영선   장   소: 제458호 법정

　　　　 판사   추미영   공개 여부: 공개

법원 사무관   상숙연   고지된 다음기일: 2013. 5. 30. 14:00

사건과 당사자의 이름을 부름

원고 대리인 변호사 서윤수   출석

피고 1. 방태영(공시송달)   불출석

피고 2. 박인주, 3. 윤일국   각 출석

원고 대리인

　이 사건 소비대차계약, 인쇄도급계약의 주채무자 또는 연대보증인인 피고들에 대하여 대여금의 반환과 미지급 인쇄대금 및 지연손해금을 구하고, 피고 윤일국에 대하여는 이 사건 토지에 관하여 2012. 3. 10. 매매계약을 원인으로 한 소유권이전등기절차의 이행을 구한다고 주장하고 소장 및 2013. 5. 19.자 준비서면에 의하여 진술

피고 박인주

　원고가 구하는 인쇄대금채무 중 일부는 변제로 소멸하였고, 나머지는 시효로 소멸하였으므로 원고의 청구는 이유 없다고 주장하면서, 2013. 5. 7.자 답변서에 의하여 진술하고, 이에 배치되는 원고의 주장을 부인

피고 윤일국

　미지급된 중도금 및 잔금 등을 지급받을 때까지는 원고의 소유권이전등기청구에 응할 수 없다고 항변하면서 2013. 5. 10.자 답변서에 의하여 진술하고, 원고의 인쇄대금청구에 관한 피고 박인주의 주장 내용 중 일부 변제 주장과 소멸시효 주장을 원용한다고 진술

원고 대리인

　원고의 2013. 5. 19.자 준비서면 기재와 같이 피고 방태영 소유의 부동산에 대한 가압류로써 인쇄대금채권의 소멸시효가 중단되었다고 진술

원고 대리인 및 피고 박인주, 윤일국

　다음 사실은 원고와 피고 박인주, 윤일국 사이에 다툼이 없다고 진술

1. 2008. 10. 27. 원고가 피고 방태영으로부터 서적 15,000부의 인쇄와 제본을 대금 6,000만 원에 수급하고 그 서적을 약정한 기일인 2009. 2. 28.에 모두 납품한 사실

2. 위 인쇄대금 중 계약금 1,000만원은 계약 당일에 수수되었고, 중도금 2,000만 원은 2009. 2. 28.까지 지급키로 하였으나 원고는 그날 1,000만 원만 지급받고 나머지 1,000만 원에 대한 지급기일을 2009. 3. 5.로 연기해 주었으며, 잔금 3,000만 원은 2009. 3. 30.까지 지급키로 했으나 피고 방태영은 이를 아직 지급하지 않은 사실

3. 피고 방태영이 위 인쇄대금 지급을 지체할 경우 관련 법령과 상관습에 정한 지연손해금을 지급하기로 약정한 사실

4. 피고 박인주, 윤일국이 2008. 10. 30. 피고 방태영의 원고에 대한 위 채무를 연대보증한 사실

원고 대리인 및 피고 윤일국

다음 사실은 원고와 피고 윤일국 사이에 다툼이 없다고 진술

1. 원고가 2012. 3. 10. 피고 윤일국으로부터 경기도 파주시 다율동 59 대 950㎡를 대금 12,000만 원에 매수하면서 계약금 2,000만 원을 계약 당일 지급하였고, 중도금 3,000만 원은 2012. 5. 10.까지, 잔금 7,000만 원은 2012. 12. 10.까지 각 지급하기로 약정한 사실

2. 원고는 2012. 5. 10. 중도금 중 2,000만 원만을 지급하였고, 그 나머지 1,000만 원 및 잔금 7,000만 원을 아직까지 지급하지 않은 사실

3. 원고와 피고 윤일국은 잔금 지급과 위 토지의 소유권이전등기를 상환으로 이행하기로 약정한 사실

재판장 판사

이 사건의 주된 쟁점이

1. 대여금반환청구와 관련해서는
   원고가 피고 방태영에게 1억 원을 대여한 일이 있는지 여부

2. 인쇄대금청구와 관련해서는
   피고 방태영이 2009. 3. 1. 공장장 정병헌을 통해 1,000만 원을 지급한 사실이 있는지 여부, 잔금채권에 대한 소멸시효가 완성하였는지 여부

3. 소유권이전등기청구와 관련해서는
   지연손해금의 성립 여부 및 그 범위라는 점에 관하여 소송관계인에게 의견을 구하다.

원고 대리인 및 피고 박인주, 윤일국

각 그렇다고 진술

재판장 판사

원고 대리인에게 피고 방태영에 대한 대여금반환청구의 증거방법이 무엇인지 석명을 구하다.

원고 대리인

증인 정병헌에 대한 신문신청 외에는 다른 증거가 없다고 진술하고, 2009. 3. 1. 피고 방태영이 정병헌을 통해 1,000만 원을 인쇄대금 일부로 변제했다는 피고 박인주, 윤일국의 주장 사실을 인정한다고 진술

증거관계 별지와 같음(쌍방 서증, 원고 증인 등)
속행

법원사무관   상 숙 연 ㊞

재판장 판사   방 현 기 ㊞

전산입력

준 비 서 면

사 건 2013가합5014 대여금반환 등
원 고 조일석
피 고 방태영 외 2인

위 사건에 관하여 원고 소송대리인은 아래와 같이 변론을 준비합니다.

1. 피고 방태영에 대한 이 사건 대여금의 교부처

원고는 피고 방태영에 대한 이 사건 대여금을 그 대리인인 소외 이영숙에게 교부하였습니다. 위 이영숙은 그 당시 피고 방태영의 처로서 출판사를 같이 경영하고 있었습니다.

2. 대여의 경위

그 당시 위 이영숙이 원고를 찾아와 자신의 남동생이 교통사고를 내서 급히 합의금이 필요하다며 돈을 빌려달라고 하므로, 원고는 피고 방태영이 빌려달라는 것이냐고 물었습니다. 그러자 위 이영숙은 그렇다고 하면서 남편인 피고 방태영이 중국에 사업차 출장을 가 있어 자신이 대신 왔다고 대답하였습니다.

피고 방태영의 처남이 교통사고를 내서 구속될 처지에 있다는 사실은 원고도 이미 그 인척들인 피고 박인주외 윤일국으로부터 들어서 알고 있었기 때문에, 원고는 위 이영숙의 요청을 거절하기가 어려워 피고 방태영이 그 돈을 빌리는 것으로 하고 돈 1억 원을 빌려주었습니다. 이러한 경위는 당시 원고의 공장장으로 근무하던 소외 정병헌이 모두 보아서 잘 알고 있습니다.

3. 피고 방태영의 책임

가. 위와 같이 위 이영숙은 피고 방태영을 대리하여 원고에게서 돈을 차용한 것이므로 이에 대하여 피고 방태영은 변제책임이 있습니다. 당시 위 이영숙이 남편인 피고 방태영을 대신해서 돈을 차용하는 것이라고 분명히 말하였고, 실제로 피고 방태영은 1주일 후쯤 중국에서 귀국하여 원고를 찾아와 원고 덕분에 피해자 측과 합의가 잘 되어 처남이 구속을 면하게 되었다며 고마움을 표하고 빌려간 돈은 이른 시일 안에 갚겠다고 약속까지 하였습니다. 만약 차용 당시 위 이영숙에게 피고 방태영을 대리할 권한이 없었다고 하더라도 이로써 피고 방태영은 이를 추인한 것이라 할 것입니다.

나. 위 이영숙에게 피고 방태영을 대리하여 원고에게서 돈을 차용할 권한이 없었거나 피고 방태영이 이를 추인한 사실이 없다고 할지라도, 피고 방태영은 민법 제126조에 의한 표현대리의 책임이 있습니다.

위 이영숙은 피고 방태영의 처이므로 일상가사대리권이라는 기본대리권이 있었고, 그 차용한 돈이 피고 방태영의 처남 교통사고 합의금으로 급히 필요했던 사정, 그 직전에 원고가 이들의 지인인 피고 박인주, 윤일국에게서 교통사고 사실을 전해 들어 그 돈의 차용용도가 진실한 것으로 믿을 수밖에 없었고 실제로 그 용도에 사용된 사정, 당시 피고 방태영이 중국에 출장을 가 있어 직접 돈을 빌리러 올 수 없었고 원고도 그에게 이영숙에 대한 대리권 수여 사실을 확인하기 곤란하였던 사정, 이영숙과 피고 방태영이 출판사를 같이 운영하고 있었던 사정, 차용 후 피고 방태영이 원고에게 고마움을 표한 사정 등을 감안하면, 당시 원고는 위 이영숙에게 피고 방태영을 대리하여 돈을 차용할 대리권이 있다고 믿을 만한 정당한 사유가 있었다고 할 것입니다.

그러므로 피고 방태영에 대한 원고의 이 사건 대여금반환청구를 인용하여 주시기 바랍니다.

첨 부 서 류

1. 준비서면 부본   1통

2013. 5. 24.

원고 소송대리인 변호사 **서 윤 수** ㊞

서울동부지방법원   제15민사부   귀중

증인신문사항 제출

사 건   2013가합5014 대여금반환 등
원 고   조일석
피 고   방태영 외 2인

2013. 5. 24.

원고 소송대리인 변호사 서 윤 수 ㉲

서울동부지방법원 제15민사부 귀중

2013가합5014 대여금반환 등

증 인(정병헌) 신 문 사 항

1. 증인은 이전에 원고가 운영하는 양지인쇄제책사의 직원으로 근무한 일이 있지요?

2. 직책은 무엇이었는가요?

3. 증인은 원고가 2012. 1. 16. 피고 방태영의 처 이영숙에게 돈 1억 원을 빌려준 사실을 압니까?

4. 그 경위는 어떠한가요?

5. 원고는 어떤 조건으로 위 돈을 빌려주었는가요?

6. 피고 방태영이 아직까지 위 돈을 변제하지 않은 이유를 증인은 아는가요?

7. (갑 제7호증을 제시하고)
   원고가 이와 같이 2008. 10. 27. 피고 방태영으로부터 서적 인쇄 제본 일을 도급받은 일이 있지요?

8. 증인은 2009. 3. 1. 피고 방태영에게서 자기앞수표로 위 인쇄대금 중 1,000만 원을 받은 일이 있는가요?

9. 받은 일이 있다면 무슨 자격으로 받은 것인가요?

10. 증인은 위 1,000만 원을 원고에게 전달하였는가요?

서울동부지방법원
공시송달 보고서

사   건   2013가합5014   대여금반환 등

송달할 서류   변론기일(2013. 5. 30. 14:00) 통지서 1통, 원고의 준비서면(2013. 5. 24.자) 부
                 본 1통, 증인신문사항 1통

   피고 방태영에게 송달할 위의 서류를 공시송달하기 위하여 2013. 5. 24. 대법원 홈페이지
(www.scourt.go.kr)에 게시하였습니다.

2013.   5.   24.

법원사무관   상   숙   연   ㉑

서울동부지방법원
변 론 조 서

제 2 차

사　　　　건	2013가합5014　대여금반환 등	

재판장　판사　방현기　　　　　　　　기　　　일: 2013. 5. 30. 14:00

　　　　　판사　김영선　　　　　　　　장　　　소: 제458호 법정

　　　　　판사　추미영　　　　　　　　공개 여부: 공개

법원　사무관　상숙연　　　　　　　　고지된 선고기일: 2013. 6. 13. 10:00

사건과 당사자의 이름을 부름

원고 대리인 변호사 서윤수　　　　　　　　　　　　　　　　　출석

피고 1. 방태영(공시송달)　　　　　　　　　　　　　　　　　불출석

피고 2. 박인주, 3. 윤일국　　　　　　　　　　　　　　　　각 출석

증인 정병헌　　　　　　　　　　　　　　　　　　　　　　　출석

원고 대리인

　2013. 5. 24.자 준비서면에 의하여, 피고 방태영의 대리인 이영숙이 그를 대리해 원고에게서 1억 원을 차용하였고, 그녀에게 대리권이 없더라도 피고 방태영은 이를 추인하였으며 민법 제126조의 표현대리가 성립하므로, 피고 방태영은 그에 따른 책임이 있다고 진술

재판장 판사

　추인과 표현대리 주장을 대리 주장에 대하여 예비적으로 주장하는 것인지 확인을 구하다.

원고 대리인

　그렇다고 진술하고, 정병헌이 2009. 3. 1. 피고 방태영에게서 인쇄대금으로 1,000만 원을 변제받은 사실이 있다는 종전의 진술은 소송대리인이 경위를 잘 모른 채 착오에 의해 한 것이므로 철회한다고 진술

출석한 증인 별지 조서와 같이 신문

원고 대리인 및 피고 박인주, 윤일국

　더 이상 주장하거나 제출할 증거가 없다.

소송관계 표명, 증거조사 결과 변론

변론종결

　　　　　　　　　　　　　　　　　　　　법원사무관　　상 숙 연　㊞

　　　　　　　　　　　　　　　　　　　　재판장 판사　　방 현 기　㊞

서울동부지방법원
증인신문조서
(2013. 5. 30. 제2차 변론조서의 일부)

사 건   2013가합5014 대여금반환 등
증 인   성 명   정병헌
       생 년 월 일   1962. 3. 2.
       주   소   서울 송파구 문정1동 301 현대아파트 501동 1101호

- -

재판장 판사

증인에게 선서의 취지를 명시하고 위증의 벌을 경고한 다음 별지 선서서와 같이 선서를 하게 하였다.

원고 대리인

1. 증인은 이전에 원고가 운영하는 양지인쇄제책사의 직원으로 근무한 일이 있지요?

   답: 예

2. 직책은 무엇이었는가요?

   답: 처음에는 평직원이었고 2008년 초부터 공장장으로 일했습니다.

3. 증인은 원고가 2012. 1. 16. 피고 방태영의 처 이영숙에게 돈 1억 원을 빌려준 사실을 압니까?

   답: 예 압니다. 제가 그때 입회해서 알고 있습니다.

4. 그 경위는 어떠한가요?

   답: 2008년 10월 경 방태영씨가 원고에게 서적 인쇄 일을 도급준 것을 계기로 원고와 방태영씨 부부가 친하게 지냈는데, 출판사를 같이 운영하던 방태영씨 부부가 자주 원고 공장에 놀러오곤 했습니다. 그런데 돈을 빌려줄 무렵 방태영씨 처남이 교통사고를 내서 어렵다고 하였데 이영숙씨가 원고를 찾아와 합의금이 없으면 구속된다며 원고에게 돈을 빌려줄 것을 간청했습니다.

   문: 왜 이영숙씨 혼자 왔나요?

   답: 남편 방태영씨는 중국에 사업차 출장을 가 있어서 못 오고 자기가 대신 왔다고 하였습니다.

5. 원고는 어떤 조건으로 위 돈을 빌려주었는가요?

   답: 이자를 받기로 했던 것 같은데 자세히는 기억이 안 나고, 1년 후에 갚기로 했었습니다.

6. 피고 방태영이 아직까지 위 돈을 변제하지 않은 이유를 증인은 아는가요?

   답: 중국에서의 사업이 어려워져서 부도를 맞았다고 들었습니다. 이영숙씨와도 이혼을 한 것으로 압니다.

7. (갑 제7호증을 제시하고)

   원고가 이와 같이 2008. 10. 27. 피고 방태영으로부터 서적 인쇄 제본 일을 도급받은 일이

있지요?

답: 예 그때 작성했던 계약서가 맞습니다.

8. 증인은 2009. 3. 1. 피고 방태영에게서 자기앞수표로 위 인쇄대금 중 1,000만 원을 받은 일이 있는가요?

답: 예

9. 무슨 자격으로 받은 것인가요?

답: 사장인 원고 지시로 심부름을 한 것입니다.

10. 증인은 위 1,000만 원을 원고에게 전달하였는가요?

답: 경리직원에게 주고 처리를 하라고 했기 때문에 증인은 그 이후의 일은 잘 모르겠습니다.

재판장 판사

1. 원고가 왜 이영숙에게 차용증이나 영수증을 안 받았는가요?

답: 그때 받은 것으로 기억합니다.

2. 이영숙이 당시 피고 방태영의 위임장을 가져왔는가요?

답: 그런 문서 같은 것은 가져오지 않았습니다. 아주 급하다며 무척 안절부절못했습니다.

3. 당시 원고가 피고 방태영에게 돈을 빌려주기로 한 것입니까, 아니면 이영숙에게 빌려준 것입니까?

답: 남편이니까 당연히 방태영씨가 같이 갚아야 할 것으로 알았는데, 그 당시 누구를 차주로 했는지는 잘 모르겠습니다.

4. 피고 방태영이 그 뒤 원고에게 자신이 그 돈을 갚겠다고 말하였는가요?

답: 방태영씨가 며칠 뒤인가 와서 처남이 구속을 면하게 되었다는 말은 하였던 것 같은데 구체적으로 그 당시 원고와 무슨 말을 했는지는 증인이 옆에 없었기 때문에 잘 모르겠습니다.

5. 그럼 원고는 당시 이영숙의 말만 듣고 돈을 빌려주었는가요?

답: 예. 당시 워낙 사정이 급했고 서로 친하게 지내던 사이였으니까 믿었던 것입니다.

피고 박인주

1. (을 제1호증을 제시하고) 이것은 증인이 작성한 것이지요?

답: 예 제가 박인주 씨에게 작성해 주었습니다.

재판장 판사

1. 왜 이 영수증을 피고 박인주에게 작성해 주었나요?

답: 박인주 씨가 최근에 저를 찾아와 재판 이야기를 하면서 돈을 받은 것은 사실이니 작성해 달라고 하여 작성해 주었습니다.

2. 돈을 받을 당시에 영수증을 피고 방태영에게 작성해 주지 않았나요?

답: 작성해 준 것으로 기억합니다.

법원사무관   상 숙 연 ㉑

재판장 판사   방 현 기 ㉑

선 서

양심에 따라 숨기거나 보태지 아니하고

사실 그대로 말하며,

만일 거짓말을 하면

위증의 벌을 받기로 맹세합니다.

증인 정 병 헌 ㉑

서울동부지방법원
공시송달 보고서

사　　　건　　　2013가합5014　대여금반환 등

송달할 서류　　　선고기일(2013. 6. 13. 10:00) 통지서

피고 방태영에게 송달할 위의 서류를 공시송달하기 위하여 2013. 5. 31. 대법원 홈페이지(www.scourt.go.kr)에 게시하였습니다.

2013. 5. 31.

법원사무관　　　상 숙 연　㊞

서울동부지방법원
판 결 선 고 조 서

사   건   2013가합5014   대여금반환 등

재판장 판사   방현기   기   일: 2013. 6. 13. 10:00
         판사   김영선   장   소: 제458호 법정
         판사   진호미   공개 여부: 공개
법원 사무관   상숙연

사건과 당사자의 이름을 부름
원고 및 대리인 변호사 서윤수   각 불출석
피고 1. 방태영(공시송달) 2. 박인주 3. 윤일국   각 불출석

재판장 판사
   판결 원본에 의하여 판결 선고

                                          법원사무관   상 숙 연 ㉑

                                          재판장 판사   방 현 기 ㉑

사 건 기 록 이 면 표 지

2. 모범답안(판결서)

서 울 동 부 지 방 법 원
제 15 민 사 부
판 결

사 건 2013가합5014 대여금반환 등

원 고 조일석

서울 서초구 서초동 213 초원아파트 201동 304호

소송대리인 변호사 서윤수

피 고 1. 방태영

최후주소 서울 동작구 상도동 112-5

2. 박인주

서울 관악구 봉천동 573-4

3. 윤일국

서울 강남구 청담동 501 대도아파트 에이동 207호

송달장소 서울 서초구 방배동 512 미려빌딩 802호

변 론 종 결 2013. 5. 30.

판 결 선 고 2013. 6. 13.

주 문

1. 원고에게,

   가. 피고 방태영은 4,000만 원 및 그 중 1,000만 원에 대하여는 2009. 3. 6.부터, 3,000만 원에 대하여는 2009. 3. 31.부터 각 2013. 5. 17.까지는 연 6%, 그 다음날부터 다 갚는 날까지는 연 20%의 각 비율에 의한 금전을,

   나. 피고 박인주, 윤일국은 피고 방태영과 연대하여 위 가항 기재 금액 중 3,000만 원 및 이에 대한 2009. 3. 31.부터 2013. 4. 23.까지는 연 6%, 그 다음날부터 다 갚는 날까지는 연 20%의 각 비율에 의한 금전을

   각 지급하라.

2. 피고 윤일국은 원고로부터 8,140만 원을 지급받음과 동시에 원고에게 파주시 다율동 59 대 950㎡에 관하여 2012. 3. 10. 매매를 원인으로 한 소유권이전등기절차를 이행하라.

3. 원고의 피고들에 대한 각 나머지 청구를 기각한다.

4. 소송비용 중 원고와 피고 방태영 사이에 생긴 부분의 3분의 2는 원고가, 나머지는 피고

방태영이 각 부담하고, 원고와 피고 박인주 사이에 생긴 부분의 4분의 1은 원고가, 나머지
는 피고 박인주가 각 부담하며, 원고와 피고 윤일국 사이에 생긴 부분은 원고와 피고 윤
일국이 균등 부담한다.

5. 제1항은 가집행할 수 있다.

청 구 취 지

(1) 피고 방태영은 원고에게 1억 원 및 이에 대한 2012. 1. 16.부터 이 사건 소장 부본 송
달일까지는 월 1%, 그 다음날부터 다 갚는 날까지는 연 20%의 비율에 의한 금전을 지급하
고, (2) 피고들은 연대하여 원고에게 4,000만 원 및 그 중 1,000만 원에 대하여는 2009. 2.
28.부터, 3,000만 원에 대하여는 2009. 3. 30.부터 각 이 사건 소장 부본 송달일까지는 연
6%, 그 다음날부터 다 갚는 날까지는 연 20%의 비율에 의한 금전을 지급하고, (3) 피고 윤
일국은 원고에게 파주시 다율동 59 대 950㎡에 관하여 2012. 3. 10. 매매계약을 원인으로
한 소유권이전등기절차를 이행하라.[11]

이 유

1. 피고 방태영에 대한 대여금반환청구에 관한 판단

가. 대리 주장

원고는 이 사건 대여금반환청구의 원인으로, 2012. 1. 16. 원고가 피고 방태영의 처로서
그를 대리한 소외 이영숙에게 1억 원을 이자 월 1%, 변제기 2013. 1. 16.로 약정하여 대여
하였다고 주장한다. 그러나 증인 정병헌의 증언만으로는 위 이영숙에게 피고 방태영을 대리
하여 위 금전을 차용할 권한이 있었다고 인정하기에 부족하고, 달리 위 이영숙에게 대리권
이 있음을 인정할 증거가 없으므로, 원고가 위 이영숙에게 1억 원을 교부하였는지 등 원고
의 나머지 주장에 관하여 살펴볼 필요 없이 원고의 위 주장은 이유 없다.

나. 추인 주장

원고는, 위 금전의 대여 당시 위 이영숙에게 대리권이 없었다고 하더라도, 피고 방태영은
위 이영숙의 금전 차용 1주일 후쯤 원고를 찾아와 빌려간 돈을 이른 시일 안에 갚겠다고 약
속하였으므로 피고 방태영이 위 이영숙의 무권대리행위를 추인한 것이라고 주장하나, 증인
정병헌의 증언만으로는 원고의 위 주장 사실을 인정하기에 부족하고 달리 이를 인정할 증거
가 없으므로, 원고의 위 주장 역시 이유 없다.

다. 표현대리 주장

1) 원고는 또, 위 이영숙에게 위 금전을 차용할 대리권이 없었다고 하더라도, 그녀에게는
기본대리권으로 일상가사대리권이 있었고, 그 차용한 돈이 피고 방태영의 처남 교통사고 합
의금으로 급히 필요했던 사정, 그 직전에 원고가 이들의 지인인 피고 박인주, 윤일국에게서
교통사고 사실을 전해 들어 그 돈의 용도가 진실한 것으로 믿을 수밖에 없었고 실제로

---

11) 판결서의 청구취지란은 소장의 그것과 달리 항을 나누지 않고 연속하여 기재하는 것이 관행이다.

그 용도에 사용된 사정, 당시 피고 방태영이 중국에 출장을 가 있어 그가 직접 돈을 빌리러 올 수 없었고 원고도 그에게 이영숙에 대한 대리권 수여 사실을 확인하기 곤란하였던 사정, 이영숙과 피고 방태영이 출판사를 같이 운영하고 있었던 사정, 차용 후 피고 방태영이 원고에게 고마움을 표한 사정 등을 감안하면, 당시 원고는 위 이영숙에게 피고 방태영을 대리하여 돈을 차용할 대리권이 있다고 믿을 만한 정당한 사유가 있었다고 주장한다.

2) 그러므로 살피건대, 증인 정병헌의 증언과 변론 전체의 취지에 의하면, 위 이영숙이 당시 피고 방태영의 처인 사실을 인정할 수 있으므로 그녀에게 일상가사대리권이 있었던 사실은 인정할 수 있다. 그러나 증인 정병헌의 증언만으로는 그 밖의 위 원고 주장 사실을 인정하기에 부족하고 달리 이를 인정할 증거가 없을 뿐 아니라, 설사 그러한 사실이 인정된다고 하더라도 그러한 사실만으로는 위 금전의 대여 당시 위 이영숙에게 피고 방태영을 대리하여 돈을 차용할 대리권이 있다고 믿을 만한 정당한 사유가 있었다고 인정할 수 없으므로, 원고의 위 주장도 이유 없다.

2. 피고들에 대한 도급대금청구에 관한 판단

가. 청구원인에 관한 판단

1) 원고는 '양지인쇄제책사'라는 상호로 인쇄제본업을, 피고 방태영은 '도서출판 영'이라는 상호로 출판업을 각 운영한 사실, 원고는 피고 방태영에게서 2008. 10. 27. '영어공부의 왕도'라는 책 15,000부의 인쇄·제본을 대금 6,000만 원에 도급받은 사실, 피고 방태영은 위 대금 중 1,000만 원은 계약금으로 계약 당일에, 중도금 2,000만 원은 원고가 위 도서를 납품하는 2009. 2. 28.에, 잔금 3,000만 원은 2009. 3. 30.까지 지급하되, 중도금과 잔금 지급을 지체할 때에는 법령과 상관습에 따른 지연손해금을 지급하기로 약정한 사실, 피고 박인주, 윤일국은 피고 방태영의 원고에 대한 위 채무를 2008. 10. 30. 연대보증한 사실, 원고는 2009. 2. 28. 위 도서를 모두 피고 방태영에게 납품한 사실, 원고와 피고 방태영은 중도금 중 1,000만 원의 지급기일을 2009. 3. 5.로 연기한 사실은 원고와 피고 방태영 사이에서는 갑 제1, 2호증의 각 기재와 증인 정병헌의 증언 및 변론 전체의 취지를 종합하여 인정할 수 있고 반증 없으며, 원고와 피고 박인주, 윤일국 사이에서는 다툼이 없다. 한편, 원고가 계약 당일에 계약금으로 1,000만 원, 2009. 2. 28.에 중도금 중 1,000만 원을 각 수령한 사실은 자인하고 있다.

2) 그러므로 피고들은 연대하여 원고에게 나머지 중도금 1,000만 원과 잔금 3,000만 원 및 각 이에 대한 지연손해금을 지급할 의무가 있다.

나. 피고 박인주, 윤일국의 항변에 관한 판단

1) 피고 박인주, 윤일국은, 피고 방태영이 원고에게 원고가 위와 같이 수령을 자인하는 금액을 초과하여 1,000만 원을 더 변제하였다고 항변하므로 살피건대, 피고 방태영이 2009. 3. 1. 원고의 직원(공장장)인 정병헌을 통하여 원고에게 중도금 중 일부로 1,000만 원을 변제한 사실은 원고와 위 피고들 사이에 다툼이 없으므로(원고 소송대리인은 위 사실을 제1차 변론기일에 자백하였다가 제2차 변론기일에 착오를 이유로 철회하였으나, 그 자백이 진실에 반

하고 착오에 기한 것임을 인정할 아무런 자료가 없으므로 위 자백의 철회는 효력이 없다.),
위 피고들의 위 항변은 이유 있다.

2) 피고 박인주, 윤일국은, 위 수급대금채권 중 잔금채권은 시효로 소멸하였다고 항변하므
로 살피건대, 원고가 영리를 목적으로 인쇄제본업을 운영하면서 피고 방태영에게서 서적의
인쇄제본 일을 수급한 사실은 앞서 본 바와 같으므로, 원고의 위 수급행위는 상법 제46조
제3호 또는 제6호 소정의 상행위로서 이에 대하여 상법이 적용되고, 위 인쇄대금채권의 소
멸시효기간은 상법 제64조 단서, 민법 제163조 제3호에 따라 3년이라 할 것이다.

그런데 잔금채권의 변제기가 2009. 3. 30.인 사실은 앞서 본 바와 같고, 원고의 이 사건
소가 그로부터 3년이 경과된 후인 2013. 4. 21. 제기되었음은 기록상 명백하나,[12] 한편 갑
제5, 제6호증의 각 기재와 변론 전체의 취지를 종합하면, 원고는 2012. 3. 2. 위 수급대금채
권을 청구채권으로 하여 피고 방태영 소유의 고양시 일산서구 일산2동 315 대 120㎡에 대
하여 의정부지방법원 고양지원 2012카단10174호로 부동산가압류신청을 하여 2012. 3. 3. 그
가압류결정을 받았고, 이에 따라 2012. 3. 3. 가압류등기가 기입된 사실을 인정할 수 있고
반증 없는바, 이로써 피고 방태영에 대한 위 수급대금채권의 소멸시효는 중단되었고,[13] 민
법 제440조에 의하여 연대보증인인 피고 박인주, 윤일국에 대한 보증금채권의 소멸시효도
중단되었다고 할 것이므로,[14] [15] 이를 지적하는 원고의 재항변은 이유 있고 결국 위 피고들
의 소멸시효항변은 이유 없다.

---

12) 소장에 기재된 작성일자가 아니라 소장이 법원에 접수된 접수일자를 기재하여야 한다. 이 사건의 경우
소장에 기재된 작성일자는 2013. 4. 20.이나 소장이 법원에 접수된 접수일자는 2013. 4. 21.이다.

13) 채권자가 채무자의 재산에 대하여 가압류를 한 경우 시효중단의 효력 발생일은 법규에 규정이 없지만
압류와 마찬가지로(일본의 판례에 의하면 압류에 의한 시효중단의 시점은 압류신청시이다. 대심원
1938. 6. 27.자 소화 13년 ク 219 결정, 최고재판소 1994. 4. 24. 선고 소화 57년 オ 727 판결) 가압류
신청서가 법원에 접수된 날이다(그러나 가압류 집행절차에 아예 착수하지 않은 경우에는 시효중단 효
력이 없고, 유체동산에 대한 가압류의 집행절차를 개시하였으나 가압류할 동산이 없기 때문에 집행불
능이 된 경우에는 집행절차가 종료된 때로부터 시효가 새로이 진행된다. 대법원 2011. 5. 13. 선고
2011다10044 판결 참조). 한편 가압류등기가 기입되어 있는 등으로 가압류의 집행보전의 효력이 존속
하는 동안에는 가압류에 의한 시효중단의 효력이 계속된다(대법원 2000. 4. 25. 선고 2000다11102 판
결, 2003. 10. 23. 선고 2003다26082 판결, 2006. 7. 27. 선고 2006다32781 판결 등 참조).

14) 민법 제169조는 "시효의 중단은 당사자 및 그 승계인 간에만 효력이 있다."고 규정하는 반면에 민법
제440조는 "주채무자에 대한 시효의 중단은 보증인에 대하여 그 효력이 있다."라고 규정하고 있는바,
민법 제440조는 민법 제169조의 예외 규정이다. 이는 채권자 보호 내지 채권담보의 확보를 위하여, 주
채무자에 대한 시효중단의 사유가 발생하였을 때는 그 보증인에 대한 별도의 중단조치가 이루어지지
아니하여도 동시에 보증인에 대하여도 시효중단의 효력이 생기도록 한 것이다.
한편, 시효중단 사유가 압류, 가압류, 가처분이라고 하더라도 이를 보증인에게 통지하여야 비로소 보
증인에 대한 관계에서 시효중단의 효력이 발생하는 것은 아니다(대법원 2005. 10. 27. 선고 2005다
35554, 35561 판결 참조).

15) 보증채무에 대한 소멸시효가 중단되었다고 하더라도 이로써 주채무에 대한 소멸시효도 중단되는 것은
아님에 주의하여야 한다. 또, 주채무가 소멸시효 완성으로 소멸된 경우에는 보증채무 자체의 시효중단
사유가 있더라도 부종성에 따라 보증채무도 당연히 소멸한다(대법원 2002. 5. 14. 선고 2000다62476
판결 참조).

다. 소결론

그렇다면 원고에게, 피고 방태영은 미지급 중도금과 잔금의 합계액 4,000만 원 및 그 중 나머지 중도금 1,000만 원에 대하여는 그 연장된 지급기일 다음날인 2009. 3. 6.부터, 잔금 3,000만 원에 대하여는 그 지급기일 다음날인 2009. 3. 31.부터 피고 방태영에 대한 이 사건 소장 부본 송달일임이 기록상 명백한 2013. 5. 17.까지는 상법에 의한 연 6%의, 그 다음날부터 각 다 갚는 날까지는 소송촉진 등에 관한 특례법에 의한 연 20%의 각 비율에 의한 지연손해금을 지급할 의무가 있고(원고는 이와 달리, 나머지 중도금 1,000만 원에 대하여는 2009. 2. 28.부터, 잔금 3,000만 원에 대하여는 2009. 3. 30.부터 지연손해금 지급을 구하나, 나머지 중도금의 지급기일이 2009. 3. 5.로 연기되었고, 잔금의 약정 지급기일이 2009. 3. 30.인 사실은 앞서 본 바와 같은바, 이행지체는 그 지급기일 다음날부터 발생한다고 할 것이므로, 이에 반하는 원고 주장은 이유 없다.), 피고 박인주, 윤일국은 피고 방태영과 연대하여 위 금액 중 잔금 3,000만 원 및 이에 대하여 그 지급기일 다음날인 2009. 3. 31.부터 위 피고들에 대한 이 사건 소장 부본 송달일임이 기록상 명백한 2013. 4. 23.까지는 상법에 의한 연 6%의, 그 다음날부터 다 갚는 날까지는 소송촉진 등에 관한 특례법에 의한 연 20%의 각 비율에 의한 지연손해금을 지급할 의무가 있다.

3. 소유권이전등기청구에 관한 판단

가. 청구원인에 관한 판단

원고가 2012. 3. 10. 피고 윤일국에게서 주문 제2항 기재 이 사건 토지를 대금 12,000만 원에 매수한 사실은 당사자 사이에 다툼이 없으므로, 특별한 사정이 없는 한 피고 윤일국은 원고에게 이 사건 토지에 관하여 위 매매를 원인으로 한 소유권이전등기절차를 이행할 의무가 있다.

나. 동시이행항변에 관한 판단

1) 피고 윤일국은 원고로부터 미지급된 중도금 및 잔금과 이에 대한 지연손해금을 지급받을 때까지는 원고의 청구에 응할 수 없다고 항변하므로 살피건대, 위 매매계약 당시 피고 윤일국이 원고에게서 그 대금 중 중도금 3,000만 원은 2012. 5. 10.에, 잔금 7,000만원은 2012. 12. 10.에 소유권이전등기와 상환으로 각 지급받기로 약정한 사실[16]은 당사자 사이에 다툼이 없고, 갑 제3호증의 기재[17] 및 변론 전체의 취지를 종합하면, 원고가 위 대금의 지급을 지체한 때에는 월 2%의 비율에 의한 지연손해금을 지급하기로 약정한 사실을 인정할 수 있고 반증 없으며, 한편 피고 윤일국은 위 중도금 지급기일에 원고로부터 중도금 중 일부로

---

16) 쌍무계약에 의한 대가관계에 있는 쌍방의 의무는 약정이 없더라도 법령(민법 제536조 제1항 본문)에 의하여 동시이행관계가 인정된다. 이 사건에서는 당사자 사이에 잔금지급의무와 소유권이전등기절차 이행의무가 동시이행관계라는 약정이 있고(갑 제3호증 참조) 피고 윤일국이 위 약정에 기한 동시이행항변권을 행사하고 있으므로, 동시이행관계의 근거를 법령이 아닌 당사자의 약정에 의한 것으로 설시한 것이다.

17) 증거공통의 원칙에 따라, 원고가 제출한 갑 제3호증(토지매매계약서)에 의하여 피고 윤일국의 주장사실(지연손해금약정 사실)을 인정할 수 있다.

2,000만 원을 지급받은 사실을 자인하고 있다.

2) 부동산의 매수인이 선이행하여야 할 중도금의 지급을 하지 아니한 채 잔금 지급기일을 경과한 경우에는, 다른 약정이 없는 한 매수인의 미지급 중도금과 이에 대한 그 지급기일 다음날부터 잔금 지급기일까지의 지연손해금 지급의무도 잔금 지급의무와 함께 매도인의 소유권이전등기의무 등과 동시이행의 관계에 있으므로(대법원 1991. 3. 27. 선고 90다19930 판결 참조), 원고는 피고 윤일국에게 미지급 중도금 1,000만 원과 이에 대한 그 지급기일 다음날인 2012. 5. 11.부터 잔금 지급기일인 2012. 12. 10.까지 월 2%의 비율에 의한 약정 지연손해금 140만 원(1,000만 원×0.02×7개월) 및 잔금 7,000만 원을 합한 8,140만 원을 지급할 의무가 있고, 피고 윤일국의 소유권이전등기절차 이행의무는 원고의 위 금액 지급의무와 동시이행의 관계에 있다 할 것이어서, 피고 윤일국의 위 항변은 위 범위에서 이유 있다{피고 윤일국은, 미지급 중도금과 잔금에 대하여 각 그 지급기일 다음날부터 다 갚는 날까지 월 2%의 약정 지연손해금을 지급받을 권리가 있다고 주장하나, 미지급 중도금의 이행지체에 따른 책임의 범위는 위에서 인정한 바와 같고, 소유권이전등기의무와 동시이행의 관계에 있는 잔금에 관하여 그 지급기일을 매매 당사자가 약정하였고 하더라도, 매도인이 동시이행관계에 있는 자기의 소유권이전등기의무를 이행하거나 이행의 제공을 하고 상당한 기간을 정하여 매수인의 이행을 최고하지 않은 이상 매수인이 그 약정한 기일까지 잔금을 지급하지 않더라도 이행지체책임이 발생하지는 않으므로(대법원 1986. 7. 22. 선고 85다카1904 판결 참조), 이와 다른 전제에 선 피고 윤일국의 위 주장은 이유 없다}.

다. 소결론

따라서 피고 윤일국은 원고에게서 위 잔금 등 8,140만 원을 지급받음과 동시에 원고에게 이 사건 토지에 관하여 2012. 3. 10. 매매를 원인으로 한 소유권이전등기절차를 이행할 의무가 있다.

4. 결론

그렇다면 원고의 피고들에 대한 청구는 위 인정 범위에서 각 이유 있어 이를 각 인용하고, 각 나머지 청구는 이유 없어 각 기각하며, 소송비용의 부담에 관하여는 민사소송법 제98조, 제101조, 제102조를,[18] 가집행의 선고에 관하여는 같은 법 제213조를 각 적용하여 주문과 같이 판결한다.

재판장　판사　방현기

판사　김영선

판사　추미영

---

18) 공동소송인이 상대방에 대하여 함께 패소한 경우이므로 민사소송법 제102조를 기재하여야 한다.

3. 첨삭지도

가. 형식적 기재사항

▣ 사건 및 당사자 등의 표시 답안

사　　　건	2013가합5014　①도급대금반환	
원　　　고	조일석 (510523-1052427)	
	서울 서초구 서초동 213 ②초원아파트 201-304	
	③대리인 변호사 서윤수	
	④서울 서초구 서초동 2047 정곡빌딩 701호	
피　　　고	1. 방태영 ⑤(521115-1937424)	
	⑥현재 소재 불명	
	최후주소 서울 동작구 상도동 112-5	
	2. 박인주 (601023-1207489)	
	서울 관악구 봉천동 573-4	
	3. 윤일국 (570411-1948232)	
	⑦서울 강남구 청담동 501 대도아파트 에이동 207호	
변 론 종 결	⑧2013. 5. 30.	
판 결 선 고	2013. 6. 13.	

■ [지도의견]

① 소송기록의 표지에 기재된 사건명인 '대여금반환 등'을 그대로 옮겨 써야 한다. 이는 당해 사건을 특정하고 식별하기 위한 일종의 표지로서 약속이기 때문이다. 또한 청구와 당사자가 복수이므로 '등'자도 써야 한다.

② 아파트와 같은 집합건물의 동과 호는 '201동 304호'와 같이 쓰는 것이 관행이다.

토지의 지번에 가지번호가 있는 경우에는 '유수암리 2121-7'과 같이 대시(-)를 하는 것이 법령에 맞는 표기이다.

③ 소송사건의 대리인인 경우에는 '소송대리인'으로, 신청사건의 대리인인 경우에는 '신청대리인'으로 표시한다.

④ 소송대리인이 변호사인 경우에는 소송기록에 그것이 표시되고 다른 방법에 의해서도 이를 찾기가 쉬우므로, 변호사가 아닌 자가 소송대리인이 된 경우와 달리 그 주소를 기재하지 않는 것이 관행이다. 물론 이를 기재했다고 하여 틀린 것은 아니다.

⑤ 소장에 당사자의 주민등록번호가 기재되어 있지 않더라도, 이후 법원에 제출된 증거자료 등에 의하여 이를 특정할 수 있는 때에는 판결서에 이를 기재하는 것이 좋다.

⑥ '현재 소재 불명'은 기재하지 않아도 좋다. 그 뒤의 '최후주소'라는 표기로써 공시송달 대상자임을 알 수 있기 때문이다.

⑦ 당사자가 주소 이외에 송달받을 장소를 기재하고 실제로 그곳으로 송달을 실시하여 송달이 이루어진 때에는 판결서에도 그 송달장소를 주소와 병기해 준다. 이 사건에서는 원고가 피고 윤일국의 송달장소로 '서울 서초구 방배동 512 미려빌딩 802호'를 소장에 기재하였고 그 장소로 송달이 이루어졌다. 당사자가 소장에 기재한 주소 이외의 장소로 실제 송달이 이루어진 때에도 같다.

⑧ 당사자별로 변론종결일이 다를 때에는 각각 이를 표시하여야 한다. 물론 이 사건에서는 그런 일이 없다.

나. 주 문

▣ 피고 방태영에 대한 대여금반환청구의 주문 답안
1. ①원고의 피고 방태영에 대한 대여금반환청구의 소를 기각한다.

■ [지도의견]

① 인용이나 기각의 대상은 청구이지 소가 아니다. 소는 각하의 대상이 될 뿐이다. 따라서 소를 기각한다는 주문을 내서는 안 된다.

한편 원고의 피고 방태영에 대한 청구는 대여금반환청구와 인쇄수급대금청구의 2개인데, 전자는 전부 기각되고 후자는 일부 인용되고 일부 기각되는바, 이와 같이 여러 개의 청구 중 일부만을 인용하고 그 나머지 청구를 기각하는 경우에는 청구를 특정하지 않고 "원고의 (피고 ○○○에 대한) 나머지 청구를 기각한다."고만 하여도 무방하다.

▣ 수급대금청구의 주문 답안
2. ①피고들은 원고에게 ②3,000만 원 및 이에 대하여 피고 방태영은 2009. 3. 31.부터 2013. 5. 17.까지는 연 6%, ③그 다음날부터는 연 20%의 각 비율에 의한 금전을, 피고 박인주, 윤일국은 ④2009. 3. 31.부터 다 갚는 날까지 연 20%의 각 비율에 의한 금전을 지급하라.

■ [지도의견]

① 피고들의 채무는 연대관계에 있으므로 이를 표시해 주어야 한다. 이를 표시하지 않으면 분할채무가 되고, 피고들 중 일부가 그 채무의 전부나 일부를 변제한 경우 다른 피

고에 대한 관계에서 그 변제의 효력이 없는 것이 된다.

② 뒤에서 보는 바와 같이 피고 방태영과 피고 박인주, 윤일국의 책임 범위가 서로 다르다. 피고 방태영에 대하여는 소멸시효항변이나 변제항변이 없기 때문이다.

③ 시점이 있으면 반드시 종료점이 표시되어야 하므로 "그 다음날부터는 연 20%의 각 비율에 의한 금전을"이라고만 기재한 것은 잘못이다. 또 지연손해금의 비율이 구간 별로 다른 경우 이를 빠트리지 않도록 주의하여야 한다. 의외로 이러한 실수를 범하는 사람이 많다.

④ 원고가 인쇄수급대금 중 잔금 3,000만 원에 대한 지연손해금을 2009. 3. 30.부터 소장 부본 송달일 까지는 연 6%, 그 이후 다 갚는 날까지는 연 20%의 비율에 의한 금전 지급으로 구하였는데, 답안과 같이 "2009. 3. 31.부터 다 갚는 날까지 연 20%의 각 비율에 의한 금전을 지급하라."고 명하면 청구 범위를 초과하여 인정하는 것이 되어 당사자처분권주의에 반하여 위법하다. 법원은 원고의 청구보다 적게 인용할 수는 있으나 그보다 많게 인용할 수는 없다.

▣ 소유권이전등기청구의 주문 답안

3. 피고 윤일국은 ①8,140만 원을 지급받음과 동시에 ②파주시 다율동 59 대 950㎡에 관하여 ③소유권이전등기절차를 이행하라.

■ [지도의견]

① 누구로부터 돈을 받는 것인지를 표시하여야 한다. 이를 누락하는 경우가 매우 많다.

② 소유권이전등기의 수령자가 누락되었다. 이와 같이 소유권이전등기의 수령자를 누락하는 경우가 매우 많으므로 주의하여야 한다. 물론 문맥상 원고임을 짐작하기 어렵지 않을 것이나 반드시 그런 것만은 아니며, 판결서는 그런 작은 흠이라도 있어서는 완전한 효력이 발생하기 어렵다.

③ 등기에는 등기원인과 그 원인의 발생일자를 기재함이 원칙이다. 이 사건에서는 "2012. 3. 10. 매매를 원인으로 한"이라고 기재하여야 한다.

▣ 나머지 주문 답안

4. 원고의 ①나머지 청구를 기각한다.
5. 소송비용 중 원고와 피고 방태영 사이에 생긴 부분의 ②3분의 2는 원고가 부담하고, 원고와 피고 박인주 사이에 생긴 부분의 4분의 1은 원고가, 나머지는 피고 박인주가 각 부담하며, 원고와 피고 윤일국 사이에 생긴 부분은 원고와 피고 윤일국이 균등 부담한다.
6. ③제2항은 가집행할 수 있다.

■ [지도의견]

① 청구가 복수이고 기각되는 청구 역시 복수이므로 "피고들에 대한 각 나머지 청구를 기각한다." 또는 "원고의 피고들에 대한 나머지 청구를 각 기각한다."라고 표시하는 것이 더 정확하다.

② 당사자 사이에 소송비용의 분담 비율이 다른 때에는 당사자별로 나누어 표시하여야 하고, 원고와 피고 사이의 분담비율도 누락함이 없이 표시하여야 한다. 원고에게 3분의 2를 부담하라고 하였으면 3분의 1은 피고 방태영에게 부담할 것을 명하여야 한다. 분담비율을 표시할 때는 '3분의 1'이라고 하는 것이 '1/3'보다 분명해서 좋다.

③ 법령상 가집행선고가 의무적인 경우라도(민사소송법 제213조 제1항, 민사집행법 제47조 제2항 등) 실제로 판결서에 그것이 기재되지 않으면 가집행을 할 수 없음은 물론이다. 따라서 가집행이 필요한 경우에는 이를 누락하지 않도록 하여야 하고, 반대로 등기에 관한 것과 같이 의사표시채무의 이행이나 형성의 소 등에서와 같이 가집행선고를 하여서는 안 되는 경우 가집행선고를 하는 일이 없도록 주의하여야 한다.

다. 청구취지

■ **청구취지 답안**

청 구 취 지

피고 방태영은 1억 원 및 이에 대한 2012. 1. 16.부터 이 사건 소장 부본 송달일까지는 ①연 12%, 그 다음날부터 다 갚는 날까지는 연 20%의 비율에 의한 금전을 지급하고, 피고들은 연대하여 원고에게 ②4,000만 원 및 그 중 1,000만 원에 대하여는 2009. 2. 28.부터 이 사건 소장 부본 송달일까지는 연 6%, 그 다음날부터 다 갚는 날까지는 연 20%의 비율에 의한 금전, 3,000만 원에 대하여는 2009. 3. 30.부터 이 사건 소장 부본 송달일까지는 연 6%, 그 다음날부터 다 갚는 날까지는 연 20%의 비율에 의한 금전을 지급하고, ③피고 윤일국은 파주시 다율동 59 대 950㎡에 관하여 2012. 3. 10. 매매계약을 원인으로 한 소유권이전등기 절차를 이행하라.

■ [지도의견]

① 원고의 소장에는 월 1%로 기재되어 있으므로 소장의 표시대로 기재하여야 한다. 연 12%와 월 1%는 엄격히 따지면 서로 같지도 않다. 청구취지는 원고가 구하는 재판의 내용이므로 가급적이면 손대지 말고 원고가 구한 그대로 기재하는 것이 좋다.

② 이 부분은 "4,000만 원 및 그 중 1,000만 원에 대하여는 2009. 2. 28.부터, 3,000만 원에 대하여는 2009. 3. 30.부터 각 이 사건 소장 부본 송달일까지는 연 6%, 그 다음날부

터 다 갚는 날까지는 연 20%의 비율에 의한 금전을 지급하고,"와 같이 요약하여 기재할 수 있다. 이와 같이 당사자의 뜻을 손상하지 않는 범위에서는 청구취지를 요약하여 기재하여도 무방하다.

③ 이 부분을 "무조건의 소유권이전등기절차의 이행을 구하는 외에는 주문 제3항과 같은 판결"이라고 기재할 수도 있다. 그러나 그 뜻이 정확히 전달되지 못할 우려가 있는 때는 모범 답안과 같이 풀어 쓰는 것이 좋다.

라. 이 유

(1) 피고 방태영에 대한 대여금반환청구에 관한 판단

■ 답안

1. ①대여금반환청구에 관한 판단

　가. ②청구원인에 관한 판단

　원고는 이 사건 대여금반환청구의 원인으로, ③2012. 1. 16. 피고 방태영에게 1억 원을 대여하였다고 주장한다. 그러나 ④증인 정병헌의 증언만으로는 원고가 위 일시에 피고 방태영의 처 이영숙에게 위 금전을 교부하였다고 인정하기에 부족하고, ⑤달리 피고 방태영에게 위 금전을 교부하였음을 인정할 증거가 없으므로, 원고의 위 주장은 이유 없다.

　⑥나. 원고는, ⑦피고 방태영은 위 이영숙의 금전 차용 1주일 후쯤 원고를 찾아와 빌려간 돈을 이른 시일 안에 갚겠다고 약속하였으므로 피고 방태영이 위 이영숙의 무권대리행위를 추인한 것이라고 주장하나, 증인 정병헌의 증언만으로는 원고의 위 주장 사실을 인정하기에 부족하고 달리 이를 인정할 증거가 없으므로, 원고의 위 주장 역시 이유 없다.

　⑧다. 표현대리 주장

　원고는 또, 위 이영숙에게는 기본대리권으로 일상가사대리권이 있었고, ⑨그 차용 당시 원고는 위 이영숙에게 피고 방태영을 대리하여 돈을 차용할 대리권이 있다고 믿을 만한 정당한 사유가 있었다고 주장한다.

　그러므로 살피건대, 증인 정병헌의 증언과 변론 전체의 취지에 의하면, 위 이영숙이 당시 피고 방태영의 처인 사실을 인정할 수 있으므로 그녀에게 일상가사대리권이 있었던 사실은 인정할 수 있다. 그러나 ⑩증인 정병헌의 증언만으로는 원고가 그 금전의 대여 당시 위 이영숙에게 피고 방태영을 대리하여 돈을 차용할 대리권이 있다고 믿을 만한 정당한 사유가 있었음을 인정하기에 부족하고 달리 이를 인정할 증거가 없으므로, 원고의 위 주장도 이유 없다.

■ [지도의견]

　① 이 사건에 관한 원고의 전체 청구 내용을 분석하면 금전청구와 소유권이전등기청구의 둘로 나눌 수 있고, 금전청구는 다시 피고 방태영에 대한 대여금반환청구와 피고들

에 대한 인쇄수급대금청구로 나눌 수 있다. 판결서 이유란의 문단 나누기와 소제목은 각각의 청구별로 달리하는 것이 원칙이다. 이에 따라 이 사건의 문단 나누기를 한다면 "1. 금전청구에 대한 판단(가. 피고 방태영에 대한 대여금반환청구에 관한 판단, 나. 피고들에 대한 인쇄수급대금청구에 관한 판단), 2. 소유권이전등기청구에 대한 판단, 3. 결론"으로 나눌 수도 있고, "1. 피고 방태영에 대한 대여금반환청구에 대한 판단, 2. 피고들에 대한 수급대금청구에 대한 판단, 3. 소유권이전등기청구에 대한 판단, 4. 결론"으로 나눌 수도 있다. 어느 쪽이나 무방하나, 답안과 같이 '대여금반환청구에 대한 판단'으로만 소제목을 기재하면 어느 피고에 대한 것인지 알 수 없으므로 '피고 방태영에 대한 대여금반환청구에 관한 판단'으로 기재하는 것이 제목의 역할에 더 어울린다고 하겠다.

② 원고가 피고 방태영에게 대여금의 반환 및 그 이자, 지연손해금을 청구하는 것은 청구원인에 해당하고, 대리, 추인, 표현대리를 주장하는 것은 이 청구원인을 이유 있게 하는 공격방법(보조적 법률요건)이다. 한편, 원고는 이 세 개의 공격방법을 주위적·예비적 관계로 병합하여 주장하였다. 그러므로 판결서에서도 그러한 병합관계를 전제로 이들을 판단하여야 한다. 이 사건에서 원고는 소비대차의 성립을 주위적으로 대리라는 보조적 법률요건에 의하여 주장하였으므로, 굳이 '청구원인에 대한 판단'이라는 제목을 붙였다면 대리에 관한 주장은 그 하위 개념이므로 소제목을 '(1) 대리에 관한 주장'으로 붙여 판단하여야 한다. 그래야 그 뒤의 추인, 표현대리와의 대등성이 확보될 것이다.

③ 소비대차계약을 피고 본인이 하였는지와 그 대리인이 하였는지는 법률효과는 동일하지만 법률요건을 달리하므로 법원이 임의로 원고의 주장과 다르게 판단을 할 수는 없다. 즉 이에 관하여는 변론주의가 적용된다. 이 사건에서 원고는 소장에서는 피고 방태영과 직접 소비대차계약을 하였다는 취지의 주장을 하였다가, 2013. 5. 24.자 준비서면과 2013. 5. 30.의 변론기일에서는 피고 방태영의 대리인인 이영숙과 소비대차계약을 하였다는 취지로 주장을 변경하였으므로(이는 청구원인의 변경이 아니므로 청구원인변경신청서가 아닌 준비서면으로 하여도 무방하고, 또 청구원인의 변경을 준비서면으로 하였다 하더라도 그 효력에는 영향이 없다.) 그 변경된 주장에 따라 대리에 의해 소비대차계약을 체결한 여부를 판단해 주어야 한다.

또, 원고의 주장을 배척하는 경우 그 주장 내용을 어느 정도 구체적으로 기재하여야 배척되는 원고의 주장 내용이 무엇인지가 분명해지므로, 대여 일시와 금액 외에 대여의 주체, 이자약정의 유무와 그 이자율, 변제기 등도 기재해 주어야 한다. 더욱이 이자청구와 지연손해금청구는 소비대차 원금의 반환청구와 그 청구취지와 청구원인을 달리하는 별개 독립의 청구이므로 그 기재를 누락하면 판단 누락이 된다.

④ 원고의 주장 취지는 단순히 대여금을 피고 방태영의 처 이영숙에게 교부하였다는 것이 아니라 위 이영숙이 피고 방태영을 대리하여 소비대차계약을 체결하고 그 차용금도

그녀가 수령하였다는 것이므로, 이 답안과 같이 원고가 피고 방태영의 처 이영숙에게 대여금을 교부한 사실이 있는지 여부를 판단하는 것은 대리 여부에 대하여 판단하는 것이 아니라, 소비대차계약은 피고 방태영이 하였고 다만 그 차용금만을 처 이영숙이 피고 방태영의 사자(심부름꾼)로서 수령한 사실이 있는지를 판단하는 것이 되어 대리에 관한 당사자의 주장에 대한 판단을 누락하는 것이 된다. 더욱이 정병헌의 증언 등에 의하면 원고가 이영숙에게 돈을 준 것은 사실로 인정할 수 있다. 결국 답안은 원고의 주장 내용을 오해한 것이고, 증거 가치의 판단을 그르친 것이라 할 수 있다.

⑤ 답안과 같이 원고와 피고 방태영 본인이 소비대차계약을 체결한 것을 전제하더라도, 피고 방태영이 소비대차에 따른 책임을 부담하기 위해서는 대여자인 원고가 금전(대여금)을 교부한 사실에 앞서 피고 방태영 본인이 소비대차계약을 체결한 사실이 있어야 한다. 물론 피고 방태영 본인이 소비대차계약을 체결한 사실 여부에 대한 판단을 생략한 채 원고가 금전(대여금)을 교부한 사실 여부에 대한 판단만을 하고 그 사실을 인정하지 않음으로써 원고의 대여 주장을 배척할 수도 있으나, 이는 원칙적인 판단 방법은 아니고, 이 경우에도 "…원고가 피고 방태영에게 위 금전을 교부하였음을 인정할 증거가 없으므로, 원고와 피고 방태영이 소비대차계약을 체결한 사실이 있는지 등 원고의 나머지 주장에 관하여 살펴볼 필요 없이 원고의 위 주장은 이유 없다."라고 하여 다른 요건사실에 대한 판단을 생략한다는 취지를 기재해 주는 것이 좋다.

⑥ 가항과 다항에 소제목이 있음에도 나항에는 소제목을 붙이지 않은 것은 글의 전체적인 구도에도 맞지 않고 균형도 맞지 않다. 그리고 앞서 지적한 바와 같이 가항이 '청구원인에 대한 판단'이므로 나항의 기재 내용은 그 하위 개념에 불과하여 그 기재 내용에 '나'라는 부호를 붙여 문단을 나누는 것도 균형이 맞지 않다. 굳이 붙인다면 '추인 주장에 대한 판단'이라고 하여야 하고, 그 부호도 '나'가 아닌 그보다 낮은 단위인 '(1)'이나 '(2)'로 하여야 할 것이다.

⑦ 대리에 관한 판단을 하지 않았기 때문에 이 부분 추인 주장에 대한 판단이 이상하게 되어 버렸다. 추인은 무권대리에 대한 것인데, 무권대리를 언급하려면 그에 앞서 대리권의 유무에 대한 판단이 필수적이나 답안에서는 이 부분 판단을 누락했기 때문이다. 또, 원고는 이 추인 주장을 대리에 관한 주장이 인용되지 않을 경우에 대비하여 예비적으로 주장한 것이므로, 그 판단에 앞서 "원고는 위 금전의 대여 당시 위 이영숙에게 대리권이 없었다고 하더라도 … 하였으므로 피고 방태영이 위 이영숙의 무권대리행위를 추인한 것이라고 주장하나, …"라고 그 주장이 예비적임을 명시하는 것이 필요하다.

⑧ 소제목의 명칭은 좋다. 그러나 앞서 가항의 소제목이 '청구원인에 대한 판단'이므로 그 하위 개념인 '표현대리에 대한 판단'의 소제목은 '(2)'나 '(3)'으로 하는 것이 좋겠다.

⑨ 권한을 넘은 표현대리가 성립하려면 무권대리인에게 기본대리권이 있을 것과 그

무권대리행위 당시 상대방이 무권대리인에게 기본대리권을 넘어 당해 법률행위 자체에 대한 대리권이 있다고 믿을 만한 정당한 사유가 있어야 한다. 이때 추상적인 의미인 '정당한 사유' 자체가 주요사실인지 아니면 이를 구체화하는 개별적인 사실이 주요사실인지에 대하여 학설상 다툼이 있으나, 실제 재판과정에서는 표현대리를 주장하는 자가 구체적·개별적 사실을 주장·입증하여야 한다. 그러므로 판결서에서도 표현대리 주장을 배척하는 경우 단순히 그 주장자가 '정당한 사유' 자체를 주장·입증하지 못하였다고 배척할 것이 아니라, 구체적·개별적 사실에 대한 주장·입증이 없거나 부족하다는 이유로 이를 배척하여야 한다.

⑩ 위 ⑨와 같이 정당한 사유를 구체화하는 개별적 사실에 대한 주장·입증이 없거나 부족하다는 취지를 기재하여 이를 배척하여야 한다. 또한, 이 사건에서 원고가 주장한 개별적 사실들은 그 성질상 정당한 사유를 구체화하는 개별적 사유가 되기는 어려운바, 이러한 뜻도 함께 기재하면 판결의 이유가 한층 설득력 있게 된다.

(2) 피고들에 대한 수급대금청구에 관한 판단

▣ 답안

2. ①인쇄대금청구에 관한 판단

②가. ③원고와 피고 방태영은 2008. 10. 27. 책 15,000부의 인쇄·제본에 관하여 대금 6,000만 원에 도급계약을 체결한 사실, ④피고 방태영은 위 대금 중 계약금 1,000만 원은 계약 당일에, 중도금 2,000만 원은 2009. 2. 28.에, 잔금 3,000만 원은 2009. 3. 30.에 각 지급하기로 약정한 사실, ⑤피고 박인주, 윤일국은 피고 방태영의 위 채무를 연대보증한 사실, ⑥원고와 피고 방태영은 중도금 중 1,000만 원의 지급기일을 2009. 3. 5.로 연기한 사실은 ⑦갑 제1, 2호증의 각 기재와 증인 정병헌의 증언 및 변론 전체의 취지를 종합하여 인정할 수 있고 반증 없다.

한편 ⑧원고가 2008. 10. 27.에 계약금으로, 2009. 2. 28.에 중도금의 일부로 각 1,000만 원을 수령한 사실은 당사자들 사이에 다툼이 없다.

그러므로 원고에게 ⑨피고들은 4,000만 원(중도금 1,000만 원 + 잔금 3,000만 원) 및 그 중 1,000만 원에 대하여는 2009. 3. 6.부터, 3,000만 원에 대하여는 2009. 3. 31.부터 각 2013. 5. 17.까지는 연 6%, 그 다음날부터 다 갚는 날까지는 연 20%의 각 비율에 의한 금전을 지급할 의무가 있다.

⑩나. 피고 박인주, 윤일국의 소멸시효항변에 관한 판단

피고 박인주, 윤일국은, ⑪위 인쇄대금채권은 시효로 소멸하였다고 항변하므로 살피건대, ⑫원고의 위 인쇄대금채권의 소멸시효기간은 상법 제64조 단서, 민법 제163조 제3호에 따라 3년이라 할 것이다.

그런데 ⑬위 인쇄대금채권의 최종 변제기가 2009. 3. 30.인 사실은 ⑭갑 제1, 2호증의 각 기재와 증인 정병헌의 증언 및 변론 전체의 취지를 종합하여 인정할 수 있고 반증 없으며, 원고의 이 사건 소는 2013. 4. 21. 제기되었음은 소송기록상 분명하다. 그러나 ⑮갑 제5, 제 6호증에 의하면, 원고는 2012. 3. 2. 위 수급대금채권을 청구채권으로 하여 피고 방태영 소 유의 토지에 대하여 부동산가압류신청을 하여 2012. 3. 3. 그 ⑯가압류결정이 내려진 사실 을 인정할 수 있고 반증 없다.

그렇다면 ⑰피고들에 대한 위 인쇄대금채권의 소멸시효는 중단되었다고 할 것이므로, 이 에 관한 원고의 재항변은 이유 있고 위 피고들의 소멸시효항변은 이유 없음에 돌아간다.

다. 피고 박인주, 윤일국의 변제항변에 관한 판단

⑱피고들은 피고 방태영이 원고에게 2009. 3. 1. 인쇄대금 중 1,000만 원을 변제하였다고 항변하므로 살피건대, ⑲증인 정병헌의 증언에 변론 전체의 취지를 모아보면 피고 방태영이 2009. 3. 1. ⑳원고의 대리인인 정병헌(원고의 전 공장장)에게 중도금 중 일부로 1,000만 원 을 변제한 사실을 인정할 수 있으므로, 피고들의 위 항변은 이유 있다.

라. 소결론

그렇다면 ㉑피고들은 원고에게, 잔금 3,000만 원 및 이에 대하여 피고 방태영은 ㉒2009. 3. 31.부터 2013. 5. 17.까지는 연 6%의, 그 다음날부터 다 갚는 날까지는 소송촉진 등에 관 한 특례법에 의한 연 20%의 각 비율에 의한 지연손해금을, 피고 박인주, 윤일국은 ㉓2009. 3. 31.부터 다 갚는 날까지 소송촉진 등에 관한 특례법에 의한 연 20%의 비율에 의한 지연 손해금을 각 지급할 의무가 있다.

■ [지도의견]

① 이 사건 도급대금청구의 법률상 성질은 도급(수급)이고, 이는 민법에 법규정이 있는 이른바 유명계약(有名契約)이다. 이를 인쇄대금청구라고 기재하더라도 청구원인사실관계를 특정하는 데는 부족함이 없으나, 청구원인의 법적 성질을 보다 분명히 표현하려면 도급대 금청구나 수급대금청구로 기재하는 것이 좋겠다. 단순히 인쇄대금청구라고만 하면 그 법 적 성질을 정확히 알 수 없기 때문이다.

② 이 부분 청구는 원고의 청구원인 주장과 피고들의 항변이 대립하는 관계에 있으므 로 이들을 각각 문단 나누기하는 것이 필요하다. 그리고 이와 같이 문단 나누기를 한 경 우 그에 어울리는 소제목을 붙여 주는 것이 글을 읽기 쉽고 이해하기 쉽게 한다. 답안에 서는 소제목 없이 기재하였는바, 그 내용을 모두 읽어보기 전에는 그 기재 내용을 미리 알 수 없어 읽는 사람에게 친절한 글쓰기라고 할 수 없다. 소제목 없이 긴 내용의 글을 일련번호만 붙여 나열하는 것은 매우 좋지 않다. 그러므로 여기에는 글의 내용에 맞게 '청구원인에 관한 판단'이라고 소제목을 붙였어야 한다.

③ 도급계약의 당사자를 설시함에 있어 도급인과 수급인이 누구인지를 밝히지 않고 계약 당사자만을 기재하는 것은 내용 파악에 좋지 않다. 도급인이나 수급인을 주어로 하여 그에 맞는 서술어를 선택하여 계약 내용을 기재하여야 한다.

이 부분 기재에 있어 책의 제목이나 내용을 반드시 기재할 필요는 없으나 이를 기재하면 사실의 구체성이 뚜렷해져서 좋다.

한편, 이 사건 도급계약에 대하여는 민법과 상법을 적용하여야 하는데 상법을 적용하려면 상법 제1조 내지 제3조의 사유를 구체적으로 인정하여야 하므로, 위 도급계약이 상행위에 해당함을 설시하여야 한다. 물론 다른 곳에서 이를 설시·판단하여도 무방하나 글의 전체적 구조상 이 부분에 기재하는 것이 가장 적당하다.

④ 원고가 지연손해금청구를 하고 있고 이 역시 인용하여야 하므로, 그에 필요한 요건사실로서 원고와 피고 방태영이 중도금과 잔금 지급 지체 시 법령과 상관습에 따른 지연손해금을 지급하기로 약정한 사실을 설시하여야 한다.

⑤ 피고 박인주, 윤일국이 연대보증한 일자는 연대보증의 법률요건사실이 아닌 간접사실로서 공격방법에 불과하나, 연대보증 사실을 분명히 하기 위해 기재해 주는 것이 필요하고 또 관행이다.

⑥ 이 사건에서 원고는 중도금 지급기일인 2009. 2. 28.까지 수급한 도서를 피고 방태영에게 납품하기로 약정한 사실을 알 수 있는바, 통상 쌍무계약에 있어 쌍방의 의무는 특약이 없는 한 동시이행관계에 있다(민법 제536조 참조). 한편 민법 제536조는 그 예외로서, 상대방의 채무가 변제기에 있지 아니하는 때에는 일방이 선이행의무를 부담하되, 당사자 일방이 상대방에게 먼저 이행하여야 할 경우라도 상대방의 이행이 곤란할 현저한 사유가 있는 때에는 원칙으로 돌아가 쌍방의 채무는 동시이행관계에 있다고 규정하고 있다. 한편 민법 제665조는 도급계약상의 보수 지급시기에 관하여, 보수는 그 완성된 목적물의 인도와 동시에 지급하여야 하고, 목적물의 인도를 요하지 아니하는 경우에는 그 일을 완성한 후 지체 없이 지급하여야 한다고 하고 있고, 제665조 제2항에 의하여 준용되는 제656조 제2항은, 보수는 약정한 시기에 지급하여야 하며 시기의 약정이 없으면 관습에 의하고 관습이 없으면 약정한 노무를 종료한 후 지체 없이 지급하여야 한다고 규정하고 있다. 위 법규정의 의미는, 당사자 간의 특약이 있으면 그에 따르고 특약이 없으면 관습에 의하며, 관습도 없는 경우에는 제665조 제1항에 따라 인도와 동시 또는 일을 완성한 후 지체 없이 지급하여야 한다는 것으로 해석된다.

이 사건에서는 도급대금의 지급시기를 당사자의 특약으로 정하고 있는데, 도급계약서에는 원고의 납품의무(서적 인도의무) 이행일시를 피고 방태영의 중도금 지급일시로 하였으나 양 채무 사이에 동시이행관계에 있다는 사실은 나타나 있지 않다. 그러나 위 도급계약상 쌍방의 채무 이행시기에 관한 약정의 의미는, 계약금은 피고 방태영이 선이행하고,

원고의 납품의무(서적 인도의무)와 피고 방태영의 중도금지급의무는 동시이행이며, 피고 방태영의 잔금지급의무보다 원고의 납품의무(서적 인도의무)가 선이행인 것으로 해석된다.

따라서 원고가 피고 방태영의 중도금 및 잔금 지급의무 불이행에 따른 지연손해금청구를 하려면 이들 의무와 동시이행 또는 선이행관계에 있는 원고 자신의 납품의무(서적 인도의무)를 이행하였어야 한다. 원고가 그 의무를 이행하지 않으면 피고 방태영의 동시이행 또는 선이행 항변권에 의하여 그가 이행지체에 빠지지 않기 때문이다(이른바 항변권의 존재효과설). 그러므로 원고의 지연손해금청구를 인용하려면 원고가 중도금 지급일에 서적 인도의무를 이행한 사실을 설시·인정하여야 한다.

⑦ 이들 인정 사실을 피고 박인주, 윤일국은 자백하였으므로 법원은 자백의 구속력에 의하여 이와 다른 사실을 인정할 수 없고 증거의 제시도 필요 없다(민사소송법 제288조 본문 참조). 따라서 피고 박인주, 윤일국에 대하여는 "원고와 피고 박인주, 윤일국 사이에서는 다툼이 없다."고 기재하여야 한다.

한편, 피고 방태영은 답변서 등을 제출하지 아니 하였고 변론기일에 출석하지도 않아 위 인정 사실을 다투지 아니 하였으나 공시송달을 받았으므로 의제자백 규정이 적용되지 아니 한다(민사소송법 제150조 제3항 단서 본문, 제257조 제1항 본문, 제256조 제1항 단서 참조). 따라서 피고 방태영에 대하여는 증거가 필요하므로 "원고와 피고 방태영 사이에서는 갑 제1, 2호증의 각 기재와 증인 정병헌의 증언 및 변론 전체의 취지를 종합하여 인정할 수 있고 반증 없다."라고 기재하여야 한다. 이와 같이 당사자별로 사실 인정의 근거가 다른 경우 이를 각각 구분하여 설시하여야 함에 주의하여야 한다.

⑧ 원고가 계약 당일에 계약금으로 1,000만 원, 2009. 2. 28.에 중도금 중 1,000만 원을 각 수령한 사실은 원고와 피고 박인주, 윤일국 사이에 다툼이 없으나(제1차 변론기일조서 참조), 원고 스스로 위 각 금액은 청구를 하지 않고 있으므로(원고의 소장 참조) 피고들은 위 각 금액에 대하여는 변제항변 등을 할 필요가 없고 그 항변의 대상이 없어 항변을 할 수도 없다. 원고가 소장의 청구취지에 위 각 금액을 기재하여 이에 대하여도 지급을 청구한 경우에는 채무자인 피고들의 항변 대상이 됨은 물론이다. 이와 같이 위 각 금액에 대하여는 피고들의 항변이 없으므로 이에 대하여 판결서에 "당사자들 사이에 다툼이 없다."고 기재하여서는 안 된다. 또, 피고 방태영은 변론기일에 출석도 하지 아니하였고 답변서 등도 제출한 바 없으므로, 원고가 위 각 금액을 수령한 사실을 그가 주장하거나 인정한 바도 없다.

원고가 위 각 금액을 수령한 사실은 이와 같이 소송의 대상이 아니어서 원칙적으로는 기재할 필요가 없으나, 그에 앞서 법원이 도급계약의 내용으로서 도급인인 피고 방태영이 원고에게 총 도급대금으로 6,000만 원을 지급하기로 약정한 사실을 인정하였는데, 법률효과로서는 피고들이 그보다 적은 금액인 4,000만 원만을 지급할 의무가 있다고 인정하게 되면 논리적으로 모순이 되기 때문에, 법률효과로서 위 4,000만 원의 지급의무가 발생하는 이유로 이미 위 2,000만 원이 원고에게 지급된 사실을 판결서에 기재할 필요가 있고, 이는 피고들의 항변 사항이 아니고 원고 스스로 인정하여 청구의 대상에서 제외하고 있으므로 "원고가 …을 각 수령한 사실은 자인하고 있다."고 기재한다.

⑨ 피고 박인주와 윤일국이 변제항변과 소멸시효의 항변을 하고 있고 법원이 이를 인용하므로, 그에 대한 판단에 앞서 청구원인에 따른 법률효과를 설시할 때는 지나치게 구체적으로 기재할 필요가 없고 개괄적으로 기재하는 것으로 충분하다. 어차피 항변에 대한 판단이 있게 되면 그 내용이 달라지게 되기 때문이다. 이 사건에서는 원금만 구체적으로 기재하고 지연손해금에 대해서는 이를 지급할 의무가 있다는 정도로만 간단히 기재하여도 충분하다.

또 판결서의 이유에 구체적인 법률효과를 기재할 때는 주문과 달리, 돈의 액수는 물론 그 성질(중도금이나 잔금 등), 기산일이나 종기의 인정 근거(약정일, 이행지체 개시일, 소장 부본의 송달일 등), 이자나 지연손해금률의 인정 근거, 복수 지급의무자 상호 간의 중첩관계(연대, 각자 등) 유무 등도 구체적으로 기재하여야 한다.

이 사건에서는 피고 방태영과 피고 박인주, 윤일국에 대한 소장 부본 송달일이 달라 그 이행지체에 따른 지연손해금의 범위가 다른데, 이를 구별하지 않고 피고 방태영을 기준으로 지연손해금 책임을 인정한 것은 잘못이다.

⑩ 소멸시효항변과 변제항변이 동시에 제출된 경우 논리적으로는 무상(無償)이고 입증이 용이한 소멸시효항변을 먼저 판단하여야 하나, 당사자가 양자 사이에 우열관계를 정한 때는 이에 따른다. 이 사건에서 피고 박인주, 윤일국은 소멸시효항변보다 변제항변을 먼저 주장하고 이에 대하여 먼저 판단해줄 것을 구하고 있으므로, 특별한 사정이 없는 한 법원도 이에 따라야 한다.

⑪ 피고 박인주, 윤일국이 소멸시효항변을 한 대상은 수급대금채권 전부가 아니라 그 중 잔금채권뿐이므로(위 피고들의 답변서 및 제1차 변론기일조서 참조), 법원이 이를 초과하여 수급대금채권 전부에 대한 소멸시효 완성 여부를 판단한 것은 변론주의에 반한다.

⑫ 앞서 지적한 바와 같이, 이 사건 인쇄 수급대금채권에 대하여 상법이 적용되는 근거를 설시함이 없이 곧바로 이를 적용함은 이유를 제대로 밝히지 않은 것에 해당한다. 모범답안과 같이 상법의 해당 조문을 참고하여 그에 부합하는 사실관계를 설시·인정한 다음 이를 적용하도록 하여야 한다.

한편, 당사자가 소멸시효에 관하여 적용할 민법 조문을 주장하더라도, 이는 법률문제로서 법원을 구속할 수 없고 단지 참고적 의견진술에 불과하므로(법원은 단지 당사자가 주장한 사실에만 구속된다.), 피고 박인주, 윤일국이 이 사건 인쇄 수급대금채권에 대한 소멸시효기간에 관하여 민법 제163조 제6호의 적용을 주장하였더라도, 법원은 직권으로 민법

제163조 제3호를 적용할 수 있다(대법원 1977. 9. 13. 선고 77다832 판결 참조). 법원이 인정한 소멸시효기간의 적용 대상인 사실관계(인쇄제본 도급계약)와 위 피고들이 주장한 그것이 동일한 이상 적용법규만을 달리하는 것은 변론주의에 위반되지 않는다.

또한 민법 제163조 제3호는, '도급받은 자, 기사 기타 공사의 설계 또는 감독에 종사하는 자의 공사에 관한 채권'이라 하여 그 채권이 공사에 관한 채권에 한하는 것으로 오인할 여지가 있으나, 도급이 반드시 건축·토목 등의 '공사'에 관하여만 이루어지는 것은 아니므로, 여기서 '공사에 관한 채권'이란 당해 도급계약의 내용인 일과 관련한 채권을 의미하는 것으로 해석하여야 한다.

⑬ 위와 같이 소멸시효항변의 대상은 수급대금채권 중 잔금채권이므로 그 변제기인 2009. 3. 30.이 그 소멸시효의 기산일이 된다. 만약 위 피고들이 수급대금채권 전부에 대하여 소멸시효항변을 하였다면 그 소멸시효의 기산일은 최종 변제기가 아니라 계약금, 중도금, 잔금의 변제기를 기준으로 각각의 채권에 대한 소멸시효가 완성한 여부를 각별로 판단하여야 한다. 계약금, 중도금, 잔금의 변제기가 각기 다르기 때문이다.

⑭ 잔금채권의 변제기가 2009. 3. 30.인 사실은 이미 앞에서 인정하였고 그 사실관계의 당사자도 동일하므로, 소멸시효항변의 판단에서 또다시 이 사실을 증거에 의하여 인정할 필요 없이 " … 사실은 앞서 인정한 바와 같고, … "로 간단히 기재하는 것으로 족하다.

⑮ 서증은 증거방법이 아니라 증거조사의 결과인 문서의 기재 내용이 증거자료가 되는 것이므로 "갑 제5, 제6호증의 각 기재에 의하면"이라고 기재하여야 한다. 또한 원고가 부동산가압류신청을 2012. 3. 2.에 한 사실은 갑 제5, 제6호증의 각 기재에 의하여서는 알 수 없고, 이는 원고의 2013. 5. 19.자 준비서면과 제1차 변론기일에서의 원고 진술에만 나타나는데 피고들이 이에 대하여 명백히 다투지 않았으므로, 이 사실은 다툼 없는 사실로 처리하거나 변론 전체의 취지에 의하여 인정할 필요가 있다.

한편, 가압류의 목적물(부동산)을 특정하지 않은 것은 이유 기재로서 불충분하다. 가압류법원과 그 사건번호도 기재하면 더욱 좋을 것이다.

⑯ 가압류를 집행하면 그 집행상태가 유지되는 동안은 소멸시효가 중단된 채 재진행하지 않는다. 재진행사실은 소멸시효의 완성을 주장하는 자가 새로운 소멸시효항변으로 주장하여야 하고(시효의 중단 후 재진행 시에는 중단의 효과에 의하여 시효가 완전히 새로 진행하므로, 이는 재재항변이 아니라 새로운 소멸시효항변으로 주장하여야 한다.), 그 요건사실로서 집행상태가 해소된 사실을 주장·입증하여야 한다.

이러한 법리에 따르면, 가압류에 의한 소멸시효의 중단을 판단하는 경우 가압류의 집행상태가 유지되는지 여부는 요건사실이 아니어서 설시·기재할 필요가 없다. 반면에 이 사건의 모범답안에서 가압류의 집행 사실을 기재한 이유는, 가압류의 집행이 없으면 가압류에 의한 시효중단의 효력이 발생하지 아니 하여 그것이 가압류에 의한 시효중단의 요건사실이 되기 때문이다.

⑰ 이 사건에서 원고가 한 가압류는 주채무자인 피고 방태영에 대한 것으로서, 민법 제169조에 의하면 이에 따른 소멸시효 중단의 효력은 가압류 사건의 당사자인 피고 방태영에 대하여만 발생하고 연대보증인인 피고 박인주, 윤일국에 대하여는 발생하지 않는다. 그런데 민법 제440조는 주채무자에 대한 시효의 중단은 보증인에 대하여도 효력이 있다고 규정하고 있으므로, 이에 따라 피고 방태영에 대한 가압류에 따른 시효중단의 효력이 피고 박인주, 윤일국에 대하여도 발생한다.

결과적으로 피고 방태영에 대한 시효중단의 효력이 피고 박인주, 윤일국에 대하여도 발생한다는 점에서 판결서의 이유에 민법 제440조를 설시하지 않아도 판결의 결론에는 영향이 없으나, 이에 대한 설시를 누락한 경우 어떻게 해서 그와 같은 법률효과가 발생하는지를 구체적으로 밝혀야 하는 판결 이유로서는 부적절하다고 하겠다. 이 경우 원고는 이미 피고 박인주, 윤일국이 피고 방태영의 채무를 연대보증한 사실을 청구원인에서 주장하였으므로, 가압류에 따른 시효중단을 주장함에 있어 연대보증사실을 다시 주장하지 않았다고 하더라도 묵시적으로 이를 주장한 것으로 보아 법원은 민법 제440조를 적용하여야 한다.

⑱ 피고 박인주, 윤일국이라고 기재했어야 한다.

⑲ 이 사실은 원고와 피고 박인주, 윤일국 사이에 다툼이 없는 사실이므로 증거가 필요 없다. 원고 소송대리인은 위 사실을 제1차 변론기일에 자백하였다가 제2차 변론기일에 착오를 이유로 철회하였으나, 그 자백이 진실에 반하고 착오에 기한 것임을 인정할 아무런 자료가 없으므로 위 자백의 철회는 효력이 없다. 법원이 이와 같이 증거 판단을 잘못하면 이는 증거법(이 사건에서는 민사소송법 제288조)을 오인한 것으로서 민사소송법 제423조 소정의 법률위반에 해당한다(물론 결론에 잘못이 없으므로 상고이유는 되지 않는다).

⑳ 원고의 전 공장장인 정병헌이 2009. 3. 1. 인쇄 수급대금 중 1,000만 원을 피고 방태영에게서 받은 것과 관련하여 그의 자격이 원고의 대리인인지 아니면 사자(使者=심부름꾼)인지가 문제된다. 피고 박인주, 윤일국은 이에 대한 언급 없이 단순히 정병헌에게 돈을 주었다고만 진술하였고(위 피고들의 답변서 기재 및 제1차 변론기일조서 참조), 원고 소송대리인은 제1차 변론기일에서 "피고 방태영이 정병헌을 통해 1,000만 원을 인쇄대금 일부로 변제했다는 피고 박인주, 윤일국의 주장 사실을 인정한다."고 진술하였는바, 그 진술 취지 역시 애매하다. 이런 경우 법원은 당사자에게 석명을 요구해야 한다.

모범답안에서는 정병헌의 자격을 사자로 인정하였는바, 원고 소송대리인의 진술 취지가 이에 가까워 보이고('통하여'라는 용어는 대리보다는 사자의 의미가 강하다는 점에서), 정병헌이 증언에서 무슨 자격으로 위 돈을 받은 것인지 묻는 질문에 "사장인 원고 지시로 심부름을 한 것입니다."라고 답변을 하였으며, 변제의 수령행위는 준법률행위로서 원칙적으로 대리의 대상이 아니라는 점을 고려한 것이다.

㉑ 이 사건의 피고들은 필수적 공동소송인이 아닌 단순 공동소송인이므로 공동소송인 독립의 원칙이 적용되고, 따라서 각자의 소송행위의 효력은 그 소송행위를 한 자에게만 발생한다. 이 사건에서 피고 박인주, 윤일국이 한 소멸시효항변이나 변제항변의 효력은 피고 방태영에게는 발생하지 않는다. 피고 방태영은 이 같은 소송행위를 한 바도 없고 피고 박인주, 윤일국의 위 항변을 이익으로 원용한 바도 없기 때문이다. 그러므로 피고 방태영은 잔금 3,000만 원은 물론 중도금 중 2009. 3. 1.자 변제금 1,000만 원에 대하여도 책임을 부담한다.

㉒ 왜 2009. 3. 31.부터 2013. 5. 17.까지 연 6%의 지연손해금이 발생하는지 그 이유도 기재하여야 한다. 즉, 이행지체의 개시일과 소장 부본 송달일임을 위 각 날짜 앞에 부가하여야 한다. 한편 피고 방태영에 대한 소장 부본의 공시송달이 2013. 5. 2.에 이루어졌으므로, 민사소송법 제196조 제1항 본문에 의하여 공시송달을 실시한 날부터 2주가 지난 2013. 5. 17. 00:00에 소장 부본에 대한 송달의 효력이 발생한다.

많은 초보 법률가들이 초일 불산입을 규정한 민법 제157조의 기간 계산을 잘 못한다. 위 규정에 따라 일, 주, 월, 연의 기간을 계산할 때는 그것이 오전 0시로부터 시작하는 경우가 아닌 한 초일은 기산점이 되지 아니하고 계산에 넣지 않는다. 고로 위의 경우 2주의 기간을 계산할 때 공시송달을 실시한 당해 일은 계산에 넣지 않고 2013. 5. 3.부터 기산한다. 이 날부터 기산하여 2주가 되는 날은 2013. 5. 16. 24:00이다. 그런데 민사소송법 제196조 제1항 본문은, 첫 공시송달은 이를 실시한 날부터 2주가 지나야 송달의 효력이 발생한다고 규정하고 있으므로, 2주가 되는 날인 2013. 5. 16.에는 송달의 효력이 발생하지 않고 그 다음날인 2013. 5. 17. 00:00에 송달의 효력이 발생한다.

한편 소송촉진 등에 관한 특례법 제3조 제1항은, 금전채무의 전부 또는 일부의 이행을 명하는 판결을 선고할 경우, 금전채무 불이행으로 인한 손해배상액 산정의 기준이 되는 법정이율은 그 금전채무의 이행을 구하는 소장 또는 이에 준하는 서면이 채무자에게 송달된 날의 다음 날부터는 민법 제379조나 상법 제54조에 불구하고 연 100분의 40 이내의 범위에서 대통령령으로 정하는 이율에 따른다고 규정하고 있으므로, 지연손해금에 대하여 당사자 간에 약정이 없으면 이행지체책임이 발생한 날부터 소장 부본 송달일까지는 민법이나 상법에 의한 법정이율이 적용되고 그 다음날부터는 소송촉진 등에 관한 특례법에 의한 특별 법정이율이 적용된다.

㉓ 피고 박인주, 윤일국은 잔금 지급기일 다음날인 2009. 3. 31.부터 각 이들에 대한 소장 부본 송달일인 2013. 4. 23.까지는 상법에 의한 연 6%의, 그 다음날부터 다 갚는 날까지는 소송촉진 등에 관한 특례법에 의한 연 20%의 각 비율에 의한 지연손해금을 지급할 의무가 있다. 한편 피고 박인주, 윤일국은 피고 방태영의 원금채무는 물론 지연손해금

채무도 연대보증한 것이므로, 원칙적으로 피고 박인주, 윤일국의 각 지연손해금채무액은 피고 방태영의 그것과 동일하고 피고들은 이에 대하여 연대책임을 져야 한다. 그런데 채권자인 원고가 피고 박인주, 윤일국에 대하여 피고 방태영의 지연손해금채무액을 기준으로 그에 대한 피고들의 연대지급을 청구하지 않고(연대지급을 청구한 경우라면 그 청구취지는 "피고들은 연대하여 2009. 3. 31.부터 피고 방태영에 대한 이 사건 소장 부본 송달일까지는 연 6%의,[19] 그 다음날부터 다 갚는 날까지는 연 20%의 각 비율에 의한 금전을 지급하라."고 하였어야 한다.), 피고 박인주, 윤일국에 대하여 각 그들의 보증채무 불이행을 전제로 각 그에 따른 독립한 지연손해금채무액의 지급을 청구하였으므로(원고의 소장 청구취지 참조), 법원도 이에 따라 지연손해금채무에 대하여는 연대지급이 아닌 독립지급을 명하여야 한다.

한편 이 사건에서 원고는 지연손해금채무의 발생일을 법원의 인정과 다르게 청구하였는바, 법원은 이 부분에 관한 일부의 청구는 기각하여야 하므로 그 기각의 이유도 설시하여야 한다. 이런 작은 부분을 누락하기 쉬우므로 주의하여야 한다.

(3) 소유권이전등기청구에 관한 판단

■ 답안

3. 피고 윤일국의 소유권이전등기청구에 관한 판단

가. ①원고의 주장에 관한 판단

②원고가 2012. 3. 10. 피고 윤일국에게서 파주시 다율동 59 대 950㎡(이하 '이 사건 토지'라 한다)를 대금 1억 2,000만 원에 매수한 사실은 원고와 피고 윤일국 사이에 다툼이 없으므로, 피고 윤일국은 원고에게 이 사건 토지에 관하여 ③매매를 원인으로 한 소유권이전등기의무가 있다.

나. 동시이행항변에 관한 판단

피고 윤일국은 ④원고로부터 미지급된 중도금 3,000만 원 및 잔금 7,000만 원과 이에 대한 각 그 지급기일 다음날부터 다 갚는 날까지 월 2%의 지연손해금을 지급받을 때까지는 원고의 청구에 응할 수 없다고 항변한다.

그러므로 살피건대, 위 매매계약 당시 피고 윤일국이 원고에게서 그 대금 중 중도금 3,000만 원은 2012. 5. 10.에, 잔금 7,000만 원은 2012. 12. 10.에 소유권이전등기와 상환으로 각 지급받기로 약정한 사실, ⑤원고가 위 대금의 지급을 지체한 때에는 월 2%의 비율에 의한 지연손해금을 지급하기로 약정한 사실, ⑥피고 윤일국이 원고로부터 중도금 중 일부로 이미 2,000만 원을 지급받은 사실은 당사자 사이에 다툼이 없다.

그런데 매수인이 선이행의무인 중도금을 잔금 지급기일까지 지급하지 않은 경우에는 매수

---

19) 경우에 따라서는 이 사건에서와 같이 주채무자에 대한 소장 부본 송달이 늦어 채권자에게 불이익할 수도 있다.

인의 미지급 중도금 지급의무와 그 중도금에 대한 지급기일 다음날부터 잔금 지급기일까지의 지연손해금 지급의무 및 잔금 지급의무는 매도인의 소유권이전등기의무와 동시이행관계에 있다. 그러므로 원고는 피고 윤일국에게 미지급한 중도금 1,000만 원과 이에 대한 ⑦2012. 5. 11.부터 ⑧2012. 12. 10.까지 월 2%의 비율에 의한 ⑨지연손해금 140만 원 및 미지급 잔금 7,000만 원의 합계 금 8,140만 원을 지급할 의무가 있고, 이 의무와 피고 윤일국의 소유권이전등기의무는 동시이행의 관계에 있으므로, ⑩피고 윤일국의 위 항변은 이유 있다.

다. 소결론

따라서 피고 윤일국은 원고로부터 위 금 8,140만 원을 지급받음과 동시에 ⑪이 사건 토지에 관하여 매매를 원인으로 한 소유권이전등기절차를 이행할 의무가 있다.

■ [지도의견]

① '원고의 주장에 관한 판단'이라는 것보다는 '청구원인에 관한 판단'이라고 하는 것이 낫겠다. 원고의 주장은 청구원인에 관한 것은 물론 공격방어방법에 관한 것도 있기 때문이다.

② 이와 같이 매수의 주체를 원고로 하고 그 서술어로 매수 사실을 기재한 것은 매우 좋다. 가능하면 서술의 주체는 원고로 하는 것이 좋다. 매도인과 매수인을 구별하지 않고 원고와 피고 윤일국이 매매계약을 체결하였다고 사실 인정을 하는 것은 정확하게 사실을 설시하지 못한 것이다.

③ 매매를 원인으로 한 소유권이전등기의무의 이행을 구하는 경우 그 매매를 특정하기 위하여 목적물과 함께 매매일자를 기재하는 것이 필요하다. 소유권이전등기에는 등기원인과 등기원인일자를 기재하여야 하기 때문이다. 소유권이전등기의무는 정확히는 소유권이전등기절차를 이행할 의무이다. 등기는 등기관이 하는 것이고 등기권리자와 등기의무자는 등기관에게 등기를 신청하는 것에 불과하기 때문이다.

④ 피고 윤일국의 항변을 인용하므로 그의 주장 내용은 이와 같이 자세히 언급할 필요 없이 간단히 법률요건만 설시하여도 충분하다. 어차피 뒤에서 이를 되풀이하게 되기 때문이다.

⑤ 이 부분 사실까지 당사자 사이에 다툼이 없는 것은 아니다(원고의 소장 및 준비서면과 피고 윤일국의 답변서, 변론기일조서 참조). 따라서 이에 대해서는 증거로서 갑 제3호증의 기재와 변론 전체의 취지를 기재하여야 한다.

⑥ 피고 윤일국이 원고로부터 중도금 중 일부로 이미 2,000만 원을 지급받은 사실은 당사자 사이에 다툼이 없는 것은 사실이지만, 피고 윤일국은 이 돈을 제외한 나머지 부분 금액에 대하여만 동시이행항변을 하였으므로(피고 윤일국의 답변서 및 변론기일조서 참조)

이 부분은 다툼이 없는 사실로 설시할 것이 아니라 피고 윤일국이 스스로 인정(자인)하고 있다고 설시하여야 한다.

⑦ 2012. 5. 11.이 중도금 지급기일 다음날인 사실을 설시하여야 한다.

⑧ 2012. 12. 10.이 잔금 지급기일인 사실을 설시하여야 한다.

⑨ 그것이 약정 지연손해금률에 의한 지연손해금임을 밝혀주면 더욱 이유가 분명하여 좋다. 그리고 140만 원의 산출 계산식(1,000만 원×0.02×7개월)도 기재하면 더욱 좋겠다.

⑩ 피고 윤일국의 동시이행항변 전부를 인용하는 것이 아니므로 기각되는 부분의 이유를 밝혀야 한다. 그리고 그 항변의 일부만 이유 있다고 기재하여야 한다.

⑪ 원고에게 소유권이전등기절차를 이행할 의무가 있다고 그 수령자를 기재하고 매매일자를 기재할 필요가 있다.

(4) 결론 부분

■ **답안**

4. 결론

그렇다면 ①원고의 피고 방태영에 대한 대여금반환청구는 이유 없어 이를 기각하고, 피고들은 원고에게 3,000만 원 및 이에 대하여 피고 방태영은 2009. 3. 31.부터 2013. 5. 17.까지는 연 6%, 그 다음날부터는 연 20%의 각 비율에 의한 금전을, 피고 박인주, 윤일국은 2009. 3. 31.부터 다 갚는 날까지 연 20%의 각 비율에 의한 금전을 지급할 의무가 있으므로 원고의 인쇄대금지급청구는 일부 이유 있어 이를 인용하며, 피고 윤일국은 원고로부터 8,140만 원을 지급받음과 동시에 파주시 다율동 59 대 950㎡에 관하여 매매를 원인으로 한 소유권이전등기절차를 이행할 의무가 있으므로 원고의 소유권이전등기청구는 이유 있어 이를 인용하며, 소송비용의 부담에 관하여는 민사소송법 제98조, 제101조, 제102조를, 가집행의 선고에 관하여는 같은 법 제213조를 각 적용하여 주문과 같이 판결한다.

재판장   판사   방현기

판사   김영선

②판사   진호미

■ [지도의견]

① 이미 각각의 청구에 관한 판단 부분에서 소결론으로서 법률효과와 원고의 주장이 이유 있는 범위를 설시하였으므로, 대결론에서는 이를 되풀이할 필요 없이 곧바로 청구의 인용 여부와 그 범위만을 간단히 기재하면 충분하다.

이 사건에서 원고의 피고 방태영에 대한 대여금반환청구 외의 다른 청구도 일부 기각되는 부분이 있는데 답안에서는 그 일부 기각의 설시가 누락되었다.

② 판사 진호미는 판결 선고에만 관여하였고 변론에는 관여한 바 없으므로 판결에 관여할 수 없다. 판결은 기본이 되는 변론에 관여한 법관이 하여야 한다($\binom{민사소송법 제}{204조 제1항}$). 판사가 여럿인 경우 그 중 일부라도 기본이 되는 변론에 관여한 바 없으면 그 판사는 판결에 관여할 수 없다. 기본이 되는 변론에 관여한 법관이란 통상 변론종결 시의 변론에 관여한 법관을 의미한다.

이와 같이 판결에 관여할 수 없는 판사가 관여한 경우 민사소송법 제424조 제1항 제2호에 위반한 것으로서 절대적 상고이유가 된다.

[저자약력]

성균관대학교 법과대학 졸업
행정고시(제29회) 합격/환경부 사무관
사법시험(제31회) 합격
서울지법 남부지원, 서울민사지방법원, 제주지방법원,
　광주고등법원 판사
사법연수원 교수/성균관대, 이화여대 등 겸임교수/
　사법시험 및 변호사시험 출제위원(다수)
창원지방법원, 수원지방법원 부장판사
서울중앙지방법원 부장판사(현)

[저서 및 논문]

민사소송법(법문사, 2020)
친족상속법(박영사, 2020/공저)
민사법과 민사소송의 구조(법문사, 2014)
상속재산분할·기여분·유류분·상속파산 재판실무(법률정보센
　터, 2019)
상속재산분할협의의 법적 성질과 효력(사법논집 제66집, 2018)
청구의 독자성·독립성과 병합청구−원물반환청구권과 가액반
　환청구권 등의 관계를 중심으로(저스티스 제164호, 2018)
청구적격(인권과 정의 제471호, 2018)
변론주의와 직권주의의 구별기준 및 상고심의 심리대상(사법논
　집 제62집, 2017)
명의수탁자의 부당이득반환의무(청연논총 제13집, 2016)
합유와 조합 법리의 소송법적 적용(사법논집 제60집, 2016) 등
　다수

민사법과 민사소송의 구조 II [변호사시험대비]
민사법 핵심이론과 기록형 시험연습

2021년 6월 10일 초판 인쇄
2021년 6월 30일 초판 1쇄 발행

저 자 양   경   승

발행인 배   효   선

발행처 도서
출판 **法 文 社**

주 소 10881 경기도 파주시 회동길 37-29
등 록 1957년 12월 12일/제2-76호(윤)
전 화 (031)955-6500~6 FAX (031)955-6525
E-mail (영업) bms@bobmunsa.co.kr
(편집) edit66@bobmunsa.co.kr
홈페이지 http://www.bobmunsa.co.kr
조 판 법 문 사 전 산 실

정가 43,000원   ISBN 978-89-18-91202-8